한국어 성경의 변천

-마가복음-

한국어 성경의 변천

마가복음

유경민

전주대학교 출판부

목 차

서언

이 책은 국어학 전공자가 한국어 성경 번역의 역사적 과정과 한국어 번역 성경의 국어학적 특징을 설명하기 위한 텍스트 연구 방법을 제시하고, 그 시도에 대한 결과를 담아낸 『성경과 한국어』(유경민, 2018)와 함께 출간하는 자료의 편저(編著)이다. 초기 한국어 번역 성경(1884년)에서부터 현대 성경(1952년)에 이르기까지 14종의 마가복음을 절마다 대비하여 제시하였다. 한국어 번역 성경의 변천 과정을 살필 때에 초기 한국어 성경의 번역문을 중심으로 같은 시기의 중국어 성경과 일본어 성경을 대비해볼 필요가 있기에 비록 마가복음에 한정되고, 시간이 많이 걸리고, 지난한 작업이긴 하였으나 텍스트를 직접 입력하고 정리한 자료를 『한국어 성경의 변천』이라는 책으로 내놓게 되었다. 마가복음으로 한정한 것은 여러 번역본을 대비해 보여야 하는 책이라 양적인 면을 고려하기도 하였으나 개인적인 이유가 더 크다. 선생이자 제자인 내가 어떻게 살아야 하는지를 생각할 때마다 되새겼던 부분이 〈마가복음〉이기 때문이다. 각 번역본에서 해당 텍스트를 추출하고, 시기별, 번역본별 차이를 확인하고, 그 영향 관계를 파악할 수 있도록 띄어쓰기를 조정하여 어절 대비 형식으로 제시하였다. 초기 한국어 번역 성경은 띄어쓰기 없이 세로쓰기로 되어 있어 국어사적 기반이 진무한 사람으로서는 읽어내기가 쉽지 않기 때문이다. 1차 자료를 가로쓰기로 바꾸고, 띄어쓰기는 의미를 중심으로, 혹은 국한혼용문 성경의 한자어를 중심으로 편집하고자 하였으며, 절 구분이 애매하게 표시된 경우에는 공인역본을 기준으로 조정하여 제시하였다. 필자보다 더 과학적이고 분석적인 관찰력을 지닌 연구자들이 직접 이 자료를 읽으며 더 의미 있는 연구 결과물을 창출해내기를 기대한다. 이 책에서 다룬 자료의 목록은 다음과 같다.

① 1864년 蘇松上海美華書館藏板 『新約全書』_일본성서협회

② 1884년 『예수셩교셩셔 말코복음』 John Ross_한국성경대전집1

③ 1887년 『예수셩교젼서』 John Ross_한국성경대전집4

④ 1887년 『마가의 젼호 복음셔 언히』 Henry Gerhard Appenzeller & Horace Grant Underwood_한국성경대전집5

⑤ 1895년 『마가복음』 Henry Gerhard Appenzeller_한국성경대전집6

⑥ 1900년 『신약젼셔』 시험역_한국성경대전집9

⑦ 1904년 『신약젼셔』 임시역_연세대학교 중앙도서관 국학자료실, 연세대학교 학술정보원 홈페이지 원문 서비스
(⑦에 붉은 펜으로 교정한 내용을 볼 수 있음. 교정된 내용이 없는 경우에는 별도로 입력하지 않음.)

⑧ 1906년 『신약젼셔』 공인역_한국성경대전집12

⑨ 1906년 『新約全書 국한문』 兪星濬_한국성경대전집13

⑩ 1925년 『新譯 신구약젼셔』 James Scarth Gale_한국성경대전집27

⑪ 1935년 『簡易鮮漢文 新約』 大英聖書公會_한국성경대전집35

⑫ 1939년 『신약 개역』 셩셔공회_한국성경대전집44

⑬ 1952년 『성경전서 개역 한글판』_대한성서공회 성서학도서관, 연세대학교 중앙도서관

⑭ 1956년 『マルコによる福音書』_일본성서협회

①은 중국어(한문) 성경인데, 그동안 한국어 성경 연구자들에게 알려지지 않은 자료로 일본성서협회에서 발굴해 온 자료이다. 최초의 개신교 한국어 성경인 John Ross의 번역본과 시기적으로 밀접하여 관련성 여부를 가정해 볼 수 있어 대비문 목록에 포함시켰다. ②는 John Ross의 번역본으로 그대로 ③으로 수용된 것으로 알려져 있으나 대비문 형태로 작성하여 살펴본 결과 '·', '구개음화', '어휘' 등의 요소에 수정이 가해져 ③으로 수용되었음을 알 수 있다. ④는 일본에서 번역된 이수정의 『新約聖書馬可傳』(1884)을 언더우드와 아펜젤러가 수정한 것인데, 이 번역본의 수정 과정에서 이수정의 번역본은 한국 선교 과정에서 활용하기 어려운 텍스트라는 사실이 드러났다. 이수정의 번역본은 ①에 구결토를 붙인 것으로 보일 정도로 한문 성경과 일치하

는 부분이 많다. ⑤는 언더우드와 아펜젤러가 ③을 수정한 것이다. 먼저 수정-간행한 ④는 수정하는 이들의 판단으로 새롭게 번역된 부분이 많았고, 수정 부분도 많아 '反逆本(rival version)'이라는 평을 받기도 했다. 그래서 ⑤는 방언적 요소만 수정하는 정도로 보수적 수정을 하였다. ⑥~⑧은 개신교의 최초의 공인역 성경인데 어절별 대비문을 통해 ⑧이 완성되기까지의 수정 과정을 확인할 수 있다. ⑦에는 연필로 수정한 흔적이 보이는데 수정된 내용을 확인해 볼 수 있도록 ⑦ 아래에 ( )로 표시하여 제시하였다. 1904년본에 가해진 수정 흔적의 가장 두드러진 특징은 주격조사의 결합인데, 예수에는 'ㅣ'를, 하ᄂᆞ님에는 'ᄭᅴ셔'를, 주에는 '가'를 결합시켰다. 완성된 공인역 ⑧에서는 혼재되어 있기는 하나 '예수가' 형태가 대부분이고, ⑧을 저본으로 한 ⑨에서도 같은 문법 형태소의 결합을 확인할 수 있다. ⑨가 ⑧의 한글본 『신약젼셔』를 저본으로 작성된 최초의 국한혼용문 성경이라는 것을 문법형태소의 결합 양상을 보이는 것과 대조적이다. ⑩은 게일이 혼자 완역한 국한혼용문 번역 성경이다. 대한성서공회의 인정을 받지는 못하였으나 이후의 공회 소속의 번역자들이 가장 많이 참조한 한국어 번역 성경임이 선교사들의 보고서를 통해 전해지고 있다. 국한혼용문 성경이지만 ⑨와는 문법형태소도 다르고, 한자도 다르게 표현되었다. ⑪은 ⑨보다 쉽게, 혹은 현실적인 표현들로 작성된 簡易국한혼용문 성경인데, 유사도로 본다면 ⑨와 ⑪이 더 가깝다. ⑨가 가능한 한 많은 한자어를 사용하려고 대부분의 실사를 한자어로 쓴 국한혼용문이라면 ⑪은 한자어만 한자로 표현한 국한혼용문 성경이다. ⑧을 서본으로 ⑨에서는 '耳가 有ᄒᆞ야 聽ᄒᆞᆯ 者는 聽ᄒᆞᆯ지어다'로, ⑪에서는 '귀가 잇서 드를 者는 드를지어다'와 같이 국한혼용문화하고, 새로운 번역을 시도한 ⑩은 '귀 잇ᄂᆞᆫ 者ᄂᆞᆫ 드를지어다'로 번역하였는데, ⑬에 '귀 있논 자는 들으라'와 같이 번역되어 있어 ⑩의 문체가 후대에 많은 영향을 주었음을 선교사들의 보고서에서뿐만 아니라 실제 번역문을 통해 확인할 수 있다는 것이다. ⑫는 ⑧을 개역한 것이고, ⑬은 ⑫에 1933년의 한글맞춤법을 적용하여 표기한 것으로 알려져 있으나 표기뿐만 아니라 ⑫에 내용 수정도 가해진 것으로 확인된다. 같은 부분이 ⑫에서는 '드를 귀 잇는 쟈는 드르라'와 같이 번역되어 있는 것을 보아도 그 사실을 잘 알 수 있다. ⑭는 일본성서협회에서 발굴한 일본어 번역 성경 자료이다. 대비해 보면, 한국어 번역 성경과의 외래어 음가의 표기에 대한 차이를 확인할 수 있고, 주요 어휘에 대한 번역에 있어서 ①(한문 성경)과의 영향 관계를 확인할 수 있는 자료이다.

14종의 성경의 대비문을 작성하는 데에 활용된 각 성경의 겉표지와 마가복음 첫 장의 사진을 보이면 아래와 같다.

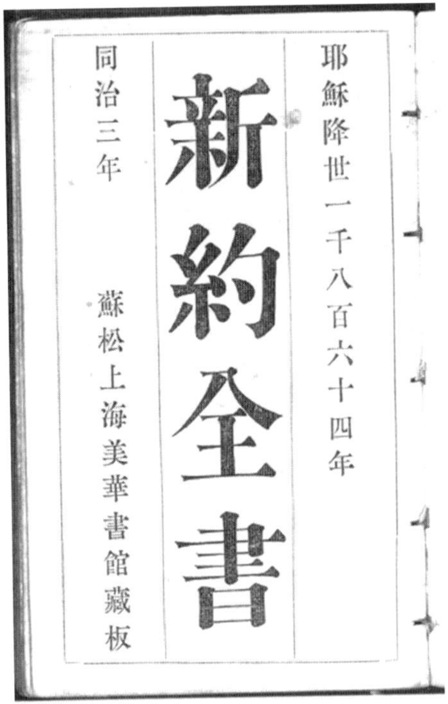

① 1864년 蘇松上海美華書館藏板『新約全書』

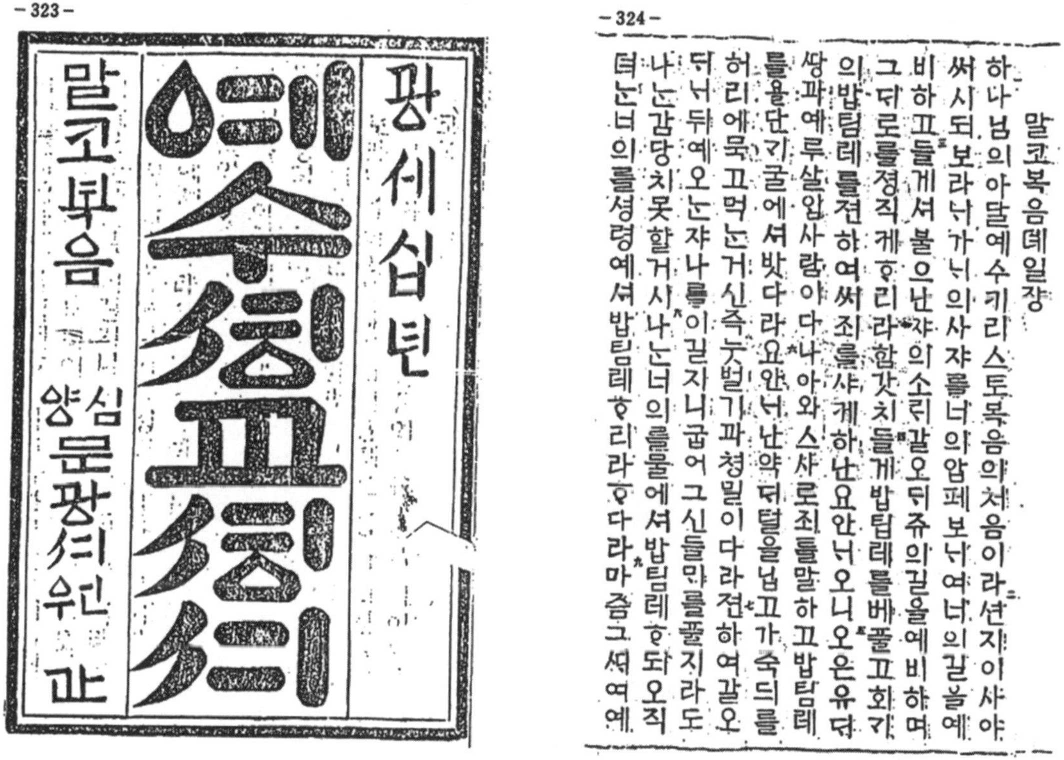

② 1884년『예수셩교셩셔 말코복음』John Ross_한국성경대전집1

예수셩셰일쳔팔빅팔십칠년

예수셩교젼셔

광셔 십삼년

셩경문광셔원 활판

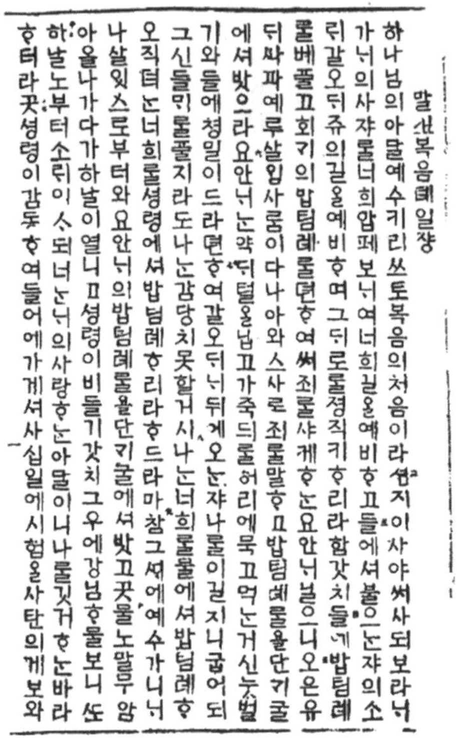

말ᄀᆞ복음뎨일쟝

하나님의아ᄃᆞᆯ예수키리쓰토복음의처음이라셩지이사야써사되보라ᄂᆡ
가ᄂᆡ의사쟈를너희압페보ᄂᆡ여너희길올예비ᄒᆞ고들에셔불으ᄂᆞᆫ쟈의소
ᄅᆡ갈오ᄃᆡ쥬의길올예비ᄒᆞ며그ᄃᆡ로를정직키ᄒᆞ리라함갓치들에밥팀례
를베풀고회ᄀᆡ의밥팀례를면ᄒᆞ여써죄를샤케ᄒᆞᄂᆞᆫ요안ᄂᆡ날으니오온유
ᄃᆡ짜파예루살입사ᄅᆞᆷ이다나아와스사로죄를말ᄒᆞ고밥팀례를욜단ᄀᆡ굴
에셔밧으라요안ᄂᆡᄂᆞᆫ약ᄃᆡ털올닙고가죽ᄯᅴ를허리에ᄆᆡ고먹ᄂᆞᆫ거신누벌
기와들에청밀이드라면ᄒᆞ여갈오ᄃᆡᄂᆡ뒤게오ᄂᆞᆫ쟈나를이길지니굽어되
그신들미를풀지라도나ᄂᆞᆫ감당치못할거시나ᄂᆞᆫ너희를물에셔밥팀례ᄒᆞ
오직뎌ᄂᆞᆫ너희를셩령에셔밥팀례ᄒᆞ리라ᄒᆞ드라마참그ᄯᅢ에예수가니ᄂᆡ
나살잇스로부터와요안ᄂᆡ의밥팀례를욜단ᄀᆡ굴에셔밧고곳물노말무암
아올나가다가하ᄂᆞᆯ이열니고셩령이비들기갓치그우에강님ᄒᆞ믈보니쏘
하ᄂᆞᆯ노부터소ᄅᆡ이ᄉᆡ되너ᄂᆞᆫ나의사랑ᄒᆞᄂᆞᆫ아ᄃᆞᆯ이니나를깃거ᄒᆞᄂᆞᆫ바라
ᄒᆞ더라곳셩령이감동ᄒᆞ여들어에가게셔사십일에시험올사탄의게보와

③ 1887년『예수성교전서』John Ross_한국성경대전집4

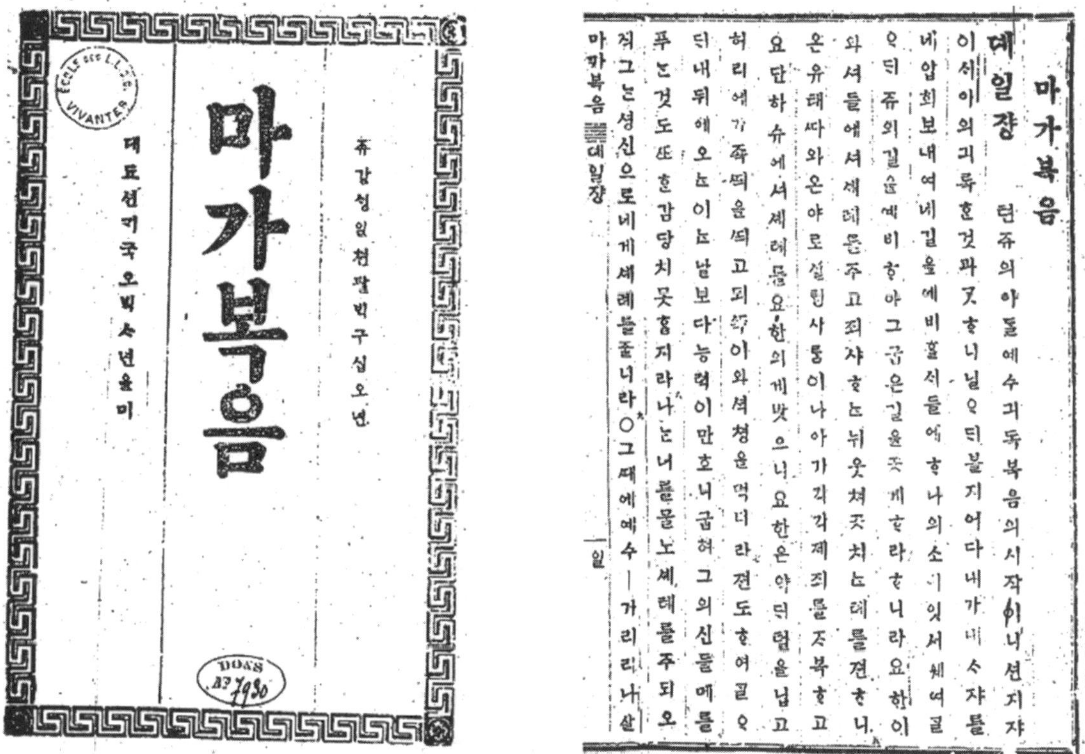

쥬강ᄉᆡᆼ일쳔팔ᄇᆡᆨ구십오년

마가복음

대됴션개국오ᄇᆡᆨᄉᆞ년을미

마가복음

뎨일쟝

텬쥬의아ᄃᆞᆯ예수긔독복음의시작이니션지쟈
이셰아의긔록ᄒᆞᆫ것과ᄀᆞᆺᄒᆞ니닐ᄋᆞ되볼지어다내가네ᄉᆞ쟈를
네압희보내여네길을예비ᄒᆞᆯ셔들에ᄒᆞ나의소ᄅᆡ잇서웨여ᄀᆞᆯ
ᄋᆞ되쥬의길을예비ᄒᆞ야그굽은길을곳게ᄒᆞ라ᄒᆞ니라요한이
와셔들에셔셰례를주고죄쟈ᄒᆞᄂᆞᆫ뉘웃쳐곳치ᄂᆞᆫ례를젼ᄒᆞ니
온유대따와온야로살렘사ᄅᆞᆷ이나아가각각제죄를ᄌᆞ복ᄒᆞ고
요단하슈에서셰례를요한의게밧으니요한은약대털을닙고
허리에가족띄를띄고되약이와셕청을먹더라젼도ᄒᆞ여ᄀᆞᆯᄋᆞ
되내뒤에오ᄂᆞᆫ이ᄂᆞᆫ날보다능력이만호니굽혀그의신들메를
푸ᄂᆞᆫ것도ᄯᅩᄒᆞᆫ감당치못ᄒᆞᆯ지라나ᄂᆞᆫ너를물노셰례를주되오
직그ᄂᆞᆫ셩신으로네게셰례를줄니라○그때에예수ㅣ가리리나살

마가복음 뎨일쟝 일

④ 1895년『마가복음』Henry Gerhard Appenzeller_한국성경대전집6

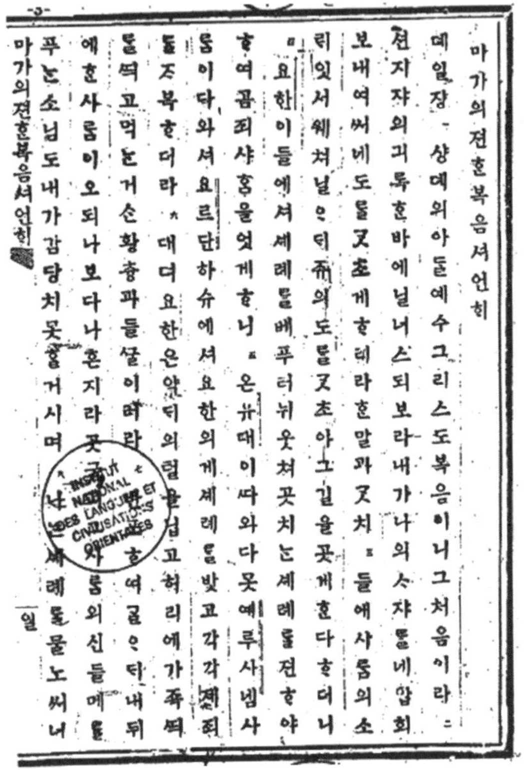

마가의젼훈복음셔언히

뎨일장 - 샹뎨의아달예수그리스도복음이니그처음이라 =
션지쟈의긔록훈바에닐너스되보라내가나의ᄉᆞ쟈ᄅᆞᆯ네압희
보내여써네도ᄅᆞᆯ꿋초게ᄒᆞ리라ᄒᆞᆫ말과ᄀᆞᆺ치 = 들에사ᄅᆞᆷ의소
리잇서웨쳐닐ᄋᆞ되쥬의도ᄅᆞᆯ꿋초아그길을곳게ᄒᆞ다ᄒᆞ더니
「요한이들에셔셰례ᄅᆞᆯ베퍼러뉘웃쳐곳치는셰례ᄅᆞᆯ젼ᄒᆞ야
ᄒᆞ여곰죄샤ᄒᆞᆷ을엇게ᄒᆞ니 = 온뉴대이ᄯᅡ와다못예루사넴사
ᄅᆞᆷ이다와셔요르단하슈에셔요한의게셰례ᄅᆞᆯ밧고각각제죄
ᄅᆞᆯ주복ᄒᆞ더라 대뎌요한은약대의털옷을닙고허리에가족띄
ᄅᆞᆯ띄고먹는거슨황충과들울이며라 [illegible] ᄒᆞ여골ᄋᆞ되내뒤
에ᄒᆞᆫ사ᄅᆞᆷ이오되나보다나흔지라곳 [illegible] 사ᄅᆞᆷ외신들메ᄅᆞᆯ
푸는소님도내가감당치못ᄒᆞᆯ거시며 [illegible] 셰례ᄅᆞᆯ물노써너

마가의젼훈복음셔언히 일

⑤ 1887년『마가의 젼훈 복음셔 언히』Henry Gerhard Appenzeller & Horace Grant Underwood_한국성경대전집5

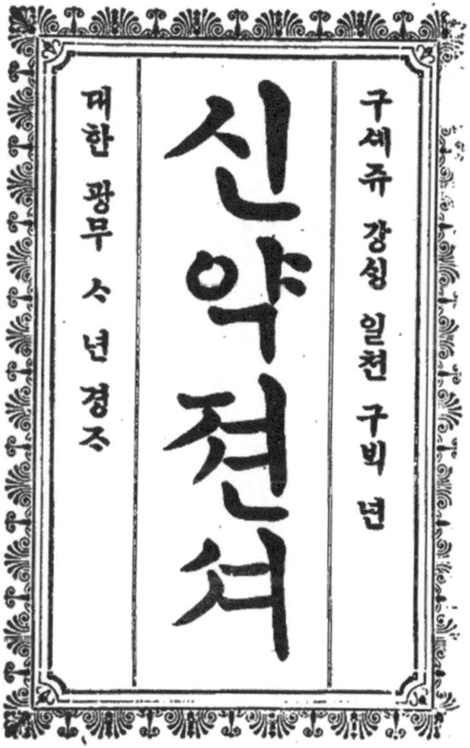

구셰쥬 강싱 일쳔 구빅 년

신약젼셔

대한 광무 ᄉ 년 경ᄌ

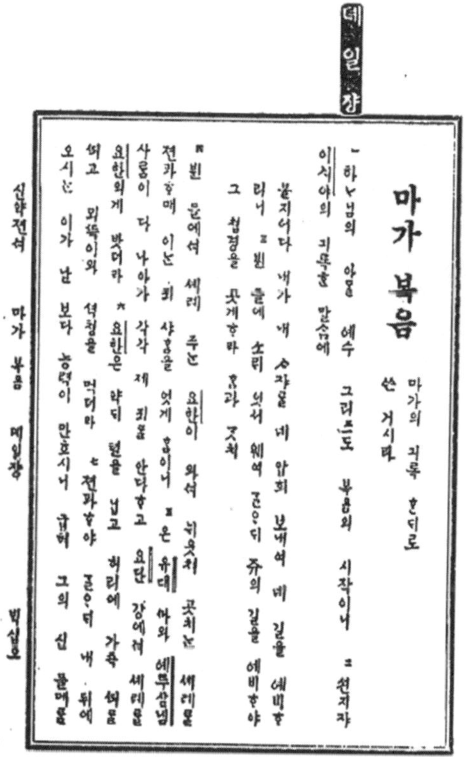

뎨일쟝

마가복음

마가의 긔록ᄒᆞᆫ ᄃᆡ로 쓴 거시라

一 하ᄂᆞ님의 아ᄃᆞᆯ 예수 그리스도 복음의 시작이니 二 션지쟈
이사야의 긔록ᄒᆞᆫ 말ᄉᆞᆷ에
볼지어다 내가 내 ᄉᆞ쟈ᄅᆞᆯ 네 압희 보내여 네 길을 예비ᄒᆞ
리니 三 빈 들에 소리 잇서 웨여 ᄀᆞᆯᄋᆞᄃᆡ 쥬의 길을 예비ᄒᆞ야
그 쳡경을 곳게 ᄒᆞ라 ᄒᆞᆷ과 ᄀᆞᆺ치
四 빈 들에셔 셰례 주ᄂᆞᆫ 요한이 와셔 뉘웃쳐 곳치ᄂᆞᆫ 셰례ᄅᆞᆯ
젼파ᄒᆞ매 이ᄂᆞᆫ 죄 샤ᄒᆞᆷ을 엇게 ᄒᆞᆷ이니 五 온 유대 ᄯᅡ와 예루살넴
사ᄅᆞᆷ이 다 나아가 각각 제 죄ᄅᆞᆯ 안다ᄒᆞ고 요단 강에셔 셰례ᄅᆞᆯ
요한의게 밧더라 六 요한은 약대 털옷 닙고 허리에 가쥭 ᄯᅴᄅᆞᆯ
ᄯᅴ고 뫼ᄯᅮᆨ이와 셕쳥을 먹더라 七 젼파ᄒᆞ야 ᄀᆞᆯᄋᆞᄃᆡ 내 뒤에
오시ᄂᆞᆫ 이가 날 보다 능력이 만흐시니 굽혀 그의 신 들메ᄅᆞᆯ

신약젼셔 마가 복음 뎨일쟝 빅십오

⑥ 1900년『신약젼셔』시험역_한국성경대전집9

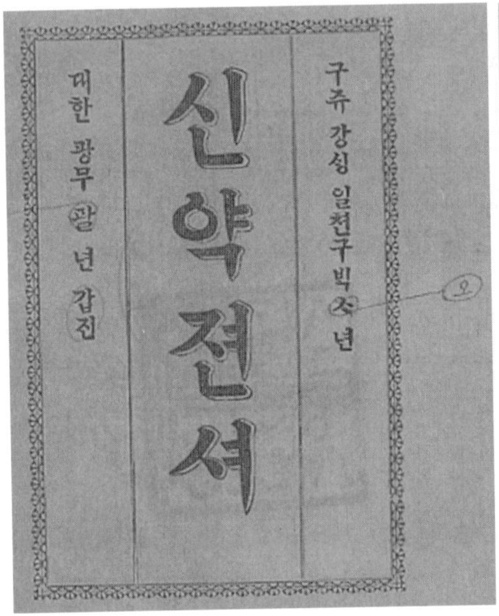

대한 광무 팔년 갑진

신약전셔

구쥬 강싱 일쳔구빅ᄉᆞ년

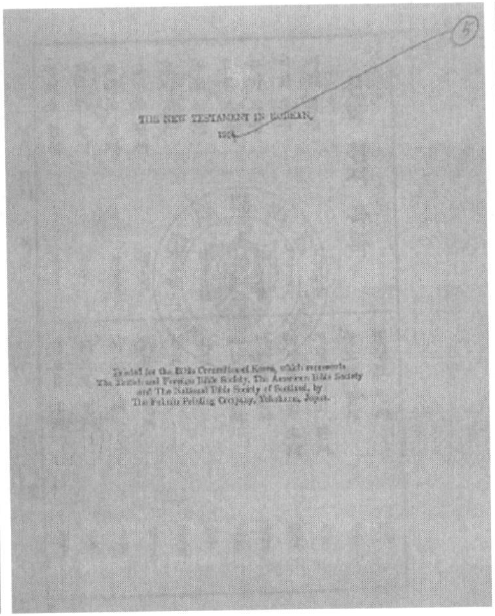

THE NEW TESTAMENT IN KOREAN,

1904.

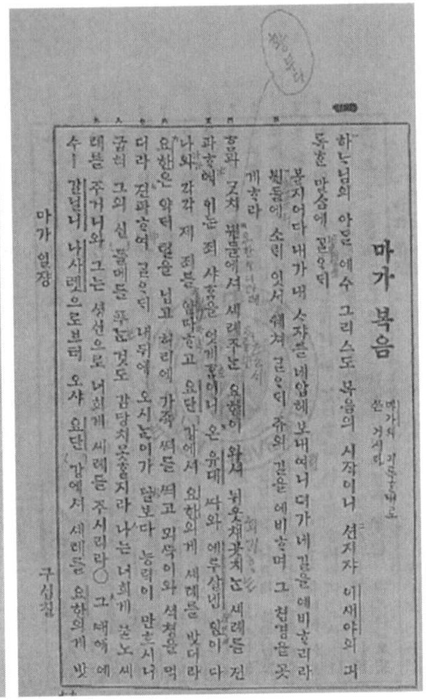

마가 복음

마가 일쟝

구십칠

⑦ 1904년 『신약전셔』 임시역_연세대학교 도서관, 온라인 공개

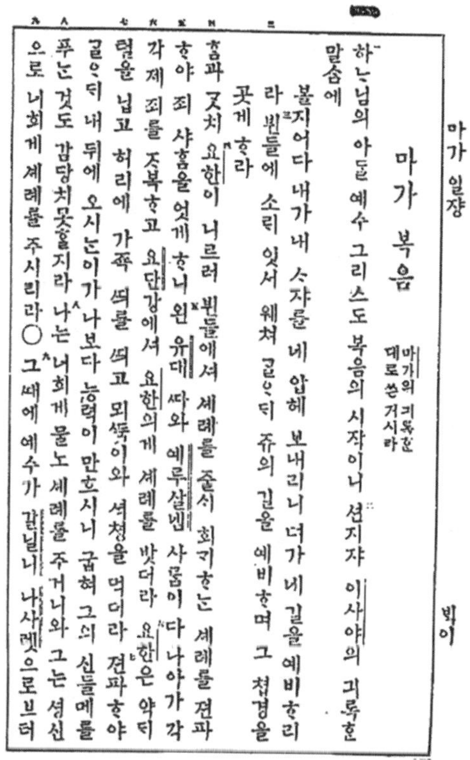
마가 일쟝 빅이

마가 복음 마가의 긔록ᄒᆞᆫ대로쓴거시라

하ᄂᆞ님의 아ᄃᆞᆯ 예수 그리스도 복음의 시작이니 션지쟈 이사야의 긔록ᄒᆞᆫ
말ᄉᆞᆷ에
볼지어다 내가 내 ᄉᆞ쟈ᄅᆞᆯ 네 압헤 보내리니 뎌가 네 길을 예비ᄒᆞ리
라 빈들에 소ᄅᆡ 잇서 웨쳐 ᄀᆞᆯᄋᆞᄃᆡ 쥬의 길을 예비ᄒᆞ며 그 쳡경을
곳게 ᄒᆞ라
ᄒᆞᆷ과 ᄀᆞᆺ치 요한이 니르러 빈들에셔 셰례를 주시 회ᄀᆡᄒᆞᄂᆞᆫ 셰례를 젼파
ᄒᆞ야 죄 샤ᄒᆞᆷ을 엇게 ᄒᆞ니 왼 유대 ᄯᅡ와 예루살넴 사ᄅᆞᆷ이 다 나아가 각
각 제 죄를 ᄌᆞ복ᄒᆞ고 요단강에셔 요한의게 셰례를 밧더라 요한은 약ᄃᆡ
털옷을 닙고 허리에 가쥭 ᄯᅴ를 ᄯᅴ고 뫼ᄯᅮᆨ이와 셕쳥을 먹더라 젼파ᄒᆞ야
ᄀᆞᆯᄋᆞᄃᆡ 내 뒤에 오시ᄂᆞᆫ이가 나보다 능력이 만ᄒᆞ시니 굽혀 그의 신들메를
푸ᄂᆞᆫ 것도 감당치못ᄒᆞᆯ지라 나ᄂᆞᆫ 너희게 물노 셰례를 주거니와 그ᄂᆞᆫ 셩신
으로 너희게 셰례를 주시리라 ○ 그 때에 예수가 갈닐니 나사렛으로브터

⑧ 1906년『신약전서』공인역_한국성경대전집12

救主降生一千九百六年

新約全書

국한문

大韓光武十年

마가 福音

마가의記錄ᄒᆞᆫ 대로譯ᄒᆞᆫ거시라

一 上帝의子예수그리스도福音의始作이니二先知者이사야의記錄ᄒᆞᆫ書에
三 見ᄒᆞᆯ지어다我가我의使者를爾의前에遣ᄒᆞ리니彼가爾의道를預備ᄒᆞ리라三曠野에聲이有ᄒᆞ야呼
ᄒᆞ야曰主의道를預備ᄒᆞ며其捷徑을直ᄒᆞ게ᄒᆞ라
四 ᄒᆞᆷ과ᄀᆞᆺ치요한이至ᄒᆞ야曠野에셔洗禮를施ᄒᆞ시悔改ᄒᆞᄂᆞᆫ洗禮를傳播ᄒᆞ야罪赦ᄒᆞᆷ을得케ᄒᆞ니五온유대
六 地와예루살넴人이皆就ᄒᆞ야各各其罪를自服ᄒᆞ고요단江에셔요한의게洗禮를受ᄒᆞ더라六요한은駱毛
七 을衣ᄒᆞ고腰에革帶를帶ᄒᆞ고蝗과石淸을食ᄒᆞ더라七傳播ᄒᆞ야曰我後에來ᄒᆞ시ᄂᆞᆫ이가我보다能力이多
八 ᄒᆞ시니屈ᄒᆞ야그의履綦를解ᄒᆞᄂᆞᆫ것도堪當치못ᄒᆞᆯ지라八我ᄂᆞᆫ爾等의게水로洗禮를施ᄒᆞ거니와그ᄂᆞᆫ聖
九 神으로爾等의게洗禮를施ᄒᆞ시리라○九其時에예수가갈닐니나사렛으로브터來ᄒᆞ샤요단江에샤洗
十 禮를요한의게受ᄒᆞ시고十곳水에셔上來ᄒᆞ실시天이開ᄒᆞᆷ과聖神이鴿의形像으로降ᄒᆞ야其上에臨ᄒᆞ심
十一 을見ᄒᆞ시더니十一天으로셔聲이有ᄒᆞ야曰爾ᄂᆞᆫ我의愛ᄒᆞᄂᆞᆫ子요我의喜ᄒᆞᄂᆞᆫ者라ᄒᆞ시더라○十二聖神이곳에
十三 수를驅ᄒᆞ야曠野에就ᄒᆞ게ᄒᆞ시니十三曠野에셔四十日을處ᄒᆞ야사단의게試驗을受ᄒᆞ시며野獸로同居處
十四 ᄒᆞ시ᄂᆞᆫ지라天使가隨從ᄃᆞ더라○十四이에요한이被捉ᄒᆞᆫ後에예수가갈닐니에至ᄒᆞ야上帝의福音을傳播
十五 ᄒᆞ야曰十五期約이已至ᄒᆞ엿고上帝國이近ᄒᆞ엿ᄉᆞ니悔改ᄒᆞ고福音을信ᄒᆞ라○十六갈닐니海邊에行ᄒᆞ시다가

마가 福音 第一章 六十三

⑨ 1906년『新約全書 국한문』兪星濬_한국성경대전집13

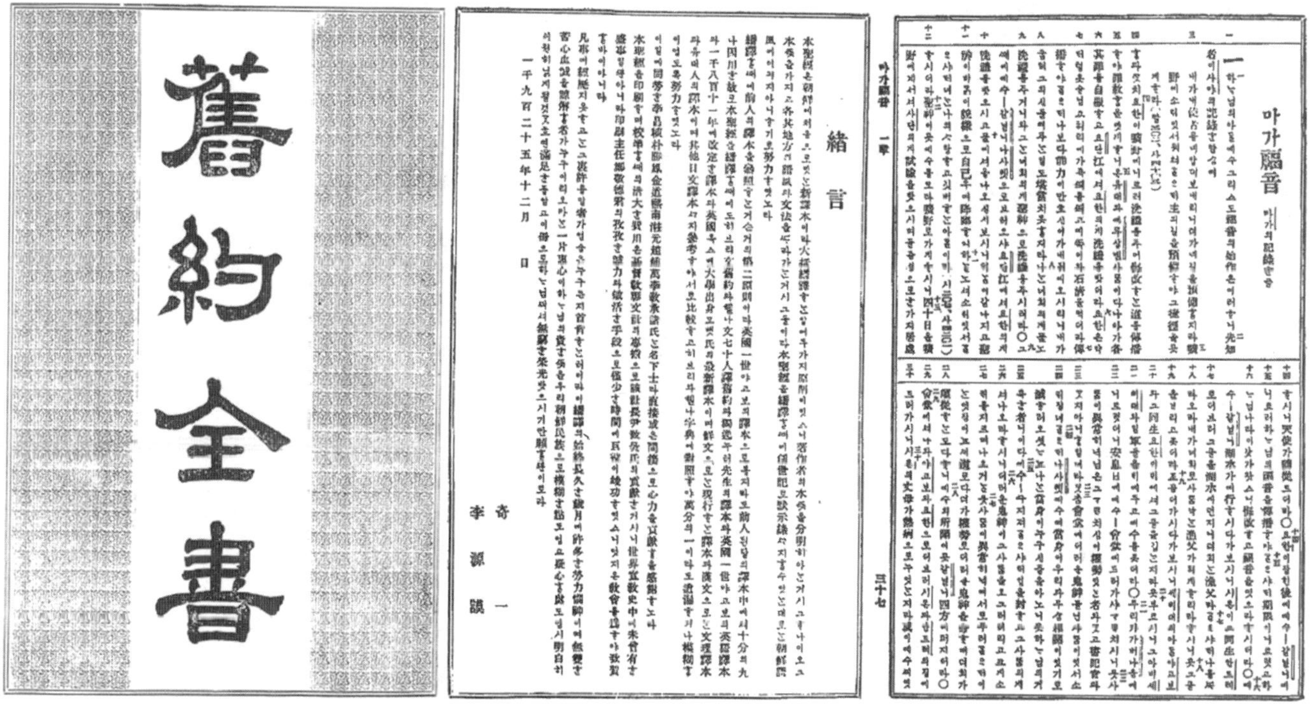

舊約全書

緒言

一千九百二十五年十二月 日

奇 一
李 源 謨 識

마가福音

마가福音 一章

三十七

⑩ 1925년『新譯 신구약젼셔』James Scarth Gale_한국성경대전집27

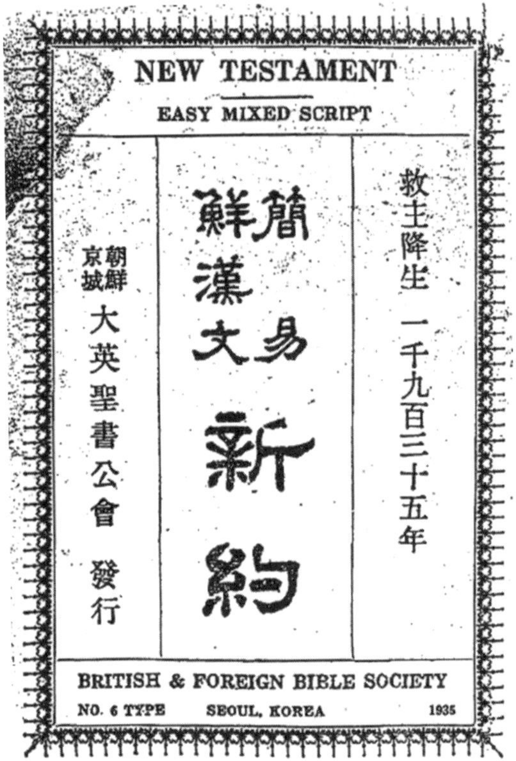

NEW TESTAMENT

EASY MIXED SCRIPT

救主降生 一千九百三十五年

簡易鮮漢文 新約

朝鮮京城 大英聖書公會 發行

BRITISH & FOREIGN BIBLE SOCIETY

NO. 6 TYPE SEOUL, KOREA 1935

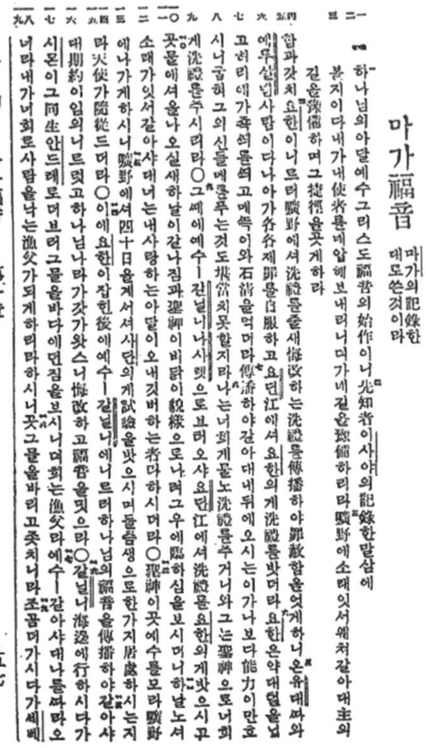

마가福音

마가의記錄한대로쓴것이라

新約 마가福音 第一章 五七

⑪ 1935년『簡易鮮漢文 新約』大英聖書公會_한국성경대전집35

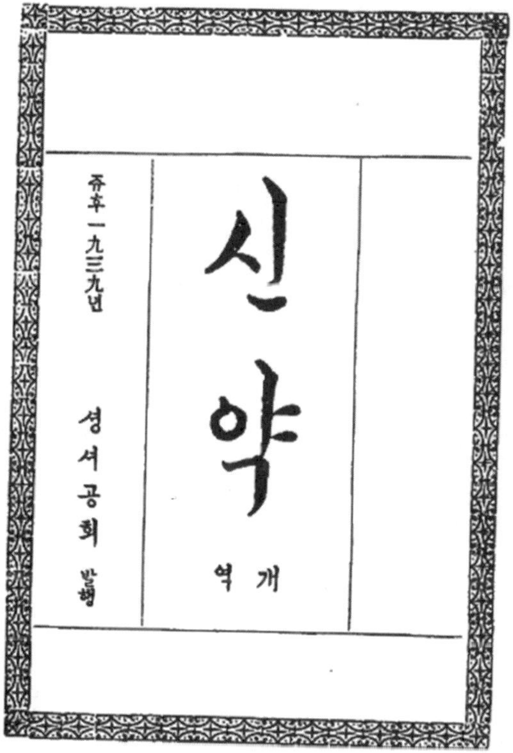

신약

개역

쥬후一九三九년

셩셔공회 발행

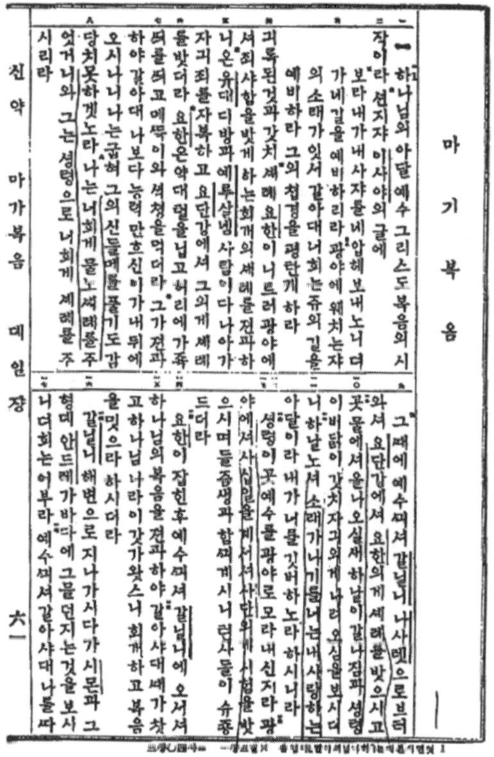

마가복음

一 하나님의 아달 예수 그리스도 복음의 시
작이라 2 션지쟈 이사야의 글에
보라 내가 내 사쟈를 네 압헤 보내노니 뎌
가 네 길을 예비하리라 3 광야에 웨치는 쟈
의 소래가 잇서 갈아대 너희는 쥬의 길을
예비하라 그의 쳡경을 평탄케 하라
4 긔록된 것과 갓치 셰례 요한이 니르러 광야에
셔 죄 사함을 밧게 하는 회개의 셰례를 젼파하
니 5 온 유대 디방과 예루살넴 사람이 다 나아가
자긔 죄를 자복하고 요단강에셔 그의게 셰례
를 밧더라 6 요한은 약대털을 닙고 허리에 가죡
띄를 띄고 메뚝이와 셕쳥을 먹더라 7 그가 젼파
하야 갈아대 나보다 능력 만흐신 이가 내 뒤에
오시나니 나는 굽혀 그의 신들메를 풀기도 감
당치 못하겟노라 8 나는 너희게 물노 셰례를 주
엇거니와 그는 셩령으로 너희게 셰례를 주
시리라
9 그때에 예수께셔 갈닐니 나사렛으로브터
와셔 요단강에셔 요한의게 셰례를 밧으시고
10 곳 물에셔 올나오실새 하날이 갈나짐과 셩령
이 비닭이 갓치 자긔의게 나려 오심을 보시더
니 11 하날노셔 소래가 나기를 너는 내 사랑하는
아달이라 내가 너를 깃버하노라 하시니라
12 셩령이 곳 예수를 광야로 모라내신지라 13 광
야에셔 사십일을 계서셔 사단의게 시험을 밧
으시며 들즘생과 함께 계시니 텬사들이 슈종
드더라
14 요한이 잡힌 후 예수께셔 갈닐니에 오셔셔
하나님의 복음을 젼파하야 갈아사대 15 때가 찻
고 하나님 나라이 갓가왓스니 회개하고 복음
을 밋으라 하시더라
16 갈닐니 해변으로 지나가시다가 시몬과 그
형데 안드레가 바다에 그믈 던지는 것을 보시
니 뎌희는 어부라 17 예수께셔 갈아사대 나를 따

신약 마가복음 뎨일장 六一

⑫ 1939년『신약 개역』셩셔공회_한국성경대전집44

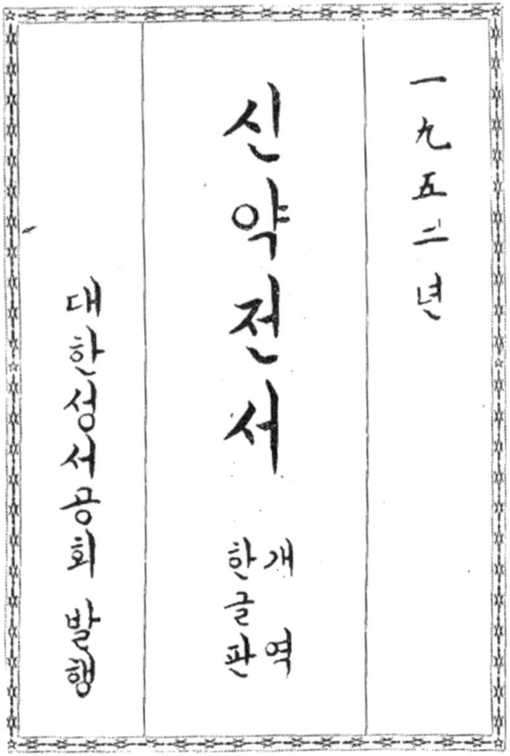
一九五二년

신약전서

개역 한글판

대한성서공회 발행

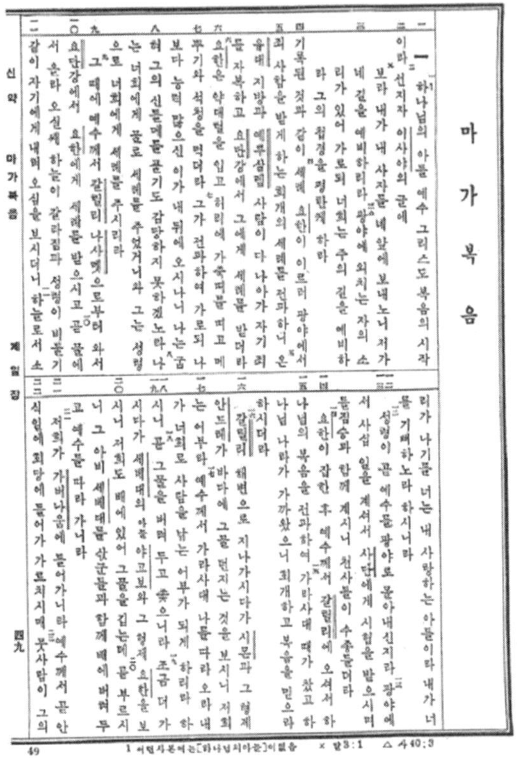
마가복음

신약 마가복음 제일장

一 하나님의 아들 예수 그리스도 복음의 시작
二 이라 선지자 이사야의 글에
보라 내가 내 사자를 네 앞에 보내노니 저가
三 네 길을 예비하리라 광야에 외치는 자의 소
리가 있어 가로되 너희는 주의 길을 예비하
라 그의 첩경을 평탄케 하라
四 기록된 것과 같이 세례 요한이 이르러 광야에서
五 죄 사함을 받게 하는 회개의 세례를 전파하니 온
유대 지방과 예루살렘 사람이 다 나아가 자기 죄
를 자복하고 요단강에서 그에게 세례를 받더라
六 요한은 약대털을 입고 허리에 가죽띠를 띠고 메
七 뚜기와 석청을 먹더라 그가 전파하여 가로되 나
보다 능력 많으신 이가 내 뒤에 오시나니 나는 굽
八 혀 그의 신들메를 풀기도 감당하지 못하겠노라 나
는 너희에게 물로 세례를 주었거니와 그는 성령
으로 너희에게 세례를 주시리라
九 그 때에 예수께서 갈릴리 나사렛으로부터 와서
十 요단강에서 요한에게 세례를 받으시고 곧 물에
서 올라 오실새 하늘이 갈라짐과 성령이 비둘기
十一 같이 자기에게 내려 오심을 보시더니 하늘로서 소
리가 나기를 너는 내 사랑하는 아들이라 내가 너
를 기뻐하노라 하시니라
十二 十三 성령이 곧 예수를 광야로 몰아내신지라 광야에
서 사십 일을 계셔서 사단에게 시험을 받으시며
들짐승과 함께 계시니 천사들이 수종들더라
十四 요한이 잡힌 후 예수께서 갈릴리에 오셔서 하
十五 나님의 복음을 전파하여 가라사대 때가 찼고 하
나님 나라가 가까왔으니 회개하고 복음을 믿으라
하시더라
十六 갈릴리 해변으로 지나가시다가 시몬과 그 형제
안드레가 바다에 그물 던지는 것을 보시니 저희
十七 는 어부라 예수께서 가라사대 나를 따라 오라 내
가 너희로 사람을 낚는 어부가 되게 하리라 하
十八 十九 시니 곧 그물을 버려 두고 좇으니라 조금 더 가
시다가 세베대의 아들 야고보와 그 형제 요한을 보
二十 시니 저희도 배에 있어 그물을 깁는데 곧 부르시
니 그 아비 세베대를 삯군들과 함께 배에 버려 두
고 예수를 따라 가니라
二一 저희가 가버나움에 들어가니라 예수께서 곧 안
二二 식일에 회당에 들어가 가르치시매 뭇사람이 그의

四九

49　1 어떤사본에는[하나님의아들]이없음　× 말3:1　△ 사40:3

⑬ 1952년『성경전서 개역 한글판』대한성서공회_연세대학교 도서관

마 가 복 음

マルコによる福音書

韓国語한글版
日本語口語訳
対照

発行所
日本聖書協会
1956

版権所有

We have received permission to use the Korean (Hankul) Version.

The copyright of the Japanese Colloquial Version is Jointly held by the Japan Bible Society, the American Bible Society and the British and Foreign Bible Society.

ST. MARK Cat. No. JCKOH550-2DI
Medium-sized Japanese Colloquial and Korean Hankul 8 Point
JBS, Ed. 1-10,000, 1956
Printed in Japan

マルコによる福音書

마 가 복 음

第 1 章

제 1 장

1

⑭ 1956년『マルコによる福音書』일본성서협회

나는 언어를, 한국어를 사랑한다. 사랑하는 만큼 잘 사용하고 더 많이 알아가기 위한 노력을 쉬지 않으며 새롭게 깨우칠 때마다 여전히 설렌다. 탄탄한 원전을 기반으로 하고 있으면서도 적지 않은 번역 오류와 어색한 번역과 시기별 번역본마다의 특징을 가지고 있는 성경 텍스트를 보고 또 보는 이유이기도 하다. 오래 볼수록 흥미로우나 너무 심오하고 의미로워 나 혼자 그 표현들을 제대로 들추고 해석해내기가 벅차다. 그래서 이렇게 대비하며 읽을 수 있는 틀로 편집하여 다른 사람들에게도 보여주고 싶었다. 같이 연구해보자는 취지이다. 부디 유익한 시선으로, 이 자료들을 국어사적, 성경 번역사적, 해석학적 연구에 활용하여 나의 소심하고 선한 의지가 선한 결과로 이어질 수 있기를 바란다.

이기적인 연구자 곁에서 외로운 날들을 지혜롭게 살아내고 있는 가족에게 늘 미안하고 고맙다. 필자의 이름으로 나오는 책이지만 가족의 이름으로 나와야 함이 마땅한, 시간의 축적물이다.
어려운 상황에서 책의 출판을 맡아준 전주대학교 출판부와 관계자분들께 감사할 뿐이다. 낯선 양식의 원고를 꼼꼼히 편집해준 분들께도 감사의 마음을 전한다.

잠실로에서
유 경 민

1장

마가福音 01:01

① 神之子,耶穌基督之福音,其始也,

② 하나님의 아달 예수 키리쓰토 복음의 처음이라

③ 하나님의 아달 예수 키리쓰토 복음의 처음이라

④ 샹뎨의 아ᄃᆞᆯ 예수 그리스도 복음이니 그 처음이라

⑤ 텬쥬의 아ᄃᆞᆯ 예수 긔독 복음의 시작이니

⑥ 하ᄂᆞ님의 아ᄃᆞᆯ 예수 그리스도 복음의 시작이니

⑦ 하ᄂᆞ님의 아ᄃᆞᆯ 예수 그리스도 복음의 시작이니

⑧ 하ᄂᆞ님의 아ᄃᆞᆯ 예수 그리스도 복음의 시작이니

⑨ 上帝의 子 예수 그리스도 福音의 始作이니

⑩ 하ᄂᆞ님의 아ᄃᆞᆯ 예수 그리스도 福音의 始作은 이러ᄒᆞ니

⑪ 하나님의 아달 예수 그리스도 福音의 始作이니

⑫ 하나님의 아달 예수 그리스도 복음의 시작이라

⑬ 하나님의 아들 예수 그리스도 복음의 시작이라

⑭ 神の子イエス·キリストの福音のはじめ。

마가福音 01:02

① 如在預言所知錄以云,視哉,我遣我使者於在爾前,以備爾道,

② 션지 이사야 써사되 보라 ᄂᆡ가 ᄂᆡ의 사쟈ᄅᆞᆯ 너희 압페 보ᄂᆡ여 너희 길ᄋᆞᆯ 예비하고

③ 션지 이사야 써사되 보라 ᄂᆡ가 ᄂᆡ의 사쟈ᄅᆞᆯ 너희 압페 보ᄂᆡ여 너희 길ᄋᆞᆯ 예비ᄒᆞ고
④ 션지쟈의 긔록ᄒᆞᆫ 바에 닐너스되 보라 내가 나의 ᄉᆞ쟈ᄅᆞᆯ 네 압희 보내여써 네 도ᄅᆞᆯ ᄀᆞᆺ초게 ᄒᆞ리라ᄒᆞᆫ 말과 ᄀᆞᆺ치
⑤ 션지쟈 이ᄉᆡ야의 긔륵ᄒᆞᆫ 것과 ᄀᆞᆺᄒᆞ니 닐ᄋᆞᄃᆡ 볼지어다 내가 내 ᄉᆞ쟈를 네 압희 보내여 네 길을 예비ᄒᆞᆯ식
⑥ 션지쟈 이ᄉᆡ야의 긔록ᄒᆞᆫ 말솜에 볼지어다 내가 내 ᄉᆞ쟈ᄅᆞᆯ 네 압희 보내여 네 길을 예비ᄒᆞ리니
⑦ 션지쟈 이새야의 긔록ᄒᆞᆫ 말솜에 ᄀᆞᆯᄋᆞᄃᆡ 볼지어다 내가 내 ᄉᆞ쟈를 네 압헤 보내여니 뎌가 네 길을 예비ᄒᆞ리라
(션지쟈 이새야의 긔록ᄒᆞᆫ 말솜에 닐ᄋᆞᄃᆡ 볼지어다 내가 내 ᄉᆞ쟈를 네 압헤 보내리니 뎌가 네 길을 예비ᄒᆞ리라)
⑧ 션지쟈 이사야의 긔록ᄒᆞᆫ 말솜에 볼지어다 내가 내 ᄉᆞ쟈를 네 압헤 보내리니 뎌가 네 길을 예비ᄒᆞ리라
⑨ 先知者 이사야의 記錄ᄒᆞᆫ 言에 見ᄒᆞᆯ지어다 我가 我의 使者를 爾의 前에 遣ᄒᆞ리니 彼가 爾의 道를 預備ᄒᆞ리라
⑩ 先知者 이사야의 記錄 ᄒᆞᆫ 말솜에 내가 내 使者를 네 압헤 보내리니 뎌가 네 길을 豫備ᄒᆞᆯ지라
⑪ 先知者 이사야의 記錄한 말삼에 볼지이다 내가 내 使者를 네 압헤 보내리니 뎌가 네 길을 豫備하리라
⑫ 션지쟈 이사야의 글에 보라 내가 내 사쟈를 네 압헤 보내노니 뎌가 네 길을 예비하리라
⑬ 선지자 이사야의 글에 보라 내가 내 사자를 네 앞에 보내노니 저가 네 길을 예비하리라
⑭ 予言者イザヤの書に、「見よ、わたしは使をあなたの先につかわし、あなたの道を整えさせるであろう。

마가福音 01:03

① 野有人聲呼云,備主之路,正直其徑。
② 들게셔 불으난 쟈의 소릐 갈오ᄃᆡ 쥬의 길을 예비하며 그ᄃᆡ로ᄅᆞᆯ 졍직케 ᄒᆞ리라 함 갓치
③ 들에셔 불으는 쟈의 소릐 갈오ᄃᆡ 쥬의 길ᄋᆞᆯ 예비ᄒᆞ며 그ᄃᆡ로ᄅᆞᆯ 졍직키 ᄒᆞ리라 한 갓치
④ 들에 사ᄅᆞᆷ의 소릐잇서 웨쳐 닐ᄋᆞᄃᆡ 쥬의 도ᄅᆞᆯ ᄀᆞᆺ초아 그 길을 곳게 ᄒᆞ다 ᄒᆞ더니

⑤ 들에 ᄒᆞ나의 소ᄅᆡ 잇서 웨여 ᄀᆞᆯᄋᆞᄃᆡ 쥬의 길을 예비ᄒᆞ야 그 굽은 길을 곳게 ᄒᆞ라 ᄒᆞ니라
⑥ 뷘 들에 소ᄅᆡ 잇서 웨여 ᄀᆞᆯᄋᆞᄃᆡ 쥬의 길을 예비ᄒᆞ야 그 쳡경을 곳게ᄒᆞ라 ᄒᆞᆷ과 ᄀᆞᆺ치
⑦ 뷘 들에 소ᄅᆡ 잇서 웨쳐 ᄀᆞᆯᄋᆞᄃᆡ 쥬의 길을 예비ᄒᆞ며 그 쳡경을 곳게ᄒᆞ라 ᄒᆞᆷ과 ᄀᆞᆺ치
(황무디에 소ᄅᆡ 잇서 웨쳐 ᄀᆞᆯᄋᆞᄃᆡ 쥬의 길을 예비ᄒᆞ며 그 쳡경을 곳게 ᄒᆞ라 ᄒᆞᆷ과 ᄀᆞᆺ치)
⑧ 뷘들에 소ᄅᆡ 잇서 웨쳐 ᄀᆞᆯᄋᆞᄃᆡ 쥬의 길을 예비ᄒᆞ며 그 쳡경을 곳게 ᄒᆞ라 ᄒᆞᆷ과 ᄀᆞᆺ치
⑨ 曠野에 聲이 有ᄒᆞ야 呼ᄒᆞ야 曰 主의 道를 預備ᄒᆞ며 其 捷徑을 直ᄒᆞ게 ᄒᆞ라 ᄒᆞᆷ과 ᄀᆞᆺ치
⑩ 曠野에 소ᄅᆡ 잇서 웨쳐 ᄀᆞᆯᄋᆞᄃᆡ 主의 길을 豫備ᄒᆞ야 그 捷徑을 곳게 ᄒᆞ라 ᄒᆞᆷ과 ᄀᆞᆺ치
⑪ 曠野에 소래 잇서 웨쳐 갈아대 主의 길을 豫備하며 그 捷徑을 곳게 하라 함과 갓치
⑫ 광야에 웨치는 쟈의 소래가 잇서 갈아대 너희는 쥬의 길을 예비하라 그의 쳡경을 평탄케 하라 긔록된 것과 갓치
⑬ 광야에 외치는 자의 소리가 있어 가로되 너희는 주의 길을 예비하라 그의 첩경을 평탄케 하라 기록된 것과 같이
⑭ 荒野で呼ばわる者の聲がする、『主の道を備えよ、その道筋をまっすぐにせよ』」と書いてあるように、

마가福音 01:04

① 約翰在野施洗禮,傳悔改之洗禮,俾得罪赦。
② 들게 밥팀레를 베풀고 회ᄀᆡ의 밥팀레를 젼하여써 죄를 샤케 하난 요안ᄂᆡ 오니
③ 들에 밥팀례를 베풀고 회ᄀᆡ의 밥팀례를 뎐ᄒᆞ여써 죄를 샤케 ᄒᆞᆫ 요안ᄂᆡ 닐으니
④ 요한이 들에셔 셰례를 베푸러 뉘웃쳐 곳치ᄂᆞᆫ 셰례를 젼ᄒᆞ야 ᄒᆞ여곰 죄샤ᄒᆞᆷ을 엇게 ᄒᆞ니
⑤ 요한이 와셔 들에셔 셰례를 주고 죄샤ᄒᆞᄂᆞᆫ 뉘웃쳐 곳치ᄂᆞᆫ 례를 젼ᄒᆞ니
⑥ 뷘들에셔 셰례 주ᄂᆞᆫ 요한이 와셔 뉘웃쳐 곳치ᄂᆞᆫ 셰례를 젼파ᄒᆞ매 이ᄂᆞᆫ 죄 샤ᄒᆞᆷ을 엇게 ᄒᆞᆷ이니

⑦ 뷘들에셔 셰례 주는 요한이 와셔 뉘웃쳐곳치는 셰례를 젼파ᄒᆞ매 이는 죄샤홈을 엇게 홈이니
(요한이 니러 황무디에셔 세례를 줄싀 요한이 와셔 회기ᄒᆞ는 셰례를 젼파ᄒᆞ야 죄샤홈을 엇게 ᄒᆞ니)
⑧ 요한이 니르러 뷘들에셔 세례를 줄싀 회기ᄒᆞ는 셰례를 젼파ᄒᆞ야 죄샤홈을 엇게 ᄒᆞ니
⑨ 요한이 至ᄒᆞ야 曠野에셔 洗禮를 施홀식 悔改ᄒᆞ는 洗禮를 傳播ᄒᆞ야 罪赦홈을 得케 ᄒᆞ니
⑩ 요한이 曠野에 니르러 洗禮를 주어 悔改ᄒᆞ는 道를 傳播ᄒᆞ야 罪赦홈을 엇게 ᄒᆞ니
⑪ 요한이 니르러 曠野에셔 洗禮를 줄 새 悔改하는 洗禮를 傳播하야 罪赦함을 엇게 하니
⑫ 셰례 요한이 니르러 광야에셔 죄샤함을 밧게 하는 회개의 셰례를 젼파하니
⑬ 세례 요한이 이르러 광야에서 죄사함을 받게 하는 회개의 세례를 전파하니
⑭ バプテスマのヨハネが荒野に現れて、罪のゆるしを得させる悔改めのバプテスマを宣(の)べ伝えていた。

마가福音 01:05

① 擧猶太地與耶路撒冷人，俱出就之悉在約但河,受洗禮於約翰,各認
② 오은 유딕 쌍와 예루살임 사람이 다 나아와 스사로 죄를 말하고 밥팀례를 욜단기굴에셔 밧다라
③ 오은 유딕 짜와 예루살임 사룸이 다 나아와 스사로 죄롤 말ᄒᆞ고 밥팀례롤 욜단기굴에셔 밧으라
④ 온 유대 이 짜와 다뭇 예루사넴 사룸이 다 와셔 요르단 하슈에셔 요한의게 셰례롤 밧고 각각 제 죄를 ᄌᆞ복ᄒᆞ더라
⑤ 온 유태 짜와 온 야로살럼 사룸이 다 나아가 각각 제 죄를 ᄌᆞ복ᄒᆞ고 요단하슈에셔 셰례를 요한의게 밧으니
⑥ 온 유대 짜와 예루살넴 사룸이 다 나아가 각각 제 죄롤 안다ᄒᆞ고 요단 강에셔 셰례롤 요한의게 밧더라
⑦ 온 유대 짜와 예루살넴 인이 다 나와 가가 제 죄를 안다ᄒᆞ고 요단 강에셔 요한의게 셰례를 밧더라
(온 유대 짜와 예루살넴 사룸이 다 나아가 각각 제 죄를 ᄌᆞ복ᄒᆞ고 요단강에셔 요한의게 셰례를 밧더라)

⑧ 왼 유대 ᄯᅡ와 예루살넴 사ᄅᆞᆷ이 다나아가 각각 제 죄를 ᄌᆞ복ᄒᆞ고 요단강에셔 요한의게 셰례를 밧더라

⑨ 왼 유대 地와 예루살넴 人이 皆就ᄒᆞ야 各各 渠罪를 自服ᄒᆞ고 요단江에셔 요한의게 洗禮를 受ᄒᆞ더라

⑩ 온 유대와 예루살넴 사ᄅᆞᆷ이 다 나아가 各 其罪를 自服ᄒᆞ고 요단江에셔 요한의게 洗禮를 밧더라

⑪ 온 유대 ᄯᅡ와 예루살넴 사람이 다 나아가 各各 제 罪를 自服하고 요단江에셔 요한의게 洗禮를 밧더라

⑫ 온 유대 디방과 예루살넴 사람이 다 나아가 자긔 죄를 자복하고 요단강에셔 그의게 셰례를 밧더라

⑬ 온 유대 지방과 예루살렘 사람이 다 나아가 자기 죄를 자복하고 요단강에서 그에게 세례를 받더라

⑭ そこで、ユダヤ全土とエルサレムの全住民とが、彼のもとにぞくぞくと出て行って、自分の罪を告白し、ヨルダン川でヨハ
ネからバプテスマを受けた。

마가福音 01:06

① 夫約翰衣駝毛, 腰束皮帶,食則蝗蟲野蜜,

② 요안ᄂᆡ난 약ᄃᆡ털을 닙고 가죽듸롤 허리에 묵고 먹ᄂᆞᆫ 거신 즉 눗벌기과 쳥밀이다라

③ 요안ᄂᆡᄂᆞᆫ 약ᄃᆡ털올 닙고 가죽듸롤 허리에 묵고 먹ᄂᆞᆫ 거신 눗벌기와 들에 쳥밀이드라

④ 대뎌 요한은 약ᄃᆡ의털을 닙고 허리에 가족ᄯᅴ롤 ᄯᅴ고 먹ᄂᆞᆫ 거ᄉᆞᆫ 황츙과 들ᄭᅮᆯ이러라

⑤ 요한은 약ᄃᆡ털을 닙고 허리에 가쥭ᄯᅴ을 ᄯᅴ고 뫼ᄯᅩᆨ이와 셕쳥을 먹더라

⑥ 요한은 약ᄃᆡ털을 닙고 허리에 가쥭ᄯᅴ롤 ᄯᅴ고 뫼ᄯᅩᆨ이와 셕쳥을 먹더라

⑦ 요한은 약ᄃᆡ털을 닙고 허리에 가쥭ᄯᅴ를 ᄯᅴ고 뫼ᄯᅮᆨ이와 셕쳥을 먹더라

⑧ 요한은 약ᄃᆡ털을 닙고 허리에 가쥭ᄯᅴ를 ᄯᅴ고 뫼ᄯᅩᆨ이와 셕쳥을 먹더라

⑨ 요한은 駝毛를 衣ᄒᆞ고 腰에 革帶를 帶ᄒᆞ고 螽과 石淸을 食ᄒᆞ더라

⑩ 요한은 약ᄃᆡ털옷슬 닙고 허리에 가족씌를 씌고 예ᄯᅳᆨ이와 石淸을 먹더라
⑪ 요한은 약대털을 닙고 허리에 가족씌를 씌고 메ᄯᅳᆨ이와 石淸을 먹더라
⑫ 요한은 약대털을 닙고 허리에 가족씌를 씌고 메ᄯᅳᆨ이와 셕쳥을 먹더라
⑬ 요한은 약대털을 입고 허리에 가죽띠를 띠고 메뚜기와 석청을 먹더라
⑭ このヨハネは、らくだの毛ごろもを身にまとい，腰に皮の帶をしめ、いなごと野密(のみつ)とを食物としていた。

마가福音 01:07

① 宣曰，有一後我而來者,勝於我也,即屈而解履帶,我亦不堪。
② 젼하여 갈오ᄃᆡ ᄂᆡ 뒤에 오ᄂᆞᆫ 쟈 나ᄅᆞᆯ 이길지니 굽어 그 신들ᄆᆡᄅᆞᆯ 풀지라도 나ᄂᆞᆫ 감당치 못할 거시
③ 뎐ᄒᆞ여 갈오ᄃᆡ ᄂᆡ 뒤에 오ᄂᆞᆫ 쟈 나ᄅᆞᆯ 이길지니 굽어되 그 신들ᄆᆡᄅᆞᆯ 풀지라도 나ᄂᆞᆫ 감당치 못할 거시
④ 젼도ᄒᆞ여 ᄀᆞᆯᄋᆞᄃᆡ 내 뒤에 ᄒᆞᆫ 사ᄅᆞᆷ이 오되 나보다 나흔지라 곳 굽펴 그 사ᄅᆞᆷ의 신들메ᄅᆞᆯ 푸ᄂᆞᆫ 소님도 내가 감당치 못ᄒᆞᆯ거시며
⑤ 젼도ᄒᆞ여 ᄀᆞᆯᄋᆞᄃᆡ 내 뒤에 오ᄂᆞᆫ 이ᄂᆞᆫ 날보다 능력이 만흐니 굽혀 그의 신들메를 푸ᄂᆞᆫ 것도 ᄯᅩᄒᆞᆫ 감당치 못ᄒᆞᆯ지라
⑥ 젼파ᄒᆞ야 ᄀᆞᆯᄋᆞᄃᆡ 내 뒤에 오시ᄂᆞᆫ 이가 날 보다 능력이 만흐시니 굽혀 그의 신들메ᄅᆞᆯ 푸ᄂᆞᆫ 것도 감당치 못ᄒᆞᆯ지라
⑦ 젼파ᄒᆞ여 ᄀᆞᆯᄋᆞᄃᆡ 내 뒤에 오시ᄂᆞᆫ이가 날보다 능력이 만흐시니 굽혀 그의 신들메를 푸ᄂᆞᆫ 것도 감당치 못ᄒᆞᆯ지라
(젼파ᄒᆞ야 ᄀᆞᆯᄋᆞᄃᆡ 내 뒤에 오시는 이가 나보다 능력이 만흐시니 굽혀 그의 신들메를 푸는 것도 감당치 못ᄒᆞᆯ지라)
⑧ 젼파ᄒᆞ야 ᄀᆞᆯᄋᆞᄃᆡ 내 뒤에 오시ᄂᆞᆫ 이가 나보다 능력이 만흐시니 굽혀 그의 신들메를 푸ᄂᆞᆫ 것도 감당치 못ᄒᆞᆯ지라
⑨ 傳播ᄒᆞ야 曰 我後에 來ᄒᆞ시ᄂᆞᆫ 이가 我보다 能力이 多ᄒᆞ시니 屈ᄒᆞ야 그의 履綦를 解ᄒᆞᄂᆞᆫ 것도 堪當치 못ᄒᆞᆯ지라
⑩ 傳播ᄒᆞ야 ᄀᆞᆯᄋᆞᄃᆡ 나보다 能力이 만흐신 이가 내 뒤에 오시리니 내가 굽혀 그의 신들메 푸ᄂᆞᆫ 일도 堪當치 못ᄒᆞᆯ지라
⑪ 傳播하야 갈아대 내 뒤에 오시는 이가 나보다 能力이 더 만흐시니 굽혀 그의 신들메를 푸는 것도 堪當치 못할 지라

⑫ 그가 젼파하야 갈아대 나보다 능력 만흐신 이가 내 뒤에 오시나니 나는 굽혀 그의 신들메를 풀기도 감당치 못하겟노라
⑬ 그가 전파하여 가로되 나보다 능력 많으신 이가 내 뒤에 오시나니 나는 굽혀 그의 신들메를 풀기도 감당하지 못하겠노라
⑭ 彼は宣べ伝えて言った，「わたしよりも力のあるかたが，あとからおいでになる。わたしはかがんで，そのくつのひもを
解く値うちもない。

마가福音 01:08
① 我以水給洗禮於爾,惟彼將以聖靈施洗禮於爾矣。
② 나ᄂᆞᆫ 너의를 물에셔 밥팀레ᄒᆞ되 오직 뎌ᄂᆞᆫ 너의를 셩령예셔 밥팀레ᄒᆞ리라 ᄒᆞ다라
③ 나ᄂᆞᆫ 너희ᄅᆞᆯ 물에셔 밥팀례ᄒᆞ 오직 뎌ᄂᆞᆫ 너희ᄅᆞᆯ 셩령에셔 밥팀례ᄒᆞ리라 ᄒᆞ드라
④ 나ᄂᆞᆫ 셰례ᄅᆞᆯ 물노써 너의게 주거니와 오직 이 사ᄅᆞᆷ은 셰례ᄅᆞᆯ 셩령으로써 너의게 주리라 ᄒᆞ더라
⑤ 나ᄂᆞᆫ 너를 물노 셰례를 주되 오직 그ᄂᆞᆫ 셩신으로 네게 셰례를 줄니라
⑥ 나ᄂᆞᆫ 너희게 물노 셰례ᄅᆞᆯ 주거니와 그ᄂᆞᆫ 셩신으로 너희게 셰례ᄅᆞᆯ 주시리라
⑦ 나는 너희게 물노 셰례를 주거니와 그는 셩신으로 너희게 셰례를 주시리라
⑧ 나는 너희게 물노 셰례를 주거니와 그는 셩신으로 너희게 셰례를 주시리라
⑨ 我는 爾等의게 水로 洗禮를 施ᄒᆞ거니와 그는 聖神으로 爾等의게 洗禮를 施ᄒᆞ시리라
⑩ 나ᄂᆞᆫ 너희의게 물노 洗禮를 주거니와 그ᄂᆞᆫ 너희의게 聖神으로 洗禮를 주시러라
⑪ 나는 너희게 물노 洗禮를 주거니와 그는 聖神으로 너희게 洗禮를 주시리라
⑫ 나는 너희게 물노 셰례를 주엇거니와 그는 셩령으로 너희게 셰례를 주시리라
⑬ 나는 너희에게 물로 세례를 주었거니와 그는 성령으로 너희에게 세례를 주시리라

⑭ わたしは水でバプテスマを受けたが，このかたは、聖靈によってバプテスマをお受けになるであろう」。

마가福音 01:09

① 當時,耶穌自加利利拿撒勒來,在約但受洗禮於約翰。

② 마즘 그 ᄯᅴ여 예수 가니ᄂᆡ 나살잇스로부터 와 요안ᄂᆡ의 밥팀레를 욜단에셔 밧고

③ 마참 그 ᄯᅴ에 예수 가니ᄂᆡ 나살잇스로부터 와 요안ᄂᆡ의 밥팀례룰 욜단기굴에셔 밧고

④ 이때 예수 갈닐니아의 나사렛으로브터 오샤 요르단에셔 요한의게 셰례룰 밧으시고

⑤ 그 ᄣᅢ에 예수ㅣ 가리리 나살륵으로 오샤 요단하에셔 셰례를 요한의게 밧으시고

⑥ 그 ᄣᅢ에 예수ㅣ 갈닐니 나사렛으로브터 오샤 요단강에셔 셰례룰 요한의게 밧으시고

⑦ 그 ᄣᅢ에 예수ㅣ를 갈닐니 나사렛으로브터 오샤 요단강에셔 셰례를 요한의게 밧으시고

⑧ 그 ᄣᅢ에 예수가 갈닐니 나사렛으로브터 오샤 요단강에셔 셰례를 요한의게 밧으시고

⑨ 其 時에 예수가 갈닐니 나시렛으로브터 來ᄒᆞ샤 요단江에샤 洗禮를 요한의게 受ᄒᆞ시고

⑩ 그 ᄣᅢ에 예수ㅣ 갈닐니 나사렛으로브터 오샤 요단江에셔 요한의게 洗禮를 밧으시고

⑪ 그 ᄣᅢ에 예수ㅣ 갈닐니 나사렛으로브터 오샤 요단江에셔 洗禮를 요한의게 밧으시고

⑫ 그 ᄣᅢ에 예수ᄭᅴ셔 갈닐니 나사렛으로브터 와셔 요단강에셔 요한의게 셰례를 밧으시고

⑬ 그 때에 예수께서 갈릴리 나사렛으로부터 와서 요단강에서 요한에게 세례를 받으시고

⑭ そのころ、イエスはガリラヤのナザレから出てきて，ヨルダン川で，ヨハネからバプテスマを受けになった。

마가福音 01:10

① 遂由水而上,見天開,有聖靈如鴿降於其上,

② 곳 물노 말믜암아 올나가다가 하날이 열니고 셩령이 비들기 갓치 그 우에 강님하물 보니

③ 곳 물노 말무암아 올나가다가 하날이 열니고 셩령이 비들기 갓치 그 우에 강님ᄒᆞ물 보니

④ 드ᄃᆡ여 물에 나오실째 하놀이 열니며 셩령이 합됴 ᄀᆞᆺ치 그 우희 강림ᄒᆞ심이 뵈이며

⑤ 곳 물에셔 나오실식 하놀이 열니며 ᄯᅩ 셩신이 비듥이 ᄀᆞᆺ치 그 우에 강림ᄒᆞᆷ을 보고

⑥ 곳 물에셔 올나 오실식 하놀이 ᄶᅵ여짐과 셩신이 비ᄃᆞᆰ이 모양으로 나려 그 우혜 림ᄒᆞ심을 보시고

⑦ 곳 물에셔 올나오실식 하놀이 찌여짐과 셩신이 비ᄃᆞᆰ이 모양으로 ᄂᆞ려 그우혜 립ᄒᆞ심을 보시고

(곳 물에셔 올나오실식 하놀이 갈나짐과 셩신이 비ᄃᆞᆰ이 모양으로 ᄂᆞ려 그 우혜 림ᄒᆞ심을 보시더니)

⑧ 곳 물에셔 올나오실식 하놀이 갈나짐과 셩신이 비ᄃᆞᆰ이 모양으로 ᄂᆞ려 그 우에 림ᄒᆞ심을 보시더니

⑨ 곳 水에셔 上來ᄒᆞ실식 天이 開ᄒᆞᆷ과 聖神이 鴿의 貌樣으로 降ᄒᆞ야 其 上에 臨ᄒᆞ심을 見ᄒᆞ시더니

⑩ 곳 水에셔 上來ᄒᆞ실식 天이 開ᄒᆞᆷ과 聖神이 鴿의 貌樣으로 降ᄒᆞ야 其 上에 臨ᄒᆞ심을 見ᄒᆞ시더니

⑪ 곳 물에셔 올나 오실 새 하날이 갈나짐과 聖神이 비닭이 貌樣으로 나려 그 우에 臨하심을 보시더니

⑫ 곳 물에셔 올나 오실 내 하날이 갈나짐과 셩령이 비닭이 갓치 자긔의게 나려 오심을 보시더니

⑬ 곧 물에서 올라 오실째 하늘이 갈라짐과 성령이 비둘기같이 자기에게 내려 오심을 보시더니

⑭ そして、水の中から上がられるとすぐ、天が裂けて，聖靈がはとのように自分に下がって來るのを、ごらんになった。

마가福音 01:11

① 又有聲自天來,云,爾乃我愛子,我所喜悅者也。

② ᄯᅩ 하날노붓터 소릐 이사되 너ᄂᆞᆫ ᄂᆡ의 사랑ᄒᆞᄂᆞᆫ 아달이니 나를 깃거ᄒᆞᄂᆞᆫ 바라 하다라
③ ᄯᅩ 하날노부터 소릐 이ᄉᆞ되 너ᄂᆞᆫ ᄂᆡ의 사랑ᄒᆞᄂᆞᆫ 아달이니 나ᄅᆞᆯ 깃거ᄒᆞᄂᆞᆫ 바라 ᄒᆞ더라
④ ᄯᅩᄒᆞᆫ 하ᄂᆞᆯ노브터 소릐잇서 닐ᄋᆞᄃᆡ 너ᄂᆞᆫ 나의 ᄉᆞ랑ᄒᆞᄂᆞᆫ 아ᄃᆞᆯ이니 나의 깃거ᄒᆞᄂᆞᆫ 쟈ㅣ라 ᄒᆞ시더라
⑤ ᄯᅩ 소릐가 하ᄂᆞᆯ노 나오되 너ᄂᆞᆫ 내의 ᄉᆞ랑ᄒᆞᄂᆞᆫ 아ᄃᆞᆯ이니 내의 깃거워ᄒᆞᄂᆞᆫ 이라 ᄒᆞ시더라
⑥ 하ᄂᆞᆯ노셔 소릐가 잇서 ᄀᆞᆯᄋᆞ샤ᄃᆡ 너ᄂᆞᆫ 내 ᄉᆞ랑ᄒᆞᄂᆞᆫ 아ᄃᆞᆯ이니 내 깃버ᄒᆞᄂᆞᆫ 쟈라 ᄒᆞ시더라
⑦ 하ᄂᆞᆯ노셔 소릐가 잇서 ᄀᆞᆯ아샤ᄃᆡ 너는 내 ᄉᆞ랑ᄒᆞᄂᆞᆫ 아ᄃᆞᆯ이니 내 깃버ᄒᆞᄂᆞᆫ 쟈ㅣ라 ᄒᆞ시더라
(하ᄂᆞᆯ노셔 소릐가 잇서 ᄀᆞᆯᄋᆞ샤ᄃᆡ 너는 내 ᄉᆞ랑ᄒᆞ는 아ᄃᆞᆯ이오 내 깃버ᄒᆞ는 쟈ㅣ라 ᄒᆞ시더라)
⑧ 하ᄂᆞᆯ노셔 소릐가 잇서 ᄀᆞᆯᄋᆞ샤ᄃᆡ 너는 내 ᄉᆞ랑ᄒᆞᄂᆞᆫ 아ᄃᆞᆯ이오 내 깃버ᄒᆞᄂᆞᆫ 쟈라 ᄒᆞ시더라
⑨ 天으로셔 聲이 有ᄒᆞ야 曰 爾는 我의 愛ᄒᆞᄂᆞᆫ 子요 我의 喜ᄒᆞᄂᆞᆫ 者라 ᄒᆞ시더라
⑩ 하ᄂᆞᆯ노셔 소릐 잇서 ᄀᆞᆯᄋᆞ샤ᄃᆡ 너ᄂᆞᆫ 나의 ᄉᆞ랑ᄒᆞ고 깃버ᄒᆞᄂᆞᆫ 아ᄃᆞᆯ이라 ᄒᆞ시더라
⑪ 하날노셔 소래가 잇서 갈아샤대 너는 내 사랑하는 아달이오 내 깃버하는 者라 하시더라
⑫ 하ᄂᆞᆯ노셔 소래가 나기를 너는 내 사랑히는 아달이리 내기 너를 깃버히노리 히시니리
⑬ 하늘로서 소리가 나기를 너는 내 사랑하는 아들이라 내가 너를 기뻐하노라 하시니라
⑭ すると天から聲があった,、「あなたはわたしの愛する子、わたしの心にかなう者である」。

마가福音 01:12
① 聖靈遂就導之適野,
② 곳 셩령이 인도ᄒᆞ여 들게 가 계셔
③ 곳 셩령이 감동ᄒᆞ여 들어에 가 계셔

④ 셩령이 즉시 인도ᄒᆞ여 들노 가니라
⑤ 셩신이 곳 예수를 모라 들에 나아가
⑥ 셩신이 곳 예수룰 모라 뷘들에 나아가
⑦ 셩신이 곳 예수를 모라 뷘들에 나가게ᄒᆞ시니
(셩신이 곳 예수를 모라 황무디에 나가게 ᄒᆞ시니)
⑧ 셩신이 곳 예수를 모라 뷘들에 나가게 ᄒᆞ시니
⑨ 聖神이 곳 예수를 驅ᄒᆞ야 曠野에 就ᄒᆞ게 ᄒᆞ시니
⑩ 聖神이 곳 예수를 모라 曠野로 가게 ᄒᆞ시니
⑪ 聖神이 곳 예수를 모라 曠野에 나가게 하시니
⑫ 셩령이 곳 예수를 광야로 모라 내신지라
⑬ 성령이 곧 예수를 광야로 몰아내신지라
⑭ それからすぐに、御靈(みたま)がイエスを荒野に追いやった。

마가福音 01:13

① 在彼野處四十日,見試於撒但,與野獸同在,天使服事之。
② 사십일에 시험을 사탄으게 보와 들즘싱으로 더부러 함게 이사니 샤쟈 셤기다라
③ 사십일에 시험올 사탄의게 보와 들즘싱으로 더부러 함ᄭᅴ 이ᄉᆞ니 샤쟈 셤기다라
④ 거긔셔 들에 쳐ᄒᆞ신제 ᄉᆞ십일에 사탄의게 시험홈을 당ᄒᆞ시고 들즘싱과 ᄀᆞᆺ치 계시매 하늘ᄉᆞ쟈ㅣ 시죵ᄒᆞ더라
⑤ 들에셔 ᄉᆞ십일을 살단의게 시험을 밧을실식 들즘싱으로 ᄒᆞᆫ가지 거쳐 ᄒᆞ시매 텬ᄉᆞ가 슈죵드니라

⑥ 뷘 들에 ᄉᆞ십일을 계셔셔 샤탄의게 시험을 밧으시며 들즘싱으로 ᄒᆞᆫ가지 거쳐ᄒᆞ시매 텬ᄉᆞ가 슈죵드더라
⑦ 뷘들에 ᄉᆞ십일을 계셔셔 사단의게 시험을 밧으시며 들즘승으로 ᄒᆞᆫ가지 거쳐ᄒᆞ시ᄂᆞᆫ지라 텬ᄉᆞ가 슈죵드더라
(황무디에셔 ᄉᆞ십일을 계셔셔 사단의게 시험을 밧으시며 들즘승으로 ᄒᆞᆫ가지 거쳐ᄒᆞ시는지라 텬ᄉᆞ가 슈죵드더라)
⑧ 뷘들에셔 ᄉᆞ십일을 계셔셔 사단의게 시험을 밧으시며 들즘싱으로 ᄒᆞᆫ가지 거쳐ᄒᆞ시매 텬ᄉᆞ가 슈죵드더라
⑨ 曠野에셔 四十日을 處ᄒᆞ야 사단의게 試驗을 受ᄒᆞ시며 野獸로 同居處ᄒᆞ시ᄂᆞᆫ지라 天使가 隨從드더라
⑩ 四十 日을 曠野에 계서셔 사단의게 試驗을 밧으시며 들즘성으로 ᄒᆞᆫ가지 居處 ᄒᆞ시니 天使가 隨從드더라
⑪ 광야에셔 四十日을 계서셔 사단의게 試驗을 밧으시며 들즘생으로 한가지 居處하시는 지라 天使가 隨從드더라
⑫ 광야에셔 사십일을 계서셔 사단의게 시험을 밧으시며 들즘생과 함ᄭᅴ 계시니 텬샤들이 슈죵드더라
⑬ 광야에서 사십일을 계셔서 사단에게 시험을 받으시며 들짐승과 함께 계시니 천사들이 수종들더라
⑭ イエスは四十日のあいだ荒野にいて、サタンの試みにあわれた。そして獸もそこにいたが,御使(みつかい)たちはイエスに仕えていた。

마가福音 01:14

① 約翰見囚之後,耶穌至加利利,傳神國至福音,
② 요안ᄂᆡ 갓친 후에 예수 가니ᄂᆡ에 와 하나님의 복음을 젼ᄒᆞ여
③ 요안ᄂᆡ 갓친 후에 예수 가니ᄂᆡ에 와 하나님의 복음올 뎐ᄒᆞ여
④ 요한이 갓침을 당ᄒᆞᆫ 후에 예수ㅣ 갈닐늬아에 니ᄅᆞ러 텬국의 복음을 젼ᄒᆞ야
⑤ 이에 요한이 갓친 후에 예수ㅣ 가리리에 니ᄅᆞ러 텬쥬 복음을 젼ᄒᆞ여 ᄀᆞᆯᄋᆞ샤ᄃᆡ
⑥ 이에 요한이 갓친 후에 예수ㅣ 갈닐니에 니ᄅᆞ러 하ᄂᆞ님의 복음을 젼파ᄒᆞ야

⑦ 이에 요한이 갓친 후에 예수ㅣ 갈닐니에 니르러 하ᄂᆞ님의 복음을 전파ᄒᆞ여
(이에 요한이 잡힌 후에 예수ㅣ 갈닐니에 니르러 하ᄂᆞ님의 복음을 젼파ᄒᆞ야)
⑧ 이에 요한이 잡힌 후에 예수가 갈닐니에 니르러 하ᄂᆞ님의 복음을 젼파ᄒᆞ야
⑨ 이에 요한이 被捉ᄒᆞᆫ 後에 예수가 갈닐니에 至ᄒᆞ야 上帝의 福音을 傳播ᄒᆞ야
⑩ 요한이 잡힌 後에 예수ㅣ 갈닐니에 니르러 하ᄂᆞ님의 福音을 傳播ᄒᆞ야
⑪ 이에 오한이 잡힌 後에 예수ㅣ 갈닐니에 니르러 하나님의 福音을 傳播하야
⑫ 요한이 잡힌 후 예수ᄭᅴ셔 갈닐니에 오셔셔 하나님의 복음을 젼파하야
⑬ 요한이 잡힌 후 예수께서 갈릴리에 오셔서 하나님의 복음을 전파하여
⑭ ヨハネが捕えられた後,イエスはがリラやに行き、神の福音を宣(の)べ伝えて言われた、

마가福音 01:15
① 云,期已屆矣,神國邇矣,爾宜悔改,信福音。
② 갈오샤ᄃᆡ ᄯᆡ가 차고 텬국이 갓가와ᄉᆞ니 회ᄀᆡᄒᆞ고 복음올 밋으라 ᄒᆞ다라
③ 갈오샤ᄃᆡ ᄯᆡ가 차고 텬국이 갓가와ᄉᆞ니 회ᄀᆡᄒᆞ고 복음올 밋으라 ᄒᆞ드라
④ 닐ᄋᆞ시ᄃᆡ 긔약이 임의 니ᄅᆞ럿고 텬국이 갓가온지라 너희ᄂᆞᆫ 맛당이 뉘웃고 곳쳐 복음을 밋을지어다
⑤ 긔약이 임의 니ᄅᆞ고 텬국이 갓가왓스니 뉘웃쳐 긋치고 복음을 밋을지어다
⑥ ᄀᆞᆯᄋᆞ샤ᄃᆡ 긔약이 임의 니ᄅᆞ럿고 텬국이 갓가왓시니 뉘웃쳐 곳치고 복음을 밋으라
⑦ ᄀᆞᆯᄋᆞ샤ᄃᆡ 긔약이 임의 니르럿고 텬국이 갓가왓스니 뉘웃쳐곳치고 복음을 밋으라
(ᄀᆞᆯᄋᆞ샤ᄃᆡ 긔약이 임의 니르럿고 하ᄂᆞ님나라이 갓가왓시니 회ᄀᆡᄒᆞ고 복음을 밋으라)

⑧ ᄀᆞᆯᄋᆞ샤ᄃᆡ 긔약이 임의 니르럿고 하ᄂᆞ님의나라히 갓가왓시니 회기ᄒᆞ고 복음을 밋으라
⑨ 日 期約이 已至ᄒᆞ엿고 上帝國이 近ᄒᆞ엿스니 悔改ᄒᆞ고 福音을 信ᄒᆞ라
⑩ ᄀᆞᆯᄋᆞ샤ᄃᆡ 期限이 니르럿도 하ᄂᆞ님 나라이 갓가왓스니 悔改ᄒᆞ고 福音을 밋으라 ᄒᆞ시더라
⑪ 갈아샤대 期約이 임의 니르럿고 하나님 나라가 갓가 왓스니 悔改하고 福音을 밋으라
⑫ 갈아샤대 ᄣᅢ가 찻고 하나님 나라이 갓가왓스니 회개하고 복음을 밋으라 하시더라
⑬ 가라사대 때가 찼고 하나님의 나라가 가까왔으니 회개하고 복음을 믿으라 하시더라
⑭「時は滿ちた, 神の國は近づいた。悔い改めて福音を信ぜよ」。

마가福音 01:16

① 耶穌行於加利利海濱,見西門,與其兄弟安得烈,施罟於海,蓋彼乃漁者也。
② 가니너 ᄒᆡ변에 ᄒᆡᆼᄒᆞ다가 시몬과 그 동ᄉᆡᆼ 안드랴 그물을 바다에 더지물 보니 뎌는 고기 잡는 사람이미라
③ 가니너 ᄒᆡ변에 ᄒᆡᆼᄒᆞ다가 시몬과 그 동ᄉᆡᆼ 인드랴 그물을 바다에 디지물 보니 뎌는 고기 집는 사ᄅᆞᆷ이라
④ 예수ㅣ 갈ᄉᆡ니아 ᄒᆡ변에 ᄒᆡᆼᄒᆞ시다가 시몬이 제 동ᄉᆡᆼ 안드레아로 더브러 바다에 그믈질ᄒᆞᆷ을 보시니 이 사ᄅᆞᆷ들은 어부ㅣ라
⑤ 예수ㅣ 가리리 바다가에 ᄒᆡᆼᄒᆞ시다가 셔문이 그 동ᄉᆡᆼ 안득렬노 더브러 그믈을 바다에 더짐을 보시니 그들이 어부일너라
⑥ 갈닐니 ᄒᆡ변에 ᄒᆡᆼᄒᆞ시다가 시몬이 그 동ᄉᆡᆼ 안드레로 더브러 그믈을 바다에 더짐을 보시니 이는 어부ㅣ라
⑦ 갈닐니 ᄒᆡ변에 ᄒᆡᆼᄒᆞ시다가 시몬이 그 동ᄉᆡᆼ 안드레로 더브러 그믈을 바다에 더짐을 보시니 이는 어부ㅣ라
(갈닐니 ᄒᆡ변에 ᄒᆡᆼᄒᆞ시다가 시몬이 그 동ᄉᆡᆼ 안드레로 더브러 그믈을 바다에 던짐을 보시니 뎌희는 어부ㅣ라)
⑧ 갈닐니 ᄒᆡ변에 ᄒᆡᆼᄒᆞ시다가 시몬이 그 동ᄉᆡᆼ 안드레로 더브러 그믈을 바다에 던짐을 보시니 뎌희는 어부라
⑨ 갈닐니 海邊에 行ᄒᆞ시다가 시몬이 其 同生 안드레로 더브러 網을 海에 投ᄒᆞᆷ을 見ᄒᆞ시니 彼等은 漁父라

⑩ 예수ㅣ 갈닐니 湖水가에 行ᄒᆞ시다가 보시니 시몬이 그 同生 안드레로 더브러 그물을 湖水에 던지니 뎌희ᄂᆞᆫ 漁父라
⑪ 갈닐니 海邊에 行하시다가 시몬이 그 同生 안드레로 더브러 그믈을 바다에 던짐을 보시니 뎌희는 漁父라
⑫ 갈닐니 해변으로 지나가시다가 시몬과 그 형뎨 안드레가 바다에 그믈 던지는 것을 보시니 뎌희는 어부라
⑬ 갈릴리 해변으로 지나가시다가 시몬과 그 형제는 어부라
⑭ さて、イエスはがリラやの海べを歩いて行かれ、シモンとシモンの兄弟アンデレとが、海で網を打っているのをごらんに
なった。彼らは漁師であった。

마가福音 01:17

① 耶穌謂至曰,從我,我將使爾爲漁人至漁者。
② 예수 일오ᄃᆡ 나를 좃추라 ᄂᆡ 너의로 사람을 엇난 쟈 되게 ᄒᆞ리라 ᄒᆞ니
③ 예수 갈오샤ᄃᆡ 나ᄅᆞᆯ 좃ᄎᆞ라 ᄂᆡ 너희로 사ᄅᆞᆷᄋᆞᆯ 엇ᄂᆞᆫ 쟈 되게 ᄒᆞ리라 ᄒᆞ니
④ 예수ㅣ 닐ᄋᆞ샤ᄃᆡ 나ᄅᆞᆯ 조차면 나ㅣ 쟝ᄎᆞᆺ 사ᄅᆞᆷ을 낙ᄂᆞᆫ 어부ㅣ 되게 ᄒᆞ리라 ᄒᆞ시니
⑤ 예수ㅣ ᄀᆞᆯᄋᆞ샤ᄃᆡ 나를 좃치라 쟝ᄎᆞᆺ 사ᄅᆞᆷ을 낙ᄂᆞᆫ 어부ㅣ 되게 ᄒᆞ리라 ᄒᆞ시니
⑥ 예수ㅣ ᄀᆞᆯᄋᆞ샤ᄃᆡ 나ᄅᆞᆯ ᄯᆞ라 오너라 내 너희들이 사ᄅᆞᆷ을 낙ᄂᆞᆫ 어부가 되게 ᄒᆞ리라 ᄒᆞ시니
⑦ 예수ㅣ ᄀᆞᆯᄋᆞ샤ᄃᆡ 나를 ᄯᆞ라오너라 내 너희들노 사ᄅᆞᆷ을 낙ᄂᆞᆫ 어부가 되게 ᄒᆞ리라 ᄒᆞ시니
(예수ㅣ ᄀᆞᆯᄋᆞ샤ᄃᆡ 나를 ᄯᆞ라오너라 내가 너희들노 사ᄅᆞᆷ을 낙는 어부가 되게 ᄒᆞ리라 ᄒᆞ시니)
⑧ 예수ㅣ ᄀᆞᆯᄋᆞ샤ᄃᆡ 나를 ᄯᆞ라오너라 내가 너희들노 사ᄅᆞᆷ을 낙는 어부가 되게 ᄒᆞ리라 ᄒᆞ시니
⑨ 예수ㅣ 曰 我를 隨來ᄒᆞ라 我가 爾等으로 人을 釣ᄒᆞᄂᆞᆫ 漁夫가 되게 ᄒᆞ리라 ᄒᆞ시니
⑩ ᄀᆞᆯᄋᆞ샤ᄃᆡ 나를 ᄯᆞ라 오라 내가 너희로 사ᄅᆞᆷ 낙ᄂᆞᆫ 漁父가 되게 ᄒᆞ리라 ᄒᆞ시니

⑪ 예수ㅣ 갈아샤대 나를 ᄯᅡ라오너라 내가 너희로 사람을 낙는 漁父가 되게 하리라 하시니
⑫ 예수씌셔 갈아샤대 나를 ᄯᅡ라 오너라 내가 너희로 사람을 낙는 어부가 되게 하리라 하시니
⑬ 예수께서 가라사대 나를 따라 오라 내가 너희로 사람을 낚는 어부가 되게 하리라 하시니
⑭ イエスは彼らに言われた、「わたしについてきなさい。あなたがたを、人間をとる漁師にしてあげよう」。

마가福音 01:18

① 彼棄其網而從之。
② 뎌 즉시 그물을 버리고 좇다라
③ 뎌 즉시 그물ᄋᆞᆯ 버리고 좇더라
④ 그 사ᄅᆞᆷ이 즉시 그믈을 ᄇᆞ리고 예수ᄅᆞᆯ 조차니라
⑤ 그들이 곳 그물을 ᄇᆞ리고 좇더라
⑥ 곳 그믈을 ᄇᆞ리고 좃치니라
⑦ 곳 그믈을 ᄇᆞ리고 조ᄎᆞ니라
(곳 그믈을 ᄇᆞ리고 좃치니라)
⑧ 곳 그믈을 ᄇᆞ리고 좃치니라
⑨ 곳 綱을 棄ᄒᆞ고 從ᄒᆞ니라
⑩ 곳 그믈을 ᄇᆞ리고 좃더라
⑪ 곳 그믈을 바리고 좃치니라
⑫ 곳 그믈을 바려두고 좃츠니라

⑬ 곧 그물을 버려 두고 곶으니라
⑭ すると、彼らはすぐに網を捨てて、イエスに従った。

마가福音 01:19

① 由此少進,見西庇太之子雅各,與其兄弟約翰,在舟補網。
② 거긔로 죠금 나아가다가 시비ᄃᆡ의 아달 야곱과 그 동싱 요안ᄂᆡᄅᆞᆯ 보니 ᄇᆡ에셔 그물ᄋᆞᆯ 깁거날
③ 거긔로 죠금 나아가다가 시비ᄃᆡ의 아달 야곱과 그 동싱 요안ᄂᆡᄅᆞᆯ 보니 ᄇᆡ에셔 그물ᄋᆞᆯ 깁거날
④ 여긔로 조차 조곰 더 가셔 졔비ᄃᆡ의 아ᄃᆞᆯ 야고보와 그 동싱 요한으로 더브러 ᄇᆡ에셔 그믈을 기음을 보시고
⑤ 조곰 더 가시다가 셔비태의 아ᄃᆞᆯ 아각이 그 동싱 요한으로 더브러 ᄇᆡ에셔 그믈들 깁ᄂᆞᆫ 거ᄉᆞᆯ 보시고
⑥ 조곰 더 겨시다가 셰비대의 아ᄃᆞᆯ 야고보와 그 동싱 요한을 보시니 이ᄂᆞᆫ ᄯᅩ ᄇᆡ에 잇서 그믈을 깁ᄂᆞᆫᄃᆡ
⑦ 조곰 더 가시다가 쎄베대의 아ᄃᆞᆯ 야고보와 그 동싱 요한을 보시니 이들이 ᄇᆡ에 잇서 그믈을 깁ᄂᆞᆫᄃᆡ
(조곰 더 가시다가 쎄베대의 아ᄃᆞᆯ 야고보와 그 동싱 요한을 보시니 뎌희도 ᄇᆡ에 잇서 그믈을 깁는ᄃᆡ)
⑧ 조곰 더 가시다가 세베대의 아ᄃᆞᆯ 야고보와 그 동싱 요한을 보시니 뎌희도 ᄇᆡ에 잇서 그믈을 깁ᄂᆞᆫᄃᆡ
⑨ 稍益進ᄒᆞ시다가 세베대의 子 야고보와 其 同生 요한을 見ᄒᆞ시니 彼等도 舟에 在ᄒᆞ야 網을 補ᄒᆞᄂᆞᆫᄃᆡ
⑩ 조곰 더 가시다가 보시니 세베대의 아ᄃᆞᆯ 야고보와 그 同生 요한이 ᄇᆡ에셔 그물을 깁ᄂᆞᆫ지라
⑪ 조곰 더 가시다가 세베대의 아달 야고보와 그 同生요한을 보시니 뎌희도 배에 잇서 그믈을 깁는대
⑫ 조곰 더 가시다가 세베대의 아달 야고보와 그 형뎨 요한을 보시니 뎌희도 배에 잇서 그믈을 깁는대
⑬ 조금 더 가시다가 세베대의 아들 야고보와 그 형제 요한을 보시니 저희도 배에 있어 그물을 깁는데
⑭ また少し進んで行かれると、ゼベダイの子ヤコブとその兄弟ヨハネとが、舟の中で網を繕っているのをごらんになった。

마가福音 01:20

① 耶穌遂召之,彼遣父西庇太,偕傭人於舟,而從耶穌。

② 이여 불우니 아밤 시비ᄃᆡ와 함긔 ᄒᆞ던 삼군을 ᄇᆡ에셔 쟉별ᄒᆞ고 좃다라

③ 이여 불우니 아밤 시비ᄃᆡ와 함ᄭᅴ ᄒᆞ던 삭군ᄋᆞᆯ ᄇᆡ에셔 쟉별ᄒᆞ고 좃더라

④ 예수ㅣ 드ᄃᆡ여 부ᄅᆞ시니 요한이 그 아비 졔비ᄃᆡᄂᆞᆫ 픔군과 ᄀᆞᆺ치 ᄇᆡ에 잇스라 ᄒᆞ고 예수ᄅᆞᆯ 조차니라

⑤ 예수ㅣ 곳 부ᄅᆞ시니 그들이 아바니 셔비레와 삭군들을 ᄇᆡ에 두고 예수를 좃더라

⑥ 곳 부ᄅᆞ시거ᄂᆞᆯ 그 아비 셰비대와 삭군들을 ᄇᆡ에 두고 예수ᄅᆞᆯ 좃치니라

⑦ 곳 부르시거늘 그 아비 쎄베대와 삭군들을 ᄇᆡ에 두고 예수를 조ᄎᆞ니라

(곳 부르시거늘 그 아비 쎄베대와 삭군들을 ᄇᆡ에 두고 예수를 좃치니라)

⑧ 곳 부르시거늘 그 아비 세베대와 삭군들을 ᄇᆡ에 두고 예수를 좃치니라

⑨ 即招ᄒᆞ시거ᄂᆞᆯ 其 父 세베대와 雇軍들을 舟에 置ᄒᆞ고 예수를 從ᄒᆞ니라

⑩ 곳 부르시니 그 아비 세베대와 일軍들ᄋᆞᆯ ᄇᆡ에 두고 예수를 좃더라

⑪ 곳 부르시거늘 그 아비 세배대와 삭軍들을 배에 두고 예수를 좃치니라

⑫ 곳 부르시니 그 아비 세베대를 삭군들과 함ᄭᅴ 배에 바려두고 예수를 ᄧᅡ라가니라

⑬ 곧 부르시니 그 아비 세베대를 삯군들과 함께 배에 버려 두고 그 예수를 따라 가니라

⑭ そこで、すぐ彼らをお招きになると、父ゼベダイを雇人たちと一緒に舟において、イエスのあとについて行った。

마가福音 01:21

① 衆進迦百農,即於安息日,入會堂教誨。

② 가빌남에 나아가 사밧일에 회당에 들어가 가라치니
③ 가빌남에 나아가 사밧일에 회당에 들어가 가라치니
④ 그 사름들이 가베나온에 나아가 즉시 사벳일에 회당에 드러가샤 ᄀᆞᄅᆞ침을 펴시니
⑤ 가빅농에 드러가시니 곳 사밧 날이라 예수ㅣ 회당에 드러가샤 ᄀᆞᄅᆞ치시니
⑥ 무리가 가버나움에 드러가시니 곳 안식일에 예수ㅣ 회당에 드러가샤 ᄀᆞᄅᆞ치시니
⑦ 무리가 가버나움에 드러가니 곳 안식일에 예수ㅣ 회당에 드러가샤 ᄀᆞᄅᆞ치시매
(뎌희가 가버나움에 드러가니 안식일에 예수ㅣ 회당에 드러가샤 ᄀᆞᄅᆞ치시매)
⑧ 뎌희가 가버나움에 드러가니 안식일에 예수가 회당에 드러가샤 ᄀᆞᄅᆞ치시매
⑨ 彼等이 가버나움에 入ᄒᆞ다 安息日에 예수가 會堂에 入ᄒᆞ샤 訓ᄒᆞ시매
⑩ 무리가 가버나움에 니르럿더니 安息日에 예수ㅣ 會堂에 드러가샤 ᄀᆞᄅᆞ치시니
⑪ 뎌희가 가버나움에 드러가니 安息日에 예수ᄭᅴ셔 會堂에 드러가샤 가라치시매
⑫ 뎌희가 가버나움에 드러가니라 예수ᄭᅴ셔 곳 안식일에 회당에 드러가 가라치시매
⑬ 저희가 가버나움에 들어가니라 예수께서 곧 안식일에 회당에 들어가 가르치시매
⑭ それから、彼らはカペナウムに行った。そして安息日にすぐ、イエスは會堂にはいって教えられた。

마가福音 01:22

① 衆奇其教,因其教之如操權者,非如士子也。
② 뭇사름이 그 가라차물 긔긔히 네기문 그 가라치미 권병 잇난 쟈 갓고 션비 갓지 안이미다라
③ 뭇사름이 그 가라차물 긔긔히 네기문 그 가라치미 권병 잇는 쟈 갓고 션비 갓지 온이미더라

④ 그 ᄀᆞᄅᆞ치심이 마치 집권ᄒᆞᆫ 이 ᄀᆞᆺ고 션비들과 ᄀᆞᆺ지ᄂᆞᆫ 아니ᄒᆞ니 이러므로 뭇사ᄅᆞᆷ이 그 교ᄅᆞᆯ 긔이히 넉이더라
⑤ 뭇사ᄅᆞᆷ이 ᄀᆞᄅᆞ치심을 긔긔히 넉임은 그 사ᄅᆞᆷ ᄀᆞᄅᆞ치ᄂᆞᆫ 거시 권셰를 잡은 이 ᄀᆞᆺ고 셔샤관과 ᄀᆞᆺ지 아님일너라
⑥ 뭇사ᄅᆞᆷ이 그 ᄀᆞᄅᆞ치심을 이샹히 녁임은 그 ᄀᆞᄅᆞ치ᄂᆞᆫ 거시 권셰 잇ᄂᆞᆫ 이와 ᄀᆞᆺ고 셔샤관과 ᄀᆞᆺ지 아니ᄒᆞᆷ일너라
⑦ 뭇사ᄅᆞᆷ이 그 ᄀᆞᄅᆞ치심을 이샹히 녁임은 그 ᄀᆞᄅᆞ치ᄂᆞᆫ 거시 권셰 잇ᄂᆞᆫ 이와 ᄀᆞᆺ고 셔귀관과 ᄀᆞᆺ지 아니ᄒᆞᆷ일너라
(뭇사ᄅᆞᆷ이 그 ᄀᆞᄅᆞ치심을 이샹히 녁임은 그 ᄀᆞᄅᆞ치는 거시 권셰 잇는 이와 ᄀᆞᆺ고 셔긔관과 ᄀᆞᆺ지 아니ᄒᆞᆷ일너라)
⑧ 뭇사ᄅᆞᆷ이 그 ᄀᆞᄅᆞ치심을 이샹히 녁임은 그 ᄀᆞᄅᆞ치는 거시 권셰 잇ᄂᆞᆫ 쟈와 ᄀᆞᆺ고 셔긔관과 ᄀᆞᆺ지 아니ᄒᆞᆷ일너라
⑨ 衆人이 其 訓ᄒᆞ심을 異常히 녁임은 其 訓ᄒᆞᄂᆞᆫ 거시 權勢가 有ᄒᆞᆫ 者와 如ᄒᆞ고 書記官과 如치 아니ᄒᆞᆷ일너라
⑩ 뭇사ᄅᆞᆷ이 異常히 녁닙은 그 ᄀᆞᄅᆞ치심이 權勢잇ᄂᆞᆫ 者와 ᄀᆞᆺ고 書記官과 ᄀᆞᆺ지 아니ᄒᆞᆷ일너라
⑪ 뭇사람이 그 가라치심을 異常히 녁임은 그 가라치는 것이 權勢잇는 者와 갓고 書記官과 갓지 아니함일너라
⑫ 뭇사람이 그의 교훈에 놀나니 이는 그 가라치시는 것이 권셰 잇는 쟈와 갓고 셔긔관들과 갓지 아니함일너라
⑬ 뭇사람이 그의 교훈에 놀라니 이는 그 가르치시는 것이 권세 있는 자와 같고 서기관들과 같지 아니함일러라
⑭ 人々は，その教に驚いた。律法學者たちのようにではなく，權威ある者のように、教えられたからである。

마가福音 01:23

① 在會堂,有一人患汚鬼,乎附,
② 회당에 더러운 귀신 품은 사람이 이서 불너 갈오되
③ 회당에 더러운 귀신 품은 사ᄅᆞᆷ이 이서 불너 갈오되
④ 회당에 계실제 ᄒᆞᆫ 못쓸 사귀들닌 사ᄅᆞᆷ이 잇서셔
⑤ 회당에셔 곳 샤귀 들닌 사ᄅᆞᆷ ᄒᆞ나이 잇서 불너 ᄀᆞᆯᄋᆞᄃᆡ

⑥ ᄆᆞᆺ춤 회당에셔 샤귀 들닌 사ᄅᆞᆷ이 잇서 소ᄅᆡ 질너
⑦ 맛춤 회당에셔 샤귀 들닌 사ᄅᆞᆷ이 잇서 소ᄅᆡ 질너
(맛춤 회당에셔 더러온 귀신 들닌 사ᄅᆞᆷ이 잇서 소ᄅᆡ 질너)
⑧ 맛춤 회당에셔 더러온 귀신 들닌 사ᄅᆞᆷ이 잇서 소ᄅᆡ질너
⑨ 맛춤 會堂에셔 汚ᄒᆞᆫ 鬼神 들닌 人이 有ᄒᆞ야 聲呼ᄒᆞ야
⑩ 뭇춤 會堂에 더러운 鬼神 들닌 사ᄅᆞᆷ이 잇서 소ᄅᆡ질너
⑪ 밋참 최當에셔 더러운 鬼神 들닌 사람이 잇서 소래 질너
⑫ 맛참 뎌희 회당에 더러운 귀신 들닌 사람이 잇서 소래 질너 갈아대
⑬ 마침 저희 회당에 더러운 귀신 들린 사람이 있어 소리 질러 가로되
⑭ ちょうどその時、けがれた靈につかれた者が會堂にいて、叫んで言った、

마가福音 01:24
① 曰,唉,拿撒勒人耶穌,我儕於爾何與,爾來敗我乎,我知爾爲誰,乃神之聖者也。
② 나살읫 예수야 우리 너로 더부러 어드러기네 와셔 우리롤 망ᄒᆞ나뇨 ᄂᆡ가 너를 뉜 줄 아ᄂᆞᆫ 거시이 ᄒᆞ나님의 셩쟈라 ᄒᆞ니
③ 나살읫 예수야 우리 너로 더부러 어드러기네 와셔 우리롤 망ᄒᆞᄂᆞ뇨 ᄂᆡ가 너롤 뉜 줄올 아ᄂᆞᆫ 거시 하나님의 셩ᄒᆞᄂᆞᆫ 쟈라
ᄒᆞ니
④ 웨여왈 아셔라 나사렛 사ᄅᆞᆷ 예수여 우리 너와 무ᄉᆞᆷ 샹관이 잇관ᄃᆡ 너ㅣ 와셔 나롤 패망케 ᄒᆞᄂᆞᆫ다 나ᄂᆞᆫ 네가 뉜 줄을 아ᄂᆞ니
이에 샹뎨의 셩ᄒᆞᆫ 쟈ㅣ니라 ᄒᆞ거ᄂᆞᆯ
⑤ 슬프다 나살륵 사ᄅᆞᆷ 예수여 우리가 너로 더브러 무ᄉᆞᆷ 샹관이 되건대 우리를 멸ᄒᆞ러 왓ᄂᆞ냐 나ᄂᆞᆫ 네가 뉜 줄을 아노니 이에

텬쥬의 거륵ᄒᆞᆫ 쟈ㅣ니라

⑥ ᄀᆞᆯᄋᆞᄃᆡ 나사렛 사ᄅᆞᆷ 예수여 우리가 너로 더브러 무ᄉᆞᆷ 샹관이 잇ᄂᆞ뇨 우리ᄅᆞᆯ 멸ᄒᆞ러 왓ᄂᆞ뇨 나ᄂᆞᆫ 네가 뉜 줄을 아노니 이에 하ᄂᆞ님의 거륵ᄒᆞᆫ 쟈ㅣ니라 ᄒᆞ거ᄂᆞᆯ

⑦ ᄀᆞᆯᄋᆞᄃᆡ 나사렛인 예수여 우리가 너로 더브러 무ᄉᆞᆷ 샹관이 잇ᄂᆞ뇨 우리를 멸ᄒᆞ러 왓ᄂᆞ뇨 나는 너ㅣ가 누긘 줄을 아노니 이에 하ᄂᆞ님의 거륵ᄒᆞᆫ 쟈ㅣ니라 ᄒᆞ거늘

(ᄀᆞᆯᄋᆞᄃᆡ 나사렛 예수여 우리가 너로 더브러 무ᄉᆞᆷ 샹관이 잇ᄂᆞ뇨 우리를 멸ᄒᆞ러 왓ᄂᆞ뇨 나는 네가 누구인 줄을 아노니 이에 하ᄂᆞ님의 거륵ᄒᆞᆫ 쟈ㅣ니라 ᄒᆞ거늘)

⑧ ᄀᆞᆯᄋᆞᄃᆡ 나사렛 예수여 우리가 너로 더브러 무ᄉᆞᆷ 샹관이 잇ᄂᆞ뇨 우리를 멸ᄒᆞ러 왓ᄂᆞ뇨 나는 네가 누구인 줄을 아노니 이에 하ᄂᆞ님의 거륵ᄒᆞᆫ 쟈니라 ᄒᆞ거ᄂᆞᆯ

⑨ 曰 나사렛 예수여 我等이 爾로 더브러 무ᄉᆞᆷ 相關이 有ᄒᆞ뇨 我等을 滅ᄒᆞ러 來ᄒᆞ엿ᄂᆞ뇨 我는 爾가 誰인 줄 知ᄒᆞ노니 이에 上帝의 聖ᄒᆞᆫ 者니라 ᄒᆞ거늘

⑩ ᄀᆞᆯᄋᆞᄃᆡ 니시렛 예수여 當身이 우리와 무ᄉᆞᆷ 相關이 잇기로 滅ᄒᆡ러 오셧ᄂᆞ뇨 나ᄂᆞᆫ 當身이 누구신 줄을 아노니 곳 하ᄂᆞ님의 거륵ᄒᆞᆫ 者니이다

⑪ 갈아대 나사렛 예수여 우리가 너로 더브러 무삼 相關이 잇나뇨 우리를 滅하러 왓나뇨 나는 네가 누구인 줄을 아노니 이에 하나님의 거륵한 者니라 하거늘

⑫ 나사렛 예수여 우리가 당신과 무삼 샹관이 잇나잇가 우리를 멸하러 왓나잇가 나는 당신이 누구인 줄 아노니 하나님의 거륵한 쟈니이다

⑬ 나사렛 예수여 우리가 당신과 무슨 상관이 있나이까 우리를 멸하러 왔나이까 나는 당신이 누구인 줄 아노니 하나님의 거룩한 자니이다

⑭「ナザレのイエスよ、あなたはわたしたちとなんの係わりがあるのです。わたしたちを滅ぼしにこられたのですか。あな
たがどなたであるか、わかっています。神の聖者です」。

마가福音 01:25

① 耶穌斥之,曰,緘口,由彼出焉
② 예수 칙망ᄒᆞ여 갈오샤되 입 닷고 나오라 ᄒᆞ미
③ 예수 칙망ᄒᆞ여 갈오샤ᄃᆡ 입 닷고 나오라 ᄒᆞ미
④ 예수ㅣ 물니쳐 ᄀᆞᆯᄋᆞ샤ᄃᆡ 입을 봉ᄒᆞ고 그 사ᄅᆞᆷ의게 ᄯᅥ나가라 ᄒᆞ시니
⑤ 예수ㅣ ᄭᅮ지져 ᄀᆞᆯᄋᆞ샤ᄃᆡ 말ᄒᆞ지 말고 나오라 ᄒᆞ시니
⑥ 예수ㅣ ᄭᅮ지져 ᄀᆞᆯᄋᆞ샤ᄃᆡ 입을 봉ᄒᆞ고 그 사ᄅᆞᆷ의게셔 나오너라 ᄒᆞ시니
⑦ 예수ㅣ ᄭᅮ지져 ᄀᆞᆯᄋᆞ샤ᄃᆡ 입을 봉ᄒᆞ고 그 사ᄅᆞᆷ의게셔 나오너라 ᄒᆞ시니
(예수ㅣ ᄭᅮ지져 ᄀᆞᆯᄋᆞ샤ᄃᆡ 입을 봉ᄒᆞ고 그 사ᄅᆞᆷ의게셔 나오너라 ᄒᆞ시니)
⑧ 예수가 ᄭᅮ지져 ᄀᆞᆯᄋᆞ샤ᄃᆡ 입을 봉ᄒᆞ고 그 사ᄅᆞᆷ의게셔 나오너라 ᄒᆞ시니
⑨ 예수가 叱ᄒᆞ야 曰 口를 封ᄒᆞ고 其人의게셔 出來ᄒᆞ여라 ᄒᆞ시니
⑩ 예수 ᄭᅮ지져 ᄀᆞᆯᄋᆞ샤ᄃᆡ 입을 對ᄒᆞ고 그 사ᄅᆞᆷ의게셔 나오라 ᄒᆞ시니
⑪ 예수ㅣ ᄭᅮ지져 갈아샤대 입을 封하고 그 사람의게셔 나오너라 하시니
⑫ 예수ᄭᅴ셔 ᄭᅮ지저 갈아샤대 잠잠하고 그 사람의게셔 나오라 하시니
⑬ 예수께서 꾸짖어 가라사대 잠잠하고 그 사람에게서 나오라 하시니
⑭ イエスはこれをしかって、「黙れ、この人から出て行け」と言われた。

마가福音 01:26

① 汚鬼拘攣其人,大聲呼而出之。

② 더러운 귀신이 그 사람을 지랄케 ᄒᆞ며 큰 소ᄅᆡ를 불우제기고 나오니

③ 더러운 귀신이 그 사ᄅᆞᆷ올 지랄케 ᄒᆞ며 큰 소ᄅᆡ롤 불우제기고 나오니

④ 못쓸 샤귀 그 사ᄅᆞᆷ을 오그려쩌려 놋코 크게 소ᄅᆡ롤 웨치고 나가니

⑤ 샤귀가 그 사ᄅᆞᆷ을 오글쩌리고 큰 소ᄅᆡ로 울며 나오거ᄂᆞᆯ

⑥ 샤귀가 그 사ᄅᆞᆷ을 으글어쩌리고 큰 소ᄅᆡ 지ᄅᆞ며 나오거ᄂᆞᆯ

⑦ 샤귀가 그 사ᄅᆞᆷ을 오그르더리고 큰 소ᄅᆡ 지ᄅᆞ며 나오거늘
(더러온 귀신이 그 사ᄅᆞᆷ을 오그르더리고 큰 소ᄅᆡ를 지ᄅᆞ며 나오거늘)

⑧ 더러온 귀신이 그 사ᄅᆞᆷ을 오그러터리고 큰소ᄅᆡ를 지르며 나오거ᄂᆞᆯ

⑨ 汚ᄒᆞᆫ 鬼神이 其人을 拘攣ᄒᆞ고 大聲을 呼ᄒᆞ며 出ᄒᆞ거ᄂᆞᆯ

⑩ 너러운 鬼神이 그 사ᄅᆞᆷ을 오르러터리고 크게 소ᄅᆡ를 지그며 나오기ᄂᆞᆯ

⑪ 더러운 鬼神이 그 사람을 오그러터리고 큰 소래를 지르며 나오거늘

⑫ 더러운 귀신이 그 사람으로 경련을 니르키게 하고 큰 소래를 지르며 나오는지라

⑬ 더러운 귀신이 그 사람으로 경련을 일으키게 하고 큰 소리를 지르며 나오는지라

⑭ すると、けがれた靈は彼をひきつけさせ、大聲をあげて、その人から出て行った。

마가福音 01:27

① 衆駭異而相問曰,此何也,此何新教耶,蓋其以權命汚鬼,而鬼順之也。

② 뭇사람이 이샹ᄒᆞ기로 서로 물어 갈아되 이 엇지며 이 엇더한 식 도가 뎌 권셰로써 더러운 귀신ᄭᅡ지 명ᄒᆞ미 슌죵한다 ᄒᆞ여

③ 뭇사ᄅᆞᆷ이 이샹ᄒᆞ기로 서로 물어 갈ᄋᆞ되 이 엇지며 이 엇더한 식 도가 뎌 권셰로써 더러운 귀신ᄭᅡ지 명ᄒᆞ미 슌죵한다 ᄒᆞ여

④ 뭇사ᄅᆞᆷ이 대경ᄒᆞ여 이샹이 넉이며 서로 무러 ᄀᆞᆯᄋᆞᄃᆡ 이ᄂᆞᆫ 엇진일인고 이 무숨 새 교ㅣ냐 대뎌 그 위권으로써 못쓸 샤귀와 또 명ᄒᆞ시매 샤귀도 슌죵ᄒᆞᄂᆞᆫ도다 ᄒᆞ여

⑤ 뭇사ᄅᆞᆷ이 이샹이 넉여 셔로 무러 ᄀᆞᆯᄋᆞᄃᆡ 이ᄂᆞᆫ 엇잠이뇨 새 도 ᄀᆞᄅᆞ침이로다 권셰로 샤귀를 명ᄒᆞ매 샤귀가 슌죵ᄒᆞᆫ다 ᄒᆞ니

⑥ 뭇사ᄅᆞᆷ이 이샹히 녁여 서로 무러 ᄀᆞᆯᄋᆞᄃᆡ 이ᄂᆞᆫ 엇ᄌᆞᆷ이뇨 새 도로다 권셰로 샤귀ᄅᆞᆯ 명ᄒᆞ매 샤귀도 슌죵ᄒᆞᆫ다 ᄒᆞ니

⑦ 뭇사ᄅᆞᆷ이 이샹히 녁여 서로 무러 ᄀᆞᆯᄋᆞᄃᆡ 이는 엇지ᄒᆞᆷ이뇨 새 도로다 권셰로 샤귀를 명ᄒᆞ매 샤귀도 슌죵ᄒᆞᆫ다 ᄒᆞ니
(뭇사ᄅᆞᆷ이 이샹히 녁여 서로 무러 ᄀᆞᆯᄋᆞᄃᆡ 이는 엇짐이뇨 새 도로다 권셰로 더러온 귀신들을 명ᄒᆞ매 뎌희가 슌죵ᄒᆞᆫ다 ᄒᆞ니)

⑧ 뭇사ᄅᆞᆷ이 이샹히 녁여 서로 무러 ᄀᆞᆯᄋᆞᄃᆡ 이는 엇짐이뇨 새 도로다 권셰로 더러온 귀신들을 명ᄒᆞ매 뎌희가 슌죵ᄒᆞᆫ다 ᄒᆞ니

⑨ 衆人이 異常히 녁여 相問ᄒᆞ야 曰 此는 何如ᄒᆞᆷ이뇨 新道로다 權勢로 汚ᄒᆞᆫ 鬼神들을 命ᄒᆞ매 彼等이 順從ᄒᆞᆫ다 ᄒᆞ니

⑩ 뭇사ᄅᆞᆷ이 異常히 녁여 서로 무러 ᄀᆞᆯᄋᆞᄃᆡ 이ᄂᆞᆫ 엇짐이뇨 새 道로다 뎌가 權勢로 더러운 鬼神을 命ᄒᆞ매 뎌희가 順從ᄒᆞᄂᆞᆫ도다 ᄒᆞ니

⑪ 뭇사람이 異常히 녁여 서로 무러 갈아대 이는 엇짐이뇨 새 道로도 權勢로 더러운 鬼神들을 命하매 뎌희가 順從한다 하니

⑫ 다 놀나 서로 무러 갈아대 이는 엇짐이뇨 권세 잇는 새 교훈이로다 더러운 귀신들을 명한즉 순죵하는도다 하더라

⑬ 다 놀라 서로 물어 가로되 이는 어찜이뇨 권세 있는 새 교훈이로다 더러운 귀신들을 명한즉 순종하는도다 하더라

⑭ 人々はみな驚きのあまり、互に論じて言った、「これは、いったい何事か。權威ある新しい教だ。けがれた靈にさえ命じられると、彼らは従うのだ」。

마가福音 01:28

① 其聲名遂洋溢於加利利四方。

② 그 명셩이 사방 가니늬 ᄯᅡᆼ에 허여지다라

③ 그 명셩이 곳 사방 가니늬 ᄯᅡ에 허여지더라

④ 드ᄃᆡ여 이 셩명이 갈닐늬아 ᄉᆞ방에 진동ᄒᆞ더라

⑤ 예수의 소문이 곳 가리리 디방 쳐에 드러가지 아닌ᄃᆡ 업더라

⑥ 예수의 소문이 드ᄃᆡ여 온 갈닐니 ᄉᆞ방에 퍼졋더라

⑦ 예수의 소문이 드ᄃᆡ여 온 갈닐니 ᄉᆞ방에 퍼졋더라
(예수의 소문이 곳 온 갈닐니 ᄉᆞ방에 퍼지더라)

⑧ 예수의 소문이 곳 왼 갈닐니 ᄉᆞ방에 퍼지더라

⑨ 예수의 所聞이 곳 왼 갈닐니 四方에 遍布ᄒᆞ더라

⑩ 예수의 所聞이 곳 갈닐니 四方에 퍼지더라

⑪ 예수의 所聞이 곳 온 갈닐니 四方에 퍼지더라

⑫ 예수의 소문이 곳 온 갈닐니 사방에 퍼지더라

⑬ 예수의 소문이 곧 온 갈릴리 사방에 퍼지더라

⑭ こうしてイエスのうわさは、たちまちガリラヤの全地方、いたる所にひろまった。

마가福音 01:29

① 旣出會堂,卽偕雅各與約翰,進西門及安得烈之家。

② 회당에 나와 야곱과 요안니로 더부러 시몬과 안드랴의 집에 들어가니

③ 회당에 나와 야곱과 요안니로 더부러 시몬과 안드랴의 집에 들어가니

④ 임의 회당에셔 나아오샤 즉시 야고보와 다못 요한과 ᄒᆞᆷᄭᅴ 시몬과 밋 안드레아의 집으로 가시니

⑤ ᄯᅩ 회당에 나아가샤 아각과 요한으로 더브러 셔문과 안들렬의 집에 드러 가시니

⑥ ᄯᅩ 회당에 나아가셔 곳 야고보와 요한으로 더브러 시몬과 안드레의 집에 드러가시니

⑦ ᄯᅩ 회당에셔 나와 곳 야고보와 요한으로 더브러 시몬과 안드레의 집에 드러가시니

⑧ ᄯᅩ 회당에셔 나와 곳 야고보와 요한으로 더브러 시몬과 안드레의 집에 드러가시니

⑨ ᄯᅩ 會堂에셔 出ᄒᆞ야 곳 야고보와 요한으로 더브러 시몬과 안드레의 家에 入ᄒᆞ시니

⑩ 會堂에셔 나와 야고보와 요한으로 더브러 시몬과 안드레의 집에 드러가시니

⑪ ᄯᅩ 會堂에셔 나와 곳 야고보와 요한으로 더브러 시몬과 안드레의 집에 드러가시니

⑫ 회당에셔 나와 곳 야고보와 요한과 함ᄭᅴ 시몬과 안드레의 집에 드러가시니

⑬ 회당에서 나와 곧 야고보와 요한과 함께 시몬과 안드레의 집에 들어가시니

⑭ それから會堂を出るとすぐ、ヤコブとヨハネを連れて、シモンとアンデレと家にはいって行かれた。

마가福音 01:30

① 西門妻之母,病熱偃臥,或以之告耶穌。

② 시몬의 쟝모 연병ᄒᆞ여 누워 즉시 예수으게 고ᄒᆞ니

③ 시몬의 쟝모 연병ᄒᆞ여 누워 즉시 예수의게 고ᄒᆞ니

④ 시몬의 쳐모가 열병이 드러누엇ᄂᆞᆫ지라 혹이 예수ᄭᅴ 엿ᄌᆞ온대

⑤ 셔문의 쟝모ㅣ 열병으로 누엇ᄂᆞᆫ지라 혹이 곳 예수ᄭᅴ 고ᄒᆞᆫ듸
⑥ 시몬의 장모가 열병으로 알아누엇ᄂᆞᆫ지라 혹이 곳 예수ᄭᅴ 엿ᄌᆞ온듸
⑦ 시몬의 쟝모ㅣ 열병으로 알아누엇ᄂᆞᆫ지라 혹이 곳 예수ᄭᅴ 엿ᄌᆞ온듸
(시몬의 쟝모가 열병으로 알아누엇는지라 혹이 곳 예수ᄭᅴ 엿ᄌᆞ온듸)
⑧ 시몬의 쟝모가 열병으로 알아누엇ᄂᆞᆫ지라 혹이 곳 예수ᄭᅴ 엿ᄌᆞ온듸
⑨ 시몬의 丈母가 熱病으로 痛臥ᄒᆞ엿ᄂᆞᆫ지라 或이 곳 예수ᄭᅴ 稟ᄒᆞᆫ듸
⑩ 시몬의 丈母가 熱病으로 누엇ᄂᆞᆫ지라 或이 예수ᄭᅴ 엿ᄌᆞ온듸
⑪ 시몬의 丈母가 熱病으로 알아누엇는지라 或이 곳 예수ᄭᅴ 엿자온대
⑫ 시몬의 장모가 열병으로 누엇는지라 사람들이 곳 그의 일노 예수ᄭᅴ 엿자온대
⑬ 시몬의 장모가 열병으로 누웠는지라 사람들이 곧 그의 일로 예수께 여짜온대
⑭ とろろが、シモンのしゅうとめが熱病で床についていたので、人々はさっそく、そのことを イエスに 知らせた。

마가福音 01:31

① 耶穌來前,執其手而起之,熱卽退,婦遂供事焉。
② 예수 나아가 그 손을 잡아 닐이치니 언병이 ᄯᅥ나거날 이여 일올엿투다라
③ 예수 나아가 그 손올 잡아 닐이치니 언병이 ᄯᅥ나거날 이여 옴기더라
④ 예수ㅣ 그 압희 오샤 그 손을 잡아 니ᄅᆞ키시니 열병이 즉시 물너 가ᄂᆞᆫ지라 그 지어미 드듸여 시죵ᄒᆞ더라
⑤ 예수ㅣ 오셔셔 그 손을 잡아 니리커시니 열병이 곳 물너가고 녀인이 그들의게 슈죵드니라
⑥ 예수ㅣ 오셔셔 그 손을 잡아 니ᄅᆞ키시니 열병이 곳 물너가고 녀인이 그들의게 슈죵드더라

⑦ 예수ㅣ 오샤 그 손을 잡아 니르키시니 열병이 곳 물너가고 녀인이 그들의게 슈죵드더라
(예수ㅣ 오샤 그 손을 잡아 니르키시니 열병이 곳 물너가고 녀인이 그들의게 슈죵드더라)
⑧ 예수가 오샤 그 손을 잡아 니르키시니 열병이 곳물너가고 녀인이 그들의게 슈죵드더라
⑨ 예수가 來ᄒᆞ샤 其 手를 執起ᄒᆞ시니 熱病이 卽退ᄒᆞ고 女人이 그들의게 隨從드더라
⑩ 예수ㅣ 갓가히 나아가샤 그 손을 잡아 니르키시매 熱病이 곳 물너가니 女人이 隨從드더라
⑪ 예수ㅣ 오샤 그 손을 잡아 니르키시니 熱病이 곳 물너가고 女人이 그들의게 隨從드더라
⑫ 나아가샤 그 손을 잡아 니르키시니 열병이 써나고 여자가 뎌희게 슈죵드니라
⑬ 나아가사 그 손을 잡아 일으키시니 열병이 떠나고 여자가 저희에게 수종드니라
⑭ イエスは近寄り、その手をとって起されると、熱が引き、女は彼らをもてなした。

마가福音 01:32

① 及暮,日入時,有攜凡負病患鬼者就耶穌,
② 져물어 히진 ᄣᅵ여 모든 병ᄒᆞ며 귀신 품은 쟈를 다리고 나아와
③ 날이 져물 ᄣᅵ에 모단 병ᄒᆞ며 귀신 부른 쟈롤 다리고 나아와
④ 져무러 히 잘 ᄣᅢ에 병들고 샤귀 들닌 쟈들을 다리고 예수ᄭᅴ 나아오니
⑤ 저녁 ᄣᅢ 히질 적에 병든 이와 귀신 들닌 이를 ᄃᆞ리고 예수ᄭᅴ 나아오ᄂᆞᆫ 이 잇고
⑥ 져녁ᄣᅢ 히질적에 병든 이와 샤귀 들닌 이롤 ᄃᆞ리고 예수ᄭᅴ 나아오니
⑦ 져믈어 히질 ᄣᅢ에 병든 이와 샤귀 들닌 이를 ᄃᆞ리고 예수ᄭᅴ 나아오니
(져물어 히질 ᄣᅢ에 모든 병든 쟈와 샤귀 들닌 쟈를 ᄃᆞ리고 예수ᄭᅴ 나아오니)

⑧ 져물어 ᄒᆡ질 ᄯᅢ에 모든 병든 쟈와 샤귀 들닌 쟈를 다리고 예수ᄭᅴ 나아오니
⑨ 暮ᄒᆞ야 日落ᄒᆞᆯ 時에 諸 病者와 邪鬼 들닌 者를 携ᄒᆞ고 예수ᄭᅴ 就ᄒᆞ니
⑩ ᄒᆡ질 ᄯᅢ에 사ᄅᆞᆷ들이 모든 病든 者와 邪鬼 들닌 者를 ᄃᆞ리고 예수ᄭᅴ 나아오니
⑪ 져물어 해질 ᄯᅢ에 모든 病든 者와 邪鬼 들닌 者를 다리고 예수ᄭᅴ 나아오니
⑫ 져무러 해질 ᄯᅢ에 모든 병쟈와 귀신 들닌 쟈를 예수ᄭᅴ 다려오니
⑬ 저물어 해 질 때에 모든 병자와 귀신 들린 자를 예수께 데려오니
⑭ 夕暮になり日が沈むと、人々は病人や惡靈につかれた者をみな、イエスのところに連れてきた。

마가福音 01:33
① 擧邑集於門。
② 오은 고을이 문에 모이니
③ 온 고을이 문에 모이니
④ 온 고을이 문에 모히엿더라
⑤ 온 셩이 문에 모히거ᄂᆞᆯ
⑥ 온 성이 문에 모히거ᄂᆞᆯ
⑦ 온 셩이 문에 모히거늘
(온 셩이 문압에 모히거늘)
⑧ 왼셩이 문입헤 모히거늘
⑨ 全城이 門前에 集ᄒᆞ거ᄂᆞᆯ

⑩ 온 城이 門압헤 모히ᄂᆞᆫ지라
⑪ 온 城이 문압헤 모히거늘
⑫ 온 동리가 문 압헤 모혓더라
⑬ 온 동네가 문 앞에 모였더라
⑭ こうして、町中の者が戸口に集まった。

마가福音 01:34
① 耶穌醫多人負病者,且逐諸鬼,不許鬼言,蓋鬼識彼也。
② 예수 각양 병ᄒᆞ난 쟈를 만이 곳치며 귀신을 만이 쫏고 귀신의 말ᄒᆞ기롤 허치 안이문 그 자긔롤 알미라
③ 예수 각양 병ᄒᆞᄂᆞᆫ 쟈롤 만이 곳치며 귀신올 만이 좃고 귀신의 말ᄒᆞ기롤 허치 온이문 그 자긔를 알미라
④ 예수ㅣ 허다ᄒᆞᆫ 병인을 곳쳐 주시며 쏘ᄒᆞᆫ 모든 샤귀들을 쫏ᄎᆞ시ᄃᆡ 샤귀들노 ᄒᆞ여곰 말을 못ᄒᆞ게 ᄒᆞ시니 대뎌 샤귀들은 알미
러라
⑤ 예수ㅣ 모든 병든 이를 곳치시며 모든 귀신을 내여 쫏치시되 귀신이 말ᄒᆞ기를 허락지 아니시니 귀신은 예수를 알밀너라
⑥ 예수ㅣ 각 병든 허다ᄒᆞᆫ 사롬을 고치시며 허다ᄒᆞᆫ 샤귀롤 내여 쫏치시되 샤귀가 ᄌᆞ긔롤 알므로 말 ᄒᆞ기롤 허락지 아니시더라
⑦ 예수ㅣ 각 병든 허다ᄒᆞᆫ 사롬을 곳치시며 허다ᄒᆞᆫ 샤귀를 내여 쏘ᄎᆞ시ᄃᆡ 샤귀게 말ᄒᆞ기를 허락지 아니심은 ᄌᆞ긔를 앎이러라
(예수ㅣ 각식 병든 허다ᄒᆞᆫ 사롬을 곳치시며 허다ᄒᆞᆫ 샤귀를 내여 쫏치시ᄃᆡ 샤귀의 말ᄒᆞ기를 허락지 아니심은 ᄌᆞ긔를 앎이러
라)
⑧ 예수가 각식 병든 허다ᄒᆞᆫ 사롬을 곳치시며 허다ᄒᆞᆫ 샤귀를 내여 쫏치시ᄃᆡ 샤귀의 말ᄒᆞᄂᆞᆫ 거슬 허락지 아니심은 ᄌᆞ긔를 알미
러라

⑨ 예수가 各種 病든 許多훈 人을 醫治ᄒᆞ시며 許多훈 邪鬼를 逐出ᄒᆞ시ᄃᆡ 邪鬼의 言ᄒᆞᄂᆞᆫ 거슬 許諾지 아니ᄒᆞ심은 自己를 知홈이
러라
⑩ 예수ㅣ 各種 病든 許多훈 사ᄅᆞᆷ을 곳치시며 許多훈 邪鬼를 내여 쫏츠시매 邪鬼가 예수를 아ᄂᆞᆫ 故로 말홈을 許諾지 아니ᄒᆞ시
더라
⑪ 예수ᄭᅴ셔 各邑 病든 許多한 사람을 곳치시며 許多한 邪鬼를 내여 쫏치시대 邪鬼의 말하는 것을 許諾지 아니심은 自己를 앎이
러라
⑫ 예수ᄭᅴ셔 각색 병든 만흔 사람을 곳치시며 만흔 귀신을 내여 쫏츠시대 귀신이 자긔를 앎으로 그 말 하는 것을 허낙지 아니하
시니라
⑬ 예수께서 각색 병든 많은 사람을 고치시며 많은 귀신을 내어 좇으시되 귀신이 자기를 알므로 그 말하는 것을 허락지 아니하
시니라
⑭ イエスは、さまざまの病をわずらっている多くの人々をいやし、また多くの悪霊を追い出された。また、悪霊ども
に、物言うことをお許しにならなかった。彼らがイエスを知っていたからである。

마가福音 01:35

① 詰朝昧爽,耶穌起而出,適野,在彼祈禱。
② 아젹에 예수 닐어 나가 들게 가 거긔셔 비난ᄃᆡ
③ 식박에 예수 닐어 나가 들에 가 거긔셔 비ᄂᆞᆫᄃᆡ
④ 잇튼날 아춤 어두ᄒᆞ여 예수ㅣ 니러나 들에 나가샤 거긔셔 긔도ᄒᆞ시더니
⑤ 잇흔날 일은 식벽에 예수ㅣ 니러나 들에 가샤 거긔셔 긔도ᄒᆞ시더니

⑥ 새벽 심히 어둘 때에 예수ㅣ 니러나 한적ᄒᆞᆫ 곳에 가샤 거긔셔 긔도ᄒᆞ시더니

⑦ 싀벽 오히려 어둘 때에 예수ㅣ 니러나 한적ᄒᆞᆫ 곳에 가샤 거긔셔 긔도ᄒᆞ시더니

(싀벽 오히려 어둘 때에 예수ㅣ 니러나 한적ᄒᆞᆫ 곳에 가샤 거긔셔 긔도ᄒᆞ시더니)

⑧ 새벽 오히려 미명에 예수가 니러나셔 한적ᄒᆞᆫ 곳에 나가샤 거긔셔 긔도ᄒᆞ시더니

⑨ 曙 尙 未明에 예수가 起ᄒᆞ샤 閒寂ᄒᆞᆫ 處에 往ᄒᆞ샤 該處에셔 祈禱ᄒᆞ시더니

⑩ 첫 서벽에 예수ㅣ 니러나 閒寂ᄒᆞᆫ 곳에 나가샤 祈禱ᄒᆞ시더니

⑪ 새벽 오히려 未明에 예수ㅣ 니러나셔 閒寂한 곳에 나가샤 거긔셔 祈禱하시더니

⑫ 새벽 오히려 미명에 예수씌셔 니러나 나가 한적한 곳으로 가샤 거긔셔 긔도하시더니

⑬ 새벽 오히려 미명에 예수께서 일어나 나가 한적한 곳으로 가사 거기서 기도하시더니

⑭ 朝はやく、夜の明けるよほど前に、イエスは起きて寂しい所へ出て行き、そこで祈っておられた。

마가福音 01:36

① 西門與同在者跡之,

② 시몬과 함긔 잇던 쟈 좇차 만나여

③ 시몬과 함씌 잇던 쟈 ᄴᆞᆯ나 만나여

④ 시몬과 ᄀᆞᆺ치 잇던 사ᄅᆞᆷ들이 뒤ᄒᆞᆯ조차

⑤ 셔문과 ᄒᆞᆫ가지 ᄒᆞᄂᆞᆫ 사ᄅᆞᆷ이 발ᄌᆞ최를 ᄯᅡ라가

⑥ 시몬과 ᄒᆞᆫ가지 ᄒᆞᄂᆞᆫ 사ᄅᆞᆷ이 뒤ᄒᆞᆯ ᄯᆞ라가

⑦ 시몬과 ᄒᆞᆫ가지 ᄒᆞᄂᆞᆫ 사ᄅᆞᆷ이 뒤ᄒᆞᆯ ᄯᆞ라가

(시몬과 흔가지 잇는 사름이 뒤흘 ᄯᅡ라가)
⑧ 시몬과 흔가지 잇는 사름이 뒤를 ᄯᅡ라가
⑨ 시몬과 同處흔 人이 後를 隨去ᄒᆞ야
⑩ 시몬과 그 흔가지로 잇는 사름들이 뒤를 ᄯᅡ라가셔
⑪ 시몬과 한가지 잇는 사람이 뒤를 싸라가
⑫ 시몬과 밋 그와 함ᄭᅴ 잇는 쟈들이 예수의 뒤를 싸라가
⑬ 시몬과 및 그와 함께 있는 자들이 예수의 뒤를 따라가
⑭ すると、シモンとその仲間とが、あとを追ってきた。

마가福音 01:37
① 旣遇,則謂之曰,衆皆尋爾。
② 갈아되 뭇사람이 쥬를 찻나이다 ᄒᆞ니
③ 갈오되 뭇사름이 쥬룰 찻나이다 ᄒᆞ니
④ 맛나매 엿ᄌᆞ와 ᄀᆞᆯ오ᄃᆡ 모든 이 너롤 ᄎᆞᆽ는다 ᄒᆞ니
⑤ 임의 맛나매 갈ᄋᆞᄃᆡ 모든 사름이 쥬를 ᄎᆞᆽᄂᆞ니다
⑥ 맛나매 ᄀᆞᆯᄋᆞᄃᆡ 모든 사름이 쥬룰 ᄎᆞᆽᄂᆞ이다 ᄒᆞ니
⑦ 맛나 ᄀᆞᆯᄋᆞᄃᆡ 모든 사름이 쥬를 ᄎᆞᆽᄂᆞ이다 ᄒᆞ니
(맛나셔 ᄀᆞᆯᄋᆞᄃᆡ 모든 사름이 쥬를 찻ᄂᆞ이다 ᄒᆞ니)
⑧ 맛나셔 ᄀᆞᆯᄋᆞᄃᆡ 모든사름이 쥬를 찻ᄂᆞ이다 ᄒᆞ니

⑨ 遇ᄒᆞ야 曰 諸人이 主를 尋ᄒᆞᄂᆞ이다 ᄒᆞ니

⑩ 뵈옵고 ᄀᆞᆯᄋᆞᄃᆡ 모든 사ᄅᆞᆷ이 主를 찻ᄂᆞ이다

⑪ 맛나셔 갈아대 모든 사람이 主를 찾나이다 하니

⑫ 맛나셔 갈아대 모든 사람이 쥬를 찻나이다

⑬ 만나서 가로되 모든 사람이 주를 찾나이다

⑭ そしてイエスを見つけて、「みんなが、あなたを捜しています」といった。

마가福音 01:38

① 耶穌謂之曰,我儕宜往附近鄕村,在彼,我將宣教,蓋我爲是而來也。

② 갈아샤되 우리 달은 곳에 가쟈닌 읍셩촌에 도를 젼할 거시 ᄂᆡ가 이를 위ᄒᆞ여 왓다 ᄒᆞ고

③ 갈아샤ᄃᆡ 우리 달은 곳에 가쟈닌 읍셩촌에 도ᄅᆞᆯ 뎐할 거시 ᄂᆡ가 이ᄅᆞᆯ 위ᄒᆞ여 왓다 ᄒᆞ고

④ 예수ㅣ 닐너 ᄀᆞᆯᄋᆞ샤ᄃᆡ 우리가 갓가온 고을에 가셔 내가 ᄀᆞᄅᆞ치려 ᄒᆞ노니 대뎌 나ᄂᆞᆫ 이 열을 이 이 일을 위ᄒᆞ여 왓노라 ᄒᆞ시고

⑤ 예수ㅣ 닐ᄋᆞ샤ᄃᆡ 우리가 갓자온 마을에 가셔 도를 젼ᄒᆞ리니 내가 오기ᄂᆞᆫ 이를 위ᄒᆞᆷ이로라

⑥ 닐ᄋᆞ샤ᄃᆡ 우리가 다ᄅᆞᆫ 갓가온 마을에 가자 거긔셔도 도ᄅᆞᆯ 젼파ᄒᆞ리니 내가 오기ᄂᆞᆫ 이ᄅᆞᆯ 위ᄒᆞᆷ이로라

⑦ 닐넛스ᄃᆡ 우리가 다ᄅᆞᆫ 갓가온 마을에 가자 거긔셔도 도를 젼ᄑᆞᄒᆞ리니 내가 오기는 이를 위ᄒᆞᆷ이로라

(닐ᄋᆞ샤ᄃᆡ 우리가 다른 갓가온 마을에 가자 거긔셔도 도를 젼파ᄒᆞ리니 내가 오기는 이를 위ᄒᆞᆷ이로라)

⑧ 닐ᄋᆞ샤ᄃᆡ 우리가 다른 갓가온 마을에 가자 거긔셔도 도를 젼파ᄒᆞ리니 내가 오기는 이를 위ᄒᆞᆷ이로다

⑨ 謂ᄒᆞ샤ᄃᆡ 我等이 他 近村에 往ᄒᆞ자 其處에셔도 道를 傳播ᄒᆞ리니 我가 來ᄒᆞ기ᄂᆞᆫ 此를 爲ᄒᆞᆷ이로다

⑩ 닐ᄋᆞ샤ᄃᆡ 우리가 다른 갓가온 마을노 가자 거긔셔 道를 傳播ᄒᆞ리니 내가 오기ᄂᆞᆫ 이를 爲ᄒᆞᆷ이니라

⑪ 닐아샤대 우리가 다른 갓가온 마을에 가자 거긔셔도 道를 傳播하리니 내가 오기는 이를 爲함이로다
⑫ 닐아샤대 우리가 다른 갓가온 마을들노 가자 거긔셔도 전도하리니 내가 이를 위하야 왓노라 하시고
⑬ 이르시되 우리가 다른 가까운 마을들로 가자 거기서도 전도하리니 내가 이를 위하여 왔노라 하시고
⑭ イエスは彼らに言われた,「ほかの、附近の町町にみんなで行って、そこでも教えを宣(の)べ伝えよう。わたしはこのために出てきたのだから」。

마가福音 01:39

① 耶穌於遍加利利,在其會堂宣教,且逐鬼。
② 이여 오은 가니늬의 회당에 들어가 도를 젼하며 귀신을 쫏다라
③ 이여 오은 가니늬의 회당에 들어가 도ᄅᆞᆯ 뎐ᄒᆞ며 귀신ᄋᆞᆯ 쫏더라
④ 예수ㅣ 갈닐니아 ᄉᆞ방에 두루 ᄒᆞ야 회당에셔 ᄀᆞᄅᆞ치며 ᄯᅩᄒᆞᆫ 샤귀ᄅᆞᆯ 쫏ᄎᆞ시더라
⑤ 이에 가리리 ᄉᆞ방 회당에 계셔 도를 젼ᄒᆞ시며 샤귀를 내여 쫏치시더라
⑥ 이에 온 갈닐니에 ᄃᆞ니시며 그 회당에 드러가샤 도ᄅᆞᆯ 젼파ᄒᆞ시고 ᄯᅩ 샤귀ᄅᆞᆯ 내여쫏치시더라
⑦ 이에 온 갈닐니에 ᄃᆞ니며 그 회당에 드러가샤 도를 젼파ᄒᆞ시고 ᄯᅩ 샤귀를 내여ᄶᅩᄎᆞ시더라
(이에 온 갈닐니에 ᄃᆞ니시며 그 회당에 드러가샤 도를 젼파ᄒᆞ시고 ᄯᅩ 샤귀를 내여좃치시더라)
⑧ 이에 왼 갈닐니에 ᄃᆞ니시며 그 회당에 드러가샤 도를 젼파ᄒᆞ시고 ᄯᅩ 샤귀를 내여쫏치시더라
⑨ 이에 왼 갈닐니에 行ᄒᆞ시며 其 會堂에 入ᄒᆞ샤 道를 傳播ᄒᆞ시고 ᄯᅩ 邪鬼를 逐出ᄒᆞ시더라
⑩ 이에 온 갈닐니에 ᄃᆞ니시며 會堂에 드러가샤 道를 傳播ᄒᆞ시고 邪鬼를 내여쫏ᄎᆞ시더라
⑪ 이에 온 갈닐니에 단니시며 그 會堂에 드러가샤 道를 傳播하시고 ᄯᅩ 邪鬼를 내여쫏치시더라

⑫ 이에 온 갈닐니에 단니시며 뎌희 여러 회당에셔 젼도하시고 ᄯᅩ 귀신들을 내여ᄶᅩᆺ츠시더라
⑬ 이에 온 갈릴리에 다니시며 저희 여러 회당에서 전도하시고 또 귀신들을 내어쫓으시더라
⑭ そして、がリラヤ全地を巡りあるいて、諸會堂で教えを宣べ伝え、また悪靈を追い出された。

마가福音 01:40

① 有一癩者就而求之,曲跽謂之曰,爾若肯,則能潔我.
② 빅납풍 하는 쟈 나아와 ᄭᅮᆯ어 구하여 갈아되 쥬 만약 즐기시면 능히 나를 간졍케 ᄒᆞ소셔 ᄒᆞ니
③ 빅납풍 잇는 쟈 나아와 ᄭᅮᆯ어 구ᄒᆞ여 갈오되 쥬아 만약 즐기시면 능히 나ᄅᆞᆯ 간졍케 ᄒᆞ소셔 ᄒᆞ니
④ ᄒᆞᆫ 문동이 나아와 ᄀᆞᆫ구ᄒᆞ며 ᄭᅮ러 엿ᄌᆞ오대 너ㅣ 만일 즐겨ᄒᆞ려 하실진대 능히 나ᄅᆞᆯ ᄭᆡᆨ긋ᄒᆞ게 ᄒᆞ리이다 ᄒᆞᆫᄃᆡ
⑤ 문동병 들닌 쟈 예수ᄭᅴ 나아와 ᄭᅮ러 업ᄃᆡ여 ᄀᆞᆫ구ᄒᆞ여 ᄀᆞᆯ아ᄃᆡ 주ᄭᅴ셔 ᄒᆞ고져 ᄒᆞ시면 능히 나를 조찰케 ᄒᆞ시리이다 ᄒᆞ거ᄂᆞᆯ
⑥ 문동병 들닌 쟈ㅣ 예수ᄭᅴ 나아와 ᄭᅮ러 업ᄃᆡ여 ᄀᆞᆫ구ᄒᆞ야 ᄀᆞᆯᄋᆞᄃᆡ 쥬ᄭᅴ셔 만일 ᄒᆞ고져 ᄒᆞ시면 능히 져ᄅᆞᆯ 조찰케 ᄒᆞ시리이다 ᄒᆞ거ᄂᆞᆯ
⑦ 문동병 들닌 쟈ㅣ 예수ᄭᅴ 나아와 ᄭᅮᆯ어 업ᄃᆡ여 ᄀᆞᆫ구ᄒᆞ여 ᄀᆞᆯᄋᆞᄃᆡ 쥬가 만일 ᄒᆞ고져ᄒᆞ시면 능히 저를 조출케 ᄒᆞ시리이다 ᄒᆞ거늘
(문동병 들닌 쟈가 예수ᄭᅴ 나아와 ᄭᅮᆯ어 업ᄃᆡ여 ᄀᆞᆫ구ᄒᆞ야 ᄀᆞᆯᄋᆞᄃᆡ 쥬가 만일 ᄒᆞ고져ᄒᆞ시면 능히 저를 ᄭᆡᆨ긋ᄒᆞ게 ᄒᆞ시리이다 ᄒᆞ거늘)
⑧ 癩病 든 者가 예수ᄭᅴ 就ᄒᆞ야 屈伏ᄒᆞ야 懇求ᄒᆞ야 曰 主가 萬一 ᄒᆞ고져 ᄒᆞ시면 能히 渠를 潔케 ᄒᆞ시리이다 ᄒᆞ거ᄂᆞᆯ
⑨ 癩病 든 者가 예수ᄭᅴ 就ᄒᆞ야 屈伏ᄒᆞ야 懇求ᄒᆞ야 曰 主가 萬一 ᄒᆞ고져 ᄒᆞ시면 能히 渠를 潔케 ᄒᆞ시리이다 ᄒᆞ거ᄂᆞᆯ
⑩ ᄒᆞᆫ 문동 病者가 예수ᄭᅴ 나아와 ᄭᅳᆯ어 업ᄃᆡ여 懇求ᄒᆞ야 ᄀᆞᆯᄋᆞᄃᆡ 主ㅣ ᄒᆞ고져 ᄒᆞ시면 저를 ᄭᆡᆺ긋ᄒᆞ게 ᄒᆞ시리이다

⑪ 문동 病든 者가 예수끠 나아와 쑬어 업드려 懇求하야 갈아대 主끠셔 만일 하고져 하시면 能히 저를 쌕긋하게 하시리이다 하거늘

⑫ 한 문동병 쟈가 예수끠 와셔 쑬어 업대여 간구하야 갈아대 원하시면 저를 쌕긋케 하실 수 잇나이다

⑬ 한 문둥병 자가 예수께 와서 꿇어 엎드리어 간구하여 가로되 원하시면 저를 깨끗하게 하실 수 있나이다

⑭ ひとりのらい病人が、イエスのところに願いにきて、ひざまずいて言った、「みこころでしたら、きよめていただけるのですが」。

마가福音 01:41

① 耶穌憫焉,伸手撫之,曰,我肯,爾可潔。

② 예수 어엿비 네겨 손을 펴 만져 갈오샤ᄃᆡ ᄂᆡ 즐겨하니 네 간졍ᄒᆞ라 ᄒᆞ미

③ 예수 어엿비 네겨 손올 펴져 만져 갈오샤ᄃᆡ ᄂᆡ 즐겨ᄒᆞ니 네 간졍ᄒᆞ라 ᄒᆞ미미

④ 예수ㅣ 불샹이 녁이사 손을 펴사 ᄆᆞᆫ져 ᄀᆞᆯᄋᆞ사ᄃᆡ 나는 ᄒᆞ고져 ᄒᆞ노니 너는 씌긋ᄒᆞᆯ지어다

⑤ 예수ㅣ 민망이 녁이샤 손을 펴셔 ᄆᆞᆫ지시며 ᄀᆞᆯᄋᆞ샤ᄃᆡ 내 ᄒᆞ고져 ᄒᆞ노니 네가 조찰ᄒᆞ리라 ᄒᆞ신ᄃᆡ

⑥ 예수ㅣ 민망히 녁이샤 손을 펴셔 ᄆᆞᆫ지시며 ᄀᆞᆯᄋᆞ샤ᄃᆡ 내가 ᄒᆞ고져 ᄒᆞ노니 조찰홈을 밧으라 ᄒᆞ신ᄃᆡ

⑦ 예수ㅣ 민망히 녁이샤 손을 펴셔 ᄆᆞᆫᄌᆞ시며 ᄀᆞᆯᄋᆞ샤ᄃᆡ 내가 ᄒᆞ고져ᄒᆞ노니 조ᄎᆞᆯ홈을 밧으라 ᄒᆞ신ᄃᆡ

(예수ㅣ 민망히 녁이샤 손을 펴셔 ᄆᆞᆫ지시며 ᄀᆞᆯᄋᆞ샤ᄃᆡ 내가 ᄒᆞ고져ᄒᆞ노니 씻슷홈을 밧으라 ᄒᆞ신ᄃᆡ)

⑧ 예수가 민망히 녁이샤 손을 펴셔 ᄆᆞᆫ지시며 ᄀᆞᆯᄋᆞ샤ᄃᆡ 내가 ᄒᆞ고져 ᄒᆞ노니 씩긋홈을 밧으라 ᄒᆞ신ᄃᆡ

⑨ 예수가 憫히 녁이샤 手를 伸ᄒᆞ야 捫ᄒᆞ시며 曰 我가 ᄒᆞ고져 ᄒᆞ노니 潔홈을 受ᄒᆞ라 ᄒᆞ신ᄃᆡ

⑩ 예수ㅣ 불샹히 녁이샤 손을 펴서 ᄆᆞᆫ지시며 ᄀᆞᆯᄋᆞ샤ᄃᆡ 내가 ᄒᆞ고져 ᄒᆞ노니 씌슷ᄒᆞ라 ᄒᆞ신ᄃᆡ

⑪ 예수ㅣ 憫惘히 녁이샤 손을 펴셔 만지시며 갈아샤대 내가 하고져 하노니 깩긋함을 밧으라 하신대
⑫ 예수씌셔 민망히 녁이샤 손을 내미러 뎌의게 대시며 갈아샤대 내가 원하노니 깩긋함을 밧으라 하신대
⑬ 예수께서 민망히 여기사 손을 내밀어 저에게 대시며 가라사대 내가 원하노니 깨끗함을 받으라 하신대
⑭ イエスは深くあわれみ、手を伸ばして彼にさわり、「そうしてあげよう、きよくなれ」と言われた。

마가福音 01:42

① 言畢癩卽除,其人潔矣。
② 이여 빅납풍이 덜니고 간졍하니
③ 이여 빅납풍이 덜니고 간졍ᄒᆞ니
④ 말숨이 ᄆᆞᆺ치며 즉시 문동병이 업서지고 그 사ᄅᆞᆷ이 ᄊᆡᆨ긋ᄒᆞ여지니
⑤ 곳 문동병이 나가고 그 사ᄅᆞᆷ이 조찰ᄒᆞᆫ지라
⑥ 곳 문동병이 나가고 그 사ᄅᆞᆷ이 조찰ᄒᆞᆫ지라
⑦ 곳 문동병이 나가고 그 사ᄅᆞᆷ이 조출ᄒᆞᆫ지라
(곳 문동병이 더나가고 그 사ᄅᆞᆷ이 ᄊᆡᆺ긋ᄒᆞᆫ지라)
⑧ 곳 문동병이 써나가고 그 사ᄅᆞᆷ이 ᄊᆡᆨ긋ᄒᆞᆫ지라
⑨ 곳 癩病이 離去ᄒᆞ고 其人이 潔ᄒᆞᆫ지라
⑩ 곳 문동病이 써나가고 ᄊᆡ슷ᄒᆞᆫ지라
⑪ 곳 문동病이 써나가고 그 사람이 깩긋한지라
⑫ 곳 문동병이 그 사람의게셔 떠나가고 깩긋하야진지라

⑬ 곧 문둥병이 그 사람에게서 떠나가고 깨끗하여진지라
⑭ すると、らい病が直ちに去って、その人はきよくなった。

마가福音 01:43

① 耶穌嚴戒之,遂遣之去,
② 예수 엄이 겡계하고 즉시 보닉여 가게 하며
③ 예수 엄이 겡계ᄒᆞ고 즉시 보닉여 가게 ᄒᆞ며
④ 예수ㅣ 엄히 경계ᄒᆞ야 보내시며
⑤ 예수ㅣ 엄히 경계ᄒᆞ샤 보내시며
⑥ 엄히 경계ᄒᆞ샤 곳 보내시며
⑦ 엄히 경계ᄒᆞ샤 곳 보내여
(엄히 경계ᄒᆞ샤 곳 보내시며)
⑧ 엄히 경계ᄒᆞ샤 곳 보내시며
⑨ 嚴히 儆戒ᄒᆞ샤 곳 遣ᄒᆞ시며
⑩ 곳 보내실서 嚴히 儆戒ᄒᆞ야
⑪ 嚴히 儆戒하샤 곳 보내시며
⑫ 엄히 경계하샤 곳 보내시며
⑬ 엄히 경계하사 곧 보내시며
⑭ イエスは彼をきびしく戒めて、すぐにそこを去らせ、こう言い聞かせられた、

마가福音 01:44

① 謂之曰,爾愼毋言之於人,但往自示於祭司,且爲爾之潔,獻摩西所命者,以爲證於衆。

② 갈아샤되 삼가 사람으게 말ᄒᆞ지 말고 다못 가 스사로 졔사으게 보이고 ᄯᅩ 네의 간졍하물 위하여 모쇼의 차린 바를 들여써 뭇사람으게 간증을 삼우라 ᄒᆞ되

③ 갈아샤ᄃᆡ 삼가 사ᄅᆞᆷ의게 말ᄒᆞ지 말고 오직 가 스사로 졔사의게 보이고 ᄯᅩ 네의 간졍ᄒᆞ물 위ᄒᆞ여 모쇼의 명한 바ᄅᆞᆯ 디려써 뭇사ᄅᆞᆷ의게 간증ᄋᆞᆯ 삼우라 ᄒᆞ되

④ 닐너 ᄀᆞᆯᄋᆞ샤ᄃᆡ 너ㅣ 삼가 사ᄅᆞᆷ의게 말ᄒᆞ지 말고 다만 몸소 가셔 졔ᄉᆞ의게 뵈이고 ᄯᅩᄒᆞᆫ 네 씩긋ᄒᆞ여심을 위ᄒᆞ야 모세가 명ᄒᆞᆫ 거ᄉᆞᆯ 드려 여러사ᄅᆞᆷ의게 증거가 되게 ᄒᆞ라

⑤ ᄀᆞᆯᄋᆞ샤ᄃᆡ 삼가 아모 사ᄅᆞᆷ의게라도 아모 말ᄒᆞ지 말고 다만 바로 가셔 졔ᄉᆞ의게 네 몸을 보이고 뭇사ᄅᆞᆷ의게 증거ᄒᆞᆷ을 위ᄒᆞ야 네 조찰ᄒᆞᆷ으로 마셔의 명ᄒᆞᆫ 바 그례물을 드리라

⑥ ᄀᆞᆯᄋᆞ샤ᄃᆡ 삼가 아모 사ᄅᆞᆷ의게라도 아모 말ᄒᆞ지 말고 다만 나가셔 졔ᄉᆞ의게 네 몸을 보이고 조찰ᄒᆞᆷ을 인ᄒᆞ야 모세의 명ᄒᆞᆫ 례물을 드려 뭇사ᄅᆞᆷ의게 증거ᄒᆞ라 ᄒᆞ셧더니

⑦ ᄀᆞᆯᄋᆞ샤ᄃᆡ 삼가 아모 사ᄅᆞᆷ의게라도 아모 말ᄒᆞ지 말고 다만 나가셔 졔ᄉᆞ쟝의게 네 몸을 보이고 조출ᄒᆞᆷ을 인ᄒᆞ야 모세의 명ᄒᆞᆫ 례물을 드려 뭇사ᄅᆞᆷ의게 증거ᄒᆞ라 ᄒᆞ셧더니

(ᄀᆞᆯᄋᆞ샤ᄃᆡ 삼가 아모 사ᄅᆞᆷ의게라도 말ᄒᆞ지 말고 다만 나가셔 졔ᄉᆞ쟝의게 네몸을 보이고 씩긋ᄒᆞᆷ을 인ᄒᆞ야 모세의 명ᄒᆞᆫ 례물을 드려 뭇사ᄅᆞᆷ의게 증거ᄒᆞ라 ᄒᆞ셧더니)

⑧ ᄀᆞᆯᄋᆞ샤ᄃᆡ 삼가 아모 사ᄅᆞᆷ의게라도 말ᄒᆞ지 말고 다만 나가셔 졔ᄉᆞ쟝의게 네몸을 보이고 씩긋ᄒᆞᆷ을 인ᄒᆞ야 모세의 명ᄒᆞᆫ 례물을 드려 뭇사ᄅᆞᆷ의게 증거ᄒᆞ라 ᄒᆞ셧더니

⑨ 曰 愼ᄒᆞ야 某人의게도 言ᄒᆞ지 말고 다만 出ᄒᆞ야 祭司長의게 爾身을 示ᄒᆞ고 潔ᄒᆞᆷ을 因ᄒᆞ야 모세의 命ᄒᆞᆫ 禮物을 獻ᄒᆞ야 衆人의

게 證據ᄒᆞ라 하셧더니
⑩ ᄀᆞᆯᄋᆞ샤ᄃᆡ 삼가 아모 사ᄅᆞᆷ의게도 말ᄒᆞ지 말고 가셔 祭司長의게 네 몸을 보이고 ᄭᅴᆺ긋홈을 因ᄒᆞ야 모세의 命ᄒᆞᆫ 禮物을 드려 뭇사ᄅᆞᆷ의게 證據ᄒᆞ라 ᄒᆞ셧더니
⑪ 갈아샤대 삼가 아모 사람의게도 말하지 말고 다만 나가셔 祭司長의게 네 몸을 보이고 ᄲᅢᆨ긋함을 因하야 모세의 命한 禮物을 드려 뭇사람의게 證據하라 하셧더니
⑫ 갈아샤대 삼가 아모의게 아모 말도 하지 말고 가셔 네 몸을 졔사쟝의게 보이고 네 ᄲᅢᆨ긋케 됨을 인하야 모세의 명한 것을 드려 뎌희게 증거하라 하셧더니
⑬ 가라사대 삼가 아무에게 아무 말도 하지 말고 가서 네 몸을 제사장에게 보이고 네 깨끗하게 됨을 인하여 모세의 명한 것을 드려 저희에게 증거하라 하셨더니
⑭「何も人に話さないように、注意しなさい。ただ行って、自分のからだを祭司に見せ、それから、モーセが命じた物をあなたのきよめのためにささげて人々に証明しなさい」。

마가福音 01:45

① 然其人出,多宣之而播揚其事,致耶穌不得昭然入城,乃在外,居於野處,人自四方就之.。
② 다못 그 사람이 나가 비르소 만이 뎐ᄒᆞ여 그 일을 헤쳐 예수로 발키 셩에 들지 못하게 하니 밧그로 들게 이사되 사람이 사방으로 말믜암아 나아오다라
③ 다못 그 사ᄅᆞᆷ이 나가 비르소 만이 뎐ᄒᆞ여 그 일올 헤친 고로 예수 능히 발키 셩에 드지 못ᄒᆞ고 밧그로 들에 이ᄉᆞ되 사ᄅᆞᆷ이 사방으로 말무암아 나아오더라
④ 그리ᄒᆞ여도 그 사ᄅᆞᆷ이 나가 젼파ᄒᆞ며 이 일을 ᄌᆞ랑ᄒᆞ니 예수ㅣ 완연이 셩에 드러가지 못ᄒᆞ시고 이에 밧겻 들에 계시나 사ᄅᆞᆷ

들이 ᄉᆞ방으로 조차 나아오더라

⑤ 그러나 그 사ᄅᆞᆷ이 나가 젼파ᄒᆞ기를 만히 시작ᄒᆞ며 ᄌᆞ랑ᄒᆞ니 그러므로 예수ㅣ 완연이 셩에 드러가지 못ᄒᆞ시고 밧겻 들에 거쳐 ᄒᆞ시나 ᄉᆞ방에셔 예수ᄭᅴ 나아오더라

⑥ 그러나 그 사ᄅᆞᆷ이 나가 젼파ᄒᆞ기롤 만히 시작ᄒᆞ며 널니 퍼지게ᄒᆞ니 그럼으로 예수ㅣ 완연히 셩에 드러가지 못ᄒᆞ시고 밧겻 들에 거쳐ᄒᆞ시나 ᄉᆞ방에셔 예수ᄭᅴ 나아오더

⑦ 그러나 그 사ᄅᆞᆷ이 나가 만히 젼파ᄒᆞ기를 만히 식작ᄒᆞ며 널니 퍼지게ᄒᆞ니 그러므로 예수ㅣ 완연히 셩에 드러가지 못ᄒᆞ시고 밧겻 한적ᄒᆞᆫ곳에 거쳐ᄒᆞ시나 ᄉᆞ방에셔 예수ᄭᅴ 나아오더라

(그러나 그 사ᄅᆞᆷ이 나가 만히 젼파를 ᄒᆞ야 널니 퍼지게ᄒᆞ니 그럼으로 예수ㅣ 완연히 셩에 드러가지 못ᄒᆞ시고 밧겻 황무디에 거쳐ᄒᆞ시나 ᄉᆞ방에셔 예수ᄭᅴ로 나아오더라)

⑧ 그러나 그 사ᄅᆞᆷ이 나가 만히 젼파ᄒᆞ야 널니 퍼지게 ᄒᆞ니 그럼으로 예수가 완연히 셩에 드러가지 못ᄒᆞ시고 밧겻 황무디에 거쳐ᄒᆞ시나 ᄉᆞ방에셔 예

⑨ 然ᄒᆞ나 其人이 出ᄒᆞ야 만히 傳播ᄒᆞ야 廣布ᄒᆞ게 ᄒᆞ니 然ᄒᆞᆷ으로 예수가 完然히 城에 入지 못ᄒᆞ시고 外邊 荒蕪地에 居處ᄒᆞ시나 四方에셔 예수ᄭᅴ로 就ᄒᆞ더라

⑩ 그 사ᄅᆞᆷ이 나가 만히 傳播ᄒᆞ야 널니 퍼짐으로 예수ㅣ 宛然히 城에 드러가지 못ᄒᆞ시고 밧겻 荒蕪地에 居處ᄒᆞ시니 사ᄅᆞᆷ들이 四方에셔 예수ᄭᅴ로 나아오더라

⑪ 그러나 그 사람이 나가 만히 傳播하야 널니 퍼지게하니 그럼으로 예수ㅣ 宛然히 城에 드러가지 못하시고 밧겻 荒蕪地에 居處하시나 四方에셔 예수ᄭᅴ로 나아오더라

⑫ 그러나 그 사람이 나가셔 이 일을 만히 젼파하야 널니 퍼지게하니 그럼으로 예수ᄭᅴ셔 다시는 드러나게 동리에 드러가지 못하시고 오직 밧겻 한적한곳에 계셧스나 사방에셔 그의게로 나아오더라

⑬ 그러나 그 사람이 나가서 이 일을 많이 전파하여 널리 퍼지게하니 그러므로 예수께서 다시는 드러나게 동네에 들어가지
못하시고 오직 바깥에서 한적한곳에 계셨으나 사방에서 그에게로 나아오더라

⑭ しかし、彼は出て行って、自分の身に起ったことを盛んに語り，また言いひろめはじめたので、イエスはもはや表立って
は町に、はいることができなくなり、外の寂しい所にとどまっておられた。しかし、人々は方々から、イエスのところに
ぞくぞくと集まってきた。

2장

마가福音 02:01

① 越數日.耶穌復進迦百農,人聞其在室,

② 수일을 지니여 예수ㅣ 다시 가빌남에 들어가니 사람이 그 집에 이사물 듯고

③ 수일올 지니여 예수 다시 가빌남에 들어가니 사룸이 그 집에 이ᄉ물 듯고

④ 수일을 지나 예수 다시 가베나온에 나아가시니 사룸들이 그 집에 계심을 듯고

⑤ 수일을 지나 예수ㅣ 다시 가빅농에 드러가 집에 계신 소문이 들닌지라

⑥ 수일을 지나 예수ㅣ 다시 가버니움에 드러가 집에 계신 소문이 들니매

⑦ 수일을 지나 예수ㅣ 다시 가버나움에 드러가 집에 계신 소문이 들니매

⑧ 수일을 지나 예수가 다시 가버니움에 드러가 집에 계신 소문이 들니매

⑨ 數日을 過ᄒᆞ야 예수가 다시 가버니움에 入ᄒᆞ야 宅에 在ᄒᆞ신 所聞이 聞ᄒᆞ매

⑩ 數日 後에 예수ㅣ 다시 가버나움에 드러가시니 사룸들이 집에 계신 所聞을 듯

⑪ 數日을 지나 예수ㅣ 다시 가버나움에 드러가 집에 계신 所聞이 들니매

⑫ 수일 후에 예수끠셔 다시 가버나움에 드러가시니 집에 계신 소문이 들닌지라

⑬ 수일 후에 예수께서 다시 가버나움에 들어가시니 집에 계신 소문이 들린지라

⑭ 幾日かたって、イエスがまたかぺなウムにお歸りになったとき、家におられるといううわさが立ったので、

마가福音 02:02

① 卽有衆庶聚集,致無隙之以容之,門前亦無焉,耶穌與之宣道。

② 사람이 만이 모여 문 압 거지 용납할 ᄶᅡᆼ이 업게 ᄒᆞ난지라 이여 도를 말ᄒᆞ난듸

③ 사ᄅᆞᆷ이 만이 모여 문 압거지 용납할 ᄯᅡ이 업게 ᄒᆞᄂᆞᆫ지라 이여 도ᄅᆞᆯ 말ᄒᆞᄂᆞᆫᄃᆡ

④ 즉시 여러 사ᄅᆞᆷ들이 모혀들매 용신ᄒᆞᆯ 틈이 업고 문젼에ᄂᆞᆫ 더욱 용신ᄒᆞᆯ ᄃᆡ 아조 업시되니 예수ㅣ 그사ᄅᆞᆷ의게 도ᄅᆞᆯ 강론ᄒᆞ실ᄉᆡ

⑤ 사ᄅᆞᆷ이 만이 모혀들매 아모 용신ᄒᆞᆯ 틈이 업고 문 압히라도 용신ᄒᆞᆯ 수가 더욱 업ᄂᆞᆫᄃᆡ 예수ㅣ 그들의게 도를 젼ᄒᆞ시더니

⑥ 사ᄅᆞᆷ이 만히 모혀들어 아모 용신ᄒᆞᆯ 틈이 업고 문 압히라도 용신ᄒᆞᆯ 수가 더욱 업ᄂᆞᆫᄃᆡ 예수ㅣ 그들의게 도ᄅᆞᆯ 말ᄒᆞ시더니

⑦ 사ᄅᆞᆷ이 만히 모혀들어 아모 용신ᄒᆞᆯ 틈이 업고 문압히라도 용신ᄒᆞᆯ수가 더욱 업ᄂᆞᆫᄃᆡ 예수ㅣ 그들의게 도를 말ᄉᆞᆷᄒᆞ시더니
(사ᄅᆞᆷ이 만히 모혀들어 아모 용신ᄒᆞᆯ 틈이 업고 문압히라도 용신ᄒᆞᆯ수가 더욱 업는ᄃᆡ 예수ㅣ 뎌희게 도를 말ᄉᆞᆷᄒᆞ시더니)

⑧ 사ᄅᆞᆷ이 만히 모혀들어 아모 용신ᄒᆞᆯ 틈이 업고 문압이라도 용신ᄒᆞᆯ 수가 더욱 업ᄂᆞᆫᄃᆡ 예수가 뎌희게 도를 말ᄉᆞᆷᄒᆞ시더니

⑨ 人이 만히 會入ᄒᆞ야 아모 容身ᄒᆞᆯ 隙이 無ᄒᆞ고 門前이라도 容身ᄒᆞᆯ 수가 더욱 無ᄒᆞᆫᄃᆡ 예수가 彼等의게 道를 言ᄒᆞ시더니

⑩ 만히 모혀 드러 門밧ᄭᆞ지 容身ᄒᆞᆯ틈이 업더라 예수ㅣ 道를 말ᄉᆞᆷᄒᆞ시더니

⑪ 사람이 만히 모혀들어 아모 容身할 틈이 업고 門압이라도 容身할 수가 더욱 업는대 예수ㅣ 뎌희게 道를 말삼하시더니

⑫ 만흔 사람이 모혀셔 문 압헤라도 용신할 수 업게 되엿는대 예수씌셔 뎌희게 도를 말삼하시더니

⑬ 많은 사람이 모여서 문 앞에라도 용신할 수 없게 되었는데 예수께서 저희에게 도를 말씀하시더니

⑭ 多くの人々が集まってきて、もはや戸口のあたりまでも、すきまが無いほどになった。そして、イエスは御言(みことば)を彼らに語っておられた。

마가福音 02:03

① 有攜一癱瘋者就之,爲四人所舁,

② 한나 바람증하난 쟈를 다리고 나아오니 네사람으로 며인운지라

③ 한나 바람증ᄒᆞᄂᆞᆫ 쟈ᄅᆞᆯ 네사ᄅᆞᆷ이 메고 나아오니

④ ᄒᆞᆫ 풍병으로 반신 불슈ᄒᆞᆫ 쟈ᄅᆞᆯ 네사ᄅᆞᆷ이 메여 오니
⑤ 반신불슈 병든 사ᄅᆞᆷ ᄒᆞ나를 너히 메고 와셔
⑥ 반신불슈 병든 사ᄅᆞᆷ ᄒᆞ나흘 네히 메고 와셔
⑦ 반신불슈 병든 사ᄅᆞᆷ ᄒᆞ나흘 네히 메고 와셔
⑧ 반신불슈 병든 사ᄅᆞᆷ ᄒᆞ나흘 네시 메고와셔
⑨ 半身不遂 病든 人 一을 四人이 舁來ᄒᆞ야
⑩ 半身不遂 病人 ᄒᆞ날 네사ᄅᆞᆷ이 메고 와셔
⑪ 半身不遂 病든 사람하나를 넷이 메고 와셔
⑫ 사람들이 한 즁풍병쟈를 네사람의게 메워 가지고 예수끠로 올새
⑬ 사람들이 한 중풍병자를 네사람에게 메워가지고 예수께로 올쌔
⑭ すると、人々がひとりの中風(ちゅうぶ)の者を四人の人に運ばせて、イエスのところに連れてきた。

마가福音 02:04
① 因人衆而不得近,故撤其所在之屋蓋,旣穴之,則以癱瘋者所臥之狀縋而下。
② 사람 만으물 인ᄒᆞ여 시러금 갓가이 못하고 그 잇난 바 집엉을 열어 헌 후에 바람증하ᄂᆞᆫ 쟈 누은 상을 ᄂᆡ려 보ᄂᆡ니
③ 사ᄅᆞᆷ 만으물 인ᄒᆞ여 시러금 갓가히 못ᄒᆞ고 그 잇ᄂᆞᆫ 바 집엉ᄋᆞᆯ 구멍 뚤너 헌 후에 바람증ᄒᆞᄂᆞᆫ 쟈 누은 상치 ᄂᆡ려 보ᄂᆡ니
④ 사ᄅᆞᆷ이 만흠으로 갓가이 갈 수 업스매 지붕을 뜻고 구녕을 낸 후에 풍병든 사ᄅᆞᆷ 누은 상을 우흐로붓터 ᄃᆞ라ᄂᆞ리니
⑤ 사ᄅᆞᆷ이 만하 갓가이 ᄒᆞ지 못ᄒᆞᆷ으로 집웅을 뜻고 구멍을 낸 후에 병든 쟈의 누은 요를 ᄃᆞ라ᄂᆞ리니
⑥ 사ᄅᆞᆷ이 만흠으로 갓가히 ᄒᆞ지 못ᄒᆞ니 집웅을 뜻고 구멍을 낸 후에 병든 쟈의 누은 상을 ᄃᆞ라ᄂᆞ리니

⑦ 사ᄅᆞᆷ이 만흠으로 갓가이 ᄒᆞ지 못ᄒᆞ니 집웅을 ᄯᅮᆯ코 구멍을 낸후에 병든 쟈의 누은 상을 ᄃᆞᆯ아ᄂᆞ리니
(사ᄅᆞᆷ이 만흠으로 갓가이 ᄒᆞ지 못ᄒᆞ여 그 게신 우에 집웅을 ᄯᅳᆺ고 구멍을 낸후에 병든 쟈의 누은 상을 ᄃᆞᆯ아ᄂᆞ리니)
⑧ 사ᄅᆞᆷ이 만흠으로 갓가히 ᄒᆞ지 못ᄒᆞ니 그 계신 우에 집웅을 ᄯᅳᆺ고 구멍을 낸 후에 병든 쟈의 누은 상을 달아ᄂᆞ리니
⑨ 人이 多ᄒᆞᆷ으로 近히 ᄒᆞ지 못ᄒᆞ니 其 居ᄒᆞ신 上에 屋脊을 穿ᄒᆞ고 穴을 出ᄒᆞᆫ 後에 病든 者의 臥ᄒᆞᆫ 牀을 縋下ᄒᆞ니
⑩ 사ᄅᆞᆷ이 만흠으로 갓가히 오지 못ᄒᆞ고 그 계신 우의 지붕을 ᄯᅳᆺ어 구멍을 내고 病人의 누은 牀을 달아ᄂᆞ리니
⑪ 사람이 만흠으로 갓가히 하지 못하니 그 계신 곳의 지붕을 ᄯᅳᆺ고 구멍을 낸 後에 病든 者의 누은 牀을 달아나리니
⑫ 무리를 인하야 예수ᄭᅴ 다려갈 수 업슴으로 그 계신 곳의 집웅을 ᄯᅳᆺ어 구멍을 내고 즁풍병 쟈의 누은 상을 달아나리니
⑬ 무리를 인하여 예수께 데려갈 수 없으므로 그 계신 곳의 지붕을 뜯어 구멍을 내고 중풍병 자의 누운 상을 달아내리니
⑭ ところが、群衆のために近寄ることができないので、イエスのおられるあたりの屋根をはぎ、穴をあけて、中風の者を寝かせたまま、床をつりおろした。

마가福音 02:05

① 耶穌見其信,則謂癱瘋者曰,子歟,爾罪赦矣。
② 예수 그 미드물 보고 바람증ᄒᆞ는쟈으게 일오샤ᄃᆡ 아ᄒᆡ야 네 죄 샤한다 ᄒᆞ니
③ 예수 그 미드물 보고 바람증ᄒᆞ는쟈의게 갈오샤ᄃᆡ 쇼ᄌᆞ야 네 죄롤 샤한다 ᄒᆞ니
④ 예수ㅣ 그 밋음을 보시고 풍병인의게 닐너ᄀᆞᆯᄋᆞ샤ᄃᆡ 아ᄃᆞᆯ아 네 죄를 샤ᄒᆞ노라 ᄒᆞ시니
⑤ 예수ㅣ 그 사ᄅᆞᆷ들의 밋음을 보시고 반신불슈된쟈ᄃᆞ려 닐너ᄀᆞᆯᄋᆞ샤ᄃᆡ 쇼ᄌᆞ야 네 죄를 샤ᄒᆞ노라 ᄒᆞ시니
⑥ 예수ㅣ 그들의 밋음을 보시고 반신불슈된자ᄃᆞ려 닐너ᄀᆞᆯᄋᆞ사ᄃᆡ 쇼ᄌᆞ야 네가 죄 사함을 엇엇다 ᄒᆞ시니
⑦ 예수ㅣ 그들의 밋음을 보시고 반신불슈된쟈ᄃᆞ려 닐너ᄀᆞᆯᄋᆞ샤ᄃᆡ 쇼ᄌᆞ야 네가 죄 샤홈을 엇엇다 ᄒᆞ시니

(예수ㅣ 그들의 밋음을 보시고 반신불슈된쟈ᄃᆞ려 닐ᄋᆞ샤ᄃᆡ 쇼ᄌᆞ야 네 죄를 샤ᄒᆞ엿다 ᄒᆞ시니)
⑧ 예수가 뎌희의 밋음을 보시고 반신불슈ᄃᆞ려 닐ᄋᆞ샤ᄃᆡ 쇼ᄌᆞ야 네 죄를 샤ᄒᆞ엿다 ᄒᆞ시니
⑨ 예수가 彼等의 信홈을 見ᄒᆞ시고 半身不遂ᄃᆞ려 謂ᄒᆞ샤ᄃᆡ 小子야 爾 罪를 赦ᄒᆞ엿다 ᄒᆞ시니
⑩ 예수ㅣ 뎌희의 밋음을 보시고 半身不遂ᄃᆞ려 닐ᄋᆞ샤ᄃᆡ 小子야 네 罪를 赦ᄒᆞ엿ᄂᆞ니라 ᄒᆞ시니
⑪ 예수ㅣ 뎌희의 밋음을 보시고 半身不遂다려 닐아샤대 小子야 네 罪를 赦하엿다 하시니
⑫ 예수ᄭᅴ셔 뎌희의 밋음을 보시고 중풍병쟈의게 닐아샤대 쇼쟈야 네 죄 샤함을 밧앗나니라 하시니
⑬ 예수께서 저희의 믿음을 보시고 중풍병자에게 이르시되 소자야 네 죄 사함을 받았느니라 하시니
⑭ イエスは彼らの信仰を見て、中風の者に、「子よ、あなたの罪はゆるされた」と言われた。

마가福音 02:06

① 有士子數人坐於彼,其中心竊議云,
② 곳 션비 수인이 거긔 안졋다가 마암에 의론하되
③ 마참 션비 수인이 거긔 안졋다가 마암에 의론ᄒᆞ되
④ 엇던 션비들이 거긔 안졋다가 심즁에 ᄀᆞ만이 ᄉᆡᆼ각ᄒᆞᄃᆡ
⑤ 셔샤관 몃 사ᄅᆞᆷ이 거긔 안져셔 즁심에 의론ᄒᆞ여 ᄀᆞᆯᄋᆞᄃᆡ
⑥ 셔샤관 몃 사ᄅᆞᆷ이 거긔 안져셔 ᄆᆞᄋᆞᆷ에 의론ᄒᆞ야 ᄀᆞᆯ아ᄃᆡ
⑦ 셔긔관 몃사ᄅᆞᆷ이 거긔 안져셔 ᄆᆞᄋᆞᆷ에 의론ᄒᆞ여 ᄀᆞᆯᄋᆞᄃᆡ
(셔긔관 몃치 사ᄅᆞᆷ이 거긔 안져셔 ᄆᆞᄋᆞᆷ에 의론ᄒᆞ야 ᄀᆞᆯᄋᆞᄃᆡ)
⑧ 셔긔관 몃치 거긔 안져셔 ᄆᆞᄋᆞᆷ에 의론ᄒᆞ야 ᄀᆞᆯᄋᆞᄃᆡ

⑨ 書記官 幾人이 其處에 坐ᄒᆞ야 心에 議論ᄒᆞ야 曰
⑩ 서기관 몃 사ᄅᆞᆷ이 안졋다가 ᄆᆞ음에 ᄉᆡᆼ각ᄒᆞᄃᆡ
⑪ 書記官 몃치 거긔 안져셔 마암에 議論하야 갈아대
⑫ 엇던 셔긔관들이 거긔 안저셔 마암에 의론하기를
⑬ 어떤 서기관들이 거기 앉아서 마음에 의논하기를
⑭ ところが、そこに幾人かの律法學者がすわっていて、心の中で論じた、

마가福音 02:07
① 斯人何如是褻瀆也,神而外,誰能赦罪乎。
② 이 사람이 엇지 이갓치 말하나뇨 참남하다 하나님이 안이면 뉘 능히 죄를 샤ᄒᆞ랴 ᄒᆞ니
③ 이 사ᄅᆞᆷ이 엇지 이갓치 말ᄒᆞᄂᆞ뇨 참남ᄒᆞ다 하나님이 안이면 뉘 능히 죄ᄅᆞᆯ 샤ᄒᆞ랴 ᄒᆞ니
④ 이 사ᄅᆞᆷ이 엇지 이ᄀᆞᆺ치 셜만ᄒᆞ뇨 샹뎨외에ᄂᆞᆫ 뉘 능히 죄ᄅᆞᆯ 샤ᄒᆞ리오 ᄒᆞ니
⑤ 이 사ᄅᆞᆷ이 엇지 이ᄀᆞᆺ치 말ᄒᆞᄂᆞ뇨 훼방ᄒᆞ도다 ᄒᆞᆫ분 텬쥬 외에 뉘가 능히 죄를 샤ᄒᆞ겟ᄂᆞ냐
⑥ 이 사ᄅᆞᆷ이 엇지 이ᄀᆞᆺ치 말 하ᄂᆞ뇨 참람ᄒᆞ도다 오직 ᄒᆞᆫ분 하ᄂᆞ님 외에ᄂᆞᆫ 뉘가 능히 죄ᄅᆞᆯ 샤ᄒᆞ겟ᄂᆞ냐
⑦ 이 사ᄅᆞᆷ이 엇지 이ᄀᆞᆺ치 말ᄒᆞᄂᆞ뇨 ᄎᆞᆷ람ᄒᆞ도다 오직 ᄒᆞᆫ분 하ᄂᆞ님외에는 뉘가 능히 죄를 샤ᄒᆞ겟ᄂᆞ냐
⑧ 이 사ᄅᆞᆷ이 엇지 이ᄀᆞᆺ치 말ᄒᆞᄂᆞ뇨 ᄎᆞᆷ람ᄒᆞ도다 오직 ᄒᆞᆫ분 하ᄂᆞ님 외에는 뉘가 능히 죄를 샤ᄒᆞ겟ᄂᆞ냐
⑨ 此 人이 엇지 如此히 言ᄒᆞᄂᆞ뇨 僭濫ᄒᆞ도다 오직 一位 上帝 外에는 誰가 能히 罪를 赦ᄒᆞ겟ᄂᆞ냐
⑩ 이 사ᄅᆞᆷ이 엇지 이ᄀᆞᆺ치 말ᄒᆞᄂᆞᆫ고 僭濫ᄒᆞ도다 하ᄂᆞ님 ᄒᆞᆫ분 外에 누가 罪를 赦ᄒᆞ겟ᄂᆞ냐
⑪ 이 사람이 엇지 이갓치 말하나뇨 僭濫하도다 오직 한분 하나님 外에는 누가 能히 罪를 赦하겟나냐

⑫ 이 사람이 엇지 이러케 말하는가 참람하도다 오직 하나님 한분 외에는 누가 능히 죄를 샤하겟나냐

⑬ 이 사람이 어찌 이렇게 말하는가 참람하도다 오직 하나님 한분 외에는 누가 능히 죄를 사하겠느냐

⑭「この人は、なぜあんなことを言うのか。それは神をけがすことだ。神ひとりのほかに、だれが罪をゆるすことができるか」。

마가福音 02:08

① 耶穌中知其有如是竊議,遂謂之爾中心胡爲議是乎,

② 이여 예수 마암에 그이 갓치 의론하물 알고 일오샤ᄃᆡ 너의 엇지 마암에 이를 의론ᄒᆞ나냐

③ 이여 예수 마암에 그 이갓치 의론ᄒᆞ물 알고 갈오샤ᄃᆡ 너희 엇지 마암에 이룰 의론ᄒᆞᄂᆞ냐

④ 예수ㅣ 심즁에 발셔 이러케 ᄀᆞ만이 의론ᄒᆞᆷ이 잇슴을 보시고 드ᄃᆡ여 닐너 ᄀᆞᆯᄋᆞ샤ᄃᆡ 너의 즁심에 엇지ᄒᆞ여 이 일을 의론ᄒᆞᄂᆞ냐

⑤ 예수ㅣ 곳 그들의 즁심으로 이러케 의론ᄒᆞᄂᆞᆫ 줄을 알으시고 닐너 ᄀᆞᆯᄋᆞ샤ᄃᆡ 엇지 이거슬 너의 즁심에 의론ᄒᆞᄂᆞ냐

⑥ 뎌희 속에 이러케 의론ᄒᆞᄂᆞᆫ 줄을 예수ㅣ 곳 즁심으로 알으시고 닐너 ᄀᆞᆯᄋᆞ샤ᄃᆡ 엇지 이거술 ᄆᆞ음에 의론 ᄒᆞ나냐

⑦ 뎌희 속에 이러케 의론ᄒᆞᄂᆞᆫ 줄을 예수ㅣ 곳 즁심에 아시고 닐너ᄀᆞᆯᄋᆞ샤ᄃᆡ 엇지 이거슬 ᄆᆞ음에 의론ᄒᆞᄂᆞ냐

(뎌희 속에 이러케 의론ᄒᆞ는 줄을 예수ㅣ 곳 즁심에 아시고 닐너ᄀᆞᆯᄋᆞ샤ᄃᆡ 엇지 이거술 ᄆᆞ음에 의론ᄒᆞᄂᆞ냐)

⑧ 뎌희 속에 이러케 의론ᄒᆞᄂᆞᆫ 줄을 예수가 곳 즁심에 아시고 닐너ᄀᆞᆯᄋᆞ샤ᄃᆡ 엇지 이거술 ᄆᆞ음에 의론ᄒᆞᄂᆞ냐

⑨ 彼等의 心中에 如此케 議論ᄒᆞᄂᆞᆫ 줄을 예수가 곳 中心에 知ᄒᆞ시고 謂ᄒᆞ야 曰 엇지 此事를 心에 議論ᄒᆞᄂᆞ냐

⑩ 예수ㅣ 뎌희가 이 ᄀᆞᆺ치 ᄉᆡᆼ각ᄒᆞᆷ을 中心에 아시고 닐너ᄀᆞᆯᄋᆞ샤ᄃᆡ 엇지ᄒᆞ야 이런 ᄉᆡᆼ각을 품ᄂᆞ냐

⑪ 뎌희 속에 이러케 議論하는 줄을 예수씌셔 곳 中心에 아시고 닐너갈아샤대 엇지 이것을 마암에 議論하나냐

⑫ 뎌희가 속으로 이러케 의론하는 줄을 예수씌셔 곳 즁심에 아시고 닐아샤대 엇지하야 이것을 마암에 의론하나냐

⑬ 저희가 속으로 이렇게 의논하는 줄을 예수께서 곧 중심에 아시고 이르시되 어찌하여 이것을 마음에 의논하느냐

⑭ イエスは、彼らが内心このように論じているのを、自分の心ですぐ見ぬいて、「なぜ、あなたがたは心の中でそんなことを
論じているのか。

마가福音 02:09

① 向癱瘋者言爾罪赦矣抑言起取爾狀而行,何者尤易乎,
② 바람증하난쟈으게 네 죄 샤한다 일으난 것과 닐어 네 상을 가지고 힝ᄒᆞ라 일으난 거셰 어늬 거시 쉽갓나냐
③ 바람증ᄒᆞᄂᆞᆫ쟈의게 네 죄 샤ᄒᆞᆫ다 일으ᄂᆞᆫ 것과 닐어 네 상ᄋᆞᆯ 가지고 힝ᄒᆞ라 일으ᄂᆞᆫ 거셰 어늬 거시 쉽갓ᄂᆞ냐
④ 풍병인을 향ᄒᆞ여 닐ᄋᆞ디 네 죄롤 샤ᄒᆞ엿다ᄒᆞᆷ과 ᄯᅩ 니러나 네 평상을 가지고 ᄃᆞ니라 ᄒᆞᆷ이 엇던 거시 더 쉬오냐
⑤ 반신불슈된쟈ᄃᆞ려 너의 죄를 샤ᄒᆞ여 준다 말ᄒᆞᆫ 것과 혹 니러나 너의 요를 것어 가지고 거르라 말ᄒᆞᄂᆞᆫ 거시 엇던 거시 쉽겟ᄂᆞ냐
⑥ 반신불슈된쟈ᄃᆞ려 네 죄롤 샤ᄒᆞ엿다 ᄒᆞᄂᆞᆫ 말과 니러나 네 상을 가지고 ᄃᆞ니라 ᄒᆞᄂᆞᆫ 말이 어ᄂᆞ 거시 쉽겟ᄂᆞ냐
⑦ 반신불슈된쟈ᄃᆞ려 네 죄를 샤ᄒᆞ엿다 ᄒᆞᄂᆞᆫ 말과 니러나 네 상을 가지고 ᄃᆞ니라 ᄒᆞᄂᆞᆫ 말이 어ᄂᆞ 거시 쉽겟ᄂᆞ냐
(반신불슈ᄃᆞ려 네 죄를 샤ᄒᆞ엿다 ᄒᆞ는 말과 니러나 네상을 가지고 ᄃᆞ니라 ᄒᆞ는 말이 어ᄂᆞ 거시 쉽겟ᄂᆞ냐)
⑧ 반신불슈ᄃᆞ려 네죄를 샤ᄒᆞ엿다 ᄒᆞ는 말과 니러나 네상을 가지고 ᄃᆞ니라 ᄒᆞᄂᆞᆫ 말이 어ᄂᆞ거시 쉽겟ᄂᆞ냐
⑨ 半身不遂ᄃᆞ려 爾罪를 赦ᄒᆞ엿다 ᄒᆞᄂᆞᆫ 言과 起ᄒᆞ야 爾牀을 持ᄒᆞ고 行ᄒᆞ라 ᄒᆞᄂᆞᆫ 言이 何가 易ᄒᆞ겟ᄂᆞ냐
⑩ 半身不遂ᄃᆞ려 네 罪를 赦ᄒᆞ엿다 ᄒᆞᄂᆞᆫ 말과 니러나 네 狀을 가지고 거르라 ᄒᆞᄂᆞᆫ 말이 어ᄂᆞ 거시 쉽겟ᄂᆞ냐
⑪ 半身不遂다려 네 罪를 赦하엿다하는 말과 니러나 네 牀을 가지고 단니라 하는 말이 어나 것이 쉽겟나냐
⑫ 중풍병쟈의게 네 죄샤함으 밧앗나니라 하는 말과 니러나 네 상을 가지고 거러가라 하는 말이 어나 것이 쉽겟나냐
⑬ 중풍병자에게 네 죄 사함을 받았느니라 하느 맘과 일어나 네 상을 가지고 걸어가라 하느 말이 어느 것이 쉽겠ᄂᆞ냐
⑭ 中風の者に、あなたの罪はゆるされた、と言うのと、起きよ、床を取りあげて歩け、と言うのと、どちらがたやすいか。

마가福音 02:10

① 但令爾知人子在地有權赦罪耳,遂爲癱瘋者曰,

② 다못 너의로 인자 짱에셔 죄 샤하난 권셰 이사물 알게 ᄒᆞ리라 ᄒᆞ고 이여 바람증ᄒᆞ난쟈으게 일오샤ᄃᆡ

③ 다못 너희로 인ᄌᆞ 짜에셔 죄 샤ᄒᆞᄂᆞᆫ 권셰 이ᄉᆞ물 알게 ᄒᆞ리라 ᄒᆞ고 이여 바람증ᄒᆞᄂᆞᆫ쟈의게 갈오샤ᄃᆡ

④ 다만 너로 ᄒᆞ야곰 인ᄌᆞㅣ 셰상에 잇서 죄룰 샤ᄒᆞᄂᆞᆫ 권이 잇ᄂᆞᆫ 줄을 알게 ᄒᆞ리라 ᄒᆞ시고 풍병인ᄃᆞ려 닐너 ᄀᆞᆯᄋᆞ샤ᄃᆡ

⑤ 다만 너로 인ᄌᆞㅣ 짜에셔 죄를 샤ᄒᆞᄂᆞᆫ 권셰가 있ᄂᆞᆫ 줄을 알게 ᄒᆞ리라 ᄒᆞ시고 드ᄃᆡ여 반신불슈된쟈ᄃᆞ려 말ᄉᆞᆷᄒᆞ샤ᄃᆡ

⑥ 너희가 인ᄌᆞㅣ 셰상에 죄룰 샤ᄒᆞᄂᆞᆫ 권셰가 잇ᄂᆞᆫ 줄을 알게 ᄒᆞ리라 ᄒᆞ시고 반신불슈된쟈ᄃᆞ려 말ᄉᆞᆷᄒᆞ샤ᄃᆡ

⑦ 너희가 인ᄌᆞㅣ 죄를 샤ᄒᆞᄂᆞᆫ 권셰가 짜헤셔 잇ᄂᆞᆫ 줄을 알게 ᄒᆞ리라 ᄒᆞ시고 반신불슈된쟈ᄃᆞ려 말ᄉᆞᆷ하샤ᄃᆡ

(인ᄌᆞ가 짜헤셔 죄를 샤ᄒᆞ는 권셰가 잇는 줄을 알게 ᄒᆞ리라 ᄒᆞ시고 반신불슈ᄃᆞ려 말ᄉᆞᆷᄒᆞ샤ᄃᆡ)

⑧ 인ᄌᆞ가 짜에셔 죄를 샤ᄒᆞᄂᆞᆫ 권셰가 잇ᄂᆞᆫ 줄을 너희게 알게 ᄒᆞ리라 ᄒᆞ시고 반신불슈ᄃᆞ려 말ᄉᆞᆷᄒᆞ샤ᄃᆡ

⑨ 人子가 地에셔 罪를 赦ᄒᆞᄂᆞᆫ 權勢가 有ᄒᆞᆫ 줄을 爾等의게 知케 ᄒᆞ리라 ᄒᆞ시고 半身不遂ᄃᆞ려 言ᄒᆞ샤ᄃᆡ

⑩ 人子가 짜에셔 罪 赦ᄒᆞᄂᆞᆫ 權勢 잇ᄂᆞᆫ 줄을 너희의게 알게 ᄒᆞ리라 ᄒᆞ시고 半身不遂ᄃᆞ려 닐ᄋᆞ샤ᄃᆡ

⑪ 人子가 짜에셔 罪를 赦하는 權勢가 잇는 줄을 너희게 알게 하리라 하시고 半身不遂다려 말삼하샤대

⑫ 그러나 인자가 짜에셔 죄를 샤하는 권셰가 잇는 줄을 너희로 알게 하려 하노라 하시고 중풍병쟈의게 말삼하샤대

⑬ 그러나 인자가 땅에서 죄를 사하는 권세가 있는 줄을 너희로 알게 하려하노라 하시고 중풍병자에게 말씀하시되

⑭ しかし、人の子は地上で罪をゆるす權威をもっていることが、あなたがたにわかるために」と彼らに言い、中風の者にむかって、

마가福音 02:11

① 我語爾起,取爾牀, 歸爾家。

② 너 말ᄒᆞ노니 닐어나 네 상올 가지고 집으로 돌아가라 ᄒᆞ니
③ 너 말ᄒᆞ노니 닐어나 네 상올 가지고 집으로 돌아가라 ᄒᆞ니
④ 나ㅣ 너ᄃᆞ려 말ᄒᆞ노니 니러나 평상을 가지고 네 집으로 도라가라 ᄒᆞ시니
⑤ 니러나 네 요를 가지고 집으로 도라가라 ᄒᆞ시니
⑥ 내가 네게 닐ᄋᆞ노니 니러나 네 상을 가지고 집으로 가라 ᄒᆞ시니
⑦ 내가 네게 닐ᄋᆞ노니 니러나 네 상을 가지고 집으로 가라 ᄒᆞ시니
⑧ 내가 네게 닐ᄋᆞ노니 니러나 네상을 가지고 집으로 가라 ᄒᆞ시니
⑨ 我가 爾의게 諭ᄒᆞ노니 起ᄒᆞ야 爾牀을 持ᄒᆞ고 家로 往ᄒᆞ라 ᄒᆞ시니
⑩ 내가 네게 命ᄒᆞ노니 니러나 네 牀을 가지고 집으로 가라
⑪ 내가 네게 닐아노니 니러나 네 牀을 가지고 집으로 가라 하시니
⑫ 내가 네게 닐아노니 니러나 네 상을 가지고 집으로 가라 하시니
⑬ 내가 네게 이르노니 일어나 네 상을 가지고 집으로 가라 하시니
⑭「あなたに命じる。起きよ、床を取りあげて家に歸れ」と言われた。

마가福音 02:12

① 彼卽起,取其牀,在衆前而出,致衆駭異,歸榮於神,曰,我儕從未見有若是者也
② 뎌 닐어나 곳 상을 가지고 뭇사람의 압페셔 나가니 다 혼나 하나님을 영화ᄒᆞ여 갈아되 우리 죵닉 이 갓타물 보지 못ᄒᆞ엿다 ᄒᆞ다라
③ 뎌 닐어나 곳 상올 가지고 뭇사롬의 압페셔 나가니 다 이샤ᄒᆞ여 하나님 영화ᄒᆞ여 갈아딕 우리 죵닉 이 갓타물 보지 못ᄒᆞ엿다

ᄒᆞ더라

④ 그 사ᄅᆞᆷ이 즉시 니러나 상을 지고 모든 사ᄅᆞᆷ의 압희셔 나가매 모든 사ᄅᆞᆷ이 놀나고 이상히 넉이며 샹뎨ᄭᅴ 찬양ᄒᆞ야 닐ᄋᆞᄃᆡ 우리 이제ᄭᆞ지 이 ᄀᆞᆺᄒᆞᆫ 이 잇슴을 보지 못ᄒᆞ엿노라 ᄒᆞ더라

⑤ 그 사ᄅᆞᆷ이 니러나 곳 요를 가지고 뭇사ᄅᆞᆷ 압흐로 나가거ᄂᆞᆯ 뎌들이 긔이 넉여 영왕을 텬쥬ᄭᅴ 돌녀 보내며 ᄀᆞᆯᄋᆞᄃᆡ 우리가 이런 일을 즉 보지 못ᄒᆞ엿다 ᄒᆞ더라

⑥ 그 사ᄅᆞᆷ이 니러나 곳 상을 가지고 모든 사ᄅᆞᆷ 압흐로 나가거ᄂᆞᆯ 뎌들이 놀나고 긔이히 넉여 영광을 하ᄂᆞ님ᄭᅴ 돌녀 보내며 ᄀᆞᆯᄋᆞᄃᆡ 우리가 이런 일을 ᄒᆞᆫ 번도 보지 못ᄒᆞ엿다 ᄒᆞ더라

⑦ 그 사ᄅᆞᆷ이 모든 사ᄅᆞᆷ 압헤셔 니러나 곳 상을 가지고 나가거늘 뎌들이 놀나고 긔이히 녁여 영광을 하ᄂᆞ님ᄭᅴ 돌녀보내며 ᄀᆞᆯᄋᆞᄃᆡ 우리가 이런 일을 ᄒᆞᆫ 번도 보지 못ᄒᆞ엿다 ᄒᆞ더라

(그 사ᄅᆞᆷ이 모든 사ᄅᆞᆷ 압헤셔 니러나 곳 상을 가지고 나가거늘 뎌희가 다 놀나 영광을 하ᄂᆞ님ᄭᅴ 돌녀보내며 ᄀᆞᆯᄋᆞᄃᆡ 우리가 이런 일을 ᄒᆞᆫ 번도 보지 못ᄒᆞ엿다 ᄒᆞ더라)

⑧ 그 사ᄅᆞᆷ이 모든사ᄅᆞᆷ 압헤셔 니러나 곳 상을 가지고 나가거늘 뎌희가 다놀나 영광을 하ᄂᆞ님ᄭᅴ 돌녀보내며 ᄀᆞᆯᄋᆞᄃᆡ 우리가 이런 일을 ᄒᆞᆫ 번도 보지 못ᄒᆞ엿다 ᄒᆞ더라

⑨ 其人이 諸人의 前에셔 起ᄒᆞ야 곳 牀을 持ᄒᆞ고 出ᄒᆞ거ᄂᆞᆯ 彼等이 皆驚ᄒᆞ야 榮光을 上帝ᄭᅴ 歸ᄒᆞ며 曰 我等이 如此ᄒᆞᆫ 事를 一番도 見치 못ᄒᆞ엿다 ᄒᆞ더라

⑩ 그 사ᄅᆞᆷ이 모든 사ᄅᆞᆷ 압헤셔 곳 니러나 牀을 가지고 나가ᄂᆞᆫ지라 뎌희가 놀나 ᄀᆞᆯᄋᆞᄃᆡ 우리가 이런 일을 ᄒᆞᆫ 番도 보지 못ᄒᆞ엿다 ᄒᆞ고 榮光을 하ᄂᆞ님ᄭᅴ 돌녀 보내더라

⑪ 그 사람이 모든 사람 압헤셔 니러나 곳 牀을 가지고 나가거늘 뎌희가 다 놀나 榮光을 하나님ᄭᅴ 돌녀 보내며 갈아대 우리가 이런 일을 한 番도 보지 못하엿다 하더라

⑫ 그가 니러나 곳 상을 가지고 모든 사람 압헤셔 나가거늘 뎌희가 다 놀나 영광을 하나님끠 돌니며 갈아대 우리가 이런 일을
도모지 보지 못하엿다 하더라
⑬ 그가 일어나 곧 상을 가지고 모든 사람 앞에서 나가거늘 저희가 다 놀라 영광을 하나님께 돌리며 가로되 저희가 우리가
이런 일을 도무지 보지 못하였다 하더라
⑭ すると彼は起きあがり、すぐに床を取りあげて、みんなの前を出て行ったので、一同は大いに驚き、神をあがめて、「こん
な事は、まだ一度も見たことがない」と言った。

마가福音 02:13

① 耶穌復出,至海濱,衆皆就彼,彼敎之焉。
② 예수 다시 희변에 나가니 뭇사람이 나아오거날 이여 가라치다라
③ 예수 다시 희변에 나가니 뭇사ᄅᆞᆷ이 나아오거날 이여 가라치다라
④ 예수ㅣ 다시 나가샤 희변에 니ᄅᆞ시매 뭇사ᄅᆞᆷ이 다 예수씌로 나아오니 예수ㅣ ᄀᆞᄅᆞ치시더라
⑤ 예수ㅣ 다시 바다가에 나가시니 모든 사ᄅᆞᆷ이 나오거ᄂᆞᆯ 예수ㅣ ᄀᆞᄅᆞ치시고
⑥ 예수ㅣ 다시 바다가에 나가시니 무리가 다 나아오거ᄂᆞᆯ 예수ㅣ ᄀᆞᄅᆞ치시더라
⑦ 예수ㅣ 다시 바다가에 나가시니 무리가 다 나아오거늘 예수ㅣ ᄀᆞᄅᆞ치시더라
(예수ㅣ 다시 바다가에 나가시니 무리가 다 나아오거늘 예수ㅣ ᄀᆞᄅᆞ치시더라)
⑧ 예수가 다시 바다가에 나가시니 무리가 다 나아오거늘 예수가 ᄀᆞᄅᆞ치시더라
⑨ 예수가 다시 海邊에 出ᄒᆞ시니 衆이 皆就ᄒᆞ거ᄂᆞᆯ 예수가 訓ᄒᆞ시더라
⑩ 예수ㅣ 다시 湖水가에 나가시니 무리가 나아오거ᄂᆞᆯ 뎌희를 ᄀᆞᄅᆞ치시더라

⑪ 예수ᄭᅴ셔 다시 바다가에 나가시니 무리가 다 나아오거늘 예수ㅣ 가라치시더라
⑫ 예수ᄭᅴ셔 다시 바다가에 나가시매 무리가 다 나아왓거늘 예수ᄭᅴ셔 뎌희를 가라치시니라
⑬ 예수께서 다시 바닷가에 나가시매 무리가 다 나왔거늘 예수께서 저희를 가르치시니라
⑭ イエスはまた海べに出て行かれると、多くの人々がみもとに集まってきたので、彼らを教えられた。

마가福音 02:14

① 由是而往見亞勒腓之子利未坐於稅關,遂謂之曰,爾從我,利未起而從之。
② 힝할 ᄡᅧ에 알ᄇᆡ유의 아달 이위 셰소에 안저스물 보고 일오샤ᄃᆡ 나를 좃추라 하니 이여 닐어 좃다라
③ 힝할 ᄡᅧ에 알ᄇᆡ유의 아달 리위가 셰소에 안즈물 보고 갈오샤ᄃᆡ 나ᄅᆞᆯ 좃츠라 ᄒᆞ니 이여 닐어 좃더라
④ 지나시다가 알픠오의 아ᄃᆞᆯ 레위가 셰밧ᄂᆞᆫ 관에 안졋심을 보시고 드ᄃᆡ여 닐너 ᄀᆞᆯᄋᆞ샤ᄃᆡ 너ㅣ 나ᄅᆞᆯ 조차라 ᄒᆞ시니 레위 니러
나 즉시 조차니라
⑤ 지나가실 ᄉᆡ 아륵비의 아ᄃᆞᆯ 리미가 셰관에 안짐을 보시고 뎌ᄃᆞ려 닐ᄋᆞ샤ᄃᆡ 나를 조치라 ᄒᆞ시니 리미가 니러나 좃더라
⑥ ᄯᅩ 지나가실ᄉᆡ 알패오의 아ᄃᆞᆯ 레위가 셰관에 안진거술 보시고 뎌ᄃᆞ려 닐ᄋᆞ샤ᄃᆡ 나ᄅᆞᆯ 조치라 ᄒᆞ시니 니러나 조치니라
⑦ ᄯᅩ 지나가실ᄉᆡ 알배오의 아ᄃᆞᆯ 레위가 셰관에 안즌거슬 보시고 뎌ᄃᆞ려 닐넛스ᄃᆡ 나를 조츠라 ᄒᆞ시니 니러나 조츠니라
(ᄯᅩ 지나가실ᄉᆡ 알패오의 아ᄃᆞᆯ 레위가 셰관에 안즌거슬 보시고 뎌ᄃᆞ려 닐ᄋᆞ샤ᄃᆡ 나를 좃치라 ᄒᆞ시니 니러나 좃더라)
⑧ ᄯᅩ 지나가실ᄉᆡ 알패오의 아ᄃᆞᆯ 레위가 셰관에 안즌거슬 보시고 뎌ᄃᆞ려 닐ᄋᆞ샤ᄃᆡ 나를 좃치라 ᄒᆞ시니 니러나 좃더라
⑨ ᄯᅩ 過去ᄒᆞ실ᄉᆡ 알패오의 子 레위가 稅關에 坐ᄒᆞᆫ거슬 見ᄒᆞ시고 彼ᄃᆞ려 謂ᄒᆞ샤ᄃᆡ 我를 從ᄒᆞ라 ᄒᆞ시니 起ᄒᆞ야 從ᄒᆞ더라
⑩ ᄯᅩ 압흐로 나아가실서 암페오의 아ᄃᆞᆯ 레위가 稅關에 안젓슴을 보시고 닐ᄋᆞ샤ᄃᆡ 나를 좃ᄎᆞ라 ᄒᆞ시니 니러나 좃더라
⑪ ᄯᅩ 지나가실 새 알패오의 아달 레위가 稅關에 안짓것을 보시고 뎌 다려 닐아샤대 나를 좃치라 하시니 니러나 좃더라

⑫ ᄯᅩ 지나가시다가 알패오의 아달 레위가 세관에 안저잇는것을 보시고 뎌의게 닐아샤대 나를 좃츠라 하시니 니러나 좃츠니라
⑬ 또 지나가시다가 알패오의 아들 레위가 세관에 앉아있는것을 보시고 저에게 이르시되 나를 좇으라 하시니 일어나 좇으니라
⑭ また途中で、アルパヨの子レビが收稅所にすわっているのをごらんになって、「わわたしに従ってきなさい」と言われた。
すると彼は立ちあがって、イエスに従った。

마가福音 02:15

① 耶穌席座於利未家,有多稅吏歟罪人,偕耶穌及其門徒席坐,蓋其人衆而從之也。
② 마즘 그 집 연셕에 안즈믜 열어 과 죄인이 예수와 뎨자로 돗글 함긔 하문 좃난 쟈 만으미라
③ 맛참 그 집 연셕에 안즈믜 열어 셰관과 죄인이 예수와 뎨자로 돗글 함씌 ᄒᆞᆫ문 좃ᄂᆞᆫ 쟈 만으미라
④ 예수ㅣ 레위의 집에 안자 잡ᄉᆞ오실ᄉᆡ 여러 셰리들과 다못 죄인들이 예수와 밋 그 뎨ᄌᆞ로 갓치 안졋시니 대개 그런 사ᄅᆞᆷ들이
만히 조침이러라
⑤ 예수ㅣ 리미의 집에 안자 잡수실 ᄣᅢ에 만흔 셰리와 죄인들이 예수와 그 뎨ᄌᆞ들노 ᄒᆞᆷᄭᅴ 안잣시니 대개 사ᄅᆞᆷ이 만히 잇서셔
예수를 좃ᄂᆞᆫ지라
⑥ ᄆᆞᆺᄎᆞᆷ 레위의 집에 누어 음식 잡수실 ᄣᅢ에 여러 셰리와 죄인들이 예수와 그 뎨ᄌᆞ들노 ᄒᆞᆷᄭᅴ 누엇더니 대개 사ᄅᆞᆷ이 만히 잇서셔
예수ᄅᆞᆯ 좃ᄂᆞᆫ지라
⑦ 맛ᄎᆞᆷ 레위의 집에 누어 음식 잡수실 ᄣᅢ에 여러 셰리와 죄인들이 예수와 그 뎨ᄌᆞ들노 ᄒᆞᆷᄭᅴ 누엇슴은 사ᄅᆞᆷ이 만히 잇서셔
예수를 조ᄎᆞᆷ이라
(맛ᄎᆞᆷ 레위의 집에 누어 음식 잡수실 ᄣᅢ에 여러 셰리와 죄인들이 예수와 그 뎨ᄌᆞ들과 ᄒᆞᆷ씌 머음은 사ᄅᆞᆷ이 만히 잇서셔 예수
를 좃침이라)

⑧ 맛춤 레위의 집에셔 음식 잡수실 때에 여러 셰리와 죄인들이 예수와 그 뎨즈들과 홈끠 먹음은 사롬이 만히잇서셔 예수를 좃침이라
⑨ 맛춤 레위의 家에셔 飮食을 吃호실 時에 여러 稅吏와 罪人들이 예수와 其 弟子들과 同食홈은 人이 多有호야 예수를 從홈이라
⑩ 예수ㅣ 레위의 집에셔 飮食을 잡수실 서 여러 稅吏와 罪人이 예수와 그 弟子들노 홈끠 먹으니 이런 사롬이 만히 예수를 좃춤이라
⑪ 맛참 레위의 집에셔 飮食 잡수실 때에 여러 稅吏와 罪人들이 예수와 그 弟子들과 함끠 먹음은 사람이 만히 잇서셔 예수를 좃침이라
⑫ 그의 집에 안저 잡수실 때에 만흔 셰리와 죄인들이 예수와 그 뎨자들과 함끠 안젓스니 이는 뎌희가 만히 잇서셔 예수를 좃츰이러라
⑬ 그의 집에 앉아 잡수실 때에 많은 세리와 죄인들이 예수와 그 제자들과 함께 앉았으니 이는 저희가 많이 있어서 예수를 쫓음이러라
⑭ それから彼の家で、食事の席についておられたときのことである。多くの取税人や罪人(つみびと)たちも、イエスや弟子(でし)たちと共にその席に着いていた。こんな人たちが大ぜいいて、イエスに従ってきたのである。

마가福音 02:16
① 士子與咗唎𠴨人見其與稅吏及罪人其食,則謂其門徒曰,彼胡爲與稅吏及罪人食飮乎。
② 바리싀의 그 션비 셰관과 죄인으로 더부러 함긔 밥 먹으물 보고 그 뎨자게 일오딕 뎌 셰관과 죄인으로 더부러 음식한다 호니
③ 바리싀의 션비가 셰관과 죄인으로 더부러 함끠 밥 먹으물 보고 그 뎨자게 일오딕 뎌 셰관과 죄인으로 더부러 음식훈다 호니

④ 선비와 바리새오들이 그 셰리와 밋 죄인으로 더부러 흔가지 음식홈을 보고 그 뎨즈드려 닐너 왈 뎌 이가 엇지흐여 셰리와 밋 죄인으로 더부러 음식을 깃치 흐느뇨 흐거놀

⑤ 법리싀의 셔샤관들이 예수ㅣ 죄인과 셰리들노 더브러 잡수시는 거슬 보고 그 뎨즈드려 말흐여 골으되 뎌 사름이 엇지 흐야 셰리와 죄인들노 더브러 먹고 마시느뇨 흐거놀

⑥ 파리싀인의 셔샤관들이 예수ㅣ 죄인과 셰리들노 더브러 잡수시는 거술 보고 그 뎨즈드려 닐으되 셰리와 죄인들노 더브러 먹고 마시는도다 흐거놀

⑦ 바리싀교인의 셔긔관들이 예수ㅣ 죄인과 셰리들노 더브러 잡수시는 거슬 보고 그 뎨즈드려 닐으되 셰리와 죄인들노 더브러 먹고 마시는도다 흐거늘

(바리싀교인의 셔긔관들이 예수ㅣ 죄인과 셰리들노 더브러 잡수시는 거슬 보고 그 뎨즈드려 닐으되 셰리와 죄인들노 더브러 먹고 마시는도다 흐거늘)

⑧ 바리시 교인의 셔긔관들이 예수가 죄인과 셰리들노 더브러 잡수시는 거슬 보고 그 뎨즈드려 닐으되 셰리와 죄인들노 더브러 벅고 마시는도나 흐늘

⑨ 바리시 教人의 書記官들이 예수가 罪人과 稅吏들노 더브러 食흐시는 거슬 見흐고 其 弟子드려 謂흐되 稅吏와 罪人들노 더브러 食흐고 飮흐는도다 흐거놀

⑩ 바리새 教人과 書記官들이 예수ㅣ 罪人과 稅吏들노 잡수심을 보고 그 弟子드려 닐으되 너희 先生은 稅吏와 罪人들노 더브러 먹고 마시는도다

⑪ 바리새 教人의 書記官들이 예수씌셔 罪人과 稅吏들노 더브러 잡수시는 것을 보고 그 弟子다려 닐아대 稅吏와 罪人들노 더브러 먹고 마시는도다 하기늘

⑫ 바리새인의 셔긔관들이 예수씌셔 죄인과 셰리들과 함씌 잡수시는 것을 보고 그 뎨자들의게 닐아대 엇지하야 셰리와 죄인들

과 함끠 먹는가

⑬ 바리새인의 서기관들이 예수께서 죄인과 세리들과 함께 잡수시는 것을 보고 그 제자들에게 이르되 어찌하여 세리와 죄인들
과 함께 먹는가

⑭ パリサイ派の律法學者たちは、イエスが罪人や取稅人たちと食事を共にしておられるのを見て、弟子たちに言った、「な
ぜ、彼は取稅人や罪人などと食事を共にするのか」。

마가福音 02:17

① 耶穌聞而謂之曰,康强者不需士,惟負病者需之,我來非召義人,乃召罪人悔改耳。

② 예수 듯고 일오샤ᄃᆡ 건장한 쟈난 의원을 쓰지 안이ᄒᆞ고 오직 병하난 쟈야 하나니 ᄂᆡ가 오기ᄂᆞᆫ 올은사람을 불우미 안이요
죄인을 불러 회ᄀᆡ케 하미라 하다라

③ 예수 듯고 갈오샤ᄃᆡ 건장한 쟈ᄂᆞᆫ 의원ᄋᆞᆯ 쓰지 ᄋᆞᆫ이ᄒᆞ고 오직 병ᄒᆞᄂᆞᆫ 쟈야 ᄒᆞᄂᆞ니 ᄂᆡ가 오기ᄂᆞᆫ 올흔사ᄅᆞᆷᄋᆞᆯ 불우미 ᄋᆞᆫ이요
오직 죄인이라 ᄒᆞ다라

④ 예수ㅣ 드ᄅᆞ시고 닐ᄋᆞ시ᄃᆡ 셩ᄒᆞ고 건장ᄒᆞᆫ 쟈ᄂᆞᆫ 의원을 쓰지 아니ᄒᆞ고 오직 병든 쟈ㅣ라야 쓰ᄂᆞ니 내가 오기ᄂᆞᆫ 의인을 부르
려 ᄒᆞᆷ이 아니오 이에 죄인을 불너 뉘웃쳐 곳치게 ᄒᆞᆷ이니라

⑤ 예수ㅣ 드ᄅᆞ시고 뎌희ᄃᆞ려 ᄀᆞᆯᄋᆞ샤ᄃᆡ 건장ᄒᆞᆫ 이의게ᄂᆞᆫ 의원이 쓸ᄃᆡ 업고 병든 이라야 쓰ᄂᆞ니 내가 올흔사ᄅᆞᆷ을 불으려 온
거시 아니오 죄인들을 불으러 왔노라

⑥ 예수ㅣ 드ᄅᆞ시고 뎌희ᄃᆞ려 ᄀᆞᆯᄋᆞ샤ᄃᆡ 셩ᄒᆞᆫ 사ᄅᆞᆷ은 의원이 쓸ᄃᆡ 업고 병든 사ᄅᆞᆷ이라야 쓰ᄂᆞ니 내가 올흔사ᄅᆞᆷ을 불으러 온
거시 아니오 죄인을 불으러 왓노라 ᄒᆞ시더라

⑦ 예수ㅣ 드르시고 뎌희ᄃᆞ려 ᄀᆞᆯᄋᆞ샤ᄃᆡ 셩ᄒᆞᆫ 사ᄅᆞᆷ은 의원이 쓸 ᄃᆡ 업고 병든 사ᄅᆞᆷ이라야 쓰ᄂᆞ니 내가 올흔사ᄅᆞᆷ을 브ᄅᆞ러 온

거시 아니오 죄인을 브ᄅᆞ러 왓노라 ᄒᆞ시더라

(예수ㅣ 드르시고 뎌희ᄃᆞ려 닐ᄋᆞ샤ᄃᆡ 셩ᄒᆞᆫ ᄉᆞᄅᆞᆷ은 의원이 쓸ᄃᆡ 업고 병든 ᄉᆞᄅᆞᆷ이라야 쓰ᄂᆞ니 내가 의인을 부르러 온 거시 아니오 죄인을 부르러 왓노라 ᄒᆞ시더라)

⑧ 예수가 드ᄅᆞ시고 뎌희ᄃᆞ려 닐ᄋᆞ샤ᄃᆡ 셩ᄒᆞᆫ ᄉᆞᄅᆞᆷ은 의원이 쓸 ᄃᆡ 업고 병든 ᄉᆞᄅᆞᆷ이라야 쓰ᄂᆞ니 내가 의인을 부르러 온 거시 아니오 죄인을 부르러 왓노라 ᄒᆞ시더라

⑨ 예수가 聞ᄒᆞ시고 彼等ᄃᆞ려 謂ᄒᆞ샤ᄃᆡ 康健ᄒᆞᆫ 人은 醫員이 需ᄒᆞᆯ ᄃᆡ 無ᄒᆞ고 病든 人이라야 需ᄒᆞᄂᆞ니 我가 義人을 招ᄒᆞ러 來ᄒᆞᆫ 거시 아니오 罪人을 招ᄒᆞ러 來ᄒᆞ엿노라 ᄒᆞ시더라

⑩ 예수ㅣ 드르시고 뎌희ᄃᆞ려 닐ᄋᆞ샤ᄃᆡ 셤ᄒᆞᆫ ᄉᆞᄅᆞᆷ은 醫員이 쓸ᄃᆡ없고 病든 ᄉᆞᄅᆞᆷ이라야 쓰ᄂᆞ니 내가 義人을 부르러 오지 아니ᄒᆞ고 罪人을 부르러 왓노라 ᄒᆞ시더라

⑪ 예수ㅣ 드르시고 뎌희다려 닐아샤대 셩한 사람은 醫員이 쓸대 업고 病든 사람이라야 쓰나니 내가 義人을 부르러 온 것이 아니오 罪人을 부르러 왓노라 하시더라

⑫ 예수끠서 드르시고 더희게 닐이샤대 건강한 쟈의게는 의원이 쓸대업고 병든 쟈의게라야 쓸대 잇나니라 내가 의인을 부르러 온 것이 아니오 죄인을 부르러 왓노라 하시니라

⑬ 예수께서 들으시고 저희에게 이르시되 건강한 자에게는 의원이 쓸데 없고 병든 자에게라야 쓸데 있느니라 내가 의인을 부르러 온 것이 아니요 죄인을 부르러 왔노라 하시니라

⑭ イエスはこれを聞いて言われた、「丈夫な人には医者はいらない。いるのは病人である。わたしがきたのは、義人を招くためではなく、罪人を招くためである」。

마가福音 02:18

① 夫約翰門徒與啦唎囋人禁食,或就耶穌謂之曰,約翰門徒及啦唎囋人禁食,惟爾門徒不禁食,何也。

② 요안ᄂᆡ의 뎨자와 바리ᄉᆡ인은 ᄌᆡ게 하난지라 나아와 갈아되 요안ᄂᆡ의 뎨자와 바리ᄉᆡ인은 ᄌᆡ게하는ᄃᆡ 너의 뎨자는 ᄌᆡ게치
안이하나냐 ᄒᆞ니가

③ 요안ᄂᆡ의 뎨자와 바리ᄉᆡ인은 ᄌᆡ게 ᄒᆞ다가 나아와 갈오되 요안ᄂᆡ의 뎨자와 바리ᄉᆡ인은 ᄌᆡ게ᄒᆞ는ᄃᆡ 너희 뎨자는 ᄌᆡ게치 온으
미 엇지냐 ᄒᆞ니가

④ 므릇 요한 뎨ᄌᆞ는 바리ᄉᆡ오와 ᄀᆞᆺ치 절곡ᄒᆞ더니 혹이 예수ᄭᅴ 나아가 엿ᄌᆞ오ᄃᆡ 요한의 뎨ᄌᆞ와 밋 바리ᄉᆡ오들은 절곡ᄒᆞ거놀
오직 너의 뎨ᄌᆞ는 절곡을 아니ᄒᆞ니 엇지ᄒᆞᆷ이뇨

⑤ ᄯᅩ 요한의 뎨자들과 법리ᄉᆡ 사ᄅᆞᆷ들이 금식을ᄒᆞ거놀 그들이 와셔 예수ㅣᄭᅴ 말되 엇지 요한의 뎨ᄌᆞ들과 법리ᄉᆡ의 뎨ᄌᆞ들은
금식을 ᄒᆞ되 그ᄃᆡ의 뎨ᄌᆞ들은 금식을 아니ᄒᆞᄂᆞ뇨 ᄒᆞ니

⑥ ᄯᅩ 요한의 뎨ᄌᆞ와 파리ᄉᆡ인들이 금식ᄒᆞ거놀 와셔 말ᄒᆞ되 엇지 요한의 뎨ᄌᆞ들과 파리ᄉᆡ인의 뎨ᄌᆞ는 금식ᄒᆞ되 선싱님의 뎨ᄌᆞ
는 금식 아니ᄒᆞᄂᆞ뇨 ᄒᆞ니

⑦ ᄯᅩ 요한의 뎨ᄌᆞ와 바리ᄉᆡ교인들이 금식ᄒᆞ거놀 와셔 말ᄒᆞᄃᆡ 엇지 요한의 뎨ᄌᆞ들과 바리ᄉᆡ교인의 뎨ᄌᆞ는 금식ᄒᆞ되 선싱님의
뎨ᄌᆞ는 금식ᄒᆞ지 아니ᄒᆞᄂᆞ뇨 ᄒᆞ니

⑧ ᄯᅩ 요한의 뎨ᄌᆞ와 바리ᄉᆡ 교인들이 금식ᄒᆞ거놀 와셔말ᄒᆞ되 엇지 요한의 뎨ᄌᆞ들과 바리ᄉᆡ 교인의 뎨ᄌᆞ는 금식ᄒᆞ되 선싱님의
뎨ᄌᆞ는 금식ᄒᆞ지 아니ᄒᆞᄂᆞ뇨 ᄒᆞ니

⑨ ᄯᅩ 요한의 弟子와 바리ᄉᆡ 教人들이 禁食ᄒᆞ거놀 來言ᄒᆞᄃᆡ 엇지 요한의 弟子들과 바리ᄉᆡ 教人의 弟子는 禁食ᄒᆞ되 先生님의
弟子는 禁食ᄒᆞ지 아니 ᄒᆞᄂᆞ뇨 ᄒᆞ니

⑩ 요한의 弟子와 바리새 教人들은 禁食ᄒᆞ는지라 或이 엿ᄌᆞ로ᄃᆡ 요한의 弟子와 바리새 教人의 弟子는 禁食ᄒᆞ되 先生님의 弟子는

엇지 ᄒᆞ야 禁食지 아니ᄒᆞᄂᆞ잇가

⑪ ᄯᅩ 요한의 弟子와 바리새 教人들이 禁食하거늘 或이 와셔 말하대 엇지 요한의 弟子들과 바리새 教人의 弟子는 禁食하되 先生
님의 弟子는 禁食하지 아니하나뇨 하니

⑫ 요한의 뎨자들과 바리새인들이 금식하고 잇는지라 혹이 예수씌 와셔 말하대 요한의 뎨자들과 바리새인의 뎨자들은 금식하
는대 엇지하야 당신의 뎨자들은 금식하지 아니하나잇가

⑬ 요한의 제자들과 바리새인들이 금식하고 있는지라 혹이 예수께 와서 말하되 요한의 제자들과 바리새인의 제자들은 금식하
는데 어찌하여 당신의 제자들은 금식하지 아니하나이까

⑭ ヨハネの弟子とパリサイ人(びと)とは、断食をしていた。そこで人々がきて、イエスに言った、「ヨハネの弟子たちとパリ
サイ人の弟子たちとが断食をしているのに、あなたの弟子たちは、なぜ断食をしないのですか」。

마가福音 02:19

① 耶穌謂之曰,新娶者在,賀新娶者安能禁食乎,有新娶者同在時,彼不能禁食,

② 예수 일오샤ᄃᆡ 신낭과 함긔 이살 ᄯᅥᆨ에 경하ᄒᆞᄂᆞᆫ 쟈 능히 지게 ᄒᆞ랴 오일어 신낭과 함긔 이살 적에ᄂᆞᆫ 능히 지게치 못ᄒᆞ고

③ 예수 갈오샤ᄃᆡ 신낭과 함씌 이살 ᄯᅥᆨ에 경ᄒᆞᄒᆞᄂᆞᆫ 쟈 능히 지게 ᄒᆞ랴 오히려 신낭과 함씌 이살 적에ᄂᆞᆫ 능히 지게치 못ᄒᆞ고

④ 예수ㅣ 닐너 ᄀᆞᆯᄋᆞ샤ᄃᆡ 새로 쟝가드ᄂᆞᆫ 쟈ㅣ 잇스니 쟝가감을 치하ᄒᆞᄂᆞᆫ 쟈ㅣ 엇지 능히 먹지 아니ᄒᆞ리오 새로 쟝가드ᄂᆞᆫ 쟈ㅣ
잇서 ᄀᆞᆺ치 잇슬 ᄯᅢ에ᄂᆞᆫ 뎌ㅣ 능히 음식을 금치 못ᄒᆞᆯ거시오

⑤ 예수ㅣ ᄀᆞᆯᄋᆞ샤ᄃᆡ 혼인 치하간 사ᄅᆞᆷ이 신랑과 ᄒᆞᆷ씌 잇슬 ᄯᅢ에 엇지 금식ᄒᆞ리오 신랑 잇슬 동안에ᄂᆞᆫ 그들이 금식ᄒᆞ지 못ᄒᆞᄂᆞ니

⑥ 예수ㅣ 뎌 ᄃᆞ려 ᄀᆞᆯᄋᆞ샤ᄃᆡ 혼인 치하간 사ᄅᆞᆷ이 신랑과 ᄒᆞᆷ씌 잇슬 ᄯᅢ에 엇지 금식 ᄒᆞ리오 신랑 잇슬 동안에ᄂᆞᆫ 금식ᄒᆞ지 못ᄒᆞᄂᆞ니

⑦ 예수ㅣ 뎌ᄃᆞ려 ᄀᆞᆯᄋᆞ샤ᄃᆡ 혼인 치하간 사ᄅᆞᆷ이 신랑과 ᄒᆞᆷ긔 잇슬 ᄯᅢ에 엇지 금식ᄒᆞ리오 신랑 잇슬 동안에는 금식ᄒᆞ지못ᄒᆞᄂᆞ니

(예수ㅣ 뎌ᄃᆞ려 닐ᄋᆞ샤ᄃᆡ 혼인 치하 간 사ᄅᆞᆷ이 신랑과 ᄒᆞᆷᄭᅴ 잇슬 ᄯᅢ에 엇지 금식ᄒᆞ리오 신랑이 잇슬 동안에는 금식ᄒᆞ지 못ᄒᆞᄂᆞ니)

⑧ 예수가 뎌희ᄃᆞ려 닐ᄋᆞ샤ᄃᆡ 혼인 치하간 사ᄅᆞᆷ이 신랑과 ᄒᆞᆷᄭᅴ 잇슬 ᄯᅢ에 엇지 금식ᄒᆞ리오 신랑 잇슬 동안에는 금식ᄒᆞ지 못ᄒᆞᄂᆞ니

⑨ 예수가 彼等ᄃᆞ려 謂ᄒᆞ샤ᄃᆡ 婚姻 致賀ᄒᆞ러 去ᄒᆞᆫ 人이 新郎과 偕在ᄒᆞᆯ 時에 엇지 禁食ᄒᆞ리오 新郎이 在ᄒᆞᆯ 동안에는 禁食ᄒᆞ지 못ᄒᆞᄂᆞ니

⑩ 예수ㅣ 닐ᄋᆞ샤ᄃᆡ 婚姻 致賀간 사ᄅᆞᆷ이 新郎과 ᄒᆞᆷᄭᅴ 잇슬 ᄯᅢ에 엇지 禁食ᄒᆞ랴 新郎이 잇슬 동안에ᄂᆞᆫ 禁食ᄒᆞ지 아니ᄒᆞ나

⑪ 예수ㅣ 뎌희다려 닐아샤대 婚姻 致賀간 사람이 新郎과 함ᄭᅴ 잇슬 ᄯᅢ에 엇지 禁食하리오 新郎이 잇슬동안에는 禁食하지 못하나니

⑫ 예수ᄭᅴ셔 뎌희게 닐아샤대 혼인집 손님들이 신랑과 함ᄭᅴ 잇슬 ᄯᅢ에 금식할 수 잇나냐 신랑과 함ᄭᅴ 잇슬 동안에는 금식할 수 업나니

⑬ 예수께서 저희에게 이르시되 혼인집 손님들이 신랑과 함께 있을 때에 금식할 수 있느냐 신랑과 함께 있을 동안에는 금식할 수 없나니

⑭ するとイエスは言われた、「婚礼の客は、花婿が一緒にいるのに、断食ができるであろうか。花婿と一緒にいる間は、断食はできない。

마가福音 02:20

① 惟將來之日,新娶者別之去,斯時必禁食矣。

② 오직 쟝ᄂᆡ 신낭이 니별하야 직게 하니니라

③ 오직 쟝ᄂᆡ 신낭ᄋᆞᆯ 다려 가물 본 후에 지게 ᄒᆞᄂᆞ니라
④ 다만 쟝ᄅᆡ날에 쟝가든 쟈ㅣ 리별ᄒᆞ고 갈닐 ᄣᆡ에ᄂᆞᆫ 반ᄃᆞ시 음식을 금ᄒᆞ리니
⑤ 날이 니ᄅᆞ러 신랑을 리별ᄒᆞᆫ 후 그 ᄣᆡ에 금식ᄒᆞᆯ지니라
⑥ 신랑 리별ᄒᆞᆯ 날이 니ᄅᆞᆯ터히니 그 날에ᄂᆞᆫ 금식ᄒᆞᆯ지니라
⑦ 신랑이 리별ᄒᆞᆯ 날이 니ᄅᆞᆯ 터이니 그 날에는 금식ᄒᆞᆯ지니라
(신랑이 리별ᄒᆞᆯ 날이 니를 터이니 그 날에는 금식ᄒᆞᆯ지니라)
⑧ 신랑 리별ᄒᆞᆯ 날이 니를 터이니 그 날에는 금식ᄒᆞᆯ지니라
⑨ 新郎이 離別ᄒᆞᆯ 日이 至ᄒᆞᆯ 터이니 其日에는 禁食ᄒᆞᆯ지니라
⑩ 新郎이 離別ᄒᆞᆯ 날이 니르리니 그 날에ᄂᆞᆫ 禁食ᄒᆞᆯ지니라
⑪ 新郎이 離別할 날이 니를 터이니 그 날에는 禁食할지니라
⑫ 그러나 신랑을 ᄲᆡ앗길 날이 니르리니 그 날에는 금식할 것이니라
⑬ 그러나 신랑을 빼앗길 날이 이르리니 그 날에는 금식할 것이니라
⑭ しかし、花婿が奪い去られる日が來る。その日に斷食をするであろう。

마가福音 02:21

① 未有以新布縫於舊衣者恐新者縮而裂其舊,致綻尤甚也。
② ᄉᆡ무명으로 헌옷 깁우미 업나니라 그러면 기운 거시 안고 닐어나 ᄉᆡ 거시 헌거스로부터 처지미 더욱 심ᄒᆞ고
③ ᄉᆡ무명으로 헌옷 깁우미 업ᄂᆞ니라 그러면 기운 거시 온고 닐어나 ᄉᆡ 거시 헌거스로 온고 터지미 더욱 심ᄒᆞ고
④ 새뵈로써 낡은옷ᄉᆞᆯ 깁지 아니ᄒᆞᄂᆞᆫ 거ᄉᆞᆫ 새 거시 낡은거ᄉᆞᆯ 당긔여 더 상해ᄋᆞᆯ가 두려워ᄒᆞᆷ이오

⑤ 새가음으로 헌옷ᄉᆞᆯ 깁ᄂᆞᆫ 이가 업ᄉᆞᆷ은 새로 기운 거시 헌옷ᄉᆞᆯ 당긔여 햇드리게 ᄒᆞᆷ이 도로혀 ᄏᆞᆯ가 ᄒᆞᆷ이요
⑥ 새가음으로 헌옷ᄉᆞᆯ 깁ᄂᆞᆫ 이가 업ᄂᆞᆫ 거ᄉᆞᆫ 새로 기운 거시 헌옷ᄉᆞᆯ 당긔여 해여짐이 더ᄒᆞᆷ이오
⑦ 새가음으로 헌옷슬 깁ᄂᆞᆫ이가 업ᄂᆞᆫ 거슨 새로 기운 거시 헌옷슬 당긔여 ᄒᆡ여짐이 더ᄒᆞᆷ이오
(새가음으로 헌옷슬 깁는 이가 업는 거슨 새로 기운 거시 헌옷슬 당긔여 ᄒᆡ여짐이 더ᄒᆞᆷ이오)
⑧ 새가음으로 헌옷을 깁ᄂᆞᆫ 이가 업ᄂᆞᆫ 거슨 새로 기운 거시 헌옷을 당긔여 ᄒᆡ여짐이 더ᄒᆞᆷ이오
⑨ 新布로 獘衣를 補ᄒᆞᄂᆞᆫ 者가 無ᄒᆞᆫ 거슨 新補ᄒᆞᆫ 거시 獘衣를 牽引ᄒᆞ야 獘ᄒᆞ여짐이 더ᄒᆞᆷ이오
⑩ 새가음으로 헌옷슬 깁ᄂᆞᆫ 이가 업슴은 새로 기운 거시 헌옷슬 당긔여 ᄒᆡ여 짐이 더ᄒᆞᆷ이오
⑪ 새가음으로 헌옷을 깁는 이가 업는 것은 새로 기운 것이 헌옷을 당긔여 해여짐이 더함이오
⑫ 생뵈조각을 낡은옷에 붓치는 쟈가 업나니 만일 그러케 하면 기운 새것이 낡은 그것을 당긔여 해여짐이 더하게 되나니라
⑬ 생베조각을 낡은옷에 붙이는 자가 없나니 만일 그렇게 하면 기운 새것이 낡은 그것을 당기어 해어짐이 더하게 되느니라
⑭ だれも、眞新しい布ぎれを、古い着物に縫いつけはしない。もしそうすれば、新しいつぎは古い着物を引き破り、そして、破れがもっとひどくなる。

마가福音 02:22

① 易未有盛新酒於舊革囊者,恐新酒裂囊,酒漏而囊亦蔽,惟新酒必盛於新囊焉。
② ᄯᅩ ᄉᆡ 술노써 헌 피ᄃᆡ에 네 으미 업나니라 그러면 술이 그 피ᄃᆡ를 터쳐 술과 피ᄃᆡ 다 망할지니 오직 ᄉᆡ 술노써 ᄉᆡ 피ᄃᆡ에 넷나니라
③ ᄯᅩ 사ᄅᆞᆷ이 ᄉᆡ 술노써 헌 피ᄃᆡ에 네이미 업ᄂᆞ니라 그러면 술이 그 피ᄃᆡᄅᆞᆯ 너쳐 술과 피ᄃᆡ 다 망할지니 오직 ᄉᆡ 술노써 ᄉᆡ 피ᄃᆡ에 넷ᄂᆞ니라

④ ᄯᅩᄒᆞᆫ 새 슐을 낡은 가족부ᄃᆡ에 담지 아니ᄒᆞᄂᆞᆫ 거슨 새 슐이 부ᄃᆡ롤 ᄶᅩ어 슐이 새고 부ᄃᆡ 뎌 ᄒᆡ여질가 두려워ᄒᆞᆷ이니 오직 새 슐은 새 부ᄃᆡ에 담을 거시니라

⑤ ᄯᅩ 새 슐을 헌 가족부ᄃᆡ에 넛ᄂᆞᆫ 이가 업ᄉᆞᆷ은 새 슐이 부ᄃᆡ를 터지우고 슐과 부ᄃᆡ가 샹ᄒᆞᆯ가 ᄒᆞᆷ이니 새 슐은 새 부ᄃᆡ에 넛ᄂᆞ니라

⑥ ᄯᅩ 새 슐을 헌 가쥭부ᄃᆡ에 넛ᄂᆞᆫ 이가 업ᄉᆞᆷ은 새 슐이 부ᄃᆡ롤 ᄶᅵᆺ고 슐과 부대롤 ᄇᆞ림이니 오직 새 슐은 새 부ᄃᆡ에 넛ᄂᆞ니라

⑦ ᄯᅩ 새 술을 헌 가족부ᄃᆡ에 넛ᄂᆞᆫ 이가 업ᄉᆞᆷ은 새 술이 부ᄃᆡ를 ᄶᅵᆺ고 술과 부ᄃᆡ를 ᄇᆞ림이니 오직 새 술은 새 부ᄃᆡ에 넛ᄂᆞ니라 ᄒᆞ시더라

(ᄯᅩ 새 술을 헌 가족부ᄃᆡ에 넛는 이가 업ᄂᆞ니 그러케 ᄒᆞ면 새 술이 부ᄃᆡ를 텃쳐 술과 부ᄃᆡ를 ᄇᆞ림이니 오직 새 술은 새 부ᄃᆡ에 넛ᄂᆞ니라 ᄒᆞ시더라)

⑧ ᄯᅩ 새 술을 헌 가쥭부ᄃᆡ에 넛ᄂᆞᆫ 이가 업ᄂᆞ니 그러케 ᄒᆞ면 새 술이 부ᄃᆡ를 텃쳐 술과 부ᄃᆡ를 ᄇᆞ림이니 오직 새 술은 새 부ᄃᆡ에 넛ᄂᆞ니라 ᄒᆞ시더라

⑨ ᄯᅩ 新酒를 獘ᄒᆞᆫ 革帒에 盛ᄒᆞᄂᆞᆫ 이가 無ᄒᆞᄂᆞ니 然ᄒᆞ게 ᄒᆞ면 新酒가 帒를 綻ᄒᆞ야 酒와 帒를 棄ᄒᆞᆷ이니 오직 新酒는 新帒에 盛ᄒᆞᄂᆞ니라

⑩ 새 술을 헌 가족 負袋에 넛ᄂᆞᆫ 이가 업슴은 새 술이 負袋를 텃쳐 술과 負袋를 ᄇᆞ림이니 오즉 새 술은 새 負袋에 넛ᄂᆞ니라

⑪ ᄯᅩ 새 술을 헌 가족 負袋에 넛는 이가 업나니 그러케 하면 새 술이 負袋를 텃쳐 술과 負袋를 바림이니 오직 새 술은 새 負袋에 넛나니라 하시더라

⑫ 새 포도슈를 낡은 가쥭부대에 넛는 쟈가 업나니 만일 그러케 하면 새 포도슈가 부대를 텃쳐 포도슈와 부대를 바리게 되리라 오직 새 포도쥬는 새 부대에 넛나니라 하시니라

⑬ 새 포도주를 낡은 부대에 넣는 자가 없나니 만일 그렇게 하면 새 포도주가 부대를 터뜨려 포도주와 부대를 버리게 되리라 오직 새 포도주는 새 부대에 넣느니라 하시니라

⑭ またたれも、新しいぶどう酒を古い皮袋に入れはしない。もしそうすれば、ぶどう酒は皮袋をはり裂き、そして、ぶどう酒
も皮袋もむだになってしまう。〔だから、新しいぶどう酒は新しい皮袋に入れるべきである〕」。

마가福音 02:23

① 適安息日耶穌經過禾田,其門徒行時,摘穗。

② 먀츰 사밧일에 예수 곡셕밧촐 지너는딕 뎨자 힝할 쎡에 곡셕 이삭올 짜니

③ 마참 사밧일에 예수 곡셕밧촐 지너는딕 뎨자 힝할 쎡에 곡식 이삭올 짜니

④ 맛춤 사밧날 예수ㅣ 밧 가온대롤 지날식 그 뎨즈ㅣ 둔닐 째에 이삭을 쏫더니

⑤ 사밧날에 예수ㅣ 곡식밧흐로 지나실식 그 뎨즈들이 둔닐 째에 곡식 이삭을 잘으니

⑥ 안식일에 예수ㅣ 밀밧흐로 가실식 그 뎨즈들이 길흘 열며 이삭 잘으기롤 시작ᄒᆞ니

⑦ 안식일에 예수ㅣ 밀밧흐로 가실식 그 뎨즈들이 길흘 열며 이삭 잘르기를 시작ᄒᆞ니
(안식일에 예수ㅣ 밀밧흐로 가실식 그 뎨즈들이 길을 열며 이삭을 잘으니)

⑧ 안식일에 예수가 밀밧흐로 가실식 그 뎨즈들이 길을 열며 이삭을 잘으니

⑨ 安息日에 예수가 麥田으로 往ᄒᆞ실식 其 弟子들이 路를 開ᄒᆞ며 穗를 摘ᄒᆞ니

⑩ 安息日에 예수ㅣ 밀밧흐로 지나실서 弟子들이 行ᄒᆞ며 이삭을 잘으니

⑪ 安息日에 예수ㅣ 밀밧츠로 지나가실 새 그 弟子들이 길을 열며 이삭을 잘으니

⑫ 안식일에 예수믜셔 밀밧 사이로 지나가실새 그 뎨자들이 길을 열며 이삭을 잘으니

⑬ 안식일에 예수께서 밀밭 사이로 지나가실쌔 그 제자들이 길을 열며 이삭을 자르니

⑭ ある安息日に、イエスは麥畑の中をとおって行かれた。そのとき弟子(でし)たちが、歩きながら穗をつみはじめた。

마가福音 02:24

① 呿唎囌人遂謂之曰對,彼耶於安息日行所不宜者,何也。

② 바리식인이 예수게 일오되 보라 뎌 사밧일에 합당치 안인 바를 하문 엇지뇨 ᄒᆞ니

③ 바리식인이 일오되 보라 뎌 사밧일에 합당치 ᄋᆞᆫ은 바ᄅᆞᆯ ᄒᆞ문 엇지뇨 ᄒᆞ니

④ 바리새오들이 드ᄃᆡ여 닐너 ᄀᆞᆯᄋᆞᄃᆡ 뎌 사ᄅᆞᆷ이 사밧날에 맛당이 ᄒᆡᆼ치 못ᄒᆞᆯ일을 ᄒᆡᆼᄒᆞᆷ은 엇지 ᄒᆞᆷ이뇨

⑤ 법리식 사ᄅᆞᆷ들이 예수ᄭᅴ ᄀᆞᆯᄋᆞᄃᆡ 볼지어다 그들이 엇지 사밧날에 당치 못ᄒᆞᆫ 일을 ᄒᆡᆼᄒᆞᄂᆞ뇨

⑥ 파리식인이 예수ᄭᅴ ᄀᆞᆯᄋᆞᄃᆡ 보시오 그들이 엇지 안식일에 맛당치 못ᄒᆞᆫ 일을 ᄒᆡᆼᄒᆞᄂᆞ뇨 ᄒᆞ니

⑦ 바리식교인이 예수ᄭᅴ ᄀᆞᆯᄋᆞᄃᆡ 보쇼셔 뎌희가 엇지 안식일에 맛당치 못ᄒᆞᆫ 일을 ᄒᆡᆼᄒᆞᄂᆞ잇가 ᄒᆞ니

(바리식교인이 예수ᄭᅴ 닐ᄋᆞᄃᆡ 보쇼셔 뎌희가 엇지 안식일에 맛당치 못ᄒᆞᆫ 일을 ᄒᆡᆼᄒᆞᄂᆞ잇가 ᄒᆞ니)

⑧ 바리식 교인이 예수ᄭᅴ 닐ᄋᆞᄃᆡ 보쇼셔 그들이 엇지 안식일에 맛당치 못ᄒᆞᆫ 일을 ᄒᆡᆼᄒᆞᄂᆞ잇가 ᄒᆞ니

⑨ 바리식 教人이 예수ᄭᅴ 謂ᄒᆞᄃᆡ 見ᄒᆞ쇼셔 彼等이 엇지 安息日에 當치 못ᄒᆞᆫ 事를 行ᄒᆞᄂᆞ잇가 ᄒᆞ니

⑩ 바리새 教人이 예수ᄭᅴ 엿ᄌᆞ오ᄃᆡ 뎌희가 엇지 安息日에 맛당치 못ᄒᆞᆫ 일을 行ᄒᆞ나잇가

⑪ 바리새 教人이 예수ᄭᅴ 닐아대 보쇼셔 뎌희가 엇지 安息日에 맛당치 못한 일을 行하나 잇가 하니

⑫ 바리새인들이 예수ᄭᅴ 말하대 보시오 뎌희가 엇지하야 안식일에 하지 못할 일을 하나잇가

⑬ 바리새인들이 예수께 말하되 보시오 저희가 어찌하여 안식일에 하지 못할 일을 하나이까

⑭ すると、パリサイ人(びと)たちがイエスに言った、「いったい、彼らはなぜ，安息日にしてはならぬことをするのですか」。

마가福音 02:25

① 耶穌謂之曰,大闢與從人,乏而飢時所行者,爾未讀乎,

② 갈아샤딕 너의 다빗과 밋 좃난 쟈 핍ᄒᆞ여 빅곱풀 ᄭᅴ여 한 바를 오이지 못하엿나냐
③ 갈아샤딕 너희 다빗과 밋 좃ᄂᆞᆫ 쟈 핍ᄒᆞ여 빅곱풀 ᄭᅴ에 한 바룰 오으지 못ᄒᆞ엿ᄂᆞ냐
④ 예수ㅣ 닐너 ᄀᆞᆯᄋᆞ샤딕 다위 좃ᄂᆞᆫ 사ᄅᆞᆷ으로 더부러 지치고 빅곱흘 ᄯᅢ에 힝ᄒᆞ던 일을 네가 닑지 못ᄒᆞ엿ᄂᆞ냐
⑤ 예예수ㅣ ᄀᆞᆯᄋᆞ샤딕 대위와 ᄒᆞᆷᄭᅴ가던 사ᄅᆞᆷ들이 쓸 거시 업서 시장ᄒᆞᆯ ᄯᅢ에 엇더케 그가 아비아합 졔ᄉᆞ장 되엿술 ᄯᅢ에
⑥ 예수ㅣ ᄀᆞᆯᄋᆞ샤딕 ᄶᅡ윗과 밋 그 ᄒᆞᆷᄭᅴᄒᆞᆫ 사ᄅᆞᆷ들이 쓸 거시 업고 사쟝ᄒᆞᆯ ᄯᅢ에 ᄒᆞᆫ 일을 닑지 못ᄒᆞ엿ᄂᆞ뇨
⑦ 예수ㅣ ᄀᆞᆯᄋᆞ샤딕 ᄶᅡ윗과 밋 그 ᄒᆞᆷ긔ᄒᆞᆫ 사ᄅᆞᆷ들이 쓸 거시 업고 시쟝ᄒᆞᆯ ᄯᅢ에 ᄒᆞᆫ 일을 닑지 못ᄒᆞ엿ᄂᆞ뇨
(예수ㅣ ᄀᆞᆯᄋᆞ샤딕 ᄶᅡ윗과 밋 그 ᄒᆞᆷᄭᅴᄒᆞᆫ 사ᄅᆞᆷ들이 쓸 거시 업고 시쟝ᄒᆞᆯ ᄯᅢ에 ᄒᆞᆫ 일을 닑지 못ᄒᆞ엿ᄂᆞ뇨)
⑧ 예수ㅣ ᄀᆞᆯᄋᆞ샤딕 다윗과 밋 그 ᄒᆞᆷᄭᅴᄒᆞᆫ 사ᄅᆞᆷ들이 쓸 거시 업고 시쟝ᄒᆞᆯ ᄯᅢ에 ᄒᆞᆫ 일을 닑지 못ᄒᆞ엿ᄂᆞ뇨
⑨ 예수 曰 ᄶᅡ윗과 밋 其 同行ᄒᆞᆫ 人들이 用ᄒᆞᆯ 거시 無ᄒᆞ고 餒ᄒᆞᆯ 時에 行ᄒᆞᆯ 事를 讀지 못ᄒᆞ엿ᄂᆞ뇨
⑩ 예수ㅣ ᄀᆞᆯᄋᆞ샤딕 經에 다윗과 그 從者가 食物이 업서 시쟝ᄒᆞᆯ ᄯᅢ에 行ᄒᆞᆫ 일을 닑지 못ᄒᆞ엿ᄂᆞ뇨
⑪ 예수ㅣ 갈아샤대 다윗과 및 그 함ᄭᅴ한 사람들이 쓸 것이 업고 시장할 ᄯᅢ에 한 일을 닑지 못하엿나뇨
⑫ 예수ᄭᅴ셔 갈아샤대 다윗이 자긔와 밋 함ᄭᅴ한 쟈들이 핍졀되여 시쟝할 ᄯᅢ에 한 일을 닑지 못하엿나냐
⑬ 예수께서 가라사대 다윗이 자기와 및 함께한 자들이 핍절되어 시장할 때에 한 일을 읽지 못하였느냐
⑭ そこで彼らに言われた、「あなたがたは、ダビデとその供の者たちとが食物がなくて飢えたとき、ダビデが何をしたか、まだ讀んだことがないのか。

마가福音 02:26
① 卽彼於亞庇亞塔爲祭司長時,入神之宮,而食供前之餠,且給於從之者焉,但此餠,祭司而外,人不可食。
② 아샤달 제사쟝 되여슬 ᄭᅴ여 하나님의 궁에 들어가 진셜한 ᄯᅥᆨ올 먹어스니 곳 제사 안이고는 합당치 안인 거슬 ᄯᅩ한 노나

모든 좃난 쟈를 주엇다 ᄒᆞ고

③ 아뱌달 제사장 되여슬 ᄯᅢ에 엇지 하나님의 궁에 들어가 진셜한 ᄯᅥᆨ올 먹어ᄉᆞ니 곳 졔사 안이고는 합당치 안은 거슬 ᄯᅩ한 노나 좃는 쟈롤 주엇다 ᄒᆞ고

④ 이 사롬이 아비아다ㅣ 졔ᄉᆞ쟝 되엿실 ᄯᅢ에 샹뎨의 궁에 드러가 압희 공양ᄒᆞ는 ᄯᅥᆨ을 먹고 ᄯᅩᄒᆞᆫ 다리고 간 쟈롤 주엇시니 오직 이 ᄯᅥᆨ은 졔ᄉᆞ 외에 사롬은 가히 먹지 못ᄒᆞ는 거시라 ᄒᆞ시고

⑤ 텬쥬의 뎐에 드러가 ᄎᆞ려논 ᄯᅥᆨ을 먹고 ᄯᅩ 좃는 자를 주엇ᄂᆞ뇨 이 ᄯᅥᆨ은 졔ᄉᆞ쟝 외엣 사롬은 가히 먹지 못ᄒᆞᆫ다 홈을 네가 닑지 못ᄒᆞ엿ᄂᆞ냐가

⑥ 아비아타 졔ᄉᆞ쟝 되엿실 ᄯᅢ에 그가 하ᄂᆞ님의 뎐에 드러가셔 진셜ᄒᆞᆫ ᄯᅥᆨ을 먹고 ᄯᅩ 홈ᄭᅴ ᄒᆞᆫ 쟈롤 주엇는ᄃᆡ 이 ᄯᅥᆨ은 졔ᄉᆞ 외에 사롬은 먹기가 합당치 아니홀 거시오

⑦ 그가 아비아다 대졔ᄉᆞ장 되엿술 ᄯᅢ에 하ᄂᆞ님의 뎐에 드러가셔 진셜ᄒᆞᆫ ᄯᅥᆨ을 먹고 ᄯᅩ 홈ᄭᅴᄒᆞᆫ 쟈를 주엇는ᄃᆡ 이 ᄯᅥᆨ은 졔ᄉᆞ쟝 외에 사롬은 먹기가 합당치 아나 홀 거시오

(그가 아비아다 대졔ᄉᆞ장 되엿슬 ᄯᅢ에 하ᄂᆞ님의 뎐에 드러가서 진셜ᄒᆞᆫ ᄯᅥᆨ을 먹고 ᄯᅩ 홈ᄭᅴᄒᆞᆫ 자를 주엇는ᄃᆡ 이 ᄯᅥᆨ은 제ᄉᆞ쟝 외에 다른 사롬은 먹기가 합당치 아니ᄒᆞ다 ᄒᆞ시고)

⑧ 그가 아비아다 대졔ᄉᆞ쟝 ᄯᅢ에 하ᄂᆞ님의 뎐에 드러가셔 진셜ᄒᆞᆫ ᄯᅥᆨ을 먹고 ᄯᅩ 홈ᄭᅴᄒᆞᆫ 쟈를 주엇는ᄃᆡ 이 ᄯᅥᆨ은 졔ᄉᆞ쟝 외에 다른 사롬은 먹기가 합당치 아니ᄒᆞ다 ᄒᆞ고

⑨ 그가 아비아다 大祭司長 時에 上帝의 殿에 入ᄒᆞ야 陳設ᄒᆞᆫ 餠을 食ᄒᆞ고 ᄯᅩ 偕ᄒᆞᆫ 者를 給ᄒᆞ엿는ᄃᆡ 此 餠은 祭司長 外에 他人은 食ᄒᆞ기가 合當치 아니ᄒᆞ다 ᄒᆞ고

⑩ 뎌가 아비아다 大祭司長 ᄯᅢ에 하ᄂᆞ님의 殿에 드러가셔 祭司長 外에는 먹기에 合當치 아니ᄒᆞᆫ 陳設餠을 먹고 ᄯᅩ 從者의게 주엇ᄂᆞ니라

⑪ 그가 아비아달 大祭司長 ᄯᅢ에 하나님의 殿에 드러가셔 陳設餠을 먹고 ᄯᅩ 함끠한 者의게 주엇는대 이 ᄯᅥᆨ은 祭司長 外에 다른 사람은 먹기가 合當치 아니하다 하고

⑫ 그가 아비아달 대졔사쟝 ᄯᅢ에 하나님의 뎐에 드러가셔 졔사쟝 외에는 먹지 못하는 진셜병을 먹고 함끠한 쟈들의게도 주지 아니하엿나냐

⑬ 그가 아비아달 대제사장 때에 하나님의 전에 들어가서 제사장 외에는 먹지 못하는 진설병을 먹고 함께한 자들에게도 주지 아니하였느냐

⑭ すなわち、大祭司アビアタルの時、神の家にはいって、祭司たちのほか食べてはならぬ供えのパンを、自分も食べ、また供の者たちにも与えたではないか」。

마가福音 02:27

① 又謂之曰,安息日爲人而設,非人爲安息日設也。

② ᄯᅩ 갈아샤되 사밧일이 사람을 위ᄒᆞ여 베푼 거시오 사람이 사밧일을 위한 거시 안이라

③ ᄯᅩ 갈아샤ᄃᆡ 사밧일이 사ᄅᆞᆷᄋᆞᆯ 위ᄒᆞ여 베푼 거시오 사ᄅᆞᆷ이 사밧일ᄋᆞᆯ 위ᄒᆞᆫ 거시 ᄋᆞᆫ이라

④ ᄯᅩ 닐너 ᄀᆞᆯᄋᆞ샤ᄃᆡ 사밧날을 사ᄅᆞᆷ을 위ᄒᆞ야 마련ᄒᆞᆷ이오 사ᄅᆞᆷ을 사발날을 위ᄒᆞ야 마련ᄒᆞᆷ이 아닌 거시니

⑤ ᄯᅩ ᄀᆞᆯᄋᆞ샤ᄃᆡ 사밧날은 사ᄅᆞᆷ을 위ᄒᆞ야 마련ᄒᆞᆫ 거시오 사ᄅᆞᆷ이 사밧날을 위ᄒᆞᆷ이 아니니

⑥ ᄯᅩ ᄀᆞᆯᄋᆞ샤ᄃᆡ 안식일은 사ᄅᆞᆷ을 위ᄒᆞ야 ᄒᆞᆫ 거시오 사ᄅᆞᆷ이 안식일을 위ᄒᆞᆷ이 아니니

⑦ ᄯᅩ ᄀᆞᆯᄋᆞ샤ᄃᆡ 안식일은 사ᄅᆞᆷ을 위ᄒᆞ야 ᄒᆞᆫ 거시오 사ᄅᆞᆷ이 안식일을 위ᄒᆞᆷ이 아니니
(ᄯᅩ ᄀᆞᆯᄋᆞ샤ᄃᆡ 안식일은 사ᄅᆞᆷ을 위ᄒᆞ야 잇는 거시오 사ᄅᆞᆷ이 안식일을 위ᄒᆞ야 잇는 거시 아니니)

⑧ ᄯᅩ ᄀᆞᆯᄋᆞ샤ᄃᆡ 안식일은 사ᄅᆞᆷ을 위ᄒᆞ야 잇ᄂᆞᆫ 거시오 사ᄅᆞᆷ이 안식일을 위ᄒᆞ야 잇ᄂᆞᆫ 거시 아니니

⑨ 又 曰 安息日은 人을 爲ᄒᆞ야 有ᄒᆞᆫ 거시오 人이 安息日을 爲ᄒᆞ야 有ᄒᆞᆫ 거시 아니니
⑩ ᄯᅩ ᄀᆞᆯᄋᆞ샤ᄃᆡ 安息日은 사ᄅᆞᆷ을 爲ᄒᆞ야 設立ᄒᆞ고 사ᄅᆞᆷ이 安息日을 爲ᄒᆞ야 지음을 밧지 아니ᄒᆞ엿ᄂᆞ니
⑪ ᄯᅩ 갈아샤대 安息日은 사람을 爲하야 잇는 것이오 사람이 安息日을 爲하야 잇는 것이 아니니
⑫ ᄯᅩ 갈아샤대 안식일은 사람을 위하야 잇는 것이오 사람이 안식일을 위하야 잇는 것이 아니니
⑬ 또 가라사대 안식일은 사람을 위하여 있는 것이요 사람이 안식일을 위하여 있는 것이 아니니
⑭ また彼らに言われた,「安息日は人のためにあるもので、人が安息日のためにあるのではない。

마가福音 02:28

① 是以人子亦爲安息日之主矣。
② 일노ᄡᅥ 인자도 ᄯᅩᄒᆞᆫ 사밧일의 쥬인이 되노라 하다라
③ 일노ᄡᅥ 인ᄌᆞ도 ᄯᅩᄒᆞᆫ 사밧일의 쥬인이 되노라 ᄒᆞ더라
④ 이러므로ᄡᅥ 인ᄌᆞ도 ᄯᅩᄒᆞᆫ 사밧날의 쥬ㅣ 되ᄂᆞ니라
⑤ 이러므로 인ᄌᆞㅣ 사밧날의 쥬ㅣ니라
⑥ 이럼으로 인ᄌᆞㅣ ᄯᅩᄒᆞᆫ 안식일의 쥬ㅣ니라
⑦ 이러므로 인ᄌᆞㅣ ᄯᅩᄒᆞᆫ 안식일의 쥬가 되ᄂᆞ니라
(이럼으로 인ᄌᆞ는 ᄯᅩᄒᆞᆫ 안식일의 쥬인이 되ᄂᆞ니라)
⑧ 이럼으로 인ᄌᆞ는 ᄯᅩᄒᆞᆫ 안식일의 쥬인이 되ᄂᆞ니라
⑨ 是以로 人子ᄂᆞᆫ ᄯᅩᄒᆞᆫ 安息日의 主人이 되ᄂᆞ니라
⑩ 이럼으로 人子ᄂᆞᆫ ᄯᅩ ᄒᆞᆫ 安息日의 主人이 되ᄂᆞ니

⑪ 이럼으로 人子는 쏘한 安息日의 主人이 되나니라
⑫ 이럼으로 인자는 안식일에도 쥬인이니라
⑬ 이러므로 인자는 안식일에도 주인이니라
⑭ それだから、人の子は、安息日にもまた主なのである」。

3장

마가福音 03:01

① 耶穌又入會堂,在彼有人餇一手枯。

② 예수 ᄯᅩ 회당에 들어가니 거긔 사람이 한 손이 말은지라

③ 예수 ᄯᅩ 회당에 들어가니 거긔 사ᄅᆞᆷ이 ᄒᆞᆫ 손 말은 쟈 이스니

④ 예수ㅣ ᄯᅩ 회당에 드러가 계시매 사ᄅᆞᆷ이 잇스되 그 ᄒᆞᆫ 손이 조막손이 된지라

⑤ ᄯᅩ 예수ㅣ 다시 회당에 드러가시니 거긔 ᄒᆞᆫ 편 손 마ᄅᆞᆫ 이가 잇ᄂᆞᆫ지라

⑥ ᄯᅩ 예수ㅣ 다시 회당에 드러 가시니 거긔 ᄒᆞᆫ 편 손 마ᄅᆞᆫ 사ᄅᆞᆷ이 잇거ᄂᆞᆯ

⑦ ᄯᅩ 예수ㅣ 다시 회당에 드러가시니 ᄒᆞᆫ 편 손 ᄆᆞ른 사ᄅᆞᆷ이 거긔 잇거늘

(ᄯᅩ 예수ㅣ 다시 회당에 드러가시니 ᄒᆞᆫ 편 손 ᄆᆞ른 사ᄅᆞᆷ이 거긔 잇거늘)

⑧ ᄯᅩ 예수가 다시 회당에 드러가시니 ᄒᆞᆫ 편 손 ᄆᆞ른 사ᄅᆞᆷ이 거긔 잇거늘

⑨ ᄯᅩ 예수가 다시 會堂에 入ᄒᆞ시니 一手가 枯ᄒᆞᆫ 人이 該處에 在ᄒᆞ거ᄂᆞᆯ

⑩ 예수ㅣ 다시 會堂에 드러가시니 ᄒᆞᆫ 偏 손 ᄆᆞ른 사ᄅᆞᆷ이 잇ᄂᆞᆫᄃᆡ

⑪ ᄯᅩ 예수ᄭᅴ셔 다시 會堂에 드러가시니 한 便 손 마른 사람이 거긔 잇거늘

⑫ 예수ᄭᅴ셔 다시 회당에 드러가시니 한 편 손 마른 사람이 거긔 잇는지라

⑬ 예수께서 다시 회당에 들어가시니 한 편 손 마른 사람이 거기 있는지라

⑭ イエスがまた會堂にはいられると、そこに片手のなえた人がいた。

마가福音 03:02

① 衆窺其於安息日醫之否,意欲訟之。

② 뭇사람이 그 사밧일에 곳치물 엿보와 죄 주려 ᄒᆞ니
③ 뭇사ᄅᆞᆷ이 그 사밧일에 곳치물 엿보와 죄 주려 ᄒᆞ니
④ 즁인이 사밧날에 곳쳐 주나 아니ᄒᆞ나 엿보와 의ᄉᆞ가 숑ᄉᆞ코져 ᄒᆞ더니
⑤ 뭇사ᄅᆞᆷ들이 사밧날에 예수ㅣ 그 사ᄅᆞᆷ을 곳치나 엿보아 칙잡으랴 ᄒᆞᆷ일너라
⑥ 뭇사ᄅᆞᆷ이 안식일에 예수ㅣ 그 사ᄅᆞᆷ을 곳치나 엿보아 칙잡아 송ᄉᆞᄒᆞ랴 ᄒᆞ는지라
⑦ 뭇사ᄅᆞᆷ이 안식일에 예수ㅣ 그 사ᄅᆞᆷ을 곳치나 엿보아 칙잡아 숑ᄉᆞᄒᆞ려ᄒᆞ는지라
(뭇사ᄅᆞᆷ이 안식일에 예수ㅣ 그 사ᄅᆞᆷ을 곳치나 엿보아 칙잡아 숑ᄉᆞᄒᆞ랴 ᄒᆞ는지라)
⑧ 뭇사ᄅᆞᆷ이 안식일에 예수가 그 사ᄅᆞᆷ을 곳치나 엿보아 칙잡아 송ᄉᆞᄒᆞ랴 ᄒᆞ는지라
⑨ 衆人이 安息日에 예수가 其人을 醫治ᄒᆞ나 窺ᄒᆞ야 責잡아 訟詞ᄒᆞ랴 ᄒᆞ는지라
⑩ 뭇사ᄅᆞᆷ이 安息日에 예수ㅣ 그 사ᄅᆞᆷ을 곳치시나 엿보아 責잡아 訟詞 ᄒᆞ는지라
⑪ 뭇사람이 安息日에 예수ᄭᅴ셔 그 사람을 곳치나 엿보아 責잡아 訟事하랴 하는지라
⑫ 사람들이 예수를 숑사하랴 하야 안식일에 그 사람을 곳치시는가 엿보거늘
⑬ 사람들이 예수를 송사하려 하여 안식일에 그 사람을 고치시는가 엿보거늘
⑭ 人々はイエスを訴えようと思って、安息日にその人をいやされるかどうかをうかがっていた。

마가福音 03:03

① 耶穌謂手枯之人曰,起立於中。
② 예수 손 말은 쟈으게 일오샤ᄃᆡ 네 닐어셔라 ᄒᆞ고
③ 예수 손 말은 쟈의게 갈오샤ᄃᆡ 네 닐어셔라 ᄒᆞ고

④ 예수ㅣ 조막손이ᄃᆞ려 닐너 ᄀᆞᆯᄋᆞ샤ᄃᆡ ᄒᆞᆫ 가온대 니러셔라 ᄒᆞ시고

⑤ 예수ㅣ 손 마ᄅᆞᆫ 사ᄅᆞᆷᄃᆞ려 닐너 ᄀᆞᆯᄋᆞ샤ᄃᆡ 니너라 셔라 ᄒᆞ시고

⑥ 예수ㅣ 손 마ᄅᆞᆫ 사ᄅᆞᆷᄃᆞ려 닐ᄋᆞ샤ᄃᆡ ᄒᆞᆫ 가온ᄃᆡ 니러나서라 ᄒᆞ시고

⑦ 예수ㅣ 손 ᄆᆞ른 사ᄅᆞᆷᄃᆞ려 닐넛스ᄃᆡ ᄒᆞᆫ가온대 니러서라 ᄒᆞ시고

(예수ㅣ 손 ᄆᆞ른 사ᄅᆞᆷᄃᆞ려 닐ᄋᆞ샤ᄃᆡ ᄒᆞᆫ가온ᄃᆡ 니러서라 ᄒᆞ시고)

⑧ 예수가 손 ᄆᆞ른 사ᄅᆞᆷᄃᆞ려 닐ᄋᆞ샤ᄃᆡ ᄒᆞᆫ가온ᄃᆡ 니러서라 ᄒᆞ시고

⑨ 예수가 手枯ᄒᆞᆫ 人ᄃᆞ려 謂ᄒᆞ샤ᄃᆡ 正中에 起立ᄒᆞ라 ᄒᆞ시고

⑩ 예수ㅣ 손 ᄆᆞ른 사ᄅᆞᆷ을 命ᄒᆞ야 ᄒᆞᆫ 가온ᄃᆡ 니러서라 ᄒᆞ시고

⑪ 예수ㅣ 손 마른 사람다려 닐아샤대 한 가온대 니러서라 하시고

⑫ 예수ᄢᅴ셔 손 마른 사람의게 닐아샤대 한 가온대 니러서라 하시고

⑬ 예수께서 손 마른 사람에게 이르시되 한가운데 일어서라 하시고

⑭ すると、イエスは片手のなえたその人に、「立って、中へ出てきなさい」と言い、

마가福音 03:04

① 語衆曰,安息日,行善,行惡,救生,殺生,孰宜。

② 뭇사람으게 말ᄒᆞ되 사밧일에 션올 힝ᄒᆞ며 악을 힝함과 싱명올 구완하며 싱명올 쥐기ᄂᆞᆫ 거세 어늬 거시 합당ᄒᆞ냐 ᄒᆞ니 뭇사람이 묵연ᄒᆞ거날

③ 뭇사ᄅᆞᆷ의게 말ᄒᆞ되 사밧일에 션올 힝ᄒᆞ며 악올 힝함과 싱명올 구완ᄒᆞ며 싱명올 쥐기ᄂᆞᆫ 거세 어늬거시 합당ᄒᆞ냐 ᄒᆞ니 뭇사ᄅᆞᆷ이 묵연ᄒᆞ거날

④ 여러사ᄅᆞᆷᄃᆞ려 말ᄉᆞᆷᄒᆞ여 ᄀᆞᆯᄋᆞ샤ᄃᆡ 사밧일 션을 ᄒᆡᆼ함과 인ᄉᆡᆼ을 구ᄒᆞᄂᆞᆫ 것과 인ᄉᆡᆼ을 살ᄒᆞᄂᆞᆫ 거시 어ᄂᆞ 거시 당연ᄒᆞ리오 여러사ᄅᆞᆷ이 묵연ᄒᆞ여 잇스니

⑤ 뭇사ᄅᆞᆷ의게 말ᄉᆞᆷᄒᆞ여 ᄀᆞᆯᄋᆞ샤ᄃᆡ 사밧날에 션을 행ᄒᆞᆷ과 악을 ᄒᆡᆼᄒᆞᆷ과 ᄉᆡᆼ명을 구ᄒᆞᆷ과 해ᄒᆞᆷ이 어ᄂᆞ 거시 올흐냐 뭇사ᄅᆞᆷ이 ᄌᆞᆷᄌᆞᆷᄒᆞ거ᄂᆞᆯ

⑥ 뭇사ᄅᆞᆷ의게 닐ᄋᆞ샤ᄃᆡ 안식일에 션을 ᄒᆡᆼᄒᆞᆷ과 악을 ᄒᆡᆼᄒᆞᄂᆞᆫ 것과 ᄉᆡᆼ명을 구ᄒᆞᆷ과 죽이ᄂᆞᆫ 거시 어ᄂᆞ 거시 맛당ᄒᆞ냐 ᄒᆞ시니 뭇사ᄅᆞᆷ이 ᄌᆞᆷᄌᆞᆷᄒᆞ거ᄂᆞᆯ

⑦ 뭇사ᄅᆞᆷ의게 닐넛스ᄃᆡ 안식일에 션을 ᄒᆡᆼᄒᆞᆷ과 악을 ᄒᆡᆼᄒᆞᄂᆞᆫ 것과 ᄉᆡᆼ명을 구ᄒᆞᆷ과 죽이ᄂᆞᆫ 거시 어ᄂᆞ 거시 맛당ᄒᆞ냐 ᄒᆞ시니 뭇사ᄅᆞᆷ이 ᄌᆞᆷᄌᆞᆷᄒᆞ거늘

(뭇사ᄅᆞᆷ의게 닐ᄋᆞ샤ᄃᆡ 안식일에 션을 ᄒᆡᆼᄒᆞ겟ᄂᆞ냐 악을 ᄒᆡᆼᄒᆞ겟ᄂᆞ냐 ᄉᆡᆼ명을 구ᄒᆞ겟ᄂᆞ냐 죽이겟ᄂᆞ냐 어ᄂᆞ거시 맛당ᄒᆞ냐 ᄒᆞ시니 뭇사ᄅᆞᆷ이 ᄌᆞᆷᄌᆞᆷᄒᆞ거ᄂᆞᆯ)

⑧ 뭇사ᄅᆞᆷ의게 닐ᄋᆞ샤ᄃᆡ 안식일에 션을 ᄒᆡᆼᄒᆞ겟ᄂᆞ냐 악을 ᄒᆡᆼᄒᆞ겟ᄂᆞ냐 ᄉᆡᆼ명을 구ᄒᆞ겟ᄂᆞ냐 죽이겟ᄂᆞ냐 어ᄂᆞ거시 맛당ᄒᆞ냐 ᄒᆞ시니 뭇사ᄅᆞᆷ이 ᄌᆞᆷᄌᆞᆷᄒᆞ거ᄂᆞᆯ

⑨ 衆人의게 謂ᄒᆞ샤ᄃᆡ 安息日에 善을 行ᄒᆞ겟ᄂᆞ냐 惡을 行ᄒᆞ겟ᄂᆞ냐 生命을 救ᄒᆞ겟ᄂᆞ냐 殺ᄒᆞ겟ᄂᆞ냐 何事가 宜當ᄒᆞ냐 ᄒᆞ시니 衆人이 默默ᄒᆞ거ᄂᆞᆯ

⑩ 무리의게 무르샤ᄃᆡ 安息日에 善을 行ᄒᆞ겟ᄂᆞ냐 生命을 救ᄒᆞ겟ᄂᆞ냐 죽이겟ᄂᆞ냐 어ᄂᆞ거시 合當ᄒᆞ냐 무리가 潛潛ᄒᆞ거ᄂᆞᆯ

⑪ 뭇사람의게 닐아샤대 安息日에 善을 行하겟나냐 惡을 行하겟나냐 生命을 救하겟나냐 죽이겟나냐 어나 것이 맛당하냐 하시니 뭇사람이 潛潛하거늘

⑫ 뎌희게 닐아샤대 안식인에 션을 행하는 것과 악을 행하는 것 생명을 구하는 것과 죽이는 것 어나 것이 올호냐 하시니 뎌희가 잠잠하거늘

⑬ 저희에게 이르시되 안식일에 선을 행하는 것과 악을 행하는 것 생명을 구하논 것과 죽이는 것 어느 것이 옳으냐 하시니
⑭ 人々にむかって、「安息日に善を行うのと惡を行うのと、命を救うのと殺すのと、どちらがよいか」と言われた。彼らは默っ
ていた。

마가福音 03:05

① 耶穌怒而環視於衆,蓋憂其心忍也,語其人日,伸爾手,彼遂伸之,手卽愈,如他手焉。
② 이여 노ᄒᆞ여 뭇사람을 둘너보고 그 마암 굿으물 근심하여 그 사람으게 말하샤되 네 손을 펴라 ᄒᆞ믹 이여 펴치니 그 손이
소복한지라
③ 이여 노ᄒᆞ여 뭇사ᄅᆞᆷ올 둘너보고 그 마암 굿으물 근심ᄒᆞ여 그 사ᄅᆞᆷ의게 말ᄒᆞ샤ᄃᆡ 네 손올 펴라 ᄒᆞ믹 이여 펴치니 그 손이
소복한지라
④ 예수ㅣ 노ᄒᆞ샤 여러사ᄅᆞᆷ을 도라보시니 그 ᄆᆞ음들이 잔인ᄒᆞᆷ을 근심ᄒᆞ심이라 그 사ᄅᆞᆷᄃᆞ려 말ᄉᆞᆷᄒᆞ여 ᄀᆞᆯᄋᆞ샤ᄃᆡ 네 손을 펴라
ᄒᆞ시니 드ᄃᆡ여 펴매 손이 즉시 나아 셩ᄒᆞᆫ 손과 ᄀᆞᆺᄒᆞ니
⑤ 예수ㅣ 노ᄒᆞ심으로 뭇사ᄅᆞᆷ을 둘너보시니 그 ᄆᆞ음들이 완ᄒᆞᆷ을 근심ᄒᆞ심이라 병든 쟈 ᄃᆞ려 ᄀᆞᆯᄋᆞ샤ᄃᆡ 네 손을 펴라 ᄒᆞ시니
이에 펴매 제 손이 나으니라
⑥ 그 ᄆᆞ음들이 완악ᄒᆞᆷ을 근심ᄒᆞ샤 노ᄒᆞ심으로 둘너보시고 병든 쟈ᄃᆞ려 ᄀᆞᆯᄋᆞ샤ᄃᆡ 네 손을 펴라 ᄒᆞ시니 이에 펴매 제 손이 다시
완젼ᄒᆞ더라
⑦ 그 ᄆᆞ음들이 완악ᄒᆞᆷ을 근심ᄒᆞ샤 노ᄒᆞ심으로 둘너보시고 병든 쟈ᄃᆞ려 ᄀᆞᆯᄋᆞ샤ᄃᆡ 네 손을 펴라 ᄒᆞ시니 이에 펴매 제 손이 다시
완젼ᄒᆞ더라
(그 ᄆᆞ음들이 완악ᄒᆞᆷ을 근심ᄒᆞ샤 노ᄒᆞ심으로 둘너보시고 병든 쟈ᄃᆞ려 닐ᄋᆞ샤ᄃᆡ 네 손을 펴라 ᄒᆞ시니 이에 펴매 제 손이

다시완젼ᄒᆞ더라)

⑧ 그 ᄆᆞ음들이 완악홈을 근심ᄒᆞ샤 노ᄒᆞ심으로 둘너보시고 병든 쟈ᄃᆞ려 닐ᄋᆞ샤ᄃᆡ 네손을 펴라 ᄒᆞ시니 이에 펴매 그 손이 다시 완젼ᄒᆞ더라

⑨ 其 心들이 頑惡홈을 憂ᄒᆞ샤 怒目으로 環視ᄒᆞ시고 病든 者ᄃᆞ려 謂ᄒᆞ샤ᄃᆡ 爾手를 伸ᄒᆞ라 ᄒᆞ시니 이에 伸ᄒᆞ매 其手가 다시完全ᄒᆞ더라

⑩ 其 心들이 頑惡홈을 憂ᄒᆞ샤 怒目으로 環視ᄒᆞ시고 病든 者ᄃᆞ려 謂ᄒᆞ샤ᄃᆡ 爾手를 伸ᄒᆞ라 ᄒᆞ시니 이에 伸ᄒᆞ매 其 手가 다시完全ᄒᆞ더라

⑪ 그 마암들이 頑惡함을 근심하샤 怒하심으로 둘너보시고 病든 者다려 닐아샤대 네 손을 펴라 하시니 이에 펴매 그 손이 다시 完全하더라

⑫ 뎌희 마암의 완악함을 근심하샤 노하심으로 뎌희를 둘너보시고 그 사람의게 닐아샤대 네 손을 내밀나 하시니 그가 내밀매 그 손이 회복되엿더라

⑬ 저희가 잠잠하거늘 저희 마음의 완악함을 근심하사 노하심으로 저희를 둘러보시고 그 사람에게 이르시되 네 손을 내밀라 하시니 그가 내밀매 그 손이 회복되었더라

⑭ いえすは怒りを含んで彼らを見まわし、その心のかたくななのを嘆いて、その人に「手を伸ばしなさい」と言われた。そこで手を伸ばすと、その手は元どおりになった。

마가福音 03:06

① 啦唎嚽人出,與希律黨,共謀攻耶穌,將何以滅之。

② 바리시 인이 나가 헤롯의 당으로 함긔 엇지써 망하기를 도모하다라

③ 바리ᄉᆡ 인이 나가 헤롯의 당으로 함ᄭᅴ 도모ᄒᆞ여 엇지써 망하케 ᄒᆞ려 ᄒᆞ더라
④ 바리새오 사ᄅᆞᆷ이 나와 해로데의 무리로 더부러 ᄒᆞᆫ 가지로 예수 치기ᄅᆞᆯ ᄭᅬᄒᆞ되 쟝ᄎᆞᆺ 엇지ᄒᆞ여 멸ᄒᆞᆯ고 ᄒᆞ더라
⑤ 법리ᄉᆡ 사ᄅᆞᆷ이 나와 곳 희률의 당으로 ᄒᆞᆷᄭᅴ 예수를 엇더케 죽이기를 ᄭᅬᄒᆞ더라
⑥ 파리ᄉᆡ 인이 나와 곳 혜롯당으로 ᄒᆞᆷᄭᅴ 예수ᄅᆞᆯ 엇더케 죽일고 의론ᄒᆞ더라
⑦ 바리ᄉᆡ 교인이 나와 곳 헤롯당으로 ᄒᆞᆷᄭᅴ 예수를 엇더케 죽일고 의론ᄒᆞ더라
(바리ᄉᆡ 교인이 나와셔 곳 헤롯당과 ᄒᆞᆷᄭᅴ 예수를 엇더케 죽일고 의론ᄒᆞ더라)
⑧ 바리ᄉᆡ 교인이 나와셔 곳 헤롯당과 ᄒᆞᆷᄭᅴ 예수를 엇더케 죽일고 의론ᄒᆞ더라
⑨ 바리ᄉᆡ 教人이 出來ᄒᆞ야 곳 헤롯黨과 ᄒᆞᆷᄭᅴ 예수를 何如케 殺ᄒᆞᆯ고 議論ᄒᆞ더라
⑩ 바리새 教人이 나와셔 헤롯黨과 ᄒᆞᆷᄭᅴ 예수를 엇더케 죽일고 議論ᄒᆞ더라
⑪ 바리새 教人이 나와셔 곳 헤롯黨과 함ᄭᅴ 예수를 엇더케 죽일고 議論하더라
⑫ 바리새 인들이 나가셔 곳 헤롯당과 함ᄭᅴ 엇더케 하야 예수를 죽일고 의론하니라
⑬ 바리새 인들이 나가서 곧 헤롯당과 함께 어떻게 하여 예수를 죽일꼬 의논하니라
⑭ パリサイ人(びと)たちは出て行って、すぐにヘロデ党の者たちと、なんとかしてイエスを殺そうと相談しはじめた。

마가福音 03:07

① 夫耶穌偕其門徒往於海,有羣衆自加利利,自猶太,
② 예수 뎨자과 함긔 바다에 가니 열어 사람이 가니ᄂᆡ와 유ᄃᆡ와
③ 예수 뎨자과 함ᄭᅴ 바다에 가니 열어 사ᄅᆞᆷ이 가니ᄂᆡ로 ᄌᆞᆺ고
④ 므ᄅᆞᆺ 예수ㅣ 그 뎨ᄌᆞ와 ᄀᆞᆺ치 바다로 갈ᄉᆡ 허다ᄒᆞᆫ 사ᄅᆞᆷ들이 갈닐늬아로셔도브터 오며 이유대아로셔도브터 오며 예루살넴으

로셔도브터 오며

⑤ 예수ㅣ 뎨ᄌᆞ들과 ᄒᆞᆫ가지 바다에 가시니 허다ᄒᆞᆫ 사ᄅᆞᆷ이 가리리로브터 조치며

⑥ 예수ㅣ 뎨ᄌᆞ들과 ᄒᆞᆫ가지 바다로 ᄯᅥ나시니 허다ᄒᆞᆫ 사ᄅᆞᆷ이 갈닐리에셔 브터 조치며

⑦ 예수ㅣ 뎨ᄌᆞ들과 ᄒᆞᆫ가지 바다로 ᄯᅥ나시니 허다ᄒᆞᆫ 사ᄅᆞᆷ이 갈닐니로브터 조ᄎᆞ며
(예수ㅣ 뎨ᄌᆞ들과 ᄒᆞᆫ가지 바다로 ᄯᅥ나가시니 허다ᄒᆞᆫ 사ᄅᆞᆷ이 갈닐리로브터 좃치며)

⑧ 예수가 弟子들과 ᄒᆞᆫ가지 海로 離去ᄒᆞ시니 許多ᄒᆞᆫ 人이 갈닐니로브터 從ᄒᆞ며

⑨ 예수가 弟子들과 ᄒᆞᆫ가지 海로 離去ᄒᆞ시니 許多ᄒᆞᆫ 人이 갈닐니로브터 從ᄒᆞ며

⑩ 예수ㅣ 弟子들과 ᄒᆞᆫ가지로 ᄯᅥ나 湖水가으로 가시니 許多ᄒᆞᆫ 사ᄅᆞᆷ이 갈닐니로브터 좃츠며

⑪ 예수ᄭᅴ셔 弟子들과 한가지 바다로 ᄯᅥ나 가시니 許多한 사람이 갈닐니로브터 좃치며

⑫ 예수ᄭᅴ셔 뎨자들과 함ᄭᅴ 바다로 물너가시니 갈닐니에셔 큰 무리가 좃츠며

⑬ 예수께서 제자들과 함께 바다로 물러 가시니 갈릴리에서 큰 무리가 좇으며

⑭ それから、イエスは弟子(でし)たちと共に海べに退かれたが、がリラヤからきたおびただしい群衆がついて行った。また
ユダヤから、

마가福音 03:08

① 自猶太撒冷自以土買,自約但外,從之,且屬推羅與西頓之人,聞其所行,亦有羣衆就之。

② 예루살임과 이두믜와 욜단 밧과 투로와 시돈의 부츤 허다한 사람이 그 힝ᄒᆞᆫ 바 큰 일ᄋᆞᆯ 듯고 나아와

③ 유ᄃᆡ아 예루살임과 이두믜와 욜단 밧과 투로와 시돈의 부튼 허다한 사ᄅᆞᆷ이 그 힝ᄒᆞᆫ 바 큰 일ᄋᆞᆯ 듯고 나아오니

④ 이두믜로셔도브터 오며 요르단 밧긔로셔도브터 오며 ᄯᅩᄒᆞᆫ 두로와 다못 시돈의 쇽ᄒᆞᆫ 사ᄅᆞᆷ들도 그 힝ᄒᆞ시ᄂᆞᆫ 바ᄅᆞᆯ 듯고 ᄯᅩᄒᆞᆫ

허다훈 사름들이 잇서 나아오니
⑤ 쏘 유태로셔와 야로살렁으로셔와 이토믜로셔와 요단밧쓰로셔와 쏘 츄리와 셔돈과 그 근쳐 허다훈 사름이 예수의 큰 힝훈심을 듯고 나아오거놀
⑥ 유대와 예루살넴과 이두매와 요단 건너와 쏘 두로와 시돈 근처에서 허다훈 사름이 예수의 엇더케 큰 일 힝훈심을 듯고 나아오거놀
⑦ 유대와 예루살넴과 이두메와 요단 건너와 쏘 두로와 시돈 근쳐에셔 허다훈 사름이 엇더케 큰 일 힝훈심을 듯고 나아오거늘 (유대와 예루살넴과 이두메와 요단 건너와 쏘 두로와 시돈 근처에셔 허다훈 사름이 그 엇더케 큰 일 힝훈심을 듯고 나아오거늘)
⑧ 유대와 예루살넴과 이두매와 요단 건너와 쏘 두로와 시돈 근처에셔 허다훈 사름이 그 엇더케 큰일 힝훈심을 듯고 나아오거놀
⑨ 유대와 예루살넴과 이두매와 요단 越便과 쏘 두로와 시돈 近處에셔 許多훈 人이 其 何如케 大事를 行훈심을 聞훈고 就來훈거놀
⑩ 유대와 예루살넴과 이두매와 요단 건너 偏과 두로와 시돈 地方에샤 許多훈 사름이 그 行훈신 일을 듯고 나아오거놀
⑪ 유대와 예루살넴과 이두매와 요단 건너와 쏘 두로와 시돈 近處에셔 許多한 사람이 그 엇더케 큰 일 行하심을 듯고 나아오거늘
⑫ 유대와 예루살넴과 이두매와 요단강 건너편과 쏘 두로와 시돈 근쳐에셔 허다한 무리가 그의 하신 큰 일을 듯고 나아오는지라
⑬ 유대와 예루살렘과 이두매와 요단강 건너편과 또 두로와 시돈 근처에서 허다한 무리가 그의 하신 큰 일을 듣고 나아오는지라
⑭ エルサレムから、イドマヤから、更にヨルダンの向こうから、ツロ、シドンのあたりからも、おびただしい群衆が、そのなさっていることを聞いて、みもとにきた。

마가福音 03:09

① 耶穌命其門徒,小舟待之,以人衆故,免其擁己也。

② 뎨자으게 말하여 져근 ᄇᆡ로 기달이다니 사람이 만아 옹위하물 면ᄒᆞ문
③ 예수 뎨자의게 말ᄒᆞ여 져근 ᄇᆡ로 기달이다니 사ᄅᆞᆷ이 만아 옹위ᄒᆞ물 면ᄒᆞ문
④ 예수ㅣ 그 뎨ᄌᆞᄅᆞᆯ 명ᄒᆞ샤 젹은 ᄇᆡ를 쥰비ᄒᆞ고 기ᄃᆞ리라 ᄒᆞ시니 사ᄅᆞᆷ이 만흔고로써 당신을 옹위ᄒᆞᆷ을 면ᄒᆞ랴 ᄒᆞ심이라
⑤ 예수ㅣ 뎨ᄌᆞ들의게 말ᄉᆞᆷᄒᆞ샤 젹은 ᄇᆡ를 예비ᄒᆞ여 기ᄃᆞ리라 ᄒᆞ심은 사ᄅᆞᆷ이 만하 ᄌᆞ긔를 에워쌈일너라
⑥ 예수께서 뎨ᄌᆞ들의게 말ᄉᆞᆷᄒᆞ샤 작은 ᄇᆡᄅᆞᆯ 예비ᄒᆞ야 기ᄃᆞ리라 ᄒᆞ심은 사ᄅᆞᆷ이 만하 ᄌᆞ긔ᄅᆞᆯ 에워 쌈을 면코져 ᄒᆞ심일너라
⑦ 뎨ᄌᆞ들의게 말ᄉᆞᆷᄒᆞ샤 젹은 ᄇᆡ를 예비ᄒᆞ여 기ᄃᆞ리라 ᄒᆞ심은 사ᄅᆞᆷ이 만강 ᄌᆞ긔를 에워쌈을 면코져ᄒᆞ심이러라
(뎨ᄌᆞ들의게 말ᄉᆞᆷᄒᆞ샤 젹은 ᄇᆡ를 예비ᄒᆞ야 기ᄃᆞ리라 ᄒᆞ심은 사ᄅᆞᆷ이 만하 ᄌᆞ긔를 에워쌈을 면코져 ᄒᆞ심이러라)
⑧ 뎨ᄌᆞ들의게 말ᄉᆞᆷᄒᆞ샤 젹은ᄇᆡ를 예비ᄒᆞ야 기ᄃᆞ리라 ᄒᆞ심은 사ᄅᆞᆷ이 만하 ᄌᆞ긔를 에워쌈을 면코져 ᄒᆞ심이라
⑨ 弟子들의게 言ᄒᆞ샤 小艇을 豫備ᄒᆞ야 待ᄒᆞ라 ᄒᆞ심은 人이 多ᄒᆞ야 自己를 圍匝ᄒᆞᆷ을 免코져 ᄒᆞ심이러라
⑩ 弟子들을 命하샤 젹은 ᄇᆡ를 豫備ᄒᆞ야 기ᄃᆞ리라 ᄒᆞ샤 사ᄅᆞᆷ이 만하 에워쌈을 免코져 ᄒᆞ시니
⑪ 弟子들의게 말삼하샤 적은 배를 豫備하야 기다리라 하심은 사람이 만하 自己를 에워쌈을 免코져 하심이러라
⑫ 예수끠셔 무리의 에워싸 미는 것을 면키 위하야 적은 배를 등대하도록 뎨자들의게 명하셧스니
⑬ 예수께서 무리의 에워싸 미는 것을 면하기 위하여 작은 배를 등대하도록 제자들에게 명하셨으니
⑭ イエスは群衆が自分に押し迫るのを避けるために、小舟を用意しておけと、弟子たちに命じられた。

마가福音 03:10
① 蓋彼愈人已衆,故凡有疾者,皆逼近欲捫之。
② 그 사람 곳치미 만은 고로 질병 잇는 쟈 다 갓가이 다 들어 만지고져 하미라
③ 그 사ᄅᆞᆷ 곳치미 만은 고로 질병 잇ᄂᆞᆫ 쟈 다 갓가히 다 들어 만지우고져 ᄒᆞ미라

④ 대개 예수가 사ᄅᆞᆷ을 낫게ᄒᆞ기ᄅᆞᆯ 임의 만히 ᄒᆞᆫ고로 므ᄅᆞᆺ 질병잇ᄂᆞᆫ쟈ᄂᆞᆫ 다 핍근ᄒᆞ야 ᄆᆞᆫ지려 ᄒᆞ더라

⑤ 대개 여러사ᄅᆞᆷ을 임의 ᄂᆞᆺ게ᄒᆞ신 고로 병든 사ᄅᆞᆷ들이 예수를 ᄆᆞᆫ지고져 하야 핍근이 ᄒᆞ고

⑥ 대개 여러사ᄅᆞᆷ을 임의 곳치신 고로 병든 사ᄅᆞᆷ들이 예수ᄅᆞᆯ ᄆᆞᆫ지고져 ᄒᆞ야 핍근이 ᄒᆞ고

⑦ 대개 여러사ᄅᆞᆷ을 임의 곳치신 고로 병든 사ᄅᆞᆷ들이 예수를 ᄆᆞᆫ지고져 ᄒᆞ야 핍근히 ᄒᆞ고

(대개 여러사ᄅᆞᆷ을 임의 곳치신 고로 병든 사ᄅᆞᆷ들이 예수를 ᄆᆞᆫ지고져ᄒᆞ야 핍근히 ᄒᆞ고)

⑧ 대개 여러사ᄅᆞᆷ을 임의 곳치신 고로 병든 사ᄅᆞᆷ들이 예수를 ᄆᆞᆫ지고져 ᄒᆞ야 핍근히 ᄒᆞ고

⑨ 大槩 多人을 임의 醫治ᄒᆞ신 故로 病든 人들이 예수를 捫코져 ᄒᆞ야 逼近히 ᄒᆞ고

⑩ 임의 여러사ᄅᆞᆷ을 곳치신 故로 病든 사ᄅᆞᆷ들이 예수를 ᄆᆞᆫ지고져 ᄒᆞ야 逼近홈이라

⑪ 大槪 여러 사람을 임의 곳치신 故로 病든 사람들이 예수를 만지고져 하야 逼近히 하고

⑫ 이는 만흔 사람을 곳치신 고로 병에 고생하는 쟈들이 예수를 만지고져 하야 핍근히 함이더라

⑬ 이는 많은 사람을 고치셨으므로 병에 고생하는 자들이 예수를 만지고자 하여 핍근히 함이더라

⑭ それは、多くの人をいやされたので、病苦に悩む者は皆イエスにさわろうとして、押し寄せてきたからである。

마가福音 03:11

① 汚鬼一見之,則俯伏於其前,呼曰爾乃神之子也,

② 더러운 귀신이 보면 그 압페 업더여 불너 갈아되 너ᄂᆞᆫ 하나님의 아달이라 ᄒᆞ니

③ 더러운 귀신이 보면 그 압페 업더여 불너 갈오되 너ᄂᆞᆫ 하나님의 아달이라 ᄒᆞ니

④ 샤귀 ᄒᆞᆫ 번 보고 곳 그 압희 부복ᄒᆞ여 불너 ᄀᆞᆯᄋᆞᄃᆡ 너ᄂᆞᆫ 이에 샹뎨의 아ᄃᆞᆯ이라 ᄒᆞ니

⑤ 샤귀들이 어ᄂᆞᄣᅢ던지 보고 압희 업ᄃᆡ여 ᄀᆞᆯᄋᆞᄃᆡ 너ᄂᆞᆫ 텬쥬의 아ᄃᆞᆯ이라 ᄒᆞ거ᄂᆞᆯ

⑥ 샤귀들이 어ᄂᆞᄣᅢ던지 예수ᄅᆞᆯ 보면 압희 업ᄃᆡ여 소ᄅᆡ 질너 ᄀᆞᆯᄋᆞᄃᆡ 너ᄂᆞᆫ 하ᄂᆞ님의 아ᄃᆞᆯ이라 ᄒᆞ니
⑦ 샤귀들이 어ᄂᆞᄣᅢ던지 예수를 보면 압헤 업ᄃᆡ여 소ᄅᆡ 질너 ᄀᆞᆯᄋᆞᄃᆡ 너는 하ᄂᆞ님의 아ᄃᆞᆯ이라 ᄒᆞ니
(더러온 귀신들이 어ᄂᆞᄣᅢ던지 예수를 보면 압헤 업ᄃᆡ여 소ᄅᆡ 질너 ᄀᆞᆯᄋᆞᄃᆡ 너는 하ᄂᆞ님의 아ᄃᆞᆯ이라 ᄒᆞ니)
⑧ 더러온 귀신들이 어ᄂᆞᄣᅢ던지 예수를 보면 압헤 업ᄃᆡ여 소ᄅᆡ질너 ᄀᆞᆯᄋᆞᄃᆡ 너는 하ᄂᆞ님의 아ᄃᆞᆯ이라 ᄒᆞ니
⑨ 汚ᄒᆞᆫ 鬼神들이 何時던지 예수를 見ᄒᆞ면 前에 伏ᄒᆞ야 聲呼ᄒᆞ야 日 爾는 上帝의 子라 ᄒᆞ니
⑩ 더러운 鬼神들도 예수를 볼 ᄣᅢ마다 업ᄃᆡ여 소ᄅᆡ질으ᄃᆡ 富身은 하ᄂᆞ님의 아ᄃᆞᆯ이라 ᄒᆞ니
⑪ 더러운 鬼神들이 어나ᄣᅢ던지 예수를 보면 압헤 업대여 소래 질너 갈아대 너는 하나님의 아달이라 하니
⑫ 더러운 귀신들도 어나ᄣᅢ던지 예수를 보면 그 압헤 어대여 부르지져 갈아대 당신은 하나님의 아달이니이다 하니
⑬ 더러운 귀신들도 어느때든지 예수를 보면 그 앞에 엎드려 부르짖어 가로되 당신은 하나님의 아들이니이다 하니
⑭ また、けがれた靈どもはイエスを見るごとに、みまえにひれ伏し、叫んで、「あなたこそ神の子です」と言った。

마가福音 03:12

① 耶穌嚴戒之,使毋揚。
② 예수 엄이 경계하여 써 헤치지 말나 ᄒᆞ다라
③ 엄히 겡계ᄒᆞ시되 써 헤치지 말나 ᄒᆞ다라
④ 예수ㅣ 엄히 경계ᄒᆞ야 ᄒᆞ여금 젼파치 못ᄒᆞ게 ᄒᆞ시더라
⑤ 예수ㅣ 엄히 경계ᄒᆞ샤ᄃᆡ 알게 ᄒᆞ지 말나 ᄒᆞ시더라
⑥ 예수ㅣ 만히 경계ᄒᆞ샤 알게 ᄒᆞ지 말게 ᄒᆞ시더라
⑦ 예수ㅣ 만히 경계ᄒᆞ샤 알게 ᄒᆞ지 말게 ᄒᆞ시더라

(예수ㅣ 여러번 경계ᄒᆞ샤 알게 ᄒᆞ지 말나 ᄒᆞ시더라)
⑧ 예수가 여러번 경계ᄒᆞ샤 알게 ᄒᆞ지 말나 ᄒᆞ시더라
⑨ 예수가 屢次 儆戒ᄒᆞ샤 知케 ᄒᆞ지 말나 ᄒᆞ시더라
⑩ 예수ㅣ 嚴히 儆戒ᄒᆞ샤 사ᄅᆞᆷ의게 알게 ᄒᆞ지 말나 ᄒᆞ시더라
⑪ 예수ㅣ 여러番 儆戒하샤 알게 하지 말나하시더라
⑫ 예수띄셔 자긔를 나타내지 말나고 만히 경계하시니라
⑬ 예수께서 자기를 나타내지 말라고 많이 경계하시니라
⑭ イエスは御自身のことを人にあらわさないようにと、彼らをきびしく戒められた。

마가福音 03:13
① 遂登山,隨所欲以召人,人卽就之,
② 산에 올나 그 ᄒᆞ고져하난바를 불으니 그 사람덜이 나아오거날
③ 산에 올나 그 ᄒᆞ고져ᄒᆞᄂᆞᆫ바로 불운 사ᄅᆞᆷ덜이 나아오거날
④ 딕여 산에 올으샤 ᄒᆞ고져ᄒᆞ심을ᄯᅡ라써 사ᄅᆞᆷ을 부ᄅᆞ시매 사ᄅᆞᆷ이 곳 나아가니
⑤ ᄯᅩ 산에 올으샤 ᄌᆞ긔 ᄆᆞ옴딕로 사ᄅᆞᆷ을 부ᄅᆞ시니 사ᄅᆞᆷ들이 나아오거ᄂᆞᆯ
⑥ ᄯᅩ 산에 올으샤 ᄌᆞ긔 원ᄒᆞᄂᆞᆫ딕로 사ᄅᆞᆷ을 부ᄅᆞ시니 나아오거ᄂᆞᆯ
⑦ ᄯᅩ 산에 오ᄅᆞ샤 ᄌᆞ긔 원ᄒᆞᄂᆞᆫ대로 사ᄅᆞᆷ을 브ᄅᆞ시니 나아오거늘
(ᄯᅩ 산에 오르샤 ᄌᆞ긔 ᄆᆞ옴대로 사ᄅᆞᆷ을 부르시니 나아오거늘)
⑧ ᄯᅩ 산에 오르샤 ᄌᆞ긔 ᄆᆞ옴대로 사ᄅᆞᆷ을 부르시니 나아오거ᄂᆞᆯ

⑨ ᄯᅩ 山에 登ᄒᆞ샤 自己의 心대로 人을 召ᄒᆞ시니 就ᄒᆞ거ᄂᆞᆯ
⑩ 예수ㅣ 山에 오르샤 마ᄋᆞᆷ대로 사ᄅᆞᆷ을 부르시니 나아오거ᄂᆞᆯ
⑪ ᄯᅩ 山에 오르샤 自己 마암대로 사람을 부르시니 나아오거늘
⑫ ᄯᅩ 산에 오르샤 자긔의 원하는 쟈들을 부르시니 나아온지라
⑬ 또 산에 오르사 자기의 원하는 자들을 부르시니 나아온지라
⑭ さてイエスは山に登り、みこころにかなったものたちを呼び寄せられたので、彼らはみもとにきた。

마가福音 03:14
① 立十有二人,俾其偕己,可遣之宣教,
② 이여 열두를 자긔과 함긔 하게 ᄒᆞ고 보ᄂᆡ여 도를 젼하며
③ 이여 열두ᄅᆞᆯ 자긔과 함ᄭᅴ ᄒᆞ게 ᄒᆞ고 보ᄂᆡ여 도ᄅᆞᆯ 뎐ᄒᆞ며
④ ᄆᆡ수 십이인을 셰워 ᄒᆞ여금 ᄌᆞ긔와 ᄀᆞᆺ치 ᄒᆞ야 보내여 교ᄅᆞᆯ 베플게 ᄒᆞ시고
⑤ 열두사ᄅᆞᆷ을 세우시고 ᄌᆞ긔와 ᄒᆞᆷᄭᅴ 잇게도 ᄒᆞ시고 보내여 젼도도 ᄒᆞ게 ᄒᆞ시며
⑥ 열두사람을 셰우샤 ᄌᆞ긔와 ᄒᆞᆷᄭᅴ 잇게도 ᄒᆞ시고 보내여 젼파도 ᄒᆞ게 ᄒᆞ시며
⑦ 열두사ᄅᆞᆷ은 셰우샤 ᄌᆞ긔와 ᄒᆞᆷᄭᅴ 잇게도 ᄒᆞ시고 보내여 젼파도 ᄒᆞ게 ᄒᆞ시며
(열두사람은 세우샤 ᄌᆞ긔와 ᄒᆞᆷᄭᅴ 잇게도 ᄒᆞ시고 보내여 젼파도 ᄒᆞ게 ᄒᆞ시며)
⑧ 열두사람을 세우샤 ᄌᆞ긔와 ᄒᆞᆷᄭᅴ 잇게도 ᄒᆞ시고 보내여 젼파도 ᄒᆞ게 ᄒᆞ시며
⑨ 十二人을 立ᄒᆞ사 自己와 偕在케도 ᄒᆞ시고 遣ᄒᆞ야 傳播도 ᄒᆞ게 ᄒᆞ시며
⑩ 열두사ᄅᆞᆷ을 세우샤 自己와 ᄒᆞᆷᄭᅴ 잇게 ᄒᆞ시고 보내여 傳播ᄒᆞ게 ᄒᆞ며

⑪ 열두사람을 세우샤 自己와 함끠 잇게도 하시고 보내여 傳播도 하게 하시며
⑫ 이에 열둘을 세우셧스니 이는 자긔와 함끠 잇게 하시고 ᄯᅩ 보내샤 젼도도 하며
⑬ 이에 열둘을 세우셨으니 이는 자기와 함께 있게 하시고 또 보내사 전도도 하며
⑭ そこで十二人をお立てになった。彼らを自分のそばに置くためであり、さらに宣教につかわし、

마가福音 03:15

① 且有醫病逐鬼之權,
② ᄯᅩ 귀신 ᄶᅩᆺ는 권셰를 잇게 하니
③ ᄯᅩ 귀신 ᄶᅩᆺ는 권셰ᄅᆞᆯ 잇게 ᄒᆞ니
④ ᄯᅩ 병을 곳치며 샤귀ᄅᆞᆯ ᄶᅩᆺ는 권이 잇게 ᄒᆞ시니
⑤ 귀신을 내여ᄶᅩᆺ는 권셰도 잇게 ᄒᆞ실시
⑥ 샤귀ᄅᆞᆯ 내여ᄶᅩᆺ는 권셰도 잇게 ᄒᆞ시더라
⑦ 샤귀를 내여ᄶᅩᆺ는 권셰도 잇게ᄒᆞ시니
(샤귀를 내여쫓는 권세도 잇게 ᄒᆞ신지라)
⑧ 샤귀를 내여쫓는 권셰도 잇게 ᄒᆞ신지라
⑨ 邪鬼를 逐出ᄒᆞᄂᆞᆫ 權勢도 有케 ᄒᆞ신지라
⑩ 邪鬼쫓ᄂᆞᆫ 權勢를 주려 ᄒᆞ시니
⑪ 邪鬼를 내여쫓는 權勢도 잇게 하신지라
⑫ 귀신을 내여쫓는 권셰도 잇게 하려 하심이러라

⑬ 귀신을 내어쫓는 권세도 있게 하려 하심이러라
⑭ また惡靈を追い出す權威を持たせるためであった。

마가福音 03:16
① 西門又名曰,彼得,
② 피들이라 일홈 준 시몬과
③ 피들이라 일홈 준 시몬과
④ 시몬과 ᄯᅩᄒᆞᆫ ᄀᆞᆯ온 베투로라
⑤ 피득이라 일홈 주신 셔문과
⑥ 베드로라 일홈 주신 시몬과
⑦ 베드로라 일홈 주신 시몬과
(베드로라 일홈 주신 시몬과)
⑧ 베드로라 일홈 주신 시몬과
⑨ 베드로라 名을 賜ᄒᆞ신 시몬과
⑩ 곳 베드로라 일홈 ᄒᆞ신 시몬과
⑪ 베드로라 일홈 주신 시몬과
⑫ 이 열둘을 세우셧스니 시몬의게는 베드로란 일홈을 더하셧고
⑬ 이 열 둘을 세우셨으니 시몬에게는 베드로란 이름을 더하셨고
⑭ こうして、この十二人をお立てになった。そしてシモンにペテロという名をつけ、

마가福音 03:17

① 又有西庇太之子雅各,與雅各之兄弟約翰,此二人,又名之曰半尼其,譯卽雷子,

② 시비ᄃᆡ의 아달 야곱과 야곱의 동싱 요안ᄂᆡ 일홈ᄋᆞᆯ 보안일ᄀᆡ라 하니 곳 우레의 아달이라난 ᄯᅳᆺ이라

③ 시비ᄃᆡ의 아달 야곱과 야곱의 동싱 요안ᄂᆡ 일홈ᄋᆞᆯ 보안일ᄀᆡ라 ᄒᆞ니 곳 우레의 아달이라ᄂᆞᆫ ᄯᅳᆺ이라

④ ᄯᅩ 졔비ᄃᆡ의 아ᄃᆞᆯ 야고보와 야고보의 동싱 요한이 잇시니 이 두사ᄅᆞᆷ은 ᄯᅩ 일홈ᄒᆞ여 ᄀᆞᆯᄋᆞ샤ᄃᆡ 보안엘계라ᄒᆞ니 번역ᄒᆞᆯ진대 곳 뇌ᄉᆞ라 ᄒᆞᆷ일너라

⑤ ᄯᅩ 셔비태의 아ᄃᆞᆯ 아각과 아각의 동싱 요한이 잇ᄉᆞ니 이 두사ᄅᆞᆷ은 일홈을 주어 ᄀᆞᆯᄋᆞ샤ᄃᆡ 반니ᄀᆡ라 ᄒᆞ시니 번역ᄒᆞ면 우레의 아ᄃᆞᆯ이오

⑥ ᄯᅩ 세비ᄃᆡ의 아ᄃᆞᆯ 야고보와 야고보의 동싱 요한이 잇ᄉᆞ니 이 두사ᄅᆞᆷ은 보아내게라 일홈을 주시니 번역ᄒᆞ면 우레의 아ᄃᆞᆯ이오

⑦ ᄯᅩ 쎄베대의 아ᄃᆞᆯ 야고보와 야고보의 동싱 요한이 잇ᄉᆞ매 이 두사ᄅᆞᆷ은 보아너게라 일홈을 주시니 번역ᄒᆞ면 우레의 아ᄃᆞᆯ이오 (ᄯᅩ 쎄베대의 아ᄃᆞᆯ 야고보와 야고보의 동싱 요한이 잇스매 이 두사ᄅᆞᆷ은 보아너게라 일홈을 주시니 번역ᄒᆞ면 우뢰의 아ᄃᆞᆯ이오)

⑧ ᄯᅩ 세베대의 아ᄃᆞᆯ 야고보와 야고보의 동싱 요한이 잇스매 이 두사ᄅᆞᆷ은 보아너게라 일홈을 주시니 번역ᄒᆞ면 우뢰의 아ᄃᆞᆯ이오

⑨ ᄯᅩ 세베대의 子 야고보와 야고보의 同生 요한이 有ᄒᆞ매 此 二人은 보아너게라 名을 賜ᄒᆞ시니 譯ᄒᆞ면 雷의 子요

⑩ 보아 네게 곳 우레의 아ᄃᆞᆯ이라 일홈주신 세배대의 두 아ᄃᆞᆯ 야고보와 그 同生 요한과

⑪ ᄯᅩ 세베대의 아달 야고보와 야고보의 同生 요한이 잇스매 이 두사람은 보아너게라 일흠을 주시니 飜譯하면 우레의 아달이오

⑫ ᄯᅩ 세베대의 아달 야고보와 야고보의 형뎨 요한이니 이 둘의게는 보아너게 곳 우뢰의 아달이란 일홈을 더하셧스며

⑬ 또 세베대의 아들 야고보와 야고보의 형제 요한이니 이 둘에게는 보아너게 곧 우리의 아들이란 이름을 더하셨으며

⑭ またゼベダイの子ヤコブと、ヤコブの兄弟ヨハネ、彼らにはボアネルゲ、すなわち、雷の子という名をつけられた。

마가福音 03:18

① 又有安得烈,腓力,巴多羅買,馬太,多馬,亞勒腓之子雅各,及達太,與迦南之西門,

② 또 안드랴와 비립과 발도로믜와 마틔와 도마와 알비의 아달 야곱과 닷듸와 가니늬의 시몬과

③ 또 안드랴와 비립과 발도로믜와 마틔와 도마와 알비의 아달 야곱과 닷듸와 가니늬의 시몬과

④ 또 안드레아와 필닙보와 바돌노믜와 마태와 도마와 알픠오의 아돌 야고보와 밋다다요와 다뭇 가나아니의 시몬이며

⑤ 또 안득렬과 비력과 파다라믜와 마태와 다마와 아륵비의 아돌 아각과 달태와 예라ᄒᆞᄂᆞᆫ 셔문이 잇고

⑥ 또 안드레와 필닙과 바돌노믜와 마태와 토마와 알픠오의 아돌 야고보와 다대오와 가나안 사름 시몬이 잇고

⑦ 또 안드레와 빌닙과 바돌노매와 마태와 도마와 알배오의 아돌 야고보와 다대오와 가나안 인 시몬이 잇고

(또 안드레와 빌닙과 바돌노매와 마태와 도마와 알패오의 아돌 야고보와 다대오와 가나안 시몬이 잇고)

⑧ 또 안드레와 빌닙과 바돌노매와 마태와 토마와 알패오의 아돌 야고보와 다대오와 가나안 사름 시몬이 잇고

⑨ 또 안드레와 빌닙과 바돌노매와 마태와 도마와 알패오의 子 야고보와 다대오와 가나안 人 시몬이 有ᄒᆞ고

⑩ 안드레와 빌닙과 바돌노매와 마태와 도마와 알패오의 아돌 야고보와 다대오와 가나안 사름 시몬과

⑪ 또안드레와 빌닙과 바돌노매와 마태와 도마와 알패오의 아달 야고보와 다대오와 가나안 사람 시몬이 잇고

⑫ 또 안드레와 빌닙과 바돌노매와 마태와 도마와 알패오의 아달 야고보와 밋 다대오와 가나안 인 시몬이며

⑬ 또 안드레와 빌립과 바돌로매와 마태와 도마와 알패오의 아들 야고보와 및 다대오와 가나안 인 시몬이며

⑭ つぎにアンデレ、ピリポ、バルトロマイ、マタイ、トマス,アルパヨの子ヤコブ、タダイ、熱心堂のシモン、

마가福音 03:19

① 又以色加略猶大,即賣耶穌者。

② 밋 이쓰카료 유다니 이곳 예수롤 팔 쟈다라
③ 밋 이쓰카료 유다니 이곳 예수롤 팔 쟈더라
④ ᄯᅩ 이시가료의 이 유다스니 곳 예수를 판 쟈ㅣ라
⑤ ᄯᅩ 가략 유대ㅣ니 그가 예수를 ᄑᆞ랏ᄂᆞ니라
⑥ ᄯᅩ 가룟 사ᄅᆞᆷ 유대ㅣ니 이ᄂᆞᆫ 예수롤 ᄑᆞᆯ앗ᄂᆞ니라
⑦ ᄯᅩ 가룟 인 유다ㅣ니 이는 예수를 ᄑᆞᆯ앗ᄂᆞ니라
(ᄯᅩ 가룟 인 유다ㅣ니 이는 예수를 잡아준 쟈니라)
⑧ ᄯᅩ 가룟 유다니 이는 예수를 잡아준 쟈더라
⑨ ᄯᅩ 가룟 유다니 此는 예수를 捉畀ᄒᆞᆫ 者더라임의 家에 入ᄒᆞ시매
⑩ 예수를 잡아 준 者 가록 유다러라 집에 드러가시매
⑪ ᄯᅩ 사룟 유다니 이는 예수를 잡아준 者러라임의 집에 드러가시매
⑫ ᄯᅩ 가룟 유다니 이는 예수를 판 쟈러라
⑬ 또 가롯 유다니 이는 예수를 판 자러라
⑭ それからイスカリオテのユダ。このユダがイエスを裏切ったのである。イエスが家にはいられると、

마가福音 03:20
① 旣入屋,衆復集,致其不遑食餠。
② 이여 집에 들어가니 뭇사람이 다시 모여 밥도 먹지 못ᄒᆞ가스니
③ 이여 집에 들어가니 뭇사ᄅᆞᆷ이 다시 모여 밥도 먹지 못ᄒᆞ가ᄉᆞ니

④ 임의 집에 드러가매 뭇사ᄅᆞᆷ들이 다시 모화 그 썩을 먹이기에 겨ᄅᆞᆯ치 못ᄒᆞ게 ᄒᆞ니
⑤ 임의 집에 드러오시매 뭇사ᄅᆞᆷ이 다시 모혀 썩 먹을 겨를도 업ᄂᆞᆫ지라
⑥ 임의 집에 드러가시매 뭇사ᄅᆞᆷ이 다시 모혀 썩 먹을 겨를도 업ᄂᆞᆫ지라
⑦ 임의 집에 드러가시매 뭇사ᄅᆞᆷ이 다시 모혀 썩 먹을 겨를도 업ᄂᆞᆫ지라
(임의 집에 드러가시매 무리가 다시 모혀 썩 먹을 겨를도 업ᄂᆞᆫ지라)
⑧ 임의 집에 드러가시매 무리가 다시 모혀 썩 먹을 겨를도 업ᄂᆞᆫ지라
⑨ 衆이 復集ᄒᆞ야 餠을 食ᄒᆞᆯ 暇도 無ᄒᆞᆫ지라
⑩ 무리가 다시 모혀 드러 밥 먹을 겨를도 업ᄂᆞᆫ지라
⑪ 무리가 다시 모혀 썩 먹을 겨를도 업는 지라
⑫ 집에 드러가시니 무리가 다시 모힘으로 식사할 겨를도 업는지라
⑬ 집에 들어가시니 무리가 다시 모이므로 식사할 겨를도 없는지라
⑭ 群衆がまた集まってきたので、一同は食事をする暇もないほどであった。

마가福音 03:21

① 其親屬聞之,則出,欲援之,言曰,彼狂也。
② 그 친속이 듯고 나가 당긔고져 하여 그 밋쳣다 일으니
③ 그 친속이 듯고 나가 당긔고져 ᄒᆞ여 그 밋쳣다 일으니
④ 그 친쇽이 듯고 곳 나와 구코저 ᄒᆞ야 말ᄒᆞ야 ᄀᆞᆯᄋᆞ대 뎌ㅣ 밋쳣다ᄒᆞ며
⑤ 예수의 친쇽들이 듯고 곳 나아와 만류ᄒᆞ야 ᄀᆞᆯᄋᆞ대 그가 밋쳐다 ᄒᆞ고

⑥ 예수의 친쇽들이 듯고 붓들너 나가니 대개 ᄀᆞᆯᄋᆞᄃᆡ 그가 밋쳣다 ᄒᆞᆷ일너라
⑦ 예수의 친쇽들이 듯고 붓들너 나감은 뎌희 말이 그가 밋쳣다 ᄒᆞᆷ일너라
⑧ 예수의 친쇽들이 듯고 붓들너 나감은 뎌희 말이 그가 밋쳣다 ᄒᆞᆷ일너라
⑨ 예수의 親屬들이 聞ᄒᆞ고 執ᄒᆞ러 出去ᄒᆞᆷ은 彼等의 言이 그가 狂ᄒᆞ엿다 ᄒᆞᆷ일너라
⑩ 예수의 親屬들이 聞ᄒᆞ고 執ᄒᆞ러 出去ᄒᆞᆷ은 彼等의 言이 그가 狂ᄒᆞ엿다 ᄒᆞᆷ일너라
⑪ 예수의 親屬들이 듯고 붓들너 나감은 뎌희 말이 그가 밋쳣다 함일너라
⑫ 예수의 친쇽들이 듯고 붓들너 나오니 이는 그가 밋쳣다 함일너라
⑬ 예수의 친속들이 듣고 붙들러 나오니 이는 그가 미쳤다 함일러라
⑭ 身内の者たちはこの事を聞いて、イエスを取押えに出てきた。氣が狂ったと思ったからである。

마가福音 03:22

① 有士子自耶路撒冷來,曰,彼謂别西卜所憑,藉鬼王以逐鬼耳。
② 션비 예루살임으로부터 오난 쟈 갈아되 뎌 빌시불을 품어 귀 왕으로써 귀신을 쫏는다 하니
③ 션비 예루살임으로부터 오ᄂᆞᆫ 쟈 갈오되 뎌 빌시불ᄋᆞᆯ 품어 귀 왕으로써 귀신ᄋᆞᆯ 쫏ᄂᆞᆫ다 ᄒᆞ니
④ ᄉᆞᄌᆞㅣ 잇서 예루살넴으로브터 와 갈ᄋᆞᄃᆡ 뎌ᄂᆞᆫ 벨셰불의 빙흔바 되어 귀 왕을 빙쟈ᄒᆞ야써 츅귀ᄒᆞᆫ다 ᄒᆞ니
⑤ 셔샤관은 야로살렁으로 ᄂᆞ려와셔 ᄀᆞᆯᄋᆞᄃᆡ 그가 벌셔 복을 집히고 귀신의 왕으로 귀신를 내여쫏ᄂᆞᆫ다 ᄒᆞ니
⑥ 예루살넴으로브터 ᄂᆞ려온 셔샤관이 ᄀᆞᆯᄋᆞᄃᆡ 뎌가 벨셰불을 집혓다 ᄒᆞ고 모든 샤귀의 왕으로 샤귀ᄅᆞᆯ 내여쫏ᄂᆞᆫ다 ᄒᆞ니
⑦ 예루살넴으로브터 ᄂᆞ려온 셔긔관이 ᄀᆞᆯᄋᆞᄃᆡ 뎌가 바알쎄붑을 집혓다ᄒᆞ고 모든 샤귀의 왕으로 쟈귀를 내여쫏ᄂᆞᆫ다 ᄒᆞ니
(예루살넴으로브터 ᄂᆞ려온 셔긔관이 ᄀᆞᆯᄋᆞᄃᆡ 뎌가 바알쎄붑을 집혓다 ᄒᆞ고 모든 샤귀의 왕을 힘닙어 샤귀를 내여쫏는다 ᄒᆞ니)

⑧ 예루살넴으로브터 ᄂᆞ려온 셔긔관이 ᄀᆞᆯᄋᆞᄃᆡ 뎌가 바알세붑을 집혓다 ᄒᆞ고 모든 샤귀의 왕을 힘닙어 샤귀를 내여쫏는다 ᄒᆞ니
⑨ 예루살넴으로브터 下來ᄒᆞᆫ 書記官이 曰 彼가 바알세붑을 憑藉ᄒᆞ엿다 ᄒᆞ고 諸 邪鬼의 王을 賴ᄒᆞ야 邪鬼를 逐出ᄒᆞᆫ다 ᄒᆞ니
⑩ 예루살넴에셔 ᄂᆞ려온 書記官이 ᄀᆞᆯᄋᆞᄃᆡ 뎌가 바알세불을 집힘으로 邪鬼 王을 힘닙어 邪鬼를 내여쫏는다 ᄒᆞ니
⑪ 예루살넴으로브터 나려온 書記官이 갈아대 뎌가 바알세붑을 집혓다하고 모든 邪鬼의 오王을 힘닙어 邪鬼를 내여쫏는다 하니
⑫ 예루살넴에셔 나려온 셔긔관들은 뎌가 바알세불을 집혓다 하며 ᄯᅩ 귀신의 왕을 힙닙어 귀신을 쫏차낸다 하니
⑬ 예루살렘에서 내려온 서기관들은 저가 바알세불을 집혔다 하며 또 귀신의 왕을 힘입어 귀신을 좇아낸다 하니
⑭ また、エルサレムから下ってきた律法學者たちも、「彼はベルゼブルにとりつかれている」と言い、「惡靈どものかしらによって、惡靈どもを追い出しているのだ」とも言った。

마가福音 03:23

① 耶穌召之,設譬謂之曰,撒但何能逐撒但乎,
② 예수 불너 비사로써 밀하되 사단이 엇지 능히 사턴올 쏫추라
③ 예수 불너 비사로써 말ᄒᆞ되 사탄이 엇지 능히 사탄올 쏫추라
④ 예수ㅣ 부르샤 비유롤 베퍼 닐너 ᄀᆞᆯᄋᆞ샤ᄃᆡ 사탄이 엇지 능히 사탄을 축ᄒᆞ리오
⑤ 예수ㅣ 불너오라 하샤 비유를 베프러 ᄀᆞᆯᄋᆞ샤ᄃᆡ 살단이 엇지 능히 살단을 내어쫏겟ᄂᆞ냐
⑥ 예수ㅣ 불으샤 비유롤 베프러 ᄀᆞᆯᄋᆞ샤ᄃᆡ 샤탄이 엇지 능히 샤단을 내여쫏겟ᄂᆞ냐
⑦ 예수ㅣ 브ᄅᆞ샤 비유를 베프러 ᄀᆞᆯᄋᆞ샤ᄃᆡ 사단이 엇지 능히 사단을 내여쫏겟ᄂᆞ냐
(예수ㅣ 부르샤 비유를 베프러 ᄀᆞᆯᄋᆞ샤ᄃᆡ 사단이 엇지 능히 사단을 내여쫏겟ᄂᆞ냐)
⑧ 예수가 부르샤 비유를 베프러 ᄀᆞᆯᄋᆞ샤ᄃᆡ 사단이 엇지 능히 사단을 내여쫏겟ᄂᆞ냐

⑨ 예수가 召ᄒᆞ샤 譬喩를 設ᄒᆞ야 曰 사단이 엇지 能히 사단을 逐出ᄒᆞ겟ᄂᆞ냐
⑩ 예수ㅣ 부르샤 譬喩를 베포러 ᄀᆞᆯᄋᆞ샤ᄃᆡ 사단이 엇지 能히 사단을 내여쫏겟ᄂᆞ냐
⑪ 예수ㅣ 부르샤 譬喩를 베프러 갈아샤대 사단이 엇지 能히 사단을 내여쫏겟나냐
⑫ 예수ᄭᅴ셔 뎌희를 불너다가 비유로 말삼하샤대 사단이 엇지 사단을 쫏차낼 수 잇나냐
⑬ 예수께서 저희를 불러다가 비유로 말씀하시되 사단이 어찌 사단을 쫓아낼 수 있느냐
⑭ そこでイエスは彼らを呼び寄せ、譬(たとえ)をもって言われた、「どうして、サタンがサタンを追い出すことができようか。

마가福音 03:24

① 又,若國自相分爭,則其國不能立,
② 만약 나라이 스사로 다투면 그 나라이 능히 셔지 못하고
③ 만약 나라이 서로 다투면 그 나라이 능히 셔지 못ᄒᆞ고
④ ᄯᅩᄒᆞᆫ 만일 나라이 스ᄉᆞ로 서로 ᄂᆞᆫ호여 징ᄒᆞᆫ즉 곳 나라이 능히 셔지 못ᄒᆞ고
⑤ ᄯᅩ 만일 나라이 서로 난호이면 그 나라이 능히 셔지 못ᄒᆞ고
⑥ ᄯᅩ 만일 나라가 저희 ᄶᅵ리 닷토면 그 나라가 능히 서지 못ᄒᆞ고
⑦ ᄯᅩ 만일 나라가 저희ᄶᅵ리 닷토면 그 나라가 능히 서지 못ᄒᆞ고
(ᄯᅩ 만일 나라히 스ᄉᆞ로 분징ᄒᆞ면 그 나라히 능히 서지 못ᄒᆞ고)
⑧ ᄯᅩ 만일 나라히 스ᄉᆞ로 분징ᄒᆞ면 그 나라히 능히 서지 못ᄒᆞ고
⑨ ᄯᅩ 萬一 國이 스ᄉᆞ로 分爭ᄒᆞ면 其 國이 能히 立지 못ᄒᆞ고
⑩ 나라이 스ᄉᆞ로 分爭ᄒᆞ면 그 나라이 서지 못ᄒᆞ고

⑪ ᄯᅩ 만일 나라가 스사로 分爭하면 그 나라가 能히 서지 못하고
⑫ ᄯᅩ 만일 나라이 스사로 분쟁하면 그 나라이 설 수 업고
⑬ 또 만일 나라가 스스로 분쟁하면 그 나라가 설 수 없고
⑭ もし國が內部で分れ争うなら、その國は立ち行かない。

마가福音 03:25
① 若家自相分爭,則其家不能立,
② 만약 집이 스사로 다투면 그 집이 능히 셔지 못ᄒᆞ고
③ 만약 집이 스사로 다투면 그 집이 능히 셔지 못ᄒᆞ고
④ 만일 집이 스ᄉᆞ로 서로 ᄂᆞᆫ호여 ᄌᆡᆼᄒᆞᆫ즉 곳 집이 능히 셔지 못ᄒᆞ고
⑤ 만일 집이 서로 난호이면 그 집이 능히 서지 못ᄒᆞ고
⑥ 만일 집이 저희 끼리 닷토면 그 집이 능히 서지 못ᄒᆞ고
⑦ 만일 집이 저희끼리 닷토면 그 집이 능히 서지못ᄒᆞ고
(만일 집이 스ᄉᆞ로 분ᄌᆡᆼᄒᆞ면 그 집이 능히 서지 못ᄒᆞ고)
⑧ 만일 집이 스ᄉᆞ로 분ᄌᆡᆼᄒᆞ면 그 집이 능히 서지 못ᄒᆞ고
⑨ 萬一 家가 스ᄉᆞ로 分爭ᄒᆞ면 其 家가 能히 立지 못ᄒᆞ고
⑩ 집이 스ᄉᆞ로 分爭ᄒᆞ면 그 집이 서지 못ᄒᆞ고
⑪ 만일 집이 스사로 分爭하면 그 집이 能히 서지못하고
⑫ 만일 집이 스사로 분쟁하면 그 집이 설 수 업고

⑬ 만일 집이 스스로 분쟁하면 그 집이 설 수 없고

⑭ また、もし家が內わで分れ爭うなら、その家は立ち行かないであろう。

마가福音 03:26

① 若撒但起而自相分爭,則不能立,必他至終矣。

② 만약 사탄이 닐어 스사로 닷투면 능히 셔지 못하고 멸하나니라

③ 만약 사탄이 닐어 스사로 닷투면 능히 셔지 못ᄒᆞ고 멸ᄒᆞᄂᆞ니라

④ 만일 사탄이 니러나 스ᄉᆞ로 서로 ᄂᆞ호여 징ᄒᆞᆫ즉 능히 셔지 못ᄒᆞ고 반ᄃᆞ시 ᄆᆞᆺ춤에 나롤지라

⑤ 만일 살단이 니러나 제 몸을 쳐 난호이면 능히 셔지 못ᄒᆞ고 반ᄃᆞ시 망ᄒᆞ기에 니를지니

⑥ 만일 샤단이 니러나 제 몸을 쳐 닷토면 능히 서지 못ᄒᆞ고 반ᄃᆞ시 망ᄒᆞ리니

⑦ 만일 사단이 니러나 ᄌᆞ긔를 쳐 닷토면 능히 서지 못ᄒᆞ고 반ᄃᆞ시 망ᄒᆞ리니

(만일 사단이 니러나 스ᄉᆞ로 분징ᄒᆞ면 능히 서지 못ᄒᆞ고 반ᄃᆞ시 망ᄒᆞ리니)

⑧ 만일 사단이 니러나 스ᄉᆞ로 분징ᄒᆞ면 능히 서지 못ᄒᆞ고 반ᄃᆞ시망ᄒᆞ리니

⑨ 萬一 사단이 起ᄒᆞ야 스ᄉᆞ로 分爭ᄒᆞ면 能히 立지 못ᄒᆞ고 必亡ᄒᆞ리니

⑩ 사단이 스ᄉᆞ로 분쟁ᄒᆞ면 서지 못ᄒᆞ고 亡ᄒᆞ리니

⑪ 만일 사단이 니러나 스사로 分爭하면 能히 서지 못하고 반다시 亡하리니

⑫ 만일 사단이 자긔를 거사려 니러나 분쟁하면 설 수 업고 이게 망하나니라

⑬ 만일 사단이 자기를 거스려 일어나 분쟁하면 설 수 없고 이에 망하느니라

⑭ もしサタンが內部で對立し分爭するなら、彼は立ち行けず、滅んでしまう。

마가福音 03:27

① 無人能入勇者至室家而刦其物,必先縛勇者,然後其室可刦也。

② 사람이 능히 날넨쟈의 집에 들어가 그 물건을 겁탈치 못하되 반다시 만져 날넨쟈를 얽미면 후에 그 집을 겁탈하나니라

③ 사ᄅᆞᆷ이 능히 날넨쟈의 집에 들어가 그 물건ᄋᆞᆯ 탈취치 못ᄒᆞ되 반다시 만져 날넨쟈ᄅᆞᆯ 얽미면 후에 그 집ᄋᆞᆯ 탈취ᄒᆞ나니라

④ 사ᄅᆞᆷ이 능히 용쟈의 집에 드러가고 그 물건을 겁탈ᄒᆞᆯ 이 업ᄉᆞᆫ은 반ᄃᆞ시 몬져 용쟈ᄅᆞᆯ 결박ᄒᆞᆫ 연후에 그 집을 가히 겁탈ᄒᆞᆯ지라

⑤ ᄉᆞ람이 힘센사ᄅᆞᆷ의 집에 드러가 셰간을 륵탈치 못ᄒᆞ리니 믄져 힘센 사ᄅᆞᆷ을 결박ᄒᆞᆫ 후에야 그 집을 륵탈ᄒᆞᄂᆞ니라

⑥ 사ᄅᆞᆷ이 몬져 힘센사ᄅᆞᆷ을 결박지 안코ᄂᆞᆫ 그 힘센사ᄅᆞᆷ의 집에 드러가 셰간을 륵탈치 못ᄒᆞ리니 결박ᄒᆞᆫ 후에야 셰간을 륵탈ᄒᆞᄂᆞ니라

⑦ 사ᄅᆞᆷ이 몬져 힘센사ᄅᆞᆷ을 결박지 안코는 그 힘센사ᄅᆞᆷ의 집에 드러가 셰간을 륵탈치 못ᄒᆞ리니 결박ᄒᆞᆫ 후에야 셰간을 륵탈ᄒᆞᄂᆞ니라

(사ᄅᆞᆷ이 몬져 힘센사ᄅᆞᆷ을 결박지 안코는 그 힘센사ᄅᆞᆷ의 집에 드러가 셰간을 륵탈치 못ᄒᆞ리니 뎌를 결박ᄒᆞᆫ 후에야 셰간을 륵딜ᄒᆞᄂᆞ니라)

⑧ 사ᄅᆞᆷ이 몬져 힘센사ᄅᆞᆷ을 결박지 안코는 그 힘센사ᄅᆞᆷ의 집에 드러가 셰간을 륵탈치 못ᄒᆞ리니 뎌를 결박ᄒᆞᆫ 후에야 셰간을 륵탈ᄒᆞᄂᆞ니라

⑨ 人이 몬져 力士를 結縛지 안코는 其 力士의 家에 入ᄒᆞ야 家産을 勒奪치 못ᄒᆞ리니 彼를 結縛ᄒᆞᆫ 後에야 家産을 勒奪ᄒᆞᄂᆞ니라

⑩ 누구던지 힘센사ᄅᆞᆷ의 집에 드러가 그 세간을 勒奪ᄒᆞ려면 몬져 힘센사ᄅᆞᆷ을 結縛지 안코ᄂᆞᆫ 못ᄒᆞᆯ지라 結縛ᄒᆞᆫ 후에야 세간을 勒奪ᄒᆞᄂᆞ니라

⑪ 사람이 몬저 힘센사람을 結縛지 안코는 그 힘센사람의 집에 드러가 셰간을 勒奪치 못하리니 뎌를 結縛한 後에야 셰간을 勒奪하나니라

⑫ 사람이 몬져 강한쟈를 결박지 안코는 그 강한쟈의 집에 드러가 셰간을 륵탈치 못하리니 결박한 후에야 그 집을 륵탈하리리라
⑬ 사람이 먼저 강한자를 결박지 않고는 그 강한자의 집에 들어가 세간을 늑탈하지 못하리니 결박한 후에야 그 집을 늑탈하리리라
⑭ だれでも、まず强い人を縛りあげなけらば、その人の家に押し入って家財を奪い取ることはできない。縛ってからはじめて、その家を略奪することができる。

마가福音 03:28

① 我誠告爾,凡罪與凡褻瀆之言,人以之而褻瀆者,其人可赦,
② 닉 실노 너의게 일오나니 무론 죄과 무론 참남한 말하는 바 그 사람은 면하되
③ 닉 실노 너희게 일오나니 무론 죄과 무론 참남훈 말ᄒᆞ는 바 사름은 면ᄒᆞ되
④ 나ㅣ 진실노 네게 닐ᄋᆞᄂᆞ니 므룻 죄와 다뭇 더러온 말노 사룸이써 더러이는 쟈는 그 사룸을 가히 샤ᄒᆞ려니와
⑤ 내 실노 너희게 닐ᄋᆞ노니 사룸에 모든 죄악과 훼방ᄒᆞ는 말노 무엇술 훼방ᄒᆞ던지 그거슨 다 샤ᄒᆞ야 주려니와
⑥ 내 실노 너희게 닐ᄋᆞ노니 모든 죄악과 훼방ᄒᆞ는 말노 무어술 훼방 ᄒᆞ던지 다 사룸의게 샤ᄒᆞ야 주시려니와
⑦ 내 실노 너희게 닐ᄋᆞ노니 모든 죄악과 훼방ᄒᆞ는 말노 무어슬 훼방ᄒᆞ던지 다 사룸의게 샤ᄒᆞ여 주시려니와
(내 실노 너희게 닐ᄋᆞ노니 모든 죄악과 훼방ᄒᆞ는 말노 무어슬 훼방ᄒᆞ던지 다 사룸의게 샤ᄒᆞ야 주시려니와)
⑧ 내 실노 너희게 닐ᄋᆞ노니 모든 죄악과 훼방ᄒᆞ는 말노 무어슬 훼방ᄒᆞ던지 다 사룸의게 샤ᄒᆞ야 주시려니와
⑨ 我가 實노 爾等의게 論ᄒᆞ노니 諸 罪惡과 毁謗ᄒᆞ는 言으로 何를 毁謗ᄒᆞ던지 다 人의게 赦ᄒᆞ야 주시려니와
⑩ 내가 眞實노 너희의게 닐ᄋᆞ노니 사룸들이 무숨 罪를 犯ᄒᆞ던지 무숨 毁謗ᄒᆞ는 말을 ᄒᆞ던지 赦ᄒᆞ심을 밧으려니와
⑪ 내가 眞實노 너희게 닐아노니 모든 罪惡과 譭謗하는 말노 무엇을 譭謗하던지 다 사람의게 赦하야 주시려니와
⑫ 내가 진실노 너희게 닐아노니 사람의 모든 죄와 므릇 훼방하는 훼방은 샤하심을 엇으되

⑬ 내가 진실로 너희에게 이르노니 사람의 모든 죄와 무릇 훼방하는 훼방은 사하심을 얻되
⑭ よく言い聞かせておくが、人の子らには、その犯すすべての罪も神をけがす言葉も、ゆるされる。

마가福音 03:29

① 惟褻瀆聖靈者,永不得赦,乃干永刑。
② 오직 셩령을 참남하는 쟈는 길리면치 못하고 영원 죄 잇나니라 하문
③ 오직 셩령올 참남ᄒᆞᆫ 쟈ᄂᆞᆫ 길 면지 못ᄒᆞ고 영원 죄 잇ᄂᆞ니라 ᄒᆞ문
④ 오직 셩신의게 더러어 ᄒᆞᄂᆞᆫ 쟈ᄂᆞᆫ 기리 샤룰 엇지 못ᄒᆞ고 반ᄃᆞ시 영형에 두리라 ᄒᆞ시니
⑤ 오직 누구던지 셩신을 훼방ᄒᆞᄂᆞᆫ 쟈ᄂᆞᆫ 샤ᄒᆞ야 줌을 엇지 못ᄒᆞ고 반ᄃᆞ시 영영ᄒᆞᆫ 죄를 범ᄒᆞᄂᆞ니라 ᄒᆞ심은
⑥ 오직 누구던지 셩신을 훼방ᄒᆞᄂᆞᆫ 쟈ᄂᆞᆫ 샤ᄒᆞ야 줌을 엇지 못ᄒᆞ고 반다시 영영ᄒᆞᆫ 죄에 빠지ᄂᆞ니라 ᄒᆞ심은
⑦ 오직 누구던지 셩신을 훼방ᄒᆞᄂᆞᆫ 쟈는 샤ᄒᆞ여 줌을 엇지 못ᄒᆞ고 반ᄃᆞ시 영영ᄒᆞᆫ 죄에 빠지ᄂᆞ니라 ᄒᆞ심은
(오직 누구던지 셩신을 훼방ᄒᆞᄂᆞᆫ 쟈는 샤ᄒᆞ야 줌을 엇지 못ᄒᆞ고 반ᄃᆞ시 영영ᄒᆞᆫ 죄에 빠지ᄂᆞ니라 ᄒᆞ심은)
⑧ 오직 누구던지 셩신을 훼방ᄒᆞᄂᆞᆫ 쟈는 샤ᄒᆞ야 줌을 엇지 못ᄒᆞ고 반ᄃᆞ시 영영ᄒᆞᆫ 죄에 빠지ᄂᆞ니라 ᄒᆞ심은
⑨ 오직 誰던지 聖神을 毁謗ᄒᆞᄂᆞᆫ 者는 赦ᄒᆞ야 줌을 得지 못ᄒᆞ고 반ᄃᆞ시 永永ᄒᆞᆫ 罪에 陷ᄒᆞᄂᆞ니라 ᄒᆞ심은
⑩ 누구던지 聖神을 毁謗ᄒᆞ면 赦ᄒᆞ심을 엇지 못ᄒᆞ고 永永히 罪에 새지리라 ᄒᆞ시니
⑪ 오직 누구던지 聖神을 譭謗하는 者는 赦하야 줌을 엇지 못하고 반다시 永永한 罪에 빠지나니라 하심은
⑫ 누구던지 셩령을 훼방하는 쟈는 샤하심을 영원히 엇지 못하고 영원한 죄에 쳐하나니라 하시니
⑬ 누구든지 성령을 훼방하는 자는 사하심을 영원히 얻지 못하고 영원한 죄에 처하ᄂᆞ니라 하시니
⑭ しかし、聖靈をけがす者は、いつまでもゆるされず、永遠の罪に定められる」。

마가福音 03:30

① 因衆言其爲汚鬼所憑故言此。

② 뎌덜의 말이 그 덜어운 귀신 품엇다 하미다라

③ 뎌덜의 말이 그 덜어운 귀신 품엇다 ᄒᆞ미더라

④ 모든 이 샤귀ᄅᆞᆯ 졉ᄒᆞ나홈으로 이러케 말ᄉᆞᆷᄒᆞ니라

⑤ 그들이 예수 ᄃᆞ려 말ᄒᆞ기를 샤귀 들엇다ᄒᆞᆫ 연고ㅣᆯ너라

⑥ 그들이 말ᄒᆞ기ᄅᆞᆯ 샤귀 들녓다 ᄒᆞᆫ 연고ㅣ러라

⑦ 그들이 말ᄒᆞ기를 샤귀 들녓다ᄒᆞᆫ 연고ㅣ러라

(뎌희가 말ᄒᆞ기를 더러온귀신이 들녓다ᄒᆞᆫ 연고러라)

⑧ 뎌희가 말ᄒᆞ기를 더러운귀신이 들녓다 ᄒᆞᆫ 연고러라

⑨ 彼等이 言ᄒᆞ기를 汚鬼가 들녓다 ᄒᆞᆫ 緣故러라

⑩ 이는 뎌희가 닐ᄋᆞ기를 더러운鬼神이 들녓다 ᄒᆞᆫ 緣故더라

⑪ 뎌희가 말하기를 더러운鬼神이 들녓다 한 緣故러라

⑫ 이는 뎌희가 말하기를 더러운귀신이 들녓다 함이러라

⑬ 이는 저희가 말하기를 더러운귀신이 들렸다 함이러라

⑭ そう言われたのは、彼らが「イエスはけがれた靈につかれている」と言っていたからである。

마가福音 03:31

① 時其兄弟與其母至,立於外,遣人就而呼之。

② 예수의 어맘과 동싱이 닐으러 밧게 셔서 사람을 보ᄂᆡ여 불으니
③ 예수의 어맘과 동싱이 닐으러 밧게 셔서 사ᄅᆞᆷᄋᆞᆯ 보ᄂᆡ여 청ᄒᆞ니
④ ᄣᅢ에 그 뎨형이 그 모친으로 더브러 니ᄅᆞ러 밧긔셔셔 사ᄅᆞᆷ을 보내여 나아와 브ᄅᆞ라 ᄒᆞ니
⑤ ᄣᅢ에 예수의 어마니와 동싱들이 와셔 밧ᄭᅴ셔서 사ᄅᆞᆷ을 보내여 예수를 부ᄅᆞ니
⑥ ᄣᅢ에 예수의 어마니와 동싱들이 와셔 밧ᄭᅴ 서셔 사ᄅᆞᆷ을 보내여 예수ᄅᆞᆯ 부ᄅᆞ니
⑦ ᄣᅢ에 예수의 어머니와 동싱들이 와셔 밧긔 서셔 사ᄅᆞᆷ을 보내여 예수를 브ᄅᆞ니
(ᄣᅢ에 예수의 모친과 동싱들이 와셔 밧긔 서셔 사ᄅᆞᆷ을 보내여 예수를 부르니)
⑨ 時에 예수의 母親과 同生들이 來ᄒᆞ야 外에 立ᄒᆞ야 人을 遣ᄒᆞ야 예수를 召ᄒᆞ니
⑩ ᄣᅢ에 예수의 母親과 同生들이 와 석밧게 셔서 사ᄅᆞᆷ을 드려보내여 예수를 부르니
⑪ ᄣᅢ에 예수의 母親과 同生들이 와셔 밧긔서셔 사람을 보내여 예수를 부르니
⑫ ᄣᅢ에 예수의 모친과 동생들이 와셔 밧게 서셔 사람을 보내여 예수를 부르니
⑬ 때에 예수의 모친과 동생들이 와서 밖에 서서 사람을 보내어 예수를 부르니
⑭ さて、イエスの母と兄弟たちとがきて、外に立ち、人をやってイエスを呼ばせた。

마가福音 03:32

① 衆環坐,或告之曰,爾母及爾兄弟,在外尋爾也。
② 열어 사ᄅᆞᆷ람이 둘너안저 고하여 갈아되 쥬의 어맘과 동싱이 밧게셔 찻나이다 하니
③ 열어 사ᄅᆞᆷ이 둘너안저 고ᄒᆞ여 갈오ᄃᆡ 쥬의 어맘과 동싱이 밧게셔 찻나이다 ᄒᆞ니
④ 모든 이 두루안졋ᄂᆞᆫᄃᆡ 혹이 고ᄒᆞ야 ᄀᆞᆯᄋᆞᄃᆡ 네 모와 네 뎨형이 밧긔와 너ᄅᆞᆯ ᄎᆞᆺᄂᆞ이다

⑤ 뭇사ᄅᆞᆷ이 돌나안졋다가 예수ᄭᅴ 엿주워 ᄀᆞᆯᄋᆞᄃᆡ 그ᄃᆡ의 모친과 동싱들이 밧긔와셔 ᄎᆞᆺᄂᆞᆫ다 ᄒᆞ거ᄂᆞᆯ
⑥ 뭇사ᄅᆞᆷ이 둘너안졋다가 예수ᄭᅴ 엿주어 ᄀᆞᆯᄋᆞᄃᆡ 션싱님의 모친과 동싱들이 밧ᄭᅴ셔 ᄎᆞᆺᄂᆞᆫ다 ᄒᆞ거ᄂᆞᆯ
⑦ 뭇사ᄅᆞᆷ이 둘너안졋다가 예수ᄭᅴ 엿ᄌᆞ와 ᄀᆞᆯᄋᆞᄃᆡ 션싱님의 모친과 동싱들이 밧긔셔 ᄎᆞᆺ는다 ᄒᆞ거늘
(무리가 둘너안졋다가 예수ᄭᅴ 엿ᄌᆞ와 ᄀᆞᆯᄋᆞᄃᆡ 션싱님의 모친과 동싱들이 밧긔셔 찻는다 ᄒᆞ거늘)
⑧ 무리가 둘너안졋다가 예수ᄭᅴ 엿ᄌᆞ와 ᄀᆞᆯᄋᆞᄃᆡ 션싱님의 모친과 동싱들이 밧게셔 찻ᄂᆞᆫ다 ᄒᆞ거ᄂᆞᆯ
⑨ 衆이 圍坐ᄒᆞ엿다가 예수ᄭᅴ 稟ᄒᆞ야 曰 先生님의 母親과 同生들이 外에셔 尋ᄒᆞᆫ다 ᄒᆞ거ᄂᆞᆯ
⑩ 무리가 들너안졋다가 예수ᄭᅴ 엿ᄌᆞ와 ᄀᆞᆯᄋᆞᄃᆡ 先生님의 母親과 同生들이 밧게셔 찻ᄂᆞ이다
⑪ 무리가 둘너안졋다가 예수ᄭᅴ 엿자와 갈아대 先生님의 母親과 同生들이 밧긔셔 찾는다 하거늘
⑫ 무리가 예수를 둘너안젓다가 엿자오대 보쇼셔 당신의 모친과 동생들과 누의들이 밧게셔 찻나이다
⑬ 무리가 예수를 둘러앉았다가 여짜오되 보소서 당신의 모친과 동생들과 누이들이 밖에서 찾나이다
⑭ ときに、群衆はイエスを囲んですわっていたが、「ごらんなさい。あなたの母上と兄弟、姉妹たちが、外であなたを尋ねておられます」と言った。

마가福音 03:33

① 耶穌答之曰,何者爲我母,爲我兄弟乎。
② ᄃᆡ답ᄒᆞ여 갈아샤되 뉘가 ᄂᆡ의 어맘이며 ᄂᆡ의 동싱이냐 ᄒᆞ고
③ ᄃᆡ답ᄒᆞ여 갈아샤ᄃᆡ 누기 ᄂᆡ의 어맘이며 ᄂᆡ의 동싱이냐 ᄒᆞ고
④ 예수ㅣ ᄃᆡ답ᄒᆞ야 ᄀᆞᆯᄋᆞ샤ᄃᆡ 엇던 이 나의 모친이 되며 나의 뎨형이 되리오 ᄒᆞ시고
⑤ 예수ㅣ ᄃᆡ답ᄒᆞ여 ᄀᆞᆯᄋᆞ샤ᄃᆡ 뉘가 나ㅣ의 모친이며 나ㅣ의 동싱이냐 ᄒᆞ시고

⑥ ᄃᆡ답ᄒᆞ샤ᄃᆡ 누가 내 모친이며 내 동ᄉᆡᆼ이냐 ᄒᆞ시고
⑦ ᄃᆡ답ᄒᆞ샤ᄃᆡ 누가 내 모치이며 내 동ᄉᆡᆼ이냐 ᄒᆞ시고
(ᄃᆡ답ᄒᆞ샤ᄃᆡ 누가 내 모친이며 내 동ᄉᆡᆼ이냐 ᄒᆞ시고)
⑧ ᄃᆡ답ᄒᆞ샤ᄃᆡ 누가 내 모친이며 내 동ᄉᆡᆼ이냐 ᄒᆞ시고
⑨ 答ᄒᆞ샤ᄃᆡ 誰가 我의 母親이며 我의 同生이냐 ᄒᆞ시고
⑩ ᄀᆞᆯᄋᆞ샤ᄃᆡ 누가 내 母親이며 내 同生이냐 ᄒᆞ시고
⑪ 對答하샤대 누가 내 母親이며 내 同生이냐 하시고
⑫ 대답하샤대 누가 내 모친이며 동생들이냐 하시고
⑬ 대답하시되 누가 내 모친이며 동생들이냐 하시고
⑭ すると、イエスは彼らに答えて言われた、「わたしの母、わたしの兄弟とは、だれのことか」。

마가福音 03:34

① 遂圜顧環之而坐者曰,視我母及我兄弟也,
② 이여 둘너안즌 쟈를 돌아보와 갈아샤되 ᄂᆡ의 어맘과 동ᄉᆡᆼᄋᆞᆯ 보라
③ 이여 둘너안즌 쟈ᄅᆞᆯ 돌아보와 갈아샤ᄃᆡ ᄂᆡ의 어맘과 동ᄉᆡᆼᄋᆞᆯ 보라
④ 드ᄃᆡ여 두루안진 쟈ᄅᆞᆯ 도라보시고 ᄀᆞᆯᄋᆞ샤ᄃᆡ 나의 모와 나의 뎨형을 보라
⑤ 돌나안진 사ᄅᆞᆷ들을 둘너보시며 ᄀᆞᆯᄋᆞ샤ᄃᆡ 나ㅣ의 모친과 나ㅣ의 동ᄉᆡᆼ들을 보라
⑥ 들너안진 ᄉᆞᄅᆞᆷ들을 둘너보시며 ᄀᆞᆯᄋᆞ샤ᄃᆡ 내 모친과 내 동ᄉᆡᆼ들을 보라
⑦ 둘너안즌 사ᄅᆞᆷ들을 둘너보시며 ᄀᆞᆯᄋᆞ샤ᄃᆡ 내 모친과 내 동ᄉᆡᆼ들을 보라

(둘너안즌 사름들을 둘너보시며 ᄀᆞ로ᄉᆞ샤ᄃᆡ 내 모친과 내 동싱들을 보라)
⑧ 둘너안즌 사름들을 둘너보시며 ᄀᆞ로ᄉᆞ샤ᄃᆡ 내 모친과 내 동싱들을 보라
⑨ 圍坐ᄒᆞᆫ 人들을 環視ᄒᆞ시며 曰 我의 母親과 我의 同生들을 見ᄒᆞ라
⑩ 둘너안즌 사름들을 보시며 ᄀᆞ로ᄉᆞ샤ᄃᆡ 내 母親과 同生들을 보라
⑪ 둘너안진 사람들을 둘너보시며 갈아샤대 내 母親과 내 同生들을 보라
⑫ 둘너안즌 쟈들을 둘너보시며 갈아샤대 내 모친과 내 동생들을 보라
⑬ 둘러앉은 자들을 둘러보시며 가라사대 내 모친과 내 동생들을 보라
⑭ そして、自分をとりかこんで、すわっている人人を見まわして、言われた、「ごらんなさい、ここにわたしの母、わたしの兄弟がいる。

마가福音 03:35
① 蓋凡遵神旨者,彼卽我兄弟,我姊妹與母也。
② 무론 하나님의 ᄯᅳᆺ올 ᄒᆡᆼᄒᆞᄂᆞᆫ 쟈난 ᄂᆡ의 동싱과 누이과 어맘이라 하다라
③ 무론 하나님의 ᄯᅳᆺ올 ᄒᆡᆼᄒᆞᄂᆞᆫ 쟈ᄂᆞᆫ ᄂᆡ의 동싱과 누이과 어맘이라 ᄒᆞ더라
④ 대개 샹뎨의 ᄯᅳᆺ을 좃ᄂᆞᆫ 쟈ㅣ 곳 나의 뎨형이며 나의 ᄌᆞᄆᆡ며 곳 나의 모친이라 ᄒᆞ시더라
⑤ 누구던지 텬쥬의 ᄯᅳᆺ술 ᄒᆡᆼᄒᆞᄂᆞᆫ 그 사름이 나ㅣ 동싱이요 나ㅣ의 누의요 나ㅣ의 모친이니라
⑥ 누구던지 하ᄂᆞ님의 ᄯᅳᆺᄃᆡ로 ᄒᆞᄂᆞᆫ 이가 이ᄂᆞᆫ 내 동싱이오 내 누의오 내 모친이니라
⑦ 누구던지 하ᄂᆞ님의 ᄯᅳᆺ대로 ᄒᆞᄂᆞᆫ이가 이는 내 동싱이오 내 누의오 내 모친이니라
(누구던지 하ᄂᆞ님의 ᄯᅳᆺ대로 ᄒᆞ는 쟈는 내 동싱이오 내 누의오 내 모친이니라)

⑧ 누구던지 하ᄂᆞ님의 ᄯᅳᆺ대로 ᄒᆞᄂᆞᆫ 쟈는 내 동싱이오 내 누의오 내 모친이니라
⑨ 誰던지 上帝의 旨대로 ᄒᆞᄂᆞᆫ 者ᄂᆞᆫ 我의 同生이오 我의 姊妹요 我의 母親이니라
⑩ 누구던지 ᄒᆞᄂᆞ님의 ᄯᅳᆺ대로 하ᄂᆞᆫ 者ᄂᆞᆫ 내 同生이오 내 누의오 내 母親이니라
⑪ 누구던지 하나님의 ᄯᅳᆺ대로 하는 者는 내 同生이오 내 누의요 네 母親이니라
⑫ 누구던지 하나님의 ᄯᅳᆺ대로 하는 쟈는 내 형뎨요 자매요 모친이니라
⑬ 누구든지 하나님의 뜻대로 하는 자는 내 형제요 자매요 모친이라
⑭ 神のみこころを行う者はだれでも、わたしの兄弟、また姉妹、また母なのである」。

4장

마가福音 04:01

① 耶穌復於海濱教誨,有羣衆集就之,彼登舟,浮海而坐坐,衆皆沿海立岸。

② 예수 다시 히변에셔 가라치는디 허다한 사람이 모여 나아오거날 비에 올나 바다에 써 안고 뭇사람은 바다을겻ᄒᆞ고 던에 셔시니

③ 예수 다시 히변에셔 가라치는디 허다한 사ᄅᆞᆷ이 모여 나아오거날 비에 올나 바다에

④ 예수ㅣ 다시 바다ᄀᆞ희셔 ᄀᆞᄅᆞ치실시 모든 이 모혀 오니 뎌ㅣ 바다희 ᄯᅥ 안지시고 모든사ᄅᆞᆷ은 바다언덕에 셔니

⑤ 예수ㅣ 다시 바다가에셔 ᄀᆞᄅᆞ치실시 허다ᄒᆞᆫ 사ᄅᆞᆷ이 모혀들거ᄂᆞᆯ 비에 올으샤 바다에 ᄯᅥ 안지시니 모든사ᄅᆞᆷ은 바다를 겻ᄒᆞ야 언덕에 섯ᄂᆞᆫ지라

⑥ 예수ㅣ 다시 바다가헤셔 ᄀᆞᄅᆞ치시기룰 시작 ᄒᆞ시니 허다ᄒᆞᆫ 사ᄅᆞᆷ이 모혀 들거ᄂᆞᆯ 비에 올으샤 바다에 ᄯᅥ 안지시믹 모든사ᄅᆞᆷ은 바다겻ᄶᅡ헤 섯ᄂᆞᆫ지라

⑦ 예수ㅣ 다시 바다가에셔 ᄀᆞᄅᆞ치시기를 시작ᄒᆞ시니 허다ᄒᆞᆫ 사ᄅᆞᆷ이 모혀들거늘 비에 오ᄅᆞ샤 바다에 ᄯᅥ 안ᄌᆞ시매 모든사ᄅᆞᆷ은 바다겻ᄶᅡ헤 섯ᄂᆞᆫ지라
(예수ㅣ 다시 바다가에셔 ᄀᆞᄅᆞ치시니 허다ᄒᆞᆫ 무리가 모혀들거늘 비에 오르샤 바다에 ᄯᅥ 안즈시매 모든무리는 바다겻ᄶᅡ헤 섯는지라)

⑧ 예수가 다시 바다가에셔 ᄀᆞᄅᆞ치시니 허다ᄒᆞᆫ 무리가 모혀들거늘 비에 오르샤 바다에 ᄯᅥ 안즈시믹 모든무리는 바다겻ᄶᅡ에 섯는지라

⑨ 예수가 다시 海邊에셔 訓ᄒᆞ시니 許多ᄒᆞᆫ 衆이 集ᄒᆞ거ᄂᆞᆯ 舟에 登ᄒᆞ샤 海에 浮ᄒᆞ야 坐ᄒᆞ시매 諸衆은 海邊地에 立ᄒᆞᆫ지라

⑩ 예수ㅣ 다시 湖水가에셔 ᄀᆞᄅᆞ치시니 許多ᄒᆞᆫ 무리가 모혀들거ᄂᆞᆯ 비에 오르샤 湖水에 ᄯᅥ안즈시니 모든무리ᄂᆞᆫ 陸地에 섯더라

⑪ 예수씌셔 다시 바다가에 셔 가라치시니 許多한 무리가 모혀들거늘 배에 오르샤 바다에 ᄯᅥ 안지시매 모든무리는 바다겻ᄶᅡ에

셧는지라
⑫ 예수씌셔 다시 바다가에셔 가라치시니 큰무리가 모혀들거늘 예수씌셔 배에 올나 바다에 ᄯᅥ안즈시고 온무리는 바다겻륙디에 잇더라
⑬ 예수께서 다시 바닷가에서 가르치시니 큰무리가 모여들거늘 예수께서 배에 올라 바다에 떠 앉으시고 온무리는 바다곁육지에 있더라
⑭ イエスはまたも、海べで教えはじめられた。おびただしい群衆がみもとに集まったので、イエスは舟に乗ってすわったまま、海上におられ、群衆はみな海に沿って陸地にいた。

마가福音 04:02

① 耶穌遂設譬以多端教之。於其教時謂之曰,

② 이여 열어씃트로써 비사를 베푸러 가라쳐 일오되

③ ᄯᅥ 인고 ᄆᆞᆺ사ᄅᆞᆷ은 바다ᄅᆞᆯ 겻ᄒᆞ고 두던에 셔ᄉᆞ니

④ 예수ㅣ 드ᄃᆡ여 여러씃ᄎᆞ로 비유ᄒᆞ야 ᄀᆞᄅᆞ치실ᄉᆡ 닐너 ᄀᆞᆯᄋᆞ샤ᄃᆡ

⑤ 예수ㅣ 여러가지비유로 ᄀᆞᄅᆞ치실 ᄉᆡ ᄀᆞᄅᆞ치실 ᄯᅢ에 닐너 ᄀᆞᆯᄋᆞ샤ᄃᆡ

⑥ 예수ㅣ 여러가지비유로 ᄀᆞᄅᆞ치시니 ᄀᆞᄅᆞ치실 ᄯᅢ에 닐ᄋᆞ샤ᄃᆡ

⑦ 예수ㅣ 여러가지일을 비유로 ᄀᆞᄅᆞ치시니 ᄀᆞᄅᆞ치실 ᄯᅢ에 닐닛스ᄃᆡ
(예수ㅣ 여러가지일을 비유로 ᄀᆞᄅᆞ치시니 ᄀᆞᄅᆞ치실 ᄯᅢ에 닐ᄋᆞ샤ᄃᆡ)

⑧ 예수가 여러가지일을 비유로 ᄀᆞᄅᆞ치시니 ᄀᆞᄅᆞ치실 ᄯᅢ에 닐ᄋᆞ사ᄃᆡ

⑨ 예수가 諸般事를 譬喩로 訓ᄒᆞ시니 訓ᄒᆞ실 時에 謂ᄒᆞ샤ᄃᆡ

⑩ 예수ㅣ 여러가지일을 譬喩로 ᄀᆞᄅᆞ치시ᄂᆞᆫ 中에 닐ᄋᆞ샤ᄃᆡ
⑪ 예수ㅣ 여러가지일은 비유로 가라치시니 가라치실 ᄯᅢ에 닐아샤대
⑫ 이에 예수ᄭᅴ셔 여러가지를 비유로 가라치시니 그 가라치시는 즁에 뎌희게 닐아샤대
⑬ 이에 예수께서 여러가지를 비유로 가르치시니 그 가르치시는 중에 저희에게 이르시되
⑭ イエスは譬(たとえ)で多くの事を教えられたが、その教の中で彼らにこう言われた、

마가福音 04:03
① 聽哉,有播種時,出而播種,
② 들으라 농군이 나가 죵자를 헤치나니라
③ 이여 비사ᄅᆞᆯ 베풀러 열어 ᄉᆞᆺ트로써 가라쳐 갈아샤ᄃᆡ 들으라 농군이 나가 죵자ᄅᆞᆯ 헤치ᄂᆞ니라
④ 드ᄅᆞ라 ᄲᅵ우고 심으ᄂᆞᆫ쟈ㅣ 잇서 나아가 씨ᄅᆞᆯ ᄲᅵ울식
⑤ 드를지어다 씨를 ᄲᅮ리ᄂᆞᆫ 이가 ᄲᅮ리러 나가셔
⑥ 드ᄅᆞᆯ지어다 씨ᄅᆞᆯ ᄲᅮ리ᄂᆞᆫ 사ᄅᆞᆷ이 ᄲᅮ리러 나가셔
⑦ 드를지어다 씨를 ᄲᅮ리ᄂᆞᆫ 사ᄅᆞᆷ이 ᄲᅮ리러 나가셔
(드를지어다 씨를 ᄲᅮ리는 사ᄅᆞᆷ이 ᄲᅮ리러 나가셔)
⑧ 드를지어다 씨를 ᄲᅮ리ᄂᆞᆫ 사ᄅᆞᆷ이 ᄲᅮ리러 나가셔
⑨ 聽ᄒᆞᆯ지어다 種子를 播ᄒᆞᄂᆞᆫ 人이 播ᄒᆞ러 就ᄒᆞ야
⑩ 드를지어다 씨ᄲᅮ리ᄂᆞᆫ 사ᄅᆞᆷ이 나가셔
⑪ 드를지어다 씨를 ᄲᅮ리는 사람이 ᄲᅮ리러 나가셔

⑫ 드르라 씨를 ᄲᅮ리는 쟈가 ᄲᅮ리러 나가셔
⑬ 들으라 씨를 뿌리는 자가 뿌리러 나가서
⑭「聞きなさい、種まきが種をまきに出て行った。

마가福音 04:04
① 播時,有遺路旁者,天空之鳥至,而盡食至
② 헤칠 ᄯᅢ여 마즘 길 겻틔 ᄯᅥ러진 거슨 ᄉᆡ가 날으러 다먹고
③ 헤칠 ᄯᅢ에 마즘 길 겻틔 ᄯᅥ러진 거슨 ᄉᆡ가 날으러 먹고
④ ᄲᅴ울 ᄣᅢ에 길ᄀᆞ희 들닌 거ᄉᆞᆫ 공즁에 ᄉᆡ 니ᄅᆞ러 다먹고
⑤ ᄲᅮ릴 ᄣᅢ에 길가에 ᄯᅥ러진 씨ᄂᆞᆫ ᄉᆡ가 와셔 주어먹고
⑥ ᄲᅮ릴ᄉᆡ 더러ᄂᆞᆫ 길 가헤 ᄯᅥ러져 ᄉᆡ가 와셔 주어먹고
⑦ ᄲᅮ릴ᄉᆡ 더러는 길가에 ᄯᅥ러져 새가 와셔 주어먹고
(ᄲᅮ릴ᄉᆡ 더러는 길가에 ᄯᅥ러지매 새가 와셔 주어먹고)
⑧ ᄲᅮ릴ᄉᆡ 더러는 길가에 ᄯᅥ러지매 새가 와셔 주어먹고
⑨ 播ᄒᆞᆯ시 或은 路邊에 落ᄒᆞ매 鳥가 來ᄒᆞ야 啄食ᄒᆞ고
⑩ ᄲᅮ릴서 더러ᄂᆞᆫ 길가에 ᄯᅥ러지니 새가 와셔 수어먹고
⑪ ᄲᅮ릴 새 더라는 길아세 ᄯᅥ러지매 새가 와셔 주어먹고
⑫ ᄲᅮ릴새 더러는 길가에 ᄯᅥ러지매 새들이 와셔 먹어바렸고
⑬ 뿌릴쌔 더러는 길가에 떨어지매 새들이 와서 먹어버렸고

⑭ まいているうちに、道ばたに落ちた種があった。すると、鳥がきて食べてしまった。

마가福音 04:05

① 有遺磽地土薄之處者石,發萌卽速,因土不深也,

② 쏘 돌식식리 토박한 곳에 써러진 거슨 흘이 깁지 못하물 인ᄒᆞ여 그 어음이 속키 발하되

③ 쏘 돌식식리 토박한데 써러진 거슨 흘이 깁지 못ᄒᆞ물 인ᄒᆞ여 그 어음이 속키 발ᄒᆞ되

④ 돌쟈 밧토 박ᄒᆞᆫᄃᆡ 씻친 거ᄉᆞᆫ 볏치 거ᄉᆞᆫ 볏치 쏘이면 흙이 깁지 아님으로 인홈이나

⑤ 흙이 젹은 돌쟉밧헤 써러진 씨ᄂᆞᆫ 흙이 깁지 아님으로 속히 움이 나오나

⑥ 더러ᄂᆞᆫ 흙이 적은 돌쟉 밧헤 써러져 흙이 깁지 아니 홈으로 곳 싹이 나오나

⑦ 더러는 흙이 젹은 돌쟉 밧헤 써러져 흙이 깁지 아니홈으로 곳 싹이 나오나

(더러는 흙이 적은 돌작 밧헤 써러지매 흙이 깁지 아니홈으로 곳 싹이 나오나)

⑧ 더러는 흙이 적은 돌작밧헤 써러지매 흙이 깁지 아니홈으로 곳 싹이 나오나

⑨ 或은 土가 少ᄒᆞᆫ 磽田에 落ᄒᆞ매 土가 深치 아니홈으로 卽 芽가 生ᄒᆞ나

⑩ 더러ᄂᆞᆫ 흙이 적은 돌작 밧헤 써러지니 흙이 깁지 아님으로 곳 싹이 나오나

⑪ 더러는 흙이 적은 돌작 밧헤 써러지매 흙이 깊지 아니함으로 곳 싹이 나오나

⑫ 더러는 흙이 얇은 돌밧헤 써러지매 흙이 깁지 아니함으로 곳 싹이 나오나

⑬ 더러는 흙이 얇은 돌밭에 떨어지매 흙이 깊지 아니하므로 곧 싹이 나오나

⑭ ほかの種は土に薄い石地に落ちた。そこは土が深くないので、すぐ芽を出したが、

마가福音 04:06

① 日既出,則見曝,因無根,遂槁矣。

② ᄒᆡ가 나 ᄡᅩ인 즉 ᄡᅮᆯ이 업사물인하여 말으고

③ ᄒᆡ가 나 ᄡᅩ인 즉 ᄡᅮᆯ이 업사물인ᄒᆞ여 말으고

④ 날이 나셔 볏치 ᄡᅩ히면 ᄡᅮᆯ희 업슴으로 마ᄅᆞ며

⑤ ᄒᆡ가 ᄧᅬ이면 ᄡᅮᆯ희가 박히지 못ᄒᆞ야 마ᄅᆞ고

⑥ ᄒᆡ가 ᄃᆞᆺ아 ᄡᅩ인즉 ᄡᅮᆯ희가 업서 마ᄅᆞ고

⑦ ᄒᆡ가 ᄃᆞᆺ아 ᄡᅩ인즉 ᄡᅮᆯ희가 업서 ᄆᆞᄅᆡ고

(ᄒᆡ가 ᄃᆞᆺ아 ᄡᅩ인즉 ᄡᅮᆯ희가 업서 ᄆᆞ르고)

⑧ ᄒᆡ가 ᄃᆞᆺ아 ᄡᅩ인즉 ᄡᅮᆯ희가 업서 ᄆᆞᄅᆞ고

⑨ 日이 出ᄒᆞ야 曝ᄒᆞᆫ즉 根이 無ᄒᆞ야 枯ᄒᆞ고

⑩ ᄡᅮᆯ희가 업슴으로 ᄒᆡ가 ᄃᆞᆺ아 ᄡᅩ인즉 ᄆᆞ르고

⑪ 해가 ᄃᆞᆺ아 ᄡᅩ인 즉 ᄡᅮ리가 업서 마르고

⑫ 해가 ᄃᆞᆺ은 후에 타져셔 ᄡᅮ리가 업슴으로 말낫고

⑬ 해가 돋은 후에 타져서 뿌리가 없으므로 말랐고

⑭ 日が上がると燒けて、根がないために枯れてしまった。

마가福音 04:07

① 有遺棘中者,棘起而蔽之,致不結實。

② ᄯᅩ 가싀 가온ᄃᆡ ᄯᅥ러진 거슨 가싀가 셩하여 짓눌너 결실치 못하게 하고

③ ᄯᅩ 가싀 가온데 ᄯᅥ러진 거슨 가싀가 셩ᄒᆞ여 짓눌너 결실치 못ᄒᆞ게 ᄒᆞ고

④ 가ᄉᆡ덤불 가온대 잇사매 가ᄉᆡ 니러나 ᄀᆞ리워 결실치 못ᄒᆞ게 ᄒᆞ며

⑤ ᄯᅩ 가싀덤불 속에 ᄯᅥ러진 씨ᄂᆞᆫ 가싀가 자ᄅᆞ매 숨이 막혀 열ᄆᆡ를 ᄆᆡᆺ지 못ᄒᆞ고

⑥ 더러ᄂᆞᆫ 가ᄉᆡ 덤불 속에 ᄯᅥ러져 가ᄉᆡ가 자ᄅᆞᄆᆡ 긔운이 막혀 열ᄆᆡᄅᆞᆯ ᄆᆡᆺ지 못ᄒᆞ고

⑦ 더러는 가ᄉᆡ 덤불속에 ᄯᅥ러저 가ᄉᆡ가 ᄌᆞ라매 긔운이 막혀 열ᄆᆡ를 ᄆᆡᆺ지 못ᄒᆞ고
(더러는 가ᄉᆡ덤불 속에 ᄯᅥ러지매 가ᄉᆡ가 자람으로 긔운이 막혀 열ᄆᆡ를 ᄆᆡᆺ지 못ᄒᆞ고)

⑧ 더러는 가ᄉᆡ덤불 속에 ᄯᅥ러지매 가ᄉᆡ가 자람으로 긔운이 막혀 열ᄆᆡ를 ᄆᆡᆺ지 못ᄒᆞ고

⑨ 或은 荊棘叢 中에 落ᄒᆞ매 荊棘이 長ᄒᆞᆷ으로 氣塞ᄒᆞ야 實을 結치 못ᄒᆞ고

⑩ 더러ᄂᆞᆫ 가시덤불 속에 ᄯᅥ러지니 가시가 자람으로 氣運이 막혀 열ᄆᆡ를 ᄆᆡᆺ지 못ᄒᆞ고

⑪ 더러는 가시덤불 속에 ᄯᅥ러지매 가시가 자람으로 긔운이 막혀 열매를 맺지 못하고

⑫ 더러는 가시 ᄯᅥᆯ기에 ᄯᅥ러지매 가시가 자라 긔운을 막음으로 결실치 못하엿고

⑬ 더러는 가시떨기에 떨어지매 가시가 자라 기운을 막으므로 결실하지 못하였고

⑭ ほかの種はいばらの中に落ちた。すると、いばらが伸びて、ふさいでしまったので、實を結ばなかった。

마가福音 04:08

① 有遺沃壤者,乃發而長,結實或三十倍,或六十倍,或百倍焉。

② ᄯᅩ 죠흔 ᄯᅡᆼ에 ᄯᅥ러진 거슨 자ᄅᆡ고 자ᄅᆡ여 결실이 혹 삼십곱 혹 늌십곱 혹 일ᄇᆡᆨ곱이 되나니라 하고

③ ᄯᅩ 죠흔 ᄯᅡ에 ᄯᅥ러진 거슨 발ᄒᆞ고 자ᄅᆡ여 결실이 혹 삼십ᄇᆡ 혹 늌십ᄇᆡ 혹 일ᄇᆡᆨᄇᆡ이 되ᄂᆞ니라 ᄒᆞ고

④ 옥토에 갓치매 발ᄒᆞ야 곳 기ᄂᆞ니 결실이 삼십ᄇᆡ도 되고 륙십ᄇᆡ도 되고 ᄇᆡᆨᄇᆡ도 되ᄂᆞ니라

⑤ 됴흔 ᄯᅡᆼ에 ᄯᅥ러진 ᄡᅵᄂᆞᆫ 발ᄒᆞ며 자ᄅᆞ 결실ᄒᆞᆷ이 혹 삼십ᄇᆡ도 되고 륙십ᄇᆡ도 되고 ᄇᆡᆨᄇᆡ도 되ᄂᆞ니라 ᄒᆞ시고

⑥ 더러ᄂᆞᆫ 됴흔 ᄯᅡᆼ에 ᄯᅥ러져 자ᄅᆞᄆᆡ 풍셩ᄒᆞ니 결실ᄒᆞᆷ이 혹 삼십ᄇᆡ도 나고 륙십ᄇᆡ도 나고 ᄇᆡᆨᄇᆡ도 나ᄂᆞ니라 ᄒᆞ시고

⑦ 더러는 됴흔 ᄯᅡ에 ᄯᅥ러져 ᄌᆞ라매 풍셩ᄒᆞ니 졀실ᄒᆞᆷ이 혹 심십 ᄇᆡ도 나고 륙십 ᄇᆡ도 나고 ᄇᆡᆨᄇᆡ도 나ᄂᆞ니라 ᄒᆞ시고

(더러는 됴흔 ᄯᅡ에 ᄯᅥ러져 자ᄅᆞ매 풍셩ᄒᆞ니 결실ᄒᆞᆷ이 혹 삼십 ᄇᆡ도 되고 륙십 ᄇᆡ도 되고 ᄇᆡᆨᄇᆡ도 되ᄂᆞ니라 ᄒᆞ시고)

⑧ 더러는 됴흔ᄯᅡ에 ᄯᅥ러져 자ᄅᆞ매 풍셩ᄒᆞ니 결실ᄒᆞᆷ이 혹 삼십 ᄇᆡ도 되고 륙십 ᄇᆡ도 되고 ᄇᆡᆨᄇᆡ도 되ᄂᆞ니라 ᄒᆞ시고

⑨ 或은 沃土에 落ᄒᆞ야 長ᄒᆞ매 豊盛ᄒᆞ니 結實ᄒᆞᆷ이 或 三十 倍도 되고 六十 倍도 되고 百倍도 되ᄂᆞ니라 ᄒᆞ시고

⑩ 더러ᄂᆞᆫ 沃土에 ᄯᅥ러지니 ᄡᅡᆨ이 나고 結實ᄒᆞ야 或 三十 倍도 되고 或 六十 倍도 되고 或 百倍도 되ᄂᆞ니라 ᄒᆞ시고

⑪ 더러는 됴흔 ᄯᅡ에 ᄯᅥ러져 자라매 豊盛하니 結實함이 或 三十倍도 되고 六十倍도 되고 百倍도 되나니라 하시고

⑫ 더러는 됴흔 ᄯᅡ에 ᄯᅥ러지매 자라 무셩하야 결실하엿스니 삼십배와 륙십배와 백배가 되엿나니라 하시고

⑬ 더러는 좋은 땅에 떨어지매 자라 무성하여 결실하였으니 삼십배와 육십배와 백배가 되었느니라 하시고

⑭ ほかの種は良い地に落ちた。そしてはえて、育って、ますます實を結び，三十部、六十倍、百倍になった」。

마가福音 04:09

① 又謂之曰,凡耳以聽者,宜聽焉。

② ᄯᅩ 갈아샤되 귀 이사면 들으라 하다라

③ ᄯᅩ 갈아샤ᄃᆡ 귀 이ᄉᆞ면 들으라 ᄒᆞ더라

④ ᄯᅩ 닐너 ᄀᆞᆯᄋᆞ샤ᄃᆡ 므롯 귀가 잇서 듯ᄂᆞᆫ 쟈ᄂᆞᆫ 맛당이 드롤지니라

⑤ ᄯᅩ 닐너 ᄀᆞᆯᄋᆞ샤ᄃᆡ 귀 잇ᄂᆞᆫ 이들은 드를지어다

⑥ ᄯᅩ 닐ᄋᆞ샤ᄃᆡ 귀 잇서 드ᄅᆞᆯ 쟈ᄂᆞᆫ 드ᄅᆞᆯ지어다

⑦ ᄯᅩ 닐넛스ᄃᆡ 귀 잇서 드를쟈는 드를지어다

(ᄯᅩ 닐ᄋᆞ샤ᄃᆡ 귀 잇서 드를쟈는 드를지어다)

⑧ ᄯᅩ 닐ᄋᆞ샤ᄃᆡ 귀 잇서 드를 쟈는 드를지어다

⑨ ᄯᅩ 謂ᄒᆞ샤ᄃᆡ 耳가 有ᄒᆞ야 聽ᄒᆞᆯ 者는 聽ᄒᆞᆯ지어다

⑩ 닐ᄋᆞ샤ᄃᆡ 귀 잇ᄂᆞᆫ 者ᄂᆞᆫ 드를 지어다

⑪ ᄯᅩ 닐아샤대 귀 잇서 드를 者는 드를지어다

⑫ ᄯᅩ 닐아샤대 드를 귀 잇는 쟈는 드르라 하시니라

⑬ 또 이르시되 들을 귀 있는 자는 들으라 하시니라

⑭ そして言われた、「聞く耳のある者は聞くがよい」。

마가福音 04:10

① 耶穌獨處時,環之者與十二門徒,以比譬問焉。

② 예수 혼자 이살 ᄯᅢ여 좃ᄂᆞᆫ 쟈과 열두 뎨자이 비사를 물은ᄃᆡ

③ 예수 혼자 이살 ᄯᅢ에 좃ᄂᆞᆫ 쟈과 열두 뎨자 이 비사ᄅᆞᆯ 물은ᄃᆡ

④ 예수ㅣ 혼자 쳐ᄒᆞ실 ᄯᅢ에 에워잇ᄂᆞᆫ 이 열두 문도로 더브러 비유로ᄡᅥ 뭇ᄌᆞ오니

⑤ 예수ㅣ 홀노 계실 때에 ᄒᆞᆷᄭᅴ 잇던 사ᄅᆞᆷ를과 열두 뎨ᄌᆞ들니 그 비유들을 무ᄅᆞ니

⑥ 예수ㅣ 홀노 계실 ᄯᅢ에 ᄒᆞᆷᄭᅴ 잇ᄂᆞᆫ 사ᄅᆞᆷ들과 열 두 뎨ᄌᆞㅣ 그 비유들을 뭇자오니

⑦ 예수ㅣ 홀노 계실 ᄯᅢ에 ᄒᆞᆷᄭᅴ잇ᄂᆞᆫ 사ᄅᆞᆷ들과 열두 뎨ᄌᆞㅣ 그 비유들을 뭇ᄌᆞ오니

(예수ㅣ 홀노 계실 때에 홈끠잇는 사롬들과 열두 뎨즈가 그 여러 비유를 뭇즈오니)
⑧ 예수가 홀노 계실 때에 홈끠잇는 사롬들과 열두 뎨즈가 그 여러 비유들을 뭇즈오니
⑨ 예수가 獨在ᄒᆞ실 時에 同在ᄒᆞᆫ 人들과 十二 弟子가 그 여러 譬喩를 問ᄒᆞ니
⑩ 예수ㅣ 閒暇히 계실 때에 홈끠 잇는 사롬들과 열두 弟子가 그 譬喩를 뭇즈오니
⑪ 예수끠셔 홀노 계실 때에 함끠 잇는 사람들과 열두 弟子가 그 여러 譬喩를 뭇자오니
⑫ 예수끠셔 홀노 계실 때에 함끠한 사람들이 열두 뎨자로 더브러 그 비유들을 뭇자오니
⑬ 예수께서 홀로 계실 때에 함께한 사람들이 열두 제자로 더불어 그 비유들을 묻자오니
⑭ イエスがひとりになられた時、そばにいた者たちが、十二弟子(でし)と共に、これらの譬(たとえ) について尋ねた。

마가福音 04:11

① 耶穌謂之曰,神國之奧秘,賜爾知之,惟於外人,則以譬言語之,
② 예수 일오샤되 히나님의 나라 비결은 너의를 주워 알게 하고 오직 외인으게는 다 비사로써 하문
③ 갈아샤딕 하나님의 나라 비결은 너희롤 주고 오직 외인의게는 다 비사로써 ᄒᆞ문
④ 예수ㅣ 닐너 ᄀᆞᆯᄋᆞ샤딕 샹뎨나라 깁흔 뜻은 너희게 알게 홀거시오 오직 외인의게는 비유로써 말ᄒᆞ리니
⑤ 예수ㅣ 딕답ᄒᆞ샤딕 텬쥬 나라의 오묘ᄒᆞᆫ 것슬 너희게는 주되 외인의게는 모든 거슬 비유로 말ᄒᆞ노니
⑥ 닐ᄋᆞ샤딕 하ᄂᆞ님 나라의 오묘ᄒᆞᆫ 거술 너희게는 주되 외인의게는 모든 거술 비유로 ᄒᆞᄂᆞ니
⑦ 닐넛스딕 하ᄂᆞ님 나라의 오묘ᄒᆞᆫ 거슬 너희게는 주되 외인의게는 모든 거슬 비유로 홈은
(닐ᄋᆞ샤딕 하ᄂᆞ님 나라의 오묘ᄒᆞᆫ 거슬 너희게는 주되 외인의게는 모든 거슬 비유로 홈은)
⑧ 닐ᄋᆞ샤딕 하ᄂᆞ님나라의 오묘ᄒᆞᆫ 거슬 너희게는 주되 외인의게는 모든 거슬 비유로 홈은

⑨ 諭ᄒᆞ샤ᄃᆡ 上帝國의 奧妙ᄒᆞᆫ 거슬 爾等의게는 賜ᄒᆞ되 外人의게는 諸件 事를 譬喩로 홈은
⑩ 닐ᄋᆞ샤ᄃᆡ 하ᄂᆞ님 나라의 奧妙ᄒᆞᆫ 거슬 너희의게ᄂᆞᆫ 알게 ᄒᆞ되 外人의게ᄂᆞᆫ 모다 譬喩로 ᄀᆞᄅᆞ침은
⑪ 닐아샤대 하나님 나라의 奧妙한 것을 너희게는 주되 外人의게는 모든 것을 譬喩로 함은
⑫ 닐아샤대 하나님 나라의 비밀을 너희게 주엇스나 외인의게는 모든 것을 비유로 하나니
⑬ 이르시되 하나님 나라의 비밀을 너희에게는 주었으나 외인에게는 모든 것을 비유로 하나니
⑭ そこでイエスは言われた、「あなたがたには神の國の奧義が受けられているが、ほかの者たちには、すべてが譬で語られる。

마가福音 04:12

① 使之視也,雖視而不見,聽也,雖聽而不聰,恐其轉移而獲罪赦也。
② 그 눈으로써 보고도 발지 못하며 귀로써 듯고도 ᄢᅵ닷지 못ᄒᆞ여 접푸건된 도리워써 면할가 하미라 하고
③ 그 눈으로써 보고도 발지 못ᄒᆞ며 귀로써 듯고도 ᄢᅵ닷지 못ᄒᆞ여 접푸건된 도리워써 면할가 ᄒᆞ미라 ᄒᆞ고
④ 비록 보아도 보지 못ᄒᆞ고 드러도 듯지 못ᄒᆞ야 그 옴겨져 샤홈을 엇지 못ᄒᆞᆯ가 져퍼홈이라 ᄒᆞ시고
⑤ 그들이 보기ᄂᆞᆫ 보아도 아지 못ᄒᆞ고 듯기ᄂᆞᆫ 들어도 ᄢᅵᄃᆞᆺ지 못ᄒᆞ여 다시 옴겨 죄샤홈을 엇을가 두려워 ᄒᆞᄂᆞ니라 ᄒᆞ시고
⑥ 그들이 보기ᄂᆞᆫ 보아도 아지 못ᄒᆞ고 듯기ᄂᆞᆫ 들어도 ᄢᅵᄃᆞᆺ지 못 홈이니 도리켜 죄샤홈을 엇을가 두려워 ᄒᆞᄂᆞ니라 ᄒᆞ시고
⑦ 그들이 보기ᄂᆞᆫ 보아도 아지못ᄒᆞ고 듯기ᄂᆞᆫ 드러도 ᄢᅵᄃᆞᆺ지못홈이니 도리켜 죄샤홈을 엇을가 두려워ᄒᆞᄂᆞ니라 ᄒᆞ시고
(뎌희가 보기는 보아도 아지못ᄒᆞ고 듯기는 드러도 ᄢᅵᄃᆞᆺ지못ᄒᆞ게 홈이니 뎌희는 도리켜 죄샤홈을 엇을가 두려워ᄒᆞᄂᆞ니라 ᄒᆞ시고)
⑧ 뎌희가 보기ᄂᆞᆫ 보아도 아지 못ᄒᆞ고 듯기ᄂᆞᆫ 들어도 ᄢᅵᄃᆞᆺ지 못ᄒᆞ게 홈이니 뎌희는 도리켜 죄샤홈을 엇을가 두려워ᄒᆞᄂᆞ니라 ᄒᆞ시고

⑨ 彼等이 見ᄒᆞ기ᄂᆞᆫ 見ᄒᆞ여도 知치 못ᄒᆞ고 聽ᄒᆞ기ᄂᆞᆫ 聽ᄒᆞ여도 悟치 못ᄒᆞ게 ᄒᆞᆷ이니 彼等은 도리켜 罪赦ᄒᆞᆷ을 得ᄒᆞᆯ가 懼ᄒᆞᄂᆞ니라 ᄒᆞ시고

⑩ 뎌희로 보기ᄂᆞᆫ 보아도 아지 못ᄒᆞ고 듯기ᄂᆞᆫ 드러도 ᄭᆡ닷지 못ᄒᆞ게 ᄒᆞᆷ이니 뎌희ᄂᆞᆫ 도리켜 罪赦ᄒᆞᆷ을 엇을가 두려워 하ᄂᆞ니라

⑪ 뎌희가 보기는 보아도 아지 못하고 듯기는 드러도 깨닷지 못하게 함이니 뎌희는 도리켜 罪赦함을 엇을가 두려워하나니라 하시고

⑫ 이는 뎌희로 보기는 보아도 아지 못하며 듯기는 드러도 깨닷지 못하게 하야 도리켜 죄샤함을 엇지 못하게 하랴 함이니라

⑬ 이는 저희로 보기는 보아도 알지 못하며 듣기는 들어도 깨닫지 못하게 하여 돌이켜 죄사함을 얻지 못하게 하려 함이니라 하시고

⑭ それは『彼らは見るには見るが、認めず、聞くには聞くが、悟らず、悔い改めてゆるされることがない』ためである」。

마가福音 04:13

① 又謂之曰,此譬爾未達乎,將何以識諸譬耶。

② ᄯᅩ 일오되 너의 이 비사를 통달치 못하니 엇지 모든 비사를 알냐

③ ᄯᅩ 갈아샤ᄃᆡ 너희 이 비사ᄅᆞᆯ 통달치 못ᄒᆞ니 엇지 모단 비사ᄅᆞᆯ 알냐

④ ᄯᅩ 닐너 ᄀᆞᆯᄋᆞ샤ᄃᆡ 너ㅣ 이 이유를 아지 못ᄒᆞᄂᆞ냐 장ᄎᆞᆺ 다론 비유ᄅᆞᆯ 엇지 알니오

⑤ ᄯᅩ ᄀᆞᆯᄋᆞ샤ᄃᆡ 너희가 이 비유를 ᄭᆡ닷지 못ᄒᆞᄂᆞ냐 엇더케 모든 비유를 알겟ᄂᆞ뇨

⑥ ᄯᅩ ᄀᆞᆯᄋᆞ샤ᄃᆡ 너희가 이 비유ᄅᆞᆯ ᄭᆡ닷지 못ᄒᆞᆯ진ᄃᆡ 엇더케 모든 비유ᄅᆞᆯ 알겟ᄂᆞ뇨

⑦ ᄯᅩ ᄀᆞᆯᄋᆞ샤ᄃᆡ 너희기 이 비유를 ᄭᆡ닷지 못ᄒᆞᆯ진대 엇디게 모든 비유를 알겟ᄂᆞ뇨
(ᄯᅩ ᄀᆞᆯᄋᆞ샤ᄃᆡ 너희가 이 비유를 ᄭᆡ닷지못 ᄒᆞᆯ진대 엇더케 모든 비유를 알겟ᄂᆞ뇨)

⑧ ᄯᅩ ᄀᆞᆯᄋᆞ샤ᄃᆡ 너희가 이 비유를 ᄭᅵᄃᆞᆺ지 못ᄒᆞᆯ진대 엇더케 모든 비유를 알겟ᄂᆞ뇨
⑨ 又 曰 爾等이 此 譬를 悟치 못ᄒᆞᆯ진대 何如케 모든 譬喩를 知ᄒᆞ겟ᄂᆞ뇨
⑩ ᄯᅩ ᄀᆞᆯᄋᆞ샤ᄃᆡ 너희가 이 譬喩를 ᄭᅵᄃᆞᆺ지 못ᄒᆞᆯ진대 엇더케 모든 譬喩를 알겟ᄂᆞ뇨
⑪ ᄯᅩ 갈아샤대 너희가 이 譬喩를 ᄭᆡ닷지 못할진대 엇더케 모든 譬喩를 앗겟나뇨
⑫ ᄯᅩ 갈아샤대 너희가 이 비유를 아지 못할진대 엇더케 모든 비유를 알겟나뇨
⑬ 또 가라사대 너희가 이 비유를 알지 못할찐대 어떻게 모든 비유를 알겠느뇨
⑭ また彼らに言われた、「あなたがたはこの譬がわからないのか。それでは、どうしてすべての譬がわかるだろうか。

마가福音 04:14
① 播者,播道也。
② 농군은 도ᄅᆞᆯ 젼하ᄂᆞᆫ 쟈요
③ 농군은 도ᄅᆞᆯ 뎐ᄒᆞᄂᆞᆫ 쟈요
④ ᄡᅵ우다홈은 도ᄅᆞᆯ ᄡᅵ움이오
⑤ ᄲᅮ리ᄂᆞᆫ 쟈ᄂᆞᆫ 도를 ᄲᅮ리ᄂᆞᆫ 거시니
⑥ ᄲᅮ리ᄂᆞᆫ 쟈ᄂᆞᆫ 도ᄅᆞᆯ ᄲᅮ리ᄂᆞᆫ 거시니
⑦ ᄲᅮ리ᄂᆞᆫ 쟈ᄂᆞᆫ 도를 ᄲᅮ리ᄂᆞᆫ 거시니
(ᄲᅮ리는 쟈는 도를 ᄲᅮ리는 거시니)
⑧ ᄲᅮ리ᄂᆞᆫ 쟈는 도를 ᄲᅮ리ᄂᆞᆫ 거시니
⑨ 播ᄒᆞᄂᆞᆫ 者는 道를 播ᄒᆞᄂᆞᆫ 거시니

⑩ 씨를 ᄲᅳ림은 道를 ᄲᅳ림을 ᄀᆞᄅᆞ침이니
⑪ ᄲᅳ리는 者는 道를 ᄲᅳ리는 것이니
⑫ ᄲᅳ리는 쟈는 말삼을 ᄲᅳ리는 것이라
⑬ 뿌리는 자는 말씀을 뿌리는 것이라
⑭ 種まきは御言(みことば)をまくのである。

마가福音 04:15

① 播於路旁者,卽所播之道,而人聽之撒但遂至,將播於其心之道而奪之。
② 길 겻티 ᄯᅥ러진 거슨 도를 젼한 즉 사람이 드르믜 사탄이 즉시 닐으러 그 속에 헤친 바 도를 앗ᄂᆞᆫ 거시오
③ 길 겻티 ᄯᅥ러진 거슨 도ᄅᆞᆯ 뎐한 즉 곳 사ᄅᆞᆷ이 드르믜 사탄이 즉시 닐으러 그 속에 헤친 바 도ᄅᆞᆯ 앗ᄂᆞᆫ 거시오
④ 길ᄀᆞ희 씌우다ᄒᆞᆷ은 곳 씌우ᄂᆞᆫ 바의 도ᄅᆞᆯ 사ᄅᆞᆷ이 드ᄅᆞ매 사탄이 드듸여 니ᄅᆞ러 그 마음에 씌운 도ᄅᆞᆯ 잡아 ᄲᅦ아ᄉᆞ리라 ᄒᆞᆷ이오
⑤ 길가에 ᄲᅳ린다 ᄒᆞᆷ은 ᄲᅳ린 도를 사ᄅᆞᆷ이 드ᄅᆞ매 살단이 곳 와셔 ᄆᆞ음에 ᄲᅳ린 도를 ᄲᅦ앗ᄂᆞᆫ 거시요
⑥ 도 ᄲᅮ린 길 가헤 잇ᄂᆞᆫ 쟈ᄂᆞᆫ 도ᄅᆞᆯ 드ᄅᆞ매 샤단이 곳 와셔 ᄆᆞ음에 ᄲᅮ린 도ᄅᆞᆯ ᄲᅦ앗ᄂᆞᆫ 거시오
⑦ 도 ᄲᅮ린 길 가헤셔잇ᄂᆞᆫ 쟈는 도를 드르매 사단이 곳 와셔 ᄆᆞ음에 ᄲᅮ린 도를 ᄲᅢ앗ᄂᆞᆫ 거시오
(도 ᄲᅮ린 길 가헤셔잇는 쟈는 도를 드르매 사단이 곳와셔 ᄆᆞ음에 ᄲᅮ린 도를 ᄲᅢ앗는 거시오)
⑧ 도 ᄲᅮ린 길가에 잇ᄂᆞᆫ 쟈는 도를 드르매 사단이 곳와셔 ᄆᆞ음에 ᄲᅮ린 도를 ᄲᅢ앗ᄂᆞᆫ 거시오
⑨ 道를 播ᄒᆞᆫ 路傍에셔 在ᄒᆞᆫ 者는 道를 聞ᄒᆞ매 사단이 卽來ᄒᆞ야 心에 播ᄒᆞᆫ 道를 奪ᄒᆞᄂᆞᆫ 거시오
⑩ 길가에 ᄲᅮ린 다ᄒᆞᆷ은 사ᄅᆞᆷ이 道를 듯자 사단이 곳 와셔 ᄀᆞ ᄆᆞ음에 ᄲᅮ린 道를 ᄣᅢ 아슴은 ᄀᆞᄅᆞ침이오
⑪ 道 ᄲᅮ린 길가에 잇는 者는 道를 드르매 사단이 곳 와셔 마암에 ᄲᅮ린 道를 ᄲᅢ앗는 것이오

⑫ 말삼이 길가에 ᄲᅮ리웟다는 것은 이들이니 곳 말삼을 드럿슬 ᄣᅢ에 사단이 즉시 와셔 뎌희게 ᄲᅮ리운 말삼을 ᄲᅢ앗는 것이오
⑬ 말씀이 길가에 뿌리웠다는 것은 이들이니 곧 말씀을 들었을 때에 사단이 즉시 와서 저희에게 뿌리운 말씀을 빼앗는 것이요
⑭ 道ばたに御言がまかれたとは、こういう人たちのことである。すなわち、御言を聞くと、すぐにサタンがきて、彼らの中にまかれた御言を、奪って行くのである。

마가福音 04:16

① 播於磽地者,卽人聽道遂喜受之,
② ᄯᅩ 돌식ᄉᆡ리예 헤친 거슨 사람이 도를 듯고 곳 즐겨 바드되
③ ᄯᅩ 돌식ᄉᆡ리에 헤친 거슨 사ᄅᆞᆷ이 도ᄅᆞᆯ 듯고 곳 즐겨 바드되
④ 돌쟈밧회 ᄡᅴ우다ᄒᆞᆷ은 곳 사ᄅᆞᆷ이 도ᄅᆞᆯ 듯고 드ᄃᆡ여 깃거 밋으나
⑤ 돌쟈밧회 ᄲᅳ린다 ᄒᆞᆷ은 사ᄅᆞᆷ이 도를 듯고 곳 깃거 밧으나
⑥ ᄯᅩ 이와ᄀᆞᆺ치 돌쟈 밧헤 ᄲᅳ린 곳에 잇ᄂᆞᆫ 쟈ᄂᆞᆫ 도ᄅᆞᆯ 듯고 곳 깃거히 밧으나
⑦ ᄯᅩ 이와ᄀᆞᆺ치 돌쟈 밧헤 ᄲᅳ린 곳에 잇ᄂᆞᆫ 쟈는 도를 듯고 곳 깃거히 밧으나
(ᄯᅩ 이와ᄀᆞᆺ치 돌작 밧헤 ᄲᅳ린 곳에 잇는 쟈는 도를 듯고 곳 깃거히 밧으나)
⑧ ᄯᅩ 이와ᄀᆞᆺ치 돌작밧헤 ᄲᅳ린 곳에 잇ᄂᆞᆫ 쟈는 도를 듯고 곳 깃브게 밧으나
⑨ ᄯᅩ 如此히 磽田에 播ᄒᆞᆫ 處에 在ᄒᆞᆫ 者는 道를 聞ᄒᆞ고 곳 喜ᄒᆞ게 受ᄒᆞ나
⑩ 돌작 밧헤 ᄲᅳ린다 ᄒᆞᆷ은 사ᄅᆞᆷ이 道를 듯고 곳 깃브게 밧으나
⑪ ᄯᅩ 이와갓치 돌작 밧헤 ᄲᅳ린 곳에 잇는 者는 道를 듯고 곳 깃브게 밧으나
⑫ ᄯᅩ 이와갓치 돌밧헤 ᄲᅮ리웟다는 것은 이들이니 곳 말삼을 드를 ᄣᅢ에 즉시 깃븜으로 밧으나

⑬ 또 이와같이 돌밭에 뿌리웠다는 것은 이들이니 곧 말씀을 들을 때에 즉시 기쁨으로 받으나
⑭ 同じように、石地にまかられたものとは、こういう人たちのことである。御言を聞くと、すぐに喜んで受けるが、

마가福音 04:17

① 然內無根,卽亦暫耳,及爲道而遇患難,抑或迫害,彼遂見礙矣。
② 오직 안에 ᄲᅮᆯ이 업서 겨우 잠시 하다가 도를 위하여 환란과 군박이 닐으메 밋처ᄂᆞᆫ 썰이씨우ᄂᆞᆫ 거시오
③ 오직 안에 ᄲᅮᆯ이 업서 겨우 잠시 ᄒᆞ다가 도ᄅᆞᆯ 위ᄒᆞ여 환란과 군박이 닐으메 밋처ᄂᆞᆫ 썰이씨우ᄂᆞᆫ 거시오
④ 그러ᄒᆞ나 안희 ᄲᅮᆯ희 업스매 ᄯᅩᄒᆞᆫ 잠간이니 도ᄅᆞᆯ 위ᄒᆞ야 환난을 맛나거나 혹 해ᄒᆞᄂᆞᆫᄃᆡ 밋쳐셔ᄂᆞᆫ 드ᄃᆡ여 구인ᄒᆞᆷ을 볼거
시며
⑤ 속에 ᄲᅮᆯ희가 업셔 잠ᄭᆞᆫ 견ᄃᆡ다가 기도의 연고로 환난이나 핍박을 당ᄒᆞᆫ즉 슬혀ᄇᆞ림이요
⑥ 속에 ᄲᅮᆯ희가 업서 잠ᄭᆞᆫ 견ᄃᆡ다가 도의 연고로 환난이나 핍박을 당ᄒᆞᆫ즉 슬혀ᄇᆞ림이오
⑦ 속에 ᄲᅮᆯ희가 입서 잠간 견ᄃᆡ다가 도의 연고로 환넌이나 펍빅을 당ᄒᆞᆫ즉 곳 슬허ᄇᆞ림이오
(속에 ᄲᅮᆯ희가 업서 잠간 견ᄃᆡ다가 도의 연고로 환난이나 핍박을 당ᄒᆞᆫ즉 슬혀ᄇᆞ림이오)
⑧ 속에 ᄲᅮᆯ희가 업서 잠간 견ᄃᆡ다가 도의 연고로 환난이나 핍박을 당ᄒᆞᆫ즉 슬혀ᄇᆞ림이오
⑨ 裏에 根이 無ᄒᆞ야 暫間 堪耐ᄒᆞ다가 道의 緣故로 患難이나 逼迫을 當ᄒᆞᆫ즉 卽 厭棄ᄒᆞᆷ이오
⑩ 속에 ᄲᅮᆯ희가 업서 暫間 견ᄃᆡ다가 道의 緣故로 患難이나 逼迫을 當ᄒᆞᆫ즉 곳 슬혀ᄇᆞ림을 가ᄅᆞ침이오
⑪ 속에 ᄲᅮ리가 업서 暫間 견대다가 道의 緣故로 患難이나 逼迫을 當한즉 곳 슬혀바림이오
⑫ 그 속에 ᄲᅮ리가 업서 잠간 견대다가 말삼을 인하야 환난이나 핍박이 니러나는 ᄢᅢ에는 곳 너머지는 쟈요
⑬ 그 속에 뿌리가 없어 잠간 견디다가 말씀을 인하여 환난이나 핍박이 일어나는 때에는 곧 넘어지는 자요

⑭ 自分の中に根がないので、しばらく續くだけである。そのうち、御言のために困難や迫害が起ってくると、すぐつまずいてしまう。

마가福音 04:18

① 播於棘中者,卽人聽道,

② 가싀가온ᄃᆡ 헤친 거슨 사람이 도를 들으ᄆᆡ

③ 가싀가온ᄃᆡ 헤친 거슨 곳 사ᄅᆞᆷ이 도ᄅᆞᆯ 들으ᄆᆡ

④ 가싀덤불에 ᄢᅴ움은 곳 사ᄅᆞᆷ이 도ᄅᆞᆯ ᄶᅩᆾ되

⑤ 가싀가온ᄃᆡ ᄲᅳ린다 ᄒᆞᆷ은 곳 사ᄅᆞᆷ이 도를 드ᄅᆞ되

⑥ 가싀가온ᄃᆡ ᄲᅳ린 곳에 잇ᄂᆞᆫ 쟈ᄂᆞᆫ 도ᄅᆞᆯ 드ᄅᆞ되

⑦ 가싀가온대 ᄲᅳ린 곳에 잇ᄂᆞᆫ 쟈는 도를 드르되

(가싀덤불가온대 ᄲᅳ린 곳에 잇는 쟈는 도를 드르되)

⑧ 가싀덤불가온ᄃᆡ ᄲᅳ린 곳에 잇ᄂᆞᆫ 쟈는 도를 드르되

⑨ 荊棘藪中에 播ᄒᆞᆫ 處에 在ᄒᆞᆫ 者는 道를 聞ᄒᆞ되

⑩ 가시덤불가온ᄃᆡ ᄲᅳ린다 ᄒᆞᆷ은 사ᄅᆞᆷ이 道를 드르되

⑪ 가시덤불가온대 ᄲᅳ린 곳에 잇는 者는 道를 드르되

⑫ ᄯᅩ 엇던 이는 가시ᄯᅥᆯ기에 ᄲᅮ리우는 쟈니 이들은 말삼을 드르되

⑬ 또 어떤 이는 가시떨기에 뿌리우는 자니 이들은 말씀을 듣되

⑭ また、いばらの中にまかれたものとは、こういう人たちのことである。御言(みことば)を聞くが、

마가福音 04:19

① 而斯世之慮,與貨財之惑,及諸物之慾,入而蔽其道,則不結實。

② 이 셰샹 념네과 ᄌᆡ젼의 미혹과 모든 물욕이 들어 도ᄅᆞᆯ 짓눌은 즉 결실치 못하는 거시오

③ 이 셰샹 념네과 ᄌᆡ젼의 미혹과 모단 물욕이 들어 도ᄅᆞᆯ 짓눌은 즉 결실치 못ᄒᆞ는 거시오

④ 이 셰샹에 ᄉᆡᆼ각과 다못 ᄌᆡ물에 혹ᄒᆞ옴과 밋 모든 물욕이 드러 그 도ᄅᆞᆯ ᄀᆞ리온즉 열ᄆᆡᄅᆞᆯ 결치 못ᄒᆞᄂᆞ니

⑤ 셰샹의 념려와 ᄌᆡ리의 욕심과 다ᄅᆞᆫ 물욕이 드러와 그 도를 막아 결실치 못ᄒᆞ게 됨이요

⑥ 셰샹의 념녀와 ᄌᆡ리의 욕심과 다ᄅᆞᆫ 물욕이 드러와 그 도ᄅᆞᆯ 막아 결실치 못ᄒᆞ게 됨이오

⑦ 셰샹의 념려와 ᄌᆡ리의 욕심과 다ᄅᆞᆫ 물욕이 드러와 그 도를 막아 결실치 못ᄒᆞ게 됨이오

(셰샹의 념려와 ᄌᆡ리의 욕심과 다른 물욕이 드러와 그 도를 막아 결실치 못ᄒᆞ게 됨이오)

⑧ 셰샹의 념녀와 ᄌᆡ리의 욕심과 다른 물욕이 드러와 그 도를 막아 결실치 못ᄒᆞ게 됨이오

⑨ 世上의 念慮와 財利의 慾心과 外他 物慾이 入ᄒᆞ야 其 道를 塞ᄒᆞ야 結實치 못ᄒᆞ게 됨이오

⑩ 世上의 念慮와 財利의 慾心과 다른 物慾이 드러와 그 道를 막아 結實치 못ᄒᆞ게 됨을 ᄀᆞᄅᆞ침이오

⑪ 世上의 念慮와 財利의 慾心과 다른 物慾이 드러와 그 道를 막아 結實치 못하게 됨이오

⑫ 셰샹의 념려와 재리의 유혹과 기타 욕심이 드러와 말삼을 막아 결실치 못하게 되는 쟈요

⑬ 세상의 염려와 재리의 유혹과 기타 욕심이 들어와 말씀을 막아 결실하지 못하게 되는 자요

⑭ 世の心づかいと、富の惑わしと、その他いろいろな欲とがはいってきて、御言をふさぐので、實を結ばなくなる。

마가福音 04:20

① 播於沃壤者,卽人聽道而受之,且結實或三十倍,或六十倍,或百倍言。

② 죠흔 짱에 헤친 거슨 곳 사람이 도를 듯고 바다 결실이 혹 삼십곱 혹 늒십곱 혹 일빅곱이 되는 거시라 하고
③ 죠흔 짜에 헤친 거슨 곳 사름이 도롤 듯고 바다 결실이 혹 삼십비 혹 늒십비 혹 일빅비 이亽되는 거시라 ᄒᆞ고
④ 옥토에 씨운 쟈는 곳 사름이 도롤 듯고 밧으며 또ᄒᆞᆫ 열미롤 결ᄒᆞ기롤 혹 삼십비나 혹 륙십비나 ᄒᆞᄂᆞ니라
⑤ 됴흔 짱에 뿌린다 홈은 사름이 도를 듯고 밧아 결실ᄒᆞ기를 혹 삼십비도 되고 륙십비도 되고 빅비도 되ᄂᆞ니라 ᄒᆞ시더라
⑥ 됴흔 짱에 뿌린 곳에 잇ᄂᆞᆫ 쟈ᄂᆞᆫ 도롤 듯고 밧아 결실 ᄒᆞ기롤 혹 삼십 빅도 되고 륙십 빅도 되고 빅 빅도 됨이니라 ᄒᆞ시더라
⑦ 됴흔 짜헤 뿌린 곳에 잇ᄂᆞᆫ 쟈는 도를 듯고 밧아 결실ᄒᆞ기를 혹 삼십 빅도 되고 륙십 빅도 되고 빅 빅도 됨이니라 ᄒᆞ시더라
(됴흔 짜헤 뿌린 곳에 잇는 쟈는 도를 듯고 밧아 결실ᄒᆞ기를 혹 삼십 빅도 되고 륙십 빅도 되고 빅 빅도 됨이니라 ᄒᆞ시더라)
⑧ 됴흔짜에 뿌린 곳에 잇ᄂᆞᆫ 쟈는 도를 듯고 밧아 결실ᄒᆞ기를 혹 삼십 빅도 되고 륙십 빅도 되고 빅 빅도 됨이니라 ᄒᆞ시더라
⑨ 沃土에 播ᄒᆞᆫ 處에 在ᄒᆞᆫ 者는 道를 聞ᄒᆞ고 受ᄒᆞ야 結實ᄒᆞ기를 或 三十 倍도 되고 六十 倍도 되고 百 倍도 됨이니라 ᄒᆞ시더라
⑩ 沃土에 뿌린 파홈은 사름이 道를 듯고 밧아 或 三十 倍나 或 六十 倍나 或 百 倍가 結實홈을 ᄀᆞᄅᆞ침이니라
⑪ 됴흔 짜에 뿌린 곳에 잇는 者는 道를 듯고 밧아 結實하기를 或 三十倍도 되고 六十倍도 되고 百倍도 됨이니라 하시더라
⑫ 됴흔 짜에 뿌리웟다는 것은 곳 말삼을 듯고 밧아 삼십배와 륙십배와 백배의 결실을 하는 쟈니라
⑬ 좋은 땅에 뿌리웠다는 것은 곧 말씀을 듣고 받아 삼십배와 육십배와 백배의 결실을 하는 자니라
⑭ また、良い地にまかれたものとは、こういう人たちのことである。御言を聞いて受けいれ、三十倍、六十倍、百倍の實を結ぶのである」。

마가福音 04:21

① 又謂之曰,人攜燈,置之於斗下或牀下乎,非陳之於臺上耶,
② 또 일오샤되 사람이 등쌜을 가져 말 알에과 상 알에 두야 화ᄃᆡ 우에 놋치 안으랴

③ ᄯᅩ 갈아샤ᄃᆡ 사ᄅᆞᆷ이 등ᄲᅮᆯᄋᆞᆯ 가져 말 알에과 상 알에 둘야 화ᄃᆡ 우에 놋치 ᄋᆞᆫ으랴

④ ᄯᅩ 닐너 ᄀᆞᆯᄋᆞᄃᆡ 사ᄅᆞᆷ이 등을 갓다가 말 밋히나 혹 평상 밋히 두겟ᄂᆞ냐 쵸ᄃᆡ 우희 두지 아니ᄒᆞ랴

⑤ ᄯᅩ ᄀᆞᆯᄋᆞ샤ᄃᆡ 사ᄅᆞᆷ이 등을 갓다가 말 아래나 평샹 아래에나 두고 촛ᄃᆡ 우희ᄂᆞᆫ 두지 안켓나냐

⑥ ᄯᅩ ᄀᆞᆯᄋᆞ샤ᄃᆡ 사ᄅᆞᆷ이 쵸불을 갓다가 말 아래나 평상 아래나 두겟ᄂᆞ냐 쵸ᄃᆡ 우희 두지 안켓ᄂᆞ냐

⑦ ᄯᅩ ᄀᆞᆯᄋᆞ샤ᄃᆡ 사ᄅᆞᆷ이 쵹불을 갓다가 ᄆᆞᆯ ᄋᆞ래나 평상 아래나 두겟ᄂᆞ냐 쵹ᄃᆡ 우에 두지 안켓ᄂᆞ냐

(ᄯᅩ ᄀᆞᆯᄋᆞ샤ᄃᆡ 사ᄅᆞᆷ이 등불을 갓다가 말 아래나 평상 아래나 두겟ᄂᆞ냐 등경 우에 두지 안켓ᄂᆞ냐)

⑧ ᄯᅩ ᄀᆞᆯᄋᆞ샤ᄃᆡ 사ᄅᆞᆷ이 등불을 갓다가 말 아래나 평상 아래나 두겟ᄂᆞ냐 등경 우에 두지 안켓ᄂᆞ냐

⑨ 又 曰 人이 燈火를 持ᄒᆞ여다가 斗 下에나 平牀 下에나 置ᄒᆞ겟ᄂᆞ냐 燈檠 上에 置치 안켓ᄂᆞ냐

⑩ ᄯᅩ ᄀᆞᆯᄋᆞ샤ᄃᆡ 사ᄅᆞᆷ이 燈불을 갓다가 燈檠 우에 두지 안코 말 아래나 牀 아래 두겟ᄂᆞ냐

⑪ ᄯᅩ 갈아샤대 사람이 燈불을 갓다가 말 아래나 平牀 아래나 두겟나냐 燈檠 우에 두지 안켓나냐

⑫ ᄯᅩ 뎌희게 닐아샤대 사람이 등불을 가져 오는 것은 말 아래나 평상 아래나 두랴함이냐 등경 우에 두랴함이 아니냐

⑬ 또 저희에게 이르시되 사람이 등불을 가져오는 것은 말 아래나 평상 아래나 두려함이냐 등경 위에 두려함이 아니냐

⑭ また彼らに言われた、「ますの下や寝台の下に置くために、あかりを持ってくることがあろうか。燭台(しょくだい)の上に置くためではないか。

마가福音 04:22

① 蓋未有隱焉而不致現,未有藏焉而不致露者也,

② 은밀한 거시 낫타나지 안으며 감추 거시 나지지 안으미 업나니라

③ 은밀ᄒᆞᆫ 거시 낫타ᄂᆡ지 안으며 감춘 거시 나지지 ᄋᆞᆫ으미 업ᄂᆞ니라

④ 대개 숨은 거시 드러나지 아님이 업고 곰초인 거시 드러나지 아님이 업ᄂᆞ니
⑤ 대개 숨은 거시 드러나지 아님이 업고 감촌 거시 나타나지 아님이 업ᄂᆞ니
⑥ 대개 숨은 거시 드러 나지 아님이 업고 감촌 거시 나타 나지 아님이 업ᄂᆞ니
⑦ 대개 숨은 거시 드러나지 아님이 업고 곰촌 거시 나타나지아님이 업ᄂᆞ니
(대개 숨은 거시 드러나지 아님이 업고 곰초인 거시 나타나지아님이 업ᄂᆞ니)
⑧ 대개 숨은 거시 드러나지 아님이 업고 곰초인 거시 나타나지 아님이 업ᄂᆞ니
⑨ 大槩 隱ᄒᆞᆫ 거시 露치 아니ᄒᆞᆷ이 無ᄒᆞ고 藏ᄒᆞᆫ 거시 顯치 아니ᄒᆞᆷ이 無ᄒᆞᄂᆞ니
⑩ 大抵 숨은 거시 드러나지 아님이 업고 곰초인 거시 나타나지 아님이 업ᄂᆞ니
⑪ 大槪 숨은 것이 드러나지 아님이 업고 감초인 것이 나타나지 아님이 업나니
⑫ 드러내랴 하지 안코는 숨긴 것이 업고 나타내랴 하지 안코는 감초인 것이 업나니라
⑬ 드러내려 하지 않고는 숨긴 것이 없고 나타내려 하지 않고는 감추인 것이 없느니라
⑭ なんでも、隠されているもので、現れないものはなく、秘密にされているもので、明るみに出ないものはない。

마가福音 04:23
① 有耳以聽者,宜聽焉。
② 귀 이사면 들으라
③ 귀 이ᄉᆞ면 들으라
④ 귀잇서 듯는 쟈는 맛당이 드롤지어다
⑤ 귀가 잇셔 듯거든 맛당이 드를지어다

⑥ 귀가 잇서 드ᄅᆞᆯ 쟈ᄂᆞᆫ 드ᄅᆞᆯ지어다
⑦ 귀가 잇서 드를 쟈는 드를지어다
⑧ 귀가 잇서 드를 쟈는 드를지어다
⑨ 耳가 有ᄒᆞ야 聽ᄒᆞᆯ 者는 聽ᄒᆞᆯ지어다
⑩ 귀 잇ᄂᆞᆫ 者ᄂᆞᆫ 드를지어다
⑪ 귀가 잇서 드를 者는 드를지어다
⑫ 드를 귀 잇는 쟈는 드르라
⑬ 귀 있논 자는 들으라
⑭ 聞く耳のある者は聞くがよい」

마가福音 04:24

① 又謂之曰,宜愼所聽也,爾以何量量人,則將以是量道爾,且於爾聽者,將加賜爾焉,
② 또 일오샤되 너의 들은 바를 삼가ᄒᆞ라 너의 무삼 말노써 사람으게 되면 쟝차 그 말노써 너의게 되고 또 너 주문
③ 또 갈아샤ᄃᆡ 너희 들은 바ᄅᆞᆯ 삼가ᄒᆞ라 너희 무삼 말노써 사ᄅᆞᆷ의게 되면 쟝차 그 말노써 너희게 되고 또 너 주리니
④ 또 닐너 ᄀᆞᆯᄋᆞ샤ᄃᆡ 맛당이 드ᄅᆞᆫ 바에 삼갈지어다 네 무ᄉᆞᆼ 량으로써 사ᄅᆞᆷ을 혜아릴진ᄃᆡ 곳 쟝ᄎᆞᆺ 이량으로써 너ᄅᆞᆯ 혜아릴거시
며 또ᄒᆞᆫ 네 드ᄅᆞᆫ 바에셔 쟝ᄎᆞᆺ 너ᄅᆞᆯ 더 주리니
⑤ 또 ᄀᆞᆯᄋᆞ샤ᄃᆡ 듯ᄂᆞᆫ 거슬 삼갈지어다 너희가 ᄂᆞᆷ을 혜아리ᄂᆞᆫ ᄃᆡ로 너희도 혜아림을 밧을 거시니라 또 너희를 더 주리니
⑥ 또 ᄀᆞᆯᄋᆞ샤ᄃᆡ 듯ᄂᆞᆫ 거ᄉᆞᆯ 삼가라 너희가 ᄂᆞᆷ을 혜아리ᄂᆞᆫ 혜아림으로 너희도 혜아림을 밧을 거시니라 또 너희게 더 주리니
⑦ 또 ᄀᆞᆯᄋᆞ샤ᄃᆡ 듯ᄂᆞᆫ 거슬 삼가라 너희가 ᄂᆞᆷ을 혜아리ᄂᆞᆫ 혜아림으로 너희도 혜아림을 밧을 거시니라 또 너희게 더 주리니

(ᄯᅩ ᄀᆞᆯᄋᆞ샤ᄃᆡ 듯는 거슬 삼가라 너희가 ᄂᆞᆷ을 혜아리는 혜아림으로 너희도 혜아림을 밧을 거시니라 ᄯᅩ 너희게 더 주리니)
⑧ ᄯᅩ ᄀᆞᆯᄋᆞ샤ᄃᆡ 듯ᄂᆞᆫ 거슬 삼가라 너희가 ᄂᆞᆷ을 혜아리는 혜아림으로 너희도 혜아림을 밧을 거시니라 ᄯᅩ 너희게 더 주리니
⑨ 又 曰 聽ᄒᆞᄂᆞᆫ 거슬 愼ᄒᆞ라 爾等이 他人을 量ᄒᆞᄂᆞᆫ 量으로 爾等도 量ᄒᆞᆷ을 受ᄒᆞᆯ 거시니라 ᄯᅩ 爾等의게 加 給ᄒᆞ리니
⑩ ᄯᅩ ᄀᆞᆯᄋᆞ샤ᄃᆡ 듯ᄂᆞᆫ 거슬 삼가라 너희가 ᄂᆞᆷ을 혜아리ᄂᆞᆫ 혜아림으로 너희도 혜아림을 밧을 ᄲᅮᆫ 아니라 더욱 밧으리니
⑪ ᄯᅩ 갈아샤대 듯는 것을 삼가라 너희가 남을 혜아리는 혜아림으로 너희도 혜아림을 밧을 것이니라 ᄯᅩ 너희게 더 주리니
⑫ ᄯᅩ 갈아샤대 너희가 무엇을 듯는가 스사로 삼가라 너희의 혜아리는 그 혜아림으로 너희가 혜아림을 밧을 것이오 ᄯᅩ 더 밧으
리니
⑬ 또 가라사대 너희가 무엇을 듣는가 스스로 삼가라 너희의 헤아리는 그 헤아림으로 너희가 헤아림을 받을 것이요 또 더 받으
리니
⑭ また彼らに言われた、「聞くことがらに注意しなさい。あなたがたの量るそのはかりで、自分にも量り与えられ、その上に
なお増し加えられるであろう。

마가福音 04:25
① 蓋有者,將賜之,無有者,幷其所有,亦將奪之。
② 잇ᄂᆞᆫ 쟈ᄂᆞᆫ 더 주고 업ᄂᆞᆫ 쟈ᄂᆞᆫ 그 잇ᄂᆞᆫ 바ᄡᅥ지 ᄯᅩ한 쟝차 아스미라
③ 잇ᄂᆞᆫ 쟈ᄂᆞᆫ 더 주고 업ᄂᆞᆫ 쟈ᄂᆞᆫ 그 잇ᄂᆞᆫ 바ᄡᅥ지 ᄯᅩ한 쟝차 아스미라
④ 대개 잇ᄂᆞᆫ 쟈ᄂᆞᆫ 쟝ᄎᆞᆺ 줄 거시오 잇슴이 업ᄂᆞᆫ쟈ᄂᆞᆫ 그 잇던 바ᄅᆞᆯ 아올나 ᄯᅩᄒᆞᆫ 쟝ᄎᆞᆺ ᄲᅢ아스리라
⑤ 잇ᄂᆞᆫ 사ᄅᆞᆷ의게ᄂᆞᆫ 줄 거시오 업ᄂᆞᆫ 사ᄅᆞᆷ의게ᄂᆞᆫ 그 잇ᄂᆞᆫ 것ᄭᆞ지라도 ᄲᅢ아스리라
⑥ 대개 잇ᄂᆞᆫ 사ᄅᆞᆷ의게ᄂᆞᆫ 더 주시고 업ᄂᆞᆫ 사ᄅᆞᆷ의게ᄂᆞᆫ 잇ᄂᆞᆫ 것도 ᄲᅢ아스리라

⑦ 대개 잇ᄂᆞᆫ 사ᄅᆞᆷ의게는 더 주고 업ᄂᆞᆫ 사ᄅᆞᆷ의게는 잇ᄂᆞᆫ 것도 ᄲᅢ아스리라

(대개 잇는 사ᄅᆞᆷ의게는 더 주고 업는 사ᄅᆞᆷ의게는 잇는 것도 ᄲᅢ아스리라)

⑧ 대개 잇ᄂᆞᆫ 사ᄅᆞᆷ의게는 더 주고 업ᄂᆞᆫ 사ᄅᆞᆷ의게는 잇ᄂᆞᆫ 것도 ᄲᅢ아스리라

⑨ 大槩 有ᄒᆞᆫ 人의게는 加 給ᄒᆞ고 無ᄒᆞᆫ 人의게는 有ᄒᆞᆫ 것도 奪ᄒᆞ리라

⑩ 大抵 잇ᄂᆞᆫ 사ᄅᆞᆷ의게ᄂᆞᆫ 더 주고 업ᄂᆞᆫ 사ᄅᆞᆷ의게ᄂᆞᆫ 잇ᄂᆞᆫ 것도 ᄲᅢ아스리라

⑪ 大概 잇는 사람의게는 더 주고 업는 사람의게는 잇는 것도 ᄲᅢ아스리라

⑫ 잇는 쟈는 밧을 것이오 업는 쟈는 그 잇는 것ᄶᅡ지 ᄲᅢ앗기리라

⑬ 있는 자는 받을 것이요 없는 자는 그 있논 것까지 빼앗기리라

⑭ だれでも、持っている人は更に与えられ、持っていない人は、持っているものまでも取り上げられるであろう」。

마가福音 04:26

① 又曰,神國猶如人置種於地,

② ᄯᅩ 갈아샤되 하나님 나라이 사람이 종자를 ᄯᅡᆼ에 헤침 갓탄 거시

③ ᄯᅩ 갈아샤ᄃᆡ 하나님 나라이 사ᄅᆞᆷ이 종자ᄅᆞᆯ ᄯᅡ에 헤침 갓탄 거시

④ ᄯᅩ ᄀᆞᆯᄋᆞ샤ᄃᆡ 샹뎨 나라ᄂᆞᆫ 샤ᄅᆞᆷ이 씨ᄅᆞᆯ ᄯᅡ희 둠 ᄀᆞᆺᄒᆞ여

⑤ ᄯᅩ ᄀᆞᆯᄋᆞ샤ᄃᆡ 텬쥬의 나라ᄂᆞᆫ 사ᄅᆞᆷ이 씨를 ᄯᅡ에 ᄲᅳ림과 ᄀᆞᆺᄒᆞ니

⑥ ᄯᅩ ᄀᆞᆯᄋᆞ샤ᄃᆡ 하ᄂᆞ님의 나라ᄂᆞᆫ 사ᄅᆞᆷ이 씨ᄅᆞᆯ ᄯᅡ헤 더짐과 ᄀᆞᆺᄒᆞ니

⑦ ᄯᅩ ᄀᆞᆯᄋᆞ샤ᄃᆡ 하ᄂᆞ님의 나라는 사ᄅᆞᆷ이 씨를 ᄯᅡ헤 더진과 ᄀᆞᆺᄒᆞ니

(ᄯᅩ ᄀᆞᆯᄋᆞ샤ᄃᆡ 하ᄂᆞ님의 나라는 사ᄅᆞᆷ이 씨를 ᄯᅡ에 던짐과 ᄀᆞᆺ흐니)

⑧ ᄯᅩ ᄀᆞᆯᄋᆞ샤ᄃᆡ 하ᄂᆞ님의 나라는 사ᄅᆞᆷ이 씨를 ᄯᅡ에 던짐과 ᄀᆞᆺ흐니

⑨ 又 曰 上帝 國은 人이 種을 地에 投홈과 如ᄒᆞ니

⑩ ᄯᅩ ᄀᆞᆯᄋᆞ샤ᄃᆡ 하ᄂᆞ님 나라ᄂᆞᆫ 사ᄅᆞᆷ이 씨를 ᄯᅡ에 ᄲᅮ림 ᄀᆞᆺ흐니

⑪ ᄯᅩ 갈아샤대 하나님의 나라는 사람이 씨를 ᄯᅡ에 던짐과 갓흐니

⑫ ᄯᅩ 갈아샤대 하나님의 나라는 사람이 씨를 ᄯᅡ에 ᄲᅮ림과 갓흐니

⑬ 또 가라사대 하나님의 나라는 사람이 씨를 땅에 뿌림과 같으니

⑭ また言われた、「神の國は、ある人が地に種をまくようなものである。

마가福音 04:27

① 日夜寢興,而種發且長,其人不知其所以然,

② 밤낫 자고 ᄭᅵ며 죵자가 발하여 자릐되 그 글어한 바를 아지 못하문

③ 밤낫 자고 ᄭᅵ며 죵ᄌᆞ가 발ᄒᆞ여 자릐되 그 글어한 바ᄅᆞᆯ 아지 못ᄒᆞ문

④ 일야로 자고 니러 날ᄉᆞ이에 씨나고 ᄯᅩᄒᆞᆫ 길되 그 사ᄅᆞᆷ이 그 그러ᄒᆞᆫ 바ᄅᆞᆯ 아지 못ᄒᆞᄂᆞ니

⑤ 밤과 낫스로 자고 니러나매 씨가 나셔 자ᄅᆞ되 엇더케 된 줄은 아지 못ᄒᆞᄂᆞᆫ지라

⑥ 밤과 낫스로 자며 니러나매 씨가 나셔 자ᄅᆞ되 엇더케 된 줄은 아지 못ᄒᆞᄂᆞᆫ지라

⑦ 밤과 낫스로 자며 니러나매 씨가 나셔 ᄌᆞ라되 엇더케 된 줄은 아지 못ᄒᆞᄂᆞᆫ지라

(밤에 자고 나제 니러나매 씨가 나셔 ᄌᆞ라되 엇더케 된 줄은 아지 못ᄒᆞᄂᆞᆫ지라)

⑧ 밤에 자고 나제 니러나매 씨가 나셔 자라되 엇더케 된 줄은 아지 못ᄒᆞᄂᆞᆫ지라

⑨ 夜에 寢ᄒᆞ고 晝에 起ᄒᆞ매 種이 生ᄒᆞ야 長ᄒᆞ되 何如케 된 줄은 知치 못ᄒᆞᄂᆞᆫ지라

⑩ 밤에 자고 나제 니러나매 씨가 나셔 자라되 엇더케 되ᄂᆞᆫ 줄을 아지 못ᄒᆞᄂᆞᆫ지라
⑪ 밤에 자고 낫에 니러나매 씨가 나셔 자라되 엇더케 된 줄은 아지 못하는지라
⑫ 뎌가 밤낫 자고 깨고 하는 즁에 씨가 나셔 자라되 그 엇더케 된 것을 아지 못하나니라
⑬ 저가 밤낮 자고 깨고 하는 중에 씨가 나서 자라되 그 어떻게 된 것을 알지 못하느니라
⑭ 夜晝，寢起きしている間に、種は芽を出して育って行くが、どうしてそうなるのか、その人は知らない。

마가福音 04:28

① 蓋地本生物,始而苗,繼而穗,後於穗而成穀。
② 쌍이 곡셕을 싱ᄒᆞ되 처음에 엄나고 니여 발슈하고 후에 이삭이 셩실하나니
③ 짜이 스사로 곡셕ᄋᆞᆯ 싱ᄒᆞ되 처음에 엄나고 니여 발슈ᄒᆞ고 후에 이삭이 셩실ᄒᆞᄂᆞ니
④ 대개 짜히 본릐 만물을 낼때 처음에 싹이 나며 다음에 이삭이 되며 후에 이삭이 곡식을 얼우ᄂᆞ니
⑤ 싸이 졀노 곡식을 나게ᄒᆞ매 처음에ᄂᆞᆫ 싹이 나며 다음에ᄂᆞᆫ 이삭이 되고 후에ᄂᆞᆫ 이삭이 곡식을 일우ᄂᆞ니
⑥ 짜히 스ᄉᆞ로 열ᄆᆡᄅᆞᆯ ᄆᆡ지매 처음에ᄂᆞᆫ 싹이 나며 다음에ᄂᆞᆫ 이삭이 되고 그후에ᄂᆞᆫ 이삭에 완젼ᄒᆞᆫ 곡식을 일우ᄂᆞ니라
⑦ 짜히 스ᄉᆞ로 열ᄆᆡ를 ᄆᆡᄌᆞ매 처음에는 싹이 나며 다음에는 이삭이 되고 그후에 이삭에 완젼ᄒᆞᆫ 곡식을 일우ᄂᆞ니
(짜히 스ᄉᆞ로 열ᄆᆡ를 ᄆᆡ지매 처음에는 싹이 나며 다음에는 이삭이 되고 그후에는 이삭에 완젼ᄒᆞᆫ 곡식을 일우ᄂᆞ니)
⑧ 짜이 스ᄉᆞ로 열ᄆᆡ를 ᄆᆡ지매 처음에는 싹이 나며 다음에는 이삭이 되고 그후에는 이삭에 완젼ᄒᆞᆫ 곡식을 일우ᄂᆞ니
⑨ 地가 스ᄉᆞ로 實을 結ᄒᆞ매 初에는 芽가 生하며 次에는 穗가 되고 其後에는 穗에 完全ᄒᆞᆫ 穀食을 成ᄒᆞᄂᆞ니
⑩ 짜이 自然히 食物ᄋᆞᆯ 내매 치음에ᄂᆞᆫ 싹이 니고 디음에ᄂᆞᆫ 이삭이 니고 그後에ᄂᆞᆫ 이삭에셔 完全ᄒᆞᆫ 穀食ᄋᆞᆯ 일우ᄂᆞ니
⑪ 이 스사로 열매를 매지매 처음에는 싹이 나며 다음에는 이삭이 되고 그 에는 이삭에 完全한 穀食을 일우나니

⑫ ᄯᅡ이 스사로 열매를 매즈매 처음에는 ᄡᅡᆨ이요 다음에는 이삭이요 그다음에는 이삭에 츙실한 곡식이라
⑬ 땅이 스스로 열매를 맺되 처음에는 싹이요 다음에는 이삭이요 그다음에는 이삭에 충실한 곡식이라
⑭ 地はおのずから實を結ばせるもので、初めに芽、つぎに種、つぎに種の中に豊かな實ができる。

마가福音 04:29

① 實成時,卽用鐮,以穫時至也。
② 셩실한 즉 낫츨 쓰문 거둘 ᄣᅴ 닐으미라
③ 셩실한 즉 낫츨 쓰문 거둘 ᄣᅴ 닐으미라
④ 열ᄆᆡ 열 ᄣᅢᄂᆞᆫ 곳 낫ᄉᆞᆯ쓰리니 거둘 ᄣᅢ가 니ᄅᆞᆷ이니라
⑤ 열ᄆᆡ 닉을 ᄣᅢ에ᄂᆞᆫ 곳 낫ᄉᆞᆯ 쓰ᄂᆞᆫ 거슨 거두울 ᄣᅢ가 니ᄅᆞᆷ이니라
⑥ 열ᄆᆡ 닉을 ᄣᅢ에ᄂᆞᆫ 곳 낫ᄉᆞᆯ 쓰ᄂᆞᆫ 거ᄉᆞᆫ 거둘 ᄣᅢ가 니ᄅᆞᆷ이니라
⑦ 열ᄆᆡ 닉을 ᄣᅢ에는 곳 ᄂᆞᆺ슬 쓰ᄂᆞᆫ 거슨 거둘 ᄣᅢ가 니름이니라
(열ᄆᆡ 닉을 ᄣᅢ에는 곳 낫슬 쓰는 거슨 거둘 ᄣᅢ가 니름이니라)
⑧ 열ᄆᆡ 닉을 ᄣᅢ에는 곳 낫츨 쓰ᄂᆞᆫ 거슨 거둘 ᄣᅢ가 니름이니라
⑨ 實이 熟ᄒᆞᆯ 時에는 곳 鐮을 用ᄒᆞᄂᆞᆫ 거슨 收ᄒᆞᆯ 時가 至ᄒᆞᆷ이니라
⑩ 열ᄆᆡ가 닉어 거둘 ᄣᅢ가 니르면 곳 낫슬 쓰ᄂᆞ니라
⑪ 열매 닉을 ᄣᅢ에는 곳 낫을 쓰는 것은 거둘 ᄣᅢ가 니름이니라
⑫ 열매가 닉으면 곳 낫을 대나니 이는 츄슈 ᄣᅢ가 니르럿슴이니라
⑬ 열매가 익으면 곧 낫을 대나니 이는 추수 때가 이르렀음이니라

⑭ 實がいると、すぐにかまを入れる。刈入れ時がきたからである」。

마가福音 04:30

① 又曰,我儕將何以比神之國,抑以何譬譬之耶。

② ᄯᅩ 갈아샤되 ᄂᆡ 엇지써 하나님 나라을 비기며 무삼 비사로써 나타ᄂᆡ랴

③ ᄯᅩ 갈아샤ᄃᆡ ᄂᆡ 엇지써 하나님 나라ᄅᆞᆯ 비기며 무삼 비사로써 나타ᄂᆡ랴

④ ᄯᅩ ᄀᆞᆯᄋᆞ샤ᄃᆡ 우리 장ᄎᆞᆺ 엇지써 샹뎨 나라ᄒᆞᆯ 비ᄒᆞ며 ᄯᅩ 무ᄉᆞᆷ 비유로써 비유ᄒᆞ랴

⑤ ᄯᅩ 갈ᄋᆞ샤ᄃᆡ 우리가 텬쥬의 나라를 엇더케 바ᄒᆞ며 ᄯᅩ 무ᄉᆞᆷ 비유로써 비유ᄒᆞ랴

⑥ ᄯᅩ ᄀᆞᆯᄋᆞ샤ᄃᆡ 우리가 하ᄂᆞ님의 나라ᄅᆞᆯ 엇더케 비ᄒᆞ며 ᄯᅩ 무ᄉᆞᆷ 비유로써 비유ᄒᆞᆯ고

⑦ ᄯᅩ ᄀᆞᆯᄋᆞ샤ᄃᆡ 우리가 하ᄂᆞ님의 나라를 엇더케 비ᄒᆞ며 ᄯᅩ 무ᄉᆞᆷ 비유로써 비유ᄒᆞᆯ고

(ᄯᅩ ᄀᆞᆯᄋᆞ샤ᄃᆡ 우리가 하ᄂᆞ님의 나라ᄒᆞᆯ 엇더케 비ᄒᆞ며 ᄯᅩ 무ᄉᆞᆷ 비유로써 비유ᄒᆞᆯ고)

⑧ ᄯᅩ ᄀᆞᆯᄋᆞ사ᄃᆡ 우리가 하ᄂᆞ님의 나라ᄒᆞᆯ 잇더케 비ᄒᆞ며 ᄯᅩ 무ᄉᆞᆷ 비유로써 비유ᄒᆞᆯ고

⑨ 又 曰 我等이 上帝 國을 何如케 譬ᄒᆞ며 ᄯᅩ 何 譬喩로써 譬喩ᄒᆞᆯ고

⑩ ᄯᅩ ᄀᆞᆯᄋᆞ샤ᄃᆡ 우리가 하ᄂᆞ님 나라를 무어세 譬ᄒᆞ며 무ᄉᆞᆷ 譬喩로 譬喩ᄒᆞᆯ고

⑪ ᄯᅩ 갈아샤대 우리가 하나님의 나라를 엇더케 比하며 ᄯᅩ 무삼 譬喩로써 譬喩할고

⑫ ᄯᅩ 갈아샤대 우리가 하나님의 나라를 엇더케 비하며 ᄯᅩ 무삼 비유로 나타낼고

⑬ 또 가라사대 우리가 하나님의 나라를 어떻게 비하며 또 무슨 비유로 나타낼꼬

⑭ また言われた、「神の國を何に比べようか。また、どんな譬(たとえ)で言いあらわそうか。

마가福音 04:31

① 猶芥種一粒,播之於地時,爲地上百種之至微,

② 한알 겨자 죵자 갓타니 ᄯᅡᆼ에 헤칠 ᄡᅵᆨ여ᄂᆞᆫ 비록 셰상 모단죵자에 지극키 젹으되

③ 한알 겨자 죵자 갓타니 ᄯᅡ에 헤칠 ᄡᅵᆨ에ᄂᆞᆫ 비록 셰상 모단죵자에 지극키 젹으되

④ 마치 계ᄌᆞ 씨 ᄒᆞ나흘 ᄯᅡ희 ᄲᅵ울 ᄯᅢ에ᄂᆞᆫ ᄯᅡ우헤 빅가지씨에 지극히 젹음이 되엿스나

⑤ 그거시 계ᄌᆞ 씨 ᄒᆞᆫ알과 ᄀᆞᆺᄒᆞ니 ᄯᅡᆼ에 심을 ᄯᅢ에ᄂᆞᆫ ᄯᅡ 우희 모든씨 즁에 뎨일 쟉은 거시로되

⑥ ᄆᆞᆺ치 겨ᄌᆞ 씨 ᄒᆞᆫ알과 ᄀᆞᆺᄒᆞ니 ᄯᅡᆼ에 심을 ᄯᅢ에ᄂᆞᆫ ᄯᅡ 우희 모든씨보다 적은 것시로ᄃᆡ

⑦ 맛치 계ᄌᆞ 씨 ᄒᆞᆫ알과 ᄀᆞᆺᄒᆞ니 ᄯᅡ에 싦을 ᄯᅢ에는 ᄯᅡ우에 모든씨 즁에 뎨일 젹은 거시로되

(맛치 계ᄌᆞ 씨 ᄒᆞᆫ알과 ᄀᆞᆺ흐니 ᄯᅡ에 심을 ᄯᅢ에는 ᄯᅡ우에 모든씨 즁에 뎨일 적은 거시로되)

⑧ 맛치 계ᄌᆞ 씨 ᄒᆞᆫ알과 ᄀᆞᆺ흐니 ᄯᅡ에 심을 ᄯᅢ에는 ᄯᅡ우에 모든씨 즁에 뎨일 적은 거시로ᄃᆡ

⑨ 맛치 芥 種 一粒과 如ᄒᆞ니 地에 種ᄒᆞᆯ 時에는 地上에 諸種 中에 第一 小ᄒᆞᆫ 거시로되

⑩ 맛치 芥子 씨 ᄒᆞᆫ알과 ᄀᆞᆺ흐니 ᄯᅡ에 심을 ᄯᅢ에ᄂᆞᆫ ᄯᅡ우의 모든씨 中에 第一 적으나

⑪ 맛치 계자 씨 한알과 갓흐니 ᄯᅡ에 심을 ᄯᅢ에는 ᄯᅡ에 잇는 모든씨 中에 第一 적은 것이로되

⑫ 계자 씨 한알과 갓흐니 ᄯᅡ에 심길 ᄯᅢ에는 ᄯᅡ 우에 모든씨보다 적은 것이로되

⑬ 겨자 씨 한알과 같으니 땅에 심길 때에는 땅위의 모든씨보다 작은 것이로되

⑭ それは一粒のからし種のようなものである。地にまかれる時には、地上のどんな種よりも小さいが、

마가福音 04:32

① 惟播後則生長大於諸蔬,且出巨枝,致天空之鳥,加棲其蔭。

② 혜친 즉 싱장하여 모단 치소보담 크고 ᄯᅩ 큰 가지를 발하여 공즁에 ᄉᆡ가 그 그늘에 깃들인다 ᄒᆞ다라
③ 혜친 즉 싱쟝ᄒᆞ여 모단 치소보담 크고 ᄯᅩ 큰 가지ᄅᆞᆯ 발ᄒᆞ여 공즁에 ᄉᆡ가 그 그늘에 깃들인다 ᄒᆞ더라
④ 오직 ᄢᅵ운 후에 자라면 모든 나물에셔 크고 ᄯᅩᄒᆞᆫ 큰 가지나셔 공즁의 ᄉᆡ가 히가지에 깃드리게 되ᄂᆞ니라
⑤ 심은 후에ᄂᆞᆫ 자ᄅᆞ셔 모든 나물보다 크고 ᄯᅩᄒᆞᆫ 큰 가지가 나셔 날나가ᄂᆞᆫᄉᆡ들이 그 그늘에 깃드리ᄂᆞ니라
⑥ 심은 후에ᄂᆞᆫ 자ᄅᆞ셔 모든 나물즁에 크고 큰 가지ᄅᆞᆯ 내니 공즁에 나ᄂᆞᆫ새들이 그 그늘에 깃드리ᄂᆞ니라
⑦ 심은 후에는 ᄌᆞ라셔 모든 나물즁에 크고 ᄯᅩᄒᆞᆫ 큰 가지가 나셔 공즁에 ᄂᆞ는새들이 그 그늘에 깃드리ᄂᆞ니라
(심은 후에는 자라셔 모든 나물즁에 크고 ᄯᅩᄒᆞᆫ 큰 가지가 나셔 공즁에 ᄂᆞ는새들이 그 그늘에 깃드리ᄂᆞ니라)
⑧ 심은 후에는 자라셔 모든 나물즁에 크고 ᄯᅩᄒᆞᆫ 큰 가지가 나셔 공즁에 ᄂᆞᆫ새들이 그 그늘에 깃드리ᄂᆞ니라
⑨ 種ᄒᆞᆫ 後에는 長ᄒᆞ야 諸 蔬中에 大ᄒᆞ고 ᄯᅩ 大 枝가 生ᄒᆞ야 空中에 飛鳥들이 其 蔭에 棲ᄒᆞᄂᆞ니라
⑩ 심은 後에ᄂᆞᆫ 자라셔 모든 나물中에 큼으로 큰 가지가 나셔 空中에 ᄂᆞᆫ 새들이 그 가지에 깃드리ᄂᆞ니라
⑪ 심은 後에는 자라셔 모든 나물中에 크고 ᄯᅩ한 큰 가지가 나셔 空中에 나는 새들이 그 그늘에 깃드리나니라
⑫ 심긴 후에는 자라셔 모든 나물보다 커지며 큰 가지를 내니 공즁의 새들이 그 그늘에 깃드릴만치 되나니라
⑬ 심긴 후에는 자라서 모든 나물보다 커지며 큰 가지를 내니 공중의 새들이 그 그늘에 깃들일만큼 되느니라
⑭ まかれると、成長してどんな野菜よりも大きくなり、大きな枝を張り、その陰に空の鳥が宿るほどになる」。

마가福音 04:33

① 耶穌又以如此之譬多設之,而宣道於衆,循其所能聽也,
② ᄯᅩ 만이 이갓탄 비사를 베푸러 뭇사ᄅᆞᆷ의 ᄃᆞᆺᄂᆞᆫ 바 능간을 의지하여 도를 말ᄒᆞ되
③ ᄯᅩ 만이 이갓탄 비사ᄅᆞᆯ 베푸러 뭇사ᄅᆞᆷ의 ᄃᆞᆺᄂᆞᆫ 바 능간ᄋᆞᆯ 의지ᄒᆞ여 도ᄅᆞᆯ 말ᄒᆞ되

④ 예수ㅣ 또 이ᄀᆞᆺ흔 비유로써 만히 베프러 모든 이의게 도롤 ᄀᆞᄅᆞ치시되 그 능히 알아듯기롤 쉽게 ᄒᆞ심이라
⑤ 예수ㅣ 또 이ᄀᆞᆺ흔 비유로 만히 뎌희들의게 도를 말솜ᄒᆞ심은 뎌희가 알아듯는 ᄃᆡ로 ᄒᆞ심일너라
⑥ 예수ㅣ 또 이ᄀᆞᆺ흔 여러 비유로 뎌희가 알아듯는 ᄃᆡ로 도롤 말솜ᄒᆞ시고
⑦ 예수ㅣ 또 이ᄀᆞᆺ흔 여러 비유로 뎌희가 알아듯는 대로 도를 말솜ᄒᆞ시고
(예수ㅣ 또 이ᄀᆞᆺ흔 여러 비유로 뎌희가 알아듯는 대로 도를 말솜ᄒᆞ시고)
⑧ 예수가 또 이ᄀᆞᆺ흔 여러 비유로 뎌희가 알아듯는 대로 도를 말솜ᄒᆞ시고
⑨ 예수가 또 如此ᄒᆞᆫ 여러 譬喩로 彼等이 認聽ᄒᆞ는 대로 道를 言ᄒᆞ시고
⑩ 예수ㅣ 이ᄀᆞᆺ흔 여러 譬喩로 뎌희의 알아듯는 裡度대로 道를 말솜ᄒᆞ시고
⑪ 예수ㅣ 또 이갓흔 여러 譬喩로 뎌희가 알아듯는 대로 道를 말삼하시고
⑫ 예수씌셔 이러한 만흔 비유로 뎌희가 알아드를 수 잇는 대로 말삼을 가라치시대
⑬ 예수께서 이러한 많은 비유로 저희가 알아 들을 수 있는 대로 말씀을 가르치시되
⑭ イエスはこのような多くの譬で、人々の聞く力にしたがって、御言(みことば)を語られた。

마가福音 04:34

① 但非譬,則不語之,獨處時,悉與其門徒解焉。
② 다뭇 비사 안인즉 말ᄒᆞ지 안이ᄒᆞ고 죵용할 ᄊᆡ여 다 뎨자로 더부러 히리ᄒᆞ다라
③ 다뭇 비사 온인즉 말ᄒᆞ지 온이ᄒᆞ고 죵용할 ᄊᆡ에 다 뎨자로 더부러 히리ᄒᆞ더라
④ 다만 비유 아니ᄒᆞ시면 말솜 아니ᄒᆞ시고 혼자 계실 ᄯᅢ에는 그 문도로 더부러 푸ᄅᆞ시더라
⑤ 또 비유가 아니면 말솜 아니ᄒᆞ시고 다만 혼자 계실 ᄯᅢ에는 그 뎨ᄌᆞ의게 풀어닐ᄋᆞ시더라

⑥ 또 비유가 아니면 말솜 아니 ᄒᆞ시고 다만 혼자 계실 ᄯᅢ에ᄂᆞᆫ 그 뎨ᄌᆞ의게 모든거술 풀어닐ᄋᆞ시더라

⑦ 또 비유가 아니면 말솜아니ᄒᆞ시고 다만 혼자 계실 ᄯᅢ에는 그 뎨ᄌᆞ의게 모든거슬 푸러닐ᄋᆞ시더라

(또 비유가 아니면 말솜을 아니ᄒᆞ시고 다만 혼자 계실 ᄯᅢ에는 그 뎨ᄌᆞ의게 모든거슬 푸러닐ᄋᆞ시더라)

⑧ 또 비유가 아니면 말솜을 아니ᄒᆞ시고 다만 혼자계실 ᄯᅢ에는 그 뎨ᄌᆞ의게 모든거슬 푸러닐ᄋᆞ시더라

⑨ 또 譬喩가 아니면 言치 아니ᄒᆞ시고 다만 獨在ᄒᆞ실 時에ᄂᆞᆫ 其 弟子의게 諸事를 解諭ᄒᆞ시더라

⑩ 譬喩가 아니면 말솜을 아니ᄒᆞ시나 開暇히 계실 ᄯᅢ에ᄂᆞᆫ 弟子의게 모든거슬 푸러 닐ᄋᆞ시더라

⑪ 또 譬喩가 아니면 말삼을 아니하시고 다만 혼자 계실 ᄯᅢ에는 그 弟子의게 모든 것을 풀어닐아시더라

⑫ 비유가 아니면 말삼하지 아니하시고 다만 혼자 계실 ᄯᅢ에 그 뎨자들의게 모든 것을 해셕하시더라

⑬ 비유가 아니면 말씀하지 아니하시고 다만 혼자계실 때에 그 제자들에게 모든 것을 해석하시더라

⑭ 譬によらないでは語られなかったが、自分の弟子(でし)たちには、ひそかにすべてのことを解き明かされた。

마가福音 04:35

① 當日旣暮,耶穌爲門徒曰,我儕可濟彼岸,

② 이날 져물ᄀᆡ여 예수 뎨자게 일오샤되 우리 뎌편 두던에 건너 가쟈 ᄒᆞᄆᆡ

③ 이날 져물ᄀᆡ에 뎨자게 갈오샤ᄃᆡ 우리 뎌켠 두던에 건너 가쟈 ᄒᆞᄆᆡ

④ 당일이 임의 셔물매 예수ㅣ 그 문도ᄃᆞ려 닐너 ᄀᆞᆯᄋᆞ샤ᄃᆡ 우리가히 뎌편 언덕에 건너리라

⑤ 날이 져믈매 예수ㅣ 뎨ᄌᆞᄃᆞ려 닐너 ᄀᆞᆯᄋᆞ샤ᄃᆡ 우리가 뎌언덕으로 건너 가자 ᄒᆞ시니

⑥ 이 날이 져물매 예수ㅣ 뎨ᄌᆞᄃᆞ려 닐ᄋᆞ샤ᄃᆡ 우리가 건너편으로 가자 ᄒᆞ시니

⑦ 이 날이 져물매 예수ㅣ 뎨ᄌᆞᄃᆞ려 닐넛스ᄃᆡ 우리가 건너편으로 가자 ᄒᆞ시니

(그 날이 져물매 예수ㅣ 뎨ᄌᆞᄃᆞ려 닐으샤ᄃᆡ 우리가 건너편으로 가자 ᄒᆞ시니)

⑧ 그 날이 져물매 예수가 뎨ᄌᆞᄃᆞ려 닐ᄋᆞ샤ᄃᆡ 우리가 건너편으로 가자 ᄒᆞ시니

⑨ 其 日이 暮ᄒᆞ매 예수가 弟子ᄃᆞ려 謂ᄒᆞ샤ᄃᆡ 我等이 越便으로 往ᄒᆞ자 ᄒᆞ시니

⑩ 날이 져물매 예수ㅣ 弟子ᄃᆞ려 닐ᄋᆞ샤ᄃᆡ 우리가 건너偏 언덕으로 가자 ᄒᆞ시고

⑪ 그날이 져물매 예수ㅣ 弟子다려 닐아샤대 우리가 건너便으로 가자 하시니

⑫ 그 날 져물ᄯᅢ에 뎨자들의게 닐아샤대 우리가 뎌편으로 건너 가자 하시니

⑬ 그 날 저물때에 제자들에게 이르시되 우리가 저편으로 건너 가자 하시니

⑭ さてその日、夕方になると、イエスは弟子たちに、「向こう岸へ渡ろう」と言われた。

마가福音 04:36

① 旣散衆,則仍在舟,門徒偕之而往,別有小舟偕之。

② 뭇사ᄅᆞᆷ을 ᄯᅥ난 젼과 갓치 예수를 ᄇᆡ예 실으니 ᄯᅩ한 달은 ᄇᆡ 이서 함긔 ᄒᆞᄂᆞᆫᄃᆡ

③ 뭇사ᄅᆞᆷᄋᆞᆯ ᄯᅥᄂᆞᆫ 후 젼과 ᄀᆞᆺ치 예수 ᄇᆡ에 올으니 ᄯᅩᄒᆞᆫ 달은 ᄇᆡ 이서 함ᄭᅴ ᄒᆞᄂᆞᆫᄃᆡ

④ 임의 모든이 허여지매 인ᄒᆞ야 ᄇᆡ에 계시니 문도ㅣ ᄒᆞᆷᄭᅴ 갈식 ᄯᆞ로 젹은 ᄇᆡ 잇서 ᄀᆞᆺ치 가더니

⑤ 뎌들이 뭇사ᄅᆞᆷ을 ᄒᆞᆺ튼 후에 젼과 ᄀᆞᆺ치 예수로 ᄒᆞᆷᄭᅴ ᄇᆡ에 올으고 ᄯᅩ 다ᄅᆞᆫᄇᆡ들이 잇서 ᄀᆞᆺ치 ᄒᆞ더니

⑥ 뎌들이 뭇사ᄅᆞᆷ을 ᄯᅥ나매 예수ㅣ 그져 ᄇᆡ에 계신ᄃᆡ로 뫼시고 가매 ᄯᅩ 다ᄅᆞᆫᄇᆡ들이 잇서 ᄀᆞᆺ치 ᄒᆡᆼᄒᆞᆯ식

⑦ 뎌들이 뭇사ᄅᆞᆷ을 ᄯᅥ나매 예수ㅣ 그져 ᄇᆡ에 계신대로 뫼시고 가니 ᄯᅩ 다ᄅᆞᆫᄇᆡ들이 잇서 ᄀᆞᆺ치 ᄒᆡᆼᄒᆞᆯ식

(뎌희가 무리를 ᄯᅥ나매 예수가 그져 ᄇᆡ에 계신대로 뫼시고 가니 ᄯᅩ 다ᄅᆞᆫᄇᆡ들이 잇서 ᄀᆞᆺ치 ᄒᆡᆼᄒᆞᆯ식)

⑧ 뎌희가 무리를 ᄯᅥ나매 예수가 그져 ᄇᆡ에 계신 ᄃᆡ로 뫼시고가니 ᄯᅩ 다ᄅᆞᆫᄇᆡ들이 잇서 ᄀᆞᆺ치 ᄒᆡᆼᄒᆞᆯ식

⑨ 彼等이 衆을 離ᄒᆞ매 예수가 그져 舟에 在ᄒᆞ신 대로 陪往ᄒᆞ니 또 他船들이 有ᄒᆞ야 偕行ᄒᆞᆯ식
⑩ ᄇᆡ에 계시니 뎌희가 무리를 보내고 예수를 모시고 갈서 다른 ᄇᆡ도 잇서 ᄒᆞᆷᄭᅴ 行ᄒᆞ더니
⑪ 뎌희가 무리를 ᄯᅥ나매 예수ㅣ 그져 배에 계신대로 뫼시고 가니 또 다른 배들이 잇서 갓치 行할새
⑫ 뎌희가 무리를 ᄯᅥ나 예수를 배에 계신 그대로 뫼시고 가매 다른 배들도 함ᄭᅴ 하더니
⑬ 저희가 무리를 떠나 예수를 배에 계신 그대로 모시고 가매 다른 배들도 함께 하더니
⑭ そこで、彼らは群衆をあとに殘し、イエスが舟に乘っておられるまま、乘り出した。ほかの舟も一緒に行った。

마가福音 04:37

① 颶風大作,浪躍入舟滿焉。
② 큰바룸이 닐어 물결이 ᄇᆡ예 들어 거의차되
③ 큰바람이 닐어 물결이 ᄇᆡ에 들어 거의차되
④ 풍랑이 대쟉ᄒᆞ며 믈결이 쒸어 ᄇᆡ에 드러 ᄀᆞ득ᄒᆞᆫᄃᆡ
⑤ 광풍이 크게니러나며 물결이 쳐 ᄇᆡ에 드러와 ᄀᆞ득히ᄎᆞ지ᄂᆞᆫ지라
⑥ 광풍이 크게니러나며 물결이 부딋혀 드러오니 ᄇᆡ가 이제 ᄀᆞ득ᄒᆞᆫ지라
⑦ 광풍이 크게니러나며 물결이 쒸여 ᄇᆡ에 드러오니 이제 ᄇᆡ에 ᄀᆞ득ᄒᆞ여지더라
(광풍이 크게니러나며 눌결이 쒸여 ᄇᆡ에 드러오니 ᄇᆡ에 ᄀᆞ늑ᄒᆞ여지더라)
⑧ 광풍이 크게니러나며 물결이 쒸여 ᄇᆡ에 드러오니 ᄇᆡ에 ᄀᆞ득ᄒᆞ여지더라
⑨ 狂風이 大起ᄒᆞ며 波濤가 躍ᄒᆞ야 舟에 入ᄒᆞ니 舟에 彌滿ᄒᆞ야지더라
⑩ 忽然히 狂風이 크게 니러나며 물결이 쒸여드러와 ᄇᆡ에 ᄀᆞ득히ᄒᆞ더라

⑪ 狂風이 크게 니러나며 물결이 쒸여 배에 들러오니 배에 가득하야지더라

⑫ 큰 광풍이 니러나며 물결이 부듸쳐 배에 드러와 배에 가득하게되엿더라

⑬ 큰 광풍이 일어나며 물결이 부딪혀 배에 들어와 배에 가득하게되었더라

⑭ すると、激しい突風が起り、波が舟の中に打ち込んできて，舟に満ちそうになった。

마가福音 04:38

① 耶穌在舟尾,枕而寢,門徒醒之,且謂之曰,夫子,我儕亡矣,爾不顧乎。

② 예수 ᄇᆡᄭᅩᆯ이에셔 베ᄀᆡᄒᆞ고 자거날 뎨자 ᄭᆡ와 갈아되 션싱님 우리 망ᄒᆞ물 험의치 안나니잇가 ᄒᆞ니

③ 예수 ᄇᆡᄭᅩᆯ이에셔 베ᄀᆡᄒᆞ고 자거날 뎨자 ᄭᆡ와 갈아ᄃᆡ 션싱님 우리 망ᄒᆞ물 도라보지 ᄋᆞᆫᄂᆞ니잇가 ᄒᆞ니

④ 예수ㅣ ᄇᆡ슷희계셔 벼ᄀᆡᄒᆞ고 지우시니 문도ㅣ ᄭᆡ우며 ᄯᅩᄒᆞᆫ 엿ᄌᆞ와 ᄀᆞᆯᄋᆞᄃᆡ 부ᄌᆞ여 우리 죽겟ᄂᆞᆫᄃᆡ 네 도라 보지 아니ᄒᆞ시ᄂᆞ니
잇가

⑤ 예수ㅣ ᄇᆡ슷희 베ᄀᆡ ᄒᆞ시고 주무시더니 뎨ᄌᆞ들이 예수를 ᄭᆡ우며 ᄀᆞᆯᄋᆞᄃᆡ 쥬여 우리가 죽게 된 거슬 도라 보지 아니시ᄂᆞ니잇가

⑥ 예수ㅣ ᄇᆡ뒤에 벼ᄀᆡ ᄒᆞ시고 주무시더니 뎨ᄌᆞ들이 ᄭᆡ우며 ᄀᆞᆯᄋᆞᄃᆡ 션싱님이여 우리가 죽게 된 거술 도라 보지 아니하ᄂᆞ니잇가

⑦ 예수ㅣ ᄇᆡ뒤헤 벼개ᄒᆞ시고 주무시더니 뎨ᄌᆞ들이 ᄭᆡ우며 ᄀᆞᆯᄋᆞᄃᆡ 션싱님이여 우리가 죽게 된 거슬 도라보지아니시ᄂᆞ잇가 ᄒᆞ니
(예수ㅣ 고물에셔 벼개ᄒᆞ시고 주무시더니 뎨ᄌᆞ들이 ᄭᆡ우며 ᄀᆞᆯᄋᆞᄃᆡ 션싱님이여 우리가 죽게 된 거슬 도라보지 아니시ᄂᆞ잇가
ᄒᆞ니)

⑧ 예수가 고물에셔 벼ᄀᆡᄒᆞ시고 주무시더니 뎨ᄌᆞ들이 ᄭᆡ우며 ᄀᆞᆯᄋᆞᄃᆡ 션싱님이여 우리가 죽게 된 거슬 도라보지 아니시ᄂᆞ잇가
ᄒᆞ니

⑨ 예수가 船尾에셔 枕ᄒᆞ시고 寢ᄒᆞ시더니 弟子들이 醒ᄒᆞ며 曰 先生님이여 我等이 死ᄒᆞ게 된 거슬 顧치 아니시ᄂᆞ잇가 ᄒᆞ니

⑩ 예수ㅣ 고물에셔 벼기ᄒᆞ고 줌으시더니 弟子들이 ᄭᅵ우며 ᄀᆞᆯᄋᆞᄃᆡ 先生님이여 우리가 죽게 됨을 도라보지 아니시ᄂᆞ잇가

⑪ 예수ㅣ 고물에셔 벼개하시고 줌으시더니 弟子들이 깨우며 갈아대 先生님이어 우리가 죽게 된 것을 도라보지 아니시나잇가 하니

⑫ 예수ᄭᅴ셔는 고물에셔 벼개를 베시고 줌으시더니 뎨자들이 깨우며 갈아대 션생님이어 우리의 죽게 된 것을 도라보지 아니하시나잇가 하니

⑬ 예수께서는 고물에서 베개를 베시고 주무시더니 제자들이 깨우며 가로되 선생님이여 우리의 죽게된 것을 돌아보지 아니하시나이까 하니

⑭ ところがイエス自身は、舳(とも)の方でまくらをして、眠っておられた。そこで、弟子たちはイエスをおこして、「先生、わたしどもがおぼれ死んでも，おかまいにならないのですか」と言った。

마가福音 04:39

① 耶穌起,斥風向海曰,默而靖,風卽止,乃大平息。

② 예수 ᄭᅴ여 바람올 칙망ᄒᆞ고 바다을향ᄒᆞ여 갈아샤되 잠잠ᄒᆞ고 안졍ᄒᆞ라 ᄒᆞ니 바ᄅᆞᆷ이 이여 멋고 크게 안졍ᄒᆞᄂᆞᆫ지라

③ 예수 ᄭᅴ여 바람올 칙망ᄒᆞ고 바다ᄅᆞᆯ향ᄒᆞ여 갈아샤ᄃᆡ 잠잠ᄒᆞ고 안졍ᄒᆞ라 ᄒᆞ니 바람이 이여 멋고 크게 ᄋᆞᆫ졍ᄒᆞᄂᆞᆫ지라

④ 예수ㅣ 니러나샤 바람을 물니치시며 바다흘향ᄒᆞ샤 ᄀᆞᆯᄋᆞ샤ᄃᆡ 좀좀ᄒᆞ라 ᄒᆞ시니 바람이 즉시 긋치며 이에 크게 평안ᄒᆞᆫ지라

⑤ 예수ㅣ ᄭᅴ여 바ᄅᆞᆷ을 ᄭᅮ지지시며 바다ᄃᆞ려 ᄀᆞᆯᄋᆞ샤ᄃᆡ 좀좀히 머므르라 ᄒᆞ시니 바ᄅᆞᆷ이 긋치고 아조 잔잔ᄒᆞ거ᄂᆞᆯ

⑥ 예수ㅣ ᄭᅴ샤 바ᄅᆞᆷ을 ᄭᅮ지지시며 바다ᄃᆞ려 ᄀᆞᆯᄋᆞ샤ᄃᆡ 아셔라 좀좀ᄒᆞ라 ᄒᆞ시니 바ᄅᆞᆷ이 긋치고 아조 잔잔 ᄒᆞ거ᄂᆞᆯ

⑦ 예수ㅣ ᄭᅵ샤 바람을 ᄭᅮ지지시며 바다ᄃᆞ려 ᄀᆞᆯᄋᆞ샤ᄃᆡ 아셔라 좀좀ᄒᆞ라 ᄒᆞ시니 바람이 ᄭᅮ치고 아조 잔잔ᄒᆞ거늘
(예수ㅣ ᄭᅴ여 바람을 ᄭᅮ지지시며 바다ᄃᆞ려 닐ᄋᆞ샤ᄃᆡ 좀좀ᄒᆞ고 고요ᄒᆞ라 ᄒᆞ시니 바람이 긋치고 아조 잔잔ᄒᆞ거늘)

⑧ 예수가 씌여 바람을 ᄭᅮ지지시며 바다ᄃᆞ려 ᄀᆞᆯᄋᆞ샤ᄃᆡ ᄌᆞᆷᄌᆞᆷᄒᆞ고 고요ᄒᆞ라 ᄒᆞ시니 바람이 긋치고 아조 잔잔ᄒᆞ거ᄂᆞᆯ
⑨ 예수가 醒ᄒᆞ야 風을 叱ᄒᆞ시며 海ᄃᆞ려 謂ᄒᆞ샤ᄃᆡ 潛潛ᄒᆞ고 岑寂ᄒᆞ라 ᄒᆞ시니 風이 止ᄒᆞ고 아조 潺潺ᄒᆞ거ᄂᆞᆯ
⑩ 예수ㅣ 니러나 바람을 ᄭᅮ지즈시며 湖水ᄃᆞ려 닐ᄋᆞ샤ᄃᆡ 潛潛ᄒᆞ거ᄂᆞᆯ
⑪ 예수ᄭᅴ셔 ᄭᅢ여 바람을 ᄭᅮ지즈시며 바다다려 닐아샤대 잠잠하라 고요하라 하시니 바람이 긋치고 아조 잔잔하여지더라
⑫ 예수ᄭᅴ셔 ᄭᅢ여 바람을 ᄭᅮ지즈시며 바다다려 닐아샤대 잠잠하라 고요하라 하시니 바람이 긋치고 아조 잔잔하여지더라
⑬ 예수께서 깨어 바람을 꾸짖으시며 바다더러 이르시되 잠잠하라 고요하라 하시니 바람이 그치고 아주 잔잔하여지더라
⑭ イエスは起きあがって風をしかり、海にむかって「静まれ、黙れ」と言われると、風はやんで、大なぎになった。

마가福音 04:40

① 耶穌謂門徒曰,爾何懼若是,爾何無信乎。
② 이여 갈아샤되 너의 엇지 무셔워ᄒᆞ며 사로 밋으미 업나냐 ᄒᆞ니
③ 이여 갈아샤ᄃᆡ 너희 엇지 무셔워ᄒᆞ며 사로 밋으미 업ᄂᆞ냐 ᄒᆞ니
④ 예수ㅣ 문도ᄃᆞ려 닐너 ᄀᆞᆯᄋᆞ샤ᄃᆡ 너ㅣ 엇지 이ᄀᆞᆺ치 두려워ᄒᆞ며 너ㅣ 엇지 밋음이 업ᄂᆞ냐
⑤ 이에 졔ᄌᆞ의게 ᄀᆞᆯᄋᆞ샤ᄃᆡ 엇지 너희가 두려워ᄒᆞᄂᆞ냐 너희가 아직 밋음이 업ᄂᆞ냐
⑥ 이에 뎨ᄌᆞ의게 ᄀᆞᆯᄋᆞ시ᄃᆡ 엇지 너희가 무셔워ᄒᆞᄂᆞ냐 너희가 아직도 밋음이 업ᄂᆞ냐
⑦ 이에 뎨ᄌᆞ의게 ᄀᆞᆯᄋᆞ샤ᄃᆡ 엇지 너희가 무서워ᄒᆞᄂᆞ냐 너희가 아직도 밋음이 업ᄂᆞ냐
(이에 뎨ᄌᆞ의게 닐ᄋᆞ샤ᄃᆡ 엇지 너희가 무셔워ᄒᆞᄂᆞ냐 너희가 아직도 밋음이 업ᄂᆞ냐)
⑧ 이에 뎨ᄌᆞ의게 닐ᄋᆞ샤ᄃᆡ 엇지 너희가 무셔워ᄒᆞᄂᆞ냐 너희가 아직도 밋음이 업ᄂᆞ냐
⑨ 이에 弟子의게 謂ᄒᆞ샤ᄃᆡ 엇지 爾等이 懼ᄒᆞᄂᆞ냐 爾等이 아직도 信ᄒᆞᆷ이 無ᄒᆞ냐

⑩ 弟子의게 닐ᄋᆞ샤ᄃᆡ 엇지 ᄒᆞ야 무셔워ᄒᆞᄂᆞ냐 너희가 아즉도 밋음이 업ᄂᆞ냐
⑪ 이에 弟子의게 닐아샤대 엇지 너희가 무셔워하나냐 너희가 아직도 밋음이 업나냐
⑫ 이에 뎨자들의게 닐아샤대 엇지하야 이러케 무셔워 하나냐 너희가 엇지 밋음이 업나냐 하시니
⑬ 이에 제자들에게 이르시되 어찌하여 이렇게 무서워하느냐 너희가 어찌 믿음이 없느냐 하시니
⑭ イエスは彼らに言われた、「なぜ、そんなにこわがるのか。どうして信仰がないのか」。

마가福音 04:41

① 衆甚駭,互相告曰,且何人耶,風與海亦順之歟。
② 뭇사ᄅᆞᆷ이 심히 두려워 서로 말하되 이 엇던 사ᄅᆞᆷ이뇨 바ᄅᆞᆷ과 바다이 ᄯᅩ한 슌죵한다 하더라
③ 뭇사ᄅᆞᆷ이 심히 두려워 서로 말ᄒᆞ되 이 엇던 사ᄅᆞᆷ이뇨 바람과 바다이 ᄯᅩᄒᆞᆫ 슌죵한다 ᄒᆞ더라
④ 뭇사ᄅᆞᆷ이 심히 놀나 서로 닐너 ᄀᆞᆯᄋᆞᄃᆡ 이 엇던 사ᄅᆞᆷ이관ᄃᆡ 바람과 다못 물결이 ᄯᅩᄒᆞᆫ 슌죵ᄒᆞᆫ다 ᄒᆞ더라
⑤ 그들이 심히 두려워ᄒᆞ야 서로 말ᄒᆞ여 ᄀᆞᆯᄋᆞᄃᆡ 이ᄂᆞᆫ 뉘기에 바ᄅᆞᆷ과 바다라도 슌죵ᄒᆞᄂᆞ냐 ᄒᆞ더리
⑥ 그들이 심히 두려워ᄒᆞ야 서로 말ᄒᆞ야 ᄀᆞᆯᄋᆞᄃᆡ 이ᄂᆞᆫ 뉘기에 바ᄅᆞᆷ과 바다라도 슌종ᄒᆞᄂᆞ냐 ᄒᆞ더라
⑦ 그들이 심히 두려워ᄒᆞ야 서로 말ᄒᆞ야 ᄀᆞᆯᄋᆞᄃᆡ 이는 뉘기에 바람과 바다라도 슌죵ᄒᆞᄂᆞ냐 ᄒᆞ더라
(뎌희가 심히 두려워ᄒᆞ야 서로 말ᄒᆞ야 ᄀᆞᆯᄋᆞᄃᆡ 뎌가 뉘기에 바람과 바다라도 슌죵ᄒᆞᄂᆞ냐 ᄒᆞ더라)
⑧ 彼等이 甚히 懼ᄒᆞ야 相言ᄒᆞ야 曰 彼가 誰기에 風과 海라도 順從ᄒᆞᄂᆞ냐 ᄒᆞ더라
⑨ 彼等이 甚히 懼ᄒᆞ야 相言ᄒᆞ야 曰 彼가 誰기에 風과 海라도 順從ᄒᆞᄂᆞ냐 ᄒᆞ더라
⑩ 뎌희가 甚히 두려워 서로 닐ᄋᆞᄃᆡ 뎌가 누구기에 風浪도 順從ᄒᆞᄂᆞ냐 ᄒᆞ더라
⑪ 뎌희가 甚히 두려워 서로 말하야 갈아대 뎌가 뉘기에 바람과 바다라도 順從하나냐 하더라

⑫ 뎌희가 심히 두려워 하야 서로 말하대 뎌가 뉘기에 바람과 바다라도 순종하는고 하엿더라

⑬ 저희가 심히 두려워하여 서로 말하되 저가 누구기에 바람과 바다라도 순종하는고 하였더라

⑭ 彼らは恐れおののいて、互に言った、「いったい、この方はだれだろう。風も海も従わせるとは」。

5장

마가福音 05:01

① 遂至海之彼岸,加大拉人之地。

② 바다 뎌 켠 두던 ᄀᆡ라신 ᄯᅡᆼ에 닐으러

③ 바다 뎌 켠 두던 ᄀᆡ라신 ᄯᅡ에 닐으러

④ 바다 뎌편 언덕 게라시노 사ᄅᆞᆷ의 ᄯᅡ희 니ᄅᆞ러

⑤ ᄯᅩ 바다 건너편으로 오샤 가대랍 디경에 드러가실ᄉᆡ

⑥ ᄯᅩ 바다 건너 편으로 오샤 거라사 인의 ᄯᅡ헤 니ᄅᆞ시니

⑦ ᄯᅩ 바다 건너편으로 와 거라사 인의 ᄯᅡ헤 니르니

(ᄯᅩ 바다 건너편으로 와셔 거라사 인의 ᄯᅡ헤 니르니)

⑧ ᄯᅩ 바다 건너편으로 오샤 거라사 사ᄅᆞᆷ의 ᄯᅡ에 니르니

⑨ ᄯᅩ 海의 越便으로 來ᄒᆞ야 거라사 人의 地에 至ᄒᆞ니

⑩ 湖水를 건너 거라사 사ᄅᆞᆷ의 ᄯᅡ에 니르매

⑪ ᄯᅩ 바다건너便으로 와셔 거라사 사람의 ᄯᅡ에 니르니

⑫ 예수ᄭᅴ셔 바다 건너편 거라사 인의 디방에 니르러

⑬ 예수께서 바다 건너편 거라사 인의 지방에 이르러

⑭ こうして彼らは海の向こう岸、ゲラサ人(びと)の地に着いた。

마가福音 05:02

① 耶穌旣離舟,卽有患污鬼之人,自墓間出而遇之。

② ᄇᆡ에 ᄂᆡ리ᄂᆞᆫ듸 곳 더러운귀신 품은 사ᄅᆞᆷ이 무덤으로붓터 나오다가 만ᄂᆡ니
③ ᄇᆡ에 ᄂᆡ리ᄂᆞᆫ듸 곳 더러운귀신 품은 사ᄅᆞᆷ이 무덤으로붓터 나오다가 만ᄂᆡ니
④ 예수ㅣ 임의 ᄇᆡᄅᆞᆯ ᄯᅥ나매 샤귀ᄅᆞᆯ 졉ᄒᆞᆫ 사ᄅᆞᆷ이 무덤ᄉᆞ이로 나와 맛나니
⑤ ᄇᆡ에셔 나오신 후에 곳 샤귀 들닌 사ᄅᆞᆷ이 무덤으로브터 나오ᄂᆞᆫ 거ᄉᆞᆯ 맛나시니
⑥ 예수ㅣ ᄇᆡ에셔 나오시매 곳 샤귀 들닌 사ᄅᆞᆷ이 무덤으로브터 나와 맛ᄂᆞ니
⑦ 예수ㅣ ᄇᆡ에셔 나오시매 샤귀 들닌 사ᄅᆞᆷ이 무덤으로브터 나와 맛난지라
(예수ㅣ ᄇᆡ에셔 나오시매 곳 더러온 귀신 들닌 사ᄅᆞᆷ이 무덤으로브터 나와셔 맛난지라)
⑧ 예수가 ᄇᆡ에셔 나오시매 더러온귀신 들닌 사ᄅᆞᆷ이 무덤으로브터 나와 맛난지라
⑨ 예수가 舟에셔 出ᄒᆞ시매 汚鬼 들닌 人이 墓로브터 出ᄒᆞ야 遇ᄒᆞᆫ지라
⑩ 예수ㅣ ᄇᆡ에 ᄂᆞ리시니 ᄆᆞᆺᄎᆞᆷ 더러운鬼神 들닌 사ᄅᆞᆷ이 무덤에셔 나와 예수를 맛난지라
⑪ 예수ㅣ 배에셔 나오시매 더러운鬼神 들닌 사람이 무덤으로브터 나와셔 맛난지라
⑫ 배에셔 나오시매 곳 더러운귀신 들닌 사람이 무덤사이에셔 나와 예수를 맛나다
⑬ 배에서 나오시매 곧 더러운귀신 들린 사람이 무덤사이에서 나와 예수를 만나다
⑭ それから、イエスが舟からあがられるとすぐに、けがらた靈につかれた人が墓場から出てきて、イエスに出會った。

마가福音 05:03

① 彼居墓間,雖以鏈,亦無有能縶之者,。
② 뎌ᄂᆞᆫ 무덤에 거하난듸 곳 쇠사슬이라도 ᄯᅩ한 능히 얼ᄆᆡ미 업사문
③ 뎌ᄂᆞᆫ 무덤에 거ᄒᆞᄂᆞᆫ듸 곳 쇠사슬이라도 ᄯᅩ한 능히 얼ᄆᆡ미 업ᄉᆞ문

④ 제가 무덤ᄉᆞ이에 거ᄒᆞ매 사슬이라도 능히 매지 못ᄒᆞ니
⑤ 그가 무덤ᄉᆞ이에 살매 능히 ᄆᆡᄂᆞᆫ 사ᄅᆞᆷ이 도모지 업고 사슬노도 못ᄒᆞᆷ은
⑥ 그 사ᄅᆞᆷ이 무덤ᄉᆞ이에 살매 이제ᄂᆞᆫ 능히 ᄆᆡᆯ 사ᄅᆞᆷ이 도모지 업고 쇠 사슬노도 못ᄒᆞᆷ은
⑦ 그 사ᄅᆞᆷ이 무덤ᄉᆞ이에 살매 이제는 능히 ᄆᆡᆯ 사ᄅᆞᆷ이 도모지 업고 쇠 사슬노도 못ᄒᆞᆷ은
⑧ 그 사ᄅᆞᆷ이 무덤ᄉᆞ이에 살매 이제는 능히 ᄆᆡᆯ 사ᄅᆞᆷ이 도모지 업고 쇠사슬노도 못ᄒᆞᆷ은
⑨ 其 人이 墓間에 居ᄒᆞ매 今에는 能히 繫ᄒᆞᆯ 人이 都無ᄒᆞ고 鐵鏈으로도 못ᄒᆞᆷ은
⑩ 그 사ᄅᆞᆷ이 무덤속에 머므니 쇠사슬노도 ᄆᆡᆯ 사ᄅᆞᆷ이 업슴은
⑪ 그 사람이 무덤사이에 살매 이제는 能히 맬 사람이 도모지 업고 쇠사르노도 못함은
⑫ 그 사람은 무덤사이에 거쳐하는대 이제는 아모나 쇠사슬노도 맬 수 업게 되엿스니
⑬ 그 사람은 무덤사이에 거처하는데 이제는 아무나 쇠사슬로 맬 수 없게 되었으니
⑭ この人は墓場をすみかとしており、もはやだれも、鎖でさえも彼をつなぎとめて置けなかった。

마가福音 05:04

① 蓋彼屢見繫於桎梏與鏈,而鏈爲彼所斷,桎梏亦爲所毁,終莫制之
② 열어번 고랑과 쇠사슬에 얼ᄆᆡ이워 쇠사슬이 터지며 고랑이 부서져 맛참ᄂᆡ 억제할 힘이 업사미라
③ 열어번 고랑과 쇠사슬에 얼ᄆᆡ이워 쇠사슬ᄋᆞᆯ ᄭᅳ너며 고랑ᄋᆞᆯ 부서러쳐 맛참ᄂᆡ 억제할 힘이 업ᄉᆞ미라
③ 열어번 고랑과 쇠사슬에 얼ᄆᆡ이워 쇠사슬ᄋᆞᆯ ᄭᅳ너며 고랑ᄋᆞᆯ 부서러쳐 맛참ᄂᆡ 억제할 힘이 업ᄉᆞ미라
④ 대개 뎌ㅣ 여러번 착고와 사슬노 맴을 보대 사슬이 뎌의게 ᄭᅳᆫ혀진바ㅣ 되고 착고가 뎌의게 ᄭᅳᆫ허진바ㅣ 되어 ᄆᆞᆺᄎᆞᆷ내 졔어ᄒᆞᆯ
수 업고

⑤ 대개 여러번 착고와 사슬노 ᄆᆡ엿셔도 사슬이 ᄭᅳᆫ허지고 착고도 ᄭᅢ여져 ᄆᆞᆺᄎᆞᆷ내 길드릴 사ᄅᆞᆷ이 업ᄉᆞᆷ이요
⑥ 여러번 고랑과 쇠사슬노 ᄆᆡ엿셔도 쇠 사슬이 ᄭᅳᆫ허지고 고랑도 ᄭᅢ여져 ᄆᆞᆺᄎᆞᆷ내 제어ᄒᆞᆯ 힘 잇ᄂᆞᆫ 사ᄅᆞᆷ이 업ᄉᆞᆷ이오
⑦ 여러번 고랑과 쇠사슬노 ᄆᆡ엿셔도 쇠 사슬이 ᄭᅳᆫ허지고 고랑도 ᄭᅢ여져 ᄆᆞᆺᄎᆞᆷ내 졔어ᄒᆞᆯ 힘잇ᄂᆞᆫ 사ᄅᆞᆷ이 업ᄉᆞᆷ이오
(여러번 고랑과 쇠사슬노 ᄆᆡ엿셔도 쇠 사슬이 ᄭᅳᆫ허지고 고랑도 ᄭᅢ여져 ᄆᆞᆺᄎᆞᆷ내 졔어ᄒᆞᆯ 힘잇는 사ᄅᆞᆷ이 업슴이오)
⑧ 여러번 고랑과 쇠사슬노 ᄆᆡ엿셔도 쇠사슬이 ᄭᅳᆫ허지고 고랑도 ᄭᅢ여져 ᄆᆞᆺᄎᆞᆷ내 졔어ᄒᆞᆯ 힘 잇는 사ᄅᆞᆷ이 업슴이오
⑨ 屢次 拷掠과 鐵鏈으로 繫ᄒᆞ엿셔도 鐵鏈이 斷ᄒᆞ고 拷掠도 破ᄒᆞ야 ᄆᆞᆺᄎᆞᆷ내 制禦ᄒᆞᆯ 力이 有ᄒᆞᆫ 人이 無ᄒᆞᆷ이오
⑩ 여러番 착고에 채우고 쇠사슬노 ᄆᆡ여도 쇠사슬을 ᄭᅳᆫ코 착고도 ᄭᅢ트리니 ᄆᆞᆺᄎᆞᆷ내 制馭ᄒᆞᆯ 사ᄅᆞᆷ이 업슴이라
⑪ 여러番 고랑과 쇠사슬노 매엿셔도 쇠살이 ᄭᅳᆫ허지고 고랑도 ᄭᅢ여져 맛참내 制馭할 힘 잇는 사람이 업슴이오
⑫ 이는 여러번 고랑과 쇠사슬에 매윗셔도 쇠사슬을 ᄭᅳᆫ코 고랑을 ᄭᅢ쳣슴이러라 그리하야 아모도 뎌를 졔어할 힘이 업는지라
⑬ 이는 여러번 고랑과 쇠사슬에 매였어도 쇠사슬을 끊고 고랑을 깨뜨렸음이러라 그리하여 아무도 저를 제어할 힘이 없는지라
⑭ 彼はたびたび足かせや鎖でつながれたが、鎖を引きちぎり、足かせを砕くので、だれも彼を押えつけることができなかったからである。

마가福音 05:05

① 日夜恒在墓在山號呼,且以石自傷,
② 밤낫 늘 무덤과 산에셔 부루제기고 ᄯᅩ 돌노써 스사로 상ᄒᆞᄂᆞᆫ지라
③ 밤낫 늘 무덤과 산에셔 부루제기고 ᄯᅩ 돌노써 스사로 상ᄒᆞᄂᆞᆫ지라
④ 쥬야로 ᄒᆞᆼ샹 ᄆᆡ와 산에 잇서 부ᄅᆞ지지며 ᄯᅩᄒᆞᆫ 돌노써 스ᄉᆞ로 샹ᄒᆞ더니
⑤ ᄯᅩ ᄒᆞᆼ샹 밤과 낫ᄉᆞ로 무덤과 산에 잇서 부ᄅᆞ지지며 돌노 제 몸을 샹ᄒᆞ더니

⑥ ᄯᅩ ᄒᆞᆼ샹 밤과 낫스로 무덤과 산에 잇서 소릐지ᄅᆞ며 돌노 제 몸을 샹ᄒᆞ더니
⑦ ᄯᅩ ᄒᆞᆼ샹 밤낫 무덤과 산에 잇서 소릐지르며 돌노 제 몸을 샹ᄒᆞ더니
⑧ ᄯᅩ ᄒᆞᆼ샹 밤낫 무덤과 산에 잇서 소릐지ᄅᆞ며 돌노 제 몸을 샹ᄒᆞ더니
⑨ ᄯᅩ 恒常 晝夜로 墓와 山에 在ᄒᆞ야 聲呼ᄒᆞ며 石으로 渠의 身을 傷ᄒᆞ더니
⑩ 이럼으로 밤낫 무덤과 山에셔 소릐질으며 돌노 제몸을 傷더니
⑪ ᄯᅩ 恒常 밤낫 무덤과 山에 잇서 소래지르며 돌노 제몸을 傷하더니
⑫ 밤낫 무덤사이에셔나 산에셔나 늘 소래지르며 돌노 제몸을 상하고잇섯더라
⑬ 밤낮 무덤사이에서나 산에서나 늘 소리지르며 돌로 제몸을 상하고있었더라
⑭ そして、夜晝たえまなく墓場や山で叫びつづけて、石で自分のからだを傷つけていた。

마가福音 05:06
① 遙見耶穌,趨而拜之。
② 멀니 예수를 보고 다라와 절ᄒᆞ고
③ 멀니 예수ᄅᆞᆯ 보고 다라와 절ᄒᆞ고
④ 멀니 예수ᄅᆞᆯ 뵈옵고 츄챵ᄒᆞ여 절ᄒᆞ며
⑤ 멀니 예수를 보고 다드러 절ᄒᆞ고
⑥ 멀니셔 예수ᄅᆞᆯ 보고 다라와 절ᄒᆞ고
⑦ 멀니셔 예수를 보고 ᄃᆞ라와 절ᄒᆞ고
(멀니셔 예수를 보고 다라와 절ᄒᆞ고)

⑧ 멀니셔 예수를 보고 다라와 절ᄒᆞ고
⑨ 遠處에셔 예수를 見ᄒᆞ고 馳來ᄒᆞ야 拜ᄒᆞ고
⑩ 멀니셔 예수를 보고 달녀와 敬拜ᄒᆞ고
⑪ 멀니셔 예수를 보고 다라와 절하고
⑫ 그가 멀니셔 예수를 보고 달녀와 절하며
⑬ 그가 멀리서 예수를 보고 달려와 절하며
⑭ ところが、この人がイエスを遠くから見て、走り寄って拝し、

마가福音 05:07

① 大聲呼曰,至上之神之子耶穌歟,我與爾何與乎,我託神名,求爾莫苦我,
② 큰 소릐로불너 갈아되 지극키 놉픈 하나님의 아달 예수ᄂᆞᆫ ᄂᆡ 령감으로 더부러 들어ᄂᆞ니잇가 ᄂᆡ 하나님을 부탁ᄒᆞ여 령감게 구ᄒᆞ노니 나ᄅᆞᆯ 달녀케 말으소셔 하문
③ 큰 소릐로너 갈아되 지극키 놉픈 하나님의 아달 예수ᄂᆞᆫ ᄂᆡ 부자로 더부러 ᄂᆡ어 들어ᄂᆞ니잇가 ᄂᆡ 하나님ᄋᆞᆯ 부탁ᄒᆞ여 부자게 구ᄒᆞ노니 나ᄅᆞᆯ 달년케 말으소셔 ᄒᆞ문
④ 크게 소릐ᄒᆞ며불너 왈 지극히 놉흐신 샹뎨의 아ᄃᆞᆯ 예수여 나ㅣ 너와 더브러 무숨 샹관이 잇숨ᄂᆞ니잇가 나ㅣ 샹뎨의 일홈을 의덕ᄒᆞ여 네게 구ᄒᆞᄂᆞ니 나ᄅᆞᆯ 고롭다밀으쇼서 ᄒᆞ니
⑤ 크게 소릐질러 ᄀᆞᆯᄋᆞ되 너 예수 지극ᄒᆞᆫ 놉흐신 텬쥬의 아ᄃᆞᆯ아 나 너로 더브러 무숨 샹관이 잇ᄂᆞ냐 텬쥬의 일홈을 의탁ᄒᆞ야 너ㅣ게 ᄀᆞᆫ구ᄒᆞ노니 나를 고ㅣ롭게 마르쇼셔 ᄒᆞᆷ은
⑥ 크게 소릐질너 ᄀᆞᆯᄋᆞ되 지극히 놉흐신 하ᄂᆞ님의 아ᄃᆞᆯ 예수여 나ㅣ 너와 무숨 샹관이 잇ᄂᆞ냐 내가 너ᄅᆞᆯ 하ᄂᆞ님 압헤 밍셰ᄒᆞ라

ᄒᆞ니 니ᄅᆞᆯ 고롭게 ᄅᆞ쇼셔 ᄒᆞᆷ은

⑦ 크게 소릐질너 ᄀᆞᆯᄋᆞᄃᆡ 지극히 놉흐신 하ᄂᆞ님의 아ᄃᆞᆯ 예수여 내 너와 무슴 샹관이 잇ᄂᆞ냐 내가 너를 하ᄂᆞ님 압헤 ᄆᆡᆼ셰ᄒᆞ라ᄒᆞ

노니 나를 고롭게마옵쇼셔 ᄒᆞᆷ은

(크게 소릐질너 ᄀᆞᆯᄋᆞᄃᆡ 지극히 놉흐신 하ᄂᆞ님의 아ᄃᆞᆯ 예수여 내가 너와 무슴 샹관이 잇ᄂᆞ냐 내가 너를 하ᄂᆞ님 압헤 ᄆᆡᆼ셰케

ᄒᆞ노니 나를 괴롭게 마옵쇼셔 ᄒᆞᆷ은)

⑧ 크게 소릐질너 ᄀᆞᆯᄋᆞᄃᆡ 지극히 놉흐신 하ᄂᆞ님의 아ᄃᆞᆯ 예수여 내가 너와 무슴 샹관이 잇ᄂᆞ냐 내가 너를 하ᄂᆞ님 압헤 ᄆᆡᆼ셰케

ᄒᆞ노니 나를 괴롭게 마옵쇼셔 ᄒᆞᆷ은

⑨ 크게 聲呼ᄒᆞ야 曰 至極히 尊ᄒᆞ신 上帝의 子 예수여 我가 爾와 무슴 相關이 有ᄒᆞ냐 我가 爾를 上帝의 前에 盟誓케 ᄒᆞ노니

我를 苦롭게 마옵쇼셔 ᄒᆞᆷ은

⑩ 크게 소릐질너 ᄀᆞᆯᄋᆞᄃᆡ 至極히 놉흐신 하ᄂᆞ님의 아ᄃᆞᆯ 예수여 내가 當身과 무슴 相觀이 잇ᄂᆞ잇가 내가 하ᄂᆞ님의 일흠으로

當身끠 求ᄒᆞ오니 나를 괴게 마옵쇼셔 ᄒᆞ니

⑪ 크게 소래질너 갈아대 地極히 놉흐신 하나님의 아달 예수여 내가 너와 무삼 相關이 잇나냐 내가 너를 하나님 압헤 盟誓케

하노니 나를 괴롭게 마쇼셔 함은

⑫ 큰 소래로부르지져 갈아대 지극히 놉흐신 하나님의 아달 예수여 나와 당신과 무삼 샹관이 잇나잇가 원컨대 하나님 압헤

맹셔하고 나를 괴롭게 마옵쇼셔 하니

⑬ 큰 소리로부르짖어 가로되 지극히 높으신 하나님의 아들 예수여 나와 당신과 무슨 상관이 있나이까 원컨대 하나님 앞에

맹세하고 나를 괴롭게 마옵소서 하니

⑭ 大聲で叫んで言った、「いと高き神の子イエスよ、あなたはわたしとなんの係わりがあるのです。神に誓って願います。どうぞ、わたしを苦しめないでください」。

마가福音 05:08

① 蓋耶穌曾諭之云,爾汚鬼乎,自其人出也,

② 예수 일즉 말하샤딕 너 더러운귀신은 그 사룸으게 나오라 ᄒᆞ미라

③ 예수 일즉 말하샤딕 네 더러운귀신은 그 사룸의게 나오라 ᄒᆞ미라

④ 대개 예수ㅣ 일즉이 닐너 ᄀᆞᆯᄋᆞ샤딕 너ㅣ 더러온귀신이로다 그 사룸의게로 나아가라 ᄒᆞ셧솝ᄂᆞ이다

⑤ 예수ᄭᅴ셔 뎌ᄃᆞ려 ᄀᆞᆯᄋᆞ샤딕 샤귀 너는 그 사룸의게셔 나오라 ᄒᆞ심이라

⑥ 예수ㅣ 임의 뎌ᄃᆞ려 ᄀᆞᆯᄋᆞ샤딕 샤귀야 그 사룸의게셔 나오라 ᄒᆞ심이라

⑦ 예수ㅣ 임의 뎌ᄃᆞ려 ᄀᆞᆯᄋᆞ샤딕 샤귀야 그 사룸의게셔 나오라 ᄒᆞ심이러라

(예수ㅣ 임의 뎌ᄃᆞ려 닐ᄋᆞ시기를 더로온귀신아 그 사룸의게셔 나오라 ᄒᆞ심이라)

⑧ 예수가 임의 뎌ᄃᆞ려 닐ᄋᆞ시기를 더로온귀신아 그 사룸의게셔 나오라 ᄒᆞ심이라

⑨ 예수가 임의 彼ᄃᆞ려 謂ᄒᆞ시기를 汚鬼야 其 人의게셔 出來ᄒᆞ라 ᄒᆞ심이러라

⑩ 이는 예수ㅣ 임의 뎌ᄃᆞ려 닐ᄋᆞ시기를 더러운鬼神아 그 사룸의게셔 나오라 ᄒᆞ심이러라

⑪ 예수ㅣ 임의 뎌다려 닐아시기를 더러운鬼神아 그사람의게셔 나오라 하심이러라

⑫ 이는 예수ᄭᅴ셔 임의 뎌의게 닐아시기를 더러운귀신아 그 사람의게셔 나오라 하셧슴이라

⑬ 이는 예수께서 이미 저에게 이르시기를 더러운귀신아 그 사람에게서 나오라 하셨음이라

⑭ それは、イエスが「けがれた靈よ、この人から出て行け」と言われたからである。

마가福音 05:09

① 乃問之曰,爾何名。對曰,我名軍,我儕多故也。

② 이여 물오샤ᄃᆡ 네 무삼 일홈이냐 ᄒᆞ니 갈아되 ᄂᆡ 일홈은 군이라 ᄒᆞ문 우리 만으미라
③ 이여 물우샤ᄃᆡ 네 무삼 일홈이냐 ᄒᆞ니 갈오되 ᄂᆡ 일홈은 군이라 ᄒᆞ문 우리 만으미라
④ 이에 무러 ᄀᆞᆯᄋᆞ샤ᄃᆡ 네 일홈이 무어시뇨 ᄃᆡ답ᄒᆞ여 ᄀᆞᆯᄋᆞᄃᆡ 내 일홈이 군이니 우리들이 만ᄒᆞᆫ 연고ㅣ니이다
⑤ 이에 무러 ᄀᆞᆯᄋᆞ샤ᄃᆡ 너ㅣ 일홈은 무엇시냐 ᄒᆞ시니 ᄀᆞᆯ아ᄃᆡ 내 일홈이 례기온이니 우리가 만ᄒᆞᆫ 연고ㅣ로이다 ᄒᆞ고
⑥ 이에 무러 ᄀᆞᆯᄋᆞ샤ᄃᆡ 네 일홈이 무어시냐 ᄒᆞ시니 ᄀᆞᆯᄋᆞᄃᆡ 내 일홈이 군진이라 ᄒᆞ니 우리가 만흠이니이다 ᄒᆞ고
⑦ 이에 무러ᄀᆞᆯᄋᆞ샤ᄃᆡ 네 일홈이 무어시냐 ᄒᆞ시니 ᄀᆞᆯᄋᆞᄃᆡ 내 일홈이 군진이라ᄒᆞ니 우리가 만흠이니이다 ᄒᆞ고
(이에 무러 ᄀᆞᆯᄋᆞ샤ᄃᆡ 네 일홈이 무어시냐 ᄒᆞ시니 ᄀᆞᆯᄋᆞᄃᆡ 내 일홈은 군ᄃᆡ니 우리가 만흠이니이다 ᄒᆞ고)
⑧ 이에 무러 ᄀᆞᆯᄋᆞ샤ᄃᆡ 네 일홈이 무어시냐 ᄒᆞ시니 ᄀᆞᆯᄋᆞᄃᆡ 내 일홈은 군ᄃᆡ니 우리가 만흠이니이다 ᄒᆞ고
⑨ 이에 問ᄒᆞ야 曰 爾 名이 何냐 ᄒᆞ시니 曰 我名은 軍隊니 我 等이 多ᄒᆞᆷ이니이다 ᄒᆞ고
⑩ 이에 무러 ᄀᆞᆯᄋᆞ샤ᄃᆡ 네 일흠이 무어시냐 ᄀᆞᆯᄋᆞᄃᆡ 일흠은 軍隊니 무리가 만흠이니이다 ᄒᆞ고
⑪ 이에 무러 갈아샤대 네 일흠이 무엇이냐 하시니 갈아대 내 일흠은 軍隊니 우리가 만흠이니이다 하고
⑫ 이에 무르샤대 네 일홈이 무엇이냐 갈아대 내 일홈은 군대니 우리가 만흠이니이다 하고
⑬ 이에 물으시되 네 이름이 무엇이냐 가로되 내 이름은 군대니 우리가 많음이니이다 하고
⑭ また彼に、「なんという名前か」と尋ねられると，「シギオンと言います。大ぜいなのですから」と答えた。

마가福音 05:10

① 遂切求耶穌,毋逐之出斯地。
② 이여 간절이 예수게 구ᄒᆞ되 조차 이 ᄯᅡᆼ에 나가지 안케 ᄒᆞ라다니
③ 이여 간절이 예수게 구ᄒᆞ되 이 ᄯᅡ에 나가지 ᄋᆞᆫ케 ᄒᆞ라다니

④ 드듸여 이 ᄯᅡ희 ᄶᅩᆺᄎᆞ내지 말아 달나 ᄒᆞ며

⑤ 예수ᄭᅴ ᄀᆞᆫ절이 구ᄒᆞᄃᆡ 이 ᄯᅡ에 내여ᄶᅩᆺ지 마르쇼셔 ᄒᆞ더니

⑥ 예수ᄭᅴ ᄀᆞᆫ졀이 구ᄒᆞᄃᆡ 이 ᄯᅡ헤 내어ᄶᅩᆺ지 마ᄅᆞ쇼셔 ᄒᆞ더니

⑦ 예수ᄭᅴ ᄀᆞᆫ졀히 구ᄒᆞᄃᆡ 이 ᄯᅡ헤 내여ᄶᅩᆺ지마옵쇼셔 ᄒᆞ더니

(예수ᄭᅴ ᄀᆞᆫ졀히 구ᄒᆞᄃᆡ 이 ᄯᅡ헤 내여ᄶᅩᆺ지 마옵쇼셔 ᄒᆞ더니)

⑧ 예수ᄭᅴ ᄀᆞᆫ졀히 구ᄒᆞᄃᆡ 이ᄯᅡ에 내어ᄶᅩᆺ지 마옵쇼셔 ᄒᆞ더니

⑨ 예수ᄭᅴ 懇切히 求ᄒᆞᄃᆡ 此地에 逐出ᄒᆞ지 마옵쇼셔 ᄒᆞ더니

⑩ 예수ᄭᅴ 이 ᄯᅡ에셔 내여ᄶᅩᆺ지 마시기를 懇求ᄒᆞ더니

⑪ 예수ᄭᅴ 懇切히 求하대 이 地方에셔 내여ᄶᅩᆺ지 마옵쇼셔 하더니

⑫ 자긔를 이 디방에셔 내여보내지 마시기를 간절히 구하더니

⑬ 자기를 이 지방에서 내어보내지 마시기를 간절히 구하더니

⑭ そして、自分たちをこの土地から追い出さないようにと、しきり願いつづけた。

마가福音 05:11

① 在彼,有大羣豕,近山而食

② 거긔 큰 무리 돗치 이서 산에셔 먹거날

③ 거긔 큰 무리 돗치 이서 산에셔 먹거날

④ 뎌긔 큰 도야지 ᄯᅦ가 잇서 산에ᄀᆞᆺ가이ᄒᆞ야 먹더니

⑤ ᄆᆞᆺ춤 거긔 큰 도야지 ᄯᅦ가 산겻희셔 먹거ᄂᆞᆯ

⑥ 뭇춤 거긔 도야지 큰쎄가 산곗헤셔 먹거놀
⑦ 맛촘 거긔 도야지 큰쎼가 산곗헤셔 먹거늘
(맛촘 거긔 도야지 큰쎼가 산곗헤셔 먹거늘)
⑧ 맛촘 거긔 도야지의 큰쎼가 산곗헤셔 먹거늘
⑨ 맛촘 該處에 豕의 巨隊가 山側에셔 食ᄒᆞ거놀
⑩ 뭇츰 도야지의 큰쌔가 山곗해셔 먹거놀
⑪ 맛참 거긔 도야지의 큰쎼가 山곗헤셔 먹거늘
⑫ 맛참 거긔 도야지의 큰쎼가 산곗헤셔 먹고 잇는지라
⑬ 마침 거기 돼지의 큰떼가 산곁에서 먹고 있는지라
⑭ さて、そこの山の中腹に、豚の大群が飼ってあった。

마가福音 05:12

① 衆鬼皆求地曰,遣我儕往於豕而入焉。
② 귀신이 구ᄒᆞ여 갈아되 우리를 보늬여 돗트게 드러가게 ᄒᆞ소셔 ᄒᆞ니
③ 귀신이 구ᄒᆞ여 갈아되 우리롤 보늬여 돗트게 드러가게 ᄒᆞ소셔 ᄒᆞ니
④ 여러잡귀다 구ᄒᆞ여 왈 우리들을 보내여 도야지의게가셔 드러가게 ᄒᆞ여 달나 ᄒᆞ거늘
⑤ 여러샤귀들이 다시 ᄀᆞᆫ구ᄒᆞ야 ᄀᆞᆯᄋᆞᄃᆡ 우리를 보내여 도야지쎼의게로 드러가게 ᄒᆞ쇼셔 ᄒᆞ거놀
⑥ 샤귀들이 ᄀᆞᆫ구ᄒᆞ야 ᄀᆞᆯᄋᆞᄃᆡ 우리롤 도야지쎼에 보내여 드러가게 ᄒᆞ쇼셔 ᄒᆞ니
⑦ 샤귀들이 ᄀᆞᆫ구ᄒᆞ야 ᄀᆞᆯᄋᆞᄃᆡ 우리를 도야지쎼에 보내여 드러가게 ᄒᆞ쇼셔 ᄒᆞ니

⑧ 사귀들이 ᄀᆞᆫ구ᄒᆞ야 ᄀᆞᆯᄋᆞᄃᆡ 우리를 도야지ᄣᅦ에 보내여 드러가게 ᄒᆞ쇼셔 ᄒᆞ니
⑨ 邪鬼들이 懇求ᄒᆞ야 曰 我等을 豕隊의게 遣ᄒᆞ야 入去케 ᄒᆞ쇼셔 ᄒᆞ니
⑩ 邪鬼들이 懇求ᄒᆞ야 ᄀᆞᆯᄋᆞᄃᆡ 우리를 보내여 도야지ᄣᅢ에 드러가게 ᄒᆞ쇼셔
⑪ 邪鬼들이 懇求하야 갈아대 우리를 도야지ᄣᅦ에 보내여 드러가게 하쇼셔 하니
⑫ 이에 간구하야 갈아대 우리를 도야지의게로 보내여 드러가게 하쇼셔 하니
⑬ 이에 간구하여 가로되 우리를 돼지에게로 보내어 들어가게 하소서 하니
⑭ 靈はイエスに願って言った、「わたしどもを、豚にはいらせてください。その中へ送ってください」。

마가福音 05:13

① 耶穌遂許之,汚鬼出而入於豕,豕羣約二千,逸於坡.乃投海而溺於海。
② 예수 즉시 허ᄒᆞ거날 귀신이 나와 돗트게 드러가니 그 무리 산건들미기에 ᄠᅱ여 ᄂᆞ려 바다에 더지니 이쳔 가량이 바다에 숨막
인지라
③ 예수 즉시 허ᄒᆞ거날 귀신이 나와 돗트게 드러가니 그 무리 산컨들미기에 ᄯᅱ여 ᄂᆞ려 바다에 더지니 이쳔 가량이 바다에 ᄡᅡ지
더라
④ 예수ㅣ 드ᄃᆡ여 허락ᄒᆞ시니 샤귀 나아가 도야지게 드러가니 이쳔이나 되ᄂᆞᆫ ᄣᅦ도야지 언덕으로 닷고 바다희 ᄠᅱ여 드러 **ᄲᅡ**지거놀
⑤ 예수ㅣ 허락ᄒᆞ신ᄃᆡ 샤귀들이 나아가 도야지 ᄣᅦ의게로 드려가니 거진 이천마리 되ᄂᆞᆫ 도야지 ᄣᅦ가 비탈노 ᄂᆞ러 닷고 바나로
드러가 ᄡᅡ지거놀
⑥ 허락ᄒᆞ신ᄃᆡ 샤귀들이 나와 도야지 ᄣᅦ의게로 드러가니 거진 이쳔 마리 되ᄂᆞᆫ 도야지 ᄣᅦ가 비탈노 ᄂᆞ려다라 바다로 드러가
몰ᄉᆞᄒᆞ거놀

⑦ 허락ᄒᆞ신ᄃᆡ 샤귀들이 나와 도야지의게 드러가니 거진 이쳔마리되ᄂᆞᆫ 도야지 ᄯᅦ가 비탈노 ᄂᆞ려ᄃᆞ라 바다로 드러가 몰ᄉᆞᄒᆞ거ᄂᆞᆯ (허락ᄒᆞ신ᄃᆡ 더러온 귀신들이 나와셔 도야지의게로 드러가니 거진 이쳔 마리 되ᄂᆞᆫ 도야지 ᄯᅦ가 비탈노 ᄂᆞ려다라 바다로 드러가 몰ᄉᆞᄒᆞ거ᄂᆞᆯ)

⑧ 허락ᄒᆞ신ᄃᆡ 더러온귀신들이 나와셔 도야지의게로 드러가니 거진 이쳔 마리 되ᄂᆞᆫ 도야지ᄯᅦ가 비탈노 ᄂᆞ려다라 바다로 드러가 몰ᄉᆞᄒᆞ거ᄂᆞᆯ

⑨ 許諾ᄒᆞ신ᄃᆡ 汚鬼들이 出ᄒᆞ야 豕의게로 入ᄒᆞ니 거진 二千 首가 되ᄂᆞᆫ 豕羣이 山坂으로 下走ᄒᆞ야 海로 入ᄒᆞ야 沒死ᄒᆞ거ᄂᆞᆯ

⑩ 예수ㅣ 許諾ᄒᆞ신ᄃᆡ 더러운 鬼神들이 나와셔 도야지의게로 드러가니 거의 二十마리나 되ᄂᆞᆫ 도야지 ᄲᅦ가 비탈노 ᄂᆞ리다라 湖水로 들어가 沒死ᄒᆞᄂᆞᆫ지라

⑪ 許諾하신대 더러운 鬼神들이 나와셔 도야지의게로 드러가니 거진 二千 마리 되는 도야지 ᄯᅦ가 비탈노 나리다라 바다로 드러가 沒死하거늘

⑫ 허낙하신대 더러운 귀신들이 나와셔 도야지의게로 드러가니 거진 이쳔마리 되는 ᄯᅦ가 바다를 향하야 비탈노 나리다라 바다에셔 몰사하거늘

⑬ 허락하신대 더러운 귀신들이 나와서 돼지에게로 들어가니 거의 이천마리 되는 떼가 바다를 향하여 비탈로 내리달아 바다에서 몰사하거늘

⑭ イエスがお許しになったので、けがれた靈どもは出て行って、豚の中へはいり込んだ。すると、その群れは二千匹ばかりであったが、がけから海へなだれを打って驅け下がり、海の中でおぼれ死んでしまった。

마가福音 05:14

① 牧豕者奔告於邑與村,衆出,欲觀所爲,

② 묵인이 달아 셩과 근방에 고ᄒᆞ니 뭇사ᄅᆞᆷ이 나와 하ᄂᆞᆫ 바를 보고져 하여
③ 목인이 달아 셩과 근방에 고ᄒᆞ니 뭇사ᄅᆞᆷ이 나와 ᄒᆞᄂᆞᆫ 바ᄅᆞᆯ 보고져 ᄒᆞ여
④ 도야지ᄅᆞᆯ 치던 쟈ㅣ 읍ᄂᆡ와 촌으로 다라 고ᄒᆞ니 모든이 나아가 ᄒᆞᄂᆞᆫ 바ᄅᆞᆯ 보려ᄒᆞ여
⑤ 먹이던 쟈ㅣ 읍ᄂᆡ와 촌에 다라나 고ᄒᆞ니 여러사ᄅᆞᆷ이 나와 무엇ᄉᆞᆯ ᄒᆞ엿ᄂᆞᆫ가 볼식
⑥ 치던 자ㅣ 다라나 읍ᄂᆡ와 촌에 고ᄒᆞ니 여러사ᄅᆞᆷ이 무어ᄉᆞᆯ ᄒᆞ엿ᄂᆞᆫ가 보러 나와셔
⑦ 치던 쟈ㅣ ᄃᆞ라나 읍ᄂᆡ와 촌에 고ᄒᆞ니 여러사ᄅᆞᆷ이 무어슬 ᄒᆞ엿ᄂᆞᆫ가 보러 나와셔
(치던 쟈가 다라나 읍ᄂᆡ와 촌에 고ᄒᆞ니 여러사ᄅᆞᆷ이 무어슬 ᄒᆞ엿는가 보러 나와셔)
⑧ 치던쟈가 다라나 읍ᄂᆡ와 촌에 고ᄒᆞ니 여러사ᄅᆞᆷ이 무어슬 ᄒᆞ엿ᄂᆞᆫ가 보러 나와셔
⑨ 牧者가 走ᄒᆞ야 邑內와 村에 告ᄒᆞ니 多人이 何事를 ᄒᆞ엿ᄂᆞᆫ가 見ᄒᆞ러 來ᄒᆞ야
⑩ 치던 者기 딜너가 邑內와 村에 告ᄒᆞ니 여러사ᄅᆞᆷ이 엇지된 일인가 보러 나와
⑪ 치던 者가 다라나 邑內에 告하니 여러사람이 무엇을 하엿는가 보러 나와셔
⑫ 치던 쟈들이 도망하야 읍내와 촌에 고하니 사람들이 그 엇더케 된것을 보러 와셔
⑬ 치던 자들이 도망하여 읍내와 촌에 고하니 사람들이 그 어떻게 된것을 보러 와서
⑭ 豚を飼う者たちが逃げ出して、町や村にふれまわったので、人々は何事が起ったのかと身にきた。

마가福音 05:15

① 就耶穌,則見先患汚鬼爲軍所憑者,坐而衣衣自若,則懼。
② 예수으게 나아가 귀신 품엇던 사ᄅᆞᆷ 곳 군으게 붓트바되엿던 쟈 안저 옷슬 닙고 텬연하물 보고 무셔워하니
③ 예수의게 나아가 귀신 품엇던 사ᄅᆞᆷ 곳 군의게 붓튼바되엿던 쟈 안저 옷슬 닙고 텬연ᄒᆞ물 보고 무셔워ᄒᆞ니

④ 예수끠 나아오매 몬져 샤귀을 졉ᄒᆞ여 군이라 ᄒᆞ던 쟈ㅣ 안자 옷슬 닙고 ᄌᆞ약홈을 보고 두려워ᄒᆞ며
⑤ 뎌들이 예수끠 나아와 이왕 샤귀 들녓던 사ᄅᆞᆷ이 옷슬 닙고 ᄌᆞ약히 안졋슴을 보고 곳 두려워ᄒᆞ더니
⑥ 예수끠 나아와 이왕 샤귀 들녓던 이가 곳 군진이 잇던 사ᄅᆞᆷ이 옷슬 닙고 졍신이 셩ᄒᆞ야 안졋심을 보고 곳 두려워ᄒᆞ더니
⑦ 예수끠 니ᄅᆞ러 이왕 샤귀 들엿던이가 곳 군진이 잇던 사ᄅᆞᆷ이 옷슬 닙고 졍신이 셩ᄒᆞ여 안졋심을 보고 곳 두려워ᄒᆞ더니
(예수끠 니르니 이왕 샤귀 들엿던 쟈는 곳 군ᄃᆡ가 집혓던 사ᄅᆞᆷ이라 뎌가 옷슬 닙고 졍신이 셩ᄒᆞ여 안졋스매 무리가 보고 곳 두려워ᄒᆞ더니)
⑧ 예수끠 니르니 이왕 샤귀 들엿던 쟈는 곳 군ᄃᆡ가 집혓던 사ᄅᆞᆷ이라 뎌가 옷을 닙고 졍신이 셩ᄒᆞ야 안졋스매 무리가 보고 곳 두려워ᄒᆞ더니
⑨ 예수끠 至ᄒᆞ니 以往 邪鬼 들엿던 者는 곳 軍隊가 집혓던 人이라 彼가 衣를 衣ᄒᆞ고 精神이 셩ᄒᆞ야 坐ᄒᆞ엿스매 衆이 見ᄒᆞ고 卽 懼ᄒᆞ더니
⑩ 예수끠 니르러 邪鬼 곳 軍隊 들녓던 者가 옷슬 닙고 精神이 셩ᄒᆞ야 안졋슴을 보고 무리가 두려워ᄒᆞ니
⑪ 예수끠 니르니 已往 邪鬼 들녓던 者는 곳 軍隊가 집혓던 사람이라 뎌가 옷을 닙고 精神이 셩하야 안졋스매 무리가 보고 곳 두려워하더니
⑫ 예수끠 니르러 그귀신 들녓던 쟈 곳 군대 집혓던 쟈가 옷을 닙고 졍신이 온젼하야 안즌 것을 보고 두려워하더라
⑬ 예수께 이르러 그귀신 들렸던 자 곧 군대 지폈던 자가 옷을 입고 정신이 온전하여 앉은 것을 보고 두려워하더라
⑭ そして、イエスのところにきて、悪靈につかれた人が着物を着て、正氣になってすわっており、それがレギオンを宿していた者であるのを見て、恐れた。

마가福音 05:16

① 見者以患鬼之人所遇,及以羣豕之事告之。

② 본 쟈 귀신 품엇던 쟈의 너력과 돗트일노써 뭇사람으게 고하니

③ 본 쟈 귀신 품엇던 쟈의 너력과 돗트일노써 뭇사룸의게 고ᄒᆞ니

④ 보는 쟈ㅣ 귀신을 졉ᄒᆞᆫ 사름을 맛나나 것과 쎄도야지 일노써 고ᄒᆞ니

⑤ 본 쟈ㅣ 귀신 들녓던 사름의 맛는 것과 뭇 도야지 일노 그들의게 고ᄒᆞᆫᄃᆡ

⑥ 본 쟈ㅣ 샤귀 들녓던 사름의 맛난 것과 뭇도야지 일노 고ᄒᆞᆫᄃᆡ

⑦ 본 쟈ㅣ 샤귀들녓던 사름의 맛난 것과 뭇도야지 일노 고ᄒᆞᆫᄃᆡ

(본 쟈가 샤귀 들녓던 사름의 맛난 것과 뭇도야지 일노 고ᄒᆞᆫᄃᆡ)

⑧ 본 쟈가 샤귀 들녓던 사름의 맛난 것과 뭇도야지 일노 고ᄒᆞᆫᄃᆡ

⑨ 見ᄒᆞᆫ 者가 邪鬼 들녓던 人의 遇ᄒᆞᆫ 것과 羣豕의 事로 告ᄒᆞᆫᄃᆡ

⑩ 目覩ᄒᆞᆫ 者가 邪鬼 들녓던 사름의 맛난 일과 뭇도야지의 일노 告ᄒᆞᆫᄃᆡ

⑪ 본 者가 邪鬼 들녓던 사람의 맛난 것과 뭇도야지의 일노 告한대

⑫ 이에 귀신들녓던 쟈의 당한 것과 도야지의 일을 본 쟈들이 뎌희게 고하매

⑬ 이에 귀신 들렸던 자의 당한 것과 돼지의 일을 본 자들이 저희에게 고하매

⑭ また、それを見た人立ちは、惡靈につかれた人の身に起った事と豚のこととを、彼らに話して聞かせた。

마가福音 05:17

① 衆遂求耶穌出其境。

② 뭇사람이 예수으게 구하여 그 디경을 나가라 하다라
③ 뭇사ᄅᆞᆷ이 예수의게 구ᄒᆞ여 그 디경ᄋᆞᆯ 나가라 ᄒᆞ더라
④ 모든이 드ᄃᆡ여 예수ᄭᅴ 구ᄒᆞ여 그 디경에 쏫치시기ᄅᆞᆯ 청ᄒᆞᄂᆞᆫ지라
⑤ 그사ᄅᆞᆷ들이 예수 ᄃᆞ려 그 디경에셔 ᄯᅥ나시기를 ᄀᆞᆫ구ᄒᆞ더라
⑥ 그사ᄅᆞᆷ들이 드ᄃᆡ여 그 디경에셔 ᄯᅥ나시기ᄅᆞᆯ ᄀᆞᆫ구ᄒᆞ더라
⑦ 그사ᄅᆞᆷ들이 드ᄃᆡ여 그 디경에셔 ᄯᅥ나시기를 ᄀᆞᆫ구ᄒᆞ더라
⑧ 그사ᄅᆞᆷ들이 드ᄃᆡ여 그 디경에셔 ᄯᅥ나시기를 ᄀᆞᆫ구ᄒᆞ더라
⑨ 其人들이 드ᄃᆡ여 其 地境에셔 離ᄒᆞ시기를 懇求ᄒᆞ더라
⑩ 그사ᄅᆞᆷ들이 예수ᄭᅴ 그 地境에셔 ᄯᅥ나시기를 懇求ᄒᆞ더라
⑪ 그사람들이 드대여 그 地境에셔 ᄯᅥ나시기를 懇求하더라
⑫ 뎌희가 예수ᄭᅴ 그 디경에셔 ᄯᅥ나시기를 간구하더라
⑬ 저희가 예수께 그 지경에서 떠나시기를 간구하더라
⑭ そこで、人々はイエスに、この地方から出て行っていただきたいと、頼みはじめた。

마가福音 05:18

① 耶穌登舟時,先患鬼者求與之偕。
② ᄇᆡ여 올을 ᄣᆡ여 귀신 품엇뎐 쟈 더부러함긔하기를 구하되
③ ᄇᆡ에 올ᄋᆞᆯ ᄣᆡ에 귀신 품엇던 쟈 더부러함ᄭᅴᄒᆞ기ᄅᆞᆯ 구ᄒᆞ되
④ 예수ㅣ ᄇᆡ에 오ᄅᆞ시니 몬져 귀신 졉ᄒᆞᆫ 사ᄅᆞᆷ이 ᄒᆞᆫ가지로가기ᄅᆞᆯ 구ᄒᆞ거ᄂᆞᆯ

⑤ 예수ㅣ ᄇᆡ에 올으실 ᄯᅢ에 이왕 귀신 들녓던 사ᄅᆞᆷ이 함ᄭᅴ가기를 ᄀᆞᆫ구ᄒᆞ거ᄂᆞᆯ
⑥ 예수ㅣ ᄇᆡ에 올으실 ᄯᅢ에 샤귀 들녓던 사ᄅᆞᆷ이 ᄒᆞᆷᄭᅴᄒᆞ기ᄅᆞᆯ ᄀᆞᆫ구ᄒᆞ거ᄂᆞᆯ
⑦ 예수ㅣ ᄇᆡ에 오ᄅᆞ실 ᄯᅢ에 샤귀 들녓던 사ᄅᆞᆷ이 ᄒᆞᆷᄭᅴᄒᆞ기를 ᄀᆞᆫ구ᄒᆞ거늘
(예수ㅣ ᄇᆡ에 오르실 ᄯᅢ에 샤귀 들녓던 사ᄅᆞᆷ이 ᄒᆞᆷᄭᅴ잇기를 ᄀᆞᆫ구ᄒᆞ거늘)
⑧ 예수가 ᄇᆡ에 오르실 ᄯᅢ에 샤귀 들녓던 사ᄅᆞᆷ이 ᄒᆞᆷᄭᅴ잇기를 ᄀᆞᆫ구ᄒᆞ거늘
⑨ 예수가 舟에 上ᄒᆞ실 時에 邪鬼 들녓던 人이 同居ᄒᆞ기를 懇求ᄒᆞ거ᄂᆞᆯ
⑩ 예수ㅣ ᄇᆡ에 오르실 ᄯᅢ에 邪鬼 들녓던 사ᄅᆞᆷ이 ᄒᆞᆷᄭᅴ가기를 懇求ᄒᆞ거ᄂᆞᆯ
⑪ 예수ㅣ 배에 오르실 ᄯᅢ에 邪鬼 들녓던 사람이 함ᄭᅴ잇기를 懇求하거늘
⑫ 예수ᄭᅴ셔 배에 오르실 ᄯᅢ에 귀신 들녓던 사람이 함ᄭᅴ잇기를 간구하엿스나
⑬ 예수께서 배에 오르실 때에 귀신 들렸던 사람이 함께있기를 간구하였으나
⑭ イエスが舟に乗ろうとされると、悪靈につかれていた人がお供をしたいと願い出た。

마가福音 05:19

① 耶穌弗許,乃謂之曰,歸爾家,詣爾親屬,以主如何行於爾,及矜恤爾者告之。
② 예수 허치 안이하고 일오샤되 네 집에 돌아가 너희 친척으게 나아가 쥬 네게 힝한 바 일과 너를 어엽비 너긴 쟈로써 고하라 하니
③ 예수 허치 ᄋᆞᆫ이ᄒᆞ고 갈오샤ᄃᆡ 네 집에 돌아가 너희 친쳑의게 나아가 쥬 네게 힝ᄒᆞᆫ 바 엇더케 큰일과 너ᄅᆞᆯ 어엽비 네긴 쟈로써 고ᄒᆞ라 ᄒᆞ니
④ 예수ㅣ 허치 아니ᄒᆞ시고 닐ᄋᆞ샤ᄃᆡ 너ㅣ 집에 도라가 네 친ᄒᆞᆫ 이의게 나아가 쥬ㅣ 엇더케 네게 ᄒᆞ신 것과 너ᄅᆞᆯ 불샹희 녁임을

닐너라 ᄒᆞ시니

⑤ 예수ㅣ 허락지 아니시고 오직 뎌ᄃᆞ려 ᄀᆞᆯᄋᆞ샤ᄃᆡ 집으로 도라가 쥬ㅣ 엇더ᄒᆞᆫ 큰일들을 네게 ᄒᆞᆷ과 너를 불상히 녁이던 일노 네 친쇽의게 고ᄒᆞ라 ᄒᆞ시니

⑥ 예수ㅣ 허락지 아니시고 오직 뎌ᄃᆞ려 ᄀᆞᆯᄋᆞ샤ᄃᆡ 집으로 도라가 쥬ㅣ 네게 엇더케 큰일 힝ᄒᆞ심과 너ᄅᆞᆯ 불상히 녁이심을 네 친쇽의게 고ᄒᆞ라 ᄒᆞ시니

⑦ 예수ㅣ 허락지 아니시고 오직 뎌ᄃᆞ려 ᄀᆞᆯᄋᆞ샤ᄃᆡ 집으로 도라가 쥬ㅣ 네게 엇더케 큰일 힝ᄒᆞ심과 너를 불상히 녁이심을 네 친쇽의게 고ᄒᆞ라 ᄒᆞ시니

(예수ㅣ 허락지 아니ᄒᆞ시고 오직 뎌ᄃᆞ려 닐ᄋᆞ샤ᄃᆡ 집으로 도라가 쥬가 네게 엇더케 큰일 힝ᄒᆞ심과 너를 불상히 녁이심을 네 친쇽의게 고ᄒᆞ라 ᄒᆞ시니)

⑧ 예수가 허락지 아니ᄒᆞ시고 오직 뎌ᄃᆞ려 닐ᄋᆞ샤ᄃᆡ 집으로 도라가 쥬가 네게 엇더케 큰일 힝ᄒᆞ심과 너를 불상히 녁이심을 네 친쇽의게 고ᄒᆞ라 ᄒᆞ시

⑨ 예수가 許諾지 아니ᄒᆞ시고 오직 彼ᄃᆞ려 謂ᄒᆞ샤ᄃᆡ 家로 歸ᄒᆞ야 主가 爾의게 何如케 大事를 行ᄒᆞ심과 爾를 矜恤히 녁이심을 爾의 親屬의게 告ᄒᆞ라 ᄒᆞ시니

⑩ 예수ㅣ 許諾지 아니ᄒᆞ시고 닐ᄋᆞ샤ᄃᆡ 집으로 도라가 主ㅣ 불상히 녁이샤 네게 엇더케 큰일 行ᄒᆞ심을 네 親屬의게 告ᄒᆞ라

⑪ 예수ㅣ 許諾지 아니하시고 오직 뎌다려 닐어샤대 집으로 도라가 主ᄭᅴ셔 네게 엇더케 큰일 行하심과 너를 불상히 녁이심을 네 親屬의게 告하라시니

⑫ 허낙지 아니하시고 뎌의게 닐아샤대 집으로 도라가 쥬ᄭᅴ셔 네게 엇더케 큰일을 행하샤 너를 불상히 녁이신 것을 네 친쇽의게 고하라 하신대

⑬ 허락지 아니하시고 저에게 이르시되 집으로 돌아가 주께서 네게 어떻게 큰일을 행하사 너를 불쌍히 여기신 것을 네 친속에

게 고하라 하신대

⑭ しかし、イエスは許しにならないで、彼に言われた、「あなたの家族のもとに歸って，主がどんなに大きなことをしてくだ
さったか、またどんなにあわれんでくださったか、それを知らせなさい」。

마가福音 05:20

① 其人乃往,在低加波利,宣耶穌如何行於己者,衆奇之。

② 뎌 가셔 디카포리에셔 예수 자긔게 힝ᄒᆞᆫ바 큰일ᄋᆞᆯ 젼하니 사람이 다 긔긔히 네기다라

③ 뎌 가셔 디카포리에셔 예수 자긔게 힝ᄒᆞᆫ바 큰일ᄋᆞᆯ 뎐ᄒᆞ니 사ᄅᆞᆷ이 다 긔긔히 네기더라

④ 그 사ᄅᆞᆷ이 이에 데가불늬에 잇서 예수ㅣ 엇더케 뎌의게 힝ᄒᆞ시던 거술 닐으니 모든 이 신긔희 넉이더라

⑤ 그 사ᄅᆞᆷ이 가셔 뎨가 파리에셔브터 예수ᄭᅴ셔 제게 엇더케 ᄒᆞ신 큰일들을 젼파ᄒᆞ니 사ᄅᆞᆷ들이 다 괴이히 넉이더라

⑥ 그 사ᄅᆞᆷ이 가셔 예수ᄭᅴ셔 제게 엇더케 큰일 힝ᄒᆞ심을 데가볼늬에 젼파ᄒᆞ니 사ᄅᆞᆷ들이 다 괴이히 넉이더라

⑦ 그 사ᄅᆞᆷ이 가셔 예수가 제게 엇더케 큰일 힝ᄒᆞ심을 데가볼니에 젼파ᄒᆞ니 사ᄅᆞᆷ들이 다 괴이히 넉이디라

⑧ 그 사ᄅᆞᆷ이 가셔 예수가 제게 엇더케 큰일 힝ᄒᆞ심을 데가볼니에 젼파ᄒᆞ니 사ᄅᆞᆷ들이 다 괴이히 넉이더라

⑨ 其 人이 去ᄒᆞ야 예수가 渠의게 何如케 大事 行ᄒᆞ심을 데가볼니에 傳播ᄒᆞ니 人들이 다 奇異히 넉이더라

⑩ 그 사ᄅᆞᆷ이 가셔 예수ㅣ 제게 엇더케 큰일 行ᄒᆞ심을 데가볼니에 傳播ᄒᆞ니 사ᄅᆞᆷ들이 다 奇異히 녁이더라

⑪ 그 사람이 가셔 예수ㅣ 제게 엇더케 큰 일 行하심을 데가볼니에 傳播하니 사람들이 다 奇異히 녁이더라

⑫ 그가 가셔 예수ᄭᅴ셔 자긔의게 엇더케 큰일 행하신 것을 데가볼니에 젼파하니 모든 사람이 괴이히 녁이더라

⑬ 그가 가서 예수께서 자기에게 어떻게 큰일 행하신 것을 데가볼리에 전파하니 모든 사람이 기이히 여기더라

⑭ そこで、彼は立ち去り、そして自分にイエスがしてくださったことを、ことごとくデカポリスの地方に言いひろめ出した

ので、人々はみな驚き怪しんだ。

마가福音 05:21

① 耶穌乘舟,復濟彼岸,羣衆集而就之,乃在海濱。

② 예수 ᄇᆡ를 타고 다시 뎌켠두던에 건너가니 허다한 사람이 모여 나아오ᄂᆞᆫ지라 뎌 ᄒᆡ변에 잇ᄂᆞᆫᄃᆡ

③ 예수 ᄇᆡᄅᆞᆯ 타고 다시 뎌켠두던에 건너가니 허다한 ᄉᆞᄅᆞᆷ이 모여 나아오ᄂᆞᆫ지라 뎌 ᄒᆡ변에 잇ᄂᆞᆫᄃᆡ

④ 예수ㅣ ᄇᆡᄅᆞᆯ ᄐᆞ시고 다시 그언덕으로 건너시니 모든 이 운집ᄒᆞ여 나오매 이에 바다ᄀᆞ에 계시더니

⑤ 예수ㅣ ᄇᆡ를 ᄐᆞ시고 다시 뎌편언덕으로 건너가시매 허다ᄒᆞᆫ ᄉᆞᄅᆞᆷ이 모히거ᄂᆞᆯ 이에 바다가에 계시더니

⑥ 예수ㅣ ᄇᆡᄅᆞᆯ ᄐᆞ시고 다시 뎌편으로 건너가시매 허다ᄒᆞᆫ ᄉᆞᄅᆞᆷ이 모히거ᄂᆞᆯ 이에 바다 가에 계시더니

⑦ 예수ㅣ ᄇᆡ를 ᄐᆞ시고 다시 뎌편으로 건너가시매 허다ᄒᆞᆫ ᄉᆞᄅᆞᆷ이 모히거늘 이에 바다가에 계시더니
(예수ㅣ ᄇᆡ를 ᄐᆞ시고 다시 뎌편으로 건너가시매 허다ᄒᆞᆫ 무리가 모히거늘 이에 바다가에 계시더니)

⑧ 예수가 ᄇᆡ를 ᄐᆞ시고 다시 뎌편으로 건너가시매 허다ᄒᆞᆫ 무리가 모히거늘 이에 바다가에 계시더니

⑨ 예수가 舟를 乘ᄒᆞ시고 다시 彼便으로 渡往ᄒᆞ시매 許多ᄒᆞᆫ 衆이 集ᄒᆞ거ᄂᆞᆯ 이에 海濱에 在ᄒᆞ시더니

⑩ 예수ㅣ ᄇᆡ ᄐᆞ시고 다시 뎌偏언덕으로 건너가시니 許多ᄒᆞᆫ 무리가 모히ᄂᆞᆫ지라 이에 湖水가에 계시더니

⑪ 예수ㅣ 배를 타시고 다시 뎌便으로 건너가시매 許多한 무리가 모히거늘 이에 바다가에 계시더니

⑫ 예수ᄭᅴ셔 배를 타시고 다시 뎌편으로 건너 가시매 큰 무리가 그의게로 모히거늘 이에 바다가에 계시더니

⑬ 예수께서 배를 타시고 다시 저편으로 건너가시매 큰 무리가 그에게로 모이거늘 이에 바닷가에 계시더니

⑭ イエスがまた舟で向こう岸へ渡られると、大ぜいの群衆がみもとに集まってきた。イエスは海べにおられた。

마가福音 05:22

① 有宰會堂者之一,名睚魯者來,旣見耶穌,乃俯伏其足下,

② 회당차지하난 쟈의 한나 일홈은 ᄋᆡ로라 와셔 보고 그 발알에 업제여

③ 회당차지ᄒᆞᄂᆞᆫ 쟈의 ᄒᆞᆫ나 일홈은 ᄋᆡ로라 와셔 보고 그 발알에 업제여

④ 회당을맛흔 야애로ㅣ라 ᄒᆞᄂᆞᆫ쟈ㅣ 잇더니 와셔 예수ᄭᅴ 뵈옵고 이에 발아래 부복ᄒᆞ여

⑤ 회당맛흔 ᄋᆡ로라 ᄒᆞᄂᆞᆫ 이ㅣ 와셔 예수ᄅᆞᆯ 보고 니 발아래 업ᄃᆡ여

⑥ 회당어룬 ᄒᆞ나 야이로라 ᄒᆞᄂᆞᆫ 사ᄅᆞᆷ이 와셔 예수ᄅᆞᆯ 보고 발아래 업듸여

⑦ 회당어룬 ᄒᆞ나 야이로라ᄒᆞᄂᆞᆫ 사ᄅᆞᆷ이 와셔 예수를 보고 발아래 업ᄃᆡ여

(회당어룬 야이로라 ᄒᆞ는 ᄒᆞᆫ 사ᄅᆞᆷ이 와셔 예수를 보고 발아래 업ᄃᆡ여)

⑧ 회당어룬 야이로라 ᄒᆞᄂᆞᆫ ᄒᆞᆫ 사ᄅᆞᆷ이 와셔 예수를 보고 발아래 업ᄃᆡ여

⑨ 會堂長 야이로라 ᄒᆞᄂᆞᆫ 一人이 來ᄒᆞ야 예수를 見ᄒᆞ고 足下에 伏ᄒᆞ야

⑩ ᄒᆞᆫ 會堂長 야이로라 ᄒᆞᄂᆞᆫ 사ᄅᆞᆷ이 와셔 예수를 뵈옵고 발 아래 업ᄃᆡ어

⑪ 會堂어룬 야이로라 하는 한 사람이 와셔 예수를 보고 발아래 업대여

⑫ 회당쟝 즁 하나인 야이로라 하는 이가 와셔 예수를 보고 발아래 업대여

⑬ 회당장 중 하나인 야이로라 하는 이가 와서 예수를 보고 발아래 엎드리어

⑭ そこへ、會堂司(かいどうづかさ)のひとりであるヤイロという者がきて、イエスを見かけるとその足もとにひれ伏し、

마가福音 05:23

① 切求之曰,我幼女瀕死,爾來按手於其上,使之得愈,則必生矣。

② 간졀이 구하여 갈아되 ᄂᆡ의 얼인ᄯᅡᆯ이 거의 죽어가니 쥬 가셔 손으로써안찰하여 낫게 한 즉 살니이다 하니
③ 간졀이 구ᄒᆞ여 갈아ᄃᆡ ᄂᆡ의 얼인ᄯᅡᆯ이 거의 죽어가니 쥬 가셔 손으로써안찰ᄒᆞ여 낫게 ᄒᆞᆫ 즉 살니이다 ᄒᆞ니
④ ᄀᆞᆫ졀이 쳥ᄒᆞ여 ᄀᆞᆯᄋᆞᄃᆡ 나의 어린ᄯᆞᆯ이 죽기에 니ᄅᆞ럿스니 너ㅣ 와셔 그 우희 손을덥허 ᄒᆞ여곰 ᄂᆞᆺ게 ᄒᆞᆷ을 엇게 ᄒᆞᆯ진대 반ᄃᆞ시
살니라
⑤ ᄀᆞᆫ졀이 구ᄒᆞ야 ᄀᆞᆯᄋᆞᄃᆡ 내 어린ᄯᆞᆯ이 죽게 되엿ᄂᆞ오니 비옵건ᄃᆡ 오셔셔 그 우에 손을ᄃᆡ여 낫게 ᄒᆞ신 즉 살겟ᄂᆞ이다 ᄒᆞ거ᄂᆞᆯ
⑥ 만히 ᄀᆞᆫ구ᄒᆞ야 ᄀᆞᆯᄋᆞᄃᆡ 내 어린ᄯᆞᆯ이 죽게 되엿ᄉᆞ오니 오서셔 그 우헤 손을ᄃᆡ여 셩ᄒᆞ게 ᄒᆞ신즉 살겟ᄂᆞ이다 ᄒᆞ거ᄂᆞᆯ
⑦ 만히 ᄀᆞᆫ구ᄒᆞ야 ᄀᆞᆯᄋᆞᄃᆡ 내 어린ᄯᆞᆯ이 죽게되엿스니 오샤 그 우헤 손을ᄃᆡ여 셩ᄒᆞ고 살게 ᄒᆞ쇼셔 ᄒᆞ거늘
(여러번 ᄀᆞᆫ구ᄒᆞ야 ᄀᆞᆯᄋᆞᄃᆡ 내 어린ᄯᆞᆯ이 죽게 되엿ᄉᆞ오니 오샤 그 우헤 손을ᄃᆡ여 나아셔 살게 ᄒᆞ쇼셔 ᄒᆞ거늘)
⑧ 여러번 ᄀᆞᆫ구ᄒᆞ야 ᄀᆞᆯᄋᆞᄃᆡ 내 어린ᄯᆞᆯ이 죽게 되엿ᄉᆞ오니 오샤 그 우에 손을대여 나아셔 살게 ᄒᆞ쇼셔 ᄒᆞ거늘
⑨ 屢次 懇求ᄒᆞ야 曰 我의 幼女가 死ᄒᆞ게 되엿ᄉᆞ오니 來ᄒᆞ샤 其 上에 手를按ᄒᆞ야 愈ᄒᆞ야 活케 ᄒᆞ쇼셔 ᄒᆞ거ᄂᆞᆯ
⑩ 懇求ᄒᆞ야 ᄀᆞᆯᄋᆞᄃᆡㅣ 내 어린ᄯᆞᆯ이 죽게 되엿ᄉᆞ오니 오서셔 그 몸에 按手ᄒᆞ샤 살너 주쇼셔
⑪ 여러番 懇求하야 갈아대 내 어린ᄯᅡᆯ이 죽게되엿사오니 오샤 그 우에 손을대여 나아셔 살게 하쇼셔 하거늘
⑫ 만히 간구하야 갈아대 내 어린ᄯᅡᆯ이 죽게 되엿사오니 오서셔 그 우에 손을언즈샤 그로 구원을 엇어 살게하쇼셔 하거늘
⑬ 많이 간구하여 가로되 내 어린딸이 죽게 되었사오니 오셔서 그 위에 손을얹으사 그로 구원을 얻어 살게 하소서 하거늘
⑭ しきりに願って言った、「わたしの幼い娘が死にかかっています。どうぞ、その子がなおって助かりますように、おいでに
なって、手をおいてやってください」。

마가福音 05:24

① 耶穌偕之往,衆擁而從之時。

② 예수 함긔 가ᄂᆞᆫᄃᆡ 허다 이 조차 옹위하ᄂᆞᆫ지라
③ 예수 함ᄭᅴ 가ᄂᆞᆫᄃᆡ 허다 이 조차 옹위ᄒᆞᄂᆞᆫ지라
④ 예수ㅣ 갓지 가실ᄉᆡ 모든 이 옹위ᄒᆞ여 조치니
⑤ 예수ㅣ ᄒᆞᆫ가지 가실ᄉᆡ 허다ᄒᆞᆫ 사ᄅᆞᆷ이 ᄯᅩ 옹위ᄒᆞ야 ᄌᆞᆺ더라
⑥ 예수ㅣ ᄒᆞᆫ가지 가실ᄉᆡ 허다ᄒᆞᆫ 사ᄅᆞᆷ이 ᄯᅩ 옹위ᄒᆞ야 ᄌᆞᆺ더라
⑦ 예수ㅣ ᄒᆞᆫ가지 가실ᄉᆡ 허다ᄒᆞᆫ 사ᄅᆞᆷ이 ᄯᅩ 옹위ᄒᆞ야 ᄌᆞᆺ더라
(예수ㅣ ᄒᆞᆫ가지로 가실ᄉᆡ 허다ᄒᆞᆫ 무리가 ᄯᅩ 옹위ᄒᆞ야 ᄌᆞᆺ더라)
⑧ 예수가 ᄒᆞᆫ가지로 가실ᄉᆡ 허다ᄒᆞᆫ 무리가 ᄯᅩ 옹위ᄒᆞ야 ᄌᆞᆺ더라
⑨ 예수가 同 往ᄒᆞ실ᄉᆡ 許多ᄒᆞᆫ 衆이 ᄯᅩ 擁衛ᄒᆞ야 從ᄒᆞ더라
⑩ 예수ㅣ ᄒᆞᆫ가지로 가실ᄉᆡ 許多ᄒᆞᆫ 무리가 擁圍ᄒᆞ야 ᄌᆞᆺ더라
⑪ 예수ㅣ 한가지로 가실새 許多한 무리가 ᄯᅩ 擁衛하야 ᄌᆞᆺ더라
⑫ 이에 그와 함ᄭᅴ 가신새 큰 무리가 ᄯᅡ라가며 에워싸 밀더라
⑬ 이에 그와 함께 가실쌔 큰 무리가 따라가며 에워싸 밀더라
⑭ そこで、イエスは彼と一緒に出かけられた。大ぜいの群衆もイエスに押し迫りながら、ついて行った。

마가福音 05:25
① 有一婦，血漏十有年,
② 한나 부인이 ᄃᆡᄒᆡ증 열두 ᄒᆡ여
③ 한나 부인이 ᄃᆡᄒᆡ증 열두 ᄒᆡ에

④ ᄣᅢ에 ᄒᆞᆫ 지어미 잇시되 혈루ᄒᆞᆫ 제 열 두ᄒᆡ라

⑤ ᄯᅩ 열두 ᄒᆡᄅᆞᆯ 혈루ᄒᆞ던 녀인 ᄒᆞ나이 잇스니

⑥ ᄯᅩ 열두 ᄒᆡᄅᆞᆯ 혈루증 잇던 녀인 ᄒᆞ나히 잇ᄉᆞ니

⑦ ᄯᅩ 열두 ᄒᆡ를 혈루증 잇던 녀인 ᄒᆞ나히 잇스니

(ᄯᅩ 열두 ᄒᆡ를 혈루증 잇는 녀인 ᄒᆞ나히 잇스니)

⑧ ᄯᅩ 열두 ᄒᆡ를 혈루증 잇ᄂᆞᆫ 녀인 ᄒᆞ나히 잇스니

⑨ ᄯᅩ 十二 年을 血漏症이 有ᄒᆞᆫ 女人 一이 有ᄒᆞ니

⑩ ᄣᅢ에 열두 ᄒᆡ 血漏症으로 알ᄂᆞᆫ 女人이 나아잇서

⑪ ᄯᅩ 열두 해를 血漏症 잇는 女人 하나이 잇스니

⑫ 열두 해를 혈루증으로 알는 한 여자가 잇서

⑬ 열 두 해를 혈루증으로 앓는 한 여자가 있어

⑭ さてここに、十二年間も長血(ながち)をわずらっている女がいた。

마가福音 05:26

① 甚爲多醫所者苦,且盡費其所有,不見益,而勢轉劇,

② 열어 의원으게 숫탄 고상하고 잇는 바를 다 허비하여스되 유익하미 업고 병은 도리여 더한지라

③ 열어 의원의게 숫탄 고상ᄒᆞ고 잇ᄂᆞᆫ 바ᄅᆞᆯ 다 허비ᄒᆞ여ᄉᆞ되 유익ᄒᆞ미 업고 병은 도리여 더ᄒᆞᆫ지라

④ 심히 여러 의원의 고로온바ㅣ 되고 ᄯᅩᄒᆞᆫ 잇던 거ᄉᆞᆯ 다 허비ᄒᆞ되 유익ᄒᆞᆷ을 보지 못ᄒᆞ고 증셰 극즁ᄒᆞ더니

⑤ 여러 의원의게 심히 괴로옴을 밧앗고 ᄯᅩᄒᆞᆫ 잇던 거ᄉᆞᆯ 다 허비ᄒᆞ엿시되 나음이 업고 증셰가 도로혀 즁ᄒᆞ던 ᄎᆞ이라

⑥ 여러 의원의게 심히 괴로옴을 밧앗고 ᄯᅩᄒᆞᆫ 잇던 거ᄉᆞᆯ 다 허비ᄒᆞ엿시되 나흠이 업고 증셰가 도로혀 즁ᄒᆞ던 ᄎᆞ이라
⑦ 여러 의원의게 심히 고로옴을 밧앗고 ᄯᅩᄒᆞᆫ 잇던 거슬 다 허비ᄒᆞ엿스되 나흠이 업고 증셰가 도로혀 즁ᄒᆞ던 ᄎᆞ이라
⑧ 여러 의원의게 심히 괴로옴을 밧앗고 ᄯᅩᄒᆞᆫ 잇던 거슬 다 허비ᄒᆞ엿스되 나음이 업고 증셰가 도로혀 즁ᄒᆞ던 ᄎᆞ이라
⑨ 여러 醫員의게 甚히 苦로옴을 受ᄒᆞ엿고 ᄯᅩᄒᆞᆫ 有ᄒᆞ던 거슬 다 虛費ᄒᆞ엿스되 愈ᄒᆞᆷ이 無ᄒᆞ고 症勢가 도로혀 重ᄒᆞ던 次이라
⑩ 여러 醫員의게 苦楚만 밧고 所有를 다 實用ᄒᆞ엿스나 差度가 업고 症勢가 도로혀 重ᄒᆞ던 次에
⑪ 여러 醫員의게 甚히 괴로움을 밧앗고 ᄯᅩ한 잇던 것을 다 虛費하엿스되 나음이 업고 症勢가 도로혀 重하던 次이라
⑫ 만흔 의원의게 만흔 괴로움을 밧앗고 잇던 것도 다 허비하엿스되 아모 효험이 업고 도로 혀더 중하여졋던 차에
⑬ 많은 의원에게 많은 괴로움을 받았고 있던 것도 다 허비하였으되 아무 효험이 없고 도리어 더 중하여졌던 차에
⑭ 多くの医者にかかって、さんざん苦しめられ、その持ち物を費してしまったが、なんのかいもないばかりか、かえってますます惡くなる一方であった。

마가福音 05:27

① 聞及耶穌,遂雜衆中而至,自後捫其衣,
② 예수를 듯고 뭇사람 가온ᄃᆡ 석겨 그 뒤여 나아가 그 옷슬 ᄆᆡᆫ지문
③ 예수의 일올 듯고 뭇사ᄅᆞᆷ 가온ᄃᆡ 석겨 그 뒤여 나아가 그 옷슬 ᄆᆡᆫ지문
④ 예수롤 ᄃᆞ론배 ᄃᆞ니어 뭇사ᄅᆞᆷ을 헷치고 니ᄅᆞ러 뒤호로 소차 그 옷ᄉᆞᆯ ᄆᆞᆫ지며
⑤ 예수의 힝ᄒᆞ신 일을 듯고 뭇사ᄅᆞᆷ 가온ᄃᆡ 셧겨와셔 뒤으로 그 옷슬 ᄆᆞᆫ지기ᄂᆞᆫ
⑥ 예수의 힝ᄒᆞ신 일을 듯고 뭇사ᄅᆞᆷ 가온ᄃᆡ 셧겨와셔 뒤호로 그 옷ᄉᆞᆯ ᄆᆞᆫ지기ᄂᆞᆫ
⑦ 예수의 힝ᄒᆞ신 일을 듯고 뭇사ᄅᆞᆷ 가온대 셕겨와셔 뒤호로 그 옷슬 ᄆᆞᆫ지기ᄂᆞᆫ

(예수의 힝ᄒᆞ신 일을 듯고 무리가온ᄃᆡ 셕겨와셔 뒤로 그 옷슬 ᄆᆞᆫ지기는)
⑧ 예수의 힝ᄒᆞ신 일을 듯고 무리가온ᄃᆡ 셕겨와셔 뒤로 그 옷을 ᄆᆞᆫ지기ᄂᆞᆫ
⑨ 예수의 行ᄒᆞ신 事를 聞ᄒᆞ고 衆中에 雜來ᄒᆞ야 後로 其 衣를 捫ᄒᆞ기ᄂᆞᆫ
⑩ 예수의 行ᄒᆞ심을 알고 무리 가온ᄃᆡ 셕겨와셔 뒤로 그 옷슬 ᄆᆞᆫ지니
⑪ 예수의 行하신 일을 듯고 무리 가온대 셕겨와셔 뒤로 그 옷을 만지기는
⑫ 예수의 소문을 듯고 무리 가온대 석겨뒤로 와셔 그의 옷에 손을대니
⑬ 예수의 소문을 듣고 무리 가운데 섞여뒤로 와서 그의 옷에 손을대니
⑭ この女がイエスのことを聞いて、群衆の中にまぎれ込み、うしろから、み衣にさわった。

마가福音 05:28
① 蓋曰,我第得捫其衣,則必愈。
② 말이 그 옷슬 ᄆᆡᆫ진즉 나을이라 하미다니
③ 말이 다못 그 옷슬 ᄆᆡᆫ진즉 나리라 ᄒᆞ미더라
④ ᄀᆞᆯ아ᄃᆡ 나ㅣ 다만 그 옷만 ᄆᆞᆫ지면 ᄂᆞᄒᆞ리라 ᄒᆞᆷ이러니
⑤ 졔가 ᄀᆞᆯᄋᆞᄃᆡ 내 다만 그 다만 그의 옷만 ᄆᆞᆫ져도 나으리라 ᄒᆞᆷ일너니
⑥ 제가 ᄀᆞᆯᄋᆞᄃᆡ 내 다만 그 옷만 ᄆᆞᆫ져도 셩ᄒᆞ리라 ᄒᆞᆷ일너니
⑦ 제가 ᄀᆞᆯᄋᆞᄃᆡ 내가 다만 그 옷만 ᄆᆞᆫ져도 셩ᄒᆞ리라 ᄒᆞᆷ일너니
(제 ᄉᆡᆼ각에 내가 다만 그 옷만 ᄆᆞᆫ져도 셩ᄒᆞ리라 ᄒᆞᆷ일너니)
⑧ 제가 ᄉᆡᆼ각에 내가 다만 그 옷만 ᄆᆞᆫ져도 셩ᄒᆞ리라 ᄒᆞᆷ일너니

⑨ 渠의 思에 我가 다만 其 衣만 捫ᄒᆞ여도 痊ᄒᆞ리라 ᄒᆞᆷ일너니
⑩ 제 ᄉᆡᆼ각에 내가 그 옷만 ᄆᆞᆫ져도 셩ᄒᆞ리라 ᄒᆞᆷ일너니
⑪ 제 생각에 내가 다만 그 옷만 만져도 셩하리라 함일너니
⑫ 이는 내가 그의 옷에만 손을 대여도 구원을 엇으리라 함일너라
⑬ 이는 내가 그의 옷에만 손을 대어도 구원을 얻으리라 함일러라
⑭ それは、せめて、み衣にでもさわれば、なおしていただけるだろうと、思っていたからである。

마가福音 05:29

① 卽時,血漏之源得涸,婦覺在身之疾已愈。
② ᄃᆡ힛증 근원이 즉시 멋고 몸에 병이 나물 ᄭᆡ달앗ᄂᆞᆫ지라
③ ᄃᆡ히증 근원이 즉시 멋고 몸에 병이 나으물 ᄭᆡ닷갓ᄂᆞᆫ지라
④ 즉시 혈루증이 막히이고 몸에 잇ᄂᆞᆫ 병이 임의 ᄂᆞᄒᆞᆫ 줄을 ᄭᆡ다ᄅᆞᆯ지라
⑤ 혈루가 곳 마르매 제 몸에 병이 나은 줄을 ᄭᆡᄃᆞᆺᄂᆞᆫ지라
⑥ 혈루 근원이 곳 마ᄅᆞ매 제 몸에 병이 나ᄒᆞᆫ 줄을 ᄭᆡᄃᆞᆺᄂᆞᆫ지라
⑦ 혈루 근원이 곳 ᄆᆞ르매 제 몸에 병이 나ᄒᆞᆫ 줄을 ᄭᆡᄃᆞᆺᄂᆞᆫ지라
(혈루 근원이 곳 ᄆᆞ르매 제 몸에 병이 나ᄒᆞᆫ 줄을 ᄭᆡᄃᆞᆺ는시라)
⑧ 혈루 근원이 곳 ᄆᆞ르매 제 몸에 병이 나은 줄을 ᄭᆡᄃᆞᆺᄂᆞᆫ지라
⑨ 血漏 根源이 卽 乾ᄒᆞ매 渠의 身에 病이 愈ᄒᆞᆫ 줄을 覺ᄒᆞᄂᆞᆫ지라
⑩ 血漏 根源이 곳 ᄆᆞ르매 제 몸에 病이 나은 줄을 ᄭᆡᄃᆞᆺᄂᆞᆫ지라

⑪ 血淚 根源이 곳 마르매 제 몸에 病이 나은 줄을 깨닷는지라
⑫ 이에 그의 혈루 근원이 곳 마르매 병이 나은 줄을 몸에 깨다르니라
⑬ 이에 그의 혈루 근원이 곧 마르매 병이 나은 줄을 몸에 깨달으니라
⑭ すると、血の元がすぐにかわき、女は病氣がなおったことを、その身に感じた。

마가福音 05:30

① 耶穌卽自覺有能由己出,於衆中轉顧曰,誰捫我衣乎。
② 예수 능하미 자긔로 나오물 알고 곳 몸을 뭇사람 가온듸 돌이워 갈아샤되 뉘가 닉 옷슬 민지나냐 하니
③ 예수 능ᄒᆞ미 자긔로 나오물 알고 곳 몸올 뭇사ᄅᆞᆷ 가온듸 돌이워 갈아샤듸 뉘가 닉 옷슬 민지ᄂᆞ냐 ᄒᆞ니
④ 예수도 즉시 ᄌᆞ긔로부터 ᄂᆞ흠을 알으시고 모든이 가온대셔 도라보아 ᄀᆞᆯᄋᆞ샤듸 뉘 내 옷술 믄졋ᄂᆞ냐
⑤ 예수ㅣ 곳 그 권능이 ᄌᆞ긔몸으로브터 나간 줄을 아시고 뭇사ᄅᆞᆷ 가온듸셔 도라 보아 ᄀᆞᆯᄋᆞ샤듸 누가 내 옷술 믄졋ᄂᆞ냐 ᄒᆞ시니
⑥ 예수ㅣ 곳 능홈이 ᄌᆞ긔로브터 나간 줄을 아시고 뭇사ᄅᆞᆷ 가온듸셔 도라보아 ᄀᆞᆯᄋᆞ샤듸 누가 내 옷술 믄졋ᄂᆞ냐 ᄒᆞ시니
⑦ 예수ㅣ 곳 능이 ᄌᆞ긔로브터 나간줄을 아시고 뭇사ᄅᆞᆷ 가온대셔 도라보아 ᄀᆞᆯᄋᆞ샤듸 누가 내 옷슬 믄졋ᄂᆞ냐 ᄒᆞ시니
(예수ㅣ 그 능력이 ᄌᆞ긔로브터 나간 줄을 곳 아시고 무리 가온듸셔 도라보아 ᄀᆞᆯᄋᆞ샤듸 누가 내 옷을 믄졋ᄂᆞ냐 ᄒᆞ시니)
⑧ 예수가 그 능력이 ᄌᆞ긔로브터 나간 줄을 곳 아시고 무리 가온듸셔 도라보아 ᄀᆞᆯᄋᆞ샤듸 누가 내 옷을 믄졋ᄂᆞ냐 ᄒᆞ시니
⑨ 예수가 其 能力이 自己로브터 出ᄒᆞᆫ 줄을 卽 知ᄒᆞ시고 衆人 中에셔 顧ᄒᆞ야 曰 誰가 我 衣를 捫ᄒᆞ엿ᄂᆞ냐 ᄒᆞ시니
⑩ 예수ㅣ 能力이 自己로브터 나간 줄을 곳 아시고 무리 가온듸셔 도라보아 ᄀᆞᆯᄋᆞ샤듸 누가 내 옷슬 믄졋ᄂᆞ냐
⑪ 예수ㅣ 그 能力이 自己로브터 나간 줄을 곳 아시고 무리 가온대셔 도라보아 갈아샤대 누가 내 옷을 만졋나냐 하시니
⑫ 예수ᄭᅴ셔 그 능력이 자긔의게셔 나간 줄을 곳 스사로 아시고 무리 가온대셔 도리켜 말삼하샤대 누가 내 옷에 손을대엿나냐

하시니

⑬ 예수께서 그 능력이 자기에게서 나간줄을 곧 스스로 아시고 무리 가운데서 돌이켜 말씀하시되 누가 내 옷에 손을대었느냐
하시니

⑭ イエスはすぐ、自分の內から力が出て行ったことに氣づかれて、群衆の中で振り向き、「わたしの着物にさわったのはだれか」と言われた。

마가福音 05:31

① 其門徒曰,爾見衆擁爾胡爲曰,誰捫我乎。

② 뎨자 갈아되 쥬 뭇사람이 옹위하물 보고 뉘가 나를 믠지나냐 하나니잇가

③ 뎨자 갈오되 쥬 뭇사ᄅᆞᆷ이 옹위ᄒᆞ물 보고 뉘가 나ᄅᆞᆯ 믠지ᄂᆞ냐 ᄒᆞᄂᆞ니잇가

④ 그 문도ㅣ 엿ᄌᆞ오ᄃᆡ 뭇사ᄅᆞᆷ이 너ᄅᆞᆯ 옹위ᄒᆞᆷ을 보시거ᄂᆞᆯ 엇지 닐ᄋᆞ샤ᄃᆡ 뉘 나ᄅᆞᆯ 믄지ᄂᆞ뇨 ᄒᆞ시ᄂᆞ니잇가

⑤ 뎨ᄌᆞ들이 엿ᄌᆞ오ᄃᆡ 뭇사ᄅᆞᆷ이 옹위ᄒᆞᄂᆞᆫ 거ᄉᆞᆯ 보시며 누가 내옷슬 믄지ᄂᆞ냐 무르시ᄂᆞ니잇가

⑥ 뎨ᄌᆞ들이 엿ᄌᆞ오ᄃᆡ 뭇사ᄅᆞᆷ이 옹위ᄒᆞᄂᆞᆫ 거ᄉᆞᆯ 보시며 누가 나ᄅᆞᆯ 믄졋ᄂᆞ냐 무ᄅᆞ시ᄂᆞ니잇가

⑦ 뎨ᄌᆞ들이 엿ᄌᆞ오ᄃᆡ 뭇사ᄅᆞᆷ이 옹위ᄒᆞᄂᆞᆫ 거슬 보시며 누가 나를 믄졋나냐 무르시ᄂᆞ잇가 ᄒᆞ되
(뎨ᄌᆞ들이 엿ᄌᆞ오ᄃᆡ 무리가 옹위ᄒᆞᆫ 거슬 보시며 누가 나를 믄졋ᄂᆞ냐 무ᄅᆞ시ᄂᆞ니잇가 ᄒᆞ되)

⑧ 뎨ᄌᆞ들이 엿ᄌᆞ오ᄃᆡ 무리가 옹위ᄒᆞᆫ 거슬 보시며 누가 나를 믄졋ᄂᆞ냐 무ᄅᆞ시ᄂᆞ니잇가 ᄒᆞᄃᆡ

⑨ 弟子들이 稟ᄒᆞᄃᆡ 衆이 擁衛ᄒᆞᆫ 거슬 見ᄒᆞ시며 誰가 我를 捫ᄒᆞ엿ᄂᆞ냐 問ᄒᆞ시ᄂᆞ잇가 ᄒᆞ되

⑩ 弟子들이 엿ᄌᆞ오ᄃᆡ 무리가 써미ᄂᆞᆫ 거슬 보시며 누가 나를 믄졋ᄂᆞ냐 무르시ᄂᆞ잇가

⑪ 弟子들이 엿자오대 무리가 擁衛한 것을 보시며 누가 나를 만졋나냐 무르시나잇가 하되

⑫ 뎨자들이 엿자오대 무리가 에워싸미는 것을 보시며 누가 내게 손을대엿나냐 무르시나잇가 하되

⑬ 제자들이 여짜오되 무리가 에워싸 미는 것을 보시며 누가 내게 손을대었느냐 물으시나이까 하되

⑭ そこで弟子(でし)たちが言った､「ごちらのとおり、群衆があなたに押し迫っていますのに、だれがさわったかと、おっしゃるのですか」。

마가福音 05:32

① 耶穌環視,欲見行此之婦。

② 예수 두루보와 이를 힝한 부인을 보고져하니

③ 예수 두루보와 이ᄅᆞᆯ 힝한 부인ᄋᆞᆯ 보고져ᄒᆞ니

④ 예수가 이 일을 ᄒᆞᆫ 지어미ᄅᆞᆯ 보려고 돌나보시니

⑤ 예수ㅣ 이 일 힝ᄒᆞᆫ 녀인을 보고져ᄒᆞ여 둘너보시니

⑥ 예수ㅣ 이 일 ᄒᆞᆫ 녀인을 보려 둘너보시니

⑦ 예수ㅣ 이 일 ᄒᆞᆫ 녀인을 보려 둘너보시니

(예수ㅣ 이 일 힝ᄒᆞᆫ 녀인을 보랴고 둘너 시니)

⑧ 예수가 이 일 힝ᄒᆞᆫ 녀인을 보랴고 둘너보시니

⑨ 예수가 此 事를 行ᄒᆞᆫ 女人을 見ᄒᆞ랴고 環視ᄒᆞ시니

⑩ 예수ㅣ 이 일 行ᄒᆞᆫ 사ᄅᆞᆷ을 보려고 들너보시니

⑪ 예수씌셔 이 일 行한 女人을 보랴고 둘너보시니

⑫ 예수씌셔 이 일 행한 여자를 보랴고 둘너보시니

⑬ 예수께서 이 일 행한 여자를 보려고 둘러보시니
⑭ しかし、イエスはさわった者を見つけようとして、見まわしておられた。

마가福音 05:33
① 婦知所成於己者,恐懼戰慄,來俯伏於其前悉以實告之。
② 부인이 두려워하고 쎨며 자긔게 일운 바를 알고 나아와 그압페 업데여 다참으로써 고하니
③ 부인이 두려워ᄒᆞ고 쎨며 자긔게 일운 바롤 알고 나아와 그압페 업데여 다참으로써 고ᄒᆞ니
④ 지어미 ᄌᆞ긔가 ᄒᆞᆫ 거술 알고 무셔워 쎨고 와셔 그압희 업ᄃᆞ려셔 그의게 모도춤말노 ᄒᆞ니라
⑤ 그 녀인이 제게 ᄒᆞ신 일을 알고 두려워ᄒᆞ여 쓸며 압희 업ᄃᆡ여 실샹으로 다 엿ᄌᆞ오니
⑥ 녀인이 제게 ᄒᆞ신 일을 알고 두려워ᄒᆞ야 쎨며 압헤 나아와 업ᄃᆡ여 실샹으로 엿ᄌᆞ오니
⑦ 녀인이 제게 ᄒᆞ신 일을 알고 두려워ᄒᆞ야 쎨며 압헤 나아와 업ᄃᆡ여 실샹으로 엿ᄌᆞ오니
(녀인이 제게 ᄒᆞ신 일을 알고 두려워ᄒᆞ야 쎨며 압헤 나아와 업ᄃᆡ여 실샹으로 엿ᄌᆞ오니)
⑧ 녀인이 제게 ᄒᆞ신 일을 알고 두려워ᄒᆞ야 쎨며 압헤 나아와업ᄃᆡ여 실샹으로 엿ᄌᆞ오니
⑨ 女人이 渠의게 ᄒᆞ신 事를 知ᄒᆞ고 懼ᄒᆞ야 戰慄ᄒᆞ며 前에 進伏ᄒᆞ야 實狀으로 告ᄒᆞ니
⑩ 女人이 제게 된 일을 알고 두려워ᄒᆞ야 쎨며 압헤 나아와 업ᄃᆡ여 實狀으로 엿ᄌᆞ오니
⑪ 女人이 세세 하신 일을 알고 두려워하여 쎨며 압헤 나아와 업내여 實狀으로 엿사오니
⑫ 여자가 제게 일우어진 일을 알고 두려워하야 쎨며 와셔 그압헤 업대여 모든사실을 엿자온대
⑬ 여자가 제게 이루어진 일을 알고 두려워하여 떨며 와서 그앞에 엎드려 모든사실을 여짜온대
⑭ その女は自分の身に起ったことを知って、恐れおののきながら進み出て、みまえにひれ伏して、すべてありのままを申し上げた。

마가福音 05:34

① 耶穌謂之曰,女也,爾信愈爾,安然以往,爾疾得愈矣。

② 예수 갈아샤되 녀인아 너의 밋으미 너를 구완하노니 편안이 돌아가라 병이 나으리라 하다라

③ 예수 갈아샤ᄃᆡ 녀인아 너희 밋으미 너ᄅᆞᆯ 구완ᄒᆞ노니 편안이 돌아가라 병이 나으리라 ᄒᆞ더라

④ 예수ㅣ 그 계집 ᄃᆞ려 닐너ᄀᆞᆯ아샤ᄃᆡ 계집아 네 밋음이 너ᄅᆞᆯ ᄂᆞᆺ게 ᄒᆞ엿시니 평안이 가라 피병이 ᄂᆞ흐니라

⑤ 예수ㅣ ᄀᆞᆯᄋᆞ샤ᄃᆡ 녀ᄌᆞ야 너의 밋음이 너를 낫게 ᄒᆞ엿ᄉᆞ니 평안이 가라 너의 병이 나으리라 ᄒᆞ시더라

⑥ 예수ㅣ ᄀᆞᆯ아샤ᄃᆡ ᄯᆞᆯ아 네 밋음이 너ᄅᆞᆯ 셩ᄒᆞ게 ᄒᆞ엿시니 평안이 가라 네 병이 나흠이 잇ᄉᆞᆯ지어다

⑦ 예수ㅣ ᄀᆞᆯᄋᆞ샤ᄃᆡ ᄯᆞᆯ아 네 밋음이 너를 셩ᄒᆞ게ᄒᆞ엿스니 평안히 가라 네 병이 나흠이 잇ᄉᆞᆯ지어다

(예수ㅣ ᄀᆞᆯᄋᆞ샤ᄃᆡ ᄯᆞᆯ아 네 밋음이 너를 셩ᄒᆞ게 ᄒᆞ엿스니 평안히 가라 네 병이 나ᄒᆞᆯ지어다)

⑧ 예수ㅣ ᄀᆞᆯᄋᆞ샤ᄃᆡ ᄯᆞᆯ아 네 밋음이 너를 셩ᄒᆞ게 ᄒᆞ엿스니 평안히 가라 네 병이 나을지어다

⑨ 예수ㅣ 曰 女子야 爾 信이 爾를 瘥케 ᄒᆞ엿스니 平安히 去ᄒᆞ라 爾 病이 愈ᄒᆞᆯ지어다

⑩ 예수ㅣ ᄀᆞᆯᄋᆞ샤ᄃᆡ ᄯᆞᆯ아 네 밋음이 너를 셩ᄒᆞ게 ᄒᆞ엿스니 平安히 가라 네 病이 나앗ᄂᆞ니라

⑪ 예수ㅣ 갈아샤대 ᄯᅡᆯ아 네 밋음이 너를 셩하게 하엿스니 平安히 가라 네 病이 나을지어다

⑫ 예수ᄭᅴ셔 갈아샤대 ᄯᅡᆯ아 네 밋음이 너를 구원하엿스니 평안히 가라 네 병에셔 노혀 건강할지어다

⑬ 예수께서 가라사대 딸아 네 믿음이 너를 구원하였으니 평안히 가라 네 병에서 놓여 건강할찌어다

⑭ イエスはその女に言われた、「娘よ、あなたの信仰があなたを救ったのです。安心して行きなさい。すっかりなおって、達者でいなさい」。

마가福音 05:35

① 言時,有人自宰會堂者之家來,曰,爾女已死,何勞師爲。

② 말할 쎡여 회당차지한쟈의 집으로 오는 쟈 갈아되 쥬인님의 ᄯᅡᆯ이 죽엇난ᄃᆡ 엇지 사로 션싱을 괴롭게 하나니잇가 하니

③ 말할 쎡에 회당차지한쟈의 집으로 오는 쟈 갈아되 쥬인님의 ᄯᆞᆯ이 죽엇ᄂᆞᆫᄃᆡ 엇지 사로 션싱ᄋᆞᆯ 괴롭게 ᄒᆞᄂᆞ니잇가 ᄒᆞ니

④ 말ᄉᆞᆷᄒᆞᆯ ᄣᅢ에 사ᄅᆞᆷ이잇서 회당을쥬장ᄒᆞᄂᆞᆫ사ᄅᆞᆷ으로 더부러 ᄀᆞᆯᄋᆞᄃᆡ 네 ᄯᆞᆯ이 임의 죽엇ᄂᆞᆫ지라 스승님을 슈고롭게 ᄒᆞᆷ이 무엇ᄒᆞ
리오 ᄒᆞ거ᄂᆞᆯ

⑤ 말ᄉᆞᆷᄒᆞ실 ᄣᅢ에 사ᄅᆞᆷ이 회당맛ᄒᆞᆫ쟈의 집에셔 와 ᄀᆞᆯᄋᆞᄃᆡ 너의 ᄯᆞᆯ이 죽은지라 엇지 션싱을 괴롭게 ᄒᆞᄂᆞ뇨 ᄒᆞ거ᄂᆞᆯ

⑥ ᄆᆞᆽ촘 말ᄉᆞᆷᄒᆞ실 ᄣᅢ에 사ᄅᆞᆷ이 회당어룬의 집에셔 와 ᄀᆞᆯᄋᆞᄃᆡ ᄯᆞᆯ이 죽은지라 엇지 션싱님을 고롭게 ᄒᆞᄂᆞ뇨 ᄒᆞ거ᄂᆞᆯ

⑦ 맛촘 말ᄉᆞᆷᄒᆞ실 ᄣᅢ에 회당어룬의 집에셔 사ᄅᆞᆷ이 와 ᄀᆞᆯᄋᆞᄃᆡ ᄯᆞᆯ이 죽은지라 엇지 션싱님으로 고롭게 ᄒᆞᄂᆞ뇨 ᄒᆞ거늘
(맛촘 말ᄉᆞᆷᄒᆞ실 ᄣᅢ에 회당어룬의 집에셔 사ᄅᆞᆷ이 와셔 ᄀᆞᆯᄋᆞᄃᆡ ᄯᆞᆯ이 죽은지라 엇지 션싱님을 괴롭게 ᄒᆞᄂᆞ뇨 ᄒᆞ거늘)

⑧ 맛촘 말ᄉᆞᆷᄒᆞ실 ᄣᅢ에 회당어룬의 집에셔 사ᄅᆞᆷ이 와셔 ᄀᆞᆯᄋᆞᄃᆡ ᄯᆞᆯ이 죽은지라 엇지 션싱님을 괴롭게 ᄒᆞᄂᆞ뇨 ᄒᆞ거늘

⑨ 맛촘 言ᄒᆞ실 時에 會堂長의 家에셔 人이 來ᄒᆞ야 曰 女子가 死ᄒᆞᆫ지라 엇지 先生님을 苦롭게 ᄒᆞᄂᆞ뇨 ᄒᆞ거ᄂᆞᆯ

⑩ 오히려 말ᄉᆞᆷ ᄒᆞ실 ᄣᅢ에 會堂長의 집에셔 사ᄅᆞᆷ이 와셔 ᄀᆞᆯᄋᆞᄃᆡ ᄯᆞᆯ이 죽엇스니 先生님을 괴롭게 마쇼셔 ᄒᆞ거ᄂᆞᆯ

⑪ 맛참 말삼하실 ᄣᅢ에 會堂어룬의 집에셔 사람이 와셔 갈아대 ᄯᅡᆯ이 죽은지라 엇지 先生님을 괴롭게 하나뇨 하거늘

⑫ 아직 말삼하실 ᄣᅢ에 회당쟝의 집에셔 사람들이 와셔 갈아대 당신의 ᄯᅡᆯ이 죽엇나이다 엇지하야 선생을 더 괴롭게 하나잇가

⑬ 아직 말씀하실 매에 회낭상의 십에서 사람들이 와서 가로되 당신의 딸이 죽었나이다 어찌하여 선생을 더 괴롭게 하나이까

⑭ イエスが、まだ話しておられるうちに、會堂司(かいどうづかさ)の家から人々がきて言った、「あなたの娘はなくなりました、このうえ、先生を煩わすには及びますまい」。

마가福音 05:36

① 耶穌聞所告之言,則爲宰會堂者曰,無懼,惟信而已,

② 예수 일으난 바 말을 듯고 회당차지한쟈으게 일오샤되 무셔워 말나 밋을다름이라 하고

③ 예수 일으ᄂᆞᆫ 바 말ᄋᆞᆯ 듯고 회당차지한쟈의게 갈아샤ᄃᆡ 무셔워 말나 밋ᄋᆞᆯ다름이라 ᄒᆞ고

④ 예수ㅣ 그 말솜을 드ᄅᆞ시고 바로 회당쥬쟝ᄒᆞᄂᆞᆫ 쟈ᄃᆞ려 닐너ᄀᆞᆯᄋᆞ샤ᄃᆡ 걱졍말고 오직밋기만ᄒᆞᆯᄯᆞᄅᆞᆷ이니라 ᄒᆞ시고

⑤ 예수ㅣ 이 말을 문득 드르시고 회당맛흔자ᄃᆞ려 닐너ᄀᆞᆯᄋᆞ샤ᄃᆡ 두려워ᄒᆞ지 말고 오직밋을지니라 ᄒᆞ시고

⑥ 예수ㅣ 겻헤셔 이 말을 드ᄅᆞ시고 곳 회 어룬ᄃᆞ려 닐ᄋᆞ샤ᄃᆡ 두려워ᄒᆞ지 말고 오직밋으라 ᄒᆞ시고

⑦ 예수ㅣ 겻헤셔 이 말솜을 드르시고 곳 회당어룬ᄃᆞ려 닐넛스ᄃᆡ 두려워말고 오직밋으라 ᄒᆞ시고

(예수ㅣ 겻헤서 이 말을 드르시고 곳 회당어룬ᄃᆞ려 닐ᄋᆞ샤ᄃᆡ 두려워 말고 밋기만 ᄒᆞ라 ᄒᆞ시고)

⑧ 예수가 겻헤서 이 말을 드르시고 곳 회당어룬ᄃᆞ려 닐ᄋᆞ샤ᄃᆡ 두려워 말고 밋기만 ᄒᆞ라 ᄒᆞ시고

⑨ 예수가 旁에셔 此 言을 聞ᄒᆞ시고 곳 會堂長ᄃᆞ려 謂ᄒᆞ샤ᄃᆡ 懼치 말고 信ᄒᆞ기만 ᄒᆞ라 ᄒᆞ시고

⑩ 예수ㅣ 겻헤셔 이 말을 드르시고 會堂長ᄃᆞ러 닐ᄋᆞ샤ᄃᆡ 두려워 말고 밋기만 ᄒᆞᄅᆞ ᄒᆞ시고

⑪ 예수ㅣ 겻헤셔 이 말을 드리시고 곳 會堂어룬다려 닐아샤대 두려워 말고 밋기만하라 하시고

⑫ 예수씌셔 그 하는 말을 겻헤셔 드르시고 회당쟝의게 닐아샤대 두려워 말고 밋기만 하라 하시고

⑬ 예수께서 그 하는 말을 곁에서 들으시고 회당장에게 이르시되 두려워 말고 믿기만 하라 하시고

⑭ イエスはその話している言葉を聞き流して、會堂司(かいどうづかさ)に言われた、「恐れることはない。ただ信じなさい」。

마가福音 05:37

① 乃於彼得,雅各,及雅各之兄弟約翰而外,不許他人從之。

② 피들과 야곱과 그동싱 요안늬 외여는 달은 사람 함긔 좃기를 허치 안코

③ 피들과 야곱과 그동싱 요안늬 외에는 달은 사ᄅᆞᆷ 함ᄭᅴ 좃기ᄅᆞᆯ 허치 ᄋᆞᆫ코

④ 억애 베드로와 야고보와 밋 야고보의 아오 요한 외에는 다ᄅᆞᆫ 사ᄅᆞᆷ이 ᄯᆞᄅᆞ지 못ᄒᆞ게 ᄒᆞ시고

⑤ 예수ㅣ 피득과 아각과 아각의 동싱 요한 외에 다른 사ᄅᆞᆷ은 ᄯᅡ라옴을 허락지 아니ᄒᆞ시고

⑥ 예수ㅣ 베드로와 야고보와 야고보의 동싱 요한 외에 ᄯᅡ라옴을 허락지 아니 ᄒᆞ시고

⑦ 예수ㅣ 베드로와 야고보와 야고보의 동싱 요한 외에 ᄯᅡ라옴을 허락지 아니ᄒᆞ시고
(베드로와 야고보와 야고보의 동싱 요한 외에 ᄯᅡ라옴을 허락지 아니ᄒᆞ시고)

⑧ 베드로아 야고보와 야고보의 동싱 요한 외에 ᄯᅡ라옴을 허락지 아니ᄒᆞ시고

⑨ 베드로와 야고보와 야고보의 同生 요한 外에 隨來ᄒᆞᆷ을 許諾지 아니ᄒᆞ시고

⑩ 베드로와 야고보의 同生 요한 外에 아모도 ᄯᅡ라옴을 許諾지 아니ᄒᆞ시고

⑪ 베드로와 야고보와 야고보의 同生 요한 外에 따라옴을 許諾지 아니하시고

⑫ 베드로와 야고보와 야고보의 형데 요한 외에 이모도 씨리옴을 히치 아니하시고

⑬ 베드로와 야고보와 야고보의 형제 요한 외에 아무도 따라옴을 허하지 아니하시고

⑭ そしてペテロ、ヤコブ、ヤコブの兄弟ヨハネのほかは、ついて來ることを、だれにもお許しにならなかった。

마가福音 05:38

① 至宰會堂者之家，見號咷及痛哭哀泣不勝者之人，

② 회당차지한쟈의 집에 닐으러 분요함과 우는 것과 ᄋᆡ통하난 쟈를 보고

③ 회당차지한쟈의 집에 닐으러 분요함과 우는 것과 ᄋᆡ통ᄒᆞ는 쟈ᄅᆞᆯ 보고

④ 회당쥬쟝ᄒᆞᄂᆞᆫ쟈 집에 니ᄅᆞ러 부ᄅᆞ지지며 통곡ᄒᆞ며 셜움을 이긔지 못홈을 보시고
⑤ 회당맛흔쟈의 집에 가시니 부ᄅᆞ지지며 여러히 통곡ᄒᆞ여 슯흠을 이긔지 못ᄒᆞ거늘 보시고
⑥ 회당어룬의 집에 니ᄅᆞ시매 헌화홈과 여러히 울며 심히 통곡홈을 보시고
⑦ 회당어룬의 집에 니ᄅᆞ시매 헌화홈과 여러히 울며 심히 통곡홈을 보시고
(회당어룬의 집에 니ᄂᆞ시매 헌화홈과 여러히 울며 심히 통곡홈을 보시고)
⑧ 회당어룬의 집에 니르시매 헌화홈과 여러히 울며 심히 통곡홈을 보시고
⑨ 會堂長의 家에 至ᄒᆞ시매 喧譁홈과 多人이 泣ᄒᆞ며 甚히 痛哭홈을 見ᄒᆞ시고
⑩ 會堂長의 집에 니르샤 喧譁홈과 어즈러이 울며 甚히 痛哭홈을 보시고
⑪ 會堂어룬의 집에 니르시매 喧譁함과 여럿이 울며 甚히 痛哭함을 보시고
⑫ 회당쟝의 집에 함끠 가샤 훤화함과 사람들의 울며 심히 통곡함을 보시고
⑬ 회당장의 집에 함께 가사 훤화함과 사람들의 울며 심히 통곡함을 보시고
⑭ 彼らが會堂司の家に着くと、イエスは人々が大聲で泣いたり、叫んだりして、騒いでいるのをごらんになり、

마가福音 05:39

① 旣入,則謂之曰,胡爲號咷而泣乎,女非死,乃寢耳。
② 들어가 일오샤되 엇지 분요이 우나냐 아희 죽으미 업고 잔다 하니
③ 들어가 갈오샤ᄃᆡ 엇지 분요이 우ᄂᆞ냐 아희 죽으미 업고 잔다 ᄒᆞ니
④ 드러가신 후에 그 사ᄅᆞᆷ들ᄃᆞ려 니런 ᄀᆞᆯᄋᆞ샤ᄃᆡ 엇지 부르지지며 우ᄂᆞ뇨 계집 ᄋᆞ히 죽은 거시 아니라 임의 잠자는 거시라 ᄒᆞ시니
⑤ 드러가실 제 ᄀᆞᆯᄋᆞ샤ᄃᆡ 너희가 엇지 부ᄅᆞ지지며 통곡ᄂᆞ냐 이 ᄋᆞ희가 죽지 아니코 자ᄂᆞ니라 ᄒᆞ시니

⑥ 드러가실 제 ᄀᆞᆯ아샤ᄃᆡ 너희가 엇지 헌화ᄒᆞ며 우ᄂᆞ냐 이 ᄋᆞᄒᆡ가 죽은 거시 아나라 잔다 ᄒᆞ시니
⑦ 드러가실 제 ᄀᆞᆯᄋᆞ샤ᄃᆡ 너희가 엇지 헌화 ᄒᆞ며 우ᄂᆞ냐 이 ᄋᆞᄒᆡ가 죽은 거시 아니라 잔다 ᄒᆞ시니
(드러가실 제 ᄀᆞᆯᄋᆞ샤ᄃᆡ 너희가 엇지 헌화 ᄒᆞ며 우ᄂᆞ냐 이 ᄋᆞ희가 죽은 거시 아니라 잔다 ᄒᆞ시니)
⑧ 드러가실 제 ᄀᆞᆯᄋᆞ샤ᄃᆡ 너희가 엇지 헌화ᄒᆞ며 우ᄂᆞ냐 이 ᄋᆞ희가 죽은 거시 아니라 잔다 ᄒᆞ시니
⑨ 入去ᄒᆞ실 時에 曰 爾等이 엇지 喧譁ᄒᆞ며 泣ᄒᆞᄂᆞ냐 此 兒孩가 死ᄒᆞᆫ 거시 아니라 寢ᄒᆞᆫ다 ᄒᆞ시니
⑩ 그러가시며 닐ᄋᆞ샤ᄃᆡ 너희가 엇지 喧譁ᄒᆞ며 우ᄂᆞ냐 이 兒孩가 죽은 거시 아니오 자ᄂᆞᆫ 거시라 ᄒᆞ시니
⑪ 드러가실 제 갈아샤대 너희가 엇지 喧譁하며 우나냐 이 兒孩가 죽은 것이 아니라 잔다 하시니
⑫ 드러가셔 뎌희게 닐아샤대 너희가 엇지하야 훤화하며 우나냐 이 아해가 죽은 것이 아니라 잔다 하시니
⑬ 들어가서 저희에게 이르시되 너희가 어찌하여 원화하며 우느냐 이 아이가 죽은 것이 아니라 잔다 하시니
⑭ 內にはいって、彼らに言われた、「なぜ泣き騷いでいるのか、子供は死んだのではない。眠っているだけである」。

마가福音 05:40

① 衆哂之。耶穌遣衆出,率女之父母及從己者,入女所臥之處,
② 뭇사람이 웃거날 이여 보ᄂᆡ여 다 가고 아ᄒᆡ 부모과 함긔 하ᄂᆞᆫ 쟈를 다리고 아ᄒᆡ 잇ᄂᆞᆫ 바 곳에 들어가
③ 뭇사ᄅᆞᆷ이 웃거날 이여 보ᄂᆡ여 다 가고 아ᄒᆡ 부모과 함ᄭᅴ ᄒᆞᄂᆞᆫ 쟈ᄅᆞᆯ 다리고 아ᄒᆡ 잇ᄂᆞᆫ 바 곳에 들어가
④ 모든사ᄅᆞᆷ이 웃거ᄂᆞᆯ 예수ㅣ 모든 사ᄅᆞᆷ들을 내여보내고 계집 ᄋᆞᄒᆡ 부모와 밋 당신이 ᄃᆞ려온 사ᄅᆞᆷ을 다리시고 계집ᄋᆞ희 누은 곳의 드러가셔
⑤ 사ᄅᆞᆷ들이 비웃거ᄂᆞᆯ 예수ㅣ 그들을 내어보내신 후 계집ᄋᆞ희의 부모와 ᄯᅡ라간 뎨ᄌᆞ들만 ᄃᆞ리시고 계집ᄋᆞ희 누은 곳에 드러가샤
⑥ 뎌들이 비웃더라 예수ㅣ 그들을 내여보내신 후에 ᄋᆞᄒᆡ의 부모와 ᄯᅡ라간 뎨ᄌᆞ들만 ᄃᆞ리시고 ᄋᆞᄒᆡ 잇ᄂᆞᆫ 곳이 드러가샤

⑦ 뎌들이 비웃더라 예수ㅣ 그들을 내여보내신 후에 ᄋᆞ희의 부모와 ᄯᅡ라간 뎨ᄌᆞ들만 ᄃᆞ리시고 ᄋᆞ희잇ᄂᆞᆫ 곳에 드러가샤
(뎌희가 비웃더라 예수ㅣ 뎌희를 다 내여보내신 후에 ᄋᆞ희의 부모와 ᄯᅡ라간 뎨ᄌᆞ들만 ᄃᆞ리시고 ᄋᆞ희 잇는 곳에 드러가샤)
⑧ 뎌희가 비웃더라 예수가 뎌희를 다 내여보내신 후에 ᄋᆞ희의 부모와 ᄯᅡ라간 뎨ᄌᆞ들만 다리시고 ᄋᆞ희 잇ᄂᆞᆫ 곳에 드러가샤
⑨ 彼等이 誹笑ᄒᆞ더라 예수가 彼等을 다 出送ᄒᆞ신 後에 兒孩의 父母와 隨往ᄒᆞᆫ 弟子들만 携ᄒᆞ시고 兒孩 在ᄒᆞᆫ 處에 入ᄒᆞ샤
⑩ 뎌희가 비웃더라 예수ㅣ 뎌희를 다 내여 보내신 後에 兒孩의 父母와 ᄯᅡ라간 弟子들만 ᄃᆞ리시고 兒孩 잇ᄂᆞᆫ 고세 드러가샤
⑪ 뎌희가 비웃더라 예수ᄭᅴ셔 뎌희를 다 내여보내신 後에 兒孩의 父母와 ᄶᅡ라간 弟子들만 다리시고 兒孩잇는 곳에 드러가샤
⑫ 뎌희가 비웃더라 예수ᄭᅴ셔 뎌희를 다 내여보내신 후에 아해의 부모와 ᄯᅩ 자긔와 함ᄭᅴ한 쟈들을 다리시고 아해 잇는 곳에 드러가샤
⑬ 저희가 비웃더라 예수께서 저희를 다 내어보내신 후에 아이의 부모와 또 자기와 함께한 자들을 데리시고 아이 있는 곳에 들어가사
⑭ 人々はイエスをあざ笑った。しかし、イエスはみんなの者を外に出し、子供の父母と供の者たちだけを連れて、子供のいる所にはいって行かれた。

마가福音 05:41

① 乃執女手謂之曰,呔唎呔咕咪,譯卽女乎,我命爾起。
② 그 손을 잡고 일오샤되 타리다쿠미라 하니 싀긴즉 녀ᄋᆡ야 닉 너를 말하나니 닐어나라ᄂᆞᆫ ᄯᅳᆺ디라
③ 그 손올 잡고 갈아샤ᄃᆡ 타리다쿠미라 ᄒᆞ니 싀긴즉 녀ᄋᆡ야 닉 너롤 말ᄒᆞᄂᆞ니 닐어나라ᄂᆞᆫ ᄯᅳᆺ이라
④ 이에 계집ᄋᆞ희 손을 잡고 뎌ᄃᆞ려 닐너ᄀᆞᆯᄋᆞ샤ᄃᆡ 타리타구미라ᄒᆞ시니 번역ᄒᆞᆯ진대 계집ᄋᆞ희야 내 명ᄒᆞ노니 네 니러나라 ᄒᆞ심이라

⑤ 그 손을 잡고 ᄀᆞᆯᄋᆞ샤ᄃᆡ 대리대고미라 ᄒᆞ시니 번역ᄒᆞ면 곳 계집ᄋᆞ희야 내 네계 명ᄒᆞ노니 니러나라 ᄒᆞ심이라
⑥ 그 손을 잡고 ᄀᆞᆯᄋᆞ샤ᄃᆡ 다리다구미라 ᄒᆞ시니 번역ᄒᆞ면 곳 ᄯᆞᆯ아 내 네게 말ᄒᆞ노니 니러나라 ᄒᆞ심이라
⑦ 그 손을 잡고 ᄀᆞᆯᄋᆞ샤ᄃᆡ 달니다구미라 ᄒᆞ시니 번역ᄒᆞ면 곳 ᄯᆞᆯ아 나ㅣ 네게 말ᄒᆞ노니 니러나라 ᄒᆞ심이라
(그 ᄋᆞ희의 손을 잡고 ᄀᆞᆯᄋᆞ샤ᄃᆡ 달니다구미라 ᄒᆞ시니 번역ᄒᆞ면 곳 ᄯᆞᆯ아 내가 네게 말ᄒᆞ노니 ᄢᅵ여나라 ᄒᆞ심이라)
⑧ 그 ᄋᆞ희의 손을 잡고 ᄀᆞᆯᄋᆞ샤ᄃᆡ 달니다구미라 ᄒᆞ시니 번역ᄒᆞ면 곳 ᄯᆞᆯ아 내가 네게 말ᄒᆞ노니 니러나라 ᄒᆞ심이라
⑨ 其 兒孩의 手를 執ᄒᆞ고 曰 달니다구미라 ᄒᆞ시니 譒譯ᄒᆞ면 곳 女子야 我가 爾의게 言ᄒᆞ노니 起ᄒᆞ라 ᄒᆞ심이라
⑩ 그 兒孩의 손을 잡고 ᄀᆞᆯᄋᆞ샤ᄃᆡ 달니다구미라 ᄒᆞ시니 飜譯ᄒᆞ면 ᄯᆞᆯ아 내가 네게 말ᄒᆞ노니 니러나라 ᄒᆞ심이라
⑪ 그 兒孩의 손을 잡고 달아샤대 달니다구미라 하시니 飜譯하면 곳 ᄯᅡᆯ아 내가 네가 말하노니 니러나라 하심이라
⑫ 그 아해의 손을 잡고 갈아샤대 달니다굼 하시니 번역하면 곳 쇼녀야 내가 네게 말하노니 니러나라 하심이라
⑬ 그 아이의 손을 잡고 가라사대 달리다굼 하시니 번역하면 곧 소녀야 내가 네게 말하노니 일어나라 하심이라
⑭ そして子供の手を取って,「タリタ、クミ」と言われた。それは、「小女よ、さあ、起きなさい」という意味である。

마가福音 05:42

① 女卽起,且行,蓋女年已十有二矣。衆大駭異。
② 녀ᄋᆡ 즉시 닐어나 ᄯᅩ 힝하나니 나흔 열두흘이다라 뭇사람이 크게 혼나니
③ 녀ᄋᆡ 즉시 닐어나 ᄯᅩ 힝ᄒᆞ다니 나흔 열세 살이더라 뭇사ᄅᆞᆷ이 크게 혼나니
④ 계집ᄋᆞ히 즉시 니러나며 ᄯᅩᄒᆞᆫ 거러 ᄃᆞᆫ니니 대개 제 나히 임의 십이 세라 즁인이 크게 놀나며 이샹이 넉이거늘
⑤ 계집ᄋᆞ희가 곳 니러나셔 거ᄅᆞ니 ᄯᅢ에 나히 열두 셜이라 뭇사ᄅᆞᆷ이 곳 놀라고 ᄆᆡ우 이샹히 넉이거늘
⑥ 계집ᄋᆞ히가 곳 니러나 거ᄅᆞ니 ᄯᅢ에 나히 열두 셜이라 뭇사ᄅᆞᆷ이 곳 놀나고 심히 이샹히 넉이거늘

⑦ 계집ᄋᆞ희가 곳 니러나 거르니 ᄢᅢ에 나히 열두 설이라 뭇사ᄅᆞᆷ이 곳 놀나고 심히 이샹히 녁이거늘
(계집ᄋᆞ희가 곳 니러나 거르니 ᄢᅢ에 나히 열두 설이라 뭇사ᄅᆞᆷ이 곳 놀나고 심히 이샹히 녁이거늘)
⑧ 계집ᄋᆞ희가 곳 니러나 거르니 ᄢᅢ에 나히 열두 설이라 뭇사ᄅᆞᆷ이 곳놀나고 심히 이샹이 녁이거늘
⑨ 女兒가 卽 起ᄒᆞ야 行步ᄒᆞ니 時에 年이 十二 歲라 衆人이 卽驚ᄒᆞ고 甚히 異常히 녁이거ᄂᆞᆯ
⑩ 계집兒孩가 곳 니러나 거르니 ᄢᅢ에 나이 열두 살이라 뭇ᄉᆞᄅᆞᆷ이 甚히 놀나고 異常이 녁이거ᄂᆞᆯ
⑪ 계집兒孩가 곳 니러나거르니 ᄢᅢ에 나이 열두 설이라 뭇사람이 곳 놀라고 甚히 異常히 녁이거늘
⑫ 쇼녀가 곳 니러나셔 거르니 나이 열두 살이라 사람들이 곳 크게 놀나고 놀나거늘
⑬ 소녀가 곧 일어나서 걸으니 나이 열두 살이라 사람들이 곧 크게 놀라고 놀라거늘
⑭ すると、小女はすぐに起き上がって、歩き出した。十二歳にもなっていたからである。彼らはたちまち非常な驚きに打たれた。

마가福音 05:43

① 耶穌嚴戒以毋令人知之,則命以食予女焉
② 이여 엄이 경계하여 사람으로 알게 말나 하고 쏘 명하여 녀의 밥을 주라 하다라
③ 이여 엄이 겡계ᄒᆞ여 사ᄅᆞᆷ으로 알게 말나 ᄒᆞ고 쏘 명ᄒᆞ여 녀의 밥올 주라 ᄒᆞ더라
④ 예수ㅣ 엄히 경계ᄒᆞ여 이 일을 사ᄅᆞᆷ으로 ᄒᆞ여곰 알니지 말나 ᄒᆞ시고 명ᄒᆞ여 밥으로써 계집ᄋᆞ히롤 주라 ᄒᆞ시니라
⑤ 예수ㅣ 그들의게 엄히 경계ᄒᆞ샤ᄃᆡ 사ᄅᆞᆷ으로 알게 ᄒᆞ지 마라 ᄒᆞ시고 이에 명ᄒᆞ야 무어스로써 계집ᄋᆞ히를 먹이라 ᄒᆞ시다
⑥ 예수ㅣ 그들의게 만히 경계ᄒᆞ샤 사ᄅᆞᆷ으로 알게 ᄒᆞ지 말나 ᄒᆞ시고 이에 명ᄒᆞ샤 ᄋᆞ히게 먹을 거ᄉᆞᆯ 주라 ᄒᆞ시다
⑦ 예수ㅣ 그들의게 만히 경계ᄒᆞ샤 사ᄅᆞᆷ으로 알게 ᄒᆞ지말나 ᄒᆞ시고 이에 명ᄒᆞ샤 ᄋᆞ히게 먹을 거슬 주라 ᄒᆞ시더라
(예수ㅣ 뎌희의게 여러번 경계ᄒᆞ샤 사ᄅᆞᆷ으로 알게 하지 말나 ᄒᆞ시고 이에 명ᄒᆞ샤 ᄋᆞ희게 먹을 거슬 주라 ᄒᆞ시더라)

⑧ 예수가 뎌희의게 여러번 경계ᄒᆞ샤 사ᄅᆞᆷ으로 알게 하지 말나 ᄒᆞ시고 이에 명ᄒᆞ샤 ᄋᆞ희게 먹을거슬 주라 ᄒᆞ시더라
⑨ 예수가 彼等의게 屢次 儆戒ᄒᆞ샤 人으로 知케 ᄒᆞ지 말나 ᄒᆞ시고 이에 命ᄒᆞ샤 兒孩의게 食物을 給ᄒᆞ라 ᄒᆞ시더라
⑩ 예수ㅣ 뎌희의게 再三 儆戒ᄒᆞ샤 사ᄅᆞᆷ으로 알게 ᄒᆞ자 말나 ᄒᆞ시고 이에 命ᄒᆞ샤 兒孩의게 食物을 주라 ᄒᆞ시더라
⑪ 예수씌셔 뎌희의게 여러番 儆戒하샤 사람으로 알게 하지 말나 하시고 이에 命하샤 兒孩게 먹을 것을 주라 하시더라
⑫ 예수씌셔 이 일을 아모도 아지 못하게 하라고 뎌희를 만히 경계하시고 이에 쇼녀의게 먹을 것을 주라 하시니라
⑬ 예수께서 이 일을 아무도 알지 못하게 하라고 저희를 많이 경계하시고 이에 소녀에게 먹을 것을 주라 하시니라
⑭ イエスは、だれにもこの事を知らすなと、きびしく彼らに命じ、また、少女に食物を与えるようにと言われた。

6장

마가福音 06:01

① 耶穌離彼,歸故鄕,其門徒從之。

② 예수 거긔셔 나와 본디에 돌아오니 뎨자 좃다라

③ 예수 거긔셔 나와 본디에 돌아오니 뎨자 좃더라

④ 거긔롤 떠나 고향에 도라가실시 뎨즈들이 좃더라

⑤ 예수ㅣ 거긔를 떠나샤 고향으로 도라가실시 뎨자들이 좃더라

⑥ 예수ㅣ거긔롤 떠나샤 고향으로 도라가실시 뎨즈들이 좃더라

⑦ 예수ㅣ거긔를 떠나샤 고향으로 도라가실시 뎨즈들이 좃더니

(예수ㅣ 거긔를 떠나샤 고향으로 도라가실시 뎨즈들이 좃더니라)

⑧ 예수가 거긔를 떠나샤 고향으로 도라가실시 뎨즈들이 좃더라

⑨ 예수가 該處를 離ᄒᆞ샤 故鄕으로 歸ᄒᆞ실시 弟子들이 從ᄒᆞ더라

⑩ 예수ㅣ 그 곳을 떠나 故鄕으로 도라가시니 弟子들이 좃더라

⑪ 예수ㅣ 거긔를 떠나샤 故鄕으로 도라가실 새 弟子들이 좃더라

⑫ 예수끠셔 거긔를 떠나샤 고향으로 가시니 뎨자들도 좃츠니라

⑬ 예수께서 거기를 떠나사 고향으로 가시니 제자들도 좇으니라

⑭ イエスはそこを去って、鄕里に行かれたが、弟子(でし)たちも從って行った。

마가福音 06:02

① 適安息日,於會堂教誨。衆聞而奇曰,斯人焉得斯耶,所賦之之智維何,致如此異能由其手而行也,

② 사밧일에 회당에셔 가라치니 뭇사ᄅᆞᆷ이 듯고 경동하여 갈아되 이사ᄅᆞᆷ이 어ᄃᆡ로 말ᄆᆡ암아 이를 어드며 타는 바 지혜가 엇더하며 이갓치 능하물 그 손으로 힝하나냐

③ 사밧일에 회당에셔 가라치니 뭇사ᄅᆞᆷ이 듯고 경동ᄒᆞ여 갈아되 이사ᄅᆞᆷ이 어ᄃᆡ로 말무암아 이ᄅᆞᆯ 어드며 타는 바 지혜가 엇더ᄒᆞ며 이갓치 능ᄒᆞ물 그 손으로 힝ᄒᆞᄂᆞ냐

④ ᄆᆞᆺᄎᆞᆷ 사밧날이 되어 회당에셔 ᄀᆞᄅᆞ치시니 여러히 듯고 신긔히 넉여 ᄀᆞᆯᄋᆞᄃᆡ 이사ᄅᆞᆷ이 엇지 시러곰 이러ᄒᆞ뇨 ᄐᆡ인바의 슬긔가 엇지 이러ᄐᆞ시긔 이ᄒᆞᆫ지됴ᄅᆞᆯ 그 손으로브터 힝ᄒᆞ뇨

⑤ 사밧날이 니ᄅᆞ매 예수ㅣ 회당에셔 ᄀᆞᄅᆞ치시기를 시작ᄒᆞ시니 여러히 듯고 긔긔히 넉여 ᄀᆞᆯᄋᆞᄃᆡ 이사ᄅᆞᆷ이 어ᄃᆡ셔 이러ᄒᆞᆷ을 엇엇ᄃᆞ뇨 ᄯᅩ 픔부ᄒᆞᆫ 지혜가 무엇시냐 ᄯᅩ 이런 능ᄒᆞᆷ을 그의 손으로 ᄒᆞᄂᆞᆫ 거시 무숨 ᄯᅳᆺ시냐

⑥ 안식일이 니ᄅᆞ매 회당에셔 ᄀᆞᄅᆞ치시기ᄅᆞᆯ 시작ᄒᆞ시니 여러히 듯고 이상히 녁여 ᄀᆞᆯᄋᆞᄃᆡ 이사ᄅᆞᆷ이 어ᄃᆡ셔 이러ᄒᆞᆷ을 엇엇ᄂᆞ뇨 ᄯᅩ 그사ᄅᆞᆷ의게 주신 지혜가 무어시냐 그 손으로 힝ᄒᆞᆫ 이런 능ᄒᆞᆫ 일이 무숨 ᄯᅳᆺ이냐

⑦ 안식일이 니르매 회당에셔 ᄀᆞᄅᆞ치시기를 시작ᄒᆞ시니 여러히 듯고 이상히 녁여 ᄀᆞᆯᄋᆞᄃᆡ 이사ᄅᆞᆷ이 어ᄃᆡ셔 이러ᄒᆞᆷ을 엇엇ᄂᆞ뇨 ᄯᅩ 이사ᄅᆞᆷ의게 주신 지혜가 무어시냐 그 손으로 힝ᄒᆞᆫ 이런 능ᄒᆞᆫ 일이 무숨 ᄯᅳᆺ이냐
(안식일이 니르매 회당에셔 가ᄅᆞ치시니 여러히 듯고 이상히 녁여 ᄀᆞᆯᄋᆞᄃᆡ 이사ᄅᆞᆷ이 어ᄃᆡ셔 이러ᄒᆞᆷ을 엇엇ᄂᆞ뇨 ᄯᅩ 이사ᄅᆞᆷ의게 밧은 지혜가 엇더ᄒᆞ뇨 그 손으로 힝ᄒᆞᆫ 이런 권능이 엇더ᄒᆞ뇨)

⑧ 안식일이 니르매 회당에셔 가ᄅᆞ치시니 여러히 듯고 이상히 녁여 ᄀᆞᆯᄋᆞᄃᆡ 이사ᄅᆞᆷ이 어ᄃᆡ셔 이러ᄒᆞᆷ을 엇엇ᄂᆞ뇨 ᄯᅩ 이사ᄅᆞᆷ의 밧은 지혜가 엇더ᄒᆞ뇨 그 손으로 힝ᄒᆞᆫ 이런 권능이 엇더ᄒᆞ뇨

⑨ 安息日이 至ᄒᆞ매 會堂에셔 訓ᄒᆞ시니 多人이 聽ᄒᆞ고 異常히 녁여 曰 此人이 何處에셔 如此ᄒᆞᆷ을 得ᄒᆞ엿ᄂᆞ뇨 ᄯᅩ 此人의 受ᄒᆞᆫ 知慧가 何如ᄒᆞ뇨 其 手로 行ᄒᆞᆫ 如此ᄒᆞᆫ 權能이 何如ᄒᆞ뇨

⑩ 安息日이 니르매 會堂에셔 ᄀᆞᄅᆞ치시니 여러사ᄅᆞᆷ이 듯고 異常히 녁여 ᄀᆞᆯᄋᆞᄃᆡ 이사ᄅᆞᆷ이 어ᄃᆡ셔 이런 知識을 엇엇ᄂᆞ뇨 그 밧은

知慧가 엇더ᄒᆞ며 그 손으로 行ᄒᆞᆫ 이 權能이 엇더ᄒᆞ뇨
⑪ 安息日이 니르매 會堂에셔 가라치시니 여럿이 듯고 異常이 녁여 갈아대 이사람이 어대셔 이러함을 엇엇나뇨 또 이사람의
밧은 知慧가 엇더하뇨 손으로 行한 이런 權能이 엇더하뇨
⑫ 안식일이 되여 회당에셔 가라치시니 만흔사람이 듯고 놀나 갈아대 이사람이 어대셔 이런것을 엇엇나뇨 이사람의 밧은 지혜
와 그 손으로 일우어지는 이런 권능이 엇지됨이뇨
⑬ 안식일이 되어 회당에서 가르치시니 많은사람이 듣고 놀라 가로되 이사람이 어디서 이런것을 얻었느뇨 이사람의 받은 지혜
와 그 손으로 이루어지는 이런 권능이 어찌됨이뇨
⑭ そして、安息日になったので、會堂で教えはじめられた。それを聞いた多くの人々は、驚いて言った、「この人は、これら
のことをどこで習ってきたのか。また、この人の授かった知惠はどうだろう。このような力あるわざがその手で行われて
いるのは、どうしてか。

마가福音 06:03
① 此非馬利亞之子,木工乎,非雅各,約西,猶大,西門之兄弟乎,其姊妹非與我比鄰乎,乃爲之見礙焉。
② 이 쥬우 곳 마리암 외아달 야곱과 요시와 유다와 시몬의 동싱이 안이냐 그 누히가 여긔셔 우리과 함긔 안나냐 하고 이여
써리씨니
③ 이 목슈요 곳 마리암의 아달과 야곱과 요시와 유다와 시몬의 동싱이 안이냐 그 누히가 여긔셔 우리과 함ᄭᅴ ᄋᆞᆫᄂᆞ냐 ᄒᆞ고
이여 써리씨니
④ 이 마리아의 아ᄃᆞᆯ 목슈아니며 야고보와 요셰와 유다스와 시문의 형뎨 아니며 그 누의 우리와 니웃시 아니냐 ᄒᆞ야 이에 위ᄒᆞ
야 거리씸을당ᄒᆞ니

⑤ 이가 마리아의 아ᄃᆞᆯ 목슈가 안니며 아각과 요셔와 유대와 셔문의 형뎨 아니며 그 누의들이 우리와 니웃시 아니냐 ᄒᆞ고 슬혀 ᄇᆞ리거ᄂᆞᆯ

⑥ 이가 마리아의 아ᄃᆞᆯ 목슈가 아니며 야고보와 요셉과 유다와 시몬의 형님이 아니며 그 누의들이 우리와 ᄒᆞᆷᄭᅴ 여긔 잇지 아니 ᄒᆞ냐 ᄒᆞ고 슬혀ᄇᆞ리거ᄂᆞᆯ

⑦ 이가 마리아의 아ᄃᆞᆯ 목슈가 아니며 야고보와 요세와 유다와 시몬의 형님이 아니며 그 누의들이 우리와 ᄒᆞᆷᄭᅴ 여긔 잇지아니 ᄒᆞ냐 ᄒᆞ고 슬혀ᄇᆞ리거늘

(이사ᄅᆞᆷ이 마리아의 아ᄃᆞᆯ 목슈가 아니며 야고보와 요세와 유다와 시몬의 형이 아니며 그 누의들이 우리와 ᄒᆞᆷᄭᅴ 여긔 잇지 아니ᄒᆞ냐 ᄒᆞ고 슬혀ᄇᆞ리거늘)

⑧ 이사ᄅᆞᆷ이 마리아의 아ᄃᆞᆯ 목슈가 아니며 야고보와 요세와 유다와 시몬의 형이 아니며 그 누의들이 우리와 ᄒᆞᆷᄭᅴ 여긔 잇지 아니ᄒᆞ냐 ᄒᆞ고 슬혀ᄇᆞ리거늘

⑨ 此人이 마리아의 子 木手가 아니며 야고보와 요세와 유다와 시몬의 兄이 아니며 其 姊妹들이 我等과 ᄒᆞᆷᄭᅴ 此處에 在ᄒᆞ지 아니ᄒᆞ냐 ᄒᆞ고 厭棄ᄒᆞ거ᄂᆞᆯ

⑩ 이사ᄅᆞᆷ이 마리아의 아ᄃᆞᆯ 木手가 아니며 야고보와 요셉과 유다와 시몬의 兄이 아니며 그 누의들이 우리와 ᄒᆞᆷᄭᅴ 여긔 잇지 아니ᄒᆞ냐 ᄒᆞ고 슬혀ᄇᆞ리거ᄂᆞᆯ

⑪ 이사람이 마리아의 아달 木手가 아니며 야고보와 요세와 유대와 시몬의 兄이 아니며 그 누의들이 우리와 함ᄭᅴ 여긔 잇지 아니하냐 하고 슬혀바리거늘

⑫ 이사람이 마리아의 아달 목슈가 아니냐 야고보와 요세와 유다와 시몬의 형뎨가 아니냐 그 누의들이 우리와 함ᄭᅴ 여긔 잇지 아니하냐 하고 예수를 배쳑한지라

⑬ 이사람이 마리아의 아들 목수가 아니냐 야고보와 요세와 유다와 시몬의 형제가 아니냐 그 누이들이 우리와 함께 여기 있지

아니하냐 하고 예수를 배척한지라
⑭ この人は大工ではないか。マリヤのむすこで，ヤコブ、ヨセ，ユダ、シモンの兄弟ではないか。またその姉妹たちも、ここにわたしたちと一緒にいるではないか」。こうして彼らはイエスにつまづいた。

마가福音 06:04
① 耶穌謂之曰,預言者,於故鄕,於宗族,於室家而外,莫不尊焉。
② 예수 일오샤되 션지가 본토와 친쳑과 집안 외여는 놉피지 안으미 업다 하고
③ 예수 갈오샤더 션지가 본토와 친쳑과 집안 외는에 놉피지 안으고 업다 ᄒᆞ고
④ 예수ㅣ 닐너 ᄀᆞᆯᄋᆞ샤더 아는 사ᄅᆞᆷ을 고향과 일가와 집안 외에는 존슝ᄒᆞ지 아닌 ᄃᆡ 업ᄂᆞ니라 ᄒᆞ니라
⑤ 예수ㅣ ᄀᆞᆯᄋᆞ샤다 션지쟈도 제 ᄉᆡ골과 일가와 집안 외에는 존경치 안는 이 업셧ᄂᆞ니라
⑥ 예수ㅣ ᄀᆞᆯ아샤더 션지쟈도 제 고향과 일가와 집안 외에는 존경치 아님이 업ᄂᆞ니라
⑦ 예수ㅣ ᄀᆞᆯᄋᆞ샤더 션지쟈도 제 고향과 친쳑과 집안외에는 존경치 아님이 업ᄂᆞ니라
⑧ 예수ㅣ ᄀᆞᆯᄋᆞ샤더 션지쟈도 제 고향과 친쳑과 집안 외에는 존경치 아님이 업ᄂᆞ니라
⑨ 예수ㅣ 曰 先知者도 渠의 故鄕과 親戚과 家內 外에는 尊敬치 아님이 無ᄒᆞᄂᆞ니라
⑩ 예수ㅣ ᄀᆞᆯᄋᆞ샤더 先知者가 故鄕과 親戚과 집안 外에는 尊敬을 밧지 아님이 업ᄂᆞ니라 ᄒᆞ시고
⑪ 예수ㅣ 갈아샤대 先知者도 제 故鄕과 親戚과 집안 外에는 尊敬치 아님이 업나니라
⑫ 예수ᄭᅴ셔 뎌희게 닐아샤대 션지쟈가 자긔 고향과 자긔 친쳑과 자긔 집 외에셔는 존경을 밧지 아님이 업나니라 하시며
⑬ 예수께서 저희에게 이르시되 선지자가 자기 고향과 자기 친척과 자기 집 외에서는 존경을 받지 않음이 없느니라 하시며
⑭ イエスは言われた，「預言者は、自分の郷里、親族、家以外では、どこででも敬われないことはない」。

마가福音 06:05

① 故在彼不行何異能,惟手按數病者而醫之,

② 거긔셔 능하물 힝치 안이하고 오직 손을 두어 병인으게 안찰하여 곳치고

③ 거긔셔 능ᄒᆞ물 힝치 ᄋᆞᆫ이ᄒᆞ고 오직 손ᄋᆞᆯ 들어 병인의게 안찰ᄒᆞ여 곳치고

④ 그런고로 거긔셔ᄂᆞᆫ 다ᄅᆞᆫ 령적을 힝치 안코 오직 손으로 두어 병인을 ᄆᆞᆫ져 곳쳐주시고

⑤ 예수ㅣ 거긔셔ᄂᆞᆫ 능ᄒᆞᆷ을 힝치 못ᄒᆞ시되 오직 손으로 두어 병인을 ᄆᆞᆫ져 곳치시고

⑥ 거긔셔ᄂᆞᆫ 능ᄒᆞᆫ 일을 ᄒᆞᆯ 수가 업ᄉᆞ되 다만 손오로 두어 병인을 ᄆᆞᆫ져 곳치시고

⑦ 거긔셔는 능ᄒᆞᆫ 일을 ᄒᆞᆯ 수가 업스되 다만 손으로 두어 병인을 ᄆᆞᆫ져 곳치시고

(거긔셔는 권능을 힝ᄒᆞᆯ 수가 업스되 다만 손으로 두어 병인을 ᄆᆞᆫ져 곳치시고)

⑧ 거긔셔는 권능을 ᄒᆡᆼᄒᆞᆯ 수가 업스되 다만 손으로 두어 병인을 ᄆᆞᆫ져 곳치시고

⑨ 該處에셔는 權能을 行ᄒᆞᆯ 수가 無ᄒᆞ되 다만 手로 두어 病人을 按摩ᄒᆞ야 醫ᄒᆞ시고

⑩ 그곳에셔ᄂᆞᆫ 權能을 行ᄒᆞ실 수 업슴으로 두어 病人만 按手ᄒᆞ야 곳치시며

⑪ 거긔셔는 權能을 行할 수가 업스되 다만 손으로 두어 病人을 만져 곳치시고

⑫ 거긔셔는 아모 권능도 행하실 수 업서 다만 쇼수의 병인의게 안슈하야 곳치실뿐이엇고

⑬ 거기서는 아무 권능도 행하실 수 없어 다만 소수의 병인에게 안수하여 고치실뿐이었고

⑭ そして、そこでは力あるわざを一つもすることができず、ただ小數の病人に手をおいていやされただけであった。

마가福音 06:06

① 且怪彼之不信,乃周行諸鄕教誨焉。

② ᄯᅩ 뎌의 밋지 안이물 긔긔히 네겨 두로 모단 마을에 단니며 가라치다라
③ ᄯᅩ 뎌의 밋지 ᄋᆞᆫ으물 긔긔히 네겨 두로 모단 마ᄋᆞᆯ에 단니며 가라치더라
④ ᄯᅩᄒᆞᆫ 뎌의 밋지 아니홈을 괴이히 넉이샤 이에 두루 모든 시골에 ᄃᆞᆫ니며 ᄀᆞᄅᆞ치더라
⑤ ᄯᅩ 뎌희들이 밋지 아님으로 괴이히 넉이시더라 이에 모든 촌에 두루ᄃᆞᆫ니시며 ᄀᆞᄅᆞ치시니라
⑥ ᄯᅩ 뎌희들이 밋지 아님으로 괴이히 녁이시더라이에 모든 촌에 두루ᄃᆞᆫ니시며 ᄀᆞᄅᆞ치시더라
⑦ ᄯᅩ 뎌희들이 밋지 아님을 괴이히 녁이시더라 이에 모든 촌에 두루ᄃᆞᆫ니시며 ᄀᆞᄅᆞ치시더라
⑧ ᄯᅩ 뎌희들이 밋지 아님을 긔이히 녁이시더라 이에 모든 촌에 두루ᄃᆞᆫ니시며 가ᄅᆞ치시더라
⑨ ᄯᅩ 彼等들이 信치 아님을 奇異히 녁이시더라 이에 諸 村에 周行ᄒᆞ시며 誨ᄒᆞ시더라
⑩ 뎌희들이 밋지 아니홈을 異常히 녁이시고 모든 村으로 두루ᄃᆞᆫ니시며 ᄀᆞᄅᆞ치시더라
⑪ ᄯᅩ 뎌희의 밋지 아님을 異常히 녁이시더라 이에 모든 村에 두루단니시며 가라치시더라
⑫ 뎌희의 밋지 아님을 이샹이 녁이셧더라 이에 모든 촌에 두루단니시며 가라치시더라
⑬ 저희의 믿지 않음을 이상히 여기셨더라 이에 모든 촌에 두루다니시며 가르치시더라
⑭ そして、彼らの不信仰を驚き怪しまれた。それからイエスは、附近の村々を巡りあるいて教えられた。

마가福音 06:07

① 耶穌召十二門徒, 耦而遣之,賜其有權,以制污鬼,
② ᄯᅩ 열두 뎨자를 불너 둘식 보ᄂᆡᄂᆞᆫᄃᆡ 귀신 ᄶᅩᆺ난 권셰를 주며
③ ᄯᅩ 열두 뎨자ᄅᆞᆯ 불너 둘식 보ᄂᆡᄂᆞᆫᄃᆡ 귀신 ᄶᅩᆺᄂᆞᆫ 권셰ᄅᆞᆯ 주며
④ 예수ㅣ 십이 문도ᄅᆞᆯ 불너 두명식 보내시며 졉지ᄒᆞ여 그 권이 잇게 ᄒᆞ여ᄡᅥ 잡귀ᄅᆞᆯ 졔어ᄒᆞ게 ᄒᆞ시며

⑤ 예수ㅣ 열두 뎨ᄌᆞ를 불너 둘식 짝ᄒᆞ여 보ᄂᆡ실ᄉᆡ 샤귀 제어ᄒᆞᄂᆞᆫ 권능을 주시고

⑥ 예수ㅣ 열두 뎨ᄌᆞᄅᆞᆯ 불너 둘식 둘식 보내실ᄉᆡ 샤귀 내여쫏ᄂᆞᆫ 권능을 주시고

⑦ 예수ㅣ 열두 뎨ᄌᆞ를 불너 둘식 둘식 보내실ᄉᆡ 샤귀 내여쫏ᄂᆞᆫ 권능을 주시고

(예수ㅣ 열두 뎨ᄌᆞ를 불너 둘식 둘식 보내실ᄉᆡ 더러온귀신을 내여쫏는 권능을 주시고)

⑧ 예수가 열두 뎨ᄌᆞ를 불너 둘식 둘식 보내실ᄉᆡ 더러온귀신을 내여쫏ᄂᆞᆫ 권능을 주시고

⑨ 예수가 十二 弟子를 召ᄒᆞ야 二人式 二人式 遣ᄒᆞ실ᄉᆡ 汚鬼을 逐出ᄒᆞᄂᆞᆫ 權能을 賜ᄒᆞ시고

⑩ 예수ㅣ 열두 弟子를 불너 둘식 보내실서 더러운鬼神 쫏ᄂᆞᆫ 權能을 주시고

⑪ 예수ㅣ 열두 弟子를 불너 둘식 줄식 보내실새 더러운鬼神을 내여쫏는 權能을 주시고

⑫ 열두 뎨자를 부르샤 둘식 둘식 보내시며 더러운귀신을 졔어하는 권셰를 주시고

⑬ 열두 제자를 부르사 둘씩 둘씩 보내시며 더러운귀신을 제어하는 권세를 주시고

⑭ また十二弟子(でし)を呼び寄せ、ふたりずつつかわすことにして、彼らにけがれた靈を制する權威を与え、

마가福音 06:08

① 且命其於杖之外,毋攜何路資,或袋,或糧,或今於囊

② 명하되 노용에 지팡이만 가지고 혹 썩과 혹 자로과 헐이에 은을 가지지 말고

③ 명ᄒᆞ샤ᄃᆡ 노용ᄋᆞᆯ 가지지 말며 오직지팡이만 가지고 혹 썩과 혹 쟈로과 헐이에 은ᄋᆞᆯ 가지지 말고

④ ᄯᅩᄒᆞᆫ 명ᄒᆞ샤 그 집팡이외에 무슴 로ᄌᆞ와 혹 ᄌᆞ루와 혹 량식과 혹 금을 주머니에 너허 진이지 못ᄒᆞ게 ᄒᆞ시고

⑤ 명ᄒᆞ샤ᄃᆡ 로ᄌᆞᄂᆞᆫ 가지지 말고 지팡이만 가지며 량식도 말고 젼ᄃᆡ도 말고 주먼이에 금도 넛치 말며

⑥ 명ᄒᆞ샤 로ᄌᆞᄂᆞᆫ 가지지 말고 오직집힝이만 가지며 량식도 말고 젼ᄃᆡ도 말고 주먼이에 돈도 넛치 말며

⑦ 명ᄒᆞ샤 로ᄌᆞ는 가지지 말고 오직집힝이만 가지며 량식도 말고 젼ᄃᆡ도 말고 주먼이에 돈도 넛치 말며
⑧ 명ᄒᆞ샤ᄃᆡ 로ᄌᆞ도 가지지 말고 오직집힝이만 가지며 량식도 말고 젼ᄃᆡ도 말고 주먼이에 돈도 넛치 말며
⑨ 命ᄒᆞ샤ᄃᆡ 路資도 持치 말고 오직杖만 持ᄒᆞ며 糧食도 말고 錢帒도 말고 囊에 錢도 盛치 말며
⑩ 命ᄒᆞ샤ᄃᆡ 길 갈 ᄢᅢ에 집힝이外에아모것도 가지지 말지니 糧食도 말며 錢帒도 말며 주머니에 돈도 넛치 말며
⑪ 命하샤대 路資도 가지지말고 오직집행이만 가지며 糧食도 말고 纏帶도 말고 쥬머니에 돈도 넛치 말며
⑫ 명하샤대 려행을 위하야 집행이외에는 량식이나 주머니나 전대의 돈이나 아모 것도 가지지 말며
⑬ 명하시되 여행을 위하여 지팡이외에는 양식이나 주머니나 전대의 돈이나 아무 것도 가지지 말며
⑭ また旅のために、つえ一本のほかには何も持たないように、パンも、袋も、帯の中に錢も持たず、

마가福音 06:09
① 惟著履,毋二衣。
② 오직 신 신고 두 벌 옷슬 닙지 말나 하고
③ 오직 신 신고 두 벌 옷슬 닙지 말나 ᄒᆞ고
④ 오직 신만 신고 두 가지 옷도 닙지 말나 ᄒᆞ시며
⑤ 신만 들메고 가되 두 벌 옷슨 닙지 말나 ᄒᆞ시고
⑥ 신만 들메고 가되 두벌 옷슨 닙지 말나 ᄒᆞ시고
⑦ 신만 들메고 가되 두 벌 옷슨 닙지 말나 ᄒᆞ시고
(신만 들메고 가ᄃᆡ 두 벌 옷슨 닙지 말나 ᄒᆞ시고)
⑧ 신만 들메고 가ᄃᆡ 두벌 옷은 닙지 말나 ᄒᆞ시고

⑨ 履만 들메고 往ᄒᆞᄃᆡ 二件 衣ᄂᆞᆫ 衣치 말나 ᄒᆞ시고

⑩ 신만 들메고 두벌 옷슬 닙지 말나 ᄒᆞ시고

⑪ 신만 들메고 가대 두벌 옷은 닙지 말나하시고

⑫ 신만 신고 두벌 옷도 닙지 말나 하시고

⑬ 신만 신고 두벌 옷도 입지 말라 하시고

⑭ ただわらじをはくだけで、下着も二枚は着ないように命じられた。

마가福音 06:10

① 又謂之曰,無論何處,入人家則居之,迨爾離彼,

② ᄯᅩ 갈아샤되 어ᄂᆡ 곳이단지 집에 드러가 거하여 갈적에 닐으되

③ ᄯᅩ 갈아샤ᄃᆡ 어ᄂᆡ 곳이든지 집에 드러가 거ᄒᆞ여 갈적거지 이스라

④ ᄯᅩ 당부ᄒᆞ여 ᄀᆞᆯᄋᆞ샤ᄃᆡ 무론 어ᄂᆞ 곳이던지 사ᄅᆞᆷ의집에 드러 잇스면 너ㅣ 그곳을 ᄯᅥ나도록 잇스되

⑤ ᄯᅩ ᄀᆞᆯᄋᆞ샤ᄃᆡ 어ᄃᆡ던지 집에 드러가거든 거긔를 ᄯᅥ나기ᄭᆞ지 류ᄒᆞ여라

⑥ ᄯᅩ ᄀᆞᆯᄋᆞ샤ᄃᆡ 어ᄃᆡ던지 집에 드러 가거든 거긔롤 ᄯᅥ나기ᄭᆞ지 류ᄒᆞ여라

⑦ ᄯᅩ ᄀᆞᆯᄋᆞ샤ᄃᆡ 어ᄃᆡ던지 집에 드러가거든 거긔를 ᄯᅥ나기ᄭᆞ지 류ᄒᆞ여라

(ᄯᅩ ᄀᆞᆯᄋᆞ샤ᄂᆡ 어ᄃᆡ셔넌지 뉘십에 드러가거는 거긔들 ᄯᅥ나기ᄭᆞ지 뉴ᄒᆞ여라)

⑧ ᄯᅩ ᄀᆞᆯᄋᆞ샤ᄃᆡ 어ᄃᆡ셔던지 뉘집에 드러가거든 거긔를 ᄯᅥ나기ᄭᆞ지 류ᄒᆞ여라

⑨ 又 曰 何處에셔던지 誰家에 入ᄒᆞ거든 其處를 離ᄒᆞ기ᄭᆞ지 留ᄒᆞ여라

⑩ ᄯᅩ ᄀᆞᆯᄋᆞ샤ᄃᆡ 어ᄃᆡ셔던지 사ᄅᆞᆷ의 집에 드러가거든 그곳을 ᄯᅥ날ᄣᅢᄭᆞ지 留ᄒᆞ고

⑪ ᄯᅩ 갈아샤대 어대셔던지 뉘집에 드러가거든 거긔를 ᄯᅥ나기ᄭᅡ지 留하여라
⑫ ᄯᅩ 갈아샤대 어대셔던지 뉘집에 드러가거든 그곳을 ᄯᅥ나기ᄭᅡ지 거긔 류하라
⑬ 또 가라사대 어디서든지 뉘집에 들어가거든 그곳을 떠나기까지 거기 유하라
⑭ そして彼らに言われた、「どこへ行っても、家にはいったなら、その土地を去るまでは、そこにとどまっていなさい。

마가福音 06:11

① 有不接爾,不聽爾者,離彼時,則拂去爾足下之塵,以爲衆證。我誠告爾,當審判日,所多馬與蛾摩拉之刑,較斯邑猶堪忍焉(한문성경에 만 있음)
② 너의를 ᄃᆡ접지 안으며 너의를 듯지 안ᄂᆞᆫ 쟈이여든 거긔를 나갈 ᄯᅢ여 너의발에 몬주를 털어써 간증을 삼으라 ᄒᆞ니
③ 너희ᄅᆞᆯ ᄃᆡ접지 안으며 너희ᄅᆞᆯ 듯지 ᄋᆞᆫᄂᆞᆫ 쟈 잇거던 거긔ᄅᆞᆯ 나갈 ᄯᅢ에 너희발에 몬주ᄅᆞᆯ 덜어써 간증ᄋᆞᆯ 삼으라 ᄒᆞ니
④ 너ᄅᆞᆯ 붓치지 아니며 너ᄅᆞᆯ 좃지 아닌ᄂᆞᆫ 쟈ㅣ 잇거든 거긔 ᄯᅥ날 ᄯᅢ 네발아래 몬지ᄅᆞᆯ ᄯᅥ러 ᄇᆞ려써 모든 이의게 증험을 삼으라 나ㅣ 진실노 너ᄃᆞ려 닐ᄋᆞᄂᆞ니 심판ᄒᆞᄂᆞᆫ 날을 당ᄒᆞ여 소돔과 다못 고모라의 형벌을 이 고을에 비ᄒᆞ면 오히려 견ᄃᆡ여 춤을 만ᄒᆞ리라 ᄒᆞ시더라
⑤ 너를 ᄃᆡ접지 아니ᄒᆞ며 너를 듯지 안ᄂᆞᆫ 곳 잇거든 거긔셔 ᄯᅥ날 ᄯᅢ에 발에 몬지를 ᄯᅥ러ᄇᆞ려 여러 ᄉᆞᄅᆞᆷ의 증거를 삼으라
⑥ 너희를 ᄃᆡ접지 아니ᄒᆞ며 듯지 안ᄂᆞᆫ 곳이 잇거든 거긔셔 ᄯᅥ날 ᄯᅢ에 발아래 몬지ᄅᆞᆯ ᄯᅥ러ᄇᆞ려 여러 ᄉᆞᄅᆞᆷ의게 증거ᄅᆞᆯ 삼으라 ᄒᆞ시니
⑦ 너희를 ᄃᆡ접지아니ᄒᆞ며 듯지 안는 곳이 잇거든 거긔셔 ᄯᅥ날 ᄯᅢ에 발아래 몬지를 ᄯᅥ러ᄇᆞ려 여러 ᄉᆞᄅᆞᆷ의게 증거를 삼으라 ᄒᆞ시니
(너희를 ᄃᆡ접지 아니ᄒᆞ며 듯지 안는 곳이 잇거든 거긔셔 ᄯᅥ날 ᄯᅢ에 발아래 몬지도 ᄯᅥ러ᄇᆞ려 여러ᄉᆞᄅᆞᆷ의게 증거를 삼으라

ᄒᆞ시니)

⑧ 너희를 ᄃᆡ접지 아니ᄒᆞ며 듯지 안ᄂᆞᆫ 곳이 잇거든 거긔셔 ᄯᅥ날 ᄯᅢ에 발아래 몬지도 ᄯᅥ러ᄇᆞ려 여러사ᄅᆞᆷ의게 증거를 삼으라 ᄒᆞ시니

⑨ 爾等을 待接지 아니ᄒᆞ며 聽치 안ᄂᆞᆫ 處가 有ᄒᆞ거든 其處에셔 離ᄒᆞᆯ 時에 足下에 塵도 拂棄ᄒᆞ야 多人의게 證據를 삼으라 ᄒᆞ시니

⑩ 너희를 迎接지 아니ᄒᆞ며 듯지 안ᄂᆞᆫ 곳이 잇거든 거긔셔 ᄯᅥ날 ᄯᅢ에 발아래 몬지도 ᄯᅥ러ᄇᆞ려 여러사ᄅᆞᆷ의게 證據를 삼으라

⑪ 너희를 待接지 아니하며 듯지 안는 곳이 잇거든 거긔셔 ᄯᅥ날 ᄯᅢ에 발아래 몬지도 ᄯᅥᆯ어바려 여러 사람의게 證據를 삼으라 하시니

⑫ 어나 곳에셔던지 너희를 영졉지 아니하고 너희 말을 듯지도 아니하거든 거긔셔 나갈 ᄯᅢ에 발아래 몬지를 ᄯᅥ러바려 뎌희게 증거를 삼으라 하시니

⑬ 어느 곳에서든지 너희를 영접지 아니하고 너희 말을 듣지도 아니하거든 거기서 나갈 때에 발아래 먼지를 떨어버려 저희에게 증거를 삼으라 하시니

⑭ また、あなたがたを迎えず、あなたがたの話を聞きもしない所があったなら、そこから出て行くとき、彼らに對する抗議のしるしに、足の裏のちりを拂い落しなさい」。

마가福音 06:12

① 門徒出,宣人宜悔改之道,

② 뎨자 나가 사ᄅᆞᆷ올 회ᄀᆡ케 젼ᄒᆞ며

③ 뎨자 나가 사ᄅᆞᆷ올 회ᄀᆡ케 뎐ᄒᆞ며

④ 뎨ᄌᆞ들이 다가셔 사ᄅᆞᆷ들이 맛당이 뉘웃쳐 곳칠 도롤 젼ᄒᆞ고

⑤ 내 뎨자들이 나아가 사름들이 회기홀 도를 젼ᄒ고
⑥ 뎨ᄌ들이 나가 회기홀 거술 젼파ᄒ고
⑦ 뎨ᄌ들이 나가셔 맛당히 회기홀 거슬 젼파ᄒ고
⑧ 뎨ᄌ들이 나가셔 맛당히 회기홀 거슬 젼파ᄒ고
⑨ 弟子들이 出ᄒ야 宜當히 悔改홀 거슬 傳播ᄒ고
⑩ 弟子들이 나가셔 맛당히 悔改홀 거슬 傳播ᄒ고
⑪ 弟子들이 나가셔 맛당히 悔改할 것을 傳播하고
⑫ 뎨자들이 나가셔 회개하라 젼파하고
⑬ 제자들이 나가서 회개하라 전파하고
⑭ そこで、彼らは出て行って、悔改めを宣(の)べ伝え、

마가福音 06:13

① 且多逐鬼,多以膏膏病者而醫之。
② 만이 귀신을 쫏추며 만이 기름으로써 병인으게 발나 곳치다라
③ 만이 귀신올 쫏추며 만이 기름으로써 병인의게 발ᄂ 곳치더라
④ 쏘ᄒᆫ 축귀롤 만히ᄒ며 고약으로써 병인을 발나 낫게ᄒ더라
⑤ 쏘 귀신들을 쫏치며 기름으로 병든 사름들의게 발나 다곳치더라
⑥ 여러 샤귀롤 내여쫏치며 병든 사름을 기름으로 발나 곳치더라
⑦ 여러 샤귀를 내여쫏치며 여러 병인을 기름으로 발나 곳치더라

⑧ 여러 샤귀를 내여쫏치며 여러 병인을 기름으로 발나 곳치더라

⑨ 여러 邪鬼를 逐出ᄒᆞ며 여러 病人을 膏로 塗ᄒᆞ야 醫ᄒᆞ더라

⑩ 여러 邪鬼를 내여쫏츠며 여러 病人을 기름 발나 곳치니

⑪ 여러 邪鬼를 내여쫏치며 여러 病人을 기름으로 발나 곳치더라

⑫ 만흔 귀신을 쫏차내며 만흔 병인의게 기름을 발나 곳치더라

⑬ 많은 귀신을 쫓아내며 많은 병인에게 기름을 발라 고치더라

⑭ 多くの惡靈を追い出し、大ぜいの病人に油をぬっていやした。

마가福音 06:14

① 耶穌之名旣揚,希律王聞之,則曰,施洗禮之約翰自死復生,故大能由之而作也。

② 헤롯왕이 들으문 그 일홈이 나타나미라 이여 갈아되 밥팀레를 베푸던 요안너가 죽으무로붓터 닌고로 능ᄒᆞ물 힝한다 ᄒᆞ니

③ 헤롯왕이 들으문 그 일홈이 나타나미라 이어 갈아되 밥팀레룰 베푸던 요안너가 죽으무로붓터 닌고로 능ᄒᆞ물 힝ᄒᆞᆫ다 ᄒᆞ니

④ 예수의 닐옴이 임의 파다ᄒᆞ매 헤로데왕이 듯고 ᄀᆞᆯᄋᆞᄃᆡ 셰례 주던 요한이 죽엇다 다시살아낫슴으로 그런 신통ᄒᆞᆫ 일이 잇다 ᄒᆞ며

⑤ 이에 예수의 셩명이 파다ᄒᆞᆫ지라 희률왕이 듯고 ᄀᆞᆯᄋᆞᄃᆡ 이는 셰례 주던 요한이 죽엇다가 다시살아난고로 이런 권능을 예수로 ᄒᆡᆼᄒᆞᆫ다 ᄒᆞ고

⑥ 이에 예수의 셩명이 파다 ᄒᆞᆫ지라 헤롯 왕이 듯고 ᄀᆞᆯᄋᆞᄃᆡ 이는 셰례 주던 요한이 죽음에셔 다시살아나 이 능ᄒᆞᆫ 일을 힝홈이로다 ᄒᆞ고

⑦ 이에 예수의 셩명이 파다ᄒᆞᆫ지라 헤롯 왕이 듯고 ᄀᆞᆯᄋᆞᄃᆡ 이는 셰례 요한이 죽음에셔 다시살아나 이 능ᄒᆞᆫ 일을 힝홈이로다

ᄒᆞ고

(이에 예수의 셩명이 파다ᄒᆞᆫ지라 헤롯왕이 듯고 ᄀᆞᆯᄋᆞᄃᆡ 이는 셰례 요한이 죽은가온ᄃᆡ셔 다시니러나 이 권능을 ᄒᆡᆼᄒᆞᆷ이로다
ᄒᆞ고)

⑧ 이에 예수의 셩명이 파다ᄒᆞᆫ지라 헤롯왕이 듯고 ᄀᆞᆯᄋᆞᄃᆡ 이는 셰례 요한이 죽은가온ᄃᆡ셔 다시살아나 이 권능을 ᄒᆡᆼᄒᆞᆷ이로다
ᄒᆞ고

⑨ 이에 예수의 聲名이 播多ᄒᆞᆫ지라 헤롯王이 聞ᄒᆞ고 曰 此는 洗禮 요한이 死中에셔 甦ᄒᆞ야 此 權能을 行ᄒᆞᆷ이로다 ᄒᆞ고

⑩ 예수의 聲名이 播多ᄒᆞᆫ지라 헤롯 王이 듯고 ᄀᆞᆯᄋᆞᄃᆡ 이는 洗禮 요한이 죽엇다가 復活ᄒᆞ야 이 權能을 行ᄒᆞᆷ이로다 ᄒᆞ니

⑪ 이에 예수의 聲名이 播多한 지라 헤롯王이 듯고 갈아대 이는 洗禮 요한이 죽은가운데셔 다시살아나 이 權能을 行함이로다
하고

⑫ 이에 예수의 일홈이 드러난지라 헤롯왕이 듯고 갈아대 이는 셰례 요한이 죽은쟈가운데셔 살아낫도다 그런 고로 이런 능력이
그 속에셔 운동하나니라 하고

⑬ 이에 예수의 이름이 드러난지라 헤롯왕이 듣고 가로되 이는 세례 요한이 죽은자 가운데서 살아났도다 그러므로 이런 능력이
그 속에서 운동하느니라 하고

⑭ さて、イエスの名が知れわたってヘロデ王の耳にはいった。ある人々は「バプテスマのヨハネが、死人の中からよみがえっ
てきたのだ。それで、あのような力が彼のうちに働いているのだ」と言い、

마가福音 06:15

① 或曰,是以利亞,或曰,是預言者,或曰,猶古預言者之一。

② 혹이 갈아되 이니야라 혹 션지라 혹 션지의 한나 갓다 ᄒᆞ니

③ 혹이 갈아되 이니야라 혹 션지라 혹 션지의 ᄒᆞᆫ나 갓다 ᄒᆞ니
④ 혹은 엘늬아라 ᄒᆞ며 혹은 션지쟈ㅣ라 ᄒᆞ며 혹은 닐ᄋᆞ기ᄅᆞᆯ 녯적에 션지쟈 ᄒᆞ나와 ᄀᆞᆺ다 ᄒᆞ되
⑤ 엇던이ᄂᆞᆫ ᄀᆞᆯ아ᄃᆡ 이가 이리아ㅣ라 ᄒᆞ고 ᄯᅩ 다른이ᄂᆞᆫ ᄀᆞᆯᄋᆞᄃᆡ 이ᄂᆞᆫ 션지쟈ㅣ니 션지 즁에 ᄒᆞᄂᆞ와 ᄀᆞᆺᄒᆞᆫ 듯ᄒᆞ다 ᄒᆞ되
⑥ 엇던이ᄂᆞᆫ ᄀᆞᆯᄋᆞᄃᆡ 이가 엘니야라 ᄒᆞ고 ᄯᅩ 다른이ᄂᆞᆫ ᄀᆞᆯᄋᆞᄃᆡ 이ᄂᆞᆫ 션시쟈ㅣ니 션지 즁에 ᄒᆞ나와 ᄀᆞᆺ다 ᄒᆞ되
⑦ 엇던이ᄂᆞᆫ ᄀᆞᆯᄋᆞᄃᆡ 이가 엘니야라 ᄒᆞ고 ᄯᅩ 다른이ᄂᆞᆫ ᄀᆞᆯᄋᆞᄃᆡ 이ᄂᆞᆫ 션지쟈ㅣ니 션지쟈즁에 ᄒᆞ나와 ᄀᆞᆺ다ᄒᆞ되
(엇던이는 ᄀᆞᆯᄋᆞᄃᆡ 이가 엘니야라 ᄒᆞ고 ᄯᅩ 다른이는 ᄀᆞᆯᄋᆞᄃᆡ 이는 션지쟈ㅣ니 션지쟈 즁에 ᄒᆞ나와 ᄀᆞᆺ다 ᄒᆞ되)
⑧ 엇던이는 ᄀᆞᆯᄋᆞᄃᆡ 이가 엘니야라 ᄒᆞ고 ᄯᅩ 다른이는 ᄀᆞᆯᄋᆞᄃᆡ 이는 션지쟈니 션지쟈 즁에 ᄒᆞ나와 ᄀᆞᆺ다 ᄒᆞ되
⑨ 或은 曰 此가 엘니야라 ᄒᆞ고 ᄯᅩ 他人은 曰 此는 先知者니 先知者 中에 一人과 如ᄒᆞ다 ᄒᆞ되
⑩ 或은 ᄀᆞᆯᄋᆞᄃᆡ 이ᄂᆞᆫ 엘니야라 ᄒᆞ고 或은 ᄀᆞᆯᄋᆞᄃᆡ 이ᄂᆞᆫ 先知者니 녯적 先知者 中 ᄒᆞ나와 ᄀᆞᆺ다 ᄒᆞᄂᆞᆫ지라
⑪ 엇던이는 갈아대 이가 엘니야라하고 ᄯᅩ 다른이는 갈아대 이는 先知者니 先知者 중에 하나와 갓다 하되
⑫ 엇던이는 이가 엘니야라 하고 ᄯᅩ 엇던이는 이가 션지쟈니 녯 션지쟈 즁에 하나와 갓다 하되
⑬ 어떤이는 이가 엘리야라 하고 또 어떤이는 이가 선지자니 옛 선지자중의 하나와 갇다 하되
⑭ 他の人々は「彼はエリヤだ」と言い、また他の人々は「昔の預言者のような預言者だ」と言った。

마가福音 06:16

① 惟希律聞此,則曰,是我所斬之約翰,彼自死復生耳。
② 혜롯이 듯고 갈아되 ᄂᆡ 버인 바 요안ᄂᆡ 죽으무로 닐엇다 ᄒᆞ다라
③ 혜롯이 듯고 갈아되 ᄂᆡ 버인 바 요안ᄂᆡ 죽으무로 닐엇다 ᄒᆞ더라
④ 오직 혜로데ᄂᆞᆫ 듯고 ᄀᆞᆯᄋᆞᄃᆡ 이ᄂᆞᆫ 임의 버힌바 요한이니 뎨 죽엇다가 다시살앗다 ᄒᆞ니

⑤ 희률은 이 말을 듯고 ᄀᆞᆯᄋᆞᄃᆡ 이ᄂᆞᆫ 내가 목 벤 요한이 다시살앗다 ᄒᆞᄂᆞᆫ지라
⑥ 헤롯은 듯고 ᄀᆞᆯᄋᆞᄃᆡ 이ᄂᆞᆫ 내가 목 벤 요한이 다시살앗다 ᄒᆞᆫ지라
⑦ 헤롯은 듯고 ᄀᆞᆯᄋᆞᄃᆡ 이는 내가 목벤 요한이 다시살앗다 ᄒᆞ니라
(헤롯은 듯고 ᄀᆞᆯᄋᆞᄃᆡ 이는 내가 목버힌 요한이니 뎌가 다시살앗다 ᄒᆞ더라)
⑧ 헤롯은 듯고 ᄀᆞᆯᄋᆞᄃᆡ 이는 내가 목버힌 요한이니 뎌가 다시살앗다 ᄒᆞ더라
⑨ 헤롯은 聞ᄒᆞ고 日 此는 我가 斬ᄒᆞᆫ 요한이니 彼가 甦ᄒᆞ엿다 ᄒᆞ더라
⑩ 헤롯이 듯고 ᄀᆞᆯᄋᆞᄃᆡ 이ᄂᆞᆫ 내가 목버힌 요한이 復活ᄒᆞᆷ이라 ᄒᆞ더라
⑪ 헤롯은 듯고 갈아대 이는 내가 못버힌 요한이니 뎌가 다시살앗다 하더라
⑫ 헤롯은 듯고 갈아대 내가 목버힌 요한 그가 살아낫다 하더라
⑬ 헤롯은 듣고 가로되 내가 못 베인 요한 그가 살아났다 하더라
⑭ ところが、ヘロデはこれを聞いて、「わたしが首を切ったあのヨハネがよみがえったのだ」と言った。

마가福音 06:17
① 夫希律會遣人執約翰繫之於獄,爲其兄弟腓力之妻希羅底故,蓋希律已娶之矣。
② 헤롯이 사ᄅᆞᆷ을 보ᄂᆡ여 요안ᄂᆡ를 잡아 옥에 가도문 그 동싱 비닙의 쳐 헤로다를 취한 연고로
③ 헤롯이 처음에 사ᄅᆞᆷᄋᆞᆯ 보ᄂᆡ요 요안ᄂᆡᄅᆞᆯ 잡아 옥에 가도문 그 동싱 비닙의 쳐 헤로다ᄅᆞᆯ 취한 연고로
④ 이 몬져 헤로데가 일즉 사ᄅᆞᆷ을 보내여 요한을 잡아 옥에 가도니 이ᄂᆞᆫ 그 아오 필닙보의 쳐 헤로테아의 연고ㅣ라 대개 헤로데
가 임의 취ᄒᆞ엿스니
⑤ 처음에 희률이 동싱 비력의 안ᄒᆡ 희라져를 위ᄒᆞ야 사ᄅᆞᆷ을 보내여 요한을 잡아 옥에 가돔은 대개 희률이 그 계집의게 쟝가들

냐 홈이라

⑥ 헤롯이 그 동싱 빌닙의 안히 헤로듸아의 일노 사름을 보내여 요한을 잡아 옥에 가도앗시니 대개 헤롯이 그 녀인의게 쟝가들엇ᄂᆞ니라

⑦ 헤롯이 그 동싱 빌닙의 안해 헤로듸아의 일노 사름을 보내여 요한을 잡아 옥에 가도니라 헤롯이 그 녀인의게 쟝가들엇스니 (헤롯이 그 동싱 빌닙의 안히 헤로듸아의 일노 사름을 보내여 요한을 잡아 옥에 가도니라 헤롯이 그 녀인의게 쟝가들엇더니)

⑧ 헤롯이 그 동싱 빌닙의 안히 헤로듸아의 일노 사름을 보내여 요한을 잡아 옥에 가도니라 헤롯이 그 녀인의게 쟝가들엇더니

⑨ 헤롯이 其 同生 빌닙의 妻 헤로듸아의 事로 人을 遣ᄒᆞ야 요한을 執ᄒᆞ야 獄에 囚ᄒᆞ니라 헤롯이 其 女人의게 娶ᄒᆞ엿더니

⑩ 처음에 헤롯이 그 同生 빌닙의 안히 헤로듸 아들 取ᄒᆞᆫ 일노 因ᄒᆞ야 사름을 보내여 요한을 잡아 獄에 가도니

⑪ 헤롯이 그 同生빌닙의 안해 헤로듸아의 일노 사람을 보내여 요한을 잡아 獄에 가도니라 헤롯이 그 女人의게 丈家들엇더니

⑫ 젼에 헤롯이 자긔가 동생 빌닙의 안해 헤로듸아의게 쟝가든 고로 이 여자를 위하야 사람을 보내여 요한을 잡아 옥에 가도앗스니

⑬ 전에 헤롯이 자기가 동생 빌립의 아내 헤로디아에게 장가든 고로 이 여자를 위하여 사람을 보내어 요한을 잡아 옥에 가두었으니

⑭ このヘロデは、自分の兄弟ピリポの妻ヘロデヤをめとったが、そのことで、人をつかわし、ヨハネを捕まえて獄につないだ。

마가福音 06:18

① 約翰諫希律曰,爾娶兄弟之妻,非宜也。

② 요안닉 간ᄒᆞ여 갈아되 왕이 동싱의 쳐를 취ᄒᆞ미 합당치 아타 ᄒᆞ니

③ 요안닉 간ᄒᆞ여 갈아되 왕이 동싱의 쳐롤 취ᄒᆞ미 합당치 온타 ᄒᆞ니

④ 요한이 헤로데를 간ᄒᆞ여 ᄀᆞᆯᄋᆞᄃᆡ 네 형뎨의 쳐를 취ᄒᆞᆷ이 올치 안타 ᄒᆞ엿더니

⑤ 요한이 희률의게 간ᄒᆞ여 ᄀᆞᆯᄋᆞᄃᆡ 동싱의 안희를 취ᄒᆞᆷ이 올치 안타 ᄒᆞ엿더니

⑥ 요한이 헤롯의게 간ᄒᆞ야 갈아ᄃᆡ 동시의 안힉를 취ᄒᆞᄂᆞᆫ 거시 올치 안타 ᄒᆞ엿시니

⑦ 요한이 헤롯의게 간ᄒᆞ야 ᄀᆞᆯᄋᆞᄃᆡ 동싱의 안해를 취ᄒᆞᄂᆞᆫ 거시 올치 안타 ᄒᆞᆷ으로

(요한이 헤롯의게 간ᄒᆞ야 ᄀᆞᆯᄋᆞᄃᆡ 동싱의 안힉를 취ᄒᆞ는 거시 올치 안타 ᄒᆞᆷ으로)

⑧ 요한이 헤롯의게 간ᄒᆞ야 ᄀᆞᆯᄋᆞᄃᆡ 동싱의 안힉를 취ᄒᆞᄂᆞᆫ 거시 올치 안타 ᄒᆞᆷ으로

⑨ 요한이 헤롯의게 諫ᄒᆞ야 曰 同生의 妻를 娶ᄒᆞᄂᆞᆫ 거시 可치 안타 ᄒᆞᆷ으로

⑩ 이ᄂᆞᆫ 요한이 헤롯의게 諫ᄒᆞ야 同生의 안힉를 取ᄒᆞᆷ이 올치 안타 ᄒᆞᆷ이라

⑪ 요한이 헤롯의게 諫하야 갈아대 同生의 안해를 取하는 것이 올치 안타함으로

⑫ 이는 요한이 헤롯의게 말하대 동생의 안해를 취한 것이 올치 안타 하엿슴이라

⑬ 이는 요한이 헤롯에게 말하되 동생의 아내를 취한 것이 옳지 않다 하였음이라

⑭ それは、ヨハネがヘロデに、「兄弟の妻をめとるのは、よろしくない」と言ったからである。

마가福音 06:19

① 由是希羅底怨約翰欲殺之而弗得,

② 헤로다 이여 ᄃᆡ뎍ᄒᆞ여 죽이고져 ᄒᆞ되 엇지 못ᄒᆞ문

③ 헤로다 이여 ᄃᆡ뎍ᄒᆞ여 죽이고져 ᄒᆞ되 엇지 못ᄒᆞ문

④ 일노 말미암아 헤로테아ㅣ 요한을 원망ᄒᆞ야 죽이려 ᄒᆞ되 죽이지 못ᄒᆞᆷ은

⑤ 희라져가 이 싸닭으로 요한을 원망ᄒᆞ여 죽이고져 ᄒᆞ되 ᄒᆞ지 못ᄒᆞᆷ은

⑥ 헤로듸아가 요한을 원망ᄒᆞ야 죽이고져 ᄒᆞ되 ᄒᆞ지 못ᄒᆞᆫ 거ᄉᆞᆫ
⑦ 헤로듸아가 요한을 원망ᄒᆞ야 죽이고져ᄒᆞ되 ᄒᆞ지못ᄒᆞᆫ 거슨
⑧ 헤로듸아가 요한을 원망ᄒᆞ야 죽이고져 ᄒᆞ되 ᄒᆞ지 못ᄒᆞᆫ 거슨
⑨ 헤로듸아가 요한을 怨ᄒᆞ야 殺코져 ᄒᆞ되 ᄒᆞ지 못ᄒᆞᆫ 거슨
⑩ 헤로듸아가 요한을 怨望ᄒᆞ야 죽이고져 ᄒᆞ나
⑪ 헤로듸아가 요한을 怨望하야 죽이고져 하되 하지 못한 것은
⑫ 헤로듸아가 요한을 원슈로 녁여 죽이고져 하엿스되 하지 못한 것은
⑬ 헤로디아가 요한을 원수로 여겨 죽이고자 하였으되 하지 못한 것은
⑭ そこで、ヘロデやはヨハネを恨み、彼を殺そうと思っていたが、できないでいた、

마가福音 06:20

① 蓋希律知約翰義且聖,畏之顧,聞其言則多行之,且欣然於聞也。
② 헤롯이 요안늬를 공경ᄒᆞ며 그 사ᄅᆞᆷ되미 올코 ᄯᅩ 셩인인 줄 알아 돌아보고 듯기를 주뎨ᄒᆞ고 ᄯᅩ 깃거 들오미라
③ 헤롯이 요안늬ᄅᆞᆯ 공경ᄒᆞ며 그 사ᄅᆞᆷ되미 올코 ᄯᅩ 셩인인 줄을 알아 돌아보고 더 듯기ᄅᆞᆯ 주져ᄒᆞ고 ᄯᅩ 깃거 들으미라
④ 대개 헤로데 요한이 의인이며 셩인인줄 알고 공경ᄒᆞ며 고호ᄒᆞ고 그 말을 드ᄅᆞ면 만히 힝ᄒᆞ며 ᄯᅩᄒᆞᆫ 듯기ᄅᆞᆯ 깃거ᄒᆞᆷ이러니
⑤ 대개 희률이 이 요한을 의잇고 올흔 사ᄅᆞᆷ으로 알아 부셔워 ᄒᆞ고 고호ᄒᆞ며 그 말을 드러 여러 가지를 힝ᄒᆞ고 ᄯᅩ 듯기를 즐거워 ᄒᆞᆷ일너니
⑥ 대개 헤롯이 요한이 올코 거룩ᄒᆞᆫ 사ᄅᆞᆷ 인줄을 알아 두려워 ᄒᆞ야 보호ᄒᆞ며 그 말을 드ᄅᆞ니 ᄆᆡ우 답답ᄒᆞ되 ᄯᅩ 듯기ᄅᆞᆯ 즐거워 ᄒᆞᆷ일너니

⑦ 대개 헤롯이 요한을 올코 거륵훈 사룸인줄노 알아 두려워ᄒᆞ야 보호ᄒᆞ며 그 말을 드르매 ᄆᆡ우 답답ᄒᆞ되 ᄯᅩ 듯기를 즐거워홈
일너니
(대개 헤롯이 요한을 올코 거륵훈 사룸인 줄노 알고 두려워ᄒᆞ야 보호ᄒᆞ며 그 말을 듯고 ᄆᆡ우 답답ᄒᆞ되 듯기를 즐거워홈일너니)
⑧ 헤롯이 요한을 올코 거륵훈 사룸인 줄노 알고 두려워ᄒᆞ야 보호ᄒᆞ며 그 말을 듯고 ᄆᆡ우 답답ᄒᆞ되 듯기를 즐거워홈일너니
⑨ 헤롯이 요한을 義ᄒᆞ고 聖훈 人인 줄노 知ᄒᆞ고 懼ᄒᆞ야 保護ᄒᆞ며 其 言을 聞ᄒᆞ고 ᄆᆡ우 沓沓ᄒᆞ되 聽ᄒᆞ기를 肯홈일너니
⑩ 헤롯이 요한을 올코 거륵훈 사룸인 줄노 알고 두려워ᄒᆞ야 保護ᄒᆞ며 그 말을 듯고 그대로 行ᄒᆞ며 듯기를 즐거워 홈을 因ᄒᆞ야
ᄯᅳᆺ을 일우지 못ᄒᆞ더
⑪ 헤롯이 요한을 올코 거륵한 사람인 줄노 알고 두려워하야 保護하며 그 말을 듯고 매우 沓沓하되 듯기를 즐거워 함일너니
⑫ 헤롯이 요한을 의롭고 거륵한 사람으로 알고 두려워하야 보호하며 ᄯᅩ 그의 말을 드를 ᄯᅢ에 크게 번민을 늣기면서도 달게
드름이러라
⑬ 헤롯이 요한을 의롭고 거룩한 사람으로 알고 두려워하여 보호하며 또 그의 말을 들을 때에 크게 번민을 느끼면서도 달게
들음이러라
⑭ それはヘロデが、ヨハネは正しくて聖なる人であることを知って、彼を恐れ、彼に保護を加え、またその教を聞いて非常に
悩みながらも、なお喜んで聞いていたからである。

마가福音 06:21

① 適一機會之日,卽希律誕日,設筵宴諸大夫,千夫長,及加利利尊者。
② 마즘 긔회의 날을 만나니 곳 헤롯의 싱일이라
③ 마즘 긔회의 날올 만나니 곳 헤롯의 싱일이라

④ 얼얼은 ᄆᆞᆺ춤 헤로데의 싱일이라 잔치ᄅᆞᆯ 버리고 모든 대부와 쳔부쟝과 밋 갈닐늬아의 귀인을 청ᄒᆞ엿더라
⑤ ᄆᆞᆺ춤 승극ᄒᆞᆯ 날이 도라 왓시니 희률이 제 싱일에 연셕을 베풀고 모든 대부와 빅부쟝과 가리리의 귀인들을 청ᄒᆞᆫ지라
⑥ ᄆᆞᆺ춤 긔회ᄅᆞᆯ 맛ᄂᆞ니 헤롯이 제 탄일에 모든 대부와 쳔부쟝과 갈닐니의 귀인들노 잔치ᄒᆞᆯ시
⑦ 맛춤 긔회를 맛나니 헤롯이 제 탄일에 모든 대부와 쳔부쟝과 갈닐니의 귀인들노 잔치ᄒᆞᆯ시
⑧ 맛춤 긔회를 맛나니 헤롯이 제 탄일에 모든 대부와 쳔부쟝과 갈닐니의 귀인들노 잔치ᄒᆞᆯ시
⑨ 맛춤 機會를 遇ᄒᆞ니 헤롯이 渠의 誕日에 諸 大夫와 千夫長과 갈닐니의 貴人들노 宴會ᄒᆞᆯ시
⑩ ᄆᆞᆺ춤 헤롯의 誕日에 모든 大夫와 天夫長 과 갈닐니의 貴人들노 잔치ᄒᆞᄂᆞᆫ지라
⑪ 맛참 機會를 따나니 헤롯이 제 誕日에 모든 大夫와 千夫長과 갈닐니의 貴人들노 잔치할 새
⑫ 맛참 긔회 됴흔 날이 왓스니 곳 헤롯이 자긔 생일에 대신들과 쳔부장들과 갈닐니의 귀인들노 더브러 잔채할새
⑬ 마침 기회 좋은 날이 왔으니 곧 헤롯이 자기 생일에 대신들과 천부장들과 갈릴리의 귀인들로 더불어 잔치할쌔
⑭ ところが、よい機會がきた。ヘロデは自分の誕生日の祝に、高官や將校やガリラやの重立った人たちを招いて宴會を催したが、

마가福音 06:22

① 希羅底之女,入而舞,致希律及同席者喜。王謂女曰,爾所欲者,求我,我則賜爾,
② 연셕을 비셜ᄒᆞ고 모단 ᄃᆡ부와 쳔총과 밋 가니늬의 놉푼 쟈를 잔체ᄒᆞᄂᆞᆫᄃᆡ 헤롯다의 ᄯᆞᆯ이 들어와 춤 추워 헤롯과 함긔 안즌
쟈를 깁부게 ᄒᆞ니 왕이 녀ᄋᆡ게 일오되 네 ᄒᆞ고져 ᄒᆞᄂᆞᆫ 바를 ᄂᆡ게 구한즉 너를 주리라 ᄒᆞ고 위ᄒᆞ여
③ 연셕ᄋᆞᆯ 비셜ᄒᆞ고 모단 ᄃᆡ부와 쳔총과 밋 가니늬의 놉푼 쟈ᄅᆞᆯ 잔체ᄒᆞᄂᆞᆫᄃᆡ 헤로다의 ᄯᆞᆯ이 들어와 춤 추워 헤롯과 함ᄭᅴ 안즌
쟈ᄅᆞᆯ 깁부게 ᄒᆞ니 왕이 녀ᄋᆡ게 일오되 네 ᄒᆞ고져 ᄒᆞᄂᆞᆫ 바ᄅᆞᆯ ᄂᆡ게 구ᄒᆞᆫ즉 너ᄅᆞᆯ 주리라 ᄒᆞ고 위ᄒᆞ여
④ 헤로데아의 ᄯᆞᆯ이 드러와 춤츄매 헤로데와 밋 ᄀᆞᆺ치 안진쟈ㅣ 깃거ᄒᆞ니 왕이 ᄯᆞᆯᄃᆞ려 닐너 ᄀᆞᆯᄋᆞᄃᆡ ᄃᆡ너ㅣ 무어시던지 날ᄃᆞ려

달나ᄒᆞ면 나ㅣ 반ᄃᆞ시 너ᄅᆞᆯ 주리라

⑤ 희라져의 ᄯᆞᆯ이 드러와 춤을 츄어 희률과 ᄯᅩ ᄒᆞᆷᄭᅴ 안진 사ᄅᆞᆷ들을 깃부게 ᄒᆞ니 왕이 그 녀ᄌᆞᄃᆞ려 ᄀᆞᆯᄋᆞᄃᆡ 무엇시던지 너의 원ᄒᆞᄂᆞᆫ 것슬 날ᄃᆞ려 달나ᄒᆞ면 주리라 ᄒᆞ고

⑥ 헤로듸아의 친ᄯᆞᆯ이 드러와 춤을 추어 헤롯과 밋 ᄒᆞᆷᄭᅴ 안진 사ᄅᆞᆷ들을 깃부게ᄒᆞ니 왕이 그 녀ᄌᆞᄃᆞ려 ᄀᆞᆯᄋᆞᄃᆡ 무어시던지 너 원ᄒᆞᄂᆞᆫ 거술 내게 달나주리라 ᄒᆞ고

⑦ 헤로듸아의 ᄯᆞᆯ이 드러와 춤을 추어 헤롯과 밋 ᄒᆞᆷᄭᅴ 안즌 사ᄅᆞᆷ들을 깃브게ᄒᆞ니 왕이 그 녀ᄌᆞᄃᆞ려 ᄀᆞᆯᄋᆞᄃᆡ 무어시던지 너 원ᄒᆞᄂᆞᆫ 거슬 내게 달나ᄒᆞ면 주리라 ᄒᆞ고

(헤로듸아의 친ᄯᆞᆯ이 드러와 춤을추어 헤롯과 밋 ᄒᆞᆷᄭᅴ안즌 사람들을 깃브게 ᄒᆞ니 왕이 그 녀ᄌᆞᄃᆞ려 닐ᄋᆞᄃᆡ 무어시던지 너 원ᄒᆞ는 거슬 내게 달나ᄒᆞ면 주리라 ᄒᆞ고)

⑧ 헤로듸아의 친ᄯᆞᆯ이 드러와 춤을추어 헤롯과 밋 ᄒᆞᆷᄭᅴ안즌 사람들을 깃브게 ᄒᆞ니 왕이 그 녀ᄌᆞᄃᆞ려 닐ᄋᆞᄃᆡ 무어시던지 너 원ᄒᆞᄂᆞᆫ 거슬 내게 달나ᄒᆞ면 주리라 ᄒᆞ고

⑨ 헤로듸아의 親女가 入ᄒᆞ야 舞ᄒᆞ야 헤롯과 밋 同坐ᄒᆞᆫ 人들을 悅케 ᄒᆞ니 王이 其 女子ᄃᆞ려 謂ᄒᆞᄃᆡ 何物이던지 爾의 願ᄒᆞᄂᆞᆫ 거슬 我의게 求ᄒᆞ면 賜ᄒᆞ리라 ᄒᆞ고

⑩ 헤로듸아의 ᄯᆞᆯ이 드러와 춤추어 헤롯과 그 ᄒᆞᇝ긔 안즌 사ᄅᆞᆷ들을 깃브게 ᄒᆞ니 王이 그 女子ᄃᆞ려 닐ᄋᆞᄃᆡ 무어시던지 네 願대로 求ᄒᆞ면 주리라

⑪ 헤로듸아의 親ᄯᆞᆯ이 드러와 춤을 추어 헤롯과 밋 함ᄭᅴ 안진 사람들을 깃브게 하니 王이 그 女子다려 닐아대 무엇이던지 너 願하는 것을 내게 달나면 주리라 하고

⑫ 헤로듸아의 ᄯᆞᆯ이 친히 드러와 춤을 추어 헤롯과 밋 함ᄭᅴ 안즌 쟈들을 깃브게 한지라 왕이 그 녀아의게 닐아대 무엇이던지 너 원하는 것을 내게 구하라 내가 주리라 하고

⑬ 헤로디아의 딸이 친히 들어와 춤을 추어 헤롯과 및 함께 앉은 자들을 기쁘게 한지라 왕이 그 여아에게 이르되 무엇이든지 너 원하는 것을 내게 구하라 내가 주리라 하고

⑭ そこへ、このヘロデヤの娘がはいってきて舞をまい、ヘロデをはじめ列座の人たちを喜ばせた。そこで王はこの少女に「ほしいものはなんでも言いなさい。あなたにあげるから」と言い、

마가福音 06:23

① 又謂之誓曰,爾凡所求,雖至我國至半,我必賜爾。

② ᄆᆡᆼ셰ᄒᆞ여 갈아되 네 ᄂᆡ게 구ᄒᆞᄂᆞᆫ 바ᄂᆞᆫ 나라 졀반이라도 반다시 너를 주리라 ᄒᆞ니

③ 헤롯다의 ᄯᆞᆯ이 들어와 춤 추워 헤롯과 함ᄭᅴ 안즌 쟈를 깁부게 ᄒᆞ니 왕이 녀ᄋᆡ게 일오되 네 ᄒᆞ고져 ᄒᆞᄂᆞᆫ 바를 ᄂᆡ게 구한즉 너를 주리라 ᄒᆞ고 위ᄒᆞ여 ᄆᆡᆼ셰ᄒᆞ여 갈아되 네 ᄂᆡ게 구ᄒᆞᄂᆞᆫ 바ᄂᆞᆫ 나라 졀반이라도 반다시 너롤 주리라 ᄒᆞ니

④ ᄯᅩᄒᆞᆫ ᄆᆡᆼ셰ᄒᆞ여 ᄀᆞᆯᄋᆞᄃᆡ 므롯 네가 달나ᄒᆞᄂᆞᆫ 거ᄉᆞᆫ 비록 내 나라 반을 달나ᄒᆞ여도 나ㅣ 반ᄃᆞ시 너롤 주리라 ᄒᆞ니

⑤ ᄯᅩ ᄆᆡᆼ셰ᄒᆞᄃᆡ 무엇시던지 날 ᄃᆞ려 달나ᄒᆞᄂᆞᆫ거슨 비록 내 나라의 반을 달나ᄒᆞ여도 내 너를 주리라 ᄒᆞ거ᄂᆞᆯ

⑥ ᄯᅩ ᄆᆡᆼ셰ᄒᆞᄃᆡ 무어시던지 달나ᄂᆞᆫ 거ᄉᆞᆫ 비록 내 나라 반을 달날지라도 너롤 주리라 ᄒᆞ거ᄂᆞᆯ

⑦ ᄯᅩ ᄆᆡᆼ셰ᄒᆞᄃᆡ 무어시던지 달나ᄂᆞᆫ 거슨 비록 내 나라 반을 달날지라도 너를 주리라 ᄒᆞ거늘

(ᄯᅩ ᄆᆡᆼ셰ᄒᆞᄃᆡ 무어시던지 달나는 거슨 비록 내 나라 반을 달날지라도 너를 주리라 ᄒᆞ거늘)

⑧ ᄯᅩ ᄆᆡᆼ셰ᄒᆞᄃᆡ 무어시던지 달나ᄂᆞᆫ 거슨 비록 내 나라 반을 달날지라도 너를 주리라 ᄒᆞ거늘

⑨ ᄯᅩ 盟誓ᄒᆞᄃᆡ 何物이던지 求ᄒᆞᄂᆞᆫ 거슨 비록 我의 國土 半을 請ᄒᆞᆯ지라도 爾를 賜ᄒᆞ리라 ᄒᆞ거ᄂᆞᆯ

⑩ ᄯᅩ 盟誓ᄒᆞᄃᆡ 네가 무어슬 求ᄒᆞ던지 내 나라의 半이라도 주리라

⑪ ᄯᅩ 盟誓하대 무엇이던지 달나는 것은 비록 내 나라 半을 달날지라도 네게 주리라 하거늘

⑫ ᄯᅩ 맹셰하대 무엇이던지 네가 내게 구하면 내 나라의 절반ᄭᅡ지라도 주리라 하거늘
⑬ 또 맹세하되 무엇이든지 네가 내게 구하면 내 나라의 절반까지라도 주리라 하거늘
⑭ さらに「ほしければ、この國の半分でもあげよう」と誓って言った、

마가福音 06:24
① 女遂出,謂其母曰,我當何求。答曰,施洗禮約翰之首。
② 녀ᄋᆡ 나가 그 어맘게 일오되 ᄂᆡ 무어슬 구ᄒᆞ리오 ᄒᆞ니 갈아되 밥팀례를 베푸ᄂᆞᆫ 요안닉의 멀이라 ᄒᆞ거날
③ 녀ᄋᆡ 나가 그 어맘게 일오되 ᄂᆡ 무어슬 구ᄒᆞ리오 ᄒᆞ니 갈아되 밥팀례롤 베푸ᄂᆞᆫ 요안닉의 멀이라 ᄒᆞ거놀
④ ᄯᆞᆯ이 나가 뎌의 모ᄃᆞ려 닐너 ᄀᆞᆯᄋᆞᄃᆡ 나ㅣ 무어술 구ᄒᆞ면 됴흐리잇고 ᄃᆡ답ᄒᆞ야 ᄀᆞᆯᄋᆞᄃᆡ 맛당이 셰례롤 주ᄂᆞᆫ 요한의 머리롤
구ᄒᆞᆯ지니라
⑤ 녀ᄌᆞㅣ 나아가 그 어맘ᄃᆞ려 ᄀᆞᆯᄋᆞᄃᆡ 내가 무엇슬 달나ᄒᆞ리잇가 그 어맘이 ᄀᆞᆯᄋᆞᄃᆡ 셰례주던 요한의 머리를 달나 ᄒᆞ여라
⑥ 녀ᄌᆞㅣ 나가 그 어미ᄃᆞ려 ᄀᆞᆯᄋᆞᄃᆡ 내가 무어술 달나리잇가 그 어미가 ᄀᆞᆯᄋᆞᄃᆡ 셰례주던 요한의 머리롤 달나라 ᄒᆞ니
⑦ 녀ᄌᆞㅣ 나가 그 어디ᄃᆞ려 ᄀᆞᆯᄋᆞᄃᆡ 내가 무어슬 달나리잇가 그 어미가 ᄀᆞᆯᄋᆞᄃᆡ 셰례 요한의 머리를 달나라 ᄒᆞ니
(녀ᄌᆞ가 나가셔 그 어미ᄃᆞ려 닐ᄋᆞᄃᆡ 내가 무어슬 달나리잇가 그 어미가 ᄀᆞᆯᄋᆞᄃᆡ 셰례 요한의 머리를 달나라 ᄒᆞ니)
⑧ 녀ᄌᆞ가 나가셔 그 어미ᄃᆞ려 닐ᄋᆞᄃᆡ 내가 무어슬 달나리잇가 그 어미가 ᄀᆞᆯᄋᆞᄃᆡ 셰례 요한의 머리를 달나라 ᄒᆞ니
⑨ 女子가 出ᄒᆞ야 其 母ᄃᆞ려 謂ᄒᆞᄃᆡ 我가 何物을 請ᄒᆞ리잇가 其 母가 曰 洗禮 요한의 首를 求ᄒᆞ라 ᄒᆞ니
⑩ 女子가 나가셔 그 어미ᄃᆞ려 무르ᄃᆡ 무어슬 求ᄒᆞ리잇가 그 어미가 ᄀᆞᆯᄋᆞᄃᆡ 洗禮 요한의 머리를 求ᄒᆞ라
⑪ 女子가 나가셔 그 어미다려 닐아대 내가 무엇을 달나리잇가 그 어미가 갈아대 洗禮 요한의 머리를 달나라 하니
⑫ 뎌가 나가셔 그 어미의게 말하대 내가 무엇을 구하리잇가 그 어미가 갈아대 셰례 요한의 머리를 구하라 하니

⑬ 저가 나가서 그 어미에게 말하되 내가 무엇을 구하리이까 그 어미가 가로되 세례 요한의 머리를 구하라 하니
⑭ そこで少女は座をはずして、母に「何をお願いしましょうか」と尋ねると、母は「バプテスマのヨハネの首を」と答えた。

마가福音 06:25

① 女亟入,就王求曰,我欲爾以施洗禮約翰之首,於盤上即時賜我。
② 이여 ᄲᅡᆯ니 들어가 왕을 보고 구ᄒᆞ여 갈아되 ᄒᆞ고져 ᄒᆞᄂᆞᆫ 거슨 밥팀례를 베푸ᄂᆞᆫ 요안너의 멀이로써 소반에 담아 나를 주소셔 ᄒᆞ니
③ 이여 ᄲᅡᆯ니 들어가 왕ᄋᆞᆯ 보고 구ᄒᆞ여 갈아되 ᄒᆞ고져 ᄒᆞᄂᆞᆫ 거슨 밥팀례ᄅᆞᆯ 베푸ᄂᆞᆫ 요안너의 멀이로써 소반에 담아 나ᄅᆞᆯ 주소셔 ᄒᆞ니
④ ᄯᆞᆯ이 급히 드러가 왕의게 나아가 구ᄒᆞ야 ᄀᆞᆯᄋᆞᄃᆡ 청컨대 네 셰례주ᄂᆞᆫ 요한의 머리ᄅᆞᆯ 쇼반에 노화 즉시 나ᄅᆞᆯ 주쇼서
⑤ 그녀ᄌᆞㅣ 곳 왕의게 급히 드러가 구ᄒᆞ여 ᄀᆞᆯᄋᆞᄃᆡ 셰례를 주던 요한의 머리를 쇼반에 담어 직금 나 주기를 원ᄒᆞ옵ᄂᆞ이다 ᄒᆞ니
⑥ 고 녀ᄌᆞㅣ 곳 왕의게 급히 드리가 구ᄒᆞ야 ᄀᆞᆯᄋᆞᄃᆡ 세례 주던 요한의 미리ᄅᆞᆯ 쇼빈에 딤아 곳 제게 주기ᄅᆞᆯ 원ᄒᆞ옵ᄂᆞ이다 ᄒᆞ니
⑦ 그 녀ᄌᆞㅣ 곳 왕의게 급히 드러가 구ᄒᆞ여 ᄀᆞᆯᄋᆞᄃᆡ 셰례 요한의 머리를 쇼반에 담아 곳 제게 주기를 원ᄒᆞ옵ᄂᆞ이다 ᄒᆞ니
(그 녀ᄌᆞ가 곳 왕의게 급히 드러가 구ᄒᆞ야 ᄀᆞᆯᄋᆞᄃᆡ 셰례 요한의 머리를 소반에 담아 곳 제게 주기를 원ᄒᆞ옵ᄂᆞ이다 ᄒᆞ니)
⑧ 그 녀ᄌᆞ가 곳 왕의게 급히 드러가 구ᄒᆞ야 ᄀᆞᆯᄋᆞᄃᆡ 셰례 요한의 머리를 소반에 담아 곳 내게 주기를 원ᄒᆞ옵ᄂᆞ이다 ᄒᆞ니
⑨ 其 女子가 곳 王의게 急히 入ᄒᆞ야 求ᄒᆞ야 曰 洗禮 요한의 首를 盤에 盛ᄒᆞ야 곳 我의게 賜ᄒᆞ기를 願ᄒᆞ옵ᄂᆞ이다 ᄒᆞ니
⑩ 그 女子가 곳 王의게 急히 드러가 ᄀᆞᆯᄋᆞᄃᆡ 洗禮요한의 머리를 그릇에 담아 곳 내게 주쇼셔
⑪ 그 女子가 곳 王의게 急히 드러가 求하야 갈아대 洗禮 요한의 머리를 소반에 담아 곳 내게 주기를 願하옵나이다 하니
⑫ 뎌가 곳 왕의게 급히 드러가 구하야 갈아대 셰례 요한의 머리를 소반에 담아 곳 내게 주기를 원하옵나이다 한대

⑬ 저가 곧 왕에게 급히 들어가 구하여 가로되 세례 요한의 머리를 소반에 담아 곧 내게 주기를 원하옵나이다 한대
⑭ するとすぐ、少女は急いで王のところに行って願った、「今すぐに、バプテスマのヨハネの首を盆にのせて、それをいただきとうございます」。

마가福音 06:26

① 王甚憂,然緣旣誓,且緣同席者不欲拒之。
② 왕이 심이 근심ᄒᆞ나1글어나 밍셰과 ᄯᅩ 돗게 안즌 쟈를 위ᄒᆞ여 즐겨 물니치지 못ᄒᆞ고
③ 왕이 심히 근심ᄒᆞ나 글어나 밍셰과 ᄯᅩ 돗게 안즌 쟈롤 위ᄒᆞ여 즐겨 물니치지 못ᄒᆞ고
④ 왕이 심히 근심ᄒᆞ나 임의 밍셰롤 ᄒᆞ엿고 ᄯᅩᄒᆞᆫ ᄒᆞᆷᄉᆞ기 안진쟈ㅣ 막지 못ᄒᆞ게 ᄒᆞ매
⑤ 왕이 심히 근심ᄒᆞ나 임의 밍셰를 ᄒᆞ엿고 ᄯᅩ ᄒᆞᆷᄭᅴ 안진 사ᄅᆞᆷ들이 이잇숨으로 가히 져ᄇᆞ리지 못ᄒᆞᆯ지라
⑥ 왕이 심히 근심ᄒᆞ나 임의 밍셰롤 ᄒᆞ엿고 ᄯᅩ ᄒᆞᆷᄭᅴ 안진 사ᄅᆞᆷ들이 잇숨으로 가히 져ᄇᆞ리지 못 ᄒᆞᆯ지라
⑦ 왕이 심히 근심ᄒᆞ나 임의 밍셰를 ᄒᆞ엿고 ᄯᅩ ᄒᆞᆷᄭᅴ 안즌 사ᄅᆞᆷ들이 잇숨으로 가히 져ᄇᆞ리지못ᄒᆞᆯ지라
(왕이 심히 근심ᄒᆞ나 임의 밍셰를 ᄒᆞ엿고 ᄯᅩ ᄒᆞᆷᄭᅴ 안즌 사ᄅᆞᆷ들이 잇슴으로 가히 져ᄇᆞ리지 못ᄒᆞᆯ지라)
⑧ 왕이 심히 근심ᄒᆞ나 임의 밍셰를ᄒᆞ엿고 ᄯᅩ ᄒᆞᆷᄭᅴ안즌 사ᄅᆞᆷ들이 잇슴으로 가히 져ᄇᆞ리지 못ᄒᆞᆯ지라
⑨ 王이 甚히 憂ᄒᆞ나 임의 盟誓ᄒᆞ엿고 ᄯᅩ 同坐ᄒᆞᆫ 人들이 有ᄒᆞᆷ으로 可히 背却지 못ᄒᆞᆯ지라
⑩ 王이 甚히 근심ᄒᆞ나 임의 盟誓ᄒᆞ엿고 ᄯᅩ ᄒᆞᆷᄭᅴ 안즌 사ᄅᆞᆷ들이 잇슴으로 져ᄇᆞ리지 못ᄒᆞᆯ지라
⑪ 王이 甚히 근심하나 임의 盟誓를 하엿고 ᄯᅩ 함ᄭᅴ 안진 사람들이 잇슴으로 可히 져바리지 못할지라
⑫ 왕이 심히 근심하나 자긔의 맹셔한 것과 그 안즌 쟈들을 인하야 뎌를 거절할 수 업는지라
⑬ 왕이 심히 근심하나 자기의 맹세한 것과 그 앉은 자들을 인하여 저를 거절할 수 없는지라

⑭ 王は非常に困ったが、いったん誓ったのと、また列座の人たちの手前、少女の願いを避けることを好まなかった。

마가福音 06:27

① 王遂遣一卒,命取其首。彼王,斬之於獄,
② 즉시 군사ᄅᆞᆯ 보ᄂᆡ여 명ᄒᆞ여 그 멀이를 가져오라 ᄒᆞ니 이여 가 옥에셔 버여
③ 즉시 군사ᄅᆞᆯ 보ᄂᆡ여 명ᄒᆞ여 그 멀이ᄅᆞᆯ 가져오라 ᄒᆞ니 이여 가 옥에셔 버여
④ 왕이 드듸여 휘ᄌᆞ슈ᄅᆞᆯ 호령ᄒᆞ여 요하느이 머리ᄅᆞᆯ 가져오라 ᄒᆞ니 뎌희 옥에 가셔 버히고
⑤ 이에 왕이 곳 무감을 보내여 요한의 머리를 가져오라 ᄒᆞ니 그 사ᄅᆞᆷ이 나아가 옥에셔 머리를 버혀
⑥ 이에 왕이 곳 시위 군ᄉᆞ ᄒᆞ나ᄒᆞᆯ 보내여 요한의 머리ᄅᆞᆯ 가져오라 ᄒᆞ니 그 사ᄅᆞᆷ이 나가 옥에셔 머리ᄅᆞᆯ 버혀
⑦ 이에 왕이 곳 시위 군ᄉᆞ ᄒᆞ나흘 보내여 요한의 머리를 가져오라 ᄒᆞ니 그 사ᄅᆞᆷ이 나가 옥에셔 머리를 버혀
(이에 왕이 곳 시위병 ᄒᆞ나흘 보내여 요한의 머리를 가져오라 ᄒᆞ니 그 사ᄅᆞᆷ이 나가 옥에셔 머리를 버혀)
⑧ 이에 왕이 곳 시위병 ᄒᆞ나흘 보내어 요한의 머리를 가져오라 ᄒᆞ니 그 사ᄅᆞᆷ이 나가 옥에셔 머리를 버혀
⑨ 이에 王이 곳 侍衛兵 一名을 遣ᄒᆞ야 요한의 首를 持來ᄒᆞ라 ᄒᆞ니 其人이 出ᄒᆞ야 獄에셔 首를 斬ᄒᆞ야
⑩ 이에 侍衛兵을 보내며 요한의 머리를 가져오라 ᄒᆞ니 그 사ᄅᆞᆷ이 나가 獄에셔 머리를 버혀
⑪ 이에 王이 곳 侍衛兵 하나를 보내여 요한의 머리를 가져오라 하니 그 사람이 나가 獄에셔 머리를 버혀
⑫ 왕이 곳 시위병 하나를 보내여 요한의 머리를 가져 오라 명하니 그 사람이 나가 옥에셔 요한을 목버혀
⑬ 왕이 곧 시위병 하나를 보내어 요한의 머리를 가져오라 명하니 그 사람이 나가 옥에서 요한을 목 베어
⑭ そこで、王はすぐに衛兵をつかわし、ヨハネの首を持って來るように命じた。衛兵は出て行き、獄中でヨハネの首を切り、

마가福音 06:28

① 盛首於盤,攜而賜此女,女以予母。

② 소반에 그 멀이를 담아 녀ᄋᆡ를 주ᄆᆡ 녀ᄋᆡ써 어맘으게 들이거날

③ 소반에 그 멀이ᄅᆞᆯ 담아 녀ᄋᆡᄅᆞᆯ 주ᄆᆡ 녀ᄋᆡ써 어맘의게 들이거날

④ 머리ᄅᆞᆯ 쇼반에 담아 가져다가 ᄯᆞᆯ을 주니 ᄯᆞᆯ이 그 모ᄅᆞᆯ 주매

⑤ 쇼반에 담어 가져와 녀ᄌᆞ를 주니 녀ᄌᆞ가 그 어맘의게 드리다

⑥ 쇼반에 담아와 녀ᄌᆞᄅᆞᆯ 주니 녀ᄌᆞ가 제 어미의게 드리다

⑦ 쇼반에 당아와 녀ᄌᆞ를 주니 녀ᄌᆞㅣ 제 어미게 주엇스매

(소반에 담아다가 녀ᄌᆞ를 주니 녀ᄌᆞ가 그 어미의게 준지라)

⑧ 소반에 담아다가 녀ᄌᆞ를 주니 녀ᄌᆞ가 그 어미의게 준지라

⑨ 盤에 盛ᄒᆞ여다가 女子를 授ᄒᆞ니 女子가 其 母의게 傳授ᄒᆞᆫ지라

⑩ 그릇에 담아다가 女子를 주니 여자가 그 어미의게 준지라

⑪ 소반에 담아다가 女子의게 주니 女子가 그 어미의게 준지라

⑫ 그 머리를 소반에 담아다가 녀아의게 주니 녀아가 이것을 그 어미의게 주니라

⑬ 그 머리를 소반에 담아다가 여가에게 주니 여아가 이것을 그 어미에게 주니라

⑭ 盆にのせて持ってきて少女に与え、少女はそれを母にわたした。

마가福音 06:29

① 其門徒聞之則至,取屍葬於墓。

② 그 뎨자 듯고 와셔 죽엄을 가져다 무덤에 장사ᄒᆞ니라
③ 그 뎨자 듯고 와셔 죽엄ᄋᆞᆯ 가져다 무덤에 장사ᄒᆞ니라
④ 뎨ᄌᆞㅣ 듯고 시톄ᄅᆞᆯ 가져다가 장ᄉᆞ하니라
⑤ 그의 뎨ᄌᆞ들이 이 일을 듯고 와셔 시톄를 취ᄒᆞ여 장ᄉᆞᄒᆞ니라
⑥ 요한의 뎨ᄌᆞ들이 이 일을 듯고 와셔 시톄ᄅᆞᆯ 가져다가 장ᄉᆞᄒᆞ니라
⑦ 요한의 뎨ᄌᆞ들이 이 일을 듯고 와셔 시톄를 가져다가 장ᄉᆞᄒᆞ니라
(요한의 뎨ᄌᆞ들이 듯고 와셔 시톄를 가져다가 장ᄉᆞᄒᆞ니라)
⑧ 요한의 뎨ᄌᆞ들이 듯고 와셔 시톄를 가져다가 장ᄉᆞᄒᆞ니라
⑨ 요한의 弟子들이 聞ᄒᆞ고 來ᄒᆞ야 屍體를 取ᄒᆞ여다가 葬事ᄒᆞ니라
⑩ 요한의 弟子들이 긋도 와셔 屍體를 가져다가 葬事ᄒᆞ니라
⑪ 오한의 弟子들이 듯고 와셔 屍體를 가져다가 葬事하니라
⑫ 요한의 뎨자들이 듯고 와셔 시톄를 가져다가 장사하니라
⑬ 요한의 제자들이 듣고 와서 시체를 가져다가 장사하니라
⑭ ヨハネの弟子(でし)たちはこのことを聞き、その死体を引き取りにきて、墓に納めた。

마가福音 06:30

① 使徒集就耶穌,悉以所行所教告之。
② 몸 뎨자 모여 예수으게 나아가 다 힝ᄒᆞᆫ 바와 가라친 바로써 고ᄒᆞ니
③ 열두 뎨자 모여 예수의게 나아가 다 힝ᄒᆞᆫ 바와 가라친 바로써 고ᄒᆞ니

④ 뎨ᄌᆞㅣ 모도혀 예수ᄭᅴ 나아와 낫낫치 힝ᄒᆞ던 바오 ㅏᄀᆞᄅᆞ치던 바로 써 고ᄒᆞ니

⑤ 뎨ᄌᆞ들이 예수씌 모혀 뎌희 힝ᄒᆞᆫ 것과 ᄀᆞᄅᆞ친 것슬 낫낫치 고ᄒᆞ니

⑥ 뎨ᄌᆞ들이 예수ᄭᅴ 모혀 져희 힝ᄒᆞᆫ 것과 ᄀᆞᄅᆞ친 거술 낫낫치 고ᄒᆞ니

⑦ 뎨ᄌᆞ들이 예수ᄭᅴ 모혀 져희 힝ᄒᆞᆫ 것과 ᄀᆞᄅᆞ친 거슬 낫낫치 고ᄒᆞ니

⑧ 뎨ᄌᆞ들이 예수ᄭᅴ 모혀 져희 힝ᄒᆞᆫ 것과 ᄀᆞᄅᆞ친 거슬 낫낫치 고ᄒᆞ니

⑨ 弟子들이 예수ᄭᅴ 集ᄒᆞ야 彼等의 行ᄒᆞᆫ 것과 訓ᄒᆞᆫ 거슬 箇箇히 告ᄒᆞ니

⑩ 弟子들이 도라와 예수ᄭᅴ 저희의 行ᄒᆞᆫ 일과 ᄀᆞᄅᆞ친 일을 낫낫치 告ᄒᆞ니

⑪ 弟子들이 예수ᄭᅴ 모혀 저희 行한것과 가라친 것을 낫낫치 告하니

⑫ 사도들이 예수ᄭᅴ 모혀 자긔들의 행한 것과 가라친 것을 낫낫치 고하니

⑬ 사도들이 예수께 모여 자기들의 행한 것과 가르친 것을 낱낱이 고하니

⑭ さて、使徒たちはイエスのもとに集まってきて、自分たちがしたことや教えたことを、みな報告した。

마가福音 06:31

① 耶穌謂之曰,爾潛來野處,憩息片時焉,蓋往來者衆,致其不遑暇食。

② 예수 일오샤되 너의 사사로이 들게 가 잠시 수이라 ᄒᆞ문 ᄂᆡ 왕ᄒᆞᄂᆞᆫ 쟈 만아 밥 먹올 결을이 업스미라

③ 예수 갈오샤ᄃᆡ 너희 그윽키 들에 가 잠시 수이라 ᄒᆞ문 ᄂᆡ 왕ᄒᆞᄂᆞᆫ 쟈 만아 밥 먹올 틈이 업ᄉᆞ미라

④ 예수ㅣ 닐너ᄀᆞᆯᄋᆞ샤ᄃᆡ 너희 ᄀᆞ만이 들에 가 잠시 쉬라 ᄒᆡᆫ 대개 오고 가ᄂᆞᆫ 쟈ㅣ 만히 먹을 ᄉᆞ이 업숨이라

⑤ 예수ㅣ 닐너ᄀᆞᆯᄋᆞ샤ᄃᆡ 너희ᄂᆞᆫ ᄯᅥ나 들노 가셔 잠싼 쉬이라 ᄒᆞ심은 거긔 오고 가ᄂᆞᆫ 사ᄅᆞᆷ이 만하 음식 먹을 겨를도 업숨이라

⑥ 닐ᄋᆞ샤ᄃᆡ 너희ᄂᆞᆫ ᄯᆞ로 한적ᄒᆞᆫ 곳에 가셔 잠싼 쉬여라 ᄒᆞ심은 거긔 오고 가ᄂᆞᆫ 사ᄅᆞᆷ이 만하 음식 먹을 겨를도 업숨이라

⑦ 닐넛스ᄃᆡ 너희는 ᄯᆞ로 한적ᄒᆞᆫ 곳에 와셔 잠간 쉬여라 ᄒᆞ심은 거긔 오고 가ᄂᆞᆫ 사ᄅᆞᆷ이 만하 음식 먹을 겨를도 업슴이라
(닐ᄋᆞ샤ᄃᆡ 너희는 짜로 한적ᄒᆞᆫ 곳에 와셔 잠간 쉬여라 ᄒᆞ심은 거긔 오고 가는 사ᄅᆞᆷ이 만하 음식 먹을 겨를도 업슴이라)
⑧ 닐ᄋᆞ샤ᄃᆡ 너희는 짜로 한적ᄒᆞᆫ 곳에 와셔 잠간 쉬여라 ᄒᆞ심은 거긔 오고가ᄂᆞᆫ 사ᄅᆞᆷ이 만하 음식 먹을 겨를도 업슴이라
⑨ 謂ᄒᆞ샤ᄃᆡ 爾等은 別노 閑寂ᄒᆞᆫ 處에 來ᄒᆞ야 暫 休ᄒᆞ라 ᄒᆞ심은 該處에 來往ᄒᆞᄂᆞᆫ 人이 多ᄒᆞ야 飮食을 吃ᄒᆞᆯ 暇도 無ᄒᆞᆷ이라
⑩ 닐ᄋᆞ샤ᄃᆡ 너희ᄂᆞᆫ ᄀᆞ만히 閑寂ᄒᆞᆫ 곳으로 가셔 暫間 쉬라 ᄒᆞ시니 그곳에 往來ᄒᆞᄂᆞᆫ 사ᄅᆞᆷ이 만하 飮食 먹을 겨를도 업슴이라
⑪ 닐이샤대 너희는 짜로 閒寂한 곳에 와셔 暫間 쉬여라 하심은 거긔 오고 가는 사람이 만하 飮食먹을 겨를도 업슴이라
⑫ 닐아샤대 너희는 짜로 한적한 곳에 와셔 잠간 쉬여라 하시니 이는 오고 가는 사람이 만하 음식 먹을 겨를도 업슴이라
⑬ 이르시되 너희는 따로 한적한 곳에 와서 잠간 쉬라 하시니 이는 오고 가는 사람이 많아 음식 먹을 겨를도 없음이라
⑭ するとイエスは彼らに言われた､「さあ､あなたがたは､人を避けて寂しい所へ行って､しばらく休むがよい」｡それは､
出入りする人が多くて､食事をする暇もなかったからである｡

마가福音 06:32

① 乃乘舟,潛往野處。
② 이여 ᄇᆡᄅᆞᆯ 타고 사사로이 들게 가ᄂᆞᆫᄃᆡ 뭇사ᄅᆞᆷ이 그 가물 보고
③ 이여 ᄇᆡᄅᆞᆯ 타고 그윽키 들에 가ᄂᆞᆫᄃᆡ 뭇사ᄅᆞᆷ이 그 가물 보고
④ 임의 ᄇᆡᄅᆞᆯ ᄐᆞ고 ᄀᆞ만이 들노가 시니 보는 이 그 가심을 보고
⑤ 이에 ᄇᆡ를 ᄐᆞ시고 ᄀᆞ만이 들노가시니
⑥ 이에 ᄇᆡᄅᆞᆯ ᄐᆞ고 ᄯᆞ로 한적ᄒᆞᆫ 곳에 가니
⑦ 이에 ᄇᆡ를 ᄐᆞ고 ᄯᆞ로 한적ᄒᆞᆫ 곳에 가니

⑧ 이에 ᄇᆡ를 ᄐᆞ고 ᄯᅡ로 한적ᄒᆞᆫ 곳에 가니

⑨ 이에 舟를 乘ᄒᆞ고 別노 閑寂ᄒᆞᆫ 處에 往ᄒᆞ니

⑩ 이에 ᄀᆞ만히 ᄇᆡ를 ᄃᆞᆺ고 閑寂ᄒᆞᆫ 곳으로 가니

⑪ 이에 배를 타고 ᄯᅡ로 閒寂한 곳에 가니

⑫ 이에 배를 타고 ᄯᅡ로 한적한 곳에 갈새

⑬ 이에 배를 타고 따로 한적한 곳에 갈쌔

⑭ そこで彼らは人を避け、舟に乘って寂しい所へ行った。

마가福音 06:33

① 衆見其往,多有識之者,故由諸邑,徒行共趨,先於其所往而集就之。

② 아ᄂᆞᆫ 쟈 만아 모단 고을노 조차 보힝으로 거긔 달아가 만져 닐으러 모엿다라

③ 아ᄂᆞᆫ 쟈 만아 모단 고을노 조차 함ᄭᅴ 보힝으로 거긔 달아가 만져 닐으러더라

④ 아ᄂᆞᆫ 쟈ㅣ 만흔고로 각 읍으로 조차 도보ᄒᆞ여 흠ᄭᅴ ᄯᆞ라와 가신 바에 몬져 ᄒᆞ여 모도여 나아오니

⑤ ᄅᆞᆷ들이 가심을 보고 아ᄂᆞᆫ 이가 만흔지라 모든 고을노 좃차 거러 다라나셔 가시ᄂᆞᆫ 곳으로 몬져 모혀 나오거ᄂᆞᆯ

⑥ 사ᄅᆞᆷ이 그 가ᄂᆞᆫ 거ᄉᆞ르 보고 아ᄂᆞᆫ 이가 만ᄒᆞ니 모든 고을노 좃차 거러다라와 가ᄂᆞᆫ 곳으로 몬져 모허 나오거ᄂᆞᆯ

⑦ 사ᄅᆞᆷ이 그 가ᄂᆞᆫ 거슬 보고 아는이가 만흔지라 모든 고을노 조차 거러 ᄃᆞ라와 가ᄂᆞᆫ 곳으로 몬져 나오거늘

(사ᄅᆞᆷ이 그 가ᄂᆞᆫ 거슬 보고 아는 이가 만흔지라 모든 고을노 좃차 거러 달녀와 가는 곳으로 몬져 나오거늘)

⑧ 사ᄅᆞᆷ이 그 가ᄂᆞᆫ 거슬 보고 아ᄂᆞᆫ 이가 만흔지라 모든고을노 좃차 거러 달녀와 가ᄂᆞᆫ 곳으로 몬져나오거늘

⑨ 人이 그 去ᄒᆞᄂᆞᆫ 거슬 見ᄒᆞ고 知ᄒᆞᄂᆞᆫ 者가 多ᄒᆞᆫ지라 諸邑으로 從ᄒᆞ야 步ᄒᆞ야 馳來ᄒᆞ야 去ᄒᆞᄂᆞᆫ 處로 先就ᄒᆞ거ᄂᆞᆯ

⑩ 사람들이 그 가ᄂᆞᆫ 거슬 보고 아ᄂᆞᆫ 이가 만하 名城에셔 거러 行ᄒᆞ야 그곳에 몬져 니르럿거ᄂᆞᆯ
⑪ 사람이 그 가는 것을 보고 아는 이가 만흔지라 모든 고을노 좃차 거러달녀와 가는 곳으로 몬져 나오거늘
⑫ 그 가는 것을 보고 만흔 사람이 뎌희인줄 안지라 모든 고을노브터 도보로 그곳에 달녀와 뎌희보다 몬져 갓더라
⑬ 그 가는 것을 보고 많은 사람이 저희인줄 안지라 모든 고을로부터 도보로 그곳에 달려와 저희보다 먼저 갔더라
⑭ ところが、多くの人々は彼らが出かけて行くのを見、それと氣づいて、方々の町々からそこへ、一せいに驅けつけ、彼らより先に着いた。

마가福音 06:34

① 耶穌旣出,見羣衆,憫焉,以其猶羊無牧,乃以多術敎之。
② 예수 나가 허다한 사ᄅᆞᆷ을 보고 어엽비 네기문 양이 목인 업삼 갓타미라 열어가지로써 가라치니
③ 예수 나가 허다한 사ᄅᆞᆷᄋᆞᆯ 보고 어엽비 네기문 양이 목인 업삼 갓타미라 열어가지로써 가라치니
④ 예수ㅣ 나오샤 모든 이ᄅᆞᆯ 보시고 민망이 넉이시니 그 양이 쥬인 업슴 ᄀᆞᆺ흠으로 여러 가지 도리로써 ᄀᆞᄅᆞ치더라
⑤ 예수ㅣ 오시다가 허다ᄒᆞᆫ 사ᄅᆞᆷ을 보시고 민망이 넉이심은 그들이 치ᄂᆞᆫ 이 업ᄂᆞᆫ 양ᄀᆞᆺᄒᆞᆫ 연고ㅣ라 이에 여러 가지로 ᄀᆞᄅᆞ치시기를 시작ᄒᆞ시더라
⑥ 예수ㅣ 나오샤 허다ᄒᆞᆫ 사ᄅᆞᆷ을 보시고 민망히 넉이심은 그들이 목쟈 업ᄂᆞᆫ 양 ᄀᆞᆺ흠이니 이에 여러 가지로 ᄀᆞᄅᆞ치시기ᄅᆞᆯ 시작ᄒᆞ시더라
⑦ 예수ㅣ 나오샤 허다ᄒᆞᆫ 사ᄅᆞᆷ을 보시고 민망히 넉이심은 그들이 목쟈업ᄂᆞᆫ 양 ᄀᆞᆺ흠이니 이에 여러 가지로 ᄀᆞᄅᆞ치시기를 시작ᄒᆞ시더라
(예수ㅣ 나오샤 허다ᄒᆞᆫ 무리를 보시고 민망히 넉이심은 뎌희가 목쟈 업는 양 ᄀᆞᆺ흠이니 이에 여러가지로 ᄀᆞᄅᆞ치시더라)

⑧ 예수가 나오샤 허다ᄒᆞᆫ 무리를 보시고 민망히 녁이심은 뎌희가 목쟈 업ᄂᆞᆫ 양 ᄀᆞᆺ흠이니 이에 여러가지로 ᄀᆞᄅᆞ치시더라

⑨ 예수가 就ᄒᆞ샤 許多ᄒᆞᆫ 衆을 見ᄒᆞ시고 憫히 녁이심은 彼等이 牧者가 無ᄒᆞᆫ 羊과 如흠이니 이에 多方으로 訓ᄒᆞ시더라

⑩ 예수ㅣ ᄇᆡ에셔 나오샤 許多ᄒᆞᆫ 무리를 보시고 뎌희가 牧者업ᄂᆞᆫ 羊ᄀᆞᆺ흠을 憫望히 녓이샤 이에 여러 가지로 ᄀᆞᄅᆞ치시더라

⑪ 예수ㅣ 나오샤 許多한 무리를 보시고 憫憫히 녁이심은 뎌희가 牧者업는 羊갓흠이니 이에 여러 가지로 가라치시더라

⑫ 예수ᄭᅴ셔 나오샤 큰 무리를 보시고 그 목쟈 업는 양갓흠을 인하야 불샹히 녁이샤 이에 여러 가지로 가라치시더라

⑬ 예수께서 나오사 큰 무리를 보시고 그 목자 없는 양 같음을 인하여 불쌍히 여기사 이에 여러 가지로 가르치시더라

⑭ イエスは舟から上がって大ぜいの群衆をごらんになり、飼う者のない羊のようなその有様を深くあわれんで、いろいろと教えはじめられた。

마가福音 06:35

① 日將逝,其門徒就之曰,此乃野處,日將逝矣,

② ᄯᅵ이무느즌지라 뎨자 나아와 갈아되 여긔ᄂᆞᆫ 들인데 ᄯᅵ가느젓나이다

③ ᄯᅵ이무느즌지라 뎨자 나아와 갈아되 여긔ᄂᆞᆫ 들인데 ᄯᅵ가느젓ᄂᆞ이다

④ 날이 장ᄎᆞᆺ 져물매 그 문도ㅣ와셔 엿ᄌᆞ오ᄃᆡ 여긔가 들이오 날이 장ᄎᆞᆺ 져문지라

⑤ 날이 느지매 뎨ᄌᆞ들이 예수ᄭᅴ 나아와 엿ᄌᆞ오ᄃᆡ 곳 시들이요 날이느졋스니

⑥ 날이 장ᄎᆞᆺ 져믈매 뎨ᄌᆞ들이 예수ᄭᅴ 나와 엿ᄌᆞ오ᄃᆡ 이곳이 뷘 들이오 날이져므러 가니

⑦ 날이 장ᄎᆞᆺ 져믈매 뎨ᄌᆞ들이 예수ᄭᅴ 나아와 엿ᄌᆞ오ᄃᆡ 이 속이 들이오 날이져믈어 가니
(날이져므러 가매 뎨ᄌᆞ들이 예수ᄭᅴ 나아와 엿ᄌᆞ오ᄃᆡ 이 곳이 황무디오 날이져물어 가니)

⑧ 날이져물어 가매 뎨ᄌᆞ들이 예수ᄭᅴ 나아와 엿ᄌᆞ오ᄃᆡ 이 곳이 황무디오 날이져물어 가니

⑨ 日暮ᄒᆞ여 가매 弟子들이 예수끠 就ᄒᆞ야 稟ᄒᆞᄃᆡ 此 處가 荒蕪地요 日暮ᄒᆞ여 가니

⑩ 날이져물어 가매 弟子들이 예수끠 나아와 엿ᄌᆞ오ᄃᆡ 地境은 荒蕪ᄒᆞ고 날은져물어 가오니

⑪ 날이져물어가매 弟子들이 예수끠 나아와 엿자오대 이곳이 荒蕪地요 날이져물어 가니

⑫ ᄯᅢ가져무러 가매 뎨자들이 예수끠 나아와 엿자오대 이곳은 뷘 들이오 ᄯᅢ도져무러 가니

⑬ 때가저물어 가시매 제자들이 예수께 나아와 여짜오되 이곳은 빈 들이요 때도저물어 가니

⑭ ところが、はや時もおそくなったので、弟子たちはイエスのもとにきて言った、「ここは寂しい所でもあり、もう時もおそ
くなりました。

마가福音 06:36

① 宜散衆,俾往於四周之鄕村,爲己市餠,蓋無所食也。

② 청컨ᄃᆡ 뭇사ᄅᆞᆷ을 헤쳐 두루 촌니에 가 자긔를 위ᄒᆞ여 떡을 사게 ᄒᆞ소셔 ᄒᆞ니

③ 쳥컨ᄃᆡ 뭇사ᄅᆞᆷᄋᆞᆯ 헤쳐 두루 촌니에 가 자긔ᄅᆞᆯ 위ᄒᆞ여 먹ᄋᆞᆯ 거ᄉᆞᆯ 사게 ᄒᆞ소셔 ᄒᆞ니

④ 맛당이 모든 이ᄅᆞᆯ 헷쳐 ᄒᆞ야곰 ᄉᆞ면 향촌에 가 떡들이나 사먹게 ᄒᆞᆯ거시니 대개 먹을 거시 업ᄉᆞᆸᄂᆞ이다 ᄒᆞ니

⑤ 뎌 사ᄅᆞᆷ들을 보내여 촌으로 두루 ᄃᆞᆫ니며 먹을 거슬 사게 ᄒᆞ옵쇼셔

⑥ 무리ᄅᆞᆯ 보내여 두루 싀골과 마을노 가셔 무어ᄉᆞᆯ 사 먹게 ᄒᆞ옵쇼셔

⑦ 부리를 보내여 누두 싀골과 마을노 가셔 무어슬 사 벅게ᄒᆞ옵쇼셔
(무리를 보내여 두루 촌과 마을노 가셔 무어슬 사 먹게 ᄒᆞ옵쇼셔)

⑧ 무리를 보내여 두루 촌과 마을노 가셔 무어슬 사 먹게 ᄒᆞ옵쇼셔

⑨ 衆을 遣ᄒᆞ야 두루 村과 里로 往ᄒᆞ야 何物을 買ᄒᆞ야 食ᄒᆞ게 ᄒᆞ옵쇼셔

⑩ 무리를 보내여 두루 城과 村으로 가셔 무어슬 사 먹게 ᄒᆞ쇼셔
⑪ 무리를 보내여 두루 村과 마을노 가져 무엇을 사 먹게 하옵쇼셔
⑫ 무리를 보내여 두루 촌과 마을노 가셔 무엇을 사 먹게 하옵쇼셔
⑬ 무리를 보내어 두루 촌과 마을로 가서 무엇을 사 먹게 하옵소서
⑭ みんなを解散させ、めいめいで何か食べる物を買いに，まわりの部落や村々へ行かせてください」。

마가福音 06:37

① 耶穌答之曰,爾供之食。對曰,我往以金二十,市餅與之食乎。
② ᄃᆡ답하샤되 너의가 공급ᄒᆞ라 갈아샤되 우리가 은이십냥에치 떡을 사다 메길잇가
③ ᄃᆡ답하샤ᄃᆡ 너희가 공급ᄒᆞ라 갈아되 우리가 은이십냥에치 떡ᄋᆞᆯ 사다 메길잇가
④ 예수ㅣ ᄃᆡㅏ답ᄒᆞ시되 너희가 먹을 거술 주라 ᄃᆡ답ᄒᆞ되 우리 이ᄇᆡᆨ금을 가지고 가셔 떡을 사셔 먹이리잇가
⑤ 예수ㅣ ᄃᆡ답ᄒᆞ샤ᄃᆡ 너희가 먹을 거슬 줄지니라 ᄒᆞ시니 다시 엿ᄌᆞ오ᄃᆡ 우리가 가셔 이십량으로 떡을 사셔 주어 먹이리잇가
⑥ 예수ㅣ ᄃᆡ답ᄒᆞ야 ᄀᆞᆯᄋᆞ샤ᄃᆡ 너희가 먹을 거술 주어라 ᄒᆞ시니 엿ᄌᆞ오ᄃᆡ 우리가 가셔 떡 이ᄇᆡᆨ량앗치ᄅᆞᆯ 사다 먹이리잇가
⑦ 예수ㅣ ᄃᆡ답ᄒᆞ야 ᄀᆞᆯᄋᆞ샤ᄃᆡ 너희가 먹을거슬 주어라 ᄒᆞ시니 엿ᄌᆞ오ᄃᆡ 우리가 가셔 떡 이ᄇᆡᆨ량앗치를 사다 먹이리잇가
(예수ㅣ ᄃᆡ답ᄒᆞ야 ᄀᆞᆯᄋᆞ샤ᄃᆡ 너희가 먹을거슬 주어라 ᄒᆞ시니 엿ᄌᆞ오ᄃᆡ 우리가 가셔 떡 이ᄇᆡᆨ량앗치를 사다 먹이리잇가)
⑧ 예수ㅣ ᄃᆡ답ᄒᆞ야 ᄀᆞᆯᄋᆞ샤ᄃᆡ 너희가 먹을거슬 주어라 ᄒᆞ시니 엿ᄌᆞ오ᄃᆡ 우리가 가셔 떡 이ᄇᆡᆨ량앗치를 사다 먹이리잇가
⑨ 예수ㅣ 答ᄒᆞ야 曰 爾等이 食物을 給ᄒᆞ라 ᄒᆞ시니 稟ᄒᆞᄃᆡ 我等이 往ᄒᆞ야 餠 二百兩앗치를 買ᄒᆞ여다가 飼ᄒᆞ리잇가
⑩ 예수ㅣ ᄀᆞᆯᄋᆞ샤ᄃᆡ 너희가 먹을거슬 주어라 엿ᄌᆞ오ᄃᆡ 우리가 떡 二百兩앗치를 사다 먹이리잇가
⑪ 예수ㅣ 對答하야 갈아샤대 너희가 먹을 것을 주어라 하시니 엿자오대 우리가 가셔 떡 二伯兩앗치를 사다 먹이리잇가

⑫ 대답하야 갈아샤대 너희가 먹을 것을 주어라 하시니 엿자오대 우리가 가셔 이백 데나리온의 ᄯᅥᆨ을 사다 먹이리잇가
⑬ 대답하여 가라사대 너희가 먹을 것을 주라 하시니 여짜오되 우리가 가서 이백 데나리온의 떡을 사다 먹이리이까
⑭ イエスは答えて言われた、「あなたがたの手で食物をやりなさい」。弟子(でし)たちは言った、「わたしたちが二百デナリものパンを買ってきて、みんなに食べさせるのですか」。

마가福音 06:38

① 耶穌謂之曰,爾有餅幾何,爾可往觀之。既知,則曰,五餅,二魚。
② 갈아되 너의 ᄯᅥᆨ 멧ᄀᆡ나 잇ᄂᆞᆫ 보라 ᄒᆞ니 알고 갈아되 다삿ᄀᆡ요 고기 두ᄀᆡ니이다
③ 갈아샤ᄃᆡ 너희 ᄯᅥᆨ 멧ᄀᆡ나 잇ᄂᆞᆫ가 보라 ᄒᆞ니 알고 갈아되 다삿ᄀᆡ요 고기 두ᄀᆡ니이다
④ 예수ㅣ 닐너ᄀᆞᆯᄋᆞ샤ᄃᆡ 너희게 잇ᄂᆞᆫ ᄯᅥᆨ이 얼마나 되ᄂᆞ뇨 너희 가셔 보라 ᄒᆞ시니 보고와 엿ᄌᆞ오ᄃᆡ ᄯᅥᆨ 다ᄉᆞᆺ과 고기 두 마리 잇삽나이다 ᄒᆞ니
⑤ 예수ㅣ 닐ᄋᆞ샤ᄃᆡ 너희게 ᄯᅥᆨ 몃 덩이나 잇ᄂᆞ냐 가보라 ᄒᆞ시니 알아 보고 ᄀᆞᆯᄋᆞᄃᆡ ᄯᅥᆨ 다ᄉᆞᆺ덩이와 싱션 두 마리가 있더이다 ᄒᆞ거ᄂᆞᆯ
⑥ 닐ᄋᆞ샤ᄃᆡ 너희게 ᄯᅥᆨ 몃 덩이나 잇ᄂᆞ냐 가 보라 ᄒᆞ시니 알아 보고 ᄀᆞᆯᄋᆞᄃᆡ ᄯᅥᆨ 다ᄉᆞᆺ 덩이와 싱션 두 마리가 잇더이다 ᄒᆞ거ᄂᆞᆯ
⑦ 닐넛스ᄃᆡ 너희게 ᄯᅥᆨ 몇 덩이나 잇ᄂᆞ냐 가보라 ᄒᆞ시니 알아보고 ᄀᆞᆯᄋᆞᄃᆡ ᄯᅥᆨ 다ᄉᆞᆺ 덩이와 싱션 두 마리가 잇더이다 ᄒᆞ거늘
(닐ᄋᆞ샤ᄂᆡ 너희세 ᄯᅥᆨ 넛 넝이나 잇ᄂᆞ냐 가보라 ᄒᆞ시니 알아보고 ᄀᆞᆯᄋᆞᄃᆡ ᄯᅥᆨ 다ᄉᆞᆺ 덩이와 뉼고기 누 마리가 잇더이다 ᄒᆞ거늘)
⑧ 닐ᄋᆞ샤ᄃᆡ 너희게 ᄯᅥᆨ 몃 덩이나 잇ᄂᆞ냐 가보라 ᄒᆞ시니 알아보고 ᄀᆞᆯᄋᆞᄃᆡ ᄯᅥᆨ 다ᄉᆞᆺ 덩이와 물고기 두 마리가 잇더이다 ᄒᆞ거늘
⑨ 謂ᄒᆞ샤ᄃᆡ 爾等의게 餠이 幾 塊나 有ᄒᆞ냐 往見ᄒᆞ라 ᄒᆞ시니 往見ᄒᆞ고 曰 餠 五塊와 魚 二尾가 有ᄒᆞ더이다 ᄒᆞ거ᄂᆞᆯ
⑩ 닐ᄋᆞ샤ᄃᆡ 너희의게 ᄯᅥᆨ 몃 덩이나 잇ᄂᆞ냐 가셔 보라 알아보고 ᄀᆞᆯᄋᆞᄃᆡ ᄯᅥᆨ 다섯덩이와 물고기 두 마리가 잇더이다

⑪ 닐아샤대 너희게 쪅 몇 덩이나 잇나냐 가보라 하시니 알아보고 갈아대 쪅 다섯 덩이와 물고기 두 마리가 잇더이다 하거늘
⑫ 닐아샤대 너희게 쪅 몇 개나 잇나냐 가셔 보라 하시니 알아보고 갈아대 쪅 다섯 개와 물고기 두 마리가 잇더이다 하거늘
⑬ 이르시되 너희에게 떡 몇 개나 있느냐 가서 보라 하시니 알아 보고 가로되 떡 다섯 개와 물고기 두 마리가 있더이다 하거늘
⑭ するとイエスは言われた、「パンは幾つあるか。見てきなさい」。彼らは確かめてきて、「五つあります。それに魚が二ひき」と言った。

마가福音 06:39
① 遂命之使衆一一坐於青草之上
② 이여 뎨자를 명ᄒᆞ여 뭇사룸을 풀우에 벌너 안지우라 ᄒᆞ미
③ 이여 뎨자롤 명ᄒᆞ여 뭇사룸올 퍼렁풀우에 벌너 안지우라 ᄒᆞ미
④ 이에 명ᄒᆞ샤 모든이로 ᄒᆞ야곰 져져히 잔디우희 안지라 ᄒᆞ시니
⑤ 드딕여 뎨ᄌᆞ를 명ᄒᆞ샤 그 사ᄅᆞᆷ들을 ᄦᅦ 지어 푸룬풀우희 안치라 ᄒᆞ시니
⑥ 뎨ᄌᆞ롤 명ᄒᆞ샤 그 사ᄅᆞᆷ들을 ᄦᅦ 지어 푸룬풀에 안치라 ᄒᆞ시니
⑦ 뎨자를 명ᄒᆞ샤 그 사ᄅᆞᆷ들을 ᄦᅦ 지어 푸룬풀에 안치라 ᄒᆞ시니
(뎨ᄌᆞ롤 명ᄒᆞ샤 그 사ᄅᆞᆷ들을 ᄦᅦ 지어 푸른풀에 안치라 ᄒᆞ시니)
⑧ 뎨ᄌᆞ롤 명ᄒᆞ샤 그 사ᄅᆞᆷ들을 ᄦᅦ 지어 푸른풀에 안치라 ᄒᆞ시니
⑨ 弟子를 命ᄒᆞ샤 其 人들을 隊를 作ᄒᆞ야 青草에 坐케ᄒᆞ라 ᄒᆞ시니
⑩ 이에 弟子를 命ᄒᆞ샤 그 사ᄅᆞᆷ들을 ᄦᅦ 지어 푸른풀우에 안치라 ᄒᆞ시니
⑪ 弟子를 命하샤 그 사람들을 ᄦᅦ 지어 푸른풀에 안치라 하시니

⑫ 뎨자들을 명하샤 그 모든사람으로 ᄯᅦ를 지어 푸른잔듸우에 안게 하시니

⑬ 제자들을 명하사 그 모든사람으로 떼를 지어 푸른잔디위에 앉게 하시니

⑭ そこでイエスは、みんなを組々に分けて、青草の上にすわらせるように命じられた。

마가福音 06:40

① 乃坐,或隊百,或隊五十。

② 안지우니 혹 일ᄇᆡᆨ 혹 쉬인이라

③ 안지우니 혹 일ᄇᆡᆨ 혹 쉬인이라 예수 ᄯᅥᆨ 다ᄉᆞᆺᄀᆡ 고기 두ᄀᆡ를 가지고 하ᄂᆞᆯ을 우러러 츅슈ᄒᆞ고

④ 이에 안지매 혹 ᄇᆡᆨ인식도 모히고 혹 오십인식도 모혀 안졋거ᄂᆞᆯ

⑤ ᄎᆞ례로 안칠 ᄉᆡ ᄇᆡᆨ식도 안고 쉬흔식도 안진지라

⑥ ᄯᅦ로 안칠ᄉᆡ ᄇᆡᆨ식도 안고 오십식도 안진지라

⑦ ᄯᅵ로 안칠ᄉᆡ ᄇᆡᆨ식도 안고 오십식도 안즌지라

(ᄯᅦ로 안즐ᄉᆡ ᄇᆡᆨ식도 안고 오십식도 안즌지라)

⑧ ᄯᅦ로 안칠ᄉᆡ ᄇᆡᆨ식도 ~안고 오십식도 안친지라

⑨ 隊로 坐케ᄒᆞᆯ시 百式도 ~坐케ᄒᆞ고 五十式도 坐케ᄒᆞᆫ지라

⑩ 百식도 안치고 五十식도 안친지라

⑪ ᄯᅦ로 안칠 새 百식도 안고 五十식도 안친지라

⑫ ᄯᅦ로 혹 ᄇᆡ시 혹 오십십 안즌 지라

⑬ 떼로 혹 백씩 혹 오십씩 앉은지라

⑭ 人々は、あるいは百人ずつ、あるいは五十人ずつ、列をつくってすわった。

마가福音 06:41

① 耶穌取五餠,二魚,仰天祝謝,擘其餠,以予門徒,使陳於衆前。又以二魚分諸人。

② 예수 썩 다삿과 고기 두기를 가지고 ᄒᆞ날을 우러러 츅슈ᄒᆞ고 썩을 쎼여 뎨자게 부텨 ᄒᆞ여금 뭇사롬으게 압페 놋코 고기 두 기로써 모단 사롬으게 논으니

③ 썩올 쎼여 뎨자게 부텨 ᄒᆞ여곰 뭇사롬의 압페 놋코 고기 두 기로써 모단 사롬의게 논으니

④ 예수ㅣ 썩 다ᄉᆞᆺ과 고기 무ᄂᆞᆺ출 가지고 하ᄂᆞᆯ을 우러러 츅언ᄒᆞ시고 그 썩을 쎼여써 문도롤 주어 ᄒᆞ여곰 모든 이 압희 노코 ᄯᅩ 두ᄂᆞᆺ 고기로써 모든 이게 ᄂᆞᆫ호시니

⑤ 예수ㅣ 썩 다ᄉᆞᆺ덩이와 싱션 두 마리를 가지샤 하ᄂᆞᆯ을 우러러 츅슈ᄒᆞ시고 쎼여 뎨ᄌᆞ를 주어 여러 사롬 압희 베플게 ᄒᆞ시고 ᄯᅩ 싱션 두 마리로 여러 사롬 가온ᄃᆡ셔 ᄂᆞᆫ화주시니

⑥ 예수ㅣ 썩 다ᄉᆞᆺ 덩이와 싱션 두 마리롤 가지샤 하ᄂᆞᆯ을 우러러 복을 빌으시고 썩을 모든 사롬의게 ᄂᆞᆫ화 주시매

⑦ 예수ㅣ 썩 다ᄉᆞᆺ덩이와 싱션 두 마리를 가지샤 하ᄂᆞᆯ을 우러러 복을 빌으시고 썩을 쎼여 뎨ᄌᆞ를 주어 여러 사롬압헤 베플게ᄒᆞ시고 ᄯᅩ 싱션 두 마리도 모든 사롬의게 ᄂᆞᆫ화 주시매
(예수ㅣ 썩 다ᄉᆞᆺ 덩이와 물고기 두 마리를 가지샤 하ᄂᆞᆯ을 우러러 츅샤ᄒᆞ시고 썩을 쎼여 뎨ᄌᆞ를 주어 여러 사롬 압헤 베플게 ᄒᆞ시고 ᄯᅩ 물고기 두 마리도 모든 사롬의게 ᄂᆞᆫ화 주시매)

⑧ 예수가 餠 五塊와 魚 二尾를 持ᄒᆞ샤 天을 仰ᄒᆞ야 祝謝ᄒᆞ시고 餠을 擘ᄒᆞ야 弟子을 賜ᄒᆞ야 多人의 前에 設케 ᄒᆞ시고 ᄯᅩ 魚 二尾도 諸人의게 分給ᄒᆞ시매

⑨ 예수가 餠 五 塊와 魚 二 尾를 持ᄒᆞ샤 天을 仰ᄒᆞ야 祝謝ᄒᆞ시고 餠을 擘ᄒᆞ야 弟子을 賜ᄒᆞ야 多人의 前에 設케 ᄒᆞ시고 ᄯᅩ 魚

二 尾도 諸人의게 分ᄒᆞ시매
⑩ 예수ㅣ 떡 가섯덩이와 물고기 두 마리를 가지샤 하놀을 우러러 祝謝ᄒᆞ시고 떡을 ᄯᅦ여 弟子의게 주어 여러 사룸 압헤 베풀게 ᄒᆞ시고 또 물고기 두 마리도 모든 사룸의게논 화 주시니
⑪ 예수끠셔 떡 다섯덩이와 물고기 두 마리를 가지샤 하날을 우러러 祝謝하시고 떡을 ᄯᅦ여 弟子의게 주어 여러 사람 압헤 베플게 하시고 또 물고기 두 마리도 모든 사람의게 난화주시매
⑫ 예수끠셔 떡 다섯 개와 물고기 두 마리를 가지샤 하날을 우러러 축샤하시고 써을 ᄯᅦ여 뎨자들의게 주어 사람들 압헤 노케 하시고 또 물고기 두 마리도 모든 사람의게 난화주시매
⑬ 예수께서 떡 다섯개와 물고기 두 마리를 가지사 하늘을 우러러 축사하시고 떡을 떼어 제자들에게 주어 사람들 앞에 놓게 하시고 또 물고기 두 마리도 모든 사람에게 나누어 주시매
⑭ それから、イエスは五つのパンと二ひきの魚とを手に取り，天を仰いでそれを祝福し、パンをさき、弟子たちにわたして配らせ、また、二ひきの魚もみんなにお分けになった。

마가福音 06:42

① 皆食而飽。
② 다 먹고 ᄇᆡ 부른지라
③ 나 먹고 ᄇᆡ 부른시라
④ 다 먹고 ᄇᆡ부르며
⑤ 다 먹고 ᄇᆡ 부른지라
⑥ 먹고 ᄇᆡ 부른지라

⑦ 먹고 빅 부른지라
⑧ 먹고 빅부른지라
⑨ 食ᄒᆞ고 飽ᄒᆞᆫ지라
⑩ 다 빅불니 먹은지라
⑪ 먹고 배부른지라
⑫ 다 배불니 먹고
⑬ 다 배불리 먹고
⑭ みんなの者は食べて滿腹した。

마가福音 06:43

① 拾餘屑及殘魚,盈十二筐。
② 또 그 남은 부슬어기를 거두어 열두 광지에 치왓는딕
③ 또 그 남은 부슬어기롤 거두어 열두 광지에 치왓는딕
④ 남져지 가루와 남져지고 기롤 주으니 열두광쥬리에 ᄀᆞ득ᄒᆞ매
⑤ 그 남은 부스럭이와 남은 싱션을 주으니 열두 광쥬리에 ᄀᆞ득ᄒᆞ고
⑥ 남져지 부스럭이와 싱션을 주으니 열두 광쥬리에 ᄀᆞ득ᄒᆞ고
⑦ 남져지 부스러기와 싱션을 주으니 열두 광쥬리에 ᄀᆞ득ᄒᆞ고
(남져지 부스럭이와 물고기를 주으니 열두 광쥬리에 ᄀᆞ득ᄒᆞ고)
⑧ 남져지 부스럭이와 물고기를 주으니 열두 광쥬리에 ᄀᆞ득ᄒᆞ고

⑨ 餘屑과 魚를 拾ᄒᆞ니 十二 筐에 滿ᄒᆞ고
⑩ ᄯᅥᆨ과 물고기의 부스럭이를 주으니 열두 광주리에 ᄀᆞ득ᄒᆞ고
⑪ 남져지 부스럭이와 물고기를 주으니 열두광쥬리에 가득하고
⑫ 남은 ᄯᅥᆨ 조각과 물고기를 열두 바구미에 차게 거두엇스며
⑬ 남은 떡 조각과 물고기들 열 두 바구니에 차게 거두었으며
⑭ そこで、パンくずや魚の殘りを集めると、十二のかごにいっぱいになった。

마가福音 06:44
① 食其餅者,約五千人。
② 그 ᄯᅥᆨ 먹은 쟈ᄂᆞᆫ 오쳔이다라
③ 그 ᄯᅥᆨ 먹은 쟈ᄂᆞᆫ 오쳔이더라
④ 그 ᄯᅥᆨ먹은 남ᄌᆡ 오천명이나 되더리
⑤ ᄯᅥᆨ을 먹은 이가 오쳔 사ᄅᆞᆷ일너라
⑥ ᄯᅥᆨ을 먹은 사ᄅᆞᆷ이 오천명 되더라
⑦ ᄯᅥᆨ을 먹은 사ᄅᆞᆷ이 오쳔 명 되더라
(ᄯᅥᆨ을 먹은 사나희가 오쳔 명이더라)
⑧ ᄯᅥᆨ을 먹은 사나희가 오쳔 명이더라
⑨ 餅을 食ᄒᆞᆫ 男子가 五千 名이더라
⑩ ᄯᅥᆨ 먹은 者ᄂᆞᆫ 男子가 五天名이더라

⑪ 썩을 먹은 사나희가 五千名이더라
⑫ 썩을 먹은 남자가 오쳔 명이엇더라
⑬ 떡을 먹은 남자가 오천 명이었더라
⑭ パンを食べた者は男五十人であった。

마가福音 06:45

① 耶穌遂迫令門徒登舟,先濟彼岸至伯賽大,俟已散衆。
② 이여 뎨자를 위겨 ᄇᆡ에 올나 만져 뎌 켠 두뎐에 건너 빗ᄉᆡᄃᆡ에 가라 ᄒᆞ고 자긔ᄂᆞᆫ 뭇사ᄅᆞᆷ을 헤치다니
③ 이여 뎨자ᄅᆞᆯ 위겨 ᄇᆡ에 올나 만져 뎌 켠 두던에 건너 빗ᄉᆡᄃᆡ에 가라 ᄒᆞ고 자긔ᄂᆞᆫ 뭇사ᄅᆞᆷᄋᆞᆯ 헤치드니
④ 예수ㅣ 드ᄃᆡ여 문도ᄅᆞᆯ 직촉ᄒᆞ여 ᄇᆡ에 올나 몬져 뎌 편 언덕에 건너가 벳사이다라ᄒᆞᄂᆞᆫ ᄃᆡ 니ᄅᆞ러 모든 이들을 헷쳐보내기ᄅᆞᆯ
기ᄃᆞ리라 ᄒᆞ시고
⑤ 예수ㅣ 곳 뎨ᄌᆞ를 직촉ᄒᆞ야 ᄇᆡ에 올으게 ᄒᆞ샤 뭇사ᄅᆞᆷ을 흣터 보낼 동안에 ᄌᆞ긔보다 몬져 뎌 편으로 빗ᄉᆡ대에 가라 ᄒᆞ시고
⑥ 예수ㅣ 뭇사ᄅᆞᆷ을 보내시랴고 즉시 뎨ᄌᆞᄅᆞᆯ 압셔 건너편 벳새다로 가게 ᄒᆞ시고
⑦ 예수ㅣ 뭇사ᄅᆞᆷ을 보내시려고 즉시 뎨ᄌᆞ로 ᄇᆡ ᄐᆞ고 압셔 건너편 벳새다로 가게ᄒᆞ시고
(예수ㅣ 무리를 보내시랴고 즉시 뎨ᄌᆞ를 직촉ᄒᆞ야 ᄇᆡ ᄐᆞ고 압서 건너편 벳세다로 가게 ᄒᆞ시고)
⑧ 예수가 무리를 보내시랴고 즉시 뎨ᄌᆞ를 직촉ᄒᆞ야 ᄇᆡ ᄐᆞ고 압서 건너편 벳세다로 가게 ᄒᆞ시고
⑨ 예수가 衆을 遣ᄒᆞ시랴고 卽時 弟子를 促ᄒᆞ야 舟를 乘ᄒᆞ고 前進ᄒᆞ야 越便 벳새다로 往ᄒᆞ게 ᄒᆞ시고
⑩ 예수ㅣ 무리를 보내고져 ᄒᆞ샤 곳 弟子를 저촉ᄒᆞ야 ᄇᆡᄐᆞ고 건너偏 뱃새디로 압서 가게 ᄒᆞ시고
⑪ 예수씌셔 무리를 보내시랴고 卽時 弟子를재촉하야 배타고 압서 건너便 벳새다로 가게하시고

⑫ 예수씌셔 즉시 뎨자들을 재촉하샤 자긔가 무리를 보내는 동안에 배타고 압셔 건너편 벳새다로 가게 하시고
⑬ 예수께서 즉시 제자들을 재촉하사 자기가 무리를 보내는 동안에 배 타고 앞서 건너편 벳새다로 가게 하시고
⑭ それからすぐ、イエスは自分で群衆を解散させておられる間に、しいて弟子たちを舟に乗り込ませ、向こう岸のベツサイダ
へ先におやりになった。

마가福音 06:46

① 散衆後,彼往山祈禱。
② 뭇사ᄅᆞᆷ을 작별 후예 산에 가 빌녀 ᄒᆞ더라
③ 뭇사ᄅᆞᆷᄋᆞᆯ 작별 후예 산에 가 빌녀 ᄒᆞ더라
④ 모든이ᄅᆞᆯ 헷친 후에 산에 가셔 긔도 ᄒᆞ시더라
⑤ 뭇사ᄅᆞᆷ을 흣튼 후에 긔도ᄒᆞ러 산으로 가시다
⑥ 무리ᄅᆞᆯ 작별ᄒᆞᆫ 후에 긔도ᄒᆞ러 산으로 가시다
⑦ 무리를 작별ᄒᆞᆫ 후에 긔도ᄒᆞ려 산으로 가시다
(무리를 작별ᄒᆞᆫ 후에 긔도ᄒᆞ러 산으로 가시다)
⑧ 무리를 작별ᄒᆞᆫ 후에 긔도ᄒᆞ러 산으로 가시다
⑨ 衆을 作別ᄒᆞᆫ 後에 祈禱ᄒᆞ러 山으로 往ᄒᆞ시다
⑩ 무리를 보내신 後 祈禱ᄒᆞ러 山으로 가시다
⑪ 무리를 作別한 後에 祈禱하러 山으로 가시다
⑫ 무리를 작별하신 후에 긔도하러 산으로 가시다

⑬ 무리를 작별하신 후에 기도하러 산으로 가시다

⑭ そして群衆に別れてから、祈るために山へ退かれた。

마가福音 06:47

① 已暮,舟在海中,而耶穌獨在魚岸,

② 져물기여 ᄇᆡ난 바다에 잇고 자긔 함자 뭇테셔 뎌 ᄇᆡ를 저어 달년ᄒᆞ물 보니 바람이 거스는 연고라

③ 져물기여 ᄇᆡᄂᆞᆫ 바다에 잇고 자긔 함자 뭇테셔 뎌 ᄇᆡᄅᆞᆯ 저어 달년ᄒᆞ물 보니 바람이 거스ᄂᆞᆫ 연고라 밤이 사경에 바다으로

④ 임의 져물매 ᄇᆡᄂᆞᆫ ᄒᆡ즁에 잇고 예수ㅣ 홀노 언덕에 잇더니

⑤ 져녁이 되엿시매 ᄇᆡᄂᆞᆫ 바다가온ᄃᆡ 잇고 예수ᄂᆞᆫ 홀노 뭇헤 계신지라

⑥ 임의 져믈매 ᄇᆡᄂᆞᆫ 바다가은ᄃᆡ 잇고 예수ᄂᆞᆫ 홀로 뭇헤 계신지라

⑦ 임의 져믈매 ᄇᆡ는 바다가온대 잇고 예수는 홀노 뭇헤 계신지라

(임의 져물매 ᄇᆡ는 바다가온ᄃᆡ 잇고 예수는 홀노 뭇헤 계신지라)

⑧ 임의져물매 ᄇᆡ는 바다가온ᄃᆡ 잇고 예수는 홀노 뭇헤 계신지라

⑨ 已暮ᄒᆞ매 舟는 海中에 在ᄒᆞ고 예수는 홀노 陸地에 在ᄒᆞ신지라

⑩ 날이 져물매 ᄇᆡᄂᆞᆫ 湖水가온ᄃᆡ 잇고 예수ᄂᆞᆫ 홀노 뭇헤 계시더니

⑪ 임의 져물매 배는 바다다온대 잇고 예수는 홀노 뭇헤 계신지라

⑫ 져물매 배는 바다가온대 잇고 예수는 홀노 뭇헤 계시다가

⑬ 저물매 배는 바다가운데 있고 예수는 홀로 뭍에 계시다가

⑭ 夕方になった時、舟は海のまん中に出ており、イエスだけが陸地におられた。

마가福音 06:48

① 見門徒,鼓櫂甚苦,風逆故也,夜約四更,耶穌履海就之,若欲過之者然。

② 밤이 사경에 바다으로 힝ᄒᆞ여 지닉 가고져 함 갓타니

③ 힝ᄒᆞ여 지닉 가고져 함 갓타니

④ 문도들이 역풍에 노질ᄒᆞ기 애롤 믜우 쓰믈 보매 밤이 ᄉᆞ경이나 ᄒᆞ여 예수ㅣ 바다흘 붋고 나아오시되 마치 지나가랴ᄒᆞ듯 ᄒᆞ니

⑤ 뎨ᄌᆞ들이 로 졋기를 괴로히 홈을 보시니 바룸이 거ᄉᆞ님이라 밤ᄉᆞ경 쯤되여 예수ㅣ 바다우흐로 거러 가실 ᄉᆡ 그들을 지나가고져 ᄒᆞ시니

⑥ 뎨ᄌᆞ들이 로 졋기롤 고로히 홈을 보시니 바룸이 거실님이라 밤 ᄉᆞ경 즈음에 예수ㅣ 바다우흐로 거러셔 뎨ᄌᆞ의게 오시되 지나 가고져 ᄒᆞ시니

⑦ 뎨ᄌᆞ들이 노 졋기를 괴로이 홈을 보시니 바람이 거ᄉᆞ림이라 밤 ᄉᆞ경 즈음에 예수ㅣ 바다우흐로 거러셔 뎨ᄌᆞ의게 오시되 지나가고져ᄒᆞ시니

(뎨ᄌᆞ들이 노 졋기를 괴로히 홈을 보시니 대개 바람이 거ᄉᆞ림이라 밤 ᄉᆞ경 즈음에 예수가 바다우흐로 거러셔 뎨ᄌᆞ의게 오시되 지나갈 쁫시 ᄒᆞ시니)

⑧ 뎨ᄌᆞ들이 로 졋기를 괴로히 홈을 보시니 대개 바람이 거ᄉᆞ림이라 밤 ᄉᆞ경 즈음에 예수가 바다우흐로 거러셔 뎨ᄌᆞ의게 오시뇌 시나갈 쁫시 ᄒᆞ시니

⑨ 弟子들이 櫓를 搖ᄒᆞ기를 苦로히 홈을 見ᄒᆞ시니 大槩 風이 逆홈이라 夜 四更 際에 예수가 海上으로 步ᄒᆞ야 弟子의게 來ᄒᆞ시되 過去홀 쁫시 ᄒᆞ시니

⑩ 바람이 거ᄉᆞ림으로 弟子들이 櫓 졋기를 괴로히 홈을 보시고 湖水우으로 거러셔 弟子의게 오시ᄃᆡ 지나갈 ᄯᅳ시 ᄒᆞ시니 ᄯᅢᄂᆞᆫ

四更즈음이라

⑪ 弟子들이 櫓 젓기를 괴로히 함을 보시니 大槪 바람이 거사림이라 밤 四更 즈음에 예수ㅣ 바다우으로 거러셔 弟子의게 오시되
지나갈 듯히 하시니

⑫ 바람이 거사림으로 뎨자들의 괴로히 로 젓는 것을 보시고 밤 사경 즈음에 바다우으로 거러셔 뎌희게 오샤 지나가랴고 하시매

⑬ 바람이 거슬리므로 제자들의 괴로이 노 젓는 것을 보시고 밤 사경 즈음에 바다위로 걸어서 저희에게 오사 지나가려고 하시매

⑭ ところが逆風が吹いていたために、弟子たちがこぎ悩んでいるのをごらんになって、夜明けの四時ごろ、海の上を歩いて彼
らに近づき、そのそばを通り過ぎようとされた。

마가福音 06:49

① 衆見其履海,疑爲怪物,則呼,

② 뭇사람이 그바다에 힝ᄒᆞ물 보고써 괴물이라 ᄒᆞ여 불우문 다 보고 울젹ᄒᆞ물 인ᄒᆞ미라

③ 뎨자 그바다에 힝하물 보고써 괴물이라 ᄒᆞ여 불우문 다 보고

④ 모든 이 그바다흘 ᄇᆞᆲ음을 보고 괴물인가 의심ᄒᆞ여 부ᄅᆞ지지니

⑤ 뎨ᄌᆞ들이 예수씌셔 바다우흐로 거러 오심을 보고 요물인가 ᄒᆞ야 부ᄅᆞ지짐은

⑥ 뎨ᄌᆞ들이 예수ᄭᅴ셔 바다우흐로 거러 오심을 보고 요물인가 ᄒᆞ야 소ᄅᆡ지름은

⑦ 뎨ᄌᆞ들이 예수ᄭᅴ셔 바다우흐로 거러 오심을 보고 요물인가 ᄒᆞ야 소ᄅᆡ지르니
(뎨ᄌᆞ들이 바다우흐로 그 거러 오심을 보고 요물인가 ᄒᆞ야 소ᄅᆡ 지르니)

⑧ 뎨ᄌᆞ들이 바다우흐로 그 거러오심을 보고 요물인가 ᄒᆞ야 소ᄅᆡ지르니

⑨ 弟子들이 海上으로 그 步來ᄒᆞ심을 見ᄒᆞ고 妖物인가 ᄒᆞ야 聲呼ᄒᆞ니

⑩ 弟子들이 湖水우으로 거러 오심을 보고 妖物인가 ᄒᆞ야 놀나 소릐지르거늘
⑪ 弟子들이 바다우으로 그 거러 오심을 보고 妖物인가 하야 소래지르니
⑫ 뎨자들이 그의 바다우으로 거러 오심을 보고 유령인가 하야 소래지르니
⑬ 제자들이 그의 바다위로 걸오 오심을 보고 유령인가 하여 소리지르니
⑭ 彼らはイエスが海の上を歩いておられるのを見て、幽靈だと思い、大聲で叫んだ。

마가福音 06:50

① 蓋衆見之而懼耳。耶穌卽與之言而謂之曰,安爾心,是我也,毋懼,
② 예수 말ᄒᆞ여 갈아샤ᄃᆡ 마암 노아라 ᄂᆡ로 다 무셔워 말나 ᄒᆞ고
③ 두러우물 인ᄒᆞ미라 예수 곳 말ᄒᆞ여 갈아샤ᄃᆡ 마암 노아라 ᄂᆡ로다 무셔워 말나 ᄒᆞ고
④ 대개 모든 이 보고 두려워 홈이라 예수ㅣ 즉시 더부러 말숨ᄒᆞ며 닐너 ᄀᆞᆯᄋᆞ샤ᄃᆡ 너희 안심ᄒᆞ라 이 나니 놀나지 말나 ᄒᆞ시고
⑤ 뎌희가 다 예수를 보고 놀남이라 이에 예수ㅣ 곳 더브러 말솜ᄒᆞ시며 ᄯᅩ 닐너 ᄀᆞᆯᄋᆞ샤ᄃᆡ 안심ᄒᆞ여라 이 내니 두려워 말나 ᄒᆞ시고
⑥ 뎌희가 다 예수룰 보고 놀남이라 이에 예수ㅣ 곳 더브러 말숨ᄒᆞ야 ᄀᆞᆯᄋᆞ샤ᄃᆡ 안심ᄒᆞ여라 나ㅣ니 두려워 말나 ᄒᆞ시고
⑦ 뎌희가 다 예수를 보고 놀남이라 이에 예수ㅣ 곳 더브러 말숨ᄒᆞ야 ᄀᆞᆯᄋᆞ샤ᄃᆡ 안심ᄒᆞ여라 내니 두려워 말나 ᄒᆞ시고
(뎌희가 다 예수를 보고 놀남이라 이에 예수가 곳 더브러 말숨ᄒᆞ야 ᄀᆞᆯᄋᆞ샤ᄃᆡ 안심ᄒᆞ여라 내니 두려워 말나 ᄒᆞ시고)
⑧ 뎌희가 다 예수를 보고 놀남이라 이에 예수가 곳 더브러말숨ᄒᆞ야 ᄀᆞᆯᄋᆞ샤ᄃᆡ 안심ᄒᆞ여라 내니 두려워 말나 ᄒᆞ시고
⑨ 彼等이 다 예수를 見ᄒᆞ고 驚홈이라 이에 예수가 곳 與言ᄒᆞ야 曰 安心ᄒᆞ여라 我니 懼ᄒᆞ지 말나 ᄒᆞ시고
⑩ 예수ㅣ 곳 말숨ᄒᆞ야 ᄀᆞᆯᄋᆞ샤ᄃᆡ 安心ᄒᆞ라 내니 두려워 말나 ᄒᆞ시고

⑪ 뎌희가 다 예수를 보고 놀남이라 이에 예수ᄭᅴ셔 곳 더브러 말삼하야 갈아샤대 安心하여라 내니 두려워 말나 하시고
⑫ 뎌희가 다 예수를 보고 놀남이라 이에 예수ᄭᅴ셔 곳 더브러 말삼하야 갈아샤대 안심하라 내니 두려워 말나 하시고
⑬ 저희가 다 예수를 보고 놀람이라 이에 예수께서 곧 더불어 말씀하여 가라사대 안심하라 내니 두려워 말라 하시고
⑭ みんなの者がそれを見て，おじ恐れたからである。しかし、イエスはすぐ彼らに聲をかけ，「しっかりするのだ。わたしである。恐れることはない」と言われた。

마가福音 06:51
① 乃登舟就之.風卽息。衆之中心駭異不勝,且奇焉,
② 이여 나아가 ᄇᆡ에 올으니 바람이 즉시 멋ᄂᆞᆫ지라 뭇사람이 마암에 혼나
③ 이여 나아가 ᄇᆡ에 올으니 바람이 즉시 멋ᄂᆞᆫ지라 뭇사ᄅᆞᆷ이 마암에 혼나
④ 이에 ᄇᆡ에 올나 오시니 바람이 즉시 자고 모든 이 ᄆᆞᄋᆞᆷ에 놀남을 이긔지 못ᄒᆞ며 ᄯᅩᄒᆞᆫ 긔이히 넉이니
⑤ 이에 ᄇᆡ에 오르시니 바ᄅᆞᆷ이 곳 긋치ᄂᆞᆫ지라 뎨자들이 ᄆᆞᄋᆞᆷ에 ᄆᆡ우 이상히 녁임은
⑥ ᄇᆡ에 오ᄅᆞ시니 바ᄅᆞᆷ이 긋치ᄂᆞᆫ지라 뎨자들이 ᄆᆞᄋᆞᆷ에 심히 놀나 이샹히 녁임은
⑦ ᄇᆡ에 오르시니 바람이 긋치ᄂᆞᆫ지라 뎨ᄌᆞ들이 ᄆᆞᄋᆞᆷ에 심히 놀나 이샹히 녁임은
(ᄇᆡ에 올나 뎌희게 가시니 바람이 긋치는지라 뎨ᄌᆞ들이 ᄆᆞᄋᆞᆷ에 심히 놀나 이샹히 녁임은)
⑧ ᄇᆡ에 올나 뎌희게 가시니 바람이 긋치ᄂᆞᆫ지라 뎨ᄌᆞ들이 ᄆᆞᄋᆞᆷ에 심히 놀나 이샹히 녁임은
⑨ 舟에 上ᄒᆞ야 彼等의게 往ᄒᆞ시니 風이 止ᄒᆞᄂᆞᆫ지라 弟子들이 心中에 甚히 驚ᄒᆞ야 異常히 녁임은
⑩ ᄇᆡ에 오르시니 바람이 긋치ᄂᆞᆫ지라 弟子들이 甚히 놀나고 異常히 녁이니
⑪ 배에 올나 뎌희게 가시니 바람이 긋치는지라 제자들이 마암에 甚히 놀라 이상히 녁임은

⑫ 배에 올나 뎌희게 가시니 바람이 긋치는지라 뎨자들이 마암에 심히 놀나니
⑬ 배에 올라 저희에게 가시니 바람이 그치는지라 제자들이 마음에 심히 놀라니
⑭ そして、彼らの舟に乗り込まれると、風はやんだ。彼らは心の中で、非常に驚いた。

마가福音 06:52
① 蓋中不悟餅之奇跡,心頑也。
② ᄯᅥᆨ ᄯᅦ던 일ᄋᆞᆯ ᄭᆡ닷지 못하문 그 마암이 완퍅ᄒᆞ미라
③ ᄯᅥᆨ ᄯᅦ던 일ᄋᆞᆯ ᄭᆡ닷지 못ᄒᆞ문 그 마암이 완퍅ᄒᆞ미라
④ 대개 모든 이 ᄯᅥᆨ의 긔이ᄒᆞᆫ 횡적을 ᄭᆡ닷지 못ᄒᆞ니 ᄆᆞᄋᆞᆷ이 완ᄒᆞᆫ 연고ㅣ러라
⑤ 뎌희 ᄋᆞᄋᆞᆷ이 완ᄒᆞ야 ᄯᅥᆨ ᄯᅦ여 주시던 일을 ᄭᆡ닷지 못ᄒᆞᆷ일너라
⑥ 뎌희 ᄆᆞᄋᆞᆷ이 둔ᄒᆞ야 ᄯᅥᆨ ᄯᅦ여 주시던 일을 ᄭᆡ닷지 못ᄒᆞᆷ일너라
⑦ 뎌희 ᄆᆞᄋᆞᆷ이 둔ᄒᆞ야 ᄯᅥᆨ ᄯᅦ여 주시던 일ᄋᆞᆯ ᄭᆡ닷지 못ᄒᆞᆷ이리라
⑧ 뎌희 ᄆᆞᄋᆞᆷ이 둔ᄒᆞ야 ᄯᅥᆨ ᄯᅦ여 주시던 일을 ᄭᆡᄃᆞᆺ지 못ᄒᆞᆷ이러라
⑨ 彼等의 心이 鈍ᄒᆞ야 餅을 擘ᄒᆞ야 賜ᄒᆞ시던 事를 覺지 못ᄒᆞᆷ이러라
⑩ 뎌희 ᄆᆞᄋᆞᆷ이 鈍ᄒᆞ야 ᄯᅥᆨ ᄯᅦ여 주시던 일을 ᄭᆡᄃᆞᆺ지 못ᄒᆞᆷ이러라
⑪ 뎌희 마암이 鈍하야 ᄯᅥᆨ ᄯᅦ여 주시던 일은 ᄭᅢ닷지 못함이러라
⑫ 이는 뎌희가 그 ᄯᅥᆨ ᄯᅦ시던 일을 ᄭᅢ닷지 못하고 도로혀 그 마암이 둔하여졋슴이러라
⑬ 이는 저희가 그 떡 떼시던 일을 깨닫지 못하고 도리어 그 마음이 둔하여졌음이러라
⑭ 先のパンのことを悟らず、その心が鈍くなっていたからである。

마가福音 06:53

① 旣濟,至革尼撒勒地,泊於岸

② 건네여 ᄀᆞᆺᄂᆡ사렛 ᄯᅡᆼ에 닐으러 두던에 ᄆᆡ고

③ 건네여 ᄀᆞᆺᄂᆡ사렛 ᄯᅡ에 닐으러 두던에 ᄆᆡ고

④ 임의건너 겐네사렛 ᄯᅡ희 니ᄅᆞ러 언덕에 다히니

⑤ 임의건너 혁니살륵 ᄯᅡ에 니ᄅᆞ러 언덕에 다히고

⑥ 임의건너 게네사렛 ᄯᅡ헤 니ᄅᆞ러 언덕에 다히고

⑦ 임의건너 게네사렛 ᄯᅡ헤 니르러 언덕에 대히고

(임의건너 게네사렛 ᄯᅡ헤 니르러 언덕에 대히고)

⑧ 임의건너 게네사렛 ᄯᅡ에 니르러 언덕에 대이고

⑨ 旣濟ᄒᆞ야 게네사렛 地에 至ᄒᆞ야 岸에 泊ᄒᆞ고

⑩ 게네사렛 ᄯᅡ에 니르러 언덕에 대이고

⑪ 임의건너 게네사렛 ᄯᅡ에 니르러 언덕에 대이고

⑫ 건너가 게네사렛 ᄯᅡ에 니르러 대이고

⑬ 건너가 게네사렛 땅에 이르러 대고

⑭ 彼らは海を渡り、ゲネサレの地に着いて舟をつないだ。

마가福音 06:54

① 衆旣離舟,人卽識之,

② ᄇᆡᄅᆞᆯ ᄯᅥ나니 사람이 즉시 알고

③ ᄇᆡᄅᆞᆯ ᄯᅥ나니 사ᄅᆞᆷ이 즉시 알고

④ 모든 이 임의 ᄇᆡᄅᆞᆯ ᄯᅥ나매 사ᄅᆞᆷ이 알고

⑤ ᄇᆡ에셔 나가시니 곳 ᄇᆡᆨ셩들이 알고

⑥ ᄇᆡ에셔 ᄂᆞ리니 ᄇᆡᆨ셩들이 곳 예수ᄅᆞᆯ 알고

⑦ ᄇᆡ에셔 ᄂᆞ리니 ᄇᆡᆨ셩들이 곳 예수를 알고

(ᄇᆡ에셔 ᄂᆞ리니 ᄇᆡᆨ셩들이 곳 예수를 아ᄂᆞᆫ지라)

⑧ ᄇᆡ에셔 ᄂᆞ리니 ᄇᆡᆨ셩들이 곳 예수를 아ᄂᆞᆫ지라

⑨ 舟에셔 下ᄒᆞ니 百姓들이 곳 예수를 知ᄒᆞᄂᆞᆫ지라

⑩ ᄇᆡ에셔 ᄂᆞ리시니 百姓들이 예수를 알고

⑪ 배에셔 나리니 百姓들이 곳 예수를 아는지라

⑫ 배에셔 나리니 사람들이 곳 예수신 줄을 알고

⑬ 배에서 내리니 사람들이 곧 예수신줄을 알고

⑭ そして舟からあがると、人々はすぐイエスと知って、

마가福音 06:55

① 徧馳四周之地,以牀舁病者,聞耶穌所在則就之。

② 사방에 달아ᄂᆞ 상으로써 병인을 머이고 그 잇ᄂᆞᆫ 바를 듯고 나아오다라

③ 사방에 달아ᄂᆞ 상으로써 병인ᄋᆞᆯ 머이고 그 잇ᄂᆞᆫ 바ᄅᆞᆯ 듯고 나아오더라

④ ᄉᆞ방으로 두루ᄃᆞᆫ녀 상으로써 병쟈ᄅᆞᆯ 메오고 예수 계신 ᄃᆡᄅᆞᆯ 알면 곳 나아오매
⑤ ᄉᆞ방으로 돌어ᄃᆞᆫ니며 요으로 병든 사ᄅᆞᆷ을 메고 예수 계신 곳슬 드르면 나아오고
⑥ ᄉᆞ방으로 두루ᄃᆞᆫ니며 상으로 병쟈ᄅᆞᆯ 메고 예수 계신 곳ᄉᆞᆯ 듯고 나아오매
⑦ ᄉᆞ방으로 두루ᄃᆞᆫ니며 계신 곳을 듯고 상으로 병쟈를 메고 나오매
(뎌희가 ᄉᆞ방으로 두루ᄃᆞᆫ니며 상으로 병쟈를 메고 예수가 어ᄃᆡ 계시단 ᄆᆞᆯ을 듯고 나아오니)
⑧ 뎌희가 ᄉᆞ방으로 두루ᄃᆞᆫ니며 상으로 병쟈를 메고 예수가 어ᄃᆡ 계시단 말을 듯고 나아오니
⑨ 彼等이 四方으로 遍行ᄒᆞ며 牀으로 病者를 舁ᄒᆞ고 예수가 何處에 在ᄒᆞ시단 言을 聞ᄒᆞ고 就ᄒᆞ니
⑩ 四方으로 달너ᄃᆞᆫ니며 牀으로 病者를 메고 예수의 계신 곳으로 나아오며
⑪ 뎌희가 四方으로 두루단니며 牀으로 病者를 메고 예수ᄭᅴ셔 어대 계시단 말을 듯고 나아오니
⑫ 그 온 디방으로 달녀 도라단니며 예수ᄭᅴ셔 어대 계시단 말을 듯는대로 병든 쟈를 침상 채로 메고 나아오니
⑬ 그 온 지방으로 달려 돌아다니며 예수께서 어디 계시단 말을 듣는대로 병든 자를 침상채로 메고 나아오니
⑭ その地方をあまねく驅けめぐり、イエスがおられると聞けば、どこへでも病人を床にのせて運びはじめた。

마가福音 06:56

① 凡耶穌所入,或村,或邑,或鄕,衆置病者於市,但求捫其衣裾,捫之者皆得愈焉。
② 무론 예수 들에 가시ᄂᆞᆫ 바 혹 마을과 혹 셩시과 혹 촌에셔 사람이 병인을 당니에 두고 다못 그 옷단 만지기를 구ᄒᆞ니 만지ᄂᆞᆫ 쟈ᄂᆞᆫ 다 나으물 엇다라
③ 무론 예수 들에 가시ᄂᆞᆫ 바 혹 마을과 혹 셩시과 혹 촌에셔 사ᄅᆞᆷ이 병인ᄋᆞᆯ 당니에 두고 다못 그 옷단 만지기ᄅᆞᆯ 구ᄒᆞ니 만지ᄂᆞᆫ 쟈ᄂᆞᆫ 다 나으물 엇더라

④ 므릇 예수의 가신바 혹 촌과 혹 읍ᄂᆡ와 혹 향촌에 모든 병쟈롤 져ᄌᆞ에 두고 다만 그 옷ᄌᆞ락만 ᄆᆞᆫ짐을 구ᄒᆞ야 어로 ᄆᆞᆫ지ᄂᆞᆫ 쟈ㅣ ᄂᆞ홈을 엇더라

⑤ ᄯᅩ 아모ᄃᆡ나 예수 드러가시ᄂᆞᆫ 곳에ᄂᆞᆫ 마을이던지 셩이던지 ᄉᆡ골이던지 병든 ᄉᆞᄅᆞᆷ을 져ᄌᆞ에 두고 그 옷단만 ᄆᆞᆫ지기를 ᄀᆞᆫ구ᄒᆞ야 ᄆᆞᆫ지ᄂᆞᆫ 이ᄂᆞᆫ 다 낫더라

⑥ ᄯᅩ 아모ᄃᆡ나 예수 드러가시ᄂᆞᆫ 곳에ᄂᆞᆫ 마을이나 셩이나 ᄉᆡ골에 병쟈롤 져ᄌᆞ에 두고 그 옷단이라도 ᄆᆞᆫ지기롤 ᄀᆞᆫ구ᄒᆞ니 ᄆᆞᆫ지ᄂᆞᆫ 이ᄂᆞᆫ 다 셩홈을 엇엇라

⑦ ᄯᅩ 아모 ᄃᆡ나 예수ㅣ 드러가시ᄂᆞᆫ 마을이나 셩이나 촌에셔 병쟈를 져ᄌᆞ에 두고 그 옷단이라도 ᄆᆞᆫ지기를 ᄀᆞᆫ구ᄒᆞ니 ᄆᆞᆫ지ᄂᆞᆫ이는 다 셩홈을 엇엇더라

(ᄯᅩ 아모 ᄃᆡ나 예수가 드러가시는 마을이나 셩이나 촌에셔 병쟈를 져ᄌᆞ에 두고 그 옷단이라도 ᄆᆞᆫ지기를 ᄀᆞᆫ구ᄒᆞ야 ᄆᆞᆫ지는 이는 다 셩홈을 엇엇더라)

⑧ 아모ᄃᆡ나 예수가 드러가시ᄂᆞᆫ 마을이나 셩이나 촌에셔 병자를 져ᄌᆞ에 두고 그 옷단이라도 ᄆᆞᆫ지기를 ᄀᆞᆫ구ᄒᆞ야 ᄆᆞᆫ지ᄂᆞᆫ 이는 다 셩홈올 엇디라

⑨ 某處에나 예수가 入去ᄒᆞ시ᄂᆞᆫ 鄕이나 城이나 村에셔 病者를 市上에 置ᄒᆞ고 其 衣裾라도 按摩ᄒᆞ기를 懇求ᄒᆞ야 按摩ᄒᆞᄂᆞᆫ 者는 다 痊홈을 得ᄒᆞ더라

⑩ 무릇 예수의 드러가시ᄂᆞᆫ 城이나 村마다 病者를 져ᄌᆞ거리에 두고 그 옷단이라도 ᄆᆞᆫ지기를 求ᄒᆞ야 ᄆᆞᆫ지ᄂᆞᆫ 이ᄂᆞᆫ 다 셩홈을 엇더라

⑪ 아모대나 예수ᄭᅴ셔 드러가시는 마을이나 城이나 村에셔 病者를 져자에 두고 그 옷단이라도 만지기를 懇求하야 만지는 이는 다 셩함을 엇더라

⑫ 아모대나 예수ᄭᅴ셔 드러가시는 마을이나 도시나 촌에셔 병자를 시쟝에 두고 예수의 옷가에라도 손을 대게 하시기를 간구하

니 손을 대는 쟈는 다 셩함을 엇으니라
⑬ 아무 데나 예수께서 들어가시는 마을이나 도시나 촌에서 병자를 시장에 두고 예수의 옷가에라도 손을 대게 하시기를 간구하
니 손을 대는 자는 다 성함을 얻으니라
⑭ そして、村でも町でも部落でも、イエスがはいって行かれる所では、病人たちをその廣場におき、せめてその上着のふさ
にでも、さわらせてやっていただきたいと、お願いした。そしてさわった者は皆いやされた。

7장

마가福音 07:01

① 有哇唎嚽人,及士子數人,自耶路撒冷來,集就耶穌

② 바리ᄉᆡ인과 멧 션비 예루살임으로 븟터 오ᄂᆞᆫ 쟈 모여 나아와

③ 바리ᄉᆡ인과 멧 션비 예루살임으로 븟터 오ᄂᆞᆫ 쟈 모여 나아와

④ 바리새오와 밋 션비 수인이 예루살넴으로브터와 예수ᄭᅴ 모든 이 나아와셔

⑤ 야로살렁으로 좃차오ᄂᆞᆫ 법리ᄉᆡ 사ᄅᆞᆷ과 셔샤관 몃치 모혀 예수ᄭᅴ 나아와

⑥ 바리ᄉᆡ인과 셔샤관 몃치 예루살넴으로 브터 ᄂᆞ려와 예수ᄭᅴ 모혓시니

⑦ 바리ᄉᆡ교인과 셔긔관 몃치 예루살넴으로브터 ᄂᆞ려와 예수ᄭᅴ 모혓스니
(바리ᄉᆡ교인과 셔긔관 몃치 예루살넴으로브터 ᄂᆞ려와 예수ᄭᅴ 모혀셔)

⑧ 바리ᄉᆡ 교인과 셔긔관 몃치 예루살넴으로브터 ᄂᆞ려와 예수ᄭᅴ 모혀셔

⑨ 바리ᄉᆡ 教人과 書記官 幾人이 예루살넴으로브터 下來ᄒᆞ야 예수ᄭᅴ 集ᄒᆞ야

⑩ 바리새 教人과 몃 書記官이 예루살넴에셔 ᄂᆞ려와 예수ᄭᅴ 모혀셔

⑪ 바리새 교인과 書記官 몃치 예루산넴으로브터 나려와 예수ᄭᅴ 모혀셔

⑫ 바리새인들과 ᄯᅩ 셔긔관 즁 몃치 예루살넴에셔 와셔 예수ᄭᅴ 모혓다가

⑬ 바리새인들과 또 서기관 중 몇이 예루살렘에서 와서 예수께 모였다가

⑭ さて、パリサイ人(びと)と、ある律法學者たちとが、エルサレムからきて、イエスのもとに集まった。

마가福音 07:02

① 見門徒數人,不潔 手而食餅,卽未盥手也,則責之,

② 그 뎨자 수인이 더러운 것 곳 싯지 안은 손으로 ᄯᅥᆨ 먹으물 보니
③ 그 뎨자 수인이 더러운 것 곳 싯지 ᄋᆞᆫ은 손으로 ᄯᅥᆨ 먹으물 보니 ᄃᆡ기
④ 그 문도 수인이 손을 씻지 아니ᄒᆞ고 ᄯᅥᆨ 먹음을 보고 ᄎᆡᆨ망ᄒᆞ니
⑤ 그 뎨ᄌᆞ 두어 사ᄅᆞᆷ이 더러온 손으로 ᄯᅥᆨ 먹ᄂᆞᆫ 거ᄉᆞᆯ 보앗시니 더러온 손은 곳 씻지 아님이라
⑥ 그 뎨자 두어 사ᄅᆞᆷ이 부졍ᄒᆞᆫ 손으로 ᄯᅥᆨ 먹ᄂᆞᆫ 거ᄉᆞᆯ 보앗시매 부졍ᄒᆞᆷ은 곳 씻지 아님이라
⑦ 그 뎨ᄌᆞ 두어 사ᄅᆞᆷ이 부졍ᄒᆞᆫ 손으로 ᄯᅥᆨ 먹ᄂᆞᆫ 거슬 보앗스매 부졍타ᄒᆞᆷ은 곳 씻지아님이라
(그 뎨ᄌᆞ 두어 사ᄅᆞᆷ은 부졍ᄒᆞᆫ 손으로 ᄯᅥᆨ 먹는 거슬 보니 부졍타ᄒᆞᆷ은 곳 씻지 아님이라)
⑧ 그 뎨ᄌᆞ 두어사ᄅᆞᆷ은 부졍ᄒᆞᆫ 손으로 ᄯᅥᆨ 먹ᄂᆞᆫ 거슬 보니 부졍타 ᄒᆞᆷ은 곳 씻지 아님이라
⑨ 其 弟子 數人이 不淨ᄒᆞᆫ 手로 餠을 食ᄒᆞᄂᆞᆫ 거슬 見ᄒᆞ니 不淨타 ᄒᆞᆷ은 곳 洗치 아님이라
⑩ 그 弟子 中 두어 사ᄅᆞᆷ이 不淨ᄒᆞᆫ 손으로 飮食 먹음을 보고 實望ᄒᆞ니
⑪ 그 弟子 두어사람이 不爭한 손으로 ᄯᅥᆨ 먹는 것을 보고 不淨타 함은 곳 씻지 아님이라
⑫ 그의 데지 중 몃 사람의 부정한 손 곳 씻지 아니한 손으로 ᄯᅥᆨ 먹는 것을 보앗더라
⑬ 그의 제자 중 몇 사람의 부정한 손 곧 씻지 아니한 손으로 떡 먹는 것을 보았더라
⑭ そして弟子(でし)たちのうちに、不淨な手、すなわち洗わない手で、パンを食べている者があるのを見た。

마가福音 07:03
① 蓋來咗唎噻人與猶太衆,執古人遺傳,非精盥其手,則不食
② ᄃᆡ기 바리시인과 유ᄃᆡ 뭇사람은 쟝노의 뉴뎐하물 직키여 손을 졍이 싯지 안킈는 먹지 안이하고
③ 바리시인과 유ᄃᆡ 뭇사ᄅᆞᆷ은 장노의 뉴뎐ᄒᆞ물 직키여 손올 졍이 싯지 ᄋᆞᆫ키ᄂᆞᆫ 먹지 ᄋᆞᆫ이ᄒᆞ고

④ 대뎌 바리새오 유대아 사ᄅᆞᆷ으로 더부러 모든 녯적칙에 ᄂᆞ려옴을 가지고 손 씻지 아니ᄒᆞ면 먹지 아니ᄒᆞ며
⑤ 대개 법리식와 유태 사ᄅᆞᆷ들이 녯 사ᄅᆞᆷ의 유젼ᄒᆞᆷ을 고집ᄒᆞ야 그 손을 졍히지 아니면 먹지 안코
⑥ 대개 바리식인과 유대인들이 쟝로의 유젼ᄒᆞᆷ을 직희여 그 손을 졍히 씻지 아니면 먹지 안코
⑦ 대개 바리식교인과 유대 인들이 다 쟝로의 유젼ᄒᆞᆷ을 직희여 그 손을 졍셩되이 씻지 아니면 먹지안코
(대개 바리식 교인과 유대 인들이 다 쟝로의 유젼ᄒᆞᆷ을 직희여 그 손을 씻스ᄃᆡ 팔둑ᄭᆞ지 씻지 아니면 먹지 안코)
⑧ 대개 바리식 교인과 유대인들이 다 쟝로의 유젼ᄒᆞᆷ을 직희여 그 손을 씨스ᄃᆡ 팔둑ᄭᆞ지 씻지 아니면 먹지 안코
⑨ 大槩 바리식 教人과 유대人들이 다 長老의 遺傳ᄒᆞᆷᄒᆞᆯ 守ᄒᆞ야 其 手를 洗ᄒᆞᄃᆡ 臂ᄭᆞ지 洗치 아니면 食치 안코
⑩ 바리새 教人과 유대人들이 다 長老의 遺傳을 직혀 그 손을 씨스ᄃᆡ 팔둑ᄭᆞ지 씻지 아니면 먹지 아니ᄒᆞ며
⑪ 大概 바리새 教人과 유대人들이 다 長老의 遺傳을 직히여 그 손을 씨스대 팔둑까지 씻지 아니면 먹지 안코
⑫ (바리새인들과 모든 유대인들이 쟝로들의 유젼을 직히여 손을 부즈런히 씻지 아니면 먹지 아니하며
⑬ 바리새인들과 모든 유대인들이 장로들의 유전을 지키어 손을 부지런히 씻지 않으면 먹지 아니하며
⑭ もともと、パリサイ人をはじめユダヤ人はみな、昔の人の言伝えをかたく守って、念入りに手を洗ってからでないと、食事をしない。

마가福音 07:04

① 自市歸,若水洗,則不食也,又有多瑞,彼受而守之,則洗滌杯爵銅器及牀焉。
② ᄯᅩ 댱니로부터 도라와 싯디 ᄋᆞᆫ코ᄂᆞᆫ 먹지 안이하고 ᄯᅩ 열어 ᄉᆞᆺ를 바다 직키니 잔과 가ᄆᆡ와 ᄂᆞᆺ긔명을 싯츠미라
③ ᄯᅩ 댱니로부터 도라와 싯지 ᄋᆞᆫ코ᄂᆞᆫ 먹지 ᄋᆞᆫ이ᄒᆞ고 ᄯᅩ 열어 ᄉᆞᆺᄋᆞᆯ 바다 직키니 잔과 가ᄆᆡ와 ᄂᆞᆺ긔명ᄋᆞᆯ 싯츠미라
④ 져ᄌᆞ로조차 도라와 만일 씻지 못ᄒᆞᆫ즉 먹지 아니ᄒᆞ고 ᄯᅩᄒᆞᆫ 여러 가지 직희여 오ᄂᆞᆫ 법이 잇시니 곳 잔과 구리 그ᄅᆞᆺ과 상을

씻솜이러라
⑤ 또 져즈로브터 도라와 씻지 아니면 먹지 안코 또 여러 가지를 직혀오는 거시 잇서 잔과 쥬발과 구리 그릇슬 씻숨일너라
⑥ 또 져즈로브터 도라와 씻지 아니면 먹지 안코 또 여러 가지롤 직희여 온 거시 있ᄉ니 잔과 쥬발과 놋 그릇술 씻숨일너라
⑦ 또 져즈로브터 도라와셔 씻지아니면 먹지안코 또 여러 가지를 직희여 온 거시 잇스니 잔과 쥬발과 놋 그릇슬 씻솜이러라
(또 져즈로브터 도라와셔 씻지 아니면 먹지 안코 또 여러 가지를 직희여 온 거시 잇스니 잔과 쥬발과 놋그릇을 씨슴이러라)
⑧ 또 져즈로브터 도라와셔 씻지 아니면 먹지 안코 또 여러가지를 직희여온 거시 잇스니 잔과 쥬발과 놋그릇을 씨슴이러라
⑨ 또 市로브터 歸ᄒᆞ야 洗치 아니면 食치 안코 또 諸條件을 守來ᄒᆞᆫ 거시 有ᄒᆞ니 盞과 周鉢과 鍮器를 洗ᄒᆞᆷ이러라
⑩ 또 져즈로브터 도라와도 씻지 아니면 먹지 아니ᄒᆞ며 그 外에도 殘과 周鉢과 其他 놋그릇을 씻는 여러 가지 일을 직혀 옴이더라
⑪ 또 져자로브터 도라와셔 씻지 아니면 먹지안코 또 여러 가지를 직히여 온 것이 잇스니 盞과 周鉢과 놋그릇을 씨슴이러라
⑫ 또 시장에셔 도라와셔는 물을 뿌리지 아니면 먹지 아니하며 기외에도 여러 가지를 직히여 오는 것이 잇스니 잔과 쥬발과
놋그릇을 씨슴이러라)
⑬ 또 시장에서 돌아 와서는 물을 뿌리지 않으면 먹지 아니하며 그 외에도 여러 가지를 지키어 오는 것이 있으니 잔과 주발과
놋그릇을 씻음이러라
⑭ また市場から歸ったときには、身を清めてからでないと、食事をせず、なおそのほかにも、杯、鉢(はち)、銅器を洗うこ
となど、昔から受けついでかたく守っている事が、たくさんあった。

마가福音 07:05
① 於是法利賽人及士子,問之曰,爾門徒何不尊古人遺傳,乃以未盥之手食餠乎。
② 고로 바리식인과 션비 물으되 엇지 녀의 뎨자는 쟝노의 뉴젼하물 힝치 안코 더러운 손으로써 떡을 먹나뇨 하니

③ 고로 바리시인과 션비 물으되 엇지 너희 뎨자는 쟝노의 뉴뎐ᄒᆞ물 힝치 아니코 도리여 더러운 손으로써 떡을 먹ᄂᆞᆫ뇨 ᄒᆞ니
④ 이에 바리새오와 밋 션비 뭇ᄌᆞ와 ᄀᆞᆯᄋᆞ듸 네 문도는 엇지ᄒᆞ야 고인류젼ᄒᆞ는 법을 쥰힝치 아니ᄒᆞ고 이에 씻지 아니ᄒᆞᆫ 손으로
써 떡을 먹ᄂᆞ냐
⑤ 이에 법리시 사ᄅᆞᆷ과 셔샤관들이 예수ᄭᅴ 무러 ᄀᆞᆯᄋᆞ듸 엇지ᄒᆞ야 네의 뎨ᄌᆞ는 녯 사ᄅᆞᆷ의 유젼을 쥰힝치 아니ᄒᆞ고 더러온 손으
로 떡을 먹ᄂᆞ뇨 ᄒᆞ거ᄂᆞᆯ
⑥ 이에 바리시인과 셔샤관들이 예수ᄭᅴ 무러 ᄀᆞᆯᄋᆞ듸 엇지ᄒᆞ야 션싱님의 뎨ᄌᆞ는 쟝로의 유젼ᄒᆞᆷ을 쥰힝치 아니ᄒᆞ고 부졍ᄒᆞᆫ 손으
로 떡을 먹ᄂᆞ뇨 ᄒᆞ거ᄂᆞᆯ
⑦ 이애 바리시교인과 셔긔관들이 예수ᄭᅴ 뭇ᄌᆞ오듸 엇지ᄒᆞ야 션싱님의 뎨ᄌᆞ는 쟝로의 유젼ᄒᆞᆯ르 쥰힝치아니ᄒᆞ고 부졍ᄒᆞᆫ 손으로
떡을 먹ᄂᆞ뇨 ᄒᆞ거늘
(이에 바리시교인과 셔긔관들이 예수ᄭᅴ 뭇ᄌᆞ오듸 엇지ᄒᆞ야 션싱님의 뎨ᄌᆞ는 쟝로의 유젼을 쥰힝치 아니ᄒᆞ고 부졍ᄒᆞᆫ 손으로
떡을 먹ᄂᆞ뇨 ᄒᆞ거늘)
⑧ 이에 바리시 교인과 셔긔관들이 예수ᄭᅴ 뭇ᄌᆞ오듸 엇지ᄒᆞ야 션싱님의 뎨ᄌᆞ는 쟝로의 유젼을 쥰힝치 아니ᄒᆞ고 부졍ᄒᆞᆫ 손으로
떡을 먹ᄂᆞ뇨 ᄒᆞ거늘
⑨ 이에 바리시 教人과 書記官들이 예수ᄭᅴ 問ᄒᆞ듸 何如ᄒᆞ야 先生님의 弟子는 長老의 遺傳을 遵行치 아니ᄒᆞ고 不淨ᄒᆞᆫ 手로 餠을
食ᄒᆞᄂᆞ뇨 ᄒᆞ거ᄂᆞᆯ
⑩ 바리새 教人과 書記官들이 예수ᄭᅴ 뭇ᄌᆞ오듸 엇지ᄒᆞ야 先生의 弟子는 長老의 遺傳을 遵行치 아니ᄒᆞ고 不淨ᄒᆞᆫ 손으로 飮食을
먹ᄂᆞ뇨
⑪ 이에 바리새 教人과 序詩관들이 예수ᄭᅴ 뭇자오대 엇지하야 先生님의 弟子는 長老의 遺傳을 遵行치 아니하고 不淨한 손으로
떡을 먹나뇨 하거늘

⑫ 이에 바리새인들과 셔긔관들이 예수ᄭᅴ 무르대 엇지하야 당신의 뎨자들은 쟝로들의 유젼을 준행치 아니하고 부졍한 손으로
떡을 먹나잇가
⑬ 이에 바리새인들과 서기관들이 예수께 묻되 어찌하여 당신의 제자들은 장로들의 유전을 준행하지 아니하고 부정한 손으로
떡을 먹나이까
⑭ そこで、パリサイ人(びと)と律法學者たちとは、イエスに尋ねた、「なぜ、あなたの弟子(でし)たちは、昔の人の言伝えに
従って歩まないで、不淨な手でパンを食べてるのですか」。

마가福音 07:06

① 耶穌答之曰,以賽亞預言指爾僞善者,誠是矣,如錄所云,斯民以口敬我,而其心則遠我也,
② 예수 ᄃᆡ답하샤되 션한지라 이시야 밀이 너의 거즛 션하ᄂᆞᆫ 쟈를 갈아치미여 긔록한 바 갓치 이 ᄇᆡᆨ셩이 입슈로써 나를 놉피나
그 마암인 즉 ᄂᆡ게 머다
③ ᄃᆡ답하샤ᄃᆡ 션ᄒᆞᆫ지라 이시야 말이 너희 거즛 션ᄒᆞᄂᆞᆫ 자ᄅᆞᆯ 갈아치미여 긔록한 바 갓치 이 ᄇᆡᆨ셩이 입수로써 나ᄅᆞᆯ 놉피나 그
마암인 즉 ᄂᆡ게 머다
④ 예수ㅣ ᄃᆡ답ᄒᆞ야 ᄀᆞᆯᄋᆞ샤ᄃᆡ 이시아의 션지쟈 말에 너ᄅᆞᆯ 거즛 착ᄒᆞᆫ쟈ㅣ라 ᄀᆞᄅᆞ쳣시니 진실노 올토다 ᄎᆡᆨ에 닐ᄋᆞᆫ 바와 ᄀᆞᆺ치
이ᄇᆡᆨ셩들이 입으로 만나ᄅᆞᆯ 공경ᄒᆞ고 그 ᄆᆞᄋᆞᆷ인즉 나ᄅᆞᆯ 멀니ᄒᆞᄂᆞᆫ 거시니
⑤ 예수ㅣ 그들의게 ᄀᆞᆯᄋᆞ샤ᄃᆡ 이식아가 너희 거즛 착ᄒᆞᆫ 톄 ᄒᆞᄂᆞᆫ 쟈를 미리 말ᄒᆞᆫ거시 올토다 긔록ᄒᆞ엿스되 이 ᄇᆡᆨ셩늘이 뎌희
입살노ᄂᆞᆫ 나를 존경ᄒᆞ되 오직 뎌희 ᄆᆞᄋᆞᆷ은 내게셔 멀다 ᄒᆞ고
⑥ ᄀᆞᆯᄋᆞ샤ᄃᆡ 이식야가 너희거즛 착ᄒᆞᆫ톄 ᄒᆞᄂᆞᆫ 쟈ᄅᆞᆯ ᄀᆞᄅᆞ쳐 미리 말ᄒᆞᆫ 거시 잘ᄒᆞ엿도다 긔록 ᄒᆞ엿시되 이 ᄇᆡᆨ셩들이 입셜노ᄂᆞᆫ
나ᄅᆞᆯ 존경ᄒᆞ되 오직 ᄆᆞᄋᆞᆷ로ᄂᆞᆫ 나ᄅᆞᆯ 멀니ᄒᆞ도다

⑦ ᄀᆞᆯᄋᆞ샤ᄃᆡ 이새야가 너희 것ᄎᆞᆺ 착ᄒᆞᆫ톄ᄒᆞᄂᆞᆫ 쟈를 ᄀᆞᄅᆞ쳐 미리 말ᄒᆞᆫ 거시 잘 ᄒᆞ엿도다 긔록ᄒᆞ엿스ᄃᆡ 이 ᄇᆡᆨ셩들이 입셜노는
나를 존경ᄒᆞ되 오직 ᄆᆞ옴으로는 나를 멀니ᄒᆞ도다
(ᄀᆞᆯᄋᆞ샤ᄃᆡ 이새야가 너희 것ᄎᆞᆺ 착ᄒᆞᆫ톄ᄒᆞ는 쟈를 ᄀᆞᄅᆞ쳐 미리 말ᄒᆞᆫ 거시 올토다 긔록ᄒᆞ엿스ᄃᆡ 이 ᄇᆡᆨ셩들이 입셜노는 나를
공경ᄒᆞ되 오직 ᄆᆞ옴으로는 나를 멀니 ᄒᆞ도다)
⑧ ᄀᆞᆯᄋᆞ샤ᄃᆡ 이사야가 너희 외식ᄒᆞᄂᆞᆫ 쟈를 ᄀᆞᄅᆞ쳐 미리말ᄒᆞᆫ 거시 올토다 긔록ᄒᆞ엿스ᄃᆡ 이 ᄇᆡᆨ셩들이 입셜노는 나를 공경ᄒᆞ되
오직 ᄆᆞ옴으로는 나를 니ᄒᆞ도다
⑨ 曰 이사야가 爾等의 外飾ᄒᆞᄂᆞᆫ 者를 指ᄒᆞ야 豫言ᄒᆞᆫ 거시 是ᄒᆞ도다 記錄ᄒᆞ엿스ᄃᆡ 此 百姓들이 唇으로는 我를 恭敬ᄒᆞ되 오직
心으로는 我를 遠히 ᄒᆞ도다
⑩ ᄀᆞᆯᄋᆞ샤ᄃᆡ 이사야가 너희 外飾ᄒᆞᄂᆞᆫ 者를 ᄀᆞᄅᆞ쳐 豫言ᄒᆞᆷ이 올토다 記錄ᄒᆞ엿스ᄃᆡ 이 百姓들이 입으로ᄂᆞᆫ 나를 恭敬ᄒᆞ되 ᄆᆞ옴으
로ᄂᆞᆫ 나를 멀니ᄒᆞ도다
⑪ 갈아샤대 이사야가 너희 外飾하는 者를 가라쳐 미리 말한 것이 올토다 記錄하엿스대 이 百姓들이 입셜노는 나를 恭敬하되
오직 마암으로는 나를 니하도다
⑫ 갈아샤대 이사야가 너희 외식하는 쟈에 대하야 잘 예언하엿도다 긔록하엿스대 이 백셩이 입셜노는 나를 존경하되 마암은
내게셔 멀도다
⑬ 가라사대 이사야가 너희 외식하는 자에 대하여 잘 예언하였도다 기록하였으되 이 백성이 입술로는 나를 존경하되 마음은
내게서 멀도다
⑭ イエスは言われた、「イザヤは、あなたがた偽善者について、こう書いているが、それは適切な預言である。『この民は、
口さきではわたしを敬うが、その心はわたしから遠く離れている。

마가福音 07:07

① 彼之敎,以人所命爲敎,故徒然拜我也。

② 오직 사람의 명하무로써 가라치ᄂᆞᆫ 도를 삼으니 이 공연이 너게 절하ᄂᆞᆫ지라 하여스니

③ 오직 사ᄅᆞᆷ의 명ᄒᆞ무로써 가라치ᄂᆞᆫ 도ᄅᆞᆯ 삼으니 이 공연이 너게 절ᄒᆞᄂᆞᆫ지라 ᄒᆞ여ᄉᆞ니

④ 사ᄅᆞᆷ의 명ᄒᆞᄂᆞᆫ 바로써 ᄀᆞᄅᆞ침을 삼ᄂᆞᆫ고로 부졀업시 내게 졀ᄒᆞᄂᆞᆫ도다

⑤ 다만 나를 헛되이 슝비ᄒᆞᆷ은 사ᄅᆞᆷ의 식인 거스로 도를 삼아 ᄀᆞᄅᆞ침이라

⑥ 다만 사ᄅᆞᆷ의 명ᄒᆞᆫ 거ᄉᆞ로 도ᄅᆞᆯ 삼아 ᄀᆞᄅᆞ치니 나ᄅᆞᆯ 례비ᄒᆞᄂᆞᆫ 거시 헛 거시라 ᄒᆞ시니라

⑦ 다만 사ᄅᆞᆷ의 명ᄒᆞᆫ 거ᄉᆞ로 도를 삼아 ᄀᆞᄅᆞ치니 나를 례비ᄒᆞᄂᆞᆫ 거시 헛 거시라 ᄒᆞ시니라

(다만 사ᄅᆞᆷ의 명ᄒᆞᆫ 거스로 도를 삼아 ᄀᆞᄅᆞ치니 헛되히 나를 경비ᄒᆞ는 거시라 ᄒᆞ엿ᄂᆞ니라)

⑧ 다만 사ᄅᆞᆷ의 명ᄒᆞᆫ 거스로 도를 삼아 ᄀᆞᄅᆞ치니 헛되히 나를 경비ᄒᆞᄂᆞᆫ 거시라 ᄒᆞ엿ᄂᆞ니라

⑨ 다만 人의 命ᄒᆞᆫ 거스로 道를 삼아 訓ᄒᆞ니 虛되히 我를 敬拜ᄒᆞᄂᆞᆫ 거시라 ᄒᆞ엿ᄂᆞ니라

⑩ 시ᄅᆞᆷ의 命ᄒᆞᆫ 거스로 道를 삼아 ᄀᆞᄅᆞ치니 헛도히 나를 敬拜ᄒᆞᆷ이라 ᄒᆞ엿ᄂᆞ니

⑪ 사람의 命한 것으로 道를 삼아가라치니 헛되이 나를 敬拜하는 것이다 하엿나니라

⑫ 사람의 계명으로 교훈을 삼아 가라치니 나를 헛되이 경배하는도다 하엿나니라

⑬ 사람의 계명으로 교훈을 삼아 가르치니 나를 헛되이 경배하는도다 하였느니라

⑭ 人間のいましめを教として教え、無意味にわたしを拝んでいる』。

마가福音 07:08

① 蓋爾棄神之誡執人之遺傳而洗滌拜杯爵,如是者,爾多行之。

② 너의ᄂᆞᆫ 하나님에 경계를 쩌나고 사람에 뉴젼하물 직킨다 하고
③ 너희ᄂᆞᆫ 하나님에 겡계ᄅᆞᆯ 쩌나고 사ᄅᆞᆷ에 뉴뎐ᄒᆞ물 직킨다 ᄒᆞ고
④ 대개 너ㅣ 샹뎨의 명ᄒᆞᆷ을 ᄇᆞ리고 사ᄅᆞᆷ의 류젼ᄒᆞᆷ을 잡아 잔을 씻셔 이와 ᄀᆞᆺᄒᆞᆫ 거ᄉᆞᆯ 너ㅣ 만히 ᄒᆡᆼᄒᆞᆫ다 ᄒᆞ며
⑤ 너희가 텬쥬의 계명은 ᄇᆞ리고 사ᄅᆞᆷ의 유젼ᄒᆞᆷ을 고집ᄒᆞᄂᆞᆫ도다 ᄒᆞ시고
⑥ 너희가 하ᄂᆞ님의 계명은 ᄇᆞ리고 사ᄅᆞᆷ의 유젼ᄒᆞᆷ을 직희ᄂᆞᆫ도다 ᄒᆞ시고
⑦ 너희가 하ᄂᆞ님의 계명은 ᄇᆞ리고 사ᄅᆞᆷ의 유젼ᄒᆞᆷ을 직희ᄂᆞᆫ도다 ᄒᆞ시고
(너희가 하ᄂᆞ님의 계명은 ᄇᆞ리고 사ᄅᆞᆷ의 유젼을 직흰다 ᄒᆞ시고)
⑧ 너희가 하ᄂᆞ님의 계명은 ᄇᆞ리고 사ᄅᆞᆷ의 유젼을 직흰다 ᄒᆞ시고
⑨ 爾等이 上帝의 誡命은 棄ᄒᆞ고 人의 遺傳을 守ᄒᆞᆫ다 ᄒᆞ시고
⑩ 너희가 하ᄂᆞ님의 誡命은 ᄇᆞ리고 사ᄅᆞᆷ의 遺傳을 직히ᄂᆞᆫ도다
⑪ 너희가 하나님의 誡命을 져바리고 사람의 遺傳을 직힌다 하시고
⑫ 너희가 하나님의 계명은 바리고 사람의 유젼을 직히나니라
⑬ 너희가 하나님의 계명은 버리고 사람의 유전을 지키느니라
⑭ あなたがたは、神のいましめをさしおいて、人間の言伝えを固執している」。

마가福音 07:09
① 又謂之曰,爾誠棄神之誡.而執爾遺傳者。
② ᄯᅩ 갈아샤되 실노 너의가 하나님의 경계를 버리고 너의 뉴젼하물 직키니
③ ᄯᅩ 갈아샤ᄃᆡ 실노 너희가 하나님의 겡계ᄅᆞᆯ 버리고 너희 뉴뎐ᄒᆞ물 직키니

④ ᄯᅩ 닐넛시되 너ㅣ 진실노 샹뎨의 명ᄒᆞ심을 ᄇᆞ리고 너의 류젼ᄒᆞᄂᆞᆫ 쟈ᄅᆞᆯ ᄒᆞ도다 ᄒᆞ엿시니
⑤ ᄯᅩ ᄀᆞᆯᄋᆞ샤ᄃᆡ 너희가 너희 유젼을 직희ᄂᆞᆫ 거시 진실노 텬쥬의 계명을 져ᄇᆞ림이니
⑥ ᄯᅩ ᄀᆞᆯᄋᆞ샤ᄃᆡ 너희가 너희 유젼ᄒᆞᆷ을 직희랴고 진실노 하ᄂᆞ님의 계명을 져ᄇᆞ리도다
⑦ ᄯᅩ ᄀᆞᆯᄋᆞ샤ᄃᆡ 너희가 너희 유젼ᄒᆞᆷ을 직희려고 진실노 하ᄂᆞ님의 계명을 져ᄇᆞ리도다
(ᄯᅩ ᄀᆞᆯᄋᆞ샤ᄃᆡ 너희가 너희 유젼을 직희랴고 진실노 하ᄂᆞ님의 계명을 져ᄇᆞ리도다)
⑧ ᄯᅩ ᄀᆞᆯᄋᆞ샤ᄃᆡ 너희가 너희 유젼을 직희랴고 진실노 하ᄂᆞ님의 계명을 져ᄇᆞ리도다
⑨ 又 曰 爾等이 爾等의 遺傳을 守ᄒᆞ랴고 眞實노 上帝의 誡命을 背棄ᄒᆞ도다
⑩ ᄯᅩ ᄀᆞᆯᄋᆞ샤ᄃᆡ 너희가 眞實노 너희 遺傳을 직히려고 하ᄂᆞ님의 誡命을 져ᄇᆞ리도다
⑪ ᄯᅩ 갈아샤대 너희가 너희 遺傳을 직히랴고 眞實노 하나님의 誡命을 져바리도다
⑫ ᄯᅩ 갈아샤대 너희가 너희 유젼을 직히랴고 하나님의 계명을 잘 져바리는도다
⑬ 또 가라사대 너희가 너희 유전을 지키려고 하나님의 계명을 잘 저버리는도다
⑭ また、言われた、「あなたがたは、自分たちの言伝えを守るために、よくも神のいましめを捨てたものだ。

마가福音 07:10

① 摩西曰,敬爾父,爾母,又曰,詛父,詛母者,必致死,
② 모쇼 갈아되 너의 부모ᄅᆞᆯ 공경하라 하고 ᄯᅩ 갈아되 부모ᄅᆞᆯ 공논하는 쟈는 반다시 숙게 한다 하되
③ 모쇼 갈아되 너희 부모ᄅᆞᆯ 공경ᄒᆞ라 ᄒᆞ고 ᄯᅩ 갈아되 부모ᄅᆞᆯ 공논ᄒᆞᄂᆞᆫ 쟈는 반다시 죽게 ᄒᆞᆫ다 ᄒᆞ되
④ 대개 모셰 ᄀᆞᆯᄋᆞ디 녀ㅣ 부모ᄅᆞᆯ 공경ᄒᆞ라 ᄒᆞ고 ᄯᅩ ᄀᆞᆯᄋᆞ디 부ᄅᆞᆯ 저주ᄒᆞ며 모ᄅᆞᆯ 저주ᄒᆞᄂᆞᆫ 쟈ᄂᆞᆫ 반ᄃᆞ시 죽이리라 ᄒᆞ엿거ᄂᆞᆯ
⑤ 대개 마셔ㅣ ᄀᆞᆯᄋᆞᄃᆡ 네 아바니와 네 어마니를 존경ᄒᆞ라 ᄒᆞ고 ᄯᅩ ᄀᆞᆯᄋᆞᄃᆡ 아바니와 어마니를 훼방ᄒᆞᄂᆞᆫ 쟈는 죽인다 ᄒᆞ엿거ᄂᆞᆯ

⑥ 대개 모세 ᄀᆞᆯᄋᆞᄃᆡ 네 아바지와 네 어머니ᄅᆞᆯ 존경ᄒᆞ라 ᄒᆞ고 ᄯᅩ ᄀᆞᆯᄋᆞᄃᆡ 아바지나 어머니ᄅᆞᆯ 훼방ᄒᆞᄂᆞᆫ 쟈ᄂᆞᆫ 반ᄃᆞ시 죽으리라 ᄒᆞ엿거ᄂᆞᆯ

⑦ 대개 모세 ᄀᆞᆯ아ᄃᆡ 네 아바지와 네 어미니를 존경ᄒᆞ라 ᄒᆞ고 ᄯᅩ ᄀᆞᆯᄋᆞᄃᆡ 아바지나 어머니를 훼방ᄒᆞᄂᆞᆫ 쟈는 반ᄃᆞ시 죽으리라 ᄒᆞ엿거늘

(대개 모세가 ᄀᆞᆯᄋᆞᄃᆡ 네 부모를 공경ᄒᆞ라 ᄒᆞ고 ᄯᅩ ᄀᆞᆯᄋᆞᄃᆡ 아비나 어미를 훼방ᄒᆞ는 쟈는 반ᄃᆞ시 죽이리라 ᄒᆞ엿거늘)

⑧ 대개 모세가 ᄀᆞᆯᄋᆞᄃᆡ 네 부모를 공경ᄒᆞ라 ᄒᆞ고 ᄯᅩ ᄀᆞᆯᄋᆞᄃᆡ 아비나 어미를 훼방ᄒᆞᄂᆞᆫ 쟈는 반ᄃᆞ시죽이리라 ᄒᆞ엿거늘

⑨ 大槩 모세가 曰 爾의 父母를 恭敬ᄒᆞ라 ᄒᆞ고 又 曰 父나 母를 毁謗하ᄂᆞᆫ 者는 必殺ᄒᆞ리라 ᄒᆞ엿거ᄂᆞᆯ

⑩ 모세가 ᄀᆞᆯᄋᆞᄃᆡ 네 父母를 恭敬ᄒᆞ라 ᄯᅩ ᄀᆞᆯᄋᆞᄃᆡ 아비나 어미를 毁謗ᄒᆞᄂᆞᆫ 者ᄂᆞᆫ 죽이리라 ᄒᆞ엿거ᄂᆞᆯ

⑪ 大槪 모세가 갈아대 네 父母를 恭敬하라 하고 ᄯᅩ 갈아대 아비나 어미를 譭謗하는 者는 반다시 죽이리라 하엿거늘

⑫ 모세는 네 부모를 공경하라 하고 ᄯᅩ 아비나 어미를 훼방하는 쟈는 반다시 죽으리라 하엿거늘

⑬ 모세는 네 부모를 공경하라 하고 또 아비나 어미를 훼방하는 자는 반드시 죽으리라 하였거늘

⑭ モーセは言ったではないか、『父と母とを敬え』、また『父または母をののしる者は、必ず死に定められる』と。

마가福音 07:11

① 惟爾則曰,人若謂其父母云,爾所可得於我者,已爲咯嘛譯卽禮物

② 오직 너의ᄂᆞᆫ 갈아되 만약 사람이 부모으게 일오되 ᄂᆡ게로붓터 니익할 거슬 쏠반을 삼앗다 하니 시긴 즉 레물이라ᄂᆞᆫ ᄯᅳᆺ이라

③ 오직 너희ᄂᆞᆫ 갈오되 만약 사ᄅᆞᆷ이 부모의게 일오되 ᄂᆡ게로부터 유익할 거슬 쏠반ᄋᆞᆯ 삼앗다 ᄒᆞ니 시긴 즉 례물이라ᄂᆞᆫ ᄯᅳᆺ이라

④ 오직 너희ᄂᆞᆫ ᄀᆞᆯᄋᆞᄃᆡ 사ᄅᆞᆷ이 혹 그 부모ᄃᆞ려 닐ᄋᆞᄃᆡ 네가 내게 밧을 거술 나ㅣ 임의 골반ᄒᆞ엿다 ᄒᆞᄂᆞ니 골반은 번역ᄒᆞᆯ진대 곳 례물이라

⑤ 오직 너희ᄂᆞᆫ ᄀᆞᆯᄋᆞᄃᆡ 혹 ᄒᆞᆫ 사ᄅᆞᆷ이 제 아바니나 제 어마니의게 말ᄒᆞ되 부모님ᄭᅴ 드리랴던 거슬 각판ᄒᆞ엿ᄂᆞ이다 ᄒᆞ라 ᄒᆞ니 번역ᄒᆞ면 텬쥬ᄭᅴ 드렷ᄉᆞᆸᄂᆞ니다 ᄒᆞᆷ이라

⑥ 오직 너희ᄂᆞᆫ ᄀᆞᆯᄋᆞᄃᆡ 사ᄅᆞᆷ이 아바지의게나 어머니의게 말ᄒᆞ되 부모님ᄭᅴ 드릴 거손 고로반 되엿다 ᄒᆞᆫ즉 이ᄂᆞᆫ 하ᄂᆞ님ᄭᅴ 드린 말이라

⑦ 오직 너희는 ᄀᆞᆯᄋᆞᄃᆡ 사ᄅᆞᆷ이 아바지의게나 어머니의게 말ᄒᆞᄃᆡ 부모님ᄭᅴ 드릴 거슨 고르반 되엿다ᄒᆞᆫ즉 이는 하ᄂᆞ님ᄭᅴ 드렷다ᄂᆞᆫ 말이라

(오직 너희는 ᄀᆞᆯᄋᆞᄃᆡ 사ᄅᆞᆷ이 아비의게나 어미의게나 말ᄒᆞᄃᆡ 부모가 내게셔 밧아 유일ᄒᆞᆯ 거시 고르반 되엿다 ᄒᆞ니 이는 하ᄂᆞ님ᄭᅴ 드렷다ᄂᆞᆫ 말이라)

⑧ 오직 너희는 ᄀᆞᆯᄋᆞᄃᆡ 사ᄅᆞᆷ이 아비의게나 어미의게나 말ᄒᆞᄃᆡ 부모가 내게셔 밧아 유일ᄒᆞᆯ 거시 고르반 되엿다 ᄒᆞ니 이는 하ᄂᆞ님ᄭᅴ 드렷다ᄂᆞᆫ 말이라

⑨ 오직 爾等은 曰 人이 父의게나 母의게나 言ᄒᆞᄃᆡ 父母가 我의게셔 受ᄒᆞ야 有益ᄒᆞᆯ 거시 고르반 되엿다 ᄒᆞ니 此는 上帝ᄭᅴ 獻ᄒᆞ엿다ᄂᆞᆫ 言이라

⑩ 너희ᄂᆞᆫ 아비의게나 어미의게나 닐ᄋᆞ기를 내가 父母 奉養 ᄒᆞᆯ거슬 고르반곳 하ᄂᆞ님ᄭᅴ 드렷다 ᄒᆞ고

⑪ 오직 너희는 갈아대 사람이 아비의게나 어미의게나 말하대 父母가 내게셔 밧아 有益할 것이 고르반 되엿다하니 이는 하나님ᄭᅴ 드렷다는 말이라

⑫ 너희는 갈아대 사람이 아비의게나 어미의게나 말하기를 내가 드려 유익하게 할 것이 고르반 곳 하나님ᄭᅴ 드림이 되엿다고 하기만 하면 그만이라 하고

⑬ 너희는 가로되 사람이 아비에게나 어미에게나 말하기를 내가 드려 유익하게 할 것이 고르반 곧 하나님께 드림이 되었다고 하기만 하면 그만이라 하고

⑭ それだのに、あなたがあは、もし人が父または母にむかって、あなたに差上げるはずのこのものはコルバン、すなわち、
供え物ですと言えば、それでよいとして、

마가福音 07:12

① 後,爾不許之復事其父母。

② 후에 너의 그 부모 봉양을 허치 안이ᄒᆞ니

③ 후에 너희 그 부모 봉양ᄋᆞᆯ 허치 ᄋᆞᆫ이ᄒᆞ니

④ 이리ᄒᆞ고 다시 그 부모ᄅᆞᆯ 셤기지 못ᄒᆞ게 ᄒᆞ니

⑤ 그 후에ᄂᆞᆫ 제 아바니나 어마니게 아모 거시라도 봉양홈을 허락지 아니ᄒᆞ니

⑥ 그 후에ᄂᆞᆫ 제 아바지나 어머니게 아모 거시라도 ᄒᆞ야 드리기ᄅᆞᆯ 허락지 아니 ᄒᆞ니

⑦ 그 후에는 제 아바지나 어머니게 아모 거시라도 ᄒᆞ여셔 드리기를 허락지 아니ᄒᆞ니
(그 후에는 제 아비나 어미의거 아모거시라도 ᄒᆞ여셔 드리기를 허락지 아니ᄒᆞ니)

⑧ 그 후에는 제 아비나 어미의거 아모거시라도 ᄒᆞ여셔 드리기를 허락지 아니ᄒᆞ니

⑨ 其 後에는 渠의 父나 母의게 某事라도 ᄒᆞ여셔 獻ᄒᆞ기를 許諾지 아니ᄒᆞ니

⑩ 그 後에 父母 奉養ᄒᆞ기를 拒絶ᄒᆞ니

⑪ 그 後에는 제 아비나 어미의게 아모것이라도 하여셔 드리기를 許諾지 아니하니

⑫ 제 아비나 어미의게 다시 아모 것이라도 하여 드리기를 허하지 아니하야

⑬ 제 아비나 어미에게 다시 아무 것이라도 하여 드리기를 허하지 아니하여

⑭ その人は父母に對して、もう何もしないで濟むのだと言っている。

마가福音 07:13

① 是爾以所受遺傳,而廢神之道也,如是者,爾多行之。

② 이 너의 붓친 바 뉴젼으로써 하나님의 도를 폐하고 ᄯᅩ 만이 이 갓타물 힝하나니라

③ 이 너희 붓친 바 뉴뎐으로써 하나님의 도ᄅᆞᆯ 폐ᄒᆞ고 ᄯᅩ 만이 이 갓타물 힝ᄒᆞᄂᆞ니라

④ 이ᄂᆞᆫ 네 밧은 바의 류젼으로써 샹뎨의 도ᄅᆞᆯ 폐ᄒᆞᆷ이니 이와 ᄀᆞᆺᄒᆞᆫ 쟈ᄅᆞᆯ 너ㅣ 만히 힝ᄒᆞᄂᆞ니라 ᄒᆞ시고

⑤ 이ᄂᆞᆫ 너희가 밧고 쥬ᄂᆞᆫ 바 유젼으로 텬쥬의 도를 폐ᄒᆞᆷ이라 너희가 이 ᄀᆞᆺ흔 일을 만히 힝ᄒᆞᄂᆞ니라 ᄒᆞ시고

⑥ 이ᄂᆞᆫ 너희가 젼ᄒᆞᆫ 유젼ᄒᆞᆷ으로 하ᄂᆞ님의 도ᄅᆞᆯ 폐ᄒᆞᆷ이라 ᄯᅩᄒᆞᆫ 너희가 이 ᄀᆞᆺᄒᆞᆫ 일을 만히 힝ᄒᆞᄂᆞ니라 ᄒᆞ시고

⑦ 이는 너희가 젼ᄒᆞᆫ 유젼ᄒᆞᆷ으로 하ᄂᆞ님의 도를 폐ᄒᆞᆷ이라 ᄯᅩᄒᆞᆫ 너희가 이 ᄀᆞᆺᄒᆞᆫ 일을 만히 힝ᄒᆞᄂᆞ니라 ᄒᆞ시고
(이는 너희가 젼ᄒᆞᆫ 유젼으로 하ᄂᆞ님의 도를 폐ᄒᆞᆷ이라 ᄯᅩᄒᆞᆫ 너희가 이 ᄀᆞᆺ흔 일을 만히 힝ᄒᆞᄂᆞ니라 ᄒᆞ시고)

⑧ 이는 너희가 젼ᄒᆞᆫ 유젼으로 하ᄂᆞ님의 도를 폐ᄒᆞᆷ이라 ᄯᅩᄒᆞᆫ 너희가 이ᄀᆞᆺ흔 일을 만히힝ᄒᆞᄂᆞ니라 ᄒᆞ시고

⑨ 此는 爾等이 傳ᄒᆞᆫ 遺傳으로 上帝의 道를 廢ᄒᆞᆷ이라 ᄯᅩᄒᆞᆫ 爾等이 如此ᄒᆞᆫ 事를 多行ᄒᆞᄂᆞ니라 ᄒᆞ시고

⑩ 이ᄂᆞᆫ 遺傳으로 하ᄂᆞ님의 道ᄅᆞᆯ 廢ᄒᆞᆷ이라 너희기 이ᄀᆞᆺ흔 일을 만히 行ᄒᆞᄂᆞ니리

⑪ 이는 너희가 傳한 遺傳으로 하나님의 道를 廢함이라 ᄯᅩ한 너희가 이갓흔 일을 만히 行하나니라 하시고

⑫ 너희의 젼한 유젼으로 하나님의 말삼을 폐하며 ᄯᅩ 이갓흔 일을 만히 행하나니라 하시고

⑬ 너희의 전한 유전으로 하나님의 말씀을 폐하며 또 이같은 일을 많이 행하느니라 하시고

⑭ こうしてあなたがたは、自分たちが受けついだ言伝えによって、神の言(ことば)を無にしている。また、このような事を
しばしばおこなっている」。

마가福音 07:14

① 遂召衆庶謂之曰,爾皆宜聽我而曉焉,

② 이여 뭇사람을 불너 일오샤되 너의 다 나를 듯고 ᄭᆡ다라 하라

③ 이여 뭇사ᄅᆞᆷ올 불너 갈오샤ᄃᆡ 너희 다 나ᄅᆞᆯ 듯고 ᄭᆡ다라 ᄒᆞ라

④ 드ᄃᆡ여 뭇사ᄅᆞᆷ을 불너 닐너 ᄀᆞᆯᄋᆞᄉᆞᄃᆡ 너희 다 맛당이 내 말을 듯고 ᄭᆡᄃᆞᄅᆞᆯ지어다

⑤ 뭇사ᄅᆞᆷ을 다시 불너 닐ᄋᆞ샤ᄃᆡ 너희ᄂᆞᆫ 다 내 말을 듯고 ᄭᆡ다를지어다

⑥ 뭇사ᄅᆞᆷ을 다시 불너와 닐ᄋᆞ샤ᄃᆡ 너희ᄂᆞᆫ 다 내 말을 듯고 ᄭᆡᄃᆞ러라

⑦ 뭇사ᄅᆞᆷ을 다시 불너 닐넛스ᄃᆡ 너희는 다 내 말을 듯고 ᄭᆡᄃᆞ르라
(무리를 다시 불너셔 닐ᄋᆞ샤ᄃᆡ 너희는 다 내 말을 듯고 ᄭᆡᄃᆞ르라)

⑧ 무리를 다시불너셔 닐ᄋᆞ샤ᄃᆡ 너희는 다 내말을 듯고 ᄭᆡᄃᆞ르라

⑨ 衆을 復召ᄒᆞ야 謂ᄒᆞ샤ᄃᆡ 爾等은 다 我言을 聽ᄒᆞ고 悟ᄒᆞ여라

⑩ 무리를 다시 불너 닐ᄋᆞ샤ᄃᆡ 너희ᄂᆞᆫ 네 말을 듯고 ᄭᆡᄃᆞ르라

⑪ 무리를 다시 불너셔 닐아샤대 너희는 다 내말을 듯고 쌔다르라

⑫ 무리를 다시 불너 닐아샤대 너희는 다 내 말을 듯고 쌔다르라

⑬ 무리를 다시 불러 이르시되 너희는 다 내말을 듣고 깨달으라

⑭ それから、イエスは再び群衆を呼び寄せて言われた、「あなたがたはみんな、わたしの言うことを聞いて悟るがよい。

마가福音 07:15

① 凡自人之外而入者,無能汚人,惟自其內出者,斯則汚人。

② 밧그로 말무암아 들여 가ᄂᆞᆫ 거시 능히 사람을 더러이지 못하ᄃᆡ
③ 밧그로 말무암아 들에 가ᄂᆞᆫ 거시 능히 사ᄅᆞᆷᄋᆞᆯ 더러이지 못ᄒᆞᄃᆡ
④ 므ᄅᆞᆺ 사ᄅᆞᆷ의 것ᄎᆞ로브터 오ᄂᆞᆫ 쟈ᄂᆞᆫ 능히 사ᄅᆞᆷ을 더러이지 못ᄒᆞ고 오직 그 속으로 나오ᄂᆞᆫ 쟈인즉 사ᄅᆞᆷ을 더러어ᄂᆞ니
⑤ 므ᄅᆞᆺ 사ᄅᆞᆷ의 밧그로브터 드러오ᄂᆞᆫ 거ᄉᆞᆫ 능히 사ᄅᆞᆷ을 더럽게 ᄒᆞ지 못ᄒᆞ되 오직 안흐로브터 나오ᄂᆞᆫ 그거시 사ᄅᆞᆷ을 더럽게 ᄒᆞᄂᆞ니
⑥ 므ᄅᆞᆺ 사ᄅᆞᆷ의 밧그로 브터 드러사ᄂᆞᆫ 거ᄉᆞᆫ 능히 사ᄅᆞᆷ을 더럽게 ᄒᆞ지 못 ᄒᆞ되 오직 안흐로브터 내오ᄂᆞᆫ 거ᄉᆞᆫ 사ᄅᆞᆷ을 더럽게 ᄒᆞᄂᆞ니
⑦ 므ᄅᆞᆺ 사ᄅᆞᆷ의 밧그로브터 드러가ᄂᆞᆫ 거슨 능히 사ᄅᆞᆷ을 더럽게하지못ᄒᆞ되
(므릇 사ᄅᆞᆷ의 밧그로브터 드러가는 거슨 능히 사ᄅᆞᆷ을 더럽게 ᄒᆞ지 못ᄒᆞ되)
⑧ 므ᄅᆞᆺ 사ᄅᆞᆷ의 밧그로브터 드러가ᄂᆞᆫ 거슨 능히 사ᄅᆞᆷ을 더럽게 ᄒᆞ지 못ᄒᆞ되
⑨ 무릇 人의 外로브터 入ᄒᆞᄂᆞᆫ 거슨 能히 人을 汚케 ᄒᆞ지 못ᄒᆞ되
⑩ 무릇 밧게셔 드러오ᄂᆞᆫ 거슨 시ᄅᆞᆷ을 더럽게 ᄒᆞ지 못ᄒᆞ되
⑪ 므릇 사람의 밧그로브터 드러가는 것은 能히 사람을 더럽게 하지 못하되
⑫ 무엇이던지 밧게셔 사람의게로 드러가는 것은 능히 사람을 더럽게 하지 못하되
⑬ 무엇이든지 밖에서 사람에게로 들어가는 것은 능히 사람을 더럽게 하지 못하되
⑭ すべて外から人の中にはいって、人をけがしうるものはない。かえって、人の中から出てくるものが、人をけがすのである。

마가福音 07:16

① 有耳以聽者,宜聽焉。

② 오직 안으로 말무암아 나오는 거시 사람을 더러이ᄂᆞ니라 하다라
③ 오직 안으로 말무암아 나오는 거시 사ᄅᆞᆷ올 더러이ᄂᆞ니라 ᄒᆞ더라
④ 귀 잇서 듯는 쟈는 맛당이 드롤지어다
⑤ 아모 사ᄅᆞᆷ이나 귀가 잇서 드를 쟈는 듯게 하여라
⑥ 귀가 잇서 드롤 쟈는 드롤지어다
⑦ 오직 안으로브터 나오는 거슨 사ᄅᆞᆷ을 더럽게 하ᄂᆞ니 귀가 잇서 드를 쟈는 드를지어다
(오직 안흐로브터 나오는 거슨 사ᄅᆞᆷ을 더럽게 ᄒᆞᄂᆞ니라 ᄒᆞ시고)
⑧ 오직 안으로브터 나오는 거슨 사ᄅᆞᆷ을 더럽게 ᄒᆞᄂᆞ니라 ᄒᆞ시고
⑨ 오직 內로브터 出ᄒᆞ는 거슨 人을 汚ᄒᆞ게 ᄒᆞᄂᆞ니라 ᄒᆞ시고
⑩ 안에셔 나오는 거시 사ᄅᆞᆷ을 더럽게 ᄒᆞᄂᆞ니라 ᄒᆞ시고
⑪ 오직 안으로브터 나오는 것은 사람을 더럽게 하나니라 하시고
⑫ 사람 안에셔 나오는 것이 사람을 더럽게 하는 것이니라 하시고
⑬ 사람의 안에서 나오는 것이 사람을 더럽게 하는 것이니라 하시고
⑭ 〔聞く耳のある者は聞くがよい〕」。

마가福音 07:17
① 耶穌離衆,入屋,其門徒以斯譬問之。
② 예수 뭇사람을 ᄯᅥ나 집에 들어가미 뎨자이 비사로써 물은ᄃᆡ
③ 예수 뭇사ᄅᆞᆷ올 ᄯᅥ나 집에 들어가미 뎨자이 비사롤 물은ᄃᆡ

④ 예수ㅣ 무리를 ᄯᅥ나 방에 드시매 그 문도ㅣ 비유로ᄡᅥ 뭇ᄌᆞ오니
⑤ 예수ㅣ 뭇사ᄅᆞᆷ을 ᄯᅥ나 집으로 드러가시니 뎨ᄌᆞ들이 이 비유를 뭇ᄌᆞ온ᄃᆡ
⑥ 예수ㅣ 뭇사ᄅᆞᆷ을 ᄯᅥ나 집으로 드러가시니 뎨ᄌᆞ들이 비유ᄅᆞᆯ 뭇ᄌᆞ온ᄃᆡ
⑦ 예수ㅣ 뭇사ᄅᆞᆷ을 ᄯᅥ나 집으로 드러가시니 뎨ᄌᆞ들이 비유를 뭇ᄌᆞ온ᄃᆡ
(무리를 ᄯᅥ나 집으로 드러가시니 뎨ᄌᆞ들이 비유를 뭇ᄌᆞ온ᄃᆡ)
⑧ 무리를 ᄯᅥ나 집으로 드러가시니 뎨ᄌᆞ들이 비유를 뭇ᄌᆞ온ᄃᆡ
⑨ 衆을 離ᄒᆞ야 家로 入ᄒᆞ시니 弟子들이 譬喩를 問ᄒᆞᆫᄃᆡ
⑩ 무리를 ᄯᅥ나 집으로 드러가시니 弟子들이 譬喩의 ᄯᅳᆺ을 뭇ᄌᆞ온ᄃᆡ
⑪ 무리를 ᄯᅥ나 집으로 드러가시니 弟子들이 譬喩를 뭇자온대
⑫ 무리를 ᄯᅥ나 집으로 드러가시니 뎨자들이 그 비유를 뭇자온대
⑬ 무리를 떠나 집으로 들어가시니 제자들이 그 비유를 묻자온대
⑭ イエスが群衆を離れて家にはいられると、弟子(でし)たちはこの譬(たとえ)について尋ねた。

마가福音 07:18

① 耶穌謂之曰,爾亦不曉乎,爾豈不知凡自外入於人者,不能汚之,
② 갈아샤되 너의도 이 갓치 ᄭᅵ닷지 못하냐 밧그로 말무암아 사람으게 들어가는 거시 능히 사람을 더러이지 못하기는
③ 갈아샤ᄃᆡ 너희도 이 갓치 ᄭᅵ닷지 못ᄒᆞᄂᆞ냐 밧그로 말무암아 사ᄅᆞᆷ의게 들어가는 거시 능히 사ᄅᆞᆷ을 더러이지 못ᄒᆞ기는 그 마암에
④ 예수ㅣ 닐ᄋᆞ샤ᄃᆡ 너ㅣ 그리ᄒᆞ여고 ᄭᅵ닷지 못ᄒᆞᄂᆞ냐 너ㅣ 엇지 모ᄅᆞᄂᆞ냐 므ᄅᆞᆺ 밧그로브터 사ᄅᆞᆷ의게 드러오는 쟈는 능히 더러

어지 못홈은

⑤ 예수ㅣ 골ᄋᆞ샤ᄃᆡ 너희도 니러케 ᄭᆡ닷지 못ᄒᆞᄂᆞ냐 무엇시던지 밧그로브터 드러가는 거시 능히 사ᄅᆞᆷ을 더럽게 ᄒᆞ지 못홈은

⑥ 예수ㅣ 골ᄋᆞ샤ᄃᆡ 너희도 이러케 미련ᄒᆞ냐 무어시던지 밧그로 브터 드러가는 거시 능히 사ᄅᆞᆷ을 더럽게 ᄒᆞ지 못홈을 아지 못 ᄒᆞᄂᆞ냐

⑦ 예수ㅣ 골ᄋᆞ샤ᄃᆡ 너희도 이러케 미련ᄒᆞ냐 무어시던지 밧그러브터 드러가는 거시 능히 사ᄅᆞᆷ을 더럽게하지못홈을 아지못ᄒᆞᄂᆞ냐 (예수ㅣ 골ᄋᆞ샤ᄃᆡ 너희도 이러케 미련ᄒᆞ냐 무어시던지 밧그로브터 드러가는 거시 능히 사ᄅᆞᆷ을 더럽게 ᄒᆞ지 못홈을 아지 못ᄒᆞᄂᆞ냐)

⑧ 예수ㅣ 골ᄋᆞ샤ᄃᆡ 너희도 이러케 미련ᄒᆞ냐 무어시던지 밧그로브터 드러가는 거시 능히 사ᄅᆞᆷ을 더럽게 ᄒᆞ지 못홈을 아지 못ᄒᆞᄂᆞ냐

⑨ 예수ㅣ 曰 爾等도 如此히 愚昧ᄒᆞ냐 何物이던지 外로브터 入ᄒᆞ는 거시 能히 人을 汚케 ᄒᆞ지 못홈을 知치 못ᄒᆞᄂᆞ냐

⑩ 예수ㅣ 골ᄋᆞ샤ᄃᆡ 너희되 이러케 미련ᄒᆞ냐 무어시던지 밧게셔 드러가는 거시 사ᄅᆞᆷ을 더럽게 ᄒᆞ지 못홈을 아지 못ᄒᆞᄂᆞ냐

⑪ 예수ㅣ 갈아샤대 너희도 이러케 미련하냐 무엇이던지 밧그로브터 드러가는 것이 能히 사람을 더럽게 하지 못함을 아지 못하나냐

⑫ 예수씌셔 닐아샤대 너희 이러케 깨다름이 업나냐 무엇이던지 밧게셔 드러가는 것이 능히 사람을 더럽게 하지 못함을 아지 못하나냐

⑬ 예수께서 이르시되 너희도 이렇게 깨달음이 없느냐 무엇이든지 밖에서 들어가는 것이 능히 사람을 더럽게 하지 못함을 알지 못하느냐

⑭ すると、言われた、「あなたがたも、そんなに鈍いのか。すべて、外から人の中にはいって來るものは、人を汚し得ないことが、わからないのか。

마가福音 07:19

① 因不入其心,乃入其腹耳,且遺於厠而潔其凡所食者矣。

② 그 마암에 들지 안코 그 ᄇᆡ예 들어 측간에 ᄯᅥᆯ어어지나니 그 먹는 바 졍하물 명ᄇᆡᆨ지 못하나냐

③ 들지 ᄋᆞᆫ코 그 ᄇᆡ에 들어 측간에 ᄯᅥᆯ어어지ᄂᆞ니 그 먹는 바 졍ᄒᆞ물 명ᄇᆡᆨ지 못ᄒᆞᄂᆞ냐

④ 그 ᄆᆞ음에 뭇지 못ᄒᆞ고 이에 그 ᄇᆡ에 무듬미오 ᄯᅩᄒᆞᆫ 외측에 ᄭᅵ쳐 그 므롯 먹엇던 ᄇᆞ롤 조찰케 ᄒᆞᄂᆞ니라

⑤ 그 ᄆᆞ음으로 드러가지 아니ᄒᆞ고 ᄇᆡ로 드러가매 뒤로 내여 ᄇᆞ리ᄂᆞᆫ 연고를 너희가 아지 못ᄒᆞᄂᆞ냐 ᄒᆞ시니 이 말솜은 먹은 거슬
다 ᄭᅵ슷ᄒᆞ게 ᄒᆞᆫ다 ᄒᆞ심이라

⑥ 이ᄂᆞᆫ ᄆᆞ음으로 드러가지 아니 ᄒᆞ고 ᄇᆡ로 드러가매 뒤로 내여 ᄇᆞ림이니라 ᄒᆞ심은 먹는거슬 다 ᄭᅵ긋ᄒᆞ게 ᄒᆞ심이라

⑦ 이는 ᄆᆞ음으로 드러가지아니ᄒᆞ고 ᄇᆡ로 드러가매 뒤로 내여 ᄇᆞ림이니라 ᄒᆞ심은 먹는 거슬 다 ᄭᆡ긋ᄒᆞ게ᄒᆞ심이라
(이는 ᄆᆞ음으로 드러가지 아니ᄒᆞ고 ᄇᆡ로 드러가매 뒤로 내여 ᄇᆞ림이니라 ᄒᆞ심은 먹는 거시 다 ᄭᆡ긋ᄒᆞ다 ᄒᆞ심이라)

⑧ 이는 ᄆᆞ음으로 드러가지 아니ᄒᆞ고 ᄇᆡ로 드러가매 뒤로 내여ᄇᆞ림이니라 ᄒᆞ심은 먹는거시 다 ᄭᆡ긋ᄒᆞ다 ᄒᆞ심이라

⑨ 此ᄂᆞᆫ 心으로 入지 아니ᄒᆞ고 腹으로 入ᄒᆞ매 後로 出棄ᄒᆞᆷ이니라 ᄒᆞ심은 食物이 다 潔ᄒᆞ다 ᄒᆞ심이라

⑩ 모든 食物은 ᄆᆞ음으로 드러가지 아니ᄒᆞ고 ᄇᆡ로 드러가셔 뒤로 나가ᄂᆞ니 이럼으로 ᄭᅵ슷ᄒᆞ거니와

⑪ 이는 마암으로 드러가지 아니하고 배르 드러가매 뒤로 내여 바람이니라 하심은 먹는 것이 다 ᄭᅢ긋하다 하심이라

⑫ 이는 마암에 드러가지 아니하고 배에 드러가 뒤로 나감이니라 하심으로 모든 식물을 ᄭᅢ긋하다 하셧나니라

⑬ 이는 마음에 들어가지 아니하고 배에 들어가 뒤로 나감이니라 하심으로 모든 식물을 깨끗하다 하셨느니라

⑭ それは人の心の中にはいるのではなく、腹の中にはいり、そして、外に出て行くだけである」。イエスはこのように、どん
な食物でもよいとされた。

마가福音 07:20

① 又曰,自人出者,斯則汚人

② ᄯᅩ 갈아샤되 사람의 속으로 말무암아 나오ᄂᆞᆫ 거시 사람을 더러이기ᄂᆞᆫ

③ ᄯᅩ 갈아샤ᄃᆡ 사ᄅᆞᆷ의 속으로 말무암아 나오ᄂᆞᆫ 거시 사ᄅᆞᆷ올 더러이기ᄂᆞᆫ

④ ᄯᅩ ᄀᆞᆯᄋᆞ샤ᄃᆡ 사ᄅᆞᆷ우로브터 나오ᄂᆞᆫ 거시 곳 사ᄅᆞᆷ을 더럽게 ᄒᆞᄂᆞ니

⑤ ᄯᅩ ᄀᆞᆯᄋᆞ샤ᄃᆡ 사ᄅᆞᆷ우로브터 나오ᄂᆞᆫ 거시 곳 사ᄅᆞᆷ을 더럽게 ᄒᆞᄂᆞ니

⑥ ᄯᅩ ᄀᆞᆯᄋᆞ샤ᄃᆡ 사ᄅᆞᆷ으로 브터 나오ᄂᆞᆫ 거시 곳 사ᄅᆞᆷ을 더럽게 ᄒᆞᄂᆞ니

⑦ ᄯᅩ ᄀᆞᆯᄋᆞ샤ᄃᆡ 사ᄅᆞᆷ으로브터 나오ᄂᆞᆫ 거시 곳 사ᄅᆞᆷ을 더럽게ᄒᆞᄂᆞ니

(ᄯᅩ ᄀᆞᆯᄋᆞ샤ᄃᆡ 사ᄅᆞᆷ의게셔 나오는 거시 곳 사ᄅᆞᆷ을 더럽게 ᄒᆞᄂᆞ니)

⑧ ᄯᅩ ᄀᆞᆯᄋᆞ샤ᄃᆡ 사ᄅᆞᆷ의게셔 나오ᄂᆞᆫ 거시 곳 사ᄅᆞᆷ을 더럽게 ᄒᆞᄂᆞ니

⑨ 又 曰 人의게셔 出ᄒᆞᄂᆞᆫ 거시 곳 人을 汚케 ᄒᆞᄂᆞ니

⑩ 사ᄅᆞᆷ의게셔 나오ᄂᆞᆫ 거시 곳 사ᄅᆞᆷ을 더럽게 ᄒᆞᄂᆞ니

⑪ ᄯᅩ 갈아샤대 사람의게셔 나오는 것이 곳 사람을 더럽게 하나니

⑫ ᄯᅩ 갈아샤대 사람의게셔 나오는 그것이 사람을 더럽게 하나니라

⑬ 또 가라사대 사람에게서 나오는 그것이 사람을 더럽게 하느니라

⑭ さらに言われた、「人から出てくるもの、それが人をけがすのである。

마가福音 07:21

① 蓋自內,卽自人心所出,若惡念,姦淫,苟合,凶殺

② 안으로 말무암아 사람의 마암으로 나는 악한 싱각이 외입과 도적질과 살인과
③ 안으로 말무암아 사ᄅᆞᆷ의 마암으로 나는 악한 싱각이
④ 악념과 간음과 구함과 흉살ᄌᆞᄒᆞᆫ 것들과
⑤ 대개 안흐로 조차 나옴은 곳 사ᄅᆞᆷ의 ᄆᆞ음으로 조차 나옴이라 악ᄒᆞᆫ 싱각과 음란ᄒᆞᆷ과 도적질ᄒᆞᆷ과 살인ᄒᆞᆷ과
⑥ 대개 안흐로 조차 나옴은 곳 사ᄅᆞᆷ의 ᄆᆞ음으로 조차 나옴이라 악ᄒᆞᆫ 싱각과 음란ᄒᆞᆷ과
⑦ 대개 안으로 조차 나옴은 곳 사ᄅᆞᆷ의 ᄆᆞ음으로 조차 나옴이라 악ᄒᆞᆫ싱각과 음란ᄒᆞᆷ과
(대개 속 곳 사ᄅᆞᆷ의 ᄆᆞ음에셔 나오는 거슨 악ᄒᆞᆫ싱각과 음란과)
⑧ 대개 속 곳 사ᄅᆞᆷ의 ᄆᆞ음에셔 나오ᄂᆞᆫ 거슨 악ᄒᆞᆫ싱각과 음란과
⑨ 大槩 裏曲 卽 人의 心에셔 出하ᄂᆞᆫ 거슨 惡念과 淫亂과
⑩ 사ᄅᆞᆷ의 속 곳 마음에셔 나오ᄂᆞᆫ 거슨 惡念과 淫亂과 盜賊질과 殺人과
⑪ 大概 속 곳 삶의 마암에셔 나오는 것은 惡한 생각과 淫亂과
⑫ 속에셔 곳 사람의 마암에셔 나오는 것은 악한 생가 곳 음란과 도적질과 살인과
⑬ 속에서 곧 사람의 마음에서 나오는 것은 악한 생각 곧 음란과 도적질과 살인과
⑭ すなわち內部から、人の心の中から、悪い思いが出てくる。不品行、盗み、殺人、

마가福音 07:22

① 盜竊,貪婪,惡毒,詭騙,邪侈,疾視,褻瀆,驕傲,狂悖
② 음난과 탐남과 악힝과 쇠우리질과 샤치함과 질투과 참남과 교만과 자긍이니
③ 외입과 도적질과 살인과 음난과 탐남과 악힝과 쇠우리질과 샤치함과 질투과 훼방과 교만과 자긍이니

④ 도적과 탐람과 악독과 궤샤와 방탕과 투긔와 비방과 교만과 광패ᄒᆞᆷ이니

⑤ 통간ᄒᆞᆷ과 탐욕과 악ᄒᆞᆷ과 속임과 음탕ᄒᆞᆷ과 질시와 욕ᄒᆞᆷ과 교만ᄒᆞᆷ과 광픠ᄒᆞᆷ이니

⑥ 도적질ᄒᆞᆷ과 살인ᄒᆞᆷ과 간음ᄒᆞᆷ과 탐욕과 악ᄒᆞᆷ과 속임과 음탕ᄒᆞᆷ과 투긔와 훼방ᄒᆞᆷ과 교만ᄒᆞᆷ과 광픠ᄒᆞᆷ이니

⑦ 도적질ᄒᆞᆷ과 살인ᄒᆞᆷ과 간음ᄒᆞᆷ과 탐욕과 악ᄒᆞᆷ과 속임과 음탕ᄒᆞᆷ과 투긔와 훼방ᄒᆞᆷ과 교만ᄒᆞᆷ과 광패ᄒᆞᆷ이니

(도적질과 살인과 간음과 탐욕과 악독과 속임과 음탕과 투긔와 훼방과 교만과 광패니)

⑧ 도적질과 살인과 간음과 탐욕과 악독과 속임과 음탕과 투긔와 훼방과 교만과 광패니

⑨ 盜賊질과 殺人과 姦淫과 貪慾과 惡毒과 欺騙과 淫蕩과 妬忌와 毁謗과 驕慢과 狂悖니

⑩ 貪慾과 惡毒과 殷詐와 淫蕩과 妬忌와 毁謗과 驕慢과 狂悖니

⑪ 盜賊질과 殺人와 姦淫과 貪慾과 惡毒와 속임과 淫蕩과 妒忌와 譭謗과 驕慢과 狂悖니

⑫ 간음과 탐욕과 악독과 속임과 음탕과 흘기는 눈과 훼방과 교만과 광패니

⑬ 간음과 탐욕과 악독과 속임과 음탕과 흘기는 눈과 훼방과 교만과 광패니

⑭ 姦淫(かんいん)、貪欲(どんよく)、邪惡、欺き、好色、妬(ねた)み、誹(そし)り、高慢、愚痴。

마가福音 07:23

① 此諸惡,皆自內出,乃汚人也,

② 이 모단 악이 다 안으로 나 사람을 더러우나니라 하다라

③ 이 모단 악이 다 ᄋᆞᆫ으로 나 사ᄅᆞᆷ을 더러이ᄂᆞ니라 ᄒᆞ더라

④ 이 모든 악은 다 안흐로조차 오ᄂᆞᆫ 거시니 이에 사ᄅᆞᆷ을 더러이ᄂᆞ니라

⑤ 이 모든 악ᄒᆞᆫ 거시 다 안흐로 조차 나와 사ᄅᆞᆷ을 더럽히ᄂᆞ니라

⑥ 이 모드 악ᄒᆞᆫ거시 다 안흐로 조차 나와 사ᄅᆞᆷ을 더럽게 ᄒᆞᄂᆞ니라
⑦ 이 모든 악ᄒᆞᆫ 거시 다 안으로 조차 나와 사ᄅᆞᆷ을 더럽게ᄒᆞᄂᆞ니라
(이 모든 악ᄒᆞᆫ 거시 다 속에셔 나와셔 사ᄅᆞᆷ을 더럽게 ᄒᆞᄂᆞ니라)
⑧ 이 모든 악ᄒᆞᆫ거시 다 속에셔 나와셔 사ᄅᆞᆷ을 더럽게 ᄒᆞᄂᆞ니라
⑨ 此 諸 惡事가 다 內心에셔 出ᄒᆞ야 人을 汚케 ᄒᆞᄂᆞ니라
⑩ 이 모든 惡이 속에셔 나와셔 사ᄅᆞᆷ을 더럽게 ᄒᆞᄂᆞ니라
⑪ 이 모든 惡한 것이 다 속에셔 나와셔 사람을 더럽게 하나니라
⑫ 이 모든 악한 것이 다 속에셔 나와셔 사람을 더럽게 하나니라
⑬ 이 모든 악한 것이 다 속에서 나와서 사람을 더럽게 하느니라
⑭ これらの悪はすべて內部から出てきて、人をけがすのである」。

마가福音 07:24

① 耶穌自彼起,往推羅西頓境,入一室,不欲人知,然不得隱,
② 이여 닐어 거긔로 투루와 시돈 경닉에 가 한 집에 들어가 즐겨 사람으로 알지 못하게 하나 글어나 감초지 못하다라
③ 이여 닐어 거긔로 투루와 시돈 경닉에 가 ᄒᆞᆫ 집에 들어가 즐겨 사ᄅᆞᆷ으로 알지 못ᄒᆞ게 ᄒᆞ나 글어나 감초지 못ᄒᆞ더라
④ 예수ㅣ 그리로조차 몸을 니ᄅᆞ혀 두로 시돈 디경에 가 샹ᄒᆞᆫ 집에 드러가시되 사ᄅᆞᆷ들이 모ᄅᆞ게 ᄒᆞ시나 긔일 수 업시니
⑤ 예수ㅣ 거긔셔 니러나샤 츄라와 셔돈 디경에 니ᄅᆞ러 ᄒᆞᆫ 집에 드러가 계시고 사ᄅᆞᆷ의게 알니고져 아니시나 은휘치 못ᄒᆞᄂᆞᆫ지라
⑥ 예수ㅣ 니러나샤 거긔셔 두로와 시돈 디경으로 써나 ᄒᆞᆫ 집에 드러가시되 아모도 모ᄅᆞ게 ᄒᆞ시랴 ᄒᆞ나 숨길 수 업거ᄂᆞᆯ
⑦ 예수ㅣ 니러나샤 거긔셔 두로와 시돈 디경으로 써나ᄒᆞᆫ 집에 드러가시되 아모도 모로게ᄒᆞ시려 ᄒᆞ나 숨길수 업거늘

(예수ㅣ 니러나샤 거긔셔 두로와 시돈 디경으로 ᄯᅥ나 ᄒᆞᆫ 집에 드러가샤 아모도 모로게 ᄒᆞ시려 ᄒᆞ나 숨길 수 업더라)
⑧ 예수가 니러나샤 거긔셔 두로와 시돈 디경으로 ᄯᅥ나 ᄒᆞᆫ 집에 드러가샤 아모도 모로게 ᄒᆞ시려 ᄒᆞ나 숨길 수 업더라
⑨ 예수가 起ᄒᆞ샤 該處에셔 두로와 시돈 地境으로 離ᄒᆞ야 一 家에 入ᄒᆞ샤 誰某도 知치못ᄒᆞ게 ᄒᆞ랴 ᄒᆞ나 隱諱ᄒᆞᆯ 수가 無ᄒᆞ더라
⑩ 예수ㅣ 그 곳을 ᄯᅥ나 두로와 시돈 地境에 니르샤 ᄒᆞᆫ 집에 드러가 아모도 모르게 ᄒᆞ려 ᄒᆞ시나 숨길 수 업ᄂᆞᆫ지라
⑪ 예수씌셔 니러나샤 거긔를 ᄯᅥ나 두로 디경으로 가셔 한 집에 드러가 아모도 모르게 하시려 하나 숨길 수 업더라
⑫ 예수씌셔 니러나샤 거긔를 ᄯᅥ나 두로디경으로 가셔 한 집에 드러가 아모도 모르게 하시려 하나 숨길 수 업더라
⑬ 예수께서 일어나사 거기를 떠나 두로 지경으로 가서 한 집에 들어가 아무도 모르게 하시려 하나 숨길 수 없더라
⑭ さて、イエスは、そこを立ち去って、ツロの地方に行かれた。そして、だれにも知れないように、家の中にはいられた
が、隱れていることができなかった。

마가福音 07:25

① 蓋有一婦,其幼女患污鬼,聞耶穌事,來伏其足下。
② 한 녀인이 얼인 ᄯᅡᆯ이 더러운 귀신을 품엇ᄂᆞᆫ지라 소문을 듯고 와 그 발 알에 업더여 귀신을 ᄯᅡᆯ으게 쫏기를 구하니
③ 한 녀인이 얼인 ᄯᅡᆯ이 더러운 귀신ᄋᆞᆯ 품엇ᄂᆞᆫ지라 소문ᄋᆞᆯ 듯고 와 그 발 알에 업더여
④ 이 ᄯᅢ ᄒᆞᆫ 지어미 잇시되 그 어린 ᄯᆞᆯ이 몹쓸 샤귀ᄅᆞᆯ 들너 잇더니 예수의 일을 듯고 와셔 그 발아래 부복ᄒᆞ니
⑤ 맛춤 ᄒᆞᆫ 녀인이 잇서 그 어린 ᄯᆞᆯ이 샤귀를 들녓ᄂᆞᆫ지라 예수의 일을 듯고 와셔 그 발 아래 업ᄃᆡ리니
⑥ 맛춤 ᄒᆞᆫ 녀인이 잇서 임의 듯고 안지라 그 어린 ᄯᆞᆯ이 샤귀ᄅᆞᆯ 들녓거ᄂᆞᆯ 와셔 그 발 아래 업ᄃᆡ리니
⑦ 맛춤 ᄒᆞᆫ 녀인이 잇서 임의 듯고 안지라 그 어린 ᄯᆞᆯ이 샤귀를 들엿거ᄂᆞᆯ 와셔 그 발아래 업ᄃᆡ리니
(맛츰 ᄒᆞᆫ 녀인이 잇서 그 어린 ᄯᆞᆯ이 더러온 귀신이 들녓더니 예수의 소문을 듯고 와셔 그 발아래 업드리니)

⑧ 맛춤 ᄒᆞᆫ 녀인이 잇서 그 어린ᄯᆞᆯ이 더러온귀신이 들녓더니 예수의 소문을 듯고 와셔 그 발아래 업드리니
⑨ 맛춤 一 女人이 有ᄒᆞ야 其 幼女가 汚鬼가 들녓더니 예수의 所聞을 聞ᄒᆞ고 來ᄒᆞ야 其 足下에 伏ᄒᆞ니
⑩ ᄆᆞᆺ춤 ᄒᆞᆫ 女人의 어린 ᄯᆞᆯ이 더러운 鬼神이 들녓더니 예수의 所聞을 듯고 와셔 그 발 아래 업ᄃᆡ
⑪ 맛참 한 女人이 잇서 그 어린 ᄯᅡᆯ이 더러운 鬼神이 들녓더니 예수의 所聞을 듯고 와셔 그 발아래 업드리니
⑫ 이에 더러운 귀신 들닌 어린 ᄯᅡᆯ을 둔한 여자가 예수의 소문을 듯고 곳 와셔 그 발 아래 업대니
⑬ 이에 더러운 귀신 들린 어린 딸을 둔 한 여자가 예수의 소문을 듣고 곧 와서 그 발아래 엎드리니
⑭ そして、けがれた靈につかれた幼い娘をもつ女が、イエスのことをすぐ聞きつけてきて、その足もとにひれ伏した。

마가福音 07:26
① 此婦乃希利尼人,屬叙利非尼基國,求耶穌逐鬼離其女。
② 이 녀인은 힐리ᄂᆡ 사람인데 수로뵈니지 ᄇᆡᆨ셩이라
③ 귀신을 ᄯᅡᆯ의게 ᄶᅩᆺ기를 구ᄒᆞ니 이 너인은 힐리ᄂᆡ 사ᄅᆞᆷ인데 수로뵈니지 ᄇᆡᆨ셩이라
④ 이 지어미ᄂᆞᆫ 헬나사ᄅᆞᆷ이니 슈로보니 사나라희 쇽ᄒᆞᆫ쟈ㅣ라 예수ᄭᅴ 쳥ᄒᆞ야 귀신을 ᄶᅩᆺᄎᆞ 그 ᄯᆞᆯ을 ᄂᆞᆺ게 ᄒᆞ여 달나ᄒᆞ니
⑤ 그 녀인은 희리니 사ᄅᆞᆷ이니 셔리비니긔 족쇽이라 져 ᄯᆞᆯ의게셔 마귀 ᄶᅩᆺ차 주시기를 예수ᄭᅴ ᄀᆞᆫ구ᄒᆞ거ᄂᆞᆯ
⑥ 그 녀인은 헴나인이니·수로보니긔 족쇽이라 제 ᄯᅡᆯ의게셔 샤귀 ᄶᅩᆺ차 주시기를 예수ᄭᅴ ᄀᆞᆫ구ᄒᆞᆫᄃᆡ
⑦ 그 녀인은 헬나 인이니 수로보니긔 족쇽이라 제 ᄯᆞᆯ의게셔 샤귀 ᄶᅩ차 주시기를 예수ᄭᅴ ᄀᆞᆫ구ᄒᆞᆫᄃᆡ
(그 녀인은 헬나 인이오 수로보니게 족쇽이라 제 ᄯᆞᆯ의게셔 샤귀 ᄶᅩᆺ차 주시기를 예수ᄭᅴ ᄀᆞᆫ구ᄒᆞᆫᄃᆡ)
⑧ 그 녀인은 헬나 사ᄅᆞᆷ이오 수로보니게 족쇽이라 제 ᄯᆞᆯ의게셔 샤귀 ᄶᅩᆺ차 주시기를 예수ᄭᅴ ᄀᆞᆫ구ᄒᆞᆫᄃᆡ
⑨ 其 女人은 헬나 人이오 수로보니게 族屬이라 自己의 女子의게셔 邪鬼를 逐ᄒᆞ야 주시기를 예수ᄭᅴ 懇求ᄒᆞᆫᄃᆡ

⑩ 그 女人은 헬나 사롬이오 수로보니게 族屬이라 그 ᄯᆞᆯ의게셔 邪鬼 쏫차 주시기를 懇求ᄒᆞᄂᆞᆫ지라

⑪ 그 女人은 헬나 사람이오 수로보니게 族屬이라 제 삸의게셔 邪鬼 쏫차 주시기를 예수ᄭᅴ 懇求한대

⑫ 그 녀자는 헬나인이오 수로보니게 족쇽이라 자긔 ᄲᆞᆯ의게셔 귀신 쏫차 주시기를 간구하거늘

⑬ 그 여자는 헬라인이요 수로보니게 족속이라 자기 딸에게서 귀신 쫓아 주시기를 간구하거늘

⑭ この女はギリシヤ人で、スロ·フェニキヤの生まれであった。そして、娘から惡靈を追い出してくださいとお願いした。

마가福音 07:27

① 耶穌謂之曰,容爾曹先飽,取而曹之餅投於狗,未善也。

② 예수 갈아샤되 아희덜을 만져 ᄇᆡ 부르게 하고 아희덜의 ᄯᅥᆨ을 가져써 ᄀᆡ게 더지미 올치 못하니라

③ 예수 갈아샤ᄃᆡ 아희덜ᄋᆞᆯ ᄆᆞᆫ져 ᄇᆡ 부르게 ᄒᆞ고 아희덜의 ᄯᅥᆨᄋᆞᆯ 가져써 ᄀᆡ게 더지미 올치 못ᄒᆞ니라

④ 예수ㅣ 닐너 ᄀᆞᆯᄋᆞ샤ᄃᆡ ᄋᆞ희들이 ᄆᆞᆫ져 ᄇᆡ부ᄅᆞ도록 먹기ᄅᆞᆯ 기ᄃᆞ릴지니 ᄋᆞ희들의 먹ᄂᆞᆫ ᄯᅥᆨ을 갓다가 개의게 더짐이 올치 아니라
ᄒᆞ시니

⑤ 예수ㅣ 닐너 ᄀᆞᆯᄋᆞ샤ᄃᆡ ᄋᆞ희들노 믄져 ᄇᆡ 불니 먹게 ᄒᆞᆯ지니 대개 ᄋᆞ희들의 ᄯᅥᆨ을 취ᄒᆞ야 개들의게 던짐이 올치 안타 ᄒᆞ신ᄃᆡ

⑥ 예수ㅣ 닐ᄋᆞ샤ᄃᆡ ᄌᆞ녀로 ᄆᆞᆫ져 ᄇᆡ불니 먹게ᄒᆞᆯ지니 대개 ᄌᆞ녀의 ᄯᅥᆨ을 취ᄒᆞ야 개게 더짐이 맛당지 안타 ᄒᆞ시니

⑦ 예수ㅣ 닐넛스ᄃᆡ ᄌᆞ녀로 ᄆᆞᆫ져 ᄇᆡ 불니 먹게ᄒᆞᆯ지니 대개 ᄌᆞ녀의 ᄯᅥᆨ을 취ᄒᆞ여 개게 더짐이 맛당치안타 ᄒᆞ시니
(예수ㅣ 닐ᄋᆞ샤ᄃᆡ ᄌᆞ녀로 ᄆᆞᆫ져 ᄇᆡ 불니 먹게 ᄒᆞᆯ지니 ᄌᆞ녀의 ᄯᅥᆨ을 취ᄒᆞ야 개게 던짐이 맛당치 아니ᄒᆞ니라)

⑧ 예수ㅣ 닐ᄋᆞ샤ᄃᆡ ᄌᆞ녀로 ᄆᆞᆫ져 ᄇᆡ불니먹게 ᄒᆞᆯ지니 ᄌᆞ녀의 ᄯᅥᆨ을 취ᄒᆞ야 개게 던짐이 맛당치 아니ᄒᆞ니라

⑨ 예수가 謂ᄒᆞ샤ᄃᆡ 子女로 ᄆᆞᆫ져 飽食케 ᄒᆞᆯ지니 子女의 餠을 取ᄒᆞ야 狗의게 投ᄒᆞᆷ이 宜치 아니ᄒᆞ니라

⑩ 예수ㅣ 닐ᄋᆞ샤ᄃᆡ 子女로 ᄇᆡ불니 먹게 ᄒᆞᆯ 飮食을 ᄆᆞᆫ져 개게 던짐이 맛당치 아니ᄒᆞ니라

⑪ 예수ㅣ 닐아샤대 子女로 몬져 배불니 먹게할 지니 子女의 썩을 取하야 개의게 던짐이 맛당치 아니하니라
⑫ 예수씌셔 닐아샤대 자녀로 몬져 배불니 먹게 할지니 자녀의 썩을 취하야 개들의게 던짐이 맛당치 아니하니라
⑬ 예수께서 이르시되 자녀로 먼저 배불리 먹게 할지니 자녀의 떡을 취하여 개들에게 던짐이 마땅하지 아니하리라
⑭ イエスは女にいわれた、「まず子供たちに十分食べさすべきである。子供たちのパンを取って小犬に投げてやるのは、よろしくない」。

마가福音 07:28

① 婦對曰,主,然,第案下之狗亦食爾曹之遺屑焉。
② 녀인이 ᄃᆡ답하여 갈아되 쥬아 글어하니이다 ᄀᆡ도 상 알에셔 아희덜에 부수러기를 먹나이다 하니
③ 녀인이 ᄃᆡ답ᄒᆞ여 갈아되 쥬아 글어ᄒᆞ니이다 ᄀᆡ도 상 알에셔 아희덜에 부수러기롤 먹ᄂᆞ이다 ᄒᆞ니
④ 지어미 ᄃᆡ답ᄒᆞ야 엿ᄌᆞ오ᄃᆡ 쥬여 그러ᄒᆞ오나 다만 밥상 아래 잇ᄂᆞᆫ 개가 ᄯᅩᄒᆞᆫ ᄋᆞ희들의 님긴 부스럭이롤 엇어 먹ᄂᆞ이다
⑤ 녀인이 ᄃᆡ답ᄒᆞ여 ᄀᆞᆯᄋᆞᄃᆡ 쥬여 올소이다마ᄂᆞᆫ 개들도 상 아래에서 ᄋᆞ희들의 ᄲᅥ러ᄇᆞ리ᄂᆞᆫ 부스럭이를 엇어 먹ᄂᆞ니이다
⑥ 녀인이 ᄃᆡ답ᄒᆞ야 ᄀᆞᆯᄋᆞᄃᆡ 쥬여 올쇼이다마ᄂᆞᆫ 개도 상 아래셔 ᄌᆞ녀의게셔 ᄯᅥ러지ᄂᆞᆫ 부스럭이롤 먹ᄂᆞ니이다
⑦ 녀인이 ᄃᆡ답ᄒᆞ야 ᄀᆞᆯᄋᆞᄃᆡ 쥬여 올소이다마는 개도 상아래 ᄌᆞ녀의게 ᄯᅥ러지ᄂᆞᆫ 부스러기를 먹ᄂᆞ이다
(녀인이 ᄃᆡ답ᄒᆞ야 ᄀᆞᆯᄋᆞᄃᆡ 주여 올소이다마는 개도 상아래셔 ᄌᆞ녀의게셔 ᄯᅥ러지ᄂᆞᆫ 부스럭이를 먹ᄂᆞ이다)
⑧ 녀인이 ᄃᆡ답ᄒᆞ야 ᄀᆞᆯᄋᆞᄃᆡ 주여 올소이다마는 개도 상아래셔 ᄌᆞ녀의게셔 ᄯᅥ러지ᄂᆞᆫ 부스럭이를 먹ᄂᆞ이다
⑨ 女人이 對ᄒᆞ야 曰 主여 可ᄒᆞ외다마는 狗도 床下에셔 子女의게셔 落ᄒᆞᄂᆞᆫ 屑를 食ᄒᆞᄂᆞ이다
⑩ 女人이 ᄀᆞᆯᄋᆞᄃᆡ 主여 올소이다 만은 개도 牀아래셔 子女의게셔 ᄯᅥ러지ᄂᆞᆫ 부스럿이를 먹ᄂᆞ이다
⑪ 女人이 對答하야 갈아대 主여 올소이다마는 개도 床 아래셔 子女의게셔 ᄯᅥ러지는 부스럭이를 먹나이다

⑫ 녀자가 대답하야 갈아대 쥬여 올소이다마는 상 아래 개들도 아해들의 먹던 부스럭이를 먹나이다

⑬ 여자가 대답하여 가로되 주여 옳소이다마는 상 아래 개들도 아이들의 먹던 부스러기를 먹나이다

⑭ すると、女は答えて言った、「主よ、お言葉どおりです。でも、食卓の下にいる小犬も、子供たちのパンくずは、いただきます」。

마가福音 07:29

① 耶穌謂之曰,因此一言,爾可歸,鬼已離爾女矣。

② 이여 갈아샤되 이 한 말을 인하여 네 돌아가라 귀신이 네 ᄯᅡᆯ으게 나왓다 하거날

③ 이여 갈아샤ᄃᆡ 이 ᄒᆞᆫ 말ᄋᆞᆯ 인ᄒᆞ여 네 돌아가라 귀신이 네 ᄯᅡᆯ의게 나왓다 ᄒᆞ거날

④ 예수ㅣ 닐ᄋᆞ시ᄃᆡ 이 ᄒᆞᆫ 말을 인ᄒᆞ야 너는 가히 도라갈지니 샤귀가 임의 네 ᄯᆞᆯ의게 ᄯᅥ러졋ᄂᆞ니라 ᄒᆞ시니

⑤ 예수ㅣ ᄀᆞᆯᄋᆞ샤ᄃᆡ 이 말을 인ᄒᆞ야 가라 마귀가 임의 네 ᄯᆞᆯ의게셔 ᄯᅥ낫ᄂᆞ니라 ᄒᆞ시니

⑥ 예수ㅣ ᄀᆞᆯᄋᆞ샤ᄃᆡ 이 말을 인ᄒᆞ야 도라가라 샤귀가 임의 네 ᄯᆞᆯ의게셔 ᄯᅥ낫ᄂᆞ니라 ᄒᆞ시니

⑦ 예수ㅣ ᄀᆞᆯᄋᆞ샤ᄃᆡ 이 말을 인하야 도라가라 샤귀가 임의 네 ᄯᆞᆯ의게셔 ᄯᅥ낫ᄃᆞ니라 ᄒᆞ시니
(예수ㅣ ᄀᆞᆯᄋᆞ샤ᄃᆡ 이 말을 인ᄒᆞ야 샤귀가 임의 네 ᄯᆞᆯ의게셔 ᄯᅥ낫스니 도라가라 ᄒᆞ시니)

⑧ 예수ㅣ ᄀᆞᆯᄋᆞ샤ᄃᆡ 이말을 인ᄒᆞ야 샤귀가 임의 네 ᄯᆞᆯ의게셔 ᄯᅥ낫스니 도라가라 ᄒᆞ시니

⑨ 예수ㅣ 曰 此言을 因ᄒᆞ야 邪鬼가 임의 爾 女의게셔 離ᄒᆞ엿스니 歸ᄒᆞ라 ᄒᆞ시니

⑩ 예수ㅣ ᄀᆞᆯᄋᆞ샤ᄃᆡ 이 말을 因ᄒᆞ야 邪鬼가 임의 네 ᄯᆞᆯ의게셔 ᄯᅥ낫스니 도라가라

⑪ 예수ㅣ 갈아샤대 이 말을 因하야 邪鬼가 임의 네 ᄯᅡᆯ의게셔 ᄯᅥ낫스니 도라가라 하시니

⑫ 예수ᄭᅴ셔 갈아샤대 이 말을 하엿스니 도라가라 귀신이 네 ᄯᅡᆯ의게셔 나갓나니라 하시매

⑬ 예수께서 가라사대 이 말을 하였으니 돌아가라 귀신이 네 딸에게서 나갔느니라 하시매

⑭ そこでイエスはいわれた、「その言葉で、じゅうぶんである。お歸りなさい。惡靈は娘から出てしまった」。

마가福音 07:30

① 旣歸其家,覺鬼已出,而女臥於牀。

② 집에 돌아가 녀ᄋᆡ 상에 누으물 보니 귀신이 나왓ᄂᆞᆫ지라

③ 집에 돌아가 녀ᄋᆡ 상에 누으물 보니 귀신이 이무 나왓ᄂᆞᆫ지라

④ 그 집에 도라오매 발셔 샤귀가 나가고 ᄯᆞᆯ만 상에 누엇심을 ᄭᆡ다ᄅᆞᆯ너라

⑤ 녀인이 집에 도라간 ᄌᆞᆨ ᄯᆞᆯ이 요에 누엇고 마귀가 임의 나감을 ᄇᆞᆯ너라

⑥ 녀인이 집에 도라가 본ᄌᆞᆨ ᄯᆞᆯ이 요에 누엇고 샤귀가 임의 나갓더라

⑦ 녀인이 집에 도라가 본ᄌᆞᆨ ᄯᆞᆯ이 요에 누엇고 샤귀가 임의 나갓더라

(녀인이 집에 도라가 본ᄌᆞᆨ ᄯᆞᆯ이 요에 누엇고 사귀가 인의 나갓더라)

⑧ 녀인이 집에 도라가 본ᄌᆞᆨ ᄯᆞᆯ이 요에 누엇고 샤귀가 임의나갓더라

⑨ 女人이 家에 歸ᄒᆞ야 見ᄒᆞᆫᄌᆞᆨ 女子가 褥에 臥ᄒᆞ엿고 邪鬼가 已出ᄒᆞ엿더라

⑩ 女人이 집에 도라가 본ᄌᆞᆨ ᄯᆞᆯ이 褥에 누엇고 邪鬼가 임의 나갓더라

⑪ 女人이 집에 도라가 본ᄌᆞᆨ ᄯᅡᆯ이 요에 누엇고 邪鬼가 임의 나갓더라

⑫ 녀자가 집에 도라가 본ᄌᆞᆨ 아해가 침상에 누엇고 귀신이 나갓더라

⑬ 여자가 집에 돌아가 본즉 아이가 침상에 누웠고 귀신이 나갔더라

⑭ そこで、女が家に歸ってみると、その子は床の上に寢ており、惡靈は出てしまっていた。

마가福音 07:31

① 耶穌離推羅西頓境,至加利利海,經低加波利境中,

② 예수 투로에 지경을 나와 시돈을 지ᄂᆡ여 가니ᄂᆡ 바다에 닐오니 디카포리 졀반이라

③ 예수 투로에 지경ᄋᆞᆯ 나와 시돈ᄋᆞᆯ 지ᄂᆡ여 가니ᄂᆡ 바다에 닐오니 디카포리의 디경 졀반이라

④ 예수ㅣ 두로 시돈 디경을 ᄯᅥ나 갈닐니아 바다희 니ᄅᆞ러 데카볼늬 디경 안ᄒᆞᆯ 지내실식

⑤ 예수ㅣ 다시 츄라 디경을 ᄯᅥ나샤 셔돈으로 가리리 ᄒᆡ변에 니ᄅᆞ러 뎌가파리 디경 안흐로 지나실 식

⑥ 예수ㅣ 다시 두로 디경을 ᄯᅥ나 시돈으로셔 데가볼늬 디경 가온ᄃᆡ로 말ᄆᆡ암아 갈닐니 바다에 니ᄅᆞ시매

⑦ 예수ㅣ 다시 두로 디경을 ᄯᅥ나 시돈으로셔 데가볼니 디경 가온대로 말ᄆᆡ암아 갈닐니 바다에 니ᄅᆞ시매

(예수ㅣ 다시 두로 디경을 ᄯᅥ나 시돈으로셔 데가볼니 디경 가온ᄃᆡ로 말ᄆᆡ암아 갈닐니 바다에 니르시매)

⑧ 예수가 다시 두로 디경을 ᄯᅥ나 시돈으로셔 데가볼니 디경 가온ᄃᆡ로 말ᄆᆡ암아 갈닐니 바다에 니르시매

⑨ 예수가 다시 두로 地境을 離ᄒᆞ야 시돈으로셔 데가볼니 地境 中으로 由ᄒᆞ야 갈닐니 海에 至ᄒᆞ시매

⑩ 예수ㅣ 다시 두로와 시돈을 ᄯᅥ나 데가볼니 地境으로 말ᄆᆡ암아 갈닐니 湖水가에 니르시니

⑪ 예수ㅣ 다시 두로 地境을 ᄯᅥ나 시돈으로셔 데가볼니 地境가온대로 말매암아 갈닐니 바다에 니르시매

⑫ 예수ᄭᅴ셔 다시 두로 디경에셔 나와 시돈을 지나고 데가볼니 디경을 통과하야 갈닐니 호슈에 니르시매

⑬ 예수께서 다시 두로 지경에 나와 시돈을 지나고 데가볼리 지경을 통과하여 갈릴리 호수에 이르시매

⑭ それから、イエスはまた、ツロの地方を去り、シドンを経てデカポリス地方を通りぬけ、ガリラやの海べにこられた。

마가福音 07:32

① 有攜聾且訥者一人就之,求其按手於上。

② 귀 먹고 반 병어리 된 쟈를 달이고 와 손을 우에 안찰하기를 구하니

③ 귀 먹고 반 병어리 된 쟈ᄅᆞᆯ 달이고 와 손ᄋᆞᆯ 그 우에 안찰ᄒᆞ기ᄅᆞᆯ 구ᄒᆞ니

④ 귀 먹고 어룰ᄒᆞᆫ 사ᄅᆞᆷ을 다리고 와 거긔 손을 어로ᄆᆞᆫ져 달나 ᄒᆞᄂᆞᆫ 쟈ㅣ 잇거ᄂᆞᆯ

⑤ 귀 먹고 혀 오그러진 사ᄅᆞᆷ을 ᄃᆞ리고 예수ᄭᅴ 나아와 손으로 ᄆᆞᆫ져 주시기를 ᄀᆞᆫ구ᄒᆞ거ᄂᆞᆯ

⑥ 귀 먹고 말이 어룰ᄒᆞᆫ 사ᄅᆞᆷ을 ᄃᆞ리고 예수ᄭᅴ 나아와 손으로 ᄆᆞᆫ져 주시기ᄅᆞᆯ ᄀᆞᆫ구ᄒᆞ거ᄂᆞᆯ

⑦ 귀먹고 말이 어룰ᄒᆞᆫ 사ᄅᆞᆷ을 ᄃᆞ리고 예수ᄭᅴ 나아와 손으로 ᄆᆞᆫ져주시기를 ᄀᆞᆫ구ᄒᆞ거늘

(귀먹고 말이 어눌ᄒᆞᆫ 사ᄅᆞᆷ을 ᄃᆞ리고 예수ᄭᅴ 나아와 손으로 ᄆᆞᆫ져주시기를 ᄀᆞᆫ구ᄒᆞ거늘)

⑧ 귀먹고 말이 어눌ᄒᆞᆫ 사ᄅᆞᆷ을 다리고 예수ᄭᅴ 나아와 손으로 ᄆᆞᆫ져 주시기를 ᄀᆞᆫ구ᄒᆞ거늘

⑨ 耳聾ᄒᆞ고 語訥ᄒᆞᆫ 人을 携ᄒᆞ고 예수ᄭᅴ 就ᄒᆞ야 手로 捫ᄒᆞ야 주시기를 懇求ᄒᆞ거ᄂᆞᆯ

⑩ 사ᄅᆞᆷ들이 귀먹고 말이 語訥ᄒᆞᆫ 사ᄅᆞᆷ을 ᄃᆞ리고 예수ᄭᅴ 나아와 按手ᄒᆞ야 주시기를 懇求ᄒᆞ거ᄂᆞᆯ

⑪ 귀먹고 말이 語訥한 사람을 다리고 예수ᄭᅴ 나아와 손으로 만져주시기를 懇求하거늘

⑫ 사림들이 귀먹고 어눌한 자를 다리고 예수ᄭᅴ 나아와 안슈하야 주시기를 간구하거늘

⑬ 사람들이 귀먹고 어눌한 자를 데리고 예수께 나아와 안수하여 주시기를 간구하거늘

⑭ すると人々は、耳が聞えず口のきけない人を、みもとに連れてきて、手を置いてやっていただきたいとお願いした。

마가福音 07:33

① 耶穌攜至潛離於衆,以指探其耳,唾而捫其舌,

② 예수 달이고 뭇사람을 떠나 유벽한 곳에 디리고 손가락으로써 그 귀에 질이밀고 춤 바다 그 혜를 만지고

③ 예수 달이고 뭇사ᄅᆞᆷᄋᆞᆯ 떠나 유벽ᄒᆞᆫ 곳에 닐으러 손가락으로써 그 귀에 수시고 춤 바다 그 혜ᄅᆞᆯ 만지고

④ 예수ㅣ 다리고 ᄀᆞ만이 뭇사ᄅᆞᆷ을 써나가샤 손가락으로써 그 귀ᄅᆞᆯ 어로 ᄆᆞᆫ지며 춤으로 그 혀ᄅᆞᆯ ᄆᆞᆫ지며

⑤ 예수ㅣ 그 사ᄅᆞᆷ을 ᄃᆞ리고 뭇사ᄅᆞᆷ을 써나샤 죵용ᄒᆞᆫ 곳에 니ᄅᆞ러 손가락으로 그 귀에 넛코 춤 밧타 그 혀에 바르시며

⑥ 예수ㅣ 그 사ᄅᆞᆷ을 ᄃᆞ리고 뭇사ᄅᆞᆷ을 써나샤 종용ᄒᆞᆫ 곳에 니ᄅᆞ러 손가락을 그 귀에 넛코 춤 밧타 혀ᄅᆞᆯ 만지시며

⑦ 예수ㅣ 그 사ᄅᆞᆷ을 ᄃᆞ리고 뭇사ᄅᆞᆷ을 써나샤 죵용ᄒᆞᆫ 곳에 니ᄅᆞ러 손가락을 그 귀에 넛코 춤 밧하 혀에 ᄆᆞᆫᄌᆞ시며

(예수ㅣ 그 사ᄅᆞᆷ을 다리고 무리를 써나샤 죵용ᄒᆞᆫ 곳에 니르러 손가락을 그 귀에 넛코 춤비앗하 혀를 ᄆᆞᆫ지시며)

⑧ 예수가 그 사ᄅᆞᆷ을 다리고 무리를 써나샤 죵용ᄒᆞᆫ 곳에 니르러 손가락을 그 귀에 넛코 춤비앗하 혀를 ᄆᆞᆫ지시며

⑨ 예수가 其 人을 携ᄒᆞ고 衆을 離ᄒᆞ샤 從容ᄒᆞᆫ 處에 至ᄒᆞ야 手指를 其 耳에 入ᄒᆞ고 唾ᄒᆞ야 舌을 捫ᄒᆞ시며

⑩ 예수ㅣ 그 사ᄅᆞᆷ을 ᄃᆞ리고 무리를 써나 從容ᄒᆞᆫ 곳에 니르샤 손가락을 그 귀에 너코 춤비앗하 혀를 ᄆᆞᆫ지시며

⑪ 예수ㅣ 그 사람을 다시고 무리를 써나샤 從容한 곳에 니르러 손가락을 그 귀에 넛코 춤배앗하 혀를 만지시며

⑫ 예수끠셔 그 사람을 싸로 다리고 무리를 써나샤 손가락을 그의 량귀에 넛코 춤 배앗하 그의 혀에 손을 대시며

⑬ 예수께서 그 사람을 따로 데리고 무리를 떠나사 손가락을 그의 양 귀에 넣고 침 뱉아 그의 혀에 손을 대시며

⑭ そこで、イエスは彼ひとりを群衆の中から連れ出し、その兩耳に指をさし入れ、それから、つばきでその舌を潤し、

마가福音 07:34

① 仰天嘆曰,吔咈呔,譯卽啓也。

② 하날을 우러러 탄식하여 갈아샤되 입파다라 하니 식긴 즉 열니라는 뜻이라

③ 하날ᄋᆞᆯ 우러러 탄식ᄒᆞ여 갈아샤ᄃᆡ 입파다라 ᄒᆞ니 식긴 즉 열니라는 뜻이라

④ 하ᄂᆞᆯ을 우러러 탄식ᄒᆞ야 ᄀᆞᆯᄋᆞᄃᆡ 엡와다라 ᄒᆞ시니 번역ᄒᆞᆯ진대 곳 열니라 ᄒᆞᆷ이라

⑤ 하ᄂᆞᆯ을 우러러 탄식ᄒᆞ야 ᄀᆞᆯᄋᆞ샤ᄃᆡ 이법대라 ᄒᆞ시니 번역ᄒᆞ면 곳 열니라 ᄒᆞ심니라

⑥ 하ᄂᆞᆯ을 우러러 탄식ᄒᆞ야 ᄀᆞᆯᄋᆞ샤ᄃᆡ 에바대라 ᄒᆞ시니 이ᄂᆞᆫ 곳 열니라 ᄒᆞᆷ이라
⑦ 하ᄂᆞᆯ을 우러러 탄식ᄒᆞ야 ᄀᆞᆯᄋᆞ샤ᄃᆡ 에바다라 ᄒᆞ시니 이는 곳 열니라 ᄒᆞᆷ이라
⑧ 하ᄂᆞᆯ을 우러러 탄식ᄒᆞ야 ᄀᆞᆯᄋᆞ샤ᄃᆡ 에바다라 ᄒᆞ시니 이는 곳 열니라 ᄒᆞᆷ이라
⑨ 天을 仰ᄒᆞ야 嘆息ᄒᆞ야 曰 에바다라 ᄒᆞ시니 此는 곳 開ᄒᆞ라 ᄒᆞᆷ이라
⑩ 하ᄂᆞᆯ을 우러러 歎息ᄒᆞ야 ᄀᆞᆯᄋᆞ샤ᄃᆡ ㅓ에바다라 ᄒᆞ시니 이 ᄂᆞᆫ 곳 열니라 ᄒᆞᆷ이라
⑪ 하날을 우러러 嘆息하야 갈아사대 에바다라 하시니 이는 곳 열니라 함이라
⑫ 하날을 우러러 탄식하시며 그의게 닐아샤대 에바다 하시니 이는 열니라는 뜻이라
⑬ 하늘을 우러러 탄식하시며 그에게 이르시되 에바다 하시니 이는 열리라는 뜻이라
⑭ 天を仰いでため息をつき、その人に「エパタ」と言われた。こらは「開けよ」という意味である。

마가福音 07:35
① 其耳卽啓,舌結解,而其言明矣。
② 그 귀가 곳 열니고 혜가 풀려져 말을 발키하니
③ 귀가 곳 열니고 혜가 풀려져 말ᄋᆞᆯ 발키ᄒᆞ니
④ 그 귀 즉시 열니며 그 밋친 혀가 풀니며 그 말이 분명ᄒᆞᆫ지라
⑤ 귀가 열니고 혀에 밋친 거시 풀녀 말이 분명ᄒᆞᆫ지라
⑥ 귀가 열니고 혀에 밋친 거시 풀녀 말이 분명ᄒᆞᆫ지라
⑦ 귀가 열니고 혀에 밋친 거시 풀녀 말이 분명ᄒᆞᆫ지라
(귀가 열니고 혀의 밋친 거시 풀녀 말이 분명ᄒᆞᆫ지라)

⑧ 귀가 열니고 혀의 믯친 거시 풀녀 말이 분명흔지라
⑨ 耳가 開ᄒᆞ고 舌의 結흔 거시 解ᄒᆞ야 言이 分明흔지라
⑩ 귀가 열니고 혀가 풀녀 말이 分明흔지라
⑪ 귀가 열니고 혀의 맷친 것이 풀녀 말이 分明한지라
⑫ 그의 귀가 열니고 혀의 매친 것이 곳 풀녀 말이 분명하더라
⑬ 그의 귀가 열리고 혀의 맺힌 것이 곳 풀려 말이 분명하더라
⑭ すると彼の耳が開け，その舌のもつれもすぐ解けて、はっきりと話すようになった。

마가福音 07:36

① 耶穌戒衆,使毋告人,然愈戒指,而衆愈播揚焉。
② 이여 경게하여 사람으게 고치 말나 하나 글어나 더욱 경게하되 더욱더 뎐하다라 쏘 경동하물 이긔지 못하여 갈아되 그 ᄒᆞᆫ
거시 다 션흔 거시 귀먹당이로 듯게 하며 벙어리로 말하게 한다 하다라
③ 이여 경계ᄒᆞ여 사ᄅᆞᆷ의게 고치 말나 ᄒᆞ나 글어나 더욱 경계ᄒᆞ되 더욱더 뎐ᄒᆞ더라 뭇사ᄅᆞᆷ 쏘
④ 예수ㅣ 즁인을 경계ᄒᆞ샤 ᄒᆞ여곰 사ᄅᆞᆷ의게 닐으지 말나 ᄒᆞ시나 경계ᄒᆞ실ᄉᆞ록 모든 이 서로 젼파ᄒᆞ며
⑤ 예수ㅣ 뎌희 ᄃᆞ려 아모 사ᄅᆞᆷ의게라도 닐ᄋᆞ지 말나고 경계ᄒᆞ시되 경계ᄒᆞ심ᄉᆞ록 뎌희가 더욱 크게 젼파ᄒᆞ니
⑥ 예수ㅣ 뎌희 ᄃᆞ려 경계ᄒᆞ샤 아모 사ᄅᆞᆷ의게라도 닐ᄋᆞ지 말나 ᄒᆞ시되 경계ᄒᆞ실ᄉᆞ록 더욱 널니 젼파ᄒᆞ니
⑦ 예수ㅣ 뎌희ᄃᆞ려 경계ᄒᆞ샤 아모 사ᄅᆞᆷ의게라도 닐ᄋᆞ지 말나 ᄒᆞ시되 경계ᄒᆞ실ᄉᆞ록 더욱 널너 젼파ᄒᆞ니
⑧ 예수가 뎌희ᄃᆞ려 경계ᄒᆞ샤 아모사ᄅᆞᆷ의게라도 닐ᄋᆞ지 말나 ᄒᆞ시되 경계ᄒᆞ실ᄉᆞ록 더욱 널니 젼ᄒᆞ니
⑨ 예수가 彼等ᄃᆞ려 儆戒ᄒᆞ샤 某人의게라도 謂ᄒᆞ지 말나 ᄒᆞ시되 儆戒ᄒᆞ실ᄉᆞ록 더욱 널니 傳播ᄒᆞ니

⑩ 예수ㅣ 뎌희의게 儆戒ᄒᆞ샤 마오 사ᄅᆞᆷ의게라도 닐ᄋᆞ지 말나 ᄒᆞ시되 儆戒ᄒᆞ실ᄉᆞ록 더욱 널니 傳播ᄒᆞ니
⑪ 예수ㅣ 뎌희다려 儆戒하샤 아모 사람의게라도 닐아지 말나 하시되 儆戒하실사록 더욱 널리 傳播하니
⑫ 예수ᄭᅴ셔 뎌희게 경계하샤 아모에게라도 닐아지 말나 하시되 경계하실사록 뎌희가 더욱 널니 전파하니
⑬ 예수께서 저희게 경계하사 아무에게라도 이르지 말라 하시되 경계하실수록 저희가 더욱 널리 전파하니
⑭ イエスは、この事をだれにも言ってはならぬと、人々に口止めをされたが、口止めをすらばするほど、かえって、ますます言いひろめた。

마가福音 07:37

① 不勝駭異,曰,其所行者皆善,使聾者聞,啞者,言矣。
② ᄯᅩ 경동하물 이긔지 못하여 갈아되 그 하ᄂᆞᆫ 거시 다 션한거시 귀먹당이로 듯게하며 벙어리로 말하게 한다 하다라
③ 경동ᄒᆞ물 이긔지 못ᄒᆞ여 갈아되 그 ᄒᆞᄂᆞᆫ 거시 다 션ᄒᆞᆫ 거시 귀먹당이로 듯게 ᄒᆞ며 벙어리로 말ᄒᆞ게 ᄒᆞᆫ다 ᄒᆞ더라
④ 모든 이 놀납고 긔이홈을 이긔지 못ᄒᆞ야 ᄀᆞᆯᄋᆞᄃᆡ 그 힝ᄒᆞᄂᆞᆫ 바 쟈ㅣ 다 착ᄒᆞᆫ고로 귀먹어리로 ᄒᆞ여곰 듯게 ᄒᆞ며 벙어리로 ᄒᆞ여곰 말ᄒᆞ게 ᄒᆞᆫ다 ᄒᆞ더라
⑤ 여러 사ᄅᆞᆷ이 심히 놀내여 ᄀᆞᆯᄋᆞᄃᆡ 그가 모든 거슬 다 잘ᄒᆞᄂᆞᆫ도다 귀 먹은 쟈로도 듯게 ᄒᆞ고 벙어리된 쟈로도 말ᄒᆞ게 ᄒᆞᆫ다 ᄒᆞ더라
⑥ 야러 사ᄅᆞᆷ이 심히 놀나 ᄀᆞᆯᄋᆞᄃᆡ 그의 힝ᄒᆞ신 거술 다 잘ᄒᆞ엿드다 귀 먹은 쟈도 늣게 ᄒᆞ고 벙어리 된 쟈도 말ᄒᆞ게 ᄒᆞ신다 ᄒᆞ더라
⑦ 여러 사ᄅᆞᆷ이 심히 놀나 ᄀᆞᆯᄋᆞᄃᆡ 그의 힝ᄒᆞ신 거슬 다 잘ᄒᆞ엿도다 귀먹은 쟈도 듯게ᄒᆞ고 벙어리된 쟈도 말ᄒᆞ게 ᄒᆞ신다 ᄒᆞ더라
(여러 사ᄅᆞᆷ이 심히 놀나 ᄀᆞᆯᄋᆞᄃᆡ 그의 힝ᄒᆞ신 거슬 다 잘ᄒᆞ엿도다 귀먹어리도 듯게ᄒᆞ고 벙어리도 말ᄒᆞ게 ᄒᆞ신다 ᄒᆞ더라)

⑧ 여러사ᄅᆞᆷ이 심히 놀나 ᄀᆞᆯᄋᆞᄃᆡ 그의 힝ᄒᆞ신 거슬 다 잘ᄒᆞ엿도다 귀먹어리도 듯게 ᄒᆞ고 벙어리도 말ᄒᆞ게 ᄒᆞ신다 ᄒᆞ더라
⑨ 多人이 甚히 驚ᄒᆞ야 曰 그의 行ᄒᆞ신 거슨 다 잘ᄒᆞ엿도다 聾者도 聽케 ᄒᆞ고 啞者도 言ᄒᆞ게 ᄒᆞ신다 ᄒᆞ더라
⑩ 여러 사ᄅᆞᆷ이 甚히 놀나 ᄀᆞᆯᄋᆞᄃᆡ 善ᄒᆞ다 行ᄒᆞ신 일이여 귀먹어리도 듯게 ᄒᆞ고 빙어리도 말ᄒᆞ게 ᄒᆞ신다 ᄒᆞ더라
⑪ 여러 사람이 甚히 놀나 갈아대 그의 行하신 것을 다 잘하엿도다 귀 먹어리도 듯게하고 벙리도 말하게 하신다 하더라
⑫ 사람들이 심히 놀나 갈아대 그가 다 잘하엿도다 귀먹어리도 듯게 하고 벙어리도 말하게 한다 하니라
⑬ 사람들이 심히 놀라 가로되 그가 다 잘 하였도다 귀머거리도 듣게 하고 벙어리도 말하게 한다 하니라
⑭ 彼らは、ひとかたならず驚いて言った、「このかたのなさった事は、何もかも、すばらしい。耳の聞えない者を聞えるようにしてやり、口のきけない者をきけるようにしておやりになった」。

8장

마가福音 08:01

① 當時,羣衆極甚,無所食。耶穌召其門徒謂之曰,

② 당일에 열어 사람이 다시 함긔 잇는ᄃᆡ 먹을 거시 업스니 예수 뎨자ᄅᆞᆯ 불너 일오샤되

③ 당일에 열어 사ᄅᆞᆷ이 다시 함ᄭᅴ 잇는ᄃᆡ 먹ᄋᆞᆯ 거시 업ᄉᆞ니 예수 뎨자ᄅᆞᆯ 불너 일오샤ᄃᆡ

④ 이ᄣᅢ 뭇 사ᄅᆞᆷ이 극히 셩ᄒᆞ야 먹을 거시 업는지라 예수ㅣ 그 문도ᄅᆞᆯ 불너 닐너 ᄀᆞᆯᄋᆞ샤ᄃᆡ

⑤ 그ᄣᅢ에 허다ᄒᆞᆫ 사ᄅᆞᆷ이 다시 잇셔 먹을 거시 업는지라 예수ㅣ 뎨ᄌᆞ를 불너 ᄀᆞᆯᄋᆞ샤ᄃᆡ

⑥ 그ᄣᅢ에 허다ᄒᆞᆫ 사ᄅᆞᆷ이 다시 모혀셔 먹을 거시 업ᄉᆞ니 예수ㅣ 뎨ᄌᆞᄅᆞᆯ 불너와 ᄀᆞᆯᄋᆞ샤ᄃᆡ

⑦ 그ᄣᅢ에 허다ᄒᆞᆫ 사ᄅᆞᆷ이 다시 모혀셔 먹을 거시 업ᄉᆞ니 예수ㅣ 뎨ᄌᆞ를 불너셔 ᄀᆞᆯᄋᆞ샤ᄃᆡ

(그ᄣᅢ에 허다ᄒᆞᆫ 무리가 다시 모혀셔 먹을 거시 업ᄉᆞ니 예수ㅣ 뎨ᄌᆞ를 불너와 ᄀᆞᆯᄋᆞ샤ᄃᆡ

⑧ 그ᄣᅢ에 허다ᄒᆞᆫ 무리가 다시모혀셔 먹을거시 업스니 예수가 뎨ᄌᆞ를 불너셔 ᄀᆞᆯᄋᆞ샤ᄃᆡ

⑨ 其時에 許多ᄒᆞᆫ 衆이 復集ᄒᆞ야 食物이 無ᄒᆞ니 예수가 弟子를 召ᄒᆞ야 曰

⑩ 그ᄣᅢ에 許多ᄒᆞᆫ 무리가 모혓스니 食物이 업는지라 예수ㅣ 弟子를 불너 ᄀᆞᆯᄋᆞ샤ᄃᆡ

⑪ 그ᄣᅢ에 許多한 무리가 다시 모혀셔 먹을 것이 업스니 예수ㅣ 弟子를 부너셔 갈아샤대

⑫ 그즈음에 ᄯᅩ 큰 무리가 잇서 먹을 것이 업는지라 예수ᄭᅴ셔 뎨자들을 불너 닐아샤대

⑬ 그즈음에 또 큰 무리가 있어 먹을 것이 없는지라 예수께서 제자들을 불러 이르시되

⑭ そのころ、また大ぜいの群衆が集まっていたが、何も食べるものがなかったので、イエスは弟子(でし)たちを呼び寄せて

言われた、

마가福音 08:02

① 我憫斯衆,以其偕我已三日,今婦所食,

② ᄂᆡ 이 뭇사람을 어엽비 네기ᄂᆞᆫ 거시 이무 나를 함긔 한지 사흘에 먹을 바 업스니

③ ᄂᆡ 이 뭇사ᄅᆞᆷ올 어엽비 네기ᄂᆞᆫ 거시 이무 나ᄅᆞᆯ 함ᄭᅴ ᄒᆞᆫ지 사흘에 먹ᄋᆞᆯ 바 업ᄉᆞ니

④ 나ㅣ 이 뭇사ᄅᆞᆷ을 민망히 넉이노니 그 날과 ᄀᆞᆺ치 잇기ᄅᆞᆯ 임의 사흘이매 이제 먹을 거시 업ᄉᆞᆷ으로써라

⑤ 내가 뭇사ᄅᆞᆷ을 민망이 넉이노니 뎌희가 사흘을 날과 ᄒᆞᆷᄭᅴᄒᆞ되 먹은 거시 업ᄉᆞ니

⑥ 내가 뭇사ᄅᆞᆷ을 민망히 녁이노니 뎌희가 사흘을 날과 ᄒᆞᆷᄭᅴᄒᆞ야 먹을 거시 업ᄉᆞ니

⑦ 내가 뭇사ᄅᆞᆷ을 민망히 녁이노니 뎌희가 사흘을 날과 ᄒᆞᆷᄭᅴᄒᆞ야 먹을 거시 업ᄉᆞ니

(내가 무리를 민망히 녁이노니 뎌희가 사흘을 나와 ᄒᆞᆷᄭᅴᄒᆞ엿스나 먹을 거시 업ᄉᆞ니)

⑧ 내가 무리를 민망히 녁이노니 뎌희가 사흘을 나와 ᄒᆞᆷᄭᅴᄒᆞ엿스나 먹을거시 업스니

⑨ 我가 衆을 憫히 녁이노니 彼等이 三日을 我와 偕ᄒᆞ엿스나 食物이 無ᄒᆞ니

⑩ 무리가 나와 ᄒᆞᆷᄭᅴ 사흘을 지내고 먹을거시 업슴을 憫望히 녁이노니

⑪ 내가 무리를 憫惘히 녁이노니 뎌희가 사흘을 나와 함ᄭᅴ 하엿스나 먹을 것이 업스니

⑫ 내가 무리를 불상히 녁이노라 뎌희가 나와 함ᄭᅴ 잇슨지 임의 사흘이매 먹을 것이 업도다

⑬ 내가 무리를 불쌍히 여기노라 저희가 나와 함께 있은지 이미 사흘이매 먹을 것이 없도다

⑭ 「この群衆がかわいそうである。もう三日間もわたしと一緒にいるのに、何も食べるものがない。

마가福音 08:03

① 我若使指飢餓歸其家,則途間必困憊,蓋其中有遠來者也。

② 만약 주을여 집에 돌아가게 ᄒᆞ면 길에셔 곤핍하리라 하니 온 쟈가 혹 먼 곳에도 이사미니라
③ 만약 주우려 집에 돌아가게 ᄒᆞ면 길에셔 곤핍하리라 하니 온 쟈가 혹 먼 곳으로 좃차미라
④ 나ㅣ 만일 ᄒᆞ여곰 주리고 저의 집으로 도라가게 ᄒᆞᆯ진ᄃᆡ 로즁에 필연 곤비ᄒᆞ리라 대개 그 즁에 멀니셔 온 쟈ㅣ 잇ᄂᆞ니라
⑤ 만일 내가 뎌희를 굼겨 집으로 보내면 길에셔 곤비ᄒᆞ리니 그 즁에 멀니셔 온 사ᄅᆞᆷ이 잇슴이로다 ᄒᆞ신ᄃᆡ
⑥ 만일 네가 뎌희룰 굼겨 집으로 보내면 길에셔 곤비ᄒᆞ리니 그 즁에 멀니셔 온 사ᄅᆞᆷ도 잇다 ᄒᆞ신ᄃᆡ
⑦ 만일 내가 뎌희를 굼겨 집으로 보내면 길에셔 곤비ᄒᆞ리니 그 즁에 멀니셔 온 사ᄅᆞᆷ도 잇다 ᄒᆞ신ᄃᆡ
⑧ 만일 내가 뎌희를 굼겨 집으로 보내면 길에셔 곤비ᄒᆞ리니 그 즁에 멀니셔 온 사ᄅᆞᆷ도 잇다 ᄒᆞ신ᄃᆡ
⑨ 萬一 我가 彼等을 饑餓케ᄒᆞ야 家로 遣ᄒᆞ면 路에셔 困憊ᄒᆞ리니 其 中에 遠方에셔 來ᄒᆞᆫ 人도 有ᄒᆞ다 ᄒᆞ신ᄃᆡ
⑩ 뎌희를 굼겨 집으로 보내면 그 中에 멀니셔 온 사ᄅᆞᆷ도 잇스니 길에셔 困憊ᄒᆞᆯ가 ᄒᆞ노라
⑪ 만일 내가 뎌희를 굼겨 집으로 보내면 길에셔 困憊하리니 그 中에 멀니셔 온 사람도 잇다하신대
⑫ 만일 내가 뎌희를 굼겨 집으로 보내면 길에셔 긔진하리라 그 즁에는 멀니셔 온 사람도 잇나니라
⑬ 만일 내가 저희를 굶겨 집으로 보내면 길에서 기진하리라 그 중에서 멀리서 온 사람도 있느니라
⑭ もし、彼らを空腹のまま家に帰らせるなら、途中で弱り切ってしまうであろう。そらに、なかには遠くからきている者もある」。

마가福音 08:04

① 其門徒對之曰,在此野處,何由得餅,以飽之乎。
② 뎨자 ᄃᆡ답하되 어ᄃᆡ로 말무암아 떡을 어더써 들게셔 빅부루게 하리요 하니
③ 뎨자 ᄃᆡ답하되 어ᄃᆡ로 말무암아 떡올 어더써 들에셔 빅부르게 하리요 하니

④ 그 문도ㅣ ᄃᆡ답ᄒᆞ야 ᄀᆞᆯᄋᆞᄃᆡ 이들에 잇서 어ᄃᆡ셔 ᄯᅥᆨ을 엇어 ᄇᆡ부르게 ᄒᆞ리잇가
⑤ 뎨ᄌᆞ들이 ᄃᆡ답ᄒᆞ여 ᄀᆞᆯᄋᆞᄃᆡ 들에셔 우리가 엇더케 ᄯᅥᆨ을 엇어 이 사ᄅᆞᆷ들을 넉넉이 먹리잇가
⑥ 뎨ᄌᆞ들이 ᄃᆡ답ᄒᆞᄃᆡ 들에 잇서 어ᄃᆡ셔 ᄯᅥᆨ을 엇어 이 사ᄅᆞᆷ들을 ᄇᆡ 부ᄅᆞ게 ᄒᆞ오리잇가
⑦ 뎌ᄌᆞ들이 ᄃᆡ답ᄒᆞᄃᆡ 들에 잇서 어ᄃᆡ셔 ᄯᅥᆨ을 엇어 이 사ᄅᆞᆷ들을 ᄇᆡ 부르게 ᄒᆞ오리잇가
(뎌ᄌᆞ들이 ᄃᆡ답ᄒᆞᄃᆡ 황무디에 잇서 어ᄃᆡ셔 ᄯᅥᆨ을 엇어 이 사ᄅᆞᆷ들을 능히 ᄇᆡ 부르게 ᄒᆞ오리잇가
⑧ 뎨ᄌᆞ들이 ᄃᆡ답ᄒᆞᄃᆡ 광야에 잇서 어ᄃᆡ셔 ᄯᅥᆨ을 엇어 이사ᄅᆞᆷ들을 능히 ᄇᆡ부르게 ᄒᆞ오리잇가
⑨ 弟子들이 對ᄒᆞᄃᆡ 曠野에 在ᄒᆞ야 何處에서 餠을 得ᄒᆞ야 此人들을 能히 飽食ᄒᆞ게 ᄒᆞ오리잇가
⑩ 弟子들이 對答ᄒᆞ되 曠野에셔 어ᄃᆡ셔 食物을 먹어 이 사ᄅᆞᆷ들을 ᄇᆡ부르게 ᄒᆞ오리잇가
⑪ 弟子들이 對答하대 曠野에 잇서 어대셔 ᄯᅥᆨ을 엇어 이 사람들을 能히 배부르게 하오리잇가
⑫ 뎨자들이 대답하대 이 광야에셔 어대셔 ᄯᅥᆨ을 엇어 이 사람들노 배부르게 할 수 잇스리잇가
⑬ 제자들이 대답하되 이 광야에서 어디서 떡을 얻어 이 사람들로 배부르게 할 수 있으리이까
⑭ 弟了たちは答えた、「こんな荒野で、どこからパンを手に入れて、これらの人々に。じゅうぶん食べさせることができましょうか」。

마가福音 08:05

① 耶穌問之曰,爾有餠幾何。彼曰,七耶。
② 물오샤되 너의게 ᄯᅥᆨ 멧ᄀᆡ나 잇나냐 갈아되 닐굽ᄀᆡ니이다
③ 물오샤ᄃᆡ 너희게 ᄯᅥᆨ 멧ᄀᆡ나 잇ᄂᆞ냐 간오ᄃᆡ 닐굽이ᄅᆞᄉᆞ이다
④ 예수ㅣ 무러 ᄀᆞᆯᄋᆞ샤ᄃᆡ 너희 ᄯᅥᆨ이 얼마나 잇ᄂᆞ뇨 ᄃᆡ답ᄒᆞ야 ᄀᆞᆯᄋᆞᄃᆡ 닐곱이니이다

⑤ 예수ㅣ 무ᄅᆞ시ᄃᆡ 너희게 ᄯᅧᆨ 몃 덩이나 잇ᄂᆞ냐 ᄒᆞ시니 ᄀᆞᆯᄋᆞᄃᆡ 닐곱이로소이다 ᄒᆞ거ᄂᆞᆯ

⑥ 예수ㅣ 무ᄅᆞ샤ᄃᆡ 너희게 ᄯᅧᆨ 몃 덩이나 잇ᄂᆞ냐 ᄒᆞ시니 ᄀᆞᆯᄋᆞᄃᆡ 닐곱이로쇼이다 ᄒᆞ거ᄂᆞᆯ

⑦ 예수ㅣ 무르샤ᄃᆡ 너희게 ᄯᅧᆨ 몃 덩이나 잇ᄂᆞ냐 ᄒᆞ시니 ᄀᆞᆯᄋᆞᄃᆡ 닐곱이로소이다 ᄒᆞ거늘

⑧ 예수ㅣ 무르시ᄃᆡ 너희게 ᄯᅧᆨ 몃 덩이나 잇ᄂᆞ냐 ᄒᆞ시니 ᄀᆞᆯᄋᆞᄃᆡ 닐곱이로소이다 ᄒᆞ거늘

⑨ 예수ㅣ 問ᄒᆞ샤ᄃᆡ 爾等의게 餠이 幾 塊나 有ᄒᆞ냐 ᄒᆞ시니 曰 七塊로소이다 ᄒᆞ거ᄂᆞᆯ

⑩ 예수ㅣ 무르샤ᄃᆡ 너희의게 ᄯᅧᆨ 몃 덩이나 잇ᄂᆞ냐 ᄀᆞᆯᄋᆞᄃᆡ 닐곱이니이다

⑪ 예수ㅣ 무리시대 너희게 ᄯᅧᆨ 몃 덩이나 잇나냐 하시니 갈아대 닐곱이로소이다 하거늘

⑫ 예수ᄭᅴ셔 무르샤대 너희게 ᄯᅧᆨ 몃 개 잇나냐 갈아대 닐곱이로소이다 하거늘

⑬ 예수께서 물으시되 너희에게 떡 몇 개가 있느냐 가로되 일곱이로소이다 하거늘

⑭ イエスが弟子たちに、」パンはいくつあるか」と尋ねられると、「七つあります」と答えた。

마가福音 08:06

① 耶穌命衆坐地取七餠,祝謝而擘焉,予其門徒,使陳之,遂陳於衆前。

② 이여 뭇사람을 명하여 ᄯᅡᆼ에 안치우고 이ᄯᅧᆨ 닐굽기를 가져 축슈하고 ᄯᅦ여 뎨자게 부쳐 노으라 하미 뭇사람압페 노으니

③ 이여 뭇사ᄅᆞᆷᄋᆞᆯ 명하여 ᄯᅡ에 안치우고 이ᄯᅧᆨ 닐굽ᄋᆞᆯ 가져 축슈하고 ᄯᅦ여 뎨자게 부쳐 노으라 ᄒᆞ미 뭇사ᄅᆞᆷ압페 노으니

④ 예수ㅣ 무리로 ᄒᆞ여곰 ᄯᅡ의 안즈라ᄒᆞ시고 ᄯᅧᆨ 닐곱을 가지고 축언ᄒᆞ며 샤례하고 그 문도ᄅᆞᆯ 주어 ᄒᆞ여곰 ᄂᆞᆫ호라 ᄒᆞ시니 드ᄃᆡ
여 뭇사ᄅᆞᆷ압희 노코

⑤ 예수ㅣ 뭇사ᄅᆞᆷ을 명ᄒᆞ샤 ᄯᅡ 우에 안게ᄒᆞ시고 그ᄯᅧᆨ 닐곱덩이를 가지샤 축슈ᄒᆞ시고 ᄯᅦ여 뎨ᄌᆞ의게 주어 여러 사ᄅᆞᆷ 압희 놋케
ᄒᆞ시니 뎨ᄌᆞ들이 뭇사ᄅᆞᆷ압희 버려 놋커ᄂᆞᆯ

⑥ 예수ㅣ 뭇사ᄅᆞᆷ을 명ᄒᆞ샤 ᄯᅡ헤 안치시고 ᄯᅥᆨ 닐곱덩이ᄅᆞᆯ 가지샤 복을빌으시고 ᄣᅦ여 뎨ᄌᆞ의게 주어 그들 압헤 노라 ᄒᆞ시니 뎨ᄌᆞ들이 뭇사ᄅᆞᆷ압헤 커ᄂᆞᆯ

⑦ 예수ㅣ 뭇사ᄅᆞᆷ을 명ᄒᆞ샤 ᄯᅡ헤 안츠시고 ᄯᅥᆨ 닐곱덩이를 가지샤 샤례ᄒᆞ시고 ᄣᅦ여 뎨ᄌᆞ의게 주어 그들압헤 노흐라 ᄒᆞ시니 뎨ᄌᆞ들이 뭇사ᄅᆞᆷ압헤 놋커늘

(예수ㅣ 무리를 명ᄒᆞ샤 ᄯᅡ헤 안치시고 ᄯᅥᆨ 닐곱덩이를 가지샤 샤례ᄒᆞ시고 ᄣᅦ여 뎨ᄌᆞ의게 주어 그압헤 노흐라 ᄒᆞ시니 뎨ᄌᆞ들이 무리압헤 놋커늘)

⑧ 예수가 무리를 명ᄒᆞ샤 ᄯᅡ에 안치시고 ᄯᅥᆨ 닐곱덩이를 가지샤 샤례ᄒᆞ시고 ᄣᅦ여 뎨ᄌᆞ의게 주어 그 압헤 노흐라 ᄒᆞ시니 뎨ᄌᆞ들이 무리압헤 놋커늘

⑨ 예수가 衆을 命ᄒᆞ샤 地에 坐케ᄒᆞ시고 餠 七塊를 取ᄒᆞ샤 謝禮ᄒᆞ시고 擘ᄒᆞ야 弟子의게 賜ᄒᆞ야 其 前에 置ᄒᆞ라 ᄒᆞ시니 弟子들이 衆前에 置ᄒᆞ거ᄂᆞᆯ

⑩ 예수ㅣ 命ᄒᆞ샤 무리를 ᄯᅡ에 안치시고 ᄯᅥᆨ 닐곱덩이를 가지샤 祝謝ᄒᆞ시고 ᄣᅦ여 弟子의게 주어 더희압헤 노흐라 ᄒᆞ시니 弟子들이 무리압헤 노키ᄂᆞᆯ

⑪ 예수ㅣ 무리를 命하샤 ᄯᅡ에 안치시고 ᄯᅥᆨ 닐곱덩이를 가지샤 謝禮하시고 ᄣᅦ여 弟子의게 주어 그 압헤 노흐라 하시니 弟子들이 무리압헤 놋커늘

⑫ 예수ᄭᅴ셔 무리를 명하샤 ᄯᅡ에 안게하시고 ᄯᅥᆨ 닐곱개를 가지샤 축샤하시고 ᄣᅦ여 뎨자들의게 주어 그 압헤 노케 하시니 뎨자들이 무리압헤 놋터라

⑬ 예수께서 무리를 명하사 땅에 앉게 하시고 떡 일곱 개를 가지사 축사하시고 떼어 제자들에게 주어 그 앞에 놓게 하시니 제자들이 무리앞에 놓더라

⑭ そこでイエスは群衆に、地にすわるように命じられた。そして七つのパンを取り、感謝してこれをさき、人々に配るよう

に弟子たちに渡されると、弟子たちはそれを群衆に配った。

마가福音 08:07

① 又有些須小魚,亦祝謝,而使陳之。

② ᄯᅩ 두어ᄀᆡ 져근 고기 잇ᄂᆞᆫ지라 ᄯᅩ 축슈하고 명하여 노으니

③ ᄯᅩ 두어ᄀᆡ 져근 고기 잇ᄂᆞᆫ지라 ᄯᅩ 축슈ᄒᆞ고 명ᄒᆞ여 노으니

④ ᄯᅩ 조곰 적은 고기 잇ᄂᆞᆫ지라 ᄯᅩᄒᆞᆫ 축언ᄒᆞ며 샤례ᄒᆞ고 ᄒᆞ여곰 ᄂᆞᆫ호라 ᄒᆞ니

⑤ ᄯᅩ 적은 싱션 두어마리가 잇ᄂᆞᆫ지라 ᄯᅩᄒᆞᆫ 축슈ᄒᆞ시고 명ᄒᆞ샤 이것도 그들 압희 놋케 ᄒᆞ시니

⑥ ᄯᅩ 적은 싱션 두마리가 잇ᄂᆞᆫ지라 ᄯᅩᄒᆞᆫ 복을 빌으시고 명ᄒᆞ샤 이 것도 그들 압헤 노다 ᄒᆞ시니

⑦ ᄯᅩ 젹은 싱션 두마리가 잇ᄂᆞᆫ지라 ᄯᅩᄒᆞᆫ 복을 빌으시고 명ᄒᆞ샤 이것도 그들 압헤 노흐라 ᄒᆞ시니

(ᄯᅩ 적은 싱션 두마리가 잇는지라 ᄯᅩᄒᆞᆫ 쥭샤ᄒᆞ시고 명ᄒᆞ샤 이것도 그압헤 노흐라 ᄒᆞ시니)

⑧ ᄯᅩ 적은 싱션 두마리가 잇ᄂᆞᆫ지라 ᄯᅩᄒᆞᆫ 축샤ᄒᆞ시고 명하샤 이것도 그 압헤 노흐라 ᄒᆞ시니

⑨ ᄯᅩ 小 魚 二尾가 有ᄒᆞᆫ지라 ᄯᅩᄒᆞᆫ 祝謝ᄒᆞ시고 命ᄒᆞ샤 此物도 其 前에 置ᄒᆞ라 ᄒᆞ시니

⑩ ᄯᅩ 적은 生鮮 두어마리가 잇ᄂᆞᆫ지라 ᄯᅩᄒᆞᆫ 祝謝ᄒᆞ시고 命ᄒᆞ샤 그 압헤 노흐라 ᄒᆞ시니

⑪ ᄯᅩ 적은 生鮮 두마리가 잇는지라 ᄯᅩ 한 祝謝하시고 命하샤 이것도 그 압헤 노흐라 하시니

⑫ ᄯᅩ 적은 생션 두어마리가 잇는지라 이에 축복하시고 명하샤 이것도 그 압헤 놋케 하시니

⑬ 또 작은 생선 두어마리가 있는지라 이에 축복하시고 명하사 이것도 그 앞에 놓게 하시니

⑭ また小さい魚が少しばかりあったので、祝福して、それをも人々に配るようにと言われた。

마가福音 08:08

① 於是皆食而飽,拾其餘屑七籃,

② 뭇사람이 먹고 ᄇᆡ 부른지라 남은 부수러기 닐굽 함지를 거두고

③ 뭇사ᄅᆞᆷ이 먹고 ᄇᆡ 부른지라 남은 부수러기 닐굽 광지ᄅᆞᆯ 거두고

④ 임의 다 먹고 ᄇᆡ부르며 그 ᄂᆞᆷ어지 부스럭이ᄅᆞᆯ 주으매 닐곱 ᄎᆡ롱이오

⑤ 다 ᄇᆡ불니 먹고 그 ᄂᆞᆷ은 부스럭이를 주으니 닐곱 바금이오

⑥ 다 먹고 ᄇᆡ 부ᄅᆞ며 그 ᄂᆞᆷ져지 부스럭이ᄅᆞᆯ 주으니 닐곱 광쥬리오

⑦ 다들이 먹고 ᄇᆡ부르며 그 ᄂᆞᆷ져지부스러기를 주으니 닐곱 광쥬리오
(뎌희가 먹고 ᄇᆡ부른지라 그 ᄂᆞᆷ은부스럭이를 주으니 닐곱 광쥬리오)

⑧ 먹고 ᄇᆡ부른지라 그 ᄂᆞᆷ은 부스럭이를 주으니 닐곱 광쥬리오

⑨ 食ᄒᆞ고 飽ᄒᆞᆫ지라 其 餘 屑을 拾ᄒᆞ니 七筐이오

⑩ 다 ᄇᆡ불니 먹은지라 그 ᄂᆞᆷ은 부스럭이를 주으니 닐곱 바구미오

⑪ 먹고 배부른지라 그 남은 부스럭이를 주으리 닐곱 바금이오

⑫ 배불니 먹고 남은 조각 닐곱 광주리를 거두엇스며

⑬ 배불리 먹고 남은 조각 일곱 광주리를 거두었으며

⑭ 彼らは食べて満腹した。そして殘ったパンくずを集めると、七かごになった。

마가福音 08:09

① 食者約四千人。耶穌乃散衆。

② 먹은쟈는 사쳔인인뎨 헤치다라

③ 먹은쟈는 사쳔인가량올 즉시 허치다라

④ 먹은쟈ㅣ 대강ᄉᆞ쳔인이라 예수ㅣ 이에 무리롤 훗치니아

⑤ 사룸은 ᄉᆞ쳔명쯤 되는지라 예수ㅣ 다 훗리 보내시고

⑥ 사룸은 ᄉᆞ천명즈음 되는지라 예수ㅣ 다 훗흐시고

⑦ 사룸은 ᄉᆞ쳔명즈음 되는지라 예수ㅣ 다 훗흐시고

(사룸은 ᄉᆞ쳔명이나 되는지라 예수ㅣ 다 훗허보내시고)

⑧ 사룸은 ᄉᆞ쳔명이나 되는지라 예수가 다 훗허보내시고

⑨ 人은 四千名이나 되는지라 예수가 다 散遣ᄒᆞ시고

⑩ 먹은者는 四千名이나 되더라 애수ㅣ 다 훗허 보내시고

⑪ 사람은 四千名이나 되는지라 예쑤끠셔 다 훗허 보내시고

⑫ 사람은 약사쳔명이엇더라 예수끠셔 뎌희를 훗허 보내시고

⑬ 사람은 약사천명이었더라

⑭ 人々の數はおよそ四千人であった。それからイエスは彼らを解散させ、

마가福音 08:10

① 遂偕其門徒登舟,至大馬拏他間。

② 이여 뎨자로 더부러 빈에 올나 달마누다 경닉에 닐으니

③ 이여 뎨자로 더부러 빈에 올나 달마누다 경닉에 닐으니

④ 드ᄃᆡ여 문도와 ᄒᆞᆷᄭᅴ ᄇᆡ에 올나 달마느다 디경에 니ᄅᆞ니

⑤ 곳 뎨ᄌᆞ들노 ᄒᆞᆷᄭᅴ ᄇᆡ에 올으샤 대마노대 디경에 드러가시니라

⑥ 곳 뎨자들노 ᄒᆞᆷᄭᅴ ᄇᆡ에 올으샤 달마누다 디경에 니ᄅᆞ시니라

⑦ 곳 뎨ᄌᆞ들노 ᄒᆞᆷᄭᅴ ᄇᆡ에 오ᄅᆞ샤 달마누다 디경에 니ᄅᆞ시니라

(곳 뎨ᄌᆞ들과 ᄒᆞᆷᄭᅴ ᄇᆡ에 오르샤 달마누다 디경에 니르시니라)

⑧ 곳 뎨ᄌᆞ들과 ᄒᆞᆷᄭᅴ ᄇᆡ에 오르샤 달마누다 디경에 니르시니라

⑨ 곳 弟子들과 ᄒᆞᆷᄭᅴ 舟에 登ᄒᆞ샤 달마누다 地境에 至ᄒᆞ시니라

⑩ 곳 弟子들과 ᄒᆞᆷᄭᅴ ᄇᆡ에 오르샤 달마누다 地境에 니르시니

⑪ 곳 弟子들과 함ᄭᅴ 배에 오르샤 달마누다 地境에 니르시니라

⑫ 곳 뎨자들과 함ᄭᅴ 배에 오르샤 달마누다 디방으로 가시니라

⑬ 예수께서 저희를 흩어 보내시고 곧 제자들과 함께 배에 오르사 달마누다 지방으로 가시니라

⑭ すぐ弟子たちと共に舟に乗って、ダルマヌタの地方へ行かれた。

마가福音 08:11

① 呟唎曊人出而詰之,求其賜以自天之休徵,欲試之。

② 바리싀 인이 나와 물으되 하날노부터 징죠를 구하여써 시험하니

③ 바리싀 인이 나와 하날노부터 징죠ᄅᆞᆯ 구ᄒᆞ물 물어써 시험ᄒᆞ니

④ 바리새오들이 나와 힐난ᄒᆞ아 하ᄂᆞᆯ노조차 아ᄅᆞᆷ다온 징됴ᄅᆞᆯ 주신을 구ᄒᆞ아 시험코져 ᄒᆞ거ᄂᆞᆯ

⑤ 번이싀 사ᄅᆞᆷ들이 ᄯᅩ 나아와 예수ᄭᅴ 힐문ᄒᆞ기를 시작ᄒᆞ야 하ᄂᆞᆯ노셔 나온 표적을 ᄎᆞ지며 시험ᄒᆞ거ᄂᆞᆯ

⑥ 바리ᄉᆡ 인이 나와 예수ᄭᅴ 힐난 ᄒᆞ기ᄅᆞᆯ 시작ᄒᆞ야 하ᄂᆞᆯ노 나온 징죠ᄅᆞᆯ 뵈여 달나며 시험ᄒᆞ거ᄂᆞᆯ

⑦ 바리ᄉᆡ 교인이 나와 예수ᄭᅴ 힐난ᄒᆞ기를 시작ᄒᆞ야 하ᄂᆞᆯ노 나온 징죠를 뵈여달나 시험ᄒᆞ거늘
(바리ᄉᆡ 교인이 나와셔 예수ᄭᅴ 힐난ᄒᆞ야 하ᄂᆞᆯ노 나온 징죠를 보여 달나고 시험ᄒᆞ거늘)

⑧ 바리ᄉᆡ 교인이 나와 예수ᄭᅴ 힐난ᄒᆞ야 하ᄂᆞᆯ노 나온 징죠를 보여 달나고 시험ᄒᆞ거늘

⑨ 바리ᄉᆡ 教人이 出ᄒᆞ야 예수ᄭᅴ 詰難ᄒᆞ야 天으로 出ᄒᆞᆫ 徵兆를 示ᄒᆞ야 달나고 試驗ᄒᆞ거ᄂᆞᆯ

⑩ 바리새 教人이 나와 예수ᄭᅴ 詰難ᄒᆞ며 試驗코져ᄒᆞ야 하ᄂᆞᆯ노 나온 徵兆를 보여달나 ᄒᆞ거ᄂᆞᆯ

⑪ 바리새 教人이 나와 예수ᄭᅴ 詰難하야 하날노다 온 徵兆를 보여달나고 試驗하거늘

⑫ 바리새 인들이 나와셔 예수ᄭᅴ 힐난하며 그를 시험하야 하날노셔 오는 표적을 구하거늘

⑬ 바리새 인들이 나와서 예수께 힐난하며 그를 시험하여 하늘로서 오는 표적을 구하거늘

⑭ パリサイ人(びと)たちが出てきて、いえすを試みようとして議論をしかけ、天からのしるしを求めた。

마가福音 08:12

① 耶穌中心大息,曰,斯世胡爲求休徵乎,我誠告爾,必不以休徵賜斯世。

② 마암에 심이 탄식하여 갈아샤ᄃᆡ 이 셰ᄃᆡ예 엇지 징죠를 구하나뇨 ᄂᆡ 실노 너의게 일오나니 징죠가 이 셰ᄃᆡ예 보이지 안컷다 하고

③ 마암에 심히 탄식ᄒᆞ여 갈오샤ᄃᆡ 이 셰ᄃᆡ가 엇지 징죠ᄅᆞᆯ 구ᄒᆞᄂᆞ뇨 ᄂᆡ 실노 너희게 일오나니 징죠ᄋᆞᆯ 이 셰ᄃᆡ에 보이지 ᄋᆞᆫ컷다 ᄒᆞ고

④ 예수ㅣ 즁심에 탄식ᄒᆞ샤 ᄀᆞᆯᄋᆞ샤ᄃᆡ 이 셰상이 엇지 아름다온 징됴ᄅᆞᆯ 구ᄒᆞᄂᆞᆫ고 나ㅣ 진실노 너의게 닐ᄋᆞᄂᆞ니 결단코 아름다온 징됴로써 이 셰상을 주지 아니ᄒᆞ리라 ᄒᆞ시고

⑤ 예수ㅣ ᄆᆞ음속에 깁희 탄식ᄒᆞ샤 ᄀᆞᆯᄋᆞ샤ᄃᆡ 엇지ᄒᆞ야 이 셰상이 표적을 ᄎᆞᆺᄂᆞ냐 내 실노 너희게 닐ᄋᆞ노니 이 셰상에 표적을 뵈이지 아니리라 ᄒᆞ시고

⑥ 예수ㅣ ᄆᆞ음속에 깁히 탄식ᄒᆞ샤 ᄀᆞᆯ아샤ᄃᆡ 엇지ᄒᆞ야 이 셰ᄃᆡ가 징죠ᄅᆞᆯ 보고져ᄒᆞᄂᆞ냐 내 실노 너희게 닐ᄋᆞ노니 이 셰ᄃᆡ에 징죠ᄅᆞᆯ 뵈여 주지 아니리ᄒᆞ시고

⑦ 예수ㅣ ᄆᆞ음속에 깁히 탄식ᄒᆞ샤 ᄀᆞᆯᄋᆞ샤ᄃᆡ 엇지ᄒᆞ야 이 셰ᄃᆡ가 징죠를 보고져ᄒᆞᄂᆞ냐 내 실노 너희게 닐ᄋᆞ노니 이 셰ᄃᆡ 징죠를 뵈여 주지 아니리라 ᄒᆞ시고

⑧ 예수가 心內에 深歎ᄒᆞ야 日 何如ᄒᆞ야 此 世代가 徵兆를 見ᄒᆞ고져 ᄒᆞᄂᆞ냐 我가 實노 爾等의게 諭ᄒᆞ노니 此 世代의게 徵兆를 示ᄒᆞ야 주지 아니리라 ᄒᆞ시고

⑨ 예수가 心內에 深歎ᄒᆞ야 日 何如ᄒᆞ야 此 世代가 徵兆를 見ᄒᆞ고져 ᄒᆞᄂᆞ냐 我가 實노 爾等의게 諭ᄒᆞ노니 此 世代의게 徵兆를 示ᄒᆞ야 주지 아니리라 ᄒᆞ시고

⑩ 예수ㅣ ᄆᆞ음속에 깁히 歎息ᄒᆞ시며 ᄀᆞᆯᄋᆞ샤ᄃᆡ 엇지ᄒᆞ야 이 世代가 徵兆를 보고져 ᄒᆞᄂᆞ냐 내가 眞實노 너희의게 닐ᄋᆞ노니 이 世代의게 徵兆를 보여 주지 이니리라 ᄒᆞ시고

⑪ 예수ㅣ 마암속에 깁히 嘆息하야 갈아샤대 엇지하야 이 世代가 徵兆를 보고져 하나냐 내가 眞實노 너희게 닐아노니 이 世代의게 徵兆를 보여 주지 아니리라 하시고

⑫ 예수ᄭᅴ셔 마암속에 깁히 탄식하시며 갈아샤대 엇지하야 이 셰대가 표적을 구하나냐 내가 진실노 너희게 닐아노니 이 셰대의게 표적을 주시지 아니하리라 하시고

⑬ 예수께서 마음속에 깊이 탄식하시며 가라사대 어찌하여 이 세대가 표적을 구하느냐 내가 진실로 너희에게 이르노니 이 세대에게 표적을 주시지 아니하리라 하시고

⑭ イエスは、心の中で深く嘆息して言われた、「なぜ、今の時代はしるしを求めるのだろう。よく言い聞かせておくが、しる

しは今の時代には決して与えられない」。

마가福音 08:13

① 遂離之,復登舟往彼岸。

② ᄯᅥ나 다시 ᄇᆡ여 올나 뎌켠 누턴에 가다라

③ ᄯᅥ나 다시 ᄇᆡ여 올나 뎌켠 두던에 가더니

④ 드듸여 ᄯᅥ나 다시 ᄇᆡ에 올나 뎌편 언덕으로 가니라

⑤ 그 사ᄅᆞᆷ들을 ᄯᅥ나샤 다시 ᄇᆡ에 올나 뎌편 언덕으로 가시다

⑥ 그 사ᄅᆞᆷ들을 ᄯᅥ나샤 다시 ᄇᆡ여 올나 건너편으로 가시다

⑦ 그 사ᄅᆞᆷ들을 ᄯᅥ나샤 다시 ᄇᆡ에 올나 건너편으로 가시더라

⑧ 그 사ᄅᆞᆷ들을 ᄯᅥ나샤 다시 ᄇᆡ에 올나 건너편으로 가시더라

⑨ 其 人들을 離ᄒᆞ샤 다시 舟에 登ᄒᆞ야 越便으로 往ᄒᆞ시더라

⑩ 그 사ᄅᆞᆷ들을 ᄯᅥ나샤 다시 ᄇᆡ에 올나 건너偏으로 가시니

⑪ 그 사람들을 ᄯᅥ나샤 다시 배에 올나 건너便으로 가시더라

⑫ 뎌희를 ᄯᅥ나 다시 배에 올나 건너편으로 가시니라

⑬ 저희를 떠나 다시 배에 올라 건너편으로 가시니라

⑭ そして、イエスは彼らをあとに殘し、また舟に乗って向こう岸へ行かれた。

마가福音 08:14

① 門徒忘攜餠,在舟,第有一餠而已

② 뎨자 ᄯᅥᆨ을 닛고 ᄇᆡ에 ᄯᅥᆨ 한ᄀᆡ ᄲᅮᆫ이라

③ 뎨자 ᄯᅥᆨᄋᆞᆯ 닛고 ᄇᆡ에 ᄯᅥᆨ ᄒᆞᆫᄀᆡ ᄲᅮᆫ이라

④ 문도ㅣ ᄯᅥᆨ을 진임을 닛고 ᄇᆡ에 잇ᄉᆞ매 다만 ᄯᅥᆨ ᄒᆞ나만 잇더니

⑤ 뎨ᄌᆞ들이 ᄯᅥᆨ 가져오기를 니졋스매 ᄇᆡ에 ᄯᅥᆨ ᄒᆞᆫ덩이 외에ᄂᆞᆫ 더 업ᄂᆞᆫ지라

⑥ 뎨ᄌᆞ들이 ᄯᅥᆨ 가져오기ᄅᆞᆯ 니졋시매 ᄇᆡ에 ᄯᅥᆨ ᄒᆞᆫ덩이 외에ᄂᆞᆫ 업ᄂᆞᆫ지라

⑦ 뎨ᄌᆞ들이 ᄯᅥᆨ 가져오기를 니졋스매 ᄇᆡ에 ᄯᅥᆨ ᄒᆞᆫ덩이 외에는 업ᄂᆞᆫ지라

(뎨ᄌᆞ들이 ᄯᅥᆨ 가져오기를 니졋스매 ᄇᆡ에 ᄯᅥᆨ ᄒᆞᆫ덩이 외에는 업는지라)

⑧ 뎨ᄌᆞ들이 ᄯᅥᆨ 가져오기를 니졋스매 ᄇᆡ에 ᄯᅥᆨ ᄒᆞᆫ덩이 외에는 업ᄂᆞᆫ지라

⑨ 弟子들이 餠를 取來ᄒᆞ기를 忘ᄒᆞ엿스매 舟에 餠 一塊 外에ᄂᆞᆫ 無ᄒᆞᆫ지라

⑩ 弟子들이 ᄯᅥᆨ 가져오기를 니젓고 ᄇᆡ에ᄂᆞᆫ ᄯᅥᆨ ᄒᆞᆫ덩이만 잇ᄂᆞᆫ지라

⑪ 弟子들이 ᄯᅥᆨ 가져오기를 니졋스매 배에 ᄯᅥᆨ 한덩이 外에는 업는지라

⑫ 뎨자들이 ᄯᅥᆨ 가져오기를 니졋스매 배에 ᄯᅥᆨ 한개 밧게 뎌희게 업더라

⑬ 제자들이 떡 가져오기를 잊었으매 배에 떡 한개 밖에 저희에게 없더라

⑭ 弟子(でし)たちはパンを持って來るのを忘れていたので、舟の中にはパン一つしか持ち合わせがなかった。

마가福音 08:15

① 耶穌戒之曰,爾謹愼防哒唎嚷人之酵與希律之酵。

② 예수 경계하여 갈아샤되 삼가 바리싀인의 누룩과 헤롯의 누룩을 방비하라 하니
③ 예수 겡계ᄒᆞ야 갈오샤ᄃᆡ 삼가 바리싀인의 누룩과 헤롯의 누룩ᄋᆞᆯ 방비ᄒᆞ라 ᄒᆞ니
④ 예수ㅣ 경계ᄒᆞ야 ᄀᆞᆯᄋᆞ샤ᄃᆡ 너의 삼가 바리새오의 교와 다못 헤로데의 교ᄅᆞᆯ 방비ᄒᆞ라 ᄒᆞ니
⑤ 예수ㅣ 그들을 명ᄒᆞ야 ᄀᆞᆯᄋᆞ샤ᄃᆡ 삼가 법리싀 사ᄅᆞᆷ의 누룩과 희률의 누룩을 막으라 ᄒᆞ신ᄃᆡ
⑥ 예수ㅣ 경계하야 ᄀᆞᆯᄋᆞ샤ᄃᆡ 바리싀인의 누룩과 헤롯의 누룩을 삼가 막으라 ᄒᆞ신ᄃᆡ
⑦ 예수ㅣ 경계ᄒᆞ야 ᄀᆞᆯᄋᆞ샤ᄃᆡ 바리싀교인의 누룩과 헤롯의 누룩을 삼가 막으라 ᄒᆞ신ᄃᆡ
⑧ 예수가 경계ᄒᆞ야 ᄀᆞᆯᄋᆞ샤ᄃᆡ 바리싀 교인의 누룩과 헤롯의 누룩을 삼가 막으라 ᄒᆞ신ᄃᆡ
⑨ 예수가 儆戒ᄒᆞ야 曰 바리싀 教人의 酵와 헤롯의 酵를 愼防ᄒᆞ라 ᄒᆞ신ᄃᆡ
⑩ 예수ㅣ 儆戒ᄒᆞ야 ᄀᆞᆯᄋᆞ샤ᄃᆡ 바리새 教人의 누룩과 헤롯의 누룩을 삼가 막으라
⑪ 예수ㅣ 儆戒하야 갈아샤대 바라새 教人의 누룩과 헤롯의 누룻을 삼가 막으라 하신대
⑫ 예수ᄭᅴ셔 경계하야 갈아샤대 삼가 바리새인들의 누룩과 헤롯의 누룩을 주의하라 하신대
⑬ 예수께서 경계하여 가라사대 삼가 바리새인들의 누룩과 헤롯의 누룩을 주의하라 하신대
⑭ そのとき、イエスは彼らを戒めて、「パリサイ人(びと)のパン種とヘロデのパン種とを、よくよく警戒せよ」と言われた。

마가福音 08:16

① 衆相議曰,是爲儕無餅歟。
② 뎨자 서로 의론하여 갈아되 우리 썩 업스미라 하거날
③ 뎨자 서로 의론ᄒᆞ여 갈아되 우리 썩 업ᄉᆞ미라 ᄒᆞ거날
④ 뎨ᄌᆞㅣ 서로 의론ᄒᆞ야 ᄀᆞᆯᄋᆞᄃᆡ 이ᄂᆞᆫ 우리가 썩이 업다고 ᄒᆞ심이니잇가 ᄒᆞ니

⑤ 뎨ᄌᆞ들이 서로 의론ᄒᆞ야 ᄀᆞᆯᄋᆞᄃᆡ 이ᄂᆞᆫ 우리게 ᄯᅥᆨ이 업ᄉᆞᆷ인가 ᄒᆞ더니

⑥ 뎨ᄌᆞ들이 서로 의론ᄒᆞ야 ᄀᆞᆯᄋᆞᄃᆡ 이ᄂᆞᆫ 우리게 ᄯᅥᆨ이 업ᄉᆞᆷ인가 ᄒᆞ더니

⑦ 뎨ᄌᆞ들이 서로 의론ᄒᆞ야 ᄀᆞᆯᄋᆞᄃᆡ 이는 우리게 ᄯᅥᆨ이 업ᄉᆞᆷ인가 ᄒᆞ더니
(뎨ᄌᆞ들이 서로 의론ᄒᆞ야 ᄀᆞᆯᄋᆞᄃᆡ 이는 우리게 ᄯᅥᆨ이 업슴인가 ᄒᆞ더니)

⑧ 뎨ᄌᆞ들이 서로 의론ᄒᆞ야 ᄀᆞᆯᄋᆞᄃᆡ 이는 우리게 ᄯᅥᆨ이 업슴인가 ᄒᆞ더니

⑨ 弟子들이 相 議ᄒᆞ야 曰 此는 我等의게 餠이 無ᄒᆞᆷ인가 ᄒᆞ더니

⑩ 弟子들이 서로 議論ᄒᆞ야 ᄀᆞᆯᄋᆞᄃᆡ 이ᄂᆞᆫ 우리의게 ᄯᅥᆨ이 업슴인가 ᄒᆞ더니

⑪ 弟子들이 서로 議論하야 갈아대 이는 우리게 ᄯᅥᆨ이 업슴인가 하더니

⑫ 뎨자들이 서로 의론하기를 이는 우리게 ᄯᅥᆨ이 업슴이로다 하거늘

⑬ 제자들이 서로 의논하기를 이는 우리에게 떡이 없음이로다 하거늘

⑭ 弟子たちは、これは自分たちがパンを持っていないためであろうと、互いに論じ合った。

마가福音 08:17

① 耶穌知之,則謂之曰,爾何以無餠相議乎,爾猶未知,未曉乎,爾心猶頑乎,

② 예수 알고 갈아샤되 너의 엇지써 ᄯᅥᆨ 업스물 서로 의론하나냐 너의 오힐여 명빅ᄒᆞ고 ᄊᆡ닷지 못 하나냐 너의 마암이 완퓍하냐

③ 예수 알고 갈아샤ᄃᆡ 너희 엇지써 ᄯᅥᆨ 업ᄉᆞ눌 서로 의론ᄒᆞᄂᆞ냐 너희 오히려 명빅지 봇ᄒᆞ고 ᄊᆡ닷지 봇ᄒᆞᄂᆞ냐 너희 마암이 완퓍
ᄒᆞ냐

④ 예수 알ᄋᆞ시고 즉시 닐너 ᄀᆞᆯᄋᆞ샤ᄃᆡ 너희 엇지 ᄯᅥᆨ이 업ᄉᆞᆷ으로써 서로 의론ᄒᆞᄂᆞᆫ다 너희 그리ᄒᆞ여도 아지 못ᄒᆞ며 ᄊᆡ닷지 못ᄒᆞ
니 너의 ᄆᆞ음이 오히려 완만ᄒᆞ도다

⑤ 예수ㅣ 알으시고 ᄀᆞᆯᄋᆞ샤ᄃᆡ 너희가 엇지 ᄯᅥᆨ이 업숨으로써 의론ᄒᆞᄂᆞ냐 지금ᄭᆞ지 아지 못ᄒᆞ며 ᄭᆡ닷지 못ᄒᆞᄂᆞ냐 너희 ᄆᆞ음이
완홈이냐

⑥ 예수ㅣ 알으시고 갈ᄋᆞ샤ᄃᆡ 너희가 엇지 ᄯᅥᆨ이 업숨으로써 의론ᄒᆞᄂᆞ냐 지금 ᄭᆞ지 아지 못 ᄒᆞ며 ᄭᆡᄃᆞᆺ지 못ᄒᆞᄂᆞ냐 너희 ᄆᆞ음이
완악ᄒᆞ냐

⑦ 예수ㅣ 아시고 ᄀᆞᆯᄋᆞ샤ᄃᆡ 너희가 엇지 ᄯᅥᆨ이 업숨으로써 의론ᄒᆞᄂᆞ냐 지금ᄭᆞ지 아지못ᄒᆞ며 ᄭᆡᄃᆞᆺ지못ᄒᆞᄂᆞ냐 너희ᄒᆞ며 ᄯᅩ 긔억
지도 못ᄒᆞᄂᆞ냐
(예수ㅣ 아시고 ᄀᆞᆯᄋᆞ샤ᄃᆡ 너희가 엇지 ᄯᅥᆨ이 업슴으로써 의론ᄒᆞᄂᆞ냐 지금ᄭᆞ지 아지 못ᄒᆞ며 ᄭᆡᄃᆞᆺ지 못ᄒᆞᄂᆞ냐 너희 ᄆᆞ음이
완악ᄒᆞ냐)

⑧ 예수가 아시고 ᄀᆞᆯᄋᆞ샤ᄃᆡ 너희가 엇지 ᄯᅥᆨ이 업슴으로써 의론ᄒᆞᄂᆞ냐 지금ᄭᆞ지 아지 못ᄒᆞ며 ᄭᆡᄃᆞᆺ지 못ᄒᆞᄂᆞ냐 너희 ᄆᆞ음이 완악
ᄒᆞ냐

⑨ 예수가 知ᄒᆞ시고 曰 爾等이 엇지 餅이 無ᄒᆞᆷ으로써 議論ᄒᆞᄂᆞ냐 只今ᄭᆞ지 知치 못ᄒᆞ며 悟치 못ᄒᆞᄂᆞ냐 爾等의 心이 頑惡ᄒᆞ냐

⑩ 예수ㅣ 아시고 ᄀᆞᆯᄋᆞ샤ᄃᆡ 너희가 엇지 ᄯᅥᆨ이 업슴으로 議論ᄒᆞᄂᆞ냐 至今ᄭᆞ지 아지 못ᄒᆞ며 ᄭᆡᄃᆞᆺ지 못ᄒᆞᄂᆞ냐 너희 마음이 아즉도
頑惡ᄒᆞ냐

⑪ 예수ㅣ 아시고 갈아샤대 너희가 엇지 ᄯᅥᆨ이 업슴으로써 議論하나냐 只今ᄁᆞ지 아지 못하며 ᄭᆡ닷지 못하나냐 너희 마암이 頑惡
하냐

⑫ 예수ᄭᅴ셔 아시고 닐아샤대 너희가 엇지 ᄯᅥᆨ이 업슴으로 의론하나냐 아직도 아지 못하며 ᄭᆡ닷지 못하나냐 너희 마암이 둔하냐

⑬ 예수께서 아시고 이르시되 너희가 어찌 떡이 없음으로 의논하느냐 아직도 알지 못하며 깨닫지 못하느냐 너희 마음이 둔하냐

⑭ イエスはそれと知って、彼らに言われた、「なぜ、パンがないからだと論じ合っているのか。まだわからないのか、悟らな
いのか。あなたがたの心は鈍くなっているのか。

마가福音 08:18

① 爾有目而不視乎,有耳而不聽乎,亦不憶乎,

② 너의 눈이 이서 보지 못하며 귀가 이서 듯지 못하고 ᄯᅩ 긔록지 못하나냐

③ 너희 눈이 이서 보지 못ᄒᆞ며 귀가 이서 듯지 못ᄒᆞ고 ᄯᅩ 긔록지 못ᄒᆞᄂᆞ냐

④ 너의 눈이 잇서도 보지 못ᄒᆞᄂᆞᆫ다 귀 잇서도 듯지 못ᄒᆞᄂᆞᆫ다 ᄯᅩᄒᆞᆫ 긔억지 못ᄒᆞᄂᆞᆫ다

⑤ 너희가 눈이 잇서도 보지 못ᄒᆞ며 귀가 잇서도 듯지 못ᄒᆞ며 ᄯᅩ 긔억지도 못ᄒᆞᄂᆞ냐

⑥ 너희가 눈이 잇서도 보지 못ᄒᆞ며 귀가 잇서도 듯지 못ᄒᆞ며 ᄯᅩ 긔억지도 못 ᄒᆞᄂᆞ냐

⑦ 너희가 눈이 잇서도 보지 못ᄒᆞ며 귀가 잇서도 듯지 못ᄒᆞ며 ᄯᅩ 긔억지도 못ᄒᆞᄂᆞ냐

⑧ 너희가 눈이 잇서도 보지 못ᄒᆞ며 귀가 잇서도 듯지 못ᄒᆞ며 ᄯᅩ 긔억지도 못ᄒᆞᄂᆞ냐

⑨ 爾等이 目이 有ᄒᆞ여도 視치 못ᄒᆞ며 耳가 有ᄒᆞ여도 聽치 못ᄒᆞ며 ᄯᅩ 記憶지도 못ᄒᆞᄂᆞ냐

⑩ 너희가 눈이 잇서도 보지 못ᄒᆞ며 귀가 잇서도 듯지 못ᄒᆞ며 ᄯᅩ 記憶지 못ᄒᆞᄂᆞ냐

⑪ 너희기 눈이 잇서도 보지 못하며 귀가 잇서도 듯지 못하며 ᄯᅩ 記憶지도 못하나냐

⑫ 너희가 눈이 잇서도 보지 못하며 귀가 잇서도 듯지 못하나냐 ᄯᅩ 긔억지 못하나냐

⑬ 너희가 눈이 있어도 보지 못하며 귀가 있어도 듣지 못하느냐 또 기억하지 못하느냐

⑭ 目があっても見えないのか。耳があっても聞えないのか。また思い出さないのか。

마가福音 08:19

① 我擘五餠分五千人,爾拾餘屑盈幾筐乎。曰,十二

② ᄂᆡ가 ᄯᅥᆨ 다삿기를 오쳔 인으게 ᄯᅦ고 부수러기를 거두워 너의 멧 광지에 치왓나냐 갈아되 열두흘이니이다

③ ᄂᆡ가 ᄯᅥᆨ 다ᄉᆞᆺ ᄀᆡᄅᆞᆯ 오쳔 인의게 ᄯᅦ고 부수러기ᄅᆞᆯ 거두워 너희 멧 광지에 치와ᄂᆞ냐 갈아되 열두흘이니이다
④ 나ㅣ ᄯᅥᆨ 다ᄉᆞᆺ슬 ᄯᅦ여 오쳔 인의게 ᄂᆞᆫ호매 너ㅣ ᄂᆞᆷ어지 부스럭이ᄅᆞᆯ 주어 몃 광주리에 ᄎᆞᆺᄂᆞ뇨 ᄀᆞᆯᄋᆞᄃᆡ 열둘이니이다
⑤ 내가 다ᄉᆞᆺ덩이 ᄯᅥᆨ을 ᄯᅦ여 오쳔 사ᄅᆞᆷ 즁에 난호매 ᄂᆞᆷ은 부스럭이를 주어 몃 광쥬리에 담앗더냐 ᄀᆞᆯᄋᆞᄃᆡ 열둘이니이다
⑥ 내가 ᄯᅥᆨ 다ᄉᆞᆺ 덩이ᄅᆞᆯ ᄯᅦ여 오쳔 사ᄅᆞᆷ의게 난호매 ᄂᆞᆷ은 부스럭이ᄅᆞᆯ 주어 몃 치롱에 담앗더냐 ᄀᆞᆯᄋᆞᄃᆡ 열둘이니이라
⑦ 내가 ᄯᅥᆨ 다ᄉᆞᆺ 덩이를 ᄯᅦ여 오쳔 사ᄅᆞᆷ의게 ᄂᆞᆫ호매 ᄂᆞᆷ은 부스러기를 주어 몃 치통에 담앗더냐 ᄀᆞᆯᄋᆞᄃᆡ 열둘이니이다
(내가 ᄯᅥᆨ 다ᄉᆞᆺ 덩이를 ᄯᅦ여 오쳔 명의게 ᄂᆞᆫ호매 부스럭이를 주어 몃 광쥬리에 담앗더냐 ᄀᆞᆯᄋᆞᄃᆡ 열둘이니이다)
⑧ 내가 ᄯᅥᆨ 다ᄉᆞᆺ 덩이를 ᄯᅦ여 오쳔 명의게 ᄂᆞᆫ호매 부스럭이를 주어 몃 광쥬리에 담앗더냐 ᄀᆞᆯᄋᆞᄃᆡ 열둘이니이다
⑨ 我가 餠 五塊를 擘ᄒᆞ야 五千 名의게 分ᄒᆞ매 屑을 拾ᄒᆞ야 幾 筐에 盛ᄒᆞ엿더냐 曰 十二니이다
⑩ 내가 ᄯᅥᆨ 다섯덩이를 ᄯᅦ여 五天 名의게 ᄂᆞᆫ홀ᄯᅢ에 부스럭이를 주어 몃 광주리에 담앗더냐 ᄀᆞᆯᄋᆞᄃᆡ 열둘이니이다
⑪ 내가 ᄯᅥᆨ 다섯 덩이를 ᄯᅦ여 五千 名의게 난호매 부스럭이를 주어 몃 광쥬리에 담앗더냐 갈아대 열둘이니이다
⑫ 내가 ᄯᅥᆨ 다섯 개를 오쳔 명의게 ᄯᅦ여 줄 ᄯᅢ에 조각 몃 바구미를 거두엇더냐 갈아대 열둘이니이다
⑬ 내가 떡 다섯 개를 오천 명에게 떼어 줄 때에 조각 몇 바구니를 거두었더냐 가로되 열둘이니이다
⑭ 五つのパンをさいて五千人に分けたとき、拾い集めたパンくずは、幾つのかごになったか」。弟子たちは答えた。「十二かごです」。

마가福音 08:20

① 又七餅分四千人,爾拾餘屑盈幾籃乎。曰,七。
② ᄯᅩ ᄯᅥᆨ 닐곱ᄀᆡ로 사쳔인으게 ᄯᅦ고 부수러기를 거두워 멧 함지에 치왓나냐 갈아되 닐곱이니이다
③ ᄯᅩ ᄯᅥᆨ 닐곱 ᄀᆡ로 사쳔인의게 ᄯᅦ고 부수러기ᄅᆞᆯ 거두워 멧 함지에 치왓ᄂᆞ냐 갈아되 닐곱이니이다

④ ᄯᅩ 닐곱 ᄯᅥᆨ을 ᄉᆞ쳔인의게 ᄂᆞᆫ호매 너ㅣ ᄂᆞᆷ어지 부스럭이ᄅᆞᆯ 주어 몃 ᄎᆡ롱에 ᄎᆞᆺᄂᆞ뇨 ᄀᆞᆯᄋᆞᄃᆡ 닐곱이니이다

⑤ ᄯᅩ 닐곱덩이를 ᄉᆞ쳔 사ᄅᆞᆷ 즁에 난호매 ᄂᆞᆷ은 부스럭이를 주어 몃 바금이에 담앗더냐 ᄀᆞᆯᄋᆞᄃᆡ 닐곱이니이다

⑥ ᄯᅩ 닐곱 덩이ᄅᆞᆯ ᄉᆞ천 사ᄅᆞᆷ의게 난호매 ᄂᆞᆷ은 부스럭이ᄅᆞᆯ 주어 몃 광쥬리에 담앗더냐 ᄀᆞᆯᄋᆞᄃᆡ 닐곱이니이다

⑦ ᄯᅩ 닐곱 덩이를 ᄉᆞ쳔 사ᄅᆞᆷ의게 ᄂᆞᆫ호매 ᄂᆞᆷ은 부스러기를 주어 몃 광쥬리에 담앗더냐 ᄀᆞᆯᄋᆞᄃᆡ 닐곱이니이다
(ᄯᅩ 닐곱 덩이를 ᄉᆞ쳔 명의게 ᄂᆞᆫ호매 부스럭이를 주어 몃 바구미에 담앗더냐 ᄀᆞᆯᄋᆞᄃᆡ 닐곱이니이다)

⑧ ᄯᅩ 닐곱 덩이를 ᄉᆞ쳔 명의게 ᄂᆞᆫ호매 부스럭이를 주어 몃 바구미에 담앗더냐 ᄀᆞᆯᄋᆞᄃᆡ 닐곱이니이다

⑨ ᄯᅩ 七 塊를 四千 名의게 分ᄒᆞ매 屑을 拾ᄒᆞ야 幾 籃에 盛ᄒᆞ엿더냐 曰 七이니이다

⑩ ᄯᅩ 닐곱덩이를 四天 名의게 ᄂᆞᆫ홀 ᄯᅢ에 부스럭이를 주어 몃 바구미에 담앗더냐 ᄀᆞᆯᄋᆞᄃᆡ 닐곱이니이다

⑪ ᄯᅩ 닐곱 덩이를 四千名의게 난호매 부스럭이를 주어 몃 바금이에 담앗더냐 갈아대 닙골이니이다

⑫ ᄯᅩ 닐곱개를 사쳔 명의게 ᄯᅦ여 줄 ᄯᅢ에 조각 몃 광주리를 거두엇더냐 갈아대 닐곱이니이다

⑬ 또 일곱 개를 사천 명에게 떼어 줄 때에 조각 몇 광주리를 거두었더냐 가로되 일곱이니이다

⑭「七つのパンを四千人に分けたときには、パンくずを幾つのかごに拾い集めたのか」。「七かごです」と答えた。

마가福音 08:21

① 遂謂之曰,然則何不曉乎。

② 갈아샤되 글언즉 너의 엇지 ᄭᆡ닷지 못하나냐 하다라

③ 갈아샤ᄃᆡ 글언즉 너희 엇지 ᄭᆡ닷지 못ᄒᆞᄂᆞ냐 ᄒᆞ더라

④ 드ᄃᆡ여 닐너 ᄀᆞᆯᄋᆞ샤ᄃᆡ 그러ᄒᆞ면 엇지 ᄭᆡ닷지 못ᄒᆞᄂᆞᆫ다

⑤ ᄀᆞᆯᄋᆞ샤ᄃᆡ 아직 ᄭᆡ닷지 못ᄒᆞᄂᆞ냐

⑥ ᄀᆞᆯᄋᆞ샤ᄃᆡ 아직도 ᄭᆡᄃᆞᆺ지 못 ᄒᆞᄂᆞ냐
⑦ ᄀᆞᆯᄋᆞ샤ᄃᆡ 아직도 ᄭᆡᄃᆞᆺ지 못ᄒᆞᄂᆞ냐 ᄒᆞ시더라
⑧ ᄀᆞᆯᄋᆞ샤ᄃᆡ 아직도 ᄭᆡᄃᆞᆺ지 못ᄒᆞᄂᆞ냐 ᄒᆞ시더라
⑨ 日 아직도 悟치 못ᄒᆞᄂᆞ냐 ᄒᆞ시더라
⑩ ᄀᆞᆯᄋᆞ샤ᄃᆡ 아즉도 ᄭᆡᄃᆞᆺ지 못ᄒᆞᄂᆞ냐 ᄒᆞ시더라
⑪ 갈아샤대 아직도 깨닷지 못하나냐 하시더라
⑫ 갈아샤대 아직도 깨닷지 못하나냐 하시니라
⑬ 가라사대 아직도 깨닫지 못하느냐 하시니라
⑭ そこでイエスは彼らに言われた、「まだ悟らないのか」。

마가福音 08:22
① 至伯賽大,有攜瞽者就之,求其捫焉
② 빅ᄉᆡ다에 닐으니 쇠경을 다리고 와 그 만지물 구하니
③ 빅ᄉᆡ다에 닐으니 소경ᄋᆞᆯ 다리고 와 그 만지물 구ᄒᆞ니
④ 뱃사이다에 니ᄅᆞ시매 ᄆᆡᆼ인을 다리고셔 그 문져주심을 구ᄒᆞᄂᆞᆫ쟈ㅣ 잇거ᄂᆞᆯ
⑤ ᄯᅩ 빅ᄉᆡ대짜에 니ᄅᆞ시니 사ᄅᆞᆷ들이 쇼경 ᄒᆞ나를 ᄃᆞ리고 예수ᄭᅴ 나아와 ᄆᆞᆫ지시기를 구ᄒᆞ거ᄂᆞᆯ
⑥ ᄯᅩ 벳새다에 니ᄅᆞ매 쇼경 ᄒᆞ나흘 ᄃᆞ리고 예수ᄭᅴ 나아와 ᄆᆞᆫ지시기ᄅᆞᆯ 구ᄒᆞ거ᄂᆞᆯ
⑦ ᄯᅩ 벳새다에 니르매 쇼경 ᄒᆞ나흘 ᄃᆞ리고 예수ᄭᅴ 나아와 ᄆᆞᆫ지시기를 구ᄒᆞ거늘
⑧ ᄯᅩ 벳세다에 니르매 쇼경 ᄒᆞ나흘 다리고 예수ᄭᅴ 나아와 ᄆᆞᆫ지시기를 구ᄒᆞ거늘

⑨ ᄯᅩ 벳새다에 至ᄒᆞ매 瞽者 一人을 携ᄒᆞ고 예수ᄭᅴ 就ᄒᆞ야 捫ᄒᆞ시기를 求ᄒᆞ거ᄂᆞᆯ
⑩ 벳새다에 니르니 사ᄅᆞᆷ들이 소경 ᄒᆞ나를 ᄃᆞ리고 예수ᄭᅴ 나아와 ᄆᆞᆫ지시기를 求ᄒᆞ거ᄂᆞᆯ
⑪ ᄯᅩ 벳새다에 니르매 쇼경 하나를 다리고 예수ᄭᅴ 나아와 만지시기를 求하거늘
⑫ 벳새디에 니르매 사람들이 쇼경 하나를 다리고 예수ᄭᅴ 나아와 손 대시기를 구하거늘
⑬ 벳새다에 이르매 사람들이 소경 하나를 데리고 예수께 나아와 손 대시기를 구하거늘
⑭ そのうちに、彼らはベツサイダに着いた。すると人々が、一人の盲人を連れてきて、さわってやっていただきたいとお願いした。

마가福音 08:23

① 耶穌執瞽者手,攜之出村外,旣唾其目,且以手按之,則問其有所見否。
② 예수 쇠경의 손을 잡고 다리고 촌 밧게 나가 그 눈에 춤 밧고 손으로써 안찰하고 보이ᄂᆞᆫ 바 잇나냐 물으니
③ 예수 소경의 손올 잡고 다리고 촌 밧게 나가 그 눈에 춤밧고 손으로씨 인찰ᄒᆞ고 보이ᄂᆞᆫ 바 잇ᄂᆞ냐 물으니
④ 예수ㅣ 뮝인의 손을 잡고 마을 밧긔 다리고 나가 그 눈에 춤으로바르며 ᄯᅩ 손으로 누루고 그 뵈이ᄂᆞᆫ바ㅣ 잇ᄂᆞ냐 무르시니
⑤ 예수ㅣ 쇼경의 손을 붓드시고 마을 밧그로 나가샤 눈에 춤을밧트시며 손으로 ᄆᆞᆫ지시고 무르샤ᄃᆡ 아모거시나 뵈이ᄂᆞ냐 ᄒᆞ시니
⑥ 예수ㅣ 쇼경의 손을 붓드시고 마을 밧그로 나가샤 눈에 춤을밧트시며 손을 언지시고 무ᄅᆞ샤ᄃᆡ 무어시 뵈이ᄂᆞ냐 ᄒᆞ시니
⑦ 예수ㅣ 쇼경의 손을 붓드시고 마을 밧그로 가사냐 눈에 춤을밧흐시며 손을 언ᄌᆞ시고 무르샤ᄃᆡ 무어시 보이ᄂᆞ냐 ᄒᆞ시니
(예수ㅣ 소경의 손을 붓드시고 마을밧그로 나가샤 눈에 춤을밧흐시며 손을 언지시고 무르샤ᄃᆡ 무어시 보이ᄂᆞ냐 ᄒᆞ시니)
⑧ 예수가 쇼경의 손을 붓드시고 마을밧그로 나가사 눈에 춤을비앗흐시며 손을 대시고 무르시ᄃᆡ 무어시 보이ᄂᆞ냐 ᄒᆞ시니
⑨ 예수가 瞽者의 手를 扶ᄒᆞ시고 村外로 出ᄒᆞ샤 目에 唾ᄒᆞ시며 手를 接ᄒᆞ시고 問ᄒᆞ샤ᄃᆡ 何物이 見ᄒᆞᄂᆞ냐 ᄒᆞ시니

⑩ 예수ㅣ 소경의 손을 붓드시고 마을 밧그로 나가샤 눈에 춤을비앗흐시며 按手ᄒᆞ시고 무르샤ᄃᆡ 무어시 보이ᄂᆞ냐
⑪ 예수ㅣ 쇼경의 손을 붓드시고 마을 밧그로 나가샤 눈에 춤을배앗흐시며 손을 대시고 무르시대 무엇이 보이나냐 하시니
⑫ 예수ᄭᅴ셔 쇼경의 손을 붓드시고 마을 밧그로 다리고 나가샤 눈에 춤을배앗흐시며 그의게 안슈하시고 무엇이 보이나냐 무르시니
⑬ 예수께서 소경의 손을 붙드시고 마을 밖으로 데리고 나가사 눈에 침을뱉으시며 그에게 안수하시고 무엇이 보이느냐 물으시니
⑭ イエスはこの盲人の手をとって、村の外に連れて出し、その兩方の目につばきをつけ、兩手を彼に当てて、「何か見えるか」と尋ねられた。

마가福音 08:24

① 彼手仰視,曰,我見人行若樹焉。
② 뎌 울어러 보고 갈오되 ᄂᆡ 사람을 보니 남우 갓치 힝하나이다 하ᄆᆡ
③ 뎌 울어러 보고 갈오되 ᄂᆡ 사ᄅᆞᆷᄋᆞᆯ 보니 보기에 남우 갓치 힝ᄒᆞᄂᆞ이다 ᄒᆞᄆᆡ
④ 뎌 쪅 드ᄃᆡ여 우러러보며 ᄀᆞᆯᄋᆞᄃᆡ 내가 보니 ᄉᆞᄅᆞᆷ의 ᄃᆞᆫ니ᄂᆞᆫ 거시 나무 ᄀᆞᆺ도다 ᄒᆞ거ᄂᆞᆯ
⑤ 우러러 보며 ᄀᆞᆯᄋᆞᄃᆡ 내가 사ᄅᆞᆷ들을 보니 거러가ᄂᆞᆫ 거시 나무와 ᄀᆞᆺ치 뵈니ᄂᆞ이다 ᄒᆞ거ᄂᆞᆯ
⑥ 우러러 보며 ᄀᆞᆯᄋᆞᄃᆡ 내가 사ᄅᆞᆷ을 보니 나무와 ᄀᆞᆺ치 거러가ᄂᆞᆫ 거시 뵈이ᄂᆞ이다 ᄒᆞ거ᄂᆞᆯ
⑦ 우러러 보며 ᄀᆞᆯᄋᆞᄃᆡ 뎌희가 나무와 ᄀᆞᆺ치 뵈고 거러가ᄂᆞ이다 ᄒᆞ거늘
(우러러보며 ᄀᆞᆯᄋᆞᄃᆡ 내가 사ᄅᆞᆷ의 거러가는 거슬 보니 나무와 ᄀᆞᆺ흐니이다 ᄒᆞ거늘)
⑧ 우러러보며 ᄀᆞᆯᄋᆞᄃᆡ 내가 사ᄅᆞᆷ의 거러가ᄂᆞᆫ 거슬 보니 나무와 ᄀᆞᆺ흐니이다 ᄒᆞ거늘
⑨ 仰見ᄒᆞ며 曰 我가 人의 行步ᄒᆞᄂᆞᆫ 거슬 見ᄒᆞ니 樹과 如ᄒᆞ니이다 ᄒᆞ거ᄂᆞᆯ

⑩ 소경이 눈을 드러보며 ᄀᆞᆯᄋᆞᄃᆡ 사ᄅᆞᆷ의 거러가ᄂᆞᆫ 거슬 보니 나무와 ᄀᆞᆺ흐니이다 ᄒᆞ시ᄂᆞᆯ
⑪ 우러러 보며 갈아대 내가 사람의 거러가는 것을 보니 나무와 갓흐니이다 하거늘
⑫ 우러러 보며 갈아대 사람들이 보이나이다 나무 갓흔 것들의 거러가는 것을 보나이다 하거늘
⑬ 우러러 보며 가로되 사람들이 보이나이다 나무 같은 것들의 걸어가는 것을 보나이다 하거늘
⑭ すると彼は顔を上げて言った、「人が見えます。木のように見えます。歩いているようです」。

마가福音 08:25

① 後,復以手按其目,使之仰視,遂得愈,而明見庶物。
② 다시 손을그눈에안찰하고 자세이 보라 하니 소복하여 발키 모단 물건을 보는지라
③ 다시 손올그눈에 찰ᄒᆞ고 자세이 보라 ᄒᆞ니 소복ᄒᆞ여 발키 모단 물건올 보ᄂᆞᆫ지라
④ 후에 다시 손으로그눈을믄지고 ᄒᆞ여곰 우러러보라 ᄒᆞ시니 드ᄃᆡ여 ᄂᆞ흠을 엇어 왼갓 만물을 ᄇᆞᆰ히보ᄂᆞᆫ지라
⑤ 그 눈을 다시 ᄆᆞᆫ지시매 제가 한ᄎᆞᆷ 우러러 보더니 ᄂᆞ음을 잇어셔 온깃 물긴을 다 ᄇᆞᆰ히보ᄂᆞᆫ지라
⑥ 그 눈에 다시 손을언지시매 제가 ᄒᆞᆫᄎᆞᆷ 우러러 보더니 나흠을 엇어 온갓 만물을 다 ᄇᆞᆰ히보ᄂᆞᆫ지라
⑦ 그 눈에 다시 손을언ᄌᆞ시매 제가 ᄒᆞᆫ참 우러러 보더니 나흠을 엇어 온갓 만물을 다 ᄇᆞᆰ히보ᄂᆞᆫ지라
(그 눈에 다시 손을대시매 뎌가 ᄒᆞᆫ참 우러러보더니 나하셔 만물을 다 ᄇᆞᆰ히보는지라)
⑧ 그 눈에 다시 손을대시매 뎌가 ᄒᆞᆫ참 우러러보더니 나아셔 만물을 다 ᄇᆞᆰ히보ᄂᆞᆫ지라
⑨ 其 目에 다시 手를接ᄒᆞ시매 彼가 良久히 仰見ᄒᆞ더니 愈ᄒᆞ야 萬物을 다 明見ᄒᆞᄂᆞᆫ지라
⑩ 그 눈에 다시 按手ᄒᆞ시매 뎌가 눈을 드러 ᄒᆞᆫ참 보더니 아조 나아셔 萬物을 ᄇᆞᆰ히보ᄂᆞᆫ지라
⑪ 그 눈에 다시 손을대시매 뎌가 한참 우러러 보더니 나아셔 萬物을 다 밝히보는지라

⑫ 그 눈에 다시 안슈하시매 뎌가 주목하야 보더니 나아셔 만물을 밝히보는지라
⑬ 이에 그 눈에 다시 안수하시매 저가 주목하여 보더니 나아서 만물을 밝히보는지라
⑭ それから、イエスが再び目の上に両手を当てられると、盲人は見つめているうちに、なおってきて、すべてのものがはっきり見えだした。

마가福音 08:26

① 耶穌遣之歸其家,曰,毋入村,毋告村內之人。
② 보닉여 집으로 돌아가라 하며 갈아샤되 촌에 들지 말나 하다라
③ 보닉여 집으로 돌아가라 ᄒᆞ며 갈아샤ᄃᆡ 촌에 들지 말나 ᄒᆞ더라
④ 예수ㅣ 보내여 그 집에 도라가라 ᄒᆞ시며 ᄀᆞᆯᄋᆞ샤ᄃᆡ 마을에 드지 말며 마을 가온대 잇ᄂᆞᆫ 사ᄅᆞᆷ의게 옴기지 말나 ᄒᆞ시다
⑤ 예수ㅣ 그 사ᄅᆞᆷ을 제 집으로 보내며 ᄀᆞᆯᄋᆞ샤ᄃᆡ 마을노 ᄯᅩ 드러가지 말나 ᄒᆞ시더라
⑥ 예수ㅣ그 사ᄅᆞᆷ을 집으로 보내며 ᄀᆞᆯᄋᆞ샤ᄃᆡ 마을노 드러가지 말나 ᄒᆞ시더라
⑦ 예수ㅣ 그 사ᄅᆞᆷ을 집으로 보내며 ᄀᆞᆯᄋᆞ샤ᄃᆡ 마을노 드러가지 말나 ᄒᆞ시더라
⑧ 예수가 그 사ᄅᆞᆷ을 집으로 보내며 ᄀᆞᆯᄋᆞ샤ᄃᆡ 마을노 드러가지 말나 ᄒᆞ시더라
⑨ 예수가 其 人을 家로 送ᄒᆞ며 曰 鄕里로 入ᄒᆞ지 말나 ᄒᆞ시더라
⑩ 예수ㅣ 그 사ᄅᆞᆷ을 집으로 보내며 命ᄒᆞ샤ᄃᆡ 마을노 드러가지 말나 ᄒᆞ시더라
⑪ 예수ㅣ 그 사람을 집으로 보내며 갈아샤대 마을노 드러가지 말나 하시더라
⑫ 예수ᄭᅴ셔 그 사람을 집으로 보내시며 갈아샤대 마을에도 드러가지 말나 하시니라
⑬ 예수께서 그 사람을 집으로 보내시며 가라사대 마을에도 들어가지 말라 하시니라

⑭ そこでイエスは、「村にはいってはいけない」と言って、彼を家に歸された。

마가福音 08:27

① 耶穌與其門徒,往該撒利亞腓立比之諸村,途間其門徒曰,人言我爲誰。

② 예수 뎨자로 더부러 기사랴와 비리비 모단 촌에 나가다가 길에서 뎨자게 물어 갈아샤되 사람이 나를 뉘라 말ᄒᆞ다냐 ᄒᆞ니

③ 예수 뎨자로 더부러 기사랴 비리비 모단 촌에 나가다가 길에셔 뎨자게 물어 갈아샤ᄃᆡ 사ᄅᆞᆷ이 나ᄅᆞᆯ 뉘라 말ᄒᆞ다냐 ᄒᆞ니

④ 예수ㅣ 그 뎨ᄌᆞ로 더부러 개이사레아 필닙보 모도힌 마을노 가실ᄉᆡ 로즁에셔 그 뎨ᄌᆞᄃᆞ려 무러 ᄀᆞᆯᄋᆞ샤ᄃᆡ 사ᄅᆞᆷ의 말이 나ᄅᆞᆯ 뉘라 ᄒᆞ더뇨

⑤ 예수ㅣ 뎨ᄌᆞ들노 홈씨 ᄒᆡ살리아 비립비 모든 마을에 드러가실 ᄉᆡ 로즁에셔 뎨ᄌᆞ들 ᄃᆞ려 무러 ᄀᆞᆯᄋᆞ샤ᄃᆡ ᄂᆞᆷ들이 나를 누구라 말ᄒᆞ더냐

⑥ 예수ㅣ 뎨ᄌᆞ들노 홈ᄭᅴ 가이샤랴 빌닙보 모든 마을에 드러가실 ᄉᆡ 로즁에셔 뎨ᄌᆞᄃᆞ려 무러 ᄀᆞᆯᄋᆞ샤ᄃᆡ 사ᄅᆞᆷ이 나ᄅᆞᆯ 뉘라고 ᄒᆞ더냐

⑦ 예수ㅣ 뎨ᄌᆞ들노 홈ᄭᅴ 가이사랴 빌닙보 모는 마을에 드러가실ᄉᆡ 로즁에셔 뎨ᄌᆞᄃᆞ려 무러ᄀᆞᆯᄋᆞ샤ᄃᆡ 사ᄅᆞᆷ이 나를 뉘라고 ᄒᆞ더냐

⑧ 예수가 뎨ᄌᆞ들과 홈ᄭᅴ 가이사랴 빌닙보 모든마을에 드러가실ᄉᆡ 로즁에셔 뎨ᄌᆞᄃᆞ려 무러 ᄀᆞᆯᄋᆞ샤ᄃᆡ 사ᄅᆞᆷ이 나를 뉘라고 ᄒᆞ더냐

⑨ 예수가 弟子들과 홈ᄭᅴ 가이사랴 빌닙보 諸村에 入ᄒᆞ실ᄉᆡ 路中에셔 弟子ᄃᆞ려 問ᄒᆞ야 曰 人이 我를 誰라고 ᄒᆞ더냐

⑩ 예수ㅣ 弟子늘과 홈ᄭᅴ 가이샤랴 빌닙보 모는 마을노 가실서 路中에셔 부러 ᄀᆞᆯᄋᆞ샤ᄃᆡ 사ᄅᆞᆷ이 나를 누구라 ᄒᆞ더냐

⑪ 예수ᄭᅴ셔 弟子들과 함ᄭᅴ 가이사랴 빌닙보 모든 마을에 드러가실 새 路中에셔 弟子다려 무러 갈아샤대 사람이 나를 뉘라고 하더냐

⑫ 예수와 뎨자들이 가이사랴 빌닙보 여러마을노 나가실새 로즁에셔 뎨자들의게 무러 갈아샤대 사람들이 나를 누구라고 하나냐

⑬ 예수와 제자들이 가이사랴 빌립보 여러 마을로 나가실쌔 노중에서 제자들에게 물어 가라사대 사람들이 나를 누구라고 하느냐
⑭ さて、イエスは弟子(でし)たちとピリポ·カイザリヤの村々へ出かけられたが、その途中で、弟子たちに尋ねて言われた、
「人々は、わたしをだれと言っているか」。

마가福音 08:28

① 對曰,施洗禮之約翰,或曰以利亞,或曰預言者之一。
② ᄃᆡ답ᄒᆞ여 갈아되 밥팀레를 베푸던 요안ᄂᆡ라 ᄒᆞ며 혹 이니아라 ᄒᆞ며 혹 선지의 ᄒᆞ나이라 ᄒᆞ다이다
③ ᄃᆡ답ᄒᆞ여 갈아되 밥팀례ᄅᆞᆯ 베푸던 요안ᄂᆡ라 ᄒᆞ며 혹 이니아라 ᄒᆞ며 혹 션지의 ᄒᆞᆫᄂᆞ이라 ᄒᆞ다이다
④ ᄃᆡ답ᄒᆞ야 엿ᄌᆞ오ᄃᆡ 셰례ᄅᆞᆯ 베프던 요한이라도 ᄒᆞ며 혹은 엘늬아라도 ᄒᆞ고 혹 션지쟈의 하나히라도 ᄒᆞ더이다
⑤ 엿ᄌᆞ와 ᄀᆞᆯᄋᆞᄃᆡ 셰례주던 요한이라 ᄒᆞ고 엇던 이ᄂᆞᆫ 이리아ㅣ라 ᄒᆞ고 ᄯᅩ 다ᄅᆞᆫ 이ᄂᆞᆫ 션지 즁에 ᄒᆞ나니라 ᄒᆞ더이다 ᄒᆞ니
⑥ 엿ᄌᆞ와 ᄀᆞᆯᄋᆞᄃᆡ 셰례 주던 요한이라 ᄒᆞ고 더러ᄂᆞᆫ 엘니야라 ᄒᆞ고 ᄯᅩ 더러ᄂᆞᆫ 션지 즁에 ᄒᆞ나히라 ᄒᆞ더이다 ᄒᆞ니
⑦ 엿ᄌᆞ와 ᄀᆞᆯᄋᆞᄃᆡ 셰례 요한이라ᄒᆞ고 더러는 엘니야라ᄒᆞ고 ᄯᅩ 더러는 션지쟈즁에 ᄒᆞ나히라ᄒᆞ더이다 ᄒᆞ니
⑧ 엿ᄌᆞ와 ᄀᆞᆯᄋᆞᄃᆡ 셰례 요한이라 ᄒᆞ고 더러는 엘니야라 ᄒᆞ고 ᄯᅩ 더러는 션지쟈 즁에 ᄒᆞ나이라 ᄒᆞ더이다 ᄒᆞ니
⑨ 稟ᄒᆞ야 曰 洗禮 요한이라 ᄒᆞ고 或은 엘니야라 ᄒᆞ고 ᄯᅩ 或은 先知者 中에 一이라 ᄒᆞ더이다 ᄒᆞ니
⑩ ᄀᆞᆯᄋᆞᄃᆡ 或은 洗禮 요한이라 ᄒᆞ고 或은 엘니야라 ᄒᆞ고 或은 先知者 中에 ᄒᆞᄂᆞ이라 ᄒᆞ더이다
⑪ 엿자와 갈아대 洗禮 요한 이라 하고 더러는 엘니야라 하고 ᄯᅩ 더러는 先知者 中에 하나이라 하더이다 하니
⑫ 엿자와 갈아대 셰례 요한이라 하고 더러는 엘니야 더러는 선지쟈 즁에 하나이라 하나이다
⑬ 여쭈워 가로되 세례 요한이라 하고 더러는 엘리야 더러는 선지자 중의 하나라 하나이다
⑭ 彼らは答えて言った、「バプテスマのヨハネだと、言っています。また、エリヤだと言い，また、預言者のひとりだと言っ

ている者もあります」。

마가福音 08:29

① 乃謂之曰,惟爾言我爲誰。彼得對之曰,爾乃基督。

② ᄯᅩ 물오샤되 오직 너의ᄂᆞᆫ 나를 뉘라 ᄒᆞ나냐 피들이 ᄃᆡ답ᄒᆞ여 갈아되 쥬ᄂᆞᆫ 키리스토니이다 ᄒᆞ니

③ ᄯᅩ 물오샤ᄃᆡ 오직 너희ᄂᆞᆫ 나ᄅᆞᆯ 뉘라 ᄒᆞᄂᆞ냐 피들이 ᄃᆡ답ᄒᆞ여 갈아되 쥬ᄂᆞᆫ 키리쓰토니이다 ᄒᆞ니

④ 이에 닐너 ᄀᆞᆯᄋᆞ샤ᄃᆡ 오직 너희ᄂᆞᆫ 나ᄅᆞᆯ 뉘라고 말ᄒᆞᄂᆞ뇨 베드로ㅣ ᄃᆡ답ᄒᆞ야 ᄀᆞᆯᄋᆞᄃᆡ 너ᄂᆞᆫ 그리스도ㅣ니이다 ᄒᆞ거ᄂᆞᆯ

⑤ ᄯᅩ 무러 ᄀᆞᆯᄋᆞ샤ᄃᆡ 너희ᄂᆞᆫ 나를 누구라 ᄒᆞᄂᆞ냐 피득이 ᄃᆡ답ᄒᆞ여 ᄀᆞᆯᄋᆞᄃᆡ 쥬ᄂᆞᆫ 긔독이니다 ᄒᆞ거ᄂᆞᆯ

⑥ ᄯᅩ 무러 ᄀᆞᆯᄋᆞ샤ᄃᆡ 너희ᄂᆞᆫ 나ᄅᆞᆯ 뉘라 ᄒᆞᄂᆞ냐 베드로ㅣ ᄀᆞᆯᄋᆞᄃᆡ 쥬ᄂᆞᆫ 그리스도시니이다 ᄒᆞ거ᄂᆞᆯ

⑦ ᄯᅩ 무러ᄀᆞᆯᄋᆞ샤ᄃᆡ 너희는 나를 뉘라ᄒᆞᄂᆞ냐 베드로ㅣ 갈ᄋᆞᄃᆡ 쥬는 그리스도시니이다 ᄒᆞ거늘

⑧ ᄯᅩ 무러 ᄀᆞᆯᄋᆞ샤ᄃᆡ 너희는 나를 뉘라 ᄒᆞᄂᆞ냐 베드로가 ᄃᆡ답ᄒᆞ야 ᄀᆞᆯᄋᆞᄃᆡ 쥬는 그리스도시니이다 ᄒᆞ거늘

⑨ 又 問ᄒᆞ야 曰 爾等은 我를 誰라 ᄒᆞᄂᆞ냐 베드로가 對ᄒᆞ야 曰 主는 그리스도시니이다 ᄒᆞ거ᄂᆞᆯ

⑩ ᄯᅩ 무러 ᄀᆞᆯᄋᆞ샤ᄃᆡ 너희ᄂᆞᆫ 나를 누구라 ᄒᆞᄂᆞ냐 베드로가 ᄀᆞᆯᄋᆞᄃᆡ 主ᄂᆞᆫ 그리스도시니이다

⑪ ᄯᅩ 무러 갈아샤대 너희는 나를 뉘라 하나냐 베드로가 對答하야 갈아대 主는 그리스도시니이다 하거늘

⑫ ᄯᅩ 무르샤대 너희는 나를 누구라 하나냐 베드로가 대답하야 갈아대 쥬는 그리스도시니이다 하매

⑬ 또 물으시되 너희는 나를 누구라 하느냐 베드로가 대답하여 가로되 주는 그리스도시니이다 하매

⑭ そこでイエスは彼らに尋ねられた、「それでは、あなたがたはわたしをだれと言うか」。ペテロが答えて言った、「あなたこそキリストです」。

마가福音 08:30

① 耶穌戒之,使毋以之告人。

② 이여 경계ᄒᆞ여 사람으게 고치 말나 ᄒᆞ다라

③ 이여 겡계ᄒᆞ여 사ᄅᆞᆷ의게 고치 말나 ᄒᆞ더라

④ 예수ㅣ 경계ᄒᆞ야 ᄒᆞ여곰 사ᄅᆞᆷ의게 고치 못ᄒᆞ게 ᄒᆞ시니라

⑤ 경게ᄒᆞ샤ᄃᆡ 아모 사ᄅᆞᆷ의게도 고치 말나 ᄒᆞ시더라

⑥ 경계ᄒᆞ샤 아모 사ᄅᆞᆷ의게도 ᄒᆞ지 말나 ᄒᆞ시더라

⑦ 경계하샤 아모 사ᄅᆞᆷ의게도 말하지말나 ᄒᆞ시고

⑧ 경계ᄒᆞ샤 아모사ᄅᆞᆷ의게도 말ᄒᆞ지 말나 ᄒᆞ시고

⑨ 儆戒ᄒᆞ샤 某人의게도 言ᄒᆞ지 말나 ᄒᆞ시고

⑩ 예수ㅣ儆戒ᄒᆞ샤 아모 사ᄅᆞᆷ의게도 말ᄒᆞ지 말나 ᄒᆞ시고

⑪ 儆戒하샤 아모 사람의게도 말하지 말나 하시고

⑫ 이에 자긔의 일을 아모의게도 말하지 말나 경계하시고

⑬ 이에 자기의 일을 아무에게도 말하지 말라 경계하시고

⑭ するとイエスは、自分のことをだれにも言ってはいけないと，彼らを戒められた。

마가福音 08:31

① 於是始示之以人子必多受害,爲長老祭司諸長士子所棄,且見殺,三日後必復生。

② 비로소 가라쳐 인자만이 고상ᄒᆞ여 쟝노와 졔사쟝과 션비의 버린 바 되여 쥐기물 보왓다가 삼일 후에 다시 닐갓다 ᄒᆞ다라

③ 비르소 가라쳐 인ᄌᆞ만이 고상ᄒᆞ여 쟝노와 졔사쟝과 션비의 버린 바 되여 쥐기물 보왓다가 삼일 후에 다시 닐갓다 ᄒᆞ더라

④ 이에 ᄀᆞᆯᄋᆞ샤ᄃᆡ 인ᄌᆞㅣ 반ᄃᆞ시 해ᄅᆞᆯ 만히 밧어 쟝로와 졔ᄉᆞ와 모든 션비들의 ᄇᆞ린 바ㅣ 되고 ᄯᅩ 죽임을 당ᄒᆞ되 다만 사ᄒᆞᆯ 후면 반ᄃᆞ시 다시 살아나심을 닐ᄋᆞ시니

⑤ ᄯᅩ ᄀᆞᆯᄅᆞ치시기를 시작ᄒᆞ샤 ᄀᆞᆯᄋᆞ샤ᄃᆡ 인ᄌᆞㅣ 반ᄃᆞ시 여러 가지 해를 밧고 쟝로와 졔ᄉᆞ졔쟝과 셔샤관들의게 ᄇᆞ림이 되어 ᄯᅩ 죽엇다가 사ᄒᆞᆯ 후에 다시 니러나리라 ᄒᆞ샤

⑥ ᄯᅩ ᄀᆞᄅᆞ치시기ᄅᆞᆯ 시작ᄒᆞ샤 인ᄌᆞㅣ 반ᄃᆞ시 고난을 만히 밧고 쟝로와 졔ᄉᆞ졔쟝과 셔샤관들의게 ᄇᆞ림이 되야 죽임을 당ᄒᆞ고 사ᄒᆞᆯ만에 다시 니러나리라 ᄒᆞ시니

⑦ ᄯᅩ ᄀᆞᄅᆞ치시기를 시작ᄒᆞ샤 인자ㅣ 반ᄃᆞ시 고난을 만히 밧고 쟝로와 졔ᄉᆞ졔쟝과 셔긔관들의게 ᄇᆞ림이 되여 죽임을 당ᄒᆞ고 사ᄒᆞᆯ만에 다시 니러나리라 ᄒᆞ시니
(ᄯᅩ ᄀᆞᄅᆞ치시ᄃᆡ 인ᄌᆞ가 반ᄃᆞ시 고난을 만히 밧고 쟝로와 졔ᄉᆞ졔쟝과 셔긔관들의게 ᄇᆞ림이 되여 죽임을 당ᄒᆞ고 사ᄒᆞᆯ만에 다시살니라 ᄒᆞ야)

⑧ ᄯᅩ ᄀᆞᄅᆞ치시ᄃᆡ 인ᄌᆞ가 반ᄃᆞ시 고난을 만히밧고 쟝로와 졔ᄉᆞ졔쟝과 셔긔관들의게 ᄇᆞ림이 되여 주인을 당ᄒᆞ고 사ᄒᆞᆯ만에 다시 살니라 ᄒᆞ야

⑨ ᄯᅩ 訓ᄒᆞ시ᄃᆡ 人子가 반ᄃᆞ시 苦難을 多受ᄒᆞ고 長老와 祭司諸長과 書記官들의게 棄ᄒᆞᆷ이 되어 殺ᄒᆞᆷ을 當ᄒᆞ고 三日만에 復活ᄒᆞ리라 ᄒᆞ야

⑩ 비로소 ᄀᆞᄅᆞ치샤ᄃᆡ 人子가 苦難을 만히 밧고 長老와 祭司諸長과 書記官늘의게 ᄇᆞ림이 되어 죽임을 當ᄒᆞ고 사ᄒᆞᆯ만에 다시 살니라

⑪ ᄯᅩ 가라치시대 人子가 반다시 苦難을 만히 밧고 長老와 祭司諸長과 書記官들의게 바림이 되어 죽임을 當하고 사흘 만에 다시 살니라 하야

⑫ 인자가 만흔 고난을 밧고 쟝로들과 대졔사장들과 셔긔관들이게 바린바 되어 죽임을 당하고 사흘만에 살아나야 할 것을 비로
소 뎌희게 가라치시대
⑬ 인자가 많은 고난을 받고 장로들과 대제사장들과 서기관들에게 버린바 되어 죽임을 당하고 사흘만에 살아나야 할것을 비로
소 저희에게 가르치시되
⑭ それから、人の子は必ず多くの苦しみを受け、長老、祭司長、律法學者たちに捨てられ、また殺され、そして三日の後によ
みがえるべきことを、彼らに教えはじめ、

마가福音 08:32

① 棄明言此言,彼得遂援而諫之。
② 예수 발키 이를 말ᄒᆞ니 피들이 밧쟈ᄒᆞ여 비로소 간ᄒᆞ거날
③ 예수 발키 이롤 말ᄒᆞ니 피들이 붓들여 비르소 간ᄒᆞ거날
④ 이 말솜을 분명이 말ᄒᆞ시매 베드로ㅣ 드듸여 잡고 간ᄒᆞᆫ듸
⑤ 이 말솜을 명빅히 ᄒᆞ여시니 피득이 예수의 손을 잡고 비로소 간ᄒᆞ거ᄂᆞᆯ
⑥ 이 말솜을 명빅히 ᄒᆞ시매 베드로ㅣ 예수ᄅᆞᆯ 붓들고 간ᄒᆞ기ᄅᆞᆯ 시작ᄒᆞ니
⑦ 이 말솜을 명빅히 ᄒᆞ시매 베드로ㅣ 예수를 붓들고 간ᄒᆞ기를 시작ᄒᆞ니
(이 말솜을 명빅히 ᄒᆞ시매 베드로가 예수를 붓들고 간ᄒᆞ거늘)
⑧ 이 말솜을 명빅히 ᄒᆡ매 베드로가 예수를 붓들고 간ᄒᆞ거늘
⑨ 此 言을 明白히 ᄒᆞ시매 베드로가 예수를 扶ᄒᆞ고 諫ᄒᆞ거ᄂᆞᆯ
⑩ 明白히 말삼ᄒᆞ시니 베드로가 예수를 붓들고 諫ᄒᆞ거ᄂᆞᆯ

⑪ 이 말삼을 明白히 하시매 베드로가 예수를 붓들고 諫하거늘
⑫ 드러내 놋코 이 말삼을 하시니 베드로가 예수를 붓들고 간하매
⑬ 드러내 놓고 이 말씀을 하시니 베드로가 예수를 붙들고 간하매
⑭ しかもあからさまに、この事を話された。すると、ペテロはイエスをわきへ引き寄せて、いさめはじめたので、

마가福音 08:33

① 耶穌回顧門徒,而責彼得曰,撒但,退我後,爾弗體神之情,乃人之情耳。
② 이여 뎨자를 돌아보고 피들을 칙망ᄒᆞ여 갈아샤되 사탄아 ᄂᆡ 뒤로 물너가라 너ᄂᆞᆫ ᄒᆞ나님의 일을 ᄉᆡᆼ각지 못ᄒᆞ고 사람의 일한다 ᄒᆞ다라
③ 이여 뎨자ᄅᆞᆯ 돌아보고 피들ᄋᆞᆯ 칙망ᄒᆞ여 갈아샤ᄃᆡ 사탄아 ᄂᆡ 뒤로 물너가라 너ᄂᆞᆫ 하나님의 일ᄋᆞᆯ 몸밧지 온코 이 사ᄅᆞᆷ의 일한다 ᄒᆞ더라
④ 예수ㅣ 뎨ᄌᆞ들을 도라보시며 베드로ᄅᆞᆯ ᄶᅮ지럼ᄒᆞ샤 ᄀᆞᆯᄋᆞ샤ᄃᆡ 사탄은 나의 뒤흐로 물너잇스라 너ᄂᆞᆫ 샹뎨의 졍을 몸밧지 아니ᄒᆞ고 이에 사ᄅᆞᆷ의 졍이로다 ᄒᆞ시고
⑤ 예수ㅣ 뎨ᄌᆞ들을 둘너 보시며 피득을 ᄶᅮ지져 ᄀᆞᆯᄋᆞ샤ᄃᆡ 살단아 내게셔 물너가라 네가 텬쥬의 ᄯᅳᆺ순 몸밧지 아니코 사ᄅᆞᆷ의 일만 ᄉᆡᆼ각하ᄂᆞᆫ도다 ᄒᆞ시고
⑥ 예수ㅣ 노리키샤 뎨ᄌᆞᄅᆞᆯ 보시며 베드로ᄅᆞᆯ ᄶᅮ지져 ᄀᆞᆯᄋᆞ샤ᄃᆡ 샤난아 물너 가라 네가 텬쥬의 ᄯᅳᆺ을 ᄉᆡᆼ삭지 아니ᄒᆞ고 사ᄅᆞᆷ의 ᄯᅳᆺ만 ᄉᆡᆼ각ᄒᆞᄂᆞᆫ도다 ᄒᆞ시고
⑦ 예수ㅣ 도리키샤 뎨ᄌᆞ를 보시며 베드로를 ᄶᅮ지져 ᄀᆞᆯᄋᆞ샤ᄃᆡ 사단아 물너가라 네가 하ᄂᆞ님의 ᄯᅳᆺ을 ᄉᆡᆼ각지 아니ᄒᆞ고 사ᄅᆞᆷ의 ᄯᅳᆺ만 ᄉᆡᆼ각ᄒᆞᄂᆞᆫ도다 ᄒᆞ시고

⑧ 예수가 도리키샤 뎨ᄌᆞ를 보시며 베드로를 ᄭᅮ지져 ᄀᆞᆯᄋᆞ샤ᄃᆡ 사단아 물너가라 네가 하ᄂᆞ님의 ᄯᅳᆺ을 생각지 아니ᄒᆞ고 사ᄅᆞᆷ의 ᄯᅳᆺ만 ᄉᆡᆼ각ᄒᆞᄂᆞᆫ도다 ᄒᆞ시고
⑨ 예수가 도리켜 弟子를 視ᄒᆞ시며 베드로를 責ᄒᆞ야 曰 사단아 退ᄒᆞ라 爾가 上帝의 意를 思치 아니ᄒᆞ고 人의 意만 思ᄒᆞᄂᆞᆫ도다 ᄒᆞ시고
⑩ 예수ㅣ 도리키샤 弟子들을 보시며 베드로를 ᄭᅮ지져 ᄀᆞᆯᄋᆞ샤ᄃᆡ 사단아 물너가라 네가 하ᄂᆞ님의 ᄯᅳᆺ을 ᄉᆡᆼ각지 아니ᄒᆞ고 사ᄅᆞᆷ의 ᄯᅳᆺ만 ᄉᆡᆼ각ᄒᆞᄂᆞᆫ도다 ᄒᆞ시고
⑪ 예수ㅣ 도리키샤 弟子를 보시며 베드로를 ᄭᅮ지져 갈아샤대 사단아 물너가라 네가 하나님의 ᄯᅳᆺ을 생각지 아니하고 사람의 ᄯᅳᆺ만 생각하는도다 하시고
⑫ 예수ᄭᅴ셔 도리키샤 뎨자들을 보시며 베드로를 ᄭᅮ지저 갈아샤대 사단아 내 뒤로 물너가라 네가 하나님의 일을 생각지 아니하고 도로혀 사람의 일을 생각하는도다 하시고
⑬ 예수께서 돌이키사 제자들을 보시며 베드로를 꾸짖어 가라사대 사단아 내 뒤로 물러가라 네가 하나님의 일을 생각지 아니하고 도리어 사람의 일을 생각하는도다 하시고
⑭ イエスは振り返って、弟子たちを見ながら、ペテロをしかって言われた、「サタンよ、引きさがれ。あなたは神のことを思わないで、人のことを思っている」。

마가福音 08:34

① 遂召衆與門謂之曰,凡欲從我者,則當克己,負其十字架以從我。
② 이여 뭇사람과 뎨자를 불너 갈아샤되 나를 좃고져 ᄒᆞᄂᆞᆫ 쟈면 〈영인본『한국성경대전집1』에 수록되어 있는「예수셩교셩셔 말코복음」의 08:34 후반 ~ 09:11 전반 부분이 누락되어 있음〉

③ 이여 뭇사ᄅᆞᆷ과 뎨자ᄅᆞᆯ 불너 갈아샤ᄃᆡ 나ᄅᆞᆯ 좃고져 ᄒᆞᄂᆞᆫ 쟈면 몸ᄋᆞᆯ 이긔여 십ᄌᆞ틀ᄋᆞᆯ 지고 나ᄅᆞᆯ 좃추라 ᄒᆞ문
④ 드ᄃᆡ여 무리와 다뭇 그 뎨ᄌᆞᄅᆞᆯ 부ᄅᆞ샤 닐너 ᄀᆞᆯᄋᆞ샤ᄃᆡ 무릇 나ᄅᆞᆯ 좃고져 ᄒᆞᆯ진대 맛당이 몸을 어긔여 그 십ᄌᆞ가를 지고써 나ᄅᆞᆯ 조칠 거시니
⑤ 뭇사ᄅᆞᆷ과 뎨ᄌᆞ들을 불너 ᄀᆞᆯᄋᆞ샤ᄃᆡ 만일 아모 사ᄅᆞᆷ이라도 나를 ᄯᆞ라오랴면 졍욕을 좃지 말고 십ᄌᆞ가를 지고 나를 ᄯᆞ르게 ᄒᆞ라
⑥ 뭇사ᄅᆞᆷ과 뎨ᄌᆞ들을 불너와 ᄀᆞᆯᄋᆞ샤ᄃᆡ 아모던지 나ᄅᆞᆯ ᄯᆞ라오랴거든 졍욕을 져ᄇᆞ리고 제 십ᄌᆞ가ᄅᆞᆯ 지고 나ᄅᆞᆯ 좃치라
⑦ 뭇사ᄅᆞᆷ과 뎨ᄌᆞ들을 불너와 ᄀᆞᆯᄋᆞ샤ᄃᆡ 아모던지 나를 ᄯᆞ라오려거든 졍욕을 져ᄇᆞ리고 제 십ᄌᆞ가를 지고 나를 조차라
(무리와 뎨ᄌᆞ들을 불너셔 ᄀᆞᆯᄋᆞ샤ᄃᆡ 아모던지 나를 ᄯᆞ라오려거든 ᄌᆞ긔를 져ᄇᆞ리고 제 십ᄌᆞ가를 지고 나를 좃치라)
⑧ 무리와 뎨ᄌᆞ들을 불너셔 ᄀᆞᆯᄋᆞ샤ᄃᆡ 아모던지 나를 ᄯᆞ라오려거든 ᄌᆞ긔를 이긔고 제 십ᄌᆞ가를 지고 나를 좃치라
⑨ 衆과 弟子들을 召ᄒᆞ야 曰 誰某던지 我를 隨來ᄒᆞ랴거든 自己를 克ᄒᆞ고 渠의 十字架를 負ᄒᆞ고 我를 從ᄒᆞ라
⑩ 무리와 弟子들을 불너셔 ᄀᆞᆯᄋᆞ샤ᄃᆡ 아모던지 나를 ᄯᆞ라오려거든 自己를 이긔고 제 十字架를 지고 좃츠라
⑪ 무리와 弟子들을 불너셔 갈아샤대 아모던지 나를 ᄯᅡ라오랴거든 自己를 이긔고 제 十字架를 지고 나를 좃치라
⑫ 무리와 뎨자들을 불너 닐아샤대 아모던지 나를 ᄯᅡ라오랴거든 자긔를 부인하고 자긔 십자가를 지고 나를 좃출것이니라
⑬ 무리와 제자들을 불러 이르시되 아무든지 나를 따라 오려거든 자기를 부인하고 자기 십자가를 지고 나를 좇을 것이니라
⑭ それから群衆を弟子たちと一緒に呼び寄せて、彼らに言われた、「だれでもわたしについてきたいと思うなら、自分を捨て、自分の十字架を負うて、わたしに従ってきなさい。

마가福音 08:35

① 蓋欲救其生命者,必喪之,惟爲我及福音而喪生命者,必救之。

② 〈영인본『한국성경대전집1』에 수록되어 있는「예수셩교셩셔 말코복음」의 누락 부분〉
③ 그 싱명올 구완코져 ᄒᆞᄂᆞᆫ 쟈ᄂᆞᆫ 쟝차 망ᄒᆞ고 오직 나과 및 복음올 위ᄒᆞ여 그 싱명올 망한 쟈ᄂᆞᆫ 쟝차 구완ᄒᆞ미라
④ 대개 제 싱명을 구코져 ᄒᆞᄂᆞᆫ 쟈ᄂᆞᆫ 반ᄃᆞ시 업시 ᄒᆞ려니와 다만 나와 및 복음을 위ᄒᆞ야 싱명을 일흔 쟈ᄂᆞᆫ 반ᄃᆞ시 구ᄒᆞ리라
⑤ 대개누구던지 제 목숨을 앗기고져 ᄒᆞ면 그 거슬 일흘 거시오 ᄯᅩ 누구던지 날과 복음을 위ᄒᆞ야 제 목숨을 일흐면 그 거술
ᄎᆞ지리라
⑥ 대개누구던지 나와 및 복음을 위ᄒᆞ야 제 목숨을 일흐면 구홀 거시니
⑦ 대개누구던지 제 목숨을 구원코져ᄒᆞᄂᆞᆫ 쟈는 일흘 거시오 누구던지 나와 및 복음을 위ᄒᆞ야 제 목숨을 일ᄂᆞᆫ 쟈는 구원ᄒᆞ리라
⑧ 대개누구던지 제 목숨을 구원코져 ᄒᆞᄂᆞᆫ 쟈는 일흘 거시오 누구던지 나와 및 복음을 위ᄒᆞ야 제 목숨을 일ᄂᆞᆫ 쟈는 구원ᄒᆞ리라
⑨ 大槩誰던지 渠의 生命을 救援코져 ᄒᆞᄂᆞᆫ 者는 失홀 거시오 誰던지 我와 및 福音을 爲ᄒᆞ야 渠의 生命을 失ᄒᆞᄂᆞᆫ 者는 救援ᄒᆞ리라
⑩ 누구던지 제 生命을 救援코져 ᄒᆞᄂᆞᆫ 者ᄂᆞᆫ 일흘 거시오 누구던지 나와 및 福音 爲ᄒᆞ야 제 生命을 일ᄂᆞᆫ 者ᄂᆞᆫ 救援ᄒᆞ리라
⑪ 大概누구던지 제 목숨을 救援코져 하는 者는 일흘 것이오 누구던지 나와 및 福音을 爲하야 제 목숨을 일는 者는 救援하리라
⑫ 누구던지 제 목숨을 구원코져 하면 일흘 것이요 누구던지 나와 복음을 위하야 제 목숨을 일흐면 구원하리라
⑬ 누구든지 제 목숨을 구원하고자 하면 잃을 것이요 누구든지 나와 복음을 위하여 제 목숨을 잃으면 구원하리라
⑭ 自分の命を救おうと思う者はそれを失い、わたしのため、また福音のために、自分の命を失う者は、それを救うであろう。

마가福音 08:36
① 人若獲全地而失其生命,有何益哉,
② 〈영인본『한국성경대전집1』에 수록되어 있는「예수셩교셩셔 말코복음」의 누락 부분〉
③ 만약 사롬이 오은 셰샹올 엇고 그 싱명올 힐으면 무삼 유익이 이ᄉᆞ리요

④ 사ᄅᆞᆷ이 만일 텬하ᄅᆞᆯ 엇고뎌 ᄉᆡᆼ명을 일흘진대 무ᄉᆞᆷ 유익ᄒᆞᆷ이 잇ᄉᆞ며

⑤ 사ᄅᆞᆷ이 만일 온 텬하리를 엇고도 제 목숨을 일흐면 무어시 유익ᄒᆞᆷ이 되리오

⑥ 사ᄅᆞᆷ이 만일 온 텬하ᄅᆞᆯ 엇고도 제 목숨을 일흐면 무어시 유익ᄒᆞ리오

⑦ ᄉᆞᄅᆞᆷ이 만일 온 텬하를 엇고도 제 목숨을 일흐면 무어세 유익ᄒᆞ리오

⑧ 사ᄅᆞᆷ이 만일 왼 텬하를 엇고도 그 목숨을 일흐면 무어세 유익ᄒᆞ리오

⑨ 人이 萬一 왼 天下를 得ᄒᆞ고도 其 生命을 失ᄒᆞ면 何에 有益ᄒᆞ리오

⑩ 사ᄅᆞᆷ이 온 天下를 엇고도 그 生命을 일흐면 무어시 有益ᄒᆞ리오

⑪ 사람이 만일 온 천하를 엇고도 그 목숨을 일흐면 무엇에 有益하리오

⑫ 사람이 만일 온 텬하를 엇고도 제 목숨을 일흐면 무엇이 유익하리오

⑬ 사람이 만일 천하를 얻고도 제 목숨을 잃으면 무엇이 유익하리요

⑭ 人が全世界をもうけても、自分の命を損したら、なんの得になろうか。

마가福音 08:37

① 人將以何者易其生命乎,

② 〈영인본에 08:34 후반 ~ 09:11 전반 부분이 누락되어 있음〉

③ 사ᄅᆞᆷ이 무어스로써 그 ᄉᆡᆼ명ᄋᆞᆯ 밧구랴

④ 사ᄅᆞᆷ이 쟝ᄎᆞᆺ 무엇ᄉᆞ로써 제 ᄉᆡᆼ명을 밧고겟ᄂᆞ냐

⑤ 사ᄅᆞᆷ이 무엇슬 주고 목숨을 밧구겟ᄂᆞ냐

⑥ 사ᄅᆞᆷ이 무어ᄉᆞᆯ 주고 제 목숨을 밧고겟ᄂᆞ냐

⑦ 사ᄅᆞᆷ이 무어슬 주고 제 목숨을 밧고겟ᄂᆞ냐
⑧ 사ᄅᆞᆷ이 무어슬주고 그 목숨을 밧고겟ᄂᆞ냐
⑨ 人이 何로써 其 生命을 易ᄒᆞ겟ᄂᆞ냐
⑩ 사ᄅᆞᆷ이 무어스로 그 生命을 밧고겟ᄂᆞ냐
⑪ 사람이 무엇을 주고 그 목숨을 밧고겟나냐
⑫ 사람이 무엇을 주고 제 목숨을 밧고겟나냐
⑬ 사람이 무엇을 주고 제 목숨을 바꾸겠느냐
⑭ また、人はどんな代価を拂って、その命を買いもどすことができようか。

馬傳福音書 08:38

① 蓋於此姦惡之世,凡恥我及我之道者,則人子以父之榮,偕諸聖使而臨時,亦必恥斯人矣。
② 〈영인본『한국성경대전집1』에 수록되어 있는「예수성교셩셔 말코복음」의 누락 부분〉
③ 무론 이 간악한 셰ᄃᆡ에셔 나과 ᄂᆡ 도로써 붓그러우물 삼ᄂᆞᆫ 쟈ᄂᆞᆫ 인ᄌᆞ 아밤의 영화로써 텬사과 함씌 님할 ᄯᆡ에 ᄯᅩᄒᆞᆫ 이 사ᄅᆞᆷ
으로써 붓그러우물 삼으리라 ᄒᆞ더라
④ 대개 이 간악ᄒᆞᆫ 인간에 무릇 나와 밋 나의 도롤 붓그럽게 아ᄂᆞᆫ 쟈ᄂᆞᆫ 인ᄌᆞㅣ 내부의 영화로써 모든 거륵ᄒᆞᆫ ᄉᆞ쟈로 ᄀᆞᆺ치 림ᄒᆞᆯ
ᄠᅢ에 ᄯᅩᄒᆞᆫ 이 사ᄅᆞᆷ을 붓그럽게 ᄒᆞ리라
⑤ 대개 이 음란ᄒᆞ고 죄 만ᄒᆞᆫ 셰상에 잇서 나와 내의 도를 붓그러ᄒᆞᄂᆞᆫ 쟈ᄂᆞᆫ 인ᄌᆞ도 아바니의 영광으로 거룩ᄒᆞᆫ 텬ᄉᆞ와 ᄒᆞᆷ씌
ᄂᆞ려올 ᄠᅢ에 그 사ᄅᆞᆷ을 붓그럽다 ᄒᆞ리라
⑥ 대개 이 음란ᄒᆞ고 죄 만흔 셰ᄃᆡ에 잇서 나와 내 도롤 붓그러워 하ᄂᆞᆫ 쟈ᄂᆞᆫ 인ᄌᆞ도 아바니의 영광으로 거륵ᄒᆞᆫ 텬ᄉᆞ와 ᄒᆞᆷ씌

ᄂᆞ려 올 때에 그 사ᄅᆞᆷ을 그러워 ᄒᆞ리라

⑦ 대개 이 음란ᄒᆞ고 죄만흔 셰ᄃᆡ에 잇서 나와 내 도를 붓그러워ᄒᆞᄂᆞᆫ 쟈는 인ᄌᆞ도 아바지의 영광으로 거륵ᄒᆞᆫ 텬ᄉᆞ와 ᄒᆞᆷᄭᅴ ᄂᆞ려 올 때에 그 사ᄅᆞᆷ을 붓그러워ᄒᆞ리라

⑧ 대개 이 음란ᄒᆞ고 죄 만흔 셰ᄃᆡ에 잇서 나와 내 도를 붓그러워ᄒᆞᄂᆞᆫ 쟈는 인ᄌᆞ도 아바지의 영광으로 거륵ᄒᆞᆫ텬ᄉᆞ와 ᄒᆞᆷᄭᅴ ᄂᆞ려 올 때에 그 사ᄅᆞᆷ을 붓그러워ᄒᆞ리라

⑨ 大槩 此 淫亂ᄒᆞ고 罪가 多ᄒᆞᆫ 世代에 在ᄒᆞ야 我와 我의 道를 羞ᄒᆞᄂᆞᆫ 者는 人子도 父의 榮光으로 聖天使와 ᄒᆞᆷᄭᅴ 下臨ᄒᆞᆯ 時에 其 人을 羞ᄒᆞ리라

⑩ 이 淫亂ᄒᆞ고 罪만흔 世代에 잇서 나와 내 道를 붓그러워 ᄒᆞᄂᆞᆫ 者ᄂᆞᆫ 人子도 아바지의 榮光으로 거룩ᄒᆞᆫ 天使와 ᄒᆞᆷᄭᅴ ᄂᆞ려 올 때에 그 사ᄅᆞᆷ을 붓그워ᄒᆞ리라

⑪ 大概이 淫亂하고 罪만흔 世代에 잇서 나와 내 道를 붓그러워하는 者는 人子도 아바지의 榮光으로 거륵한 天使와 함끠 나려올 때에 그 사람을 붓그러워하리라

⑫ 누구던지 이 음린하고 죄 민흔 셰대에셔 나와 내 말을 붓그리워하면 인자도 아바지의 영광으로 기륵힌 텬사들과 함끠 올 때에 그 사람을 붓그러워하리라

⑬ 누구든지 이 음란하고 죄 많은 세대에서 나와 내 말을 부끄러워하면 인자도 아버지의 영광으로 거룩한 천사들과 함께 올 때에 그 사람을 부끄러워하리라

⑭ 邪惡で罪深いこの時代にあって、わたしとわたしの言葉とを恥じる者に對しては、人の子もまた、父の榮光のうちに聖なる御使(みつかい)たちと共に來るときに、その者を恥じるであろう」。

9장

마가福音 09:01

① 耶穌又謂之曰,我誠告爾,立於此者,有人將必不死,迨見神之國以權而臨也。

② 〈영인본『한국성경대전집1』에 수록되어 있는「예수셩교셩셔 말코복음」의 누락 부분〉

③ 쏘 갈아샤ᄃᆡ ᄂᆡ 실노 너희게 일오나니 여긔 션 쟈 죽기 젼에 쟝차 하나님의 나라이 능간으로 오믈 보리라 ᄒᆞ더라

④ 예수ㅣ 쏘 닐너 ᄀᆞᆯᄋᆞ샤ᄃᆡ 나ㅣ 진실노 너희게 닐ᄋᆞᄂᆞ니 여긔 션 사ᄅᆞᆷ이 쟝ᄎᆞᆺ 죽지 아니ᄒᆞ고 샹뎨 나라희 권으로 림ᄒᆞᆷ을
보리라 ᄒᆞ시고

⑤ 예수ㅣ 쏘 ᄀᆞᆯᄋᆞ샤ᄃᆡ 내 실노 너희게 닐ᄋᆞ노니 여긔 셧ᄂᆞᆫ 니 즁에 더러ᄂᆞᆫ 텬쥬의 나라이 권셰로 림ᄒᆞᄂᆞᆫ 거슬 보기ᄭᆞ지 죽음이
업ᄉᆞ리라 ᄒᆞ시더라

⑥ 예수ㅣ 쏘 ᄀᆞᆯᄋᆞ샤ᄃᆡ 내 실노 너희게 닐ᄋᆞ노니 여긔 셧ᄂᆞᆫ 사ᄅᆞᆷ 즁에 죽지 아니ᄒᆞ야셔 텬쥬의 나라히 권셰로 림ᄒᆞᄂᆞᆫ 거술
볼 사ᄅᆞᆷ이 잇ᄂᆞ니라 ᄒᆞ시더라

⑦ 쏘 ᄀᆞᆯᄋᆞ샤ᄃᆡ 실노 너희게 닐ᄋᆞ노니 여긔 셧ᄂᆞᆫ 사ᄅᆞᆷ즁에 죽지 아니ᄒᆞ야셔 하ᄂᆞ님의 나라히 권셰로 림ᄒᆞᄂᆞᆫ 거슬볼 사ᄅᆞᆷ이
잇ᄂᆞ니라 ᄒᆞ시더라
(쏘 ᄀᆞᆯᄋᆞ샤ᄃᆡ 내가 실노 너희게 닐ᄋᆞ노니 여긔 셧는 사ᄅᆞᆷ 즁에 죽는 맛슬 보기 젼에 하ᄂᆞ님의 나라히 권셰로 림ᄒᆞ는 거슬
볼 사ᄅᆞᆷ이 잇ᄂᆞ니라 ᄒᆞ시더라)

⑧ 쏘 ᄀᆞᆯᄋᆞ샤ᄃᆡ 내가 실노 너희게 닐ᄋᆞ노니 여긔 셧ᄂᆞᆫ 사ᄅᆞᆷ 즁에 죽지 아니ᄒᆞ여셔 하ᄂᆞ님의 나라히 권셰로 림ᄒᆞᄂᆞᆫ 거슬 볼
사ᄅᆞᆷ이 잇ᄂᆞ니라 ᄒᆞ시더라

⑨ 又 曰 我가 實노 爾等의게 諭ᄒᆞ노니 此處에 立ᄒᆞᆫ 人 中에 死치 아니ᄒᆞ여셔 上帝의 國이 權勢로 臨ᄒᆞᄂᆞᆫ 거슬 見ᄒᆞᆯ 人이 有ᄒᆞ니
라 ᄒᆞ시더라

⑩ 쏘 ᄀᆞᆯᄋᆞ샤ᄃᆡ 내가 眞實노 너희의게 닐ᄋᆞ노니 여긔 셧ᄂᆞᆫ 사람 中에 죽기 前에 하ᄂᆞ님의 나라 이 權能으로 臨ᄒᆞᆷ을 볼 者가

잇ᄂᆞ니라 ᄒᆞ시더라

⑪ ᄯᅩ 갈아샤대 내가 眞實노 너희게 닐아노니 여긔 섯는 사람 中에 죽지아니하야셔 하나님의 나라가 權勢로 臨하는 것을 볼 사람이 잇나니라 하시더라

⑫ ᄯᅩ 뎌희게 닐아샤대 내가 진실노 너희게 닐아노니 여긔 섯는 사람 즁에 죽기 젼에 하나님의 나라가 권능으로 림하는 것을 볼 쟈들도 잇나니라 하시니라

⑬ 또 저희게 이르시되 내가 진실로 너희에게 이르노니 여기 섰는 사람 중에 죽기 전에 하나님의 나라가 권능으로 임하는 것을 볼 자들도 있느니라 하시니라

⑭ また、彼らに言われた、「よく聞いておくがよい。神の國が力をもって來るのを見るまでは、決して死を味わわない者が、ここに立っている者の中にいる」。

마가福音 09:02

① 越六日,耶穌攜彼得,雅各,約翰率之潛登高山,在其前而變化,

② 〈영인본 『한국성경대전집1』에 수록되어 있는 「예수셩교셩셔 말코복음」의 누락 부분〉

③ 엿시롤 지닉여 예수 피들과 야곱과 요안닉롤 다리고 그윽키 놉푼 산에 올나 그 압폐셔 변화ᄒᆞᄂᆞᆫ딕

④ 륙일을 지나 예수ㅣ 베드로와 야고보와 요한을 거ᄂᆞ리시고 ᄀᆞ만이 놉흔 산에 오ᄅᆞ샤 그 압희 계셔 변화ᄒᆞ시니

⑤ ᄯᅩ 엿ᄉᆡ 후에 예수ㅣ 피득과 아각과 요한을 ᄃᆞ리시고 죵용이 놉흔 산에 올나가샤 그 사ᄅᆞᆷ들 압희셔 형용을 변ᄒᆞ시매

⑥ 엿ᄉᆡ 후에 예수ㅣ 베드로와 야고보와 요한을 ᄃᆞ리시고 ᄯᅡ로 놉흔 산에 올나가샤 그 사ᄅᆞᆷ들 압헤셔 형샹을 변화ᄒᆞ시니

⑦ 엿ᄉᆡ 후에 예수ㅣ 베드로와 야고보와 요한을 ᄃᆞ리시고 ᄯᅡ로 놉흔 산에 올나가샤 그 사ᄅᆞᆷ들압헤셔 형샹을 변화ᄒᆞ샤
(엿ᄉᆡ 후에 예수가 베드로와 야고보와 요한을 ᄃᆞ리시고 ᄉᆞᄃᆞ로 놉흔 산에 올나가샤 그 사ᄅᆞᆷ들 압헤서 형샹을 변화ᄒᆞ시니)

⑧ 엿싀 후에 예수가 베드로와 야고보와 요한을 다리시고 ᄯᅡ로 놉흔산에 올나가샤 그 사ᄅᆞᆷ들 압헤서 형샹을 변화ᄒᆞ시니
⑨ 六日 後에 예수가 베드로와 야고보와 요한을 携ᄒᆞ시고 別노 高山에 登ᄒᆞ샤 其 人들의 前에셔 形狀을 變化ᄒᆞ시니
⑩ 엿새 後에 예수ㅣ 베드로와 야고보와 요한을 ᄃᆞ리시고 從容히 놉은 山에 올나가샤 뎌희 目前에 形狀을 變化ᄒᆞ시니
⑪ 엿새 後에 예수ᄭᅴ셔 베드로와 야고보와 요한을 다리시고 ᄯᅡ로 놉흔 山에 올라가샤 그 사람들 앞헤셔 形象을 變化하시니
⑫ 엿새 후에 예수ᄭᅴ셔 베드로와 야고보와 요한을 다리시고 ᄯᅡ로 놉흔 산에 올나가셧더니 뎌희 압헤셔 변형되샤
⑬ 엿새 후에 예수께서 베드로와 야고보와 요한을 데리시고 따로 높은 산에 올라가셨더니 저희 앞에서 변형되사
⑭「六日(むいか)の後、イエスは、ただペテロ、ヤコブ、ヨハネだけを連れて、高い山に登られた。ところが、彼らの目の前
でイエスの姿が変り、

마가福音 09:03

① 其矣光耀,皎白如雪,世之漂者無能白之若此。
② 〈영인본『한국성경대전집1』에 수록되어 있는「예수셩교셩셔 말코복음」의 누락 부분〉
③ 그 옷시 빗나 희여 셰샹에 희게 ᄒᆞᄂᆞᆫ 쟈도 능히 이 갓치 희게 못ᄒᆞ갓고
④ 그 옷싀 강치 찬란ᄒᆞ여 빅셜ᄀᆞᆺ흐니 셰샹의 섈니ᄒᆞᆫ 거ᄉᆞ로ᄂᆞᆫ 이ᄀᆞᆺ치 흴 수 업더라
⑤ 그 옷시 찬란ᄒᆞ고 심히 희니 셰샹의셔 ᄲᅡᆯ내ᄒᆞᆫ 거스로ᄂᆞᆫ 이러케 흴 수가 업ᄉᆞᆯ너라
⑥ 그 옷시 심히 희여 광치 나니 셰샹에셔 ᄲᅡᆯ내ᄒᆞᄂᆞᆫ 쟈가 이러케 희게 ᄒᆞᆯ수가 업ᄉᆞᆯ너라
⑦ 그 옷시 심히 희여 광치 나니 셰샹에셔 ᄲᅡᆯ내ᄒᆞᄂᆞᆫ 쟈가 이러케 희게ᄒᆞᆯ수가 업ᄉᆞᆯ너라
(그 옷시 심히 희여 광치가 나매 셰샹에셔 ᄲᅡᆯ내ᄒᆞ는 쟈가 이러케 희게 ᄒᆞᆯ 수가 업슬너라)
⑧ 그 옷이 심히 희여 광치가 나매 셰샹에셔 ᄲᅡᆯ내ᄒᆞᄂᆞᆫ 쟈가 이러케 희게 ᄒᆞᆯ 수가 업슬너라

⑨ 其 衣가 甚히 皎ᄒᆞ야 光彩가 生ᄒᆞ매 世上에셔 漂澼ᄒᆞᄂᆞᆫ 者가 如此히 白ᄒᆞ게 ᄒᆞᆯ 수가 無ᄒᆞᆯ너라
⑩ 그 옷시 甚히 희여 光彩나니 世上 에셔 ᄲᆞᆯ내ᄒᆞᄂᆞᆫ 者가 이러케 희게 ᄒᆞᆯ 수가 업슬널라
⑪ 그 옷이 甚히 희여 光彩가 나매 世上에셔 ᄲᆞᆯ내하는 者가 이리케 희게 할 수가 엇슬너라
⑫ 그 옷이 광채가 나며 셰상에셔 ᄲᆞᆯ내하는 쟈가 그러케 희게 할 수 업슬만치 심히 희여졋더라
⑬ 그 옷이 광채가 나며 세상에서 빨래하는 자가 그렇게 희게 할 수 없을만큼 심히 희어졌더라
⑭ その衣は眞白く輝き、どんな布さらしでも、それほどに白くすることはできないくらいになった。

마가福音 09:04

① 時,以利亞,摩西現於彼衆,乃與耶穌語。
② 〈영인본 『한국성경대전집1』에 수록되어 있는 「예수셩교셩셔 말코복음」의 누락 부분〉
③ ᄯᅩ 이니아과 모쇼가 나타나 예수로 더부러 말ᄒᆞ니
④ 이 ᄣᅢ에 엘늬아 모세 뎌들의게 나타나써 뵈이어 예수로 더부러 말ᄉᆞᆷᄒᆞ니
⑤ ᄯᅩ 이리아와 마셔가 나타나 예수로 더브러 말ᄉᆞᆷᄒᆞ거ᄂᆞᆯ
⑥ ᄯᅩ 엘니야와 밋 모셰가 뎌희게 나타나 예수로 더브러 말ᄉᆞᆷᄒᆞ거ᄂᆞᆯ
⑦ ᄯᅩ 엘니야와 밋 모세가 뎌희게 나타나 예수로 더브러 말ᄉᆞᆷᄒᆞ거늘
(ᄯᅩ 엘니야와 밋 모세가 뎌희게 나타나 예수로 더브러 말ᄉᆞᆷᄒᆞ거늘)
⑧ ᄯᅩ 엘니야와 밋 모세가 뎌희게 나타나 예수로 더브러 말ᄉᆞᆷᄒᆞ거늘
⑨ ᄯᅩ 엘니야의 밋 모세가 彼等의게 顯ᄒᆞ야 예수ᄅᆞ 與 言ᄒᆞ거ᄂᆞᆯ
⑩ 忽然히 엘니야와 모세가 나타아 예수로 더브러 말ᄉᆞᆷᄒᆞ거ᄂᆞᆯ

⑪ 쏘 엘니야와 밋 모세가 뎌희게 나타나 예수로 더브러 말삼하거늘
⑫ 이에 엘니야가 모세와 함씌 뎌희게 나타나 예수로 더브러 말삼하거늘
⑬ 이에 엘리야가 모세와 함께 저희에게 나타나 예수로 더불어 말씀하거늘
⑭ すると、エリヤがモーセと共に彼らに現れて、イエスと語り合っていた。

마가福音 09:05

① 彼得謂耶穌曰,夫子,我儕在此善矣,容我儕健三廬,一爲爾,一爲摩西, 一爲以利亞,
② 〈영인본 『한국성경대전집1』에 수록되어 있는 「예수셩교셩셔 말코복음」의 누락 부분〉
③ 피들이 예수게 일너 갈아되 션싱님 우리 여긔 이스미 죠흐니 우리 막 셰히롤 서워 ᄒᆞᆫ나은 션싱님올 위ᄒᆞ고 ᄒᆞᆫ나은 모쇼롤
위ᄒᆞ고 ᄒᆞᆫ나은 이니아롤 위ᄒᆞ갓나이다 ᄒᆞ니
④ 베드로ㅣ 예수씌 엿ᄌᆞ와 ᄀᆞᆯᄋᆞᄃᆡ 스승아 우리가 여긔 잇는거시 됴흐니 우리들노 ᄒᆞ여 집세흘 지어 ᄒᆞ나흔 너를 위ᄒᆞ고 ᄒᆞ나
흔 모셰롤 위ᄒᆞ고 ᄒᆞ나흔 엘늬아롤 위ᄒᆞ자 하나
⑤ 피득이 예수씌 고ᄒᆞ여 ᄀᆞᆯᄋᆞᄃᆡ 랍비여 우리가 여긔 잇는 거시 됴ᄉᆞ오니 우리로 ᄒᆞ여곰 장막 셋슬 지어 ᄒᆞ나는 쥬를 위ᄒᆞ고
ᄒᆞ나는 마셔를 위ᄒᆞ고 쏘 ᄒᆞ나는 이리아를 위하게 ᄒᆞ옵쇼셔 ᄒᆞᆷ은
⑥ 베드로ㅣ 예수씌 ᄃᆡ답ᄒᆞ야 ᄀᆞᆯᄋᆞᄃᆡ 션싱님이여 우리가 여긔 잇는 거시 됴ᄉᆞ오니 우리가 장막 셋술 지어 ᄒᆞ나흔 쥬롤 잇게
ᄒᆞ고 ᄒᆞ나흔 모셰롤 잇 게 ᄒᆞ고 ᄒᆞ나흔 엘니야롤 잇게 ᄒᆞ리이다 ᄒᆞᆷ은
⑦ 베드로ㅣ 예수씌 ᄃᆡ답ᄒᆞ야 ᄀᆞᆯᄋᆞᄃᆡ 션싱님이여 우리가 여긔 잇는 거시 됴ᄉᆞ오니 우리가 장막 셋슬 지어 ᄒᆞ나흔 쥬를 잇게ᄒᆞ
고 ᄒᆞ나흔 모세를 잇게ᄒᆞ고 ᄒᆞ나흔 엘니야를 잇게ᄒᆞ리이다 ᄒᆞᆷ은
(베드로가 예수를 ᄃᆡ답ᄒᆞ야 ᄀᆞᆯᄋᆞᄃᆡ 션싱님이여 우리가 여긔 잇는 거시 됴ᄉᆞ오니 우리가 장막 셋슬 지어 ᄒᆞ나흔 쥬를 계시게

ᄒᆞ고 ᄒᆞ나흔 모세를 계시게 ᄒᆞ고 ᄒᆞ나흔 에니야를 계시게 ᄒᆞ리이다 ᄒᆞ니)

⑧ 베드로가 예수를 ᄃᆡᄒᆞ야 ᄀᆞᆯᄋᆞᄃᆡ 션ᄉᆡᆼ님이여 우리가 여긔 잇ᄂᆞᆫ 거시 둇ᄒᆞ오니 우리가 쟝막 세슬 지어 ᄒᆞ나흔 쥬를 계시게
ᄒᆞ고 ᄒᆞ나흔 모세를 계시게 ᄒᆞ고 ᄒᆞ나흔 에니야를 계시게 ᄒᆞ리이다 ᄒᆞ니

⑨ 베드로가 예수를 對ᄒᆞ야 曰 先生님이여 我等이 此處에 在ᄒᆞᆫ 거시 善ᄒᆞ오니 我等이 帳幕 三坐를 造ᄒᆞ야 一坐는 主를 處ᄒᆞ시게
ᄒᆞ고 一坐는 모세를 處ᄒᆞ시게 ᄒᆞ고 一坐는 엘니야를 處ᄒᆞ시게 ᄒᆞ리이다 ᄒᆞ니

⑩ 베드로가 예쑤ᄭᅴ 엿ᄌᆞ오ᄃᆡ 先生님이여 우리가 여긔 잇ᄂᆞᆫ거시 죳ᄉᆞ오니 帳幕 세슬지어 ᄒᆞ나ᄂᆞᆫ 主ᄭᅴ 계시게 ᄒᆞ고 ᄒᆞ나ᄂᆞᆫ 모세
로 잇게 ᄒᆞ고 ᄒᆞ나ᄂᆞᆫ 엘니야로 잇게 ᄒᆞ리이다 ᄒᆞ니

⑪ 베드로가 예수를 對하야 갈아대 先生님이어 우리가 여긔 잇는 것이 둇사오니 우리가 帳幕 셋을 지어 하나는 主를 계시게
하고 하나는 모세를 게게 하고 하나는 엘니야를 계시게 하리이다 하니

⑫ 베드로가 예수ᄭᅴ 고하대 랍비여 우리가 여긔 잇는 것이 둇사오니 우리가 초막 셋을 지으대 하나는 쥬를 위하야 하나는 모세
를 위하야 하나는 엘니야를 위하야 하사이다 하니

⑬ 베드로가 예수께 고하되 랍비여 우리가 여기 있는 것이 좋사오니 우리가 초막 셋을 짓되 하나는 주를 위하여 하나는 모세를
위하여 하나는 엘리야를 위하여 하사이다 하니

⑭ ペテロはイエスにむかって言った、「先生、わたしたちがここにいるのは、すばらしいことです。それで、わたしたちは小
屋を三つ建てましょう。一つはあなたのために、一つはモーセのために、一つはエリやのために」。

마가福音 09:06

① 然不自知所謂,蓋三徒懼甚也。

② 〈영인본『한국성경대전집1』에 수록되어 있는「예수셩교셩셔 말코복음」의 누락 부분〉

③ 글어나 스사로 일은 바ᄅᆞᆯ 아지 못ᄒᆞ문 뎨자 두려우미 심ᄒᆞ미라

④ 그러나 스ᄉᆞ로 닐ᄋᆞᄂᆞᆫ 바ᄅᆞᆯ 아지 못ᄒᆞ야 세 문도ㅣ 두려옴이심 ᄒᆞ더니

⑤ 제가 무슴 말을 ᄒᆞᆯ넌지 아지 못ᄒᆞᆷ이오 뎌희들이 심히 무셔워 ᄒᆞᆷ일너라

⑥ 제가 무슴 ᄃᆡ답ᄒᆞᆯ넌지 아지 못 ᄒᆞᆷ이오 뎌희가 심히 무셔워 ᄒᆞᆷ일너라

⑦ 제가 무슴 ᄃᆡ답ᄒᆞᄂᆞᆫ지 아지못ᄒᆞᆷ이오 뎌희가 심히 무셔워ᄒᆞᆷ일너라

(대개 뎌가 합당히 ᄒᆞᆯ 말을 아지 못ᄒᆞᆷ은 뎌희가 심히 무셔워ᄒᆞᆷ일너라)

⑧ 대개 뎌가 합당히 ᄒᆞᆯ 말을 아지 못ᄒᆞᆷ은 뎌희가 심히무셔워ᄒᆞᆷ일너라

⑨ 大槩 彼가 合當히 ᄒᆞᆯ 言을 知치 못ᄒᆞᆷ은 彼等이 甚懼ᄒᆞᆷ일너라

⑩ 더가 合當히 ᄒᆞᆯ 말을 아지 못ᄒᆞᆷ은 더희가 甚히 무셔워 ᄒᆞᆷ일너라

⑪ 大概 뎌가 合當히 할 말을 아지 못함은 뎌희가 甚히 무셔워 함일너라

⑫ 이는 뎌희가 심히 무셔워함으로 뎌가 무삼 말을 할는지 아지 못함이더라

⑬ 이는 저희가 심히 무서워하므로 저가 무슨 말을 할는지 알지 못함이더라

⑭ そう言ったのは、みんなの者が非常に恐れていたので、ペテロは何を言ってよいか、わからなかったからである。

마가福音 09:07

① 適雲蔽之,有聲自雲出,曰,此我愛子,爾宜聽之。

② 〈영인본 『한국성경대전집1』에 수록되어 있는 「예수셩교셩서 말코복음」의 누락 부분〉

③ 구름이 갈이우고 구름으로부터 소ᄅᆡ 이서 갈아샤ᄃᆡ 이ᄂᆞᆫ ᄂᆡ의 사랑ᄒᆞᄂᆞᆫ 아달이니 너희 들으라 ᄒᆞ더라

④ ᄆᆞᆺ춤 구룸이 ᄀᆞ리우고 소ᄅᆡ잇서 구룸속으로부터 나와 ᄀᆞᆯᄋᆞᄃᆡ 이ᄂᆞᆫ 나의 ᄉᆞ랑ᄒᆞᄂᆞᆫ ᄋᆞᄃᆞᆯ이니 너희ᄂᆞᆫ 맛당이 드ᄅᆞᆯ지어다 ᄒᆞ니

⑤ ᄆᆞᆺᄎᆞᆷ 구름이 와 덥희더니 ᄯᅩ 구름속으로 소ᄅᆡ 잇서 닐ᄋᆞᄃᆡ 이ᄂᆞᆫ 내의 ᄉᆞ랑ᄒᆞᄂᆞᆫ 아ᄃᆞᆯ이니 너희ᄂᆞᆫ 드를지어다 ᄒᆞ거ᄂᆞᆯ
⑥ ᄆᆞᆺᄎᆞᆷ 구룸이 와 ᄀᆞ리오며 ᄯᅩ 소ᄅᆡ가 구룸속에셔 나와 ᄀᆞᆯᄋᆞᄃᆡ 이ᄂᆞᆫ 내 ᄉᆞ랑ᄒᆞᄂᆞᆫ 아ᄃᆞᆯ이니 너희ᄂᆞᆫ 뎌ᄅᆞᆯ 드ᄅᆞ라 ᄒᆞ시거ᄂᆞᆯ
⑦ 맛ᄎᆞᆷ 구름이 와 ᄀᆞ리오며 ᄯᅩ 소ᄅᆡ가 구름속에셔 나셔 ᄀᆞᆯᄋᆞ샤ᄃᆡ 이는 내 ᄉᆞ랑ᄒᆞ난 아ᄃᆞᆯ이니 너희는 뎌를 드르라 ᄒᆞ시거늘
(맛ᄎᆞᆷ 구름이 와셔 ᄀᆞ리우며 ᄯᅩ 소ᄅᆡ가 구름속에셔 나셔 ᄀᆞᆯᄋᆞ샤ᄃᆡ 이는 내 ᄉᆞ랑ᄒᆞ는 아ᄃᆞᆯ이니 너희는 뎌의 말을 드르라 ᄒᆞ시거늘)

⑧ 맛ᄎᆞᆷ 구름이 와셔 ᄀᆞ리우며 ᄯᅩ 소ᄅᆡ가 구름속에셔 나셔 ᄀᆞᆯᄋᆞ샤ᄃᆡ 이는 내 ᄉᆞ랑ᄒᆞᄂᆞᆫ아ᄃᆞᆯ이니 너희는 뎌의 말을 드르라 ᄒᆞ시거늘
⑨ 맛ᄎᆞᆷ 雲이 來ᄒᆞ야 蔽ᄒᆞ며 ᄯᅩ 聲이 雲裏에셔 出ᄒᆞ야 曰 此는 我의 愛子니 爾等은 彼의 言을 聽ᄒᆞ라 ᄒᆞ시거ᄂᆞᆯ
⑩ ᄆᆞᆺᄎᆞᆷ 구름이 ᄀᆞ리우며 구름속에셔 소ᄅᆡ나셔 ᄀᆞᆯᄋᆞ샤ᄃᆡ 이ᄂᆞᆫ 내 ᄉᆞ랑ᄒᆞᄂᆞᆫ 아ᄃᆞᆯ이니 너희ᄂᆞᆫ 더의 말을 드르라 ᄒᆞ시거ᄂᆞᆯ
⑪ 맛참 구름이 와셔 가리우며 ᄯᅩ 소래가가 구름속에셔 나셔 갈아샤대 이는 내 사랑하는 아달이니 너희는 뎌의 말을 드르라 하시거늘
⑫ 맛참 구름이 와셔 뎌희를 덥흐며 구름속에셔 소래가 나대 이는 내 사랑하는 아달이니 너희는 뎌의 말을 드르라 하는지라
⑬ 마침 구름이 와서 저희를 덮으며 구름속에서 소리가 나되 이는 내 사랑하는 아들이니 너희는 저의 말을 들으라 하는지라
⑭ すると、雲がわき起って彼らをおおった。そして、その雲の中から聲があった、「これはわたしの愛する子である。これに聞け」。

마가福音 09:08

① 門徒環視,倏不見一人,惟耶穌偕己而已。
② 〈영인본『한국성경대전집1』에 수록되어 있는「예수셩교셩서 말코복음」의 누락 부분〉

③ 뎨자 문득 둘너보니 한 사ᄅᆞᆷ도 보이지 ᄋᆞᆫ코 오직 예수과 자긔덜 ᄲᅮᆫ이더라

④ 문도ㅣ 도라서셔 보니 홀연이 ᄒᆞᆫ 사ᄅᆞᆷ도 보지 못ᄒᆞ고 오직 예수ㅣ ᄌᆞ긔와 ᄒᆞᆫ 가지로 잇술 ᄯᆞ름이러라

⑤ 문득 둘너 보니 아모 사ᄅᆞᆷ도 보지 못ᄒᆞ엿고 예수만 뎌희와 ᄒᆞᆷᄭᅴ 계시더라

⑥ ᄆᆞᆫ득 둘너 보니 아모 사ᄅᆞᆷ도 보지 못ᄒᆞ엿고 예수 ᄲᅮᆫ 저희와 ᄒᆞᆷᄭᅴ 계시더라

⑦ 문득 둘너보니 아모 사ᄅᆞᆷ도 보지 못ᄒᆞ엿고 예수ᄲᅮᆫ뎌희와 ᄒᆞᆷᄭᅴ 계시더라

(ᄆᆞᆫ득 둘너보니 아모 사ᄅᆞᆷ도 보지 못ᄒᆞ고 예수만 뎌희와 ᄒᆞᆷᄭᅴ 계시더라)

⑧ ᄆᆞᆫ득 둘너보니 아모사ᄅᆞᆷ도 보지 못ᄒᆞ고 예수만 뎌희와 ᄒᆞᆷᄭᅴ계시더라

⑨ ᄆᆞᆫ득 環視ᄒᆞ니 某人도 見치 못ᄒᆞ고 예수만 彼等과 同在ᄒᆞ시더라

⑩ 곳 둘너보니 예수 外에 아모 사ᄅᆞᆷ도 보이지 아니ᄒᆞ더라

⑪ ᄆᆞᆫ득 둘너보니 아모 사람도 보지 못하고 예수만 뎌희와 함ᄭᅴ 계시더라

⑫ 문득 둘너 보니 아모도 보이지 아니하고 오직 예수와 자긔들 ᄲᅮᆫ이엇더라

⑬ 문득 둘러 보니 아무도 보이지 아니하고 오직 예수와 자기들 뿐이었더라

⑭ 彼らは急いで見まわしたが、もはやだれも見えず、ただイエスだけが、自分たちと一緒におられた。

마가福音 09:09

① 下山時,耶穌戒曰,毋以所見告人,迨人子由死復生也。

② 〈영인본『한국성경대전집1』에 수록되어 있는「예수셩교셩셔 말코복음」의 누락 부분〉

③ 산에 ᄂᆡ릴 썩에 예수 겡계ᄒᆞ시되 인ᄌᆞ 죽으무로 다시 닌 젼에 본 바로써 사ᄅᆞᆷ의게 고치 말나 ᄒᆞ니

④ 산에 ᄂᆞ릴 ᄣᅢ에 예수ㅣ 경계ᄒᆞ야 ᄀᆞᆯᄋᆞ샤ᄃᆡ 본 바로써 사ᄅᆞᆷ의게 고치말기를 나ㅣ 죽음으로브터 다시 살아나기ᄭᆞ지 ᄒᆞ라

⑤ 산에셔 ᄂᆞ려올 ᄯᅢ에 예수ㅣ 경계ᄒᆞ야 ᄀᆞᆯᄋᆞ샤ᄃᆡ 인ᄌᆞㅣ 죽음으로 다시 니러나는 ᄯᅢ에ᄭᆞ지 너희 본 거슬 아모 사ᄅᆞᆷ의게라도 닐ᄋᆞ지 말나 ᄒᆞ시니

⑥ 산에셔 ᄂᆞ려올 ᄯᅢ에 예수ㅣ 경계ᄒᆞ샤 인ᄌᆞㅣ 죽음에셔 다시 니러나는 ᄯᅢ ᄭᆞ지 저희 본 거술 아모 사ᄅᆞᆷ의게라도 닐ᄋᆞ지 말나 ᄒᆞ시니

⑦ 산에셔 ᄂᆞ려올 ᄯᅢ에 예수ㅣ 경계ᄒᆞ샤 인ᄌᆞㅣ 죽음에셔 다시 니러나는 ᄯᅢᄭᆞ지 뎌희 본 거슬 아모 사ᄅᆞᆷ의게도 닐ᄋᆞ지말나 ᄒᆞ시니

(산에셔 ᄂᆞ려올 ᄯᅢ에 예수가 경계ᄒᆞ샤 인ᄌᆞ가 죽은 쟈 가온ᄃᆡ셔 다시 사라날 ᄯᅢᄭᆞ지 뎌희 본 거슬 아모 사ᄅᆞᆷ의게도 닐ᄋᆞ지 말나 ᄒᆞ시니)

⑧ 산에셔 ᄂᆞ려올 ᄯᅢ에 예수가 경계ᄒᆞ샤 인ᄌᆞ가 죽은가온ᄃᆡ셔 다시살아날 ᄯᅢᄭᆞ지 뎌희 본 거슬 아모사ᄅᆞᆷ의게도 닐ᄋᆞ지 말나 ᄒᆞ시니

⑨ 山에셔 下來ᄒᆞᆯ 時에 예수가 儆戒ᄒᆞ샤 人子가 死中에셔 復活ᄒᆞᆯ 時ᄭᆞ지 彼等의 見ᄒᆞᆫ 거슬 某人의게도 謂ᄒᆞ지 말나 ᄒᆞ시니

⑩ 예수ㅣ 山에셔 ᄂᆞ려오실서 儆戒ᄒᆞ샤 人子가 죽엇다기 復活ᄒᆞᆯ ᄯᅢ ᄭᆞ지 그 본 일을 아모 사ᄅᆞᆷ의게도 닐ᄋᆞ지 말나 ᄒᆞ시니

⑪ 山에셔 나려 올 ᄯᅢ에 예수ㅣ 儆戒하샤 人子가 죽은 가온대셔 다시 살아날 ᄯᅢᄭᅡ지 뎌희 본 것을 아모 사람의게도 닐아지 말나 하시니

⑫ 뎌희가 산에셔 나려올 ᄯᅢ에 예수ᄭᅴ셔 경계하샤대 인자가 죽은 쟈 가온대셔 살아날 ᄯᅢᄭᅡ지는 본 것을 아모의게도 닐아지 말나 하시니

⑬ 저희가 산에서 내려올 때에 예수께서 경계하시되 인자가 죽은자 가운데서 살아날 때까지는 본 것을 아무에게도 이르지 말라 하시니

⑭ 一同が山を下って來るとき、イエスは「人の子が死人の中からよみがえるまでは、いま見たことをだれにも話してはならな

い」と、彼らに命じられた。

마가福音 09:10

① 門徒隱匿此言,共議由死復生何意。

② 〈영인본『한국성경대전집1』에 수록되어 있는「예수셩교셩셔 말코복음」의 누락 부분〉

③ 뎨자 이 말ᄋᆞᆯ 간직ᄒᆞ여 함씌 의론ᄒᆞ되 죽으무로 다시닐갓다문 무삼뜻인가 ᄒᆞ고

④ 문도ㅣ 이 말을 숨기고 ᄒᆞᆷ씌 의론ᄒᆞ되 죽음으로브터 다시살아난다ᄒᆞ심은 무슴뜻이신고

⑤ 뎨ᄌᆞ들이 이 말솜을 복응ᄒᆞ며 서로 의론ᄒᆞᄃᆡ 다시니러난다 ᄒᆞᆷ은 무슴뜻시뇨 ᄒᆞ고

⑥ 뎨ᄌᆞ들이 이 말솜을 ᄆᆞ음에 두며 서로 의론하ᄃᆡ 죽음에셔 다시니러난다 ᄒᆞᆷ은 무슴뜻이뇨 ᄒᆞ고

⑦ 뎨ᄌᆞ들이 이 말솜을 ᄆᆞ음에 두며 서로 의론ᄒᆞᄃᆡ 죽음에셔 다시니러ᄂᆞᆫ다ᄒᆞᆷ은 무슴뜻이뇨 ᄒᆞ고
(뎨ᄌᆞ들이 이 말솜을 ᄆᆞ음에 두며 서로 의론ᄒᆞᄃᆡ 죽은쟈가온ᄃᆡ셔 다시살아난다 ᄒᆞᆷ은 무슴뜻이뇨 ᄒᆞ고)

⑧ 뎨ᄌᆞ들이 이 말솜을 ᄆᆞ음에 두며 서로의론ᄒᆞᄃᆡ 죽은가온ᄃᆡ셔 다시살아난다 ᄒᆞᆷ은 무슴뜻이뇨 ᄒᆞ고

⑨ 弟子들이 此 言을 心中에 存ᄒᆞ며 相議ᄒᆞᄃᆡ 死中에셔 復活ᄒᆞᆫ다 ᄒᆞᆷ은 何意뇨 ᄒᆞ고

⑩ 弟子들이 이 말솜을 ᄆᆞ음에 두며 서로 議論ᄒᆞ되 復活ᄒᆞᆫ다 ᄒᆞ심은 무슴 뜻인고 ᄒᆞ고

⑪ 弟子들이 이 말삼을 마암에 두며 서로 議論하대 죽은 가온대셔 다시살아난다 함은 무삼뜻이뇨 하고

⑫ 뎌희가 이 말삼을 마암에 두며 서로 문의하대 죽은쟈 가온대셔 살아나는 것이 무엇일가 하고

⑬ 저희가 이 말씀을 마음에 두며 서로 문의하되 죽은자 가운데서 살아나는 것이 무엇일까 하고

⑭ 彼らはこの言葉を心にとめ、死人の中からよみがえるとはどういうことかと、互いに論じ合った。

마가福音 09:11

① 彼問耶穌曰,士子言以利亞當先至,何歟。

② 〈영인본 『한국성경대전집1』에 수록되어 있는 「예수셩교셩셔 말코복음」의 누락 부분〉 만져 오리라 ᄒᆞ다이다 ᄒᆞ니

③ 쏘 무러 갈아되 션비의 말이 이니아가 맛당히 만져오리라 ᄒᆞ다이다 ᄒᆞ니

④ 이에 예수ᄭᅴ 뭇ᄌᆞ와 ᄀᆞᆯᄋᆞᄃᆡ 션비들이 말ᄒᆞ기ᄅᆞᆯ 엘늬아ㅣ 맛당이 몬져니ᄅᆞ리라 ᄒᆞ엿다 ᄒᆞ니 엇지ᄒᆞᆷ이니잇가

⑤ 예수씌 뭇ᄌᆞ와 ᄀᆞᆯᄋᆞᄃᆡ 셔샤관들이 말ᄒᆞ기를 이리아가 맛당히 몬져온다 ᄒᆞ더이다 ᄒᆞ거ᄂᆞᆯ

⑥ 예수ᄭᅴ 뭇ᄌᆞ와 ᄀᆞᆯᄋᆞᄃᆡ 셔샤관이 말ᄒᆞ기ᄅᆞᆯ 엘니야가 맛당히 몬져온단 말이 엇짐이뇨 ᄒᆞ거ᄂᆞᆯ

⑦ 예수ᄭᅴ 뭇ᄌᆞ와 ᄀᆞᆯᄋᆞᄃᆡ 셔긔관이 말ᄒᆞ기를 엘니야가 맛당히 몬져온단 말이 엇짐이뇨 ᄒᆞ거늘
(예수ᄭᅴ 뭇ᄌᆞ와 ᄀᆞᆯᄋᆞᄃᆡ 셔긔관이 말ᄒᆞ기를 엘니야가 맛당히 몬져와야 뎌가 오시리라 ᄒᆞᄂᆞᆫ 말이 엇짐이뇨 ᄒᆞ거늘)

⑧ 예수ᄭᅴ 뭇ᄌᆞ와 ᄀᆞᆯᄋᆞᄃᆡ 셔긔관이 말ᄒᆞ기를 엘니야가 몬져와야 오시리라 ᄒᆞᄂᆞᆫ 말이 엇짐이뇨 ᄒᆞ거늘

⑨ 예수ᄭᅴ 問ᄒᆞ야 曰 書記官이 言ᄒᆞ기를 엘니야가 先來ᄒᆞ여야 彼가 來ᄒᆞ시리라 ᄒᆞᄂᆞᆫ 言이 何意뇨 ᄒᆞ거ᄂᆞᆯ

⑩ 예수ᄭᅴ 뭇ᄌᆞ와 ᄀᆞᆯᄋᆞᄃᆡ 그러면 書記官이 닐ᄋᆞ기를 엘니야가 몬져와야 뎌가 오시리리 ᄒᆞᆷ은 엇짐이니잇고

⑪ 예수ᄭᅴ 뭇자와 갈아대 書記官이 말하기를 엘니야가 몬져와야 뎌가 오시리라 하는 말이 엇짐이뇨 하거늘

⑫ 이에 예수ᄭᅴ 뭇자와 갈아대 엇지하야 셔긔관들이 엘니야가 몬져와야 하리라 하나잇가

⑬ 이에 예수께 묻자와 가로되 어찌하여 서기관들이 엘리야가 먼저와야 하리라 하나이까

⑭ そしてイエスに尋ねた、「なぜ、律法學者たちは、エリヤが先に來るはずだと言っているのですか」。

마가福音 09:12

① 耶穌答之曰,以利亞必先至,以復振諸事,且錄指人子有云,必多受苦而爲人所忽。

② 갈아샤ᄃᆡ 이니아가 자연 만져와 모단 일을 회복케 ᄒᆞ리라 ᄒᆞ고 셩경에 말이 인자가 만이 고상ᄒᆞ여 업수이 네기는 바 되리라 ᄒᆞ문 엇지냐

③ 갈아샤ᄃᆡ 이니아가 자연 만져와 모단 일을 회복케 ᄒᆞ리라 ᄒᆞ고 셩경에 말이 인자가 만이 고상ᄒᆞ여 업수이 네기는 바 되리라 ᄒᆞ문 엇지냐

④ 예수ㅣ ᄃᆡ답ᄒᆞ야 ᄀᆞᆯᄋᆞ샤ᄃᆡ 엘늬아ㅣ 반ᄃᆞ시 몬져니ᄅᆞ러써 다시 모든 일을 진긔ᄒᆞᆯ 거시오 ᄯᅩᄒᆞᆫ ᄎᆡᆨ에 인ᄌᆞ롤 두고 닐넛시되 반ᄃᆞ시 고초롤 만히 밧아 사ᄅᆞᆷ의 경홀이 녁임이 되리라 ᄒᆞ엿시니

⑤ ᄀᆞᆯᄋᆞ샤ᄃᆡ 이리아ㅣ 과연 몬져와셔 모든 것슬 회복ᄒᆞᆯ 거시여놀 ᄯᅩ 엇지 셩경에 인ᄌᆞㅣ 여러 가지 괴로옴을 밧고 업수이 녁임이 되리라 ᄒᆞ엿ᄂᆞ냐

⑥ ᄀᆞᆯᄋᆞ샤ᄃᆡ 엘니야ㅣ 과연 몬져와셔 모든 거술 회복ᄒᆞ거놀 ᄯᅩ 엇지 셩경에 인ᄌᆞㅣ 고난을 만히 밧고 업수히 녁임을 당ᄒᆞ리라 ᄒᆞ셧ᄂᆞ냐

⑦ ᄀᆞᆯᄋᆞ샤ᄃᆡ 엘니야ㅣ 과연 몬져와셔 모든 거슬 회복ᄒᆞ거늘 ᄯᅩ 엇지 셩경에 인ᄌᆞㅣ 고난을 만히 밧고 업수히 녁임을 당ᄒᆞ리라 ᄒᆞ셧ᄂᆞ냐
(ᄀᆞᆯᄋᆞ샤ᄃᆡ 엘니야가 과연 몬져와셔 모든거슬 회복ᄒᆞ리니 ᄯᅩ 엇지 셩경에 인ᄌᆞ가 고난을 만히 밧고 업수히 녁임을 당ᄒᆞ리라 ᄒᆞ엿ᄂᆞ냐)

⑧ ᄀᆞᆯᄋᆞ샤ᄃᆡ 엘니야가 과연 몬져와셔 모든거슬 회복ᄒᆞ리니 엇지 셩경에 인ᄌᆞ가 고난을 만히밧고 업수이녁임을 당ᄒᆞ리라 ᄒᆞ엿ᄂᆞ냐

⑨ 曰 엘니야가 果然 先來ᄒᆞ야 諸事를 回復ᄒᆞ리니 엇지 聖經에 人子가 苦難을 多受ᄒᆞ고 凌侮ᄒᆞᆷ을 當ᄒᆞ리라 ᄒᆞ엿ᄂᆞ냐

⑩ ᄀᆞᆯᄋᆞ샤ᄃᆡ 엘니야가 果然 몬져와셔 모든 일을 回復ᄒᆞ려니와 聖經에 人子기 苦難을 만히 밧고 업수히 녁님을 當ᄒᆞ리라 ᄒᆞ지 아니ᄒᆞ엿ᄂᆞ냐

⑪ 갈아샤대 엘니야가 果然 몬져와서 모든 것을 回復하리니 엇지 聖經에 人子가 苦難을 만히 밧고 업수히 녁임을 當하리라 하엿나냐

⑫ 갈아샤대 엘니야가 과연 몬져와셔 모든 것을 회복하거니와 엇지 인자에 대하야 긔록하기를 만흔 고난을 밧고 멸시를 당하리라 하엿나냐

⑬ 가라사대 엘리야가 과연 먼저와서 모든 것을 회복하거니와 어찌 인자에 대하여 기록하기를 많은 고난을 받고 멸시를 당하리라 하였느냐

⑭ イエスは言われた、「確かに、エリヤが先にきて、万事を元どおりに改める。しかし、人の子について、彼が多くの苦しみを受け、かつ恥ずかしめられると、書いてあるのはなぜか。

마가福音 09:13

① 我誠告爾,以利亞已至,而衆任意待之,如錄所指之者。

② ᄂᆡ 실노 너의게 일오나니 이니아가 이무 와ᄉᆞᄆᆡ 사람이 ᄯᅩ 임의로 ᄃᆡ접ᄒᆞ여ᄉᆞ니 곳 성경에 긔록한 바 깃타니라 ᄒᆞ고

③ ᄂᆡ 실노 너희게 일오나니 이니아가 이무 와ᄉᆞᄆᆡ 사ᄅᆞᆷ이 ᄯᅩ 임의로 ᄃᆡ접ᄒᆞ여ᄉᆞ니 곳 긔록한 바 갓타니라 ᄒᆞ고

④ 나ㅣ 진실노 네게 닐ᄋᆞ노니 엘늬아ㅣ 발셔 왓스되 뭇사ᄅᆞᆷ이 임의로 ᄃᆡ접ᄒᆞ기ᄅᆞᆯ ᄎᆡᆨ에 ᄀᆞᄅᆞ친 것과 ᄀᆞᆺ치 ᄒᆞ엿ᄂᆞ니라

⑤ 오직 내 너희게 닐ᄋᆞ노니 이리아ㅣ 임의 왓스되 여러 사ᄅᆞᆷ이 임의로 ᄃᆡ접ᄒᆞ기를 셩경에 긔록ᄒᆞᆫ 말과 ᄀᆞᆺ치 ᄒᆞ엿ᄂᆞ니라

⑥ 오직 내 너희게 닐ᄋᆞ노니 엘니야ㅣ 임의 왓시되 사ᄅᆞᆷ이 임의로 ᄃᆡ접ᄒᆞ기ᄅᆞᆯ 셩경에 긔록ᄒᆞᆫ 말과 ᄀᆞᆺ치 ᄒᆞ엿ᄂᆞ니라

⑦ 오직 내 너희게 닐ᄋᆞ노니 엘니야ㅣ 임의 왓시되 사ᄅᆞᆷ이 임의로 ᄃᆡ접ᄒᆞ기를 셩경에 긔록ᄒᆞᆫ 말과 ᄀᆞᆺ치ᄒᆞ엿ᄂᆞ니라 ᄒᆞ시더라
(오직 내가 너희게 닐ᄋᆞ노니 엘니아가 왓시되 사ᄅᆞᆷ이 임의로 ᄃᆡ접ᄒᆞ기를 셩경에 긔록ᄒᆞᆫ 말과 ᄀᆞᆺ치 ᄒᆞ엿ᄂᆞ니라 ᄒᆞ시더라)

⑧ 오직 내가 너희게 닐ᄋᆞ노니 엘니야가 왓스되 사ᄅᆞᆷ이 임의로 ᄃᆡ접ᄒᆞ기를 셩경에 긔록ᄒᆞᆫ 말과 ᄀᆞᆺ치 ᄒᆞ엿ᄂᆞ니라 ᄒᆞ시더라

⑨ 오직 我가 爾等의게 諭ᄒᆞᄂᆞ니 엘니야가 來ᄒᆞ엿스되 人이 任意로 待接ᄒᆞ기를 聖經에 記錄ᄒᆞᆫ 言과 ᄀᆞᆺ치 ᄒᆞ엿ᄂᆞ니라 ᄒᆞ시더라
⑩ 내가 너희의게 닐ᄋᆞ노니 엘니야가 왓스되 聖經에 記錄ᄒᆞᆫ 말과 ᄀᆞᆺ치 사ᄅᆞᆷ이 任意로 待接ᄒᆞ엿ᄂᆞ니라
⑪ 오직 내가 너희게 닐아노니 엘니야가 왓스되 사람이 任意로 待接하기를 聖經에 記錄한 말과 갓치 하엿나니라 하시더라
⑫ 그러나 내가 너희게 닐아노니 엘니야가 왓스되 긔록된 바와 갓치 사람들이 임의로 대우하엿나니라 하시니라
⑬ 그러나 내가 너희에게 이르노니 엘리야가 왔으되 기록된바와 같이 사람들이 임의로 대접하였느니라 하시니라
⑭ しかしあなたがたに言っておく、エリヤはすでにきたのだ。そして彼について書いてあるように、人々は自分かってに彼
をあしらった」。

마가福音 09:14

① 旣詣其門徒,見羣衆環之,且士子與之辯論。
② 뎨자으게 닐으러 허다한 사람이 둘우고 또 션비가 판론ᄒᆞ물 보니
③ 뎨자의게 닐으러 허다ᄒᆞᆫ 사ᄅᆞᆷ이 둘우고 또 션비가 판론ᄒᆞ물 보니
④ 임의 그 문도의게 나아가시니 사ᄅᆞᆷ들이 돌나서고 또ᄒᆞᆫ 션비들이 더부러 변론ᄒᆞ더라
⑤ 이에 그들이 뎨ᄌᆞ들의게 나아와 보니 허다ᄒᆞᆫ 사ᄅᆞᆷ이 둘넛고 또 셔샤관들이 더브러 변론ᄒᆞᄂᆞᆫ지라
⑥ 이에 뎨ᄌᆞ들의게 와 보니 허다ᄒᆞᆫ 사ᄅᆞᆷ이 둘넛고 또 셔샤관들이 더브러 힐난하더라
⑦ 이에 뎨ᄌᆞ들의게 와 보니 허다ᄒᆞᆫ 사ᄅᆞᆷ이 둘넛고 또 셔긔관들이 더브러 힐난ᄒᆞ더니
(뎌희가 이에 뎨ᄌᆞ들의게 와보니 허다ᄒᆞᆫ 무리가 둘넛고 또 셔긔관들이 더브러 힐난ᄒᆞ더니)
⑧ 뎌희가 이에 뎨ᄌᆞ들의게 와보니 허다ᄒᆞᆫ 무리가 둘넛고 또 셔긔관들이 더브러 힐난ᄒᆞ더니
⑨ 彼等이 이에 弟子들의게 來見ᄒᆞ니 許多ᄒᆞᆫ 衆이 圍ᄒᆞ엿고 또 書記官들이 더브러 詰難ᄒᆞ더니

⑩ 예수ㅣ 弟子들의게 니르러 보시니 許多훈 무리가 둘너섯고 書記官들이 더브러 詰難ᄒᆞ더니
⑪ 뎌희가 이에 弟子들의게 와 보니 許多한 무리가 둘넛고 또 書記官들이 더브러 詰難하더니
⑫ 뎌희가 이에 뎨자들의게 와셔 보니 큰 무리가 둘넛고 셔긔관들이 더브러 변론하더니
⑬ 저희가 이에 제자들에게 와서 보니 큰 무리가 둘렀고 서기관들이 더불어 변론하더니
⑭ さて、彼らがほかの弟子(でし)たちの所にきて見ると、大ぜいの群衆が弟子たちを取り囲み、そして律法學者たちが彼らと論じ合っていた。

마가福音 09:15

① 羣衆一見耶穌,駭甚,趨前問安。
② 뭇사람이 예수를 보고 황숑ᄒᆞ여 압페 나아와 문안한ᄃᆡ
③ 뭇사름이 예수를 보고 황숑ᄒᆞ여 압페 나아와 문안ᄒᆞᆫᄃᆡ
④ 여러히 ᄒᆞᆫ 번 예수를 보매 심히 놀나 압희 츄장ᄒᆞ야 문안ᄒᆞ니
⑤ 뭇사름들이 곳 예수를 보고 심히 놀내며 다라와 문안ᄒᆞ거놀
⑥ 뭇사름들이 곳 예수를 보고 심히 놀나며 다라와 문안ᄒᆞ거놀
⑦ 뭇사름들이 곳 예수를 보고 심히 놀나며 ᄃᆞ라와 문안ᄒᆞ거늘
(모든무리가 곳 예수를 보고 심히 놀나며 달녀와 문안ᄒᆞ거늘)
⑧ 모든무리가 곳 예수를 보고 심히 놀나며 달녀와 문안ᄒᆞ거늘
⑨ 諸衆이 곳 예수를 見ᄒᆞ고 甚히 驚ᄒᆞ며 馳來ᄒᆞ야 問安ᄒᆞ거놀
⑩ 무리가 예수를 보고 甚히 놀나며 달녀와 問安ᄒᆞ거놀

⑪ 모든무리가 곳 예수를 보고 甚히 놀나며 달녀와 問安하거늘

⑫ 온무리가 곳 예수를 보고 심히 놀나며 달녀와 문안하거늘

⑬ 온무리가 곧 예수를 보고 심히 놀라며 달려와 문안하거늘

⑭ 群衆はみな、すぐイエスを見つけて、非常に驚き、駆け寄ってきて、あいさつをした。

마가福音 09:16

① 耶穌問士子曰,爾與之辯論,何也。

② 예수 물으되 너의 판론ᄒᆞᄂᆞᆫ 거슨 무어시냐 ᄒᆞ니

③ 예수 물우되 너희 판론ᄒᆞᄂᆞᆫ 거슨 무어시냐 ᄒᆞ니

④ 예수ㅣ 션비들의게 무러 ᄀᆞᆯᄋᆞ샤ᄃᆡ 너희들이 ᄒᆞᆫ 가지로 변론ᄒᆞᆷ은 엇짐이뇨 ᄒᆞ시니

⑤ 예수ㅣ 무러 ᄀᆞᆯᄋᆞ샤ᄃᆡ 너희가 무엇슬 변론ᄒᆞᄂᆞ냐

⑥ 예수ㅣ 무러 ᄀᆞᆯᄋᆞ샤ᄃᆡ 너희가 무어ᄉᆞᆯ 힐난ᄒᆞᄂᆞ냐

⑦ 예수ㅣ 무러ᄀᆞᆯᄋᆞ샤ᄃᆡ 너희가 무어슬 힐난ᄒᆞᄂᆞ냐

(예수ㅣ 무러 ᄀᆞᆯᄋᆞ샤ᄃᆡ 너희가 무어슬 힐난ᄒᆞᄂᆞ냐)

⑧ 예수가 무러 ᄀᆞᆯᄋᆞ샤ᄃᆡ 너희가 무어슬 힐난ᄒᆞᄂᆞ냐

⑨ 예수가 問ᄒᆞ야 曰 爾等이 何事를 詰難ᄒᆞᄂᆞ냐

⑩ 예수ㅣ 書記官들의게 무러 ᄀᆞᆯᄋᆞ샤ᄃᆡ 너희가 무어슬 詰難ᄒᆞᄂᆞ냐

⑪ 예수ㅣ 무러 갈아샤대 너희가 무엇을 詰難하나냐

⑫ 예수끠셔 무르샤대 너희가 무엇을 뎌희와 변론하나냐

⑬ 예수께서 물으시되 너희가 무엇을 저희와 변론하느냐
⑭ イエスが彼らに、「あなたがたは彼らと何を論じているのか」と尋ねられると、

마가福音 09:17
① 衆中一人對曰,夫子,我攜我子就爾,彼爲鬼所憑而啞,
② 뭇사람 중에 한나이 딕답ᄒᆞ되 션싱님 닉가 벙어리귀신붓튼 아달을 달이고 션싱님으게 나아오기는
③ 뭇사름 중에 ᄒᆞᆫ나이 딕답ᄒᆞ되 션싱님 닉가 벙어리귀신부튼 아달ᄋᆞᆯ 달이고 션싱님의게 나아오기는
④ 이즁에 ᄒᆞᆫ 사름이 딕답ᄒᆞ여 엿ᄌᆞ오딕 부ᄌᆞ야 나ㅣ 나의 아돌을 다리고 네게로 가다가 제가 샤귀의게 잡혀 벙어리 되엿스며
⑤ 뭇사름 중에 ᄒᆞ나이 딕답ᄒᆞ딕 주여 내가 내 아돌을 ᄃᆞ리고 왓ᄉᆞ오니 제가 벙어리되ᄂᆞᆫ 귀신을 들녀셔
⑥ 무리 즁에 ᄒᆞ나히 딕답ᄒᆞ딕 션싱님이여 제 아돌을 ᄃᆞ리고 션싱님끠 오다가 뎌ᄂᆞᆫ 임의 벙어리되ᄂᆞᆫ 샤귀룰 들녀셔
⑦ 무리즁에 ᄒᆞ나히 딕답ᄒᆞ딕 션싱님이여 제 아돌을 ᄃᆞ리고 션싱님끠 온지라 뎌는 벙어리되ᄂᆞᆫ 샤귀를 들녀셔
(무리즁에 ᄒᆞ나히 딕답ᄒᆞ딕 션싱님이어 제 아돌을 다리고 션싱님끠 왓ᄉᆞ오니 뎌는 벙이리 귀신이 들녀셔)
⑧ 무리즁에 ᄒᆞ나히 딕답ᄒᆞ딕 션싱님이여 제 아돌을 다리고 션싱님끠 왓ᄉᆞ오니 뎌는 벙어리 귀신이 들녀셔
⑨ 衆中에 一人이 答ᄒᆞ딕 先生님이여 渠의 子息을 携ᄒᆞ고 先生님끠 來ᄒᆞ엿ᄉᆞ오니 彼는 啞鬼가 들녀셔
⑩ 무리 中에 ᄒᆞ나 이 對答ᄒᆞ되 先生님이여 제가 벙어리 鬼神 들닌 아돌을 ᄃᆞ리고 先生님끠 왓ᄉᆞ옵ᄂᆞᆫ딕
⑪ 부리 中에 하나 이 對答하대 선塞님이어 제 아달을 다리고 先生님끠 왓사오니 뎌는 벙어리 鬼神이 들녀셔
⑫ 무리 즁에 하나이 대답하대 션생님 벙어리 귀신 들닌 내 아달을 션생님끠 다려 왓나이다
⑬ 무리 중에 하나가 대답하되 선생님 벙어리 귀신 들린 내 아들을 선생님께 데려 왔나이다
⑭ 群衆のひとりが答えた、「先生、おしの靈につかれているわたしのむすこを、こちらに連れて參りました。

마가福音 09:18

① 無論何處執之,卽傾跌之遂流涎切齒以致枯槁,我曾請爾門徒逐之,而彼不能也。

② 뎌 어닉 곳이던지 잡우면 즉시 너머지게 ᄒᆞ여 춤을 흘니며 니를 갈고 말으기로 션싱님의 뎨자게 쫏기를 구ᄒᆞ되 뎌 능치 못ᄒᆞ더이다 ᄒᆞ니

③ 뎌 어닉 곳이던지 침노ᄒᆞ면 즉시 너머지게 ᄒᆞ여 춤올 흘니며 니롤 갈고 말으기로 션싱님의 뎨자게 쫏기롤 구ᄒᆞ되 뎌 능치 못ᄒᆞ더이다 ᄒᆞ니

④ 무론 어ᄂᆞ 곳이던지 잡으면 즉시 너머져 침 흘니며 니롤 갈아써 ᄆᆞᄅᆞ기에 니ᄅᆞ매 나ㅣ 일즉이 네 문도롤 청ᄒᆞ야 ᄢᅦ여 달나ᄒᆞ되 제가 능히 못ᄒᆞ더이다

⑤ 어ᄃᆡ던지 귀신이 뎌를 잡으면 곳 썩구러져 춤을 흘니며 니롤 갈아 쳑골이 된지라 내가 션싱의 뎨ᄌᆞ들 ᄃᆞ려 쫏쳐 달나ᄒᆞ엿더니 그들이 능히 ᄒᆞ지 못ᄒᆞ더이다 ᄒᆞ거ᄂᆞᆯ

⑥ 어ᄃᆡ던지 샤귀가 뎌롤 잡으면 곳 썩구러져 춤을 흘니며 니롤 갈아 쳑골이 된지라 제가 션싱의 뎨ᄌᆞᄃᆞ려 내여 쫏차 달나ᄒᆞ엿더니 그들이 능히 ᄒᆞ지 못 ᄒᆞ더이다 ᄒᆞ거ᄂᆞᆯ

⑦ 어ᄃᆡ던지 샤귀가 뎌를 잡으면 곳 격구러져 춤을 흘니며 니를 갈아 쳑골이 된지라 제가 션싱의 뎨ᄌᆞᄃᆞ려 내여 쪼차 달나ᄒᆞ엿더니 그들이 능히 ᄒᆞ지못ᄒᆞ더이다 ᄒᆞ거늘

(어ᄃᆡ셔던지 귀신이 뎌를 잡으면 곳 격구러져 춤을 흘니며 니를 갈아 쳑골이 된지라 내가 션싱의 뎨ᄌᆞᄃᆞ려 내여 쫏차 달나ᄒᆞ엿더니 뎌희가 능히 ᄒᆞ지 못ᄒᆞ더이다 ᄒᆞ거늘)

⑧ 어ᄃᆡ셔던지 귀신이 뎌를 잡으면 곳 격구러져 춤을 흘니며 니를 갈아 쳑골이 된지라 내가 션싱의 뎨ᄌᆞᄃᆞ려 내여쫏차 달나ᄒᆞ엿더니 뎌희가 능히 ᄒᆞ지 못ᄒᆞ더이다 ᄒᆞ거늘

⑨ 何處에셔던지 鬼神이 彼를 執ᄒᆞ면 卽 顚ᄒᆞ야 涎을 流ᄒᆞ며 齒를 切ᄒᆞ야 瘠骨이 된지라 我가 先生의 弟子ᄃᆞ려 逐出ᄒᆞ야 달나

ᄒᆞ엿더니 彼等이 能히 ᄒᆞ지 못ᄒᆞ더이다 ᄒᆞ거ᄂᆞᆯ

⑩ 어ᄃᆡ셔던지 鬼神이 더의게 들니면 곳 걱구려져 춤을 흘니며 니를 갈아 瘠骨이 된 故로 先生의 弟子ᄃᆞ려 내여 ᄯᅩᆺ차 달나 ᄒᆞ엿
더니 더희가 能히 ᄒᆞ지 못ᄒᆞ더이다

⑪ 어대셔던지 鬼神이 뎌를 잡으면 곳 걱구리져 춤을 흘니며 니를 갈아 瘠骨이 된지라 내가 先生의 弟子다려 내여 ᄯᅩᆺ차 달나
하엿더니 뎌희가 能히 하지 못하더이다 하거늘

⑫ 귀신이 어대셔던지 뎌를 잡으면 걱구러져 거품을 흘니며 니를 갈며 그리고 파리하야 가는지라 내가 션생의 뎨자들의게 내여
ᄯᅩᆺ차 달나 하엿스나 뎌희가 능히 하지 못하더이다

⑬ 귀신이 어디서든지 저를 잡으면 거꾸러져 거품을 흘리며 이를 갈며 그리고 파리하여 가는지라 내가 선생의 제자들에게 내어
쫓아 달라 하였으니 저희가 능히 하지 못하더이다

⑭ 靈がこのむすこにとりつきますと、どこででも彼を引き倒し、それから彼はあわを吹き、歯をくいしばり、からだをこわ
ばらせてしまいます。それでお弟子たちに、この靈を追い出してくださるように願いましたが、できませんでした」。

마가福音 09:19

① 耶穌答之曰,不信之世乎,我偕爾當幾何時乎,我忍爾當幾何時乎,且攜之就我。

② ᄃᆡ답ᄒᆞ여 갈아샤되 밋으미 업ᄂᆞᆫ 셰ᄃᆡ야 ᄂᆡ 너의를 함긔 하ᄂᆞᆫ지가 멧 ᄯᅢ며 ᄂᆡ 너희를 참ᄂᆞᆫ지가 멧 ᄯᅢ냐 다리고 ᄂᆡ게 나아오라
하ᄆᆡ

③ ᄃᆡ답ᄒᆞ여 갈아샤ᄃᆡ 밋으미 업ᄂᆞᆫ 셰ᄃᆡ야 ᄂᆡ 너희롤 함ᄭᅴ ᄒᆞᄂᆞᆫ지가 멧 ᄯᅢ며 ᄂᆡ 너희롤 참ᄂᆞᆫ지가 멧 ᄯᅢ냐 다리고 ᄂᆡ게 나아오라
ᄒᆞᄆᆡ

④ 예수ᄭᅴ셔 ᄃᆡ답ᄒᆞ샤ᄃᆡ 밋지 아니ᄒᆞᄂᆞᆫ 셰상이로다 나ㅣ 너희와 ᄀᆞᆺ치 잇기롤 맛당이 어ᄂᆞ ᄣᅢᄭᆞ지 ᄒᆞ며 나ㅣ 너희롤 ᄎᆞᆷ음을

맛당이 어ᄂᆞ ᄣᅢᄭᆞ지 ᄒᆞ리오 ᄯᅩᄒᆞᆫ 다리고 내게로 오라 ᄒᆞ시니

⑤ 예수ㅣ ᄃᆡ답ᄒᆞ여 ᄀᆞᆯᄋᆞ샤ᄃᆡ 밋지 안는 셰샹이여 내가 얼마나 너희와 ᄀᆞᆺ치 잇ᄉᆞ며 내가 얼마나 너희를 ᄎᆞᆷ으리오 그 ᄋᆞᄒᆡ를 ᄂᆡ게로 ᄃᆞ리오라 ᄒᆞ시니

⑥ 예수ㅣ ᄃᆡ답ᄒᆞ여 ᄀᆞᆯᄋᆞ샤ᄃᆡ 밋지 안는 셰ᄃᆡ여 내가 얼마나 너희와 ᄀᆞᆺ치 있ᄉᆞ며 내가 얼마나 너희ᄅᆞᆯ ᄎᆞᆷ으리오 그 ᄋᆞᄒᆡᄅᆞᆯ 내게로 ᄃᆞ려 오라 ᄒᆞ시니

⑦ 예수ㅣ ᄃᆡ답ᄒᆞ여 ᄀᆞᆯᄋᆞ샤ᄃᆡ 밋지안는셰ᄃᆡ여 내가 너희와 ᄃᆞᆺ치잇스며 내가 얼마나 너희를 ᄎᆞᆷ으리오 그 ᄋᆞᄒᆡ를 내게로 ᄃᆞ려오라 ᄒᆞ시니

(예수ㅣ ᄃᆡ답ᄒᆞ여 ᄀᆞᆯᄋᆞ샤ᄃᆡ 밋지 안는 셰ᄃᆡ여 내가 얼마나 너희와 ᄀᆞᆺ치잇스며 얼마나 너희를 ᄎᆞᆷ으리오 그 ᄋᆞ회를 내게로 ᄃᆞ려오라 ᄒᆞ시니)

⑧ 예수ㅣ ᄃᆡ답ᄒᆞ야 ᄀᆞᆯᄋᆞ샤ᄃᆡ 밋지 안는 셰ᄃᆡ여 내가 얼마나 너희와 ᄀᆞᆺ치잇스며 얼마나 너희를 ᄎᆞᆷ으리오 그 ᄋᆞ회를 내게로 다려오라 ᄒᆞ시니

⑨ 예수가 答ᄒᆞ야 曰 信치 안는 世代여 我가 爾等과 同居ᄒᆞ며 我가 얼마나 爾等을 忍ᄒᆞ리오 其 兒를 我의게 携來ᄒᆞ라 ᄒᆞ시니

⑩ 예수ㅣ ᄀᆞᆯᄋᆞ샤ᄃᆡ 밋지 아는 世代여 내가 어ᄂᆞᄣᅢᄭᆞ지 너희와 ᄀᆞᆺ치 잇스며 어ᄂᆞᄣᅢᄭᆞ지 너희를 ᄎᆞᆷ겟ᄂᆞ냐 그 兒孩를 내게로 ᄃᆞ려오라

⑪ 예수ㅣ 對答하야 갈아샤대 밋지 안는 世代여 내가 얼마나 너희와 갓치 잇스며 얼머나 너희를 참으리오 그 兒孩를 내게로 다려오라 하시니

⑫ 대답하야 갈아샤대 밋음이 업는 셰대여 내가 얼마나 너희와 함ᄭᅴ 잇스며 얼마나 너희를 참으리오 그를 내게로 다려오라 하시매

⑬ 대답하여 가라사대 믿음이 없는 세대여 내가 얼마나 너희와 함께 있으며 얼마나 너희를 참으리요 그를 내게로 데려오라

하시매

⑭ イエスは答えて言われた、「ああ、なんという不信仰な時代であろう。いつまで、わたしはあなたがたと一緒におられようか。いつまで、あなたがたに我慢ができようか。その子をわたしの所に連れてきなさい」。

마가福音 09:20

① 彼遂攜之就焉,旣見耶穌,鬼卽拘攣之,仆地輾轉流涎。

② 뎌 다리고 나아오니 보고 귀신이 즉시 지랄케 하여 ᄯᅡᆼ에 엄둘우지니 구을며 춤을 흘니거날

③ 뎌 다리고 나아오니 예수롤 보고 귀신이 즉시 지롤케 ᄒᆞ여 ᄯᅡ에 엄둘우져 구을며 춤올 흘니거날

④ 그 사ᄅᆞᆷ이 드듸여 다리고 와셔 임의 예수ᄭᅴ 뵈오매 샤귀 즉시 오구로지며 ᄯᅡ희 업드러져 구을며 춤을 흘니니

⑤ 여려히 ᄃᆞ리고 와셔 예수를 뵈오매 귀신이 곳 그 ᄋᆞ희를 크게 오그러ᄠᅳ리니 ᄯᅡ에 업드러져 구을며 춤을 흘리기ᄂᆞᆯ

⑥ ᄃᆞ리고 오니 예수롤 뵈오매 샤귀가 곳 그 ᄋᆞ희롤 크게 오그러ᄠᅳ리니 ᄯᅡ헤 업드러져 구을며 춤을 흘니거ᄂᆞᆯ

⑦ ᄃᆞ리고와 예수를 뵈오매 샤귀가 곳 그 ᄋᆞ희를 크게 오그르더리니 ᄯᅡ헤 업드러져 구을며 춤을 흘니거늘

(다리고와 예수ᄭᅴ 뵈이매 귀신이 곳 그 ᄋᆞ희를 크게 오그러더리니 ᄯᅡ헤 업드러져 구을며 춤을 흘니거늘)

⑧ 다리고와 예수ᄭᅴ 보이매 귀신이 곳 그 ᄋᆞ희를 크게 오그러터리니 ᄯᅡ에 업드러져 구을며 춤을 흘니거늘

⑨ 携來ᄒᆞ야 예수ᄭᅴ 見ᄒᆞ매 鬼神이 곳 其 兒를 크게 拘攣케ᄒᆞ니 地에 仆ᄒᆞ야 轉ᄒᆞ며 涎을 流ᄒᆞ거ᄂᆞᆯ

⑩ ᄃᆞ리고 와셔 예수ᄭᅴ 보이니 鬼神이 곳 그 兒孩를 크게 오그러터리매 너가 ᄯᅡ에 업드러저 구을며 춤을 흘니거ᄂᆞᆯ

⑪ 다리고 와 예수ᄭᅴ 보이매 鬼神이 곳 그 兒孩를 크게 오그러터리니 ᄯᅡ에 업드러져 구을며 춤을 흘니거늘

⑫ 이에 다리고 오니 귀신이 예수를 보고 곳 그 아해로 심히 경련을 니르키게 하는지라 뎌가 ᄯᅡ에 업드러져 구을며 거품을 흘니더라

⑬ 이에 데리고 오니 귀신이 예수를 보고 곧 그 아이로 심히 경련을 일으키게 하는지라 저가 땅에 엎드러져 굴며 거품을 흘리더라
⑭ そこで人々は、その子をみもとに連れてきた。靈がイエスを見るや否や、その子をひきつけさせたので、子は地に倒れ、
あわを吹きながらころげまわった。

마가福音 09:21
① 耶穌問其父曰,彼患此幾何時耶。對曰,自少時,
② 그 아밤게 물으되 뎌 이 병 하논지가 멧 쩍냐 갈아되
③ 그 아밤게 물으샤ᄃᆡ 뎌 이 병 ᄒᆞ논지가 멧 쩍냐 갈아되 얼여셔부터
④ 예수ㅣ 그 아비의게 무러 ᄀᆞᆯᄋᆞ샤ᄃᆡ 제가 병든지 얼마나 되엿ᄂᆞ냐
⑤ 예수ㅣ 그 아비 ᄃᆞ려 무ᄅᆞ샤ᄃᆡ 병든 제가 얼마나 되엇ᄂᆞ냐 ᄒᆞ시니
⑥ 예수ㅣ 그 아비ᄃᆞ려 무ᄅᆞ샤ᄃᆡ 병 든지가 얼마나 되엿ᄂᆞ냐 ᄒᆞ시니 ᄃᆡ답ᄒᆞᄃᆡ 어릴 ᄯᅢ 브터 그러 ᄒᆞ오니
⑦ 예수ㅣ 그 아비ᄃᆞ려 무르샤ᄃᆡ 병든지가 얼마나 되엿ᄂᆞ냐 ᄒᆞ시니 ᄃᆡ답ᄒᆞᄃᆡ 어릴 ᄯᅢ브터 그러ᄒᆞ옵고
(예수ㅣ 그 아비ᄃᆞ려 무ᄅᆞ샤ᄃᆡ 병든지가 얼마나 되엿ᄂᆞ냐 ᄒᆞ시니 ᄃᆡ답ᄒᆞᄃᆡ 어릴 ᄯᅢ브터 그러ᄒᆞ옵고)
⑧ 예수가 그 아비ᄃᆞ려 무ᄅᆞ샤ᄃᆡ 병든 지가 얼마나 되엿ᄂᆞ냐 ᄒᆞ시니 ᄃᆡ답ᄒᆞᄃᆡ 어릴ᄯᅢ브터 그러ᄒᆞ옵고
⑨ 예수가 其 父ᄃᆞ려 問ᄒᆞ샤ᄃᆡ 病든 지가 얼마나 되엿ᄂᆞ냐 ᄒᆞ시니 答ᄒᆞᄃᆡ 幼時브터 然ᄒᆞ옵고
⑩ 예수ㅣ 그 아비ᄃᆞ려 무ᄅᆞ샤ᄃᆡ 病든 지가 얼마나 되엿ᄂᆞ냐 對答ᄒᆞᄃᆡ 어리셔브터 그러ᄒᆞ온ᄃᆡ
⑪ 예수ᄭᅴ셔 그 아비 다려 무르샤 대 病든지가 얼마나 되엿나냐 하시니 對答하대 어릴 ᄶᅢ브터 그러하옵고
⑫ 예수ᄭᅴ셔 그 아비의게 무르샤대 언제브터 이러케 되엿나냐 하시니 갈아대 어릴 ᄶᅢ브터니이다
⑬ 예수께서 그 아비에게 물으시되 언제부터 이렇게 되었느냐 하시니 가로되 어릴 때부터니이다

⑭ そこで，イエスが父親に「いつごろから、こんなになったのか」と尋ねられると、父親は答えた、「幼い時からです。

마가福音 09:22

① 屢投之於火於水,欲滅地,倘爾能爲,則憫我助我。

② 얼여셔부터 열어번 불과 물에 더져 망하려 하오니 쥬 만약 능ᄒᆞ시면 어엽비 네겨 우리를 도으소셔 하니

③ 열어번 불과 물에 더져 망ᄒᆞ려 ᄒᆞ오니 쥬 만약 능ᄒᆞ시면 어엽비 네겨 우리롤 도으소셔 ᄒᆞ니

④ ᄃᆡ답ᄒᆞ여 엿ᄌᆞ오ᄃᆡ 조고마ᄒᆞ엿실 ᄯᅢ로브터 시작ᄒᆞ오니 여러번 불과 물에 더져 업시코져 ᄒᆞ엿ᄂᆞ이다 만일 너ㅣ 능히 ᄒᆞᆯ 수 잇거든 나롤 불샹이 넉여 나롤 도아주쇼셔 ᄒᆞ니

⑤ ᄃᆡ답ᄒᆞᄃᆡ 어릴 ᄯᅢ브터 귀신이 뎌를 죽이랴고 불과 물에 자조 더졋ᄉᆞ오니 혹 션싱이 아모 일이라도 ᄒᆞ실 수 잇거든 우리를 민망히 녁이샤 도와주쇼셔 ᄒᆞ거ᄂᆞᆯ

⑥ 샤귀가 뎌롤 죽이랴고 불과 물에 자조 더졋ᄉᆞ오니 오직 션싱님이 무엇 ᄒᆞ실 수 잇거든 우리롤 민망히 녁이샤 도아주쇼셔 ᄒᆞ거ᄂᆞᆯ

⑦ 샤귀가 뎌를 죽이려고 불과 물에 자조 더졋ᄉᆞ오니 오직 션싱님이 혹 무어슬 ᄒᆞ실수 잇거든 우리를 민망히 녁이샤 도아주ᄋᆞᆸ쇼셔 ᄒᆞ거늘

(귀신이 뎌를 죽이랴고 불과 물에 자조 던졋ᄉᆞ오니 오직 션싱님이 혹 무어슬 ᄒᆞ실 수 잇거든 우리를 불샹히 녁이샤 도아주ᄋᆞᆸ쇼셔 ᄒᆞ거늘)

⑧ 귀신이 뎌를 죽이랴고 불과 물에 자조 던졋ᄉᆞ오니 오직 션싱님이 혹 무어슬 ᄒᆞ실 수 잇거든 우리를 불샹히 녁이샤 도아주옵쇼셔 ᄒᆞ거늘

⑨ 鬼神이 彼를 殺ᄒᆞ려고 火와 水에 頻投 ᄒᆞ엿ᄉᆞ오니 오직 先生님이 或 何事를 行ᄒᆞᆯ 수 有ᄒᆞ거든 我等을 矜恤히 녁이샤 助ᄒᆞ야

주옵쇼셔 ᄒᆞ거ᄂᆞᆯ

⑩ 鬼神이 뎌를 죽이려고 여러番 불과 물에 던졋ᄉᆞ오니 先生님이 或ᄒᆞ실 수 잇거든 우리를 불샹히 녁이샤 도아주옵쇼셔

⑪ 鬼神이 뎌를 죽이랴고 불과 물에 자조 던졋사오니 오직 先生님이 或무엇을 하실수 잇거든 우리를 불샹히 녁이샤 도아주업쇼셔 하거늘

⑫ 귀신이 뎌를 죽이랴고 불과 물에 자조던졋나이다 그러나 무엇을 하실 수 잇거든 우리를 불샹히 녁이샤 도아주옵쇼셔

⑬ 귀신이 저를 죽이려고 불과 물에 자주 던졌나이다 그러나 무엇을 하실 수 있거든 우리를 불쌍히 여기사 도와 주옵소서

⑭ 靈はたびたび、この子を火の中、水の中に投げ入れて、殺そうとしました。しかしできますれば、わたしどもをあわれんでお助けください」。

마가福音 09:23

① 耶穌謂之曰,爾若能信,則於信者無不能矣。

② 예수 갈아샤되 만약 능하면 밋ᄂᆞᆫ 쟈으게ᄂᆞᆫ 능치 안으미 업나니라

③ 예수 갈아샤ᄃᆡ 네 만약 능ᄒᆞ면 밋ᄂᆞᆫ 쟈의게ᄂᆞᆫ 능치 ᄋᆞᆫ으미 업ᄂᆞ니라

④ 예수ㅣ 닐너 ᄀᆞᆯᄋᆞ샤ᄃᆡ 너ㅣ 만일 능히 밋은 즉 밋ᄂᆞᆫ이의게ᄂᆞᆫ 능히 못ᄒᆞᆯ거시 업ᄂᆞ니라 ᄒᆞ시니

⑤ 예수ㅣ 닐ᄋᆞ사ᄃᆡ 만일 네가 밋으면 모든 거슬 밋ᄂᆞᆫ 쟈의게ᄂᆞᆫ ᄒᆞ여 줄 수가 잇ᄂᆞ니라 ᄒᆞ시니

⑥ 예수ㅣ 닐ᄋᆞ샤ᄃᆡ ᄒᆞᆯ수 잇거든 말이냐 밋ᄂᆞᆫ 쟈의게ᄂᆞᆫ 능치 못 ᄒᆞᆫ일이 업ᄂᆞ니라 ᄒᆞ시니

⑦ 예수ㅣ 닐넛스ᄃᆡ ᄒᆞᆯ수 잇거든 말이냐 밋ᄂᆞᆫ 쟈의게는 능치못ᄒᆞᆫ 일이 업ᄂᆞ니라 ᄒᆞ시니
(예수ㅣ 닐ᄋᆞ샤ᄃᆡ ᄒᆞᆯ 수 잇거든이 무슴말이냐 밋ᄂᆞᆫ쟈의게는 능치 못ᄒᆞᆯ 일이 업ᄂᆞ니라 ᄒᆞ시니)

⑧ 예수ㅣ 닐ᄋᆞ샤ᄃᆡ ᄒᆞᆯ 수 잇거든이 무슴말이냐 밋ᄂᆞᆫ쟈의게는 능치 못ᄒᆞᆯ 일이 업ᄂᆞ니라 ᄒᆞ시니

⑨ 예수ㅣ 謂ᄒᆞ샤ᄃᆡ ᄒᆞᆯ 수 잇거든이 何言이냐 信者의게ᄂᆞᆫ 能치 못ᄒᆞᆯ 事가 無ᄒᆞ니라 ᄒᆞ시니
⑩ 예수ㅣ 닐ᄋᆞ샤ᄃᆡ ᄒᆞᆯ 수 잇거든 이 무ᄉᆞᆷ 말이냐 밋ᄂᆞᆫ 者의게ᄂᆞᆫ 能치 못ᄒᆞᆯ 일이 업ᄂᆞ니라
⑪ 예수ㅣ 닐아샤대 할 수 잇거든이 무삼 말이냐 밋는 者의게는 能치 못할 일이 업나니라 하시니
⑫ 예수ᄭᅴ셔 닐아샤대 할 수 잇거든 이 무삼 말이냐 밋는 자의게는 능치 못 할 일이 업나니라 하시니
⑬ 예수께서 이르시되 할 수 있거든이 무슨 말이냐 믿는 자에게는 능치 못할 일이 없느니라 하시니
⑭ イエスは彼に言われた、「もしできれば、と言うのか。信じる者には、どんな事でもできる」。

마가福音 09:24

① 子之父卽垂淚呼曰,主也,我信,爾助我信之未篤。
② 아희 ᄋᆡ비 즉시 불너 갈아되 ᄂᆡ 밋으나 ᄂᆡ 밋지 못ᄒᆞ물 도으소셔 하니
③ 아희 ᄋᆡ비 즉시 불너 갈아되 ᄂᆡ 밋으나 ᄂᆡ 밋음이 도탑지 못ᄒᆞ물 도으소셔 ᄒᆞ니
④ 그 아비 즉시 눈물을 드리우고 불니 ᄀᆞᆯᄋᆞᄃᆡ 쥬여 밋ᄉᆞ오니 너ᄂᆞᆫ 나의 밋음이 독실치 못홈을 도와주쇼서
⑤ 곳 그 ᄋᆞ희의 아비가 소릐르 질너 ᄀᆞᆯᄋᆞᄃᆡ 내 밋ᄉᆞ오나 내의 밋지 아님을 도와주쇼셔
⑥ 곳 그 ᄋᆞ희의 아비가 소릐롤 질너 ᄀᆞᆯᄋᆞᄃᆡ 제가 밋ᄉᆞ오니 제 밋음의 부족홈을 도아 주쇼셔
⑦ 곳 그 ᄋᆞ희의 아비가 소릐를 질너 ᄀᆞᆯᄋᆞᄃᆡ 제가 밋ᄉᆞ오니 제 밋음의 부족홈을 도아주쇼셔
(곳 그 ᄋᆞ희의 아비가 소릐를 질너 ᄀᆞᆯᄋᆞᄃᆡ 내가 밋ᄉᆞ오니 내 밋음의 부족홈을 도아주쇼셔)
⑧ 곳 그 ᄋᆞ희의 아비가 소릐를 질너 ᄀᆞᆯᄋᆞᄃᆡ 내가 밋ᄉᆞ오니 내 밋음의 부족홈을 도아 주쇼셔
⑨ 곳 其 兒의 父가 聲을 呼ᄒᆞ야 曰 我가 信ᄒᆞ오니 我의 信의 不足홈을 助ᄒᆞ여 주쇼셔
⑩ 그 兒孩의 아비가 곳 소릐질너 ᄀᆞᆯᄋᆞᄃᆡ 내가 밋ᄉᆞ로니 내 밋음의 不足홈을 도아주쇼셔

⑪ 곳 그 兒孩의 아비가 소래를 질너 갈아대 내가 밋사오니 내 밋음의 不足함을 도아주쇼셔
⑫ 곳 그 아해의 아비가 소래를 질너 갈아대 내가 밋나이다 나의 밋음 업는 것을 도아주쇼셔 하더라
⑬ 곧 그 아이의 아비가 소리를 질러 가로되 내가 믿나이다 나의 믿음 없는 것을 도와 주소서 하더라
⑭ その子の父親はすぐ叫んで言った、「信じます。不信仰なわたしを、お助けください」。

마가福音 09:25

① 耶穌見衆趨集,則叱汚鬼,語之曰,爾聾啞之鬼乎,我命爾由之而出,毋再入之。
② 예수 열어 사람이 달아와 모이물 보고 더러운 귀신을 꾸지저 갈아샤되 귀 먹고 벙어리 귀신아 닉 네게 명하나니 뎌로 말민암아 나오고 다시 들어가지 말나 ᄒᆞ미
③ 예수 열어 사ᄅᆞᆷ이 달아와 모이물 보고 더러운 귀신ᄋᆞᆯ 꾸지저 갈아샤ᄃᆡ 귀 먹고 벙어리 귀신아 닉 네게 명ᄒᆞ나니 뎌로 말무암아 나오고 다시 들어가지 말나 ᄒᆞ미
④ 예수ㅣ 여러히 츄창ᄒᆞ야 모힘을 보시고 즉시 잡귀룰 꾸지져 말솜ᄒᆞ여 ᄀᆞᆯᄋᆞ샤ᄃᆡ 너는 귀먹고 말못ᄒᆞᄂᆞᆫ 귀신이냐 나ㅣ 네게 명ᄒᆞ노니 그리로 나가셔 다시 드지 말지니라 ᄒᆞ시니
⑤ 예수ㅣ 뭇사ᄅᆞᆷ이 달녀와셔 모히ᄂᆞᆫ 거슬 보실 때에 그 샤귀를 꾸지지시며 닐너 ᄀᆞᆯᄋᆞ샤ᄃᆡ 너ᄂᆞᆫ 벙어리 요 귀먹은 귀신이라 내가 네게 분부ᄒᆞ노니 그 ᄋᆞ히게셔 나오고 다시 드러가지 마라 ᄒᆞ시니
⑥ 예수ㅣ 뭇사ᄅᆞᆷ이 달녀 와셔 모히ᄂᆞᆫ 거ᄉᆞᆯ 보시고 그 샤귀롤 꾸직져 ᄀᆞᆯᄋᆞ샤ᅣ듸 벙어리오 귀먹은 샤귀여 내가 네게 명ᄒᆞ노니 그 ᄋᆞ히게셔 나오고 다시 드러가지 마라 ᄒᆞ시니
⑦ 예수ㅣ 뭇사ᄅᆞᆷ이 ᄃᆞᆯ녀와셔 모히ᄂᆞᆫ 거슬 보시고 그 샤귀를 꾸지져 ᄀᆞᆯᄋᆞ샤ᄃᆡ 벙어리오 귀먹은 샤귀야 내가 네게 명ᄒᆞ노니 그 ᄋᆞ히게셔 나오고 다시 드러가지마라 ᄒᆞ시니

(예수ㅣ 무리들이 달녀와셔 모히ᄂᆞᆫ 거슬 보시고 그 더러온귀신을 ᄭᅮ지져 ᄀᆞᆯᄋᆞ샤ᄃᆡ 벙어리와 귀먹어리 귀신아 내가 네게 명ᄒᆞ노니 그 ᄋᆞ희게셔 나오고 다시 드러가지마라 ᄒᆞ시니)

⑧ 예수가 무리들이 달녀와셔 모히ᄂᆞᆫ 거슬 보시고 그 더러온귀신을 ᄭᅮ지져 ᄀᆞᆯᄋᆞ샤ᄃᆡ 벙어리와 귀먹어리 귀신아 내가 네게 명ᄒᆞ노니 그 ᄋᆞ희게셔 나오고 다시드러가지 마라 ᄒᆞ시니

⑨ 예수가 羣衆이 馳來ᄒᆞ야 集ᄒᆞᄂᆞᆫ 거슬 見ᄒᆞ시고 其 汚鬼를 叱ᄒᆞ야 曰 啞와 聾의 鬼神아 我가 爾의게 命ᄒᆞ노니 其 兒孩의게셔 出ᄒᆞ고 復入지 말나 ᄒᆞ시니

⑩ 예수ㅣ 무리들이 달녀와셔 모힘을 보시고 그 더러운 귀신을 ᄭᅮ지져 ᄀᆞᆯᄋᆞ샤ᄃᆡ 벙어리와 귀먹어리 鬼神아 내가 命ᄒᆞ노니 그 兒孩에셔 나오고 다시 드러가지마라 ᄒᆞ시니

⑪ 예수ᄭᅴ셔 무리들이 달녀와셔 모히는 것을 보시고 그 더러운 鬼神을 ᄭᅮ지져 갈아샤대 벙어리와 귀먹어리 鬼神아 내가 네게 命하노니 그 兒孩의게셔 나오고 다시 드러가지마라 하시니

⑫ 예수ᄭᅴ셔 무리의 달녀 모히는 것을 보시고 그 더러운 귀신을 ᄭᅮ지저 갈아샤대 벙어리되고 귀먹은 귀신아 내가 제게 명하노니 그 아해의게셔 나오고 다시 드러가지 말나 하시매

⑬ 예수께서 무리의 달려 모이는 것을 보시고 그 더러운 귀신을 꾸짖어 가라사대 벙어리 되고 귀먹은 귀신아 내가 네게 명하노니 그 아이에게서 나오고 다시 들어가지 말라 하시매

⑭ イエスは群衆が驅け寄って來るのをごらんになって、けがれた靈をしかって言われた、「おしとつんぼの靈よ、わたしがおまえに命じる。この子から出て行け。二度と、はいって來るな」。

마가福音 09:26

① 鬼號呼,拘攣之甚,乃出,子若死然,人多謂其已死矣。

② 이여 불으고 크게 지랄케 하고 나오니 아희 죽은 것 갓탄지라 사롬이 만이 죽엇다 일오되

③ 이여 불으고 크게 지랄케 ᄒᆞ고 나오니 아희 죽은 것 갓탄지라 사롬이 만이 죽엇다 일오되

④ 귀신이 소릐롤 지ᄅᆞ며 오구러쩌리고 이에 나가니 ᄋᆞ히 죽은 것ᄀᆞᆺ치 되엿스되 사롬들이 만히 닐ᄋᆞ딕 제가 발셔 죽엇다 ᄒᆞ더니

⑤ 샤귀가 부ᄅᆞ지지며 ᄋᆞ히를 심히 오그쓰리고 나가니 그 ᄋᆞ히가 죽은 이ᄀᆞᆺ치 되엿는지라 모든 샤롬이 다 말ᄒᆞ기를 그가 발셔 죽엇다 ᄒᆞ는지라

⑥ 샤귀가 소릐 지ᄅᆞ며 ᄋᆞ히롤 심히 오그러쓰리고 나가니 그 ᄋᆞ히가 죽은 것 ᄀᆞᆺ치 되매 사롬이 만히 말ᄒᆞ기롤 죽엇다 ᄒᆞ거늘

⑦ 샤귀가 소릐 지르며 ᄋᆞ히를 심히 오그르더리고 나가니 그 ᄋᆞ히가 죽은 것 ᄀᆞᆺ치 되매 사롬이 만히 말ᄒᆞ기를 죽엇다 ᄒᆞ거늘 (귀신이 소릐 지르며 ᄋᆞ희를 심히 오그러더리고 나가니 그 ᄋᆞ희가 죽은 것 ᄀᆞᆺ치 되매 여러사롬이 말ᄒᆞ기를 죽엇다 ᄒᆞ거늘)

⑧ 샤귀가 소릐지르며 ᄋᆞ희를 심히 오그러터리고 나가니 그 ᄋᆞ희가 죽은 것ᄀᆞᆺ치 되매 여러사롬이 말ᄒᆞ기를 죽엇다 ᄒᆞ거늘

⑨ 邪鬼가 聲呼ᄒᆞ며 兒孩를 甚히 拘攣케ᄒᆞ고 出ᄒᆞ니 其 兒가 死ᄒᆞᆫ 것ᄀᆞᆺ치 되매 多人이 言ᄒᆞ기를 死ᄒᆞ엿다 ᄒᆞ거늘

⑩ 邪鬼가 소릐 지르며 兒孩의 몸을 오그러터리고 나가니 그 兒孩가 죽은 것 ᄀᆞᆺᄒᆞᆫ지라 여러 사롬이 닐ᄋᆞ딕 죽엇다 ᄒᆞ거늘

⑪ 邪鬼가 소래지며 兒孩를 甚히 오그러터리고 나가니 그 兒孩가 죽은 것 같치 되매 여러 사람이 말하기를 죽엇다 하거늘

⑫ 귀신이 소래지르며 아해로 심히 경련을 니르키게 하고 나가니 그 아해가 죽은 것 갓치 되어 만흔 사람이 말하기를 죽엇다 하나

⑬ 귀신이 소리지르며 아이로 심히 경련을 일으키게 하고 나가니 그 아이가 죽은것 같이 되어 많은 사람이 말하기를 죽었다 하나

⑭ うると靈は叫び聲をあげ、激しく引きつけさせて出て行った。その子は死人のようになったので、多くの人は、死人だのだと言った。

마가福音 09:27

① 耶穌執其手,扶之,彼遂起。

② 다못 예수 그 손을 잡아 닐으치니 이여 닐어나는지라

③ 다못 예수 그 손올 잡아 닐으치니 이여 닐어나는지라

④ 예수ㅣ 그 손을 잡아 붓드니 제 드듸여 니러나더라

⑤ 오직 예수ㅣ 그 손을 잡고 니릐키시니 드듸여 니러나더라

⑥ 오직 예수ㅣ 그 손을 잡아 니릐키시니 드듸여 니러서더라

⑦ 오직 예수ㅣ 그 손을 잡아 니르키시니 드듸여 니러서더라

⑧ 오직 예수가 그 손을 잡아니릐키시니 드듸여 니러서더라

⑨ 오직 예수가 其 手를 執起ᄒᆞ시니 드듸여 起立ᄒᆞ더라

⑩ 예수ㅣ 그 손을 잡아 니르키시니 니러서더라

⑪ 오직 예수ㅣ 그 손을 잡아 니르키시니 드대어 니러서더라

⑫ 예수끠셔 그 손을 잡아 니르키시니 이에 니러서니라

⑬ 예수께서 그 손을 잡아 일으키시니 이에 일어서니라

⑭ しかし、イエスが手を取って起されると、その子は立ち上がった。

마가福音 09:28

① 旣入室,門徒竊問曰,我儕奚爲不能逐之耶。

② 집에 들어가믜 뎨자 사사로히 물으되 우리는 능히 쏫지 못하나니잇가

③ 집에 들어가믜 뎨자 사사로히 물으되 우리는 능히 쫓지 못ᄒᆞᄂᆞ니잇가

④ 임의 집에 드러가시매 뎨ᄌᆞㅣ 죵용이 뭇ᄌᆞ와 ᄀᆞᆯᄋᆞᄃᆡ 우리는 엇지ᄒᆞ여 능히 쫓지 못ᄒᆞᄂᆞ니잇가

⑤ 집에 드러가시매 뎨ᄌᆞ들이 죵용이 뭇ᄌᆞ와 ᄀᆞᆯᄋᆞᄃᆡ 우리는 엇지ᄒᆞ야 그 귀신을 쫓차내지 못ᄒᆞᄂᆞ잇가

⑥ 집에 드러가시매 뎨ᄌᆞ들이 죵용이 뭇ᄌᆞ와 ᄀᆞᆯᄋᆞᄃᆡ 우리는 엇지ᄒᆞ야 그 샤귀롤 쫓차내지 못 ᄒᆞ엿ᄂᆞ니잇가

⑦ 집에 드러가시매 뎨ᄌᆞ들이 죵용히 뭇ᄌᆞ와 ᄀᆞᆯᄋᆞᄃᆡ 우리는 엇지ᄒᆞ야 그 샤귀를 쏘차내지 못ᄒᆞ엿ᄂᆞ니잇가

(집에 드러가시매 뎨ᄌᆞ들이 죵용히 뭇ᄌᆞ와 ᄀᆞᆯᄋᆞᄃᆡ 우리는 엇지ᄒᆞ야 능히 그 귀신을 쫓차내지 못ᄒᆞ엿ᄂᆞ니잇가)

⑧ 집에 드러가시매 뎨ᄌᆞ들이 죵용히 뭇ᄌᆞ와 ᄀᆞᆯᄋᆞᄃᆡ 우리는 엇지ᄒᆞ야 능히 그 귀신을 쫓차내지 못ᄒᆞ엿ᄂᆞ니잇가

⑨ 室에 入ᄒᆞ시매 弟子들이 從容히 問ᄒᆞ야 曰 我等은 何如ᄒᆞ야 能히 其 鬼神을 逐出치 못ᄒᆞ엿ᄂᆞ니잇가

⑩ 집에 드러가시매 弟子들이 從容히 뭇ᄌᆞ와 ᄀᆞᆯᄋᆞᄃᆡ 우리가 그 鬼神을 쫓차내지 못ᄒᆞᆷ은 엇짐이니잇가

⑪ 집에 드러가시매 弟子들이 從容히 뭇자와 갈아대 우리는 엇지 하야 能히 그 鬼神을 쫓차내지 못하엿나잇가

⑫ 집에 드러가시매 뎨자들이 종용히 뭇자오대 우리는 엇지하야 능히 그 귀신을 쫓차내지 못하엿나잇가

⑬ 집에 들어가시매 제자들이 종용히 묻자오되 우리는 어찌하여 능히 그 귀신을 쫓아내지 못하였나이까

⑭ 家にはいられたとき、弟子(でし)たちはひそかにお尋ねした、「わたしたちは、どうして靈を追い出せなかったのですか」。

마가福音 09:29

① 耶穌謂之曰,若非祈禱禁食,此族不得出也。

② 갈아샤되 이런 뉴는 비는 것 안인즉 나오지 안나니라 하다라

③ 갈아샤ᄃᆡ 이런 뉴는 비는 것 ᄋᆞᆫ인즉 나오지 ᄋᆞᆫᄂᆞ니라 ᄒᆞ더라

④ 예수ㅣ 닐너ᄀᆞᆯᄋᆞ샤ᄃᆡ 만일 긔도ᄒᆞ고 벽곡ᄒᆞ지 아니ᄒᆞ면 이런 류는 시러금 내여보내지 못ᄒᆞᄂᆞ니라 ᄒᆞ시더라

⑤ 예수ㅣ 뎌ᄃᆞ려 ᄀᆞᆯᄋᆞ샤ᄃᆡ 이런 것슨 긔도 외에ᄂᆞᆫ 아모 것스로도 나가게 ᄒᆞᆯ 수가 업ᄂᆞ니라
⑥ 예수ㅣ닐ᄋᆞ샤ᄃᆡ 이런 거시 긔도 아니ᄒᆞ야셔ᄂᆞᆫ 나가게 ᄒᆞᆯ수 업ᄂᆞ니라
⑦ 예수ㅣ 닐넛스ᄃᆡ 이런 거시 긔도 아니ᄒᆞ여셔는 나가게 ᄒᆞᆯ 수 업ᄂᆞ니라
(예수ㅣ 닐ᄋᆞ샤ᄃᆡ 긔도 아니ᄒᆞ여셔는 이런 류를 나가게 ᄒᆞᆯ 수 업ᄂᆞ니라)
⑧ 예수ㅣ 닐ᄋᆞ샤ᄃᆡ 긔도 아니ᄒᆞ여셔는 이런 류를 나가게 ᄒᆞᆯ 수 업ᄂᆞ니라
⑨ 예수ㅣ 謂ᄒᆞ샤ᄃᆡ 祈禱 아니ᄒᆞ여셔ᄂᆞᆫ 如此ᄒᆞᆫ 類를 出케 ᄒᆞᆯ 수가 無ᄒᆞ니라
⑩ 예수ㅣ 닐ᄋᆞ샤ᄃᆡ 祈禱 아니ᄒᆞ고ᄂᆞᆫ 이런 類를 나가게 ᄒᆞᆯ 수 업ᄂᆞ니라 ᄒᆞ시고
⑪ 예수ㅣ닐아샤대 祈禱 아니하여셔는 이런 類를 나가게 할 수 업나니라
⑫ 닐아샤대 긔도 외에 다른 것으로는 이런 류가 나갈 수 업나니라 하시니라
⑬ 이르시되 기도 외에 다른 것으로는 이런 유가 나갈 수 없느니라 하시니라
⑭ すると、イエスは言われた、「このたぐいは、祈によらなければ、どうしても追い出すことはできない」。

마가福音 09:30

① 於是去彼,過加利利,不欲人知之。
② 거긔로 말믜암아 가니ᄂᆡ를 지ᄂᆡᄂᆞᆫᄃᆡ 즐겨 사ᄅᆞᆷ으로 아지 못하게 하고
③ 거긔로 말무암아 가니ᄂᆡᄅᆞᆯ 지ᄂᆡᄂᆞᆫᄃᆡ 즐겨 사ᄅᆞᆷ으로 아지 못ᄒᆞ게 ᄒᆞ고
④ 이에 그 곳을 ᄯᅥ나샤 갈닐ᄂᆡ아ᄅᆞᆯ 지나실ᄉᆡ 사ᄅᆞᆷ의게 알니고자 아니ᄒᆞ샤
⑤ 이에 그 곳ᄉᆞᆯ ᄯᅥ니 기리리로 지날 ᄉᆡ 예수ㅣ 아모 사ᄅᆞᆷ도 알니고져 아니ᄒᆞ샤
⑥ 이에 그 곳술 ᄯᅥ나 갈닐니로 지날 ᄉᆡ 예수ㅣ 아모 사ᄅᆞᆷ도 알니고져 아니 ᄒᆞ샤

⑦ 이에 그 곳슬 ᄯᅥ나 갈닐니로 힝ᄒᆞ야 지날ᄉᆡ 예수ㅣ아모 사ᄅᆞᆷ도 알니고져아니ᄒᆞ샤
(이에 그 곳슬 ᄯᅥ나 갈닐니로 힝ᄒᆞ야 지날ᄉᆡ 예수ㅣ 아모 사ᄅᆞᆷ도 알니고져 아니ᄒᆞ샤)
⑧ 이에 그 곳을 ᄯᅥ나 갈닐니로 힝ᄒᆞ야 지날ᄉᆡ 예수가 아모사ᄅᆞᆷ도 알니고져 아니ᄒᆞ샤
⑨ 이에 其 處를 離ᄒᆞ야 갈닐니로 行ᄒᆞ야 過ᄒᆞᆯ시 예수가 某人도 知케코져 아니ᄒᆞ샤
⑩ 아모도 아지 못ᄒᆞᄂᆞᆫ 中에 그 곳을 ᄯᅥ나 갈닐니로 지나시며
⑪ 이에 그 곳을 ᄯᅥ나 갈닐니로 行하야 지날새에 예수ㅣ 아모 사람도 알니고져 아니하샤
⑫ 그 곳을 ᄯᅥ나 갈닐니 가온대로 지날새 예수ᄭᅴ셔 아모의게도 알니고져 아니하시니
⑬ 그 곳을 떠나 갈릴리 가운데로 지날쌔 예수께서 아무에게도 알리고자 아니하시니
⑭ それから彼らはそこを立ち去り、がリラヤをとおって行ったが、イエスは人に氣づかれるのを好まれなかった。

마가福音 09:31

① 示門徒曰,人子將見付於人手,人將殺之,殺後三日,彼必復生。
② 뎨자게 가라쳐 갈아샤되 인자가 사람의 손에 붓치워 쥐길지니 쥐긴지 삼일 후에 다시 닐갓다 하되
③ 뎨자게 가라쳐 갈아샤ᄃᆡ 인ᄌᆞ가 사ᄅᆞᆷ의 손에 붓치워 쥐길지니 쥐긴지 삼일 후에 다시 닐갓다 ᄒᆞ되
④ 뎨ᄌᆞ들의게 닐너 ᄀᆞᆯᄋᆞ샤ᄃᆡ 인ᄌᆞㅣ 쟝ᄎᆞᆺ 사ᄅᆞᆷ의 손에 붓치이여 죽일거시오 죽인지 삼일후면 뎌ㅣ 반ᄃᆞ시 다시 살니라 ᄒᆞ시니
⑤ 뎨ᄌᆞ들을 ᄀᆞᄅᆞ치시고 ᄯᅩ 닐ᄋᆞ샤ᄃᆡ 인ᄌᆞㅣ 사ᄅᆞᆷ의 손에 내여 주어 죽이고 죽인 후 삼일 만에 다시 살니라 ᄒᆞ시니
⑥ 뎨ᄌᆞ들을 ᄀᆞᄅᆞ쳐 ᄀᆞᆯᄋᆞ샤ᄃᆞ 인ᄌᆞㅣ 사ᄅᆞᆷ의 손에 내여 주어 죽임을 당ᄒᆞ고 죽인지 삼일 만에 다시 살니라 ᄒᆞ시니
⑦ 뎨ᄌᆞ들을 ᄀᆞᄅᆞ쳐 ᄀᆞᆯᄋᆞ샤ᄃᆡ 인ᄌᆞㅣ 사ᄅᆞᆷ의 손에 내여주어 죽임을 당ᄒᆞ고 죽인지 삼일만에 다시 살니라 ᄒᆞ시니
(뎨ᄌᆞ들의게 뵈여 ᄀᆞᆯᄋᆞ샤ᄃᆡ 인ᄌᆞ가 사ᄅᆞᆷ의 손에 내여주어 죽임을 당ᄒᆞ고 죽인지 삼일만에 다시살니라 ᄒᆞ시니)

⑧ 뎨ᄌᆞ들의게 보여 ᄀᆞᆯᄋᆞ샤ᄃᆡ 인ᄌᆞ가 사ᄅᆞᆷ의 손에 내여주어 죽임을 당ᄒᆞ고 죽인지 삼일만에 다시살니라 ᄒᆞ시니
⑨ 弟子들의게 示ᄒᆞ야 曰 人子가 人의 手에 出畀ᄒᆞ야 殺ᄒᆞᆷ을 當ᄒᆞ고 殺ᄒᆞᆫ지 三日만에 復活ᄒᆞ리라 ᄒᆞ시니
⑩ 弟子들의게 ᄀᆞᄅᆞ쳐 ᄀᆞᆯᄋᆞ샤ᄃᆡ 人子가 사ᄅᆞᆷ의 손에 내여 준 바되여 죽임을 當ᄒᆞ소 三日만에 다시 살니라
⑪ 弟子들의게 보여 갈아샤대 人子가 사람의 손에 내여주어 죽임을 當하고 죽인지 三日만에 다시 살니라 하시니
⑫ 이는 뎨자들을 가라치시며 ᄯᅩ 인자가 사람들의 손에 넘기워 죽임을 당하고 죽은 지 삼일만에 살아나리라는 것을 말삼하시는 연고더라
⑬ 이는 제자들을 가르치시며 또 인자가 사람들의 손에 넘기워 죽임을 당하고 죽은지 삼 일만에 살아나리라는 것을 말씀하시는 연고더라
⑭ それは、イエスが弟子(でし)たちに教えて、「人の子は人々の手にわたされ、彼らに殺され、殺されてから三日の後によみがえるであろう」と言っておられたからである。

마가福音 09:32

① 門徒未達此言,亦不敢門之。
② 뎨자이 말을 명ᄇᆡᆨ지 못하나 ᄯᅩ 뭇기를 두려워하다라
③ 뎨자이 말ᄋᆞᆯ ᄭᆡ닷지 못ᄒᆞ나 ᄯᅩ 뭇기ᄅᆞᆯ 두려워ᄒᆞ더라
④ 뎨ᄌᆞ들이 이 말ᄉᆞᆷ을 ᄭᆡ닷지 못ᄒᆞ고 ᄯᅩᄒᆞᆫ 감히 뭇지 못ᄒᆞ더라
⑤ 오직 뎨ᄌᆞ들이 이 말ᄉᆞᆷ을 ᄭᆡ닷지 못ᄒᆞ고 ᄯᅩ 뭇기를 무셔워ᄒᆞ더라
⑥ 뎨ᄌᆞ들이 이 말ᄉᆞᆷ을 ᄭᆡᄃᆞᆺ지 못 ᄒᆞ고 ᄯᅩ 뭇기ᄅᆞᆯ 무셔워하더라
⑦ 뎨ᄌᆞ들이 이 말ᄉᆞᆷ을 ᄭᆡᄃᆞᆺ지못ᄒᆞ고 ᄯᅩ 뭇기를 무셔워ᄒᆞ더라

(뎨ᄌᆞ들이 이 말솜을 ᄭᆡ닷지 못ᄒᆞ고 ᄯᅩ 뭇기를 무셔워ᄒᆞ더라)
⑧ 뎨ᄌᆞ들이 이 말솜을 ᄭᆡ닷지 못ᄒᆞ고 ᄯᅩ 뭇기를 무셔워ᄒᆞ더라
⑨ 弟子들이 此 言을 悟치 못ᄒᆞ고 又 問ᄒᆞ기를 懼ᄒᆞ더라
⑩ 弟子들이 이 말솜을 ᄭᆡ닷지 못ᄒᆞ고 뭇기도 무셔워ᄒᆞ더라
⑪ 弟子들이 이 말삼을 깨닷지못하고 ᄯᅩ 뭇기를 무셔워하더라
⑫ 그러나 뎨자들은 이 말삼을 깨닷지 못하고 뭇기도 무셔워하더라
⑬ 그러나 제자들은 이 말씀을 깨닫지 못하고 묻기도 무서워하더라
⑭ しかし、彼らはイエスの言われたことを悟らず、また尋ねるのを恐れていた。

마가福音 09:33

① 耶穌至迦百農,在室里問門徒曰,爾途間相議者,何歟。
② 가빌남에 닐으러 집에셔 뎨자게 물우되 너희 길에셔 서로 의론한 거슨 무어시냐
③ 가빌남에 닐으러 집에셔 뎨자게 물우되 너희 길에셔 서로 의론한 거슨 무어시냐
④ 예수ㅣ 가베나온에 니ᄅᆞ샤 집에 계셔 뎨ᄌᆞ들의게 무러 ᄀᆞᆯ아샤ᄃᆡ 너희 즁에셔 서로 닷톤 거시 무어시냐
⑤ 예수ㅣ 가빌남에 니ᄅᆞ러 집에 계실 ᄉᆡ 뎨ᄌᆞ들 ᄃᆞ려 무러 일ᄋᆞ샤ᄃᆡ 너희가 로즁에셔 서로 의론홈이 무엇시냐
⑥ 가베나움에 니ᄅᆞ니 집에 계실 ᄉᆡ 뎨ᄌᆞ들 ᄃᆞ려 무러 ᄀᆞᆯᄋᆞ샤ᄃᆡ 너희가 로즁에셔 서로 닷흔 거시 무어시냐
⑦ 가버나움에 니ᄅᆞ러 집에 계실ᄉᆡ 뎨ᄌᆞ들ᄃᆞ려 무러ᄀᆞᆯᄋᆞ샤ᄃᆡ 너희가 로즁에셔 서로 닷톤 거시 무어시냐
⑧ 가버나움에 니르러 집에 계실ᄉᆡ 뎨ᄌᆞ들ᄃᆞ려 무러 ᄀᆞᆯᄋᆞ샤ᄃᆡ 너희가 로즁에셔 서로다톤 거시 무어시냐
⑨ 가버나움에 至ᄒᆞ야 家에 居ᄒᆞ실ᄉᆡ 弟子들ᄃᆞ려 問ᄒᆞ야 曰 爾等이 路中에셔 相爭ᄒᆞᆫ 거시 何냐

⑩ 가버나움에 니르러 집에 계실서 弟子들 ᄃᆞ려 무러 ᄀᆞᆯᄋᆞ샤ᄃᆡ 너희가 路中에셔 무슴일노 서로 다토앗ᄂᆞ뇨
⑪ 가버나움에 니르러 집에 계실새 弟子들 다려 무러 갈아샤대 너희가 路中에셔 서로 다론 것이 무엇이냐
⑫ 가버나움에 니르러 집에 계실새 뎨자들의게 무르샤대 너희가 로즁에셔 서로 토론한 것이 무엇이냐 하시되
⑬ 가버나움에 이르러 집에 계실쌔 제자들에게 물으시되 너희가 노중에서 서로 토론한 것이 무엇이냐 하시되
⑭ それから彼らはカペナウムにきた。そして家におられるとき、イエスは弟子たちに尋ねられた、「あなたがたは途中で何を論じていたのか」。

마가福音 09:34

① 門徒默然,以途間相議孰爲大也。
② 뎨자 잠잠하문 길에셔 뉘가 크냐 의론하미라
③ 뎨자 잠잠ᄒᆞ문 길에셔 뉘가 크냐 의론ᄒᆞ미라
④ 데ᄌᆞ들이 묵연ᄒᆞᆷ은 로샹에셔 뉘가 뎨일 큰 이 될 기술 닷틈이러리
⑤ 뎨ᄌᆞ들이 ᄌᆞᆷᄌᆞᆷᄒᆞᆷ은 뎌희가 로즁에셔 서로 힐난ᄒᆞ기를 뉘가 놉흐뇨 ᄒᆞᆷ이라
⑥ 뎨ᄌᆞ들이 ᄌᆞᆷᄌᆞᆷ ᄒᆞᆷ은 뎌희가 로즁에셔 서로 닷흔 거ᄉᆞᆫ 뉘가 크뇨 ᄒᆞᆷ이라
⑦ 뎨ᄌᆞ들이 ᄌᆞᆷᄌᆞᆷᄒᆞᆷ은 뎌희가 로즁에셔 서로 닷톤 거슨 뉘가 크뇨 ᄒᆞᆷ이러니
⑧ 뎨ᄌᆞ들이 ᄌᆞᆷᄌᆞᆷᄒᆞᆷ은 뎌희가 로즁에서 서로다톤 거시 뉘가 크뇨 ᄒᆞᆷ이러니
⑨ 弟子들이 默默ᄒᆞᆷ은 彼等이 路中에셔 相爭ᄒᆞᆫ 거시 誰가 大ᄒᆞ뇨 ᄒᆞᆷ이러니
⑩ 弟子들이 潛潛ᄒᆞ니 이는 더희가 路中에셔 누가 크냐 서로 다톰이라
⑪ 弟子들이 潛潛함은 뎌희가 路中에셔 서로 다론 것이 누가 크뇨함이러니

⑫ 뎌희가 잠잠하니 이는 로중에셔 서로 누가 크냐 하고 쟁론하엿슴이라
⑬ 저희가 잠잠하니 이는 노중에서 서로 누가 크냐 하고 쟁론하였음이라
⑭ 彼らは默っていた。それは途中で、だれが一ばん偉いかと、互いに論じ合っていたからである。

마가福音 09:35

① 耶穌坐,呼十二門徒謂之曰，欲爲首者必爲衆至末,爲衆之役。
② 이여 안저 열두 뎨ᄌᆞ롤 불너 일오샤되 슈두가 되고져 ᄒᆞᄂᆞᆫ 쟈 반다시 뭇사람에 마즈막이 되며 뭇사람에 사환이 되나니라 하고
③ 이여 안저 열두 뎨ᄌᆞ롤 불너 갈아샤ᄃᆡ 슈두가 되고져 ᄒᆞᄂᆞᆫ 쟈 반다시 뭇사ᄅᆞᆷ에 마즈막이 되며 뭇사ᄅᆞᆷ에 사환이 되ᄂᆞ니라 ᄒᆞ고
④ 예수ㅣ 안지샤 십이뎨ᄌᆞ롤 불너 닐너 ᄀᆞᆯᄋᆞ샤ᄃᆡ 머리가 되고자 ᄒᆞᄂᆞᆫ 이ᄂᆞᆫ 반ᄃᆞ시 모든 사ᄅᆞᆷ의 ᄭᅳᆺ치 되고 모든 사ᄅᆞᆷ의 하인이 되리라 ᄒᆞ시고
⑤ 예수ㅣ 안지사 열두 뎨ᄌᆞ를 불너 ᄀᆞᆯᄋᆞ샤ᄃᆡ 뎨일이 되고져 ᄒᆞᄂᆞᆫ 이ᄂᆞᆫ 뭇사ᄅᆞᆷ의 ᄭᅳᆺ시 될 거시요 뭇사ᄅᆞᆷ의 하인이 되ᄂᆞ니라 ᄒᆞ시고
⑥ 예수ㅣ 안지샤 열두 뎨ᄌᆞ롤 불너와 ᄀᆞᆯᄋᆞ샤ᄃᆡ 머리가 되고져 ᄒᆞᄂᆞᆫ 이ᄂᆞᆫ 뭇사ᄅᆞᆷ의 ᄭᅳᆺ치 될 거시오 뭇사ᄅᆞᆷ을 셤기ᄂᆞᆫ 이 될 거시라 ᄒᆞ시고
⑦ 예수ㅣ 안ᄌᆞ샤 열두 뎨ᄌᆞ를 불너와 ᄀᆞᆯᄋᆞ샤ᄃᆡ 머리가 되고져ᄒᆞᄂᆞᆫ이는 뭇사ᄅᆞᆷ의 ᄭᅳᆺ치 될 거시오 뭇사ᄅᆞᆷ을 셤기ᄂᆞᆫ이가 될 거시라 ᄒᆞ시고
(예수ㅣ 안즈샤 열두 뎨ᄌᆞ를 불너셔 닐ᄋᆞ샤ᄃᆡ 머리가 되고져 ᄒᆞ는 이는 뭇사ᄅᆞᆷ의 ᄭᅳᆺ치 될 거시오 뭇사ᄅᆞᆷ을 셤기는 이가

될 거시라 ᄒᆞ시고)

⑧ 예수가 안즈샤 열두 뎨ᄌᆞ를 불너셔 닐ᄋᆞ샤ᄃᆡ 머리가 되고져 ᄒᆞᄂᆞᆫ 이는 뭇사ᄅᆞᆷ의 ᄭᅳᆺ치 될 거시오 뭇사ᄅᆞᆷ을 셤기ᄂᆞᆫ 이가 될 거시라 ᄒᆞ시고

⑨ 예수가 坐ᄒᆞ샤 十二 弟子를 召ᄒᆞ야 謂ᄒᆞ샤ᄃᆡ 首가 되고져 ᄒᆞᄂᆞᆫ 者ᄂᆞᆫ 衆人의 末이 될 거시오 衆人을 奉事ᄒᆞᄂᆞᆫ 者가 될 거시라 ᄒᆞ시고

⑩ 예수ㅣ 안즈샤 열두 弟子를 불너셔 닐ᄋᆞ샤ᄃᆡ 무릇 머리가 되고져 ᄒᆞᄂᆞᆫ 者ᄂᆞᆫ 뭇사ᄅᆞᆷ의 ᄭᅳᆺ치 되고 뭇사ᄅᆞᆷ을 셤기ᄂᆞᆫ 者가 되어야 ᄒᆞ리라 ᄒᆞ시고

⑪ 예수ㅣ 안즈샤 열두 弟子를 불너셔 닐아샤대 머리가 되고져 하는 이는 뭇사람의 ᄭᅳᆺ치 될 것이오 뭇사람들을 셤기는 이가 될 것이라 하시고

⑫ 예수ᄭᅴ셔 안즈샤 열두 뎨자를 불너셔 닐아샤대 아모던지 첫재가 되고져 하면 뭇사람의 ᄭᅳᆺ치되며 뭇사람을 셤기는 쟈가 되어야 하리라 하시고

⑬ 예수께서 앉으사 열 두 제자를 불러서 이르시되 아무든지 첫째가 되고자 하면 뭇사람의 끝이 되며 뭇사람을 섬기는 자가 되어야 하리라 하시고

⑭ そこで、イエスはすわって十二弟子を呼び、そして言われた、「だれでもいちばん先になろうと思うならば、一ばんあとになり、みんなに仕える者とならねばならない」。

마가福音 09:36

① 耶穌遂取一孩提,置於衆間,且抱之,謂門徒曰,

② 얼인 아희를 취하여 그 가온ᄃᆡ 두고 ᄯᅩ 안고 뎨자게 일오샤되

③ 얼인 아ᄒᆡᄅᆞᆯ 취ᄒᆞ여 그 가온ᄃᆡ 두고 ᄯᅩ ᄋᆞᆫ고 뎨자게 갈오샤ᄃᆡ
④ 예수ㅣ 드ᄃᆡ여 ᄒᆞᆫ 어린 ᄋᆞᄒᆡᄅᆞᆯ ᄃᆞ려다가 모든 사ᄅᆞᆷ 가온ᄃᆡ 노코 ᄯᅩᄒᆞᆫ 안ᄒᆞ시고 뎨ᄌᆞ들의게 닐너 ᄀᆞᆯᄋᆞ샤ᄃᆡ
⑤ 어린ᄋᆞᄒᆡ ᄒᆞ나를 ᄎᆔᄒᆞ샤 여러 사ᄅᆞᆷ 가온ᄃᆡ에 셰웟다가 팔에 안으시며 뎌희 ᄃᆞ려 닐너 ᄀᆞᆯᄋᆞ샤ᄃᆡ
⑥ 어린 ᄋᆞᄒᆡ ᄒᆞ나ᄒᆞᆯ ᄃᆞ려다가 여러 사ᄅᆞᆷ 가온ᄃᆡ 세우시고 안으시며 뎌희 ᄃᆞ려 닐ᄋᆞ샤ᄃᆡ
⑦ 어린 ᄋᆞᄒᆡ ᄒᆞ나ᄒᆞᆯ ᄃᆞ려다가 그 가온대 세우시고 안으시며 뎌희ᄃᆞ려 닐넛스ᄃᆡ
(어린 ᄋᆞ희 ᄒᆞ나ᄒᆞᆯ ᄃᆞ려다가 그 가온대 세우시고 안으시며 뎌희ᄃᆞ려 닐ᄋᆞ샤ᄃᆡ)
⑧ 어린ᄋᆞ희 ᄒᆞ나ᄒᆞᆯ 다려다가 그 가온ᄃᆡ 세우시고 안으시며 뎌희ᄃᆞ려 닐ᄋᆞ샤ᄃᆡ
⑨ 孩兒 一을 携ᄒᆞ여다가 其 中에 立ᄒᆞ시고 坐ᄒᆞ시며 彼等ᄃᆞ려 謂ᄒᆞ샤ᄃᆡ
⑩ 어린 兒孩 ᄒᆞ나를 ᄃᆞ려다가 그가 온 ᄃᆡ 세우시고 ᄯᅩ 안으시며 더희ᄃᆞ려 닐ᄋᆞ샤ᄃᆡ
⑪ 어린 兒孩하나를 다려다가 그가 온대 세우시고 안으시며 뎌희 다려 닐아샤대
⑫ 어린 아해 하나를 다려다가 그들 가온대 세우시고 안으시며 뎨자들의게 닐아샤대
⑬ 어린 아이 하나를 데려다가 그들 가운데 세우시고 안으시며 제자들에게 이르시되
⑭ そして、ひとりの幼な子をとりあげて、彼らのまん中に立たせ、それを抱いて言われた。

마가福音 09:37

① 凡以我名,而接一如此孩提者,則接我,接我者,非接我,乃接遣我者也。
② 무론 ᄂᆡ 일홈을 위하여 이런 얼인 아ᄒᆡ 한나을 ᄃᆡ졉하ᄂᆞᆫ 쟈ᄂᆞᆫ 곳 나를 ᄃᆡ졉하미요 나를 ᄃᆡ졉하ᄂᆞᆫ 쟈ᄂᆞᆫ 곳 나를 ᄃᆡ졉하미
안이요 오직 나를 보ᄂᆡᆫ 이를 ᄃᆡ졉하미라 하다라
③ 무론 ᄂᆡ 일홈ᄋᆞᆯ 위ᄒᆞ여 이런 얼인 아ᄒᆡ ᄒᆞᆫ나ᄅᆞᆯ ᄃᆡ졉ᄒᆞᄂᆞᆫ 쟈ᄂᆞᆫ 곳 나ᄅᆞᆯ ᄃᆡ졉ᄒᆞ미요 나ᄅᆞᆯ ᄃᆡ졉ᄒᆞᄂᆞᆫ 쟈ᄂᆞᆫ 곳 나ᄅᆞᆯ ᄃᆡ졉ᄒᆞ미

ᄋᆞᆫ이요 오직 나ᄅᆞᆯ 보ᄂᆡᆫ 이ᄅᆞᆯ ᄃᆡ졉ᄒᆞ미라 ᄒᆞ더라

④ 므ᄅᆞᆺ 나의 일홈으로써 이 ᄀᆞᆺᄒᆞᆫ ᄒᆞᆫ 어린 ᄋᆞ희ᄅᆞᆯ 졉ᄃᆡᄒᆞᄂᆞᆫ 이ᄂᆞᆫ 곳 나ᄅᆞᆯ 보내신 이ᄅᆞᆯ 졉ᄃᆡᄒᆞᆷ이니라

⑤ 누구던지 내 일홈으로써 이 ᄀᆞᆺᄒᆞᆫ 어린ᄋᆞ희 즁에 ᄒᆞᄂᆞ이라도 영졉ᄒᆞ면 곳 나를 영졉ᄒᆞᆷ이요 ᄯᅩ 누구던지 나를 영졉ᄒᆞ면 나를 영졉ᄒᆞᆷ이 아니요 오직 나 보내신 이를 영졉ᄒᆞᆷ이니라

⑥ 누구던지 내 일홈으로 이런 어린 ᄋᆞ희 ᄒᆞ나흘 영졉ᄒᆞ면 곳 나ᄅᆞᆯ 영졉ᄒᆞᆷ이오 ᄯᅩ 누구던지 나ᄅᆞᆯ 영졉ᄒᆞ면 나ᄅᆞᆯ 영졉ᄒᆞᆷ이 아니오 오직 나 보내신 이 를 영졉ᄒᆞᆷ이니라

⑦ 누구던지 내 일홈으로 이런 어린 ᄋᆞ희 ᄒᆞ나흘 영졉ᄒᆞ면 곳 나를 영졉ᄒᆞᆷ이오 ᄯᅩ 누구던지 나를 영졉ᄒᆞ면 나를 영졉ᄒᆞᆷ이 아니오 오직 나 보내신이를 영졉ᄒᆞᆷ이라 ᄒᆞ시더라

(누구던지 내 일홈으로 이런 어린ᄋᆞ희 ᄒᆞ나흘 영졉ᄒᆞ면 곳 나를 영졉ᄒᆞᆷ이오 ᄯᅩ 누구던지 나를 영졉ᄒᆞ면 나를 영졉ᄒᆞᆷ이 아니오 오직 나를 보내신 이를 영졉ᄒᆞᆷ이라 ᄒᆞ시더라)

⑧ 누구던지 내일홈으로 이런 어린ᄋᆞ희 ᄒᆞ나흘 영졉ᄒᆞ면 곳 나를 영졉ᄒᆞᆷ이오 ᄯᅩ 누구던지 나를 영졉ᄒᆞ면 나를 영졉ᄒᆞᆷ이 아니오 오직 나를 보내신 이를 영졉ᄒᆞᆷ이라 ᄒᆞ시더라

⑨ 誰던지 我名으로 如此ᄒᆞᆫ 幼兒 一을 迎接ᄒᆞ면 곳 我를 迎接ᄒᆞᆷ이오 ᄯᅩ 誰던지 我를 迎接ᄒᆞ면 我를 迎接ᄒᆞᆷ이 아니오 오직 我를 遣ᄒᆞ신 이를 迎接ᄒᆞᆷ이라 ᄒᆞ시더라

⑩ 누구던지 내일흠으로 이런 어린 兒孩 ᄒᆞ나를 迎接ᄒᆞ면 곳 나를 迎接ᄒᆞᆷ이오 누구던지 나를 迎接ᄒᆞ면 나를 迎接ᄒᆞᆷ이 아니라 나를 보내신 이를 迎接ᄒᆞᆷ이니라

⑪ 누구던지 내 일흠으로 이런 어린 兒孩 하나를 迎接하면 곳 나를 迎接함이오 ᄯᅩ 누구던지 나를 迎接하면 나를 迎接함이 아니오 오직 나를 보내신 이를 迎接함이라 하시더라

⑫ 누구던지 내 일홈으로 이런 어린 아해 하나를 영졉하면 곳 나를 영졉함이오 누구던지 나를 영졉하면 나를 영졉함이 아니오

나를 보내신 이를 영접함이니라
⑬ 누구든지 내 이름으로 이런 어린 아이 하나를 영접하면 곧 나를 영접함이요 누구든지 나를 영접하면 나를 영접함이 아니요 나를 보내신 이를 영접함이니라
⑭「だれでも、このような幼な子のひとりを、わたしの名のゆえに受けいれる者は、わたしを受けいれるのである。そして、わたしを受けいれる者は、わたしを受けいれるのではなく、わたしをおつかわしになったかたを受けいれるのである」。

마가福音 09:38

① 約翰謂之曰,師也,我儕見一人,以爾名逐鬼,彼不從我儕,我儕故禁之,爲旣不從我也。
② 요안너 갈아되 션싱님 우리 한 나이 쥬의 일홈으로써 귀신 쫏추물 보고 금하여스문 그 우리를 좃지 안으미니이다
③ 요안너 갈아되 션싱님 우리 ᄒᆞᆫ 사름 쥬의 일홈으로써 귀신 쫏추물 보와는 고로 금ᄒᆞ여ᄉᆞ문 그 우리ᄅᆞᆯ 좃지 ᄋᆞᆫ으미니이다
④ 요한이 엿ᄌᆞ와 ᄀᆞᆯᄋᆞᄃᆡ 스승님 우리들이 보니 ᄒᆞᆫ 사름이 네 일홈으로 샤귀ᄅᆞᆯ 쫏치나 제가 우리들을 좃지 아니ᄒᆞ매 우리들이 금ᄒᆞ엿ᄉᆞ오니 그 우리ᄅᆞᆯ 좃지 아니ᄒᆞᆷ을 위ᄒᆞᆷ이니이다
⑤ 요한이 예수ᄭᅴ 엿ᄌᆞ오ᄃᆡ 쥬여 우리들이 보오니 ᄒᆞᆫ 사름이 쥬의 일홈으로 샤귀를 내여 쫏거ᄂᆞᆯ 제가 우리를 ᄯᆞ르지 아니ᄒᆞᆫ 연고로 우리가 금ᄒᆞ엿ᄂᆞ이다
⑥ 요한이 예수ᄭᅴ 엿ᄌᆞ오ᄃᆡ 션싱님이여 우리가 보니 ᄒᆞᆫ 사름이 쥬의 일홈으로 샤귀ᄅᆞᆯ 내여 쫏거ᄂᆞᆯ 뎌가 우리ᄅᆞᆯ ᄯᆞᄅᆞ지 아니 ᄒᆞᆫ 연고로 우리가 금ᄒᆞᄂᆞ이다
⑦ 요한이 예수ᄭᅴ 엿ᄌᆞ오ᄃᆡ 션싱님이여 우리가보니 ᄒᆞᆫ 사름이 쥬의 일홈으로 샤귀를 내여쫏거늘 뎌가 우리를 ᄯᆞ르지아니ᄒᆞᆫ 연고로 우리가 금ᄒᆞ엿ᄂᆞ이다
(요한이 예수ᄭᅴ 엿ᄌᆞ오ᄃᆡ 션싱님이여 우리가 보니 ᄒᆞᆫ 사름이 쥬의 일홈으로 샤귀를 내여쫏거늘 뎌가 우리를 ᄯᆞ르지 아니ᄒᆞᆫ

연고로 우리가 금ᄒᆞ엿ᄂᆞ이다)

⑧ 요한이 예수ᄭᅴ 엿ᄌᆞ오ᄃᆡ 션ᄉᆡᆼ님이여 우리가 보니 ᄒᆞᆫ ᄉᆞᄅᆞᆷ이 쥬의 일홈으로 샤귀를 내여쫏거늘 뎌가 우리를 ᄯᆞ르지 아니ᄒᆞᆫ 연고로 우리가 금ᄒᆞ엿ᄂᆞ니다

⑨ 요한이 예수ᄭᅴ 稟ᄒᆞᄃᆡ 先生님이여 我等이 見ᄒᆞ니 一 人이 主의 名으로 邪鬼를 逐出ᄒᆞ거ᄂᆞᆯ 彼가 我等을 從치 아니ᄒᆞᆫ 緣故로 我等이 禁ᄒᆞ엿ᄂᆞ이다

⑩ 요한이 엿ᄌᆞ오ᄃᆡ 先生님이여 우리가 보니 ᄒᆞᆫ ᄉᆞᄅᆞᆷ이 主의 일홈으로 邪鬼를 내여 쫏ᄎᆞ나 우리를 ᄯᆞ르지 아니ᄒᆞᆫ 故로 禁ᄒᆞ엿ᄂᆞ이다

⑪ 요한이 예수ᄭᅴ 엿자 오대 先生님이어 우리가 보니 한 사람이 主의 일홈으로 邪鬼를 내여 쫏거늘 뎌가 우리를 ᄯᅡ르지 아니한 緣故로우리가 禁하엿나이다

⑫ 요한이 예수ᄭᅴ 엿자오대 션생님 우리르 ᄯᅡ르지 안는 엇던 쟈가 쥬의 일홈으로 귀신을 내여 쫏는 것을 우리가 보고 우리를 ᄯᅡ르지 아니함으로 금하엿나이다

⑬ 요한이 예수께 여짜오되 선생님 우리를 따르지 않는 어떤 자가 주의 이름으로 귀신을 내어 쫓는 것을 우리가 보고 우리를 따르지 아니하므로 금하였나이다

⑭ ヨハネがイエスに言った、「先生、わたしたちについてこない者が、あなたの名を使って悪靈を追い出しているのを見ましたが、その人はわたしたちについてこなかったので、やめさせました」。

마가福音 09:39

① 耶穌曰,毋禁之,蓋未有以我名行異能而忍經誹我者也,

② 예수 갈아샤되 금치 말나 ᄂᆡ 일홈으로써 능하물 힝하고 나를 경히 곳 공론하는 쟈 업나니라

③ 예수 갈아샤ᄃᆡ 금치 말나 ᄂᆡ 일홈으로써 능ᄒᆞ물 힝ᄒᆞ고 나ᄅᆞᆯ 경히 공론ᄒᆞᄂᆞᆫ 쟈 업스미니라
④ 예수ㅣ ᄀᆞᆯᄋᆞ샤ᄃᆡ 금ᄒᆞ지 말나 대개 나의 일홈으로써 령젹을 힝ᄒᆞ면 즘아 엇지 나ᄅᆞᆯ 경멸ᄒᆞ고 비방ᄒᆞ겟ᄂᆞ냐
⑤ 예수ㅣ ᄀᆞᆯᄋᆞ샤ᄃᆡ 금치 마라 대개 내 일홈을 의탁ᄒᆞ야 능ᄒᆞᆫ 일을 힝ᄒᆞ고 경홀이 내게 악ᄒᆞᆫ 말을 ᄒᆞ지 못ᄒᆞᄂᆞ니라
⑥ 예수ㅣ ᄀᆞᆯᄋᆞ샤ᄃᆡ 금ᄒᆞ지 마라 대개 내 일홈을 의탁ᄒᆞ야 능ᄒᆞᆫ 일을 힝ᄒᆞ고 경홀이 나ᄅᆞᆯ 비방홀 이가 업ᄂᆞ니
⑦ 예수ㅣ ᄀᆞᆯᄋᆞ샤ᄃᆡ 금ᄒᆞ지 마라 대개 내 일홈을 의탁ᄒᆞ여 능ᄒᆞᆫ 일을 힝ᄒᆞ고 경홀히 나를 비방홀 이가 업ᄂᆞ니
⑧ 예수ㅣ ᄀᆞᆯᄋᆞ샤ᄃᆡ 금ᄒᆞ지 마라 대개 내 일홈을 의탁ᄒᆞ야 능ᄒᆞᆫ일을 힝ᄒᆞ고 경홀히 나를 비방홀 이가 업ᄂᆞ니
⑨ 예수ㅣ 曰 禁ᄒᆞ지 마라 大槩 我의 名을 依托ᄒᆞ야 能事를 行ᄒᆞ고 輕忽히 我를 誹謗할 者가 無ᄒᆞᄂᆞ니
⑩ 예수ㅣ ᄀᆞᆯᄋᆞ샤ᄃᆡ 禁ᄒᆞ지 마라 내일흠을 依托ᄒᆞ야 異蹟을 行ᄒᆞ며 輕忽히 나를 誹謗홀 者가 업ᄂᆞ니
⑪ 예수ㅣ 갈아샤대 禁하지 마라 大槪내 일흠을 依託하야 能한 일을 行하고 輕忽히 나를 誹謗할 이가 업나니
⑫ 예수끠셔 갈아샤대 금하지 말나 내 일홈을 의탁하야 능한 일을 행하고 즉시로 나를 비방할 쟈가 업나니라
⑬ 예수께서 가라사대 금하지 말라 내이름을 의탁하여 능한 일을 행하고 즉시로 나를 비방할 자가 없느니라
⑭ イエスは言われた、「やめさせないがよい。だれでもわたしの名で力あるわざを行いながら、すぐそのあとで、わたしをそしろことはできない。

마가福音 09:40

① 凡不攻我儕者,則向我儕也。
② 무론 우리를 치지 안ᄂᆞᆫ 쟈ᄂᆞᆫ 우리를 향ᄒᆞ미라
③ 무론 우리ᄅᆞᆯ 치지 ᄋᆞᆫᄂᆞᆫ 쟈ᄂᆞᆫ 우리ᄅᆞᆯ 향ᄒᆞ미라
④ 므롯 나ᄅᆞᆯ 치지 아니ᄒᆞᄂᆞᆫ 이ᄂᆞᆫ 우리ᄅᆞᆯ 향ᄒᆞᄂᆞᆫ 이오 므롯 나의 일홈을 의탁ᄒᆞ여 ᄒᆞᆫ 잔 물노 너ᄅᆞᆯ 먹임은 네 그리스도에 쇽홈

을 인ᄒᆞᆷ이니
⑤ 므ᄅᆞᆺ 우리를 치지 안ᄂᆞᆫ 쟈ᄂᆞᆫ 곳 우리를 향ᄒᆞᄂᆞᆫ 쟈ㅣ니라
⑥ 우리ᄅᆞᆯ 거역지 안ᄂᆞᆫ 사ᄅᆞᆷ은 곳 우리ᄅᆞᆯ 위ᄒᆞᄂᆞᆫ 사ᄅᆞᆷ이라
⑦ 우리를 거역지 안ᄂᆞᆫ 사ᄅᆞᆷ은 곳 우리를 위ᄒᆞᄂᆞᆫ 사ᄅᆞᆷ이라
(우리를 거역지 안는 사ᄅᆞᆷ은 곳 우리를 위ᄒᆞ는 사ᄅᆞᆷ이라)
⑧ 우리를 거역지 안ᄂᆞᆫ 사ᄅᆞᆷ은 곳 우리를 위ᄒᆞᄂᆞᆫ 사ᄅᆞᆷ이라
⑨ 我等을 拒逆지 안ᄂᆞᆫ 人은 곳 我等을 爲ᄒᆞᄂᆞᆫ 人이라
⑩ 우리를 拒逆지 안ᄂᆞᆫ 사ᄅᆞᆷ은 곳 우리를 爲ᄒᆞᄂᆞᆫ 사ᄅᆞᆷ이라
⑪ 우리를 拒逆지 안는 사람은 곳 우리를 爲하는 사람이라
⑫ 우리를 반대하지 안는 쟈는 우리를 위하는 쟈니라
⑬ 우리를 반대하지 않는 자는 우리를 위하는 자니라
⑭ わたしたちに反對しない者は、わたしたちの味方である。

마가福音 09:41
① 凡託我名,而以一杯水飮爾,因爾屬基督也,我誠告爾,彼必不失賞矣。
② 너희가 키리스토게 붓트물 인ᄒᆞ여 한 잔 물노써 너희를 마시게 ᄒᆞᄂᆞᆫ 쟈는 ᄂᆡ 실노 너희게 일오나니 뎌 쟝차 그 샹 주물 힐치 안으리라
③ 너희가 키리쓰토게 붓트물 인ᄒᆞ여 ᄒᆞᆫ 잔 물노써 너희ᄅᆞᆯ 마시게 ᄒᆞᄂᆞᆫ 쟈ᄂᆞᆫ ᄂᆡ 실노 너희게 일오나니 뎌 쟝차 그 샹 주물 힐치 ᄋᆞᆫ으리라

④ 나ㅣ 진졍으로 네게 닐ᄋᆞᄂᆞ니 뎌ㅣ 반ᄃᆞ시 샹밧음을 일치 아니ᄒᆞ리라

⑤ 대개 누구던지 ᄒᆞᆫ 잔 물노 너희를 마시우면 너희가 긔독에 쇽ᄒᆞᆷ을 인ᄒᆞᆷ이니 내 실노 너희게 닐ᄋᆞ노니 그 사ᄅᆞᆷ이 반ᄃᆞ시 샹 밧음을 일치 안니리라

⑥ 대개 누구던지 너희가 그리스도ᄭᅴ 쇽ᄒᆞᆷ으로 물 ᄒᆞᆫ잔을 주면 내 실노 너희게 닐ᄋᆞ노니 그 사ᄅᆞᆷ이 결단코 샹을 일치 아니리라

⑦ 대개 너희가 그리스도의게 쇽ᄒᆞᆷ으로 누구던지 너희게 물 ᄒᆞᆫ 잔을 주면 내 실노 너희게 닐ᄋᆞ노니 그 사ᄅᆞᆷ이 결단코 샹을 일치아니리라

(대개 너희가 그리스도의게 쇽ᄒᆞᆷ으로 누구던지 너희게 물 ᄒᆞᆫ 잔을 주면 내가 실노 너희게 닐ᄋᆞ노니 그 사ᄅᆞᆷ이 결단코 샹을 일치 아니리라)

⑧ 대개 너희가 그리스도의게 쇽ᄒᆞᆷ으로 누구던지 너희게 물 ᄒᆞᆫ 잔을 주면 내가 실노 너희게 닐ᄋᆞ노니 그 사ᄅᆞᆷ이 결단코 샹급을 일치 아니리라

⑨ 大槩 爾等이 그리스도의게 屬ᄒᆞᆷ으로 誰던지 爾等의게 水 一 杯를 給ᄒᆞ면 我가 實노 爾等의게 諭ᄒᆞ노니 其 人이 決斷코 賞給을 失치 아니리라

⑩ 내가 眞實노 너희의게 닐ᄋᆞ노니 너희가 그리스도의게 屬ᄒᆞᆷ으로 누구던지 너희의게 물 ᄒᆞᆫ 盞이라도 주면 그 사ᄅᆞᆷ이 決斷코 賞을 일치 아니리라

⑪ 大概 너희가 그리스도의게 屬함으로 누구던지 너희게 물 한 盞을 주면 내가 眞實노 너희게 닐아노니 그 사람이 決斷코 賞給을 일치 아니리라

⑫ 누구던지 너희를 그리스도의게 쇽하는 쟈라 하야 물 한그릇을 주면 내가 진실노 너희게 닐아노니 뎌가 결단코 샹을 일치 아니리라

⑬ 누구든지 너희를 그리스도에게 속한 자라 하여 물 한 그릇을 주면 내가 진실로 너희에게 이르노니 저가 결단코 상을 잃지

않으리라

⑭ だれでも、キリストについている者だというので、あなたがたに水一杯でも飲ませてくれるものは、よく言っておくが、決してその報いからもれることはないであろう。

마가福音 09:42

① 凡陷信我之一小子於罪者,甯以磨石懸旣頸,投於海之爲美也。

② 무론 나를 밋ᄂᆞᆫ 얼인 아희에 한나을 걋치게 ᄒᆞᄂᆞᆫ 쟈ᄂᆞᆫ 찰하리 큰 망ᄯᅩᆯ노써 목에 ᄆᆡ고 바다에 더지라

③ 무론 나롤 밋ᄂᆞᆫ 얼인 아희에 한나롤 걋치게 ᄒᆞᄂᆞᆫ 쟈ᄂᆞᆫ 찰아리 큰 망ᄯᅩᆯ노써 목에 ᄆᆡ고 바다에 더지라

④ 므릇 나롤 밋ᄂᆞᆫ 젹은 ᄋᆞ히롤 죄에 ᄲᅡ지게 ᄒᆞᄂᆞᆫ 이ᄂᆞᆫ 츌하리 ᄆᆡᆺ돌을 목에 ᄆᆡ여 바다희 더짐이 됴흐니

⑤ ᄯᅩ 누구던지 나를 밋ᄂᆞᆫ 젹은 이를 ᄒᆞ나이라도 범죄케 ᄒᆞ면 그 사ᄅᆞᆷ의게ᄂᆞᆫ 츌하리 큰 돌ᄆᆡ를 제 목에 달고 바다에 더짐이 나으리라

⑥ ᄯᅩ 누구딘지 나롤 밋ᄂᆞᆫ 쇼ᄌᆞ ᄒᆞ나흘 범죄케 ᄒᆞᄂᆞᆫ 쟈ᄂᆞᆫ 츌하리 큰 돌ᄆᆡ를 그 목에 달고 바나해 너짐이 나흐리라

⑦ ᄯᅩ 누구던지 나를 밋ᄂᆞᆫ 쇼ᄌᆞ ᄒᆞ나흘 범죄케ᄒᆞᄂᆞᆫ 쟈는 츌하리 큰 돌ᄆᆡ를 그 목에 ᄃᆞᆯ고 바다에 더짐이 나흐리라

(ᄯᅩ 누구던지 나를 밋는 쇼ᄌᆞ ᄒᆞ나흘 범죄케 ᄒᆞ는 쟈는 츌하리 큰 돌ᄆᆡ를 그 목에 달고 바다에 던짐이 나흐리라)

⑧ ᄯᅩ 누구던지 나를 밋ᄂᆞᆫ 쇼ᄌᆞ ᄒᆞ나흘 범죄케 ᄒᆞᄂᆞᆫ 쟈는 츌하리 큰돌ᄆᆡ를 그 목에 달고 바다에 던짐이 나으리라

⑨ ᄯᅩ 誰던지 我를 信ᄒᆞᄂᆞᆫ 小子 一人을 犯罪케 ᄒᆞᄂᆞᆫ 者ᄂᆞᆫ 츌하리 大石磨를 其 頸에 懸ᄒᆞ고 海에 投홈이 愈ᄒᆞ리라

⑩ ᄯᅩ 누구던지 나를 밋ᄂᆞᆫ 小子 ᄒᆞ나를 犯罪케 ᄒᆞᄂᆞᆫ 者ᄂᆞᆫ 츌하리 큰 돌ᄆᆡ를 그 목에 달고 바다에 션짐이 나으니라

⑪ ᄯᅩ 누구던지 나를 밋ᄂᆞᆫ 小子 하나를 犯罪케 하ᄂᆞᆫ 者ᄂᆞᆫ 찰히리 큰 돌메를 그 목에 달고 바다에 던짐이 나으리라

⑫ ᄯᅩ 누구던지 나를 밋는 이 쇼자 즁 하나를 실족케 하면 찰하리 련자매돌을 그 목에 달니우고 바다에 던지움이 나으리라

⑬ 또 누구든지 나를 믿는 이 소자 중 하나를 실족케 하면 차라리 연자 맷돌을 그 목에 달리우고 바다에 던지움이 나으리라
⑭ また、わたしを信じるこれらの小さい者のひとりをうまずかせる者は、大きなひきうすを首にかけられて海に投げ込まれた方が、はるかによい。

마가福音 09:43

① 倘爾一手陷爾於罪,則斷之,寧殘缺入於生,毋有兩手而入地獄不滅之火。
② 만약 네 손이 너를 것치게 ᄒᆞ면 띡어
③ 만약 네 손이 너롤 것치게 ᄒᆞ면 띡어
④ 만일 네 ᄒᆞᆫ 손이 죄에 빠지게 ᄒᆞ거든 곳 끈허ᄇᆞ릴지어다
⑤ 만일 네 손이 너를 범죄케 ᄒᆞ거든 곳 끈허ᄇᆞ릴지니
⑥ 만일 네 손이 너롤 범죄케 ᄒᆞ거든 띡어ᄇᆞ리라
⑦ 만일 네 손이 너를 범죄케ᄒᆞ거든 띡어ᄇᆞ리라
(만일 네 손이 너를 범죄케 ᄒᆞ거든 띡어ᄇᆞ리라)
⑧ 만일 네 손이 너를 범죄케 ᄒᆞ거든 띡어ᄇᆞ리라
⑨ 萬一 爾 手가 爾를 犯罪케 ᄒᆞ거든 斷棄ᄒᆞ라
⑩ 네 손이 너를 犯罪케 ᄒᆞ거든 띡어ᄇᆞ리라
⑪ 만일 네 손이 너를 犯罪케 하거든 띡어바리라
⑫ 만일 네 손이 너를 범죄케 하거든 띡어바리라
⑬ 만일 네 손이 너를 범죄케 하거든 띡어버리라

⑭ もし、あなたの片手が罪を犯させるなら、それを切り捨てなさい。両手がそろったままで地獄の消えない火の中に落ち込むよりは、かたわになって命に入る方がよい。

마가福音 09:44

① 在彼蟲不死,火不滅。

② 병신으로 영싱에 들지니 두 손으로 지옥 써지지 안ᄂᆞᆫ 불에 나아가기 보담 나으니라

③ 병신으로 영싱에 들지니 두 손으로 지옥 써지지 ᄋᆞᆫᄂᆞᆫ 불에 나아가기 보담 나으니라

④ 출하리 병신으로 텬당에 들지언뎡 두손을 가지고 디옥의 멸치 아니ᄒᆞᄂᆞᆫ 불에 들지 말지라

⑤ 출하리 병신으로 텬당에 드러가ᄂᆞᆫ 거시 두 손 다 두고 디옥의 써지지 안ᄂᆞᆫ 불에 드러가ᄂᆞᆫ 것보담 됴흐니라

⑥ 샹ᄒᆞ고 영싱 ᄒᆞᄂᆞᆫᄃᆡ 드러가ᄂᆞᆫ 거시 두 손 잇서 디옥 써지지 안ᄂᆞᆫ 불에 드러가ᄂᆞᆫ 것 보다 됴흐니라

⑦ 샹ᄒᆞ고 영싱ᄒᆞᄂᆞᆫᄃᆡ 드러가ᄂᆞᆫ 거시 두 손 잇서 디옥 써지지안ᄂᆞᆫ 불에 드러가ᄂᆞᆫ 것보다 됴흐니라

(샹ᄒᆞ고 영싱에 드리가는 기시 두 손이 잇시 디옥 씨지지 안는 불에 드리가는 깃보다 나으니라)

⑧ 샹ᄒᆞ고 영싱에 드러가ᄂᆞᆫ 거시 두손이 잇서 디옥 써지지 안ᄂᆞᆫ 불에 드러가ᄂᆞᆫ 것보다 나으니라

⑨ 傷ᄒᆞ고 永生에 入ᄒᆞᄂᆞᆫ 거시 兩手가 有ᄒᆞ야 地獄 滅치 안ᄂᆞᆫ 火에 入ᄒᆞᄂᆞᆫ 것보다 愈ᄒᆞ니라

⑩ 償ᄒᆞ고 ㅣ永生에 드러감이 두 손이 잇서 써지지 안ᄂᆞᆫ 地獄 불에 드러감보다 나으니라

⑪ 傷하고 永生에 드러가는 것이 두 손이 잇서 地獄써지지 안는 불에 드러가는 것보다 나으니라

⑫ 불구자로 영생에 드러가는 것이 두 손을 가지고 디옥 써지지 안는 불에 드러가는 것보다 나으니라

⑬ 불구자로 영생에 들어가는 것이 두 손을 가지고 지옥 꺼지지 않는 불에 들어가는 것보다 나으니라

⑭〔地獄では、うじがつきず、火も消えることがない。〕

마가福音 09:45

① 倘爾一足陷爾於罪,則斷之,寧跛而入於生,毋有兩足投於地獄不滅之火,

② 만약 네 발이 너를 것치게 ᄒᆞ면 띡어

③ 만약 네 발이 너롤 것치게 ᄒᆞ면 띡어

④ 만일 네 ᄒᆞᆫ 발이 죄에 빠지게 ᄒᆞ거든 곳 ᄭᅳᆫ허 ᄇᆞ릴지어다

⑤ 만일 네 발이 너를 범죄케 ᄒᆞ거든 곳 ᄭᅳᆫ허 ᄇᆞ릴지니

⑥ 만일 네 발이 너롤 범죄케 ᄒᆞ거든 찍어 ᄇᆞ리라

⑦ 만일 네 발이 너를 범죄케 ᄒᆞ거든 찍어 ᄇᆞ리라

⑧ 만일 네 발이 너를 범죄케 ᄒᆞ거든 찍어ᄇᆞ리라

⑨ 萬一 爾 足이 爾를 犯罪케 ᄒᆞ거든 斷棄ᄒᆞ라

⑩ 네 발이 너를 犯罪케 ᄒᆞ거든 찍어ᄇᆞ리라

⑪ 만일 네 발이 너를 犯罪케 하거든 찍어 바리라

⑫ 만일 네 발이 너를 범죄케 하거든 찍어바리라

⑬ 만일 네 발이 너를 범죄케 하거든 찍어버리라

⑭ もし、あなたの片足罪を犯させるならそれを切り捨てなさい。兩足がそろったままで地獄に投げ入れられるよりは、片足で命に入る方がよい。

마가福音 09:46

① 在彼蟲不死,火不滅。

② 절눅발이로 영싱에 들지니 두 발노 지옥에 더지기 보담 나으며
③ 절눅발이로 영싱에 들지니 두 발노 지옥에 더지기 보담 나으며
④ 출하리 절며 텬당에 들지언뎡 두 발을 가지고 디옥의 멸치 아니ᄒᆞᄂᆞᆫ 불에 더지지 말지니라
⑤ 출하리 절며 텬당에 드러가ᄂᆞᆫ 거시 두 발 다 두고 디옥에 드러가ᄂᆞᆫ 것보담 됴흐니라
⑥ 절며 영싱 하ᄂᆞᆫ듸 드러가ᄂᆞᆫ 거시 두발 잇서 디옥에 드러가ᄂᆞᆫ 것보다 됴흐니라
⑦ 절며 영싱ᄒᆞᄂᆞᆫ듸 드러가ᄂᆞᆫ 거시 두 발 잇서 디옥에 드러가ᄂᆞᆫ 것보다 됴흐니라
(절며 영싱에 드러가는 거시 두 발이 잇서 디옥에 드러가는 것보다 나으니라)
⑧ 절며 영싱에 드러가ᄂᆞᆫ 거시 두발이 잇서 디옥에 드러가ᄂᆞᆫ 것보다 나으니라
⑨ 蹇ᄒᆞ며 永生에 入ᄒᆞᄂᆞᆫ 거시 兩足이 有ᄒᆞ야 地獄에 入ᄒᆞᄂᆞᆫ 것보다 愈ᄒᆞ니라
⑩ 절며 永生에 드러감이 두 발이 잇서 地獄에 드러감보다 나으니라
⑪ 절며 永生에 드러가는 것이 두발이 잇서 地獄에 드러가는 것보다 나으니라
⑫ 절뚝발이로 영생에 드러가는 것이 두 발을 기지고 디옥에 던지우는 것보다 나으니라
⑬ 절뚝발이로 영생에 들어가는 것이 두 발을 가지고 지옥에 던지우는 것보다 나으니라
⑭〔地獄では、うじがつきず、火も消えることがない。〕

마가福音 09:47

① 倘爾一目陷爾於罪,則抉之,甯一目進神之國,毋有兩目投於地獄之火,
② 만약 네 눈이 너희를 것치게 ᄒᆞ면 ᄲᅢ긔쳐 한 눈으로 하나님의 나라에 들지니 두 눈으로 지옥에 더지기 보답 나으니라
③ 만약 네 눈이 너롤 것치게 ᄒᆞ면 ᄲᅢ긔쳐 ᄒᆞᆫ 눈으로 하나님의 나라에 들지니 두 눈으로 지옥에 더지기 보담 나으니라

④ 만일 네 ᄒᆞᆫ 눈이 죄에 빠지게 ᄒᆞ거든 ᄲᅦ혀 ᄇᆞ릴지어다 출하리 ᄒᆞᆫ 눈으로 텬당에 나아갈지언뎡 두 눈을 두고 디옥불에 더지지 말지니라

⑤ 만일 네 눈이 너를 범죄케 ᄒᆞ거든 곳 ᄲᅦ혀 ᄇᆞ릴찌니 출하리 ᄒᆞᆫ 눈으로 텬쥬의 나라에 드러가ᄂᆞᆫ 거시 두 눈 다 두고 디옥에 ᄧᅥ러지ᄂᆞᆫ 것보담 됴흐니라

⑥ 만일 네 눈이 너를 범죄케 ᄒᆞ거든 ᄲᅦ혀 ᄇᆞ리라 ᄒᆞᆫ 눈으로 하ᄂᆞ님의 나라헤 드러가ᄂᆞᆫ 거시 두 눈 잇서 디옥에 더지ᄂᆞᆫ 것보다 됴흐니라

⑦ 만일 네눈이 너를 범죄케ᄒᆞ거든 빼여 ᄇᆞ리라 ᄒᆞᆫ 눈으로 하ᄂᆞ님의 나라에 드러가ᄂᆞᆫ 거시 두 눈 잇서 디옥에 더지ᄂᆞᆫ 것보다 됴흐니라

(만일 네 눈이 너를 범죄케 ᄒᆞ거든 빼여ᄇᆞ리라 ᄒᆞᆫ 눈으로 하ᄂᆞ님의 나라에 드러가는 거시 두 눈이 잇서 디옥에 빠지ᄂᆞᆫ 것보다 나흐니라)

⑧ 만일 네 눈이 너를 범죄케 ᄒᆞ거든 빼여ᄇᆞ리라 ᄒᆞᆫ눈으로 하ᄂᆞ님의 나라애 드러가ᄂᆞᆫ 거시 두눈이 잇서 디옥에 빠지ᄂᆞᆫ 것보다 나으니라

⑨ 萬一 爾 目이 爾를 犯罪케 ᄒᆞ거든 抉去ᄒᆞ라 一目으로 上帝 國에 入ᄒᆞᄂᆞᆫ 거시 兩目이 有ᄒᆞ야 地獄에 陷ᄒᆞᄂᆞᆫ 것보다 愈ᄒᆞ니라

⑩ 네 눈이 너를 犯罪케 ᄒᆞ거든 빼여ᄇᆞ리라 ᄒᆞᆫ 눈으로 하ᄂᆞ님 나라에 드러감이 두 눈이 잇서 地獄에 ᄲᅢ짐보다 나으니라

⑪ 만일 네 눈이 너를 犯罪케 하거든 빼여바리라 한 눈으로 하나님의 나라에 드러가는 것이 두 눈이 잇서 地獄에 빠지는 것보다 나으니라

⑫ 만일 네 눈이 너를 범죄케 하거든 빼여바리라 한 눈으로 하나님의 나라에 드러가는 것이 두 눈을 가지고 디옥에 던지우는 것보다 나으니라

⑬ 만일 네 눈이 너를 범죄케 하거든 빼어 버리라 한 눈으로 하나님의 나라에 들어가는 것이 두 눈을 가지고 지옥에 던지우는

것보다 나으니라
⑭ もし、あなたの片目が罪を犯させるなら、それを拔き出しなさい。兩眼がそろったままで地獄に投げ入れられるよりは、片目になって神の國に入る方がよい。

마가福音 09:48
① 在彼蟲不死,火不滅。
② 거긔는 벌기가 죽지 안코 불이 꺼지지 안는 곳이라
③ 거긔는 벌기가 죽지 ᄋᆞᆫ코 불이 ᄭᅥ지지 ᄋᆞᆫ는 곳이라
④ 거긔 잇스면 버레도 죽지 아니ᄒᆞ고 불도 멸치 아니ᄒᆞᄂᆞ니라
⑤ 뎌긔는 버레도 죽지 안코 불도 꺼지지 안는 곳이니라
⑥ 뎌긔는 버레도 죽지 안코 불도 꺼지지 안는 곳이니라
⑦ 더긔는 버레도 죽지안코 불도 꺼지지 안는 곳이니라
(뎌긔는 버레도 죽지 안코 불도 꺼지지 안는 곳이니라)
⑧ 뎌긔는 버레도 죽지 안코 불도 꺼지지 안는 곳이니라
⑨ 彼處에는 蟲도 死치 안코 火도 滅치 안는 處이니라
⑩ 그 곳은 버레도 죽지 안코 불도 꺼지지 아니ᄒᆞᄂᆞ니
⑪ 뎌긔는 버레도 죽지 안코 불도 꺼지지 안는 곳이니라
⑫ 거긔는 구덕이도 죽지 안코 불도 꺼지지 아니하나니라
⑬ 거기는 구더기도 죽지 않고 불도 꺼지지 아니하느니라

⑭ 地獄では、うじがつきず、火も消えることがない。

마가福音 09:49

① 蓋凡人必鹽以火,又諸祭必鹽以鹽

② 무론 사람은 반다시 불노써 절이나니라

③ 무론 사름은 반다시 불노써 절이ᄂᆞ니라

④ 대개 사름마다 반ᄃᆞ시 불노써 져리며

⑤ 대개 사름마다 반ᄃᆞ시 불노써 져리니

⑥ 대개 사름마다 반ᄃᆞ시 불노써 저리니

⑦ 대개 사름마다 반ᄃᆞ시 불노써 저리리니
(대개 각 사름을 반ᄃᆞ시 불노써 소곰 치듯 ᄒᆞ리니)

⑧ 대개 각 사름을 반ᄃᆞ시 불노써 소곰 치듯ᄒᆞ리니

⑨ 大槩 各 人을 반ᄃᆞ시 火로써 鹽을 치듯ᄒᆞ리니

⑩ 各 사름을 불노써 소곰치듯 ᄒᆞ리라

⑪ 大概 各 사람을 반다시 불노써 소금치듯하리니

⑫ 사람마다 불노써 소곰치듯 함을 밧으리라

⑬ 사람마다 불로서 소금치듯함을 받으리라

⑭ 人はすべて火で塩づけられねばならない。

마가福音 09:50

① 鹽善矣,但鹽失其味,何以鹽之, 爾內宜有鹽而相和也。

② 소곰은 죠은 거시나 다못 소곰이 그 맛슬 힐으면 엇지써 짜게 ᄒᆞ랴 너희 속에 소곰이 이스니 세로 화목하라 하다라

③ 소곰은 죠흔 거시나 다못 소곰이 그 맛슬 힐으면 엇지써 짜게 ᄒᆞ랴 너희 속에 소곰이 이ᄉᆞ니 세로 화목ᄒᆞ라 ᄒᆞ더라

④ 졔물마다 반ᄃᆞ시 소금으로써 져리ᄂᆞ니 져리ᄂᆞᆫ 거시 됴커니와 다만 소금이 제 맛술 일흐면 엇지 써져리리오 너희 속에도
소금이 잇스리니 맛당이 서로 화합ᄒᆞᆯ지니라

⑤ 소곰이 됴흔 거시로되 만일 소곰이 그 맛슬 일흐면 엇지써 짜게 ᄒᆞ리오 너희 속에도 소곰을 두고 서로 화목ᄒᆞᆯ지니라

⑥ 소곰이 됴흔 거시로되 만일 소곰이 그 맛술 일흐면 엇지써 짜게 ᄒᆞ리오 너희 속에도 소곰을 두고 서로 화목ᄒᆞ라 ᄒᆞ시더라

⑦ 소금이 됴흔 거시로되 만일 소금이 그 맛슬 일흐면 엇지써 짜게ᄒᆞ리오 너희속에도 소금을 두고 서로 화목ᄒᆞ라 ᄒᆞ시더라
(소곰이 됴흔 거시로되 만일 소곰이 그 맛을 일흐면 엇지써 짜게 ᄒᆞ리오 너희 속에도 소곰을 치고 서로 화목ᄒᆞ라 ᄒᆞ시더라)

⑧ 소곰이 됴흔 거시로되 만일 소곰이 그 맛을 일흐면 엇지써 짜게 ᄒᆞ리오 너희 속에도 소곰을 치고 서로 화목ᄒᆞ라 ᄒᆞ시더라

⑨ 鹽이 善ᄒᆞᆫ 거시로되 萬一 鹽이 其 味ᄅᆞᆯ 失ᄒᆞ면 엇지써 鹹ᄒᆞ게 ᄒᆞ리오 爾等의 心內에도 鹽을 치고 互相 和睦ᄒᆞ라 ᄒᆞ시더라

⑩ 소곰이 됴흔거시로되 그 맛을 일흐면 엇지 짜게 ᄒᆞ리오 너희속에도 소곰을 치고서 서로 和睦ᄒᆞ라

⑪ 소금이 됴흔 것이로되 만일 소곰이 그 맛을 일흐면 엇지써 짜게 하리오 너희 속에도 소곰을 치고서 서로 和睦하라 하시더라

⑫ 소곰은 됴흔 것이로되 만일 소곰이 그 맛을 일흐면 무엇으로 이를 짜게 하리오 너희 속에 소곰을 두고 서로 화목하라 하시니라

⑬ 소금은 좋은 것이로되 만일 소금이 그 맛을 잃으면 무엇으로 이를 짜게 하리요 너희 속에 소금을 두고 서로 화목하라 하시니라

⑭ 塩はよいものである。しかし、もしその塩の味がぬけたら、何によってその味が取りもどされようか。あなたがた自身の
內に塩を持ちなさい。そして、互いに和らぎなさい」。

10장

마가福音 10:01

① 耶穌起,由彼往約但外,至猶太境,衆復集就之,耶穌復如常敎之。

② 예수 거긔를 ᄯᅥ나 욜단 밧켠 유ᄃᆡ 지경에 닐으니 열어 사ᄅᆞᆷ이 다시 모여 나아오거날 젼과 갓치 가라치니

③ 예수 거긔ᄅᆞᆯ ᄯᅥ나 욜단 밧켠 유ᄃᆡ 지경에 닐으니 열어 사ᄅᆞᆷ이 다시 모여 나아오거날 젼과 갓치 가라치니

④ 예수ㅣ 니러나샤 그리로 조차 요단밧그로 가셔 유대아 디경에 니ᄅᆞ시니 뭇사ᄅᆞᆷ이 다시 모히매 예수ㅣ 다시 여샹이 ᄀᆞᄅᆞ치실식

⑤ 예수ㅣ 그 곳슬 ᄯᅥ나 요단강 건너 유대 디경에 드러오시니 뭇사ᄅᆞᆷ이 다시 모혀들거ᄂᆞᆯ 예수ㅣ 여샹이 다시 ᄀᆞᄅᆞ치시더니

⑥ 예수ㅣ 니러나 거긔셔 ᄯᅥ나 요단강 건너 유대 디경에 드러가시니 허다ᄒᆞᆫ 사ᄅᆞᆷ이 다시 모혀 들거ᄂᆞᆯ 예수ㅣ 다시 젼과 ᄀᆞᆺ치 ᄀᆞᄅᆞ치시더니

⑦ 예수ㅣ 니러나 거긔셔 ᄯᅥ나 유대 디경과 요단 강밧그로 드러가시니 허다ᄒᆞᆫ 사ᄅᆞᆷ이 다시 모혀들거늘 예수ㅣ 다시 그 규례대로 ᄀᆞᄅᆞ치시더니

(예수ㅣ 거긔셔 ᄯᅥ나 유대 디경과 요단강 밧그로 드러가시니 무리들이 다시 모혀들거늘 예수ㅣ 다시 그 규례대로 ᄀᆞᄅᆞ치시더니)

⑧ 예수가 거긔셔 ᄯᅥ나 유대 디경과 요단강 밧그로 드러가시니 무리들이 다시모혀들거늘 예수가 다시 그 규례대로 ᄀᆞᄅᆞ치시더니

⑨ 예수가 該處에셔 離ᄒᆞ야 유대 地境과 요단江 外로 入ᄒᆞ시니 羣衆 復集ᄒᆞ야들거ᄂᆞᆯ 예수가 다시 其 規例대로 誨ᄒᆞ시더니

⑩ 예수ㅣ 그 곳을 ᄯᅥ나샤 요단 江 밧겻흐로 行ᄒᆞ야 유다 地境에 니르시니 무리들이 다시 모혀 들거ᄂᆞᆯ 예수ㅣ 그 規例대로 ᄀᆞᄅᆞ치시더니

⑪ 예수ㅣ 끠셔 ᄯᅥ나 유대 地境과 요단 밧그로 드러가시니 무리들이 다시 모혀들거늘 예수ㅣ 다시 그 規例대로 가라치시더니

⑫ 예수ᄭᅴ셔 거긔셔 ᄯᅥ나 유대 디경과 요단강 건너편으로 가시니 무리가 다시 모혀 들거늘 예수ᄭᅴ셔 다시 젼례대로 가라치시더니

⑬ 예수께서 거기서 떠나 유대 지경과 요단강 건너편으로 가시니 무리가 다시 모여 들거늘 예수께서 다시 전례대로 가르치시더니
⑭ それから、イエスはそこを去って、ユダヤの地方とヨルダンの向こう側へ行かれたが、群衆がまた寄り集まったので、いつものように、また教えておられた。

마가福音 10:02

① 有咗唎嚽人,欲試耶穌,就而問曰人出妻,可乎。
② 바리ᄉᆡ인이 와 물으되 사ᄅᆞᆷ이 쳐를 ᄂᆡ치미 합당ᄒᆞ뇨 하여 시험하니
③ 바리ᄉᆡ인이 와 물으되 사ᄅᆞᆷ이 쳐ᄅᆞᆯ ᄂᆡ치미 합당ᄒᆞ뇨 ᄒᆞ여 시험ᄒᆞ니
④ 바리새오들이 잇서 예수ᄅᆞᆯ 시험코져 ᄒᆞ여 나아와 뭇ᄌᆞ와 ᄀᆞᆯᄋᆞᄃᆡ 사ᄅᆞᆷ이 안ᄒᆡᄅᆞᆯ ᄇᆞ림이 가ᄒᆞ니잇가
⑤ 법리ᄉᆡ 사ᄅᆞᆷ이 예수를 시험코져 ᄒᆞ야 나아와 무러 ᄀᆞᆯᄋᆞᄃᆡ 사ᄅᆞᆷ이 안ᄒᆡ를 내여 ᄇᆞ림이 올흐니잇가
⑥ 바리ᄉᆡ인이 예수ᄭᅴ 나아와 시험ᄒᆞ야 무러 ᄀᆞᆯ아ᄃᆡ 사ᄅᆞᆷ이 그 안ᄒᆡᄅᆞᆯ 내여ᄇᆞ리ᄂᆞᆫ 거시 올흐니잇가
⑦ 비리ᄉᆡ교인이 예수ᄭᅴ 나아와 시험ᄒᆞ여 무러ᄀᆞᆯᄋᆞᄃᆡ 사ᄅᆞᆷ이 그 안해를 내여 ᄇᆞ리ᄂᆞᆫ 거시 올흐니잇가
(바리ᄉᆡ교인이 예수ᄭᅴ 나아와 시험ᄒᆞ야 무러 ᄀᆞᆯᄋᆞᄃᆡ 사ᄅᆞᆷ이 그 안ᄒᆡ를 ᄇᆞ리는 거시 올흐니잇가)
⑧ 바리ᄉᆡ 교인이 예수ᄭᅴ 나아와 시험ᄒᆞ야 무러 ᄀᆞᆯᄋᆞᄃᆡ 사ᄅᆞᆷ이 그 안ᄒᆡ를 ᄇᆞ리ᄂᆞᆫ 거시 올흐니잇가
⑨ 바리ᄉᆡ 教人이 예수ᄭᅴ 就ᄒᆞ야 試驗ᄒᆞ야 問曰 人이 其 妻를 棄ᄒᆞᄂᆞᆫ 거시 可ᄒᆞ니잇가
⑩ 바리새 教人이 예수ᄭᅴ 나아와 試驗ᄒᆞ야 부러 ᄀᆞᆯᄋᆞᄃᆡ 사ᄅᆞᆷ이 그 안ᄒᆡ를 ᄇᆞ림이 올흐니잇가
⑪ 바리새 教人이 예수ᄭᅴ 나아와 試驗하야 무러 갈아대 사람이 그 안해를 바리는 것이 올흐니잇가
⑫ 바리새인들이 예수ᄭᅴ 나아와 그를 시험하야 무르대 사람이 안해를 내여 바리는 것이 올흐니잇가
⑬ 바리새인들이 예수께 나아와 그를 시험하여 묻되 사람이 아내를 내어 버리는 것이 옳으니이까

⑭ そのとき、パリサイ人(びと)たちが近づいてきて、イエスを試みようとして質問した、「夫はその妻を出しても差しつかえ
ないでしょうか」。

마가福音 10:03

① 答之曰,摩西如何命爾。
② 딕답ᄒᆞ여 갈아샤딕 모쇼가 너희게 명한 거시 엇더하냐
③ 딕답ᄒᆞ여 갈아샤딕 모쇼가 너희게 명ᄒᆞᆫ 거시 엇더ᄒᆞ냐
④ 딕답ᄒᆞ야 ᄀᆞᆯᄋᆞ샤딕 모셰 엇더케 너희게 명ᄒᆞ엿더냐
⑤ 예수ㅣ 딕답ᄒᆞ여 ᄀᆞᆯᄋᆞ샤딕 마셔가 엇더케 너희게 명ᄒᆞ엿ᄂᆞ냐
⑥ 딕답ᄒᆞ야 ᄀᆞᆯᄋᆞ샤딕 모셰가 엇더케 너희게 명ᄒᆞ엿ᄂᆞ냐
⑦ 딕답ᄒᆞ야 ᄀᆞᆯ아샤딕 모세가 엇더케 너희게 명ᄒᆞ엿ᄂᆞ냐
(딕답ᄒᆞ야 ᄀᆞᆯᄋᆞ샤딕 모세가 엇더케 너희게 명ᄒᆞ엿ᄂᆞ냐)
⑧ 딕답ᄒᆞ야 ᄀᆞᆯᄋᆞ샤딕 모세가 엇더케 너희게 명ᄒᆞ엿ᄂᆞ냐
⑨ 答ᄒᆞ야 曰 모세가 何如케 爾等의게 命ᄒᆞ엿ᄂᆞ냐
⑩ ᄀᆞᆯᄋᆞ샤딕 모세가 엇더케 너희의게 命ᄒᆞ엿ᄂᆞ냐
⑪ 對答하야 갈아샤대 모세가가 엇더케 너희게 命하엿나냐
⑫ 대답하야 갈아샤대 모세가 엇더케 너희게 명하엿나냐
⑬ 대답하여 가라사대 모세가 어떻게 너희에게 명하였느냐
⑭ イエスは答えて、言われた、「モーセはあなたがたになんと命じたか」。

마가福音 10:04

① 其人曰,摩西許書離書以出之。

② 갈아되 모쇼가 각닙문셰를 써주고 ᄂᆡ치라 하엿나이다

③ 갈아되 모쇼가 각닙문셰ᄅᆞᆯ 써주고 ᄂᆡ치라 ᄒᆞ엿ᄂᆞ이다

④ 그 사ᄅᆞᆷ들이 모셰의 젼ᄒᆞᄂᆞᆫ 글을 써주어 ᄇᆞ리기ᄅᆞᆯ 허락ᄒᆞ니이다

⑤ ᄀᆞᆯᄋᆞᄃᆡ 마셔가 써나ᄂᆞᆫ 글을 써셔 ᄇᆞ리기를 허락ᄒᆞ엿ᄂᆞ이다 ᄒᆞ거ᄂᆞᆯ

⑥ ᄀᆞᆯᄋᆞᄃᆡ 모셰가 내여보내ᄂᆞᆫ 문젹을 써셔 ᄇᆞ리기ᄅᆞᆯ 허락 ᄒᆞ엿ᄂᆞ이다 ᄒᆞ거ᄂᆞᆯ

⑦ ᄀᆞᆯᄋᆞᄃᆡ 모셰가 내여보내ᄂᆞᆫ 문젹을 써셔 ᄇᆞ리기를 허락ᄒᆞ엿ᄂᆞ이다 ᄒᆞ거늘

(ᄀᆞᆯᄋᆞᄃᆡ 모셰가 휴셔를 써주어 ᄇᆞ리기를 허락ᄒᆞ엿ᄂᆞ니다 ᄒᆞ거늘)

⑧ ᄀᆞᆯᄋᆞᄃᆡ 모셰가 휴셔를 써주어 ᄇᆞ리기를 허락ᄒᆞ엿ᄂᆞ니다 ᄒᆞ거늘

⑨ 曰 모셰가 休書를 書給ᄒᆞ야 棄ᄒᆞ기를 許諾ᄒᆞ엿ᄂᆞ이다 ᄒᆞ거ᄂᆞᆯ

⑩ ᄀᆞᆯᄋᆞ디 休書를 써주어 ᄇᆞ리기를 許諾ᄒᆞ엿ᄂᆞ이다

⑪ 갈아대 모세가 休書를 써주어 바리기를 許諾하엿나이다 하거늘

⑫ 갈아대 모세는 리혼증셔를 써주어 내여 바리기를 허낙하엿나이다

⑬ 가로되 모세는 이혼 증서를 써주어 내어 버리기를 허락하였나이다

⑭ 彼らは言った、「モーセは、離縁莊を書いて妻を出すことを許しました」。

미기福音 10:05

① 耶穌答之曰錄爾心硬,故爲爾書此命,

② 예수 갈아샤되 너희 마암 완ᄑᆡᆨᄒᆞ몰 인ᄒᆞ여 이 명을 너희게 써시나
③ 예수 갈아샤ᄃᆡ 너희 마암 완ᄑᆡᆨᄒᆞ몰 인ᄒᆞ여 이 명ᄋᆞᆯ 너희게 써시나
④ 예수ㅣ ᄃᆡ답ᄒᆞ야 ᄀᆞᆯᄋᆞ샤ᄃᆡ 너희 ᄆᆞᄋᆞᆷ이 모질므로 너희ᄅᆞᆯ 위ᄒᆞ야 이 명을 쓰셧거니와
⑤ 예수ㅣ 뎌희 ᄃᆞ려 ᄀᆞᆯᄋᆞ샤ᄃᆡ 너희 ᄆᆞᄋᆞᆷ이 녕악ᄒᆞᆷ을 인ᄒᆞ야 마셔가 이런 명을 썻스나
⑥ 뎌희 ᄃᆞ려 ᄀᆞᆯᄋᆞ샤ᄃᆡ 너희 ᄆᆞᄋᆞᆷ이 완악ᄒᆞᆷ을 인ᄒᆞ야 이 명을 썻거니와
⑦ 예수ㅣ 뎌희ᄃᆞ려 ᄀᆞᆯᄋᆞ샤ᄃᆡ 너희 ᄆᆞᄋᆞᆷ이 완악ᄒᆞᆷ을 인ᄒᆞ야 이 명을 썻거니와
(예수ㅣ 뎌희ᄃᆞ려 닐ᄋᆞ샤ᄃᆡ 너희 ᄆᆞᄋᆞᆷ이 완악ᄒᆞᆷ을 인ᄒᆞ야 이 명령을 긔록ᄒᆞ엿거니와)
⑧ 예수가 뎌희ᄃᆞ려 닐ᄋᆞ샤ᄃᆡ 너희 ᄆᆞᄋᆞᆷ이 완악ᄒᆞᆷ을 인ᄒᆞ야 이 명령을 긔록ᄒᆞ엿거니와
⑨ 예수가 彼等ᄃᆞ려 諭ᄒᆞ샤ᄃᆡ 爾等의 心이 頑惡ᄒᆞᆷ을 因ᄒᆞ야 此 命令을 記錄ᄒᆞ엿거니와
⑩ 예수ㅣ 닐ᄋᆞ샤ᄃᆡ 너희 ᄆᆞᄋᆞᆷ이 頑惡ᄒᆞᆷ을 因ᄒᆞ야 이 命令을 記錄ᄒᆞ엿거니와
⑪ 예수ㅣ 뎌희다려 닐아샤대 너희 마암이 頑惡함을 因하야 이 命令을 記錄하엿거니와
⑫ 예수ᄭᅴ셔 뎌희게 닐아샤대 너희 마암의 완악함을 인하야 이 명령을 긔록하엿거니와
⑬ 예수께서 저희에게 이르시되 너희 마음의 완악함을 인하여 이 명령을 기록하였거니와
⑭ そこでイエスは言われた、「モーセはあなたがたの心が、かたくななので、あなたがたのためにこの定めを書いたのである。

마가福音 10:06

① 但創造之始,神造人之爲男爲女,
② 다못 조화의 처음에 하나님 일남 일녀를 지어사니
③ 다못 조화의 처음에 하나님 일남 일녀ᄅᆞᆯ 지어ᄉᆞ니

④ 다만 ᄀᆡ벽ᄒᆞ던 처음에 샹뎨 졈지ᄒᆞ샤 남녀ᄅᆞᆯ ᄆᆞᆫᄃᆞᄅᆞ시니
⑤ 다만 태초로브터 조화의 쥬ㅣ 사나희와 계집을 ᄆᆞᆫᄃᆞ럿스니
⑥ 다만 태초로 브터 남녀ᄅᆞᆯ 만ᄃᆞ셧시니
⑦ 다만 태초로브터 남녀를 ᄆᆞᆫᄃᆞ셧스니
(다만 태초로브터 남녀를 ᄆᆞᆫ드셧스니)
⑧ 다만 태초로브터 남녀를 ᄆᆞᆫ드셧스니
⑨ 다만 太初로브터 男女를 造ᄒᆞ셧스니
⑩ 太初에 하ᄂᆞ님이 男女를 ᄆᆞᆫ드셧슴으로
⑪ 다만 太初로 브터 男女를 만드셧스니
⑫ 창조시로브터 뎌희를 남자와 녀자로 만드셧스니
⑬ 창조시로부터 저희를 남자와 여자로 만드셨으니
⑭ しかし、天地創造の初めから、『神は人を男と女とに造られた。

마가福音 10:07
① 緣此,人當離父母,好合其妻,
② 이를 인하건던 사ᄅᆞᆷ이 부모를 ᄯᅥ나셔는 그 쳐과 년년ᄒᆞ여
③ 이ᄅᆞᆯ 인ᄒᆞ건던 사ᄅᆞᆷ이 부모ᄅᆞᆯ ᄯᅥ나셔는 그 쳐과 년년ᄒᆞ여
④ 일노 인ᄒᆞ야 사ᄅᆞᆷ이 맛당이 부모ᄅᆞᆯ ᄯᅥ니고 그 안ᄒᆡ와의 합ᄒᆞ야
⑤ 사ᄅᆞᆷ이 이 연고를 말미암아 제 아바지와 어마니를 ᄯᅥ나매 제 안ᄒᆡ를 합ᄒᆞ야

⑥ 사룸이 이 연고로 제 아바지와 어머니를 쩌나매 제 안희와 합ᄒᆞ야
⑦ 사룸이 이 연고로 제 부모를 쩌나 제 안해와 합ᄒᆞ야
(사룸이 이연고로 제 부모를 쩌나 제 안희와 합ᄒᆞ야)
⑧ 사룸이 이연고로 그 부모를 쩌나 그 안희와 합ᄒᆞ야
⑨ 人이 如此ᄒᆞᆫ故로 其 父母를 離ᄒᆞ야 其 妻와 合ᄒᆞ야
⑩ 사룸이 父母를 쩌나 안희와 合ᄒᆞ야
⑪ 사람이 이 緣故로그 父母를 쩌나 그 안해와 合하야
⑫ 이런 고로 사람이 그 부모를 쩌나셔 그 둘이 한 몸이 될지니라
⑬ 이러므로 사람이 그 부모를 떠나서 그 둘이 한 몸이 될찌니라
⑭ それゆえに、人はその父母を離れ、

마가福音 10:08
① 而二者將爲一體。夫如是,不復爲二,內一體矣,
② 둘이 일체가 되나니 이갓타면 둘이 되지 안코 일체라
③ 둘이 일체가 되ᄂᆞ니 이갓타면 둘이 되지 ᄋᆞᆫ코 일체라
④ 둘이 ᄒᆞᆫ 몸이 될지니 이러ᄒᆞ면 다시 둘이 아니되고 이에 ᄒᆞᆫ 몸이 되ᄂᆞ니
⑤ 둘이 ᄒᆞᆫ 몸이 되ᄂᆞ니 이러므로 ᄆᆞᆺᄎᆞᆷ내 둘이 되지 안코 ᄒᆞᆫ 몸이니
⑥ 둘이 ᄒᆞᆫ 몸이 되ᄂᆞ니 이럼으로 ᄆᆞᆺᄎᆞᆷ내 둘이 아니오 ᄒᆞᆫ 몸이니
⑦ 둘이 ᄒᆞᆫ 몸 되ᄂᆞ니 이러므로 이에 둘이 아니오 ᄒᆞᆫ 몸이니

(둘이 ᄒᆞᆫ 몸이 되ᄂᆞ니 이럼으로 이에 둘이 아니오 ᄒᆞᆫ 몸이니)

⑧ 둘이 ᄒᆞᆫ몸이 되ᄂᆞ니 이럼으로 이에 둘이 아니오 ᄒᆞᆫ몸이니

⑨ 二가 一體가 되ᄂᆞ니 然ᄒᆞᆷ으로 이에 二人이 아니오 一體니

⑩ 둘이 ᄒᆞᆫ 몸이 되ᄂᆞ니 그런즉 둘이 아니오 ᄒᆞᆫ 몸이라

⑪ 둘이 한 몸이 되나니 이럼으로 이에 둘이 아니오 한 몸이니

⑫ 이러한 즉 이제 둘이 아니오 한 몸이니

⑬ 이러한즉 이제 둘이 아니요 한 몸이니

⑭ ふたりの者は一体となるべきである。』彼らはもはや、ふたりではなく一体である。

마가福音 10:09

① 然則神所耦者,人不可分之也。

② 고로 하나님이 짝힌 비를 시람이 논으지 못ᄒᆞ니니리 ᄒᆞ다라

③ 고로 하나님이 짝한 바롤 사ᄅᆞᆷ이 논으지 못ᄒᆞᄂᆞ니라 ᄒᆞ더라

④ 그러ᄒᆞᆫ즉 샹뎨가 짝ᄒᆞᆫ이ᄂᆞᆫ 가히 ᄂᆞᆫ호지 못ᄒᆞᆯ거시니라

⑤ 그런즉 텬쥬ᄭᅴ셔 짝ᄒᆞ신 이ᄂᆞᆫ 사ᄅᆞᆷ이 가히 ᄂᆞᆫ호지 못ᄒᆞᄂᆞ니라

⑥ 그런즉 하ᄂᆞ님ᄭᅴ셔 짝 지어 주신 거ᄉᆞᆯ 사ᄅᆞᆷ이 ᄂᆞᆫ호지 못 ᄒᆞᆯ지니라 ᄒᆞ시니

⑦ 그런즉 하ᄂᆞ님ᄭᅴ셔 짝지어주신 거슬 사ᄅᆞᆷ이 ᄂᆞᆫ호지못ᄒᆞᆯ지니라 ᄒᆞ시더라

(그런즉 하ᄂᆞ님ᄭᅴ셔 짝 지어 주신 거슬 사ᄅᆞᆷ이 ᄂᆞᆫ호지 못ᄒᆞᆫ지니라 ᄒᆞ시더라)

⑧ 그런즉 하ᄂᆞ님이 짝 지어 주신 거슬 사ᄅᆞᆷ이 ᄂᆞᆫ호지 못ᄒᆞᆯ지니라 ᄒᆞ시더라

⑨ 然ᄒᆞᆫ즉 上帝가 配를 作ᄒᆞ야 賜ᄒᆞ신 거슬 人이 分치 못ᄒᆞᆯ지니라 ᄒᆞ시더라
⑩ 하ᄂᆞ님이 짝 지어 주신 거슬 사ᄅᆞᆷ이 ᄂᆞᆫ호지 못ᄒᆞᆯ지니라
⑪ 그런즉 하나님이 짝지어 주신 것을 사람이 난호지 못할지니라 하시더라
⑫ 그럼으로 하나님이 짝지어 주신 것을 사람이 난호지 못할지니라 하시더라
⑬ 그러므로 하나님이 짝지어 주신 것을 사람이 나누지 못할찌니라 하시더라
⑭ だから、神が合わせられたものを、人は離してはならない」。

마가福音 10:10

① 在室,門徒復以此事問之。
② 집에셔 뎨자 다시 일노써 물으니
③ 집에셔 뎨자 다시 일노써 물으니 갈아샤ᄃᆡ 그 쳐ᄅᆞᆯ 버리고
④ 집에계시매 뎨ᄌᆞㅣ 다시 이 일노써 뭇ᄌᆞ온ᄃᆡ
⑤ 예수ㅣ 집에 계시매 뎨ᄌᆞ들이 다시 이 일을 뭇ᄌᆞ은ᄃᆡ
⑥ 집에 잇서 뎨ᄌᆞ들이 다시 이 일을 뭇ᄌᆞ온ᄃᆡ
⑦ 집에 잇서 뎨ᄌᆞ들이 다시 이 일을 뭇ᄌᆞ온ᄃᆡ
(집에셔 뎨ᄌᆞ들이 다시 이 일을 뭇ᄌᆞ온ᄃᆡ)
⑧ 집에셔 뎨ᄌᆞ들이 다시 이 일을 뭇ᄌᆞ온ᄃᆡ
⑨ 家에셔 弟子들이 다시 此 事를 問ᄒᆞᆫᄃᆡ
⑩ 예수ㅣ 집에 계실 ᄣᅢ에 弟子들이 이 일을 다시 뭇ᄌᆞ온ᄃᆡ

⑪ 집에셔 弟子들이 다시 이 일을 뭇자온대
⑫ 집에셔 뎨자들이 다시 이 일을 뭇자온대
⑬ 집에서 제자들이 다시 이 일을 묻자온대
⑭ 家にはいってから、弟子(でし)たちはまたこのことについて尋ねた。

마가福音 10:11
① 耶穌謂之曰,凡棄妻而他娶者,犯之行淫也。
② 갈아샤되 그 쳐를 버리고 달니 취ᄒᆞᄂᆞᆫ 쟈ᄂᆞᆫ 음ᄂᆞᆫ을 힝ᄒᆞ미요
③ 달니 취ᄒᆞᄂᆞᆫ 쟈ᄂᆞᆫ 음ᄂᆞᆫ올 힝ᄒᆞ미요 만약 쳐가 그 짓 아비롤 버리고
④ 예수ㅣ 닐너 ᄀᆞᆯᄋᆞ샤ᄃᆡ ᄆᆞᄅᆞᆺ 안히롤 ᄇᆞ리고 달니 쟝가드ᄂᆞᆫ 이ᄂᆞᆫ 음힝을 범ᄒᆞᆷ이오
⑤ ᄃᆡ답ᄒᆞ샤ᄃᆡ 누구던지 제 안히를 ᄇᆞ라고 다른 ᄃᆡ 쟝가드ᄂᆞᆫ 이ᄂᆞᆫ 본쳐의게 간음ᄒᆞᆫ 죄를 지음이오
⑥ 닐ᄋᆞ사ᄃᆡ 누구던지 제 인히롤 ᄇᆞ리고 다ᄅᆞᆫ ᄃᆡ 쟝가 드ᄂᆞᆫ 이ᄂᆞᆫ 본쳐의게 간음을 힝ᄒᆞᆷ이오
⑦ 닐넛스ᄃᆡ 누구던지 제 안해를 ᄇᆞ리고 다론ᄃᆡ 쟝가드ᄂᆞᆫ이는 본쳐의게 간음을 힝ᄒᆞᆷ이오
(닐ᄋᆞ샤ᄃᆡ 누구던지 그 안히를 ᄇᆞ리고 다른ᄃᆡ 쟝가드ᄂᆞᆫ 이는 본쳐의게 간음을 힝ᄒᆞᆷ이오)
⑧ 닐ᄋᆞ샤ᄃᆡ 누구던지 그 안히를 ᄇᆞ리고 다른ᄃᆡ 쟝가드ᄂᆞᆫ 이는 본쳐의게 간음을 힝ᄒᆞᆷ이오
⑨ 謂ᄒᆞ샤ᄃᆡ 誰던지 其 妻를 棄ᄒᆞ고 他處에 娶ᄒᆞᄂᆞᆫ 者ᄂᆞᆫ 本妻의게 姦淫을 行ᄒᆞᆷ이오
⑩ 닐ᄋᆞ샤ᄃᆡ 누구던지 그 안히를 ᄇᆞ리고 다른 ᄃᆡ 丈家드ᄂᆞᆫ 이ᄂᆞᆫ 本妻의게 姦淫을 行ᄒᆞᆷ이오
⑪ 닐아샤대 누구던지 그 안해를 바리고 다른 대 丈家드는 이는 本妻의게 姦淫을 行함이오
⑫ 닐아샤대 누구던지 그 안해를 내여 바리고 다른 대 쟝가 드는 쟈는 본쳐의게 간음을 행함이오

⑬ 이르시되 누구든지 그 아내를 내어 버리고 다른데 장가 드는 자는 본처에게 간음을 행함이요

⑭ そこで、イエスは言われた、「だれでも、自分の妻を出して他の女をめとる者は、その妻に對して姦淫(かんいん)を行うのである。

마가福音 10:12

① 妻棄夫而改嫁者,亦行淫也。

② 만약 쳐가 그 짓 아비를 버리고 곳쳐 시집 가ᄂᆞᆫ 쟈면 ᄯᅩ한 음ᄂᆞᆫ을 ᄒᆡᆼᄒᆞ미니라 ᄒᆞ다라

③ 곳쳐 시집 가ᄂᆞᆫ 쟈면 ᄯᅩ한 음ᄂᆞᆫᄋᆞᆯ ᄒᆡᆼᄒᆞ미니라 ᄒᆞ더라

④ 안ᄒᆡ 지아비ᄅᆞᆯ ᄇᆞ리고 ᄀᆡ가ᄒᆞᄂᆞᆫ 이도 ᄯᅩᄒᆞᆫ 음ᄒᆡᆼ을 범ᄒᆞᄂᆞ니라

⑤ 안ᄒᆡ가 제 지아비를 ᄇᆞ리고 다른 ᄃᆡ로 시집가ᄂᆞᆫ 것도 ᄯᅩᄒᆞᆫ 간음을 ᄒᆡᆼᄒᆞᆷ이니라

⑥ 안ᄒᆡ가 지아비ᄅᆞᆯ ᄇᆞ리고 다ᄅᆞᆫ ᄃᆡ로 싀집 가ᄂᆞᆫ 이도 ᄯᅩᄒᆞᆫ 간음을 ᄒᆡᆼᄒᆞᆷ이니라

⑦ 안해가 지아비를 ᄇᆞ리고 다ᄅᆞᆫᄃᆡ로 싀집 가ᄂᆞᆫ이도 ᄯᅩᄒᆞᆫ 간음을 ᄒᆡᆼᄒᆞᆷ이니라
(안ᄒᆡ가 지아비를 ᄇᆞ리고 다른ᄃᆡ로 싀집가는 이도 ᄯᅩᄒᆞᆫ 간음을 ᄒᆡᆼᄒᆞᆷ이니라)

⑧ 안ᄒᆡ가 지아비를 ᄇᆞ리고 다른ᄃᆡ로 싀집가ᄂᆞᆫ 이도 ᄯᅩᄒᆞᆫ 간음을 ᄒᆡᆼᄒᆞᆷ이니라

⑨ 妻가 夫를 棄ᄒᆞ고 他處로 嫁ᄒᆞᄂᆞᆫ 者도 ᄯᅩᄒᆞᆫ 姦淫을 行ᄒᆞᆷ이니라

⑩ 안ᄒᆡ가 지아비를 ᄇᆞ리고 다른 ᄃᆡ로 媤집 가ᄂᆞᆫ 이도 姦淫을 行ᄒᆞᆷ이니라

⑪ 안해가 지아비를 바리고 다른 대로 싀집가는 이도 ᄯᅩ한 姦淫을 行함이니라

⑫ ᄯᅩ 안해가 남편을 바리고 다른대로 싀집가면 간음을 행함이니라

⑬ 또 아내가 남편을 버리고 다른데로 시집 가면 간음을 행함이니라

⑭ また妻が、その夫と別れて他の男にとつぐならば、姦淫を行うのである」。

마가福音 10:13

① 有攜孩提就耶穌,欲棄撫之,門徒責攜之者。

② 마즘 얼인 ᄋᆞ히를 다리고 예수으게 와 그 만지려 한ᄃᆡ 뎨자 칙망ᄒᆞ니

③ 마즘 얼인 ᄋᆞ히ᄅᆞᆯ 다리고 예수의게 와 그 만지물 구ᄒᆞᆫᄃᆡ 뎨자 칙망ᄒᆞ니

④ 어린 ᄋᆞ히ᄅᆞᆯ 다리고 예수ᄭᅴ 나아와 어로만져달나ᄒᆞᄂᆞᆫ 쟈ㅣ 잇거ᄂᆞᆯ 뎨ᄌᆞㅣ 다리고 온 이ᄅᆞᆯ 칙ᄒᆞ니

⑤ ᄯᅩ 어린ᄋᆞ히들을 ᄃᆞ리고 예수ᄭᅴ 와셔 ᄆᆞᆫ지시기를 쳥ᄒᆞᄂᆞᆫ 이 잇ᄂᆞᆫ지라 뎨ᄌᆞ들이 ᄃᆞ리고 온 쟈를 칙망ᄒᆞ거ᄂᆞᆯ

⑥ ᄯᅩ 사ᄅᆞᆷ이 어린 ᄋᆞ히들을 ᄃᆞ리고 예수ᄭᅴ 와셔 ᄆᆞᆫ지시기ᄅᆞᆯ 쳥ᄒᆞ니 뎨ᄌᆞ들이 ᄭᅮ짓거ᄂᆞᆯ

⑦ ᄯᅩ 사ᄅᆞᆷ이 어린 ᄋᆞ히들을 ᄃᆞ리고 예수ᄭᅴ 와셔 ᄆᆞᆫᄌᆞ시기를 쳥ᄒᆞ니 뎨ᄌᆞ들이 ᄭᅮ짓거늘

(ᄯᅩ 사ᄅᆞᆷ이 어린 ᄋᆞ희들을 ᄃᆞ리고 예수ᄭᅴ 와셔 ᄆᆞᆫ지시기를 쳥ᄒᆞ니 뎨ᄌᆞ들이 ᄭᅮ짓거늘)

⑧ ᄯᅩ 사ᄅᆞᆷ이 어린ᄋᆞ희들은 다리고 예수ᄭᅴ 와셔 ᄆᆞᆫ지시기를 쳥ᄒᆞ니 뎨ᄌᆞ들이 ᄭᅮ짓거늘

⑨ ᄯᅩ 人이 孩兒들을 携ᄒᆞ고 예수ᄭᅴ 來ᄒᆞ야 按摩ᄒᆞ시기를 請ᄒᆞ니 弟子들이 責ᄒᆞ거ᄂᆞᆯ

⑩ 사ᄅᆞᆷ이 어린 兒孩들을 ᄃᆞ리고 예수ᄭᅴ 나아와 按手ᄒᆞ야 주시기를 請ᄒᆞ니 弟子들이 ᄭᅮ지거ᄂᆞᆯ

⑪ ᄯᅩ 사람이 어린 兒孩들을 다리고 예수ᄭᅴ 와셔 만지시기를 請하니 弟子들이 ᄭᅮ짓거늘

⑫ 사람들이 예수의 만져수심을 바라고 어린 아해들을 다리고 오매 뎨자들이 ᄭᅮ짓거늘

⑬ 사람들이 예수의 만져 주심을 바라고 어린 아이들을 데리고 오매 제자들이 꾸짖거늘

⑭ イエスにさわっていただくために、ひとびとが幼な子らをみもとに連れてきた。ところが、弟子たちは彼らをたしなめた。

① 耶穌一見,不悅,謂之曰,容提孩就我,毋禁之,蓋由神之國者,正如是人也。

② 예수 보고 노ᄒᆞ여 갈아샤되 아ᄒᆡᄅᆞᆯ 용납ᄒᆞ여 ᄂᆡ게 나아오게 ᄒᆞ고 금치 말나 하나님의 나라이 이 ᄀᆞᆺ타니라

③ 예수 보고 유감ᄒᆞ여 갈아샤ᄃᆡ 아ᄒᆡᄅᆞᆯ 용납ᄒᆞ여 ᄂᆡ게 나아오게 ᄒᆞ고 금치 말나 하나님의 나라이 ᄯᅩ한 이 ᄀᆞᆺ타니라

④ 예수ㅣ ᄒᆞᆫ 번 보시고 깃거 아니ᄒᆞ샤 닐너 ᄀᆞᆯᄋᆞ샤ᄃᆡ 어린 ᄋᆞᄒᆡ 나게 오ᄂᆞᆫ 거ᄉᆞᆯ ᄀᆞ만이 두고 금ᄒᆞ지 말나 대개 샹뎨 나라희
잇ᄂᆞᆫ 이ᄂᆞᆫ 졍히 이 사ᄅᆞᆷ ᄀᆞᆺᄒᆞ니

⑤ 예수ㅣ 보시고 ᄒᆞᆫᄒᆞ샤 ᄀᆞᆯᄋᆞ샤ᄃᆡ 어린ᄋᆞᄒᆡ들이 내게 오ᄂᆞᆫ 거슬 허락ᄒᆞ고 금치 마라 대개 텬쥬 나라에 잇ᄂᆞᆫ 쟈ᄂᆞᆫ 졍히 이와
ᄀᆞᆺᄒᆞ니라

⑥ 예수ㅣ 보시고 분히 녁여 닐ᄋᆞ샤ᄃᆡ 어린 ᄋᆞᄒᆡ 내게 오ᄂᆞᆫ 거ᄉᆞᆯ 용납ᄒᆞ야 금ᄒᆞ지 마라 대개 하ᄂᆞ님 나라헤 잇ᄂᆞᆫ 쟈가 이와
ᄀᆞᆺᄒᆞ니라

⑦ 예수ㅣ 보시고 분히 녁여 닐넛ᄉᆞᄃᆡ 어린 ᄋᆞᄒᆡ 내게 오ᄂᆞᆫ 거슬 용납ᄒᆞ야 금ᄒᆞ지마라 대개 하ᄂᆞ님 나라헤 잇ᄂᆞᆫ 쟈가 이와
ᄀᆞᆺᄒᆞ니라
(예수ㅣ 보시고 분히 녁여 닐ᄋᆞ샤ᄃᆡ 어린 ᄋᆞ희 내게 오ᄂᆞᆫ 거슬 용납ᄒᆞ야 금ᄒᆞ지 마라 대개 하ᄂᆞ님 나라에 잇는 쟈가 이와
ᄀᆞᆺᄒᆞ니라)

⑧ 예수가 보시고 분히 녁여 닐ᄋᆞ샤ᄃᆡ 어린ᄋᆞ희 내게 오ᄂᆞᆫ 거슬 용납ᄒᆞ야 금ᄒᆞ지 마라 대개 하ᄂᆞ님 나라에 잇ᄂᆞᆫ 쟈가 이와
ᄀᆞᆺ흐니라

⑨ 예수가 見ᄒᆞ시고 忿히 녁여 謂ᄒᆞ샤ᄃᆡ 幼兒가 我의게 來ᄒᆞᄂᆞᆫ 거슬 容納ᄒᆞ야 禁ᄒᆞ지 마라 大槩 上帝國에 在ᄒᆞᆫ 者가 此와 如ᄒᆞ니라

⑩ 예수ㅣ 보시고 깃버 아니ᄒᆞ샤 닐ᄋᆞ샤ᄃᆡ 어린 兒孩 내게 옴을 容納ᄒᆞ고 禁ᄒᆞ지 마라 하ᄂᆞ님 나라에 잇ᄂᆞᆫ 者가 이와 ᄀᆞᆺ흐니라

⑪ 예수ㅣ 보시고 憤히 녁여 닐아샤대 어린 兒孩 내게 오는 것을 容納하야 禁하지마라 大概 하나님 나라에 잇는 者가 이와

갓흐니라

⑫ 예수ᄭᅴ셔 보시고 분히 녁여 닐아샤대 어린 아해들의 내게 오는 것을 용납하고 금하지 말나 하나님의 나라가 이런 쟈의 것이니라

⑬ 예수께서 보시고 분히 여겨 이르시되 어린 아이들이 내게 오는 것을 용납하고 금하지 말라 하나님의 나라가 이런 자의 것이니라

⑭ それを見てイエスは憤り、彼らに言われた、「幼な子らをわたしの所に來るままにしておきなさい。止めてはならない。神の國はこのような者の國である。

마가福音 10:15

① 我誠告爾,凡不如孩提,而承神之國者,不得入也。

② 너 실노 너희게 일오시나니 얼인 아희 갓치 하나님의 나라을 밧지 안ᄂᆞᆫ 쟈ᄂᆞᆫ 시러곰 나아가지 못ᄒᆞᄂᆞ니라 ᄒᆞ고

③ 너 실노 너희게 일오나니 얼인 아희과 갓치 하나님의 나라롤 밧지 ᄋᆞᆫᄂᆞᆫ 쟈ᄂᆞᆫ 시러곰 들에 가지 못ᄒᆞᄂᆞ니라 ᄒᆞ고

④ 나ㅣ 진실노 너희게 닐ᄋᆞᄂᆞ니 므롯 어린 ᄋᆞ희 ᄀᆞᆺ지 아니ᄒᆞ고 샹뎨 나라흘 밧드ᄂᆞᆫ 쟈ᄂᆞᆫ 시러곰 드지 못ᄒᆞᄂᆞ니라 ᄒᆞ시고

⑤ 내 실노 너희게 닐ᄋᆞ노니 누구던지 텬쥬나라 밧들기를 어린ᄋᆞ희와 ᄀᆞᆺ치 안ᄂᆞᆫ 이ᄂᆞᆫ 드러가지 못ᄒᆞ리라 ᄒᆞ시고

⑥ 내 실노 너희게 닐ᄋᆞ노니 누구던지 하ᄂᆞ님 나라 밧들기롤 어린 ᄋᆞ희와 ᄀᆞᆺ치 밧들지 안ᄂᆞᆫ 쟈ᄂᆞᆫ 결단코 드러가지 못 ᄒᆞ리라 ᄒᆞ시고

⑦ 내 실노 너희게 닐ᄋᆞ노니 누구던지 하ᄂᆞ님 나라 밧들기를 어린ᄋᆞ희와 ᄀᆞᆺ치 밧들지안ᄂᆞᆫ 쟈는 결단코 드러가지못ᄒᆞ리라 ᄒᆞ시고 (내가 실노 너희게 닐ᄋᆞ노니 누구던지 하ᄂᆞ님 나라 밧들기를 어린아희와 ᄀᆞᆺ치 밧들지 안는 쟈는 결단코 드러가지 못ᄒᆞ리라 ᄒᆞ시고)

⑧ 내가 닐노 너희게 닐ᄋᆞ노니 누구던지 하ᄂᆞ님나라 밧들기를 어린아희와 ᄀᆞᆺ치 밧들지 안ᄂᆞᆫ 쟈는 결단코 드러가지 못ᄒᆞ리라
ᄒᆞ시고
⑨ 我가 實노 爾等의게 諭ᄒᆞ노니 誰던지 上帝國을 奉ᄒᆞ기를 幼兒와 ᄀᆞᆺ치 奉ᄒᆞ지 안ᄂᆞᆫ 者ᄂᆞᆫ 決斷코 入ᄒᆞ지 못ᄒᆞ리라 ᄒᆞ시고
⑩ 내가 實노 너희의게 닐ᄋᆞ노니 누구던지 하ᄂᆞ님 나라 밧기를 어린 兒孩의 밧음ᄀᆞᆺ치 아니ᄒᆞᄂᆞᆫ 者ᄂᆞᆫ 決斷코 드러가지 못ᄒᆞ리라
ᄒᆞ시고
⑪ 내가 眞實노 너희게 닐아노니 누구던지 하나님 나라 밧들기를 어린 아來와 갓치 밧들지 안는 者는 決斷코 드러가지 못하리라
하시고
⑫ 내가 진실노 너희게 닐아노니 누구던지 하나님의 나라를 어린 아해와 갓치 밧들지 안는 쟈는 결단코 드러가지 못하리라
하시고
⑬ 내가 진실로 너희에게 이르노니 누구든지 하나님의 나라를 어린 아이와 같이 받들지 않는 자는 결단코 들어가지 못하리라
하시고
⑭ よく聞いておくがよい。だれでも幼な子のように神の國を受けいれる者でなければ、そこにはいることは決してできない」。

마가福音 10:16

① 內抱之,按手其上祝焉。
② 이여 안고 손을 그 우에 ᄃᆡ이고 츅슈ᄒᆞ다라
③ 이여 ᄋᆞᆫ고 손올 그 우에 ᄃᆡ이고 츅슈ᄒᆞ더라
④ 이에 안고 그 우희 손을 다히시고 축언ᄒᆞ시더라
⑤ 이에 어린 ᄋᆞ희를 팔에 안고 복을 주시며 손으로 그 머리 우에 ᄃᆡ이시더라

⑥ 이에 어린 ᄋᆞ희롤 팔에 안고 복을 비시며 손으로 그 머리 우혜 언지시더라
⑦ 이에 어린 ᄋᆞ희를 풀에 안고 복을 비시며 손으로 그 머리우혜 언ᄌᆞ시더라
(이에 어린ᄋᆞ희들을 팔에 안고 복을 비시며 손으로 그 머리 우에 언지시더라)
⑧ 이에 어린ᄋᆞ희들을 팔노 안고 복을 비시며 손으로 그 머리 우에 언지시더라
⑨ 이이에 幼兒들을 臂로 抱ᄒᆞ고 福을 祝ᄒᆞ시며 手로 其 頭上에 按ᄒᆞ시더라
⑩ 어린 兒孩들을 안고 그 머리 우에 按手ᄒᆞ시고 祈禱ᄒᆞ시더라
⑪ 이에 어린 兒孩들을 팔노 안고 福을 비시며 손으로 그 머리 우에 언지시더라
⑫ 그 어린 아해들을 안고 뎌희 우에 안슈하시고 축복하시니라
⑬ 그 어린 아이들을 안고 저희 위에 안수하시고 축복하시니라
⑭ そして彼らを抱き、手をその上において祝福された。

마가福音 10:17

① 旣出於途,有一人趨前,跪而問之曰,善哉師也,我當何爲,以得永生。
② 길에 나가ᄂᆞᆫᄃᆡ 한 사롬이 압페 나아와 ᄭᅮᆯ어 안저 물으되 션한지라 부자어 ᄂᆡ 무어슬 ᄒᆞ야써 영싱을 어들이요 ᄒᆞ니
③ 길에 나가ᄂᆞᆫᄃᆡ 한 사롬이 압페 나아와 ᄭᅮᆯ어 안저 물으되 션한 부ᄌᆞ야 ᄂᆡ 무어슬 ᄒᆞ야써 영싱올 어들이요 ᄒᆞ니
④ 임의 길희 나오시니 ᄒᆞᆫ 사롬이 잇서 압희 츄창ᄒᆞ야 ᄭᅮ러 뭇ᄌᆞ오ᄃᆡ 착ᄒᆞᆫ 스승님아 내가 맛당이 엇지ᄒᆞ여야 샹싱불ᄉᆞ홈을
엇으리잇고
⑤ 길에 나오실 시 ᄒᆞᆫ 사롬이 예수ᄭᅴ 다라와 ᄭᅮ러 업ᄃᆡ여 뭇ᄌᆞ와 골ᄋᆞᄃᆡ 착ᄒᆞᆫ 션싱님 내가 엇더케 ᄒᆞ여야 영싱을 엇겟ᄂᆞ니잇가
⑥ 길에 나가시다가 ᄒᆞᆫ 사롬이 예수ᄭᅴ 다라와 ᄭᅮ러 업ᄃᆡ여 뭇ᄌᆞ와 골ᄋᆞᄃᆡ 착ᄒᆞᆫ 션싱님이여 제가 무슴 일을 ᄒᆞ여야 영싱을 엇으

리잇가 ᄒᆞ니

⑦ 길에 나가시더니 ᄒᆞᆫ 사ᄅᆞᆷ이 예수ᄭᅴ ᄃᆞ라와 ᄭᅮᆯ이 업ᄃᆡ여 뭇ᄌᆞ와 ᄀᆞᆯᄋᆞᄃᆡ 착ᄒᆞᆫ 션ᄉᆡᆼ님이여 제가 무슴 일을 ᄒᆞ여야 영ᄉᆡᆼ을 엇으
리잇가 ᄒᆞ니
(길에 나가시더니 ᄒᆞᆫ 사ᄅᆞᆷ이 예수ᄭᅴ ᄃᆞ라와 ᄭᅮᆯ어 업ᄃᆡ여 뭇ᄌᆞ와 ᄀᆞᆯᄋᆞᄃᆡ 착ᄒᆞᆫ 션ᄉᆡᆼ님이여 제가 무슴일을 ᄒᆞ여야 영ᄉᆡᆼ을 엇으
리잇가 ᄒᆞ니)

⑧ 길에 나가시더니 ᄒᆞᆫ 사ᄅᆞᆷ이 예수ᄭᅴ 달녀와 ᄭᅮ러업ᄃᆡ여 뭇ᄌᆞ와 ᄀᆞᆯᄋᆞᄃᆡ 착ᄒᆞᆫ 션ᄉᆡᆼ님이여 제가 무슴일을 ᄒᆞ여야 영ᄉᆡᆼ을 엇으리
잇가 ᄒᆞ니

⑨ 途에 出ᄒᆞ시더니 一 人이 예수ᄭᅴ 馳來ᄒᆞ야 跪伏ᄒᆞ야 問曰 善ᄒᆞᆫ 先生님이여 渠가 何事를 ᄒᆞ여야 永生을 得ᄒᆞ리잇가 ᄒᆞ니

⑩ 길에 나가시니 ᄒᆞᆫ 사ᄅᆞᆷ이 달녀와 ᄭᅮᆯ어 업ᄃᆡ여 뭇ᄌᆞ와 ᄀᆞᆯᄋᆞᄃᆡ 착ᄒᆞᆫ 先生님이여 제가 무슴일을 ᄒᆞ여야 永生을 엇으리잇가

⑪ 길에 나가시더니 한 사람이 예수ᄭᅴ 달녀와 ᄭᅮᆯ어 업대여 뭇자와 갈아대 착한 先生님이어 제가 무삼 일을 하여야 永生을 엇으
리 잇가 하니

⑫ 예수ᄭᅴ셔 길에 나가실새 한 사람이 달녀와셔 ᄭᅮᆯ어 안저 뭇자 오대 션한 션생님이어 내가 무엇을 하여야 영생을 엇으리잇가

⑬ 예수께서 길에 나가실쌔 한 사람이 달려와서 꿇어 앉아 묻자오되 선한 선생님이여 내가 무엇을 하여야 영생을 얻으리이까

⑭ イエスが道に出て行かれると、ひとりの人が走り寄り、みまえにひざまずいて尋ねた、「よき師よ、永遠の生命を受けるた
めに、何をしたらよいでしょうか」。

마가福音 10:18

① 耶穌謂之曰,爾何爲以善稱我乎,於神而外,無一善者也。

② 예수 갈아샤되 엇지 나를 션타 칭ᄒᆞ나냐 션한 쟈ᄂᆞᆫ 오직 한 분이니 하나님이라

③ 예수 갈아샤ᄃᆡ 엇지 나ᄅᆞᆯ 션타 칭ᄒᆞᄂᆞ냐 션한 쟈ᄂᆞᆫ 오직 한 분이니 곳 하나님이라
④ 예수ㅣ 닐너 ᄀᆞᆯᄋᆞ샤ᄃᆡ 너ㅣ 엇지ᄒᆞ야 나ᄅᆞᆯ 착ᄒᆞ다 닐ᄏᆞᆺᄂᆞ냐 샹뎨 외에ᄂᆞᆫ ᄒᆞ나토 착ᄒᆞᆫ 이 업ᄂᆞ니라
⑤ 예수ㅣ 닐ᄋᆞ샤ᄃᆡ 네가 엇지ᄒᆞ야 나를 착ᄒᆞ다 닐ᄏᆞᆺᄂᆞ냐 텬쥬 외에ᄂᆞᆫ ᄒᆞ나도 착ᄒᆞᆫ 이가 업ᄂᆞ니라
⑥ 예수ㅣ 닐ᄋᆞ샤ᄃᆡ 네가 엇지 ᄒᆞ야 나ᄅᆞᆯ 착ᄒᆞ다 닐ᄏᆞᆺᄂᆞ냐 하ᄂᆞ님 외에ᄂᆞᆫ 착ᄒᆞᆫ 이가 ᄒᆞ나도 업ᄂᆞ니라
⑦ 예수ㅣ 닐넛스ᄃᆡ 네가 엇지ᄒᆞ야 나를 착ᄒᆞ다 닐ᄏᆞᆺᄂᆞ냐 하ᄂᆞ님외에는 착ᄒᆞᆫ이가 ᄒᆞ나도 업ᄂᆞ니라
(예수ㅣ 닐ᄋᆞ샤ᄃᆡ 네가 엇지ᄒᆞ야 나를 착ᄒᆞ다 닐ᄏᆞᆺᄂᆞ냐 하ᄂᆞ님 외에는 착ᄒᆞᆫ 이가 ᄒᆞ나도 업ᄂᆞ니라)
⑧ 예수ㅣ 닐ᄋᆞ샤ᄃᆡ 네가 엇지ᄒᆞ야 나를 착ᄒᆞ다 닐ᄏᆞᆺᄂᆞ냐 하ᄂᆞ님 외에는 착ᄒᆞᆫ 이가 ᄒᆞ나도 업ᄂᆞ니라
⑨ 예수ㅣ 謂ᄒᆞ샤ᄃᆡ 爾가 何如ᄒᆞ야 我를 善ᄒᆞ다 稱ᄒᆞᄂᆞ냐 上帝 外에ᄂᆞᆫ 善ᄒᆞᆫ 者가 一人도 無ᄒᆞ니라
⑩ 예수ㅣ 닐ᄋᆞ샤ᄃᆡ 네가 엇지ᄒᆞ야 나를 착ᄒᆞ다 닐ᄏᆞᆺᄂᆞ냐 하ᄂᆞ님 外에ᄂᆞᆫ 착ᄒᆞᆫ이가 ᄒᆞ나도 업ᄂᆞ니라
⑪ 예수ㅣ 닐아샤대 네가 엇지하야 나를 착하다 닐캇나냐 하나님 外에는 착한 이가 하나도 업나니라
⑫ 예수ᄭᅴ셔 닐아샤대 네가 엇지하야 나를 션하다 닐캇나냐 하나님 한 분 외에는 하나님 한 분 외에는 션한 이가 업나니라
⑬ 예수께서 이르시되 네가 어찌하여 나를 선하다 일컨느냐 하나님 한 분 외에는 선한 이가 없느니라
⑭ イエスは言われた。「なぜわたしをよき者と言うのか。神ひとりのほかによい者はいない。

마가福音 10:19

① 爾識諸誡,毋淫,毋殺,毋竊,毋妄證,毋以不義取人,敬爾父母。
② 네 모단 경계예 살인 말며 음ᄂᆞᆫ 말며 도적질 말며 망녕된 간증 말며 쇠기지 말며 너희 부모ᄅᆞᆯ 공경ᄒᆞ라 물알지니라 ᄒᆞ니
③ 네 모단 겡계에 삼인 맘며 음ᄂᆞᆫ 말며 도적질 말며 망녕된 간증 말며 쇠기지 맘며 너희 부모ᄅᆞᆯ 공경ᄒᆞ라뭄 암지니라 ᄒᆞ니
④ 너ㅣ 모든 명을 아는다 음논치 말며 살해치 말며 도적질 말며 헛밍셰말며 불의로써 사ᄅᆞᆷ의게 취치 말며 네 부모ᄅᆞᆯ 공경ᄒᆞ라

ᄒᆞ엿ᄂᆞ니라

⑤ 네가 계명을 아는지라 살인ᄒᆞ지 말며 음란ᄒᆞ지 말며 도적질 말며 거ᄌᆞᆺ증거 말며 속이지 말며 네 부모를 공경ᄒᆞ라 ᄒᆞ엿ᄂᆞ니라

⑥ 네가 계명을 아는지라 살인 ᄒᆞ지 말며 간음 ᄒᆞ지 말며 도적질 말며 거ᄌᆞᆺ 증거 말며 속이지 말며 네 부모ᄅᆞᆯ 공경 ᄒᆞ라 ᄒᆞ셧ᄂᆞ니라

⑦ 네가 계명을 아는지라 살인ᄒᆞ지말며 간음ᄒᆞ지말며 도적질말며 거ᄌᆞᆺ 증거말며 속이지말며 네 부모를 공경ᄒᆞ라 ᄒᆞ셧ᄂᆞ니라
(네가 계명을 아ᄂᆞ니 살인ᄒᆞ지 말며 간음ᄒᆞ지 말며 도적질말며 거즛 증거 말며 속이지 말며 네 부모를 공경ᄒᆞ라 ᄒᆞ엿ᄂᆞ니라)

⑧ 네가 계명을 아ᄂᆞ니 살인ᄒᆞ지 말며 간음ᄒᆞ지 말며 도적질 말며 거즛 증거 말며 속이지 말며 네 부모를 공경ᄒᆞ라 ᄒᆞ엿ᄂᆞ니라

⑨ 爾가 誡命을 知ᄒᆞᄂᆞ니 殺人ᄒᆞ지 말며 姦淫ᄒᆞ지 말며 盜賊질 말며 거즛 證據 말며 欺치 말며 爾의 父母를 恭敬ᄒᆞ라 ᄒᆞ엿ᄂᆞ니라

⑩ 네가 誡命을 아ᄂᆞ니 殺人말며 姦淫말며 盜賊질 말며 거즛 證據말며 속이지 말며 네 父母를 恭敬ᄒᆞ라 ᄒᆞ엿ᄂᆞ니라

⑪ 네가 誡命을 아나니 殺人하지 말며 姦淫하지 말며 盜賊질 말며 거짓 證據 말며 속이지 말며 네 父母를 恭敬하라 하엿나니라

⑫ 네가 계명을 아나니 살인하지 말나 간음하지 말나 도적질하지 말나 거즛증거하지 말나 속여 췌하지 말나 네 부모를 공경하라 하엿나니라

⑬ 네가 계명을 아나니 살인하지 말라, 간음하지 말라, 도적질하지 말라, 거짓증거하지 말라, 속여 취하지 말라, 네 부모를 공경하라 하였느니라

⑭ いましめはあなたの知っているとおりである。『殺すな、姦淫(姦淫)するな、盜むな、僞証を立てるな。欺き取るな。父と母とを敬え』」。

마가福音 10:20

① 對曰,師乎,此我自幼皆守之矣。

② 갈아되 부자야 무론 이거슨 ᄂᆡ 얼여서부터 직키엿나이다

③ 갈아되 부ᄌᆞ야 무론 이거슨 ᄂᆡ 얼여서부터 직키엿너이다

④ ᄃᆡ답ᄒᆞ여 ᄀᆞᆯᄋᆞᄃᆡ 스승님이ᄂᆞᆫ 나ㅣ 어려셔브터 다 직희엿ᄂᆞ이다

⑤ ᄃᆡ답ᄒᆞ야 엿ᄌᆞ오ᄃᆡ 션싱님 이거슨 내가 어려셔브터 다 직희엿ᄂᆞ이다

⑥ 엿ᄌᆞ오ᄃᆡ 션싱님이여 이거순 내가 어려셔 브터 다 직희엿ᄂᆞ이다 ᄒᆞ니

⑦ 엿ᄌᆞ오ᄃᆡ 션싱님이여 이거슨 내가 어려셔브터 다 직희엿ᄂᆞ이다 ᄒᆞ니
(엿ᄌᆞ오ᄃᆡ 션싱님이여 이거슨 내가 어려셔브터 다 직희엿ᄂᆞ이다 ᄒᆞ니)

⑧ 엿ᄌᆞ오ᄃᆡ 션싱님이여 이거슨 내가 어려셔브터 다직희엿ᄂᆞ이다 ᄒᆞ니

⑨ 稟ᄒᆞᄃᆡ 先生님이여 此ᄂᆞᆫ 我가 幼時로브터 盡守ᄒᆞ엿ᄂᆞ이다 ᄒᆞ니

⑩ 엿ᄌᆞ오ᄃᆡ 先生님이여 이거슨 내가 어려셔브터 다 직희엿ᄂᆞ이다

⑪ 엿자오대 先生님이어 이것은 내가 어려셔브터 다 직히 엿나이다 하니

⑫ 엿자오대 선생님이어 이깃은 내가 어려셔브디 다 직히엿나이다

⑬ 여짜오되 선생님이여 이것은 내가 어려서부터 다 지키었나이다

⑭ すると、彼は言った、「先生，それらの事はみな、小さい時から守っております」。

마가福音 10:21

① 耶穌顧而愛之曰,爾有虧一,往售爾所有以濟貧,則必有財於天,且來負十字架而從我。

② 예수 돌이보고 사랑ᄒᆞ여 갈아샤되 너 오히려 한나이 이즐어저시니 가셔 잇는 바를 파라써 가는한 사ᄅᆞᆷ을 주라 쟝차 보뵈가
하날에 잇나니 ᄯᅩ 와셔 나를 조추라 ᄒᆞ니

③ 예수 보고 사랑ᄒᆞ여 갈아샤ᄃᆡ 너 오히려 한나이 이즐어저ᄉᆞ니 가셔 잇는 바롤 파라써 가ᄂᆞᆫ한 쟈롤 건지라 장차 보비가 하날에 잇나니 ᄯᅩ 와셔 나롤 조추라 ᄒᆞ니

④ 예수ㅣ 도라 보시고 ᄉᆞ랑ᄒᆞ샤 닐너 ᄀᆞᆯᄋᆞ샤ᄃᆡ 너ㅣ 오히려 ᄒᆞᆫ 가지가 부족ᄒᆞ니 가셔 네게 잇ᄂᆞᆫ 거ᄉᆞᆯ 파라써 간난ᄒᆞᆫ 이의게 구졔ᄒᆞ면 반ᄃᆞ시 지물을 하ᄂᆞᆯ에 둔 거시오 ᄯᅩᄒᆞᆫ 와셔 십ᄌᆞ가롤 짊어지고 나롤 좃치라 ᄒᆞ시니

⑤ 예수ㅣ 그 사ᄅᆞᆷ을 다시 보시고 ᄉᆞ랑ᄒᆞ샤 ᄯᅩ ᄀᆞᆯᄋᆞ샤ᄃᆡ 네 오히려 ᄒᆞᆫ 가지 부족ᄒᆞᆷ이 잇ᄉᆞ니 ᄭᅡ셔 잇ᄂᆞᆫ 거ᄉᆞᆯ ᄑᆞ라 가난ᄒᆞᆫ 이를 주면 보화를 하ᄂᆞᆯ에 두ᄂᆞᆫ 거시니라 ᄯᅩ 와셔 나를 좃치라 ᄒᆞ시니

⑥ 예수ㅣ 그 사ᄅᆞᆷ을 보시고 ᄉᆞ랑ᄒᆞ샤 ᄯᅩ ᄀᆞᆯᄋᆞ샤ᄃᆡ 네 오히려 ᄒᆞᆫ가지 부족ᄒᆞᆷ이 잇ᄉᆞ니 가셔 잇ᄂᆞᆫ 거ᄉᆞᆯ ᄑᆞᆯ아 가ᄂᆞᆫ ᄒᆞᆫ 이롤 주라 그러ᄒᆞ면 하ᄂᆞᆯ에 화가 잇ᄉᆞᆯ 거시오 ᄯᅩ 와셔 나롤 좃치라 ᄒᆞ시니

⑦ 예수ㅣ 그 사ᄅᆞᆷ을 보시고 ᄉᆞ랑ᄒᆞ샤 ᄯᅩ ᄀᆞᆯᄋᆞ샤ᄃᆡ 네가 오히려 ᄒᆞᆫ가지 부족ᄒᆞᆷ이 잇ᄉᆞ니 가셔 잇ᄂᆞᆫ 거ᄉᆞᆯ ᄑᆞᆯ아 간난ᄒᆞᆫ이를 주라 그러ᄒᆞ면 하ᄂᆞᆯ에 보화가 잇ᄉᆞᆯ 거시오 ᄯᅩ 와셔 나를 조차라 ᄒᆞ시니

(예수ㅣ 그 사ᄅᆞᆷ을 보시고 ᄉᆞ랑ᄒᆞ샤 ᄯᅩ ᄀᆞᆯᄋᆞ샤ᄃᆡ 네가 오히려 ᄒᆞᆫ가지 부족ᄒᆞᆷ이 잇스니 가셔 잇는 거슬 팔아 간난ᄒᆞᆫ 쟈를 주라 그리ᄒᆞ면 하ᄂᆞᆯ에 보화가 잇슬 거시오 ᄯᅩ 와셔 나를 좃치라 ᄒᆞ시니)

⑧ 예수가 그 사ᄅᆞᆷ을 보시고ᄉᆞ랑ᄒᆞ샤 ᄯᅩ ᄀᆞᆯᄋᆞ샤ᄃᆡ 네 오히려 ᄒᆞᆫ가지 부족ᄒᆞᆷ이 잇스니 가셔 잇는 거슬 팔아 간난ᄒᆞᆫ 쟈를 주라 그러ᄒᆞ면 하ᄂᆞᆯ에 보화가 잇슬 거시오 ᄯᅩ 와셔 나를 좃치라 ᄒᆞ시니

⑨ 예수가 其 人을 見ᄒᆞ시고 愛ᄒᆞ샤 又 曰 爾가 오히려 一事가 不足ᄒᆞᆷ이 有ᄒᆞ니 往ᄒᆞ야 有ᄒᆞᆫ 거슬 賣ᄒᆞ야 艱難ᄒᆞᆫ 者를 給ᄒᆞ라 然ᄒᆞ면 天에 寶貨가 有ᄒᆯ 거시오 且 來ᄒᆞ야 我를 從ᄒᆞ라 ᄒᆞ시니

⑩ 예수ㅣ 그 사ᄅᆞᆷ을 보시며 ᄉᆞ랑ᄒᆞ샤 ᄀᆞᆯᄋᆞ샤ᄃᆡ 네가 오히려 ᄒᆞᆫ가지 不足ᄒᆞᆷ이 잇스니 가셔 잇는 거슬 팔아 艱難ᄒᆞᆫ 者를 주라 그리ᄒᆞ면 하ᄂᆞᆯ에 寶貨 잇스리라 ᄯᅩ 와셔 나를 좃치라

⑪ 예수ㅣ 그 사람을 보시고 사랑하샤 ᄯᅩ 갈아샤대 네가 오히려 한 가지 不足함이 잇스니 가셔 잇는 것을 팔아 艱難한 者의게

주라 그리하면 하날에 寶貨가 잇슬 것이오 ᄯᅩ 와셔 나를 좃치라 하시니
⑫ 예수ᄭᅴ셔 그를 보시고 사랑하샤 갈아샤대 네게 오히려 한 가지 부족한 것이 잇스니 가셔 네 잇는 것을 다 팔아 간난한 쟈들
을 주라 그리하면 하날에셔 보화가 네게 잇스리라 그리고 와셔 나를 좃츠라 하시니
⑬ 예수께서 그를 보시고 사랑하사 가라사대 네게 오히려 한 가지 부족한 것이 있으니 가서 네 있는 것을 다 팔아 가난한 자들
에게 주라 그리 하면 하늘에서 보화가 네게 있으리라 그리고 와서 나를 좇으라 하시니
⑭ イエスは彼に目をとめ、いつくしんで言われた、「あなたに足りないことが一つある。歸って、持っているものをみな賣り
拂って、貧しい人々に施しなさい。そうすれば、天に宝を持つようになろう。そして、わたしに從ってきなさい」。

마가福音 10:22

① 彼緣此言,則色沮愀然而去,以旣有大業也。
② 뎌 이 말을 위ᄒᆞ여 낫치 푸루례 수심ᄒᆞ고 가문 그 산업이 만으미라
③ 더 이 밀ᄋᆞᆯ 위ᄒᆞ어 넛치 변ᄒᆞ고 근심ᄒᆞ고 가문 그 산업이 민으미라
④ 그 사ᄅᆞᆷ이 말ᄉᆞᆷ을 인ᄒᆞ야 안식이 츄연ᄒᆞ야 가니 이ᄂᆞᆫ 그 지산이 만ᄒᆞᆷ이러라
⑤ 그 사ᄅᆞᆷ이 말ᄉᆞᆷ을 인ᄒᆞ야 얼골 빗치 변ᄒᆞ고 ᄯᅩ 근심ᄒᆞ며 가니 이는 그 지산이 만ᄒᆞᆷ일너라
⑥ 그 사ᄅᆞᆷ이 ᄌᆡ물이 만ᄒᆞᆫ고로 말ᄉᆞᆷ을 ᄃᆞᆺ고 얼골이 변ᄒᆞ야 근심ᄒᆞ며 가니라
⑦ 그 사ᄅᆞᆷ이 ᄌᆡ물이 만ᄒᆞᆫ고로 이 말ᄉᆞᆷ을 인ᄒᆞ야 얼골이 변ᄒᆞ고 근심ᄒᆞ며 가니라
(그 사ᄅᆞᆷ이 ᄌᆡ물이 만ᄒᆞᆫ 고로 말ᄉᆞᆷ을 인ᄒᆞ야 얼골이 변ᄒᆞ고 근심ᄒᆞ며 가니라)
⑧ 그 시ᄅᆞᆷ이 ᄌᆡ물이 만ᄒᆞᆫ 고로 말ᄉᆞᆷ을 인ᄒᆞ야 얼골이 변ᄒᆞ고 근심ᄒᆞ며 가니라
⑨ 其 人이 財物이 多ᄒᆞᆫ 故로 此言을 因ᄒᆞ야 顔色이 變ᄒᆞ고 憂ᄒᆞ며 去ᄒᆞ니라

⑩ 그 사람이 財物이 만흔 故로 이 말ᄉᆞᆷ을 듯고 얼골이 變ᄒᆞ야 근심ᄒᆞ며 가ᄂᆞᆫ지라
⑪ 그 사람은 財物이 만흔 故로 이 말삼을 因하야 얼골이 變하고 근심하며 가니라
⑫ 그 사람은 재물이 만흔 고로 이 말삼을 인하야 슯흔 긔색을 씌고 근심하며 가니라
⑬ 그 사람은 재물이 많은 고로 이 말씀을 인하여 슬픈 기색을 띠고 근심하며 가니라
⑭ すると、彼はこの言葉を聞いて、顔を曇らせ、悲しみながら立ち去った。たくさんの資産を持っていたからである。

마가福音 10:23

① 耶穌環視而謂門徒曰,有財者入神之國,難矣哉。
② 예수둘너 보고 뎨자게 일오샤되 ᄌᆡ물 잇ᄂᆞᆫ 쟈 하나님의 나라에 들어가기가 얼여운지라 ᄒᆞ니
③ 예수 둘너 보고 뎨자게 갈아샤ᄃᆡ ᄌᆡ물 잇ᄂᆞᆫ 쟈 하나님의 나라에 들어가기가 얼여운지라 ᄒᆞ니
④ 예수ㅣ 도라 보시며 뎨ᄌᆞᄃᆞ려 닐너 ᄀᆞᆯᄋᆞ샤ᄃᆡ ᄌᆡ물잇ᄂᆞᆫ 쟈ㅣ 샹데 나라희 들기 어렵도다 ᄒᆞ시니
⑤ 예수ㅣ 돌나 보시며 ᄌᆞ긔 뎨ᄌᆞ ᄃᆞ려 닐너 ᄀᆞᆯᄋᆞ샤ᄃᆡ 부ᄒᆞᆫ 사ᄅᆞᆷ은 텬쥬의 나라에 드러가기 어렵겟도다
⑥ 예수ㅣ 돌나 보시며 ᄌᆞ긔 뎨ᄌᆞᄃᆞ려 닐ᄋᆞ샤ᄃᆡ ᄌᆡ물 잇ᄂᆞᆫ 쟈ᄂᆞᆫ 하ᄂᆞ님의 나라헤 드러가기가 어렵도다 ᄒᆞ시니
⑦ 예수ㅣ 둘너 보시며 ᄌᆞ긔 뎨ᄌᆞᄃᆞ려 닐넛스ᄃᆡ ᄌᆡ물잇ᄂᆞᆫ 쟈는 하ᄂᆞ님의 나라에 드러가기가 어렵도다 ᄒᆞ시니
(예수ㅣ 둘너 보시며 뎨ᄌᆞᄃᆞ려 닐ᄋᆞ샤ᄃᆡ ᄌᆡ물 잇ᄂᆞᆫ 쟈는 하ᄂᆞ님의 나라에 드러가기가 심히 어렵도다 ᄒᆞ시니)
⑧ 예수가 둘너보시며 뎨ᄌᆞᄃᆞ려 닐ᄋᆞ샤ᄃᆡ ᄌᆡ물이 잇ᄂᆞᆫ 쟈는 하ᄂᆞ님의나라에 드러가기가 심히어렵도다 ᄒᆞ시니
⑨ 예수가 環視ᄒᆞ시며 弟子ᄃᆞ려 謂ᄒᆞ샤ᄃᆡ 財物이 有ᄒᆞᆫ 者ᄂᆞᆫ 上帝國에 入ᄒᆞ기 甚難ᄒᆞ도다 ᄒᆞ시니
⑩ 예수ㅣ 둘너보시며 弟子ᄃᆞ려 닐ᄋᆞ샤ᄃᆡ 財物잇ᄂᆞᆫ 者ᄂᆞᆫ 하ᄂᆞ님 나라에 드러가기가 甚히 어렵도다
⑪ 예수ㅣ 둘너 보시며 弟子다려 닐아샤대 財物이 잇는 者는 하나님의 나라에 드러가시가 甚히 어렵도다 하시니

⑫ 예수ᄭᅴ셔 둘너 보시고 뎨자들의게 닐아샤대 재물이 잇는 쟈는 하나님의 나라에 드러가기가 심히 어렵도다 하시니
⑬ 예수께서 둘러 보시고 제자들에게 이르시되 재물이 있는 자는 하나님의 나라에 들어가기가 심히 어렵도다 하시니
⑭ それから、イエスは見まわして、弟子(でし)たちに言われた、「財産のある者が神の國にはいるのは、なんとむずかしいことであろう」。

마가福音 10:24

① 門徒異其言,耶穌復謂之曰,小子乎,恃財者入神之國,難矣哉。
② 뎨자 그 말ᄋᆞᆯ 이샹이 네기거날 예수 다시 ᄃᆡ답ᄒᆞ여 갈아샤되 아희덜아 ᄌᆡ물 의지ᄂᆞᆫ 쟈 하나님의 나라에 나아가기가 얼여운지라
③ 뎨자 그 말ᄋᆞᆯ 이샹이 네기거날 예수 다시 ᄃᆡ답ᄒᆞ여 갈아샤ᄃᆡ 아희덜아 ᄌᆡ물ᄋᆞᆯ 의지ᄒᆞᄂᆞᆫ 쟈 하나님의 나라에 나아가기가 얼여운지
④ 뎨ᄌᆞㅣ 그 말ᄉᆞᆷ을 이상이 녁이더니 예수ㅣ 다시 닐너 ᄀᆞᆯᄋᆞ샤ᄃᆡ ᄉᆞ랑ᄒᆞᆫ 아ᄃᆞᆯ들아 ᄌᆡ물을 밋고 샹뎨의 나라희 들냐ᄒᆞ면 어렵도다
⑤ 뎨ᄌᆞ들이 그 말ᄉᆞᆷ을 놀내거ᄂᆞᆯ 예수ㅣ 다시 말ᄉᆞᆷ하샤ᄃᆡ 쇼ᄌᆞ들아 ᄌᆡ물을 밋ᄂᆞᆫ 이ᄂᆞᆫ 텬쥬의 나라에 드러가기가 어려울진뎌
⑥ 뎨ᄌᆞ들이 그 말ᄉᆞᆷ을 이샹히 녁이거ᄂᆞᆯ 예수ㅣ 다시 ᄃᆡ답ᄒᆞ야 ᄀᆞᆯᄋᆞ샤ᄃᆡ 쇼ᄌᆞ들아 ᄌᆡ물을 의지 ᄒᆞᄂᆞᆫ 사ᄅᆞᆷ은 하ᄂᆞ님의 나라헤 드러가기가 어려울뎌
⑦ 뎨ᄌᆞ들이 그 말ᄉᆞᆷ을 이샹히 녁이거ᄂᆞᆯ 예수ㅣ 다시 ᄃᆡ답ᄒᆞ야 ᄀᆞᆯᄋᆞ샤ᄃᆡ 쇼ᄌᆞ들아 ᄌᆡ물을 의지ᄒᆞᄂᆞᆫ 사ᄅᆞᆷ은 하ᄂᆞ님의 나라에 드러가기가 어려올진뎌
(뎨ᄌᆞ들이 그 말ᄉᆞᆷ을 이샹히 녁이거ᄂᆞᆯ 예수가 다시 ᄃᆡ답ᄒᆞ야 ᄀᆞᆯᄋᆞ샤ᄃᆡ 쇼ᄌᆞ들아 ᄌᆡ물을 의지ᄒᆞ는 사ᄅᆞᆷ은 하ᄂᆞ님의 나라에

드러가기가 어려올진뎌)

⑧ 뎨ᄌᆞ들이 그 말ᄉᆞᆷ을 이샹히 녁이거ᄂᆞᆯ 예수가 다시ᄃᆡ답ᄒᆞ야 ᄀᆞᆯᄋᆞ샤ᄃᆡ 쇼ᄌᆞ들아 ᄌᆡ물을 의지ᄒᆞ는 사ᄅᆞᆷ은 하ᄂᆞ님의나라에 드러가기가 어려올진뎌

⑨ 弟子들이 其 言을 異常히 녁이거ᄂᆞᆯ 예수가 復答ᄒᆞ야 曰 小子들아 財物을 依ᄒᆞᄂᆞᆫ 人은 上帝國에 入ᄒᆞ기가 難ᄒᆞᆯ진뎌

⑩ 弟子들이 그 말ᄉᆞᆷ을 異常히 녁이거ᄂᆞᆯ 예수ㅣ 또 ᄀᆞᆯᄋᆞ샤ᄃᆡ 小子들아 財物을 依持ᄒᆞᄂᆞᆫ 사ᄅᆞᆷ는 하ᄂᆞ님 나라에 드러가기가 어려울진더

⑪ 弟子들이 그 말삼을 異常히 녁이거늘 예수ㅣ 다시 對答하야 갈아샤대 小子들아 財物을 依支하는 사람은 하나님의 나라에 드러가기가 어려을 진뎌

⑫ 뎨자들이 그 말삼에 놀나는지라 예수ᄭᅴ셔 다시 대답하야 갈아샤대 애들아 하나님의 나라에 들어가기가 엇더케 어려운지

⑬ 제자들이 그 말씀에 놀라는지라 예수께서 다시 대답하여 가라사대 애들아 하나님의 나라에 들어가기가 어떻게 어려운지

⑭ 弟子たちはこの言葉に驚き怪しんだ。イエスは更に言われた、「子たちよ、神の國にはいるのは、なんとむずかしいことであろう。

마가福音 10:25

① 駝穿針孔,較富者入神之國尤易也。

② 약ᄃᆡ가 바늘 구녕에 지ᄂᆡ가기가 부쟈 하나님의 나라에 들어가ᄂᆞᆫ 것보담 오히려 쉽다 ᄒᆞ니

③ 약ᄃᆡ가 바늘 구녕에 지ᄂᆡ가기가 부쟈 하나님의 나라에 들어가ᄂᆞᆫ 것보담 오히려 쉽다 ᄒᆞ니

④ 약ᄃᆡ가 바ᄂᆞᆯ귀로 나가ᄂᆞᆫ 거시 오히려 부ᄌᆞ가 샹뎨 나라희 들기에셔 더옥 쉬오니라 ᄒᆞ시니

⑤ 약ᄃᆡ가 바ᄂᆞᆯ 구멍을 ᄯᅮᆲᄂᆞᆫ 거시 부ᄒᆞᆫ 사ᄅᆞᆷ이 텬쥬의 나라에 드러가ᄂᆞᆫ 것보담 쉬으리라 ᄒᆞ시니

⑥ 약ᄃᆡ가 바ᄂᆞᆯ 구멍으로 나가ᄂᆞᆫ 거시 부쟈가 하ᄂᆞ님의 나라헤 드러가ᄂᆞᆫ것 보다 쉬으리라 ᄒᆞ신ᄃᆡ

⑦ 약ᄃᆡ가 바ᄂᆞᆯ 구멍으로 나가ᄂᆞᆫ 거시 부쟈가 하ᄂᆞ님의 나라에 드러가ᄂᆞᆫ 것보다 쉬오리라 ᄒᆞ신ᄃᆡ
(약ᄃᆡ가 바ᄂᆞᆯ구멍으로 나가는 거시 부쟈가 하ᄂᆞ님의 나라에 드러가는 것보다 쉬오리라 ᄒᆞ신ᄃᆡ)

⑧ 약ᄃᆡ가 바ᄂᆞᆯ구멍으로 나가ᄂᆞᆫ 거시 부쟈가 하ᄂᆞ님의나라에 드러가ᄂᆞᆫ 것보다 쉬오리라 ᄒᆞ신ᄃᆡ

⑨ 駝가 針孔으로 出ᄒᆞᄂᆞᆫ 거시 富者가 上帝國에 入ᄒᆞᄂᆞᆫ 것보다 易ᄒᆞ리라 ᄒᆞ신ᄃᆡ

⑩ 약ᄃᆡᄀᆞ 바ᄂᆞᆯ구멍으로 나감이 富者가 하ᄂᆞ님 나라에 드러감보다 쉬우리라

⑪ 약대가 바늘구멍으로 나가는 것이 富者가 하나님의 나라에 드러가는 것보다 쉬우리라 하신대

⑫ 약대가 바늘귀로 나가는 것이 부쟈가 하나님의 나라에 드러가는 것보다 쉬우니라 하신대

⑬ 약대가 바늘귀로 나가는 것이 부자가 하나님의 나라에 들어가는 것보다 쉬우니라 하신대

⑭ 富んでいる者が神の國にはいるよりは、らくだが針の穴を通る方が、もっとやさしい」。

마가福音 10:26

① 門徒益異之,相告曰,然則誰能得救耶。

② 뎨자 심이 경동ᄒᆞ여 갈아되 글언즉 뉘 능히 구완ᄒᆞ리요 ᄒᆞ니

③ 뎨자 심히 이샹이 네겨 갈아되 글언즉 뉘 능히 구완ᄒᆞ리요 ᄒᆞ니

④ 뎨ᄌᆞㅣ 더옥 괴이히 넉여 서로 닐너 ᄀᆞᆯᄋᆞᄃᆡ 그러ᄒᆞᆫ즉 뉘 능히 구ᄒᆞ심을 엇을고 ᄒᆞ니

⑤ 뎨ᄌᆞ들이 더욱 이샹히 넉여 예수ᄭᅴ 엿ᄌᆞ오ᄃᆡ 그러ᄒᆞᆫ 즉 뉘가 능히 구원홈을 엇으리잇가

⑥ 뎨ᄌᆞ들이 더욱 놀나와 ᄀᆞᆯᄋᆞᄃᆡ 그런즉 뉘가 구홈을 엇으리잇가

⑦ 뎨ᄌᆞ들이 더욱 놀나와 ᄀᆞᆯᄋᆞᄃᆡ 그런즉 뉘가 구홈을 엇으리잇가

(뎨ᄌᆞ들이 더욱 놀나와 ᄀᆞᆯᄋᆞᄃᆡ 그런즉 뉘가 구홈을 능히 엇으리잇가)

⑧ 뎨ᄌᆞ들이 더욱 놀나 ᄀᆞᆯᄋᆞᄃᆡ 그런즉 뉘가 능히 구홈을 엇으리잇가

⑨ 弟子들이 더욱 驚ᄒᆞ야 曰 然ᄒᆞᆫ즉 誰가 能히 救援을 得ᄒᆞ리잇가

⑩ 弟子들이 더욱 놀나 ᄀᆞᆯᄋᆞᄀᆡ 그런즉 누가 能히 救援을 엇으리잇가

⑪ 弟子들이 더욱 놀나 갈아대 그런즉 누가 能희 救援을 엇으리잇가

⑫ 뎨자들이 심히 놀나 서로 말하대 그런즉 누가 구원을 엇을 수 잇는가 하니

⑬ 제자들이 심히 놀라 서로 말하되 그런즉 누가 구원을 얻을 수 있는가 하니

⑭ すると彼らはますます驚いて、互いに言った、「それでは、だれが救われることができるのだろう」。

마가福音 10:27

① 耶穌目之曰,在人固不能,惟在神則不然,蓋在神無所不能也

② 예수 돌아보고 갈아샤되 사름으게는 능치 못ᄒᆞ되 다못 하나님으게는 글어치 안으문 능치 못한 바 업사미라 ᄒᆞ다라

③ 예수 돌아보고 갈아샤ᄃᆡ 사름의게는 능치 못ᄒᆞ되 다못 하나님의게는 글어치 ᄋᆞᆫ으문 능치 못한 바 업ᄉᆞ미라 ᄒᆞ더라

④ 예수ㅣ 뎌들을 보시고 ᄀᆞᆯᄋᆞ샤ᄃᆡ 사ᄅᆞᆷ으로ᄂᆞᆫ 진실노 능히 못ᄒᆞ거니와 오직 샹뎨로ᄂᆞᆫ 능히 못ᄒᆞᆯ 바ㅣ 업ᄂᆞ니라 ᄒᆞ신ᄃᆡ

⑤ 예수ㅣ 그들을 눈 주어 보시고 ᄀᆞᆯᄋᆞ샤ᄃᆡ 사ᄅᆞᆷ으로ᄂᆞᆫ 능히 못ᄒᆞ거니와 오직 텬쥬은 그러치 아니시니 대개 모든 거슬 못ᄒᆞ실 바ㅣ 업ᄂᆞ니라

⑥ 예수ㅣ 그들을 보시고 ᄀᆞᆯᄋᆞ샤ᄃᆡ 사ᄅᆞᆷ으로ᄂᆞᆫ 능히 못 ᄒᆞ거니와 오직 하ᄂᆞ님으로ᄂᆞᆫ 그러치 아니니 대개 하ᄂᆞ님은 능치 못 ᄒᆞᆫ 일이 업ᄂᆞ니라

⑦ 예수ㅣ 그들을 보시고 ᄀᆞᆯᄋᆞ샤ᄃᆡ 사ᄅᆞᆷ으로는 능히 못ᄒᆞ거니와 오직 하ᄂᆞ님으로는 그러치아니ᄒᆞ니 대개 하ᄂᆞ님은 능치 못ᄒᆞᆫ

일이 업ᄂᆞ니라

(예수ㅣ 뎌희를 보시고 ᄀᆞᆯᄋᆞ샤ᄃᆡ 사ᄅᆞᆷ으로는 능히 못ᄒᆞ거니와 오직 하ᄂᆞ님으로는 그러치 아니ᄒᆞ니 대개 하ᄂᆞ님은 능치 못ᄒᆞᆫ 일이 업ᄂᆞ니라)

⑧ 예수가 뎌들을 보시고 ᄀᆞᆯᄋᆞ샤ᄃᆡ 사ᄅᆞᆷ으로는 능히 못ᄒᆞ거니와 오직 하ᄂᆞ님ᄭᅴ셔는 그러치 아니ᄒᆞ니 대개 하ᄂᆞ님은 능치 못ᄒᆞᆫ 일이 업ᄂᆞ니라

⑨ 예수가 彼等을 見ᄒᆞ시고 曰 人으로ᄂᆞᆫ 能히 못ᄒᆞ거니와 오직 上帝ᄭᅴ셔ᄂᆞᆫ 然치 아니ᄒᆞ니 大槩 上帝ᄂᆞᆫ 能치 못ᄒᆞᆫ 事가 無ᄒᆞ니라

⑩ 예수ㅣ 뎌희를 보시며 ᄀᆞᆯᄋᆞ샤ᄃᆡ 사ᄅᆞᆷ으로ᄂᆞᆫ 能치 못ᄒᆞᆫ일이 잇거니와 하ᄂᆞ님은 그러치 아니ᄒᆞ시니 하ᄂᆞ님ᄭᅴ 能치 못ᄒᆞᆫ 일이 업ᄂᆞ니라

⑪ 예수ㅣ 뎌희를 보시고 갈아샤대 사람으로는 能히 못하거니와 오직 하나님ᄭᅴ셔는 그러치 아ㅣ하니 大概 하나님은 能치 못한 일이 업나니라

⑫ 예수ᄭᅴ셔 뎌희를 보시며 갈아샤대 사람으로는 할수 업스되 하나님으로는 그러치 아니하니 하나님으로셔는 다 하실 수 잇나니라

⑬ 예수께서 저희를 보시며 가라사대 사람으로는 할 수 없으되 하나님으로는 그렇지 아니하니 하나님으로서는 다 하실 수 있느니라

⑭ イエスは彼らを見つめて言われた、「人にはできないが、神にはできる。神はなんでもできるからである」。

마가福音 10:28

① 彼得謂之曰,我儕已舍一切而從爾矣。

② 피들이 갈아되 우리 일졀을 ᄯᅥ나 쥬를 조찻나이다 ᄒᆞ니

③ 피들이 갈아되 우리 일졀ᄋᆞᆯ ᄯᅥ나 쥬ᄅᆞᆯ 조찻ᄂᆞ이다 ᄒᆞ니
④ 베드로ㅣ 엿ᄌᆞ오ᄃᆡ 우리들은 임의 온갖 거ᄉᆞᆯ 내여 노코 너ᄅᆞᆯ 좃노라 ᄒᆞ니
⑤ 피득이 엿ᄌᆞ와 ᄀᆞᆯᄋᆞᄃᆡ 보쇼셔 우리가 모든 것슬 다 ᄇᆞ리고 션ᄉᆡᆼ님을 좃찻ᄂᆞ이다
⑥ 베드로ㅣ 엿ᄌᆞᆸ기ᄅᆞᆯ 시작ᄒᆞ야 ᄀᆞᆯᄋᆞᄃᆡ 보쇼셔 우리가 모든 거ᄉᆞᆯ 다 ᄇᆞ리고 쥬ᄅᆞᆯ 조찻ᄂᆞ이다
⑦ 베드로ㅣ 엿ᄌᆞᆸ기를 시작ᄒᆞ야 ᄀᆞᆯᄋᆞᄃᆡ 보쇼셔 우리가 모든 거슬 다 ᄇᆞ리고 쥬를 조찻ᄂᆞ이다
(베드로가 엿ᄌᆞ와 ᄀᆞᆯᄋᆞᄃᆡ 보쇼셔 우리가 모든 거슬 다ᄇᆞ리고 쥬를 좃찻ᄂᆞ이다)
⑧ 베드로가 엿ᄌᆞ와 ᄀᆞᆯᄋᆞᄃᆡ 보쇼셔 우리가 모든거슬 다ᄇᆞ리고 쥬를 좃찻ᄂᆞ이다
⑨ 베드로가 稟ᄒᆞ야 曰 見ᄒᆞ쇼셔 我等이 諸事를 盡棄ᄒᆞ고 主를 從ᄒᆞ엿ᄂᆞ이다
⑩ 베드로가 엿ᄌᆞ와 ᄀᆞᆯᄋᆞᄃᆡ 우리ᄂᆞᆫ 모든 거슬 다 ᄇᆞ리고 主를 좃찻ᄂᆞ이다
⑪ 베드로가 엿자와 갈아대 보쇼셔 우리가 모든 것을 다 바리고 主를 좃찻나이다
⑫ 베드로가 엿자와 갈아대 보쇼셔 우리가 모든 것을 바리고 쥬를 좃찻나이다
⑬ 베드로가 여쭈워 가로되 보소서 우리가 모든 것을 버리고 주를 좇았나이다
⑭ ペテロがイエスに言い出した、「ごらんなさい、わたしたちはいっさいを捨てて、あなたに従って参りました」。

마가福音 10:29

① 耶穌答曰,我誠告爾,爲我及福音,離屋宇,或兄弟,或姊妹,或父,或母,或妻,或子,或田畝者,
② 예수 갈아샤되 ᄂᆡ 실노 너희게 일오시나니 나과 복음을 위ᄒᆞ여 집과 동ᄉᆡᆼ과 누이과 부모과 자식과 뎐답을 ᄯᅥ나미 업ᄂᆞᆫ 쟈ᄂᆞᆫ
③ 예수 갈아샤ᄃᆡ ᄂᆡ 실노 너희게 일오나니 나과 복음ᄋᆞᆯ 위ᄒᆞ여 집과 동ᄉᆡᆼ과 누이과 부모과 자식과 뎐답ᄋᆞᆯ ᄯᅥ나미 업ᄂᆞᆫ 쟈ᄂᆞᆫ
④ 예수ㅣ ᄃᆡ답ᄒᆞ야 ᄀᆞᆯᄋᆞ샤ᄃᆡ 나ㅣ 진실노 네게 닐ᄋᆞᄂᆞ니 나와 밋 복음을 위ᄒᆞ야 집이며 혹 형뎨며 혹 ᄌᆞᄆᆡ며 혹 부모며 혹

쳐ᄌᆞ며 혹 뎐답을 ᄶᅥ나ᄂᆞᆫ 이ᄂᆞᆫ

⑤ 예수ㅣ ᄀᆞᆯᄋᆞ샤ᄃᆡ 내 실노 너희게 닐ᄋᆞ노니 나와 복음을 위ᄒᆞ야 집이나 형뎨나 ᄌᆞᄆᆡ나 부모나 ᄌᆞ식이나 뎐토들을 ᄶᅥ나ᄂᆞᆫ 이ᄂᆞᆫ

⑥ 예수ㅣ ᄀᆞᆯᄋᆞ샤ᄃᆡ 내 실노 너희게 닐ᄋᆞ노니 나와 복음을 위ᄒᆞ야 집이나 형뎨나 ᄌᆞᄆᆡ나 어머니나 아바지나 ᄌᆞ식이나 뎐답들을 ᄶᅥᄂᆞᆫ 이ᄂᆞᆫ

⑦ 예수ㅣ ᄀᆞᆯᄋᆞ샤ᄃᆡ 내 실노 너희게 닐ᄋᆞ노니 나와 복음을 위하야 집이나 형뎨나 ᄌᆞᄆᆡ나 어머니나 아바지나 ᄌᆞ식이나뎐답을 ᄶᅥᄂᆞᆫ이는

(예수ㅣ ᄀᆞᆯᄋᆞ샤ᄃᆡ 내 실노 너희게 닐ᄋᆞ노니 나와 밋 복음을 위ᄒᆞ야 집이나 형뎨나 ᄌᆞᄆᆡ나 어미나 아비나 ᄌᆞ식이나 뎐답을 ᄇᆞ린 쟈는)

⑧ 예수ㅣ ᄀᆞᆯᄋᆞ샤ᄃᆡ 내 실노 너희게 닐ᄋᆞ노니 나와 밋 복음을위ᄒᆞ야 집이나 형뎨나 ᄌᆞᄆᆡ나 어미나 아비나 ᄌᆞ식이나 뎐답을 ᄇᆞ린 쟈는

⑨ 예수 曰 我가 實노 爾等의게 諭ᄒᆞ노니 我와 밋 福音을 爲ᄒᆞ야 家나 兄弟나 姊妹나 母나 父나 子息이나 田畓을 棄ᄒᆞᆫ 者ᄂᆞᆫ

⑩ 예수ㅣ ᄀᆞᆯᄋᆞ샤ᄃᆡ 내가 眞實노 너희의게 닐ᄋᆞ노니 나와 밋 福音을 爲ᄒᆞ야 집이나 兄弟나 姊妹나 父母나 子息과 田畓을 ᄇᆞ린 者ᄂᆞᆫ

⑪ 예수ㅣ 갈아샤대 내가 眞實노 너희게 닐아노니 나와 밋 福音을 爲하야 집이나 兄弟나 姊妹나 어미나 아비나 子息이나 田畓을 바린 者는

⑫ 예수ᄭᅴ셔 갈아샤대 내가 진실노 너희게 닐아노니 나와 밋 복음을 위하야 집이나 형뎨나 자매나 어미나 아비나 자식이나 뎐투를 바린 쟈는

⑬ 예수께서 가라사대 내가 진실로 너희에게 이르노니 나와 및 복음을 위하여 집이나 형제나 자매나 어미나 아비나 자식이나

전토를 버린 자는

⑭ イエスは言われた、「よく聞いておくがよい。だれでもわたしのために、また福音のために、家、兄弟、姉妹、母、父、子、もしくは畑を捨てた者は、

마가福音 10:30

① 未有不於今時,在斯世獲百倍,則屋宇,兄弟,姊妹,母,子,田畝,然亦有迫害,而來世永生矣,

② 금셰에 빅비를 바들 거시 집과 동싱과 누이과 어맘과 자식과 뎐답과 쏘한 군박ᄒᆞ나 닉셰에 영싱ᄒᆞ리니라

③ 금셰에 빅비롤 밧지 못ᄒᆞᄂᆞᆫ 거시 집과 동싱과 누이과 어맘과 자식과 뎐답과 쏘한 군박ᄒᆞ나 닉셰에 영싱ᄒᆞ리니라

④ 금 셰상에셔 집과 형뎨와 ᄌᆞ믹와 모ᄌᆞ 뎐답을 빅빅나 더 엇지 아닐 이 업고 훗 셰상에 쟝싱을 엇ᄂᆞᆫ 일이 잇스리니

⑤ 지금 이 셰상에 잇서 집들과 형뎨와 ᄌᆞ믹와 모친들과 뎐토와 밋 핍박을 빅빈나 밧지 아닐 이 업슬 거시요 쏘 오ᄂᆞᆫ 셰상에 영싱을 엇으리라

⑥ 지금 이 셰상에 잇서 집과 형뎨와 ᄌᆞ믹와 모친과 ᄌᆞ식과 뎐답과 밋 핍박을 빅비나 밧지 아닐 이가 업술 거시오 쏘 오ᄂᆞᆫ 셰상에 영싱을 엇으리라

⑦ 지금 이 셰상에 잇서 집과 형뎨와 ᄌᆞ믹와 모친과 ᄌᆞ식과 뎐답을 빅비나 밧지아닐이가 업ᄉᆞ딕 핍박을 겸ᄒᆞ여 밧을 거시오 오ᄂᆞᆫ 셰상에 영싱을 엇으리라

(지금 이 셰상에 잇서 집과 형뎨와 ᄌᆞ믹와 모친과 ᄌᆞ식과 뎐답을 빅비나 밧지아닐이가 업ᄉᆞ되 핍박을 겸ᄒᆞ여 밧을 거시오 오는 셰상에 영싱을 엇으리라)

⑧ 지금 이 셰상에 잇서 집과 형뎨와 ᄌᆞ믹와 모친과 ᄌᆞ식과 뎐답을 빅 비나 밧지 아닐 이가 업스되 핍박을 겸ᄒᆞ야 밧을 거시오 오ᄂᆞᆫ셰상에 영싱을 엇으리라

⑨ 只今 此 世上에 在ᄒᆞ야 家와 兄弟와 姉妹와 母親과 子息과 田畓을 百 倍나 受ᄒᆞ지 아닐 者가 無ᄒᆞ되 逼迫을 兼ᄒᆞ야 受ᄒᆞᆯ 거시오 來世에 永生을 得ᄒᆞ리라

⑩ 只今 이 世上에셔 집과 兄弟나 姉妹나 父母나 子息과 田畓을 百倍나 밧지 아닐 者가 업스되 逼迫을 兼ᄒᆞ여 밧을 거시오 오ᄂᆞᆫ 世上에 永生을 엇으리라

⑪ 지금 이 世上에 永生을 엇으리라

⑫ 금세에 잇서 집과 형뎨와 자매와 모친과 자식과 뎐토를 백배나 밧으되 핍박을 겸하야 밧고 래세에 영생을 밧지 못할 쟈가 업나니라

⑬ 금세에 있어 집과 형제와 자매와 모친과 자식과 전토를 백배나 받되 핍박을 겸하여 받고 내세에 영생을 받지 못할 자가 없느니라

⑭ 必ず、その百倍を受ける。すなわち、今この時代では家、兄弟、姉妹、母、子および畑を迫害と共に受け、また、きたるべき世では永遠の生命を受ける。

마가福音 10:31

① 蓋多有先者將爲後,後者將爲先也。

② 글어나 만져 잇ᄂᆞᆫ 쟈만이 뒤가 되고 뒤에 잇ᄂᆞᆫ 쟈만이 만져가게 되나니라 ᄒᆞ다라

③ 글어나 만져 잇ᄂᆞᆫ 쟈만이 뒤가 되고 뒤에 잇ᄂᆞᆫ 쟈만이 만져가 되ᄂᆞ니라 ᄒᆞ더라

④ 대개 압섯던 쟈 뒤가 되고 뒤 섯던 쟈ㅣ 압되리가 만ᄒᆞ리라

⑤ 대개 몬져 ᄒᆞᄂᆞᆫ 쟈ㅣ 쟝ᄎᆞᆺ 뒤가 되고 뒤에 ᄒᆞᄂᆞᆫ 쟈ㅣ 쟝ᄎᆞᆺ 몬져 될 이가 만ᄒᆞ리라

⑥ 그러나 몬져 잇ᄂᆞᆫ 이가 나죵 되고 나죵 잇ᄂᆞᆫ 이가 몬져 될 쟈ㅣ 마흐리라

⑦ 그러나 몬져잇ᄂᆞᆫ 이가 나죵되고 나죵잇ᄂᆞᆫ이가 몬져 될 쟈ㅣ 만흐리라
(그러나 몬져잇는 이가 나죵 되고 나죵 잇는 이가 몬져 될 쟈가 만흐리라)
⑧ 그러나 몬져잇ᄂᆞᆫ 이가 나죵 되고 나죵 잇ᄂᆞᆫ 이가 몬져 될 쟈가 만흐리라
⑨ 然ᄒᆞ나 先在ᄒᆞᆫ 者가 終末이 되고 終末에 在ᄒᆞᆫ 者가 先이 될 者가 多ᄒᆞ리라
⑩ 그러나 몬져 잇던 者가 ᄂᆞ죵 되고 ᄂᆞ죵 잇던 者가 몬져 될 者가 만흐리라
⑪ 그러나 몬져 잇는 이가 나죵되고 나죵잇는 이가 몬져 될 者가 만흐리라
⑫ 그러나 몬져된 쟈로셔 나죵되고 나죵된 쟈로셔 몬져될 쟈가 만흐니라
⑬ 그러나 먼저 된 자로서 나중 되고 나중 된 자로서 먼저 될 자가 많으니라
⑭ しかし、多くの先の者はあとになり、あとの者は先になるであろう」。

마가福音 10:32

① 上耶路撒冷時,途間,耶穌先之行,門徒從之,駭且懼。耶穌復攜十二門徒,以將遇於己之事告之,
② 예루살임에 가ᄂᆞᆫᄃᆡ 길에셔 예수 만져 힝하니 뎨자 이샹ᄒᆞ고 두려워 좃거날 이여 다시 열두 뎨자를 다리고 자긔 쟝차 만날
바 일노써 말ᄒᆞ시되
③ 예루살임에 가시ᄂᆞᆫᄃᆡ 길에셔 예수 만져 힝하시니 뎨자 이샹이 네기고 좃ᄂᆞᆫ 쟈 두려워 하거날 이여 다시 열두 뎨자롤 다리고
자긔 쟝차 만날 바 일노써 말ᄒᆞ시되
④ 예루살넴에 올나 가실 ᄣᅢ에 길희셔 예수ㅣ 모든 이 압희 거러가시니 뎨ᄌᆞㅣ ᄯᅡ라갈ᄉᆡ 놀나며 ᄯᅩᄒᆞᆫ 두려워 ᄒᆞ니 예수ㅣ 다시
십이 뎨ᄌᆞ롤 다리시고 쟝찻 ᄌᆞ긔 몸의 당ᄒᆞᆯ 일노써 닐너
⑤ 야로살링에 올나갈 ᄣᅢ에 로즁에셔 예수ㅣ 그들 압셔 힝ᄒᆞ시더니 뎨ᄌᆞ들은 이샹히 넉이고 ᄯᅩᄒᆞᆫ 좃ᄂᆞᆫ 이ᄂᆞᆫ 두려워ᄒᆞᄂᆞᆫ지라

다시 열두 뎨ᄌᆞ를 ᄃᆞ리시고 장ᄎᆞᆺ ᄌᆞ긔 맛나실 일들을 닐너 일ᄋᆞ샤ᄃᆡ

⑥ 예루살넴으로 올나가ᄂᆞᆫ 길에 예수ㅣ 압서 힝ᄒᆞ시더니 뎨ᄌᆞ들은 이샹히 녁이고 좃ᄂᆞᆫ 이ᄂᆞᆫ 두려워 ᄒᆞᄂᆞᆫ지라 열두 뎨ᄌᆞ롤 ᄃᆞ리시고 쟝ᄎᆞᆺ ᄌᆞ긔 당ᄒᆞᆯ 일을 닐너 ᄀᆞᆯᄋᆞ샤ᄃᆡ

⑦ 예루살넴으로 올나가ᄂᆞᆫ 길에 예수ㅣ 압서 힝ᄒᆞ시더니 뎨ᄌᆞ들은 이샹히 녁이고 좃ᄂᆞᆫ이는 두려워ᄒᆞᄂᆞᆫ지라 다시 열두 뎨ᄌᆞ를 ᄃᆞ리시고 쟝ᄎᆞᆺ ᄌᆞ긔 당ᄒᆞᆯ 일을 닐너 ᄀᆞᆯᄋᆞ샤ᄃᆡ
(예루살넴으로 올나가는 길에 예수가 압서 힝ᄒᆞ시더니 뎨ᄌᆞ들은 이샹히 녁이고 좃는 이는 두려워ᄒᆞ는지라 다시 열두 뎨ᄌᆞ를 ᄃᆞ리시고 쟝ᄎᆞᆺ ᄌᆞ긔 당ᄒᆞᆯ 일을 닐너 ᄀᆞᆯᄋᆞ샤ᄃᆡ)

⑧ 예루살넴으로 올나가ᄂᆞᆫ 길에 예수가 압서힝ᄒᆞ시더니 뎨ᄌᆞ들은 이샹히 녁이고 좃는 이는 두려워ᄒᆞᄂᆞᆫ지라 다시 열두 뎨ᄌᆞ를 다리시고 쟝ᄎᆞᆺ ᄌᆞ긔 당ᄒᆞᆯ 일을 닐너 ᄀᆞᆯᄋᆞ샤ᄃᆡ

⑨ 예루살넴으로 上去ᄒᆞᄂᆞᆫ 路에 예수가 前行ᄒᆞ시더니 弟子들은 異常히 녁이고 從ᄒᆞᄂᆞᆫ 者ᄂᆞᆫ 懼ᄒᆞᄂᆞᆫ지라 다시 十二 弟子를 携ᄒᆞ시고 將次 自己의 當ᄒᆞᆯ 事를 謂ᄒᆞ야 曰

⑩ 예루살넴으로 올나 기ᄂᆞᆫ 길에 예수ㅣ 압서 行ᄒᆞ시니 弟子들이 뒤에 좃츠며 놀나고 두려워 ᄒᆞᄂᆞᆫ지라 다시 열두 弟子를 ᄃᆞ리서고 當身의 張次當ᄒᆞᆯ일을 닐너 ᄀᆞᆯᄋᆞ샤ᄃᆡ

⑪ 예루살렘으로 올나가는 길에 예수ㅣ압서 行하시더니 弟子들은 異常히 녁이고 좃는 이는 두려워하는지라 다시 열두 弟子를 다리시고 張次 自己 當할 일을 닐너 갈아샤대

⑫ 예루살넴으로 올나가는 길에 예수ᄭᅴ셔 뎨자들 압헤 서셔 가시는대 뎌희가 놀나고 솟는 쟈들은 누려워하더라 이에 다시 열두 뎨자를 다리시고 자긔의 당할 일을 닐너 갈아샤대

⑬ 예루살렘으로 올라가는 길에 예수께서 제자들 앞에 서서 가시는데 저희가 놀라고 좇는 자들은 두려워하더라 이에 다시 열두 제자를 데리시고 자기의 당할 일을 일러 가라사대

⑭ さて、一同はエルサレムへ上がる途上にあったが、イエスが先頭に立って行かれたので、彼らは驚き怪しみ、従う者たちは
恐れた。するとイエスはまた十二弟子(でし)を呼び寄せて、自分の身に起ろうとすることについて語りはじめられた、

마가福音 10:33

① 曰,我儕上耶路撒冷,人子將付與諸長及士子,彼將定之以死,亦將付與異邦人,
② 우리 예루살임에 간즉 인자가 붓치물 졔사쟝과 션비으게 보리니
③ 우리 예루살입에 간즉 인자가 붓치물 졔사쟝과 션비의게 보리니
④ ᄀᆞᆯᄋᆞ샤ᄃᆡ 우리들이 예루살넴에 올나가면 인ᄌᆞㅣ 쟝ᄎᆞᆺ 졔ᄉᆞ의 졔쟝과 및 션비들의게 맛기이여 뎌들이 죽이기로써 뎡ᄒᆞ고
ᄯᅩᄒᆞᆫ 쟝ᄎᆞᆺ 이국인의게 맛겨주며
⑤ 우리가 야로살렁에 올나가셔 인ᄌᆞㅣ 졔ᄉᆞ졔쟝과 셔샤관들의게 잡혀 가리니 뎌희가 죽이기로 뎡ᄒᆞᆯ 거시오 ᄯᅩ 이방 사름의게
잡혀 보내리니
⑥ 우리가 예루살넴에 올나가셔 인ᄌᆞ가 졔ᄉᆞ졔쟝과 셔샤관들의게 내여줌을 닙어 죽이기로 결안ᄒᆞ고 이방 사름의게 내여주니
⑦ 우리가 예루살넴에 올나가셔 인ᄌᆞ가 졔ᄉᆞ졔쟝과 셔긔관들의게 내여줌을 닙어 죽이기로 결안ᄒᆞ고 이바아 사름의게 내여주리니
(우리가 예루살넴에 올나가면 인ᄌᆞ를 졔ᄉᆞ졔쟝과 셔긔관들의게 내여주리니 뎌희가 죽이기로 결안ᄒᆞ고 이방 사름의게 내여
준즉)
⑧ 우리가 예루살넴에 올나가면 인ᄌᆞ를 졔ᄉᆞ졔쟝과 셔긔관들의게 내여주리니 뎌희가 죽이기로 결안ᄒᆞ고 이방사름의게 내여준즉
⑨ 我等이 예루살넴에 上去ᄒᆞ면 人子를 祭司諸長과 書記官들의게 出畀ᄒᆞ리니 彼等이 殺ᄒᆞ기로 決案ᄒᆞ고 異邦人의게 出畀ᄒᆞᆫ즉
⑩ 우리가 예루살넴에 올나가면 人子가 祭司諸長과 書記官들의게 팔니리니 뎌희가 죽이기로 決案ᄒᆞ고 異邦 사름의게 내여 주어

⑪ 우리가 예루살렘에 올나가면 人子를 祭司諸長과 書記官들의게 내여주리니 뎌희가죽이기로 決案하고 異邦 사람의게 내여준 즉
⑫ 보라 우리가 예루살넴에 올나가노니 인자가 대졔사쟝들과 셔긔관들의게 넘기우매 뎌희가 죽이기로 결안하고 이방인들의게 넘겨 주겟고
⑬ 보라 우리가 예루살렘에 올라가노니 인자가 대제사장들과 서기관들에게 넘기우매 저희가 죽이기로 결안하고 이방인들에게 넘겨 주겠고
⑭「見よ、わたしたちはエルサレムへ上って行くが、人の子は祭司長、律法學者たちの手に引きわたされる。そして彼らは死刑を宣告した上、彼は異邦人に引きわたすであろう。

마가福音 10:34

① 彼將凌辱之,鞭扑之,唾之,殺之,惟第三日,其必復生。
② 뎌 쥐기무로써 졍하여 외방 사ᄅᆞᆷ으게 붓쳐 능욕ᄒᆞ며 춤 바드며 ᄎᆡᆨ직질 ᄒᆞ며 쥐길지니 삼일 후에 다시 닐갓다 ᄒᆞ다라
③ 뎌 쥐기무로써 졍하여 외방 시ᄅᆞᆷ의게 붓쳐 능욕ᄒᆞ머 춤 바드머 ᄎᆡᆨ직질 하며 쥐길지니 삼일 후에 다시 닐갓다 ᄒᆞ더라
④ 뎌ㅣ 쟝ᄎᆞᆺ 릉욕ᄒᆞ며 ᄆᆡ로 치며 춤 밧흐며 죽일 거시로ᄃᆡ 다만 뎨 삼일에 반ᄃᆞ시 다시 살니라 ᄒᆞ시더라
⑤ 뎌희가 릉욕ᄒᆞ며 춤 밧흐며 ᄎᆡᆨ직질ᄒᆞ여 죽일 거시오 ᄯᅩ 삼일 만에 다시 살이라
⑥ 능욕 ᄒᆞ며 춤 밧흐며 ᄎᆡᆨ직질 ᄒᆞ야 죽일 거시오 ᄯᅩ 삼일 만에 다시 살아나리라
⑦ 능욕ᄒᆞ며 춤 밧흐며 ᄎᆡᆨ직질ᄒᆞ야 죽일 거시오 ᄯᅩ 삼 일만에 다시 살아나리라 ᄒᆞ시더라
(능욕ᄒᆞ며 춤 밧흐며 채찍질ᄒᆞ고 죽일 거시오 ᄯᅩ 삼 일만에 다시 사라나리라 ᄒᆞ시더라)
⑧ 릉욕ᄒᆞ며 춤비앗흐며 채찍질ᄒᆞ고 주일 거시오 ᄯᅩ 삼일만에 다시살아나리라 ᄒᆞ시더라
⑨ 凌辱ᄒᆞ며 唾ᄒᆞ며 鞭ᄒᆞ고 殺ᄒᆞᆯ 거시오 ᄯᅩ 三日만에 復活ᄒᆞ리라 ᄒᆞ시더라

⑩ 凌辱ᄒᆞ며 춤비앗흐며 처찍질ᄒᆞ며 죽일거시나 三日만에 復活ᄒᆞ리라

⑪ 凌辱하며 춤배앗흐며 채찍질하고 죽일 것이오 또 三日만에 다시 살아나리라 하시더라

⑫ 그들은 릉욕하며 춤 배앗흐며 채찍질하고 죽일 것이니 뎌는 삼일 만에 살아나리라 하시니라

⑬ 그들은 능욕하며 침 뱉으며 채찍질하고 죽일 것이니 저는 삼 일만에 살아나리라 하시니라

⑭ また彼をあざけり、つばきをかけ、むち打ち、ついに殺してしまう。そして彼は三日の後によみがえるでだろう」。

마가福音 10:35

① 西庇太之子雅各,約翰,就之曰,師乎,我儕所求者,願爾爲我行之。

② 시비딕의 아달 야곱과 요안닉 나아와 갈아되 션싱님 우리 즐겨 무어슬 구ᄒᆞ던지 우리게 힝ᄒᆞ소셔 ᄒᆞ니

③ 시비딕의 아달 야곱과 요안닉 나아와 갈아되 션싱님 우리 즐겨 무어슬 구하던지 우리게 힝ᄒᆞ소셔 ᄒᆞ니

④ 졔비딕 아둘 야고보와 요한이 나아오 ㅏ ᄀᆞᆯᄋᆞ딕 스승님 우리 구ᄒᆞᄂᆞᆫ 바ᄅᆞᆯ ᄒᆞ실진딕 너ㅣ 우리ᄅᆞᆯ 위ᄒᆞ야 힝ᄒᆞ쇼셔

⑤ 셔비태의 아둘 아각과 요한이 갓가이 나아와 엿ᄌᆞ오딕 쥬여 우리가 무엇슬 구ᄒᆞ던지 쥬끠셔 우리를 위ᄒᆞ야 힝ᄒᆞ시기를 원ᄒᆞ
옵ᄂᆞ이다

⑥ 세비대의 아둘 야고보와 요한이 갓가히 나아와 엿ᄌᆞ오딕 션싱님이여 우리가 무어술 구ᄒᆞ던지 우리ᄅᆞᆯ 위ᄒᆞ야 힝ᄒᆞ시기ᄅᆞᆯ
원ᄒᆞ옵ᄂᆞ이다

⑦ 세베대의 아둘 야고보와 요한이 갓가이 나아와 엿ᄌᆞ오딕 션싱님이여 우리가 무어슬 구ᄒᆞ던지 우리를 위ᄒᆞ야 힝ᄒᆞ시기를
원ᄒᆞ옵ᄂᆞ이다
(세베대의 아둘 야고보와 요한이 갓가이 나아와 엿ᄌᆞ오딕 션싱님이여 우리가 무어슬 구ᄒᆞ던지 우리를 위ᄒᆞ야 힝ᄒᆞ시기를
원ᄒᆞ옵ᄂᆞ이다)

⑧ 세베대의 아돌 야고보와 요한이 갓가히나아와 엿즈오딕 션싱님이여 우리가 무어슬 구흐던지 우리를 위흐야 힝흐시기를 원
흐옵느이다
⑨ 세베대의 子 야고보와 요한이 近進흐야 稟흐딕 先生님이여 我等이 何事를 求흐던지 我等을 爲흐야 行흐시기를 願흐옵느이다
⑩ 세배대의 아돌 야고보와 요한이 갓가히 나아와 엿즈오딕 先生님이여 우리가 무어슬 求흐던지 우리를 爲흐야 일우시기를
願흐느이다
⑪ 세배대의 아달 야고보와 요한이 갓가히 나아와 엿자오대 先生님이어 우리가 무엇을 求하던지 우리를 爲하야 行하시기를
願하옵나이다
⑫ 세베대의 아달 야고보와 요한이 쥬끠 나아와 엿자오대 션생님이어 무엇이던지 우리의 구하는 바를 우리의게 하여 주시기를
원하옵나이다
⑬ 세베대의 아들 야고보와 요한이 주께 나아와 여짜오되 선생님이여 무엇이든지 우리의 구하는바를 우리에게 하여주시기를
원하옵나이다
⑭ さて、ゼベダイの子のヤコブとヨハネとがイエスのもとにきて言った、「先生、わたしたちがお頼みすることは、なんでも
かなえてくださるようにお願いします」。

마가福音 10:36

① 耶穌謂之曰,欲我爲爾何行耶。
② 갈아샤되 나다려 무어슬 너희게 힝코져 흐나냐
③ 갈아샤디 나다려 무어슬 너희게 힝코저 하느냐
④ 예수ㅣ 닐너ᄀᆞᆯᄋᆞ샤딕 날드려 너희를 위흐야 무어슬 힝흐라 흐느냐

⑤ 예수ㅣ 닐너ᄀᆞᆯᄋᆞ샤ᄃᆡ 날ᄃᆞ려 너희를 위ᄒᆞ야 무엇슬 힝ᄒᆞ고져 ᄒᆞᄂᆞ냐
⑥ 닐ᄋᆞ샤ᄃᆡ 너희ᄅᆞᆯ 위ᄒᆞ야 힝ᄒᆞ기ᄅᆞᆯ 원ᄒᆞᄂᆞᆫ 거시 무어시냐
⑦ 닐넛ᄉᆞᄃᆡ 너희를 위ᄒᆞ야 힝ᄒᆞ기를 원ᄒᆞᄂᆞᆫ 거시 무어시냐
(닐ᄋᆞ샤ᄃᆡ 너희를 위ᄒᆞ야 힝ᄒᆞ기를 원ᄒᆞ는 거시 무어시냐)
⑧ 닐ᄋᆞ샤ᄃᆡ 너희를 위ᄒᆞ야 힝ᄒᆞ기를 원ᄒᆞᄂᆞᆫ 거시 무어시냐
⑨ 謂ᄒᆞ샤ᄃᆡ 爾等을 爲ᄒᆞ야 行ᄒᆞ기를 願ᄒᆞᄂᆞᆫ 거시 何事냐
⑩ 닐ᄋᆞ샤ᄃᆡ 너희를 爲ᄒᆞ야 무어슬 일우라 ᄒᆞᄂᆞ냐
⑪ 닐아샤대 너희를 爲하야 行하기를 願하는 것이 무엇이냐
⑫ 닐아샤대 너희게 무엇을 하여 주기를 원하나냐
⑬ 이르시되 너희에게 무엇을 하여 주기를 원하느냐
⑭ イエスは彼らに「何をしてほしいと、願うのか」と言われた。

마가福音 10:37

① 對曰,賜我儕於爾榮時,一坐爾右,一坐爾左。
② 갈아되 쥬 영화할 ᄯᅴ여 우리 한나은 쥬의 우편에 안고 한나은 자편에 안게 ᄒᆞ소셔
③ 갈아되 쥬 영화할 ᄯᅴ에 우리 한나은 쥬의 우편에 ᄋᆞᆫ고 한나은 자편에 ᄋᆞᆫ게 하소셔
④ ᄃᆡ답ᄒᆞ야ᄀᆞᆯᄋᆞᄃᆡ 우리들을 네 영화로올 ᄣᅢ에 ᄒᆞ나흔 네 우편에 안치고 ᄒᆞ나흔 네 좌편에 안쳐 주쇼셔
⑤ 엿ᄌᆞ와ᄀᆞᆯᄋᆞᄃᆡ 쥬ᄭᅴ셔 영광으로 계실 때에 우리를 ᄒᆞ나ᄂᆞᆫ 쥬의 올흔편에 안치시고 ᄒᆞ나ᄂᆞᆫ 왼편에 안케 ᄒᆞ여 주옵쇼셔
⑥ 엿ᄌᆞ와ᄀᆞᆯᄋᆞᄃᆡ 쥬ᄭᅴ셔 영광으로 계실 ᄣᅢ에 우리ᄅᆞᆯ ᄒᆞ나흔 쥬의 우편에 안치시고 ᄒᆞ나흔 좌편에 안쳐 주옵쇼셔

⑦ 엿ᄌᆞ와ᄀᆞᆯᄋᆞᄃᆡ 쥬가 영광으로 계실 ᄯᅢ에 우리를 ᄒᆞ나흔 쥬의 우편에 안치시고 ᄒᆞ나흔 좌편에 안쳐주옵쇼셔
(엿ᄌᆞ와ᄀᆞᆯᄋᆞᄃᆡ 쥬가 영광으로 계실 ᄯᅢ에 우리를 ᄒᆞ나흔 쥬의 우편에 안치시고 ᄒᆞ나흔 좌편에 안쳐 주옵쇼셔)

⑧ 엿ᄌᆞ와ᄀᆞᆯᄋᆞᄃᆡ 쥬ᄭᅴ셔 영광으로 계실 ᄯᅢ에 우리를 ᄒᆞ나흔 쥬의 우편에 안치시고 ᄒᆞ나흔 좌편에 안쳐 주옵쇼셔

⑨ 奏ᄒᆞ야曰 主가 榮光으로 在ᄒᆞ실 時에 我等을 一人은 主의 右便에 坐케ᄒᆞ시고 一人은 左便에 坐케ᄒᆞ야 주옵쇼셔

⑩ 엿ᄌᆞ와ᄀᆞᆯᄋᆞᄃᆡ 主ᄭᅴ셔 榮光을 엇으실 ᄯᅢ에 우리의 ᄒᆞ나ᄂᆞᆫ 主의 右偏에 안치시고 ᄒᆞ나ᄂᆞᆫ 左偏에 안쳐 주옵쇼셔

⑪ 엿자와갈아대 主ᄭᅴ셔 榮光으로 계실 ᄯᅢ에 우리를 하나는 主의 右便에 안치시고 하나는 左便에 안쳐 주옵쇼셔

⑫ 엿자오대 쥬의 영광 즁에셔 우리를 하나는 쥬의 우편에 하나는 좌편에 안게 하야 주옵쇼셔

⑬ 여짜오되 주의 영광 중에서 우리를 하나는 주의 우편에 하나는 좌편에 앉게 하여 주옵소서

⑭ すると彼は言った、「榮光をお受けになるとき、ひとりをあなたの右に、ひとりを左にすわるようにしてください」。

마가福音 10:38

① 耶穌謂之曰,爾所求者,爾不知也,我飮之杯,爾能飮之乎,我受之洗禮,爾能受之乎。

② 예수 갈아샤되 너희 구ᄒᆞᄂᆞᆫ 바ᄂᆞᆫ 너희 아지 못ᄒᆞᄂᆞᆫ지라 ᄂᆡ의 마시ᄂᆞᆫ 잔을 능히 마시며 ᄂᆡ의 밧ᄂᆞᆫ 밥팀례를 능히 밧갓나냐 ᄒᆞ니

③ 예수 갈아샤ᄃᆡ 너희 구ᄒᆞᄂᆞᆫ 바ᄂᆞᆫ 너희 아지 못ᄒᆞᄂᆞᆫ지라 ᄂᆡ의 마시ᄂᆞᆫ 잔ᄋᆞᆯ 능히 마시며 ᄂᆡ의 밧ᄂᆞᆫ 밥팀례ᄅᆞᆯ 능히 밧갓ᄂᆞ냐 하니

④ 예수ㅣ 닐너ᄀᆞᆯᄋᆞ샤ᄃᆡ 네 구ᄒᆞᄂᆞᆫ 바ᄅᆞᆯ 너ㅣ 알지 못ᄒᆞ리라 나의 마시던 잔을 너ㅣ 능히 마시며 나의 밧던 셰례ᄅᆞᆯ 너ㅣ 능히 밧을소냐

⑤ 예수ㅣ ᄀᆞᆯᄋᆞ샤ᄃᆡ 너희 구ᄒᆞᄂᆞᆫ 거슬 너희가 아지 못ᄒᆞ도다 내의 마실 잔을 너희 능히 마시며 내의 밧을 셰례를 너희 능히

밧겟ᄂᆞ냐

⑥ 예수ㅣ ᄀᆞᆯᄋᆞ샤ᄃᆡ 너희 구ᄒᆞᄂᆞᆫ 거술 너희가 아지 못 ᄒᆞᄂᆞᆫ도다 내가 마시ᄂᆞᆫ 잔을 너희도 마시며 내가 밧ᄂᆞᆫ 셰례도 너희가 밧겟ᄂᆞ냐 ᄒᆞ시니

⑦ 예수ㅣ ᄀᆞᆯᄋᆞ샤ᄃᆡ 너희 구ᄒᆞᄂᆞᆫ 거슬 너희가 아지 못ᄒᆞᄂᆞᆫ도다 내가 마시ᄂᆞᆫ 잔을 너희도 마시며 내가 밧ᄂᆞᆫ 셰례도 너희가 밧겟ᄂᆞ냐 ᄒᆞ시니

(예수ㅣ ᄀᆞᆯᄋᆞ샤ᄃᆡ 너희 구ᄒᆞ는 거슬 너희가 아지 못ᄒᆞ는도다 내가 마시는 잔을 너희도 능히 마시며 내가 밧ᄂᆞᆫ 셰례도 너희가 능히 밧겟ᄂᆞ냐 ᄒᆞ시니)

⑧ 예수ㅣ ᄀᆞᆯᄋᆞ샤ᄃᆡ 너희 구ᄒᆞᄂᆞᆫ 거슬 너희가 아지 못ᄒᆞᄂᆞᆫ도다 내가 마시ᄂᆞᆫ 잔을 너희도 능히 마시며 내가 밧ᄂᆞᆫ 셰례도 너희가 능히 밧겟ᄂᆞ냐 ᄒᆞ시니

⑨ 예수ㅣ 曰 爾等의 求ᄒᆞᄂᆞᆫ 거슬 爾等이 知치 못ᄒᆞᄂᆞᆫ도다 我가 飮ᄒᆞᄂᆞᆫ 杯를 爾等도 能히 飮ᄒᆞ며 我가 受ᄒᆞᄂᆞᆫ 洗禮도 爾等이 能히 受ᄒᆞ겟ᄂᆞ냐 ᄒᆞ시니

⑩ 예수ㅣ ᄀᆞᆯᄋᆞ샤ᄃᆡ 너희 求ᄒᆞᄂᆞᆫ 거슬 너희가 아지 못ᄒᆞᄂᆞᆫ도다 나의 마실 殘을 너희가 마시며 나의 밧을 洗禮를 너희가 밧겟ᄂᆞ냐

⑪ 예수ㅣ 갈아샤대 너희 求하는 것을 너희가 아지 못하는ㅗ다 내가 마시는 盞을 너희도 能히 마시며 내가 밧는 洗禮를 너희가 能히 밧겟나냐 하시니

⑫ 예수끠셔 갈아샤대 너희 구하는 것을 너희가 아지 못하는 도다 너희가 나의 마시는 잔을 마시며 나의 밧는 셰례를 밧을 수 잇나냐

⑬ 예수께서 가라사대 너희 구하는 것을 너희가 알지 못하는도다 너희가 나의 마시는 잔을 마시며 나의 받는 세례를 받을 수 있느냐

⑭ イエスは言われた、「あなたがたは自分が何を求めているのか、わかっていない。あなたがたは、わたしが飲む杯を飲み、

わたしが受けるバプテスマを受けることができるか」。

마가福音 10:39

① 對曰,能。耶穌謂之曰,我所飮之杯,爾固將飮之,我所受之洗禮,爾固將受之,

② 갈아되 능히 ᄒᆞ갓나이다 예수 갈아샤되 ᄂᆡ의 마시ᄂᆞᆫ 잔을 너희 마시며 ᄂᆡ의 밧ᄂᆞᆫ 밥팀례를 너희 바드되

③ 갈아되 능히 하갓ᄂᆞ이다 예수 갈아샤ᄃᆡ ᄂᆡ의 마시ᄂᆞᆫ 잔ᄋᆞᆯ 너희 마시며 ᄂᆡ의 밧ᄂᆞᆫ 밥팀례ᄅᆞᆯ 너희 바드되

④ ᄃᆡ답ᄒᆞ야ᄀᆞᆯᄋᆞᄃᆡ 능히 ᄒᆞ리이다 예수ㅣ 닐너 ᄀᆞᆯᄋᆞ샤ᄃᆡ 나의 마시던 잔은 너ㅣ 진실노 쟝ᄎᆞᆺ 마실 거시며 나의 밧던 셰례ᄂᆞᆫ 너ㅣ 진실노 쟝ᄎᆞᆺ 밧을거시나

⑤ ᄃᆡ답ᄒᆞᄃᆡ 우리가 능히 ᄒᆞ겟ᄂᆞ이다 예수ㅣ 닐ᄋᆞ샤ᄃᆡ 내의 마실 잔은 너희가 마실 거시오 내의 밧을 셰례ᄂᆞᆫ 너희가 쟝ᄎᆞᆺ 밧으려니와

⑥ 닐ᄋᆞᄃᆡ 우리가 능히 ᄒᆞ겟ᄂᆞ이다 예수ㅣ 닐ᄋᆞ샤ᄃᆡ 내가 마시ᄂᆞᆫ 잔은 너희도 마실 거시오 내가 밧ᄂᆞᆫ 셰례ᄂᆞᆫ 너희도 밧으려니와

⑦ 닐ᄋᆞᄃᆡ 우리가 능히 ᄒᆞ겟ᄂᆞ이다 예수ㅣ 닐넛ᄉᆞᄃᆡ 내가 마시ᄂᆞᆫ 진은 너희도 마실 기시오 내가 빗ᄂᆞᆫ 세례는 니희도 빗으려니와 (닐ᄋᆞᄃᆡ 우리가 능히 ᄒᆞ겟ᄂᆞ이다 예수가 닐ᄋᆞ샤ᄃᆡ 내가 마시는 잔은 너희도 마실 거시오 내가 밧는 셰례는 너희도 밧으려니와)

⑧ 닐ᄋᆞᄃᆡ 우리가 능히 ᄒᆞ겟ᄂᆞ이다 예수ㅣ 닐ᄋᆞ샤ᄃᆡ 내가 마시ᄂᆞᆫ 잔은 너희도 마실 거시오 내가 밧ᄂᆞᆫ 셰례는 너희도 밧으려니와

⑨ 謂ᄒᆞᄃᆡ 我等이 能히 ᄒᆞ겟ᄂᆞ이다 예수ㅣ 謂ᄒᆞ샤ᄃᆡ 我가 飮ᄒᆞᄂᆞᆫ 杯ᄂᆞᆫ 爾等도 飮ᄒᆞᆯ 거시오 我가 受ᄒᆞᄂᆞᆫ 洗禮ᄂᆞᆫ 爾等도 受ᄒᆞ려니와

⑩ ᄀᆞᆯᄋᆞᄃᆡ 우리가 能히 ᄒᆞ겟ᄂᆞ이다 예수ㅣ 닐ᄋᆞ샤ᄃᆡ 나의 마실 殘은 너희도 마시고 나의 밧을 洗禮ᄂᆞᆫ 너희도 밧으러니와

⑪ 닐아대 우리가 能히 하겟나이다 예수ㅣ 니랑사대 내가 마시는 盞은 너희도 마실 것이오 내가 밧는 洗禮는 너희도 밧으러니와

⑫ 뎌희가 말하대 할 수 잇나이다 예수끠셔 닐아샤대 너희가 나의 마시는 잔을 마시며 나의 밧는 세례를 밧으려니와

⑬ 저희가 말하되 할 수 있나이다 예수께서 이르시되 너희가 나의 마시는 잔을 마시며 나의 받는 세례를 받으려니와
⑭ 彼らは「できます」と答えた。するとイエスは言われた、「あなたがたは、わたしが飲む杯を飲み、わたしが受けるバプテスマをうけるであろう。

마가福音 10:40

① 但坐我左右,非我得賜,惟賜於是位,已爲之備者。
② 다못 닉의 자우에 안끼는 닉가 주지 안코 오직 예비한 쟈를 위ᄒᆞ나니라 ᄒᆞ니
③ 다못 닉의 자우에 안끼는 닉가 주지 ᄋᆞᆫ코 오직 예비한 쟈를 위하ᄂᆞ니라 하니
④ 다만 나의 좌우에 안침은 내가 줄 거시 아니오 다만 이 위를 임의 마련ᄒᆞ여 노흐신 이가 주리라 ᄒᆞ시니
⑤ 오직 내 올흔편과왼편에 안기는 내가 줄거시 아니요 누구를 위ᄒᆞ야 예비ᄒᆞ셧신 즉 주시리에 주시리라
⑥ 내 좌우편에 안치기는 내가 줄 거시 아니라 누구를 위ᄒᆞ야 예비ᄒᆞ엿던지 그가 엇을 거시니라
⑦ 내 좌우편에 안치기는 내가 줄 거시 아니라 누구를 위ᄒᆞ야 예비ᄒᆞ엿던지 그가 엇을 거시니라
(내 좌우편에 안치기는 내가 줄 거시 아니라 누구를 위ᄒᆞ야 예비ᄒᆞ엿던지 그가 엇을 거시니라)
⑧ 내 좌우편에 안치기는 내가 줄 거시 아니라 누구를 위ᄒᆞ야 예비ᄒᆞ엿던지 그가 엇을 거시니라
⑨ 我의 左右便에 坐케ᄒᆞ기는 我가 賜ᄒᆞᆯ 거시 아니라 誰를 爲ᄒᆞ야 豫備ᄒᆞ엿던지 其人이 得ᄒᆞᆯ 거시니라
⑩ 내 左右偏에 안기는 내가 줄거시 아니라 누구를 爲ᄒᆞ야 預備ᄒᆞ엿던지 그가 엇을거시니라
⑪ 내 左右便에 안치기는 내가 줄 것이 아니라 누구를 爲하야 豫備하엿던지 그가 엇을 것이니라
⑫ 내 좌우편에 안는 것은 나의 줄것이 아니라 누구를 위하야 예비되엿던지 그들이 엇을 것이니라
⑬ 내 좌우편에 앉는 것은 나의 줄 것이 아니라 누구를 위하여 예비되었든지 그들이 얻을 것이니라

⑭ しかし、わたしの右、左にすわらせることは、わたしのすることではなく、ただ備えられている人々だけに許されることである」。

마가福音 10:41

① 十門徒聞之,不悅雅各,約翰。

② 열어 뎨자 듯고 즉시 야곱과 요안늬를 노ᄒᆞ니

③ 열기 뎨자 듯고 즉시 야곱과 요안늬ᄅᆞᆯ 유감ᄒᆞ니

④ 열 뎨ᄌᆡ 듯고 야고보와 요한을 됴화 아니 ᄒᆞ거ᄂᆞᆯ

⑤ 열 뎨ᄌᆡ 듯고 아각과 요한을 ᄒᆞᆫᄒᆞ거ᄂᆞᆯ

⑥ 열 뎨ᄌᆡ 듯고 야고보와 요한을 분히 녁이기ᄅᆞᆯ 시작ᄒᆞ거ᄂᆞᆯ

⑦ 열 뎨ᄌᆡ 듯고 야고보와 요한을 분히 녁이기를 시작ᄒᆞ거늘

(열 뎨ᄌᆞ가 듯고 야고보와 요힌을 분히 녁이기늘)

⑧ 열 뎨ᄌᆞ가 듯고 야고보와 요한을 분히 녁이거늘

⑨ 十 弟子가 聞ᄒᆞ고 야고보와 요한을 忿히 녁이거ᄂᆞᆯ

⑩ 열 弟子가 듯고 야고보와 요한을 忿히 녁이거ᄂᆞᆯ

⑪ 열 弟子가 듯고 야고보와 요한을 憤히 녁이거늘

⑫ 열 뎨자가 듯고 야고보와 요한에 대하야 분히 녁이거늘

⑬ 열 제자가 듣고 야고보와 요한에 대하여 분히 여기거늘

⑭ 十二の者はこれを聞いて、ヤコブとヨハネとのことで憤慨し出した。

마가福音 10:42

① 耶穌召而謂之曰,爾知異邦所尊爲君者主之,其大者轄之,

② 예수 불너 갈아샤ᄃᆡ 너희 외방에 님군된 쟈가 쥬 ᄒᆞ고 ᄃᆡ신이 그 권셰를 잡ᄂᆞᆫ 줄을 아되

③ 예수 불너 갈아샤ᄃᆡ 너희 외방에 님군된 쟈가 쥬 ᄒᆞ고 ᄃᆡ신이 그 권셰ᄅᆞᆯ 잡ᄂᆞᆫ 줄ᄋᆞᆯ 아되

④ 예수ㅣ 불너 닐너 ᄀᆞᆯᄋᆞ샤ᄃᆡ 너ㅣ 이국에 놉혀 님금된 이가 쥬장ᄒᆞ며 큰 이가 다ᄉᆞ림을 아ᄂᆞ냐

⑤ 예수ㅣ 부르샤 뎌희 ᄃᆞ려 ᄀᆞᆯᄋᆞ샤ᄃᆡ 이방 님금이 ᄃᆞᄉᆞ림을 쥬장ᄒᆞ매 대인이 그 권셰를 잡ᄂᆞᆫ 거ᄉᆞᆫ 너희가 아ᄂᆞᆫ 바ㅣ로되

⑥ 예수ㅣ 불너다가 ᄀᆞᆯᄋᆞ샤ᄃᆡ 이방 님군이 뎌들을 억지로 ᄃᆞᄉᆞ리고 큰 사ᄅᆞᆷ들이 권셰ᄅᆞᆯ 잡ᄂᆞᆫ줄을 너희가 알거니와

⑦ 예수ㅣ 불너다가 ᄀᆞᆯᄋᆞ샤ᄃᆡ 이방 님굼이 뎌들을 억지로 다ᄉᆞ리고 큰 사ᄅᆞᆷ들이 권셰를 잡ᄂᆞᆫ줄을 너희가 알거니와

(예수ㅣ 불너다가 닐ᄋᆞ샤ᄃᆡ 이방 님군이 뎌들을 억지로 주관ᄒᆞ고 대인들이 권셰를 잡는 줄을 너희가 알거니와)

⑧ 예수가 불너다가 ᄀᆞᆯᄋᆞ샤ᄃᆡ 이방 님군이 뎌들을 억지로 주관ᄒᆞ고 대인들이 권셰를 잡ᄂᆞᆫ 줄을 너희가 알거니와

⑨ 예수가 召ᄒᆞ여다가 謂ᄒᆞ샤ᄃᆡ 異邦 人君이 彼等을 臆志로 主管ᄒᆞ고 大人들이 權勢를 執ᄒᆞᄂᆞᆫ 줄을 爾等이 知ᄒᆞ거니와

⑩ 예수ㅣ 불너다가 닐ᄋᆞ샤ᄃᆡ 異邦의 王이 사ᄅᆞᆷ을 主管ᄒᆞ고 大臣들이 우에셔 權勢를 잡ᄂᆞᆫ 줄은 너희가 알거니와

⑪ 예수ㅣ 불너다가 닐아샤대 異邦 님군이 뎌들을 抑志로 主管하고 大人들이 權勢를 잡는 줄을 너희가 알거니와

⑫ 예수끠셔 불너다가 닐아샤대 이방인의 소위 집권쟈들이 뎌희를 임의로 쥬관하고 그 대인들이 져희게 권셰를 부리는 줄을 너희가 알거니와

⑬ 예수께서 불러다가 이르시되 이방인의 소위 집권자들이 저희를 임의로 주관하고 그 대인들이 저희에게 권세를 부리는줄을 너희가 알거니와

⑭ そこで、イエスは彼らを呼び寄せて言われた、「あなたがたの知っているとおり、異邦人の支配者と見られている人々は、その民を治め、また偉い人たちは、その民の上に権力をふるっている。

마가福音 10:43

① 惟爾中,不可如是,爾中欲爲大者,必爲爾役,

② 오직 너희ᄂᆞᆫ 글엇치 안은 거시 너희 즁에 크미되고져 ᄒᆞ난 쟈난 쟝차 너희 사환이 되고

③ 오직 너희ᄂᆞᆫ 글엇치 안은 거시 너희 즁에 크미되고져 하ᄂᆞᆫ 쟈ᄂᆞᆫ 쟝차 너희 사환이 되고

④ 다만 너희 즁에셔ᄂᆞᆫ 이ᄀᆞᆺ치 ᄒᆞᆷ이 가치 아니ᄒᆞ니 큼이되려 ᄒᆞᄂᆞᆫ 이ᄂᆞᆫ 반ᄃᆞ시 네의 부리임이 될 거시며

⑤ 오직 너희 즁에ᄂᆞᆫ 이와 ᄀᆞᆺ지 아니ᄒᆞ니 다만 너희 즁에 크게되고져 ᄒᆞᄂᆞᆫ 이ᄂᆞᆫ 반ᄃᆞ시 너희 하인이 될 거시요

⑥ 너희 즁에ᄂᆞᆫ 그러치 아니 ᄒᆞᆯ지니 너희 즁에 놉흐랴 ᄒᆞᄂᆞᆫ 쟈ᄂᆞᆫ 너희ᄅᆞᆯ 셤기ᄂᆞᆫ 쟈ㅣ 될 거시오

⑦ 너희즁에는 그러치 아니ᄒᆞᆯ지니 너희즁에 놉흐려 ᄒᆞᄂᆞᆫ 쟈는 너희를 셤기ᄂᆞᆫ 쟈ㅣ 될거시오
(너희즁에는 그러치 아니ᄒᆞᆯ지니 너희 즁에 놉흐려 ᄒᆞ는 쟈는 너희를 셤기ᄂᆞᆫ 쟈가 될 거시오)

⑧ 너희 즁에는 그러치 아니ᄒᆞᆯ지니 너희 즁에 놉흐려 ᄒᆞᄂᆞᆫ 쟈ᄂᆞᆫ 너희를 셤기ᄂᆞᆫ 쟈가 될 거시오

⑨ 爾等 中에ᄂᆞᆫ 然치 아니ᄒᆞᆯ지니 爾等 中에 尊ᄒᆞ랴ᄂᆞᆫ 者ᄂᆞᆫ 爾等을 奉事ᄒᆞᄂᆞᆫ 者가 될 거시오

⑩ 너희 中에ᄂᆞᆫ 그러치 아니ᄒᆞ야 누구던지 놉흐러 ᄒᆞᄂᆞᆫ 者ᄂᆞᆫ 너희를 셤기ᄂᆞᆫ 者기 되어야 ᄒᆞᆯ거시오

⑪ 너희 中에는 그러치 아니할지니 너희 中에 놉흐려 하는 者는 너희를 셤기는 者가 될 것이오

⑫ 너희 즁에는 그러치 아니하니 너희 즁에 누구던지 크고져 하는 쟈는 너희를 셤기는 쟈가 되고

⑬ 너희중에는 그렇지 아니하니 너희 중에 누구든지 크고자 하는 자는 너희를 섬기는 자가 되고

⑭ しかし、あなたがたの間では、そうであってはならない。かえって、あなたがたの間で偉くなりたいと思う者は、仕える人となり、

마가福音 10:44

① 爾中欲爲首者,必爲衆之僕,

② 슈두 되고쟈 ᄒᆞᄂᆞᆫ 쟈난 장차 뭇사ᄅᆞᆷ의 죵이 되문

③ 슈두 되고쟈 하ᄂᆞᆫ 쟈ᄂᆞᆫ 장차 뭇사ᄅᆞᆷ의 죵이 되문

④ 너희 즁에 머리되려ᄒᆞᄂᆞᆫ 이ᄂᆞᆫ 반ᄃᆞ시 모든 이의 하인이 될지니

⑤ 너희 즁에 웃듬이 되고져 ᄒᆞᄂᆞᆫ 이ᄂᆞᆫ 반ᄃᆞ시 뭇사ᄅᆞᆷ의 죵이 될거슨

⑥ 너희 즁에 웃듬이 되랴 ᄒᆞᄂᆞᆫ 쟈ᄂᆞᆫ 모든 사ᄅᆞᆷ의 죵이 되리니

⑦ 너희즁에 웃듬이 되려ᄒᆞᄂᆞᆫ 쟈는 모든 사ᄅᆞᆷ의 죵이 되리니

(너희 즁에 웃듬이 되려 ᄒᆞ는 쟈는 모든 사ᄅᆞᆷ의 죵이 되리니)

⑧ 너희 즁에 웃듬이 되려 ᄒᆞᄂᆞᆫ 쟈는 모든사ᄅᆞᆷ의 죵이 되리니

⑨ 爾等 中에 首가 되려 ᄒᆞᄂᆞᆫ 者ᄂᆞᆫ 諸人의게 僕이 되리니

⑩ 너희 中에 웃듬이 되려 ᄒᆞᄂᆞᆫ 者ᄂᆞᆫ 모든 사ᄅᆞᆷ의 죵이 되어야 ᄒᆞ리라

⑪ 너희 中에 웃듬이 되려하는 者는 모든 사람의 죵이 되리니

⑫ 너희 즁에 누구던지 웃듬이 되고져 하는 쟈는 모든 사람의 죵이 되어야 하리라

⑬ 너희 중에 누구든지 으뜸이 되고자 하는 자는 모든 사람의 종이 되어야 하리라

⑭ あなたがたの間でかしらになりたいと思う者は、すべての人の僕(しもべ)とならねばならない。

마가福音 10:45

① 蓋人子至,非以役人,乃役於人且捨其生命爲多人贖也。

② 인자가 참와셔 사ᄅᆞᆷ의 셩기물 밧지 안코써 사ᄅᆞᆷ을 셩기미요 ᄯᅩ 그 싱명을 손ᄒᆞ여 뭇사ᄅᆞᆷ을 위ᄒᆞ여 속ᄒᆞ마라 ᄒᆞ다라
③ 인ᄌᆞ가 참 외셔 사ᄅᆞᆷ의 셤기물 밧지 ᄋᆞᆫ코써 사ᄅᆞᆷ올 셤기미요 ᄯᅩ 그 싱명올 손하여 뭇사ᄅᆞᆷ올 위ᄒᆞ여 속하미라 ᄒᆞ더라
④ 대개 인ᄌᆞ의 닐ᄋᆞ심은 사ᄅᆞᆷ을 부리심이오 이에 사ᄅᆞᆷ의게 부리이고 ᄯᅩᄒᆞᆫ 산 목숨을 노하 여러 사ᄅᆞᆷ을 위ᄒᆞ여 쇽량ᄒᆞᆷ이니라
⑤ 대개 인ᄌᆞㅣ 와셔 진실노 사ᄅᆞᆷ을 부리랴ᄒᆞᆷ이 아니라 오직 셤긔라 ᄒᆞᆷ이오 ᄯᅩ 여러 사ᄅᆞᆷ을 위ᄒᆞ야 목숨을 주어 쇽죄ᄒᆞᆷ이니라
⑥ 대개 인ᄌᆞ가 온 거ᄉᆞᆫ 셤김을 밧으랴 ᄒᆞᆷ이 아니라 셤기랴 ᄒᆞ고 무리ᄅᆞᆯ 위ᄒᆞ야 목숨을 ᄇᆞ려 쇽죄 ᄒᆞ야 주랴 ᄒᆞᆷ이니라
⑦ 대개 인ᄌᆞ가 온 거슨 셤김을 밧으려ᄒᆞᆷ이 아니라 셤기려ᄒᆞ고 무리를 위ᄒᆞ야 묵숨을 ᄇᆞ려 쇽죄ᄒᆞ여주려 ᄒᆞᆷ이니라
(대개 인ᄌᆞ가 온 거슨 셤김을 밧으려 ᄒᆞᆷ이 아니라 셤기려 ᄒᆞ고 무리를 위ᄒᆞ야 목숨을 ᄇᆞ려 쇽죄ᄒᆞ야 주려 ᄒᆞᆷ이니라)
⑧ 대개 인ᄌᆞ가 온 거슨 셤김을 밧으려 ᄒᆞᆷ이 아니라 셤기려 ᄒᆞ고 무리를 위ᄒᆞ야 목숨을 ᄇᆞ려 쇽죄ᄒᆞ야 주려 ᄒᆞᆷ이니라
⑨ 大槩 人子가 來ᄒᆞᆫ 거슨 奉事ᄒᆞᆷ을 受ᄒᆞ려 ᄒᆞᆷ이 아니라 奉事ᄒᆞ려 ᄒᆞ고 衆을 爲ᄒᆞ야 生命을 棄ᄒᆞ야 贖罪ᄒᆞ야 주려 ᄒᆞᆷ이니라
⑩ 大抵 人子가 옴은 셤김을 밧으려 ᄒᆞᆷ이 아니라 셤기려 ᄒᆞᆷ이오 무리를 爲ᄒᆞ야 生命을 ᄇᆞ려 贖罪ᄒᆞ려 ᄒᆞᆷ이니라 ᄒᆞ시고
⑪ 大概 人子가 온 것은 셤김을 밧으려함이 아니라 셤기려하고 무리를 爲하야 목숨을 바려 贖罪하야 주려함이니라
⑫ 인자의 온 것은 셤김을 밧으랴 한이 아니라 도로혀 셤기려 하고 자긔 목숨을 만흔 사람의 대속물노 주려함이니라
⑬ 인자의 온 것은 섬김을 받으려 함이 아니라 도리어 섬기려 하고 자기 목숨을 많은 사람의 대속물로 주려함이니라
⑭ 人の子がきたのも、仕えられるためではなく、仕えるためであり、また多くの人のあがないとして、自分の命を与えるためである」。

마가福音 10:46

① 至耶利哥耶穌偕門徒及羣衆,出耶利哥時,瞽者巴底買,巴底之子也,坐路旁而乞。
② 예리호에 닐으러 뎨자과 열어 사람으로 함긔 나갈 써여 티믜의 아달 발티믜난 소경 누걸이라 길력에셔 안졋다가

③ 예리호에 닐으러 뎨자과 열어 사ᄅᆞᆷ으로 함ᄭᅴ 나갈 쎡에 티미의 아달 발티미ᄂᆞᆫ 소경 누걸이라 길 역에셔 온젓다가

④ 예리고에 니ᄅᆞ러 예수ㅣ 뎨ᄌᆞ와 밋 여러 무리 ᄒᆞᆷᄭᅴ 예리고에셔 나오시니 쇼경바틔 마요ᄂᆞᆫᄃᆡ 마요의 아ᄃᆞᆯ이라 길ᄀᆞ희 안져
구걸ᄒᆞ더니

⑤ 야리가에 니ᄅᆞ럿다가 예수ㅣ 뎨ᄌᆞ와 ᄯᅩ 허다ᄒᆞᆫ 사ᄅᆞᆷ으로 ᄒᆞᆷᄭᅴ 야리가에셔 나가실 시 뎌미의 아ᄃᆞᆯ 쇼경 파뎌미가 길가에
안져 구걸ᄒᆞ다가

⑥ 예리고에 니ᄅᆞ럿다가 예수ㅣ 뎨ᄌᆞ와 ᄯᅩ 허다ᄒᆞᆫ 사ᄅᆞᆷ으로 ᄒᆞᆷᄭᅴ 예리고에셔 나가실시 듸마요의 아ᄃᆞᆯ 쇼경된 바듸마요가 길
가에 안져 구걸 ᄒᆞ다가

⑦ 여리고에 니ᄅᆞ럿다가 예수ㅣ 뎨ᄌᆞ와 ᄯᅩ 허다ᄒᆞᆫ 사ᄅᆞᆷ으로 ᄒᆞᆷᄭᅴ 여리고에셔 나가실시 듸매오의 아ᄃᆞᆯ 쇼경된 바듸매오가 길
가에 안져 구걸ᄒᆞ다가
(여리고에 니ᄅᆞ럿다가 예수가 뎨ᄌᆞ와 ᄯᅩ 허다ᄒᆞᆫ 무리와 ᄒᆞᆷᄭᅴ 여리고에셔 나가실시 듸매오의 아ᄃᆞᆯ 소경된 거지 바듸매오가
길가에 안졋다가)

⑧ 여리고에 니ᄅᆞ럿다가 예수가 뎨ᄌᆞ와 ᄯᅩ 허다ᄒᆞᆫ 무리와 ᄒᆞᆷᄭᅴ 여리고에셔 나가실시 듸매오의 아ᄃᆞᆯ 쇼경된 거지 바듸매오가
길가에 안졋다가

⑨ 여리고에 至ᄒᆞ엿다가 예수가 弟子와 ᄯᅩ 許多ᄒᆞᆫ 衆과 ᄒᆞᆷᄭᅴ 여리고에셔 出去ᄒᆞ실시 듸매오의 子 瞽者된 乞人 바듸매오가 路傍
에 坐ᄒᆞ엿다가

⑩ 여리고에 니르럿다가 弟子들과 許多ᄒᆞᆫ 무리와 ᄒᆞᆷᄭᅴ 그곳에셔 나오실시 듸매오의 아ᄃᆞᆯ 소경 바듸매오가 길가에 안져 求乞ᄒᆞ
다가

⑪ 여리고에 니르럿다가 예수ᄭᅴ셔 弟子와 ᄯᅩ 許多한 무리와 함ᄭᅴ 여리고에셔 나가실새 듸매오의 아달 쇼경된 거지 바듸매오가
길가에 안졋다가

⑫ 뎌희가 여리고에 니르럿더니 예수ᄭᅴ셔 뎨자들과 허다한 무리와 함ᄭᅴ 여리고에셔 나가실 ᄣᅢ에 듸매오의 아달인 쇼경 거지 바듸매오가 길가에 안젓다가

⑬ 저희가 여리고에 이르렀더니 예수께서 제자들과 허다한 무리와 함께 여리고에서 나가실 때에 다메오의 아들인 소경 거지 바디매오가 길가에 앉았다가

⑭ それから、彼らはエリコにきた。そして、イエスが弟子(でし)たちや大ぜいの群衆と共にエリコから出かけられたとき、テマイの子、バルテマイという盲人のこじきが、道ばたにすわっていた。

마가福音 10:47

① 聞爲拿撒勒人耶穌,則呼曰,大闢之裔耶穌,衿恤我。

② 나살잇 예수를 듯고 불너 갈아되 다빗의 후예 예수난 나를 어엽비 네기소셔 하믜

③ 나살잇 예수ᄅᆞᆯ 듯고 불너 갈아되 다빗의 후에 예수ᄂᆞᆫ 나ᄅᆞᆯ 어엽비 네기소셔 하믜

④ 나사렛 사ᄅᆞᆷ 예수ㅣ라 ᄒᆞᆷ을 듯고 즉시 불너 ᄀᆞᆯᄋᆞ디 다위의 ᄌᆞ손 예수ᄂᆞᆫ 나ᄅᆞᆯ 불상이 넉이쇼셔 ᄒᆞ니

⑤ 나살륵 사ᄅᆞᆷ 예수ㅣ라 ᄒᆞᆷ을 듯고 곳 불너 ᄀᆞᆯᄋᆞ되 대위의 ᄌᆞ손 예수여 나를 불샹이 넉이쇼셔 ᄒᆞ거ᄂᆞᆯ

⑥ 나사렛 사ᄅᆞᆷ 예수ㅣ신줄을 듯고 곳 불너 ᄀᆞᆯᄋᆞ되 짜윗의 ᄌᆞ손 예수여 저ᄅᆞᆯ 불상히 넉이쇼셔 ᄒᆞ거ᄂᆞᆯ

⑦ 나사렛 인 예수ㅣ신줄을 듯고 불너 ᄀᆞᆯᄋᆞ되 짜윗의 ᄌᆞ손 예수여 저를 불상히 녁이쇼셔 ᄒᆞ거늘
(나사렛 인 예수ㅣ신 술을 알고 불너 ᄀᆞᆯᄋᆞ되 다윗의 ᄌᆞ손 예수여 나를 불상히 녁이쇼셔 ᄒᆞ거늘)

⑧ 나사렛 예수신 줄을 알고 불너 ᄀᆞᆯᄋᆞ되 다윗의 ᄌᆞ손 예수여 나를 불상히 녁이쇼셔 ᄒᆞ거ᄂᆞᆯ

⑨ 나사렛 예수신 줄을 知ᄒᆞ고 呼ᄒᆞ야 曰 짜윗의 子孫 예수여 我를 矜恤히 녁이쇼셔 ᄒᆞ거ᄂᆞᆯ

⑩ 나사렛 예수라 ᄒᆞᆷ을 듯고 불너 ᄀᆞᆯᄋᆞ되 다윗의 子孫 예수여 나를 불상히 녁이쇼셔 ᄒᆞ거ᄂᆞᆯ

⑪ 나사렛 예수신 줄을 알고 불너 갈아대 다윗의 子孫 예수이어 나를 불상히 녁이쇼셔하니
⑫ 나사렛 예수시란 말을 듯고 소래질너 갈아대 다윗의 자손 예수여 나를 불상히 녁이쇼셔 하거늘
⑬ 나사렛 예수시란 말을 듣고 소리질러 가로되 다윗의 자손 예수여 나를 불쌍히 여기소서 하거늘
⑭ ところが、ナザレのイエスだと聞いて、彼は「ダビデの子イエスよ、わたしをあわれんでください」と叫び出した。

마가福音 10:48

① 衆責之,使緘默,彼愈大呼曰大闢之裔,衿恤我也。
② 열어 사람이 칙망ᄒᆞ여 잠잠ᄒᆞ라 하되 뎌 더 크게 불너 갈아되 다빗의 후예난 나를 어엽비 네기소셔 ᄒᆞ니
③ 열어 사ᄅᆞᆷ이 칙망하여 잠잠하라 하되 뎌 더 크게 불너 갈아되 다빗의 후예ᄂᆞᆫ 나ᄅᆞᆯ 어엽비 네기소셔 ᄒᆞ니
④ 여러 사ᄅᆞᆷ이 ᄭᅮ지져 입을 담을나 ᄒᆞᆫᄃᆡ 그 사ᄅᆞᆷ이 더옥 크게 불너 왈 다위 ᄌᆞ손은 나ᄅᆞᆯ 불샹이 녁이쇼셔 ᄒᆞ니
⑤ 여러 사ᄅᆞᆷ이 ᄭᅮ지져 ᄌᆞᆷᄌᆞᆷᄒᆞ라 ᄒᆞ되 오직 그가 더욱 크게 불너 ᄀᆞᆯᄋᆞᄃᆡ 대위의 ᄌᆞ손이여 나를 불샹히 녁이쇼셔
⑥ 여러 사ᄅᆞᆷ이 ᄭᅮ지져 ᄌᆞᆷᄌᆞᆷᄒᆞ라 ᄒᆞ되 그가 더욱 심히 쇼ᄅᆡ 질너 ᄀᆞᆯᄋᆞᄃᆡ ᄯᅡ윗의 ᄌᆞ손이여 저ᄅᆞᆯ 불샹히 녁이쇼셔
⑦ 여러 사ᄅᆞᆷ이 ᄭᅮ지져 ᄌᆞᆷᄌᆞᆷᄒᆞ라 ᄒᆞ되 그가 더욱 심히 소ᄅᆡ 질너 ᄀᆞᆯᄋᆞᄃᆡ ᄯᅡ윗의 ᄌᆞ손이여 저를 불샹히 녁이쇼셔 ᄒᆞ니
(여러 사ᄅᆞᆷ이 ᄭᅮ지져 ᄌᆞᆷᄌᆞᆷᄒᆞ라 ᄒᆞ되 그가 더욱 심히 소ᄅᆡ 질너 ᄀᆞᆯᄋᆞᄃᆡ 다윗의 ᄌᆞ손이여 나를 불샹히 녁이쇼셔 ᄒᆞ니)
⑧ 여러사ᄅᆞᆷ이 ᄭᅮ지져 ᄌᆞᆷᄌᆞᆷᄒᆞ라 ᄒᆞ되 그가 더욱심히 쇼ᄅᆡ질너 ᄀᆞᆯᄋᆞᄃᆡ 다윗의 ᄌᆞ손이여 나를 불샹히 녁이쇼셔 ᄒᆞ니
⑨ 多人이 叱ᄒᆞ야 默默ᄒᆞ라 ᄒᆞ되 其人이 尤甚히 聲呼ᄒᆞ야 曰 ᄯᅡ윗의 子孫이여 我를 衿恤히 녁이쇼셔 ᄒᆞ니
⑩ 여러 사ᄅᆞᆷ이 ᄭᅮ지져 潛潛ᄒᆞ라 ᄒᆞ되 더욱 甚히 소ᄅᆡ질너 ᄀᆞᆯᄋᆞᄃᆡ 다윗의 子孫이여 나를 불샹히 녁이쇼셔 ᄒᆞᄂᆞᆫ지라
⑪ 여러 사람이 ᄭᅮ지져 潛潛하라 하되 그가 더욱 甚히 소래 질너 갈아대 다윗의 子孫이어 나를 불샹이 녁이쇼셔 하니
⑫ 만흔 사람이 ᄭᅮ지저 잠잠하라 하되 그가 더욱 심히 소래 질너 갈아대 다윗의 자손이어 나를 불상히 녁이쇼셔 하는지라

⑬ 많은 사람이 꾸짖어 잠잠하라 하되 그가 더욱 심히 소리질러 가로되 다윗의 자손이여 나를 불쌍히 여기소서 하는지라
⑭ 多くの人々は彼をしかって黙らせようとしたが、彼はますます激しく叫びつづけた、「ダビデの子イエスよ、わたしをあわれんでください」。

마가福音 10:49
① 耶穌之令人召之。人遂召瞽者而謂之曰,案爾心起,耶穌召爾矣。
② 예수 셔서 갈아샤되 부루라 하ᄆᆡ 이여 쇠경을 불너 갈아되 너 마암을 놋코 닐어나라 뎌 너를 불운다 ᄒᆞ니
③ 예수 셔서 갈아샤ᄃᆡ 부루라 하ᄆᆡ 이여 소경ᄋᆞᆯ 불너 갈아ᄃᆡ 너 마암ᄋᆞᆯ 놋코 닐어나라 뎌 너ᄅᆞᆯ 불운다 하니
④ 예수ㅣ 머므ᄅᆞ시고 사ᄅᆞᆷ으로 ᄒᆞ여곰 브ᄅᆞ시니 사ᄅᆞᆷ이 드ᄃᆡ여 쇼경을 브ᄅᆞ며 닐너 ᄀᆞᆯᄋᆞᄃᆡ 네 ᄆᆞᄋᆞᆷ을 편안이 ᄒᆞ고 니러나라 예수ᄭᅴ셔 너ᄅᆞᆯ 브ᄅᆞ신다 ᄒᆞ니
⑤ 예수ㅣ 머물너 서시고 ᄀᆞᆯᄋᆞ샤ᄃᆡ 뎌를 부르라 ᄒᆞ시니 사ᄅᆞᆷ들이 그 쇼경을 부르며 닐너 ᄀᆞᆯᄋᆞᄃᆡ 안심ᄒᆞ고 니러나라 예수ᄭᅴ셔 너를 부ᄅᆞ신다 ᄒᆞ니
⑥ 예수ㅣ 머믈너 서시고 ᄀᆞᆯᄋᆞ샤ᄃᆡ 부ᄅᆞ라 ᄒᆞ시니 그 쇼경을 부ᄅᆞ며 닐너 ᄀᆞᆯᄋᆞᄃᆡ 안심ᄒᆞ고 니러나라 부ᄅᆞ신다 ᄒᆞ니
⑦ 예수ㅣ 머믈너서시고 ᄀᆞᆯᄋᆞ샤ᄃᆡ 부르라 ᄒᆞ시니 그 쇼경을 부르며 닐너ᄀᆞᆯᄋᆞᄃᆡ 안심ᄒᆞ고 니러나라 부르신다 ᄒᆞ니
(예수ㅣ 머믈너서셔 ᄀᆞᆯᄋᆞ샤ᄃᆡ 부르라 ᄒᆞ시니 뎌희가 그 소경을 부르며 닐너ᄀᆞᆯᄋᆞᄃᆡ 안심ᄒᆞ고 니러나라 부르신다 ᄒᆞ니)
⑧ 예수가 머믈너서셔 ᄀᆞᆯᄋᆞ샤ᄃᆡ 부르라 ᄒᆞ시니 뎌희가 그 쇼경을 부르며 닐너 ᄀᆞᆯᄋᆞᄃᆡ 안심ᄒᆞ고 니러나라 부르신다 ᄒᆞ니
⑨ 예수가 停立ᄒᆞ야 曰 召ᄒᆞ라 ᄒᆞ시니 彼等이 其 瞽者를 召ᄒᆞ며 謂ᄒᆞ야 曰 安心ᄒᆞ고 起ᄒᆞ라 召ᄒᆞ신다 ᄒᆞ니
⑩ 예수ㅣ 머물너셔 부르라 ᄒᆞ시니 더히가 그 소경을 부르며 닐너 ᄀᆞᆯᄋᆞᄃᆡ 安心ᄒᆞ고 니러나라 부르신디
⑪ 예수ㅣ 머물너서셔 갈아야대 부르라 하시니 뎌희가 그 쇼경을 부르며 닐너 갈아대 安心하고 니러나라 부르신다 하니

⑫ 예수씌셔 머믈너 서셔 뎌를 부르라 하시니 뎌희가 그 쇼경을 부르며 닐아대 안심하고 니러나라 너를 부르신다 하매
⑬ 예수께서 머물러 서서 저를 부르라 하시니 저희가 그 소경을 부르며 이르되 안심하고 일어나라 너를 부르신다 하매
⑭ イエスは立ちどまって「彼を呼べ」と命じられた。そこで、人々はその盲人を呼んで言った、「喜べ、立て、おまえを呼んでおられる」。

마가福音 10:50

① 瞽者棄衣起而就耶穌。
② 이여 옷슬 버리고 닐어나 예수으게 나아가니
③ 이여 옷슬 버리고 닐어나 예수의게 나아가니
④ 쇼경이 옷ᄉᆞᆯ ᄇᆞ리고 니러나 예수씌 나아오니
⑤ 쇼경이 옷슬 ᄇᆞ리고 쒸여 예수씌 나아오거ᄂᆞᆯ
⑥ 쇼경이 옷ᄉᆞᆯ ᄇᆞ리고 급히 니러나 예수씌 나아오거ᄂᆞᆯ
⑦ 쇼경이 옷슬 ᄇᆞ리고 급히 니러나 예수씌 나아오거늘
(소경이 옷슬 ᄇᆞ리고 급히니러나 예수씌 나아오거늘)
⑧ 쇼경이 옷을 ᄇᆞ리고 급히니러나 예수씌 나아오거늘
⑨ 瞽者가 衣를 棄ᄒᆞ고 急起ᄒᆞ야 예수씌 就ᄒᆞ거ᄂᆞᆯ
⑩ 소경이 옷슬 ᄇᆞ리고 急히 니러나 예수씌 나아오거ᄂᆞᆯ
⑪ 쇼경이 옷을 바리고 急히 니러나 예수씌 나아오거늘
⑫ 쇼경이 것옷을 내여 바리고 쒸여 니러나 예수씌 나아오거늘

⑬ 소경이 겉옷을 내어 버리고 뛰어 일어나 예수께 나아오거늘

⑭ そこで彼は上着を脱ぎ捨てて、踊りあがってイエスのもとにきた。

마가福音 10:51

① 耶穌謂之曰,爾欲我何爲。瞽者對曰,主也,我欲得見。

② 예수 일너 갈아샤되 나다려 무으슬 네게 ᄒᆞ고져 ᄒᆞ나냐 쇠경이 갈아되 쥬야 나를 보게 하소셔

③ 예수 일너 갈아샤ᄃᆡ 나다려 무어슬 네게 ᄒᆞ고져 하ᄂᆞ냐 소경이 갈아ᄃᆡ 부ᄌᆞ야 나롤 보게 하소셔

④ 예수ㅣ 닐너 ᄀᆞᆯᄋᆞ샤ᄃᆡ 너ㅣ 날ᄃᆞ려 무어술 ᄒᆞ고져 ᄒᆞᄂᆞ냐 쇼경이 ᄃᆡ답ᄒᆞ야 엿ᄌᆞ오ᄃᆡ 쥬여 나ㅣ 보기롤 엇고져 ᄒᆞᄂᆞ이다 ᄒᆞ니

⑤ 예수ㅣ 닐너 ᄀᆞᆯᄋᆞ샤ᄃᆡ 네 날ᄃᆞ려 무엇슬 ᄒᆞ고져 ᄒᆞᄂᆞ냐 쇼경이 ᄃᆡ답ᄒᆞᄃᆡ 쥬여 내 보기를 엇고져 ᄒᆞᄂᆞ니다

⑥ 예수ㅣ 닐너 ᄀᆞᆯᄋᆞ샤ᄃᆡ 네 날ᄃᆞ려 무어술 ᄒᆞ야 달나ᄂᆞ냐 쇼경이 ᄃᆡ답ᄒᆞᄃᆡ 쥬여 보기롤 엇고져 ᄒᆞᄂᆞ이다

⑦ 예수ㅣ 닐너ᄀᆞᆯᄋᆞ샤ᄃᆡ 네가 날ᄃᆞ려 무어슬 ᄒᆞ여딜나ᄂᆞ나 쇼경이 ᄃᆡ답ᄒᆞᄃᆡ 쥬여 보기를 엇고셔ᄒᆞᄂᆞ이다

(예수ㅣ 닐너 ᄀᆞᆯᄋᆞ샤ᄃᆡ 네가 날ᄃᆞ려 무어슬 ᄒᆞ야 달나ᄂᆞ냐 소경이 ᄃᆡ답ᄒᆞᄃᆡ 쥬여 보게 ᄒᆞ야 주쇼셔)

⑧ 예수ㅣ 닐너 ᄀᆞᆯᄋᆞ샤ᄃᆡ 네 날ᄃᆞ려 무어슬 ᄒᆞ야 달나ᄂᆞ냐 쇼경이 ᄃᆡ답ᄒᆞᄃᆡ 쥬여 보게 ᄒᆞ야 주쇼셔

⑨ 예수ㅣ 謂ᄒᆞ야 曰 爾가 我ᄃᆞ려 何事를 ᄒᆞ여 달나ᄂᆞ냐 瞽者가 答ᄒᆞᄃᆡ 主여 見케 ᄒᆞ야 주쇼셔

⑩ 예수ㅣ 무러 ᄀᆞᆯᄋᆞ샤ᄃᆡ 네가 내게 무어슬 求ᄒᆞ려ᄂᆞ냐 소경이 對答ᄒᆞᄃᆡ 主여 보게 ᄒᆞ야 주쇼셔

⑪ 예수ㅣ 닐너 갈아샤대 네가 나다려 무엇을 하야 달나나냐 쇼경이 對答하대 主여 보게하야주쇼셔

⑫ 예수씌셔 닐너 갈아사대 네게 무엇을 하야주기를 원하나냐 쇼경이 갈이대 선생님이이 보기를 원하나이다

⑬ 예수께서 일러 가라사대 네게 무엇을 하여주기를 원하느냐 소경이 가로되 선생님이여 보기를 원하나이다

⑭ イエスは彼にむかって言われた、「わたしに何をしてほしいのか」。その盲人は言った、「先生、見えるようになることです」。

마가福音 10:52

① 耶穌謂之曰，往哉,爾神愈爾矣。彼卽得見,從耶穌於路。

② 예수 갈아샤되 가라 너희 밋으미 너를 낫게 한다 ᄒᆞ니 이여 보물 엇고 길에셔 좃다라

③ 예수 갈아샤ᄃᆡ 가라 너의 밋으미 너ᄅᆞᆯ 낫게 한다 하니 이여 보물 엇고 길에셔 좃더라

④ 예수ㅣ 닐너 ᄀᆞᆯᄋᆞ샤ᄃᆡ 갈지어다 네 밋음이 너ᄅᆞᆯ 쾌히 ᄂᆞᆺ게 ᄒᆞ니라 ᄒᆞ시니 그 사ᄅᆞᆷ이 즉시 봄을 엇어 예수ᄅᆞᆯ 길희셔 조치니라

⑤ 예수ㅣ 닐너 ᄀᆞᆯᄋᆞ샤ᄃᆡ 갈지어다 네 밋음이 너를 ᄂᆞᆺ게 ᄒᆞ니라 ᄒᆞ시니 그 사ᄅᆞᆷ이 곳 봄을 엇고 예수를 길에셔 좃더라

⑥ 예수ㅣ 닐ᄋᆞ샤ᄃᆡ 도라가라 네 밋음이 너ᄅᆞᆯ 셩ᄒᆞ게 ᄒᆞ엿다 ᄒᆞ시니 그 사ᄅᆞᆷ이 곳 봄을 엇고 예수ᄅᆞᆯ 길에셔 좃더라

⑦ 예수ㅣ 닐넛스ᄃᆡ 도라가라 네 밋음이 너를 셩ᄒᆞ게ᄒᆞ엿다 ᄒᆞ시니 그 사ᄅᆞᆷ이 곳 봄을 엇고 예수를 길에셔 좃더라

(예수ㅣ 닐ᄋᆞ샤ᄃᆡ 도라가라 네 밋음이 너를 셩ᄒᆞ게 ᄒᆞ엿다 ᄒᆞ시니 그 사ᄅᆞᆷ이 곳 보게 되여 예수를 길에셔 좃더라)

⑧ 예수ㅣ 닐ᄋᆞ샤ᄃᆡ 도라가라 네 밋음이 너를 셩ᄒᆞ게 ᄒᆞ엿다 ᄒᆞ시니 그 사ᄅᆞᆷ이 곳 보게 되여 예수를 길에셔 좃더라

⑨ 예수가 謂ᄒᆞ샤ᄃᆡ 歸ᄒᆞ라 爾의 信ᄒᆞᆷ이 爾를 痊ᄒᆞ게 ᄒᆞ엿다 ᄒᆞ시니 其 人이 곳 見ᄒᆞ게 되야 예수를 途에셔 從ᄒᆞ더라

⑩ 예수ㅣ 닐ᄋᆞ샤ᄃᆡ 도라가라 네 밋음이 너를 셩ᄒᆞ게 ᄒᆞ엿ᄂᆞ니라 ᄒᆞ시니 그 사ᄅᆞᆷ이 곳 보게 된지라 예수를 길에셔 좃더라

⑪ 예수ㅣ 닐아샤대 도라가라 네 밋음이 너를 셩하게 하엿다 하시니 그 사람이 곳 보게 되여 예수를 길에셔 좃더라

⑫ 예수ᄭᅴ셔 닐아샤대 가라 네 밋음이 너를 구원하엿나니라 하시니 뎌가 곳 보게 되여 예수를 길에셔 좃츠니라

⑬ 예수께서 이르시되 가라 네 믿음이 너를 구원하였느니라 하시니 저가 곧 보게 되어 예수를 길에서 좇으니라

⑭ そこでイエスは言われた、「行け、あなたの信仰があなたを救った」。すると彼は、たちまち見えるようになり、イエスに

従って行った。

11장

마가福音 11:01

① 近耶路撒冷,已至伯法其及伯大尼,邇橄欖山,耶穌見門徒二人,

② 감남산에 닐으니 예루살임과 벳파게와 빗아냐가 갓가온 지라 두 뎨자를 보늬며

③ 예루살임에 갓가온 벳파게와 비다니에 닐으니 감남산 알에라 두 뎨자롤 보늬며

④ 예루살넴에 갓가와 임의 벳파게에 니ᄅᆞ러 벳아니아에 밋쳐 엘나욘 산이 갓가오매 예수ㅣ 뎨ᄌᆞ 두 사ᄅᆞᆷ을 보내시며

⑤ 야로살렁에 갓가이 가셔 예수ㅣ 빅법기와 빅대니에 니ᄅᆞ니 감남산이 갓가온지라 예수ㅣ 두 뎨ᄌᆞ를 보내시며

⑥ 예루살넴에 갓가이 와셔 감남산 벳바게와 벳아니에 니ᄅᆞ니 예수ㅣ 두 뎨ᄌᆞ롤 보내시며

⑦ 예루살넴에 갓가이 와셔 감남 산 벳바게와 벳아니에 니르니 예수ㅣ 두 뎨ᄌᆞ를 보내시며

(예루살넴에 갓가이 와셔 감람산 벳바게와 벳아니에 니르러 예수가 두 뎨ᄌᆞ를 보내시며)

⑧ 예루살넴에 갓가히와셔 감람산 벳바게와 벳아니에 니르러 예수가 두 뎨ᄌᆞ를 보내시며

⑨ 예루살넴에 近至ᄒᆞ야 橄欖山 벳바게와 벳아니에 至ᄒᆞ야 예수가 二 弟子를 遣ᄒᆞ시며

⑩ 예수ㅣ 예루살넴 近方 橄欖山 벳바게와 벳아니에 니르샤 두 弟子를 보내시며

⑪ 예루살넴에 갓가히 와셔 橄欖山 벳바게와 벳아니에 니르러 예수씌셔 두 弟子를 보내시며

⑫ 뎌희가 예루살넴에 갓가히 와셔 감람산 벳바게와 벳아니에 니르럿슬 ᄯᅢ에 예수씌셔 뎨자 중 둘을 보내시며

⑬ 저희가 예루살렘에 가까이 와서 감람산 벳바게와 베다니에 이르렀을 때에 예수께서 제자 중 둘을 보내시며

⑭ さて、彼らがエルサレムに近づき、オリブの山に沿ったベテパゲ、ベダニヤの附近にきた時、イエスはふたりの弟子をつかわして言われた、

마가福音 11:02

① 語之曰,往爾對面之村甫入,必遇小驢縶焉,從未有人乘者,解而牽之來,

② 말하되 너희 압촌에ㅣ 데칙 들어가쟈 져근 나구 ᄆᆡᆫ 거ᄉᆞᆯ 만나리니 죵닉 타 본 사ᄅᆞᆷ이 업스니라 풀어 잇글고 올데

③ 말하되 너희 압촌에 가 더러가ᄂᆞᆫ데 져근 나귀 ᄆᆡᆫ 거ᄉᆞᆯ 만ᄂᆡ리니 사ᄅᆞᆷ이 죵닉 타 봄이 업ᄉᆞ니라 풀어 잇글고 올데

④ 말ᄉᆞᆷᄒᆞ여 왈 너ㅣ 뎌 넘어 읍ᄂᆡ에 가셔 겨유 드러가면 반ᄃᆞ시 젹은 나귀 삭기ᄅᆞᆯ ᄆᆡᆫ거ᄉᆞᆯ 맛나리니 아모도 ᄐᆞᆫ 사ᄅᆞᆷ이 업ᄉᆞ리라 굴너셔 ᄭᅳ을고 오라

⑤ 닐너 ᄀᆞᆯᄋᆞ샤ᄃᆡ 압희 뵈ᄂᆞᆫ 마을에 가셔 드러갈 ᄯᅢ 곳 라귀 삭기ᄆᆡᆫ 거ᄉᆞᆯ 맛나리니 아직 아모도 ᄐᆞᆫ 사ᄅᆞᆷ이 업ᄉᆞ리라 푸러 ᄭᅳ을고 오너라

⑥ 닐ᄋᆞ샤ᄃᆡ 압희 뵈ᄂᆞᆫ 마을에 가셔 드러 갈ᄯᅢ 곳 ᄆᆡ힌 라귀 삭기ᄅᆞᆯ 맛나리니 아직 아모도 ᄐᆞᆫ 사ᄅᆞᆷ이 업ᄉᆞ리라 푸러 ᄭᅳ을고 오너라

⑦ 닐넛ᄉᆞᄃᆡ 압헤 뵈ᄂᆞᆫ 마을에 가셔 드러갈 ᄯᅢ에 곳 ᄆᆡ힌 라귀 삿기를 맛나리니 아직 아모도 ᄐᆞᆫ 사ᄅᆞᆷ이 업ᄉᆞ리라 풀어 ᄭᅳ을고오너라

(닐ᄋᆞ샤ᄃᆡ 너희 압헤 뵈ᄂᆞᆫ 마을에 가셔 드러갈 ᄯᅢ에 곳 ᄆᆡ힌 라귀 삿기를 맛나리니 아직 아모도 ᄐᆞᆫ 사ᄅᆞᆷ이 업스리라 풀어 ᄭᅳ을고오너라)

⑧ 닐ᄋᆞ샤ᄃᆡ 너희 압헤 뵈ᄂᆞᆫ 마을에 가셔 드러갈 ᄯᅢ에 곳 ᄆᆡ힌 라귀삭기를 맛나리니 아직 아모도 ᄐᆞᆫ 사ᄅᆞᆷ이 업ᄉᆞ리라 풀어 ᄭᅳ을고오너라

⑨ 謂ᄒᆞ샤ᄃᆡ 爾等의 前에 見ᄒᆞᄂᆞᆫ 村에 往ᄒᆞ야 入ᄒᆞᆯ 時에 곳 繫ᄒᆞᆫ 驢雛를 遇ᄒᆞ리니 아직 誰某도 乘ᄒᆞᆫ 人이 無ᄒᆞ리라 解ᄒᆞ야 牽來ᄒᆞ라

⑩ 닐ᄋᆞ샤ᄃᆡ 너희ᄂᆞᆫ 압헤 보이ᄂᆞᆫ 마을에 가셔 드러갈 ᄯᅢ에 ᄆᆡ여 잇ᄂᆞᆫ 라쉬삭기를 보리니 아즉 아모도 ᄐᆞ지 안른 거시라 곳

풀어 ᄭᅳ을고 오라

⑪ 닐아샤대 너희 앒헤 보이는 마을에 가셔 드러갈 ᄯᅢ에 곳 매인 라귀 삭기를 맛나리니 아직 아모도 탄 사람이 업스리라 풀어 ᄭᅳ을고 오너라

⑫ 닐아샤대 너희와 마즌편 마을노 가라 그리로 드러가면 곳 아직 아모 사람도 타보지 아닌 라귀삿기의 매여 잇는 것을 보리니 푸러 ᄭᅳ을고 오너라

⑬ 이르시되 너희 맞은편 마을로 가라 그리로 들어가면 곧 아직 아무 사람도 타보지 않은 나귀 새끼의 매여 있는 것을 보리니 풀어 끌고 오라

⑭「むこうの村へ行きなさい。そこにはいるとすぐ、まだだれも乗ったことがないろばの子が、つないであるのを見るであろう。それを解いて引いてきなさい。

마가福音 11:03

① 若有人問爾何爲,則曰,主需之,彼必遣之來。

② 만약 사람이 너희 엇지하여 이롤 하나냐 물으면 갈아되 쥬의 쓸 거시라 하라 뎌 즉시 보ᄂᆡ리라

③ 만약 사ᄅᆞᆷ이 너희 엇지하여 이롤 하ᄂᆞ냐 물으면 갈아되 쥬의 쓸 거시라 하라 뎌 즉시 보ᄂᆡ리라

④ 만일 사ᄅᆞᆷ이 너ᄃᆞ려 엇지 그리 ᄒᆞᆷ을 뭇ᄂᆞᆫ 이 잇거든 즉시 ᄀᆞᆯᄋᆞᄃᆡ 쥬ㅣ 구ᄒᆞ신다 ᄒᆞ면 그 사ᄅᆞᆷ이 반ᄃᆞ시 보내여 가져오게 ᄒᆞ리라 ᄒᆞ시니

⑤ 만일 엇던 사ᄅᆞᆷ이 무엇ᄒᆞ랴ᄂᆞ냐 뭇거든 ᄀᆞᆯᄋᆞᄃᆡ 쥬씌셔 쓰신다 ᄒᆞ면 즉시 이리로 보내리라

⑥ 만일 누가 무엇 ᄒᆞ랴ᄂᆞ냐 뭇거든 ᄀᆞᆯᄋᆞᄃᆡ 쥬씌셔 쓰신다 ᄒᆞ라 즉시 이리로 보내리라 ᄒᆞ시니

⑦ 만일 누가 무엇ᄒᆞ려ᄒᆞ냐 뭇거든 ᄀᆞᆯᄋᆞᄃᆡ 쥬씌셔 쓰신다 ᄒᆞ라 ᄯᅩᄒᆞᆫ 즉시 ㅣ리로 보내리라 ᄒᆞ시니

(만일 누가 무엇 ᄒᆞ랴ᄂᆞ냐 뭇거든 쥬ᄭᅴ셔 쓰시겟다 ᄒᆞ라 그리ᄒᆞ면 즉시 이리로 보내리라 ᄒᆞ시니)
⑧ 만일 누가 무엇 ᄒᆞ랴ᄂᆞ냐 뭇거든 쥬ᄭᅴ셔 쓰시겟다 ᄒᆞ라 그리ᄒᆞ면 즉시 이리로 보내리라 ᄒᆞ시니
⑨ 萬一 誰가 何에 用ᄒᆞ려ᄂᆞ냐 問ᄒᆞ거든 主ᄭᅴ셔 用ᄒᆞ시겟다 ᄒᆞ라 然ᄒᆞ면 卽時 此處로 送ᄒᆞ리라 ᄒᆞ시니
⑩ 萬一 누가 무엇ᄒᆞ려ᄂᆞ냐 뭇거든 主ᄭᅴ셔 쓰시게사 ᄒᆞ면 卽時 보내리라
⑪ 만일 누가 무엇하려나냐 뭇거든 主ᄭᅴ셔 쓰시겟다 하라 그리하면 卽是 이리로 보내리라 하시니
⑫ 만일 누가 너희게 웨이리 하나냐 뭇거든 쥬가 쓰시겟다 하라 그리하면 즉시 이리로 보내리라 하시니
⑬ 만일 누가 너희에게 왜 이리 하느냐 묻거든 주가 쓰시겠다 하라 그리 하면 즉시 이리로 보내리라 하시니
⑭ もし、だれかがあなたがたに、なぜそんな事をするのかと言ったら、主がお入り用なのです。またすぐ、ここへ返してく
ださいますと、言いなさい」。

마가福音 11:04

① 門徒遂往果遇小驢縶於門外歧路間,卽解之。
② 이여 과연 져근 나귀를 만나니 문밧 큰 길에 ᄆᆡ엿난지라
③ 이여 과연 져근 나귀ᄅᆞᆯ 만나니 문밧 큰 길에 ᄆᆡ엿ᄂᆞᆫ지라 이여 풀우니
④ 뎨ᄌᆞ ㅣ 가본즉 과연 젹은 나귀 문밧독 길 ᄉᆞ이에 ᄆᆡ이엿거ᄂᆞᆯ 즉시 가셔 ᄶᅳ을니
⑤ 뎨ᄌᆞ들이 가니 라귀 삭기 ᄒᆞ나히 문 밧크 거리에 ᄆᆡ혓ᄂᆞᆫ지라 곳 푸니
⑥ 뎨ᄌᆞ들이 가 본즉 라귀 삭기 문 압 거리에 ᄆᆡ혓거ᄂᆞᆯ 곳 푸니
⑦ 가 본즉 나귀 삿기를 문압 거리에 ᄆᆡ혓거늘 곳 푸니
(뎨ᄌᆞ들이 가본즉 라귀삭기가 문압 거리에 ᄆᆡ혓거ᄂᆞᆯ 곳 푸니)

⑧ 뎨ᄌᆞ들이 가본즉 라귀삭기가 문압 거리에 ᄆᆡ혓거ᄂᆞᆯ 곳 푸니

⑨ 弟子들이 往見ᄒᆞᆫ즉 驢雛가 門前 街에 繫ᄒᆞ엿거ᄂᆞᆯ 卽 解ᄒᆞ니

⑩ 弟子들이 가셔 본즉 라귀삭기가 門 압 거리에 ᄆᆡ엿거ᄂᆞᆯ 곳 푸니

⑪ 弟子들이 가본즉 라귀 삭기가 門압 거리에 매엿거늘 곳 푸니

⑫ 뎨자들이 가셔 본즉 라귀 삿기가 문압 거리에 매여 잇는지라 그것을 푸니

⑬ 제자들이 가서 본즉 나귀 새끼가 문앞 거리에 매여 있는지라 그것을 푸니

⑭ そこで、彼らは出かけて行き、そして表通りの戸口に、ろばの子がつないであるのを見たので、それを解いた。

마가福音 11:05

① 旁立者數人謂之曰,解驢何爲。

② 이여 풀으니 것티 셧든 쟈 갈아되 나귀를 풀어 무엇 할나나냐 하거날

③ 것티 셧든 쟈 갈아되 나귀ᄅᆞᆯ 풀어 무엇 할나ᄂᆞ냐

④ 겻히 두어 사ᄅᆞᆷ이 셧다가 닐너 ᄀᆞᆯᄋᆞᄃᆡ 나귀ᄅᆞᆯ 쓸너 무엇ᄒᆞ려ᄒᆞᄂᆞ뇨 ᄒᆞ거ᄂᆞᆯ

⑤ 겻희 셧던 사ᄅᆞᆷ 두어시뎌 ᄃᆞ려 닐너 ᄀᆞᆯᄋᆞᄃᆡ 라귀 삭기ᄂᆞᆫ 푸러 무엇슬ᄒᆞ랴ᄂᆞ뇨 ᄒᆞ거ᄂᆞᆯ

⑥ 겻헤 섯던 두어 사ᄅᆞᆷ이 ᄀᆞᆯᄋᆞᄃᆡ 라귀 삭기ᄅᆞᆯ 푸러 무어ᄉᆞᆯ ᄒᆞ랴ᄂᆞ뇨 ᄒᆞ거ᄂᆞᆯ

⑦ 겻헤 섯던 두어 사ᄅᆞᆷ이 ᄀᆞᆯᄋᆞᄃᆡ 라귀 삿기를 풀어 무어슬 ᄒᆞ려느냐 ᄒᆞ거늘

(겻헤 섯던 두어 사ᄅᆞᆷ이 ᄀᆞᆯᄋᆞᄃᆡ 라귀 삿기를 풀어 무어슬 ᄒᆞ려ᄂᆞ냐)

⑧ 겻헤 섯던 두어 사ᄅᆞᆷ이 ᄀᆞᆯᄋᆞᄃᆡ 라귀삭기를 풀어 무어슬 ᄒᆞ랴ᄂᆞ냐

⑨ 傍에 立ᄒᆞ엿던 數人이 曰 驢雛를 解ᄒᆞ야 何에 用ᄒᆞ려ᄂᆞ냐

⑩ 겻해것던 두어사ᄅᆞᆷ이 ᄀᆞᆯᄋᆞᄃᆡ 라쉬삭기를 풀어 무엇ᄒᆞ러ᄂᆞ냐

⑪ 겻헤 섯던 두어 사람이 갈아대 라귀 삭기를 풀어 무엇을 하랴나냐

⑫ 거긔 섯는 사람 즁 엇던 이들이 갈아대 라귀 샷기를 푸러 무엇하랴나냐 하매

⑬ 거기 섰는 사람 중 어떤 이들이 가로되 나귀 새끼를 풀어 무엇하려느냐 하매

⑭ すると、そこに立っていた人々が言った、「そのろばの子を解いて、どうするのか」。

마가福音 11:06

① 門徒如耶穌所命以對遂許之。

② 뎨자 예수의 명한 바 갓치 말하니 허하난지라

③ 하거날 뎨자 예수의 명한 바 갓지 말하니 허하ᄂᆞᆫ지라

④ 뎨ᄌᆞㅣ 예수의 명ᄒᆞ신대로 ᄃᆡ답ᄒᆞ니 그 사ᄅᆞᆷ들이 허락ᄒᆞ거ᄂᆞᆯ

⑤ 뎨ᄌᆞ들이 예수의 명ᄒᆞ신 ᄃᆡ로써 ᄃᆡ답ᄒᆞ니 이에 허락ᄒᆞᄂᆞᆫ지라

⑥ 뎨ᄌᆞ들이 예수의 명ᄒᆞ신ᄃᆡ로 ᄃᆡ답ᄒᆞ니 이에 허락 ᄒᆞᄂᆞᆫ지라

⑦ 뎨ᄌᆞ들이 예수의 명ᄒᆞ신대로 ᄃᆡ답ᄒᆞ니 이에 허락ᄒᆞᄂᆞᆫ지라

(뎨ᄌᆞ들이 예수의 명ᄒᆞ신대로 ᄃᆡ답ᄒᆞ니 이에 허락ᄒᆞᄂᆞᆫ지라)

⑧ 뎨ᄉᆞ들이 예수의 녕ᄒᆞ신 ᄃᆡ도 ᄃᆡ납ᄒᆞ니 이에 허락ᄒᆞᄂᆞᆫ지라

⑨ 弟子들이 예수의 命ᄒᆞ신 대로 對答ᄒᆞ니 이에 許諾ᄒᆞᄂᆞᆫ지라

⑩ 弟子들이 예수의 命ᄒᆞ신대로 對答ᄒᆞ니 許諾ᄒᆞᄂᆞᆫ지라

⑪ 弟子들이 예수의 命하신 대로 對答하니 이에 許諾하는지라

⑫ 뎨자들이 예수의 닐아신대로 말한대 이에 허낙하는지라
⑬ 제자들이 예수의 이르신대로 말한대 이에 허락하는지라
⑭ 弟子(でし)たちは、イエスが言われたとおり彼らに話したので、ゆるしてくれた。

마가福音 11:07

① 乃牽小驢就耶穌,置己衣於其上,耶穌乘之。
② 이여 져근 나귀를 잇글고 예수으게 나아와 자긔 옷슬 그 우에 두고 예수 타니
③ 이여 져근 나귀ᄅᆞᆯ 잇글고 예수의게 나아와 자긔 옷슬 그 우에 두고 예수 타니
④ 이에 젹은 나귀ᄅᆞᆯ ᄭᅳ을고 예수ᄭᅴ 가셔 제 옷ᄉᆞᆯ 그 우희 언고 예수ㅣ ᄐᆞ시니
⑤ 라귀를 ᄭᅳ을고 예수ᄭᅴ 나아올 ᄉᆡ 뎌희 옷슬 그 우헤 두엇ᄂᆞᆫ지라 예수 ᄐᆞ시니
⑥ 라귀ᄅᆞᆯ ᄭᅳ을고 예수ᄭᅴ 나아와셔 저희 옷ᄉᆞᆯ 그 우헤 두매 예수ㅣ ᄐᆞ시니
⑦ 라귀를 ᄭᅳ을고 예수ᄭᅴ 나아와셔 저희 옷슬 그우헤 두매 예수ㅣ ᄐᆞ시니
⑧ 라귀를 ᄭᅳ을고 예수ᄭᅴ 나아와셔 저희 옷을 그 우에 두매 예수가 ᄐᆞ시니
⑨ 驢를 牽ᄒᆞ고 예수ᄭᅴ 就ᄒᆞ야 渠等의 衣를 其 上에 置ᄒᆞ매 예수가 乘ᄒᆞ시니
⑩ 라귀를 ᄭᅳ을고 예수ᄭᅴ 나아와 더희 옷슬 라귀우에 언즈매 예수ㅣ ᄐᆞ시니
⑪ 라귀를 ᄭᅳ을고 예수ᄭᅴ 나아와셔 저희 옷을 그 우에 두매 예수ᄭᅴ셔 타시니
⑫ 라귀 삿기를 예수ᄭᅴ로 ᄭᅳ을고 와셔 자긔들의 것옷을 그 우에 걸쳐 두매 예수ᄭᅴ셔 타시니
⑬ 나귀 새끼를 예수께로 끌고 와서 자기들의 겉옷을 그 위에 걸쳐 두매 예수께서 타시니
⑭ そこで、弟子たちは、そのろばの子をイエスのところに引いてきて、自分たちの上着をそれに投げかけると、イエスはそ

の上にお乗りになった。

마가福音 11:08

① 有多人以己衣布於路,或伐樹枝布於路。

② 열어사룸이 옷과 혹 나무 가지를 밧테셔 버여 길에 페고

③ 열어사룸이 옷과 혹 나무 가지롤 밧테셔 버여 길에 펴고

④ 여러사룸들이 잇서 닙엇던 옷스로써 길희 깔며 혹 나모가지롤 쳐 길희 펴고

⑤ 여러사룸이 옷슬 길에 펴고 또 다른 이는 밧희셔 버힌 나뭇가지를 펴더라

⑥ 여러사룸은 옷술 길에 펴고 다른 이는 밧헤셔 버힌 나모 가지롤 펴더라

⑦ 여러사룸은 옷슬 길에 펴고 다른이는 밧헤셔 버힌 나무 가지를 펴더라

(여러 사룸은 옷슬 길에 펴고 다른이는 밧헤셔 버힌 나무 가지를 펴더라)

⑧ 여러사룸은 옷을 길에 펴고 다른이는 밧헤셔 버힌 나무가지를 펴더라

⑨ 多人은 衣를 途에 布ᄒᆞ고 他人은 田에셔 斫伐ᄒᆞᆫ 樹枝를 布ᄒᆞ더라

⑩ 여러사룸은 옷슬 길에 펴며 或은 밧헤셔 버힌 나뭇가지를 펴고

⑪ 여러 사람은 옷을 길에 펴고 다른 이는 밧헤셔 버힌 나무가지를 펴더라

⑫ 만흔 사람은 자긔 것옷과 다른 이들은 밧헤셔 버힌 나뭇가지를 길에 펴며

⑬ 많은 사람은 자기 겉옷과 다른 이들은 밭에서 벤 나무 가지를 길에 펴며

⑭ すると多くの人々は自分たちの上着を道に敷き、また他の人々は葉のついた枝を野原から切ってきて敷いた。

마가福音 11:09

① 前行後從者呼曰,萬福歟,託主名而來者,有福矣,

② ᄯᅩ 압페 힝하며 뒤예 좆난 쟈 불으되 호산나 쥬의 일홈을 부탁하여 온 쟈난 복이요

③ ᄯᅩ 압페 힝하며 뒤에 좆ᄂᆞᆫ 쟈 불으되 호산나 쥬의 일홈ᄋᆞᆯ 부탁하여 온 쟈ᄂᆞᆫ 복이요

④ 압희 서고 뒤희 ᄯᆞ르며 호챵ᄒᆞ여 ᄀᆞᆯᄋᆞᄃᆡ 호산나 ᄒᆞᆯ 자 쥬의 일홈을 의탁ᄒᆞ여 오ᄂᆞᆫ 이ᄂᆞᆫ 복이로다

⑤ 압 셔며 뒤 ᄯᆞᄅᆞ오ᄂᆞᆫ 무리들이 불너 ᄀᆞᆯ아ᄃᆡ 일만 복이여 쥬의 일홈으로 오시ᄂᆞᆫ 이가 복이 잇슬지어다

⑥ 압 서며 뒤 ᄯᆞᄅᆞ오ᄂᆞᆫ 이들이 소ᄅᆡ 질너 ᄀᆞᆯᄋᆞᄃᆡ 호사나 쥬의 일홈으로 오시ᄂᆞᆫ 이의게 복이 잇ᄉᆞᆯ지어다

⑦ 압 서며 뒤 ᄯᅡ라오ᄂᆞᆫ이들이 소리 질너 ᄀᆞᆯᄋᆞᄃᆡ 호산나 쥬의 일홈으로 오시ᄂᆞᆫ이의게 복이 잇ᄉᆞᆯ지어다

(압헤 가고 뒤 ᄯᅡ라오는 이들이 소ᄅᆡ 질너 ᄀᆞᆯᄋᆞᄃᆡ 호산나 쥬의 일홈으로 오시ᄂᆞᆫ 이의게 복이 잇슬지어다)

⑧ 압헤 가고 뒤 ᄯᅡ라오는 이들이 소ᄅᆡ질너 ᄀᆞᆯᄋᆞᄃᆡ 호산나 쥬의 일홈으로 오시ᄂᆞᆫ 이의게 복이 잇슬지어다

⑨ 前에 往ᄒᆞ고 後에 隨來ᄒᆞᄂᆞᆫ 者들이 聲呼ᄒᆞ야 曰 호산나 主의 名으로 來ᄒᆞ시ᄂᆞᆫ 이의게 福이 有ᄒᆞᆯ지어다

⑩ 압헤 가고 뒤 ᄯᆞ르ᄂᆞᆫ 사ᄅᆞᆷ들이 소ᄅᆡ질너 ᄀᆞᆯᄋᆞᄃᆡ 호산나로다 主의 일흠으로 오시ᄂᆞᆫ이의게 福이 잇슬지어다

⑪ 압헤 가고 뒤에 ᄯᅡ라 오는 이들이 소래 질너 갈아대 호산나 主의 일흠으로 오시는 이의게 福이 잇슬지어다

⑫ 압헤셔 가고 뒤에셔 ᄯᅡ르는 쟈들이 소래 질으대 호산나 찬숑하리로다 쥬의 일홈으로 오시는 이어

⑬ 앞에서 가고 뒤에서 따르는 자들이 소리지르되 호산나 찬송하리로다 주의 이름으로 오시는 이여 찬송하리로다

⑭ そして、前に行く者も、あとに従う者も共に叫びつづけた、「オサナ、主の御名(みな)によってきたる者に、祝福あれ。

마가福音 11:10

① 我祖多闢枝國,託主名而來者,有福矣,,萬福在至上者也。

② 님한 우리 조샹 다빗의 나라이 복이요 지극키 놉푼 곳에난 호산나라 하다라
③ 우리 조샹 다빗의 나라이 님한 쟈 복이요 지극키 놉푼 곳에ᄂᆞᆫ 호산나라 하더라
④ 우리 조샹 다위 나라 쥬의 일홈을 의탁ᄒᆞ여 오ᄂᆞᆫ 이ᄂᆞᆫ 복이로다 호산나 이 지극ᄒᆞᆫ 우희 계신 이의게 잇ᄂᆞᆫ이라 ᄒᆞ더라
⑤ 오ᄂᆞᆫ 나라 우리 조샹 대위의 나라에 복이 잇슬지어다 지극히 놉흔 ᄃᆡ에 계시ᄂᆞᆫ 이가 일만 복이로다
⑥ 오ᄂᆞᆫ 나라 우리 조샹 짜윗의 나라헤 복이 잇술지어다 지극히 놉흔 ᄃᆡ에 호사나 ᄒᆞᆯ지어다
⑦ 오ᄂᆞᆫ 나라 우리 조샹 짜윗의 나라에 복이 잇술지어다 지극히 놉흔ᄃᆡ에 호산나 ᄒᆞᆯ지어다 ᄒᆞ더라
(오는 나라 우리 조샹 짜윗의 나라히 복이 잇슬지어다 지극히 놉흔 ᄃᆡ셔도 호산나라 ᄒᆞ리로다 ᄒᆞ더라)
⑧ 오ᄂᆞᆫ 나라 우리 조샹 다윗의 나라히 복이 잇슬지어다 지극히 놉흔 ᄃᆡ셔도 호산나라 ᄒᆞ리로다 ᄒᆞ더라
⑨ 來ᄒᆞᄂᆞᆫ 國 我等 祖上 짜윗의 國이 福이 有ᄒᆞᆯ지어다 至極히 高ᄒᆞᆫ 處에셔도 호산나라 ᄒᆞ리로다 ᄒᆞ더라
⑩ 오ᄂᆞᆫ 나라 우리 祖上 다윗의 나라이 福이 잇슬지어다 地極히 놉흔 ᄃᆡ셔도 호산나라 ᄒᆞ리로다 ᄒᆞ더라
⑪ 오는 나라 우리 祖上 다윗의 나라가 福이 잇슬지어다 地極히 놉흔대셔도 호산나라 하리로다 하더라
⑫ 찬숑히리로다 오는 우리 조샹 다윗의 나라어 가장 놉ᄒᆞᆫ 곳에셔 호산나 하더라
⑬ 오는 우리 조상 다윗의 나라여 가장 높은 곳에서 호산나 하더라
⑭ 今きたる、われらの父ダビデの國に、祝福あれ。いと高き所に、オサナ」。

마가福音 11:11

① 耶穌進矣耶路撒冷,入殿園視諸物。既暮十二門徒出,往至伯大尼。
② 예수 예루살임 셩뎐에 더려가 모단 물건을 둘너보고져 물기에 열두 뎨자로 함긔 빗아냐에 나가다라
③ 예수 예루살임 셩뎐에 더려가 모단 물건ᄋᆞᆯ 돌너보고 져물기에 열두 뎨자로 함씌 빗아냐에 나가더라

④ 예수ㅣ 예루살넴에 나아가샤 뎐에 드러가샤 모든 물건을 둘너보시고 임의 져물매 십이 뎨ᄌᆞ롤 다리시고 나와 벳아니아에 니ᄅᆞ시니라

⑤ 예수ㅣ 야로살렁에 니ᄅᆞ러 셩뎐에 드러가샤 모든 물건을 둘너 보실 ᄉᆡ ᄯᅢ가 져믄지라 열두 뎨ᄌᆞ와 함ᄭᅴ 빅대니에 나아가시다

⑥ 예수ㅣ 예루살넴에 니ᄅᆞ러 셩뎐에 드러가샤 모든 거술 둘너 보시고 임의 져물 ᄯᅢ 열두 뎨ᄌᆞ롤 ᄃᆞ리시고 벳아니에 나가시다

⑦ 예수ㅣ 예루살넴에 니르러 셩뎐에 드러가샤 모든 거슬 둘너 보시고 임의 져믈ᄯᅢ 열두 뎨ᄌᆞ를 ᄃᆞ리시고 벳아니에 나가시다 (예수ㅣ 예루살넴에 니르러 셩뎐에 드러가샤 모든 거슬 둘너 보시고 임의 져물 ᄯᅢ에 열두 뎨ᄌᆞ를 다리시고 벳아니에 나가시다)

⑧ 예수가 예루살넴에 니르러 셩뎐에 드러가샤 모든거슬 둘너보시고 임의 져물 ᄯᅢ에 열두 뎨ᄌᆞ를 다리시고 벳아니에 나가시다

⑨ 예수가 예루살넴에 至ᄒᆞ야 聖殿에 入ᄒᆞ샤 諸物을 環視ᄒᆞ시고 임의 日暮ᄒᆞᆯ 時에 十二 弟子를 携ᄒᆞ시고 벳아니에 出去ᄒᆞ시다

⑩ 예수ㅣ 예루살넴에 니르러 聖殿에 드러가샤 모든거슬 둘너 보실서 ᄯᅢ가 임의져믄 故로 열두 弟子를 ᄃᆞ리시고 벳아니로 나가시다

⑪ 예수ㅣ 예루살넴에 니르러 聖殿에 드러가샤 모든 것을 둘너보시고 임의 져물 ᄯᅢ에 열두 제자를 다리시고벳아니에 나가시다

⑫ 예수ᄭᅴ셔 예루살넴에 니르러 셩뎐에 드러가샤 모든 것을 둘너 보시고 ᄯᅢ가 임의 져물매 열두 뎨자를 다리시고 벳아니에 나가시다

⑬ 예수께서 예루살렘에 이르러 성전에 드러가사 모든 것을 둘러 보시고 때가 이미 저물매 열 두 제자를 데리시고 베다니에 나가시다

⑭ こうしてイエスはエルサレムに着き、宮にいられた。そしてすべてのものを見まわった後、もはや時もおそくなっていたので、十二弟子と共にベダニヤに出て行かれた。

마가福音 11:12

① 明日,去伯大尼,耶穌飢,

② 이튿날 빗아냐에 나갈 ᄶᅥᆨ여 ᄇᆡ 곱푼지라

③ 이튿날 빗아냐에 나갈 ᄶᅥᆨ에 예수 ᄇᆡ 곱푼지라

④ 잇튼날 벳아니아ᄅᆞᆯ ᄯᅥ날ᄉᆡ 예수ㅣ ᄉᆡ쟝ᄒᆞ샤

⑤ 잇튼날 ᄇᆡᆨ대니에셔 ᄯᅥ나실 ᄉᆡ 예수ㅣ 시쟝ᄒᆞ신지라

⑥ 잇튼 날 벳아니에셔 ᄯᅥ나매 예수ㅣ 시쟝 ᄒᆞ시거ᄂᆞᆯ

⑦ 잇흔날 벳아니에셔 ᄯᅥ나매 예수ㅣ 시쟝ᄒᆞ시거늘

(잇흔날 벳아니에셔 ᄯᅥ나매 예수가 시쟝ᄒᆞ시거늘)

⑧ 잇흔날 벳아니에셔 ᄯᅥ나매 예수가 시쟝ᄒᆞ시거늘

⑨ 翌日에 벳아니에셔 離ᄒᆞ매 예수가 饑ᄒᆞ시거ᄂᆞᆯ

⑩ 잇흔날 벳이니에서 나올 ᄯᅢ에 예수ㅣ 시장ᄒᆞ시거ᄂᆞᆯ

⑪ 잇흔날 벳아니에셔 ᄯᅥ나매 예수ㅣ 시쟝하시거늘

⑫ 잇흔날 뎌희가 벳아니에셔 나왓슬 ᄯᅢ에 예수ᄭᅴ셔 시쟝하신지라

⑬ 이튿날 저희가 베다니에서 나왔을 때에 예수께서 시장하신지라

⑭ 翌日、彼らがベダニヤから出かけてきたとき、イエスは空腹をおぼえられた。

마가福音 11:13

① 遙見無花果樹有葉,則就之,或於其上,有可得否。既就,見惟有葉而已,蓋果期未至也。

② 멀니셔 남우닙픠 이사물 보고 나아가 혹 그 우에 무으슬 어들가 하여 나아간 즉 오직 닙쁜이요 어들 바 업사문 과실 씩 닐으지 못하미라

③ 멀니셔 나무닙 잇는 화과 남우롤 보고 나아가 혹 그 우에 무어슬 어들가 하여 나아간 즉 오직 닙쁜이요 어들 바 업ᄉᆞ문 과실 씩 닐으지 못ᄒᆞ미라

④ 멀니 무화과 나모의 닙히 잇ᄉᆞᆷ을 보시고 나아가샤 혹 그 우희 가히 엇을 거시 잇ᄉᆞᆯ가 ᄒᆞ야 더 나아가셔 보시매 다만 닙ᄉᆞ귀만 잇ᄉᆞ니 대개 열ᄆᆡ 닉을 ᄯᅢ가 되지 아니ᄒᆞᆷ이러라

⑤ 멀니 무화과 나무의 닙사귀 잇ᄉᆞᆷ을 보시고 곳 나아가샤 혹 그 우희 엇을 거시 잇슬가 하셧더니 임의 나아가시매 닙사귀만 맛나니 열ᄆᆡ 닉을 ᄯᅢ가 니ᄅᆞ지 아니ᄒᆞᆷ이라

⑥ 멀니셔 닙사귀 잇는 무화과 나무롤 보시고 곳 나아가샤 혹 그 우헤 엇을 거시 잇ᄉᆞᆯ가 ᄒᆞ셧더니 나아가시매 닙사귀외에 아모 것도 ᄎᆞᆺ지 못 ᄒᆞ니 열ᄆᆡ 닉을 ᄯᅢ가 되지 못ᄒᆞᆷ이라

⑦ 멀니셔 닙사귀잇는 무화과 나무를 보시고 곳 나아가샤 혹 그 우헤 엇을 거시 잇ᄉᆞᆯ가 ᄒᆞ셧더니 나아가시매 닙사귀외에 아모 것도 ᄎᆞᆺ지 못ᄒᆞ니 열ᄆᆡ 닉을 ᄯᅢ가 되지 못ᄒᆞᆷ이라
(멀니셔 닙사귀 잇는 무화과 나무를 보시고 곳 나아가샤 혹 그 우헤 엇을 거시 잇슬가 ᄒᆞ셧더니 나아가시매 닙사귀외에 아모 것도 찻지 못ᄒᆞ니 열ᄆᆡ 닉을 ᄯᅢ가 되지 못ᄒᆞᆷ이라)

⑧ 멀니셔 닙사귀 잇는 무화과 나무를 보시고 곳 나아가샤 혹 그 우에 엇을 거시 잇슬가 ᄒᆞ셧더니 나아가시매 닙사귀 외에 아모 것도 찻지 못ᄒᆞ니 열ᄆᆡ 닉을 ᄯᅢ가 되지 못ᄒᆞᆷ이라

⑨ 遠處에셔 葉이 有ᄒᆞᆫ 無花果 樹를 見ᄒᆞ시고 卽 進ᄒᆞ샤 或 其 上에 得ᄒᆞᆯ 거시 有ᄒᆞᆯ가 ᄒᆞ셧더니 進ᄒᆞ시매 葉外에 아모 것도 覓지 못ᄒᆞ니 實이 熟ᄒᆞᆯ 時가 되지 못ᄒᆞᆷ이라

⑩ 멀니 닙사귀 잇는 無花果 나무를 보시고 或 實果를 엇을가ᄒᆞ샤 곳 나아가시매 닙사귀外에 아모것도 업스니 열ᄆᆡ 닉을 ᄯᅢ가

되지 못ᄒᆞᆷ이라

⑪ 멀니셔 닙사귀 잇는 無花果 나무를 보시고 곳 나아가샤 或그 우에 엇을 것이 잇슬가 하셧더니 나아가시매 닙사귀外에 아모
것도 찻지 못하니 열 닉을 ᄣᅢ가 되지 못함이라

⑫ 멀니셔 닙사귀 잇는 한 무화과 나무를 보시고 혹 그 나무에 무엇이 잇슬가 하야 가셧더니 가셔 보신즉 닙사귀외에 아모것도
업더라 이는 무화과의 ᄣᅢ가 아님이라

⑬ 멀리서 잎사귀 있는 한 무화과 나무를 보시고 혹 그 나무에 무엇이 있을까 하여 가셨더니 가서 보신즉 잎사귀외에 아무
것도 없더라 이는 무화과의 때가 아님이라

⑭ そして、葉の茂ったいちじくの木を遠くからごらんになって、その木に何かありはしないかと近寄られたが、葉のほかは
何も見当らなかった。いちじくの季節でなかったからである。

마가福音 11:14

① 耶穌謂樹日,今而後,永無人食爾之果矣。門徒聞之。

② 예수 일너 갈아샤되 이재써 후로 긴 ᄂᆡ 너희 열음 먹을 사람이 업스라 하니 뎨자 들엇난지라

③ 일너 갈아샤ᄃᆡ 이재써 후로 긴 ᄂᆡ 너희 열음 먹올 사ᄅᆞᆷ이 업스라 ᄒᆞ니 뎨자 들엇ᄂᆞᆫ지라

④ 예수ㅣ 나무ᄃᆞ려 닐너 ᄀᆞᆯᄋᆞ샤ᄃᆡ 이제 후로ᄂᆞᆫ 사ᄅᆞᆷ이 네 열ᄆᆡᄅᆞᆯ 먹을 이 업ᄉᆞ리라 ᄒᆞ시니 뎨ᄌᆞ들이 다 드ᄅᆞ니라

⑤ 예수ㅣ 나무 다려 닐ᄋᆞ샤ᄃᆡ 이제 후로ᄂᆞᆫ 네 열ᄆᆡ를 ᄯᅳ먹을 사ᄅᆞᆷ이 업ᄉᆞ리라 ᄒᆞ시니 뎨ᄌᆞ들이 듯더라

⑥ 예수ㅣ 나무ᄃᆞ려 닐ᄋᆞ샤ᄃᆡ 이제 후로ᄂᆞᆫ 네 열ᄆᆡᄅᆞᆯ ᄯᅳ 먹을 사ᄅᆞᆷ이 영원이 업ᄉᆞ리라 ᄒᆞ시니 뎨ᄌᆞ들이 듯더라

⑦ 예수ㅣ 나무ᄃᆞ려 닐넛스ᄃᆡ 이제 후로는 네 열ᄆᆡ를 싸 먹을 사ᄅᆞᆷ이 영원이 업ᄉᆞ리라 ᄒᆞ시니 뎨ᄌᆞ들이 듯더라
(예수ㅣ 나무ᄃᆞ려 닐너 닐ᄋᆞ샤ᄃᆡ 이제 후로는 네 열ᄆᆡ를 ᄶᅡ먹을 사ᄅᆞᆷ이 영원이 업스리라 ᄒᆞ시니 뎨ᄌᆞ들이 듯더라)

⑧ 예수가 나무ᄃᆞ려 닐너 닐ᄋᆞ샤ᄃᆡ 이제후로ᄂᆞᆫ 네 열ᄆᆡ를 ᄯᅡ먹을 사ᄅᆞᆷ이 영원이 업스리라 ᄒᆞ시니 뎨ᄌᆞ들이 듯더라
⑨ 예수가 樹ᄃᆞ려 謂ᄒᆞ야 日 今後로ᄂᆞᆫ 爾의 實을 摘食ᄒᆞᆯ 人이 永遠이 無ᄒᆞ리라 ᄒᆞ시니 弟子들이 聞ᄒᆞ더라
⑩ 예수ㅣ 나무를 對ᄒᆞ야 말ᄉᆞᆷᄒᆞ샤ᄃᆡ 이제 後로ᄂᆞᆫ 네 열ᄆᆡ를 ᄯᅡ 먹을 사ᄅᆞᆷ이 永遠히 업스리라 ᄒᆞ시니 弟子들이 듯더라
⑪ 예수ㅣ 나무 다려 닐러 갈아샤대 이제 後로는 네 열매를 ᄯᅡ 먹을 사람이 永遠히 업스리라 하시니 弟子들이 듯더라
⑫ 예수ᄭᅴ셔 나무의게 닐너 가아샤대 이제브터 영원토록 사람이 네게셔 열매를 ᄯᅡ먹지 못하리라 하시니 뎨자들이 이를 듯더라
⑬ 예수께서 나무에게 일러 가라사대 이제부터 영원토록 사람이 네게서 열매를 따 먹지 못하리라 하시니 제자들이 이를 듣더라
⑭ そこで、イエスはその木にむかって、「今から後いつまでも、おまえの實を食べる者がないように」と言われた。弟子たちはこれを聞いていた。

마가福音 11:15

① 旣至耶路撒冷,耶穌入殿,逐在殿諸貿易者,反兌錢者之案,及鬻鴿者之椅,
② 예루살임에 닐으러 예수 셩뎐에 들어가 그 즁에 당사하난 쟈를 좃추며 돈 밧구난 쟈의 탁자과 비들기 파난 쟈의 의자를 썩구러치며
③ 예루살임에 닐으러 예수 셩뎐에 들어가 그 즁에 당사ᄒᆞᄂᆞᆫ 쟈ᄅᆞᆯ 좃추며 돈 밧구ᄂᆞᆫ 쟈의 탁자과 비들기 파ᄂᆞᆫ 쟈의 의ᄌᆞᄅᆞᆯ 썩구러치며
④ 임의 예루살넴에 니ᄅᆞ샤 예수ㅣ 뎐에 드러가 뎐에 계셔 모든 무역ᄒᆞᄂᆞᆫ 쟈ᄅᆞᆯ ᄶᅩᆺ치시고 돈 밧ᄂᆞᆫ 쟈의 문서 상과 밋 합됴 ᄑᆞᄂᆞᆫ 쟈의 고의ᄅᆞᆯ 업지ᄅᆞ시며
⑤ 그들이 야로살링에 니ᄅᆞ러 예수ㅣ 셩뎐에 드러가샤 뎐 안에셔 풀고 사ᄂᆞᆫ 쟈들을 내여ᄶᅩᆺ기를 시작ᄒᆞ시고 돈 밧고ᄂᆞᆫ 쟈의 상과 비둙기 ᄑᆞᄂᆞᆫ 쟈의 교의를 둘너 업흐시고

⑥ 예루살넴에 니ᄅᆞ러 예수ㅣ 셩뎐에 드러가샤 뎐 안헤셔 ᄑᆞᆯ고 사ᄂᆞᆫ 사ᄅᆞᆷ을 내여쫏기를 시작ᄒᆞ시고 돈 밧고ᄂᆞᆫ 사ᄅᆞᆷ의 상과 비둙이 ᄑᆞᄂᆞᆫ 사ᄅᆞᆷ의 교의를 둘너 업ᄒᆞ시고

⑦ 예루살넴에 니르러 예수ㅣ 셩뎐에 드러가샤 뎐 안에셔 ᄑᆞᆯ고사ᄂᆞᆫ 사ᄅᆞᆷ을 내여쫏기를 시작ᄒᆞ시고 돈 밧고ᄂᆞᆫ 사ᄅᆞᆷ의 상과 비둙이 ᄑᆞᄂᆞᆫ 사ᄅᆞᆷ의 교의를 둘너업ᄒᆞ시고

(예루살넴에 니르러 예수ㅣ 셩뎐에 드러가샤 뎐 안에셔 팔고 사는 사ᄅᆞᆷ을 내여쫏치시고 돈 밧고는 사ᄅᆞᆷ의 상과 비둙이 파는 사ᄅᆞᆷ의 교의를 둘너업흐시고)

⑧ 예루살넴에 니르러 예수가 셩뎐에 드러가샤 뎐 안에셔 팔고사ᄂᆞᆫ 사ᄅᆞᆷ을 내여쫏치시고 돈 밧고ᄂᆞᆫ 사ᄅᆞᆷ의 상과 비둙기 파ᄂᆞᆫ 사ᄅᆞᆷ의 교의를 둘너업흐시고

⑨ 예루살넴에 至ᄒᆞ야 예수가 聖殿에 入ᄒᆞ샤 殿 內에셔 賣買ᄒᆞᄂᆞᆫ 人을 逐出ᄒᆞ시고 錢을 交換ᄒᆞᄂᆞᆫ 人의 牀과 鴿을 賣ᄒᆞᄂᆞᆫ 人의 椅子를 轉覆ᄒᆞ시고

⑩ 예루살넴에 니르러 聖殿에 드러가샤 殿 안에셔 팔고 사ᄂᆞᆫ 사ᄅᆞᆷ을 내여쫏츠시며 돈밧고ᄂᆞᆫ 사ᄅᆞᆷ의 牀과 비둙이 파ᄂᆞᆫ 사ᄅᆞᆷ의 交椅를 둘니 입흐시며

⑪ 예수살넴에 니르너 예수ㅣ 聖殿에 드러가샤 殿 안에셔 팔고 사는 사람을 내여쫏치시고 돈 밧고는 사람의 床과 비닭이파는 사람의 交倚를 둘너업흐시고

⑫ 뎌희가 예루살넴에 드러가니라 예수끠셔 셩뎐에 드러가샤 셩뎐 안에셔 매매하는 쟈들을 내여쫏츠시며 돈 밧고는 쟈들의 상과 비닭이 파는 쟈들의 의자를 둘너 업흐시며

⑬ 저희가 예루살렘에 들어가니라 예수께서 성전에 들어가사 성전 안에서 매매하는 자들을 내어쫓으시며 돈 바꾸는 자들의 상과 비둘기 파는 자들의 의자를 둘러 엎으시며

⑭ それから、彼らはエルサレムに來た。イエスは宮に入り、宮の庭で賣り買いしていた人々を追い出しはじめ、兩替人の台

や、はとを賣る者を腰掛をくつがえし、

마가福音 11:16

① 且不許攜具過殿中,

② ᄯᅩ 자분 거슬 가지고 뎐 안에 지ᄂᆡ가물 허치 안코 가라쳐

③ ᄯᅩ 자분 거슬 가지고 뎐 안에 지ᄂᆡ가물 허치 ᄋᆞᆫ코 가라쳐

④ ᄯᅩᄒᆞᆫ 졔 구롤 가지고 뎐즁으로 지나지 못ᄒᆞ게 ᄒᆞ시고

⑤ 아모 사ᄅᆞᆷ이던지 긔명을 가지고 셩뎐으로 지나감을 허락지 아니시고

⑥ 그ᄅᆞᆺᄉᆞᆯ 가지고 셩뎐으로 지나감을 허락지 아니시고

⑦ 그릇슬 가지고 셩뎐으로 감을 허락지아니시고

(그릇슬 가지고 셩뎐 안으로 ᄃᆞᆫ님을 허락지 아니시고)

⑧ 그ᄅᆞᆺ을 가지고 셩뎐 안으로 ᄃᆞᆫ님을 허락지 아니시고

⑨ 器具를 持ᄒᆞ고 聖殿 안으로 行ᄒᆞᆷ을 許諾지 아니ᄒᆞ시고

⑩ 그릇을 가지고 聖殿안으로 ᄃᆞᆫ님을 許諾지 아니ᄒᆞ시고

⑪ 그릇을 가지고 聖殿안으로 단님을 許諾지 하니시고

⑫ 아모나 긔구를 가지고 셩뎐 안으로 지나단님을 허치 아니하시고

⑬ 아무나 기구를 가지고 성전 안으로 지나다님을 허하지 아니하시고

⑭ また器ものを持って宮の庭を通り抜けるのをお許しにならなかった。

마가福音 11:17

① 乃誨而謂之曰錄不云乎,我室必稱謂諸民祈禱之室也,惟爾以之爲盜巢衣。

② 갈아샤되 글에 ᄂᆡ 집은 모단 ᄇᆡᆨ셩을 위하여 비난 집이라 쓰지 안앗나냐 오직 너희가 써 강도의 소혈을 삼나냐 하니

③ 갈아샤ᄃᆡ 글에 ᄂᆡ 집은 모단 ᄇᆡᆨ셩ᄋᆞᆯ 위ᄒᆞ여 비ᄂᆞᆫ 집이라 쓰지 안앗ᄂᆞ냐 오직 너희가 ᄡᅥ 강도의 소혈ᄋᆞᆯ 삼우미라

④ 이에 ᄀᆞᄅᆞ쳐 닐너 ᄀᆞᆯᄋᆞ샤ᄃᆡ ᄎᆡᆨ에 닐ᄋᆞ지 아니ᄒᆞ엿더냐 집은 반ᄃᆞ시 만국의 긔도ᄒᆞᄂᆞᆫ 집이라 닐ᄏᆞᄅᆞᆯ 거시어ᄂᆞᆯ 오직 너희ᄂᆞᆫ
도적의 보금자리ᄅᆞᆯ 삼으리라 ᄒᆞ엿ᄂᆞ니라 ᄒᆞ시니

⑤ 이에 뎌희를 ᄀᆞᄅᆞ쳐 ᄀᆞᆯᄋᆞ샤ᄃᆡ 셩경에 긔록ᄒᆞ엿스되 내 집은 반ᄃᆞ시 만국 ᄇᆡᆨ셩의 긔도ᄒᆞᄂᆞᆫ 집이라 닐ᄏᆞᆺ지 아니ᄒᆞ엿ᄂᆞ냐 오직
너희ᄂᆞᆫ 강도의 굴혈을 삼ᄂᆞᆫ도다

⑥ 이에 ᄀᆞᄅᆞ쳐 닐ᄋᆞ샤ᄃᆡ 셩경에 긔록ᄒᆞᆫ 거시 내 집은 만국 ᄇᆡᆨ셩의 긔도ᄒᆞᄂᆞᆫ 집이라 칭ᄒᆞ리라 ᄒᆞᆫ 말이 업ᄂᆞ냐 오직 너희ᄂᆞᆫ
강도의 굴혈을 ᄆᆞᆫᄃᆞ릿도다

⑦ 이에 ᄀᆞᄅᆞ쳐 닐넛스ᄃᆡ 셩경에 긔록ᄒᆞᆫ 거시 내 집은 만국 ᄇᆡᆨ셩의 긔도ᄒᆞᄂᆞᆫ 집이라 칭ᄒᆞ리라ᄒᆞᆫ 말이 업ᄂᆞ냐 오직 너희는 강도
의 굴혈을 ᄆᆞᆫᄃᆞ릿도다
(이에 ᄀᆞᄅᆞ쳐 닐ᄋᆞ샤ᄃᆡ 셩경에 내 집은 만국 ᄇᆡᆨ셩의 긔도ᄒᆞ는 집이라 칭ᄒᆞ리라고 긔록지 아니ᄒᆞ엿ᄂᆞ냐 오직 너희는 강도의
굴혈을 ᄆᆞᆫ드릿도다)

⑧ 이에 ᄀᆞᄅᆞ쳐닐ᄋᆞ샤ᄃᆡ 셩경에 내집은 만국 ᄇᆡᆨ셩의 긔도ᄒᆞ는 집이라 칭ᄒᆞ리라고 긔록지 아니ᄒᆞ엿ᄂᆞ냐 오직 너희는 강도의
굴혈을 ᄆᆞᆫ드릿도다

⑨ 이에 誨諭ᄒᆞ샤ᄃᆡ 聖經에 我室은 萬國 百姓의 祈禱ᄒᆞᄂᆞᆫ 室이라 稱ᄒᆞ리라고 記錄지 아니ᄒᆞ엿ᄂᆞ냐 오직 爾等은 强盜의 窟穴을
作ᄒᆞ엿도다

⑩ 教訓ᄒᆞ야 ᄀᆞᆯ아샤ᄃᆡ 聖經애 나 잡운 萬國民의 祈禱ᄒᆞᄂᆞᆫ 집이라 稱ᄒᆞ리라고 記錄지 아니ᄒᆞ엿ᄂᆞ냐 그러나 너희ᄂᆞᆫ 强盜의 掘穴을

ᄆᆞᆫ드럿도다

⑪ 이에 가라쳐 닐아샤대 聖經에 내 집은 萬國百姓의 祈禱하는 집이라 稱하리라고 記錄지 아니하엿나냐 오직 너희는 强盜의 窟穴을 만드럿도다

⑫ 이에 가라쳐 닐아샤대 긔록된 바 내 집은 만민의 기도하는 집이라 칭함을 밧으리라고 하지 아니하엿나냐 너희는 강도의 굴혈을 만드럿도다 하시매

⑬ 이에 가르쳐 이르시되 기록된바 내 집은 만민의 기도하는 집이라 칭함을 받으리라고 하지 아니하였느냐 너희는 강동의 굴혈을 만들었도다 하시매

⑭ そして、彼らに教えて言われた、「『わたしの家は、すべての國民の祈の家ととなえらるべきである』。と書いてあるでわないか。それだのに、あなたがたはそれを強盜の巣にしてしまった」。

마가福音 11:18

① 士子及祭司諸長聞此,謀何以殺之,蓋懼之也,因衆奇其教故耳。

② 션비과 졔사장이 이ᄅᆞᆯ 듯고 엇지써 망할고 도모ᄒᆞ나 무셔워 ᄒᆞ문 뭇사람이 그 가라치물 경동ᄒᆞ미다라

③ 션비과 졔사장이 이ᄅᆞᆯ 듯고 엇지써 망할고 도모ᄒᆞ나 무셔워 ᄒᆞ문 뭇사ᄅᆞᆷ이 그 가라치물 긔긔히 네기더라

④ 션비와 밋 졔ᄉᆞ졔쟝들이 이 일을 듯고 엇지 써 죽일고 꾀ᄒᆞ니 대개 두려워ᄒᆞᆷ이 모든 이 그 교ᄅᆞᆯ 신긔히 녁이ᄂᆞᆫ 연고ᄅᆞᆯ 연ᄒᆞᆷ이러라

⑤ 졔ᄉᆞ졔쟝과 셔샤관들이 이거ᄉᆞᆯ 듯고 엇더케 멸ᄒᆞᆯ고 꾀ᄒᆞ나 두려워 ᄒᆞᆷ은 모든 무리가 그 ᄀᆞᄅᆞ침을 긔긔히 녁임일너라

⑥ 졔ᄉᆞ졔쟝과 셔샤관들이 듯고 예수ᄅᆞᆯ 엇더케 멸ᄒᆞᆯ고 꾀ᄒᆞᆷ은 두려워 ᄒᆞᆷ이니 무리가 다 ᄀᆞᄅᆞ치심을 긔이히 녁임일너라

⑦ 졔ᄉᆞ졔쟝과 셔긔관들이 듯고 예수를 엇더케 멸ᄒᆞᆯ고 꾀ᄒᆞᆷ은 두려워ᄒᆞᆷ이니 무리가 다 ᄀᆞᄅᆞ치심을 긔이히 녁임일너라

(졔ᄉᆞ졔쟝과 셔긔관들이 듯고 예수를 엇더케 멸ᄒᆞᆯ고 ᄭᅬᄒᆞᆷ은 무리가 다 그 ᄀᆞᄅᆞ치심을 긔이히 녁임으로 그를 두려워ᄒᆞᆷ일너라)

⑧ 졔ᄉᆞ졔쟝과 셔긔관들이 듯고 예수를 엇더케 멸ᄒᆞᆯ고 ᄭᅬᄒᆞᆷ은 무리가 다 그 ᄀᆞᄅᆞ치심을 긔이히 녁임으로 그를 두려워ᄒᆞᆷ일너라

⑨ 祭司諸長과 書記官들이 聞ᄒᆞ고 예수를 何如케 滅ᄒᆞᆯ고 謀ᄒᆞᆷ은 衆이 다 其 訓ᄒᆞ심을 奇異히 녁임으로 그를 懼ᄒᆞᆷ일너라

⑩ 祭司諸長과 書記官이 듯고 예수를 엇더케 滅ᄒᆞᆯ고 ᄭᅴᄒᆞ니 이ᄂᆞᆫ 무리가 다 그 ᄀᆞᄅᆞ치심을 윤奇異 녁임으로 두려워ᄒᆞᆷ이라

⑪ 祭司諸長과 書記官들이 듯고 예수를 엇더케 滅할고 ᄭᅬ함은 무리가 다 그 가라치심을 奇異히 녁임으로 그를 두려워 함일너라

⑫ 대졔사쟝들과 셔긔관들이 듯고 예수를 엇더케 멸할가 하고 ᄭᅬ하니 이는 무리가 다 그의 교훈을 긔이히 녁임으로 그를 두려워 함일너라

⑬ 대제사장들과 서기관들이 듣고 예수를 어떻게 멸할까 하고 꾀하니 이는 무리가 다 그의 교훈을 기이히 여기므로 그를 두려워함일러라

⑭ 祭司長、律法學者たちはこれを聞いて、どうかしてイエスを殺そうと計った。彼らは、群衆がみなその教に感動していたので、イエスを恐れていたからである。

마가福音 11:19

① 旣暮,耶穌出城。

② 져물기여 ᄆᆡ양 셩에 나가

③ 져물기여 ᄆᆡ양 셩에 나가

④ 임의 져물어 예수ㅣ 셩에 나아와

⑤ 져믈 ᄣᅢ마다 예수ㅣ 셩에셔 나가시더라

⑥ ᄆᆡ양 져믈매 셩밧긔 나가시더라

⑦ ᄆᆡ양 저믈매 셩밧긔 나가시더라
(ᄆᆡ양 져믈매 셩 밧긔 나가시더라)
⑧ ᄆᆡ양져믈매 셩 밧긔 나가시더라
⑨ 每晩에 城 外에 出ᄒᆞ시더라
⑩ 날이 져물면 ᄆᆡ양 城밧그로 나가시더라
⑪ 매양 져물매 城밧그로 나가시더라
⑫ 매양 져물매 뎌희가 셩 밧그로 나가더라
⑬ 매양 저물매 저희가 성밖으로 나가더라
⑭ 夕方になると、イエスと弟子(でし)たちとは、いつものように都の外に出て行った。

마가福音 11:20
① 來朝,經過無花果樹,見自根而槁。
② 아침이 ᄂᆡ던 데를 올ᄊᆡ여 무화과 나무ᄅᆞᆯ 보니 ᄲᅮ리로붓터 말은지라
③ 아침에 지ᄂᆡ던 ᄊᆡ에 무화과 나무ᄅᆞᆯ 보니 ᄲᅮ리로붓터 말은지라
④ 잇튼날 아춤에 무화과 나무 아래ᄅᆞᆯ 지나며 보니 ᄲᅮᆯ이로브터 말넛거ᄂᆞᆯ
⑤ 뎌들이 아춤에 무화과 나무에 지날 ᄉᆡ ᄲᅮ희로브터 마ᄅᆞᆫ 거슬 보고
⑥ 뎌들이 아춤에 지날ᄉᆡ 무화과 나무가 ᄲᅮᆯ희로 브터 마ᄅᆞᆫ 거ᄉᆞᆯ 보고
⑦ 뎌들이 아춤에 지날ᄉᆡ 무화과 나무가 ᄲᅮᆯ희로브터 ᄆᆞᄅᆞᆫ 거슬 보고
(뎌들이 아춤에 지날ᄉᆡ 무화과나무가 ᄲᅮᆯ희로브터 ᄆᆞ른 거슬 보고)

⑧ 뎌들이 아춤에 지날시 무화과나무가 뿔희로브터 모른 거슬 보고
⑨ 彼等이 朝에 過홀시 無花果樹가 根으로브터 枯흔 거슬 見흐고
⑩ 아춤에 예수ㅣ 弟子와 홈쯰 無花果 나무 압흐로 지나실서 보시니 無花果 나무가 뿔희로브터 몰낫는지라
⑪ 뎌들이 아참에 지날새 無花果나무가 쑤리로 브터 마른 것을 보고
⑫ 뎌희가 아참에 니가라 째에 무화과 나무가 쑤리로브터 마른 것을 보고
⑬ 저희가 아침에 지나갈 때에 무화가 나무가 뿌리로부터 마른 것을 보고
⑭ 朝はやく道をとおっていると、彼らは先のいちじくが根元から枯れているのを見た。

마가福音 11:21

① 彼得憶而謂之曰,夫子,請觀爾所詛之無花果樹已槁矣。
② 피들이 싱각하고 갈아되 션싱님 악언하던 바 무화과 남우를 보소셔 말낫나이다
③ 피들이 싱각흐고 갈아되 션싱님 유감흐시던 바 무화과 남우롤 보소셔 말낫느이다
④ 베드로는 싱각흐고 엿주와 굴ᄋ되 부주여 청컨대 보쇼셔 너ㅣ 져주흔바 무화과 나무가 발셔 말넛느이다 흐니
⑤ 피득이 싱각흐고 엿주와 굴ᄋ되 션싱님 쳔컨대 화를 주신 무화과 나무를 보쇼셔 임의 말낫느이다
⑥ 베드로ㅣ 긔억흐고 엿주와 굴ᄋ되 션싱님이여 보쇼셔 져주 흐신 무화과 나무가 발셔 말낫느이다
⑦ 베드로ㅣ 긔억흐고 엿주와 굴ᄋ되 션싱님이여 보쇼셔 져주흐신 무화과 나무가 발셔 몰낫느이다
(베드로가 긔억흐고 엿주와 굴ᄋ되 션싱님이여 보쇼셔 져주흐신 무화과나무가 발셔 몰낫느이다)
⑧ 베드로가 긔억흐고 엿주와 굴ᄋ되 션싱님이여 보쇼셔 져주흐신 무화과나무가 발셔몰낫느이다
⑨ 베드로가 記憶흐고 稟흐야 曰 先生님이여 見흐쇼셔 詛呪흐신 無花果樹가 已枯흐엿느이다

⑩ 베드로가 記憶ᄒᆞ고 엿ᄌᆞ와 ᄀᆞᆯᄋᆞᄃᆡ 先生님이여 보쇼셔 咀呪ᄒᆞ신 無花果 나무가 ᄇᆞᆯ셔 ᄆᆞᆯ낫ᄂᆞ이다

⑪ 베드로가 記憶하고 엿자와 갈아대 先生님이어 보쇼셔 詛呪하신 無花果나무가 발셔 말낫나이다

⑫ 베드로가 생각이 나셔 엿자오대 랍비여 보쇼셔 저주하신 무화과 나무가 말낫난이다

⑬ 베드로가 생각이 나서 여짜오되 랍비여 보소서 저주하신 무화과 나무가 말랐나이다

⑭ そこで、ペテロは思い出してイエスに言った、「先生、ごらんなさい。あなたがのろわれたいちじくが、枯れています」。

마가福音 11:22

① 耶穌謂之曰,爾當信神。

② 예수 ᄃᆡ답하여 갈아샤ᄃᆡ 너희 하나님을 밋으라

③ 예수 ᄃᆡ답ᄒᆞ여 갈아샤ᄃᆡ 너희 하나님ᄋᆞᆯ 밋으라

④ 예수ㅣ 닐너 ᄀᆞᆯᄋᆞ샤ᄃᆡ 너ㅣ 맛당이 샹뎨ᄅᆞᆯ 밋을지니라

⑤ ᄃᆡ답ᄒᆞ여 ᄀᆞᆯᄋᆞ샤ᄃᆡ 네 맛당이 텬쥬을 밋을지니라

⑥ 예수ㅣ ᄃᆡ답 ᄒᆞ여 ᄀᆞᆯᄋᆞ샤ᄃᆡ 하ᄂᆞ님의 밋음을 가지라

⑦ 예수ㅣ ᄃᆡ답ᄒᆞ야 ᄀᆞᆯᄋᆞ샤ᄃᆡ 하ᄂᆞ님의 밋음을 가지라

(예수ㅣ ᄃᆡ답ᄒᆞ야 ᄀᆞᆯᄋᆞ샤ᄃᆡ 하ᄂᆞ님을 밋으라)

⑧ 예수ㅣ ᄃᆡ답ᄒᆞ야 ᄀᆞᆯᄋᆞ샤ᄃᆡ 하ᄂᆞ님을 밋으라

⑨ 예수가 答ᄒᆞ야 曰 上帝를 信ᄒᆞ라

⑩ 예수ㅣ ᄀᆞᆯᄋᆞ샤ᄃᆡ 하ᄂᆞ님을 밋으라

⑪ 예수ㅣ 對答하야 갈아샤대 하나님을 밋으라

⑫ 예수끠셔 대답하야 뎌희게 닐아샤대 하나님을 밋으라
⑬ 예수께서 대답하여 저희에게 이르시되 하나님을 믿으라
⑭ イエスは答えて言われた、「神を信じなさい」。

마가福音 11:23

① 我誠告爾,凡語此山云,移去投海,而中心不疑,乃信所言必成,則其所言者必得也。
② ᄂᆡ 실노 너희게 일오시나니 무론 이 산과 말하여 갈아되 옴가 바다에 더지라 하되 마암에 의심치 안코 말한 바 일울 줄 밋는 쟈는 주나니라
③ ᄂᆡ 실노 너희게 일오나니 무론 이 산과 말ᄒᆞ여 갈아ᄃᆡ 옴가 바다에 더지라 ᄒᆞ되 마암에 의심치 ᄋᆞᆫ코 오직 말한 바 일울 줄 밋는 쟈는 엇ᄂᆞ니라
④ 나ㅣ 진실노 너ᄃᆞ려 닐ᄋᆞᄂᆞ니 므롯 이 산을 명ᄒᆞ야 옴겨가셔 바다의 더지이라 ᄒᆞ며 ᄆᆞ음에 의심치 아니ᄒᆞ면 이에 말ᄒᆞᆫ대로 반ᄃᆞ시 되리라 밋은즉 그 말ᄒᆞᆫ대로 반ᄃᆞ시 되ᄂᆞ니
⑤ 내내 실노 너희게 닐ᄋᆞ노니 누구던지 이 산 ᄃᆞ려 말ᄒᆞ여 닐ᄋᆞᄃᆡ 옴겨 가셔 바다에 더지라 ᄒᆞ고 즁심에 의심치 안코 말ᄒᆞᆫ 거시 반ᄃᆞ시 일우리라 밋으면 곳 엇으리라
⑥ 내 실노 너희게 닐ᄋᆞ노니 누구던지 이 산ᄃᆞ려 ᄶᅧ셔 바다에 더지라 ᄒᆞ고 ᄆᆞ옴에 의심치 아니 ᄒᆞᄂᆞᆫ 이ᄂᆞᆫ 반ᄃᆞ시 일울줄 밋으면 곳 엇으리라
⑦ 내 실노 너희게 닐ᄋᆞ노니 누구던지 이 산ᄃᆞ려 ᄶᅧ셔 바다에 더지라ᄒᆞ고 ᄆᆞ옴에 의심치아니ᄒᆞ고 반ᄃᆞ시 일울줄 밋ᄂᆞᆫ이는 곳 엇으리라
(내 진실노 너희게 닐ᄋᆞ노니 누구던지 이 산ᄃᆞ려 ᄶᅧ셔 바다에 ᄲᅡ지라 ᄒᆞ고 ᄆᆞ옴에 의심치 아니ᄒᆞ고 반ᄃᆞ시 일울줄 밋는

이는 곳 엇으리라)

⑧ 내 진실노 너희게 닐ᄋᆞ노니 누구던지 이 산ᄃᆞ려 ᄯᅧ셔 바다에 ᄲᅡ지라 ᄒᆞ고 ᄆᆞ옴에 의심치 아니ᄒᆞ고 반ᄃᆞ시일울 줄 밋ᄂᆞᆫ 이는 곳 엇으리라

⑨ 我가 實노 爾等의게 諭ᄒᆞ노니 誰던지 此 山ᄃᆞ려 移하야 海에 沒ᄒᆞ라 ᄒᆞ고 心에 疑치 아니ᄒᆞ고 必成ᄒᆞᆯ 줄 信ᄒᆞᄂᆞᆫ 者ᄂᆞᆫ 곳 得ᄒᆞ리라

⑩ 내가 眞實노 너희의게 닐ᄋᆞ노니 누구던지 이 山 ᄃᆞ려 ᄯᅧ셔 바다에 ᄲᅡ지라 ᄒᆞ고 疑心치 아니ᄒᆞ고 반ᄃᆞ시 일울줄 밋으면 곳 일우리라

⑪ 내가 眞實로 너희게 닐아노니 누구던지 이 山다려 ᄯᅧ셔 바다에 ᄲᅡ지라 하고 마암에 疑心치 아니하고 반다시일을줄 밋는 이는 곳 엇으리라

⑫ 내가 진실노 너희게 닐아노니 누구던지 이 산다려 들녀 바다에 던지우라 하며 그 말하는 것이 일울줄 밋고 마암에 의심치 아니하면 그대로 되리라

⑬ 내가 진실로 너희에게 이르노니 누구든지 이 산더러 들리어 바다에 던지우라 하며 그 말하는 것이 이룰줄 믿고 마음에 의심치 아니하면 그대로 되리라

⑭ よく聞いておくがよい。だれでもこの山に、働き出して、海の中にはいれと言い、その言ったことは必ず成ると、心に疑わないで信じるなら、そのとおりに成るであろう。

마가福音 11:24

① 我故語爾,當祈禱時,不論何求,信其可得,則必得之矣。

② 고로 ᄂᆡ 너희게 말하나니 무론 빌어 구하는 바 어드물 밋은 즉 엇나니라

③ 고로 ᄂᆡ 너희게 말ᄒᆞᄂᆞ니 무론 빌어 구ᄒᆞᄂᆞᆫ 바 어드물 밋은 즉 엇ᄂᆞ니라
④ 나ㅣ 이런고로 너ᄃᆞ려 말ᄒᆞᄂᆞ니 긔도ᄒᆞᆯ ᄣᆡ롤 당ᄒᆞ야 무어술 구ᄒᆞᆷ을 의론치 말고 그 가히 엇을 줄노 밋은즉 반ᄃᆞ시 엇으리라
⑤ 그러므로 내 너희게 말ᄒᆞ노니 긔도ᄒᆞᆯ ᄣᆡ에 무어시던지 ᄆᆞᄋᆞᆷ에 의심치 안코 임의 엇을 줄노 밋으면 반ᄃᆞ시 엇으리라
⑥ 그럼으로 내 너희게 말ᄒᆞ노니 무어시던지 빌고 구ᄒᆞᄂᆞᆫ 거술 임의 밧은줄노 밋으라 ᄯᅩᄒᆞᆫ 밧으리라
⑦ 그러므로 내 너희게 말ᄒᆞ노니 무어시던지 빌고 구ᄒᆞᄂᆞᆫ 거슬 임의 밧은줄노 밋으라 ᄯᅩᄒᆞᆫ 밧으리라
(그럼으로 내가 너희게 말ᄒᆞ노니 무어시던지 빌고구ᄒᆞ는 거슬 임의 밧은 줄노 밋으라 그리ᄒᆞ면 밧으리라)
⑧ 그럼으로 내가 너희게 말ᄒᆞ노니 무어시던지 빌고구ᄒᆞᄂᆞᆫ 거슬 임의 밧은 줄노 밋으라 그리ᄒᆞ면 밧으리라
⑨ 然ᄒᆞᆷ으로 我가 爾等의게 言ᄒᆞ노니 何事던지 祈求ᄒᆞᄂᆞᆫ 거슬 임의 受ᄒᆞᆫ 줄노 信ᄒᆞ라 然ᄒᆞ면 受ᄒᆞ리라
⑩ 그럼으로 내가 너희의게 닐ᄋᆞ노니 무어슬 求ᄒᆞ던지 임의 밧은 줄노 밋으라 그리ᄒᆞ면 밧으리라
⑪ 그럼으로 내가 너희게 말하노니 무엇이던지 빌고 求하는 것을 임의 밧은 줄노 밋으라 그리하면 밧으리라
⑫ 그럼으로 내가 너희게 말하노니 무엇이던지 긔도하고 구하는 것은 밧은 줄노 밋으라 그리하면 너희게 그대로 되리라
⑬ 그러므로 내가 너희에게 말하노니 무엇이든지 기도하고 구하는 것은 반은줄로 믿으라 그리하면 너희에게 그대로 되리라
⑭ そこで、あなたがたに言うが、なんでも祈り求めることは、すでにかなえられたと信じなさい。そうすれば、そのとおり
になるであろう。

마가福音 11:25

① 爾立而祈禱時如與人有憾,宜免之,則爾父在天者,亦免爾過。
② ᄯᅩ 셔서 빌ᄣᅢ여 만약 사람이 틀니미 이사면 샤하여
③ ᄯᅩ 셔서 빌ᄣᅢ에 만약 사ᄅᆞᆷ이 틀니미 이ᄉᆞ면 샤ᄒᆞ여

④ 네가 서셔 긔도ᄒᆞᆯ ᄣᅢ에 만일 사ᄅᆞᆷ으로 더부러 혐의 잇거든 맛당이 푸러준즉 너의 아바님 하ᄂᆞᆯ에 계신 이도 ᄯᅩᄒᆞᆫ 네 허믈을
풀러 주시ᄂᆞ니
⑤ 네 만일 사ᄅᆞᆷ으로 더브러 혐의가 잇거든 서셔 긔도ᄒᆞᆯ ᄣᅢ에 맛당이 푸러주어야 하ᄂᆞᆯ에 계신 너의 아바지도 ᄯᅩᄒᆞᆫ 네 허믈을
풀러 주시ᄂᆞ니라
⑥ 서셔 긔도ᄒᆞᆯ ᄣᅢ에 사ᄅᆞᆷ으로 더브러 혐의가 잇거던 푸러 주어라 하ᄂᆞᆯ에 계신 너의 아바지도 ᄯᅩᄒᆞᆫ 네 허믈을 푸러 주시리라
⑦ 서셔 긔도ᄒᆞᆯ ᄣᅢ에 사ᄅᆞᆷ으로 더브러 혐의가 잇거든 풀어주어라 하ᄂᆞᆯ에 계신 너의 아바지도 ᄯᅩᄒᆞᆫ 네 허믈을 풀어주시리라
(서셔 긔도ᄒᆞᆯ ᄣᅢ에 사ᄅᆞᆷ으로 더브러 혐의가 잇거던 풀어주어라)
⑧ 서셔 긔도ᄒᆞᆯ ᄣᅢ에 사ᄅᆞᆷ으로 더브러 혐의가 잇거던 풀어 주어라
⑨ 立ᄒᆞ야 祈禱ᄒᆞᆯ 時에 人으로 더브러 嫌疑가 有ᄒᆞ거든 釋ᄒᆞ여 주어라
⑩ 서셔 祈禱ᄒᆞᆯ ᄣᅢ에 사ᄅᆞᆷ과 嫌疑가 잇거든 풀어ᄇᆞ리라
⑪ 서셔 祈禱할 ᄣᅢ에 사람으로 더브러 嫌疑가 잇거든 풀어쭈어라
⑫ 서셔 긔도할 ᄣᅢ에 아모의게나 혐의가 잇거든 용셔하라
⑬ 서서 기도할 때에 아무에게나 혐의가 있거든 용서하라
⑭ また立って祈るとき、だれかに對して、何か恨み事があるならば、ゆるしてやりなさい。そうすれば、天にいますあなた
がたの父も、あなたがたのあやまちを、ゆるしてくださるのであろう。

마가福音 11:26
① 若爾不免之,則爾父在天者亦不免爾過也。
② 너희 아밤 하ᄂᆞᆯ에 게신 이가 ᄯᅩ한 너희 허물올 샤케 하리라 하다라

③ 너희 아밤 하날에 계신 이가 ᄯᅩᄒᆞᆫ 너희 허물ᄋᆞᆯ 샤케 ᄒᆞ리라 ᄒᆞ더라
④ 만일 네가 푸러주지 아니ᄒᆞᆯ 디경이면 너의 아바님 하늘에 계신 이 ᄯᅩᄒᆞᆫ 네 허물을 푸러주지 아니ᄒᆞ시ᄂᆞ니라
⑤ 만일 네가 푸러 주지 아니면 곳 하놀에 계신 너의 아바니도 ᄯᅩᄒᆞᆫ 네 허물을 푸러 주지 아니시ᄂᆞ니라
⑥ 만일 네가 푸러 주지 아니면 곳 하놀에 계신 너의 아바지도 ᄯᅩᄒᆞᆫ 네 허물을 푸러 주지 아니시리라
⑦ 만일 네가 풀어주지아니면 곳 하놀에 계신 너의 아바지도 ᄯᅩᄒᆞᆫ 네 허믈을 풀어주지아니시리라
(그리ᄒᆞ여야 하놀에 계신 너의 아바지도 ᄯᅩᄒᆞᆫ 너희 허믈을 풀어주지아니시리라)
⑧ 그리ᄒᆞ여야 하놀에 계신 너희 아바지도 ᄯᅩᄒᆞᆫ 너희 허물을 풀어 주시리라
⑨ 然ᄒᆞ여야 天에 在ᄒᆞ신 爾 父도 ᄯᅩᄒᆞᆫ 爾等의 罪를 釋ᄒᆞ여 주시리라
⑩ 그리ᄒᆞ여야 하놀에 계신 너희 아바지도 너희 허물을 풀어주시라라
⑪ 그리하여야 하날에 계신 너희 아바지도 ᄯᅩ한 너희 허물을 풀어주시리라
⑫ 그리하여야 하날에 계신 너희 아바지도 너희 허물을 샤하야 주시리라 하셧더라
⑬ 그리하여야 하늘에 계신 너희 아비지도 너희 히물을 시히여 주시리리 히셨더리
⑭ 〔もしゆるさないならば、天にいますあなたがたの父も、あなたがたのあやまちを、ゆるしてくださらないであろう〕」

마가福音 11:27

① 耶穌福至耶路撒冷,行於殿,祭司諸長,士子,長老就之,
② 예수 다시 예루살임에 닐으러 셩뎐에 힝할 ᄣᅦ여 졔사쟝과 션비과 쟝노 나아와 갈아되
③ 예수 다시 예루살입에 닐으러 셩뎐에 힝할 ᄣᅦ에 졔사쟝과 션비과 쟝노 나아와 갈아듸
④ 예수ㅣ 다시 예루살넴에 니ᄅᆞ샤 뎐에 거니시더니 졔ᄉᆞ졔장과 션비 쟝로들이 나아와 무러 ᄀᆞᆯᄋᆞ듸 네 무슴 권으로ᄡᅥ 이러케

ᄒᆞ며 뉘가 너를 이 권을 주어 가히 이를 힝ᄒᆞ게 ᄒᆞᄂᆞ뇨

⑤ 뎌들이 다시 야로살림에 니ᄅᆞ러 예수ㅣ 셩뎐에 거니시더니 졔ᄉᆞ졔쟝과 셔샤관과 쟝로ㅣ 나아와

⑥ 다시 예루살넴에 니ᄅᆞ러 예수ㅣ 셩뎐에 거러 ᄃᆞᆫ니시더니 졔ᄉᆞ졔쟝과 셔샤관과 쟝로ㅣ 나아와

⑦ 다시 예루살넴에 니르러 예수ㅣ 셩뎐에 거러 ᄃᆞᆫ니시더니 졔ᄉᆞ졔쟝과 셔긔관과 쟝로ㅣ 나아와

(다시 예루살넴에 니르러 예수가 셩뎐에 거러 ᄃᆞᆫ니시더니 졔ᄉᆞ졔쟝과 셔긔관과 쟝로들이 나아와)

⑧ 다시 예루살넴에 니르러 예수가 셩뎐에 거러ᄃᆞᆫ니시더니 졔ᄉᆞ졔쟝과 셔긔관과 쟝로들이 나아와

⑨ 다시 예루살넴에 至ᄒᆞ야 예수가 聖殿에 散步ᄒᆞ시더니 祭司諸長과 書記官과 長老들이 就ᄒᆞ야

⑩ 예수ㅣ 弟子와 ᄒᆞᆷᄭᅴ 다시 예루살넴에 니르샤 聖殿에셔 거러ᄃᆞᆫ니시더니 祭司諸長과 書記官과 長老들이 내아와

⑪ 다시 예루살넴에 니르러 예수ㅣ 聖殿에셔 거러단니시더니 祭司諸長과 書記官과 長老들이 나아와

⑫ 뎌희가 다시 예루살넴에 드러가니라 예수ᄭᅴ셔 셩뎐에셔 거러 단니실 ᄯᅢ에 대졔사쟝들과 셔긔관들과 쟝로들이 나아와

⑬ 저희가 다시 예루살렘에 들어가니라 예수께서 성전에서 걸어 다니실 때에 대제사장들과 서기관들과 장로들이 나아와

⑭ 彼らはまたエルサレムにきた。そして、イエスが宮の內を步いておられると、祭司長、律法學者、長老たちが、みもとにきて言った、

마가福音 11:28

① 謂之曰,爾以何權行是,誰賜爾以此權,致可行是耶。

② 네 무슨 권셰로써 이를 힝ᄒᆞ며 뉘가 이를 힝하는 권셰로써 너를 주더냐 하니

③ 네 무순 권셰로써 이를 힝ᄒᆞ며 뉘가 이를 힝ᄒᆞᄂᆞᆫ 권셰로써 너를 주더냐 ᄒᆞ니

④ 예수ㅣ ᄃᆡ답ᄒᆞ야 ᄀᆞᆯᄋᆞ샤ᄃᆡ 나ㅣ ᄯᅩᄒᆞᆫ ᄒᆞᆫ 말노써 네게 무ᄅᆞ리니 너ㅣ 내게 ᄃᆡ답ᄒᆞ면 나ㅣ 무숨 권으로써 이를 힝홈을 네게

닐ᄋᆞ리라

⑤ 닐너 ᄀᆞᆯᄋᆞᄃᆡ 네가 무ᄉᆞᆷ 권셰로 이 일들을 ᄒᆡᆼᄒᆞ며 뉘가 이 권으로 너를 주어 이 일들을 ᄒᆡᆼᄒᆞ게 ᄒᆞ더냐

⑥ ᄀᆞᆯᄋᆞᄃᆡ 무ᄉᆞᆷ 권셰로 이 일을 ᄒᆡᆼᄒᆞ며 ᄯᅩ 뉘가 이 권셰롤 주어 이 일을 ᄒᆡᆼᄒᆞ게 ᄒᆞ더냐

⑦ ᄀᆞᆯᄋᆞᄃᆡ 무ᄉᆞᆷ 권셰로 이 일을 ᄒᆡᆼᄒᆞ며 ᄯᅩ 누가 이 권셰를 주어 이 일을 ᄒᆡᆼᄒᆞ게 ᄒᆞ더냐

(ᄀᆞᆯᄋᆞᄃᆡ 무ᄉᆞᆷ 권셰로 이 일을 ᄒᆡᆼᄒᆞ며 ᄯᅩ 누가 이 권셰를 주어 이 일을 ᄒᆡᆼᄒᆞ게 ᄒᆞ더냐)

⑧ ᄀᆞᆯᄋᆞᄃᆡ 무ᄉᆞᆷ 권셰로 이 일을 ᄒᆡᆼᄒᆞ며 ᄯᅩ 누가 이 권셰를 주어 이 일을 ᄒᆡᆼᄒᆞ게 ᄒᆞ더냐

⑨ 曰 何 權勢로 此 事를 行ᄒᆞ며 ᄯᅩ 誰가 此 權勢를 賜ᄒᆞ야 此 事를 行ᄒᆞ게 ᄒᆞ더냐

⑩ ᄀᆞᆯᄋᆞᄃᆡ 네가 무ᄉᆞᆷ 權勢로 이 일을 行ᄒᆞ며 누가 이 權勢를 주어 이 일을 行ᄒᆞ게 ᄒᆞ더냐

⑪ 갈아대 무삼 權勢로 이 일을 行하며 ᄯᅩ 누가 이 權勢를 주어 이 일을 行하게 하더냐

⑫ 갈아대 무삼 권셰로 이런 일을 하나뇨 누가 이런 일 할 이 권셰를 주엇나뇨

⑬ 가로되 무슨 권세로 이런 일을 하느뇨 누가 이런 일 할 이 권세를 주었느뇨

⑭「何の權威によってこれらの事をするのですか。だれが、そうする權威を受けたのですか」。

마가福音 11:29

① 耶穌答曰,我亦一言問爾,爾答我,則我以何權行是告爾,

② 예수 갈아샤되 닉 ᄯᅩ한 너희게 한 말을 물을 거시니 너희가 나를 ᄃᆡ답한 즉 닉 무순 권셰로써 이롤 ᄒᆡᆼᄒᆞ물 너희게 고할나

③ 예수 갈아샤ᄃᆡ 닉 ᄯᅩ한 너희게 한 말ᄋᆞᆯ 물ᄋᆞᆯ 거시니 너희가 나롤 ᄃᆡ답한 즉 닉 무순 권셰로써 이롤 ᄒᆡᆼᄒᆞ물 너희게 고ᄒᆞ리니

④ 요한의 셰례롤 하ᄂᆞᆯ노 조차ᄂᆞᆫ다 사ᄅᆞᆷ으로 조차ᄂᆞᆫ다 너ㅣ 내게 ᄃᆡ답ᄒᆞ라 ᄒᆞ시니

⑤ 예수ㅣ 더ᄃᆞ려 ᄀᆞᆯᄋᆞ샤ᄃᆡ 내 ᄯᅩᄒᆞᆫ ᄒᆞᆫ 말노 너희게 무ᄅᆞᆯ지니 ᄃᆡ답ᄒᆞ면 내 무ᄉᆞᆷ 권셰로 이 일들 ᄒᆡᆼᄒᆞᆷ을 너희게 닐ᄋᆞ리라

⑥ 예수ㅣ ᄀᆞᆯᄋᆞ샤ᄃᆡ 나도 ᄒᆞᆫ 말을 너희게 무ᄅᆞᆯ 거시니 ᄃᆡ답ᄒᆞ면 나도 무ᄉᆞᆷ 권셰로 이 일 힝ᄒᆞᆷ을 너희게 닐ᄋᆞ리라
⑦ 예수ㅣ ᄀᆞᆯᄋᆞ샤ᄃᆡ 나도 ᄒᆞᆫ 말을 너희게 무를 거시니 ᄃᆡ답ᄒᆞ면 나도 무ᄉᆞᆷ 권셰로 이 일 힝ᄒᆞᆷ을 너희게 닐ᄋᆞ리라
(예수ㅣ ᄀᆞᆯᄋᆞ샤ᄃᆡ 나도 ᄒᆞᆫ 말을 너희게 무를 거시니 ᄃᆡ답ᄒᆞ면 나도 무ᄉᆞᆷ 권셰로 이 일 힝ᄒᆞᆷ을 너희게 닐ᄋᆞ리라)
⑧ 예수ㅣ ᄀᆞᆯᄋᆞ샤ᄃᆡ 나도 ᄒᆞᆫ 말을 너희게 무를 거시니 ᄃᆡ답ᄒᆞ면 나도 무ᄉᆞᆷ 권셰로 이 일 힝ᄒᆞᆷ을 너희게 닐ᄋᆞ리라
⑨ 예수 曰 我도 一 言을 爾等의게 問ᄒᆞᆯ 거시니 答ᄒᆞ면 我도 何 權으로 此 事를 行ᄒᆞᆷ을 爾等의게 謂ᄒᆞ리라
⑩ 예수ㅣ ᄀᆞᆯᄋᆞ샤ᄃᆡ 나도 ᄒᆞᆫ 말을 너희의게 무르리니 對答ᄒᆞ면 나도 무ᄉᆞᆷ 權勢로 이 일 行ᄒᆞᆷ을 너희의게 닐ᄋᆞ리라
⑪ 예수ㅣ 갈아샤대 나도 한 말을 너희게 무를 것이니 對答하면 나도 무삼 權勢로 이 일 行함을 너희게 닐아리라
⑫ 예수ᄭᅴ셔 갈아샤대 나도 한 말을 너희게 무르리니 대답하라 그리하면 나도 무삼 권셰로 이런 일을 하는 지 닐아리라
⑬ 예수께서 가라사대 나도 한 말을 너희에게 물으리니 대답하라 그리 하면 나도 무슨 권세로 이런 일을 하는지 이르리라
⑭ そこで、イエスは彼らに言われた、「一つだけ尋ねよう。それに答えてほしい。そうしたら、何の権威によって、わたしがこれらの事をするのか、あなたがたに言おう。

마가福音 11:30

① 約翰之洗禮,自天乎,自人乎,爾答我。
② 요안ᄂᆡ 밥팀레가 하날노 말ᄆᆡ엿나냐 사람으로 말ᄆᆡ엿ᄂᆞ냐 나ᄅᆞᆯ ᄃᆡ답하라 하니
③ 요안ᄂᆡ 밥팀레가 하날노 말무엿ᄂᆞ냐 사ᄅᆞᆷ으로 말무엿ᄂᆞ냐 나ᄅᆞᆯ ᄃᆡ답ᄒᆞ라 ᄒᆞ니
④ 그 사ᄅᆞᆷ들이 ᄀᆞ만이 서로 의론ᄒᆞ여 ᄀᆞᆯᄋᆞᄃᆡ 만일 하ᄂᆞᆯ노 조찻다ᄒᆞ면 뎌ㅣ 반ᄃᆞ시 ᄀᆞᆯᄋᆞᄃᆡ 그러면 너ㅣ 엇지 밋지 아니ᄒᆞᄂᆞ냐 ᄒᆞᆯ 거시오
⑤ 요한의 셰례가 하ᄂᆞᆯ노 왓ᄂᆞ냐 사ᄅᆞᆷ으로 왓ᄂᆞ냐 ᄃᆡ답ᄒᆞ라

⑥ 요한의 셰례가 하ᄂᆞᆯ노셔 왓ᄂᆞ냐 사ᄅᆞᆷ으로셔 왓ᄂᆞ냐 ᄃᆡ답ᄒᆞ라 ᄒᆞ신ᄃᆡ
⑦ 요한의 셰례가 하ᄂᆞᆯ노 조차 왓ᄂᆞ냐 사ᄅᆞᆷ으로셔 왓ᄂᆞ냐 ᄃᆡ답ᄒᆞ라 ᄒᆞ신ᄃᆡ
(요한의 셰례가 하ᄂᆞᆯ노 ᄌᆞᆺ차왓ᄂᆞ냐 사ᄅᆞᆷ으로 ᄌᆞᆺ차왓ᄂᆞ냐 ᄃᆡ답ᄒᆞ라 ᄒᆞ신ᄃᆡ)
⑧ 요한의 셰례가 하ᄂᆞᆯ노 ᄌᆞᆺ차왓ᄂᆞ냐 사ᄅᆞᆷ으로 ᄌᆞᆺ차왓ᄂᆞ냐 ᄃᆡ답ᄒᆞ라 ᄒᆞ신ᄃᆡ
⑨ 요한의 洗禮가 天으로 從來ᄒᆞ엿ᄂᆞ냐 人으로 從來ᄒᆞ엿ᄂᆞ냐 答ᄒᆞ라 ᄒᆞ신ᄃᆡ
⑩ 요한의 洗禮가 하ᄂᆞᆯ노 ᄌᆞᆺ차 왓ᄂᆞ냐 사ᄅᆞᆷ으로 ᄌᆞᆺ차왓ᄂᆞ냐 對答ᄒᆞ라
⑪ 요한의 洗禮가 하날노 ᄌᆞᆺ차 왓나냐 사람으로 ᄌᆞᆺ차 왔나냐 對答하라 하신대
⑫ 요한의 셰례가 하날노셔냐 사람의게로셔냐 내게 대답하라
⑬ 요한의 세례가 하늘로서냐 사람에게로서냐 내게 대답하라
⑭ ヨハネのバプテスマは天からであった、人からであったか、答えなさい」。

마가福音 11:31

① 其人竊相議曰,若云自天,彼必曰,爾何不信之,
② 사사로히 의론하여 갈아되 만약 하날노 말믜엿다 하면 뎌 갈아되 글어면 엇지 밋지 안나냐 하고
③ 사사로히 의론ᄒᆞ여 갈아ᄃᆡ 만약 하날노 말무엿다 말ᄒᆞ면 뎌 갈아되 글어면 엇지 밋지 ᄋᆞᆫᄂᆞ냐 ᄒᆞ고
④ 만일 사ᄅᆞᆷ으로 조찻다ᄒᆞ면 ᄇᆡᆨ셩을 두려워 ᄒᆞᄂᆞ니 ᄇᆡᆨ셩들은 다 요한으로써 ᄎᆞᆷ 션지쟈ㅣ라 ᄒᆞᆷ이라 ᄒᆞ고
⑤ 그 사ᄅᆞᆷ들이 서로 의론ᄒᆞ여 ᄀᆞᆯᄋᆞᄃᆡ 만일 닐ᄋᆞᄃᆡ 하ᄂᆞᆯ노 왓다ᄒᆞ면 뎌ㅣ 반ᄃᆞ시 ᄀᆞᆯᄋᆞᄃᆡ 엇지 져를 밋지 안ᄂᆞ냐 ᄒᆞᆯ 거시요
⑥ 그들이 서로 의론ᄒᆞ야 ᄀᆞᆯᄋᆞᄃᆡ 하ᄂᆞᆯ노셔 왓다 ᄒᆞ면 엇지 뎌를 밋지 안ᄂᆞ냐 ᄒᆞᆯ 거시오
⑦ 그들이 서로 의론ᄒᆞ여 ᄀᆞᆯᄋᆞᄃᆡ 하ᄂᆞᆯ노셔 왓다ᄒᆞ면 엇지 뎌를 밋지안ᄂᆞ냐 ᄒᆞᆯ 거시오

(뎌희가 서로 의론ᄒᆞ야 ᄀᆞᆯᄋᆞᄃᆡ 하ᄂᆞᆯ노 좃차왓다 ᄒᆞ면 엇지 뎌를 밋지 안ᄂᆞ냐 ᄒᆞᆯ 거시오)

⑧ 뎌희가 서로의론ᄒᆞ야 ᄀᆞᆯᄋᆞᄃᆡ 하ᄂᆞᆯ노 좃차왓다 ᄒᆞ면 엇지 뎌를 밋지 안ᄂᆞ냐 ᄒᆞᆯ 거시오

⑨ 彼等이 相論ᄒᆞ야 曰 天으로 從來ᄒᆞ엿다 ᄒᆞ면 엇지 彼를 信치 안ᄂᆞ냐 ᄒᆞᆯ 거시오

⑩ 더희가 ᄀᆞ만히 議論ᄒᆞ야 ᄀᆞᆯᄋᆞᄃᆡ 하ᄂᆞᆯ노 좃차 왓다 ᄒᆞ면 엇지 더를 밋지 안ᄂᆞ냐 ᄒᆞᆯ거시오

⑪ 뎌희가서로 議論하야 갈아대 하날노 좃차 왓다하면 엇지 뎌를 밋지 안나냐 할 것이오

⑫ 뎌희가 서로 의론하야 갈아대 만일 하날노셔라 하면 엇지하야 뎌를 밋지 아니하엿나냐 할 것이니

⑬ 저희가 서로 의논하여 가로되 만일 하늘로서라 하면 어찌하여 저를 믿지 아니하였느냐 할것이니

⑭ すると、彼らは互いに論じて言った、「もし天からだと言えば、では、なぜ彼を信じなかったのか、とイエスは言うだろう。

마가福音 11:32

① 若云自人,則懼民,因民皆以約翰誠爲預言者也。

② 만약 사람으로 말미엿다 하면 빅셩이 무셔우문다 요안너로써 실노 션지를 삼으미라

③ 만약 사ᄅᆞᆷ으로 말무엿다 말ᄒᆞ면 빅셩이 무셔우문다 요안너로써 실노 션지ᄅᆞᆯ 삼으미라

④ 드ᄃᆡ여 예수ᄭᅴ ᄃᆡ답ᄒᆞ야 ᄀᆞᆯᄋᆞᄃᆡ 우리들은 모ᄅᆞ노라 ᄒᆞ니

⑤ 만일 닐ᄋᆞᄃᆡ 사ᄅᆞᆷ으로 왓다 ᄒᆞ면 빅셩이 무셔우니 빅셩이 다 요한을 진실노 션지라 ᄒᆞᆷ을 인ᄒᆞᆷ일너라

⑥ 사ᄅᆞᆷ으로셔 왓다 ᄒᆞ면 사ᄅᆞᆷ이 다 요한을 진실노 션지쟈로 녁임이니 빅셩을 무셔워 ᄒᆞᆫ다 ᄒᆞ고

⑦ 사ᄅᆞᆷ으로셔 왓다ᄒᆞ면 사ᄅᆞᆷ이 다 요한을 진실노 션지쟈로 녁임이니 빅셩을 무셔워ᄒᆞᆫ다 ᄒᆞ고

(사ᄅᆞᆷ으로 좃차왓다 ᄒᆞ면 사ᄅᆞᆷ이 다 진실노 요한을 션지쟈로 녁임이니 빅셩이 무셥다 ᄒᆞ고)

⑧ 사ᄅᆞᆷ으로 좃차왓다 ᄒᆞ면 사ᄅᆞᆷ이 다 진실노요한을 션지쟈로 녁이니 빅셩이 무셥다 ᄒᆞ고

⑨ 人으로 從來ᄒᆞ엿다 ᄒᆞ면 人이 다 요한을 眞實노 先知者로 녁이니 百姓이 可畏라 ᄒᆞ고

⑩ 사ᄅᆞᆷ으로 좃차왓다 ᄒᆞ면 사ᄅᆞᆷ이 다 요한은 眞實노 先知者라 ᄒᆞᄂᆞ니 百姓이 무셥다 ᄒᆞ고

⑪ 사람으로 좃차 왓다하면 사람이다 眞實노 요한을 先知者로 녁이니 百姓이 무셥다 하고

⑫ 그러면 사람의게로셔라 할가 하엿스나 모든 사람이 참 요한을 션지쟈로 녁임으로 뎌희가 백셩을 무셔워하는지라

⑬ 그러면 사람에게로서라 할까 하였으나 모든 사람이 참 요한을 선지자로 여기므로 저희가 백성을 무서워하는지라

⑭ しかし、人からだと言えば……」彼らは群衆を恐れていた。人々が皆、ヨハネを預言者だとほんとうに思っていたからである。

마가福音 11:33

① 遂對耶穌曰,我儕不知。耶穌謂之曰,我以何權行是,亦不告爾矣。

② 이여 ᄃᆡ답하여 갈아되 아지 못하노라 하니 예수 갈아샤되 ᄂᆡ ᄯᅩ한 너희게 무순 권셰로써 이를 힝ᄒᆞ믈 고치 안컷다 하다라

③ 이여 ᄃᆡ답ᄒᆞ여 갈아되 아지 못ᄒᆞ노라 ᄒᆞ니 예수 갈아샤ᄃᆡ ᄂᆡ ᄯᅩ한 너희게 무순 권셰로써 이ᄅᆞᆯ 힝ᄒᆞ믈 고치 안컷다 ᄒᆞ더라

④ 예수ㅣ 닐너 ᄀᆞᆯᄋᆞ샤ᄃᆡ 그러ᄒᆞ면 나ㅣ 무ᄉᆞᆷ 권으로써 이ᄅᆞᆯ 힝ᄒᆞᆷ을 ᄯᅩᄒᆞᆫ 네게 닐ᄋᆞ지 아니ᄒᆞ리라 ᄒᆞ시니라

⑤ 드ᄃᆡ여 예수ᄭᅴ ᄃᆡ답ᄒᆞ여 ᄀᆞᆯᄋᆞᄃᆡ 우리ᄂᆞᆫ 아지 못ᄒᆞ노라 ᄒᆞ니 예수ㅣ 닐너 ᄀᆞᆯᄋᆞ샤ᄃᆡ 내 무ᄉᆞᆷ 권셰로 이 일들 힝ᄒᆞᆷ을 ᄯᅩᄒᆞᆫ 너희게 닐ᄋᆞ지 아니리라

⑥ 예수ᄭᅴ ᄃᆡ답ᄒᆞᄃᆡ 우리가 아지 못 ᄒᆞ노라 ᄒᆞ니 예수ㅣ ᄀᆞᆯᄋᆞ샤ᄃᆡ 나도 무ᄉᆞᆷ 권셰로 이 일을 힝ᄒᆞᆷ을 너희게 닐ᄋᆞ지 아니 ᄒᆞ리라

⑦ 예수ᄭᅴ ᄃᆡ답ᄒᆞᄃᆡ 우리가 아지못ᄒᆞ노라 ᄒᆞ니 예수ㅣ ᄀᆞᆯᄋᆞ샤ᄃᆡ 나도 무ᄉᆞᆷ 권셰로 이 일 힝ᄒᆞᆷ을 너희게 닐ᄋᆞ지아니ᄒᆞ리라 ᄒᆞ시더라

(예수ᄭᅴ ᄃᆡ답ᄒᆞᄃᆡ 우리가 아지 못ᄒᆞ노라 ᄒᆞ니 예수ㅣ ᄀᆞᆯᄋᆞ샤ᄃᆡ 나도 무ᄉᆞᆷ 권셰로 이 일을 힝ᄒᆞᆷ을 너희게 닐ᄋᆞ지 아니ᄒᆞ리라 ᄒᆞ시더라)

⑧ 예수끠 ᄃᆡ답ᄒᆞᄃᆡ 우리가 아지 못ᄒᆞ노라 ᄒᆞ니 예수ㅣ ᄀᆞᆯᄋᆞ샤ᄃᆡ 나도 무슴 권셰로 이 일을 ᄒᆡᆼᄒᆞᆷ을 너희게 닐ᄋᆞ지 아니ᄒᆞ리라 ᄒᆞ시더라

⑨ 예수끠 答ᄒᆞᄃᆡ 我等이 知치 못ᄒᆞ노라 ᄒᆞ니 예수 曰 我도 何 權勢로 此 事를 行ᄒᆞᆷ을 爾等의게 謂치 아니ᄒᆞ리라 ᄒᆞ시더라

⑩ 對答ᄒᆞᆫ ᄃᆡ 우리가 아지 못ᄒᆞ노라 ᄒᆞᄂᆞᆫ지라 예수ㅣ ᄀᆞᆯᄋᆞ샤ᄃᆡ 나도 무슴 權勢로 이 일 行ᄒᆞᆷ을 너희의게 닐ᄋᆞ지 아니ᄒᆞ리라

⑪ 예수끠 對答하대 우리가 아지 못하노라 하니 예수ㅣ갈아샤대 나도 무삼 權勢로 이 일 行함을 너희게 닐아지 아니하리라 하시더라

⑫ 이에 예수끠 대답하야 갈아대 우리가 아지 못하노라 하니 예수끠셔 갈아샤대 나도 무삼 권셰로 이런 일을 하는지 너희게 닐아지 아니하리라 하시니라

⑬ 이에 예수께 대답하여 가로되 우리가 알지 못하노라 하니 예수께서 가라사대 나도 무슨 권세로 이런 일을 하는지 너희에게 이르지 아니하리라 하시니라

⑭ それで彼らは「わたしたちにはわかりません」と答えた。するとイエスは言われた、「私も何の權威によってこれらの事をするのか、あなたがたに言うまい」。

12장

마가福音 12:01

① 耶穌以譬喩語衆曰,有一人樹葡萄園以籬環之,掘酒榨,建塔,租與農夫,遂往遠地。

② 예수 비사로써 뭇사람게 말하되 사람이 포도원을 심우고 바주로써 둘우고 술틀 웅커리를 파고 토둔을 셔워 농인으게 세
주고 달은 ᄯᅡᆼ에 갓다가

③ 예수 비사로써 뭇사ᄅᆞᆷ게 말ᄒᆞ여 사ᄅᆞᆷ이 포도원ᄋᆞᆯ 심우고 바주로써 둘우고 술틀 웅커리ᄅᆞᆯ 파고 토둔ᄋᆞᆯ 셔워 농인의게 세
주고 달은 ᄯᅡ에 갓다가

④ 예수ㅣ 비유로써 여러 사ᄅᆞᆷ의게 말ᄉᆞᆷᄒᆞ여 ᄀᆞᆯᄋᆞ샤ᄃᆡ ᄒᆞᆫ 사ᄅᆞᆷ이 잇서 포도원을 심으고 울타리로써 두루고 슐 ᄆᆞᆫᄃᆞ는 틀을
노코 탑을 셰우고 원두 한의게도 지주고 드ᄃᆡ여 원방에 갓다가

⑤ 예수ㅣ 비유로 무리들의게 말ᄉᆞᆷᄒᆞ시기를 시작ᄒᆞ샤ᄃᆡ ᄒᆞᆫ 사ᄅᆞᆷ이 동산에 포도를 심으고 산울노 두루고 그 속에 슐짜는 틀을
두고 막을 짓고 농부의게 셰로 주고 이에 다른 싀골에 갓다가

⑥ 예수ㅣ 비유로 무리의게 말ᄉᆞᆷ ᄒᆞ시기ᄅᆞᆯ 시작ᄒᆞ샤ᄃᆡ ᄒᆞᆫ 사ᄅᆞᆷ이 포도밧흘 ᄆᆞᆫᄃᆞᆯ고 산울노 두루고 즙 짜는 틀 자리ᄅᆞᆯ 파고 망ᄃᆡ
ᄅᆞᆯ 짓고 농부의게 로 주고 이에 타국에 갓다가

⑦ 예수ㅣ 비유로 무리의게 말ᄉᆞᆷᄒᆞ시기를 시작ᄒᆞ샤ᄃᆡ ᄒᆞᆫ 사ᄅᆞᆷ이 포도밧흘 ᄆᆞᆫ들고 산 울노 두루고 즙 짜는 틀 자리를 파고 망ᄃᆡ
를 짓고 농부의게 셰로 주고 이에 타국에 갓다가
(예수ㅣ 비유로 무리의게 말ᄉᆞᆷᄒᆞ샤ᄃᆡ ᄒᆞᆫ 사ᄅᆞᆷ이 포도원을 ᄆᆞᆫᄃᆞᆯ고 산 울노 두루고 즙 짜는 틀자리를 파고 망ᄃᆡ를 짓고 농부
의게 셰로 주고 이에 타국에 갓다가)

⑧ 예수가 비유로 무리의게 말ᄉᆞᆷᄒᆞ샤ᄃᆡ ᄒᆞᆫ 사ᄅᆞᆷ이 포도원을 ᄆᆞᆫᄃᆞᆯ고 산울노 두루고 즙 짜는 틀자리를 파고 망ᄃᆡ를 짓고 농부의
게 셰로 주고 이에 타국에 갓다가

⑨ 예수가 譬喩로 衆의게 言ᄒᆞ샤ᄃᆡ 一 人이 葡萄園을 作ᄒᆞ고 生籬로 圍ᄒᆞ고 汁을 醡ᄒᆞᄂᆞᆫ 機基을 掘ᄒᆞ고 望臺를 造ᄒᆞ고 農夫의게

稅로 給ᄒᆞ고 이에 他國에 往ᄒᆞ엿다가

⑩ 예수ㅣ 譬喩로 무리의게 말ᄉᆞᆷᄒᆞ샤ᄃᆡ ᄒᆞᆫ 사ᄅᆞᆷ이 葡萄園을 ᄆᆞᆫ들고 산울노 두루고 汁짜ᄂᆞᆫ 틀 자리를 파고 望臺를 짓고 農夫의게 貰로 주고 他國에 다가

⑪ 예수ㅣ 譬喩로 무리의게 말삼하샤대 한 사람이 葡萄園을 만들고 산울노 두루고 汁 짜는 틀자리를 파고 望臺를 짓고 農夫의게 貰로 주고 이에 他에 갓다가

⑫ 예수쎄셔 비유로 뎌희게 말삼하샤대 한사람이 포도원을 만들고 산울노 두루고 즙짜는 구유 자리를 파고 망대를 짓고 농부들의게 셰로 주고 타국에 갓더니

⑬ 예수께서 비유로 저희에게 말씀하시되 한 사람이 포도원을 만들고 산울로 두루고 즙 짜는 구유 자리를 파고 망대를 짓고 농부들에게 세로 주고 타국에 갔더니

⑭ そこでイエスは譬(たとえ)で彼らに語り出された、「ある人がぶどう園造り、垣(かき)をめぐらし、また酒ぶねの穴を掘り、やぐらを立て、それを農夫たちに貸して、旅に出かけた。

마가福音 12:02

① 及期,遣一僕就農夫,欲由農夫就當納之葡萄園果。

② 긔약에 밋처 한 종을 보내여 농인으게 나아가 포도원에 열음을 거두고져 하니

③ 긔약에 밋처 한 죵볼 보내여 농인의게 나아가 포노원에 열음올 밧고셔 ᄒᆞ니

④ 때밋치매 ᄒᆞᆫ 하인을 보내여 원두한의게 맛당이 밧을 포도실과롤 밧으려 ᄒᆞ엿더니

⑤ 실과 닉는 때가 니ᄅᆞ매 죵을 농부의게 보내여 포도 동산 실과를 밧고져 ᄒᆞ니

⑥ 긔약이 니ᄅᆞ매 ᄒᆞᆫ 죵을 농부의게 보내여 포도밧 실과롤 밧고져 ᄒᆞ니

⑦ 긔약이 니르매 ᄒᆞᆫ 죵을 농부의게 보내여 포도 밧 실과를 밧고져ᄒᆞ니

(긔약이 니르매 ᄒᆞᆫ 죵을 농부의게 보내여 포도원 실과를 밧고져 ᄒᆞ니)

⑧ 긔약이 니르매 ᄒᆞᆫ 죵을 농부의게 보내여 포도원 실과를 밧고져 ᄒᆞ니

⑨ 期約이 至ᄒᆞ매 一 僕을 農夫의게 遣ᄒᆞ야 葡萄園 實果를 受ᄒᆞ고져 ᄒᆞ니

⑩ 期約이 니르매 ᄒᆞᆫ 죵을 農夫의게 보내여 實果를 밧고져 ᄒᆞ니

⑪ 期約이 니르매 한 죵을 農夫의게 보내여 葡萄園實果를 밧고져 하니

⑫ ᄯᅢ가 니르매 농부들의게 포도원 소츌 얼마를 밧으랴고 한 죵을 보내니

⑬ 때가 이르매 농부들에게 포도원 소출 얼마를 받으려고 한 종을 보내니

⑭ 季節になったので、農夫たちのところへ、ひとりの僕(しもべ)を送って、ぶどう園の収穫の分け前を取り立てさせようとした。

마가福音 12:03

① 農夫執而撲之,使其徒然而返。

② 다못 농인이 잡아텨 공연히 돌아오게 하ᄆᆡ

③ 다못 농인이 잡아티고 공연히 돌아가게 ᄒᆞᄆᆡ

④ 원두한이 잡아 ᄯᆞ려ᄒᆞ여곰 그져 도라가게 ᄒᆞ고

⑤ 그들이 죵을 잡아 ᄯᆞ리고 그저 보내거늘

⑥ 그들이 죵을 잡아 ᄯᆞ리고 그저 보내거늘

⑦ 그들이 죵을 잡아 ᄯᆞ리고 그져보내거늘

(뎌희가 죵을 잡아 싸리고 그져 보내거늘)
⑧ 뎌희가 죵을 잡아싸리고 그져 보내거늘
⑨ 彼等이 僕을 執打ᄒᆞ고 그져 遣ᄒᆞ거ᄂᆞᆯ
⑩ 農夫가 죵을 잡아 싸리고 그져 보내거ᄂᆞᆯ
⑪ 뎌희가 죵을 잡다 싸리고 그져 보내거늘
⑫ 뎌희가 죵을 잡아 심히 싸리고 그저 보내엿거늘
⑬ 저희가 종을 잡아 심히 때리고 거저 보내었거늘
⑭ すると、彼らはその僕をつかまえて、袋だたきにし、から手で歸らせた。

마가福音 12:04
① 復遣他僕就之,農夫投石傷其首,使之受辱而去。
② 다시 달은 죵을 보니니 농인이 그 멀이를 샹하고 능욕하여 돌녀 보니거날
③ 다시 달은 죵올 보니니 농인이 그 멀이롤 샹ᄒᆞ고 능욕ᄒᆞ나
④ 다시 다른 하인을 보내여 나아가니 원두한이 돌을 더져 그 머리롤 샹ᄒᆞ야 ᄒᆞ여 곰욕을 보고 가게 ᄒᆞ며
⑤ 다시 다른 죵을 보내니 농부ㅣ 그 머리를 돌노 샹ᄒᆞ고 욕을 주거ᄂᆞᆯ
⑥ 다시 다른 죵을 보내니 농부ㅣ 돌노 쳐 머리ᄅᆞᆯ 샹ᄒᆞ고 능욕 ᄒᆞ거ᄂᆞᆯ
⑦ 다시 다른 죵을 보내니 농부ㅣ 돌노 쳐 머리를 샹ᄒᆞ고 능욕ᄒᆞ거늘
(다시 다른죵은 보내니 농부가 돌노 쳐 머리를 샹ᄒᆞ고 릉욕ᄒᆞ거ᄂᆞᆯ)
⑧ 다시 다른죵을 보내니 농부가 돌노 쳐 머리를 샹ᄒᆞ고 릉욕ᄒᆞ거ᄂᆞᆯ

⑨ 다시 他僕을 遣ᄒᆞ니 農夫가 石으로 打ᄒᆞ야 頭를 傷ᄒᆞ고 凌辱ᄒᆞ거ᄂᆞᆯ
⑩ 다시 다른 죨을 보내니 農夫가 돌노쳐 머리를 傷ᄒᆞ고 凌辱ᄒᆞ거ᄂᆞᆯ
⑪ 다시 다른 죵을 보내니 農夫가 돌노 쳐 머리를 傷하고 凌辱하거늘
⑫ 다시 다른 죵을 보내니 그의 머리에 샹쳐를 내고 릉욕하엿거늘
⑬ 다시 다른 종을 보내니 그의 머리에 상처를 내고 능욕하였거늘
⑭ また他の僕を送ったが、その頭をなぐって侮辱した。

마가福音 12:05

① 又遣一僕,農夫殺之。後,多遣其僕,農夫或撲之,或殺之。
② ᄯᅩ 한 죵ᄋᆞᆯ 보ᄂᆡ니 농인이 주기ᄂᆞᆫ지라 ᄯᅩ 달은 죵 열어ᄅᆞᆯ 보ᄂᆡ니 혹 치며 혹 주기ᄂᆞᆫ지라
③ ᄯᅩ 한 죵ᄋᆞᆯ 보ᄂᆡ니 농인이 주기ᄂᆞᆫ지라 ᄯᅩ 달은 죵 열어ᄅᆞᆯ 보ᄂᆡ니 혹 치며 혹 주기ᄂᆞᆫ지라
④ ᄯᅩ 한 하인을 보내니 원두한이 죽인지라 후에 하인을 만히 보내니 원두한이 혹 치기도ᄒᆞ며 혹 죽이기도 ᄒᆞ고
⑤ ᄯᅩ 다ᄅᆞᆫ 죵을 보내니 농부ㅣ 그 죵을 죽이고 ᄯᅩ 죵들을 만히 보내니 혹 ᄊᆞ리기도 ᄒᆞ고 혹 죽이기도 ᄒᆞᄂᆞᆫ지라
⑥ ᄯᅩ 다ᄅᆞᆫ 죵을 보내니 농부ㅣ 그 죵을 죽이고 ᄯᅩ 죵들을 만히 보내니 혹 ᄊᆞ리기도 ᄒᆞ고 혹 죽이기도 ᄒᆞᄂᆞᆫ지라
⑦ ᄯᅩ 다ᄅᆞᆫ 죵을 보내니 농부ㅣ 그 죵을 죽이고 ᄯᅩ 죵들을 만히 보내니 혹 ᄊᆞ리기도ᄒᆞ고 혹 죽이기도ᄒᆞᄂᆞᆫ지라
(ᄯᅩ 다른 죵을 보내니 농부가 그 죵을 죽이고 ᄯᅩ 죵들을 만히 보내니 혹 싸리기도 ᄒᆞ고 혹 죽이기도 ᄒᆞᄂᆞᆫ지라)
⑧ ᄯᅩ 다른죵을 보내니 농부가 그 죵을 죽이고 ᄯᅩ 죵들을 만히보내니 혹 싸리기도 ᄒᆞ고 혹 죽이기도 ᄒᆞᄂᆞᆫ지라
⑨ ᄯᅩ 他僕을 遣ᄒᆞ니 農夫가 其 僕을 殺ᄒᆞ거ᄂᆞᆯ ᄯᅩ 僕들을 多送ᄒᆞ니 或 打ᄒᆞ기도 ᄒᆞ고 或 殺ᄒᆞ기도 ᄒᆞᄂᆞᆫ지라
⑩ ᄯᅩ 다른 죵을 보내니 農夫가 죽이거ᄂᆞᆯ 다른 죵들을 만히 보내니 或 싸리기도 ᄒᆞ고 或 죽이기도 ᄒᆞᄂᆞᆫ지라

⑪ ᄯᅩ 다른 죵을 보내니 農夫가 그 죵을 죽이거늘 ᄯᅩ 죵들을 만히 보내니 或 ᄯᅡ리기도 하고 或 죽이기도 하는지라
⑫ ᄯᅩ 다른 죵을 보내니 뎌희가 그를 죽이고 ᄯᅩ 기외 만흔 죵들도 혹은 ᄯᅡ리고 혹은 죽인지라
⑬ 또 다른 종을 보내니 저희가 그를 죽이고 또 그의 많은 종들도 혹은 때리고 혹은 죽인지라
⑭ そこでまた他のものを送ったが、今度はそれを殺してしまった。そのほか、なお大ぜいの者を送ったが、彼らを打ったり、殺したりした。

마가福音 12:06

① 猶有愛子一,卒遣焉,以爲彼必敬我子矣。
② 사로 한나이 이사니 곳 사랑하ᄂᆞᆫ 아달이라 마즈막에 ᄯᅩ한 보ᄂᆡ며 일오되 뎌 ᄂᆡ 아달을 공경하리라 하다라
③ 사로 ᄒᆞᆫ나이 이ᄉᆞ니 곳 사랑ᄒᆞᄂᆞᆫ 아달이라 마즈막에 ᄯᅩ한 보ᄂᆡ며 일오되 뎌 ᄂᆡ 아달올 공경ᄒᆞ리라 ᄒᆞ더라
④ 오히려 귀ᄒᆞ여ᄒᆞᄂᆞᆫ 아ᄃᆞᆯ ᄒᆞ나히 잇ᄂᆞᆫ지라 ᄆᆞᆺ츰내 보내며 ᄉᆡᆼ각ᄒᆞ되 뎌ㅣ 반ᄃᆞ시 내 아ᄃᆞᆯ은 ᄃᆡ졉ᄒᆞ리라 ᄒᆞ엿더니
⑤ ᄉᆞ랑ᄒᆞᄂᆞᆫ 외아ᄃᆞᆯ이 잇ᄉᆞ니 ᄆᆞᄋᆞᆷ에 혜아리되 뎌희가 내 아ᄃᆞᆯ은 공경ᄒᆞ리라 ᄒᆞ고 ᄆᆞᆺ츰내 보내엿더니
⑥ 오히려 ᄉᆞ랑 ᄒᆞᄂᆞᆫ 외 아ᄃᆞᆯ이 잇ᄉᆞ니 ᄆᆞᆺ츰내 보내며 ᄀᆞᆯᄋᆞᄃᆡ 내 아ᄃᆞᆯ은 공경ᄒᆞ리라 ᄒᆞ엿더니
⑦ 오히려 ᄉᆞ랑ᄒᆞᄂᆞᆫ 외 아ᄃᆞᆯ이 잇ᄉᆞ니 맛츰내 보내며 ᄀᆞᆯᄋᆞᄃᆡ 내 아ᄃᆞᆯ은 공경ᄒᆞ리라 ᄒᆞ엿더니
(오히려 ᄉᆞ랑ᄒᆞ는 외아ᄃᆞᆯ이 잇스니 ᄆᆞᆺ츰내 보내며 ᄀᆞᆯᄋᆞᄃᆡ 내 아ᄃᆞᆯ은 공경ᄒᆞ리라 ᄒᆞ엿더니)
⑧ 오히려 ᄉᆞ랑ᄒᆞ는 외아ᄂᆞᆯ이 잇ᄉᆞ니 ᄆᆞᆺ츰내 보내며 ᄀᆞᆯᄋᆞ니 내아ᄃᆞᆯ은 공경ᄒᆞ리라 ᄒᆞ엿더니
⑨ 오히려 愛ᄒᆞᄂᆞᆫ 獨子가 有ᄒᆞ니 ᄆᆞᆺ츰내 遣ᄒᆞ며 曰 我子ᄂᆞᆫ 恭敬ᄒᆞ리라 ᄒᆞ엿더니
⑩ 오히려 ᄉᆞ랑ᄒᆞᄂᆞᆫ 외아ᄃᆞᆯ이 잇슴으로 ᄆᆞᆺ츰내 보내며 ᄀᆞᆯᄋᆞᄃᆡ 내 아ᄃᆞᆯ은 恭敬ᄒᆞ리라 ᄒᆞ엿더니
⑪ 오히려 사랑하는 외아달이 잇스니 맛참내 보내며 갈아대 내 아달은 恭敬하리라 하엿더니

⑫ 오히려 한 사람이 잇스니 곳 그의 사랑하는 아달이라 최후로 이를 보내며 갈아대 내 아달은 공경하리라 하엿더니
⑬ 오히려 한 사람이 있으니 곧 그의 사랑하는 아들이라 최후로 이를 보내며 가로되 내 아들은 공경하리라 하였더니
⑭ ここに、もうひとりの者がいた。それは彼の愛子(あいし)であった。自分の子は敬ってくれるだろうと思って、最後に彼をつかわした。

마가福音 12:07

① 彼農夫相語曰,此其嗣子也,且來殺之,則業歸我矣。
② 다못 농인이 서로 말하되 이ᄂᆞᆫ 쟝손이니 주기면 산업이 우리 ᄒᆡ라 하고
③ 다못 농인이 서로 말ᄒᆞ되 이ᄂᆞᆫ 쟝손이니 주기면 산업이 우리 ᄒᆡ라 ᄒᆞ고
④ 그 원두한들이 서로 말ᄒᆞᄃᆡ 이ᄂᆞᆫ 그 아ᄃᆞᆯ이니 오거든 죽이면 그 산업이 우리게 도라 오리라 ᄒᆞ고
⑤ 농부들이 서로 말ᄒᆞᄃᆡ 이ᄂᆞᆫ 산업을 니을 쟈ㅣ니 와셔 ᄒᆞᆷᄭᅴ 죽여 그 산업이 우리게로 도라오게 ᄒᆞ자 ᄒᆞ고
⑥ 그 농부들이 서로 말ᄒᆞᄃᆡ 이ᄂᆞᆫ 유업을 니을 쟈ㅣ니 죽이자 그 유업이 우리 거시 되리라 ᄒᆞ고
⑦ 그 농부들이 서로 말ᄒᆞᄃᆡ 이는 유업을 니을 쟈ㅣ니 죽이자 그 유업이 우리 거시 되리라 ᄒᆞ고
(그 농부들이 서로 말ᄒᆞᄃᆡ 이는 유업을 엇을 쟈니 죽이자 그 유업이 우리 거시 되리라 ᄒᆞ고)
⑧ 그 농부들이 서로말ᄒᆞᄃᆡ 이는 유업을 엇을 쟈니 죽이자 그 유업이 우리 거시 되리라 ᄒᆞ고
⑨ 其 農夫들이 相言ᄒᆞᄃᆡ 此은 遺業을 得ᄒᆞᆯ 者니 殺ᄒᆞ자 其 遺業이 我等의 거시 되리라 ᄒᆞ고
⑩ 그 農夫들이 서로 議論ᄒᆞ되 이ᄂᆞᆫ 遺業을 엇을 者니 죽이자 그 遺業이 우리 거시 되리라 ᄒᆞ고
⑪ 그 農夫들이 서로 말하대 이는 遺業을 엇을 者니 죽이자 그 遺業이 우리 것이 되리라 하고
⑫ 뎌 농부들이 서로 말하대 이는 상쇽자니 자ㅣ 죽이자 그러면 그 유업이 우리 것이 되리라 하고

⑬ 저 농부들이 서로 말하되 이는 상속자니 자 죽이자 그러면 그 유업이 월 것이 되리라 하고
⑭ すると、農夫たちは『あれはあと取りだ。さあ、これを殺してしまおう。そうしたら、その財産はわれわれのものになるのだ』と話し合い、

마가福音 12:08

① 遂執而殺之,棄於園外。
② 이여 잡아 주겨 동산 밧게 버리니
③ 이여 잡아 주겨 동산 밧게 버리니
④ 드ᄃᆡ여 잡아 죽여 동산 밧긔 ᄇᆞ렷더니
⑤ 드ᄃᆡ여 잡아 죽여 동산 밧긔 ᄇᆞ리니
⑥ 잡아 죽여 포도밧 밧끠 내여 더지니
⑦ 잡아 죽여 포도밧밧긔 내여더지니
(잡아 죽여 포도원 밧긔 내여던지니)
⑧ 잡아죽여 포도원 밧긔 내여던지니
⑨ 執殺ᄒᆞ야 葡萄園 外에 拋棄ᄒᆞ니
⑩ 잡아죽여 葡萄園 밧게 내여 던졋ᄂᆞ니
⑪ 잡아죽여 葡萄園 밧긔 내여 던지니
⑫ 이에 잡아 죽여 포도원 밧게 내여 던졋나니라
⑬ 이에 잡아 죽여 포도원 밖에 내어 던졌느니라

⑭ 彼をつかまえて殺し、ぶどう園の外に投げ捨てた。

마가福音 12:09

① 園主將何爲哉,必至而滅農夫,以園託他人。
② 원쥬 쟝차 엇지 하리요 와셔 이 농인을 망하고 동산을 달은 사람으게 붓치리라
③ 원쥬 쟝차 엇지 ᄒᆞ리요 와셔 이 농인ᄋᆞᆯ 망ᄒᆞ고 동산ᄋᆞᆯ 달은 사ᄅᆞᆷ의게 붓치리라
④ 동산 쥬인이 쟝ᄎᆞᆺ 니ᄅᆞ러 원두한을 멸ᄒᆞ고 동산을 다ᄅᆞᆫ이의게 맛기니
⑤ 동산 쥬인이 엇더케 ᄒᆞ리오 반ᄃᆞ시 니ᄅᆞ러 농부를 멸ᄒᆞ고 동산을 다른 사ᄅᆞᆷ의게 맛기리라
⑥ 포도밧 쥬인이 엇더케 ᄒᆞ리오 반ᄃᆞ시 니ᄅᆞ러 농부ᄅᆞᆯ 진멸ᄒᆞ고 포도밧ᄒᆞᆯ 다른 사ᄅᆞᆷ의게 맛기리라
⑦ 포도밧 쥬인이 엇더케 ᄒᆞ리오 반ᄃᆞ시 니르러 농부를 진멸ᄒᆞ고 포도밧ᄒᆞᆯ 다른 사ᄅᆞᆷ의게 맛기리라
(포도원 쥬인이 엇더케 ᄒᆞ리오 반ᄃᆞ시 니르러 농부를 진멸ᄒᆞ고 포도원을 다른 사ᄅᆞᆷ의게 맛기리라)
⑧ 포도원 쥬인이 엇더케 ᄒᆞ리오 반ᄃᆞ시 니르러 농부를 진멸ᄒᆞ고 포도원을 다른사ᄅᆞᆷ의게 맛기리라
⑨ 葡萄園 主人이 何如케 ᄒᆞ리오 반ᄃᆞ시 至ᄒᆞ야 農夫를 殄滅ᄒᆞ고 葡萄園을 他人의게 任ᄒᆞ리라
⑩ 葡萄園 主人이 엇더케 處憤ᄒᆞ겟ᄂᆞ뇨 반ᄃᆞ시 니르러 農夫를 盡滅ᄒᆞ고 葡萄園을 다른 사ᄅᆞᆷ의게 맛기리라
⑪ 葡萄園主人이 덧더케 하리오 반다시 니르러 農夫를 殄滅하고 葡萄園을 다른 사람의게 맛기리라
⑫ 포도원 쥬인이 엇더케 하겟나뇨 와셔 그 농부들을 진멸하고 포도원을 다른 사람들의게 주리라
⑬ 포도원 주인이 어떻게 하겠느뇨 와서 그 농부들을 진멸하고 포도원을 다른 사람들에게 주리라
⑭ このぶどう園の主人は、どうするだろうか。彼は出てきて、農夫たちを殺し、ぶどう園を他の人々に与えるであろう。

마가福音 12:10

① 聖書云,工師所棄之石,成爲室隅之首石,

② 너희 이 긔록 일은 바 쟝인이 버린 바 돌노 집모퉁이 요긴한 돌을 삼아스니

③ 너희 이 긔록 일은 바 쟝인이 버린 바 돌노 집모퉁이 요긴한 돌ᄋᆞᆯ 삼아ᄉᆞ니

④ 셩셔에 닐넛시되 쟝인ᄇᆞ린 돌이 집모퉁이에 머리돌이 되게 ᄒᆞ리니

⑤ 이 성경에 닐ᄋᆞᆫ 바 장인의 ᄇᆞ린 돌이 집 못퉁이에 요긴ᄒᆞᆫ 돌이되ᄂᆞ니

⑥ 이 셩경 말솜도 닑지 아니 ᄒᆞ엿ᄂᆞ냐 쟝인이 ᄇᆞ린 돌이 곳 이ᄂᆞᆫ 집 모퉁이에 요긴ᄒᆞᆫ 돌이 되ᄂᆞ니

⑦ 이 성경말솜도 닑지 아니ᄒᆞ엿ᄂᆞ냐 쟝인이 ᄇᆞ린 돌이 곳 이ᄂᆞᆫ 집 모퉁이에 요긴ᄒᆞᆫ 돌이 되ᄂᆞ니
(이 셩경 말솜도 닑지 아니ᄒᆞ엿ᄂᆞ냐 쟝인의 ᄇᆞ린 돌이 집모퉁이에 요긴ᄒᆞᆫ 돌이 되ᄂᆞ니)

⑧ 이 셩경 말솜도 닑지 아니ᄒᆞ엿ᄂᆞ냐 쟝인이 ᄇᆞ린 돌이 집모퉁이에 요긴ᄒᆞᆫ 돌이 되ᄂᆞ니

⑨ 此 聖經의 言도 讀ᄒᆞ지 아니ᄒᆞ엿ᄂᆞ냐 匠人의 棄ᄒᆞᆫ 石이 屋隅의 要緊ᄒᆞᆫ 石이 되ᄂᆞ니

⑩ 이 聖經 밀ᄉᆞᆷ을 닑지 못ᄒᆞ엿ᄂᆞ나 匠人의 ᄇᆞ린 돌이여 집 모퉁이 미리돌이 되엿도다

⑪ 이 聖經 말삼도 닑지 아니하엿나냐 匠人의 바린돌이 집 모퉁이에 要緊한 돌이 되나니

⑫ 너희가 셩경에 건축쟈들의 바린 돌이 모퉁이의 머리돌이 되엿나니

⑬ 너희가 성경에 건축자들의 버린 돌이 모퉁이의 머릿돌이 되었나니

⑭ あなたがたは、この聖書の句を讀んだことがないのか。『家造りらの捨てた石が、隅(すみ)のかしら石になった。

미기福音 12:11

① 此主所成者,在我目中爲奇也,爾未嘗讀乎。

② 이는 쥬의 일운 바라 닉 눈에 긔묘하물 삼는다 하물 오이지 못하엿나냐 하니
③ 이는 쥬의 일운 바라 닉 눈에 긔묘ᄒᆞ물 삼는다 ᄒᆞ물 오이지 못ᄒᆞ엿ᄂᆞ냐 ᄒᆞ니
④ 이는 쥬ᄭᅴ셔 일운 바ㅣ 내 눈에 잇서 긔득ᄒᆞᆷ이 되리라 ᄒᆞ니 너ㅣ 일즉이 닑지 못ᄒᆞ엿ᄂᆞ냐
⑤ 이거손 쥬ᄭᅴ셔 일우신 거시오 우리 눈에 긔이ᄒᆞᆷ이라 ᄒᆞᆷ을 너희가 도모지 닑지 아니ᄒᆞ엿ᄂᆞ냐
⑥ 이 거손 쥬ᄭᅴ셔 일우신 거시오 우리 눈에 긔이ᄒᆞᆫ 거시라 ᄒᆞ시니라
⑦ 이 거슨 쥬ᄭᅴ셔 일우신 거시오 우리 눈에 긔이ᄒᆞᆫ 거시라 ᄒᆞ시니라
(이거슨 쥬가 일우신 거시오 우리 눈에 긔이ᄒᆞᆷ이라 ᄒᆞ시니라)
⑧ 이거슨 쥬가 일우신 거시오 우리 눈에 긔이ᄒᆞᆷ이라 ᄒᆞ시니라
⑨ 此는 主가 成ᄒᆞ신 거시오 我等의 目에 奇異ᄒᆞᆷ이라 ᄒᆞ시니라
⑩ 여호와의 일우심이여 우리 눈에 奇異ᄒᆞ도다 ᄒᆞ엿ᄂᆞ니라
⑪ 이것은 主ᄭᅴ셔 일우신 것이오 우리 눈에 奇異함이라 하시니라
⑫ 이것은 쥬로 말매암아 된 것이오 우리 눈에 긔이하도다 함을 닑어보지도 못하엿나냐 하시니라
⑬ 이것은 주로 말미암아 된것이요 우리 눈에 기이하도다 함을 읽어보지도 못하였느냐 하시니라
⑭ これは主がなされたことで、わたしたちの目には不思議に見える』」。

마가福音 12:12

① 其人知耶穌設此譬以指己,欲執之而懼衆,遂離之去。
② 그 사룸덜이 이 비사가 자긔를 갈아치는 줄 알고 잡고져 하되 다뭇 뭇사람을 무셔워 하여 ᄯᅥ나가더라
③ 그 사룸덜이 이 비사가 자긔롤 갈아치는 줄 알고 잡고져 ᄒᆞ되 다뭇 뭇사룸올 무셔워 ᄒᆞ여 ᄯᅥ나가더라

④ 그 사ᄅᆞᆷ이 예수가 이 비유ᄅᆞᆯ 베푸러써 ᄌᆞ긔ᄅᆞᆯ ᄀᆞᄅᆞ치심을 알고 잡고져 ᄒᆞ나 모든 사ᄅᆞᆷ을 두려워ᄒᆞ야 드듸여 그져 나아가니라
⑤ 그들이 예수를 잡고져 ᄒᆞ되 그져 가기ᄂᆞᆫ 무리를 두려워 ᄒᆞᆷ이니 대개 예수 비유로 뎌희를 ᄀᆞᄅᆞ치심을 알밀너라
⑥ 그들이 예수ㅣ 이 비유로 뎌희ᄅᆞᆯ ᄀᆞᄅᆞ치심을 알고 잡고져 ᄒᆞ되 그져 써나 가기ᄂᆞᆫ 무리ᄅᆞᆯ 두려워 ᄒᆞᆷ이라
⑦ 그들이 예수ㅣ 이 비유로 뎌희를 ᄀᆞᄅᆞ치심을 알고 잡고져ᄒᆞ되 그저 써나가기ᄂᆞᆫ 무리를 두려워ᄒᆞᆷ이러라
(뎌희가 예수가 이 비유로 ᄌᆞ긔를 ᄀᆞᄅᆞ치신 줄을 알고 잡고져 ᄒᆞ되 그저 써나가기는 무리를 두려워ᄒᆞᆷ이러라)
⑧ 뎌희가 예수ㅣ 이 비유로 ᄌᆞ긔를 ᄀᆞᄅᆞ치신 줄을 알고 잡고져 ᄒᆞ되 그저 써나가기ᄂᆞᆫ 무리를 두려워ᄒᆞᆷ이러라
⑨ 彼等이 예수가 此 譬喩로 自己를 指ᄒᆞ신 줄을 知ᄒᆞ고 執ᄒᆞ고져 ᄒᆞ되 그져 離去ᄒᆞ기ᄂᆞᆫ 衆을 懼ᄒᆞᆷ이러라
⑩ 더희가 예수ㅣ 이 譬喩로 自己를 ᄀᆞᄅᆞ치신 줄을 알고 잡고져 ᄒᆞ되 무리를 두려워ᄒᆞ야 그져가더라
⑪ 뎌희가 예수ㅣ이 譬喩로 自己를 가라치신 줄을 알고 잡고져 하되 그져 써나가기는 무리를 두려워 함이리라
⑫ 뎌희가 예수의 이 비유는 자긔들을 가라쳐 말삼하심인 줄 알고 잡고져 하되 무리를 두려워 하야 예수를 바려두고 가니라
⑬ 저희가 예수의 이 비유는 자기들을 가리켜 말씀하심인줄 알고 잡고자 하되 무리를 두려워하여 예수를 버려두고 가니라
⑭ 彼らはいまの譬(たとえ)が、自分たちに当てて語られたことを悟ったので、イエスを捕えようとしたが、群衆を恐れた。
そしてイエスをそこに殘して立ち去った。

마가福音 12:13

① 後遣啈唎㗂人與希律黨數人就之,欲卽其言以罟之。
② 바리ᄉᆡ인과 헤롯의 무리 수인을 보ᄂᆡ여 그 말노써 그 물코져 하여
③ 바리ᄉᆡ인과 헤롯의 무리 수인ᄋᆞᆯ 보ᄂᆡ여 그 말노써 그 물코져 ᄒᆞ여
④ 후에 바리새오들과 다못 헤로데의 당이 두어 사ᄅᆞᆷ을 보내여 나아와 그 ᄒᆞ시ᄂᆞᆫ 말슴을 ᄯᅡ라 ᄂᆞᆰ으려 ᄒᆞᆯᄉᆡ

⑤ 법리싀 사룸과 희률의 당 두어 사룸을 보내여 그 ᄒᆞ시는 말숨에 칙잡으랴 홀 싀
⑥ 바리싀인과 헤롯왕 즁에셔 두어 사룸을 보내여 말노 써 칙잡으랴 홀싀
⑦ 바리싀교인과 헤롯 당즁에셔 두어 사룸을 보내여 말노 써 칙잡으려홀싀
(바리싀교인과 헤롯의 당즁에셔 두어 사룸을 보내여 말노써 칙잡으려 홀싀)
⑧ 바리싀 교인과 헤롯의 당 즁에셔 두어 사룸을 보내여 말노써 칙잡으려 홀싀
⑨ 바리싀 教人과 헤롯의 黨 中에셔 數人을 遣ᄒᆞ야 言으로써 責잡으려 홀싀
⑩ 바리새 教人과 헤롯 黨 中에셔 두여 사룸을 보내여 예수의 말노 예수를 責잡으려 홀세
⑪ 바리새 教人과 헤롯의 黨 中에셔 두어 사람을 보내여 말노써 責잡으려 할새
⑫ 뎌희가 예수의 말삼을 책잡으랴 하야 바리새인과 헤롯당 즁에셔 사람을 보내매
⑬ 저희가 예수의 말씀을 책잡으려 하여 바리새인과 헤롯당 중에서 사람을 보내매
⑭ さて、人々はパリサイ人(びと)やヘロデ党の者を數人、イエスのもとにつかわして、その言葉じりを捕まえようとした。

마가福音 12:14

① 既至,謂之曰,師乎,我儕知爾爲眞者,不偏視人,蓋爾不以貌取人,乃以誠傳神之道也,納稅於該撒宜否。
② 나아와 갈아되 션싱님은 참된 이요 사람을 편디치 안는 줄을 우리 알문 외모로써 사람을 취치 안코 참으로써 하나님의 도
젼하미니이다 기살의게 셰를 밧치미 합당하니잇가 우리는 밧치리잇가 밧치지 안으리잇가 하니
③ 나아와 갈아더 션싱님은 참된 이요 사룸올 편디치 안는 줄올 우리 알문 외모로써 사룸올 취치 온코 참으로써 하나님의 도
뎐ᄒᆞ미니이다 기살의게 셰롤 밧치미 합당ᄒᆞ니잇가 우리는 밧치리잇가 밧치지 안으리잇가 ᄒᆞ니
④ 오더니 엿ᄌᆞ오더 스승님 우리들이 너롤 진인으로 보으니 대개 네가 얼골노써 사룸을 취치 아니ᄒᆞ시고 진심으로써 샹뎨 도롤

젼ᄒᆞᄂᆞᆫ지라 셰롤 가이사ᄭᅴ 밧침이 맛당ᄒᆞ오리잇가

⑤ 임의 니ᄅᆞ러 엿주어ᄀᆞᆯᄋᆞᄃᆡ 션ᄉᆡᆼ님은 ᄎᆞᆷ되시고 아모 사ᄅᆞᆷ이라도 편벽되이 보지 안코 모양으로 사ᄅᆞᆷ으로 취치 안코 오직 졍셩으로 텬쥬의 도를 ᄀᆞᄅᆞ치ᄂᆞᆫ 줄을 우리가 아노니 셰돈을 히살의게 밧침이 올흐닛가

⑥ 나아와 ᄀᆞᆯᄋᆞᄃᆡ 션ᄉᆡᆼ님은 ᄎᆞᆷ 되시고 사ᄅᆞᆷ을 편벽되이 보지 아니 ᄒᆞᄂᆞᆫ줄 우리가 아노니 모양으로 사ᄅᆞᆷ을 취치 안코 오직 졍셩으로 하ᄂᆞ님의 도롤 ᄀᆞᄅᆞ치심이라 가이샤의게 셰롤 밧치ᄂᆞᆫ 거시 맛당 ᄒᆞ니잇가 맛당치 아니잇가

⑦ 나아와 ᄀᆞᆯᄋᆞᄃᆡ 션ᄉᆡᆼ님은 ᄎᆞᆷ되시고 사ᄅᆞᆷ을 편벽되이 보지아니ᄒᆞ시ᄂᆞᆫ줄 우리가 아노니 모양으로 사ᄅᆞᆷ을 취치안코 옺기 졍셩으로 하ᄂᆞ님의 도를 ᄀᆞᄅᆞ치심이라 가이사의게 셰를 밧치ᄂᆞᆫ 거시 맛당ᄒᆞ니잇가 맛당치아니닛가

(나아와 ᄀᆞᆯᄋᆞᄃᆡ 션ᄉᆡᆼ님이여 ᄎᆞᆷ되시고 사ᄅᆞᆷ을 편벽되이 보지 아니ᄒᆞ시는 줄 우리가 아노니 모양으로 사ᄅᆞᆷ을 취치 안코 오직 ᄎᆞᆷ됨으로 하ᄂᆞ님의 도를 ᄀᆞᄅᆞ치심이라 가이사의게 셰를 밧치는 거시 맛당ᄒᆞ오니잇가 맛당치 아니ᄒᆞ오닛가)

⑧ 나아와 ᄀᆞᆯᄋᆞᄃᆡ 션ᄉᆡᆼ님이여 ᄎᆞᆷ되시고 사ᄅᆞᆷ을 편벽되이 보지 아니ᄒᆞ시ᄂᆞᆫ 줄 우리가 아노니 모양으로 사ᄅᆞᆷ을 취치 안코 오직 ᄎᆞᆷ됨으로 하ᄂᆞ님의 도를 ᄀᆞᄅᆞ치심이라 가이사의게 셰를 밧치ᄂᆞᆫ 거시 맛당ᄒᆞ니잇가 맛당치 아니ᄒᆞ오닛잇가

⑨ 就ᄒᆞ야 曰 先生님이어 眞實되시고 人을 偏僻되히 視치 아니ᄒᆞ시ᄂᆞᆫ 줄을 我等이 知ᄒᆞ노니 貌樣으로 人을 取치 안코 오직 眞實됨으로 上帝의 道를 誨ᄒᆞ심이라 가이사의게 稅를 納ᄒᆞᄂᆞᆫ 거시 宜ᄒᆞ오닛가 宜치 아니ᄒᆞ오닛가

⑩ 나아와 ᄀᆞᆯᄋᆞᄃᆡ 先生님은 ᄎᆞᆷ되샤 偏僻되히 보지 아니ᄒᆞ심으로 外貌로 사ᄅᆞᆷ을 取치 안코 眞理로 하ᄂᆞ님의 道를 ᄀᆞᄅᆞ치시ᄂᆞᆫ 줄을 우리가 아오니 가이사의게 稅를 밧침이 맛당ᄒᆞ오닛가 맛당치 아니ᄒᆞ오닛가

⑪ 나아와 갈아대 先生님이어 참되시고 사람을 偏僻되히 보지 아니하시는 술 우리가 아노니 貌樣으로 사람을 取하지 안코 오식 참됨으로 하나님의 道를 가라치심이라 가이사의게 稅를 밧치는 것이 맛당하오닛가 맛당치 아니하오닛가

⑫ 와셔 갈아대 션생님이어 우리가 아노니 당신은 참되시고 아모라도 꺼리는 일이 업스시니 이ᄂᆞᆫ 사람을 외모로 보지 안코 오직 참으로써 하나님의 도를 가라치심이니이다 가이사의게 셰를 밧치는 것이 가하니잇가 불가하니잇가

⑬ 와서 가로되 선생님이여 우리가 아노니 당신은 참되시고 아무라도 꺼리는 일이 없으시니 이는 사람을 외모로 보지 않고
오직 참으로서 하나님의 도를 가르치심이니이다 가이사에게 세를 바치는 것이 가하니이까 불가하니이까
⑭ 彼らはいてイエスに言った、「先生、わたしたちはあなたが眞實なかたで、だれをも、はばかられないことを知っています。あなたは人に分け隔てをなさらないで、眞理に基いて神の道を教えてくださいます。ところで、カイザルに税金を納めてよいでしょうか、行けないでしょうか。納めるべきでしょうか、納めてはならないのでしょうか」。

마가福音 12:15

① 納乎,不納乎。耶穌知其詐則謂之曰,爾何試我耶,攜金錢一,予我觀知。
② 예수 그 거즛슬 알으시고 갈아샤되 엇지 나를 시험하나냐 은돈 한 닙을 가져다 나를 보이라
③ 그 거즛슬 알으시고 갈아샤딕 엇지 나룰 시험ᄒᆞᄂᆞ냐 돈 한 닙올 가져다 나룰 보이라
④ 드리리잇가 드리지아니ᄒᆞ오리잇가 예수ㅣ 그 간샤홈을 알으시고 닐너 ᄀᆞᆯᄋᆞ샤딕 너ㅣ 엇지 나룰 시험ᄒᆞᄂᆞ냐 금젼 ᄒᆞ나흘
나룰 갓다주어 보게 ᄒᆞᄅᆞ ᄒᆞ신대
⑤ 우리가 밧치리잇가 말니잇가 예수ㅣ 그 거즛 착홈을 알으시고 뎌ᄃᆞ려 닐ᄋᆞ샤딕 너희가 엇지 나를 시험ᄒᆞᄂᆞ냐 금 ᄒᆞᆫ 푼을
가져다가 내게 보이라 ᄒᆞ시니
⑥ 우리가 밧치리잇가 말니잇가 ᄒᆞᆫ딕 예수ㅣ 그 거즛 착홈을 알으시고 닐ᄋᆞ샤딕 엇지 나룰 시험ᄒᆞᄂᆞ냐 돈 ᄒᆞᆫ 푼을 가져다가
내게 보이라 ᄒᆞ시니
⑦ 우리가 밧치리잇가 말니잇가 ᄒᆞᆫ딕 예수ㅣ 그 거즛 착홈을 아시고 닐넛스딕 엇지 나를 시험ᄒᆞᄂᆞ냐 돈 ᄒᆞᆫ푼을 가져다가 내게
보이라 ᄒᆞ시니
(우리가 밧치리잇가 말니잇가 ᄒᆞᆫ딕 예수ㅣ 그 외식홈을 아시고 닐ᄋᆞ샤딕 엇지 나를 시험ᄒᆞᄂᆞ냐 돈 ᄒᆞᆫ 푼을 가져다가 내게

보이라 ᄒᆞ시니)

⑧ 우리가 밧치리잇가 말니잇가 ᄒᆞᆫ디 예수가 그 외식ᄒᆞᆷ을 아시고 닐ᄋᆞ샤디 엇지 나를 시험ᄒᆞᄂᆞ냐 돈 ᄒᆞᆫ 픈을 가져다가 내게 보이라 ᄒᆞ시니

⑨ 我等이 納ᄒᆞ리잇가 말리잇가 ᄒᆞᆫ디 예수가 其 外飾ᄒᆞᆷ을 知ᄒᆞ시고 謂ᄒᆞ샤디 엇지 我를 試驗ᄒᆞᄂᆞ냐 錢 一 分을 持ᄒᆞ여다가 我의게 示ᄒᆞ라 ᄒᆞ시니

⑩ 우리가 밧치리잇가 말니잇가 애수ㅣ 그 姦邪ᄒᆞᆷ을 아시고 닐ᄋᆞ샤디 엇지 나를 試驗ᄒᆞᄂᆞ냐 돈 ᄒᆞᆫ픈을 가져다가 내게 보이라 ᄒᆞ시니

⑪ 우리가 밧치리잇가 말니잇가 한 대 예수ㅣ 그 外飾함을 아시고 닐아샤대 엇지 나를 試驗하나냐 돈 한푼을 가져다가 내게 보이라 하시니

⑫ 우리가 밧치리잇가 말니잇가 한대 예수ᄭᅴ셔 그 외식함을 아시고 닐아샤대 엇지하야 나를 시험하나냐 데나리온 하나를 가져다가 내게 보이라 하시니

⑬ 우리가 바치리이까 말리이까 한대 예수께서 그 외식함을 아시고 이르시되 어찌하여 나를 시험하느냐 데나리온 하나를 가져다가 내게 보이라 하시니

⑭ イエスは彼らの僞善を見抜いて言われた、「なぜわたしをためそうとするのか。デナリを持ってきて見せなさい」。

마가福音 12:16

① 遂攜之至,彼謂之曰,斯像與號爲誰。衆對曰,該撒。

② 이여 가져오니 갈아샤되 이 화샹과 긔호가 뉘냐 갈아되 기살이니이다

③ 이여 가져오니 갈아샤디 이 화샹과 긔호가 뉘냐 갈아되 기살이니이다

④ 드ᄃᆡ여 가져오거ᄂᆞᆯ 예수ㅣ 닐너 ᄀᆞᆯᄋᆞ샤ᄃᆡ 이 화샹과 ᄌᆞ호ㅣ 뉘뇨 여러히 ᄃᆡ답ᄒᆞ여 ᄀᆞᆯᄋᆞᄃᆡ 가이사니이다
⑤ 가져왓거ᄂᆞᆯ ᄀᆞᆯᄋᆞ샤ᄃᆡ 이 화샹과 일홈이 뉘냐 ᄒᆞ시니 ᄃᆡ답ᄒᆞ여 ᄀᆞᆯᄋᆞᄃᆡ ᄒᆡ살이니다
⑥ 가져 왓거ᄂᆞᆯ 예수ㅣ ᄀᆞᆯᄋᆞ샤ᄃᆡ 이 화샹과 글이 뉘냐 ᄒᆞ시니 ᄀᆞᆯᄋᆞᄃᆡ 가이사의 거시니이다
⑦ 가져왓거늘 예수ㅣ ᄀᆞᆯᄋᆞ샤ᄃᆡ 이 화샹과 글이 뉘 거시냐 ᄒᆞ시니 ㄱ、ᄛᄋᆞᄃᆡ 가이사의 거시니이다
(가져왓거ᄂᆞᆯ 예수 ᄀᆞᆯᄋᆞ샤ᄃᆡ 이 화샹과 글이 뉘 거시냐 ᄀᆞᆯᄋᆞᄃᆡ 가이사의 거시니이다)
⑧ 가져왓거ᄂᆞᆯ 예수ㅣ ᄀᆞᆯᄋᆞ샤ᄃᆡ 이 화샹과 글이 뉘 거시냐 ᄀᆞᆯᄋᆞᄃᆡ 가이사의 거시니이다
⑨ 持來ᄒᆞ엿거ᄂᆞᆯ 예수 曰 此 畫像과 書가 誰의 거시냐 曰 가이사의 거시니이다
⑩ 가져오거ᄂᆞᆯ ᄀᆞᆯᄋᆞ샤ᄃᆡ 이 畫像과 글이 뉘거시냐 ᄀᆞᆯᄋᆞᄃᆡ 가이사의 거시니이다
⑪ 가져왓거늘 예수ㅣ 갈아샤대 이 畫像과 글이 뉘것이냐 갈아대 가이사의 것이니이다
⑫ 가져왓거늘 예수끠셔 갈아샤대 이 화샹과 이 글이 뉘것이냐 갈아대 가이사의 것이니이다
⑬ 가져왔거늘 예수께서 가라사대 이 화상과 이 글이 뉘 것이냐 가로되 가이사의 것이니이다
⑭ 彼らはそれを持ってきた。そこでイエスは言われた、「これは、だれの肖像、だれの記号か」。彼らは「カイザルのです」。と答えた。

마가福音 12:17
① 耶穌謂之曰,以該撒之物歸該撒,以神之物歸神矣。其人奇之。
② 예수 갈아샤ᄃᆡ ᄀᆡ살의 물건은 ᄀᆡ살으게 돌니고 하나님의 물건을 하나님으게 돌니라 하니 그 사람이 긔긔히 네기다라
③ 예수 갈아샤ᄃᆡ ᄀᆡ살의 물건은 ᄀᆡ살의게 돌니고 하나님의 물건ᄋᆞᆯ 하나님의게 돌니라 ᄒᆞ니 그 사ᄅᆞᆷ이 심히 긔긔히 네기더라
④ 예수ㅣ 닐너 ᄀᆞᆯᄋᆞ샤ᄃᆡ 가이사의 물건은 가이사의게 도라보내고 샹뎨의 물건은 샹뎨끠로 도라보낼지니라 ᄒᆞ시니 그 사ᄅᆞᆷ들

이 이샹이 녁이더라

⑤ 이에 예수ㅣ 뎌희게 ᄀᆞᆯᄋᆞ샤ᄃᆡ ᄒᆡ살의 물건은 ᄒᆡ살의게 돌녀 보내고 ᄯᅩᄒᆞᆫ 텬쥬의 물건은 텬쥬ᄭᅴ 돌녀보낼지니라 ᄒᆞ시니 그 사ᄅᆞᆷ들이 심희 긔긔히 녁이더라

⑥ 이에 예수ㅣ ᄀᆞᆯᄋᆞ샤ᄃᆡ 그런즉 가이사의 거ᄉᆞᆫ 가이사의게 돌녀 보내고 하ᄂᆞ님의 거ᄉᆞᆫ 하ᄂᆞ님ᄭᅴ 돌녀보낼지니라 ᄒᆞ시니 그 사ᄅᆞᆷ들이 심히 긔이히 녁이더라

⑦ 이에 예수ㅣ ᄀᆞᆯᄋᆞ샤ᄃᆡ 가이사의 거슨 가이사의게 둘녀보내고 하ᄂᆞ님의 거슨 하ᄂᆞ님ᄭᅴ 돌녀보낼지니라 ᄒᆞ시니 그 사ᄅᆞᆷ들이 심히 긔이히 녁이더라

(이에 예수ㅣ ᄀᆞᆯᄋᆞ샤ᄃᆡ 가이사의 거슨 가이사의게로 돌녀보내고 하ᄂᆞ님의 거슨 하ᄂᆞ님ᄭᅴ로 돌녀보낼지니라 ᄒᆞ시니 그 사ᄅᆞᆷ들이 심히 긔이히 녁이더라

⑧ 이에 예수ㅣ ᄀᆞᆯᄋᆞ샤ᄃᆡ 가이사의 거슨 가이사의게로 돌녀보내고 하ᄂᆞ님의 거슨 하ᄂᆞ님ᄭᅴ로 돌녀보낼지니라 ᄒᆞ시니 그 사ᄅᆞᆷ들이 심히 긔이히 녁이더라

⑨ 이에 예수 曰 가이사의 거슨 가이사의게로 歸ᄒᆞ고 上帝의 거슨 上帝ᄭᅴ로 歸ᄒᆞᆯ지니라 ᄒᆞ시니 其 人들이 甚히 奇異히 녁이더리

⑩ 닐너 ᄀᆞᆯᄋᆞ샤ᄃᆡ 가이사의 거슨 가이사의게로 돌녀 보내고 하ᄂᆞ님의 거슨 하ᄂᆞ님ᄭᅴ로 돌녀보낼지니라 그 사ᄅᆞᆷ들이 甚히 奇異히 녁이더라

⑪ 이에 예수ㅣ 갈아샤대 가이사의 것은 가이샤의게로 돌녀보내고 하나님의 것은 하나님ᄭᅴ로 돌녀보낼지니라 하시니 그 사람들이 甚히 奇異히 녁이더라

⑫ 이에 예수ᄭᅴ셔 갈아샤대 가이사의 것은 가이사의게 하나님의 것은 하나님ᄭᅴ 밧치라 하시니 뎌희가 예수ᄭᅴ 대하야 심히 긔이히 녁이더라

⑬ 이에 예수께서 가라사대 가이사의 것은 가이사에게 하나님의 것은 하나님께 바치라 하시니 저희가 예수께 대하여 심히 기이

히 여기더라

⑭ するとイエスは言われた、「カイザルのものはカイザルに、神のものは神に返しなさい」。彼らはイエスに驚嘆した。

마가福音 12:18

① 有撒吐嚌人,卽言無復生者,就而問之曰,

② ᄯᅩ 샷두긔인의 말이 다시 니ᄂᆞᆫ 쟈 업다 하여 나아와 물어 갈아되

③ ᄯᅩ 샷두긔인의 말이 다시 니ᄂᆞᆫ 쟈 업다 ᄒᆞ여 나아와 물어 갈아되

④ 사두긔오 사ᄅᆞᆷ이 잇시니 이ᄂᆞᆫ 말ᄒᆞ기ᄅᆞᆯ 다시 살미 업다 ᄒᆞᄂᆞᆫ자ㅣ라 와셔 뭇ᄌᆞ와

⑤ 살토히 사ᄅᆞᆷ이 다시 사ᄂᆞᆫ 거시 업다 말 ᄒᆞᄂᆞᆫ 쟈ㅣ 예수ᄭᅴ 와 무러 ᄀᆞᆯᄋᆞᄃᆡ

⑥ 다시 사ᄂᆞᆫ 거시 업다 ᄒᆞᄂᆞᆫ 사두긔인들이 예수ᄭᅴ 와셔 무러 ᄀᆞᆯᄋᆞᄃᆡ

⑦ 다시 사ᄂᆞᆫ 거시 업다ᄒᆞᄂᆞᆫ 사두긔교인들이 예수ᄭᅴ 와셔 무러ᄀᆞᆯᄋᆞᄃᆡ
(부활이 업다 ᄒᆞ는 사두긔교인들이 예수ᄭᅴ 와셔 무러 ᄀᆞᆯᄋᆞᄃᆡ)

⑧ 부활이 업다 ᄒᆞ는 사두긔 교인들이 예수ᄭᅴ 와셔 무러 ᄀᆞᆯᄋᆞᄃᆡ

⑨ 復活이 無ᄒᆞ다 ᄒᆞᄂᆞᆫ 사두긔 教人들이 예수ᄭᅴ 來ᄒᆞ야 問 曰

⑩ 復活이 업다 ᄒᆞᄂᆞᆫ 사두개 教人들이 예수ᄭᅴ 와셔 무러 ᄀᆞᆯᄋᆞᄃᆡ

⑪ 復活이 업다하는 사두개 教人들이 예수ᄭᅴ 와셔 무러 걸아대

⑫ 부활이 업다 하는 사두개인들이 예수ᄭᅴ 와셔 무러 갈아대

⑬ 부활이 없다 하는 사두개인들이 예수께 와서 물어 가로되

⑭ 復活ということはないと主張しあていたサドカイ人(びと)が、イエスのもとにきて質問した、

마가福音 12:19

① 師乎,摩西書以示我云,若人兄弟死,遺妻而無遺子,其兄弟當娶其妻,立裔以嗣之。

② 션싱님 모쇼가 글노써 우리게 보여스되 만약 사람이 죽으미 쳐는 잇고 자식을 뉴치 못하면 동싱이 그 쳐를 취ᄒᆞ여 자식을 나아써 준다 하고

③ 션싱님 모쇼가 우리게 써ᄉᆞ되 만약 사ᄅᆞᆷ이 죽으미 쳐ᄂᆞᆫ 잇고 자식ᄋᆞᆯ 뉴치 못ᄒᆞ면 동싱이 그 쳐ᄅᆞᆯ 취ᄒᆞ여 자식ᄋᆞᆯ 나아써 준다 ᄒᆞ고

④ ᄀᆞᆯᄋᆞᄃᆡ 스승님 모셰 글노 우리게 뵈여 닐넛시되 만일 사ᄅᆞᆷ의 형뎨 죽으매 쳐만 잇고 아ᄃᆞᆯ이 업거든 그 형뎨 즁에 그 쳐ᄅᆞᆯ 춰ᄒᆞ야 ᄌᆞ손을 셰워 닛게 ᄒᆞ라 ᄒᆞ엿ᄂᆞ니

⑤ 션싱님이여 마셔ㅣ 글노 우리게 보여스되 ᄒᆞᆫ 사ᄅᆞᆷ이 형이 죽고 안히ᄂᆞᆫ 잇스되 ᄌᆞ식이 업ᄉᆞ면 그 동싱이 그 안히를 춰ᄒᆞ여 그 형의 ᄃᆡ를 니우라 ᄒᆞ엿ᄉᆞ니

⑥ 션싱님이여 모세가 글노 우리게 보엿시되 사ᄅᆞᆷ의 형이 죽고 안회ᄂᆞᆫ 잇시되 ᄌᆞ식이 업거든 그 동싱이 그 안히ᄅᆞᆯ 춰ᄒᆞ야 형의 ᄃᆡᄅᆞᆯ 니ᄋᆞ리 ᄒᆞ엿시니

⑦ 션싱님이여 모세가 글노 우리의게 보엿스ᄃᆡ 사ᄅᆞᆷ의 형이 죽그 안해는 잇스되 ᄌᆞ식이 업거든 그 동싱이 그 안해를 춰ᄒᆞ여 형희 ᄃᆡ를 니으라 ᄒᆞ엿스니

(션싱님이여 모세가 글노 우리의게 뵈엿스ᄃᆡ 사ᄅᆞᆷ의 형이 죽고 안히는 잇스되 ᄌᆞ식이 업거든 그 동싱이 그 안히를 춰ᄒᆞ야 형을 위ᄒᆞ야 ᄌᆞ식을 나흐라 ᄒᆞ엿스니)

⑧ 션싱님이여 모세가 글노 우리의게 뵈엿스ᄃᆡ 사ᄅᆞᆷ의 형이 죽고 안히는 잇스되 ᄌᆞ식이 업거든 그 동싱이 그 안히를 춰ᄒᆞ야 형을 위ᄒᆞ야 ᄌᆞ식을 나흐라 ᄒᆞ엿스니

⑨ 先生님이여 모세가 書로 我等의게 示ᄒᆞ엿스ᄃᆡ 人의 兄이 死ᄒᆞ고 妻ᄂᆞᆫ 有ᄒᆞ되 子息이 無ᄒᆞ거든 其 同生이 其 妻를 娶ᄒᆞ야

兄을 爲ᄒᆞ야 子息을 生ᄒᆞ라 ᄒᆞ엿스니

⑩ 先生님이여 모세가 글노 우리의게 보이기를 사ᄅᆞᆷ이 죽고 子息이 업거든 그 同生이 그 안ᄒᆡ를 娶ᄒᆞ야 兄을 爲ᄒᆞ야 子息을 나흐라 ᄒᆞ엿는ᄃᆡ

⑪ 先生님이어 모세가 글노 우리의게 보엿스대 사람의 兄이 죽고 안해는 잇스되 子息이 업거든 그 同生이 그 안해를 取하야 兄을 爲하야 子息을 나흐라 하엿스니

⑫ 선생님이어 모세가 우리의게 써주기를 사람의 형이 자식이 업시 안해를 두고 죽거든 그 동생이 그 안해를 취하야 형을 위하야 후사를 세울지니라 하엿나이다

⑬ 선생님이여 모세가 우리에게 써 주기를 사람의 형이 자식이 없이 아내를 두고 죽거든 그 동생이 그 아내를 취하여 형을 위하여 후사를 세울찌니라 하였나이다

⑭「先生、モーセは、わたしたちのためにこう書いています。『もし、ある人の兄が死んで、その殘された妻に、子がない場合には、弟はこの女をめとって、兄のために子をもうけねばならない』。

마가福音 12:20

① 有兄弟七人,長者娶妻,無遺裔而死。

② 형뎨 닐굽이 잇는ᄃᆡ 맛쟈가 쳐ᄅᆞᆯ 취하여 자식을 뉴치 못하고 죽으ᄆᆡ

③ 형뎨 닐굽이 잇는ᄃᆡ 맛쟈가 쳐ᄅᆞᆯ 취ᄒᆞ여 자식ᄋᆞᆯ 뉴치 못ᄒᆞ고 죽으ᄆᆡ

④ 형뎨 칠인이 잇는ᄃᆡ 맛이 쳐ᄅᆞᆯ 춰ᄒᆞ야 ᄌᆞ식이 업고 죽으매

⑤ 닐곱 형뎨가 잇는 ᄃᆡ 맛시 안ᄒᆡ를 춰ᄒᆞ여 ᄌᆞ식이 업시 죽고

⑥ 닐곱 형뎨가 잇는ᄃᆡ 맛시 안ᄒᆡᄅᆞᆯ 춰ᄒᆞ야 ᄌᆞ식이 업시 죽고

⑦ 닐곱 형뎨가 잇ᄂᆞᆫᄃᆡ 맛시 안해를 취ᄒᆞ여 ᄌᆞ식이 업시 죽고

(칠 형뎨가 잇ᄂᆞᆫᄃᆡ 맛이 안ᄒᆡ를 취ᄒᆞ야 ᄌᆞ식이 업시 죽고)

⑧ 칠 형뎨가 잇ᄂᆞᆫᄃᆡ 맛이 안ᄒᆡ를 취ᄒᆞ야 ᄌᆞ식이 업시 죽고

⑨ 七 兄弟가 有ᄒᆞᆫᄃᆡ 伯이 妻를 娶ᄒᆞ야 子息이 업시 死ᄒᆞ고

⑩ 七 兄弟가 잇서 맛이 안ᄒᆡ를 娶ᄒᆞ야 子息이 업시 죽으매

⑪ 七 兄弟가 잇는대 맛이 안해를 取하야 子息이 업시 죽고

⑫ 칠 형뎨가 잇섯는대 맛이 안해를 취하엿다가 후사가 업시 죽고

⑬ 칠 형제가 있었는데 맏이 아내를 취하였다가 후사가 없이 죽고

⑭ ここに、七人の兄弟がいました。長男は妻をめとりましたが、子がなくて死に、

마가福音 12:21

① 其二娶之,亦無遺裔而死。其三亦然。

② 그 둘직가 취하여 ᄯᅩ한 자식을 뉴치 못하고 죽고 그 셰치가 ᄯᅩ한 글어하여

③ 그 둘직가 취ᄒᆞ여 ᄯᅩᄒᆞᆫ 자식ᄋᆞᆯ 뉴치 못ᄒᆞ고 죽고 그 셰치가 ᄯᅩ한 글어ᄒᆞ여

④ 그 둘재 취ᄒᆞ야 ᄯᅩᄒᆞᆫ ᄌᆞ식이 업시 죽고 그 셋재도 ᄯᅩᄒᆞᆫ 그러ᄒᆞ야

⑤ 그 둘재가 그 안ᄒᆡ를 취ᄒᆞ야 ᄯᅩ ᄌᆞ식이 업시 죽고 그 셋재가 ᄯᅩᄒᆞᆫ 그러케 ᄒᆞ되

⑥ 둘재가 그 안ᄒᆡ롤 취ᄒᆞ야 ᄯᅩ ᄌᆞ식이 업시 죽고 셋재가 ᄯᅩᄒᆞᆫ 그러케 ᄒᆞ야

⑦ 둘재가 그 안해를 취ᄒᆞ여 ᄯᅩ ᄌᆞ식이 업시 죽고 셋재가 ᄯᅩᄒᆞᆫ 그러케ᄒᆞ야

(둘재가 그 안ᄒᆡ를 취ᄒᆞ야 ᄯᅩ ᄌᆞ식이 업시 죽고 셋재가 ᄯᅩᄒᆞᆫ 그러케 ᄒᆞ야)

⑧ 둘재가 그 안ᄒᆡ를 취ᄒᆞ야 ᄯᅩ ᄌᆞ식이 업시 죽고 셋재가 ᄯᅩᄒᆞᆫ 그러케 ᄒᆞ야
⑨ 第二가 其 妻를 娶ᄒᆞ야 ᄯᅩᄒᆞᆫ 子息이 업시 死ᄒᆞ고 第三이 ᄯᅩᄒᆞᆫ 然ᄒᆞ게 ᄒᆞ야
⑩ 줄재가 그 안ᄒᆡ를 娶ᄒᆞ야 ᄯᅩ 子息이 업시 죽고 셋재가 ᄯᅩᄒᆞᆫ 그러케 ᄒᆞ야
⑪ 둘재가 그 안해를 取하야 ᄯᅩ 子息이 업시 죽고 셋재가 ᄯᅩ한 그러케 하야
⑫ 둘재도 그 녀자를 취하엿다가 후사가 업시 죽고 셋재도 그러케 하야
⑬ 둘째도 그 여자를 취하였다가 후사가 없이 죽고 세째도 그렇게 하여
⑭ 次男がその女をめとって、また子をもうけずに死に、三男も同様でした。

마가福音 12:22
① 如是七人娶之,皆無遺裔。厥後,婦亦死。
② 닐굽 사람이 다 취하여 자식을 뉴치 못하고 그 후에 녀인이 ᄯᅩ한 죽엇는ᄃᆡ
③ 닐굽 사ᄅᆞᆷ이 다 자식ᄋᆞᆯ 뉴치 못ᄒᆞ고 그 후에 녀인이 ᄯᅩ한 죽엇ᄂᆞᆫᄃᆡ
④ 이러케 닐곱사ᄅᆞᆷ이 취ᄒᆞ야 다 ᄌᆞ식이 업고 그 후 부인도 ᄯᅩᄒᆞᆫ 죽으면
⑤ 닐곱이 다 ᄌᆞ식이 업셧고 그 후에 녀인이 ᄯᅩᄒᆞᆫ 죽엇스니
⑥ 닐곱이 다 ᄌᆞ식이 업셧고 그 후에 녀인이 ᄯᅩᄒᆞᆫ 죽엇시니
⑦ 닐곱이 다 ᄌᆞ식이 업셧고 그후에 녀인이 ᄯᅩᄒᆞᆫ 죽엇스니
(닐곱이 다 ᄌᆞ식이 업셧고 그 후에 녀인이 ᄯᅩᄒᆞᆫ 죽엇ᄂᆞᆫ지라)
⑧ 닐곱이 다 ᄌᆞ식이 업셧고 그 후에 녀인이 ᄯᅩᄒᆞᆫ죽엇ᄂᆞᆫ지라
⑨ 七人이 다 子息이 無ᄒᆞ엿고 其 後에 女人이 亦死ᄒᆞ엿ᄂᆞᆫ지라

⑩ 닐곱이 다 子息이 업섯고 그 後에 女人도 죽엇는지라
⑪ 닐곱이 다 子息이 업섯고 그 後에 女人도 쏘한 죽엇는지라
⑫ 닐곱이 다 후사가 업섯고 최후에 녀자도 죽엇나이다
⑬ 일곱이 다 후사가 없었고 최후에 여자도 죽었나이다
⑭ こうして、七人ともみな子孫を殘しませんでした。最後にその女も死にました。

마가福音 12:23

① 至復生是,其人復生,此婦爲誰至妻乎,蓋其七人皆納之也。
② 다시 닐 쩍여 닐으러 뎌 뉘의 쳐가 되리잇가 하문 닐굽 사람이 다 취하미라
③ 다시 닐 쩍에 닐으러 뎌 뉘의 쳐가 되리잇가 ᄒᆞ문 닐굽 사ᄅᆞᆷ이 다 취ᄒᆞ미라
④ 다시 살 째에 니ᄅᆞ러 이 계집이 뉘 계집이 되리잇가 대개 그 닐곱 사ᄅᆞᆷ이 다 엇엇ᄂᆞ이다
⑤ 다시 살 째에 이 녀인이 뉘 안히가 되리잇가 대개 그 닐곱 사ᄅᆞᆷ이 안히를 삼음이로쇼이다
⑥ 다시 살 째에 이 녀인이 뉘 안히가 되리잇가 대개 그 닐곱 사ᄅᆞᆷ이 안히로 취홈이로쇼이다
⑦ 다시 살 때에 이 녀인이 뉘 안해가 되리잇가 대개 그 닐곱 사ᄅᆞᆷ이 안해로 취홈이로쇼이다
(닐곱사ᄅᆞᆷ이 안히로 취ᄒᆞ엿스니 부활ᄒᆞᆯ 째에 그 즁에 뉘 안히가 되리잇가)
⑧ 닐곱사ᄅᆞᆷ이 안히로 취ᄒᆞ엿스니 부활ᄒᆞᆯ 째에 그 즁에 뉘 안히가 되리잇가
⑨ 七人이 妻로 娶ᄒᆞ엿스니 復活ᄒᆞᆯ 時에 其 中에 誰의 妻가 되리잇가
⑩ 닐곱사ᄅᆞᆷ이 안히로 娶ᄒᆞ엿스니 復活ᄒᆞᆯ 째에 그 中에 뉘 안히가 되리잇가
⑪ 닐곱 사람이 안해로 取하엿스니 復活할 째에 그 中에 뉘 안해가 되리잇가

⑫ 닐곱 사람이 다 그를 안해로 취하엿스니 부활을 당하야 뎌희가 살아날 때에 그 즁에 뉘 안해가 되리잇가

⑬ 일곱 사람이 다 그를 아내로 취하였으니 부활을 당하여 저희가 살아날 때에 그 중에 뉘 아내가 되리이까

⑭ 復活のとき、彼らが皆よみがえった場合、この女はだれの妻なのでしょうか。七人とも彼女を妻にしたのですが」。

마가福音 12:24

① 耶穌答曰,因爾不識聖書與神之能,若此,豈不謬乎,

② 예수 갈아샤되 너희 셩경과 밋 하나님의 능하물 아지 못하니 그 틀니지 안으랴

③ 예수 갈아샤ᄃᆡ 너희 셩경과 밋 하나님의 능ᄒᆞ물 아지 못ᄒᆞ니 이 틀니지 안으랴

④ 예수ㅣ ᄃᆡ답ᄒᆞ야 ᄀᆞᆯᄋᆞ샤ᄃᆡ 너희 셩셔와 다못 샹뎨의 조화ᄅᆞᆯ 모로ᄂᆞᆫ고로 이리 ᄒᆞᆷ이니 엇지 그ᄅᆞ지 아니ᄒᆞ냐

⑤ 예수ㅣ ᄀᆞᆯᄋᆞ샤ᄃᆡ 너희가 셩경과 텬쥬의 권능을 아지 못ᄒᆞᆷ으로 이러케 그릇ᄒᆞᆷ이 아니냐

⑥ 예수ㅣ ᄀᆞᆯᄋᆞ샤ᄃᆡ 너희가 셩경과 하ᄂᆞ님의 권능을 아지 못 ᄒᆞᆷ으로 이러케 그ᄅᆞᆺᄉᆡᆼ각ᄒᆞᆷ이 아니냐

⑦ 예수ㅣ ᄀᆞᆯᄋᆞ샤ᄃᆡ 너희가 셩경과 하ᄂᆞ님의 권능을 아지 못ᄒᆞᆷ으로 이러케 그릇ᄉᆡᆼ각ᄒᆞᆷ이 아니냐

⑧ 예수ㅣ ᄀᆞᆯᄋᆞ샤ᄃᆡ 너희가 셩경과 하ᄂᆞ님의 권능을 아지 못ᄒᆞᆷ으로 이러케 그릇ᄉᆡᆼ각ᄒᆞᆷ이 아니냐

⑨ 예수 曰 爾等이 聖經과 上帝의 權能을 知치 못ᄒᆞᆷ으로 如此히 謬思ᄒᆞᆷ이 아니냐

⑩ 예수ㅣ ᄀᆞᆯᄋᆞ샤ᄃᆡ 너희가 聖經과 하ᄂᆞ님의 權能을 아지 못ᄒᆞᆷ으로 그릇ᄉᆡᆼ각ᄒᆞᆷ이로다

⑪ 예수ㅣ 갈아샤대 너희가 聖經과 하나님의 權能을 아지 못함으로 이러케 그릇생각함이 아니냐

⑫ 예수씌셔 갈아샤대 너희가 셩경도 하나님의 능력도 아지 못함으로 오해함이 아니냐

⑬ 예수께서 가라사대 너희가 성경도 하나님의 능력도 알지 못하므로 오해함이 아니냐

⑭ いえすは言われた、「あなたがたがそんな思い違いをしているのは、聖書も神の力も知らないからではないか。

마가福音 12:25

① 蓋自死復生是,不娶不嫁,乃如在天之使者。

② 죽으무로 다시 닐 ᄯᅵ여ᄂᆞᆫ 쟝기도 안이 가고 시집도 안이 가고 하날에 잇ᄂᆞᆫ 사쟈과 갓타니라

③ 죽으무로 다시 닐 ᄯᅵ에ᄂᆞᆫ 쟝기도 안이 가고 시집도 안이 가고 하날에 잇ᄂᆞᆫ 사쟈과 갓타니라

④ 대개 죽은 후로 조차 다시 살 ᄣᅢ에ᄂᆞᆫ 쟝가도 아니 들고 싀잡도 아니가고 하ᄂᆞᆯ에 잇ᄂᆞᆫ ᄉᆞᄌᆞᄀᆞᆺᄒᆞ니

⑤ 대개 뎌희가 죽엇다가 다시 살 ᄣᅢ에ᄂᆞᆫ 쟝가도 아니가고 싀집도 아니가ᄂᆞ니 다만 하ᄂᆞᆯ에 잇ᄂᆞᆫ 텬ᄉᆞ와 ᄀᆞᆺᄒᆞ니라

⑥ 대개 뎌희가 죽엇다가 다시 살 ᄣᅢ에ᄂᆞᆫ 쟝가도 아니 가고 싀집도 아니 감이 다만 하ᄂᆞᆯ에 잇ᄂᆞᆫ 텬ᄉᆞ와 ᄀᆞᆺᄒᆞ니라

⑦ 대개 뎌희가 죽엇다가 다시 살 ᄣᅢ에는 쟝가도 아니가고 싀집도 아니감이 다만 하ᄂᆞᆯ에 잇ᄂᆞᆫ 뎐ᄉᆞ와 ᄀᆞᆺᄒᆞ니라
(대개 죽엇다가 다시살 ᄣᅢ에는 쟝가도 아니가고 싀집도 아니감이 하ᄂᆞᆯ에 잇는 텬ᄉᆞ와 ᄀᆞᆺ흐니라)

⑧ 대개 죽엇다가 다시살 ᄣᅢ에는 쟝가도아니가고 싀집도아니감이 하ᄂᆞᆯ에 잇ᄂᆞᆫ 텬ᄉᆞ와 ᄀᆞᆺ흐니라

⑨ 大槩 死ᄒᆞ엿다가 復活ᄒᆞᆯ 時에ᄂᆞᆫ 娶ᄒᆞ지도아니ᄒᆞ고 嫁ᄒᆞ지도아니ᄒᆞᆷ이 天에 在ᄒᆞᆫ 天使와 如ᄒᆞ니라

⑩ 大抵 復活 ᄒᆞᆯᄣᅢ에ᄂᆞᆫ 丈家도 아니가고 媤집도 아니감이 하ᄂᆞᆯ에 잇ᄂᆞᆫ 天使와 ᄀᆞᆺ흐니라

⑪ 大概 죽었다가 다시 살 ᄣᅢ에는 丈家도 아니가고 싀집도 아니감이 하날에 잇는 天使와 갓흐니라

⑫ 사람이 죽은 쟈 가온대셔 살아날 ᄣᅢ에는 쟝가도 아니 가고 싀집도 아니 가고 하날에 잇는 텬사들과 갓흐니라

⑬ 사람이 죽은자 가운데서 살아날 때에는 장가도 아니가고 시집도 아니가고 하늘에 있는 천사들과 같으니라

⑭ 彼らが死人の中からよみがえるときには、めとったり、とついだりすることはない。彼らは天にいる御使(みつかい)のようなものである。

마가福音 12:26

① 論死者復生,爾未讀摩西書棘中篇所載乎,卽神喩摩西曰,乃亞伯拉罕之神,以撒之神,雅各之神。

② 죽은 자 다시 닐직된 너희 모쇼의 글형극편에 하나님이 이럿틋 말하여 갈아샤되 나는 압라함의 하나님 이삭의 하나님 야곱
의 하나님이라물 오이지 못하엿나냐

③ 죽은 자 다시 닐직된 너희 모쇼의 글형극편에 하나님이 이럿틋 말ᄒᆞ여 갈아샤ᄃᆡ 나ᄂᆞᆫ 압라함의 하나님 이삭의 하나님 야곱
의 하나님이라ᄒᆞ물 오이지 못ᄒᆞ엿ᄂᆞ냐

④ 죽은 쟈ㅣ 다시 살 믈론 난ᄒᆞᆯ진대 너의 모셰 글에 극즁편애 실어노흔바롤 닑지 못ᄒᆞ엿ᄂᆞ냐 즉시 샹뎨 모셰롤 명ᄒᆞ샤 ᄀᆞᆯᄋᆞ샤
ᄃᆡ 나ᄂᆞᆫ 곳 아브라함의 샹뎨 이사악의 샹뎨오 야곱의 샹뎨라 ᄒᆞ니

⑤ 오직 죽은 이가 부ᄉᆡᆼᄒᆞᆷ을 의론ᄒᆞᆯ진ᄃᆡ 너희가 마셔의 ᄎᆡᆨ형극편에 텬쥬씌셔 마셔ᄃᆞ려 말ᄉᆞᆷᄒᆞ샤ᄃᆡ 나ᄂᆞᆫ 아ᄇᆡᆨ랍한의 텬쥬이오
이살의 텬쥬이오 아각의 텬쥬이라 ᄒᆞ신 거슬 닑지 아니ᄒᆞ엿ᄂᆞ냐

⑥ 오직 죽은 이가 다시 살믈 의론ᄒᆞᆯ진ᄃᆡ 너희가 모셰의 ᄎᆡᆨ에 가싀덤불에셔 하ᄂᆞ님씌셔 모세ᄃᆞ려 말ᄉᆞᆷᄒᆞ신 거슬 닑지 아니
ᄒᆞ엿ᄂᆞ냐 ᄀᆞᆯᄋᆞ샤ᄃᆡ 나는 아브라함의 하ᄂᆞ님이오 이삭의 하ᄂᆞ님이오 야곱의 하ᄂᆞ님이라 ᄒᆞ셧시니

⑦ 오직 죽은이가 다시 살믈 의론ᄒᆞᆯ진ᄃᆡ 너희가 모세의 ᄎᆡᆨ에 가싀 덤불에셔 하ᄂᆞ님이 모세ᄃᆞ려 말ᄉᆞᆷᄒᆞ신 거슬 닑지 아니ᄒᆞ엿ᄂᆞ
냐 ᄀᆞᆯᄋᆞ샤ᄃᆡ 나는 아브라함의 하ᄂᆞ님이 오 이삭의 하ᄂᆞ님이오 야곱의 하ᄂᆞ님이라 ᄒᆞ셧스니
(오직 죽은이가 다시 살믈 의론ᄒᆞᆯ진ᄃᆡ 너희가 모세의 ᄎᆡᆨ 즁 형극편에셔 하ᄂᆞ님이 모세ᄃᆞ려 말ᄉᆞᆷᄒᆞ신 거슬 닑지 아니ᄒᆞ엿ᄂᆞ
냐 ᄀᆞᆯᄋᆞ샤ᄃᆡ 나는 아브라함의 하ᄂᆞ님이오 이삭의 하ᄂᆞ님이오 야곱의 하ᄂᆞ님이라 ᄒᆞ셧스니)

⑧ 오직 죽은 쟈가 다시살믈 의론ᄒᆞᆯ진대 너희가 모세의 ᄎᆡᆨ 즁 형극편에셔 하ᄂᆞ님이 모세ᄃᆞ려 말ᄉᆞᆷᄒᆞ신 거슬 닑지 아니ᄒᆞ엿ᄂᆞ냐
ᄀᆞᆯᄋᆞ샤ᄃᆡ 나는 아브라함의 하ᄂᆞ님이오 이삭의 하ᄂᆞ님이오 야곱의 하ᄂᆞ님이라 ᄒᆞ셧스니

⑨ 오직 死ᄒᆞᆫ 者가 復活ᄒᆞᆷ을 議論ᄒᆞᆯ진ᄃᆡ 爾等이 모세의 冊 中 荊棘篇에셔 上帝가 모세ᄃᆞ려 言ᄒᆞ신 거슬 讀지 아니ᄒᆞ엿ᄂᆞ냐 曰

我는 아브라함의 上帝요 이삭의 上帝요 야곱의 上帝라 ᄒᆞ셧스니
⑩ 오즉 죽은 者의 復活을 議論ᄒᆞᆯ진대 너희가 모세의 冊 中 荊棘篇에셔 하ᄂᆞ님이 모세ᄃᆞ려 닐ᄋᆞ신 말ᄉᆞᆷ을 닑지 아니ᄒᆞ엿ᄂᆞ냐 ᄀᆞᆯᄋᆞ샤ᄃᆡ 나는 아브라의 하ᄂᆞ님이오 이삭의 하ᄂᆞ님이오 야곱의 하ᄂᆞ님이라 ᄒᆞ셧스니
⑪ 오직 죽은 者의 다시 삶을 議論할 진대 너희가 모세의 冊中 荊棘篇에셔 하나님ᄭᅴ셔 모세 다려 말삼하신 것을 닑지 아니하엿나냐 갈아샤대 나는 브라함의 하나님이오 이삭의 하나님이오 야곱의 하나님이라 하셧스니
⑫ 죽은 쟈의 살아난다는 것을 의론할진대 너희가 모세의 책즁 가시나무 ᄯᅥᆯ기에 관한 글에 하나님ᄭᅴ셔 모세의게 닐아샤대 나는 아브라함의 하나님이오 이삭의 하나님이오 야곱의 하나님이로라 하신 말삼을 닑어 보지 못하엿나냐
⑬ 죽은 자의 사라아난다는 것을 의논할찐대 너희가 모세의 책 중 가시나무 떨기에 관한 글에 하나님께서 모세에게 이르시되 나는 아브라함의 하나님이요 이삭의 하나님이요 야곱의 하나님이로라 하신 말씀을 읽어 보지 못하였느냐
⑭ 死人がよみがえることについては、モーセの書の柴(しば)の篇(へん)で、神がモーセに仰せられた言葉を呼んだことがないのか。『わたしはアブラハムの神、イサクの神、ヤコブの神である』とあるではないか。

마가福音 12:27

① 夫神非死者之神,乃生者之神也,故爾謬甚。
② ᄃᆡ기 하나님은 죽은 쟈의 하나님이 안이요 산 쟈의 하나님이라 고로 너희가 심히 틀닌지라 하다라
③ ᄃᆡ기 하ᄂᆞ님은 죽은 쟈의 하나님이 안이요 산 쟈의 하나님이라 고로 너희가 심히 틀닌지라 ᄒᆞ더라
④ 므릇 신은 죽은 이의 신이 아니오 산이의 신이니 이런고로 너희 그ᄅᆞᆷ이 심ᄒᆞ니라
⑤ 이 텬쥬ᄋᆞᆫ 죽ᄋᆞᆫ 쟈의 텬쥬이 아니ᄋᆞ 산 쟈의 텬쥬이니 너희 그ᄅᆞᆺᄒᆞᆷ이 크니라
⑥ 이 하ᄂᆞ님은 죽은 쟈의 하ᄂᆞ님이 아니오 산 쟈의 하ᄂᆞ님이니 너희 그ᄅᆞᆺ ᄉᆡᆼ각ᄒᆞᆷ이 크니라

⑦ 이 하ᄂᆞ님은 죽은 쟈의 하ᄂᆞ님이 아니오 산 쟈의 하ᄂᆞ님이니 너희 그릇 ᄉᆡᆼ각ᄒᆞᆷ이 크니라
(이 하ᄂᆞ님은 죽은 쟈의 하ᄂᆞ님이 아니오 산 쟈의 하ᄂᆞ님이니 너희 그릇ᄉᆡᆼ각ᄒᆞᆷ이 크도다)
⑧ 이 하ᄂᆞ님은 죽은 쟈의 하ᄂᆞ님이 아니오 산 쟈의 하ᄂᆞ님이니 너희 그릇ᄉᆡᆼ각ᄒᆞᆷ이 크도다
⑨ 此 上帝ᄂᆞᆫ 死ᄒᆞᆫ 者의 上帝가 아니오 生ᄒᆞᆫ 者의 上帝니 爾等의 謬思ᄒᆞᆷ이 大ᄒᆞ도다
⑩ 하ᄂᆞ님은 죽은 者의 하ᄂᆞ님이 아니오 산 者의 하ᄂᆞ님이라 너희 그릇 ᄉᆡᆼ각ᄒᆞᆷ이 크도다
⑪ 이 하나님은 죽은 者의 하나님이 아니오 산 者의 하나님이니 너희 그릇 생각함이 크도다
⑫ 하나님은 죽은 쟈의 하나님이 아니오 산 쟈의 하나님이시라 너희가 크게 오해하엿도다 하시니라
⑬ 하나님은 죽은자의 하나님이 아니요 산 자의 하나님이시라 너희가 크게 오해하였도다 하시니라
⑭ 神は死んだ者の神ではなく、生きている者の神である。あなたがたは非常な思い違いをしている」。

마가福音 12:28

① 有一士子至,旣聞其相辯,且見耶穌應對之善,乃問之曰,何爲諸誡之道。
② 한 션비 와셔 그 변론하물 듯고 예수의 ᄃᆡ답이 션하물 알고 이여 물으되 모단 경계 즁에 어늬 거시 웃듬이 되나니잇가
③ 한 션비 와셔 그 변론ᄒᆞ물 듯고 예수의 ᄃᆡ답이 션ᄒᆞ물 알고 이여 물으되 모단 겡계 즁에 어늬 거시 웃듬이 되ᄂᆞ니잇가
④ ᄒᆞᆫ 션비 잇서 왓다가 그 서로ᄒᆞᄂᆞᆫ 슈쟉을 듯고 ᄯᅩᄒᆞᆫ 예수의 ᄃᆡ답ᄒᆞ심이 당연ᄒᆞᆷ을 보고 이에 뭇ᄌᆞ와 ᄀᆞᆯᄋᆞᄃᆡ 무어시 모든 계명 즁에 웃듬이 되리잇가
⑤ ᄯᅩ 셔샤관 ᄒᆞᆫ 사ᄅᆞᆷ이 와셔 이 변론ᄒᆞᆷ을 듯다가 예수의 ᄃᆡ답ᄒᆞ시ᄂᆞᆫ 말ᄉᆞᆷ이 올흔 줄을 알고 무러 ᄀᆞᆯᄋᆞᄃᆡ 무어시 모든 계명 즁에 첫재가 되ᄂᆞ잇가 ᄒᆞ거ᄂᆞᆯ
⑥ ᄯᅩ 셔샤관 ᄒᆞᆫ 사ᄅᆞᆷ이 와서 이 변론ᄒᆞᆷ을 듯고 예수ㅣ ᄃᆡ답 잘 ᄒᆞ신줄을 알고 무러 ᄀᆞᆯᄋᆞᄃᆡ 모든 계명 즁에 첫재가 무어시니잇

가 ᄒᆞ거늘

⑦ ᄯᅩ 셔긔관 ᄒᆞᆫ 사ᄅᆞᆷ이 와셔 이 변론ᄒᆞᆷ을 듯고 예수ㅣ ᄃᆡ답 잘 ᄒᆞ신줄을 알고 무러ᄀᆞᆯᄋᆞᄃᆡ 모든 계명 중에 첫재가 무어시니잇가 ᄒᆞ거늘

(ᄯᅩ 셔긔관 ᄒᆞᆫ 사ᄅᆞᆷ이 와셔 이 변론ᄒᆞᆷ을 듯고 예수가 ᄃᆡ답 잘ᄒᆞ신 줄을 알고 무러 ᄀᆞᆯᄋᆞᄃᆡ 모든 계명 즁에 첫재가 무어시니잇가 ᄒᆞ거늘)

⑧ ᄯᅩ 셔긔관 ᄒᆞᆫ사ᄅᆞᆷ이 와셔 이 변론ᄒᆞᆷ을 듯고 예수가 ᄃᆡ답 잘ᄒᆞ신 줄을 알고 무러 ᄀᆞᆯᄋᆞᄃᆡ 모든 계명 즁에 첫재가 무어시니잇가 ᄒᆞ거늘

⑨ ᄯᅩ 書記官 一人이 來ᄒᆞ야 이 辯論ᄒᆞᆷ을 聞ᄒᆞ고 예수가 答을 善히ᄒᆞ신 줄을 知ᄒᆞ고 問ᄒᆞ야 曰 諸 誡命 中에 第一이 何니잇가 ᄒᆞ거늘

⑩ 書記官 ᄒᆞᆫ 사ᄅᆞᆷ이 이 辯論을 듯고 예수ᄭᅴ셔 잘 對答ᄒᆞ심을 보고 무러 ᄀᆞᆯᄋᆞᄃᆡ 모든 誡命 中에 첫재가 무어시니잇가

⑪ ᄯᅩ 書記官 한 사람이 와셔 이 辯論함을 듯고 예수ᄭᅴ셔 對答 잘 하신 줄을 알고 무러 갈아대 모든 誡命 中에 첫재가 무엇이니잇가 하거늘

⑫ 셔긔관 즁 한 사람이 뎌희의 변론하는 것을 듯고 예수ᄭᅴ셔 대답 잘 하신줄을 알고 나아와 무르대 모든 계명 즁에 첫재가 무엇이니잇가

⑬ 서기관 중 한 사람이 저희의 변론하는 것을 듣고 예수께서 대답 잘하신줄을 알고 나아와 묻되 모든 계명 중에 첫째가 무엇이니이까

⑭ ひとりの律法學者がきて、彼らが互いに論じ合っているのを聞き、またイエスが巧みに答えられたのを認めて、イエスに質問した、「すべてのいましめの中で、どれが第一のものですか」。

마가福音 12:29

① 耶穌答之曰,諸誡之首云,以色列乎,聽哉,主卽我儕之神,乃一主耳,

② 예수 ᄃᆡ답하시되 웃듬은 이살윌 아들으라 쥬가 우리 ᄒᆞ나님이요 쥬는 한 분이라

③ 예수 ᄃᆡ답ᄒᆞ시되 웃듬은 이살윌아 들으라 쥬가 우리 하나님이요 쥬는 한 분이라

④ 예수ㅣ ᄃᆡ답ᄒᆞ여 ᄀᆞᆯᄋᆞ샤ᄃᆡ 모든 계명 웃듬에 ᄒᆞ엿시되 이스라엘아 드ᄅᆞ라 쥬는 곳 우리들의 신이라 ᄒᆞᆫ 쥬ㅣ시니

⑤ 예수ㅣ ᄃᆡ답ᄒᆞ샤ᄃᆡ 드르라 이 ᄉᆡᆨ렬 ᄉᆞᄅᆞᆷ들아 쥬는 곳 우리 텬쥬이시니 쥬가 ᄒᆞᆫ 분이라

⑥ 예수ㅣ ᄃᆡ답 ᄒᆞ샤ᄃᆡ 이스라엘 ᄉᆞᄅᆞᆷ아 드ᄅᆞ라 쥬는 곳 우리 하ᄂᆞ님이시니 쥬가 ᄒᆞᆫ분이시라

⑦ 예수ㅣ ᄃᆡ답ᄒᆞ샤ᄃᆡ 이스라엘 인아 드르라 쥬는 곳 우리 하ᄂᆞ님이시니 쥬가 ᄒᆞᆫ 분이시라

(예수 ᄃᆡ답ᄒᆞ샤ᄃᆡ 이스라엘아 드르라 쥬는 곳 우리 하ᄂᆞ님이시니 쥬가 ᄒᆞᆫ분이시라)

⑧ 예수ㅣ ᄃᆡ답ᄒᆞ샤ᄃᆡ 이스라엘아 드르라 쥬는 곳 우리 하ᄂᆞ님이시니 쥬가 ᄒᆞᆫ분이시라

⑨ 예수가 答ᄒᆞ샤ᄃᆡ 이스라엘아 聽ᄒᆞ라 主는 곳 我等의 上帝시니 主가 一位시라

⑩ 예수ㅣ ᄀᆞᆯᄋᆞ샤ᄃᆡ 첫 誡命은 너희 이스라엘아 드르라 主 우리 하ᄂᆞ님은 홀노 ᄒᆞ나이신 主시라

⑪ 예수ㅣ 對答하샤대 첫재는 이스라엘아 드르라 主는 곳 우리 하나님이시니 主끠셔 한 분이시라

⑫ 예수끠셔 대답하샤대 첫재는 이것이니 이스라엘아 드르라 쥬 곳 우리 하나님은 유일한 쥬시라

⑬ 예수께서 대답하시되 첫째는 이것이니 이스라엘아 들으라 주 곧 우리 하나님은 유일한 주시라

⑭ イエスは答えられた、「第一のいましめはこれである、『イスラエルよ、聞け。主なるわたしたちの神は、ただひとりの主である。

마가福音 12:30

① 爾當盡心,盡性,盡意,盡力,愛主卽爾之神,且首誡也。

② ᄯᅩ 너희 마암을 다하면 텬셩을 다하며 ᄯᅳᆺ을 다하며 힘을 다하여 너희 하나님을 사랑ᄒᆞ라 한 거시요

③ ᄯᅩ 너희 마암ᄋᆞᆯ 다ᄒᆞ면 텬셩ᄋᆞᆯ 다ᄒᆞ며 ᄯᅳᆺᄋᆞᆯ 다ᄒᆞ며 힘ᄋᆞᆯ 다ᄒᆞ여 너희 쥬 하나님ᄋᆞᆯ 사랑ᄒᆞ라 ᄒᆞᆫ 거시요

④ 너ㅣ 맛당이 마옴을 다ᄒᆞ고 셩픔을 다ᄒᆞ고 ᄯᅳᆺ을 다ᄒᆞ고 힘을 다ᄒᆞ야 쥬며 곳 너희 신을 ᄉᆞ랑ᄒᆞ라 ᄒᆞ엿시니 이 읏듬 계명이오

⑤ 네 ᄆᆞ옴을 다 ᄒᆞ며 목숨을 다 ᄒᆞ며 셩품을 다 ᄒᆞ며 힘을 다 ᄒᆞ야 쥬 너희 텬쥬을 ᄉᆞ랑ᄒᆞ고

⑥ 네 ᄆᆞ옴을 다ᄒᆞ며 셩픔을 다ᄒᆞ며 ᄯᅳᆺ술 다ᄒᆞ며 힘을 다ᄒᆞ야 쥬 너희 하ᄂᆞ님을 ᄉᆞ랑ᄒᆞ라 ᄒᆞ셧고

⑦ 네 ᄆᆞ옴을 다ᄒᆞ며 셩픔을 다ᄒᆞ며 ᄯᅳᆺ을 다ᄒᆞ며 힘을 다ᄒᆞ야 쥬 너희 하ᄂᆞ님을 ᄉᆞ랑ᄒᆞ라 ᄒᆞ셧고

(네 ᄆᆞ옴을 다ᄒᆞ며 셩픔을 다ᄒᆞ며 ᄯᅳᆺ술 다ᄒᆞ며 힘을 다ᄒᆞ야 쥬 너희 하ᄂᆞ님을 ᄉᆞ랑ᄒᆞ라 ᄒᆞ셧고)

⑧ 네 ᄆᆞ옴을 다ᄒᆞ며 셩픔을 다ᄒᆞ며 ᄯᅳᆺ술 다ᄒᆞ며 힘을 다ᄒᆞ야 쥬 너희 하ᄂᆞ님을 ᄉᆞ랑ᄒᆞ라 ᄒᆞ셧고

⑨ 爾의 心을 盡ᄒᆞ며 性을 盡ᄒᆞ며 意를 盡ᄒᆞ며 力을 盡ᄒᆞ야 主 爾의 上帝를 愛ᄒᆞ라 ᄒᆞ셧고

⑩ 네 ᄆᆞ옴은 다 ᄒᆞ며 性品은 다 ᄒᆞ며 ᄯᅳᆺ을 다ᄒᆞ며 힘을 다 ᄒᆞ야 主 너의 하ᄂᆞ님을 ᄉᆞ랑ᄒᆞ리 ᄒᆞ셧고

⑪ 네 마암을 다 하며 性稟을 다하며 ᄯᅳᆺ을 다하며 힘을 다하야 主너희 하나님을 사랑하라 하셧고

⑫ 네 마암을 다하고 목숨을 다하고 ᄯᅳᆺ을 다하고 힘을 다하야 쥬 너의 하나님을 사랑하라 하신 것이오

⑬ 네 마음을 다하고 목숨을 다하고 뜻을 다하고 힘들 다하여 주 너의 하나님을 사랑하라 하신 것이요

⑭ 心をつくし、精神をつくし、思いをつくし、力をつくして、主なるあなたの神を愛せよ』。

마가福音 12:31

① 其次,亦如之,卽當愛鄰如已,誡未有大於斯二者。

② 그 둘ᄌᆡᄂᆞᆫ 근체 사랑하기를 제 몸갓치 ᄒᆞ라 ᄒᆞ여스니 경계가 이 두 가지에 큰 거시 업나니라 ᄒᆞ니

③ 그 둘ᄌᆡᄂᆞᆫ 근쳐 사랑ᄒᆞ기롤 제 몸갓치 ᄒᆞ라 ᄒᆞ여ᄉᆞ니 겡계가 이에셔 큰 거시 업ᄂᆞ니라 ᄒᆞ니

④ 그 다음도 ᄯᅩᄒᆞᆫ 그와 ᄀᆞᆺ치 맛당이 ᄂᆞᆷ을 ᄉᆞ랑ᄒᆞ기롤 제 몸 ᄀᆞᆺ치 ᄒᆞ라 ᄒᆞ엿시니 계명이 이 둘에셔 더 큰 거시 잇지 아니ᄒᆞ니라

⑤ 둘재ᄂᆞᆫ 이 거시니 니웃 ᄉᆞ랑ᄒᆞ기를 제 몸과 ᄀᆞᆺ치 ᄒᆞ라 ᄒᆞ엿ᄉᆞ니 이 두 가지 보담 더 큰 계명이 업ᄂᆞ니라

⑥ 둘재ᄂᆞᆫ 이 거시니 니웃 ᄉᆞ랑 ᄒᆞ기롤 네 몸과 ᄀᆞᆺ치ᄒᆞ라 ᄒᆞ셧시니 다ᄅᆞᆫ 계명이 이에셔 더 큼이 업ᄂᆞ니라

⑦ 둘재는 이 거시니 리웃 ᄉᆞ랑ᄒᆞ기를 네 몸과 ᄀᆞᆺ치 ᄒᆞ라 ᄒᆞ셧스니 다ᄅᆞᆫ 계명이 이에셔 더 큼이 업ᄂᆞ니라

(둘재는 이거시니 리웃 ᄉᆞ랑ᄒᆞ기를 네 몸과 ᄀᆞᆺ치 ᄒᆞ라 ᄒᆞ셧스니 다른 계명이 이에셔 더큼이 업ᄂᆞ니라)

⑧ 둘재는 이거시니 리웃 ᄉᆞ랑ᄒᆞ기를 네몸과 ᄀᆞᆺ치 ᄒᆞ라 ᄒᆞ셧스니 다른 계명이 이에셔 더큼이 업ᄂᆞ니라

⑨ 第二ᄂᆞᆫ 此니 鄰을 愛ᄒᆞ기를 爾身과 如ᄒᆞ게 ᄒᆞ라 ᄒᆞ셧스니 他 誡命이 此에셔 尤大ᄒᆞᆷ이 無ᄒᆞ니라

⑩ 둘재 誡命은 리웃 ᄉᆞ랑ᄒᆞ기를 네 몸과 ᄀᆞᆺ치ᄒᆞ라 ᄒᆞ셧스니 이에셔 더 큰 誡命이 업ᄂᆞ니라

⑪ 둘재는 이것이니 리웃 사랑하기를 네 몸과 갓치 하라 하셧스니 다른 誡命이 이에셔 더 큼이 업나니라

⑫ 둘재는 이것이니 네 리웃을 네 몸과 갓치 사랑하라 하신 것이라 이에셔 더 큰 계명이 업나니라

⑬ 둘째는 이것이니 네 이웃을 네 몸과 같이 사랑하라 하신 것이라 이에서 더 큰 계명이 없느니라

⑭ 第二はこれである、『自分を愛するようにあなたの隣り人を愛せよ』。これより大事ないましめは、ほかにない」。

마가福音 12:32

① 士子謂之曰,善哉師乎,爾言誠是也,蓋神惟一,其外無他,

② 션비 갈아되 션한지라 선싱님이여 말삼이 올은거시 ᄒᆞ나님은 오직 한 분이요 그 외여ᄂᆞᆫ 달니 업사니이다

③ 션비 갈아되 션ᄒᆞᆫ지라 선싱님의 죠탄 말삼이라 하나님은 오직 한 분이요 그 외에ᄂᆞᆫ 달니 업ᄉᆞ니이다

④ 션비들이 엿ᄌᆞ와ᄀᆞᆯᄋᆞᄃᆡ 거륵ᄒᆞ시도소이다 스승님이여 네 말이 진실노 올흔지라 대뎌 신은 다만 ᄒᆞ나히시고 그 외에 다른
이 업시니
⑤ 셔샤관이 ᄃᆡ답ᄒᆞᄃᆡ 션싱님 말솜에 텬쥬은 ᄒᆞ나이시오 그 외에ᄂᆞᆫ 다ᄅᆞᆫ 이가 업다ᄒᆞ심이 올소이다
⑥ 셔샤관이 ᄀᆞᆯᄋᆞᄃᆡ 션싱님이 말솜 잘 ᄒᆞ셧도다 하ᄂᆞᆫ님은 ᄒᆞ나히시오 그 외에ᄂᆞᆫ 다ᄅᆞᆫ 이가 업다 ᄒᆞ심이 올쇼이다
⑦ 셔긔관이 ᄀᆞᆯᄋᆞᄃᆡ 션싱님이 말솜 잘 ᄒᆞ셧도다 하ᄂᆞᆫ님은 ᄒᆞ나히시오 그 외에는 다ᄅᆞᆫ이가 업다ᄒᆞ심이 올소이다
(셔긔관이 ᄀᆞᆯᄋᆞᄃᆡ 션싱님이여 말솜이 올소이다 하ᄂᆞᆫ님은 ᄒᆞ나이라 ᄒᆞ신 말솜이 ᄎᆞᆷ 말솜이니이다)
⑧ 셔긔관이 ᄀᆞᆯᄋᆞᄃᆡ 션싱님이여 말솜이 올소이다 하ᄂᆞᆫ님은 ᄒᆞ나이라 ᄒᆞ신 말솜이 ᄎᆞᆷ 말솜이니이다
⑨ 書記官이 曰 先生님이여 言이 善ᄒᆞ도소이다 上帝ᄂᆞᆫ 一位시라 ᄒᆞ신 言이 眞實ᄒᆞᆫ 言이니이다
⑩ 書記官이 ᄀᆞᆯᄋᆞᄃᆡ 올소이다 先生님이여 말솜이 ᄎᆞᆷ되시니이다 하ᄂᆞᆫ님은 ᄒᆞ나이시라 그 外에ᄂᆞᆫ 다른이가 업스니
⑪ 書記官이 갈대 先生님이어 말삼이 올소이다 하나님은 하나이라 하신 말삼이 참 말삼이니이다
⑫ 셔긔관이 갈아대 션생님이어 올소이다 하나님은 한 분이시오 그 외에 다른 이가 업다 하신 말삼이 참이니이다
⑬ 서기관이 가로되 선생님이여 옳소이다 하나님은 한 분이시요 그 외에 다른 이가 없다 하신 말씀이 참이니이다
⑭ そこで、この律法學者はイエスに言った、「先生、仰せのとおりです、『神はひとりであって、そのほかに神はない』、と言われたのは、ほんとうです。

마가福音 12:33

① 而盡心,盡意,盡性,盡力,愛之,又愛鄰如己,則愈於諸燔犧及祭祀矣。
② 마ᄋᆞᆷ을 다ᄒᆞ며 ᄯᅳᆺ을 다ᄒᆞ며 힘을 다하여 사랑ᄒᆞ고 ᄯᅩ ᄀᆞᆫ체 사랑ᄒᆞ기ᄅᆞᆯ 제 갓치 한 즉 ᄆᆞ단 불살음과 졔사함보담 나으리다
ᄒᆞ니

③ 마암ᄋᆞᆯ 다ᄒᆞ며 ᄯᅳᆺᄋᆞᆯ 다ᄒᆞ며 힘ᄋᆞᆯ 다ᄒᆞ여 사랑ᄒᆞ고 ᄯᅩ 근쳐 사랑ᄒᆞ기ᄅᆞᆯ 제몸 갓치 ᄒᆞᆫ 즉 모단 불살음과 졔사함보담 나으리다 ᄒᆞ니

④ ᄆᆞᄋᆞᆷ을 다ᄒᆞ며 ᄯᅳᆺ을 다ᄒᆞ며 힘을 다ᄒᆞ야 ᄉᆞ랑ᄒᆞᆯ거시오 ᄯᅩᄒᆞᆫ ᄂᆞᆷ을 제몸과 ᄀᆞᆺ치 ᄉᆞ랑ᄒᆞ면 곳희 싱을 굽고 제ᄉᆞᄒᆞᄂᆞᆫ 이에셔 나흐리이다 ᄒᆞ니

⑤ ᄯᅩ ᄆᆞᄋᆞᆷ을 다 ᄒᆞ며 ᄯᅳᆺ술 다 ᄒᆞ며 힘을 다 ᄒᆞ야 텬쥬을 ᄉᆞ랑ᄒᆞ고 ᄯᅩ 니웃 ᄉᆞ랑ᄒᆞ기를 제몸과 ᄀᆞᆺ치 ᄒᆞ면 희싱을 굽고 졔ᄉᆞᄒᆞᄂᆞᆫ 것 보담 낫게 ᄉᆞᆸᄂᆞ니다 ᄒᆞ거ᄂᆞᆯ

⑥ ᄯᅩ ᄆᆞᄋᆞᆷ을 다ᄒᆞ며 ᄯᅳᆺ술 다ᄒᆞ며 힘을 다ᄒᆞ야 하ᄂᆞ님을 ᄉᆞ랑ᄒᆞ고 ᄯᅩ 니웃 ᄉᆞ랑ᄒᆞ기ᄅᆞᆯ 제몸과 ᄀᆞᆺ치 ᄒᆞᄂᆞᆫ 거시 희싱 젼톄ᄅᆞᆯ 살으ᄂᆞᆫ 모든 졔ᄉᆞ 보담 나흐니이다 ᄒᆞ거ᄂᆞᆯ

⑦ ᄯᅩ ᄆᆞᄋᆞᆷ을 다ᄒᆞ며 ᄯᅳᆺ을 다ᄒᆞ며 힘을 다ᄒᆞ야 하ᄂᆞ님을 ᄉᆞ랑ᄒᆞ고 ᄯᅩ 리웃 ᄉᆞ랑ᄒᆞ기를 제몸과 ᄀᆞᆺ치 ᄒᆞᄂᆞᆫ 거시 희싱 젼톄를 살으ᄂᆞᆫ 모든 졔ᄉᆞ보다 나흐니이다 ᄒᆞ거ᄂᆞᆯ

(ᄯᅩ ᄆᆞᄋᆞᆷ을 다ᄒᆞ며 ᄯᅳᆺ술 다ᄒᆞ며 힘을 다ᄒᆞ야 하ᄂᆞ님을 ᄉᆞ랑ᄒᆞ고 ᄯᅩ 리웃 ᄉᆞ랑ᄒᆞ기를 제몸과 ᄀᆞᆺ치 ᄒᆞ는 거시 희싱 젼톄를 살오ᄂᆞᆫ 모든 졔ᄉᆞ보다 나으니이다 ᄒᆞ거ᄂᆞᆯ)

⑧ ᄯᅩ 그 이외에는 다른이가 업스니 ᄆᆞᄋᆞᆷ을 다ᄒᆞ며 ᄯᅳᆺ술 다ᄒᆞ며 힘을 다ᄒᆞ야 하ᄂᆞ님을 ᄉᆞ랑ᄒᆞ고 ᄯᅩ 리웃 ᄉᆞ랑ᄒᆞ기를 제몸과 ᄀᆞᆺ치 ᄒᆞᄂᆞᆫ 거시 희싱 젼톄를 살오ᄂᆞᆫ 모든 졔ᄉᆞ보다 나으니이다 ᄒᆞ거ᄂᆞᆯ

⑨ ᄯᅩ 其 外에ᄂᆞᆫ 他가 無ᄒᆞ니 心을 盡ᄒᆞ며 意를 盡ᄒᆞ며 力을 盡ᄒᆞ야 上帝를 愛ᄒᆞ고 ᄯᅩ 鄰을 愛ᄒᆞ기를 自身과 ᄀᆞᆺ치 ᄒᆞᄂᆞᆫ 거시 犧牲 全體를 燒ᄒᆞᄂᆞᆫ 諸 祭祀보다 勝ᄒᆞ니이다 ᄒᆞ거ᄂᆞᆯ

⑩ ᄆᆞᄋᆞᆷ을 다ᄒᆞ며 性品을 다 ᄒᆞ며 ᄯᅳᆺ을 다 ᄒᆞ며 힘을 다 ᄒᆞ야 하ᄂᆞ님을 ᄉᆞ랑ᄒᆞ고 ᄯᅩ 리웃 ᄉᆞ랑ᄒᆞ기를 제 몸과 ᄀᆞᆺ치 ᄒᆞᄂᆞᆫ거시 燔祭나 其他 모든 祭祀보다 나으니이다

⑪ ᄯᅩ 그 外에는 다른 이가 업스니 마암을 다 하며 ᄯᅳᆺ을 다하며 힘을 다하야 하나님을 사랑하고 ᄯᅩ 리웃 사랑하기를 제 몸과

갓치 하는 것이 犧牲 全體를 살오는 모든 祭祀보다 나으니이다 하거늘

⑫ 쏘 마암을 다하고 지혜를 다하고 힘을 다하야 하나님을 사랑하는 것과 쏘 리웃을 제 몸과 갓치 사랑하는 것이 전톄로 드리는 모든 번졔물과 기타 제물보다 나으니이다

⑬ 또 마음을 다하고 지혜를 다하고 힘을 다하여 하나님을 사랑하는 것과 또 이웃을 제 몸과 같이 사랑하는 것이 전체로 드리는 모든 번제물과 기타 제물보다 나으니이다

⑭ また『心をつくし、知恵をつくし、力をつくして神を愛し、また自分を愛するように隣り人を愛する』ということは、すべての燔祭(はんさい)や犠牲よりも、はるかに大事なことです」。

마가福音 12:34

① 耶穌見其以智應對,則謂之曰,爾不遠於神之國矣。自是時無敢問之者。

② 예수 그 ᄃᆡ답이 총명ᄒᆞ물 보고 갈아샤되 네 하나님의 나라에 머지 안앗다 ᄒᆞ니 일노붓터 감히 뭇ᄂᆞᆫ 쟈 업다라

③ 예수 그 ᄃᆡ답이 총명ᄒᆞ물 보고 갈아샤ᄃᆡ 네 하나님의 나라에 머지 온앗다 ᄒᆞ니 일노붓터 감히 뭇ᄂᆞᆫ 쟈 업더라

④ 예수ㅣ 그 ᄭᅬ로써 ᄃᆡ답ᄒᆞᆷ을 보싀 닐너ㅓ ᄀᆞᆯᄋᆞ샤ᄃᆡ 네 텬국이 머지 아니ᄒᆞ도다 ᄒᆞ시니 일노브터 감히 웃ᄂᆞᆫ 이 업더라

⑤ 예수ᄭᅴ셔 그 ᄃᆡ답이 지혜잇습을 보시고 닐ᄋᆞ샤ᄃᆡ 텬쥬의 나라에셔 네가 머지 안타 ᄒᆞ시니 그 후에 감히 뭇ᄂᆞᆫ 이가 업더라

⑥ 예수ᄭᅴ셔 그 ᄃᆡ답이 지혜 잇슴을 보시고 닐ᄋᆞ샤ᄃᆡ 하ᄂᆞ님의 나라에셔 네가 머지 안타 ᄒᆞ시니 그 후에 감히 뭇ᄂᆞᆫ 사ᄅᆞᆷ이 업더라

⑦ 예수ᄭᅴ셔 그 ᄃᆡ답이 지혜 잇슴을 보시고 닐넛스ᄃᆡ 네가 하ᄂᆞ님의 나라에셔 멀지안타 ᄒᆞ시니 그후에 감히 뭇ᄂᆞᆫ 사ᄅᆞᆷ이 업더라
(예수ㅣ 그 지혜 잇게 ᄃᆡ답ᄒᆞᆷ을 보시고 닐ᄋᆞ샤ᄃᆡ 네가 하ᄂᆞ님의나라에셔 멀지 안타 ᄒᆞ시니 그 후에 감히 뭇는 사ᄅᆞᆷ이 업더라)

⑧ 예수가 그 지혜 잇게 ᄃᆡ답ᄒᆞᆷ을 보시고 닐ᄋᆞ샤ᄃᆡ 네가 하ᄂᆞ님의나라에셔 멀지 안타 ᄒᆞ시니 그 후에 감히 뭇는 사ᄅᆞᆷ이 업더라

⑨ 예수가 其 知慧가 有ᄒᆞ게 答홈을 見ᄒᆞ시고 謂ᄒᆞ샤ᄃᆡ 爾가 上帝國에셔 遠치 안타 ᄒᆞ시니 其 後에 敢히 問ᄒᆞᄂᆞᆫ 人이 無ᄒᆞ더라
⑩ 예수ㅣ 그 知慧잇게 對答홈을 보시고 닐ᄋᆞ샤ᄃᆡ 네가 하ᄂᆞ님 나라에 멀지 안타ᄒᆞ시니 그 後에 敢히 뭇ᄂᆞᆫ 사ᄅᆞᆷ이 업더라
⑪ 예수ㅣ 그 知慧잇게 對答함을 보시고 닐아샤대 네가 하나님의 나라에셔 멀지 안타하시니 그 後에 敢히 뭇는 사람이 업더라
⑫ 예수씌셔 그 지혜 잇게 대답함을 보시고 닐아샤대 네가 하나님의 나라에 멀지 안토다 하시니 그 후에 감히 뭇는 쟈가 업더라
⑬ 예수께서 그 지혜 있게 대답함을 보시고 이르시되 네가 하나님의 나라에 멀지 않도다 하시니 그 후에 감히 묻는 자가 없더라
⑭ イエスは、彼が適切な答えをしたのを見て言われた、「あなたは神の國から遠くない」。それから後は、イエスにあえて問う者はなかった。

마가福音 12:35
① 耶穌在殿教誨言曰,士子何言基督爲大闢之裔乎,
② 예수 셩뎐에셔 가라칠 ᄡᅥ여 갈아샤ᄃᆡ 엇지 션비가 키리스토를 다빗의 후예라 말ᄒᆞ나냐
③ 예수 셩뎐에셔 가라칠 ᄡᅥ에 갈아샤ᄃᆡ 엇지 션비가 키리쓰토롤 다빗의 후예라 말ᄒᆞᄂᆞ냐
④ 예수ㅣ 뎐에셔 ᄀᆞᄅᆞ쳐 말ᄉᆞᆷᄒᆞ여 ᄀᆞᆯᄋᆞ샤ᄃᆡ 션비들이 엇지 그리스도롤 다위의 ᄌᆞ손이라 말ᄒᆞᄂᆞᆫ고
⑤ 예수ㅣ 셩뎐에셔 사ᄅᆞᆷ을 ᄀᆞᄅᆞ쳐 ᄀᆞᆯᄋᆞ샤ᄃᆡ 엇지ᄒᆞ야 셔샤관들이 긔독을 대위의 ᄌᆞ손이라 ᄒᆞᄂᆞ뇨
⑥ 예수ㅣ 셩뎐에셔 사ᄅᆞᆷ을 ᄀᆞᄅᆞ치실ᄉᆡ ᄃᆡ답ᄒᆞ야 ᄀᆞᆯᄋᆞ샤ᄃᆡ 엇지 ᄒᆞ야 셔샤관들이 그리스도가 ᄯᅡ윗의 ᄌᆞ손이라 ᄒᆞᄂᆞ뇨
⑦ 예수ㅣ 셩뎐에셔 사ᄅᆞᆷ을 ᄀᆞᄅᆞ치실ᄉᆡ ᄃᆡ답ᄒᆞ야 ᄀᆞᆯᄋᆞ샤ᄃᆡ 엇지ᄒᆞ야 셔긔관들이 그리스도가 ᄯᅡ윗의 ᄌᆞ손이라 ᄒᆞᄂᆞ뇨
(예수ㅣ 셩뎐에셔 사ᄅᆞᆷ을 ᄀᆞᄅᆞ치실ᄉᆡ 말ᄉᆞᆷᄒᆞ야 ᄀᆞᆯᄋᆞ샤ᄃᆡ 엇지ᄒᆞ야 셔긔관들이 그리스도가 다윗의 ᄌᆞ손이라 ᄒᆞᄂᆞ뇨)
⑧ 예수가 셩뎐에셔 사ᄅᆞᆷ을 ᄀᆞᄅᆞ치실ᄉᆡ 말ᄉᆞᆷᄒᆞ야 ᄀᆞᆯᄋᆞ샤ᄃᆡ 엇지ᄒᆞ야 셔긔관들이 그리스도가 다윗의 ᄌᆞ손이라 ᄒᆞᄂᆞ뇨
⑨ 예수가 聖殿에셔 人을 誨ᄒᆞ실ᄉᆡ 言ᄒᆞ야 曰 何如ᄒᆞ야 書記官들이 그리스도가 ᄯᅡ윗의 子孫이라 ᄒᆞᄂᆞ뇨

⑩ 예수ㅣ 聖殿에셔 사룸을 ᄀᆞᄅᆞ치실서 ᄀᆞᆯᄋᆞ샤ᄃᆡ 엇지 ᄒᆞ야 書記官들이 그리스도가 다윗의 子孫이라 ᄒᆞᄂᆞ뇨
⑪ 예수ㅣ 聖殿에셔 사람을 가라치실 새 말삼하야 갈아샤대 엇지 하야 書記官들이 그러스도가 다윗의 子孫이라 하나뇨
⑫ 예수씌셔 셩뎐에셔 가라치실새 대답하야 갈아샤대 엇지하야 셔긔관드링 그리스도를 다윗의 자손이라 하나뇨
⑬ 예수께서 성전에서 가르치실쌔 대답하여 가라사대 어찌하여 서기관들이 그리스도를 다윗의 자손이라 하느뇨
⑭ イエスは、宮で教えておられたとき、こう言われた、「律法學者たちは、どうしてキリストをダビデの子だと言うのか。

마가福音 12:36

① 蓋多闢感於聖靈而自言曰,主爲我主云,坐我右,俟我置爾敵爲爾足凳。
② 다빗이 셩령으게 감동ᄒᆞ여 스사로 말ᄒᆞ되 쥬 ᄂᆡ의 쥬게 일오ᄃᆡ 네 ᄂᆡ의 우편에 안저 ᄂᆡ가 네의 원슈를 가져 반등 삼기를 기다리라 ᄒᆞ여스니
③ 다빗이 셩령의게 감동ᄒᆞ여 스사로 말ᄒᆞ되 쥬 ᄂᆡ의 쥬게 일오ᄃᆡ 네 ᄂᆡ의 우편에 안저 ᄂᆡ가 네의 원슈롤 가져 반등 삼기롤 기다리라 ᄒᆞ여ᄉᆞ니
④ 대뎌 다위 셩령에 감동ᄒᆞ야 스ᄉᆞ로 말ᄒᆞ여 ᄀᆞᆯᄋᆞᄃᆡ 쥬ㅣ 우리 쥬ᄃᆞ려 닐ᄋᆞ시ᄃᆡ 나의 올흔편에 안자 내가 네 떡국을 노아 네 발도듬ᄒᆞᄂᆞᆫ 등상을 ᄆᆞᆫ돌기롤 기ᄃᆞ리라 ᄒᆞ셧다ᄒᆞ니
⑤ 대위가 셩신을 감동ᄒᆞ야 스ᄉᆞ로 말ᄒᆞ되 쥬씌셔 내 쥬씌 닐ᄋᆞ샤ᄃᆡ 내가 네 원슈를 네 발등샹 ᄆᆞᆫ돌기ᄭᆞ지 내 올흔편에 안지라 ᄒᆞ셧다 ᄒᆞ니
⑥ 싸윗은 셩신의 감화 ᄒᆞ심을 닙어 말ᄒᆞ되 쥬씌셔 내 쥬씌 닐ᄋᆞ샤ᄃᆡ 내가 네 원슈롤 네 발 등상 ᄆᆞᆫ돌기 ᄭᆞ지 내 올흔 편에 안지라 ᄒᆞ셧다 ᄒᆞ니
⑦ 싸윗은 셩신의 감화ᄒᆞ심을 닙어 말ᄒᆞ되 쥬씌셔 내 쥬씌 닐넛스ᄃᆡ 내가 네 원슈를 네 발 등상 ᄆᆞᆫ들기ᄭᆞ지 내 올흔 편에 안즈

라 ᄒᆞ셧다 ᄒᆞ니

(ᄶᅡ윗은 셩신에 감동ᄒᆞ야 말ᄒᆞᄃᆡ 쥬가 내 쥬ᄭᅴ 닐ᄋᆞ샤ᄃᆡ 네가 내 올흔편에 안져 내가 네 원슈를 네 발등상 되게 ᄒᆞᆯ ᄶᅢᄭᆞ지 기ᄃᆞ리라 ᄒᆞ셧다 ᄒᆞ엿시니)

⑧ 다윗은 셩신에 감동ᄒᆞ야 말ᄒᆞᄃᆡ 쥬가 내 쥬ᄭᅴ 닐ᄋᆞ샤ᄃᆡ 네가 내 올흔편에 안져 내가 네 원슈를 네 발등상 되게 ᄒᆞᆯ ᄶᅢᄭᆞ지 기ᄃᆞ리라 ᄒᆞ셧다 ᄒᆞ엿스니

⑨ ᄶᅡ윗은 聖神에 感動ᄒᆞ야 言ᄒᆞᄃᆡ 主가 我의 主ᄭᅴ 諭ᄒᆞ샤ᄃᆡ 爾가 我의 右便에 坐ᄒᆞ야 我가 爾의 寃讎를 爾의 足凳牀이 되게 ᄒᆞᆯ 時ᄭᆞ지 待ᄒᆞ라 ᄒᆞ셧다 ᄒᆞ엿스니

⑩ 다윗이 聖神에 感動ᄒᆞ야 말ᄒᆞᄃᆡ 하ᄂᆞ님이 내게 主ᄭᅴ 닐ᄋᆞ신 말솜이여 내 올흔 偏에 안져 仇敵으로 네 발 牀 ᄆᆞᆫ들기를 기ᄃᆞ리라 ᄒᆞ시도다 ᄒᆞ엿스니

⑪ 다윗은 聖神에 感動하야 말하대 主ᄭᅴ셔 내 主ᄭᅴ 닐아샤대 네가 내 오른 便에 안져 내가 네 怨讎를 네 발 凳牀되게 할 ᄶᅢᆺ가지 기다리라 하셧다하스니

⑫ 다윗이 셩령에 감동하야 친히 말하대 쥬ᄭᅴ셔 내 쥬ᄭᅴ 닐아샤대 내가 네 원슈를 네 발 아래 둘 ᄶᅢᄭᅡ지 내 우편에 안젓스라 하셧도다 하엿나니라

⑬ 다윗이 성령에 감동하여 친히 말하되 주께서 내 주께 이르시되 내가 네 원수를 네 발 아래 둘 때까지 내 우편에 앉았으라 하셨도다 하였느니라

⑭ ダビデ自身が聖靈に感じて言った、『主はわが主に仰せになった、あなたの敵をあなたの足もとに置くときまでは、わたしの右に座していなさい』。

마가福音 12:37

① 夫多闢旣稱基督爲主,則基督如何爲大辟裔乎。衆皆樂聞之。

② 다빗이 스사로 쥬라 칭ᄒᆞ여신즉 엇지 그 후예가 되랴 ᄒᆞ니 뭇ᄇᆡᆨ셩이 깃거 ᄃᆞᆺ다라

③ 다빗이 스사로 쥬라 칭ᄒᆞ여신즉 엇지 그 후예가 되랴 ᄒᆞ니 뭇 ᄇᆡᆨ셩이 깃거 ᄃᆞᆺ더라

④ 므ᄅᆞᆺ 다위 임의 그리스도ᄅᆞᆯ 닐ᄏᆞ러 쥬ㅣ라 ᄒᆞ엿신즉 그리스도ㅣ 엇지ᄒᆞ야 다위의 ᄌᆞ손이 되리오 ᄒᆞ시니 모든 ᄉᆞᄅᆞᆷ이 다ᄃᆞᆺ기
ᄅᆞᆯ 즐거워 ᄒᆞ더라

⑤ 대위가 임의 긔독을 쥬라 닐ᄏᆞ럿ᄉᆞᆫ즉 긔독이 엇지 대위의 ᄌᆞ손이 되ᄂᆞ냐 ᄒᆞ신ᄃᆡ ᄇᆡᆨ셩들이 ᄃᆞᆺ기를 즐기더라

⑥ ᄯᅡ윗은 그리스도ᄅᆞᆯ 쥬라 ᄒᆞᆫ즉 엇지 ᄌᆞ손이 되ᄂᆞ냐 ᄒᆞ신지라 ᄇᆡᆨ셩이 ᄃᆞᆺ기ᄅᆞᆯ 즐기더라

⑦ ᄯᅡ윗은 그리스도를 쥬라ᄒᆞᆫ즉 엇지 ᄌᆞ손이 되ᄂᆞ냐 ᄒᆞ신지라 ᄇᆡᆨ셩이 ᄃᆞᆺ기를 즐기더라
(다윗은 그리스도를 쥬라 ᄒᆞ엿ᄉᆞᆫ즉 엇지 그 ᄌᆞ손이 되겟ᄂᆞ냐 ᄒᆞ시더라 ᄇᆡᆨ셩이 ᄃᆞᆺ기를 즐기더라)

⑧ 다윗은 그리스도를 쥬라 ᄒᆞ엿ᄉᆞᆫ즉 엇지 그 ᄌᆞ손이 되겟ᄂᆞ냐 ᄒᆞ시더라 ᄇᆡᆨ셩이 ᄃᆞᆺ기를 즐기더라

⑨ ᄯᅡ윗이 그리스도를 主라 ᄒᆞ엿ᄉᆞᆫ즉 잇지 其 子孫이 되겟ᄂᆞ냐 ᄒᆞ시디라 百姓이 聽ᄒᆞ기를 樂ᄒᆞ디라

⑩ 다윗이 그리스도를 主라 ᄒᆞ엿ᄉᆞᆫ즉 엇지 그 子孫이 되겟ᄂᆞ냐 ᄒᆞ시니 百姓이 ᄃᆞᆺ기를 즐기더라

⑪ 다윗이 그리스도를 主라 하엿ᄉᆞᆫ즉 엇지 그 子孫이 되겟나냐 하시더라 百姓이 ᄃᆞᆺ기를 즐기더라

⑫ 다윗이 그리스도를 쥬라 하엿ᄉᆞᆫ즉 엇지 그의 자손이 되겟나냐 하시더라 백셩이 즐겁게 ᄃᆞᆺ더라

⑬ 다윗이 그리스도를 주라 하였은즉 어찌 그의 자손이 되겠느냐 하시더라 백성이 즐겁게 듣더라

⑭ このように、ダビデ自身がキリストを主と呼んでいる。それなら、どうしてキリストはダビデの子であろうか」。おおぜい
の群衆は、喜んでイエスに耳を傾けていた。

마가福音 12:38

① 耶穌教之之時,又謂衆曰,謹防士子,彼喜長服而遊,喜市上問安,

② 가라칠 ᄣᅴ여 갈아샤되 션비를 방비ᄒᆞ라 뎌ᄂᆞᆫ 긴 옷 닙고 힝ᄒᆞ기와 댱니에셔 문안과

③ 가라칠 ᄣᅴ에 갈아샤ᄃᆡ 션비롤 방비ᄒᆞ라 뎌ᄂᆞᆫ 긴 옷 닙고 힝ᄒᆞ기와 댱니에셔 문안과

④ 예수ㅣ ᄀᆞᄅᆞ치실 ᄣᅢ ᄯᅩᄒᆞᆫ 모든 이ᄃᆞ러 닐너 ᄀᆞᆯᄋᆞ샤ᄃᆡ 부ᄃᆡ 션비들을 방쎄ᄒᆞ라 뎌희 긴 옷술 닙고 놀기롤 됴화ᄒᆞ며 져ᄌᆞ
우희셔 문안밧기와

⑤ 예수ㅣ ᄀᆞᄅᆞᆺ치실 ᄣᅢ에 ᄯᅩ ᄀᆞᆯᄋᆞ샤ᄃᆡ 조심ᄒᆞ여 셔샤관을 막으라 뎌희가 긴 옷슬 닙고 놀기와 져쟈 우에셔 문안ᄒᆞᄂᆞᆫ 것슬 깃버
ᄒᆞ며

⑥ 예수ㅣ ᄀᆞᄅᆞ치시매 ᄯᅩ ᄀᆞᆯᄋᆞ샤ᄃᆡ 삼가 셔샤관을 막으라 뎌희가 긴 옷술 닙고 놀기와 져자에셔 문안ᄒᆞᄂᆞᆫ 것과

⑦ 예수ㅣ ᄀᆞᄅᆞ치실ᄉᆡ ᄯᅩ ᄀᆞᆯᄋᆞ샤ᄃᆡ 삼가 셔긔관을 막으라 뎌희가 긴 옷슬 닙고 놀기와 져ᄌᆞ에셔 문안ᄒᆞᄂᆞᆫ 것과
(예수ㅣ ᄀᆞᄅᆞ치실 ᄣᅢ에 ᄀᆞᆯᄋᆞ샤ᄃᆡ 셔긔관을 막으라 뎌희가 긴 옷슬 닙고 ᄃᆞᆫ니는 것과 져ᄌᆞ에셔 문안 밧는 것과)

⑧ 예수ㅣ ᄀᆞᄅᆞ치실 ᄣᅢ에 ᄀᆞᆯᄋᆞ샤ᄃᆡ 셔긔관을 삼가라 뎌희가 긴옷을 닙고 ᄃᆞᆫ니ᄂᆞᆫ 것과 져ᄌᆞ에셔 문안 밧ᄂᆞᆫ 것과

⑨ 예수가 誨ᄒᆞ실 時에 曰 書記官을 愼ᄒᆞ라 彼等이 長衣를 被ᄒᆞ고 行ᄒᆞᄂᆞᆫ 것과 市에셔 問安을 受ᄒᆞᄂᆞᆫ 것과

⑩ 예수ㅣ ᄀᆞᄅᆞ치 실 ᄣᅢ에 ᄀᆞᆯᄋᆞ샤ᄃᆡ 書記官을 삼가라 뎌희ᄂᆞᆫ 긴 옷슬 닙고 ᄃᆞᆫ니ᄂᆞᆫ 것과 겨ᄌᆞ에셔 問安밧ᄂᆞᆫ것과

⑪ 예수ㅣ 가라치실 ᄣᅢ에 갈아샤대 書記官을 삼가라 뎌희가 긴 옷을 닙고 단니는 것과 져자에셔 問安 밧는 것과

⑫ 예수ᄭᅴ셔 가라치실 ᄣᅢ에 갈아샤대 긴 옷을 닙고 단니는 것과 시장에셔 문안밧는 것과

⑬ 예수께서 가르치실 때에 가라사대 긴 옷을 입고 다니는 것과 시장에서 문안 받는 것과

⑭ イエスはその教の中で言われた、「律法學者に氣をつけなさい。彼らは長い衣を着て步くことや、廣場であいさつされるこ
よや、

마가福音 12:39

① 及會堂之高位,筵間之上座,

② 회당에 놉푼 위와 연셕에 슈자를 즐겨 ᄒᆞ나

③ 회당에 놉푼 위와 옌셕에 슈ᄌᆞ코져 ᄒᆞ나 글어나 과부의 집올 삼키고

④ 회당의 놉흔 위와 좌즁의 놉흔 자리에 안기를 됴화ᄒᆞ나

⑤ ᄯᅩ 회당에 놉흔 위와 잔치에 샹좌를 깃버ᄒᆞ나

⑥ 회당에 샹좌와 잔치에 놉흔 자리ᄅᆞᆯ 원ᄒᆞ나

⑦ 회당에 샹좌와 잔치에 놉흔 자리를 원ᄒᆞ나

(회당에 샹좌와 잔치에 놉흔자리를 원ᄒᆞ면셔)

⑧ 회당에 샹좌와 잔치에 놉흔자리를 원ᄒᆞ면셔

⑨ 會堂의 上座와 宴會의 高座를 願ᄒᆞ면셔

⑩ 會堂에 上座와 잔치에 놉흔 자리를 됴하ᄒᆞ며

⑪ 會堂에 上座와 잔치에 놉흔 자리를 願하면셔

⑫ 회당의 샹좌와 잔채의 샹셕을 원하는 셔긔관들을 삼가라

⑬ 회당의 상좌와 잔치의 상석을 원하는 서기관들을 삼가라

⑭ また會堂の上席、宴會の上座を好んでいる。

마가福音 12:40

① 然呑嫠婦之家,而佯謂長祈,其受罪必尤重也。

② 글어나 과부의 집ᄋᆞᆯ 삼키고 거즛 길게 비니 그 죄 바드미 더욱 즁ᄒᆞ리라
③ 거즛 길게 비니 쟝차 이 사ᄅᆞᆷ덜이 그 죄 바드미 더욱 즁ᄒᆞ리라
④ 그러ᄒᆞᄂᆞ 과부의 가산을 숨켜 거즛 거ᄉᆞ로 긴 긔도ᄅᆞᆯ ᄒᆞ는 톄ᄒᆞ니 그 죄 밧음이 더욱 즁ᄒᆞ리라
⑤ 그러나 뎌희가 과부 집 ᄌᆡ물을 숨키고 거즛길게 긔도 ᄒᆞ니 형벌 밧음이 더욱 즁ᄒᆞ리라
⑥ 그러나 뎌희가 과부의 가산을 삼키고 거즛 거ᄉᆞ로 길게 긔도 ᄒᆞ니 죄 뎡ᄒᆞᆷ이 더욱 즁ᄒᆞ리라
⑦ 그러나 뎌희가 과부의 가산을 삼키고 거즛거ᄉᆞ로 길게 긔도ᄒᆞ니 죄 뎡ᄒᆞᆷ이 더욱 즁ᄒᆞ리라
(과부의 가산을 삼키고 거즛거스로 길게긔도ᄒᆞ니 죄 뎡ᄒᆞᆷ이 더욱 즁ᄒᆞ리라)
⑧ 과부의 가산을 삼키고 거즛거스로 길게긔도ᄒᆞ니 죄 뎡ᄒᆞᆷ이 더욱즁ᄒᆞ리라
⑨ 寡婦의 家産을 呑ᄒᆞ고 外飾으로 長禱ᄒᆞ니 罪를 定ᄒᆞᆷ이 益重ᄒᆞ리라
⑩ 寡婦의 家産을 삼키고 거즛길게 祈禱ᄒᆞ니 罪定ᄒᆞᆷ이 더욱 重ᄒᆞ리라
⑪ 寡婦의 家産을 삼키고 거짓 것으로 길게 祈禱하니 罪定함이 더욱 重하리라
⑫ 뎌희는 과부의 가산을 삼키며 외식으로 길게 긔도하는 쟈니 그 밧는 판결이 더욱 즁하리라 하시니라
⑬ 저희는 과부의 가산을 삼키며 외식으로 길게 기도하는 자니 그 받는 판결이 더욱 중하리라 하시니라
⑭ また、やもめたちの家を食い倒し、見えのために長い祈をする。彼らはもっときびしいさばきを受けるであろう」。

마가福音 12:41

① 耶穌對庫而坐,見衆以金投庫,有諸富者投多金,
② 예수 곳간을 ᄃᆡᄒᆞ여 안저 뭇사람이 돈으로써 고에 더지물 보는ᄃᆡ 열어 부쟈는 터지미 만으되
③ 예수 곳간ᄋᆞᆯ ᄃᆡᄒᆞ여 안저 뭇사ᄅᆞᆷ이 돈으로써 고에 더지물 보는ᄃᆡ 열어 부쟈는 더지미 만으되

④ 예수ㅣ 고집을 향ᄒᆞ야 안지샤 모든 이 금으로써 고에 더짐을 구경ᄒᆞ시니 모든 부쟈ㅣ 만흔 금을 더지ᄂᆞᆫ이도 잇시며
⑤ 예수ㅣ 곳 집을 ᄃᆡᄒᆞ여 안져 여러 사ᄅᆞᆷ이 금넛ᄂᆞᆫ 거슬 보실ᄉᆡ 여러 부ᄌᆞ들이 금을 만히 넛코
⑥ 예수ㅣ 연보 궤ᄅᆞᆯ ᄃᆡᄒᆞ야 안지샤 무리가 연보 궤에 돈 더지ᄂᆞᆫ 거ᄉᆞᆯ 보실ᄉᆡ 여러 부쟈가 만히 더지고
⑦ 예수ㅣ 연보 궤를 ᄃᆡᄒᆞ여 안ᄌᆞ샤 무리가 연보 궤에 돈 더지ᄂᆞᆫ 거슬 보실ᄉᆡ 여러 부ᄌᆞ가 만히 더지고
(예수ㅣ 연보궤를 ᄃᆡᄒᆞ여 안즈샤 무리가 연보궤에 돈 던지는 거슬 보실ᄉᆡ 여러 부쟈가 만히던지고)
⑧ 예수가 연보궤를 ᄃᆡᄒᆞ야안즈샤 무리가 연보궤에 돈 던지ᄂᆞᆫ 거슬 보실ᄉᆡ 여러 부쟈가 만히던지고
⑨ 예수가 捐補櫃를 對坐ᄒᆞ샤 衆이 捐補櫃에 錢을 投ᄒᆞᄂᆞᆫ 거슬 見ᄒᆞ실ᄉᆡ 여러 富者가 多投ᄒᆞ고
⑩ 예수ㅣ 捐補櫃를 對ᄒᆞ야 안즈샤 무리가 捐補櫃에 돈 너흠을 보실서 여러 當者가 만히 넛코
⑪ 예수ᄭᅴ셔 捐補櫃를 對하야 안지샤 무리가 捐補櫃에 돈 던지는 것을 보실새 여러 富者가 만히 던지고
⑫ 예수ᄭᅴ셔 연보궤를 대하야 안즈샤 무리의 연보궤에 돈 넛는 것을 보실새 여러 부쟈는 만히 넛는대
⑬ 예수께서 연보 궤를 대하여 앉으사 무리의 연보 궤에 돈 넣는 것을 보실쌔 여러 부자는 많이 넣는데
⑭ イエスは、さいせん箱にむかってすおり、群衆がその箱に金を投げ入れる様子を見ておられた。多くの金持は、たくさんの金を投げ入れていた。

마가福音 12:42

① 有貧嫠至,投二半厘,即一厘耳。
② 가ᄂᆞᆫ한 과부와셔 돈 두 푼을 더지니 은 일니 가량이라
③ 가ᄂᆞᆫ한 과부와셔 돈 두 퓨ᄋᆞᆯ 더지니 ᄋᆞ 일니 가량이라
③ 가ᄂᆞᆫ한 과부와셔 돈 두 푼ᄋᆞᆯ 더지니 은 일니 가량이라

⑤ 가ᄂᆞᆫᄒᆞᆫ 과부도 니ᄅᆞ러 반리 둘을 너흐니 곳 일리라

⑥ 가난ᄒᆞᆫ 과부도 니ᄅᆞ러 적은 돈 두 푼을 더지니 곳 엽 ᄒᆞᆫ 푼이라

⑦ 간난ᄒᆞᆫ 과부도 니ᄅᆞ러 젹은 돈 두 푼을 더지니 곳 엽 ᄒᆞᆫ 푼이라

(간난ᄒᆞᆫ 과부도 니르러 적은돈 두 푼을 던지니 곳 엽 ᄒᆞᆫ 푼이라)

⑧ 간난ᄒᆞᆫ 과부도 니르러 적은돈 두 푼을 던지니 곳 엽 ᄒᆞᆫ 푼이라

⑨ 艱難ᄒᆞᆫ 寡婦도 至ᄒᆞ야 小錢 二 分을 投ᄒᆞ니 곳 棄錢 一 分이라

⑩ 艱難ᄒᆞᆫ 寡婦도 니르러 적은 돈 두 푼 銅錢 ᄒᆞᆫ 푼을 너희니

⑪ 艱難한 寡婦도 이르러 적은 돈 두 푼을 던지니 곳 葉 한 푼이라

⑫ 한 간난한 과부는 와셔 두 렙돈 곳 한 고드란트를 넛는지라

⑬ 한 가난한 과부는 와서 두 렙돈 곧 한 고드란트를 넣는지라

⑭ ところが、ひとりの貧しいやもめがきて、レプタ二つを入れた。それは一コドラントに当る。

마가福音 12:43

① 遂召門徒謂之曰,我誠告爾,此貧嫠所投,較衆投於庫者,尤多,

② 이여 뎨자를 불너 갈아샤되 ᄂᆡ 실노 너희게 일오나니 이 가ᄂᆞᆫ한 과부 고에 더지ᄂᆞᆫ 바가 뭇사람 더지ᄂᆞᆫ 것보담 더 만으문

③ 이여 뎨자ᄅᆞᆯ 불너 갈아샤ᄃᆡ ᄂᆡ 실노 너희게 일오나니 이 가ᄂᆞᆫ한 과부 고에 더지ᄂᆞᆫ 바가 뭇사ᄅᆞᆷ 더지ᄂᆞᆫ 것보담 더 만으문

④ 예수ㅣ 드ᄃᆡ여 뎨ᄌᆞ들을 불너 닐너ᄀᆞᆯᄋᆞ샤ᄃᆡ 나ㅣ 진실노 너희게 닐ᄋᆞᄂᆞ니 이 가난ᄒᆞᆫ 과부의 더진 거시 여러히 고에 더져

너흐 것보다 더 만흐니

⑤ 예수ㅣ 뎨ᄌᆞ를 불너 ᄀᆞᆯᄋᆞ샤ᄃᆡ 내 진실노 너희게 닐ᄋᆞ노니 이 가ᄂᆞᆫᄒᆞᆫ 과부가 곳집의 너흔 거시 여러 사ᄅᆞᆷ보담 더욱 만ᄒᆞ니

⑥ 예수ㅣ 뎨ᄌᆞ롤 불너 와 ᄀᆞᆯᄋᆞ샤ᄃᆡ 내 진실노 너희게 닐ᄋᆞ노니 이 가난ᄒᆞᆫ 과부가 연보 궤에 더진 거시 여러 사ᄅᆞᆷ보담 더욱 만ᄒᆞ니

⑦ 예수ㅣ 뎨ᄌᆞ를 불너와 ᄀᆞᆯᄋᆞ샤ᄃᆡ 내 진실노 너희게 닐ᄋᆞ노니 이 간난ᄒᆞᆫ 과부가 연보 궤에 더진 거시 여러 사ᄅᆞᆷ보다 더욱 만ᄒᆞ니
(예수ㅣ 뎨ᄌᆞ를 불너셔 ᄀᆞᆯᄋᆞ샤ᄃᆡ 내가 진실노 너희게 닐ᄋᆞ노니 이 간난ᄒᆞᆫ 과부가 연보궤에 던진 거시 여러 사ᄅᆞᆷ보다 더욱 만ᄒᆞ니)

⑧ 예수가 뎨ᄌᆞ를 불너셔 ᄀᆞᆯᄋᆞ샤ᄃᆡ 내가 진실노 너희게 닐ᄋᆞ노니 이 간난ᄒᆞᆫ 과부가 연보궤에 던진 거시 여러사ᄅᆞᆷ보다 더욱만ᄒᆞ니

⑨ 예수가 弟子를 召ᄒᆞ야 曰 我가 眞實노 爾等의게 諭ᄒᆞ노니 此 艱難ᄒᆞᆫ 寡婦가 捐補櫃에 投ᄒᆞᆫ 거시 多人보다 尤多ᄒᆞ니

⑩ 예수ㅣ 弟子를 블너셔 닐ᄋᆞ샤ᄃᆡ 내가 眞實노 너희의게 닐ᄋᆞ노이 艱難ᄒᆞᆫ 寡婦가 捐補櫃에 너흔거시 여러 사ᄅᆞᆷ보다 더욱 만ᄒᆞ니

⑪ 예수ㅣ 弟子를 불너셔 갈아샤대 내가 眞實노 너희게 닐아노니 이 艱難한 寡婦가 捐補櫃에 던진 것이 여러 사람보다 더욱 만ᄒᆞ니

⑫ 예수ᄭᅴ서 데지들을 불너디기 닐아샤대 내가 진실노 니희게 닐아노이 이 간난한 과부는 인보궤에 넛는 보는 사람보다 만히 너헛도다

⑬ 예수께서 제자들을 불러다가 이르시되 내가 진실로 너희에게 이르노니 이 가난한 과부는 연보 궤에 넣는 모든 사람보다 많이 넣었도다

⑭ そこで、イエスは弟子(でし)たちを呼び寄せて言われた、「よく聞きなさい。あの貧しいやもめは、さいせん箱に投げ入れている人たちの中で、だれよりもたくさんいれたのだ。

마가福音 12:44

① 蓋衆以羡餘投之,惟此嫠則以其貧乏,而盡投所有,卽其全業也。

② 뭇사람은 그 남은 바에셔 더지되 오직 뎌는 부족한되 그 잇는 바를 다 더지니 곳 그 사는 거구라 ᄒᆞ다라

③ 뭇사ᄅᆞᆷ은 그 남은 바에셔 더지되 오직 뎌는 부족ᄒᆞᆫ되 그 잇는 바를 다 더지니 곳 그 사는 거시라 ᄒᆞ더라

④ 대뎌 여러 사ᄅᆞᆷ은 쓰고 남는 거ᄉᆞ로 더지거니와 오직 이 과부는 저도 그가 난ᄒᆞ야 업는 거ᄉᆞ로써 다 더지니 즉시 제의 왼통 가산이니라

⑤ 대개 다른 이들은 남는 것스로 너헛거니와 오직 이 과부는 저도 부족ᄒᆞᆫ 거슬 다 너헛스니 곳 련명ᄒᆞᆯ 가산이니라

⑥ 대개 다른 사ᄅᆞᆷ은 쓰고 남은 즁에셔 더졋거니와 오직 이 과부는 가난ᄒᆞᆫ 즁에셔 저의 잇는 거술 다 더졋시니 곳 련명ᄒᆞᆯ 거리라 ᄒᆞ시더라

⑦ 대개 다른 사ᄅᆞᆷ은 쓰고 남은즁에셔 더졋거니와 오직 이 과부는 간난ᄒᆞᆫ즁에셔 저의 잇는 거슬 다 더졋시니 곳 연명ᄒᆞᆯ 거시라 ᄒᆞ시더라

(대개 다른사ᄅᆞᆷ은 쓰고 남은즁에셔 던졋거니와 오직 이 과부는 간난ᄒᆞᆫ 즁에셔 저의 잇는 거슬 다 던졋스니 곳 련명ᄒᆞᆯ 거리라 ᄒᆞ시더라)

⑧ 대개 다른사ᄅᆞᆷ은 쓰고남은 즁에셔 던졋거니와 오직 이 과부는 구챠ᄒᆞᆫ 즁에셔 저의 잇는 거슬 다던졋스니 곳 련명ᄒᆞᆯ 거리라 ᄒᆞ시더라

⑨ 大槩 他人은 用餘ᄒᆞᆫ 中에셔 投ᄒᆞ엿거니와 오직 此 寡婦는 苟且ᄒᆞᆫ 中에셔 渠의 有ᄒᆞᆫ 거슬 盡投ᄒᆞ엿스니 곳 延命ᄒᆞᆯ 거시라 ᄒᆞ시더라

⑩ 大抵 다른 사ᄅᆞᆷ은 쓰고 남은 中에셔 너헛거니와 이 寡婦는 苟艱ᄒᆞᆫ 中에 그 所有 곳 延命ᄒᆞᆯ거슬 다너헛ᄂᆞ니라

⑪ 大槪 다른 사람은 쓰고 남은 中에셔 던졋거니와 오직 이 寡婦는 苟且한 中에셔 저의 잇는 것을 다 던졋스니 곳 延命할 것이라

하시더라
⑫ 뎌희는 다 그 풍족한 즁에셔 너혓거니와 이 과부는 그 구챠한 즁에셔 자긔 모든 소유 곳 생활비 젼부를 너혓나니라 하셧더라
⑬ 저희는 다 그 풍족한 중에서 넣었거니와 이 과부는 그 구차한 중에서 자기 모든 소유 곧 생활비 전부를 넣었느니라 하셨더라
⑭ みんなの者はありあまる中から投げ入れたが、あの婦人はその乏しい中から、あらゆる持ち物、その生活費全部を入れたからである」。

13장

마가福音 13:01

① 耶穌出殿,有一門徒謂之曰,師乎,請觀此石若何,此屋宇若何。

② 셩뎐에 나갈 씩여 한 뎨자 일오되 션싱님 쳥컨던 이 돌이 엇더ᄒᆞ며 이 집이 엇더한가 보소셔

③ 셩뎐에 나갈 씩에 ᄒᆞᆫ 뎨자 일오되 션싱님 쳥컨던 이 돌이 엇더ᄒᆞ며 이 집이 엇더ᄒᆞᆫ가 보소셔

④ 예수ㅣ 뎐에 나실시 ᄒᆞᆫ 뎨ᄌᆞㅣ 잇서 엿ᄌᆞ와 ᄀᆞᆯᄋᆞᄃᆡ 스승님 보쇼셔 이 돌이 엇더ᄒᆞ오며 이 집이 엇더ᄒᆞ오니잇가

⑤ 예수ㅣ 셩뎐에셔 나가실 식 ᄒᆞᆫ 뎨ᄌᆞ ᄀᆞᆯᄋᆞᄃᆡ 션싱님이여 쳥컨ᄃᆡ 이 돌과 이 집이 엇더케 웅장ᄒᆞᆫ지 보옵쇼셔

⑥ 예수ㅣ 셩뎐에셔 나가실식 ᄒᆞᆫ 뎨자ㅣ ᄀᆞᆯᄋᆞᄃᆡ 션싱님이여 보쇼셔 이 돌이 엇더ᄒᆞ며 이 집이 엇더ᄒᆞ오니잇가

⑦ 예수ㅣ 셩뎐에셔 나가실식 ᄒᆞᆫ 뎨ᄌᆞㅣ ᄀᆞᆯᄋᆞᄃᆡ 션싱니미여 보쇼셔 이 돌이 엇더ᄒᆞ며 이 집이 엇더ᄒᆞ오리잇가
(예수ㅣ 셩뎐에셔 나가실식 ᄒᆞᆫ 뎨자ㅣ ᄀᆞᆯᄋᆞᄃᆡ 션싱님이여 보쇼셔 이 돌이 엇더ᄒᆞ며 이 집이 엇더ᄒᆞ오리잇가)

⑧ 예수가 셩뎐에셔 나가실식 ᄒᆞᆫ 뎨자ㅣ ᄀᆞᆯᄋᆞᄃᆡ 션싱님이여 보쇼셔 이 돌이 엇더ᄒᆞ며 이 집이 엇더ᄒᆞ오니잇가

⑨ 예수가 聖殿에셔 出去ᄒᆞ실식 一 弟子가 曰 先生님이여 見ᄒᆞ쇼셔 此 石이 何如ᄒᆞ며 此 屋이 何如ᄒᆞ오니잇가

⑩ 예수ㅣ 聖殿에셔 나오실서 ᄒᆞᆫ 弟子가 ᄀᆞᆯᄋᆞᄃᆡ 先生님이여 보쇼셔 이들이 엇더ᄒᆞ며 이집이 엇더ᄒᆞ니잇가

⑪ 예수ㅣ 聖殿에셔 나가실 새 한 弟子ㅣ 갈아대 先生님이어 보쇼셔 이 들이 엇더하며 이 집이 엇더하오니잇가

⑫ 예수싀겨 셩뎐에셔 나가실 쌔에 뎨자 즁 하나이 갈아대 션생님이어 보쇼셔 이 돌들이 엇다하며 이 건물들이 엇더하니잇가

⑬ 예수께서 성전에서 나가실 때에 제자 중 하나가 가로되 선생님이여 보소서 이 돌들이 어떠하며 이 건물들이 어떠하니이까

⑭ イエスが宮から出て行かれるとき、弟子のひとりが言った、「先生、ごらんなさい。なんという見事な石、なんという立派な建物でしょう」。

마가福音 13:02

① 耶穌謂之曰,爾見斯屋宇之大乎,將無一石遺於石上,而不見圮也。

② 예수 갈아샤되 네 이 큰 집ᄋᆞᆯ 보나냐 쟝차 한나 돌을 돌 우에 뉴ᄒᆞ여 물어지지 안으미 업사리라 ᄒᆞ다라

③ 예수 갈아샤ᄃᆡ 네 이 큰 집ᄋᆞᆯ 보ᄂᆞ냐 쟝차 한나 돌ᄋᆞᆯ 돌 우에 뉴ᄒᆞ여 물어지지 ᄋᆞᆫ으미 업ᄉᆞ리라 ᄒᆞ더라

④ 예수ㅣ 닐너ᄀᆞᆯᄋᆞ샤ᄃᆡ 너ᄂᆞᆫ 이 집의 큰 것ᄉᆞᆯ 보ᄂᆞ냐 쟝ᄎᆞᆺ 돌 ᄒᆞ나ᄒᆞᆯ 돌 우희 노코 무너지지 아니ᄒᆞᆷ이 업ᄉᆞ리라

⑤ 예수ㅣ ᄃᆡ답ᄒᆞ여ᄀᆞᆯᄋᆞ샤ᄃᆡ 너희들이 이 큰 집들을 보ᄂᆞ냐 그러나 여긔 돌 ᄒᆞ나도 텹노히지 아니ᄒᆞ고 반ᄃᆞ시 다 문어지리라
ᄒᆞ시거ᄂᆞᆯ

⑥ 예수ㅣ 닐ᄋᆞ샤ᄃᆡ 네가 이 큰 집들을 보ᄂᆞ냐 그러나 돌 우헤 잇ᄂᆞᆫ 돌이 안 문허질 돌이 여긔 업ᄂᆞ니라 ᄒᆞ시거ᄂᆞᆯ

⑦ 예수ㅣ 닐넛스ᄃᆡ 네가 이 큰 집들을 보ᄂᆞ냐 돌이 돌우헤 씨침을 두지아니ᄒᆞ리라 ᄒᆞ시니라
(예수ㅣ 닐ᄋᆞ샤ᄃᆡ 네가 이 큰 집들을 보ᄂᆞ냐 돌 ᄒᆞ나도 돌우에 텹노히지 안코 다문허지리라 ᄒᆞ시니라)

⑧ 예수ㅣ 닐ᄋᆞ샤ᄃᆡ 네가 이 큰집들을 보ᄂᆞ냐 돌 ᄒᆞ나도 돌우에 텹노히지 안코 다문허지리라 ᄒᆞ시니라

⑨ 예수ㅣ 謂ᄒᆞ사ᄃᆡ 爾가 此 巨屋들을 見ᄒᆞᄂᆞ냐 石 ᄒᆞ나도 石上에 疊노히지 안코 盡頽ᄒᆞ리리 ᄒᆞ시니라

⑩ 예수ㅣ 닐ᄋᆞ샤ᄃᆡ 네가 이 큰집은 보ᄂᆞ냐 돌ᄒᆞᄂᆞ도 돌우에 疊노혀잇지 안코 다문허지리라

⑪ 예수ㅣ 닐아샤대 네가 이 큰 집들을 보나냐 돌 하나도 돌우에 疊노히지 안코 다 문허지리라 하시니라

⑫ 예수끠셔 닐아샤대 네가 이 큰 건물들을 보나냐 돌하나도 돌우에 남지 안코 다 문허트리우리라 하시니라

⑬ 예수께서 이르시되 네가 이 큰 건물들을 보느냐 돌 하나도 돌 위에 남지 않고 다 무너뜨려지리라 하시니라

⑭ イエスは言われた、「あなたは、これらの大きな建物をながめているのか。その石一つでもくずされないままで、他の石の
上に殘ることもなくなるであろう」。

마가福音 13:03

① 耶穌在橄欖,對殿而坐。彼得,雅各,約翰,安得烈,竊問之曰,

② 감남산에 안저 셩뎐을 딕할 쩍여 피들과 야곱과 요안늬과 안드랴 사사로히 물으딕

③ 감남산에 안저 셩뎐올 딕할 쩍에 피들과 야곱과 요안늬과 안드랴 사사로히 물으딕

④ 예수ㅣ 엘나온산에 계셔 뎐을 향ᄒᆞ여 안져 계시더니 베드로와 야고보와 요한과 안드레아ㅣ ᄀᆞ만이 뭇ᄌᆞ오딕

⑤ 예수ㅣ 감란산에셔 셩뎐딕ᄒᆞ야 안지시니 피득과 아각과 요한과 안득렬이 죵용이 무러 ᄀᆞᆯᄋᆞ딕

⑥ 예수ㅣ 감남산에셔 셩뎐을 딕ᄒᆞ야 안지시니 베드로와 야고보와 요한과 안드레가 죵용이 뭇ᄌᆞ오딕

⑦ 예수ㅣ 감남산에셔 셩뎐을 딕ᄒᆞ야 안ᄌᆞ시니 베드로와 야고보와 요한과 안드레가 죵용히 뭇ᄌᆞ오딕

⑧ 예수가 감람산에셔 셩뎐을 딕ᄒᆞ야안즈시니 베드로와 야고보와 요한과 안드레가 죵용이 뭇ᄌᆞ오딕

⑨ 예수가 橄欖山에셔 聖殿을 對坐ᄒᆞ시니 베드로와 야고보와 요한과 안드레가 從容히 問ᄒᆞ딕

⑩ 예수ㅣ 橄欖山에셔 聖殿을 對ᄒᆞ야 안즈시니 베드로와 야고보와 요한과 안드레가 從容히 뭇ᄌᆞ오딕

⑪ 예수ㅣ 橄欖山에셔 聖殿을 對하야 안지시니 베드로와 야고보와 요한과 안드레가 從容히 뭇자오대

⑫ 예수끠셔 감람산에셔 셩뎐을 마조대하야 안즈셧슬 때에 베드로와 야고보와 요한과 안드레가 죵용히 뭇자오대

⑬ 예수께서 감람산에서 성전을 마주 대하여 앉으셨을 때에 남지 않고 다 무너뜨려지리라 하시니라 조용히 묻자오되

⑭ またオリブ山で、宮のむかってすわっておられると、ペテロ、ヤコブ、ヨハネ、アンデレが、ひそかにお尋ねした。

마가福音 13:04

① 請告我儕,何時有此,且此事皆將應,有何兆乎。

② 청컨딘 우리게 어늬 쩍여 이거시 이사면 쏘 이거시 다 응할 쩍여 무삼 징죠 이사물 일으소셔 ᄒᆞ니

③ 청컨되 우리게 어ᄂᆡ ᄣᅴ에 이거시 이사며 ᄯᅩ 이거시 다 일ᄋᆞᆯ ᄣᅴ에 무삼 징죠 이사물 일으소셔 ᄒᆞ니

④ 청컨ᄃᆡ 우리들의게 닐너 주ᄉᆞᆷ 징죠ㅣ 잇ᄉᆞ오리잇가

⑤ 청컨ᄃᆡ 우리게 닐ᄋᆞ쇼셔 어ᄂᆞ ᄣᅢ에 이 일들이 잇ᄉᆞ오며 이 모든 일이 림ᄒᆞᆯ ᄣᅢ에 무ᄉᆞᆷ 징조가 잇ᄉᆞ오리잇가

⑥ 어ᄂᆞ ᄣᅢ에 이런 일이 잇ᄉᆞ오며 이 모든 일이 일울 ᄣᅢ에 무ᄉᆞᆷ 징죠가 잇ᄉᆞ오리잇가 우리의게 닐ᄋᆞ쇼셔

⑦ 어ᄂᆞ ᄣᅢ에 이런 일이 잇ᄒᆞ오며 이 ᄯᅩ 一ㄴ 일이 일울 ᄣᅢ에 무ᄉᆞᆷ 징죠가 잇ᄉᆞ오리잇가 우리게 닐ᄋᆞ쇼셔

⑧ 어ᄂᆞᄣᅢ에 이런 일이 잇ᄉᆞ오며 이 모든일이 일울 ᄣᅢ에 무ᄉᆞᆷ 징죠가 잇ᄉᆞ오리잇가 우리게 닐ᄋᆞ쇼셔

⑨ 何時에 如此ᄒᆞᆫ 事가 有ᄒᆞ오며 此 諸事가 成ᄒᆞᆯ 時에 何 徵兆가 有ᄒᆞ오리잇가 我等의게 諭ᄒᆞ옵쇼셔

⑩ 어ᄂᆞᄣᅢ에 이런 일이 잇ᄉᆞ오며 이 모든 일이 일울 ᄣᅢ에 무ᄉᆞᆷ 徵兆가 잇스리잇가 우리의게 닐ᄋᆞ쇼셔

⑪ 어나 ᄣᅢ에 이런 일이 잇사오며 이 모든 일이 일울 ᄣᅢ에 무산 徵兆가 잇사오리잇가 우리게 닐아쇼셔

⑫ 우리의게 닐아쇼셔 어나 ᄣᅢ에 이런 일이 잇겟사오며 이 모든 일이 일우랴할 ᄣᅢ에 무삼 징죠가 잇사오리잇가

⑬ 우리에게 이르소서 어느 때에 이런 일이 있겠사오며 이 모든 일이 이루려 할 때에 무슨 징조가 있사오리이까

⑭「わたしたちにお話しください。いつ、そんなことが起るのでしょうか。またそんなことがことごとく成就するような場合には、どんな前兆がありますか」。

마가福音 13:05

① 耶穌答之曰,爾愼毋爲人所惑,

② 예수 갈아샤되 삼가 사람으게 미혹한 바 되지 말나 쟝차 열어 하ᄂᆡ 일홈으로써 와셔

③ 예수 갈아샤ᄃᆡ 삼가 사ᄅᆞᆷ의게 미혹ᄒᆞᆫ 바 되지 말나 쟝차 열어 사ᄅᆞᆷ이 ᄂᆡ 일홈ᄋᆞᆯ 무릅쓰고 와셔

④ 예수ㅣ ᄃᆡ답ᄒᆞ여 ᄀᆞᆯᄋᆞ샤ᄃᆡ 너ᄂᆞᆫ 힝혀 사ᄅᆞᆷ의게 혹ᄒᆞᆫ바ㅣ 되지 말지니라

⑤ 예수ㅣ 디답ᄒᆞ여 ᄀᆞᆯᄋᆞ샤ᄃᆡ 너희가 조심ᄒᆞ여 사ᄅᆞᆷ의 유혹에 들지 마라
⑥ 예수ㅣ 비로소 닐ᄋᆞ샤ᄃᆡ 조심ᄒᆞ야 ᄂᆞᆷ의 미혹에 들지 마라
⑦ 예수ㅣ 비로소 닐넛스ᄃᆡ 조심ᄒᆞ야 ᄂᆞᆷ의 미혹에 들지마라
(예수ㅣ 닐ᄋᆞ샤ᄃᆡ 조심ᄒᆞ야 사ᄅᆞᆷ의 미혹에 들지 마라)
⑧ 예수ㅣ 닐ᄋᆞ샤ᄃᆡ 조심ᄒᆞ야 사ᄅᆞᆷ의 미혹에 들지 마라
⑨ 예수가 諭ᄒᆞ샤ᄃᆡ 小心ᄒᆞ야 人의 迷惑에 入ᄒᆞ지 마라
⑩ 예수ㅣ 닐ᄋᆞ샤ᄃᆡ 操心ᄒᆞ야 사ᄅᆞᆷ의 迷惑에 들지마라
⑪ 예수ㅣ 닐아새다 操心하야 사람의 迷惑에 들지마라
⑫ 예수ᄭᅴ셔 닐아샤대 너희가 사람의 미혹을 밧지 안토록 주의하라
⑬ 예수께서 이르시되 너희가 사람의 미혹을 받지 않도록 주의하라
⑭ そこで、イエスは話はじめられた、「ひとに惑わされないように氣をつけなさい」。

마가福音 13:06
① 蓋將有多人冒我名而來,云,我基督也,致惑多人。
② 갈아되 ᄂᆡ가 기로다 ᄒᆞ여 사람올 틀니게 ᄒᆞ미 만으리라
③ 갈오ᄃᆡ ᄂᆡ가 기도다 ᄒᆞ여 사람올 틀니게 ᄒᆞ미 만으리라
④ 대뎌 쟝ᄎᆞᆺ 여러 사ᄅᆞᆷ이 나의 일홈을 거ᄌᆞᆺ 닐ᄏᆞᆺ고 와셔 닐너 ᄀᆞᆯᄋᆞᄃᆡ 내가 그리스도라 ᄒᆞ여 만흔 사ᄅᆞᆷ들을 혹 ᄒᆞ게 ᄒᆞᆯ거시오
⑤ 대개 여러 사ᄅᆞᆷ이 내 일홈을 무릅쓰고 오ᄂᆞ니 잇셔 ᄀᆞᆯᄋᆞᄃᆡ 내가 긔독이라 ᄒᆞ리니 그의게 유혹ᄒᆞᆯ 쟈 ᄯᅩᄒᆞᆫ 만ᄒᆞ리라
⑥ 대개 여러 사ᄅᆞᆷ이 내 일홈으로 와셔 닐ᄋᆞᄃᆡ 내가 그리스도라 ᄒᆞ야 여러 사ᄅᆞᆷ을 미혹케 ᄒᆞ리라

⑦ 대개 여러 사룸이 내 일홈으로 와셔 닐ᄋ딕 내가 그리스도라 ᄒ여 여러 사룸을 미혹케ᄒ리라
⑧ 대개 여러사룸이 내 일홈으로 와셔 닐ᄋ딕 내가 그리스도라 ᄒ야 여러사룸을 미혹케 ᄒ리라
⑨ 大槩 多人이 我의 名으로 來ᄒ야 謂ᄒ딕 我가 그리스도라 ᄒ야 多人을 迷惑케 ᄒ리라
⑩ 여러 사룸이 내 일흠으로 와셔 自己가 그리스도라 ᄒ고 모든 사룸을 迷惑게 ᄒ리라
⑪ 大概 여러 사람이 내 일흠으로 와셔 닐아대 내가 그리스도라 하야 여러 사람을 迷惑케 하리라
⑫ 만흔 사람이 내 일홈으로 와셔 닐아대 내가 그로라 하야 만흔 사람을 미혹케 하리라
⑬ 많은 사람이 내 이름으로 와서 이르되 내가 그로라 하여 많은 사람을 미혹케 하리라
⑭ 多くの者がわたしの名を名のって現れ、自分がそれだと言って、多くの人を惑わすであろう。

마가福音 13:07

① 且爾聞戰及戰之風聲,毋懼,蓋此事必有,惟末期至耳。
② 또 너희 싸홈과 싸홈ᄒ는 소문을 듯고 경동치 말나 이거시 반다시 이사딕 다못 사로 마즈막은 안이라
③ 또 너희 싸흠과 싸흠ᄒ는 풍셩올 듯고 경동치 말나 이거시 반다시 이ᄉ되 다못 사로 마즈막은 ᄋ니라
④ 또ᄒᆞᆫ 싸호는 것과 싸호는 소문을 듯거든 두려워 말너 대뎌 이 일이 반ᄃ시 잇술거시로딕 다만 마지막 긔한은 니ᄅ지 아니ᄒ엿ᄂ니라
⑤ 또ᄒᆞᆫ 너희가 싸홈의 소문을 듯고 두려워 ᄒ지 마라 이 일이 반ᄃ시 잇슬 거시로되 오직 ᄭᅳᆺ 긔한은 니ᄅ지 아니홈이니라
⑥ 또ᄒᆞᆫ 란리와 란리 난다는 소문을 드러도 두려워 ᄒ지 마라 이런 일이 반ᄃ시 잇ᄉ되 오직 ᄭᅳᆺᄎᆞᆫ 아직 되지 아님이니라
⑦ 또ᄒᆞᆫ 란리와 란리 난ᄂ 소문을 드러도 두려워ᄒ지마라 이런 일이 반ᄃ시 잇ᄉ되 오직 ᄭᅳᆺᄒᆞᆫ 아직 되지아님이니라
(또ᄒᆞᆫ 란리와 란리 난는 소문을 드러도 두려워ᄒ지마라 이런 일이 반ᄃ시 잇스되 오직 ᄭᅳᆺᄒᆞᆫ 아직 되지 아니ᄒ니라)

⑧ ᄯᅩᄒᆞᆫ 란리와 란리 소문을 드러도 두려워ᄒᆞ지 마라 이런 일이 반ᄃᆞ시잇ᄉᆞ되 오직 ᄭᅳᆺ흔 아직 되지 아니ᄒᆞ니라
⑨ ᄯᅩᄒᆞᆫ 亂離와 亂離 所聞을 聞ᄒᆞ여도 懼ᄒᆞ지 마라 如此ᄒᆞᆫ 事가 必有ᄒᆞ되 오직 末期ᄂᆞᆫ 아직 되지 아니ᄒᆞ니라
⑩ 亂離와 亂離 所聞을 드러 도두러워 ᄒᆞ지 마라 이런 일이 잇슬거시나 ᄭᅳᆺ츤 되지 아니ᄒᆞ엿ᄂᆞ니라
⑪ ᄯᅩ 한 亂離와 亂離 所聞을 드러도 두려워하지 마라 이런 일이 반다시 잇스되 오직 ᄭᅳᆺ츤 아직 되지 아니하니라
⑫ 란리와 란리 소문을 드를 ᄣᅢ에 두려워 말나 이런 일이 잇서야 하되 ᄭᅳᆺ츤 아직 아니니라
⑬ 난리와 난리 소문을 들을 때에 두려워 말라 이런 일이 있어야 하되 끝은 아직 아니니라
⑭ また、戰爭と戰爭のうわさとを聞くときにも、あわてるな。それは起らねばならないが、まだ終りではない。

마가福音 13:08

① 民將起而攻民,國亦攻國,隨在必有地震,亦有饑饉變亂,此苦難之始也。
② ᄇᆡᆨ셩이 ᄇᆡᆨ셩을 치며 나라이 ᄯᅩ한 나라을 치고 열어곳에 디신ᄒᆞ며 긔황ᄒᆞ나 이거슨 달년의 시초라
③ ᄇᆡᆨ셩이 ᄇᆡᆨ셩ᄋᆞᆯ 치며 나라이 ᄯᅩᄒᆞᆫ 나라ᄋᆞᆯ 치고 열어 곳에 디진ᄒᆞ며 긔황ᄒᆞᄂᆞᆫ 이거슨 달년의 시초라
④ 쟝ᄎᆞᆺ ᄇᆡᆨ셩이 니러나 ᄇᆡᆨ셩을 치고 ᄯᅩᄒᆞᆫ 나라히 나라ᄒᆞᆯ 치며 도쳐에 반ᄃᆞ시 디진이 잇고 ᄯᅩᄒᆞᆫ 흉년과 변난이 잇스리이 이거시
고로 옴의 시작이니라
⑤ ᄇᆡᆨ셩이 ᄇᆡᆨ셩을 치고 나라히 나라를 치고 각 쳐에 디동ᄒᆞᆷ이 잇고 ᄯᅩᄒᆞᆫ 흉년이 잇ᄉᆞ리니 이ᄂᆞᆫ 고난을 시작ᄒᆞᆷ이라
⑥ ᄇᆡᆨ셩이 니러나 ᄇᆡᆨ셩을 치며 나라히 니러나 나라ᄒᆞᆯ 치고 각쳐에 디동ᄒᆞᆷ이 잇고 ᄯᅩᄒᆞᆫ 흉년이 잇ᄉᆞ리니 이ᄂᆞᆫ ᄌᆡᆨ난의 시작이니라
⑦ ᄇᆡᆨ셩이 니러나 ᄇᆡᆨ셩을 치며 나라히 니러니 나라를 치고 각쳐에 디동ᄒᆞᆷ이 잇고 ᄯᅩᄒᆞᆫ 흉년이 잇ᄉᆞ리니 이ᄂᆞᆫ ᄌᆡᆨ난의 시작이니라
(ᄇᆡᆨ셩이 니러나 ᄇᆡᆨ셩을 치며 나라히 니러니 나라ᄒᆞᆯ 치고 각쳐에 디동이 잇고 ᄯᅩᄒᆞᆫ 흉년이 잇스리니 이는 ᄌᆡᆨ난의 시작이니라)
⑧ ᄇᆡᆨ셩이 니러나 ᄇᆡᆨ셩을 치며 나라히 니러나 나라ᄒᆞᆯ 치고 각쳐에 디동이 잇고 ᄯᅩᄒᆞᆫ 흉년이 잇스리니 이는 ᄌᆡᆨ난의 시작이니라

⑨ 百姓이 起ᄒᆞ야 百姓을 攻ᄒᆞ며 國이 起ᄒᆞ야 國을 攻ᄒᆞ고 各處에 地動이 有ᄒᆞ고 ᄯᅩᄒᆞᆫ 凶年이 有ᄒᆞ리니 此ᄂᆞᆫ 災難의 始作이니라
⑩ 百姓이 百姓을 치며 나라가 나라를 치고 地動과 凶年이 各處에 잇스리니 이ᄂᆞᆫ 災難의 始作이니라
⑪ 百姓이 니러나 百姓을 치며 나라가 니러나 나라를 치고 各處에 地震이 잇고 ᄯᅩ한 凶年이 잇스리니 이는 災難의 始作이니라
⑫ 민족이 민족을 나라이 나라를 대뎍하야 니러나겟고 쳐쳐에 디진이 잇스며 긔근이 잇스리니 이는 재난의 시작이니라
⑬ 민족이 민족을 나라가 나라를 대적하여 일어나겠고 처처에 지진이 있으며 기근이 있으리니 이는 재난의 시작이니라
⑭ 民は民に、國は國に敵對して立ち上がるであろう。またあちこちに地震があり、またききんが起るであろう。これらは産みの苦しみの初めである。

마가福音 13:09

① 爾宜自愼,人將付爾於公會,撻爾於會堂,且爾將爲我故被解於候王前以爲之證,
② 고로 스사로 삼가ᄒᆞ라 사람이 너희를 공회에 붓치며 회당에 치질ᄒᆞ고 ᄯᅩ 나를 위ᄒᆞ여 너희를 왕과 방빅의 압페 셔서 써 긴증을 삼으리니
③ 고로 스사로 삼가ᄒᆞ라 사ᄅᆞᆷ이 너희ᄅᆞᆯ 공회에 붓치며 회당에 치질ᄒᆞ고 ᄯᅩ 나ᄅᆞᆯ 위ᄒᆞ여 너희ᄅᆞᆯ 왕과 방빅의 압페 셔서써 간증을 삼으리니
④ 너희 맛당이 ᄉᆞᄉᆞ로 삼갈지어다 사ᄅᆞᆷ이 쟝ᄎᆞ 너ᄅᆞᆯ 공회에 쳐치ᄒᆞ며 너ᄅᆞᆯ 회당에셔 ᄯᅡ릴 거시오 ᄯᅩᄒᆞᆫ 너희 쟝ᄎᆞ 나의 연고로 ᄒᆞ여 왕후의 압희 잡혀 가셔써 증거가 되려니와
⑤ 너희ᄂᆞᆫ 조심ᄒᆞ라 사ᄅᆞᆷ이 너희를 잡아 공회에 너를 거시오 너희를 회당에셔 칠거시오 ᄯᅩ 내의 연고를 인하야 너희가 왕후 압헤 셔서 증거가 되고
⑥ 너희ᄂᆞᆫ 조심ᄒᆞ라 사ᄅᆞᆷ이 너희ᄅᆞᆯ 잡아 공회에 줄 거시오 너희ᄅᆞᆯ 회당에셔 칠 거시오 ᄯᅩ 나ᄅᆞᆯ 인ᄒᆞ야 너희가 감ᄉᆞ와 님군

압헤 서셔 뎌희게 증거가 되고

⑦ 너희는 조심ᄒᆞ라 사ᄅᆞᆷ이 너희를 잡아 공회에 줄 거시오 너희를 회당에셔 칠 거시오 ᄯᅩ 나를 인하야 너희가 감ᄉᆞ와 님굼 압헤 서셔 뎌희게 증거가 되고

(너희는 조심ᄒᆞ라 사ᄅᆞᆷ이 너희를 잡아 공회에 줄 거시오 너희를 회당에셔 칠 거시오 ᄯᅩ 나를 인ᄒᆞ야 너희가 감ᄉᆞ와 님군 압헤 서셔 뎌희게 증거ᄒᆞ리니)

⑧ 너희는 조심ᄒᆞ라 사ᄅᆞᆷ이 너희를 잡아 공회에 줄 거시오 너희를 회당에셔 칠 거시오 ᄯᅩ 나를 인ᄒᆞ야 너희가 감ᄉᆞ와 님군 압헤 서셔 증거ᄒᆞ리니

⑨ 爾等은 小心ᄒᆞ라 人이 爾等을 執ᄒᆞ야 公會에 畀ᄒᆞᆯ 거시오 爾等을 會堂에셔 打ᄒᆞᆯ 거시오 ᄯᅩ 我를 因ᄒᆞ야 爾等이 監司와 人君의 前에 立ᄒᆞ야 證據ᄒᆞ리니

⑩ 너희ᄂᆞᆫ 操心ᄒᆞ라 사ᄅᆞᆷ이 너희를 公會에 붓치며 會堂에셔 치며 大臣과 王압헤 잡아가리니 너희가 나를 爲ᄒᆞ야 證據ᄒᆞᆯ지라

⑪ 너희는 操心하라 사람이 너희를 잡가 公會에 줄 것이오 너희를 會堂에셔 칠 것이오 ᄯᅩ 나를 因하야 너희가 監司와 님군 앞헤 서셔 證據하리니

⑫ 너희는 스사로 조심하라 사람들이 너희를 공회에 넘겨 주겟고 너희를 회당에셔 매질하겟스며 나를 인하야 너희가 관쟝들과 님군들 압헤 서리니 이는 뎌희게 증거되랴 함이라

⑬ 너희는 스스로 조심하라 사람들이 너희를 공회에 넘겨 주겠고 너희를 회당에서 매질하겠으며 나를 인하여 너희가 관장들과 임금들 앞에 서리니 이는 저희에게 증거되려 함이라

⑭ あなたがたは自分で氣をつけていなさい。あなたがたは、わたしのために、衆議所に引きわたされ、會堂で打たれ、長官たちや王たちの前に立たされ、彼らに對してあかしをさせられるであろう。

마가福音 13:10

① 惟福音必先傳於萬國。

② 복음을 맛당히 만져 만국에 젼ᄒᆞ라

③ 복음올 맛당히 만져 만국에 뎐ᄒᆞ라

④ 다만 복음을 반ᄃᆞ시 몬져 만국에 젼홀 거시오

⑤ 복음을 반ᄃᆞ시 몬져 모든 ᄇᆡᆨ셩의게 젼홀 거시니

⑥ 복음을 반ᄃᆞ시 몬져 모든 ᄇᆡᆨ셩의게 젼파홀 거시니

⑦ 복음을 반ᄃᆞ시 몬져 모든 ᄌᆡᆨ셩의게 젼파홀 거시니
(복음을 반ᄃᆞ시 몬져 만국에 젼파홀지라)

⑧ 오직 복음을 반ᄃᆞ시 몬져 만국에 젼파홀지라

⑨ 오직 福音은 반ᄃᆞ시 몬져 萬國에 傳播홀지라

⑩ 그런즉 福音이 몬저 萬國에 傳播되리리라

⑪ 쏘 복음이 몬져 만국에 젼파되여야 할 것이니라

⑫ 쏘 복음이 몬져 만국에 젼파되여야 할 것이니라

⑬ 또 복음이 먼저 만국에 전파되어야 할 것이니라

⑭ こうして、福音はまずすべての民に宣(の)べ伝えられねばならない。

마가福音 13:11

① 且曳而解爾時,毋先慮何以言,亦毋預籌,惟隨斯時所賜爾者言之,蓋非爾自言,乃聖靈也。

② 너희롤 ᄭᅳᆯ며 잡아갈 ᄯᅢ여 엇지 써 말할고 만져 념네치 말고 그ᄯᅢ여 너희를 주ᄂᆞᆫ 바를 말ᄒᆞ라 이ᄂᆞᆫ 너희 자긔로 말ᄒᆞ미 안이요 셩령이라

③ 너희롤 ᄭᅳᆯ며 잡아갈 ᄯᅢ에 엇지써 말할고 만져 념네치 말고 그ᄯᅢ에 너희롤 주ᄂᆞᆫ 바롤 말ᄒᆞ라 이ᄂᆞᆫ 너희 자긔로 말ᄒᆞ미 ᄋᆞᆫ이요 셩령이라

④ ᄯᅩᄒᆞᆫ ᄶᅳ으러 너롤 잡아 갈 ᄯᅢ에 몬져 엇더케 말ᄃᆡ답ᄒᆞᆯ고 념려말며 ᄯᅩᄒᆞᆫ 미리 샹양ᄒᆞ지 말고 다만 그ᄯᅢ에 너희게 주신 바대로만 ᄯᅡ라 말을 ᄒᆞᆯ거시니 대뎌 네가 스ᄉᆞ로 말ᄒᆞᄂᆞᆫ 거시 아니오 이에 셩령이시니라

⑤ 사ᄅᆞᆷ이 너희를 ᄶᅳ을고 잡을 ᄯᅢ에 엇더케 말ᄒᆞᆷ을 념려치 말고 ᄯᅩᄒᆞᆫ 미리 계교치 마라 오직 그ᄯᅢ에 너희게 주ᄂᆞᆫ 말노 말 ᄒᆞᆯ지니 너희가 말ᄒᆞᄂᆞᆫ 거시 아니라 셩신이 말ᄒᆞ심이니라

⑥ 사ᄅᆞᆷ이 너희롤 ᄶᅳ을고 ᄀᆞ돌 ᄯᅢ에 엇더케 말 ᄒᆞᆷ을 미리 렴녀치 말고 오직 그ᄯᅢ에 너희게 주시ᄂᆞᆫᄃᆡ로 말ᄒᆞ라 대개 말ᄒᆞᄂᆞᆫ 이ᄂᆞᆫ 너희가 아니라 오직 셩신이시니라

⑦ 사ᄅᆞᆷ이 너희를 ᄶᅳ을고 가돌 ᄯᅢ에 엇더케 말ᄒᆞᆷ을 미리 념려치말고 그ᄯᅢ에 너희게 주시ᄂᆞᆫ대로 말ᄒᆞ라 대개 말ᄒᆞᄂᆞᆫ이는 너희가 아니라 오직 셩신이시니라
(사ᄅᆞᆷ이 너희를 ᄶᅳ을고 가돌 ᄯᅢ에 엇더케 말ᄒᆞᆯ 거슬 미리 념려치 말고 그ᄯᅢ에 너희게 주시는 대로 말ᄒᆞ라 대개 말ᄒᆞ는 이는 너희가 아니오 오직 셩신이시니라)

⑧ 사ᄅᆞᆷ이 너희를 ᄶᅳ을고 가돌 ᄯᅢ에 엇더케 말ᄒᆞᆯ 거슬 미리 념려치 말고 그ᄯᅢ에 너희게 주시ᄂᆞᆫ 대로 말ᄒᆞ라 대개 말ᄒᆞᄂᆞᆫ 이는 너희가 아니오 오직 셩신이시니라

⑨ 人이 爾等을 曳ᄒᆞ고 囚ᄒᆞᆯ 時에 何如케 言ᄒᆞᆯ 거슬 미리 念慮치 말고 其時에 爾等의게 賜ᄒᆞ시ᄂᆞᆫ 대로 言ᄒᆞ라 大槩 言ᄒᆞᄂᆞᆫ 이ᄂᆞᆫ 爾等이 아니오 오직 聖神이시니라

⑩ 사ᄅᆞᆷ이 너희를 잡아 갈 ᄯᅢ에 엇더케 말ᄒᆞᆯ거슬 미리 念慮치 말고 그 ᄯᅢ에 너희의게 주시ᄂᆞᆫ 대로 말ᄒᆞ라 말ᄒᆞᄂᆞᆫ 이ᄂᆞᆫ 너희가

아니오 聖神이시니라

⑪ 사람이 너희를 ᄭᅳ을고 가돌 ᄯᅢ에 엇더케 말할 것을 미리 念慮치 말고 그 ᄯᅢ에 너희게 주시는 대로 말하라 大槪 말하는 이는 너희가 아니오 오직 聖神이시니라

⑫ 사람들이 너희를 ᄭᅳ으러다가 넘겨줄 ᄯᅢ에 무삼 말을 할가 미리 념려치 말고 무엇이던지 그 시에 너희게 주시는 그 말을 하라 말하는 이는 너희가 아니요 셩령이시니라

⑬ 사람들이 너희를 끌어다가 넘겨 줄 때에 무슨 말을 할까 미리 염려하지 말고 무엇이든지 그 시에 너희에게 주시는 그 말을 하라 말하는 이는 너희가 아니요 성령이시니라

⑭ そして、人々があなたがたを連れて行って引きわたすとき、何を言おうかと、前もって心配するな。その場合、自分に示されることを語るがよい。語る者はあなたがた自身ではなくて、聖靈である。

마가福音 13:12

① 兄弟將付兄弟於死,父之於子亦然,子將起而攻父母,以致死之。

② 동싱이 동싱을 죽을데 붓치며 아밤이 아달올 죽을데 붓치며 자식이 닐이 부모를 쳐 써 죽게 ᄒᆞ리라

③ 동싱이 동싱올 가지며 아밤이 아달올 가져 죽올데 붓치며 자식이 닐이 부모롤 써 죽게 ᄒᆞ리라

④ 형뎨 쟝ᄎᆞᆺ 형뎨롤 죽이기에 쳐치ᄒᆞ고 아비가 ᄌᆞ식의게 ᄯᅩᄒᆞᆫ 그리ᄒᆞ며 ᄌᆞ식이 쟝ᄎᆞᆺ 니러나 부모롤 쳐셔 죽이기에 니ᄅᆞ며

⑤ 형녜가 형뎨들 삽아 죽싀에 닐틀 거시오 아비가 ᄌᆞ식의게 ᄯᅩᄒᆞᆫ 그러ᄒᆞ고 ᄌᆞ녀가 부모를 쳐서 죽게 ᄒᆞᆯ 거시오

⑥ 쟝ᄎᆞᆺ 형뎨가 형뎨롤 죽ᄂᆞᆫᄃᆡ 내여 주며 아비가 ᄌᆞ식을 ᄯᅩ 그러케 ᄒᆞ며 ᄌᆞ식들이 부모롤 ᄃᆡ뎍ᄒᆞ야 죽게 ᄒᆞ리라

⑦ 쟝ᄎᆞᆺ 형뎨가 형뎨를 죽ᄂᆞᆫᄃᆡ 내여주며 아비가 ᄌᆞ식을 ᄯᅩ 그러케ᄒᆞ며 ᄌᆞ식들이 부모를 ᄃᆡ뎍ᄒᆞ여 죽게ᄒᆞ리라
(쟝ᄎᆞᆺ 형뎨가 형뎨를 죽는 ᄃᆡ 내여주며 아비가 ᄌᆞ식을 ᄯᅩ 그러케ᄒᆞ며 ᄌᆞ식들이 부모를 ᄃᆡ뎍ᄒᆞ야 죽게ᄒᆞ리라)

⑧ 쟝ᄎᆞᆺ 형뎨가 형뎨를 죽ᄂᆞᆫ ᄃᆡ 내여주며 아비가 ᄌᆞ식을 ᄯᅩ 그러케 ᄒᆞ며 ᄌᆞ식들이 부모를 ᄃᆡ뎍ᄒᆞ야 죽게 ᄒᆞ리라
⑨ 將次 兄弟가 兄弟를 死ᄒᆞᄂᆞᆫ ᄃᆡ 出界ᄒᆞ며 父가 子息을 亦 然케 ᄒᆞ며 子息들이 父母를 對敵ᄒᆞ야 死ᄒᆞ게 ᄒᆞ리라
⑩ 將次 兄弟가 兄弟를 아비가 子息을 죽을 곳으로 보내며 子息이 父母를 對敵ᄒᆞ야 죽게 ᄒᆞ리라
⑪ 張次 兄弟가 兄弟를 죽는 대 내여주며 아비가 子息을 ᄯᅩ한 그러케 하며 子息들이 父母를 對敵하야 죽게 하리라
⑫ 형뎨가 형뎨를 아비가 자식을 죽는 대 내여주며 자식들이 부모를 대뎍하야 죽게 하리라
⑬ 형제가 형제를, 아비가 자식 죽는 데 내어 주며 자식들이 부모를 대적하여 죽게 하리라
⑭ また兄弟は兄弟を、父は子を殺すために渡し、子は兩親に逆らって立ち、彼らを殺させるであろう。

마가福音 13:13
① 爾將爲我名,見恨於衆,惟恒忍至終者得救也。
② 너희 ᄂᆡ 일홈ᄋᆞᆯ 위ᄒᆞ여 미워ᄒᆞ물 뭇사람으게 보되 오직 ᄂᆡ죵 것 참ᄂᆞᆫ 쟈ᄂᆞᆫ 구완을 어드리라
③ 너희 ᄂᆡ 일홈ᄋᆞᆯ 위ᄒᆞ여 미워ᄒᆞ물 뭇사ᄅᆞᆷ의게 보되 오직 ᄂᆡ죵 것 참ᄂᆞᆫ 쟈ᄂᆞᆫ 구완ᄋᆞᆯ 어드리라
④ 너ㅣ 쟝ᄎᆞᆺ 나의 일홈을 위ᄒᆞ야 여러 사ᄅᆞᆷ의게 뮈워홈을 볼거시니 다만 홍샹 ᄎᆞᆷ기ᄅᆞᆯ 나죵ᄭᅡ지 니ᄅᆞᄂᆞᆫ 쟈ᄂᆞᆫ 구ᄒᆞ여 줌을 엇으
리라
⑤ 너희가 내 일홈을 위ᄒᆞ여 뭇사ᄅᆞᆷ의게 뮈워홈을 밧을 거시니 오직 ᄭᅳᆺᄭᅡ지 ᄎᆞᆷᄂᆞᆫ 쟈ᄂᆞᆫ 반ᄃᆞ시 구원홈을 엇으리라
⑥ 너희가 내 일홈을 인ᄒᆞ야 모든 사ᄅᆞᆷ의게 뮈워홈을 밧을 거시나 나죵 ᄭᅡ지 견ᄃᆡᄂᆞᆫ 이ᄂᆞᆫ 구홈을 엇으리라
⑦ 너희가 내 일홈을 인ᄒᆞ야 모든 사ᄅᆞᆷ의게 뮈워홈을 밧을 거시니 나즁ᄭᅡ지 견ᄃᆡᄂᆞᆫ이는 구원홈을 엇으리라
(너희가 내 일홈을 인ᄒᆞ야 모든사ᄅᆞᆷ의게 뮈워홈을 밧을 거시나 나죵ᄭᅡ지 견ᄃᆡ는 쟈는 구원홈을 엇으리라)
⑧ 너희가 내 일홈을 인ᄒᆞ야 모든사ᄅᆞᆷ의게 뮈워홈을 밧을 거시나 나죵ᄭᅡ지 견ᄃᆡ는 쟈는 구원홈을 엇으리라

⑨ 爾等이 我의 名을 因ᄒᆞ야 諸人의게 憎ᄒᆞᆷ을 受ᄒᆞᆯ 거시나 終末ᄭᆞ지 耐ᄒᆞᄂᆞᆫ 者ᄂᆞᆫ 救援ᄒᆞᆷ을 得ᄒᆞ리라
⑩ 너희가 내 일흠을 因ᄒᆞ야 모든 사ᄅᆞᆷ의게 뮈움을 밧을거시나 ᄂᆞ죵ᄭᆞ지 견ᄃᆡᄂᆞᆫ 者ᄂᆞᆫ 救援을 엇으리라
⑪ 너희가 내 일흠을 因하야 모든 사람의게 뮈워함을 밧을 것이나 나죵까지 견대는 者는 救援함을 엇으리라
⑫ ᄯᅩ 너희가 내 일홈을 인하야 모든 사람의게 뮈움을 밧을 것이나 나죵까지 견대는 쟈는 구원을 엇으리라
⑬ 또 너희가 내 이름을 인하여 모든 사람에게 미움을 받을 것이나 나중까지 견디는 자는 구원을 얻으리라
⑭ また、あなたがたはわたしの名のゆえに、すべての人に憎まれるであろう。しかし、最後まで耐え忍ぶ者は救われる。

마가福音 13:14

① 爾見使成墟,可憎之物,卽預言者但以理所言者,立於不當立之處,讀者宜致思焉,時,在猶太者,宜避於山,
② 너희 거츨며 미운 물건이 맛당히 셔지 못할 ᄯᅡᆼ에 션 거슬 보면 오히ᄂᆞᆫ 쟈ᄂᆞᆫ 맛당히 명ᄇᆡᆨᄒᆞ리라 ᄣᅢ여 유ᄃᆡ에 잇ᄂᆞᆫ 쟈 산으로 도망ᄒᆞ리니
③ 너희 거츨며 미운 물건이 맛당히 셔지 못할 ᄣᅢ에 션 거슬 보면 오히ᄂᆞᆫ 쟈ᄂᆞᆫ 맛당히 명ᄇᆡᆨᄒᆞ리라 ᄣᅢ에 유ᄃᆡ에 잇ᄂᆞᆫ 쟈 산으로 도망ᄒᆞ리니
④ 너ㅣ 만일 뷘터만 되여 즉시 션지쟈 단이엘 말ᄒᆞᆫ바와 ᄀᆞᆺ치 서지 아니ᄒᆞᆯ 곳에 선거술 보거든 닑ᄂᆞᆫ 쟈ㅣ 맛당이 ᄉᆡᆼ각ᄒᆞ여 잇대에 유대아에 잇ᄂᆞᆫ 쟈ᄂᆞᆫ 산으로 피ᄒᆞ고
⑤ 션지 단이리 말에 뷘터을 일우게 하ᄂᆞᆫ 뮈은 불건이 맛당이 서지 아니ᄒᆞᆯ ᄯᅡ에 서리라 ᄒᆞᆷ을 너희가 보거던 이 ᄀᆞᆯ을 닑ᄂᆞᆫ 쟈ㅣ 맛당이 이 ᄉᆡᆼ각ᄒᆞᆯ지어다 그 ᄯᅢ에 유태에 잇ᄂᆞᆫ 쟈가 맛당이 산으로 도망ᄒᆞᆯ지니
⑥ 멸망 식힐 뮈은 거시 맛당히 서지 아니ᄒᆞᆯ 곳에 선 거술 보거ᄃᆞᆫ (닑ᄂᆞᆫ 쟈ᄂᆞᆫ ᄭᆡᄃᆞᄅᆞᆯ지어다) 그ᄯᅢ에 유대에 잇ᄂᆞᆫ 사ᄅᆞᆷ은 맛당히 산으로 도망ᄒᆞ고

⑦ 멸망 식힐 뮈운 거시 맛당히 서기아니홀 고에 선 거슬 보거든 닑ᄂᆞᆫ 쟈는 ᄭᆡᄃᆞ를질뎌 그 ᄣᅢ에 유대에 잇ᄂᆞᆫ 사ᄅᆞᆷ은 맛당히 산으로 도망ᄒᆞ고
(멸망 식힐 뮈운 물건이 맛당히 서지 아니홀 곳에 선 거슬 보거든 닑는 쟈는 ᄭᆡᄃᆞ를진뎌 그ᄣᅢ에 유대에 잇는 사ᄅᆞᆷ은 맛당히 산으로 도망ᄒᆞ고)
⑧ 멸망 식힐 뮈운 물건이 맛당히 서지 아니홀 곳에 선 거슬 보거든 그 글을 닑ᄂᆞᆫ 쟈는 ᄭᆡᄃᆞ를진뎌 그ᄣᅢ에 유대에 잇ᄂᆞᆫ 사ᄅᆞᆷ은 맛당히 산으로 도망ᄒᆞ고
⑨ 滅亡 식힐 憎ᄒᆞᆫ 物件이 宜當히 立지 아니홀 處에 立ᄒᆞᆫ 거슬 見ᄒᆞ거든 其 書를 讀ᄒᆞᄂᆞᆫ 者ᄂᆞᆫ 悟홀진뎌 其時에 유대에 在ᄒᆞᆫ 人은 宜當히 山으로 逃ᄒᆞ고
⑩ 滅亡식힐 뮈운 物件이 맛당히 서지 아니홀 곳에 섬을 보리니 그 글을 닑ᄂᆞᆫ 者ᄂᆞᆫ ᄭᆡᄃᆞ를지어다 그ᄣᅢ에 유대에 잇ᄂᆞᆫ 사ᄅᆞᆷ들은 山으로 滅亡ᄒᆞ고
⑪ 멸망의 가증한 것이 서지 못할 곳에 선 것을 보거든(닑는 쟈는 ᄭᆡ다를 진뎌) 그ᄣᅢ에 유대에 잇는 쟈들은 산으로 도망할지어다
⑫ 멸망의 가증한 것이 서지 못할 곳에 선 것을 보거든(닑는 쟈는 ᄭᆡ다를 진뎌) 그ᄣᅢ에 유대에 잇는 쟈들은 산으로 도망할지어다
⑬ 멸망의 가증한 것이 서지 못할 곳에 선것을 보거든 (읽는 자는 깨달을찐저) 그때에 유대에 있는 자들은 산으로 도망할찌어다
⑭ 荒らす憎むべきものが、立ってはならぬ所に立つのを見たならば(讀者よ、悟れ)、そのとき、ユダにいる人々は山へ逃げよ。

마가福音 13:15

① 在屋上者,毋下於室,毋入而取物出於其家,
② 집 우에 잇ᄂᆞᆫ 쟈 집에 ᄂᆞ리지 말며 집에 들어가 물건을 취치 말고
③ 집 우에 잇ᄂᆞᆫ 쟈 ᄂᆞ려와 집에 들어가 물건ᄋᆞᆯ 취치 말고

④ 집우희 잇ᄂᆞᆫ쟈ᄂᆞᆫ 방에 ᄂᆞ려오지 말며 드러가셔 물건을 ᄡᅳ어내지 말며 제 집에 나가고

⑤ 집 우에 잇ᄂᆞᆫ 쟈ᄂᆞᆫ 나려와 집에 드러가지 말고 ᄯᅩᄒᆞᆫ 집에 잇ᄂᆞᆫ 물건을 취ᄒᆞ여 내지 말며

⑥ 집 우헤 잇ᄂᆞᆫ ᄉᆞᄅᆞᆷ은 ᄂᆞ려오지도 말며 무엇 가질너 집에 드러가지도 말며

⑦ 집우에 잇ᄂᆞᆫ ᄉᆞᄅᆞᆷ은 무엇 가질너 ᄂᆞ려오지도 말며 집에 드러가지도 말며

(집웅 우에 잇는 ᄉᆞᄅᆞᆷ은 무어슬 가질너 ᄂᆞ려오지도 말며 집에 드러가지도 말며)

⑧ 집웅우에 잇ᄂᆞᆫ ᄉᆞᄅᆞᆷ은 무어슬 가질너 ᄂᆞ려오지도 말며 집에 드러가지도 말며

⑨ 屋上에 在ᄒᆞᆫ 人은 何를 取ᄒᆞ러 下來ᄒᆞ지도 말며 屋에 入ᄒᆞ지도 말며

⑩ 지붕우에 잇ᄂᆞᆫ ᄉᆞᄅᆞᆷ은 ᄂᆞ려오거나무어슬 가질너 집에 드러가지 말며

⑪ 집웅 우에 잇는 사람은 무엇을 가질너 나려오지도 말며 집에 드러가지도 말며

⑫ 집웅 우에 잇는쟈는 나려가지도 말고 집에 잇는 무엇을 가질너 드러가지도 말며

⑬ 지붕 위에 있는 자는 내려가지도 말고 집에 있는 무엇을 가지러 들어가지도 말며

⑭ 屋上にいる者は、下におりるな。また家から物を取り出そうとして內にはいるな。

마가福音 13:16

① 在田者,毋歸取其衣。

② 맛테 잇ᄂᆞᆫ 샤 돌아와 그 옷슬 취치 발나

③ 밧테 잇ᄂᆞᆫ 쟈 돌아와 그 옷슬 취치 말나

④ 밧희 잇ᄂᆞᆫ 쟈ᄂᆞᆫ 옷ᄉᆞᆯ 가질너 도라가지 말지니

⑤ 밧헤 잇ᄂᆞᆫ 쟈ᄂᆞᆫ 도라가 그 옷슬 가지지 마라

⑥ 밧헤 잇ᄂᆞᆫ 사ᄅᆞᆷ은 옷ᄉᆞᆯ 가질너 도라가지 말지어다

⑦ 밧헤 잇ᄂᆞᆫ 사ᄅᆞᆷ은 오ᄉᆞᆯ 가질너 도라가지말지어다

(밧헤 잇는 사ᄅᆞᆷ은 옷을 가질너 도라가지 말지어다)

⑧ 밧헤 잇ᄂᆞᆫ 사ᄅᆞᆷ은 옷을 가질너 도라가지 말지어다

⑨ 田에 在ᄒᆞᆫ 人은 衣服을 持ᄒᆞ러 歸ᄒᆞ지 말지어다

⑩ 밧헤 잇ᄂᆞᆫ 사ᄅᆞᆷ은 웃옷ᄉᆞᆯ 가질너 도라가지 말지어다

⑪ 밧헤 잇는 사람은 옷을 가질너 도라가지 말지어다

⑫ 밧헤 잇는 쟈는 것옷을 가질너 뒤로 도리키지 말지어다

⑬ 밭에 있는 자는 겉옷을 가지러 뒤로 돌이키지 말찌어다

⑭ 畑にいる者は、上着を取りにあとへもどるな。

마가福音 13:17

① 當日,懷孕哺乳者禍矣。

② 이 ᄡᅧ여 잉ᄐᆡᄒᆞᆫ 이과 졋 메기ᄂᆞᆫ 쟈 ᄌᆡ화라 너희 맛당히 빌어 겨울 만나물 면ᄒᆞ라

③ 이 ᄡᅧ에 잉ᄐᆡᄒᆞᆫ 쟈과 졋 메기ᄂᆞᆫ 쟈 ᄌᆡ화라 너희 빌어 겨울 만나물 면ᄒᆞ라

④ 이 ᄣᅢ에 ᄋᆞᄒᆡ 비고 졋 먹이ᄂᆞᆫ 쟈ㅣ 불힝ᄒᆞ리라

⑤ 그 ᄣᅢ에 ᄋᆞᄒᆡ 빈 쟈와 어린 ᄋᆞᄒᆡ 졋 먹이ᄂᆞᆫ 녀인이 화가 잇ᄉᆞ리라

⑥ 그 날에 ᄋᆞᄒᆡ 빈 사ᄅᆞᆷ과 졋 먹이ᄂᆞᆫ 녀인들의게 화가 잇ᄉᆞ리로다

⑦ 그 날에 ᄋᆞᄒᆡ 빈 사ᄅᆞᆷ과 졋 먹이는 녀인들의게 화가 잇ᄉᆞ리로다

(그 날에 ᄋᆞ희 빈 사ᄅᆞᆷ과 졋 먹이는 녀인들의게 화가 잇스리로다)
⑧ 그 날에 ᄋᆞ희 빈 사ᄅᆞᆷ과 졋 먹이는 녀인들의게 화가 잇스리로다
⑨ 其 日에 兒를 孕ᄒᆞᆫ 人과 乳를 哺ᄒᆞᄂᆞᆫ 女人들의게 禍가 有ᄒᆞ리로다
⑩ 그날에 兒孩 빈 사ᄅᆞᆷ과 졋먹이ᄂᆞᆫ 女人들의게 禍가 잇스리니
⑪ 그 날에 兒孩밴 사람과 졋먹이는 女人들의게 禍가 잇스리로다
⑫ 그 날에는 아해 밴 쟈들과 졋먹이는 쟈들의게 화가 잇스리로다
⑬ 그날에는 아이 밴 자들과 젖먹이는 자들에게 화가 있으리로다
⑭ その日には、身重の女と乳飲み子をもつ女とは、不幸である。

마가福音 13:18

① 惟宜祈禱,免於冬時逃遁,
② 이슬 ᄣᅢ여 환란 하나님이 만물을 지은 처음으로 붓터
③ 이 ᄣᅢ에 환란이 하나님이 만물올 지은 처음으로 붓터
④ 다만 너희 맛당이 긔도ᄒᆞ여 겨울에 도망ᄒᆞ기롤 면ᄒᆞᆯ 거시니
⑤ 너희ᄂᆞᆫ 긔도ᄒᆞ여 겨을에 도망ᄒᆞᄂᆞᆫ 거슬 면ᄒᆞ라
⑥ 겨을에ᄂᆞᆫ 이 일이 나지 안케 긔도ᄒᆞ라
⑦ 겨을에는 이 일이 나지 안케 긔도ᄒᆞ라
(겨을에 이일이 나지 안케 긔도ᄒᆞ라)
⑧ 겨을에 이일이 나지 안케 긔도ᄒᆞ라

⑨ 冬에 此事가 生ᄒᆞ지 안케 祈禱ᄒᆞ라
⑩ 이 일이 겨울에 나지 안케 祈禱ᄒᆞ라
⑪ 겨울에 이 일이나지 안케 祈禱하라
⑫ 이 일이 겨을에 나지 안토록 긔도하라
⑬ 이 일이 겨울에 나지 않도록 기도하라
⑭ この事が冬おこらぬように祈れ。

마가福音 13:19
① 蓋當日將有患難,自神創造所造者以來,未有如此,後亦無有焉。
② 이제ᄭᅥ지 이 갓타미 업고 후에도 ᄯᅩ한 업사리라
③ 이제ᄭᅥ지 이 갓타미 업고 후에도 ᄯᅩ한 업ᄉᆞ리라
④ 대뎌 이날 쟝찻 환난이 잇시되 샹뎨가 셜시ᄒᆞ심으로 이와 ᄀᆞᆺ흠이 업고 후에도 손ᄒᆞᆫ 잇지 아니ᄒᆞ리니
⑤ 대개 당일에 환난이 잇ᄉᆞ리니 하ᄂᆞ님ᄭᅴ셔 만물을 창조ᄒᆞ야써옴으로 이 ᄀᆞᆺ흠이 잇지 아니ᄒᆞ고 후에도 ᄯᅩᄒᆞᆫ 업ᄉᆞ리라
⑥ 대개 그 여러날이 환난이니 이런 거시 하ᄂᆞ님ᄭᅴ셔 만물을 창조 ᄒᆞ심으로 브터 지금 ᄭᆞ지 업셧고 후에도 ᄯᅩᄒᆞᆫ 업ᄉᆞ리라
⑦ 대개 그 여러날이 환난이니 이런 거시 하ᄂᆞ님ᄭᅴ셔 만물을 창조ᄒᆞ심으로브터 지금ᄭᆞ지 업셧고 후에도 ᄯᅩᄒᆞᆫ 업ᄉᆞ리라
(대개 그 여러날은 환난이니 이런 거시 하ᄂᆞ님이 만물을 창조ᄒᆞ심으로브터 지금ᄭᆞ지 업셧고 후에도 ᄯᅩᄒᆞᆫ 업스리라)
⑧ 대개 그 여러날은 환난의 날이니 이런 거시 하ᄂᆞ님이 만물을 창조ᄒᆞ심으로브터 지금ᄭᆞ지 업셧고 후에도 ᄯᅩᄒᆞᆫ 업스리라
⑨ 大槩 其 多日은 患難의 日이니 如此ᄒᆞᆫ 거시 上帝가 萬物을 創造ᄒᆞ심으로브터 至今ᄭᆞ지 無ᄒᆞ엿고 後에도 亦 無ᄒᆞ리라
⑩ 그 ᄣᅢ에 큰 患難이 잇스리니 이런 일이 하ᄂᆞ님이 萬物을 創造ᄒᆞ심으로브터 至今ᄭᆞ지 업셧고 後에도 업슬지라

⑪ 대개 그 여러날은 患難의 날이니 이런 것이 하나님이 萬物을 創造하심으로브터 至今까지 업섯고 後에도 또한 업스리라
⑫ 이는 그 날들은 환난의 날이 되겟슴이라 하나님의 창조하신 창초브터 지금까지 이런 환난이 업섯고 후에도 업스리라
⑬ 이는 그 날들은 환난의 날이 되겠음이라 하나님의 창조하신 창초부터 지금까지 이런 환난이 없었고 후에도 없으리라
⑭ その日には、神が万物を造られた創造の初めから現在に至るまで、かつてなく今後もないような患難が起こるからである。

마가福音 13:20

① 若主不梢減斯日,則凡有血氣者,無有得救衣,惟爲其所選之選民,是日其梢減耳。
② 만약 쥬가 그 긔약을 감치 안아스면 구완할 쟈 업사되 오직 그 턱한 빗 쟈를 위ᄒᆞ여 그 긔약ᄋᆞᆯ 감ᄒᆞ엿나니라
③ 만약 쥬가 그 긔약ᄋᆞᆯ 감치 ᄋᆞᆫ아ᄉᆞ면 구완할 쟈 업ᄉᆞ되 오직 그 ᄐᆡᆨᄒᆞᆫ 빗 쟈ᄅᆞᆯ 위ᄒᆞ여 그 긔약ᄋᆞᆯ 감ᄒᆞ엿ᄂᆞ니라
④ 만일 쥬ᄭᅴ셔 조곰 이 날을 감ᄒᆞ시지 아니ᄒᆞ셧더면 므롯 혈긔잇ᄂᆞᆫ 쟈ᄂᆞᆫ 구ᄒᆞᆷ을 엇을 이 업술 거시언마ᄂᆞᆫ 다만 그 ᄲᆡ신 바 쟈ᄅᆞᆯ 위ᄒᆞ샤 이 날을 조곰 감ᄒᆞ신 거시니
⑤ 만일 쥬ᄭᅴ셔 그 날을 조곰도 감ᄒᆞ지 아니ᄒᆞ셧더면 ᄀᆞᆺ ᄒᆞᆫ ᄉᆞᄅᆞᆷ도 구원ᄒᆞᆷ을 엇을 수 업슬 기시언마ᄂᆞᆫ 쥬ᄭᅴ셔 그 ᄐᆡᆨᄒᆞ신 ᄇᆡᆨ셩을 위ᄒᆞ샤 이 날을 감ᄒᆞᄉᆞᆺᄂᆞ니라
⑥ 만일 쥬ᄭᅴ셔 그 날을 감ᄒᆞ지 아니 ᄒᆞ셧더면 곳 구ᄒᆞᆷ을 엇을 ᄉᆞᄅᆞᆷ ᄒᆞ나도 업술 거시로되 다만 쥬ᄭᅴ셔 그 ᄐᆡᆨᄒᆞ야 ᄲᆡ신 ᄉᆞᄅᆞᆷ을 위ᄒᆞ샤 그 날을 감ᄒᆞ셧ᄂᆞ니라
⑦ 만일 쥬ᄭᅴ셔 그 날을 감ᄒᆞ지 아니ᄒᆞ셧더면 곳 구ᄒᆞᆷ을 엇을 ᄉᆞᄅᆞᆷ이 ᄒᆞ나도 업술거시로되 다만 쥬가 그 ᄐᆡᆨᄒᆞ야 ᄲᆡ신 ᄉᆞᄅᆞᆷ을 위ᄒᆞ야 그 날을 감ᄒᆞ셧ᄂᆞ니라
(만일 쥬가 그 날을 감ᄒᆞ지 아니ᄒᆞ셧더면 곳 구원을 엇을 육신이 ᄒᆞ나도 업슬 거시로되 다만 쥬가 그 ᄐᆡᆨᄒᆞ야 ᄲᆡ신 ᄉᆞᄅᆞᆷ을 위ᄒᆞ야 그 날을 감ᄒᆞ셧ᄂᆞ니라)

⑧ 만일 쥬가 그 날을 감ᄒᆞ지 아니ᄒᆞ셧더면 곳 구원을 엇을 사ᄅᆞᆷ이 ᄒᆞ나도 업슬 거시로되 다만 쥬가 그 턱ᄒᆞ야 ᄲᆡ신 사ᄅᆞᆷ을
위ᄒᆞ야 그 날을 감ᄒᆞ셧ᄂᆞ니라
⑨ 萬一 主가 其 日을 減ᄒᆞ지 아니ᄒᆞ셧더면 곳 救援을 得ᄒᆞᆯ 人이 一도 無ᄒᆞᆯ 거시로되 다만 主가 其 擇ᄒᆞ야 選ᄒᆞ신 人을 爲ᄒᆞ야
其 日을 減ᄒᆞ셧ᄂᆞ니라
⑩ 主ㅣ 그날을 減ᄒᆞ지 아니ᄒᆞ셧더면 救援 엇을 사ᄅᆞᆷ이 ᄒᆞ나도 업슬거시로되 그 擇ᄒᆞ신 사ᄅᆞᆷ을 爲ᄒᆞ야 그 날을 減ᄒᆞ셧ᄂᆞ니라
⑪ 만일 主ᄭᅴ셔 그 날을 減하지 아니하셧더면 곳 救援을 덧을 사람이 하나도 업슬 것이로되 다만 主ᄭᅴ셔 그 擇하야 ᄲᆡ신 사람을
爲하야 그 날을 減하셧나니라
⑫ 만일 쥬ᄭᅴ셔 그 날들을 감하지 아니하셧더면 모든 육톄가 구원을 엇지 못할 것이어늘 자긔의 택하신 백셩을 위하야 그 날들
을 감하셧나니라
⑬ 만일 주께서 그날들을 감하지 아니하셨더면 모든 육체가 구원을 얻지 못할 것이어늘 자기의 택하신 백성을 위하여 그날들을
감하셨느니라
⑭ もし主がその期間を縮めてくださらないなら、救われる者はひとりもないであろう。しかし、選ばれた選民のために、そ
の期間を縮めてくださったのである。

마가福音 13:21

① 時若有語爾者曰,視哉,基督在此,惑在彼爾勿信之,
② ᄯᅢ여 만약 너희게 일오되 보라 키리스토가 여긔 잇다 혹 뎌긔 잇다 ᄒᆞᆫ 쟈 이사면 밋지 말나
③ ᄯᅢ에 만약 너희게 일오되 보라 키리쓰토가 여긔 잇다 혹 뎌긔 잇다 ᄒᆞᆫ 쟈 이ᄉᆞ면 밋지 말나
④ 이ᄯᅢ에 만일 너ᄃᆞ려 말ᄒᆞᄂᆞᆫ이 잇서 ᄀᆞᆯᄋᆞᄃᆡ 보라 그리스도가 여긔 잇다 혹 뎌긔 잇다 ᄒᆞ여도 너희 고지 듯지 말나

⑤ 그때에 만일 사ᄅᆞᆷ이 잇셔 너 ᄃᆞ려 ᄀᆞᆯᄋᆞᄃᆡ 보라 긔독이 여긔잇다 뎌긔 잇다 ᄒᆞ여도 밋지 마라
⑥ 그때에 아모 사ᄅᆞᆷ이 너희게 말ᄒᆞᄃᆡ 보라 그리스도ㅣ 여긔 잇다 보라 뎌긔 잇다 ᄒᆞ여도 밋지 마라
⑦ 그때에 아모 사ᄅᆞᆷ이 너희게 말ᄒᆞᄃᆡ 보라 그리스도ㅣ 여긔 잇다 보라 뎌긔 잇다 ᄒᆞ여도 밋지 마라
(그때에 아모 사ᄅᆞᆷ이 너희게 말ᄒᆞᄃᆡ 보라 그리스도가 여긔 잇다 보라 뎌긔 잇다 ᄒᆞ여도 밋지 마라)
⑧ 그때에 아모사ᄅᆞᆷ이 너희게 말ᄒᆞᄃᆡ 보라 그리스도가 여긔 잇다 보라 뎌긔 잇다 ᄒᆞ여도 밋지 마라
⑨ 其 時에 何人이 爾等의게 言ᄒᆞᄃᆡ 見ᄒᆞ라 그리스도가 此에 在ᄒᆞ다 見ᄒᆞ라 彼에 在ᄒᆞ다 ᄒᆞ여도 信ᄒᆞ지 마라
⑩ 그때에 사ᄅᆞᆷ이 너희의게 닐ᄋᆞᄃᆡ 그리스도가 여긔 잇다 더희 잇다 ᄒᆞ여도 밋지 마라
⑪ 그때에 아모 사람이 너희세 말하대 보라 그리스도가 여긔잇다 보라 뎌긔잇다 하여도 밋지 마라
⑫ 그때에 사람이 너희게 말하대 보라 그리스도가 여긔 잇다 보라 뎌긔 잇다 하여도 밋지 말나
⑬ 그때에 사람이 너희에게 말하되 보라 그리스도가 여기 있다 보라 저기 있다 하여도 믿지 말라
⑭ そのとき、だれかがあなたがたに『見よ、ここにキリストがいる』、『見よ、あそこにいる』と言っても、それを信じるな。

마가福音 13:22

① 蓋將有僞基督,僞預言者,起而施休徵奇跡,若可得以惑選民,則惑之矣。
② 거즛 키리스토와 거즛 션지가 닐어 징죠와 긔거ᄒᆞ물 나타ᄂᆡ여 가히 쎈 쟈를 호리케 ᄒᆞ리라
③ 서즛 키리쓰토와 서즛 선시가 닐어 징죠와 긔거ᄒᆞ물 나타ᄂᆡ어 만일 능ᄒᆞᆫ 즉 쎈 자로 ᄒᆞ여곰 호리케 ᄒᆞ리니
④ 대뎌 쟝ᄎᆞᆺ 거ᄌᆞᆺ 그리스도와 거ᄌᆞᆺ 션지쟈ㅣ 니러나셔 신긔ᄒᆞᆷ을 뵈여 만일 가히 간션쟈를 혹홀만ᄒᆞ면 혹홀거시니
⑤ 대개 그ᄌᆞᆺ 긔독들과 그ᄌᆞᆺ 션지들이 니러나셔 이샹ᄒᆞᆫ 자최와 긔희ᄒᆞᆫ 일을 베푸러 ᄐᆡᆨᄒᆞ신 ᄇᆡᆨ셩이라도 유혹ᄒᆞ게 ᄒᆞ면 곳 유혹
ᄒᆞ리니

⑥ 대개 거ᄌᆞᆺ 그리스도들과 거ᄌᆞᆺ 션지쟈들이 니러나셔 징죠와 이샹ᄒᆞᆫ 일을 뵈여 만일 텩ᄒᆞ신 이라도 미혹ᄒᆞᆯ 수만 잇ᄉᆞ면 곳
미혹ᄒᆞ리니
⑦ 대개 거ᄌᆞᆺ 그리스도들과 거ᄌᆞᆺ 션지쟈들이 니러나셔 징죠와 이샹ᄒᆞᆫ 일을 뵈여 만일 텩ᄒᆞ신 이라도 미혹ᄒᆞᆯ수만 잇ᄉᆞ면 곳
미혹ᄒᆞ리니
(대개 거즛 그리스도들과 거즛 션지쟈들이 니러나셔 이젹과 긔ᄉᆞ를 뵈여 만일 텩ᄒᆞ신 쟈라도 미혹ᄒᆞᆯ 수만 잇스면 곳 미혹ᄒᆞ
리니)
⑧ 대개 거즛 그리스도들과 거즛 션지쟈들이 니러나셔 이젹과 긔ᄉᆞ를 뵈여 만일 텩ᄒᆞ신 쟈라도 미혹ᄒᆞᆯ 수만 잇ᄉᆞ면 곳 미혹ᄒᆞ
리니
⑨ 大槩 僞 그리스도들과 僞 先知者들이 起ᄒᆞ야 異蹟과 奇事를 示ᄒᆞ야 萬一 擇ᄒᆞ신 者라도 迷惑ᄒᆞᆯ 수만 有ᄒᆞ면 곳 迷惑ᄒᆞ리니
⑩ 거즛 그리스도와 거즛 先知者가 니러나셔 異蹟과 奇事를 行ᄒᆞ야 ᄒᆞᆯ 수만 잇스면 擇ᄒᆞ신 者라도 迷惑게 ᄒᆞ리니
⑪ 大概 거짓 그리스도들과 거짓 先知者들이 니러나셔 異蹟과 奇事를 보여 만일 擇하신 者라도 迷惑할 수만 잇스면 곳 迷惑하리니
⑫ 거즛 그리스도들과 거즛 선지자들이 니러나셔 이적과 긔사를 행하야 할 수만 잇스면 택하신 백셩을 미혹케 하랴 하리라
⑬ 거짓 그리스도들과 거짓 선지자들이 일어나서 이적과 기사를 행하여 할 수만 있으면 택하신 백성을 미혹케 하려 하리라
⑭ にせキリストたちや、にせ預言者たちが起って、しるしと奇跡とを行い、できれば、選民をも惑わそうとするであろう。

마가福音 13:23

① 爾宜愼,我悉以預告爾矣。
② 너희 삼가ᄒᆞ라 ᄂᆡ 다 밀이 너희게 일오노라
③ 너희 삼가ᄒᆞ라 ᄂᆡ 다 밀이 너희게 일오노라

④ 너희 맛당이 스ᄉᆞ로 삼갈지어다 나ㅣ 너ᄃᆞ려 닐ᄋᆞᄂᆞ니
⑤ 너희ᄂᆞᆫ 조심ᄒᆞ라 이 일을 내가 다 너다려 몬져 말ᄒᆞ엿ᄂᆞ니라
⑥ 너희ᄂᆞᆫ 삼가라 내가 모든 일을 너희ᄃᆞ려 몬져 말ᄒᆞ엿노라
⑦ 너희는 삼가라 내가 모든 일을 너희ᄃᆞ려 몬져 말ᄒᆞ엿노라
(너희는 삼가라 내가 모든 일을 너희ᄃᆞ려 몬져 말ᄒᆞ엿노라)
⑧ 너희는 삼가라 내가 모든일을 너희ᄃᆞ려 몬져말ᄒᆞ엿노라
⑨ 爾等은 愼ᄒᆞ라 我가 諸事를 爾等ᄃᆞ려 先言ᄒᆞ엿노라
⑩ 너희ᄂᆞᆫ 삼가라 내가 모든 일을 너희ᄃᆞ려 미리 말ᄒᆞ엿ᄂᆞ니라
⑪ 너희는 삼가라 내가 모든 일을 너희 다려 몬져 말하엿노라
⑫ 너희는 삼가라 내가 모든 일을 너희게 미리 말하엿노라
⑬ 너희는 삼가라 내가 모든 일을 너희에게 미리 말하였노라
⑭ だから、氣をつけていなさい。いっさいの事をあなたがたに前もって言っておく。

마가福音 13:24

① 當是時也,此患難之後,日晦冥,月無光,
② 낭시여 이 보단 환란 후에 날이 금음ᄒᆞ며 달이 빗나지 봇ᄒᆞ고 별이 하날노부터 ᄯᅥᆯ어지며
③ 당시에 이 모단 환란 후에 날이 금음ᄒᆞ며 달이 빗나지 못ᄒᆞ고 별이 하날노부터 ᄯᅥᆯ어지며
④ 이때를 다ᄒᆞ샤 이 환난 후에ᄂᆞᆫ ᄒᆡ가 어둡고 ᄃᆞᆯ이 빗치 업고
⑤ 그 ᄣᅢ에 환난이 잇슨 후에 ᄒᆡ가 어둡고 달이 빗츨 내지 안코

⑥ 그 여러 날에 그 환난 후에 히가 어둡고 돌이 빗출 내지 안코

⑦ 그 여러 날에 그 환난후에 히가 어둡고 돌이 빗츨 내지안고

(그 여러날에 그 환난 후에 히가 어둡고 돌이 빗츨 내지 안코)

⑧ 그 여러날에 그 환난 후에 히가 어둡고 돌이 빗츨 내지 안코

⑨ 其 多日에 其 患難 後에 日이 晦冥ᄒᆞ고 月이 光을 放치 안코

⑩ 그 여러날 患難 後에 日月이 無光ᄒᆞ고

⑪ 그 患難後 여러 날 동안에 해가 어둡고 달이 빗츨 내지 안코

⑫ 그 때에 그 환난 후 해가 어두어지며 달이 빗츨 내지 아니하며

⑬ 그 때에 그 환난 후 해가 어두워지며 달이 빛을 내지 아니하며

⑭ その日には、この患難の後、日は暗くなり、月はその光を放つことをやめ、

마가福音 13:25

① 天星隕墮,天勢震動。

② 하날에셔 모단 능간이 진동할지니

③ 하날에셔 모단 능간이 진동할지니

④ 하늘의 별이 떠러지고 하늘이 진동ᄒᆞ고

⑤ 하늘애셔 별이 떠러지고 하늘 권셰가 흔들이며

⑥ 별이 하늘노셔 떠러지고 하늘에 잇는 긔운이 진동ᄒᆞ며

⑦ 별이 하늘노셔 떠러지고 하늘에 잇는 긔운이 진동ᄒᆞ며

(별이 하놀노셔 떠러지고 하놀 권셰들이 흔들니리라)
⑧ 별이 하놀노셔 떠러지고 하놀 권셰들이 흔들니리라
⑨ 星이 天으로셔 隕ᄒ고 天의 權勢들이 搖動ᄒ리라
⑩ 별이 떠러지고 天象이 振動ᄒ며
⑪ 별이 하날노셔 떠러지고 하날 權勢들이 흔들니리라
⑫ 별들이 하날에셔 떠러지며 하날에 잇는 권능들이 흔들니리라
⑬ 별들이 하늘에서 떨어지며 하늘에 있는 권능들이 흔들리리라
⑭ 星は空から落ち、天体は搖り動かされるであろう。

마가福音 13:26
① 時衆將見人子以大權大榮,乘雲而來。
② 쎄여 사룸이 인사가 큰 능간과 큰 영화로써 구름을 타고 오물 보리라
③ 쎄에 사룸이 인ᄌ가 큰 능간과 큰 영화로써 구름올 타고오물 보리라
④ 이때에 쟝ᄎ 인ᄌ ㅣ 큰 권세와 큰 영화로 구룸을 ᄐ고 옴을 모든 이 볼거시니
⑤ 때에 인ᄌ가 큰 권셰와 큰 영광으로 구룸을 타고 옴을 여러 사룸이 보리니
⑥ 그 때에 인ᄌ ㅣ 큰 권셰와 영광으로 구룸을 ᄐ고 림홈을 보리니
⑦ 그 때에 인ᄌ ㅣ 큰 권셰와 영광으로 구름을 ᄐ고 림홈을 보리니
(그 때에 인ᄌ가 큰 권셰와 영광으로 구름올 ᄐ고 림홈올 보리니)
⑧ 그때에 인ᄌ가 큰권셰와 영광으로 구름을 ᄐ고 림홈을 보리니

⑨ 其時에 人子가 大權勢와 榮光으로 雲을 乘ᄒᆞ고 臨ᄒᆞᆷ을 見ᄒᆞ리니

⑩ 人子가 큰 權勢와 榮光으로 구름ᄐᆞ고 臨ᄒᆞᆷ을 볼지라

⑪ 그 ᄯᅢ에 人子가 큰 權勢와 榮光으로 구름을 타고 臨함을 보리니

⑫ 그 ᄯᅢ에 인자가 구름을 타고 큰 권능과 영광으로 오는 것을 사람들이 보리라

⑬ 그 때에 인자가 구름을 타고 큰 권능들이 흔들리리라 그 때에 인자가 구름을 타고 큰 권능과 영광으로 오는 것을 사람들이 보리라

⑭ その時、大いなる力と榮光とをもって、人の子が雲に乘って來るのを、人々は見るであろう。

마가福音 13:27

① 斯時必遣其使者,集其選民於四方,自地之極至天之極焉。

② ᄯᅴ여 그 사쟈ᄅᆞᆯ 보ᄂᆡ여 그 ᄲᅦᆫ 쟈ᄅᆞᆯ 사방에셔 모을데 디극으로 ᄌᆞᆺ차 텬국에 닐으리라

③ ᄯᅴ에 사쟈ᄅᆞᆯ 보ᄂᆡ여 그 ᄲᅦᆫ 쟈ᄅᆞᆯ 사방에셔 모을데 디극으로 ᄌᆞᆺ차 텬국에 닐으리라

④ 이 ᄯᅢ에 반ᄃᆞ시 그 사쟈ᄅᆞᆯ 보내여 그 간션쟈ᄅᆞᆯ ᄯᅡᄭᅳᆺᄎᆞ로브터 하ᄂᆞᆯᄭᅳᆺᄭᆞ지 ᄉᆞ방에셔 모흘 거시니

⑤ 그 ᄯᅢ에 반ᄃᆞ시 텬ᄉᆞ를 보내여 그 ᄐᆡᆨᄒᆞ신 ᄇᆡᆨ셩을 ᄉᆞ방에 모힐 ᄉᆡ ᄯᅡ극ᄒᆞᆫ ᄃᆡ로브터 하ᄂᆞᆯ 극ᄒᆞᆫᄃᆡᄭᆞ지 니ᄅᆞ리라

⑥ ᄯᅩᄒᆞᆫ 그 ᄯᅢ에 텬ᄉᆞᄅᆞᆯ 보내여 그 ᄐᆡᆨᄒᆞ신 사ᄅᆞᆷ을 ᄯᅡ ᄭᅳᆺ흐로브터 하ᄂᆞᆯ ᄭᅳᆺᄭᆞ지 ᄉᆞ방에셔 모흐리라

⑦ ᄯᅩᄒᆞᆫ 그 ᄯᅢ에 텬ᄉᆞ를 보내여 그 ᄐᆡᆨᄒᆞ신 사ᄅᆞᆷ을 ᄯᅡ ᄭᅳᆺ흐로브터 하ᄂᆞᆯᄭᅳᆺᄭᆞ지 ᄉᆞ방에셔 모흐리라
(ᄯᅩ 그ᄯᅢ에 텬ᄉᆞ를 보내여 그 ᄐᆡᆨᄒᆞ신 사ᄅᆞᆷ을 ᄯᅡ ᄭᅳᆺ흐로브터 하ᄂᆞᆯᄭᅳᆺᄭᆞ지 ᄉᆞ방에셔 모호리라)

⑧ ᄯᅩ 그ᄯᅢ에 텬ᄉᆞ를 보내여 그 ᄐᆡᆨᄒᆞ신 사ᄅᆞᆷ을 ᄯᅡᄭᅳᆺ흐로브터 하ᄂᆞᆯᄭᅳᆺᄭᆞ지 ᄉᆞ방에셔 모호리라

⑨ ᄯᅩ 其時에 天使를 遣ᄒᆞ야 其 擇ᄒᆞ신 人을 地極으로브터 天涯ᄭᆞ지 四方에셔 集ᄒᆞ리라

⑩ 그 ᄯᅢ에 天使를 보내여 그 擇ᄒᆞᆫ 사ᄅᆞᆷ을 ᄯᅡᄭᅳᆺᄒᆞ로브터 하ᄂᆞᆯᄭᅳᆺᄭᆞ지 四方에셔 모호리라
⑪ ᄯᅩ 그 ᄯᅢ에 天使를 보내여 그 擇하신 사람을 ᄯᅡᄭᅳᆺ츠로브터 하날 ᄭᅳᇫ가지 四方에셔 모호리라
⑫ ᄯᅩ 그 ᄯᅢ에 뎌가 텬사들을 보내여 자기 택하신 쟈들을 ᄯᅡᄭᅳᆺ으로 브터 하날 ᄭᅳᆺᄶᅡ지 사방에셔 모호리라
⑬ 또 그 때에 저가 천사들을 보내어 자기 택하신 자들을 땅 끝으로부터 하늘 끝까지 사방에서 모으리라
⑭ そのとき、彼は御使(みつかい)たちをつかわして、地のはてから天のはてまで、四方からその選民を呼び集めるであろう。

마가福音 13:28

① 今當學無花果樹之譬,方其枝柔葉萌,爾則知夏近,
② 가히 무화과 남우로 말ᄆᆡ암아 비사를 취ᄒᆞ라 바야흐로 그 가지가 연ᄒᆞ고 닙피 퓐 즉 녀름 갓가온 줄 아나니
③ 무화과 남우로 말무암아 비사롤 보이라 바야흐로 그 가지가 연ᄒᆞ고 닙피 퓐 즉 녈음이 갓가온 줄 아ᄂᆞ니
④ 이제 무화과 나무의 비유롤 ᄇᆡ화 ᄇᆞ야흐로 그가지 부드럽고 닙히 밍동ᄒᆞ거든 하졀이 갓가온 지 알거시니
⑤ 너희ᄂᆞᆫ 무화과 나무의 비유홈을 ᄇᆡ호라 그 가지가 연ᄒᆞ고 닙시 싹나면 곳 녀름이 갓가온 줄을 알거시니
⑥ 무화과 나무로써 이 비유롤 ᄇᆡ호라 그 가지가 연ᄒᆞ고 닙사귀 나면 곳 녀름이 갓가온 줄을 알 거시니
⑦ 무화과 나무로써 이 ᄇᆡ호라 그 가지가 연ᄒᆞ고 닙사귀가 나면 곳 여름이 갓가온 줄을 알 거시니
(무화과 나무의 비유를 ᄇᆡ홀지니 그 가지가 연ᄒᆞ고 닙사귀가 나면 녀름이 갓가온 줄을 알지라)
⑧ 무화과 나무의 비유를 ᄇᆡ홀시니 그 가시가 연ᄒᆞ고 닙사귀가 나면 너름이 갓가온 줄을 알시라
⑨ 無花果 樹의 譬喩를 想ᄒᆞᆯ지니 其 枝가 軟ᄒᆞ고 葉이 生ᄒᆞ면 夏가 近ᄒᆞᆫ 줄을 知ᄒᆞᆯ지라
⑩ 無花果 나무의 譬喩를 ᄇᆡ호라 그 가지가 軟ᄒᆞ고 닙사귀가 나면 너름이 갓가온 줄을 알지니
⑪ 無花果 나무의 譬喩를 배홀지니 그 가지가 軟하고 닙사귀가 나면 녀름이 갓가온 줄을 아지라

⑫ 무화과 나무의 비유를 배호라 그 가지가 연하여지고 닙사귀를 내면 녀름이 갓가온 줄을 아나니

⑬ 무화과 나무의 비유를 배우라 그 자기가 연하여지고 잎사귀를 내면 여름이 가까운 줄을 아나니

⑭ いちじくの木からこの譬(たとえ)を學びなさい。その枝が柔らかになり、葉が出るようになると、夏の近いことがわかる。

마가福音 13:29

① 如是爾見有此事,則知其時近,乃及門矣。

② 이 갓치 너희 이 일 이사물 보고 씌 갓가와 문에 밋츤 줄 알나

③ 이 갓치 너희 이 일 이ᄉᆞ물 보고 씌 갓가와 문에 밋츤 줄 알나

④ 이와ᄀᆞᆺ치 너ㅣ 이런 일이 이숌을 보거든 그ᄣᅢ가 갓가온지 알나 이에 문에 밋친 거시니라

⑤ 이 ᄀᆞᆺ치 너희가 이 일을 보면 임의 인ᄌᆞ가 문압희 갓가이 니ᄅᆞᆫ 줄을 알지니라

⑥ 이와 ᄀᆞᆺ치 너희가 이런 일 나ᄂᆞᆫ 거술 보거든 인ᄌᆞ가 갓가히와셔 곳 문압헤 니ᄅᆞᆫ 줄을 알나

⑦ 이와 ᄀᆞᆺ치 너희가 이런 일 나ᄂᆞᆫ 거슬 보거든 인ᄌᆞㅣ 갓가이와셔 곳 문압헤 니ᄅᆞᆫ 줄을 알나
(이와 ᄀᆞᆺ치 너희가 이런 일 나는 거슬 보거든 인ᄌᆞㅣ 갓가이와셔 곳 문압헤 니른 줄을 알나)

⑧ 이와ᄀᆞᆺ치 너희가 이런 일 나ᄂᆞᆫ 거슬 보거든 인ᄌᆞ가 갓가히와셔 곳 문압헤 니른 줄을 알나

⑨ 如此히 爾等이 如此ᄒᆞᆫ 事가 生ᄒᆞᄂᆞᆫ 거슬 見ᄒᆞ거든 人子가 近至ᄒᆞ야 곳 門前에 到ᄒᆞᆫ 줄을 知ᄒᆞ라

⑩ 이와 ᄀᆞᆺ치 너희가 이런 일을 보거든 人子가 갓사히 門압헤 니른 줄을 알나

⑪ 이와 갓치 너희가 이런 일 나는 것을 보거든 人子가 갓가히와셔 곳 門압헤 니른 줄을 알나

⑫ 이와 갓치 너희가 이런 일이 나는 것을 보거든 인자가 가갓히 곳 문압헤 니른 줄을 알나

⑬ 이와 같이 너희가 이런 일이 나는 것을 보거든 인자가 가까이 곧 문앞에 이른 줄을 알라

⑭ そのように、これらの事が起こるのを見たならば、人の子が戸口まで近づいていると知りなさい。

마가福音 13:30

① 我誠告爾,此代未逝,此事皆成焉。

② ᄂᆡ 실노 너희게 일오노니 이 ᄃᆡ가 지ᄂᆡ지 못ᄒᆞ여 이일이 다일우리라

③ ᄂᆡ 실노 너희게 일오노니 이 ᄃᆡ가 지ᄂᆡ지 못ᄒᆞ여 이일이 다일우리라

④ 나ㅣ 진실노 너희게 닐ᄋᆞᄂᆞ니 이 ᄯᅢ가 가지 아니ᄒᆞ여셔 이일이 다일우리니

⑤ 내 실노 너희게 닐ᄋᆞ노니 이 ᄃᆡ가 가지 아니ᄒᆞ고 이일이 다일우리니

⑥ 나ㅣ 실노 너희게 닐ᄋᆞ노니 이 셰ᄃᆡ가 가지 아니ᄒᆞ야셔 이일이 다일우리니

⑦ 내 실노 너희게 닐ᄋᆞ노니 이 셰ᄃᆡ가 가지 아니ᄒᆞ여셔 이일이 다일우리라

(내가 실노 너희게 말ᄒᆞ노니 이 셰ᄃᆡ가 지나가기 젼에 이일이 다일우리라)

⑧ 내가 실노 너희게 말ᄒᆞ노니 이 셰ᄃᆡ가 지나가기 젼에 이일이 다일우리라

⑨ 我가 實노 爾等의게 言ᄒᆞ노니 此 世代가 過去ᄒᆞ기 前에 此事가 盡成ᄒᆞ리라

⑩ 내가 眞實노 너희의게 닐ᄋᆞ노니 이 世代가 지나가기 前에 이일이 다일울지라

⑪ 내가 眞實노 너희게 말하노니 이 世代가 지나가기 前에 이일이 다일우리라

⑫ 내가 진실노 너희게 말하노니 이 셰대가 지나가기 젼에 이일이 다일우리라

⑬ 내가 진실로 너희에게 말하노니 이 세대가 지나가기 전에 이일이 다이루리라

⑭ よく聞いておきなさい。これらの事が、ことごとく起るまでは、この時代は滅びることがない。

마가福音 13:31

① 天地必廢,惟我言必不廢,

② 텬디가 비록 페ᄒᆞ여도 오직 늬 말은 페치 안으리라

③ 텬디가 비록 페ᄒᆞ여도 오직 늬 말은 페치 안으리라

④ 텬디ᄂᆞᆫ 반ᄃᆞ시 업술지언뎡 내 말은 반ᄃᆞ시 업서지지 아니홀지라

⑤ 하늘과 ᄯᅡᆼ은 업셔질지언뎡 내 말은 업셔지지 아니ᄒᆞ리니

⑥ 텬디ᄂᆞᆫ 업서질지언뎡 내 말은 업서지지 아니 ᄒᆞ리니

⑦ 텬디는 업서질지언뎡 내 말은 업서지지아니ᄒᆞ리니

⑧ 텬디는 업서 질지언뎡 내말은 업서지지 아니ᄒᆞ리니

⑨ 天地ᄂᆞᆫ 無ᄒᆞ야 질지언뎡 我言은 無ᄒᆞ야지지 아니ᄒᆞ리니

⑩ 天地ᄂᆞᆫ 업서질지언뎡 내 말은 업서지지 아니ᄒᆞ리라

⑪ 天地는 업셔질지언뎡 내 말은 업서지지 아니하리니

⑫ 텬디는 업서지겟스나 내 말은 없서지지 아니하리라

⑬ 천지는 없어지겠으나 내 말은 없어지지 아니하리라

⑭ 天地は滅びるであろう。しかしわたしの言葉は滅びることがない。

마가福音 13:32

① 但彼日彼時,無人知之,卽天使與人子亦不知之惟父知之。

② 다못 그날 그 일을 아ᄂᆞᆫ 쟈 업고 하날에 잇ᄂᆞᆫ 사쟈과 아달도 ᄯᅩᄒᆞᆫ 아지 못ᄒᆞ되 오직 아바니만 아나니라
③ 다못 그날 그 ᄣᅴᄅᆞᆯ 아ᄂᆞᆫ 쟈 업고 하날에 잇ᄂᆞᆫ 사쟈과 아달도 ᄯᅩᄒᆞᆫ 아지 못ᄒᆞ되 오직 아바니만 아ᄂᆞ니라
④ 다만 그날과 그 시ᄂᆞᆫ 아ᄂᆞᆫ 사ᄅᆞᆷ이 업스리니 하ᄂᆞᆯ에 잇ᄂᆞᆫ ᄉᆞ쟈와 아ᄃᆞᆯ도 ᄯᅩᄒᆞᆫ 아지 못ᄒᆞ고 다만 아버니 알으시ᄂᆞ니라
⑤ 다만 그 날과 그 ᄣᅢᄂᆞᆫ 사ᄅᆞᆷ이 아ᄂᆞᆫ 이가 업고 하ᄂᆞᆯ에 잇ᄂᆞᆫ 뎐ᄉᆞ와 인ᄌᆞ도 ᄯᅩᄒᆞᆫ 아지 못ᄒᆞ고 아바지만 아르시ᄂᆞ니라
⑥ 다만 그 날과 그 ᄣᅢᄂᆞᆫ 아ᄂᆞᆫ 이가 업고 하ᄂᆞᆯ에 잇ᄂᆞᆫ 텬ᄉᆞ도 아지 못ᄒᆞ고 아ᄃᆞᆯ도 ᄯᅩᄒᆞᆫ 아지 못ᄒᆞ고 오직 아바지만 아시ᄂᆞ니라
⑦ 다만 그 날과 그 ᄣᅢ는 아는이가 업고 하ᄂᆞᆯ에 잇ᄂᆞᆫ 텬ᄉᆞ도 아지못ᄒᆞ고 아ᄃᆞᆯ도 ᄯᅩᄒᆞᆫ 아지못ᄒᆞ고 오직 아바지만 아시ᄂᆞ니라
(다만 그날과 그 시는 아는 샤ᄅᆞᆷ이 업고 텬ᄉᆞ도 아지 못ᄒᆞ고 아ᄃᆞᆯ도 아지 못ᄒᆞ되 아바지만 아시ᄂᆞ니라)
⑧ 다만 그날과 그ᄣᅢ는 아ᄂᆞᆫ 쟈가 업고 하ᄂᆞᆯ에 잇ᄂᆞᆫ 텬ᄉᆞ도 아지 못ᄒᆞ고 아ᄃᆞᆯ도 아지 못ᄒᆞ되 오직 아바지만 아시ᄂᆞ니라
⑨ 다만 其日과 其時ᄂᆞᆫ 知ᄒᆞᄂᆞᆫ 者가 無ᄒᆞ고 天에 在ᄒᆞᆫ 天使도 知치 못ᄒᆞ고 子도 知치 못ᄒᆞ되 오직 父만 知ᄒᆞ시ᄂᆞ니라
⑩ 그 날과 그 ᄣᅢᄂᆞᆫ 아ᄂᆞᆫ 者가 업ᄂᆞ니 하ᄂᆞᆯ에 잇ᄂᆞᆫ 天使도 아지 못ᄒᆞ고 아ᄃᆞᆯ도 아지 못ᄒᆞ되 아바지만 아시ᄂᆞ니라
⑪ 다만 그 날과 그 ᄣᅢ는 아는 者가 업고 하날에 잇는 天使도 아리 못하고 아달도 아지못하되 오직 아바지만 아시나니라
⑫ 그러나 그 날과 그 ᄣᅢ는 아모도 모르나니 하날에 잇는 텬사들도 아달도 모르고 이비지만 이시니니라
⑬ 그러나 그날과 그때는 아무도 모르나니 하늘에 있는 천사들도 아들도 모르고 아버지만 아시느니라
⑭ その日、その時は、だれも知らない。天にいる御使たちも、また子も知らない、ただ父だけが知っておられる。

마가福音 13:33

① 謹愼,儆醒,祈禱,以爾不知其期也
② 너희 삼가ᄒᆞ여 ᄭᅵ여 빌나 너희ᄂᆞᆫ 그 긔약이 원제 이산 줄은 아지 못ᄒᆞ리라
③ 너희 삼가ᄒᆞ여 ᄭᅵ여 빌나 너희ᄂᆞᆫ 그 긔약이 원제 이살 줄ᄋᆞᆯ 아지 못ᄒᆞ리라

④ 조심ᄒᆞ여 ᄭᆡ여 긔도홀 거시니 너희 그 긔약을 모롬이라
⑤ 너희ᄂᆞᆫ 조심ᄒᆞ고 ᄭᆡ여 긔도ᄒᆞ여라 대개 너희들이 그 ᄯᅢ가 언제 니롬을 아지 못홈이니라
⑥ 너희ᄂᆞᆫ 조심ᄒᆞ고 ᄭᆡ여 긔도ᄒᆞ여라 대개 그 ᄯᅢ가 언제 니롬을 아지 못 홈이니라
⑦ 너희는 조심ᄒᆞ고 ᄭᆡ여 긔도ᄒᆞ라 대개 ᄯᅢ가 언제 니름을 아지못홈이니라
(너희는 조심ᄒᆞ고 ᄭᆡ여 긔도ᄒᆞ라 대개 그 ᄯᅢ가 언제 니름을 아지 못홈이니라)
⑧ 너희는 조심ᄒᆞ고 ᄭᆡ여 긔도ᄒᆞ라 대개 그ᄯᅢ가 언제 니름을 아지 못홈이니라
⑨ 爾等은 小心ᄒᆞ고 醒ᄒᆞ야 祈禱ᄒᆞ라 大槩 其時가 何時에 至홈을 知치 못홈이니라
⑩ 너희ᄂᆞᆫ 操心ᄒᆞ고 ᄭᆡ여 祈禱ᄒᆞ라 그 ᄯᅢ가 언제 니를 넌지 아지 못ᄒᆞᄂᆞ니라
⑪ 너희는 操心하고 ᄶᅢ여 祈禱하라 大概그 ᄯᅢ가 언제 니름을 아지 못함이니라
⑫ 주의하라 ᄶᅢ여잇스라 그 ᄯᅢ가 언제인지 아지 못함이니라
⑬ 주의하라 깨어있으라 그 때가 언제인지 알지 못함이니라
⑭ 氣をつけて、目をさましていなさい。その時がいつであるか、あなたがたにはわからないからである。

마가福音 13:34

① 夫人子譬如人離其家而遠遊,委權於其僕,各任以事,命閽者儆醒焉。
② 사람이 그집을 ᄯᅥ나면 니가ᄂᆞᆫᄃᆡ 권셰롤 죵으긔 주워 각각 일노ᄡᅥ 맛치고 문직키를 명ᄒᆞ여 ᄭᆡ라함 갓치 ᄒᆞ라
③ 사름이 그집올 ᄯᅥ나 달은 당에 거ᄒᆞᄂᆞᆫᄃᆡ 권셰롤 죵의게 맛쳐 각각 일노ᄡᅥ 주고 문직기롤 명ᄒᆞ여 ᄭᆡ라함 갓치 ᄒᆞ라
④ 므롯 인ᄌᆞᄂᆞᆫ 비컨대 사름이 그집을 멀니 ᄯᅥ날 ᄯᅢ에 권을 그 죵의게 주어 각각 일을 맛기고 문직이롤 명ᄒᆞ여 ᄭᆡ여잇스라
⑤ 비유ᄒᆞ건ᄃᆡ ᄒᆞᆫ 사름이 집을 ᄯᅥ나 다른 나라에 ᄃᆞᆫ일 ᄉᆡ 권셰를 죵의게 주어 각각 그 일을 맛기고 ᄯᅩ 문직희ᄂᆞᆫ 쟈의게 명ᄒᆞ되

ᄲᅵ여라 ᄒᆞ니

⑥ 비유 ᄒᆞ건ᄃᆡ ᄒᆞᆫ 사ᄅᆞᆷ이 집을 ᄯᅥ나 다른 나라헤 류ᄒᆞᆯ시 권셰ᄅᆞᆯ 죵의게 주어 각각 그 일을 맛기고 ᄯᅩ 문직이ᄅᆞᆯ 명ᄒᆞ야 ᄲᅵ여잇ᄉᆞ라 홈과 ᄀᆞᆺᄒᆞ니

⑦ 비유ᄒᆞ건대 ᄒᆞᆫ 사ᄅᆞᆷ이 집을 ᄯᅥ나 다른 나라에 류ᄒᆞᆯ시 권셰를 죵의게 주어 각각 그 일을 맛기고 ᄯᅩ 문직이를 명ᄒᆞ야 ᄲᅵ여잇즈라 홈과 ᄀᆞᆺᄒᆞ니

(비유ᄒᆞ건대 ᄒᆞᆫ 사ᄅᆞᆷ이 집을 ᄯᅥ나 다른 나라에 류ᄒᆞᆯ시 권셰를 죵의게 주어 각각 그 일을 맛기고 ᄯᅩ 문직이를 명ᄒᆞ야 ᄲᅵ여잇스라 홈과 ᄀᆞᆺ흐니)

⑧ 비유ᄒᆞ건ᄃᆡ ᄒᆞᆫ 사ᄅᆞᆷ이 집을 ᄯᅥ나 다른나라에 류ᄒᆞᆯ시 권셰를 죵의게 수어 각각 그 일을 맛기고 ᄯᅩ 문직이를 명ᄒᆞ야 ᄲᅵ여잇스라 홈과 ᄀᆞᆺ흐니

⑨ 譬喩ᄒᆞ건대 一 人이 家를 離ᄒᆞ야 他邦에 留ᄒᆞᆯ시 權勢를 僕의게 賜ᄒᆞ야 各各 其 事를 任ᄒᆞ고 ᄯᅩ 門直이를 命ᄒᆞ야 醒在ᄒᆞ라 홈과 如ᄒᆞ니

⑩ 譬喩컨ᄃᆡ ᄒᆞᆫ 사ᄅᆞᆷ이 이 님을 ᄯᅥ나 다른 나라로 갈 ᄯᅢ에 權勢를 죵의게 주어 各各 그 일을 맛기고 門직이를 命ᄒᆞ야 ᄲᅵ여잇스라 홈과 ᄀᆞᆺ흐니

⑪ 譬喩하건대 한 사람이 집을 ᄯᅥ나 다른 나라에 留할 새 權勢를 죵의게 주어 各各 그 일을 맛기고 ᄯᅩ 門直이를 命하야 ᄶᅢ여잇스라 함과 갓흐니

⑫ 가령 사람이 집을 ᄯᅥ나 타국으로 갈 ᄯᅢ에 그 종들의게 권한을 주이 각각 사무를 맛기며 문직이의게 ᄶᅢ여잇스라 명함과 갓흐니

⑬ 가령 사람이 집을 떠나 타국으로 갈 때에 그 종들에게 권한을 주어 각각 사무를 맡기며 문지기에게 깨어있으라 명함과 같으니

⑭ それはちょうど、旅に立つ人が家を出るに当り、その僕(しもべ)たちに、それぞれ仕事を割り当てて責任をもたせ、門番には目をさましておれと、命じるようなものである。

마가福音 13:35

① 爾故宜,以不知家主至於何時,或昏暮,或夜半,或鷄鳴,或平旦,

② 고로 너희 ᄭᆡ여라 ᄒᆞ문 집 쥬인이 어ᄂᆡ ᄯᅢ여 닐을 줄 아지 못ᄒᆞ미라 혹 초혼이며 혹 지반이며 혹 달 울 녁이며 혹 아젹에

③ 고로 너희 ᄭᆡ여라 ᄒᆞ문 집 쥬인이 어ᄂᆡ ᄯᅢ에 닐ᄋᆞᆯ 줄 아지 못ᄒᆞ미라 혹 초혼이며 혹 지반이며 혹 달울 녁이며 혹 아젹에

④ 너ᄂᆞᆫ 이런 고로 맛당이 ᄭᆡᆯ지어다 집주인이 어ᄂᆞᄯᅢ 혹 져물게나 혹 밤즁이나 혹 ᄃᆞᆰ울 ᄯᅢ나 혹 ᄇᆞᆰ을 ᄯᅢ에 니ᄅᆞᆯ지 모ᄅᆞ니

⑤ 그런 고로 너희가 ᄭᆡ여라 집 쥬인이 혹 져물게나 혹 밤즁이나 혹 ᄃᆞᆰ 울 ᄯᅢ나 혹 ᄃᆞᆰ울 ᄯᅢ 니를지 아지 못ᄒᆞ니

⑥ 그런 고로 너희도 ᄭᆡ여잇ᄉᆞ라 대개 집 쥬인이 혹 져물게나 혹 밤즁이나 혹 ᄃᆞᆰ이울 ᄯᅢ나 혹 ᄇᆞᆰ을 ᄯᅢ나 어나 ᄯᅢ에 올ᄂᆞᆫ지
너희가 아지 못ᄒᆞᄂᆞ니

⑦ 그런 고로 너희도 ᄭᆡ여잇스라 대개 집 쥬인이 혹 져물게나 혹 밤즁에나 혹 ᄃᆞᆰ이울 ᄯᅢ나 혹 ᄇᆞᆰ을 ᄯᅢ나 어나 ᄯᅢ에 올ᄂᆞᆫ지
너희가 아지 못ᄒᆞᄂᆞ니

⑧ 그런 고로 너희도 ᄭᆡ여잇스라 대개 집쥬인이 혹 져물게나 혹 밤즁에나 혹 ᄃᆞᆰ이울 ᄯᅢ나 혹 ᄇᆞᆰ을 ᄯᅢ나 어ᄂᆞᄯᅢ에 올넌지 너희가
아지 못ᄒᆞᄂᆞ니

⑨ 然ᄒᆞᆫ 故로 爾等도 醒在ᄒᆞ라 大槩 家主가 或 暮時에나 或 夜半에나 或 鷄鳴ᄒᆞᆯ 時에나 或 平明ᄒᆞᆯ 時에나 何時에 來ᄒᆞᆯ넌지 爾等이
知치 못ᄒᆞᄂᆞ니

⑩ 그런 故로 너희ᄂᆞᆫ ᄭᆡ여잇스라 집 主人이 져몰 ᄯᅢ에나 밤中에나 ᄃᆞᆰ울 ᄯᅢ에나 ᄇᆞᆰ을 ᄯᅢ에나 어ᄂᆞ ᄯᅢ에 올넌지 아지 못ᄒᆞᄂᆞ니

⑪ 그런 故로 너희도 ᄭᅢ여잇스라 大概 집 主人이 或 져물게나 或 밤 中에나 或 닭이울 ᄯᅢ나 或 밝을 ᄯᅢ나 어나 ᄯᅢ에 올넌지
너희가 아지 못하나니

⑫ 그런 고로 ᄭᅢ여잇스라 집쥬인이 언제 올넌지 혹 져물 ᄯᅢ엘넌지 밤즁엘넌지 닭울 ᄯᅢ엘넌지 새벽엘넌지 너희가 아지 못함이라

⑬ 그러므로 깨어있으라 집주인이 언제 올는지 혹 저물 때엘는지, 밤중엘는지, 닭울 때엘는지, 새벽엘는지 너희가 알지 못함이라

⑭ だから、目をさましていなさい。いつ、家の主人が歸って來るのか、夕方か、夜中か、にわとりの鳴くころか、明け方か、わからないからである。

마가福音 13:36

① 恐其突至,遇爾寢焉。

② 저푸건뎐뎌 문득 닐으러 너희 잠을 만나리라

③ 저푸건뎐 뎌 문득 닐으러 너희 잠올 만날가 ᄒᆞ노라

④ 저푸건대 그 졸디에 니ᄅᆞ러 너희 잠들믈 당ᄒᆞᆯ가 ᄒᆞᄂᆞ니

⑤ 그가 홀연이 와셔 너희 자ᄂᆞᆫ 거슬 볼가 두려워 ᄒᆞ노라

⑥ 그가 홀연이 와셔 너희 자ᄂᆞᆫ 거술 볼가 조심ᄒᆞ라

⑦ 그가 홀연이 와셔 너희 자ᄂᆞᆫ 거슬 볼가 조심ᄒᆞ라

(그가 홀연이 와셔 너희 자는 거슬 볼가 조심ᄒᆞ라)

⑧ 그가 홀연이 와셔 너희 자ᄂᆞᆫ 거슬 볼가 두려워ᄒᆞ라

⑨ 그가 忽然히 來ᄒᆞ야 爾等의 睡ᄒᆞᄂᆞᆫ 거슬 見ᄒᆞᆯ가 懼ᄒᆞ라

⑩ 더가 忽然히 와셔 너희 자ᄂᆞᆫ 거슬 볼가 두려워 ᄒᆞ라

⑪ 그가 忽然히 와서 너희 사는 것을 볼가 두려워하라

⑫ 그가 홀연이 와셔 너희의 자는 것을 보지 안토록 하라

⑬ 그가 홀연히 와서 너희의 자는 것을 보지 않도록 하라

⑭ あるいは急に歸ってきて、あなたがたの眠っているところを見つけるかも知れない。

마가福音 13:37

① 我今所語爾者,亦以語衆,卽儆醒也。

② ᄂᆡ 너희게 말ᄒᆞᄂᆞᆫ 바를 ᄯᅩ한 써 뭇사ᄅᆞᆷ으게 말ᄒᆞ여 ᄭᅵ게 ᄒᆞ라 ᄒᆞ다라

③ ᄂᆡ 너희게 말ᄒᆞᄂᆞᆫ 바를 ᄯᅩ한 써 뭇사ᄅᆞᆷ의게 말ᄒᆞ여 ᄭᅵ게 ᄒᆞ라 ᄒᆞ더라

④ 나ㅣ 이제 너의게 말ᄒᆞᆫ바 쟈롤 ᄯᅩᄒᆞᆫ 써 여러사ᄅᆞᆷ의게 닐너줌은 곳 ᄭᅵᄂᆞᆫ 거시니라

⑤ 내가 너희게 말ᄒᆞᄂᆞᆫ 거시 곳 모든 사ᄅᆞᆷ의게 말ᄒᆞᆷ이니 ᄭᅵ여라

⑤ 내가 너희게 말ᄒᆞᄂᆞᆫ 거시 곳 모든 사ᄅᆞᆷ의게 말ᄒᆞᆷ이니 ᄭᅵ여 잇ᄉᆞ라

⑥ 내가 너희게 말ᄒᆞᄂᆞᆫ 거시 곳 모든 사ᄅᆞᆷ의게 말ᄒᆞᆷ이니 ᄭᅵ여 잇ᄉᆞ라

⑦ 내가 너희게 말ᄒᆞᄂᆞᆫ 거시 곳 모든 사ᄅᆞᆷ의게 말ᄒᆞᆷ이니 ᄭᅵ여잇스라 ᄒᆞ시더라
(내가 너희게 말ᄒᆞ는 거시 곳 모든 사ᄅᆞᆷ의게 말ᄒᆞᆷ이니 ᄭᅵ여잇스라 ᄒᆞ시더라)

⑧ 내가 너희게 말ᄒᆞᄂᆞᆫ 거시 곳 모든사ᄅᆞᆷ의게 말ᄒᆞᆷ이니 ᄭᅵ여잇스라 ᄒᆞ시더라

⑨ 我가 爾等의게 言ᄒᆞᄂᆞᆫ 거시 곳 諸人의게 言ᄒᆞᆷ이니 醒在ᄒᆞ라 ᄒᆞ시더라

⑩ 내가 너희의게 말ᄒᆞᄂᆞᆫ 거시 곳 모든 사ᄅᆞᆷ의게 말ᄒᆞᆷ이니 ᄭᅢ여 잇슬지니라

⑪ 내가 너희게 말하는 것이 곳 모든 사람의게 말함이니 ᄭᅢ여 잇스라하시더라

⑫ ᄭᅢ여 잇스라 내가 너희게 하는 이 말이 모든 사람의게 하는 말이니라 하시니라

⑬ 깨어 있으라 내가 너희에게 하는 이 말이 모든 사람에게 하는 말이니라 하시니라

⑭ 目をさましていなさい。わたしがあなたがたに言うこの言葉は、すべての人々に言うのである」。

14장

마가福音 14:01

① 越二日,爲逾越節,除酵節,祭司諸長,士子,謀以詭計執耶穌殺之,

② 이틀을 지너니 넘는 졀이 쏘 누룩 금ᄒᆞ는 졀이라 졔사쟝과 션비 궤휼노써 예수롤 잡아 쥐기기를 도모ᄒᆞ되

③ 이틀올 지너니 넘는 졀이 쏘 누룩 금ᄒᆞ는 졀이라 졔사쟝과 션비 궤휼노써 예수롤 잡아 쥐기기롤 도모ᄒᆞ되

④ 다음 잇튼날은 유월졀이라 졔교졀일에 졔ᄉᆞ졔장과 션비들이 궤휼ᄒᆞᆫ 꾀로써 예수롤 잡아 죽임을 계교홀식

⑤ 이틀을 지내니 유월졀과 누룩 업는 썩 먹는 졀이라 졔ᄉᆞ쟝과 셔샤관들이 궤계로 엇더케 예수를 잡아 죽이고져 ᄒᆞ나

⑥ 이틀을 지내니 유월졀과 누룩 업는 썩 먹는 졀이라 졔ᄉᆞ졔쟝과 셔샤관들이 궤계로 엇더케 예수롤 잡아 죽이고져 ᄒᆞ나

⑦ 잇흘을 지내면 유월졀과 누루겁는 썩먹는 졀이라 제ᄉᆞ졔쟝과 셔긔관들이 궤계로 엇더케 예수를 잡아죽이고셔ᄒᆞ나

(잇흘을 지나면 유월졀이니 곳 누룩 업는 썩 먹는 졀이라 졔ᄉᆞ졔쟝과 셔긔관들이 궤계로 엇더케 예수를 잡아죽이고져 ᄒᆞ나)

⑧ 잇흘을 지나면 유월졀이니 곳 누룩 업는 썩 먹는 졀이라 졔ᄉᆞ졔쟝과 셔긔관들이 궤계로 엇더케 예수를 잡아죽이고져 ᄒᆞ나

⑨ 二日을 過ᄒᆞ면 踰越節이니 곳 酵가 無ᄒᆞᆫ 餠을 吃ᄒᆞ는 節이라 祭司諸長과 書記官들이 詭計로 何如케 예수를 執殺ᄒᆞ고져 ᄒᆞ나

⑩ 逾越節 곳 無酵節이라 祭司諸長과 書記官들이 엇더ᄒᆞᆫ 詭計로던지 애수를 잡아 죽이고져 ᄒᆞ나

⑪ 잇흘을 지나면 逾越節이니 곳 無酵餠 먹는 節이라 祭司諸長과 書記官들이 詭計로 엇더케 예수를 잡아 죽이고져 하나

⑫ 잇흘을 지나면 유월절과 무교절이라 대제사쟝들과 셔긔관들이 예수를 궤계로 잡아 죽일 방책을 구하며

⑬ 이틀을 지나면 유월절과 무교절이라 대제사장들과 서기관들이 예수를 궤계로 잡아 죽일 방책을 구하며

⑭ さて、過越(すぎこし)と除酵(じょこう)との祭の二日(ふつか)前になった。祭司長たちや律法學者たちは、策略をもってイ

エスを捕まえたうえ、なんとかして殺そうと計っていた。

마가福音 14:02

① 惟曰,毋於節期,恐民生亂。

② 오직 절긔에 올치 안타 ᄒᆞ문 ᄇᆡᆨ셩이 분요할가 접퍼ᄒᆞ미다라

③ 일오되 절긔에 올치 ᄋᆞᆫ타 ᄒᆞ문 ᄇᆡᆨ셩이 분요할가 접퍼ᄒᆞ미더라

④ 다만 ᄀᆞᆯᄋᆞᄃᆡ 절일에ᄂᆞᆫ 못ᄒᆞᆯ 거시 ᄇᆡᆨ셩이 난을 낼가 두렵다 ᄒᆞ더라

⑤ ᄀᆞᆯᄋᆞᄃᆡ 절긔에ᄂᆞᆫ 올치안타 ᄒᆞᆷ은 혹 민요가 날가 두려워 ᄒᆞᆷ일너라

⑥ ᄀᆞᆯᄋᆞᄃᆡ 절긔에ᄂᆞᆫ 뭇ᄒᆞᆯ 거시니 혹 민요가 날가 두려워 ᄒᆞ노라 ᄒᆞ더라

⑦ ᄀᆞᆯᄋᆞᄃᆡ 절긔에는 못ᄒᆞᆯ 거시니 혹 민요가 날가 두려워ᄒᆞ노라 ᄒᆞ더라

(ᄀᆞᆯᄋᆞᄃᆡ 절긔에는 못ᄒᆞᆯ 거시니 혹 민요가 날가 두려워ᄒᆞ노라 ᄒᆞ더라)

⑧ ᄀᆞᆯᄋᆞᄃᆡ 절긔에는 못ᄒᆞᆯ 거시니 혹 민요가 날가 두려워ᄒᆞ노라 ᄒᆞ더라

⑨ 曰 節期에ᄂᆞᆫ 못ᄒᆞᆯ 거시니 或 民擾가 生ᄒᆞᆯ가 懼ᄒᆞ노라 ᄒᆞ더라

⑩ 혹 民擾기 날기 두려워ᄒᆞ야 節期에ᄂᆞᆫ 못ᄒᆞ리라 ᄒᆞ더라

⑪ 갈아대 節期에는 못할 것이니 或 民擾가 날가 두려워 하노라 하더라

⑫ 갈아대 민요가 날가 하노니 명절에는 말자 하더라

⑬ 가로되 민요가 날까 하노니 명절에는 말자 하더라

⑭ 彼らは「祭の間はいけない。民衆が騷ぎを起すかも知れない」と言っていた。

마가福音 14:03

① 耶穌在伯大尼,於癩者西門之家席坐,有一婦,攜玉盒,盛至眞至貴哪噠之香膏來,裂玉盒,斟於耶穌首。

② 예수 빗아냐에 북납풍ᄒᆞᄂᆞᆫ 시몬의 집에셔 돗게 안젓ᄂᆞᆫ듸 한 부인이 합에 지극키 귀한 피식 날 두고를 담아 가지고 와셔 합을 ᄭᆡ치고 그 멀리에 부우니

③ 예수 쎄다니에 박납풍ᄒᆞᄂᆞᆫ 시몬의 집에셔 돗게 안젓ᄂᆞᆫᄶᅵ ᄒᆞᆫ 부인이 합에 지극키 귀ᄒᆞᆫ 피식 날 두고ᄅᆞᆯ 담아 가지고 와셔 합ᄋᆞᆯ ᄭᆡ치고 그 멀이에 부우니

④ 예수ㅣ 벳아니아에 계셔 창병가진 시몬이란 사ᄅᆞᆷ의 집에 자리ᄅᆞᆯ ᄭᆞᆯ고 안져 진지 잡ᄉᆞ오려ᄒᆞᆯ시 ᄒᆞᆫ녀인이 잇서 옥합에 다가갑 업시 귀ᄒᆞᆫ날 쏘ㅣ란기ᄅᆞᆷ을 가지고 와 옥합을 ᄭᆡ치고 기ᄅᆞᆷ을 예수의 머리에 부으니

⑤ 예수ㅣ 빅대니에 사는 문둥이 셔문의 집에 계셔 잔치에 안지실 ᄯᅢ에 ᄒᆞᆫ 녀인이 옥합에 ᄆᆡ우 갑진 나달 향기ᄅᆞᆷ을 담어 가지고 와셔 그 옥합을 ᄭᆡ치고 기ᄅᆞᆷ을 예수의 머리에 부으니

⑥ 예수ㅣ 벳아니에 사ᄂᆞᆫ 문동병 들녓던 시몬의 집에셔 누어 음식 잡수실 ᄯᅢ에 ᄒᆞᆫ 녀인이 옥합에 ᄆᆡ우 갑진 나도(약풀 일홈) 향 기ᄅᆞᆷ을 담아 가지고 와셔 그 옥합을 ᄭᆡ치고 기ᄅᆞᆷ을 예수의 머리에 부으니

⑦ 예수ㅣ 벳아니에 사ᄂᆞᆫ 문동병 들엿던 시몬의 집에셔 누어 음식 잡수실 ᄯᅢ에 ᄒᆞᆫ 녀인이 옥합에 ᄆᆡ우 갑진 나도(약물 일홈) 향 기ᄅᆞᆷ을 담아가지고 와셔 그 옥합을 ᄭᆡ치고 기ᄅᆞᆷ을 예수의 머리에 부으니

(예수ㅣ 벳아니에셔 사는 문동이 시몬의 집에셔 음식 잡수실 ᄯᅢ에 ᄒᆞᆫ 녀인이 옥합에 ᄆᆡ우 갑진 향긔로온 기름을 담아가지고 와셔 그 옥합을 ᄭᆡ치고 기름을 허비ᄒᆞ엿ᄂᆞ냐)

⑧ 예수가 벳아니에셔 문동이 시몬의 집에 음식 잡수실 ᄯᅢ에 ᄒᆞᆫ 녀인이 옥합에 ᄆᆡ우 갑진 향긔로온기름을 담아가지고와셔 그 옥합을 ᄭᆡ치고 기름을예수의 머리에 부으니

⑨ 예수가 벳아니에셔 癩者 시몬의 家에 飮食 잡수실 時에 一 女人이 玉盒에 甚히 價高ᄒᆞᆫ 香膏를 盛來ᄒᆞ야 其 玉盒을 破ᄒᆞ고 膏를 예수의 首에 注ᄒᆞ니

⑩ 예수ㅣ 벳아니 문동이 시몬의 집에셔 飮食 잡수실 ᄯᅢ에 ᄒᆞᆫ 女人이 玉盒에 ᄆᆡ우 갑진 香油 담긴 거슬 가지고 와셔 玉盒을

ᄭᆡ치고 기름을 예수의 머리에 부으니

⑪ 예수ㅣ 벳아니 문동이 시몬의 집에셔 飮食 잡수실 ᄯᅢ에 한 女人이 玉盒에 매우 갑진 香氣로운 기름을 담아 가지고 와셔
그 玉盒을 ᄲᅢ치고 기름을 예수의 머리에 부으니

⑫ 예수ᄭᅴ셔 벳아니 문동이 시몬의 집에셔 식사하실 ᄯᅢ에 한 여자가 매우 갑진 향유 곳 순젼한 나드 한 옥합을 가지고 와셔
그 옥합을 ᄲᅢ치고 예수의 머리에 부으니

⑬ 예수께서 베다니 문둥이 시몬의 집에서 식사하실 때에 한 여자가 매우 값진 향유 곧 순전한 하드 한 옥합을 가지고 와서
그 옥합을 깨뜨리고 예수의 머리에 부으니

⑭ イエスがベタニヤで、らい病人シモンの家にいて、食卓についておられたとき、ひとりの女が、非常に高価で純粋なナルド
の香油が入れてあるい石膏(せっこう)のつぼを持ってきて、それをこわし、香油をイエスの頭に注ぎかけた。

마가福音 14:04

① 有數人不悅,曰,糜費此膏乎,

② 두어 사ᄅᆞᆷ이 노ᄒᆞ여 갈아되 엇지 이 길음을 허비ᄒᆞ나냐

③ 두어 사ᄅᆞᆷ이 노ᄒᆞ여 갈아ᄃᆡ 엇지 이 길음ᄋᆞᆯ 허비ᄒᆞᄂᆞ냐

④ 두어 사ᄅᆞᆷ이 잇다가 깃거 아니ᄒᆞ여 ᄀᆞᆯᄋᆞᄃᆡ 엇지 이런 기ᄅᆞᆷ을 헤피 쓰ᄂᆞᆫ고

⑤ 두어 사ᄅᆞᆷ이 서로 ᄒᆞᆫᄒᆞ여 ᄀᆞᆯᄋᆞᄃᆡ 엇지 이 기ᄅᆞᆷ을 허비ᄒᆞᄂᆞ냐

⑥ 두어 사ᄅᆞᆷ이 분내여 서로 ᄀᆞᆯᄋᆞᄃᆡ 엇지 이 기ᄅᆞᆷ을 허비ᄒᆞ엿ᄂᆞ냐

⑦ 두어 사ᄅᆞᆷ이 분 내여 서로 ᄀᆞᆯᄋᆞᄃᆡ 엇지 이 기ᄅᆞᆷ을 허비ᄒᆞ엿ᄂᆞ냐
(두어 사ᄅᆞᆷ이 분 내여 서로 ᄀᆞᆯᄋᆞᄃᆡ 엇지 이 기름을 허비ᄒᆞᄂᆞ냐)

⑧ 두어 사ᄅᆞᆷ이 분내여 서로ᄀᆞᆯᄋᆞᄃᆡ 엇지 이 기름을 허비ᄒᆞᄂᆞ냐
⑨ 數 人이 忿내여 相謂ᄒᆞᄃᆡ 엇지 此 膏를 虛費ᄒᆞᄂᆞ냐
⑩ 두어 사ᄅᆞᆷ이 忿내여 서로 ᄀᆞᆯᄋᆞᄃᆡ 엇지 이 기름을 虛費ᄒᆞᄂᆞ냐
⑪ 두어 사람이 忿내여 서로 갈아대 엇지 이 기름을 虛費하나냐
⑫ 엇던 사람들이 분내여 서로 말하대 무삼 의사로 이 향유를 허비하엿는가
⑬ 어떤 사람들이 분내어 서로 말하되 무슨 의사로 이 향유를 허비하였는가
⑭ すると、ある人々が憤って互に言った、「なんのために香油をこんなにむだにするのか。

마가福音 14:05
① 鬻金三十有奇以濟貧矣,遂咎之。
② 이거슬 파라 은 삼십예 량을 사시면 족키 써 가ᄂᆞᆫ을 건지갓다 ᄒᆞ고 허물ᄒᆞ거날
③ 이거슬 파라 은 삼십예 량ᄋᆞᆯ 사시면 써 가ᄂᆞᆫᄋᆞᆯ 건지갓다 ᄒᆞ고 이에 허물ᄒᆞ거날
④ 이거ᄉᆞᆯ ᄑᆞᆯ면 쪠나례ᄅᆞᆯ 삼ᄇᆡᆨ개나 ᄂᆞᆷ아 엇을 거시니 글노써 가난ᄒᆞᆫ 사ᄅᆞᆷ들을 구졔ᄒᆞᆯ거시라 ᄒᆞ고 드ᄃᆡ여 나물ᄒᆞ니
⑤ 이 기ᄅᆞᆷ을 풀엇더면 이삼ᄇᆡᆨ 량에 지내리니 가난ᄒᆞᆫ 쟈를 구졔할 거시라 ᄒᆞ고 그 녀인을 원망ᄒᆞ거ᄂᆞᆯ
⑥ 이 기ᄅᆞᆷ을 ᄑᆞᆯ앗더면 삼ᄇᆡᆨ량이 너머시리니 가난ᄒᆞᆫ 사ᄅᆞᆷ을 구졔ᄒᆞᆯ 거시라 ᄒᆞ고 그 녀인을 원망ᄒᆞ거ᄂᆞᆯ
⑦ 이 기ᄅᆞᆷ을 ᄑᆞᆯ앗더면 삼ᄇᆡᆨ 량이 넘엇스리니 간난ᄒᆞᆫ 사ᄅᆞᆷ을 구졔ᄒᆞᆯ 거시라 ᄒᆞ고 그 녀인을 원망ᄒᆞ거늘
(이 기름을 팔앗더면 삼ᄇᆡᆨ 량이 넘으리니 간난ᄒᆞᆫ 사ᄅᆞᆷ을 구졔ᄒᆞᆯ 거시라 ᄒᆞ고 그 녀인을 원망ᄒᆞ거ᄂᆞᆯ)
⑧ 이 기름을 팔앗더면 삼ᄇᆡᆨ 량이 넘으리니 가난ᄒᆞᆫ 사ᄅᆞᆷ을 구졔ᄒᆞᆯ 거시라 ᄒᆞ고 그 녀인을 원망ᄒᆞ거ᄂᆞᆯ
⑨ 此 膏를 賣ᄒᆞ엿더면 三百 兩이 逾ᄒᆞ리니 艱難ᄒᆞᆫ 人을 救濟ᄒᆞᆯ 거시라 ᄒᆞ고 其 女人을 怨望ᄒᆞ거ᄂᆞᆯ

⑩ 이 기름을 팔면 三百 兩이 넘으리니 艱難ᄒᆞᆫ 사ᄅᆞᆷ을 救濟ᄒᆞᆯ거시라 ᄒᆞ고 그 女人을 怨望ᄒᆞ거ᄂᆞᆯ

⑪ 이 기름을 팔앗더면 三百 兩이 넘으리니 艱難한 사람을 救濟할 것이라 하고 그 女人을 怨望하거늘

⑫ 이 향유를 삼백 데나리온 이상에 팔아 간난한 쟈들의게 줄 수 잇섯겟도다 하며 그 녀자를 책망하는지라

⑬ 이 향유를 삼백 데나리온 이상에 팔아 가난한 자들에게 줄 수 있었겠도다 하며 그 여자를 책망하는지라

⑭ この香油を三百デナリ以上にでも賣って、貧しい人たちに施すことができたのに」。そして女をきびしくとがめた。

마가福音 14:06

① 耶穌曰,容之,何擾之耶,彼行善功於我耳。

② 예수 갈아샤되 용납ᄒᆞ라 엇지 괴롭게 하나냐 뎌 ᄂᆡ게 죠흔 일을 힝ᄒᆞᄂᆞᆫ 거시라

③ 예수 갈아샤ᄃᆡ 용납ᄒᆞ라 엇지 괴롭게 하ᄂᆞ냐 뎌 ᄂᆡ게 죠흔 일ᄋᆞᆯ 힝ᄒᆞᄂᆞᆫ 거시라

④ 예수ㅣ ᄀᆞᆯᄋᆞ샤ᄃᆡ ᄀᆞ만이 두어라 웨 민망ᄒᆞ게 ᄒᆞᄂᆞ냐 제 착ᄒᆞᆫ 공덕을 내게 힝ᄒᆞᄂᆞᆫ 거시니라

⑤ 예수ㅣ ᄀᆞᆯᄋᆞ샤ᄃᆡ 그만 두어라 너희가 엇지 이 녀인을 힐난ᄒᆞᄂᆞ냐 제가 내게 착ᄒᆞᆫ 일을 힝ᄒᆞ엿ᄂᆞ니라

⑥ 예수ㅣ ᄀᆞᆯᄋᆞ샤ᄃᆡ 그만 두어라 너희가 엇지 이 녀인을 고롭게 ᄒᆞᄂᆞ냐 뎌가 내게 착ᄒᆞᆫ 일을 힝ᄒᆞ엿ᄂᆞ니라

⑦ 예수ㅣ ᄀᆞᆯᄋᆞ샤ᄃᆡ 그만 두어라 너희가 엇지 이 녀인을 고롭게 ᄒᆞᄂᆞ냐 제가 내게 착ᄒᆞᆫ 일을 힝ᄒᆞ엿ᄂᆞ니라

(예수ㅣ ᄀᆞᆯᄋᆞ샤ᄃᆡ 그만두어라 너희가 엇지 이 녀인을 괴롭게 ᄒᆞᄂᆞ냐 뎌가 내게 착ᄒᆞᆫ 일을 힝ᄒᆞ엿ᄂᆞ니라)

⑧ 예수ㅣ ᄀᆞᆯᄋᆞ샤ᄃᆡ 그만두어라 너희가 엇지 이 녀인을 괴롭게 ᄒᆞᄂᆞ냐 뎌가 내게 착ᄒᆞᆫ 일을 힝ᄒᆞ엿ᄂᆞ니라

⑨ 예수 曰 仍置ᄒᆞ라 爾等이 엇지 此 女人을 苦롭게 ᄒᆞᄂᆞ냐 彼가 我의게 善ᄒᆞᆫ 事를 行ᄒᆞ엿ᄂᆞ니라

⑩ 예수ㅣ ᄀᆞᆯᄋᆞ샤ᄃᆡ 그만두러라 너희가 엇지 이 女人을 괴롭게 ᄒᆞᄂᆞ냐 더가 내게 善ᄒᆞᆫ 일을 行ᄒᆞ엿ᄂᆞ니라

⑪ 예수ㅣ 갈아샤대 그만 두어라 너희가 엇지 이 女人을 괴롭게 하나냐 뎌가 내게 착한 일은 行하엿나니라

⑫ 예수ᄭᅴ셔 갈아샤대 가만 두어라 너희가 엇지하야 뎌를 괴롭게 하나냐 뎌가 내게 됴흔 일을 하엿나니라
⑬ 예수께서 가라사대 가만 두라 너희가 어찌하여 저를 괴롭게 하느냐 저가 내게 좋은 일을 하였느니라
⑭ するとイエスは言われた、「するままにさせておきなさい。なぜ女を困らせるのか。わたしによい事をしてくれたのだ。

마가福音 14:07

① 夫貧者常偕爾,欲善視之,隨時可得,惟我不常偕爾矣。
② 가ᄂᆞᆫ한 사람은 늘 너희로 더부러 함긔 ᄒᆞ니 션이 ᄃᆡ졉ᄒᆞ고져 ᄒᆞ면 ᄯᅢ마당 가ᄒᆞ되 오직 나ᄂᆞᆫ 늘 너희로 함긔 못ᄒᆞᆺ갓다
③ 가ᄂᆞᆫ한 사ᄅᆞᆷ은 늘 너희로 더부러 함ᄭᅴ ᄒᆞ니 션이 ᄃᆡ답ᄒᆞ고져 ᄒᆞ면 ᄯᅢ마당 가ᄒᆞ되 오직 나ᄂᆞᆫ 늘 너희로 함ᄭᅴ 못ᄒᆞᆺ갓다
④ 므ᄅᆞᆺ 가나ᄂᆞᆫ 사ᄅᆞᆷ은 ᄒᆞᆼ샹 너의와 ᄀᆞᆺ치 잇슨즉 너의 잘 보아주려ᄒᆞ면 아모ᄯᅢ라도 ᄒᆞ려니와 다만 나ᄂᆞᆫ ᄒᆞᆼ샹 너의와 ᄀᆞᆺ치 잇지
아니ᄒᆞ리라
⑤ 대개 가난ᄒᆞᆫ 사ᄅᆞᆷ은 ᄒᆞᆼ샹 너희와 ᄒᆞᆷᄭᅴ 잇스리니 아모 ᄯᅢ라도 너희가 잘 ᄃᆡ졉ᄒᆞ려니와 오직 나ᄂᆞᆫ 너희와 ᄒᆞᆼ샹 ᄒᆞᆷᄭᅴ 잇지
아니ᄒᆞ리라
⑥ 대개 가난ᄒᆞᆫ 사ᄅᆞᆷ은 ᄒᆞᆼ샹 너희와 ᄒᆞᆷᄭᅴ 잇ᄉᆞ니 아모 ᄯᅢ라도 너희가 ᄒᆞ고져 ᄒᆞ면 잘 도아 주려니와 오직 나ᄂᆞᆫ 너희와 ᄒᆞᆼ샹
ᄒᆞᆷᄭᅴ 잇지 아니 ᄒᆞ리라
⑦ 대개 간난ᄒᆞᆫ 사ᄅᆞᆷ은 ᄒᆞᆼ샹 너희와 ᄒᆞᆷᄭᅴ 잇ᄉᆞ니 아모 ᄯᅢ라도 너희가 ᄒᆞ고져ᄒᆞ면 잘 도아주려니와 오직 나는 너희와 ᄒᆞᆼ샹 ᄒᆞᆷᄭᅴ
잇지 아니ᄒᆞ리라
(대개 간난ᄒᆞᆫ 사ᄅᆞᆷ은 ᄒᆞᆼ샹 너희와 ᄒᆞᆷᄭᅴ잇스니 아모 ᄯᅢ라도 너희가 ᄒᆞ고져 ᄒᆞ면 잘 도아주려니와 나는 너희와 ᄒᆞᆼ샹 ᄒᆞᆷᄭᅴ
잇지 아니ᄒᆞ리라)
⑧ 대개 간난ᄒᆞᆫ 사ᄅᆞᆷ은 ᄒᆞᆼ샹 너희와 ᄒᆞᆷᄭᅴ잇스니 아모ᄯᅢ라도 너희가 ᄒᆞ고져 ᄒᆞ면 잘 도아주려니와 나는 너희와 ᄒᆞᆼ샹 ᄒᆞᆷᄭᅴ잇지

아니ᄒᆞ리라

⑨ 大槩 艱難ᄒᆞᆫ 人은 恒常 爾等과 同在ᄒᆞ니 某時라도 爾等이 ᄒᆞ고져 ᄒᆞ면 能히 助給ᄒᆞ려니와 我ᄂᆞᆫ 爾等과 恒常 同在치 아니ᄒᆞ리라

⑩ 艱難ᄒᆞᆫ 사ᄅᆞᆷ은 恒常 너희와 ᄒᆞᆷᄭᅴ 잇ᄉᆞ니 아모 ᄯᅢ라도 너희가 ᄒᆞ고져 ᄒᆞ면 能히 도아주려니와 나ᄂᆞᆫ 너희와 恒常 ᄒᆞᆷᄭᅴ 잇지 아니ᄒᆞ리라

⑪ 大槪 艱難한 사람은 恒常 너희와 함끠 잇스니 아모 ᄯᅢ라도 너희가 하고져 하면 能히 도아주려니와 나는 너희와 恒常 함끠 잇지 아니하리라

⑫ 간난한 쟈들은 항샹 너희와 함끠 잇스니 아모 ᄯᅢ라도 원하는 대로 도을 수 잇거니와 나는 너희와 항샹 함끠 잇지 아니하리라

⑬ 가난한 자들은 항상 너희와 함께 있으니 아무 때라도 원하는 대로 도울 수 있거니와 나는 너희와 항상 함께 있지 아니하리라

⑭ 貧しい人たちはいつもあなたがたと一緒にいるから、したいときにはいつでも、よい事をしてやれる。しかし、わたしはあなたがたといつも一緒にいるわけではない。

미기福音 14:08

① 婦循其所能而爲之預膏我身,以備葬也。

② 뎌 졍셩것 힝ᄒᆞ문 밀이 ᄂᆡ 몸에 길음 발나써 장사ᄒᆞ물 예비ᄒᆞ미라

③ 뎌 힘ᄋᆞᆯ 다ᄒᆞ여 힝ᄒᆞ문 밀이 ᄂᆡ 몸에 길음 발나써 장사ᄒᆞ물 예비ᄒᆞ미라

④ 뎌 지어미ᄂᆞᆫ 제능ᄒᆞᆯ마ᄂᆞᆫ대롸ㅏ야 미리 나의 몸에 기ᄅᆞᆷ을 발나써 장ᄉᆞᄒᆞᆷ을 예비ᄒᆞᆷ이라

⑤ 이 녀인이 힘을 다 ᄒᆞ야 그 향긔ᄅᆞᆷ으로 내 몸에 부어 미리 내 쟝ᄉᆞ를 위ᄒᆞᆷ이니라

⑥ 이 녀인이 힘은 다ᄒᆞ야 그 향 기ᄅᆞᆷ으로 내 몸에 부어 미리 내 쟝ᄉᆞᄅᆞᆯ 예비 ᄒᆞᆷ이니라

⑦ 이 녀인이 힘을 다ᄒᆞ야 그 향 기ᄅᆞᆷ으로 내 몸에 부어 미리 내 장ᄉᆞ를 예비ᄒᆞᆷ이니라

(이 녀인이 힘을 다ᄒᆞ야 그 향 기름으로 내 몸에 부어 미리 내 장ᄉᆞ를 예비홈이니라)
⑧ 이 녀인이 힘을 다ᄒᆞ야 그 향기름으로 내 몸에 부어 미리 내 장ᄉᆞ를 예비홈이니라
⑨ 此 女人이 力을 盡ᄒᆞ야 此 香膏로 我의 身에 注ᄒᆞ야 미리 我의 葬事를 豫備홈이니라
⑩ 이 女人이 힘을 다 ᄒᆞ야 香油로 내 몸에 부음은 내 葬事를 豫備홈이니라
⑪ 이 女人이 힘을 다하야 그 香 기름으로 내 몸에 부어 미리 내 葬事를 豫備함이니라
⑫ 뎌가 힘을 다하야 내 몸에 향유를 부어 내 장사를 미리 쥰비하엿나니라
⑬ 저가 힘을 다하여 내 몸에 향으를 부어 내 장사를 미리 준비하였느니라
⑭ この女はできる限りの事をしたのだ。すなわち、わたしのからだに油を注いで、あらかじめ葬りの用意をしてくれたのである。

마가福音 14:09
① 我誠告爾,普天下,不論何處傳此福音,亦必述此婦所行,以爲之記。
② 닉 실노 너희게 일오노니 오은 셰샹 어닉 곳이던지 이 복음을 젼ᄒᆞ고 ᄯᅩ한 이 부인 힝한 바를 말ᄒᆞ여써 싱각을 삼으라 ᄒᆞ다라
③ 닉 실노 너희게 일오노니 오은 셰샹 어닉 곳이던지 이 복음올 뎐ᄒᆞ고 ᄯᅩ한 이 부인 힝한 바룰 말ᄒᆞ여써 싱각올 삼으라 ᄒᆞ더라
④ 나ㅣ 진실노 네계 닐ᄋᆞᄂᆞ니 왼 텬하에 무론 어나 곳 아던지 이 복음을 젼ᄒᆞ매 ᄯᅩ흔 반ᄃᆞ시 이 지어미의 힝흔 거술 올녀써 긔록홈이 되리라
⑤ 내 실노 너희게 닐ᄋᆞ노니 온 텬하에 어ᄃᆡ던지 복음을 젼ᄒᆞ매 ᄯᅩ 이 녀인의 힝ᄒᆞᆫ 일도 말ᄒᆞ야 긔억ᄒᆞ게 ᄒᆞ여라
⑥ 내 실노 너희게 닐ᄋᆞ노니 온 텬하에 어ᄃᆡ던지 복음을 젼파ᄒᆞᆯ ᄯᅢ 마다 이 녀인의 힝ᄒᆞᆫ 일도 말ᄒᆞ야 긔억ᄒᆞ게 ᄒᆞ리라
⑦ 내 실노 너희게 닐ᄋᆞ노니 온 텬하에 어ᄃᆡ던지 복음을 젼파ᄒᆞᇙᄯᅢ마다 이 녀인의 힝ᄒᆞᆫ 일도 말ᄒᆞ야 긔억ᄒᆞ게ᄒᆞ리라 ᄒᆞ시더라

(내 진실노 너희게 닐ᄋᆞ노니 온 텬하에 어ᄃᆡ셔던지 복음을 젼ᄒᆞᆯ 제 이 녀인의 ᄒᆡᆼᄒᆞᆫ 일도 말ᄒᆞ야 긔억ᄒᆞ게 ᄒᆞ리라 ᄒᆞ시더라)
⑧ 내 진실노 너희게 닐ᄋᆞ노니 왼 텬하에 어ᄃᆡ셔던지 복음을 젼ᄒᆞᆯ 제 이 녀인의 ᄒᆡᆼᄒᆞᆫ 일도 말ᄒᆞ야 긔억ᄒᆞ게 ᄒᆞ리라 ᄒᆞ시더라
⑨ 我가 實노 爾等의게 諭ᄒᆞ노니 왼 天下에 何處에셔던지 福音을 傳ᄒᆞᆯ 時에 此 女人의 行ᄒᆞᆫ 事도 言ᄒᆞ야 記憶ᄒᆞ게 ᄒᆞ리라 ᄒᆞ시더라
⑩ 내가 眞實노 너희의게 닐ᄋᆞ노니 온 天下 어ᄃᆡ셔던지 福音을 傳ᄒᆞᆯ제 이 女人의 行ᄒᆞᆫ 일도 말ᄒᆞ야 記念ᄒᆞ리라
⑪ 내가 眞實노 너희게 닐아노니 온 天下에 어대셔던지 福音을 傳할제 이 女人의 行한 일도 말하야 記憶하게 하리라 하시더라
⑫ 내가 진실노 너희게 닐아노니 온 텬하에 어대셔던지 복음이 젼파되는 곳에는 이 녀자의 행한 일도 말하야 뎌를 긔념하리라
하시니라
⑬ 내가 진실로 너희에게 이르노니 온 천하에 어디서든지 복음이 전파되는 곳에는 이 여자의 행한 일도 말하여 저를 기념하리
라 하시니라
⑭ よく聞きなさい。全世界のどこででも、福音が宣(の)べ伝えられる所では、この女のした事も記念、として語られるであろう」。

마가福音 14:10

① 十二門徒之一,以色加略猶大,詣祭司諸長,欲以耶穌付於彼。
② 열두 뎨자의 한나흔 이슥라 유다니 졔사쟝으게 나아가 예수를 붓치고져 ᄒᆞᄆᆡ 뎌 듯고 즐거워 ᄒᆞ며
③ 열두 뎨자의 한나흔이쓰 카료 유다니 졔사쟝의게 나아가 예수롤 붓치고져 ᄒᆞᄆᆡ 뎌 듯고 즐거워 ᄒᆞ며
④ 십이뎨ᄌᆞ즁에 ᄒᆞᆫ낫 이시가료유다스ㅣ 졔ᄉᆞ졔쟝씌 나아가 예수롤 집아 뎌희롤 주려ᄒᆞ니
⑤ 열두 뎨ᄌᆞ의 ᄒᆞ나 가략 사ᄅᆞᆷ 유대가 가셔 졔ᄉᆞ졔쟝을 보고 예수를 풀고져 ᄒᆞ니
⑥ 열둘 즁에 ᄒᆞ나 가룟인 유다가 예수롤 잡아 주고져 ᄒᆞ야 졔ᄉᆞ졔쟝의게 갓더니
⑦ 열둘즁에 ᄒᆞ나 가룟 인 유다가 예수를 잡아주고져ᄒᆞ야 졔ᄉᆞ졔쟝의게 갓더니

(열둘 즁에 가룟 유다가 예수를 잡아주고져 ᄒᆞ야 졔ᄉᆞ졔쟝의게 갓더니)
⑧ 열둘 즁에 가룟 유다가 예수를 잡아주고져 ᄒᆞ야 졔ᄉᆞ졔쟝의게 갓더니
⑨ 十二 中에 가룟 유다가 예수를 捉畀ᄒᆞ고져 ᄒᆞ야 祭司諸長의게 往ᄒᆞ엿더니
⑩ 열두 弟子 中에 가룟 유다가 예수를 팔고져 ᄒᆞ야 祭司諸長의게 가니
⑪ 열둘 中에 가룟 유다가 예수를 잡아주고져 하야 祭司諸長의게 갓더니
⑫ 열둘 즁에 하나인 가룟 유다가 예수를 넘겨 주랴고 대제사쟝들의게 가매
⑬ 열 둘 중에 하나인 가룟 유다가 예수를 넘겨 주려고 대제사장들에게 가매
⑭ ときに、十二弟子(でし)のひとりイスカリオテのユダは、イエスは祭司長たちに引きわたそうとして、彼らの所へ行った。

마가福音 14:11

① 彼聞之則喜許予之以金。猶大遂尋機付耶穌。
② 은 주기ᄅᆞᆯ 허ᄒᆞ니 이여 긔미ᄅᆞᆯ 차자써 븟치려 ᄒᆞ다라
③ 은 주기ᄅᆞᆯ 허ᄒᆞ니 이여 긔미ᄅᆞᆯ 차자써 븟치려 ᄒᆞ더라
④ 뎌들이 듯고 깃거ᄒᆞ여 돈을 주기로 허락ᄒᆞ니 유다스ㅣ 드듸여 예수ᄅᆞᆯ 엇더케 잡아 줄 긔회ᄅᆞᆯ ᄎᆞᆺ더라
⑤ 그들이 이 말을 듯고 깃거워ᄒᆞ야 돈 주기로 허락ᄒᆞ거ᄂᆞᆯ 유대가 엇더케 예수 잡혀 보낼 긔회를 ᄎᆞᆺ더라
⑥ 그들이 듯고 깃거워ᄒᆞ야 돈 주기로 허락 ᄒᆞ거ᄂᆞᆯ 유대가 엇더케 잡아 줄 긔회ᄅᆞᆯ ᄎᆞᆺ더라
⑦ 그들이 듯고 깃거워ᄒᆞ야 돈 주기로 허락ᄒᆞ거늘 유다가 엇더케 잡아줄 긔회를 ᄎᆞᆺ더라
(뎌희가 듯고 깃거워ᄒᆞ야 돈 주기로 허락ᄒᆞ거ᄂᆞᆯ 유다가 엇더케 잡아줄 긔회를 찻더라)
⑧ 뎌희가 듯고 깃버ᄒᆞ야 돈 주기로 허락ᄒᆞ거ᄂᆞᆯ 유다가 엇더케 잡아줄 긔회를 찻더라

⑨ 彼等이 聞ᄒᆞ고 喜ᄒᆞ야 錢을 給ᄒᆞ기로 許諾ᄒᆞ거ᄂᆞᆯ 유다가 何如케 捉畀ᄒᆞᆯ 期會를 尋ᄒᆞ더라
⑩ 뎌희가 듯고 깃버ᄒᆞ야 돈 주기를 許諾ᄒᆞ거ᄂᆞᆯ 유다가 엇더케 예수를 잡아줄 機會를 찻더라
⑪ 뎌희가 듯고 깃버하야 돈주기로 許諾하거늘 유다가 엇더케 잡아 줄 機會를 찻더라
⑫ 뎌희가 듯고 깃버하야 돈을 주기로 약속하니 유다가 예수를 엇더케 넘겨줄 긔회를 찻더라
⑬ 저희가 듣고 기뻐하여 돈을 주기로 약속하니 유다가 예수를 어떻게 넘겨 줄 기회를 찾더라
⑭ 彼らはこれを聞いて喜び、金を与えることを約束した。そこでユダは、どうかしてイエスを引きわたそうと、機會をねらっていた。

마가福音 14:12

① 除酵節首日,殺逾越節羔時,其門徒謂耶穌曰,爾欲我往何處豫備,致爾食逾越節筵乎。
② 누룩 금ᄒᆞᄂᆞᆫ 절긔 첫날은 곳 넘ᄂᆞᆫ 절 양 잡ᄂᆞᆫ ᄯᅢ라 뎨자 물으되 쥬야 우리로 어ᄂᆡ 곳에 가 예비ᄒᆞ여 넘ᄂᆞᆫ 절을 먹고져 ᄒᆞ나니잇가
③ 누룩 금ᄒᆞᄂᆞᆫ 절긔 첫날은 곳 넘ᄂᆞᆫ 절 양 잡ᄂᆞᆫ ᄯᅢ라 뎨자 물으되 쥬야 우리로 어ᄂᆡ 곳에 가 예비ᄒᆞ여 넘ᄂᆞᆫ 절ᄋᆞᆯ 먹고져 ᄒᆞᄂᆞ니잇가
④ 제교절 뎨일일 유월절에 염쇼ᄅᆞᆯ 잡을 ᄯᅢ에 뎨ᄌᆞㅣ 예수ᄭᅴ 엿ᄌᆞ와 ᄀᆞᆯᄋᆞᄃᆡ 너ㅣ 날ᄃᆞ려 어ᄃᆡ 가셔 쥰비ᄒᆞ여 너로 ᄒᆞ여금 유월절 산치ᄅᆞᆯ 시내세 ᄒᆞ라 하니잇고
⑤ 누룩 업ᄂᆞᆫ ᄯᅥᆨ 먹ᄂᆞᆫ 첫날 유월절 양 잡ᄂᆞᆫ ᄯᅢ에 뎨ᄌᆞ들이 예수ᄭᅴ 말ᄒᆞ되 선싱님 잡수실 유월절 잔치를 우리 ᄃᆞ려 어ᄃᆡ로 가셔 예비ᄒᆞ라 ᄒᆞᄂᆞ잇가 ᄒᆞ니
⑥ 누룩 업ᄂᆞᆫ ᄯᅥᆨ 먹ᄂᆞᆫ 첫날 곳 유월절 양 잡ᄂᆞᆫ 날에 뎨ᄌᆞ들이 예수ᄭᅴ 엿ᄌᆞ오ᄃᆡ 우리가 어ᄃᆡ로 가셔 선싱님 잡수실 유월절 잔치

룰 예비ᄒᆞ오리잇가 ᄒᆞ니

⑦ 누룩업ᄂᆞᆫ ᄯᅥᆨ먹ᄂᆞᆫ 첫날 곳 유월졀 양잡ᄂᆞᆫ 날에 뎨ᄌᆞ들이 예수ᄭᅴ 엿ᄌᆞ오ᄃᆡ 우리가 어ᄃᆡ로 가셔 예비ᄒᆞ야 션싱님으로 유월졀을 잡수시게 ᄒᆞ오리잇가 니

(누룩 업ᄂᆞᆫ ᄯᅥᆨ 먹ᄂᆞᆫ 첫날 곳 유월졀 양 잡ᄂᆞᆫ 날에 뎨ᄌᆞ들이 예수ᄭᅴ 엿ᄌᆞ오ᄃᆡ 우리가 어ᄃᆡ로 가셔 션싱님으로 유월졀을 잡수시게 예비ᄒᆞ리잇가 ᄒᆞ니)

⑧ 누룩 업ᄂᆞᆫ ᄯᅥᆨ 먹ᄂᆞᆫ 첫날 곳 유월졀 양 잡ᄂᆞᆫ 날에 뎨ᄌᆞ들이 예수ᄭᅴ 엿ᄌᆞ오ᄃᆡ 우리가 어ᄃᆡ로 가셔 션싱님으로 유월졀을 잡수시게 예비ᄒᆞ리잇가 ᄒᆞ니

⑨ 酵가 無ᄒᆞᆫ 餠을 吃ᄒᆞᄂᆞᆫ 首日 卽 踰越節 羊를 宰ᄒᆞᄂᆞᆫ 日에 弟子들이 예수ᄭᅴ 禀ᄒᆞᄃᆡ 我等이 何處로 往ᄒᆞ야 先生님으로 踰越節을 잡수시게 豫備ᄒᆞ리잇가 ᄒᆞ니

⑩ 無酵節 첫난 곳 逾越節 羊 잡ᄂᆞᆫ 날에 弟子들이 예수ᄭᅴ 엿ᄌᆞ오ᄃᆡ 우리가 어ᄃᆡ로 가셔 先生님으로 逾越節을 잡수시게 豫備ᄒᆞ리잇가

⑪ 無酵餠 먹는 첫 날 곳 逾越節 羊 잡는 날에 弟子들이 예수ᄭᅴ 엿자오대 우리가 어대로 가셔 先生님으로 逾越節을 잡수시게 豫備하리잇가 하니

⑫ 무교졀의 첫 날 곳 유월졀 양 잡는 날에 뎨자들이 예수ᄭᅴ 엿자오대 우리가 어대로 가셔 선생님으로 유월졀을 잡수시게 예비하기를 원하시나잇가 하매

⑬ 무교절의 첫날 곧 유월절 양 잡는 날에 제자들이 예수께 여짜오되 우리가 어디로 가서 선생님으로 유월절을 잡수시게 예비하기를 원하시나이까 하매

⑭ 除酵祭(じょこうさい)の第一日、すなわち過越(すぎこし)の小羊をほふる日に、弟子たちがイエスに尋ねた、「わたしたちは、過越の食事をなさる用意を、どこへ行ってしたらよいでしょうか」。

마가福音 14:13

① 耶穌遣二門徒語之曰,爾往,入城,將宇一人,負有水之瓶,爾從之

② 예수 두 뎨자를 보ᄂᆡ며 일오샤되 너희 셩에 들어가물 네 은병 가진 사ᄅᆞᆷ올 만나리니

③ 예수 두 뎨자ᄅᆞᆯ 보ᄂᆡ며 갈아샤ᄃᆡ 너희 셩에 들어가물 네 은병 가진 사ᄅᆞᆷ올 만나리니

④ 예수ㅣ 두 뎨ᄌᆞᄅᆞᆯ 보내시며 닐너 ᄀᆞᆯᄋᆞ샤ᄃᆡ 너ㅣ 셩에 드러가면 물ᄒᆞᆫ병 길어진인 사ᄅᆞᆷ을 맛날거시니 너ㅣ ᄯᆞ라가

⑤ 예수ㅣ 뎨ᄌᆞ 즁에 두사ᄅᆞᆷ을 보내며 ᄀᆞᆯᄋᆞ샤ᄃᆡ 셩에 드러가셔 물병 가지고 가ᄂᆞᆫ 사ᄅᆞᆷ ᄒᆞ나를 거긔셔 맛나리니 즉시 ᄯᆞ라

⑥ 예수ㅣ 뎨ᄌᆞ 즁에 두 사ᄅᆞᆷ을 보내며 ᄀᆞᆯᄋᆞ샤ᄃᆡ 셩에 드러가셔 물 ᄒᆞᆫ 항아리 가지고 가ᄂᆞᆫ 사ᄅᆞᆷ ᄒᆞ나흘 맛나리니 즉시 ᄯᆞ라

⑦ 예수ㅣ 뎨ᄌᆞ즁에 두 사ᄅᆞᆷ을 보내며 ᄀᆞᆯᄋᆞ샤ᄃᆡ 셩에 드러가셔 물 ᄒᆞᆫ 항ᄋᆞ리 가지고가ᄂᆞᆫ 사ᄅᆞᆷ ᄒᆞ나흘 맛나리니 즉시 ᄯᆞ라
(예수ㅣ 뎨ᄌᆞ 즁에 두 사ᄅᆞᆷ을 보내며 ᄀᆞᆯᄋᆞ샤ᄃᆡ 셩에 드러가셔 물 ᄒᆞᆫ 항아리 가지고 가는 사ᄅᆞᆷ ᄒᆞ나흘 맛나리니 즉시 ᄯᆞ라)

⑧ 예수가 뎨ᄌᆞ 즁에 두 사ᄅᆞᆷ을 보내며 ᄀᆞᆯᄋᆞ샤ᄃᆡ 셩에 드러가셔 물 ᄒᆞᆫ 항ᄋᆞ리 가지고 가ᄂᆞᆫ 사ᄅᆞᆷ ᄒᆞ나흘 맛나리니 즉시 ᄯᆞ라

⑨ 예수가 弟子 中에 二 人을 遣ᄒᆞ며 日 城에 入ᄒᆞ야 水 一 缸을 持ᄒᆞ고 往ᄒᆞᄂᆞᆫ 人 一을 遇ᄒᆞ리니 卽時 隨ᄒᆞ야

⑩ 예수ㅣ 弟子 中 두 사ᄅᆞᆷ을 보내며 ᄀᆞᆯᄋᆞ샤ᄃᆡ 城에 드러가면 물 항아리 가지고 가ᄂᆞᆫ 사ᄅᆞᆷ ᄒᆞ나를 맛나리니 節時 ᄯᆞ라

⑪ 예수ㅣ 弟子 中 두 사람을 보내며 갈아샤대 城에 드러가셔 물 한 항아리 가지고 가는 사람 하나를 맛나리나 卽時 ᄯᅡ라

⑫ 예수ᄭᅴ셔 뎨자즁에 둘을 보내시며 갈아샤대 셩내로 드러가라 그리하면 물 한동의를 가지고 가는 사람을 맛나리니 그를 ᄯᅡ라 가셔

⑬ 예수께서 제자 중에 둘을 보내시며 가라사대 성내로 들어가라 그리 하면 물 한 동이를 가지고 가는 사람을 만나리니 그를 따라 가서

⑭ そこで、イエスはふたりの弟子(でし)を使いに出て言われた、「市內に行くと水がめを持っている男に出會うであろう。その人について行きなさい。

마가福音 14:14

① 其所入之室,爾告其主曰,師雲,客舍安在,我偕門徒,可在之而食逾越節筵。

② 너희 조차가 그 들어가ᄂᆞᆫ 바 곳에 집 쥬인게 고ᄒᆞ되 션싱님의 말삼이 ᄂᆡ 뎨자로 더부러 넘ᄂᆞᆫ 졀 음식 먹ᄋᆞᆯ ᄀᆡᆨ방이 어ᄃᆡ 잇나뇨 ᄒᆞ라

③ 너희 조차가 그 들어가ᄂᆞᆫ 바 곳에 집 쥬인게 고ᄒᆞ되 션싱님의 말삼이 ᄂᆡ 뎨자로 더부러 넘ᄂᆞᆫ 졀 음식 먹ᄋᆞᆯ ᄀᆡᆨ방이 어ᄃᆡ 잇ᄂᆞ뇨 ᄒᆞ라

④ 어ᄃᆡ던지 그 사ᄅᆞᆷ 드러가ᄂᆞᆫ 집에 가셔 너ㅣ 그 집쥬인ᄃᆞ려 닐너 ᄀᆞᆯᄋᆞᄃᆡ 스승이 닐ᄋᆞ시되 샤랑이 어ᄃᆡ잇ᄂᆞ뇨 내가 뎨ᄌᆞ들을 다리고 거긔셔 유월졀 음식을 먹겟다 ᄒᆞ시더라 ᄒᆞ면

⑤ 어ᄃᆡ던지 그 사ᄅᆞᆷ 드러가ᄂᆞᆫ 집에 가셔 그 쥬인 ᄃᆞ려 닐ᄋᆞᄃᆡ 쥬의 말솜이 내가 뎨ᄌᆞ와 ᄒᆞᆷᄭᅴ 유월졀 잔치를 먹을 샤랑이 어ᄃᆡ 잇ᄂᆞ뇨 ᄒᆞ시더라 ᄒᆞ면

⑥ 어ᄃᆡ던지 드러가거던 그집 쥬인ᄃᆞ려 닐ᄋᆞᄃᆡ 쥬의 말솜이 내가 뎨ᄌᆞ와 ᄒᆞᆷᄭᅴ 유월졀 잔치 먹을 ᄉᆞ쳐방이 어ᄃᆡ 잇ᄂᆞ뇨 ᄒᆞ시더라 ᄒᆞ면

⑦ 어ᄃᆡ던지 드러가거든 그 집 쥬인ᄃᆞ려 닐ᄋᆞᄃᆡ 쥬의 말솜이 내가 뎨ᄌᆞ와 ᄒᆞᆷᄭᅴ 유월 잔치를 먹을 내 ᄉᆞ쳐 방이 어ᄃᆡ 잇ᄂᆞ뇨 ᄒᆞ라

(어ᄃᆡ던지 드러가거든 그 집 쥬인ᄃᆞ려 닐ᄋᆞᄃᆡ 쥬의 말솜이 내가 뎨ᄌᆞ와 ᄒᆞᆷᄭᅴ 유월졀을 먹을 샤쳐방이 어ᄃᆡ 잇ᄂᆞ뇨 ᄒᆞ라)

⑧ 어ᄃᆡ던지 드러가거든 그 집쥬인ᄃᆞ려 닐ᄋᆞᄃᆡ 쥬의 말솜이 내가 뎨ᄌᆞ와 ᄒᆞᆷᄭᅴ 유월졀을 먹을 샤쳐방이 어ᄃᆡ 잇ᄂᆞ뇨 ᄒᆞ라

⑨ 何處던지 入去ᄒᆞ거든 其 家主人ᄃᆞ려 謂ᄒᆞᄃᆡ 主의 言이 我가 弟子와 ᄒᆞᆷᄭᅴ 踰越節을 吃ᄒᆞᆯ 舍處房이 何處에 在ᄒᆞ뇨 ᄒᆞ라

⑩ 어ᄃᆡ던지 드러가거든 그집 主人 ᄃᆞ려 닐ᄋᆞᄃᆡ 主의 말솜이 내가 弟子와 ᄒᆞᆷᄭᅴ 逾越節 먹을 處所가 어ᄃᆡ 잇ᄂᆞ뇨 ᄒᆞ시더라 ᄒᆞ라

⑪ 어대던지 드러가거든 그 집 主人다려 닐아대 主의 말삼이 내가 弟子와 함ᄭᅴ 逾越節을 먹을 私處房이 어대 잇나뇨 하라

⑫ 어대던지 그의 드러가는 그 집 쥬인의게 닐아대 션생님의 말삼이 내가 내 뎨자들과 함끠 유월절을 먹을 나의 객실이 어대
잇나뇨 하시더라 하라
⑬ 어디든지 그의 들어가는 그 집 주인에게 이르되 선생님의 말씀이 내가 내 제자들과 함께 유월절을 먹을 나의 객실이 어디
있느뇨 하시더라 하라
⑭ そして、その人がはいって行く家の主人に言いなさい、『弟子たちと一緒に過越(すぎこし)の食事をする座敷はどこか、と
先生が言っておられます』。

마가福音 14:15

① 彼將以陳設具備之大樓指爾,在彼爲我儕豫備焉。
② 뎌빅셜 예비한 큰 다락으로써 너희게 보이리니 거긔셔 우리를 위ᄒᆞ여 예비ᄒᆞ라
③ 뎌빅셜 예비한 큰 다락으로써 너희게 보이리니 거긔셔 우리ᄅᆞᆯ 위ᄒᆞ여 예비ᄒᆞ라
④ 뎌ㅣ 필연 포진ᄒᆞ여 ᄒᆞᆫ 큰루ᄅᆞᆯ ᄀᆞᄅᆞ치고 거긔다가 우리들을 위ᄒᆞ야 예비ᄒᆞ리라 ᄒᆞ시니
⑤ 제가 큰 다락에 ᄎᆞ린 거슬 ᄀᆞᄅᆞ쳐 뵈이리니 거긔셔 우리 먹을 거슬 예비ᄒᆞ라 ᄒᆞ신ᄃᆡ
⑥ 뎌가 큰 다락 방에 자리 베플고 예비ᄒᆞᆫ 거ᄉᆞᆯ 뵈이리니 거긔셔 우리ᄅᆞᆯ 위ᄒᆞ야 예비ᄒᆞ라 ᄒᆞ신ᄃᆡ
⑦ 그리ᄒᆞ면 제가 큰 다락 방에 자리를 베플고 예비ᄒᆞᆫ 거슬 보이리니 거긔셔 우리를 위ᄒᆞ야 예비ᄒᆞ라 ᄒᆞ신ᄃᆡ
(그리ᄒᆞ면 뎌가 큰다락방에 자리를 베플고 예비ᄒᆞᆫ 거슬 보이리니 거긔셔 우리를 위ᄒᆞ야 예비ᄒᆞ라 ᄒᆞ신ᄃᆡ)
⑧ 그리ᄒᆞ면 뎌가 큰다락방에 자리를 베플고 예비ᄒᆞᆫ 거슬 보이리니 거긔셔 우리를 위ᄒᆞ야 예비ᄒᆞ라 ᄒᆞ신ᄃᆡ
⑨ 然ᄒᆞ면 彼가 大樓房에 席을 設ᄒᆞ고 豫備ᄒᆞᆫ 거슬 示ᄒᆞ리니 該處에셔 我等을 爲ᄒᆞ야 豫備ᄒᆞ라 ᄒᆞ신ᄃᆡ
⑩ 그리ᄒᆞ면 뎌가 자리를 베풀고 豫備ᄒᆞᆫ 큰 다락放을 보이리니 거긔셔 우리를 爲ᄒᆞ야 豫備ᄒᆞ라

⑪ 그리하면 뎌가 큰 다락房에 자리를 베풀고 豫備한 것을 보이리니 거긔셔 우리를 爲하야 豫備하라 하신대
⑫ 그리하면 자리를 베플고 예비된 큰 다락방을 보이리니 거긔셔 우리를 위하야 예비하라 하신대
⑬ 그리하면 자리를 베풀고 예비된 큰 다락방을 보이리니 거기서 우리를 위하여 예비하라 하신대
⑭ するとその主人は、席を整えて用意された二階の廣間を見せてくれるから、そこにわたしたちのために用意をしなさい」。

마가福音 14:16

① 其門徒遂往,入城,果遇如其所言者,則備逾越節筵。
② 뎨자 이여 나가 셩에 들어가 과연 그 말한 바 갓치 만ᄂᆡ여 넘ᄂᆞᆫ 졀 음식을 예비ᄒᆞ니라
③ 뎨자 이여 나가 셩에 들어가 과연 그 말한 바 갓치 만ᄂᆡ여 넘ᄂᆞᆫ 졀 음식ᄋᆞᆯ 예비ᄒᆞ니라
④ 그 뎨ᄌᆞㅣ 드ᄃᆡ여 입셩ᄒᆞ여 과연 그 말ᄉᆞᆷᄒᆞ시던대로 맛나셔 유월졀 음식을 ᄎᆞ리더라
⑤ 뎨ᄌᆞ들이 나아가 셩으로 드러가 예수의 ᄒᆞ시던 말ᄉᆞᆷᄃᆡ로 맛나 유월졀을 예비ᄒᆞ엿ᄂᆞ니라
⑥ 뎨ᄌᆞ들이 나가 셩으로 드러가 예수의 ᄒᆞ시던 말ᄉᆞᆷᄃᆡ로 맛나 유월졀을 예비ᄒᆞ엿ᄂᆞ니라
⑦ 뎨ᄌᆞ들이 나가 셩으로 드러가 예수의 ᄒᆞ시던 말ᄉᆞᆷ대로 맛나 유월졀을 예비하엿ᄂᆞ니라
(뎨ᄌᆞ들이 나가 셩으로 드러가 예수의 ᄒᆞ시던 말ᄉᆞᆷ대로 맛나 유월졀을 예비ᄒᆞ엿ᄂᆞ니라)
⑧ 뎨ᄌᆞ들이 나가 셩으로 드러가 예수의 ᄒᆞ시던 말ᄉᆞᆷ대로 맛나 유월졀을 예비ᄒᆞ니라
⑨ 弟子들이 出ᄒᆞ야 城으로 入ᄒᆞ야 예수의 ᄒᆞ시던 言대로 遇ᄒᆞ야 踰越節을 豫備ᄒᆞ니라
⑩ 弟子들이 나가 城으로 드러가 예수의 ᄒᆞ시던 말ᄉᆞᆷ대로 맛나 逾越節을 豫備ᄒᆞ니라
⑪ 弟子들이 나가 城으로 드러가 예수의 하ㅣ던 말삼대로 맛나 逾越節을 豫備하니라
⑫ 뎨자들이 나가 셩내로 드러가셔 예수의 하시던 말삼대로 맛나 유월졀을 예비하니라

⑬ 제자들이 나가 성내로 들어가서 예수의 하시던 말씀대로 만나 유월절을 예비하니라
⑭ 弟子たちは出かけて市内に行って見ると、イエスが言われたとおりであったので、過越の食事の用意をした。

마가福音 14:17

① 旣暮耶穌偕十二門徒至,
② 져물긔여 열두 뎨자로 함긔 닐으러 안저 먹올 ᄯᅢ여
③ 져물긔에 열두 뎨자로 함ᄭᅴ 닐으러 안저 먹올 ᄯᅢ에
④ 임의 져물매 예수ㅣ 십이 뎨ᄌᆞ와 ᄀᆞᆺ치 니ᄅᆞ샤
⑤ 져물매 예수ㅣ 열두 뎨ᄌᆞ를 ᄃᆞ리시고 가셔
⑥ 져믈때 예수ㅣ 열둘을 ᄃᆞ리시고 오시니
⑦ 져믈매 에수ㅣ 열둘을 ᄃᆞ리시고 오시니
(저믈매 에수가 열둘을 ᄃᆞ리시고 와서)
⑧ 져물매 예수가 열둘을 다리시고 와셔
⑨ 日暮ᄒᆞ매 예수가 十二人을 率ᄒᆞ시고 來ᄒᆞ야
⑩ 져물매 예수ㅣ 열두 弟子를 ᄃᆞ리고 니르샤
⑪ 져물매 예수ᄭᅴ 열둘을 다리시고 와셔
⑫ 져물매 그 열둘을 다리시고 와셔
⑬ 저물매 그 열 둘은 데리시고 와서
⑭ 夕方になって、イエスは十二弟子と一緒にそこに行かれた。

마가福音 14:18

① 坐而食時,耶穌曰,我誠告爾,爾中之一,與我共食者,將賣我矣。

② 예수 갈아샤되 ᄂᆡ 실노 너희게 일오노니 너희 한나히 날노 더부러 함긔 먹는 쟈 쟝차 나를 팔니라 ᄒᆞ니

③ 예수 갈아샤ᄃᆡ ᄂᆡ 실노 너희게 일오노니 너희 한나이 날노 더부러 함ᄭᅴ 먹는 쟈 쟝차 나ᄅᆞᆯ 팔니라 ᄒᆞ니

④ 안져 음식ᄒᆞ실ᄉᆡ ᄯᅢ에 ᄀᆞᆯᄋᆞ샤ᄃᆡ 나ㅣ 진실노 너희게 닐ᄋᆞ리니 너희즁 ᄒᆞᆫ 사ᄅᆞᆷ의 날과 ᄀᆞᆺ치 음식 먹는 쟈가 쟝ᄎᆞᆺ 나ᄅᆞᆯ ᄑᆞᆯ니라
ᄒᆞ시니

⑤ ᄒᆞᆷᄭᅴ 안져 잡수실 ᄉᆡ ᄀᆞᆯᄋᆞ샤ᄃᆡ 내 실노 너희게 닐ᄋᆞ노니 나와 ᄒᆞᆷᄭᅴ 먹는 너희 즁에 ᄒᆞᆫ 사ᄅᆞᆷ이 나를 ᄑᆞᆯ니라 ᄒᆞ시니

⑥ 누어 음식 먹을ᄉᆡ 예수ㅣ ᄀᆞᆯᄋᆞ샤ᄃᆡ 내 실노 너희게 닐ᄋᆞ노니 너희 즁에 ᄒᆞᆫ 사ᄅᆞᆷ이 나ᄅᆞᆯ 잡아 주리니 곳 나와 ᄒᆞᆷᄭᅴ 먹는
쟈라 ᄒᆞ시니

⑦ 저희가 누어 음식 먹을ᄉᆡ 예수ㅣ ᄀᆞᆯᄋᆞ샤ᄃᆡ 내 실노 너희게 닐ᄋᆞ노니 너희즁에 ᄒᆞ나히 나를 잡아주리니 곳 나와 ᄒᆞᆷᄭᅴ 먹는
쟈라 ᄒᆞ신ᄃᆡ
(안져 음식 먹을ᄉᆡ 예수가 ᄀᆞᆯᄋᆞ샤ᄃᆡ 내가 실노 너희게 닐ᄋᆞ노니 너희 즁에 ᄒᆞᆫ 사ᄅᆞᆷ이 나를 잡아주리니 곳 나와 ᄒᆞᆷᄭᅴ먹는
쟈라 ᄒᆞ신ᄃᆡ)

⑧ 안져 음식 먹을ᄉᆡ 예수ㅣ ᄀᆞᆯᄋᆞ샤ᄃᆡ 내가 실노 너희게 닐ᄋᆞ노니 너희 즁에 ᄒᆞᆫ 사ᄅᆞᆷ이 나를 잡아주리니 곳 나와 ᄒᆞᆷᄭᅴ먹는
쟈라 ᄒᆞ신ᄃᆡ

⑨ 坐ᄒᆞ야 飮食을 吃ᄒᆞᆯ시 예수 曰 我가 實노 爾等의게 諭ᄒᆞ노니 爾等 中에 一 人이 我를 捉畀ᄒᆞ리니 곳 我와 同食ᄒᆞ는 者라
ᄒᆞ신ᄃᆡ

⑩ 안져 飮食 잡수실 서 ᄀᆞᆯᄋᆞ샤ᄃᆡ 내가 眞實노 너희의게 닐ᄋᆞ노니 나와 ᄒᆞᆷᄭᅴ 먹는 너희 中 ᄒᆞᆫ 사ᄅᆞᆷ이 나를 잡아주리라

⑪ 안져 飮食 먹을 새 예수ㅣ 갈아샤대 내가 진실노 너희게 닐아노니 너희 中에 한 사람이 나를 잡아 주리니 곳 나와 함ᄭᅴ

먹는 者라 하신대

⑫ 다 안저 먹을 ᄣᅢ에 예수ᄭᅴ셔 갈아샤대 내가 진실노 너희게 닐아노니 너희 즁에 한 사람 곳 나와 함ᄭᅴ 먹는 쟈가 나를 팔니라
하신대

⑬ 다 앉아 먹을 때에 예수께서 가라사대 내가 진실로 너희에게 이르노니 너희 중에 한 사람 곧 나와 함께 먹는 자가 나를
팔리라 하신대

⑭ そして、一同が席について食事をしているとき言われた、「特にあなたがたに言っておくが、あなたがたの中のひとりで、
わたしと一緒に食事をしている者が、わたしを裏切ろうとしている」。

마가福音 14:19

① 門徒憂,一一問曰,是我乎。又一問曰,是我乎。

② 뎨자 근심ᄒᆞ여 한나식 물으되 ᄂᆡ니잇가 ᄒᆞ니

③ 뎨자 근심ᄒᆞ여 한나식 물으ᄃᆡ ᄂᆡ니잇가 ᄒᆞ니

④ 뎨ᄌᆞ들이 근심ᄒᆞ야 일일이 ᄎᆞ례로 뭇ᄌᆞ와 ᄀᆞᆯᄋᆞᄃᆡ 이 내니잇가

⑤ 뎌희들이 심히 근심ᄒᆞ야 ᄒᆞ나식 뭇ᄌᆞ와 ᄀᆞᆯᄋᆞᄃᆡ 내니잇가

⑥ 뎌희들이 비로쇼 근심ᄒᆞ야 ᄒᆞ나식 ᄒᆞ나식 뭇ᄌᆞ와 ᄀᆞᆯᄋᆞᄃᆡ 내니잇가

⑦ 뎌희들이 비로소 근심ᄒᆞ야 ᄒᆞ나식 뭇ᄌᆞ와 ᄀᆞᆯᄋᆞᄃᆡ 내니잇가
(뎌희가 근심ᄒᆞ야 ᄒᆞ나식 ᄒᆞ나식 뭇ᄌᆞ와 ᄀᆞᆯᄋᆞᄃᆡ 내니잇가)

⑧ 뎌희들이 근심ᄒᆞ야 ᄒᆞ나식 ᄒᆞ나식 엿ᄌᆞ와 ᄀᆞᆯᄋᆞᄃᆡ 내니잇가

⑨ 彼等들이 憂ᄒᆞ야 一人式 一人式 問ᄒᆞ야 曰 我니잇가

⑩ 뎌희들이 근심ᄒᆞ야 ᄒᆞ나식 ᄒᆞ나식 엿ᄌᆞ와 ᄀᆞᆯᄋᆞᄃᆡ 내니잇가
⑪ 뎌희가 근심하야 하나식 하나식 엿자와 갈아대 내니잇가
⑫ 뎌희가 근심하야 하나식 하나식 엿나오대 내니잇가
⑬ 저희가 근심하여 하나씩 하나씩 여짜오되 내니이까
⑭ 弟子たちは心配して、ひとりびとり「まさか、わたしではないでしょう」と言い出した。

마가福音 14:20

① 答曰,十二中之一,與我著手於盂者是也,
② 갈아샤되 열두 가운데 한나 나과 갓치 바리에 ᄒᆞ슈ᄒᆞᄂᆞᆫ 쟈가 기로다
③ 갈아샤ᄃᆡ 열두 가운데 한나 나과 갓치 바리에 ᄒᆞ슈ᄒᆞᄂᆞᆫ 쟈가 기로다
④ ᄃᆡ답ᄒᆞ야 ᄀᆞᆯᄋᆞ샤ᄃᆡ 열둘 즁에 ᄒᆞ나히 날과 ᄀᆞᆺ치 밧그릇에 손을 뒨 쟈ㅣ니라
⑤ ᄃᆡ답ᄒᆞ샤ᄃᆡ 열둘 즁에 ᄒᆞ나 그릇세 나와 ᄀᆞᆺ치 손넛ᄂᆞᆫ 쟈ㅣ니라
⑥ 닐ᄋᆞ샤ᄃᆡ 열둘 즁에 ᄒᆞ나히니 그릇세 나와 ᄀᆞᆺ치 손 넛ᄂᆞᆫ 쟈ㅣ니라
⑦ 닐넛스ᄃᆡ 열둘즁에 ᄒᆞ나히니 그릇세 나와 홈씌 손 넛ᄂᆞᆫ 쟈ㅣ니라
(닐ᄋᆞ샤ᄃᆡ 열둘 즁에 ᄒᆞ나히니 그릇세 나와 ᄀᆞᆺ치 손 넛는 쟈니라)
⑧ 닐ᄋᆞ샤ᄃᆡ 열둘 즁에 ᄒᆞ나이니 그릇에 나와 ᄀᆞᆺ치 손 넛ᄂᆞᆫ 쟈니라
⑨ 謂ᄒᆞ샤ᄃᆡ 十二 中에 一이니 器에 我와 홈씌 手를 入ᄒᆞᄂᆞᆫ 者니라
⑩ 닐ᄋᆞ샤ᄃᆡ 열둘 中에 ᄒᆞ나이니 나와 홈씌 그릇에 손 넛ᄂᆞᆫ 者니라
⑪ 닐아샤대 열둘 中에 하나이니 그릇에 나와 함씌 손 넛는 者니라

⑫ 닐아샤대 여둘 즁 하나 곳 나와 함ᄭᅴ 그릇에 손을 넛는 쟈니라
⑬ 이르시되 열 둘 중 하나 곧 나와 함께 그릇에 손을 넣는 자니라
⑭ イエスは言われた、「十二人の中のひとりで、わたしと一緒に同じ鉢(はち)にパンをひたしている者が、それである。

마가福音 14:21

① 人子將逝,如錄所指之者,惟賣人子者有禍矣,其人不生爲幸。
② 인자 가ᄂᆞᆫ 거슨 글에 긔록한 바 갓타되 오직 인자를 판 쟈ᄂᆞᆫ ᄌᆡ화 이사리니 이 사람은 안이ᄂᆞᆫ 거시 다ᄒᆡᆼ이라 ᄒᆞ다라
③ 인ᄌᆞ 가ᄂᆞᆫ 거슨 글에 긔록한 바 갓타되 오직 인ᄌᆞᄅᆞᆯ 판 쟈ᄂᆞᆫ ᄌᆡ화이ᄉᆞ리니 이 사ᄅᆞᆷ은 안이ᄂᆞᆫ 거시 차라리 올으니라
④ 인ᄌᆞㅣ 쟝ᄎᆞᆺ 도라갈식 ᄎᆡᆨ에 ᄀᆞᄅᆞ친대로 되려니와 다만 인ᄌᆞᄅᆞᆯ ᄑᆞᆫ 쟈ᄂᆞᆫ 화앙이 잇스리니 그 사ᄅᆞᆷ이 나지 아냣더면 다ᄒᆡᆼ일번 ᄒᆞ엿다 ᄒᆞ시고
⑤ 인ᄌᆞᄂᆞᆫ 셩경에 긔록ᄒᆞᆫᄃᆡ로 가려니와 인ᄌᆞ를 ᄑᆞᄂᆞᆫ 쟈의게ᄂᆞᆫ 앙화 잇ᄉᆞ리니 그 사ᄅᆞᆷ이 나지 아니ᄒᆞ엿더면 됴흘 번 ᄒᆞ엿다 ᄒᆞ시더라
⑥ 인ᄌᆞᄂᆞᆫ 셩경에 긔록ᄒᆞᆫᄃᆡ로 가거니와 인ᄌᆞᄅᆞᆯ 잡아 주ᄂᆞᆫ 쟈의게ᄂᆞᆫ 앙화잇ᄉᆞ리니 그 사ᄅᆞᆷ이 나지 아니 ᄒᆞ엿더면 됴흘번 ᄒᆞ엿다 ᄒᆞ시더라
⑦ 인ᄌᆞ는 셩경에 긔록ᄒᆞᆫ대로 가거니와 인ᄌᆞ를 잡아주ᄂᆞᆫ 쟈의게는 앙화 잇ᄉᆞ리니 그 사ᄅᆞᆷ이 나지아니ᄒᆞ엿더면 됴흘 번ᄒᆞ엿다 ᄒᆞ시더라
(인ᄌᆞ는 셩경에 긔록ᄒᆞᆫ 대로 가거니와 인ᄌᆞ를 잡아주는 쟈는 화가 잇스리니 그 사ᄅᆞᆷ이 나지 아니ᄒᆞ엿더면 됴흘 번ᄒᆞ엿다 ᄒᆞ시더라)
⑧ 인ᄌᆞ는 셩경에 긔록ᄒᆞᆫ 대로 가거니와 인ᄌᆞ를 잡아주ᄂᆞᆫ 쟈는 화가 잇스리니 그 사ᄅᆞᆷ이 나지 아니ᄒᆞ엿더면 됴흘 번ᄒᆞ엿다

ᄒᆞ시더라
⑨ 人子ᄂᆞᆫ 聖經에 記錄ᄒᆞᆫ 대로 去ᄒᆞ거니와 人子를 捉畀ᄒᆞᄂᆞᆫ 者ᄂᆞᆫ 禍가 有ᄒᆞ리니 其 人이 生치 아니ᄒᆞ엿더면 好ᄒᆞᆯ 번ᄒᆞ엿다 ᄒᆞ시
더라
⑩ 人子ᄂᆞᆫ 聖經에 記錄된대로 가거니와 人子를 잡아주ᄂᆞᆫ 者ᄂᆞᆫ 禍가 잇스리니 그 사ᄅᆞᆷ이 나지 아니ᄒᆞ엿더면 됴흘번 ᄒᆞ엿ᄂᆞ니라
⑪ 人子는 聖經에 記錄한 대로 가거니와 人子를 잡아주는 者는 禍가 잇스리니 그 사람이 나지 아니하엿더면 됴흘번 하엿다 하시
더라
⑫ 인자는 자긔의게 대하야 긔록된 대로 가거니와 인자를 파는 그 사람의게는 화가 잇스리로다 그 사람은 찰하리 나지 아니하
엿더면 제게 됴흘번 하엿나니라 하시니라
⑬ 인자는 자기에게 대하여 기록된 대로 가거니와 인자를 파는 그 사람에게는 화가 있으리로다 그 사람은 차라리 나지 아니하
였더면 제게 좋을뻔하였느니라 하시니라
⑭ たしかに人の子は、自分について書いてあるとおりに去って行く。しかし、人の子を裏切るその人は、わざわいである。
その人は生まれなかった方が、彼のためによかったであろう」。

마가福音 14:22

① 食時,耶穌取餠,祝謝而擘之,予門徒曰,取食之,此乃我身焉。
② 먹올 ᄯᅴ여 예수 떡올 가져 츅슈ᄒᆞ고 ᄢᅦ여 뎨자를 주워 갈아샤되 바드라 이ᄂᆞᆫ 늬의 신톄라 ᄒᆞ고
③ 먹올 ᄯᅴ에 예수 떡올 가져 츅슈ᄒᆞ고 ᄢᅦ여 뎨자롤 주워 갈아샤딕 바드라 이ᄂᆞᆫ 늬의 신톄라 ᄒᆞ고
④ 먹을 ᄯᅢ에 예수ㅣ 떡을 가져 츅언ᄒᆞ시고 ᄢᅦ여 뎨ᄌᆞ들을 주시며 ᄀᆞᆯᄋᆞ샤ᄃᆡ 갓다 먹으라 이게 즉 내 몸이로다 ᄒᆞ시고
⑤ 먹을 ᄯᅢ에 예수ㅣ 떡을 가지샤 츅슈ᄒᆞ시고 ᄢᅦ여 뎨ᄌᆞ들을 주시며 ᄀᆞᆯᄋᆞ샤ᄃᆡ 밧아 먹으라 이 거시 내 몸이라 ᄒᆞ시고

⑥ 먹을 ᄣᅢ에 예수ㅣ 떡을 가지샤 복을 빌으시고 ᄢᅦ여 주시며 ᄀᆞᆯᄋᆞ샤ᄃᆡ 밧아라 이 거시 내 몸이라 ᄒᆞ시고
⑦ 먹을 ᄣᅢ에 예수ㅣ 떡을 가지샤 복을 빌으시고 ᄢᅦ여주시며 ᄀᆞᆯᄋᆞ샤다ㅣ 밧으라 이 거시 내 몸이라 ᄒᆞ시고
(먹을 ᄣᅢ에 예수가 떡을 가지샤 축샤ᄒᆞ시고 ᄢᅦ여주시며 ᄀᆞᆯᄋᆞ샤ᄃᆡ 밧아라 이거시 내 몸이라 ᄒᆞ시고)
⑧ 먹을 ᄣᅢ에 예수가 떡을 가지샤 축샤ᄒᆞ시고 ᄢᅦ여주시며 ᄀᆞᆯᄋᆞ샤ᄃᆡ 밧아라 이거시 내 몸이라 ᄒᆞ시고
⑨ 食ᄒᆞᆯ 時에 예수가 餠을 持ᄒᆞ샤 祝謝ᄒᆞ시고 擘賜ᄒᆞ시며 曰 受ᄒᆞ라 此가 我 身이라 ᄒᆞ시고
⑩ 먹을 ᄣᅢ에 예수ㅣ 떡을 가지샤 祝謝ᄒᆞ시고 ᄯᅢ여 주시며 ᄀᆞᆯᄋᆞ샤ᄃᆡ 밧으라 이거시 내 몸이라 ᄒᆞ시고
⑪ 먹을 ᄣᅢ에 예수ㅣ 떡을 가지샤 祝謝하시고 ᄢᅦ여 주시며 갈아샤대 밧으라 이것이 내 몸이라 하시고
⑫ 뎌희가 먹을 ᄣᅢ에 예수ᄭᅴ셔 떡을 가지샤 축복하시고 ᄢᅦ여 뎨자들의게 주시며 갈아샤대 밧으라 이것이 내몸이니라 하시고
⑬ 저희가 먹을 때에 예수께서 떡을 가지사 축복하시고 떼어 제자들에게 주시며 가라사대 받으라 이것이 내 몸이니라 하시고
⑭ 一同が食事をしているとき、イエスはパンを取り、祝福してこれをさき、弟子たちに与えて言われた、「取れ、これはわたしのからだである」。

마가福音 14:23

① 又取杯,祝謝後亦予門徒,衆飮之。
② ᄯᅩ 잔을 가져 축슈ᄒᆞ고 주워 뭇사ᄅᆞᆷ을 다 마시라 ᄒᆞ며
③ ᄯᅩ 잔ᄋᆞᆯ 가져 축슈ᄒᆞ고 주워 뭇사ᄅᆞᆷᄋᆞᆯ 다 마시라 ᄒᆞ며
④ 먹을 ᄣᅢ에 예수ㅣ 떡을 가져 축언ᄒᆞ시고 ᄢᅦ여 뎨ᄌᆞ들을 주시며 ᄀᆞᆯᄋᆞ샤ᄃᆡ 갓다 먹으라 이게 즉 내 몸이로다 ᄒᆞ시고
⑤ ᄯᅩ 잔을 가지샤 축슈ᄒᆞ시고 그들을 주시니 다 마시ᄂᆞᆫ지라
⑥ ᄯᅩ 잔을 가지샤 샤례ᄒᆞ시고 그들을 주시니 다 마시ᄂᆞᆫ지라

⑦ ᄯᅩ 잔을 가지샤 샤례ᄒᆞ시고 그들을 주시니 다 마시ᄂᆞᆫ지라

(ᄯᅩ 잔을 가지샤 샤례ᄒᆞ시고 뎌희게 주시니 다 마시는지라)

⑧ ᄯᅩ 잔을 가지샤 샤례ᄒᆞ시고 뎌희게 주시니 다 마시ᄂᆞᆫ지라

⑨ ᄯᅩ 盞을 持ᄒᆞ샤 謝禮ᄒᆞ시고 彼等의게 賜ᄒᆞ시니 다 飮ᄒᆞᄂᆞᆫ지라

⑩ ᄯᅩ 盞을 가지샤 祝謝ᄒᆞ시고 더희의게 주시니 다 마시ᄂᆞᆫ지라

⑪ ᄯᅩ 盞을 가지샤 謝禮하시고 뎌희게 주시니 다 마시는지라

⑫ ᄯᅩ 잔을 가지샤 샤례하시고 뎌희게 주시니 다 이를 마시매

⑬ 또 잔을 가지사 사례하시고 저희에게 주시니 다 이를 마시매

⑭ また杯を取り、感謝して彼らに与えられると一同はその杯から飲んだ。

마가福音 14:24

① 耶穌謂之曰,此乃我血,卽立新約之血,爲衆而流者。

② 일오샤되 이ᄂᆞᆫ ᄂᆡ의 피요 곳 신약이니 열어 사람을 위ᄒᆞ여 흘닌 거시라

③ 갈아샤ᄃᆡ 이ᄂᆞᆫ 신약디ᄂᆞᆫ ᄂᆡ의 피롤 열어 사ᄅᆞᆷ올 위ᄒᆞ여 흘닌 거시라

④ 예수ㅣ 닐너 ᄀᆞᆯᄋᆞ샤ᄃᆡ 이거시 즉 나의 피니 곳 언약을 세우ᄂᆞᆫ 피롤 모든 이 위ᄒᆞ야 흘닌 거시라

⑤ ᄯᅩ 잔을 가지샤 축슈ᄒᆞ시고 그들을 주시니 다 마시ᄂᆞᆫ지라

⑥ ᄯᅩ ᄀᆞᆯᄋᆞ샤ᄃᆡ 이 거ᄉᆞᆫ 나의 언약ᄒᆞᄂᆞᆫ 피니 만흔 사ᄅᆞᆷ을 위ᄒᆞ야 흘님이니라

⑦ ᄯᅩ ᄀᆞᆯᄋᆞ샤ᄃᆡ 이거슨 나의 언약ᄒᆞᄂᆞᆫ 피니 만흔 사ᄅᆞᆷ을 위ᄒᆞ야 흘님이니라

(ᄯᅩ ᄀᆞᆯᄋᆞ샤ᄃᆡ 이거슨 언약ᄒᆞ는 내 피니 여러 사ᄅᆞᆷ을 위ᄒᆞ야 흘님이니라)

⑧ 또 ᄀᆞᆯᄋᆞ샤ᄃᆡ 이거슨 언약ᄒᆞᄂᆞᆫ 내 피니 여러사ᄅᆞᆷ을 위ᄒᆞ야 흘님이니라
⑨ 또 盞을 持ᄒᆞ샤 謝禮ᄒᆞ시고 彼等의게 賜ᄒᆞ시니 다 飮ᄒᆞᄂᆞᆫ지라
⑩ ᄀᆞᆯᄋᆞ샤ᄃᆡ 이ᄂᆞᆫ 내 피니 여러 사ᄅᆞᆷ을 爲ᄒᆞ야 흘니ᄂᆞᆫ 新約의 피니라
⑪ 또 갈아샤대 이것은 言約하는 내 피니 여러 사람을 爲하야 흘님이니라
⑫ 또 잔을 가지샤 샤례하시고 뎌희게 주시니 다 이를 마시매
⑬ 가라사대 이것은 많은 사람을 위하여 흘리는바 나의 피 곧 언약의 피니라
⑭ イエスはまた言われた。「これは、多くの人のために流すわたしの契約の血である。

마가福音 14:25

① 我誠告爾,我不復飮葡萄樹所產者,迨他日飮新者於神之國矣。
② ᄂᆡ 실노 너희게 일오노니 ᄂᆡ 다시ᄂᆞᆫ 포도 남우의 나ᄂᆞᆫ 바를 마시지 못ᄒᆞ고 그날에 ᄉᆡ 거슬 하나님의 나라에 마시갓다 하다라
③ ᄂᆡ 실노 너희게 일오노니 ᄂᆡ 다시ᄂᆞᆫ 포도 남우의 나ᄂᆞᆫ 즙ᄋᆞᆯ 마시지 못ᄒᆞ고 그날에 ᄉᆡ 거슬 하나님의 나라에 마시갓다 ᄒᆞ더라
④ 나ㅣ 진실노 너희게 닐ᄋᆞᄂᆞ니 나는 샹뎨나라 새거술 마시기 젼에ᄂᆞᆫ 다시 포도나무에셔 난 거술 마시지 아니리라
⑤ 내 실노 너희게 닐ᄋᆞ노니 니 이 포도즙은 텬쥬나라에셔 새로 마시ᄂᆞᆫ 날ᄭᆞ지 내가 다시 마시지 아니ᄒᆞ리라 ᄒᆞ시더라
⑥ 내 실노 너희게 닐ᄋᆞ노니 하ᄂᆞ님 나라헤셔 새 거술 마시ᄂᆞᆫ 날 ᄭᆞ지 포도 나무에셔 나는 거술 내가 다시 마시지 아니 ᄒᆞ리라 ᄒᆞ시더라
⑦ 내 실노 너희게 닐ᄋᆞ노니 하ᄂᆞ님 나라에셔 새 거슬 마시ᄂᆞᆫ 날ᄭᆞ지 포도 나무에셔 나는 거슬 내가 다시 마시지아니ᄒᆞ리라 ᄒᆞ시더라
(내 실노 너희게 닐ᄋᆞ노니 포도즙을 하ᄂᆞ님나라에셔 새거스로 마시는 날ᄭᆞ지 내가 다시 마시지 아니ᄒᆞ리라 ᄒᆞ시더라)

⑧ 내가 실노 너희게 닐ᄋᆞ노니 포도즙을 하ᄂᆞ님나라에셔 새거스로 마시ᄂᆞᆫ 날ᄭᆞ지 내가 다시마시지 아니ᄒᆞ리라 ᄒᆞ시더라
⑨ 我가 實노 爾等의게 諭ᄒᆞ노니 葡萄汁을 上帝國에셔 新品으로 飮ᄒᆞᄂᆞᆫ 日ᄭᆞ지 我가 復飮치 아니ᄒᆞ리라 ᄒᆞ시더라
⑩ 내가 眞實노 너희의게 닐ᄋᆞ노니 葡萄汁을 하ᄂᆞ님 나라에셔 새거스르 마시ᄂᆞᆫ 날 ᄭᆞ지 다시 마시지 아니ᄒᆞ리라 ᄒᆞ시고
⑪ 내가 眞實노 너희게 닐아노니 葡萄汁을 하나님 나라에셔 새 것으로 마시는 낢가지 내가 다시 마시지 아니하리라 하시더라
⑫ 진실노 너희게 닐아노니 내가 포도나무에셔 난 것을 하나님 나라에셔 새것으로 마시는 날 ᄶᅡ지 다시 마시지 아니하리라 하시니
⑬ 진실로 너희에게 이르노니 내가 포도 나무에서 난 것을 하나님 나라에서 새것으로 마시는 날까지 다시 마시지 아니하리라 하시니라
⑭ あなたがたによく言っておく。神の國で新しく飮むその日までは、わたしは決して二度と、ぶどうの實から造ったものを飮むことをしない」。

마가福音 14:26
① 既詠詩,則往橄欖山。
② 시를 읍고 감남산에 나가 예수 뎨자게 갈아샤되
③ 시롤 읍고 감남산에 나가 예수 뎨자게 갈아샤ᄃᆡ
④ 임의 노래롤 챵ᄒᆞ신 후에 엘나온 산에 가샤
⑤ ᄯᅩ 찬미 노래를 ᄒᆞ시고 감람산으로 나아가시니라
⑥ ᄯᅩ 찬미ᄒᆞ고 감남산으로 나가니라
⑦ ᄯᅩ 찬미ᄒᆞ고 감남 산으로 나가시니라

(ᄯᅩ 찬미ᄒᆞ고 감람산으로 나가니라)

⑧ ᄯᅩ 찬미ᄒᆞ고 감람산으로 나가니라

⑨ ᄯᅩ 讚美ᄒᆞ고 橄欖山으로 出ᄒᆞ니라

⑩ 讚美ᄒᆞ고 橄欖山으로 나가실ᄉᆡ

⑪ ᄯᅩ 讚美하고 橄欖山으로 나가니라

⑫ 이에 뎌희가 찬미하고 감람산으로 나가니라

⑬ 이에 저희가 찬미하고 감람산으로 나가니라

⑭ 彼らは、さんびを歌った後、オリブ山へ出かけて行った。

마가福音 14:27

① 耶穌謂門徒曰,此夜爾咸爲我而見礙,蓋錄有云,我將擊牧者,則羣羊將散矣。

② 너희 뭇사람이 나ᄅᆞᆯ ᄶᅥ리ᄭᅵ우문 글에 하여사되 ᄂᆡ가 목인을 티면 양이 헤여지리라 하미라

③ 너희 뭇사ᄅᆞᆷ이 나ᄅᆞᆯ ᄶᅥ리ᄭᅵ우문 글에 ᄒᆞ여ᄉᆞ되 ᄂᆡ가 목인ᄋᆞᆯ 티면 양이 헤여지리라 ᄒᆞ미라

④ 예수ㅣ 뎨ᄌᆞ들ᄃᆞ려 닐너 ᄀᆞᆯᄋᆞ샤ᄃᆡ 이 밤에 너희 다 날노 ᄒᆞ여 넘어짐을 당ᄒᆞᆯ 거시니 대개 ᄎᆡᆨ에 닐너스되 나ㅣ 쟝ᄎᆞᆺ 양 기ᄅᆞ
ᄂᆞᆫ이ᄅᆞᆯ ᄯᆞ린즉 뭇 양이 쟝ᄎᆞᆺ 허여지리라 ᄒᆞ엿시니

⑤ ᄣᅢ에 예수ㅣ 뎨ᄌᆞ들 ᄃᆞ려 닐ᄋᆞ샤니 너희 나 나들 슬혀 ᄇᆞ리리니 셩경에 긔록ᄒᆞ엿스되 내가 양지ᄂᆞᆫ 이를 지매 양이 ᄉᆞ면으로
흣터지리라 ᄒᆞ엿ᄂᆞ니라

⑥ ᄣᅢ에 예수ㅣ 뎨ᄌᆞ들ᄃᆞ려 닐ᄋᆞ샤ᄃᆡ 너희가 다 죄ᄅᆞᆯ 범ᄒᆞ리니 대개 셩경에 긔록 ᄒᆞ엿시되 내가 양 기ᄅᆞᄂᆞᆫ 이ᄅᆞᆯ 치매 양이
ᄉᆞ면으로 흣허지리라 ᄒᆞ엿ᄂᆞ니라

⑦ 예수ㅣ 뎨ᄌᆞ들ᄃᆞ려 닐넛스ᄃᆡ 너희가 다 죄를 범ᄒᆞ리니 대개 셩경에 긔록ᄒᆞ엿시되 내가 목쟈를 치매 양이 ᄉᆞ면으로 흣허지리
라 ᄒᆞ엿ᄂᆞ니라
(예수ㅣ 뎨ᄌᆞ들ᄃᆞ려 닐ᄋᆞ샤ᄃᆡ 너희가 다 나를 슬혀ᄇᆞ리리니 긔록ᄒᆞ엿스되 내가 목쟈를 치매 양들이 ᄉᆞ면으로 흣허지리라
ᄒᆞ엿ᄂᆞ니라)
⑧ 예수가 뎨ᄌᆞ들ᄃᆞ려 닐ᄋᆞ샤ᄃᆡ 너희가 다 나를 슬혀ᄇᆞ리리니 긔록ᄒᆞ엿스되 내가 목쟈를 치매 양이 ᄉᆞ면으로 흣허지리라 ᄒᆞ엿
ᄂᆞ니라
⑨ 예수가 弟子들ᄃᆞ려 謂ᄒᆞ샤ᄃᆡ 爾等이 다 我를 厭棄ᄒᆞ리니 記錄ᄒᆞ엿스ᄃᆡ 我가 牧者를 擊ᄒᆞ매 羊들이 四面으로 散ᄒᆞ리라 ᄒᆞ엿ᄂᆞ
니라
⑩ 닐ᄋᆞ샤ᄃᆡ 너희가 다 나를 슬혀ᄇᆞ리리니 記錄ᄒᆞ엿스ᄃᆡ 내가 牧者를 치매 羊들이 四面으로 흣허지리라 ᄒᆞ엿ᄂᆞ니라
⑪ 예수ㅣ 弟子들 다녀 닐아샤대 너희가 다 나를 슬혀바리리니 記錄하엿스대 내가 牧者를 치매 羊들이 四面으로 흣허지리라
하엿나니라
⑫ 예수ᄭᅴ셔 뎨자들의게 닐아샤대 너희가 다 나를 바리리라 이는 긔록된 바 내가 목쟈를 치리니 양들이 흣허지리라 하엿나니라
⑬ 예수께서 제자들에게 이르시되 너희가 다 나를 버리리라 이는 기록된바 내가 목자를 치리니 양들이 흩어지리라 하였느니라
⑭ それとき、イエスは弟子(でし)たちに言われた、「あなたがたは皆、わたしにつまずくであろう。『わたしは羊飼を打つ。
そして、羊は散らされるであろう』と書いてあるからである。

마가福音 14:28
① 我復生後,將先爾往加利利。
② 니 다시 닌 후에 너희 압셔 가니늬에 가겟다 하니

③ 다못 ᄂᆡ 다시 닌 후에 너희 압셔 가니ᄂᆡ에 가겟다 ᄒᆞ니

④ 내가 다시 살아ᄂᆞᆫ 후에 쟝ᄎᆞᆺ 너희보다 몬져 갈닐늬아에 잇스리라 ᄒᆞ시니 베드로ㅣ 엿ᄌᆞ와 ᄀᆞᆯᄋᆞᄃᆡ 뭇사ᄅᆞᆷ은 비록 넘어질지라
도 나ᄂᆞᆫ 반ᄃᆞ시 그러치 아니ᄒᆞ리이다

⑤ 그러나 내 다시 니러 난 후에 너희보다 몬져 가리리에 가리라

⑥ 그러나 내가 다시 니ᄅᆞ키심을 밧은 후에 너희 보다 몬져 갈닐니에 가리라

⑦ 그러나 내가 다시 니르키심을 밧은후에 너희보다 몬져 갈닐니에 가리라 ᄒᆞ시니
(그러나 내가 다시 니러난 후에 너희보다 몬져 갈닐니로 가리라 ᄒᆞ시니)

⑧ 그러나 내가 다시살아난 후에 너희보다 몬져 갈닐니로 가리라 ᄒᆞ시니

⑨ 然ᄒᆞ나 我가 復活ᄒᆞᆫ 後에 爾等보다 몬져 갈닐니로 往ᄒᆞ리라 ᄒᆞ시니

⑩ 그러나 내가 復活ᄒᆞᆫ 後에 너희보다 몬져 갈닐니로 가리라

⑪ 그러나 내가 다시 살아난 後에 너희 보다 몬져 갈닐니로 가리라 하시니

⑫ 그러나 내가 살아난 후에 너희보다 몬져 갈닐니로 가리라

⑬ 그러나 내가 살아난 후에 너희보다 먼저 갈릴리로 가리라

⑭ しかしわたしは、よみがえってから、あなたがたより先にガリラヤへ行くであろう」。

마가福音 14:29

① 彼得謂之曰,衆雖見礙我必不然。

② 피들이 갈아되 비록 다 써리씨울지라도 나ᄂᆞᆫ 써리씨우지 안컷나이다

③ 피들이 갈아ᄃᆡ 비록 다 써리씨울지라도 나ᄂᆞᆫ 써리씨우지 ᄋᆞᆫ컷ᄂᆞ이다

④ 베드로ㅣ 엿ᄌᆞ와 ᄀᆞᆯᄋᆞᄃᆡ 뭇사름은 비록 넘어질지라도 나ᄂᆞᆫ 반ᄃᆞ시 그러치 아니ᄒᆞ리이다
⑤ 피득이 ᄃᆡ답ᄒᆞᄃᆡ 다 슬혀 ᄇᆞ릴지라도 나ᄂᆞᆫ 그러케 안켓ᄉᆞᆸᄂᆞ이다
⑥ 베드로ㅣ 엿ᄌᆞ오ᄃᆡ 다 죄ᄅᆞᆯ 범ᄒᆞᆯ지라도 나ᄂᆞᆫ 그러케 안켓ᄉᆞᆸᄂᆞ이다
⑦ 베드로ㅣ 엿ᄌᆞ오ᄃᆡ 다 죄를 범ᄒᆞᆯ지라도 나는 그러케 안켓ᄉᆞᆸᄂᆞ이다
(베드로가 엿ᄌᆞ오ᄃᆡ 다 슬혀ᄇᆞ릴지라도 나는 그러케 안켓ᄉᆞᆸᄂᆞ이다)
⑧ 베드로가 엿ᄌᆞ오ᄃᆡ 다 슬혀ᄇᆞ릴지라도 나는 그러케 안켓ᄉᆞᆸᄂᆞ이다
⑨ 베드로가 稟ᄒᆞᄃᆡ 다 厭棄ᄒᆞᆯ지라도 我ᄂᆞᆫ 然치 안케ᄉᆞᆸᄂᆞ이다
⑩ 베드로가 엿ᄌᆞ오ᄃᆡ 다 슬혀ᄇᆞ릴지라도 나ᄂᆞᆫ 그러케 아니ᄒᆞ겟ᄂᆞ이다
⑪ 베드로가 엿자오대 다 슬혀바릴지라도 나는 그러케 안켓삽니이다
⑫ 베드로가 엿자오대 다 바릴지라도 나는 그러치 안켓나이다
⑬ 베드로가 여짜오되 다 버릴찌라도 나는 그렇지 않겠나이다
⑭ するとペテロはイエスに言った、「たとい、みんなの者がつまずいても、わたしはつまずきません」。

마가福音 14:30

① 耶穌謂之曰,我誠告爾,今日,卽此夜間,二次鳴之先,爾將三次諱我。
② 예수 갈아샤되 ᄂᆡ 실노 네게 일오노니 오날 이 바음달 울기 두번 젼에 네가 셰번 나를 몰으리라
③ 예수 갈아샤ᄃᆡ ᄂᆡ 실노 네게 일오노니 오날 이 이음 달 울기 두번 젼에 네가 셰번 나롤 몰으리라
④ 예수ㅣ 닐너 ᄀᆞᆯᄋᆞ샤ᄃᆡ 나ㅣ 진실노 네게 닐ᄋᆞᄂᆞ니 오ᄂᆞᆯ 곳 이 밤즁에 ᄃᆞᆰ이 두홰 울기 젼에 너ㅣ 쟝ᄎᆞᆺ 삼ᄎᆞᄅᆞᆯ 나ᄅᆞᆯ ᄇᆡ반ᄒᆞ리라
⑤ 예수ㅣ ᄯᅩ ᄀᆞᆯᄋᆞ샤ᄃᆡ 내 실노 네게 닐ᄋᆞ노니 오날밤에 ᄃᆞᆰ이 두 번 울기 젼에ᄂᆞᆫ 네가 세 번 나를 모론다 ᄒᆞ리라 ᄒᆞ시니

⑥ 예수ㅣ ᄀᆞᆯᄋᆞ샤ᄃᆡ 내 실노 네게 닐ᄋᆞ노니 오날 곳 이 밤에 ᄃᆞᆰ이 두번 울기 젼에 네가 세번 나ᄅᆞᆯ 모론다 ᄒᆞ리라 ᄒᆞ시니
⑦ 예수ㅣ ᄀᆞᆯᄋᆞ샤ᄃᆡ 내 실노 네게 닐ᄋᆞ노니 오ᄂᆞᆯ 곳 이 밤에 ᄃᆞᆰ이 두 번 울기젼에 네가 세 번 나를 모른다ᄒᆞ리라 ᄒᆞ시니
(예수ㅣ ᄀᆞᆯᄋᆞ샤ᄃᆡ 내가 실노 네게 닐ᄋᆞ노니 오ᄂᆞᆯ 곳 이 밤에 ᄃᆞᆰ이 두 번 울기 젼에 네가 세번 나를 모른다 ᄒᆞ리라 ᄒᆞ시니)
⑧ 예수ㅣ ᄀᆞᆯᄋᆞ샤ᄃᆡ 내가 실노 네게 닐ᄋᆞ노니 오ᄂᆞᆯ 곳 이 밤에 ᄃᆞᆰ이 두번 울기 젼에 네가 세번 나를 모른다 ᄒᆞ리라 ᄒᆞ시니
⑨ 예수 曰 我가 實노 爾의게 諭ᄒᆞ노니 今日 곳 此 夜에 鷄가 二次 鳴ᄒᆞ기 前에 爾가 三次 我를 知치못ᄒᆞᆫ다 ᄒᆞ리라 ᄒᆞ시니
⑩ 예수ㅣ ᄀᆞᆯᄋᆞ샤ᄃᆡ 내가 眞實노 너의게 닐ᄋᆞ노니 오ᄂᆞᆯ 곳 이 밤에 ᄃᆞᆰ이 두番 울기 前에 네가 세番 나를 모른다 ᄒᆞ리라
⑪ 예수ㅣ 갈아샤대 내가 眞實노 네게 닐아노니 오날 곳 이 밤에 닭이 두 番 울기 前에 네가 세 番 나를 모른다 하리라 하시니
⑫ 예수끠셔 갈아샤대 내가 진실노 네게 닐아노니 오날 이 밤 닭이 두 번 울기 젼에 네가 세 번 나를 부인하리라
⑬ 예수께서 가라사대 내가 진실로 네게 이르노니 오늘 이 밤 닭이 두 번 울기 전에 네가 세 번 나를 부인하리라
⑭ イエスは言われた、「あなたによく言っておく。きょう、今夜、にわとりが二度鳴く前に、そう言うあなたが、三度わたしを知らないと言うだろう」。

마가福音 14:31

① 彼得力言曰,卽與爾偕亡,我從不諱爾。衆言,亦如之。
② 피들이 힘써 말하되 ᄂᆡ 쥬로 더부러 함긔 망할지라도 ᄯᅩ한 몰우지 안컷나이다 하고 각인이 ᄯᅩ한 이 갓치 말하다라
③ 피들이 힘써 말ᄒᆞ되 ᄂᆡ 쥬로 더부러 함ᄭᅴ 망할지라도 ᄯᅩ한 몰우지 ᄋᆞᆫ컷나이다 ᄒᆞ고 각인이 ᄯᅩᄒᆞᆫ 이 갓치 말하더라
④ 베드로ㅣ 굿세게 밀ᄒᆞ야 ᄀᆞᆯᄋᆞᄃᆡ 곳 너와 ᄒᆞᆷᄭᅴ 죽을지언뎡 ᄆᆞᆺᄎᆞᆷ내 나는 비반치 아니ᄒᆞ겟ᄂᆞ이다 ᄒᆞ고 여러 사ᄅᆞᆷ의 말도 ᄯᅩᄒᆞᆫ 그와 ᄀᆞᆺ치 ᄒᆞ더라
⑤ 피득이 ᄆᆡ우 ᄀᆞᆫ절이 말ᄒᆞᄃᆡ 내가 쥬와 ᄒᆞᆷᄭᅴ 죽을지언뎡 모론다 안켓습ᄂᆞ이다 ᄒᆞ니 모든 뎨ᄌᆞ들이 ᄯᅩᄒᆞᆫ 이와 ᄀᆞᆺ치 말ᄒᆞ더라

⑥ 베드로ㅣ ᄆᆡ우 간졀이 말ᄒᆞᄃᆡ 내가 쥬와 ᄒᆞᆷᄭᅴ 죽을지언뎡 모른다 안켓슴ᄂᆞ이다 ᄒᆞ고 모든 뎨ᄌᆞ들이 ᄯᅩᄒᆞᆫ 이와 ᄀᆞᆺ치 말ᄒᆞ더라
⑦ 베드로ㅣ ᄆᆡ우 ᄀᆞᆫ졀히 말ᄒᆞᄃᆡ 내가 쥬와 ᄒᆞᆷᄭᅴ 죽을 지언뎡 모른다 안켓습ᄂᆞ이다 ᄒᆞ고 모든 뎨ᄌᆞ들이 ᄯᅩᄒᆞᆫ 이와 ᄀᆞᆺ치 몰ᄒᆞ더라
(베드로가 ᄆᆡ우 ᄀᆞᆫ졀히 말ᄒᆞᄃᆡ 내가 쥬와 ᄒᆞᆷᄭᅴ 죽을지언뎡 모른다 ᄒᆞ지 안켓습ᄂᆞ이다 ᄒᆞ고 모든 뎨ᄌᆞ들도 ᄯᅩᄒᆞᆫ 이와ᄀᆞᆺ치
말ᄒᆞ더라)
⑧ 베드로가 ᄆᆡ우 ᄀᆞᆫ졀히 말ᄒᆞᄃᆡ 내가 쥬와 ᄒᆞᆷᄭᅴ죽을지언뎡 모른다 ᄒᆞ지 안켓습ᄂᆞ이다 ᄒᆞ고 모든 뎨ᄌᆞ들도 ᄯᅩᄒᆞᆫ 이와ᄀᆞᆺ치 말ᄒᆞ
더라
⑨ 베드로가 大端히 懇切히 言ᄒᆞᄃᆡ 我가 主와 同死ᄒᆞᆯ지언뎡 知치안는다 ᄒᆞ지 안켓습ᄂᆞ이다 ᄒᆞ고 諸 弟子들도 ᄯᅩᄒᆞᆫ 如此히 言ᄒᆞ
더라
⑩ 베드로가 ᄆᆡ우 懇切히 말ᄒᆞᄃᆡ 나는 主와 ᄒᆞᆷᄭᅴ 죽을지언뎡 모른다 ᄒᆞ지 안켓ᄂᆞ이다 모든 弟子들도 이와 ᄀᆞᆺ치 말ᄒᆞ더라
⑪ 베드로가 매우 懇切히 말하대 내가 主와 함께 죽을지언뎡 모른다 하지 안켓삽나이다 하고 모든 弟子들도 ᄯᅩ한 이와갓치
말하더라
⑫ 베드로가 힘잇게 말하대 내가 쥬와 함ᄭᅴ 죽을지언뎡 쥬를 부인하지 안켓나이다 하고 모든 뎨자도 이와 갓치 말하니라
⑬ 베드로가 힘있게 말하되 내가 주와 함께 죽을찌언정 주를 부인하지 않겠나이다 하고 모든 제자도 이와 같이 말하니라
⑭ ペテロは力をこめて言った、「たといあなたと一緒に死なねばならなくなっても、あなたを知らないなどとは、決して申し
ません」。みんなの者もまた、同じようなことを言った。

마가福音 14:32

① 至一處,名客西馬尼,耶穌謂門徒曰,爾坐此,待我祈禱。
② 한 곳에 닐으니 일홈은 깃세마네라 뎨자게 일으샤되 여긔 안저 ᄂᆡ 빌기를 기다리라 하고

③ 한 곳에 닐으니 일홈은 깃세마네라 뎨자게 갈아샤ᄃᆡ 여긔 안저 ᄂᆡ 빌기ᄅᆞᆯ 기다리라 ᄒᆞ고

④ ᄒᆞᆫ 곳에 니ᄅᆞ니 디명은 겻세만에라 예수ㅣ 뎨ᄌᆞ들ᄃᆞ려 닐너 ᄀᆞᆯᄋᆞ샤ᄃᆡ 너희ᄂᆞᆫ 나의 긔도ᄒᆞᆯ 동안희 여긔 안지라

⑤ ᄯᅩ 긱셔마니라 하ᄂᆞᆫ 곳에 니ᄅᆞ러 예수ㅣ 뎨자들의게 닐ᄋᆞ샤ᄃᆡ 너희ᄂᆞᆫ 여긔 안졋스라 나ᄂᆞᆫ 긔도ᄒᆞ겟노라 ᄒᆞ시고

⑥ ᄯᅩ 겟세마네니라 ᄒᆞᄂᆞᆫ 곳에 니ᄅᆞ러 예수ㅣ 뎨ᄌᆞ들의게 닐ᄋᆞ샤ᄃᆡ 너희ᄂᆞᆫ 내 긔도ᄒᆞᆯ 동안에 여긔 안졋시라 ᄒᆞ시고

⑦ ᄯᅩ 겟세마네라ᄒᆞᄂᆞᆫ 곳에 니르러 예수ㅣ 뎨ᄌᆞ들의게 닐넛스ᄃᆡ 너희는 내 긔도ᄒᆞᆯ 동안에 여긔 안졋스라 ᄒᆞ시고

(ᄯᅩ 겟세마네라 ᄒᆞ는 곳에 니르러 예수가 뎨ᄌᆞ들의게 닐ᄋᆞ샤ᄃᆡ 너희는 내가 긔도ᄒᆞᆯ 동안에 여긔 안졋스라 ᄒᆞ시고)

⑧ ᄯᅩ 겟세마네라 ᄒᆞᄂᆞᆫ 곳에 니르러 예수가 뎨ᄌᆞ들의게 닐ᄋᆞ샤ᄃᆡ 너희는 내가 긔도ᄒᆞᆯ 동안에 여긔 안졋스라 ᄒᆞ시고

⑨ ᄯᅩ 겟세마네라 ᄒᆞᄂᆞᆫ 處에 至ᄒᆞ야 예수가 弟子들의게 諭ᄒᆞ샤ᄃᆡ 爾等은 我가 祈禱ᄒᆞᆯ 時間에 此處에 坐ᄒᆞ라 ᄒᆞ시고

⑩ 겟세마네라 ᄒᆞᄂᆞᆫ 곳에 니르러 예수ㅣ 弟子들의게 닐ᄋᆞ샤ᄃᆡ 너희ᄂᆞᆫ 나의 祈禱ᄒᆞᆯ 동안 여긔 안졋스라 ᄒᆞ시고

⑪ ᄯᅩ 겟세마네라 하는 곳에 니르너 예수ㅣ 弟子들의게 닐아샤대 너희는 내가 祈禱할 동안에 여ᅴ 안졋스라 하시고

⑫ 뎌희가 겟세마네라 하는 곳에 니르매 예수ᄭᅴ셔 뎨자들의게 닐아샤대 나의 긔도할 동안에 너희는 여긔 안젓스라 하시고

⑬ 지희가 겟세마네라 하는 곳에 이르매 예수께서 제자들에게 이르시되 나의 기도할 동안에 너희는 여기 앉았으라 하시고

⑭ さて、一同はゲツセマネという所にきた。そしてイエスは弟子たちにが祈っている間、ここにすわっていなさい」。

마가福音 14:33

① 遂攜彼得,雅各,約翰偕己,驚訝哀慟,

② 이여 피들과 야곱과 요안니를 다리고 자긔과 함긔 하여 비르소 황숑하고 X른X여 갈아샤되

③ 이어 피들과 야곱과 요안니ᄅᆞᆯ 더리고 자긔과 함ᄭᅴ ᄒᆞ여 비르소 황숑ᄒᆞ고 조민ᄒᆞ여 갈이샤ᄃᆡ ᄂᆡ 마암이

④ 드ᄃᆡ여 베드로와 야고보와 요안을 다리고 ᄒᆞᆫ가지로 계실시 무셔워ᄒᆞ고 답답ᄒᆞ샤 말ᄉᆞᆷᄒᆞ여 ᄀᆞᆯᄋᆞ샤ᄃᆡ

⑤ 피득과 아각과 요한을 ᄃᆞ리고 가실ᄉᆡ 크게 놀내시고 압푸게 슯허ᄒᆞ샤
⑥ 베드로와 야고보와 요한을 ᄃᆞ리시고 가실ᄉᆡ 비로소 심히 놀나시며 고로워 ᄒᆞ샤
⑦ 베드로와 야고보와 요한을 ᄃᆞ리시고 가실ᄉᆡ 비로소 심히 놀나시며 고로와ᄒᆞ샤
(베드로와 야고보와 요한을 ᄃᆞ리시고 가실ᄉᆡ 심히 놀나시며 괴로워ᄒᆞ샤)
⑧ 베드로와 야고보와 요한을 다리시고 가실ᄉᆡ 심히 놀나시며 괴로워ᄒᆞ샤
⑨ 베드로와 야고보와 요한을 率ᄒᆞ시고 往ᄒᆞ실ᄉᆡ 甚히 驚ᄒᆞ시며 苦로와ᄒᆞ샤
⑩ 베드로와 야고보와 요한을 ᄃᆞ리시고 가실서 甚히 놀나시며 슯허ᄒᆞ샤
⑪ 베드로와 야고보와 요한을 다리고 가실 새 甚히 놀나시며 괴로워 하샤
⑫ 베드로와 야고보와 요한을 다리고 가실새 심히 놀나시며 슯허하샤
⑬ 베드로와 야고보와 요한을 데리고 가실쌔 심히 놀라시며 슬퍼하사
⑭ そしてペテロ、ヤコブ、ヨハネを一緒、連れて行かれたが、恐れおののき、また悩みはじめて、彼らに言われた、

마가福音 14:34

① 謂之曰,我心甚憂,瀕死矣,爾待此,且儆醒。
② 갈아샤ᄃᆡ ᄂᆡ 마암이 심히 근심하니 거의 죽갓다 너희는 에셔 기달여 ᄭᅢ여라 하고
③ 갈아샤ᄃᆡ ᄂᆡ 마암이 심히 근심ᄒᆞ니 거의 죽갓다 너희는 에셔 기다려 ᄭᅢ여라 하고
④ 내 ᄆᆞ옴이 쵸민홈이 죽기에 니ᄅᆞ렷시니 너희는 여긔셔 기ᄃᆞ리고 ᄯᅩᄒᆞᆫ ᄭᅢ여 잇스라 ᄒᆞ시고
⑤ 말솜ᄒᆞ샤ᄃᆡ 내 ᄆᆞ옴이 심히 근심ᄒᆞ야 죽게 되엿ᄉᆞ니 너희는 여긔 머믈너 잇고 ᄯᅩ ᄭᅢ여라 ᄒᆞ시고
⑥ 말솜ᄒᆞ샤ᄃᆡ 죽도록 내 ᄆᆞ옴이 심히 슯흐니 너희는 여긔 머믈고 ᄭᅢ여 잇ᄉᆞ라 ᄒᆞ시고

⑦ 말ᄉᆞᆷᄒᆞ샤ᄃᆡ 죽도록 내 ᄆᆞᄋᆞᆷ이 심히 슬프니 너희는 여긔 머믈고 ᄭᆡ여잇스라 ᄒᆞ시고
(말ᄉᆞᆷᄒᆞ샤ᄃᆡ 내 ᄆᆞᄋᆞᆷ이 심히 민망ᄒᆞ야 죽게 되엿시니 너희는 여긔 머믈너 ᄭᆡ여잇스라 ᄒᆞ시고)
⑧ 말ᄉᆞᆷᄒᆞ샤ᄃᆡ 내ᄆᆞᄋᆞᆷ이 심히 민망ᄒᆞ야 죽게 되엿스니 너희는 여긔 머믈너 ᄭᆡ여잇스라 ᄒᆞ시고
⑨ 言ᄒᆞ샤ᄃᆡ 我心이 甚히 憫惘ᄒᆞ야 死ᄒᆞ게 되엿스니 爾等은 此處에 留ᄒᆞ야 醒在ᄒᆞ라 ᄒᆞ시고
⑩ 닐ᄋᆞ샤ᄃᆡ 내 ᄆᆞᄋᆞᆷ이 甚히 憫望ᄒᆞ야 죽게 되엿스니 너희는 여긔 머믈너 ᄭᆡ여 잇스라 ᄒᆞ시고
⑪ 말삼하샤대 내 마암이 甚히 憫惘하야 죽게 되엿스니 너희는 여긔 머믈너 깨여 잇스라 하시고
⑫ 말삼하샤대 내 마암이 심히 고민하야 죽게 되엿스니 너희는 여긔 머물너 깨여잇스라 하시고
⑬ 말씀하시되 내 마음이 심히 고민하여 죽게 되었으니 너희는 여기 머물러 깨어 있으라 하시고
⑭「わたしは悲しみのあまり死ぬほどである。ここに待っていて、目をさましていなさい」。

마가福音 14:35

① 少進,伏地,乃以如或可爲,則斯時免之爲禱。
② 죠금 나아가 ᄯᅡᆼ에 업더여 빌되 예혹 가하면 이 ᄣᅢ를 면하리라 ᄒᆞ고
③ 죠금 나아가 ᄯᅡ에 업더여 빌되 만일 능하면 이 ᄣᅢ롤 면하리라 ᄒᆞ고
④ 조곰 나아가 ᄯᅡ희 업ᄃᆡ여 빌어 ᄀᆞᆯᄋᆞ샤ᄃᆡ 혹 가히 ᄒᆞᆯ만ᄒᆞ시거든 이 ᄣᅢ에 면ᄒᆞ게 ᄒᆞ여 주쇼셔 ᄒᆞ며
⑤ 조곰 압ᄒᆞ로 나아가샤 ᄯᅡ에 업ᄃᆞ려 긔도ᄒᆞ샤ᄃᆡ 만일 ᄒᆞᆯ만 ᄒᆞ시거든 이 ᄣᅢ를 면ᄒᆞ게 ᄒᆞ여 주옵쇼셔 ᄒᆞ시고
⑥ 조곰 압ᄒᆞ로 가샤 ᄯᅡ헤 업ᄃᆞ려 만일 ᄒᆞᆯ만 ᄒᆞ시거던 이ᄣᅢ롤 면ᄒᆞ게 ᄒᆞ야 주시기롤 긔도 ᄒᆞ시고
⑦ 조곰압ᄒᆞ로 가샤 ᄯᅡ헤 업ᄃᆞ려 긔도ᄒᆞ시기를 만일 ᄒᆞᆯ만ᄒᆞ시거든 이 ᄣᅢ를 면ᄒᆞ게ᄒᆞ여 주심을 구ᄒᆞ시고
(조곰 압ᄒᆞ로 나가샤 ᄯᅡ헤 업드려 긔도ᄒᆞ시기를 만일 ᄒᆞᆯ만ᄒᆞ시거든 이 ᄣᅢ를 면ᄒᆞ게 ᄒᆞ야 달나 ᄒᆞ야)

⑧ 조곰 압흐로나아가샤 짜에 업드려 긔도ᄒᆞ시기를 ᄒᆞᆯ 만ᄒᆞ시거든 이때를 면ᄒᆞ게 ᄒᆞ야 달나 ᄒᆞ야
⑨ 조곰 前進ᄒᆞ샤 地에 伏ᄒᆞ야 祈禱ᄒᆞ시기를 ᄒᆞᆯ 만ᄒᆞ시거든 此時를 免ᄒᆞ게 ᄒᆞ야 달나 ᄒᆞ야
⑩ 조곰 압흐로 나아가샤 짜에 업ᄃᆡ여 祈禱ᄒᆞ샤ᄃᆡ 合宜ᄒᆞ시거든 이 때를 免ᄒᆞ게 ᄒᆞ야 주옵쇼셔
⑪ 조곰 압흐로 나아가샤 짜에 업드려 祈禱하시기를 할 만하시거든 이 때를 免하게 하야 달나하야
⑫ 조곰 나아가샤 짜에 업대여 될 수 잇는 대로 이 때가 자긔의게셔 지나가기를 구하야
⑬ 조금 나아가사 땅에 엎드리어 될 수 있는 대로 이 때가 자기에게서 지나가기를 구하여
⑭ そして少し進んで行き、地にひれ伏し、もしできることなら、この時を過ぎ去らせてくださるようにと祈りつづけ、そして言われた、

마가福音 14:36

① 又曰,阿爸父乎,爾無所不能,以此杯去於我,雖然,非從我所欲,乃從爾所欲也。
② 갈아샤되 압바 아바니는 능치 못한 바 업사니 이 잔을 너게 써나게 하소셔 다못 너의 즐겨하는 바를 좃지 안코 아바니의 하는 바를 좃갓나이다 하고
③ 갈아샤ᄃᆡ 아바 아바니는 능치 못한 바 업ᄉᆞ니 이 잔올 너게 써나게 하소셔 다못 너의 뜻으로 안코 아바니의 뜻으로 하갓나으다 ᄒᆞ고
④ 쏘 ᄀᆞᆯᄋᆞ샤ᄃᆡ 부여 부여 능히 못ᄒᆞ실거시 업ᄉᆞ신지라 이 잔으로써 내게 써나가게 ᄒᆞ여 주쇼셔 비록 그러ᄒᆞ오나 나의 ᄒᆞ고져 ᄒᆞᆷ을 조참이 아니라 이에 너의 ᄒᆞ고십흠을 조참이니이다 ᄒᆞ시고
⑤ 쏘 ᄀᆞᆯᄋᆞ샤ᄃᆡ 아빠아바님이여 능치 못ᄒᆞ신거시 업ᄉᆞ시니 내게셔 이 잔을 옴겨 가옵쇼셔 그러나 나 ᄒᆞ고져 ᄒᆞᄂᆞᆫᄃᆡ로 마옵시고 아바님의 뜻ᄃᆡ로 ᄒᆞ옵쇼셔 ᄒᆞ시고

⑥ ᄀᆞᆯᄋᆞ사ᄃᆡ 아빠 아바지여 능치 못ᄒᆞ신 거시 업ᄉᆞ시니 내게셔 이 잔을 ᄯᅥ나게 ᄒᆞᄋᆞᆸ쇼셔 그러나 나 ᄒᆞ고져 ᄒᆞᄂᆞᆫᄃᆡ로 마ᄋᆞᆸ시고 아바지의 ᄯᅳᆺᄃᆡ로 ᄒᆞᄋᆞᆸ쇼셔 ᄒᆞ시고

⑦ ᄀᆞᆯᄋᆞ샤ᄃᆡ 아바아바지여 능치못ᄒᆞ신 거시 업ᄉᆞ시니 내게셔 이 잔을 ᄯᅥ나게 ᄒᆞᄋᆞᆸ쇼셔 그러나 나의 ᄒᆞ고져ᄒᆞ는대로 마ᄋᆞᆸ시고 아바지의 ᄯᅳᆺ대로 ᄒᆞᄋᆞᆸ쇼셔 ᄒᆞ시고

(ᄀᆞᆯᄋᆞ샤ᄃᆡ 아바 아바지여 능치 못ᄒᆞ신 거시 업스시니 내게셔 이 잔을 ᄯᅥ나게 ᄒᆞᄋᆞᆸ쇼셔 그러나 내가 ᄒᆞ고져 ᄒᆞ는 대로 마옵시고 오직 아바지의 ᄯᅳᆺ대로 ᄒᆞᄋᆞᆸ쇼셔 ᄒᆞ시고)

⑧ ᄀᆞᆯᄋᆞ샤ᄃᆡ 아바 아바지여 능치 못ᄒᆞ신 거시 업스시니 내게셔 이잔을 ᄯᅥ나게 ᄒᆞ옵쇼셔 그러나 내가 ᄒᆞ고져 ᄒᆞᄂᆞᆫ 대로 마옵시고 오직 아바지의 ᄯᅳᆺ로 ᄒᆞ옵쇼셔 ᄒᆞ시고

⑨ 曰 아바 父여 能치 못ᄒᆞ신 거시 無ᄒᆞ시니 我의게 此杯를 離ᄒᆞ게 ᄒᆞᄋᆞᆸ쇼셔 然ᄒᆞ나 我가 ᄒᆞ고져 ᄒᆞᄂᆞᆫ 대로 마ᄋᆞᆸ시고 오직 父의 旨대로 ᄒᆞᄋᆞᆸ쇼셔 ᄒᆞ시고

⑩ ᄯᅩ ᄀᆞᆯᄋᆞ샤ᄃᆡ 아바지여 能치 못ᄒᆞ신 일이 업스시니 내게셔 이 盞을 ᄯᅥ나게 ᄒᆞ옵쇼셔 그러나 내가 ᄒᆞ고져 ᄒᆞᄂᆞᆫ대로 마옵시고 貴ᄒᆞ신 아비지의 ᄯᅳᆺ대로 ᄒᆞ옵쇼서 ᄒᆞ고

⑪ 갈아샤대 아바아바지여 能치 못하신 것이 업스시니 내게셔 이 盞을 ᄯᅥ나게 하옵쇼셔 그러나 내가 하고져 하는 대로 마옵시고 오직 아바지의 ᄯᅳᆺ대로 하옵쇼셔 하시고

⑫ 갈아샤대 아바아바지여 아바지ᄭᅴ는 모든 것이 가능하오니 이 잔을 내게셔 옴기시옵쇼셔 그러나 나의 원대로 마옵시고 아바지의 원대로 하옵쇼셔 하시고

⑬ 가라사대 아바 아버지여 아버지께는 모든 것이 가능하오니 이 잔을 내게서 옮기시옵소서 그러나 나의 원대로 마옵시고 아버지의 원대로 하옵소서 하시고

⑭「アバ、父よ、あなたには、できないことはありません。どうか、この杯をわたしから取りのけてください。しかし、わ

たしの思いではなく、みこころのままになさってください」。

마가福音 14:37

① 遂退,見門徒寢,語彼得曰,西門,爾寢乎,爾不能儆醒片時乎,

② 이여 와셔 뎨자의 자물 보고 피들게 일오샤되 시몬아 네 자나냐 능히 잠시를 ᄭᆡ지 못하나냐

③ 이여 와셔 뎨자의 자물 보고 피들게 갈아샤ᄃᆡ 시몬아 네 자ᄂᆞ냐 능히 잠시ᄅᆞᆯ ᄭᆡ지 못하ᄂᆞ냐

④ 드ᄃᆡ여 물너와 뎨ᄌᆞ들이 잠들믈 보시고 베드로ᄃᆞ려 말ᄉᆞᆷᄒᆞ여 ᄀᆞᆯᄋᆞ샤ᄃᆡ 시문아 너ㅣ 자ᄂᆞ냐 너ㅣ 편시ᄅᆞᆯ ᄭᆡ여 잇지 못ᄒᆞ겟ᄂᆞ냐

⑤ 도라오샤 그 뎨ᄌᆞ들이 자ᄂᆞᆫ 거슬 보시고 피득 ᄃᆞ려 말ᄉᆞᆷᄒᆞ샤ᄃᆡ 셔문아 자ᄂᆞ냐 너희가 ᄒᆞᆫ시동안도 ᄭᆡ여 잇지 못ᄒᆞᄂᆞ냐

⑥ 도라오샤 뎨ᄌᆞ들이 자ᄂᆞᆫ 거ᄉᆞᆯ 보시고 베드로ᄃᆞ려 말ᄉᆞᆷᄒᆞ샤ᄃᆡ 시몬아 자ᄂᆞ냐 네가 반시 동안도 ᄭᆡ여 잇지 못ᄒᆞᄂᆞ냐

⑦ 도라오샤 뎨ᄌᆞ들이 자ᄂᆞᆫ 거슬 보시고 베드로ᄃᆞ려 말ᄉᆞᆷᄒᆞ샤ᄃᆡ 시몬아 자ᄂᆞ냐 네가 반시 동안도 ᄭᆡ여잇지못ᄒᆞᄂᆞ냐
(도라 오샤 뎨ᄌᆞ들이 자는 거슬 보시고 베드로ᄃᆞ려 말ᄉᆞᆷᄒᆞ샤ᄃᆡ 시몬아 자ᄂᆞ냐 네가 ᄒᆞᆫ시동안도 ᄭᆡ여잇지 못ᄒᆞᄂᆞ냐)

⑧ 도라오샤 뎨ᄌᆞ들이 자ᄂᆞᆫ 거슬 보시고 베드로ᄃᆞ려 말ᄉᆞᆷᄒᆞ샤ᄃᆡ 시몬아 자ᄂᆞ냐 네가 일시동안도 ᄭᆡ여잇지 못ᄒᆞᄂᆞ냐

⑨ 歸來ᄒᆞ샤 弟子들이 寢ᄒᆞᄂᆞᆫ 거슬 見ᄒᆞ시고 베드로ᄃᆞ려 言ᄒᆞ샤ᄃᆡ 시몬아 寢ᄒᆞᄂᆞ냐 爾가 一時間도 醒在치 못ᄒᆞᄂᆞ냐

⑩ 도라오샤 弟子들이 자ᄂᆞᆫ거슬 보시고 베드로 ᄃᆞ려 닐ᄋᆞ샤ᄃᆡ 시몬아 자ᄂᆞ냐 ᄒᆞᆫ 時동안도 ᄭᆡ여 잇지 못ᄒᆞᄂᆞ냐

⑪ 도라오샤 弟子들의 자는 것을 보시고 베드로 다려 말삼하야대 시몬아 자나냐 네가 一時동안도 깨여 잇지 못하나냐

⑫ 도라오샤 뎨자들의 자는 것을 보시고 베드로의게 말삼하샤대 시몬아 자나냐 네가 한시동안도 깨여 잇슬 수 업더냐

⑬ 돌아오사 제자들의 자는 것을 보시고 베드로에게 말씀하시되 시몬아 자느냐 네가 한 시 동안도 깨어 있을 수 없더냐

⑭ それから、きてごらんになると、弟子(でし)たちが眠っていたので、ペテロに言われた、「シモンよ、眠っているのか、
ひと時も目をさましていることができなかったのか。

마가福音 14:38

① 儆醒也,祈禱也,免入誘惑也,心固願,而肉滞弱耳。

② 맛당히 ᄭᆡ여 빌어써 미혹에 들물 면하라 마암은 실노 원하나 몸은 연약하다 하고

③ 맛당히 ᄭᆡ여 빌어써 미혹에 들물 면하라 마암온 실노 원하나 몸은 연약하다 하고

④ ᄭᆡ여 비ᄂᆞᆫ 거ᄉᆞᆫ 유감에 드러감을 면ᄒᆞᆷ이니 ᄆᆞᄋᆞᆷ은 진실노 원ᄒᆞ거니와 육신이 약ᄒᆞ도다 ᄒᆞ고

⑤ ᄭᆡ여 긔도ᄒᆞ야 시험에 들지 안케 ᄒᆞ여라 ᄆᆞᄋᆞᆷ에ᄂᆞᆫ 진실노 원ᄒᆞᆷ이로되 육신이 약ᄒᆞ니라 ᄒᆞ시고

⑥ ᄭᆡ여 긔도ᄒᆞ야 시험에 들지 안케 ᄒᆞ여라 ᄆᆞᄋᆞᆷ은 원ᄒᆞ거니와 육신은 약ᄒᆞ니라 ᄒᆞ시고

⑦ ᄭᆡ여 긔도ᄒᆞ야 시험에 드지 안케ᄒᆞ여라 ᄆᆞᄋᆞᆷ은 원ᄒᆞ거니와 육신은 약ᄒᆞ니라 ᄒᆞ시고
(ᄭᆡ여 긔도ᄒᆞ야 시험에 들지 안케ᄒᆞ여라 ᄆᆞᄋᆞᆷ에는 원이로되 육신이 약ᄒᆞ도다 ᄒᆞ시고)

⑧ ᄭᆡ여 긔도ᄒᆞ야 시험에 들지 안케 ᄒᆞ여라 ᄆᆞᄋᆞᆷ은 원이로되 육신이 약ᄒᆞ도다 ᄒᆞ시고

⑨ 醒ᄒᆞ야 祈禱ᄒᆞ야 試驗에 入지 안케 ᄒᆞ여라 心에ᄂᆞᆫ 願이로되 肉身이 弱ᄒᆞ도다 ᄒᆞ시고

⑩ ᄭᆡ여 祈禱ᄒᆞ야 試驗에 드지 안케 ᄒᆞ여라 ᄆᆞᄋᆞᆷ에ᄂᆞᆫ 願이로되 肉身이 弱ᄒᆞ도다 ᄒᆞ시고

⑪ ᄭᅢ여 祈禱하야 試驗에 들지 안케하여라 마암에는 願이로되 肉身인 弱하도다 하시고

⑫ 시험에 들지 안케 ᄭᅢ여 잇서 긔도하라 마암에는 원이로되 육신이 약하도다 하시고

⑬ 시험에 들지 않게 깨어 있어 기도하라 마음에는 원이로되 육신이 약하도다 하시고

⑭ 誘惑に陥らないように、目をさまして祈っていなさい。心は熱しているが、肉体が弱いのである」。

마가福音 14:39

① 復往祈禱,言亦如之。

② 다시 가 비눈듸 말을 쏘한 갓치 하고
③ 다시 가 비눈듸 말이 쏘한 갓치 하고
④ 다시 가셔 긔도ᄒᆞ실식 쏘ᄒᆞᆫ 젼과 ᄀᆞᆺ치 말솜ᄒᆞ시고
⑤ 다시 나아가샤 긔도 ᄒᆞ시며 말솜ᄒᆞ시기를 젼과 ᄀᆞᆺ치 ᄒᆞ시고
⑥ 다시 나가 긔도ᄒᆞ시며 말솜ᄒᆞ시기ᄅᆞᆯ 젼과 ᄀᆞᆺ치 ᄒᆞ시고
⑦ 다시 나가 긔도ᄒᆞ시며 말솜ᄒᆞ시기를 젼과 ᄀᆞᆺ치ᄒᆞ시고
(다시 나아가 긔도ᄒᆞ시며 말솜ᄒᆞ시기를 젼과 ᄀᆞᆺ치ᄒᆞ시고)
⑧ 다시나아가 긔도ᄒᆞ시며 말솜ᄒᆞ시기를 젼과 ᄀᆞᆺ치 ᄒᆞ시고
⑨ 復進ᄒᆞ야 祈禱ᄒᆞ시며 言ᄒᆞ시기를 前과 如ᄒᆞ게 ᄒᆞ시고
⑩ 다시 나아가 前과 ᄀᆞᆺ흔 말솜으로 祈禱ᄒᆞ시고
⑪ 다시 나아가 祈禱하시며 말삼하시기를 前과 갓치 하시고
⑫ 다시 나아가 동일한 말삼으로 긔도하시고
⑬ 다시 나아가 동일한 말씀으로 기도하시고
⑭ また離れて行って同じ言葉で祈られた。

마가福音 14:40
① 旣返,見門徒復寢,因其目倦也。門徒不知何以對之。
② 돌아와 그 잠을 보니 그 눈이 곤한지라 뎨자 엇지 딕답할 줄을 아지 못하거날
③ 다시 돌아와 뎨자의 잠올 보니 그 눈이 혼곤하여 엇지 딕답할 줄올 아지 못하거날

④ 임의 도라오샤 뎨ᄌᆞ들을 보시니 다시 잠이 드렷시며 눈들이 쎗쎗ᄒᆞᆷ을 인ᄒᆞᆷ이 나 엇지 ᄃᆡ답ᄒᆞᆯ지 몰나 ᄒᆞ더라
⑤ ᄯᅩ 도라오샤 그들의 자ᄂᆞᆫ 거슬 보시니 눈이 피곤ᄒᆞᆷ이오 뎌희가 ᄯᅩᄒᆞᆫ 예수ᄭᅴ 무엇ᄉᆞ로 ᄃᆡ답ᄒᆞᆯ 줄을 아지 못ᄒᆞ더라
⑥ ᄯᅩ 도라 오샤 자ᄂᆞᆫ 거술 보시니 눈이 피곤ᄒᆞᆷ이오 뎌희가 ᄯᅩᄒᆞᆫ 예수ᄭᅴ 무어ᄉᆞ로 ᄃᆡ답 ᄒᆞᆯ줄을 아지 못ᄒᆞ더라
⑦ ᄯᅩ 도라와 보시니 뎌희가 자ᄂᆞᆫ 거ᄉᆞᆫ 눈이 피곤ᄒᆞᆷ이라 ᄯᅩᄒᆞᆫ 뎌희가 예수ᄭᅴ 무엇ᄉᆞ로 ᄃᆡ답ᄒᆞᆯ줄을 아지못ᄒᆞ더라
(ᄯᅩ 도라와 보시니 뎌희가 자는 거ᄉᆞᆫ 눈이 심히 피곤ᄒᆞᆷ일너라 ᄯᅩᄒᆞᆫ 뎌희가 예수ᄭᅴ 무어ᄉᆞ로 ᄃᆡ답ᄒᆞᆯ 줄을 아지 못ᄒᆞ는지라)
⑧ ᄯᅩ 도라와보시니 뎌희가 자ᄂᆞᆫ 거ᄉᆞᆫ 눈이 심히 피곤ᄒᆞᆷ일너라 ᄯᅩᄒᆞᆫ 뎌희가 예수ᄭᅴ 무어스로 ᄃᆡ답ᄒᆞᆯ 줄을 아지 못ᄒᆞᄂᆞᆫ지라
⑨ ᄯᅩ 歸見ᄒᆞ시니 彼等이 寢ᄒᆞᄂᆞᆫ 거ᄉᆞᆫ 目이 甚히 疲困ᄒᆞᆷ일너라 ᄯᅩᄒᆞᆫ 彼等이 예수ᄭᅴ 何言로 答ᄒᆞᆯ 줄을 知치 못ᄒᆞᄂᆞᆫ지라
⑩ 도라와 보신 ᄃᆡ 뎌희가 甚히 疲困ᄒᆞ야 잠이 옴으로 예수ᄭᅴ 엇더케 對答ᄒᆞᆯ 줄도 아지 못ᄒᆞ더라
⑪ ᄯᅩ 도라와 보시니 뎌희가 자는 것은 눈이 甚히 疲困함일너라 ᄯᅩ한 뎌희가 예수ᄭᅴ 무엇으로 對答할 줄을 아지 못하는 지라
⑫ 다시 오샤 보신즉 뎌희가 자니 이는 뎌희 눈이 심히 피곤함이라 뎌희가 예수ᄭᅴ 무엇으로 대답할 줄을 아지 못하더라
⑬ 다시 오사 보신즉 저희가 자니 이는 저희 눈이 심히 피곤함이라 저희가 예수께 무엇으로 대답할줄을 알지 못하더라
⑭ またきてごらんになると、彼らはまだ眠っていた。その目が重くなっていたのである。そして、彼らはどうお答えしてよいか、わからなかった。

마가福音 14:41

① 第三次至而謂之曰,今可寢且安矣,已矣,時至矣,人子見付於罪人之手矣。
② 뎌 세 번치 돌아와 갈아샤되 이제ᄂᆞᆫ 자고 쉬이라 다 되엿다 닐으러스니 인자가 죄인의 손에 붓치물 보리라
③ 뎌 세 번치 돌아와 갈아샤ᄃᆡ 이제ᄂᆞᆫ 자고 쉬이라 다 되엿다 ᄯᅢ 닐으러ᄉᆞ니 인ᄌᆞ가 죄인의 ᄉᆞ에 붓치물 보리라
④ 뎨 삼ᄎᆞᄂᆞᆫ 오시더니 닐너 ᄀᆞᆯᄋᆞ샤ᄃᆡ 이제ᄂᆞᆫ 가히 잠들자고 ᄯᅩᄒᆞᆫ 안심ᄒᆞᆯ 거시니라 다되엿다 ᄣᅢ가 왓다 인ᄌᆞㅣ 죄인의 손에

맛기임을 보리로다

⑤ 셋재 번에 ᄯᅩ 도라오샤 그들의게 닐너 ᄀᆞᆯᄋᆞ샤ᄃᆡ 지금은 자고 쉬히라 ᄒᆞ릴 업다 ᄣᅢ가 오ᄂᆞᆫ지라 인ᄌᆞㅣ 죄인의 손에 풀녓도다

⑥ 세번재 오시더니 그들의게 닐ᄋᆞ샤ᄃᆡ 이제ᄂᆞᆫ 자고 쉬히라 그만이오 ᄣᅢ가 온지라 인ᄌᆞ롤 죄인의 손에 내여 주ᄂᆞᆫ도다

⑦ 세 번재 오시더니 그들의게 닐넛스ᄃᆡ 이제는 자고 쉬라 그만이오 ᄣᅢ가 온지라 인ᄌᆞ를 죄인의 손에 내여주ᄂᆞᆫ도다

(세번재 오시더니 뎌희의게 닐ᄋᆞ샤ᄃᆡ 이제는 자고 쉬라 그만일다 ᄣᅢ가 온지라 인ᄌᆞ가 죄인의 손에 잡혀 가리라)

⑧ 세번재 오시더니 뎌희의게 닐ᄋᆞ샤ᄃᆡ 이제는 자고 쉬라 그만일다 ᄣᅢ가 온지라 인ᄌᆞ가 죄인의 손에 잡혀 가리라

⑨ 三次재 來ᄒᆞ시더니 彼等의게 諭ᄒᆞ샤ᄃᆡ 只今은 寢ᄒᆞ고 息ᄒᆞ라 그만일다 時가 來ᄒᆞᆫ지라 人子가 罪人의 手에 被執ᄒᆞ야 去ᄒᆞ리라

⑩ 세番재 오샤 뎌희의게 닐ᄋᆞ샤ᄃᆡ 이제ᄂᆞᆫ 자고 쉬라 그만일다 ᄣᅢ가 온지라 人子가 罪人의 손에 잡혀가리라

⑪ 세 番재 오시더니 뎌희의게 닐아샤대 이제는 자고 쉬라 그만일다 ᄣᅢ가 온지라 人子가 罪人의 손에 잡혀가리라

⑫ 세 번재 오샤 뎌희의게 닐아샤대 이제는 자고 쉬라 그만이다 ᄣᅢ가 왓도다 보라 인자가 죄인의 손에 팔니우나니라

⑬ 세 번째 오사 저희에게 이르시되 이제는 자고 쉬라 그만이다 때가 왔도다 보라 인자가 죄인의 손에 팔리우느니라

⑭ 三度目にきて言われた､「まだ眠っているのか、休んでいるのか。もうそれでよかろう。時がきた。見よ、人の子は罪人(つみびと)らの手に渡されるのだ。

마가福音 14:42

① 起而偕行,付我者近矣。

② 닐어나라 가쟈 나를 뭇칠 쟈 갓가왓다 말할 ᄶᅥᆨ여

③ 닐어나라 가쟈 나롤 뭇칠 쟈 갓가왓다 말할 ᄶᅥᆨ에

④ 니러나 ᄀᆞᆺ치 갈지어다 나롤 잡아줄 쟈ㅣ 갓가이 왓도다 ᄒᆞ시더니

⑤ 니러나 ᄒᆞᆷᄢᅴ 갈지어다 나를 ᄑᆞᆫ 쟈ㅣ 갓가이 왓ᄂᆞ니라
⑥ 니러나 ᄒᆞᆷᄢᅴ 가자 나ᄅᆞᆯ 잡아줄 쟈ㅣ 갓가히 왓다 ᄒᆞ시더라
⑦ 니러나 ᄒᆞᆷᄢᅴ 가자 나를 잡아줄 쟈ㅣ 갓가이 왓다 ᄒᆞ시더라
(니러나 ᄒᆞᆷᄢᅴ가자 나를 잡아줄 쟈가 갓가이 왓다 ᄒᆞ시더라)
⑧ 니러나 ᄒᆞᆷᄢᅴ가자 나를 잡아줄 쟈가 갓가히왓다 ᄒᆞ시더라
⑨ 起ᄒᆞ야 偕往ᄒᆞ자 我를 捉畀ᄒᆞᆯ 者가 近至ᄒᆞ엿다 ᄒᆞ시더라
⑩ 니러나 ᄒᆞᆷᄢᅴ 가자 나를 잡아줄 者가 갓가히 왓ᄂᆞ니라
⑪ 니러나 함ᄢᅴ 가자 나를 잡아줄 者가 갓가히 왓다 하시더라
⑫ 니러나라 함ᄢᅴ 가자 보라 나를 파는 쟈가 갓가히 왓나니라
⑬ 일어나라 함께 가자 보라 나를 파는 자가 가까이 왔느니라
⑭ 立て、さあ行こう。見よ。わたしを裏切る者が近づいてきた」。

마가福音 14:43

① 言時,卽有十二徒之一猶大偕羣衆以刃與梃,自祭司諸長士子長老之所而來。
② 문득 열두 뎨자의 한나 유다 허다한 사람과 함긔 칼과 몽동이로써 졔사장과 션비과 쟝노으게로븟터 오다라
③ 문득 열두 뎨자의 한나 유다 허다한 사ᄅᆞᆷ과 함ᄢᅴ 칼과 몽동이로써 졔사장과 션비과 쟝노의게로븟터 오더라
④ ᄆᆞᆯᄉᆞᆷ할 ᄯᅢ에 즉시 열두뎨ᄌᆞ중 ᄒᆞᆫ 유다ㅣ 잇다가 무리와 ᄀᆞᆺ치 칼과 몽동이ᄅᆞᆯ 가지고 졔ᄉᆞ졔장과 션비 쟝로의게로브터 오니라
⑤ 말ᄉᆞᆷᄒᆞ실 ᄯᅢ에 곳 열두 뎨ᄌᆞ 즁 ᄒᆞ나 유대가 환도와 몽치 가진 무리를 ᄃᆞ리고 졔ᄉᆞ졔쟝과 셔사관과 쟝로들의게셔 오는지라
⑥ 말ᄉᆞᆷᄒᆞ실 ᄯᅢ에 곳 열둘 즁 ᄒᆞ나 유대가 환도와 몽치 가진 무리ᄅᆞᆯ ᄃᆞ리고 졔ᄉᆞ졔장과 셔샤관과 쟝로의게셔 오는지라

⑦ 말숨ᄒᆞ실 때에 곳 열둘중 ᄒᆞ나 유다가 환도와 몽치 가진 무리를 ᄃᆞ리고 졔ᄉᆞ졔쟝과 셔긔관과 쟝로의게 오ᄂᆞᆫ지라
(말숨ᄒᆞ실 때에 곳 열둘 즁에 ᄒᆞ나 유다가 환도와 몽치 가진 무리를 ᄃᆞ리고 졔ᄉᆞ졔쟝과 셔긔관과 쟝로의게셔 오ᄂᆞᆫ지라)
⑧ 말숨ᄒᆞ실 때에 곳 열둘 즁 ᄒᆞ나 유다가 환도와 몽치 가진 무리를 다리고 졔ᄉᆞ졔쟝과 셔긔관과 쟝로의게셔 오는지라
⑨ 言ᄒᆞ실 時에 곳 十二人 中에 一人 유다가 環刀와 棒을 持ᄒᆞᆫ 衆을 率ᄒᆞ고 祭司諸長과 書記官과 長老의게셔 來ᄒᆞᄂᆞᆫ지라
⑩ 말숨ᄒᆞ실 때에 열두 弟子 中의 ᄒᆞ나 유다가 칼과 몽치 가진 무리를 ᄃᆞ리고 祭司諸長과 書記官과 長老의게셔 오ᄂᆞᆫ지라
⑪ 말삼하실 때에 곳 열둘 中에 하나인 유다가 環刀와와 몽치 가진 무리를 다리고 祭司諸長과 書記官과 長老의게셔 오는지라
⑫ 말삼하실 때에 곳 열둘 즁에 하나인 유다가 왓는대 대제사장들과 셔긔관들과 쟝로들의게셔 파송된 무리가 검과 몽치를 가지
고 그와 함끠 하엿더라
⑬ 말씀하실 때에 곧 열 둘 중의 하나인 유다가 왔는데 대제사장들과 서기관들과 장로들에게서 파송된 무리가 검과 몽치를
가지고 그와 함께 하였더라
⑭ そしてすぐ、イエスがまだ話しておられるうちに、十二弟子のひとりのユダが進みよってきた。また祭司長、律法學者、長
老たちから送られた群衆も、劍と棒とを持って彼についてきた。

마가福音 14:44

① 賣之者曾給以號曰,我接吻者,是也,執而愼曳之。
② 붓치ᄂᆞᆫ 쟈 일즉 군호를 주워 갈아되 ᄂᆡ 입 맛추ᄂᆞᆫ 쟈가 곳 뎌니 잡아 굿건히 쓸나 하니라
③ 붓치ᄂᆞᆫ 쟈 일즉 군호ᄅᆞᆯ 주워 가로ᄃᆡ ᄂᆡ 입 맛추ᄂᆞᆫ 쟈가 곳 뎌니 잡아 굿건히 쓸나 ᄒᆞ니라
④ 예수ᄅᆞᆯ ᄑᆞᄂᆞᆫ 쟈ㅣ 일즉 군호ᄅᆞᆯ 주어 ᄀᆞᆯᄋᆞᄃᆡ 내가 입을 맛초ᄂᆞᆫ 쟈ㅣ 그 사ᄅᆞᆷ이니 잡거든 든든이 잡두리ᄒᆞ라 ᄒᆞ엿더니
⑤ 예수를 ᄑᆞᆫ 쟈ㅣ 군호를 짜 ᄀᆞᆯᄋᆞᄃᆡ 누구던지 내가 입 맛초ᄂᆞᆫ 이가 곳 그 사ᄅᆞᆷ이니 삼가 잡아 가라 ᄒᆞ고

⑥ 잡아줄 쟈ㅣ 임의 표ᄅᆞᆯ 닐너 ᄀᆞᆯᄋᆞᄃᆡ 내가 입 맛초ᄂᆞᆫ 이가 곳 그 사ᄅᆞᆷ이니 단단히 잡아가라 ᄒᆞ고

⑦ 잡아줄 쟈ㅣ 임의 표를 닐너ᄀᆞᆯᄋᆞᄃᆡ 내가 입 맛초ᄂᆞᆫ이가 곳 그 사ᄅᆞᆷ이니 ᄃᆞᆫᄃᆞᆫ히 잡아가라 ᄒᆞ고

(잡아준 쟈가 임의 군호를 짜 ᄀᆞᆯᄋᆞᄃᆡ 누구던지 내가 입 맛초는 쟈가 곳 그 사ᄅᆞᆷ이니 ᄃᆞᆫᄃᆞᆫ히 잡아가라 ᄒᆞ고)

⑧ 잡아준 쟈가 임의 군호를 짜 ᄀᆞᆯᄋᆞᄃᆡ 누구던지 내가 입 맛초ᄂᆞᆫ 쟈가 곳 그 사ᄅᆞᆷ이니 ᄃᆞᆫᄃᆞᆫ히 잡아가라 ᄒᆞ고

⑨ 捉畀ᄒᆞᆫ 者가 임의 軍號를 定ᄒᆞ야 曰 誰던지 我가 口를 接ᄒᆞᄂᆞᆫ 者가 곳 其 人이니 단단히 執去ᄒᆞ라 ᄒᆞ고

⑩ 잡아줄 者가 임의 暗號를 짜 ᄀᆞᆯᄋᆞᄃᆡ 내가 입 맛초ᄂᆞᆫ 者가 곳 그 사ᄅᆞᆷ이니 ᄃᆞᆫᄃᆞᆫ히 잡아가라 ᄒᆞ엿ᄂᆞᆫ 故로

⑪ 잡아준 者가 임의 軍號를 짜 갈아대 누구던지 내가 입 맛초는 者가 곳 그 사람이니 단단히 잡아 가라 하고

⑫ 예수를 파는 쟈가 임의 그들과 군호를 짜 갈아대 내가 입 맛초는 쟈가 그이니 그를 잡아 단단히 쓰으러 가다 하엿는지라

⑬ 예수를 파는 자가 이미 그들과 군호를 짜 가로되 내가 입맞추는 자가 그이니 그를 잡아 단단히 끌어 가라 하였는지라

⑭ イエスを裏切る者は、あらかじめ彼らに合図をしておいた、「わたしの接吻する者が、その人だ。その人をつかまえて、まちがいなく引っぱって行け」。

마가福音 14:45

① 旣至,卽就耶穌曰,夫子,夫子,遂吻接之,

② 닐으러 나아와 갈아되 션싱님아 하고 즉시 입 맛추니

③ 닐으러 나아와 가로ᄃᆡ 션싱님아 ᄒᆞ고 즉시 입 맛주니

④ 임의 니ᄅᆞ매 즉시 예수의게 나아와 라비라비라 ᄒᆞ면셔 입을 갓다가 다히니

⑤ 와셔 곳 예수ᄭᅴ 나아와 ᄀᆞᆯᄋᆞᄃᆡ 션싱님이여 ᄒᆞ고 입을 맛초니

⑥ 니ᄅᆞ러 곳 예수ᄭᅴ 나아와 ᄀᆞᆯᄋᆞᄃᆡ 션싱님이여 ᄒᆞ고 입을 맛초니

⑦ 니르러 곳 예수씌 나아와 ᄀᆞᆯᄋᆞᄃᆡ 션ᄉᆡᆼ님이여 ᄒᆞ고 입을 맛초니
(니르러 곳 예수씌 나아와 ᄀᆞᆯᄋᆞᄃᆡ 션ᄉᆡᆼ님이여 ᄒᆞ고 입을 맛초니)
⑧ 니르러 곳 예수씌 나아와 ᄀᆞᆯᄋᆞᄃᆡ 션ᄉᆡᆼ님이여 ᄒᆞ고 입을 맛초니
⑨ 至ᄒᆞ야 곳 예수씌 就ᄒᆞ야 曰 先生님이여 ᄒᆞ고 口를 接ᄒᆞ니
⑩ 니르러 곳 예수씌 나아와 先生님이여 ᄒᆞ고 입을 맛초니
⑪ 니르러 곳 예수씌 나아와 갈아대 先生님이어 하고 입을 맛초니
⑫ 이에 와셔 곳 예수씌 나아와 랍비여 하고 입을 맛초니
⑬ 이에 와서 곧 예수께 나아와 랍비여 하고 입을 맞추니
⑭ 彼は來るとすぐ、イエスに近寄り、「先生」と言って接吻した。

마가福音 14:46

① 衆遂措手於耶穌而執之。
② 뭇사람이 하슈하여 잡ᄂᆞᆫ지라
③ 뭇사ᄅᆞᆷ이 ᄒᆞ슈ᄒᆞ여 잡ᄂᆞᆫ지라
④ 무리 드ᄃᆡ여 예수씌 손을 거워 잡을 식
⑤ 여러히 예수씌 손을 ᄃᆡ여 잡거ᄂᆞᆯ
⑥ 무리가 붓들고 잡거ᄂᆞᆯ
⑦ 무리가 손을 ᄂᆞ려 잡거늘
(무리가 손을 ᄂᆞ려 잡거늘)

⑧ 무리가 손을 ᄂᆞ려 잡거늘

⑨ 衆이 手를 下ᄒᆞ야 執ᄒᆞ거ᄂᆞᆯ

⑩ 무리가 손을 드러 잡거ᄂᆞᆯ

⑪ 무리가 손을 나려 잡거늘

⑫ 뎌희가 예수ᄭᅴ 손을 대여 잡거늘

⑬ 저희가 예수께 손을 대어 잡거늘

⑭ 人々はイエスに手をかけてつかまえた。

마가福音 14:47

① 旁立者中有一人,拔刃擊祭司長僕,削其耳。

② 겻ᄐᆡ 셧던 쟈 한나이 칼을 ᄲᅦ여 졔사쟝의 죵을 쳐 그 귀를 싹그니

③ 겻ᄐᆡ 셧던 쟈 한나이 칼ᄋᆞᆯ ᄲᅦ여 졔사쟝의 죵ᄋᆞᆯ 쳐 그 귀ᄅᆞᆯ 싸그니

④ 겻ᄒᆡ 셧던 사ᄅᆞᆷ 즁에 ᄒᆞᆫ 사ᄅᆞᆷ이 잇다가 칼ᄒᆞᆯ ᄲᅢ혀 졔ᄉᆞ쟝의 하인을 쳐 그 귀ᄅᆞᆯ 싹그니

⑤ 겻ᄒᆡ 셧던 이 즁에 ᄒᆞᆫ 사ᄅᆞᆷ이 환도를 ᄲᅦ여 대졔ᄉᆞ의 죵을 쳐 그 귀를 싹그니라

⑥ 겻ᄒᆡ 셧ᄂᆞᆫ 이 즁에 ᄒᆞᆫ 사ᄅᆞᆷ이 환도ᄅᆞᆯ ᄲᅦ여 졔ᄉᆞ쟝의 죵을 쳐 그 귀ᄅᆞᆯ 싹근지라

⑦ 겻헤 셧ᄂᆞᆫ이즁에 ᄒᆞᆫ 사ᄅᆞᆷ이 환노를 ᄲᅢ여 대졔ᄉᆞ샹의 숑을 쳐 그 귀를 싹근지라

(겻헤 셧는 이 즁에 ᄒᆞᆫ 사ᄅᆞᆷ이 환도를 ᄲᅢ여 대졔ᄉᆞ쟝의 죵을 쳐 그 귀를 싹근지라)

⑧ 겻헤셧ᄂᆞᆫ 이 즁에 ᄒᆞᆫ 사ᄅᆞᆷ이 환도를 ᄲᅢ여 대졔ᄉᆞ쟝의 죵을 쳐 그 귀를 싹구지라

⑨ 傍立ᄒᆞᆫ 者 中에 一 人이 還刀를 拔ᄒᆞ야 大祭司長의 僕을 擊ᄒᆞ야 其 耳를 削ᄒᆞᆫ지라

⑩ 겻헤 섯던 者 中에 ᄒᆞᆫ 사ᄅᆞᆷ이 칼을 ᄲᆡ여 大祭司長의 죵을 쳐 그 귀를 버히니라
⑪ 겻헤 섯는 이 中에 한 사람이 環刀를 ᄲᆡ여 大祭司長의 죵을 쳐 그 귀를 ᄶᅡᆨ근지라
⑫ 겻헤 섯는 쟈 중에 한 사람이 검을 ᄲᆡ여 대제사쟝의 종을 쳐 그 귀를 ᄯᅥ러치니라
⑬ 곁에 섰는 자 중에 한 사람이 검을 빼어 대제사장의 종을 쳐 그 귀를 떨어뜨리니라
⑭ すると、イエスのそばに立っていた者のひとりが、劍を拔いて大祭司の僕(しもべ)に切りかかり、その方耳を切り落した。

마가福音 14:48

① 耶穌語衆日,爾如捕盜以刀與梃來執我乎,
② 예수 일오샤되 너희 강도 잡움 갓치 칼과 몽동이로써 와 나를 잡나냐
③ 예수 일너 갈아샤ᄃᆡ 너희 강도 잡움 갓치 칼과 몽동이로써 와 나롤 잡ᄂᆞ냐
④ 예수ㅣ 무리ᄃᆞ려 말ᄉᆞᆷᄒᆞ여 ᄀᆞᆯᄋᆞ샤ᄃᆡ 너희 나롤 도적잡듯키 칼과 다못 몽동이롤 가지고 와셔 나롤 잡ᄂᆞ냐
⑤ 예수ㅣ ᄯᅩ 여러 사ᄅᆞᆷ의게 ᄀᆞᆯᄋᆞ샤ᄃᆡ 너희가 강도 잡는 것 ᄀᆞᆺ치 환도와 몽치를 가지고 나를 잡으러 왓ᄂᆞ냐
⑥ 예수ㅣ 무리의게 ᄃᆡ답ᄒᆞ야 ᄀᆞᆯᄋᆞ샤ᄃᆡ 너희가 강도 잡듯키 환도와 몽치롤 가지고 나롤 잡으러 왓ᄂᆞ냐
⑦ 예수ㅣ 무리의게 ᄃᆡ답ᄒᆞ야 ᄀᆞᆯᄋᆞ샤ᄃᆡ 너희가 강도 잡듯키 환도와 몽치를 가지고 나를 잡으려왓ᄂᆞ냐
(예수ㅣ 무리의게 말ᄉᆞᆷᄒᆞ야 ᄀᆞᆯᄋᆞ샤ᄃᆡ 너희가 강도 잡는 것 ᄀᆞᆺ치 환도와 몽치를 가지고 나를 잡으러 왓ᄂᆞ냐)
⑧ 예수가 무리의게 말ᄉᆞᆷᄒᆞ야 ᄀᆞᆯᄋᆞ샤ᄃᆡ 너희가 강도 잡는 것 ᄀᆞᆺ치 환도와 몽치를 가지고 나를 잡으러 왓ᄂᆞ냐
⑨ 예수가 衆의게 言ᄒᆞ야 曰 爾等이 强盜를 執ᄒᆞᄂᆞᆫ 것 ᄀᆞᆺ치 還刀와 棒을 持ᄒᆞ고 我를 執ᄒᆞ러 來ᄒᆞ엿ᄂᆞ냐
⑩ 애수ㅣ 무리의게 말ᄉᆞᆷᄒᆞ야 ᄀᆞᆯᄋᆞ샤ᄃᆡ 너희가 强盜잡음 ᄀᆞᆺ치 칼과 몽치를 가지고 나를 잡으러 왓ᄂᆞ냐
⑪ 예수ㅣ 무리의게 말삼하야 갈아샤대 너희가 强盜잡는 것 갓치 環刀와 몽치를 가지고 나를 잡으러 왓나냐

⑫ 예수ᄭᅴ셔 무리의게 말삼하야 갈아샤대 너희가 강도를 잡는 것 갓치 검과 몽치를 가지고 나를 잡으러 나왓나냐
⑬ 예수께서 무리에게 말씀하여 가라사대 너희가 강도를 잡는 것 같이 검과 몽치를 가지고 나를 잡으러 나왔느냐
⑭ イエスは彼らにむかって言われた、「あなたがたは强盜にむかうように、劍や棒を持ってわたしを捕まえにきたのか。

마가福音 14:49

① 我日偕於殿教誨,爾不執我,然聖書所載,必得應矣。
② ᄂᆡ 날마당 너희과 함긔 셩뎐에셔 가라쳣ᄂᆞᆫᄃᆡ 너희 나를 잡지 안아스니 오직 셩경을 응험케 한다 하다라
③ ᄂᆡ 날마당 너희과 함ᄭᅴ 셩뎐에셔 가라쳣ᄂᆞᆫᄃᆡ 너희 나롤 잡지 ᄋᆞᆫ코 오직 셩경올 응험케 한다 ᄒᆞ더라
④ 내가 날노 너희와 ᄀᆞᆺ치 뎐에셔 ᄀᆞᄅᆞ쳐도 너희 나롤 잡지 아니ᄒᆞ엿거니와 그러나 셩서에 긔록ᄒᆞᆫ 바ㅣ리 반ᄃᆞ시 ᄆᆞᆺ초임을 엇으리라 ᄒᆞ시니
⑤ 내가 날마다 너희와 ᄒᆞᆷᄭᅴ 셩뎐에 잇서셔 가ᄅᆞ치되 너희가 잡지 아니ᄒᆞ엿시니 오직 이 일이 일움은 셩경에 말슴을 응ᄒᆞ엿도다
⑥ 내가 ᄂᆞᆯ노 너희와 ᄒᆞᆷᄭᅴ 셩뎐에 잇서서 ᄀᆞᄅᆞ치되 나롤 잡시 아니 ᄒᆞ엿시나 오직 이러케 됨은 셩경 발슴을 일우려 홈이라 ᄒᆞ시니
⑦ 내가 날노 너희와 ᄒᆞᆷᄭᅴ 셩뎐에 잇서셔 ᄀᆞᄅᆞ치되 나를 잡지 아니ᄒᆞ엿스나 오직 이러케 됨은 셩경 말슴을 일우려홈이라 ᄒᆞ시니 (내가 날마다 너희와 ᄒᆞᆷᄭᅴ 셩뎐에 잇서셔 ᄀᆞᄅᆞ치되 나를 잡지 아니ᄒᆞ엿스나 오직 이러케 됨은 셩경 말슴을 일우려홈이라 ᄒᆞ시니)
⑧ 내가 날마다 너희와 ᄒᆞᆷᄭᅴ 셩뎐에 잇서셔 ᄀᆞᄅᆞ치되 나를 잡지 아니ᄒᆞ엿스나 오직 이러케 됨은 셩경 말슴을 일우려 홈이라 ᄒᆞ시니
⑨ 我가 每日 爾等과 ᄒᆞᆷᄭᅴ 聖殿에 在ᄒᆞ야 誨ᄒᆞ되 我를 執지 아니ᄒᆞ엿스나 오직 如此히 됨은 聖經에 言을 成ᄒᆞ려 홈이라 ᄒᆞ시니

⑩ 내가 날마다 聖殿에셔 너희와 ᄒᆞᆷ씌 ᄒᆞ며 ᄀᆞᄅᆞ치되 잡지 아니ᄒᆞ더니 이러케 됨은 聖經 말숨이 일움이니라
⑪ 내가 날마다 너희와 함씌 聖殿에 잇서셔 가라치되 나를 잡지 아니하엿스나 오직 이러케 됨은 聖經말삼을 일우려함이라 하시니
⑫ 내가 날마다 너희와 함씌 셩뎐에 잇서셔 가라쳣스되 너희가 나를 잡지 아니하엿도다 그러나 이는 셩경을 일우려 함이니라 하시더라
⑬ 내가 날마다 너희와 함께 성전에 있어서 가르쳤으되 너희가 나를 잡지 아니하였도다 그러나 이는 성경을 이루려 함이니라 하시더라
⑭ わたしは毎日あなたがたと一緒に宮にいて教えていたのに、わたしをつかまえはしなかった。しかし聖書の言葉は成就されねばならない」。

마가福音 14:50

① 門徒遂皆離之而奔。
② 뎨자 다 써나도 도망하ᄂᆞᆫᄃᆡ 한 쇼년이 뵈로써 몸에 둘으고
③ 뎨자 다 써나 도망ᄒᆞᄂᆞᆫᄃᆡ ᄒᆞᆫ 쇼년이 뵈로써 몸에 둘으고
④ 뎨ᄌᆞ들이 드ᄃᆡ여 다 ᄇᆞ리고 ᄃᆞ라날ᄉᆡ
⑤ 뎨ᄌᆞ들이 다 예수ᄅᆞᆯ ᄇᆞ리고 다ᄅᆞ나더라
⑥ 뎨ᄌᆞ들이 다 예수ᄅᆞᆯ ᄇᆞ리고 다ᄅᆞ나더라
⑦ 뎨ᄌᆞ들이 다 예수를 ᄇᆞ리고 ᄃᆞ라나디라
(뎨ᄌᆞ들이 다 예수를 ᄇᆞ리고 다라나더라)
⑧ 뎨ᄌᆞ들이 다 예수를 ᄇᆞ리고 다라나더라

⑨ 弟子들이 다 예수를 棄ᄒᆞ고 走ᄒᆞ더라
⑩ ᄯᅢ에 弟子들이 다 예수를 ᄇᆞ리고 다라나ᄂᆞᆫ지라
⑪ 弟子들이 다 예수를 바리고 다라나더라
⑫ 뎨자들이 다 예수를 바리고 도망하니라
⑬ 제자들이 다 예수를 버리고 도망하니라
⑭ 弟子(でし)たちは皆イエスを見捨てて逃げ去った。

마가福音 14:51
① 有一年少者,裸而蔽以枲布,從耶穌,卒之少者執之,
② 예수를 좃거날 군노 잡으러 하미
③ 예수ᄅᆞᆯ 좃거날 군노 잡으미
④ 나졀믄 사ᄅᆞᆷᄒᆞ나히 잇서 ᄇᆞᆰ게 벗고 뵈홋니불을 두루고 예수ᄅᆞᆯ ᄯᆞ라가니 군ᄉᆞ 즁에 졀믄 샤가 삽거ᄂᆞᆯ
⑤ ᄒᆞᆫ 쇼년이 버셧다가 뵈옷스로 ᄀᆞ리우고 예수를 ᄯᆞ라 오더니
⑥ ᄒᆞᆫ 쇼년이 벌거 벗고 뵈 홋 이불을 두루고 예수ᄅᆞᆯ ᄯᆞ라 오더니 무리가 잡거ᄂᆞᆯ
⑦ ᄒᆞᆫ 쇼년이 버ᄉᆞᆫ 몸에 뵈 홋 니불을 두루고 예수를 ᄯᆞ라오더니 무리가 잡거늘
⑧ ᄒᆞᆫ 쇼년이 버슨몸에 뵈홋니불을 두루고 예수를 ᄯᆞ라오더니 무리가 잡거ᄂᆞᆯ
⑨ 一 少年이 裸體에 布衾을 繞ᄒᆞ고 예수를 隨來ᄒᆞ더니 衆이 執ᄒᆞ거ᄂᆞᆯ
⑩ ᄒᆞᆫ 少年이 버ᄉᆞᆫ 몸에 뵈홋니불을 두루고 예수를 ᄯᆞ라오기ᄂᆞᆯ 무리가 잡으려ᄒᆞ니
⑪ 한 少年이 버슨 몸에 뵈홋 니불를 두루고 예수를 ᄯᅡ라 오더니 무리가 잡거늘

⑫ 한 청년이 버슨 몸에 뵈 홋니불을 두루고 예수를 ᄯᅡ라 오다가 무리의게 잡히매
⑬ 한 청년이 벗은 몸에 베 홑이불을 두르고 예수를 따라 오다가 무리에게 잡히매
⑭ ときに、ある若者が身に亞麻布をまとって、イエスのあとについて行ったが、人々が彼をつかまえようとしたのだで

마가福音 14:52

① 遂棄枲布,裸而奔。
② ᄇᆡ를 버리고 벗고 도망하다라
③ 뵈랄 버서 버리고 도망ᄒᆞ더라
④ 드ᄃᆡ여 뵈홋니불을 내여 ᄇᆞ리고 ᄃᆞ라나더라
⑤ 군ᄉᆞ들이 잡거ᄂᆞᆯ 뵈옷슬 ᄇᆞ리고 벗슨 몸으로 다ᄅᆞ나니라
⑥ 뵈이불을 ᄇᆞ리고 벌거 벗고 다ᄅᆞ나니라
⑦ 뵈니불을 ᄇᆞ리고 벌거 벗고 ᄃᆞ라나니라
(뵈홋니불을 ᄇᆞ리고 벌거벗고 다라나니라)
⑧ 뵈홋니불을 ᄇᆞ리고 벌거벗고 다라나니라
⑨ 布衾을 棄ᄒᆞ고 裸體로 走ᄒᆞ니라
⑩ 홋니불을 ᄇᆞ리고 버슨 몸으로 다라나더라
⑪ 뵈홋니불을 바리고 벌거벗고 다라나니라
⑫ 뵈홋니불을 바리고 버슨 몸으로 도망하니라
⑬ 베홑이불을 버리고 벗은 몸으로 도망하니라

⑭ その亞麻布を捨てて、裸で逃げて行った。

마가福音 14:53

① 衆曳耶穌至祭司長前,在彼祭司諸長,長老,士子,咸集。

② 이여 예수를 졔사쟝 압페 ᄭᅳ으니 졔사쟝과 쟝노과 션비 다 모엿ᄂᆞᆫ지라

③ 이여 예수ᄅᆞᆯ 졔사쟝 압페 ᄭᅳ으니 졔사쟝과 쟝노과 션비 다 모엿ᄂᆞᆫ지라

④ 무리 예수ᄅᆞᆯ 잡아가지고 졔ᄉᆞ쟝 압희 니ᄅᆞ니 그곳에 졔ᄉᆞ졔쟝의 원에 드러와 모혓더라

⑤ 여러희 예수를 ᄭᅳ을고 대졔ᄉᆞ의게 가니 거긔 졔ᄉᆞ졔쟝과 쟝로와 셔샤관들이 모혓ᄂᆞᆫ지라

⑥ 무리가 예수ᄅᆞᆯ ᄭᅳ을고 졔ᄉᆞ쟝의게 가니 거긔 졔ᄉᆞ졔쟝과 쟝로와 셔샤관들이 다 모혓ᄂᆞᆫ지라

⑦ 무리가 예수를 ᄭᅳ을고 대졔ᄉᆞ쟝의게 가니 거긔 졔ᄉᆞ졔쟝과 쟝로와 셔긔관들이 다 못혓ᄂᆞᆫ지라

(뎌희가 예수를 ᄭᅳ을고 대졔ᄉᆞ쟝의게 가니 거긔 졔ᄉᆞ졔쟝과 쟝로와 셔긔관들이 다모혓는지라)

⑧ 뎌희가 예수를 ᄭᅳ을고 대제ᄉᆞ쟝의게 가니 거긔 제ᄉᆞ졔쟝과 쟝로와 서긔관들이 다모혓ᄂᆞᆫ지라

⑨ 彼等이 예수를 曳ᄒᆞ고 大祭司長의게 往ᄒᆞ니 該處에 祭司諸長과 長老와 書記官들이 皆集ᄒᆞ엿ᄂᆞᆫ지라

⑩ 너희가 예수를 ᄭᅳ을고 大祭司長의게로 오니 祭司諸長과 長老와 書記官들이 다 모혓ᄂᆞᆫ지라

⑪ 뎌희가 예쑤를 쓰을고 大祭司長의게 가니 거긔 祭司諸長과 長老와 書記官들이 다 모혓는지라

⑫ 뎌희가 예수를 ᄭᅳ을고 대졔사쟝의게로 가니 대졔사쟝들과 쟝로들과 셔긔관들이 다 모히더라

⑬ 저희가 예수를 끌고 대제사장에게로 가니 대제사장들과 장로들과 서기관들이 다 모이더라

⑭ それから、イエスは大祭司のところに連れて行くと、祭司長、長老、律法學者たちがみな集まってきた。

마가福音 14:54

① 彼得遠從耶穌入祭司長之院,與諸吏坐,向火自燠。

② 피들이 멀니 좃차 졔사장의 원에 들어가 군노로 함긔 안저 불을 향하여 쏘이더라

③ 피들이 멀니 좃차 졔사장의 원에 들어가 군노로 함ᄭᅴ 안저 불ᄋᆞᆯ 향ᄒᆞ여 쏘이더라

④ 베드로ᄂᆞᆫ 멀니 예수룰 조차 졔ᄉᆞ졔장의 원에 드러와 모든 아젼들과 ᄒᆞᆷᄭᅴ 화틔불에 불을 쏘이더라

⑤ 피득이 예수를 멀니 좃차 대졔ᄉᆞ아문에 드러가 하인과 ᄀᆞᆺ치 안져셔 불을 쏘이더니

⑥ 베드로ᄂᆞᆫ 예수룰 멀니 좃차 졔ᄉᆞ장의 아문안 ᄭᆞ지 드러가 관쇽과 ᄀᆞᆺ치 안져셔 불을 쏘이더니

⑦ 베드로ㅣ 예수를 멀니 조차 대졔ᄉᆞ장의 아문안ᄭᆞ지 드러가 고나쇽과 ᄀᆞᆺ치 불 빗헤 안셔셔 더웁게ᄒᆞ더라
(베드로ㅣ 예수를 멀니 좃차 대졔ᄉᆞ장의 아문안ᄭᆞ지 드러가 관쇽과 ᄀᆞᆺ치 안셔셔 불을 쏘이더라)

⑧ 베드로가 예수를 멀니좃차 대졔ᄉᆞ장의 아문 안ᄭᆞ지 드러가 관쇽과 ᄀᆞᆺ치 불을 쏘이더라

⑨ 베드로가 예수를 遠從ᄒᆞ야 大祭司長의 衙門 內ᄭᆞ지 入ᄒᆞ야 官屬과 ᄀᆞᆺ치 火를 쏘이더라

⑩ 베드로가 예수를 멀니 좃차 大祭司長의 衙門 안ᄭᆞ지 드러가 官屬과 ᄀᆞᆺ치 불을 쏘이더라

⑪ 베드로가 예수를 멀니 좃차 大祭司長의 衙門 안까지 드러가 官屬과 갓치 불을 쏘이더라

⑫ 베드로가 예수를 멀즉이 좃차 대제사장의 집뜰 안까지 드러가셔 하쇽들과 함ᄭᅴ 안저 불을 쏘이더라

⑬ 베드로가 예수를 멀찍이 좇아 대제사장의 집 뜰안까지 들어가서 하속들과 함께 앉아 불을 쬐더라

⑭ ペテロは遠くからイエスについて行って、大祭司の中庭まではいり込み、その下役どもにまじってすわり、火にあたっていた。

마가福音 14:55

① 祭司諸長給全公會,求證攻耶穌,欲死之而不得,

② 졔사쟝과 오은 공회가 간증을 차자 예수를 죽이고져 하되 엇지 못하문

③ 졔사쟝과 오은 공회가 간증ᄋᆞᆯ 차자 예수ᄅᆞᆯ 죽이고져 ᄒᆞ되 엇지 못ᄒᆞ문

④ 졔ᄉᆞ졔쟝과 밋 왼 공회에셔 증거ᄅᆞᆯ 구ᄒᆞ야 예수ᄅᆞᆯ 무함ᄒᆞ야 죽이고져 ᄒᆞ되 ᄒᆞᆯ 수 업시니

⑤ 졔ᄉᆞ졔쟝과 온 공회가 예수를 죽이랴고 증거를 ᄎᆞᆺ되 엇지 못ᄒᆞᆷ은

⑥ 졔ᄉᆞ졔쟝과 온 공회가 예수ᄅᆞᆯ 죽이랴고 증거ᄅᆞᆯ ᄎᆞᆺ되 엇지 못ᄒᆞᆷ은

⑦ 졔ᄉᆞ졔쟝과 온 공회가 예수를 죽이려고 증거를 ᄎᆞᆺ되 엇지못ᄒᆞᆷ은

(졔ᄉᆞ졔쟝과 온 공회가 예수를 죽이랴고 증거를 차지되 엇지못ᄒᆞᆷ은)

⑧ 졔ᄉᆞ졔쟝과 왼 공회가 예수를 죽이랴고 증거를 차지되 엇지 못ᄒᆞᆷ은

⑨ 祭司諸長과 왼 公會가 예수를 殺ᄒᆞ랴고 證據를 尋ᄒᆞ되 得ᄒᆞ지 못ᄒᆞᆷ은

⑩ 祭司諸長과 온 公會가 예수를 죽이고져 ᄒᆞ야 證據를 차즈되 엇지 못ᄒᆞ니

⑪ 祭司諸長과 온 公會가 예수를 죽이랴고 證據를 차지되 엇지 못함은

⑫ 대제사쟝들과 온 공회가 예수를 죽이랴고 그를 칠 증거를 차즈되 엇지 못하니

⑬ 대제사장들과 온 공회가 예수를 죽이려고 그를 칠 증거를 찾되 얻지 못하니

⑭ さて、祭司長たちと全議會、イエスを死刑にするために、イエスに不利な証據を見つけようとしたが、得られなかった。

마가福音 14:56

① 蓋有多刃以妄證攻之,而所證不符。

② 만이 거즛 간증으로 쳐 간증하ᄂᆞᆫ 바 맛지 안으미라

③ 만이 거즛 간증으로 쳐 간증ᄒᆞᄂᆞᆫ 바 맛지 ᄋᆞᆫ으미라

④ 대개 여러 사ᄅᆞᆷ들이 잇서 허망ᄒᆞᆫ 증거로써 무함ᄒᆞ되 증거ᄒᆞᄂᆞᆫ 거시 합ᄒᆞ지 아니ᄒᆞ더니

⑤ 거ᄌᆞᆺ증거 ᄒᆞᄂᆞᆫ 이가 여럿시 잇스나 뎌희 증거가 맛지 못ᄒᆞᆷ이라

⑥ 거ᄌᆞᆺ 증거ᄒᆞᄂᆞᆫ 이가 여러시 잇ᄉᆞ나 뎌희 증거가 서로 합ᄒᆞ지 못 ᄒᆞᆷ이라

⑦ 거ᄌᆞᆺ 증거ᄒᆞᄂᆞᆫ이가 여러히 잇스나 뎌희 증거가 서로 합ᄒᆞ지못ᄒᆞᆷ이라
(거즛증거ᄒᆞ는 쟈가 여러히 잇스나 뎌희 증거가 서로 합ᄒᆞ지못ᄒᆞᆷ이라)

⑧ 거즛증거ᄒᆞᄂᆞᆫ 쟈가 여러히 잇스나 뎌희 증거가 서로합ᄒᆞ지 못ᄒᆞᆷ이라

⑨ 妄證ᄒᆞᄂᆞᆫ 者가 多人이 有ᄒᆞ나 彼等의 證據가 相合지 못ᄒᆞᆷ이라

⑩ 거즛 證據 ᄒᆞᄂᆞᆫ 者가 여러시 잇스나 뎌희 證據가 서로 合ᄒᆞ지 못ᄒᆞᆷ이라

⑪ 거짓 證據하는 者가 여럿이 잇스나 뎌희 證據가 서로 合하지 못함이라

⑫ 이는 예수를 쳐서 거즛증거하는 쟈가 만흐나 그 증거가 서로 합하지 못함이라

⑬ 이는 예수를 쳐서 거짓 증거하는 자가 많으나 그 증거가 서로 합하지 못함이라

⑭ 多くの者がイエスに對して僞証を立てたが、その証言が合わなかったらである。

마가福音 14:57

① 後,有數人起,以妄證攻之曰,

② ᄯᅩ 두어 사람이 닐어셔 거즛 간증하여 갈오되

③ ᄯᅩ 두어 사ᄅᆞᆷ이 닐어셔 거즛 간증ᄒᆞ여 갈오되

④ 나죵에 두어 사ᄅᆞᆷ이 잇서 니러나 거즛 증거로써 무함ᄒᆞ야 ᄀᆞᆯᄋᆞᄃᆡ
⑤ ᄯᅩ 두어 사ᄅᆞᆷ이 니러나 거즛증거를 ᄒᆞ여 ᄀᆞᆯᄋᆞᄃᆡ
⑥ ᄯᅩ 두어 사ᄅᆞᆷ이 니러나 거즛 증거ᄅᆞᆯ ᄒᆞ야 ᄀᆞᆯᄋᆞᄃᆡ
⑦ 엇던 사ᄅᆞᆷ들이 니러나 거즛 증거를 ᄒᆞ야 ᄀᆞᆯᄋᆞᄃᆡ
⑧ 엇던 사ᄅᆞᆷ들이 니러나 거즛증거를ᄒᆞ야 ᄀᆞᆯᄋᆞᄃᆡ
⑨ 何如ᄒᆞᆫ 人들이 起ᄒᆞ야 妄證ᄒᆞ야 曰
⑩ 엇던 사ᄅᆞᆷ들이 니러나 거즛 證據ᄒᆞ야 ᄀᆞᆯᄋᆞᄃᆡ
⑪ 엇던 사람들이 니러나 거짓 증거를 하야 갈아대
⑫ 엇던 사람들이 니러나 예수를 쳐셔 거즛 증거하야 갈아대
⑬ 어떤 사람들이 일어나 예수를 쳐서 거짓 증거하여 가로되
⑭ ついに、ある人々が立ちあがり、イエスに對して僞証を立てて言った、

마가福音 14:58

① 我儕嘗聞其言云,此殿人手所作,我將毁之,而三日間將別建一殿,乃非以人手所作者,
② 우리 그 말을 들으니 이 손으로 지은 바 셩뎐을 허라ᄂᆡ 사흘에 손으로써 지은바 안일거슬 셔우갓다 하여스니
③ 우리 그 말을 들으니 이 손으로 지은 바 셩뎐을 허러ᄂᆡ 사흘에 손으로써 지은 바 ᄋᆞᆫ인거슬 셔우갓다 하여ᄉᆞ니
④ 우리 일죽 제 말을 드ᄅᆞᆫ즉 얼족 닐ᄋᆞᄃᆡ 이 뎐은 사ᄅᆞᆷ의 손으로 지은거시 어니와 내가 쟝ᄎᆞᆺ 헐어 ᄇᆞ리고 사흘만에 별다ᄅᆞ게
ᄒᆞᆫ 뎐을 셰우러니 이거ᄉᆞᆫ 사ᄅᆞᆷ의 손으로 지은 거시 아니라 ᄒᆞ더라 ᄒᆞ되
⑤ 제 말이 사ᄅᆞᆷ의 손으로 지은 이 셩뎐은 헐고 사흘에 사ᄅᆞᆷ의 손으로 짓지 아니ᄒᆞᆫ 셩뎐 ᄒᆞ나를 셰우리라 홈을 우리가 드럿노라

ᄒᆞ되

⑥ 우리가 일즉 그의 말을 드ᄅᆞ니 손으로 지은 이 셩뎐은 내가 헐고 사흘에 손으로 짓지 아니ᄒᆞᆫ 다ᄅᆞᆫ 셩뎐을 세우리라 ᄒᆞ더라
ᄒᆞ되

⑦ 우리가 일즉 그의 말을 드르니 손으로 지은 이 셩뎐은 내가 헐고 손으로 짓지 아니ᄒᆞᆫ 다ᄅᆞᆫ 셩뎐을 사흘에 지으리라 ᄒᆞ더라
ᄒᆞ되

⑧ 우리가 일즉 그의 말을 드르니 손으로 지은 이 셩뎐은 내가 헐고 손으로 짓지 아니ᄒᆞᆫ 다ᄅᆞᆫ 셩뎐을 사흘에 지으리라 ᄒᆞ더라
ᄒᆞ되

⑨ 我等이 일즉 其人의 言을 聞ᄒᆞ니 手로 造ᄒᆞᆫ 此 聖殿을 我가 毁ᄒᆞ고 手로 造치 아니ᄒᆞᆫ 他 聖殿을 三日만에 造ᄒᆞ리라 ᄒᆞ더라
ᄒᆞ되

⑩ 우리가 드른즉 뎌가 손으로 지은 이 聖殿은 헐고 손으로 짓지 아니ᄒᆞᆫ 다른 聖殿을 사흘에 지으리라 ᄒᆞ더라 ᄒᆞ되

⑪ 우리가 일즉 그의 말을 드르니 손으로 지은 이 聖殿은 내가 헐고 손으로 짓지 아니한 다른 聖殿을 사흘에 지으리라 하더라
하되

⑫ 우리가 그의 말을 드르니 손으로 지은 이 셩뎐을 내가 헐고 손으로 짓지 아니한 다른 셩뎐을 사흘에 지으리라 하더라 하되

⑬ 우리가 그의 말을 들으니 손으로 지은 이 성전을 내가 헐고 손으로 짓지 아니한 다른 성전을 사흘에 지으리라 하더라 하되

⑭ 「わたしたちはこの人が『わたしは手で造ったこの神殿を打ちこわし、三日の後に手で造られない別の神殿を建てるのだ』と
言うのを聞きました」。

마가福音 14:59

① 但其所證亦不符。

② 다못 그 간증한 바 쏘한 맛지 안는지라
③ 다못 그 간증훈 바 쏘한 맛지 온는지라
④ 그것도 쏘훈 증거가 닷치 아니훈지라
⑤ 그 증거가 쏘훈 맛지 안는지라
⑥ 그 증거가 쏘훈 서로합ᄒᆞ지 못ᄒᆞ거놀
⑦ 그 증거가 쏘훈 서로합ᄒᆞ지 못ᄒᆞ거늘
⑧ 그 증거가 쏘훈 서로합ᄒᆞ지 못ᄒᆞ거놀
⑨ 其 證據가 쏘훈 相合지 못ᄒᆞ거놀
⑩ 그 證據도 서로 合ᄒᆞ지 못ᄒᆞ거놀
⑪ 그 證據가 쏘한 서로 合하지 못하거늘
⑫ 오히려 그 증거도 서로 합하지 안터라
⑬ 오히려 그 증거도 서로 합하지 않더라
⑭ しかし、このような証言も互いに合わなかった。

마가福音 14:60

① 祭司長立於中,問耶穌曰,爾無所答乎,此人作證攻爾者何歟。
② 졔사장이 가운ᄃᆡ 셔서 예수게 물어 갈아되 네 ᄃᆡ답할 바 업나냐 이 사람이 간증하여 너를 치는 거시 엇더하냐 하되
③ 졔사장이 가온ᄃᆡ 셔서 예수게 물어 갈오되 네 ᄃᆡ답한 바 업ᄂᆞ냐 이 사ᄅᆞᆷ이 간증ᄒᆞ여 너를 치는 거시 엇더ᄒᆞ냐 ᄒᆞ되
④ 졔ᄉᆞ장이 훈 가온대 서셔 예수의게 무러 ᄀᆞᆯᄋᆞᄃᆡ 너 ᄃᆡ답홀 거시 업ᄂᆞ냐 이 사ᄅᆞᆷ이 증거를 삼아 너를 치믄 엇짐이뇨

⑤ 대졔ᄉᆞㅣ 니러나 뭇사ᄅᆞᆷ 가온ᄃᆡ 셔셔 예수 ᄃᆞ려 무러 ᄀᆞᆯᄋᆞᄃᆡ 너ᄂᆞᆫ 아모 ᄃᆡ답도 업ᄂᆞ냐 이 사ᄅᆞᆷ들의 증거ᄒᆞᄂᆞᆫ 거시 무엇시뇨 ᄒᆞ되

⑥ 졔ᄉᆞ장이 가온ᄃᆡ 니러서셔 예수ᄃᆞ려 무러 ᄀᆞᆯᄋᆞᄃᆡ 너ᄂᆞᆫ 아모 ᄃᆡ답도 업ᄂᆞ냐 이 사ᄅᆞᆷ들의 증거ᄒᆞᄂᆞᆫ 거시 무어시뇨 ᄒᆞ되

⑦ 대졔ᄉᆞ장이 가온대 니러서셔 예수ᄃᆞ려 무러ᄀᆞᆯᄋᆞᄃᆡ 너는 아모 ᄃᆡ답도 업ᄂᆞ냐 이 사ᄅᆞᆷ들의 증거ᄒᆞᄂᆞᆫ 거시 무어시냐 ᄒᆞ되
(대졔ᄉᆞ장이 가온ᄃᆡ 니러서셔 예수ᄃᆞ려 무러 ᄀᆞᆯᄋᆞᄃᆡ 너는 아모 ᄃᆡ답도 업ᄂᆞ냐 이 사ᄅᆞᆷ들의 증거ᄒᆞ는 거시 무어시냐 ᄒᆞ되)

⑧ 대졔ᄉᆞ장이 가온ᄃᆡ 니러서셔 예수ᄃᆞ려 무러 ᄀᆞᆯᄋᆞᄃᆡ 너는 아모 ᄃᆡ답도 업ᄂᆞ냐 이 사ᄅᆞᆷ들의 증거ᄒᆞᄂᆞᆫ 거시 무어시냐 ᄒᆞ되

⑨ 大祭司長이 中間에 起立ᄒᆞ야 예수ᄃᆞ려 問ᄒᆞ야 日 爾ᄂᆞᆫ 아모 對答도 無ᄒᆞ냐 此 人들의 證據ᄒᆞᄂᆞᆫ 거시 무어시냐 ᄒᆞ되

⑩ 大祭司長이 가온ᄃᆡ 니러서셔 예수ᄭᅴ 무러 ᄀᆞᆯᄋᆞᄃᆡ 이 사ᄅᆞᆷ들의 證據 ᄒᆞ는거시 엇더ᄒᆞ냐 너ᄂᆞᆫ 아모 對答도 업ᄂᆞ냐 ᄒᆞ되

⑪ 大祭司長이 가온대 니러서셔 예수 다려 무러 갈아대 너는 아모 對答도 업나냐 이 사람들의 證據하는 것이 무엇이냐 하되

⑫ 대졔사쟝이 가온대 니러서셔 예수의게 무러 갈아대 너는 아모 대답도 업나냐 이 사람들의 너를 치는 증거가 엇더하냐 하되

⑬ 대제사장이 가운데 일어서서 예수에게 물어 가로되 너는 아무 대답도 없느냐 이 사람들의 너를 치는 증거가 어떠하냐 하되

⑭ そこで大祭司が立ちあがって、まん中に進、イエスに聞きただして言った、「何も答えないのか。これらの人々があなたに對して不利な証言を申し立てているが、どうなのか」。

마가福音 14:61

① 耶穌默然不答。祭司長復問之曰,爾是可頌者之子基督否。

② 예수 잠잠하고 ᄃᆡ답지 안으니 졔사쟝이 다시 물어 갈아되 네가 칭숑하는 하나님의 아달 키리스토냐

③ 예수 잠잠ᄒᆞ고 ᄃᆡ답지 ᄋᆞᆫ으니 졔사쟝이 다시 물어 갈오되 네가 칭숑ᄒᆞᄂᆞᆫ 하나님의 아달 키리쓰토냐

④ 예수ㅣ 묵연ᄒᆞ고 ᄃᆡ답지 아니시니 졔ᄉᆞ장이 다시 무러 ᄀᆞᆯᄋᆞᄃᆡ 너ㅣ 가히 찬숑ᄒᆞ올 쟈의 아ᄃᆞᆯ 그리스도ㅣ냐

⑤ 좀좀ᄒᆞ고 ᄃᆡ답ᄒᆞ시지 안커ᄂᆞᆯ 대졔ᄉᆞㅣ 다시 무러 ᄀᆞᆯᄋᆞᄃᆡ 네가 복 주시ᄂᆞᆫ 이의 아ᄃᆞᆯ 긔독이냐

⑥ 좀좀ᄒᆞ고 ᄃᆡ답ᄒᆞ시지 안커ᄂᆞᆯ 졔ᄉᆞ장이 다시 무러 ᄀᆞᆯᄋᆞᄃᆡ 네가 찬송ᄒᆞ올 쟈의 아ᄃᆞᆯ 그리스도냐 ᄒᆞ니

⑦ 좀좀ᄒᆞ고 ᄃᆡ답ᄒᆞ시지안커늘 대졔ᄉᆞ장이 다시 무러 ᄀᆞᆯᄋᆞᄃᆡ 네가 찬숑ᄒᆞᆯ 쟈의 아ᄃᆞᆯ 그리스도냐 ᄒᆞ니
(좀좀ᄒᆞ고 ᄃᆡ답ᄒᆞ시지 안커늘 대졔ᄉᆞ쟝이 다시무러 ᄀᆞᆯᄋᆞᄃᆡ 네가 찬숑ᄒᆞᆯ 쟈의 아ᄃᆞᆯ 그리스도냐 ᄒᆞ니)

⑧ 좀좀ᄒᆞ고 ᄃᆡ답ᄒᆞ시지 안커늘 대졔ᄉᆞ쟝이 다시무러 ᄀᆞᆯᄋᆞᄃᆡ 네가 찬숑ᄒᆞᆯ 쟈의 아ᄃᆞᆯ 그리스도냐 ᄒᆞ니

⑨ 默默ᄒᆞ고 答ᄒᆞ시지 안커ᄂᆞᆯ 大祭司長이 復問ᄒᆞ야 曰 爾가 讚頌ᄒᆞᆯ 者의 子 그리스도냐 ᄒᆞ니

⑩ 潛潛ᄒᆞ고 對答지 아니ᄒᆞ시거ᄂᆞᆯ 大祭司長이 다시 무러 ᄀᆞᆯᄋᆞᄃᆡ 네가 讚頌ᄒᆞᆯ 者의 아ᄃᆞᆯ 그리ㅡ도냐

⑪ 潛潛하고 對答하시지 안커늘 大祭司長이 다시 무러 갈아대 네가 讚頌할 者의 아달 그리스도냐 하니

⑫ 잠잠하고 아모 대답도 아니하시거늘 대졔사쟝이 다시 무러 갈아대 네가 찬숑밧을 쟈의 아달 그리스도냐

⑬ 잠잠하고 아무 대답도 아니하시거늘 대제사장이 다시 물어 가로되 네가 찬송 받을 자의 아들 그리스도냐

⑭ しかし、イエスは黙っていて、何もお答えにならなかった。大祭司は再び聞きただして言った、「あなたはほむべき者の子、キリストであるか」。

마가福音 14:62

① 耶穌曰,是也,爾曹將見人子坐於能者之右,乘天雲而來也。

② 예수 살아샤되 ᄂᆡ가 기로다 너희 쟝차 인자가 권능의 우편에 안고 ᄯᅩ 하날에 굴움을 타고 오물 보리라 하니

③ 예수 갈아샤ᄃᆡ ᄂᆡ가 기로다 너희 쟝차 인ᄌᆞ가 권능의 우편에 안고 ᄯᅩ 하날에 굴움ᄋᆞᆯ 타고 오물 보리라 ᄒᆞ니

④ 예수ㅣ ᄀᆞᆯᄋᆞ샤ᄃᆡ 그러ᄒᆞ니 너ㅣ 쟝ᄎᆞᆺ 인ᄌᆞㅣ 젼능ᄒᆞ신 쟈의 옴흔편에 안자 하ᄂᆞᆯ에 구룸을 ᄐᆞ고 옴을 보리라 ᄒᆞ시니

⑤ 그제야 ᄃᆡ답ᄒᆞ샤ᄃᆡ 내가 기로다 너희가 인ᄌᆞㅣ 권능 잇ᄉᆞ신 이의 우편에 안졋다가 하ᄂᆞᆯ 구름을 ᄐᆞ고 옴을 보리라 ᄒᆞ시니

⑥ 예수ㅣ 닐ᄋᆞ샤ᄃᆡ 내로다 너희가 인ᄌᆞㅣ 권능ᄒᆞ신 이의 우편에 안짐과 하놀 구롬으로 더브러 옴을 보리라 ᄒᆞ시니
⑦ 예수ㅣ 닐넛스ᄃᆡ 내로다 너희가 인ᄌᆞㅣ 능ᄒᆞ신 쟈의 우편에 안즘과 하놀 구름으로 더브러 옴을 보리라 ᄒᆞ시니
(예수ㅣ 닐ᄋᆞ샤ᄃᆡ 내로다 인ᄌᆞ가 권능잇ᄂᆞᆫ 쟈의 우편에 안즘과 하놀구름으로 ᄐᆞ고 옴을 너희가 보리라 ᄒᆞ시니)
⑧ 예수ㅣ 닐ᄋᆞ샤ᄃᆡ 내로다 인ᄌᆞ가 권능잇ᄂᆞᆫ 쟈의 우편에 안즘과 하놀구름으로 ᄐᆞ고 옴을 너희가 보리라 ᄒᆞ시니
⑨ 예수ㅣ 謂ᄒᆞ샤ᄃᆡ 我로다 人子가 權能이有ᄒᆞᆫ 者의 右便에 坐ᄒᆞᆷ과 天雲을 乘ᄒᆞ고 來ᄒᆞᆷ을 爾等이 見ᄒᆞ리라 ᄒᆞ시니
⑩ 예수ㅣ 닐ᄋᆞ샤ᄃᆡ 내로다 人子가 權能잇ᄂᆞᆫ 者의 右偏에 안즘과 하놀 구름을 ᄐᆞ고 옴을 너희가 보리라
⑪ 예수ㅣ 닐아샤대 내로다 人子가 權能잇는 者의 右便에 안짐과 하날 구름을 타고 옴을 너희가 보리라 하시니
⑫ 예수ᄭᅴ셔 닐아샤대 내가 그니라 인자가 권능쟈의 우편에 안즌 것과 하날 구름을 타고 오는 것을 너희가 보리라 하시니
⑬ 예수께서 이르시되 내가 그니라 인자가 권능자의 우편에 앉은 것과 하늘 구름을 타고 오는 것을 너희가 보리라 하시니
⑭ イエスは言われた、「わたしがそれである。あなたがたは人の子が力ある者の右に座し、天の雲に乗って來るのを見るであろう」。

마가福音 14:63

① 祭司長自裂其衣曰,我儕何用別證,
② 졔사쟝이 그 옷슬 ᄶᅳ즈며 갈아되 엇지 달니 간증을 쓰리요 너희 그 참남하물 들어스니 너희 ᄯᅳᆺ디 엇더ᄒᆞ냐 ᄒᆞ믜
③ 졔사쟝이 그 옷슬 ᄶᅳ즈며 갈아되 엇지 달니 간증올 쓰리요 너희 그 참남ᄒᆞ물 들어ᄉᆞ니 너희 ᄯᅳᆺ디 엇더하냐 하믜
④ 졔ᄉᆞ쟝이 손으로 제 옷솔 ᄶᅳ즈며 ᄀᆞᆯᄋᆞᄃᆡ 우리 다른 증거ᄒᆞ여 무엇ᄒᆞ리오
⑤ 대졔ᄉᆞㅣ 제 옷슬 ᄶᅵ지며 ᄀᆞᆯᄋᆞᄃᆡ 우리가 엇지 다른 증거를 쓰리오
⑥ 졔ᄉᆞ쟝이 제 옷술 ᄶᅵ지며 ᄀᆞᆯᄋᆞᄃᆡ 우리가 엇지 다른 증인을 쓰리오

⑦ 대졔ᄉ장이 제 옷슬 찌즈며 ᄀᆞᆯᄋᆞᄃᆡ 우리가 엇지 다른 증인을 쓰리오

(대졔ᄉ장이 제옷을 찌즈며 ᄀᆞᆯᄋᆞᄃᆡ 우리가 엇지 다른 증인을 쓰리오)

⑧ 대졔ᄉ장이 제옷을 찌즈며 ᄀᆞᆯᄋᆞᄃᆡ 우리가 엇지 다른 증인을 쓰리오

⑨ 大祭司長이 渠衣를 裂ᄒᆞ며 曰 我等이 엇지 他 證人을 用ᄒᆞ리오

⑩ 大祭司長이 제 옷슬 찌즈며 ᄀᆞᆯᄋᆞᄃᆡ 우리가 엇지 다른 證人을 쓰리오

⑪ 大祭司長이 제 옷을 찍지며 갈아대 우리가 엇지 다른 證人을 쓰리오

⑫ 대졔사쟝이 자긔 옷을 찍즈며 갈아대 우리가 엇지 더 증인을 요구하리오

⑬ 대제사장이 자기 옷을 찢으며 가로되 우리가 어찌 더 증인을 요구하리요

⑭ すると、大祭司はその衣を引き裂いて言った、「どうして、これ以上、証人の必要があろう。

마가福音 14:64

① 爾已聞其褻瀆矣,爾意如何。衆擬之爲有死之辜,

② 뭇사람이 뎡안하여 죽을 뎨 범하엿다 하니주글지라 ᄒᆞ니

③ 뭇사름이 비겨 갈오되 맛당히 주글지라 ᄒᆞ니

④ 임의 네 셜만ᄒᆞᄂᆞᆫ 말을 드럿ᄂᆞᆫ지라 너의 뜻시 엇더ᄒᆞ뇨 뭇사룸이 의론ᄒᆞ야 죽일 죄로 결단ᄒᆞ며

⑤ 그 잠람ᄒᆞᆫ 말을 너희도 드럿시니 너희 ᄯᅳᆺ에ᄂᆞᆫ 엇더ᄒᆞ뇨 여러히 다 ᄀᆞᆯᄋᆞᄃᆡ 죽임으로 뎡죄ᄒᆞᆷ이 맛당ᄒᆞ다 ᄒᆞ고

⑥ 그 참람ᄒᆞᆫ 말을 너희도 드럿시니 너희 ᄯᅳᆺ에ᄂᆞᆫ 엇더ᄒᆞ뇨 여러히 다 죽임으로 뎡죄ᄒᆞᆷ이 맛당ᄒᆞ다 ᄒᆞ고

⑦ 그 참람ᄒᆞᆫ 말을 너희도 드럿스니 너희 ᄯᅳᆺ에는 엇더ᄒᆞ뇨 죽이ᄂᆞᆫ 거시 맛당ᄒᆞᆷ으로 여러히 다 뎡죄ᄒᆞ고

(그 ᄎᆞᆷ람ᄒᆞᆫ 말을 너희도 드럿스니 너희 ᄯᅳᆺ에는 엇더ᄒᆞ뇨 ᄒᆞ니 여러시 다 죽이는 거시 당연ᄒᆞ다 ᄒᆞ야 뎡죄ᄒᆞ고)

⑧ 그 춥람ᄒᆞᆫ 말을 너희도 드럿스니 너희 뜻에는 엇더ᄒᆞ뇨 ᄒᆞ니 여러시 다 죽이는 거시 당연ᄒᆞ다 ᄒᆞ야 뎡죄ᄒᆞ고
⑨ 其 僭濫ᄒᆞᆫ 言을 爾等도 聞ᄒᆞ엿스니 爾等의 意에는 何如ᄒᆞ뇨 ᄒᆞ니 諸人이 다 殺ᄒᆞᄂᆞᆫ 거시 當然ᄒᆞ다 ᄒᆞ야 定罪ᄒᆞ고
⑩ 그 僭濫ᄒᆞᆫ 말을 너희도 드럿스니 뜻에 엇더ᄒᆞ뇨 모다 죽임이 當然ᄒᆞ다 ᄒᆞ야 定罪ᄒᆞ니
⑪ 그 僭濫한 말을 너희도 드럿스니 너희 뜻에는 엇더라뇨 하니 여럿이 다 죽이는 것이 當然하다 하야 定罪하고
⑫ 그 참람한 말을 너희가 드럿도다 너희는 엇더케 생각하나뇨 하니 뎌희가 다 예수를 사형에 해당한 쟈로 뎡죄하고
⑬ 그 참람한 말을 너희가 들었도다 너희는 어떻게 생각하느뇨 하니 저희가 다 예수를 사형에 해당한 자로 정죄하고
⑭ あなたがたはこのけがし言(ごと)を聞いた。あなたがたの意見はどうか」。すると、彼らは皆、イエスを死に当たるものと
斷定した。

마가福音 14:65

① 或唾之,掩其面,以拳擊之,曰,爾試言焉,諸僕亦以手批之。
② 두어 사람이 춤 밧고 그 낫츨 갈이우고 주머구로써 쳐 갈아되 네 밀이 말하라 하고 모단 군노 손바닥으로 치며 직키다라
③ 두어 사룸이 춤 밧고 그 낫츨 갈이우고 치며 가로되 네 밀이 말ᄒᆞ라 ᄒᆞ고 모단 군노 손바닥으로 치며 직키더라
④ 혹 춤도 밧트며 그 ᄂᆞᆺ흘 ᄀᆞ리오고 ᄯᆞ리며 ᄀᆞᆯᄋᆞ되 너는 시험ᄒᆞ야 말ᄒᆞ라 ᄒᆞ고 모든 하인도 ᄯᅩᄒᆞᆫ 손으로 ᄯᆞ리더라
⑤ 혹 춤도 밧흐며 그 얼골을 ᄀᆞ리고 ᄯᆞ리며 ᄀᆞᆯᄋᆞ되 션지ᄒᆞᄂᆞᆫ 말을 ᄒᆞ라 ᄒᆞ고 군ᄉᆞ들은 손바닥으로 ᄯᆞ리더라
⑥ 혹 춤도 밧흐며 그 얼골을 ᄀᆞ리오고 ᄯᆞ리며 ᄀᆞᆯᄋᆞ되 션지쟈 노릇술ᄒᆞ라 ᄒᆞ고 관쇽들은 손 바닥으로 ᄯᆞ리더라
⑦ 혹이 춤도 밧흐며 그 얼골을 ᄀᆞ리우고 ᄯᆞ리며 ᄀᆞᆯᄋᆞ되 션지쟈 노릇슬 ᄒᆞ라 ᄒᆞ고 관쇽들은 손 바닥으로 ᄯᆞ리더라
(혹이 춤도 밧흐며 그 얼골을 ᄀᆞ리우고 주먹으로 치며 ᄀᆞᆯᄋᆞ되 션지쟈 노릇을 ᄒᆞ라 ᄒᆞ고 관쇽들은 손바닥으로 ᄶᅡ리더라)
⑧ 혹이 춤도비앗흐며 그 얼골을 ᄀᆞ리우고 주먹으로 치며 ᄀᆞᆯᄋᆞ되 션지쟈 노릇을 ᄒᆞ라 ᄒᆞ고 관쇽들은 손바닥으로 ᄶᅡ리더라

⑨ 或이 唾ᄒᆞ며 其 顔을 掩ᄒᆞ고 拳으로 打ᄒᆞ며 曰 先知者 노릇슬 ᄒᆞ라 ᄒᆞ고 官屬들은 手掌으로 打ᄒᆞ더라
⑩ 或은 춤도 ᄇᆡ앗흐며 그 얼골을 ᄀᆞ리우고 주먹으로 치며 ᄀᆞᆯᄋᆞᄃᆡ 先知者 노릇을 ᄒᆞ라 ᄒᆞ고 官屬들은 손바닥으로 ᄣᅡ리더라
⑪ 或이 춤도 배앗흐며 그 얼골을 가리우고 주먹으로 치며 갈아대 先知者 노릇을 하라 하고 官屬들은 손바닥으로 ᄣᅡ리더라
⑫ 혹은 그의게 춤을 배앗흐며 그의 얼골을 가리우고 주먹으로 치며 갈아대 선지쟈 노릇을 하라 하고 하쇽들은 손바닥으로 치더라
⑬ 혹은 그에게 침을 뱉으며 그의 얼굴을 가리우고 주먹으로 치며 가로되 선지자 노릇을 하라 하고 하속들은 손바닥으로 치더라
⑭ そして、ある者はイエスにつばきをかけ、目隱しをし、こぶしでたたいて、「言いあててみよ」と言いはじめた。また下役どもはイエスを引きとって、手のひらでたたいた。

마가福音 14:66

① 彼得在下院,祭司長婢中之一至,
② 피들이 원 뜰에 잇ᄂᆞᆫᄃᆡ 제사장의 내죵 한나이 와셔
③ 피들이 알에 노원 뜰에 잇ᄂᆞᆫᄃᆡ 졔사장의 녀죵 한나이 와셔
④ 베드로ᄂᆞᆫ 하원에 잇더니 졔ᄉᆞ장의 ᄒᆞᆫ 계집하인이 니ᄅᆞ러
⑤ 피득은 밧겻 아문에 잇더니 대졔ᄉᆞ의 계집죵 ᄒᆞ나이 와셔
⑥ 베드로ᄂᆞᆫ 아래 마당에 잇더니 졔ᄉᆞ장의 계집 죵 ᄒᆞ나히 와셔
⑦ 베드로는 아래 마당에 잇더니 대졔ᄉᆞ장의 계집 죵 ᄒᆞ나히 와셔
⑧ 베드로는 아래마당에 잇더니 제ᄉᆞ장의 비ᄌᆞ ᄒᆞ나히 와셔
⑨ 베드로ᄂᆞᆫ 下場에 在ᄒᆞ더니 大祭司長의 婢子 一人이 來ᄒᆞ야

⑩ 베드로ᄂᆞᆫ 아래 마당에 잇더니 大祭司長의 婢子 ᄒᆞ나이 와셔
⑪ 베드로는 아래 마당에 잇더니 大祭司長의 婢子 하나이 와셔
⑫ 베드로는 아래 뜰에 잇더니 대제사장의 비자 하나이 와셔
⑬ 베드로는 아래 뜰에 있더니 대제사장의 비자 하나가 와서
⑭ ペテロは下で中庭にいたが、大祭司の女中のひとりがきて、

마가福音 14:67

① 見彼得自燠,目之曰,爾亦素偕拿撒勒人耶穌者。
② 피들이 불 ᄶᅩ이물 보고 눈질하여 갈아되 네도 나살잇 예수과 함긔 한다 하니
③ 피들이 불 ᄶᅩ이물 보고 눈질ᄒᆞ여 가로되 네도 나살잇 예수과 함ᄭᅴ 한다 ᄒᆞ니
④ 베드로가 불ᄶᅩ임을 보고 눈치ᄒᆞ여 ᄀᆞᆯᄋᆞᄃᆡ 너도 ᄯᅩᄒᆞᆫ 본ᄅᆡ 나사렛 사ᄅᆞᆷ 예수와 ᄒᆞᆷᄭᅴ ᄃᆞᆫ니던 쟈ㅣ라 ᄒᆞ거ᄂᆞᆯ
⑤ 피득이 불 ᄶᅩ임을 보고 ᄀᆞᆯᄋᆞᄃᆡ 너도 나살륵 예수와 ᄒᆞᆷᄭᅴᄒᆞᆫ 쟈ㅣ로다 ᄒᆞ거ᄂᆞᆯ
⑥ 베드로ㅣ 불 ᄶᅩ임을 보고 ᄀᆞᆯᄋᆞᄃᆡ 너도 나사렛인 예수와 ᄒᆞᆷᄭᅴᄒᆞᆫ 쟈ㅣ로다 ᄒᆞ거ᄂᆞᆯ
⑦ 베드로ㅣ 불 ᄶᅩ임을 보고 ᄀᆞᆯᄋᆞᄃᆡ 너도 나사렛 인 예수와 ᄒᆞᆷᄭᅴᄒᆞᆫ 쟈로다 ᄒᆞ거늘
⑧ 베드로가 불 ᄶᅩ임을 보고 ᄀᆞᆯᄋᆞᄃᆡ 너도 나사렛 예수와 ᄒᆞᆷᄭᅴᄒᆞᆫ 쟈로다 ᄒᆞ거늘
⑨ 베드로가 火를 ᄶᅩ임을 見ᄒᆞ고 曰 爾도 나사렛 예수와 偕ᄒᆞᆫ 者로다 ᄒᆞ거ᄂᆞᆯ
⑩ 불 ᄶᅩ이고 잇ᄂᆞᆫ 베드로를 보고 ᄀᆞᆯᄋᆞᄃᆡ 너도 나사렛 예수와 ᄒᆞᆷᄭᅴ ᄒᆞᆫ 者로다
⑪ 베드로가 불 ᄶᅩ임을 보고 갈아대 너도 나사렛 예수와 함ᄭᅴ 한 者로다 하거늘
⑫ 베드로의 불 ᄶᅩ임을 보고 주목하야 갈아대 너도 나사렛 예수와 함ᄭᅴ 잇섯도다 하거늘

⑬ 베드로의 불 쬠을 보고 주목하여 가로되 너도 나사렛 예수와 함께 있었도다 하거늘

⑭ ペテロが火にあったているのを見ると、彼を見つめて、「あなたもあのナザレ人(びと)イエスと一緒だった」と言った。

마가福音 14:68

① 彼得諱之曰,我不知,亦不識爾云何也。遂出至門檐鷄卽鳴。

② 뎌 물으ᄂᆞᆫ 체하여 갈아되 나ᄂᆞᆫ 네 말을 아지 못하고 명빅지 못하갓다 하고 이여 문싼에 나아가니 달기 우ᄂᆞᆫ지라

③ 뎌 물으ᄂᆞᆫ 체ᄒᆞ여 가로ᄃᆡ 나ᄂᆞᆫ 네 말ᄋᆞᆯ 엇지 몰아지 못ᄒᆞ고 명빅지 못ᄒᆞ갓다 ᄒᆞ고 이여 문싼에 나아가니 달기 우ᄂᆞᆫ지라

④ 베드로ㅣ 비반ᄒᆞ야 ᄀᆞᆯᄋᆞᄃᆡ 나ᄂᆞᆫ 아지도 못ᄒᆞ고 ᄯᅩᄒᆞᆫ 네가 무어시라 ᄒᆞᄂᆞᆫ지 모로노라 ᄒᆞ고 드ᄃᆡ여 나아와 문쳠ᄒᆞ에 니ᄅᆞ니
ᄃᆞᆰ이 우더라

⑤ 피득이 모로ᄂᆞᆫ 톄ᄒᆞ여 ᄀᆞᆯᄋᆞᄃᆡ 나ᄂᆞᆫ 아지도 못ᄒᆞ고 너 말ᄒᆞᄂᆞᆫ 것도 무엇신지 ᄭᆡ닷지 못ᄒᆞ겟노라 ᄒᆞ며 문 밧그로 나아가니
ᄃᆞᆰ이 우ᄂᆞᆫ지라

⑥ 베드로ㅣ 아니라 ᄒᆞ야 ᄀᆞᆯᄋᆞᄃᆡ 나ᄂᆞᆫ 네 말ᄒᆞᄂᆞᆫ 거슬 아지도 못ᄒᆞ고 ᄭᆡ닷지도 못 ᄒᆞ겟노라 ᄒᆞ며 압 마딩으로 가니 ᄃᆞᆰ이 우ᄂᆞᆫ지라

⑦ 베드로ㅣ 아니라 ᄒᆞ야 ᄀᆞᆯᄋᆞᄃᆡ 나는 네말ᄒᆞᄂᆞᆫ 거슬 아지도 못ᄒᆞ고 ᄭᆡᄃᆞᆺ지도못ᄒᆞ겟노라 ᄒᆞ며 압 마당으로 가니 ᄃᆞᆰ이 우ᄂᆞᆫ지라
(베드로ㅣ 아니라 ᄒᆞ야 ᄀᆞᆯᄋᆞᄃᆡ 나는 네 말ᄒᆞ는 거슬 아지도 못ᄒᆞ고 ᄭᆡᄃᆞᆺ지도 못ᄒᆞ겟노라 ᄒᆞ며 압마당으로 가니 ᄃᆞᆰ이 우는지라)

⑧ 베드로가 아니라 ᄒᆞ야 ᄀᆞᆯᄋᆞᄃᆡ 나는 네 말ᄒᆞᄂᆞᆫ 거슬 아지도 못ᄒᆞ고 ᄭᆡᄃᆞᆺ지도 못ᄒᆞ겟노라 ᄒᆞ며 압마당으로 가니 ᄃᆞᆰ이 우ᄂᆞᆫ지라

⑨ 베드로가 否라 ᄒᆞ야 曰 我ᄂᆞᆫ 爾의 言ᄒᆞᄂᆞᆫ 거슬 知치 못ᄒᆞ고 覺지도 못ᄒᆞ겟노라 ᄒᆞ며 前庭으로 去ᄒᆞ니 雞가 鳴ᄒᆞᄂᆞᆫ지라

⑩ 베드로가 아니라 ᄒᆞ야 ᄀᆞᆯᄋᆞᄃᆡ 나ᄂᆞᆫ 네 말을 아지도 못ᄒᆞ고 ᄭᆡᄃᆞᆺ지도 못ᄒᆞ겟노라 ᄒᆞ며 압마당으로 가니 ᄃᆞᆰ이 울더라

⑪ 베드로가 아니라 하야 갇아대 나는 네 말하는 것을 아지도 못하고 깨닷지도 못하겟노라 하며 압마당으로 가니 닭이 우는
지라

⑫ 베드로가 부인하야 갈아대 나는 네 말하는 것이 무엇인지 아지도 못하고 깨닷지도 못하겟노라 하며 압뜰노 나갈새
⑬ 베드로가 부인하여 가로되 나는 네 말하는 것이 무엇인지 알지도 못하고 깨닫지도 못하겠노라 하며 앞뜰로 나갈쌔
⑭ するとペテロはそれを打ち消して、「わたしは知らない。あなたの言うことがなんの事か、わからない」と言って、庭口の方に出て行った。

마가福音 14:69
① 又一婢見之語旁立者曰,彼亦其黨之一。
② 녀죵이 보고 또 겻티 션 쟈게 갈아되 뎌도 그무리에한나이라 ᄒᆞ니
③ 녀죵이 보고 또 겻티 션 쟈게 갈아되 뎌도 그무리에한나이라 ᄒᆞ니
④ 또ᄒᆞᆫ 계집하인이 보고 겻히 선 사ᄅᆞᆷᄃᆞ려 말ᄒᆞ야 ᄀᆞᆯᄋᆞᄃᆡ 뎌도 그당의ᄒᆞ나히라 ᄒᆞ니
⑤ 계집죵이 또 보고 제 겻희 셧는 사ᄅᆞᆷ들 ᄃᆞ려 닐ᄋᆞᄃᆡ 뎌 사ᄅᆞᆷ도 그당즁에ᄒᆞ나이라 ᄒᆞ되
⑥ 계집죵이 또 보고 겻히 셧는 사ᄅᆞᆷ들ᄃᆞ려 다시 닐ᄋᆞᄃᆡ 이도 뎌무리라 ᄒᆞ되
⑦ 계집죵이 또 보고 겻헤 셧는 사ᄅᆞᆷ들ᄃᆞ려 다시 닐ᄋᆞᄃᆡ 이도 뎌무리라 ᄒᆞ되
(비ᄌᆞ이 또보고 겻헤 셧는 사ᄅᆞᆷ들ᄃᆞ려 다시 닐ᄋᆞᄃᆡ 이도 뎌무리라 ᄒᆞ되)
⑧ 비ᄌᆞ가 또보고 겻헤셧는 사ᄅᆞᆷ들ᄃᆞ려 다시닐ᄋᆞᄃᆡ 이 사ᄅᆞᆷ도 뎌무리라 ᄒᆞ되
⑨ 婢子가 復見ᄒᆞ고 傍立ᄒᆞᆫ 人들ᄃᆞ려 復謂ᄒᆞᄃᆡ 此 人도 彼衆이라 ᄒᆞ되
⑩ 婢子가 또 보고 겻헤 셧는 사ᄅᆞᆷ들 ᄃᆞ려 닐ᄋᆞᄃᆡ 이 사ᄅᆞᆷ도 뎌무리라 ᄒᆞ되
⑪ 婢子가 또 보고 겻헤 섯는 사람들 다녀 다시 닐아대 이 사람도 뎌무리라 하되
⑫ 비자가 그를 보고 겻헤 섯는 쟈들의게 다시 닐아대 이 사람은 그당이라 하되

⑬ 비자가 그를 보고 곁에 서 있는 자들에게 다시 이르되 이 사람은 그당이라 하되
⑭ ところが、先の女中が彼を見て、そばに立っていた人々に、またもや「この人はあの仲間のひとりです」と言いだした。

마가福音 14:70

① 彼得僕諱之。小頃,旁立者謂彼得曰,爾誠其黨之一,蓋爾乃加利利人,且方言亦似之。
② 다시 몰으ᄂᆞᆫ 체 하다라 이잇고 겨틔 션 쟈 피들게 일오되 네 실노 그 물리에 한나인 거시 너ᄂᆞᆫ 가니닉 사람이라 하니
③ 다시 몰으ᄂᆞᆫ 체 ᄒᆞ더라 이잇고 겨틔 션 쟈 피들게 일오되 네 실노 그 물리에 한나인 거시 너ᄂᆞᆫ 가니닉 사ᄅᆞᆷ이라 ᄒᆞ니
④ 베드로ㅣ ᄯᅩᄒᆞᆫ 비반ᄒᆞ더니 조곰 잇다가 겻히 선 쟈ㅣ 베드로ᄃᆞ려 닐너 ᄀᆞᆯᄋᆞᄃᆡ 네가 진실노 그 당의 ᄒᆞ나히니 대개 더ᄂᆞᆫ
이에 갈닐니아 사ᄅᆞᆷ이오 ᄯᅩᄒᆞᆫ 방언도 역시 ᄀᆞᆺ다ᄒᆞ니
⑤ ᄯᅩ 모로ᄂᆞᆫ 뎨ᄒᆞ더니 죠곰 잇다가 겻희 셧던 사ᄅᆞᆷ들이 다시 피득 ᄃᆞ려 말ᄒᆞᄃᆡ 너ᄂᆞᆫ 가리리 사ᄅᆞᆷ이니 분명ᄒᆞᆫ 그 당이로다
ᄒᆞ거ᄂᆞᆯ
⑥ ᄯᅩ 아니라 ᄒᆞ더니 죠곰 잇다가 겻히 셧ᄂᆞᆫ 사ᄅᆞᆷ들이 다시 베드로ᄃᆞ려 말ᄒᆞ되 너ᄂᆞᆫ 갈닐니 사ᄅᆞᆷ이니 분명히 더 무리로다 ᄒᆞ기ᄂᆞᆯ
⑦ ᄯᅩ 아니라 ᄒᆞ더니 조곰 잇다가 겻헤 셧ᄂᆞᆫ 사ᄅᆞᆷ들이 다시 베드로ᄃᆞ려 말ᄒᆞᄃᆡ 너는 갈닐니 인이니 분명히 뎌 무리로다 ᄒᆞ거늘
(ᄯᅩ 아니라 ᄒᆞ더니 조곰 잇다가 겻에 셧는 사ᄅᆞᆷ들이 다시 베드로ᄃᆞ려 말ᄒᆞ되 너는 갈닐니 사ᄅᆞᆷ이니 분명히 뎌 무리로다
ᄒᆞ거늘)
⑧ ᄯᅩ 아니라 ᄒᆞ더니 조곰잇다가 겻에셧는 사ᄅᆞᆷ들이 다시 베드로ᄃᆞ려 말ᄒᆞ되 너는 갈닐니 사ᄅᆞᆷ이니 분명히 뎌무리로다 ᄒᆞ거ᄂᆞᆯ
⑨ ᄯᅩ 좀라 ᄒᆞ더니 少頃에 傍立ᄒᆞᆫ 人들이 다시 베드로ᄃᆞ려 言ᄒᆞᄃᆡ 爾ᄂᆞᆫ 갈닐니 人이니 分明히 彼衆이로다 ᄒᆞ거ᄂᆞᆯ
⑩ ᄯᅩ 아니라 ᄒᆞ더니 조곰 잇다가 겻헤 셧ᄂᆞᆫ 사ᄅᆞᆷ들이 다시 베드로 ᄃᆞ려 닐ᄋᆞᄃᆡ 너ᄂᆞᆫ 갈닐니 사ᄅᆞᆷ의 口音이니 分明히 뎌 무리로다
⑪ ᄯᅩ 아니라 하더니 조곰 잇다가 겻헤 셧는 사람들이 다시 베드로 다려 말하대 너는 갈닐니 사람이니 分明히 뎌 무리로다

하거늘
⑫ 또 부인하더라 조곰 후에 곗헤 섯는 사람들이 다시 베드로의게 말하대 너는 갈닐니 사람이니 참으로 그 당이니라
⑬ 또 부인하더라 조금 후에 곁에 서 있는 사람들이 다시 베드로에게 말하되 너는 갈릴리 사람이니 참으로 그 당이니라
⑭ ペテロは再びそれを打ち消した。しばらくして、そばに立っていた人たちがまたペテロに言った、「確かにあなたは彼らの仲間だ。あなたもガリラヤ人(びと)だから」。

마가福音 14:71
① 彼得詛且誓曰,此爾所言之人,我不識也。
② 피들이 악담하고 밍셰ᄒᆞ되
③ 피들이 욕ᄒᆞ고 밍셰ᄒᆞ되
④ 베드로ㅣ 저주ᄒᆞ며 밍셰ᄒᆞ야 ᄀᆞᆯᄋᆞᄃᆡ 이 네가 말ᄒᆞᄂᆞᆫ 바 사ᄅᆞᆷ을 나ᄂᆞᆫ 아지 못ᄒᆞ노라 ᄒᆞ니
⑤ 피득이 언짠ᄒᆞᆫ 말을 ᄒᆞ며 밍셰ᄒᆞ되 너 말ᄒᆞᄂᆞᆫ 이가 누군지 나ᄂᆞᆫ 그 사ᄅᆞᆷ을 아지 못ᄒᆞ노라 ᄒᆞ니
⑥ 베드로ㅣ 비로소 져주ᄒᆞ며 밍셰ᄒᆞ야 ᄀᆞᆯᄋᆞᄃᆡ 너 말ᄒᆞᄂᆞᆫ 이 사ᄅᆞᆷ을 아지 못ᄒᆞ노라 ᄒᆞ니
⑦ 베드로ㅣ 비로소 져주ᄒᆞ며 ᄆᆡ셰ᄒᆞ야 ᄀᆞᆯᄋᆞᄃᆡ 너 말ᄒᆞᄂᆞᆫ 이 사ᄅᆞᆷ을 아지못ᄒᆞ노라 ᄒᆞ니
(베드로가 져주ᄒᆞ며 밍셰ᄒᆞ야 ᄀᆞᆯᄋᆞᄃᆡ 너 말ᄒᆞ는 이 사ᄅᆞᆷ을 아지 못ᄒᆞ노라 ᄒᆞ니)
⑧ 베드로가 져주ᄒᆞ며 밍셰ᄒᆞ야 ᄀᆞᆯᄋᆞᄃᆡ 너 말ᄒᆞᄂᆞᆫ 이 사ᄅᆞᆷ을 아지 못ᄒᆞ노라 ᄒᆞ니
⑨ 베드로가 詛呪ᄒᆞ며 盟誓ᄒᆞ야 曰 爾의 言ᄒᆞᄂᆞᆫ 此 人을 知치 못ᄒᆞ노라 ᄒᆞ니
⑩ 베드로가 잡아 째며 盟誓ᄒᆞ야 ᄀᆞᆯᄋᆞᄃᆡ 너 말ᄒᆞᄂᆞᆫ 이 사ᄅᆞᆷ을 나ᄂᆞᆫ 아지 못ᄒᆞ노라 ᄒᆞ니
⑪ 베드로가 詛呪하며 盟誓하야 갈아대 너 말하는 이 사람을 아지 못하노라 하니

⑫ 베드로가 저주하며 맹셔하대 나는 너희의 말하는 이 사람을 아지 못하노라 하니
⑬ 베드로가 저주하며 맹세하되 나는 너희의 말하는 이 사람을 알지 못하노라 하니
⑭ しかし、彼は、「あなたがたの話しているその人のことは何も知らない」と言い張って、激しく誓いはじめた。

마가福音 14:72

① 鷄復鳴,彼得憶耶穌之言,鷄二次鳴之先,爾將三次諱我矣,思之則哭。
② 네 말하ᄂᆞᆫ 사람은 ᄂᆡ 아지 못한다 하ᄂᆞᆫᄃᆡ 달기 다시 우ᄂᆞᆫ지라 피들이 그 말을 ᄉᆡᆼ각하니 예수 엇지 일은바 달 울기 두번
전에 네 세 번 나룰 몰으리라 한지라 즉시 울다 즉시 울다라
③ 네 말ᄒᆞᄂᆞᆫ ᄉᆞᄅᆞᆷ은 ᄂᆡ 아지 못한다 ᄒᆞᄂᆞᆫᄃᆡ 달기 다시 우ᄂᆞᆫ지라 피들이 그 말ᄋᆞᆯ ᄉᆡᆼ각ᄒᆞ니 예수 일즉 일은바 달 울기 두번
전에 네 세 번 나ᄅᆞᆯ 몰으리라 한지라 ᄉᆡᆼ각ᄒᆞ고 우더라
④ ᄃᆞᆰ이 즉시 두 번재 울거ᄂᆞᆯ 베드로ㅣ 예수 말솜이 ᄃᆞᆰ이 이ᄎᆞ롤 울기 젼에 네가 쟝ᄎᆞᆺ 나ᄅᆞᆯ 비반ᄒᆞ리라 ᄒᆞ심을 ᄉᆡᆼ각ᄒᆞ고 통곡ᄒᆞ
더리
⑤ 즉시 ᄃᆞᆰ이 두 번재 우ᄂᆞᆫ지라 그졔야 피득이 예수씌셔 뎌ᄃᆞ려 말ᄉᆞᆷᄒᆞ샤ᄃᆡ ᄃᆞᆰ이 두 번 울기 젼에ᄂᆞᆫ 네가 세 번 나를 모른다
ᄒᆞ리라 ᄒᆞ심을 긔억ᄒᆞ고 울더라
⑥ ᄃᆞᆰ이 곳 두번재 울거ᄂᆞᆯ 베드로ㅣ 예수씌셔 저ᄃᆞ려 말솜 ᄒᆞ샤ᄃᆡ ᄃᆞᆰ이 두번 울기 젼에 네가 셰번 나ᄅᆞᆯ 모론다 ᄒᆞ리라 ᄒᆞ심을
긔억ᄒᆞ야 ᄉᆡᆼ각ᄒᆞ고 울더라
⑦ ᄃᆞᆰ이 곳 두 번재 울거늘 베드로ㅣ 예수씌셔 저ᄃᆞ려 말솜ᄒᆞ샤ᄃᆡ ᄃᆞᆰ이 두 번 울기젼에는 네가 세 번 나를 모른다 ᄒᆞ리라 ᄒᆞ심
을 긔억ᄒᆞ야 ᄉᆡᆼ각ᄒᆞ고 울더라
(ᄃᆞᆰ이 곳 두번재 울거늘 베드로가 예수씌셔 저ᄃᆞ려 말솜ᄒᆞ샤ᄃᆡ ᄃᆞᆰ이 두 번 울기 젼에는 네가 세 번 나를 모른다 ᄒᆞ리라

ᄒᆞ심을 긔억ᄒᆞ야 ᄉᆡᆼ각ᄒᆞ고 울더라)

⑧ ᄃᆞᆰ이 곳 두번재 울거늘 베드로가 예수ᄭᅴ셔 저ᄃᆞ려 말ᄉᆞᆷᄒᆞ샤ᄃᆡ ᄃᆞᆰ이 두번 울기 전에 네가 세번 나를 모른다 ᄒᆞ리라 ᄒᆞ심을 긔억ᄒᆞ야 ᄉᆡᆼ각ᄒᆞ고 울더라

⑨ 雞가 곳 二次를 鳴ᄒᆞ거ᄂᆞᆯ 베드로가 예수ᄭᅴ셔 渠ᄃᆞ려 言ᄒᆞ샤ᄃᆡ 雞가 二次를 鳴ᄒᆞ기 前에 爾가 三次 我를 知치못ᄒᆞᆫ다 ᄒᆞ리라 ᄒᆞ심을 記憶ᄒᆞ야 思ᄒᆞ고 哭ᄒᆞ더라

⑩ ᄃᆞᆰ이 곳 두番재 울거ᄂᆞᆯ 베드로가 예수의 말ᄉᆞᆷ에 ᄃᆞᆰ이 두番 울기 前에 내가 세番 나를 모른다 ᄒᆞ리라 ᄒᆞ심을 ᄉᆡᆼ각ᄒᆞ고 울더라

⑪ 닭이 곳 두 番재 울거늘 베드로가 예수ᄭᅴ셔 저다려 말삼하샤대 닭이 두 番 울기 前에 네가 세 番 나를 모른다 하리라 하심을 記憶하야 생각하고 울더라

⑫ 닭이 곳 두 번재 울더라 이에 베드로가 예수ᄭᅴ셔 자긔의게 하신 말삼 곳 닭이 두 번 울기전에 네가 세 번 나를 부인하리라 하심이 긔억되여 생각하고 울엇더라

⑬ 닭이 곧 두 번째 울더라 이에 베드로가 예수께서 자기에게 하신 말씀 곧 닭이 두 번 울기 전에 네가 세 번 나를 부인하리라 하심이 기억되어 생각하고 울었더라

⑭ するとすぐ、にわとりが二度目に鳴いた。ペテロは、「にわとりが二度鳴く前に三度わたしを知らないと言うであろう」と言われたイエスの言葉を思い出し、そして思いかえして泣きつづけた。

15장

마가福音 15:01

① 平旦,祭司諸長,長老,與全公會,卽共謀縶耶穌,曳而解語彼拉多。

② 아젹에 졔사쟝과 쟝노과 션ᄇᆡ과 오은 공회가 함긔 도모하고 예수를 결박하여 ᄭᅳᆯ고 빌나도으게 붓치니

③ 아젹에 졔사쟝과 쟝노과 션ᄇᆡ과 오은 공회가 함ᄭᅴ 도모ᄒᆞ고 예수ᄅᆞᆯ 결박ᄒᆞ여 ᄭᅳᆯ고 빌나도의게 붓치니

④ ᄇᆞᆰ기에 졔ᄉᆞ졔쟝과 쟝로션ᄇᆡ 왼 공회로 더브러 ᄒᆞᆫ가지로 ᄭᅬᄒᆞ고 예수ᄅᆞᆯ 동혀ᄆᆡ고 ᄭᅳ으러 바로 빌나도의게 가니

⑤ 새벽이 되어셔 졔ᄉᆞ쟝과 쟝로와 셔샤관과 온 공회가 함ᄭᅴ 의론ᄒᆞ고 예수를 결박ᄒᆞ야 ᄭᅳ을어 피랍다의게 보내니

⑥ 새벽에 졔ᄉᆞ졔쟝이 쟝로와 셔샤관과 온 공회로 더브러 의론ᄒᆞ고 예수ᄅᆞᆯ 결박ᄒᆞ야 ᄭᅳ을어 빌나도의게 내여주니

⑦ ᄉᆡ벽에 졔ᄉᆞ졔쟝이 쟝로와 셔긔관과 온 공회로 더브러 의론ᄒᆞ고 예수를 결박ᄒᆞ야 ᄭᅳ을어 빌나도의게 내여주니
(새벽에 졔ᄉᆞ졔쟝이 쟝로와 셔긔관과 온 공회로 더브러 의론ᄒᆞ고 예수를 결박ᄒᆞ야 ᄭᅳ을어 빌나도의게 내여주니)

⑧ 새벽에 졔ᄉᆞ졔쟝이 쟝로와 셔긔관과 왼 공회로 더브러 의론ᄒᆞ고 예수를 결박ᄒᆞ야 ᄭᅳ을어 빌나도의게 내여주니

⑨ 曉에 祭司諸長이 長老와 書記官과 왼 公會로 더브러 議論ᄒᆞ고 예수를 結縛ᄒᆞ야 曳ᄒᆞ고 빌나도의게 出畀ᄒᆞ니

⑩ 서벽에 祭司諸長이 長老와 書記官과 온 公會로 더브러 議論ᄒᆞ고 예수를 結縛ᄒᆞ야 ᄭᅳ을어 빌나도의게 交付ᄒᆞ니

⑪ 새벽에 祭司諸長이 長老와 書記官과 온 公會로 더브러 議論하고 예수를 結縛하야 ᄭᅳ을어 빌나도의게 내여주니

⑫ 새벽에 대제사장들이 즉시 쟝로들과 셔긔관들 곳 공회로 더브러 의론하고 예수를 결박하야 ᄭᅳ을고 가셔 빌나도의게 넘겨주니

⑬ 새벽에 대제사장들이 즉시 장로들과 서기관들 곧 온 공회로 더불어 의논하고 예수를 결박하여 끌고 가서 빌라도에게 넘겨
주니

⑭ 夜が明けるとすぐ、祭司長たちは長老、律法學者たち、および全議會と協議をこらした末、イエスを縛って引き出し、ピラ
トに渡した。

마가福音 15:02

① 彼拉多問之曰，爾爲猶太人之王乎。答曰，爾言之矣。

② 빌나도 물오되 네가 유ᄃᆡ인의 왕이냐 ᄃᆡ답하여 가로샤되 다인이 말하엿나이다 하니

③ 빌나도 물오되 네가 유ᄃᆡ인의 왕이냐 ᄃᆡ답ᄒᆞ여 가로샤ᄃᆡ 다인이 말ᄒᆞ엿ᄂᆞ이다 ᄒᆞ니

④ 빌나도ㅣ 무러 ᄀᆞᆯᄋᆞᄃᆡ 너ㅣ 유대인의 왕인다 ᄃᆡ답ᄒᆞ야 ᄀᆞᆯᄋᆞ샤ᄃᆡ 네가 말ᄒᆞ엿도다 ᄒᆞ시니

⑤ 피랍다 무러 ᄀᆞᆯᄋᆞᄃᆡ 네가 유태 사ᄅᆞᆷ의 왕이냐 예수ㅣ ᄃᆡ답ᄒᆞ샤ᄃᆡ 네가 말ᄒᆞ엿도다 ᄒᆞ시니

⑥ 빌나도ㅣ 무러 ᄀᆞᆯᄋᆞᄃᆡ 네가 유대인의 왕이냐 예수ㅣ ᄃᆡ답ᄒᆞ야 ᄀᆞᆯᄋᆞ샤ᄃᆡ 공이 말ᄉᆞᆷᄒᆞ엿도다 ᄒᆞ시니

⑦ 빌나도ㅣ 무러 ᄀᆞᆯᄋᆞᄃᆡ 네가 유대인의 왕이냐 예수ㅣ ᄃᆡ답하야 ᄀᆞᆯᄋᆞ샤ᄃᆡ 공이 말ᄉᆞᆷᄒᆞ여도다 ᄒᆞ시니
(빌나도가 무러ᄀᆞᆯᄋᆞᄃᆡ 네가 유대인의 왕이냐 예수가 ᄃᆡ답ᄒᆞ야 ᄀᆞᆯᄋᆞ샤ᄃᆡ 네 말이 올토다 ᄒᆞ시니)

⑧ 빌나도가 무러 ᄀᆞᆯᄋᆞᄃᆡ 네가 유대인의 왕이냐 예수ㅣ ᄃᆡ답ᄒᆞ야 ᄀᆞᆯᄋᆞ샤ᄃᆡ 네 말이 올토다 ᄒᆞ시니

⑨ 빌나도가 問ᄒᆞ야 曰 爾가 유대人의 王이냐 예수ㅣ 答ᄒᆞ야 曰 爾의 言이 是ᄒᆞ도다 ᄒᆞ시니

⑩ 빌나도가 무러 ᄀᆞᆯᄋᆞᄃᆡ 네가 유대王이냐 예수ㅣ ᄀᆞᆯᄋᆞ샤ᄃᆡ 네 말이 올토다 ᄒᆞ시니

⑪ 빌나도가 무리 갈아대 네가 유대人의 王이냐 예수ㅣ 對答하야 갈아샤대 네 말이 올토다 하시니

⑫ 빌나도가 무르대 네가 유대인의 왕이냐 예수ᄭᅴ셔 대답하야 갈아샤대 네 말이 올토다 하시매

⑬ 빌라도가 묻되 네가 유대인의 왕이냐 예수께서 대답하여 가라사대 네 말이 옳도다 하시매

⑭ ピラとはイエスに尋ねた、「あなたがユダヤ人の王であるか」。イエスは、「そのとおりである」とお答えになった。

마가福音 15:03

① 祭司長以多端訟之。

② 졔사쟝이 열어 긋트로써 숑사하거날
③ 졔사쟝이 열어 긋트로써 숑사ᄒᆞ거날
④ 졔ᄉᆞ졔쟝이 여러 가지로써 힐난ᄒᆞ거ᄂᆞᆯ
⑤ 졔ᄉᆞ쟝이 ᄯᅩ 여러 ᄶᅡ닭으로 숑ᄉᆞᄒᆞ거ᄂᆞᆯ
⑥ 졔ᄉᆞ졔쟝이 ᄯᅩ 여러가지로 숑ᄉᆞᄒᆞ거ᄂᆞᆯ
⑦ 졔ᄉᆞ졔쟝이 ᄯᅩ 여러 가지로 숑ᄉᆞᄒᆞ거늘
(졔ᄉᆞ졔쟝이 ᄯᅩ 여러가지로 숑ᄉᆞᄒᆞ거늘)
⑧ 졔ᄉᆞ졔쟝이 ᄯᅩ 여러가지로 숑ᄉᆞᄒᆞ거늘
⑨ 祭司諸長이 ᄯᅩ 多端으로 訟詞ᄒᆞ거ᄂᆞᆯ
⑩ 祭司諸長이 여러 가지로 訟詞ᄒᆞ거ᄂᆞᆯ
⑪ 祭司諸長이 ᄯᅩ 여러 가지로 訟事하거늘
⑫ 대졔사쟝들이 여러 가지로 고소하는지라
⑬ 대제사장들이 여러 가지로 고소하는지라
⑭ そこで祭司長たちは、イエスのことをいろいろと訴えた。

마가福音 15:04
① 彼拉多復問之曰,爾竟不答乎,爾觀衆以如此多端證攻爾也。
② 빌나도 다시 물어 가로되 네 아무 ᄃᆡ답도 안나냐 뎌 너를 치ᄂᆞᆫ 거슬 보라 열어 긋치로다 하되
③ 빌나도 다시 물어 가로ᄃᆡ 네 아무 ᄃᆡ답도 ᄋᆞᆫᄂᆞ냐 뎌 너ᄅᆞᆯ 치ᄂᆞᆫ 거슬 보라 열어 긋치로다 ᄒᆞ되

④ 빌나도ㅣ 다시 무러 ᄀᆞᆯᄋᆞᄃᆡ 너ㅣ ᄆᆞᆺ춤내 ᄃᆡ답지 아니ᄒᆞᄂᆞ냐 네가 뭇사ᄅᆞᆷ의 이ᄀᆞᆺ치 여러 가지로써 증참ᄒᆞ야 치ᄂᆞᆫ 거ᄉᆞᆯ 보라
ᄒᆞ되

⑤ 피랍다ㅣ ᄯᅩ 무러 ᄀᆞᆯᄋᆞᄃᆡ 뎌들이 여러 ᄶᅡ닭으로 너를 숑ᄉᆞᄒᆞ되 너ᄂᆞᆫ ᄃᆡ답ᄒᆞᆯ 거시 업ᄂᆞ냐 ᄒᆞ되

⑥ 빌나도ㅣ ᄯᅩ 무러 ᄀᆞᆯᄋᆞᄃᆡ 뎌들이 여러 가지로 너를 숑ᄉᆞᄒᆞ되 너ᄂᆞᆫ 아모 ᄃᆡ답도 업ᄂᆞ냐 ᄒᆞ되

⑦ 빌나도ㅣ ᄯᅩ 무러 ᄀᆞᆯᄋᆞᄃᆡ 뎌들이 여러 가지로 너를 숑ᄉᆞᄒᆞ되 너는 아모 ᄃᆡ답도 업ᄂᆞ냐 ᄒᆞ되
(빌나도가 ᄯᅩ 무러 ᄀᆞᆯᄋᆞᄃᆡ 뎌희가 여러가지로 너를 숑ᄉᆞᄒᆞ되 너는 아모 ᄃᆡ답도 업ᄂᆞ냐 ᄒᆞᆫᄃᆡ)

⑧ 빌나도가 ᄯᅩ 무러 ᄀᆞᆯᄋᆞᄃᆡ 뎌희가 여러가지로 너를 숑ᄉᆞᄒᆞ되 너는 아모 ᄃᆡ답도 업ᄂᆞ냐 ᄒᆞᆫᄃᆡ

⑨ 빌나도가 又 問ᄒᆞ야 曰 彼等이 多端으로 爾를 訟詞ᄒᆞ되 爾ᄂᆞᆫ 아모 對答도 無ᄒᆞ냐 ᄒᆞᆫᄃᆡ

⑩ 빌나도가 ᄯᅩ 우러 ᄀᆞᆯᄋᆞᄃᆡ 뎌희가 여러 가지로 訟詞ᄒᆞ되 너ᄂᆞᆫ 아모 對答도 업ᄂᆞ냐 ᄒᆞᆫ ᄃᆡ

⑪ 빌나도가 ᄯᅩ 무러 갈아대 뎌희가 여러 가지로 너를 訟事하되 너는 아모 對答도 압나냐 한대

⑫ 빌나도가 ᄯᅩ 무러 갈아대 아모 대답도 업나냐 뎌희가 얼마나 만흔 것으로 너를 고소하는가 보라 하되

⑬ 빌라도가 또 물어 가로되 아무 대답도 없느냐 지희가 얼마나 많은 깃으로 너를 고소하는가 보라 하되

⑭ ピラトはもう一度イエスに尋ねた、「何も答えてないのか。見よ。あなたに對してあんなにまで次々に訴えているではないか」。

마가福音 15:05

① 惟耶穌終不答,致彼拉多奇之。

② 다못 예수 맛츰ᄂᆡ ᄃᆡ답지 안이하니 빌나도 긔긔히 네기다라

③ 다못 예수 아무 말도 ᄃᆡ답지 ᄋᆞᆫ이ᄒᆞ니 빌나도 긔긔히 네기더라

④ 다만 예수ㅣ ᄆᆞᆺ춤내 ᄃᆡ답지 아니ᄒᆞᄂᆞᆫ지라 빌나도ㅣ 긔이히 넉이더라

⑤ 아모 말솜도 ᄃᆡ답지 아니시니 그럼으로 피랍다ㅣ 이샹히 넉이더라
⑥ 아모 말솜도 ᄃᆡ답지 아니ᄒᆞ시니 그럼으로 빌나도ㅣ 긔이히 넉이더라
⑦ 아모 말솜도 ᄃᆡ답지아니ᄒᆞ니 그러므로 빌나도ㅣ 긔이히 넉이더라
(아모 말솜도 ᄃᆡ답지아니ᄒᆞ시니 그럼으로 빌나도가 긔이히 넉이더라)
⑧ 아모말솜도 ᄃᆡ답지 아니ᄒᆞ시니 그럼으로 빌나도가 긔이히 넉이더라
⑨ 何言도 答지 아니ᄒᆞ시니 然ᄒᆞᆷ으로 빌나도가 奇異히 넉이더라
⑩ 아모 말솜도 對答지 아니ᄒᆞ시니 빌나도가 奇異히 넉이더라
⑪ 마모 말삼도 對答지 아니하시니 그럼으로 빌나도가 奇異히 넉이더라
⑫ 아모 말삼도 대답지 아니하시니 빌나도가 긔이히 넉이더라
⑬ 예수께서 다시 아무 말씀도 대답지 아니하시니 빌라도가 기이히여기더라
⑭ しかし、イエスはピラトが不思議に思うほどに、もう何もお答えにならなかった。

마가福音 15:06

① 屆節筵常釋一囚,任衆所求者。
② 뎌가 이 졀긔마당 뭇사람 구하는 바 한 죄인을 맛쳐 놋는ᄃᆡ
③ 뎌가 이 졀긔마당 뭇 ᄇᆡᆨ셩의 구ᄒᆞ는 바 ᄒᆞᆫ 죄인ᄋᆞᆯ 맛쳐 놋는ᄃᆡ
④ 졀일을 당ᄒᆞ면 의례이 ᄒᆞᆫ 죄인을 샤ᄒᆞ되 뭇사ᄅᆞᆷ의 구ᄒᆞᆷ을 조차 놋는 법이러니
⑤ 졀긔마다 감ᄉᆞ가 여러 사ᄅᆞᆷ의 소원 ᄃᆡ로 죄인 ᄒᆞ나식 노아 주는 젼례가 잇는지라
⑥ 이 졀긔 당ᄒᆞ면 감ᄉᆞ가 ᄇᆡᆨ셩의 소원ᄃᆡ로 죄인 ᄒᆞ나ᄒᆞᆯ 노아 주는 젼례가 잇는지라

⑦ 이 졀긔를 당ᄒᆞ면 감ᄉᆞ가 ᄇᆡᆨ셩의 소원대로 죄인 ᄒᆞ나흘 노하주ᄂᆞᆫ 젼례가 잇ᄂᆞᆫ지라
(이 졀긔를 당ᄒᆞ면 감ᄉᆞ가 ᄇᆡᆨ셩의 구ᄒᆞᄂᆞᆫ 대로 죄인 ᄒᆞ나흘 노아 주는 젼례가 잇더니)

⑧ 이 졀긔를 당ᄒᆞ면 감ᄉᆞ가 ᄇᆡᆨ셩의 구ᄒᆞᄂᆞᆫ 대로 죄인 ᄒᆞ나흘 노아 주ᄂᆞᆫ 젼례가 잇더니

⑨ 此 節期를 當ᄒᆞ면 監司가 百姓의 求ᄒᆞᄂᆞᆫ 대로 罪人 一을 釋ᄒᆞ야 주ᄂᆞᆫ 前例가 有ᄒᆞ더니

⑩ 이 節期를 當ᄒᆞ면 總이 百姓의 求ᄒᆞᄂᆞᆫ대로 罪人 ᄒᆞ나를 노하주ᄂᆞᆫ 前例가 잇ᄂᆞᆫ지라

⑪ 이 節期를 當하면 監司가 百姓의 求하는 대로 罪人하나를 노하주는 前例가 잇더니

⑫ 명절을 당하면 백셩의 구하는 대로 죄슈 하나를 노하주는 젼례가 잇더니

⑬ 명절을 당하면 백성의 구하는 대로 죄수 하나를 놓아 주는 전례가 있더니

⑭ さて、祭のたびごとに、ピラトは人々が願い出る囚人ひとりを、ゆるしてやることにしていた。

마가福音 15:07

① 有一人名巴拉巴,與結連作亂者同繫,彼於作亂時,曾殺人。

② ᄯᅵ여 한 사ᄅᆞᆷ의 일홈은 바랍바니 ᄂᆞᆫ 짓ᄂᆞᆫ 쟈로 더부러 결년하여 ᄂᆞᆫ을 지을 ᄯᅵ여 사람을 죽인쟈라

③ ᄯᅵ에 ᄒᆞᆫ 사ᄅᆞᆷ의 일홈은 바랍바니ᄂᆞᆫ 짓ᄂᆞᆫ 쟈로 더부러 결년ᄒᆞ여 ᄂᆞᆫᄋᆞᆯ 지을 ᄯᅵ에 사ᄅᆞᆷᄋᆞᆯ 죽인자라

④ ᄒᆞᆫ 사ᄅᆞᆷ이 잇시되 일홈은 바라바니 역적과 ᄒᆞᆫ가지로 결박ᄒᆞ야 가도앗시니 이ᄂᆞᆫ 역적질ᄒᆞᆯ ᄣᅢ에 살인ᄒᆞᆫ이라

⑤ 거긔 란리 ᄭᅮᆷ인 죄인늘노 ᄒᆞᆷᄭᅴ 결박ᄒᆞᆫ 파랍파ㅣ라 ᄒᆞᄂᆞᆫ 쟈ㅣ 잇스니 란리를 ᄭᅮᆷ일 ᄣᅢ에 살인ᄒᆞᆫ 죄를 범ᄒᆞᆫ지라

⑥ 거긔 란을 ᄭᅮᆷ이고 란 ᄭᅮᆷ일 ᄣᅢ에 살인ᄒᆞᆫ 일 범ᄒᆞᆫ 죄인들노 ᄒᆞᆷᄭᅴ 결박ᄒᆞᆫ 바랍바ㅣ라 ᄒᆞᄂᆞᆫ 쟈ㅣ 잇ᄂᆞᆫ지라

⑦ 거긔 란을 ᄭᅮᆷ이고 란 ᄭᅮᆷ일 ᄣᅢ에 살인ᄒᆞᆷ을 범ᄒᆞᆫ 죄인들노 ᄒᆞᆷᄭᅴ 결박ᄒᆞᆫ 바라바ㅣ라 ᄒᆞᄂᆞᆫ 쟈ㅣ 잇ᄂᆞᆫ기라
(란을 ᄭᅮᆷ이고 그 란 즁에 살인ᄒᆞᆫ 죄인들과 ᄒᆞᆷᄭᅴ 결박을 당ᄒᆞᆫ 바라바라 ᄒᆞ는 쟈가 잇는지라)

⑧ 란을 꿈이고 란 중에 살인 죄인들과 홈믜 결박을 당혼 바라바라 ᄒᆞ는 쟈가 잇는지라
⑨ 亂을 作ᄒᆞ고 亂 中에 殺人 罪人들과 홈믜 結縛을 當혼 바라바라 ᄒᆞ는 者가 有혼지라
⑩ 때에 亂을 ᄭᅮ미고 殺人ᄒᆞ고 金銅된 罪人 中 바라바라 ᄒᆞ는 者가 잇더니
⑪ 亂을 꿈이고 亂 中에 殺人 罪人들과 함믜 結縛을 當한 바라바라 하는 者가 잇는 지라
⑫ 민란을 꿈이고 이 민란에 살인하고 포박된 쟈 중에 바라바라 하는 쟈가 잇는지라
⑬ 민란을 꾸미고 이 민란에 살인하고 포박된 자 중에 바라바라 하는 자가 있는지라
⑭ ここに、暴動を起し人殺しをしてつながれていた暴徒の中に、バラバという者がいた。

마가福音 15:08

① 衆厲聲求照常例行之。
② 뭇사람이 올나가 구하여 네 딕로 힝하소셔 하니
③ 뭇사룸이 올나가 구ᄒᆞ여 네 딕로 힝ᄒᆞ소셔 ᄒᆞ니
④ 뭇사룸이 소릭롤 지런 젼례대로 힝하기랄 구ᄒᆞ거놀
⑤ 여러사룸이 나아가 뎌희게 ᄒᆞ여주던 젼례 힝ᄒᆞ기를 감ᄉᆞ의게 구ᄒᆞ니
⑥ 뭇사룸이 나아가 저희게 ᄒᆞ야 주던딕로 힝ᄒᆞ기롤 감ᄉᆞ의게 구ᄒᆞ니
⑦ 무리가 올나가 감ᄉᆞ의게 젼례대로 뎌의게 ᄒᆞ여주기를 구ᄒᆞ니
(무리가 나아가 감ᄉᆞ의게 젼례대로 ᄒᆞ여 주기를 구ᄒᆞ니)
⑧ 무리가 나아가 감ᄉᆞ의게 젼례대로 ᄒᆞ야 주기를 구ᄒᆞ니
⑨ 衆이 就ᄒᆞ야 監司의게 前例대로 ᄒᆞ여 주기를 求ᄒᆞ니

⑩ 무리가 나아가 總의게 前例대로 ᄒᆞ야 주기를 求ᄒᆞᆫᄃᆡ
⑪ 무리가 나아가 監司의게 前例대로 하야 주기를 求하니
⑫ 무리가 나아가셔 젼례대로 하야 주기를 구한대
⑬ 무리가 나아가서 전례대로 하여주기를 구한대
⑭ 群衆が押しかけてきて、いつものとおりにしてほしいと要求しはじめたので、

마가福音 15:09

① 彼拉多語之曰,爾欲我釋猶太人之王乎,
② 빌나도 ᄃᆡ답하여 갈아되 나다려 유ᄃᆞ인의 왕을 너희게 놋코져 하나냐 하문
③ 빌나도 ᄃᆡ답ᄒᆞ여 가로ᄃᆡ 나다려 유다인의 왕올 너희게 놋코져 하ᄂᆞ냐 ᄒᆞ문
④ 빌나도ㅣ ᄃᆡ답ᄒᆞ여 ᄀᆞᆯᄋᆞᄃᆡ 너희 날ᄃᆞ려 유대인의 왕을 노흐라 ᄒᆞᄂᆞ냐 하니
⑤ 피랍다ㅣ ᄃᆡ답ᄒᆞᄃᆡ 나ᄃᆞ려 유태 사ᄅᆞᆷ의 왕을 노아 달나 ᄒᆞᄂᆞ냐 ᄒᆞᆷ은
⑥ 빌나도ㅣ ᄃᆡ답ᄒᆞ야 ᄀᆞᆯᄋᆞᄃᆡ 나ᄃᆞ려 유대인의 왕을 노아 달나 ᄒᆞᄂᆞ냐 ᄒᆞᆷ은
⑦ 빌나도ㅣ ᄃᆡ답ᄒᆞ야 ᄀᆞᆯᄋᆞᄃᆡ 너ᄃᆞ려 유대 인의 왕을 노하달나 ᄒᆞᄂᆞ냐 ᄒᆞᆷ은
(빌나도ㅣ ᄃᆡ답ᄒᆞ야 ᄀᆞᆯᄋᆞᄃᆡ 너희가 나ᄃᆞ려 유대 인의 왕을 노하달나 ᄒᆞᄂᆞ냐 ᄒᆞᆷ은)
⑧ 빌나도ㅣ ᄃᆡ답ᄒᆞ야 ᄀᆞᆯᄋᆞᄃᆡ 너희가 나ᄃᆞ려 유대인의 왕을 노하 달나 ᄒᆞᄂᆞ냐 ᄒᆞᆷ은
⑨ 빌나도가 答ᄒᆞ야 曰 爾等이 我ᄃᆞ려 유대인의 王을 釋ᄒᆞ여 달나 ᄒᆞᄂᆞ냐 ᄒᆞᆷ은
⑩ 빌나도가 무러 ᄀᆞᆯᄋᆞᄃᆡ 너희가 유대人의 王을 노하 달나 ᄒᆞᄂᆞ냐 ᄒᆞ니
⑪ 빌나도ㅣ 對答하야 갈아대 너희가 나다려 유대人의 王을 노하달나 하나냐 함은

⑫ 빌나도가 대답하야 갈아대 너희는 내가 유대인의 왕을 너희게 노하주기를 원하나냐 하니
⑬ 빌라도가 대답하여 가로되 너희는 내가 유대인의 왕을 너희에게 놓아 주기를 원하느냐 하니
⑭ ピラトは彼らにむかって、「おまえたちはユダ人の王をゆるしてもらいたいのか」と言った。

마가福音 15:10
① 蓋知祭司長,因娼嫉而解之也。
② 졔사쟝이 끠여 붓치려 하물 알미라
③ 졔사쟝이 스긔ᄒᆞ여 붓치려 ᄒᆞ물 알미라
④ 대개 졔ᄉᆞ쟝들이 싀긔홈을 인ᄒᆞ여 예수롤 잡아온 줄을 알미라
⑤ 졔ᄉᆞ졔쟝이 예수를 싀긔ᄒᆞ야 잡아온 줄을 알밀너라
⑥ 졔ᄉᆞ졔쟝이 싀긔홈으로 예수롤 잡아 온줄을 알밀너라
⑦ 졔ᄉᆞ졔쟝이 투긔홈으로 예수를 잡아온줄을 앎이러라
(졔ᄉᆞ졔쟝이 투긔홈으로 예수를 잡아온 줄을 알미러라)
⑧ 졔ᄉᆞ졔쟝이 투긔홈으로 예수를 잡아온 줄을 알미러라
⑨ 祭司諸長이 妬忌홈으로 예수를 執來ᄒᆞᆫ 줄을 知홈이러라
⑩ 이는 祭司諸長이 妬忌홈으로 예수를 잡아온 줄 앎이라
⑪ 祭司諸長이 妒忌함으로 예수를 잡아온 줄을 앎이러라
⑫ 이는 뎌가 대졔사쟝들이 싀긔로 예수를 넘겨준 줄 앎이러나
⑬ 이는 저가 대제사장들이 시기로 예수를 넘겨 준줄 앎이러라

⑭ それは、祭司長たちがイエスを引きわたしたのは、ねたみのためであることが、ピラトにわかっていたからである。

마가福音 15:11

① 祭司諸長唆衆,求釋巴拉巴於彼。

② 다뭇 졔사쟝이 뭇사람을 취겨 찰하리 바랍바를 노으라 하니 빌나도 다시 뭇사람게 일너 갈아되

③ 다뭇 졔사쟝이 뭇사ᄅᆞᆷ올 취겨 찰ᄒᆞ리 바랍바ᄅᆞᆯ 노으라 ᄒᆞ니 빌나도 다시 뭇사ᄅᆞᆷ게 일너 가로ᄃᆡ

④ 졔ᄉᆞ쟝들이 뭇사ᄅᆞᆷ을 부츄겨 바라바ᄅᆞᆯ 노화달나고 빌나도의게 ᄒᆞ라 ᄒᆞ니

⑤ 졔ᄉᆞ졔쟝이 여러 사ᄅᆞᆷ을 츙동ᄒᆞ야 파랍파를 노아 주게 ᄒᆞ자 ᄒᆞ니

⑥ 졔ᄉᆞ졔쟝이 뭇사ᄅᆞᆷ을 츙동ᄒᆞ야 출하리 바랍바ᄅᆞᆯ 노아 달나라 ᄒᆞ니

⑦ 졔ᄉᆞ졔쟝이 뭇사ᄅᆞᆷ을 츙동ᄒᆞ야 출ᄒᆞ리 바라바를 노아달나라 ᄒᆞ니

(졔ᄉᆞ졔쟝이 무리를 츙동ᄒᆞ야 출하리 바라바를 노아달나라 ᄒᆞ니)

⑧ 졔ᄉᆞ졔쟝이 무리를 츙동ᄒᆞ야 출하리 바라바를 노하 달나라 ᄒᆞ니

⑨ 祭司諸長이 衆을 衝動ᄒᆞ야 출하리 바라바를 釋ᄒᆞ여 달나라 ᄒᆞ니

⑩ 祭司諸長이 무리를 衝動ᄒᆞ야 출ᄒᆞ리 바라바를 노하 달나 ᄒᆞ니

⑪ 祭司諸長이 무리를 衝動하야 찰하리 바라바를 노하달나라 하니

⑫ 그러나 대제사장들이 무리를 츙동하야 도로혀 바라바를 노하달나 하게 하니

⑬ 그러나 대제사장들이 무리를 충동하여 도리어 바라바를 놓아 달라 하게 하니

⑭ しかし祭司長たちは、バラバの方をゆるしてもらうように、群衆を煽動(せんどう)した。

마가福音 15:12

① 彼拉多答而復語之曰,然則爾所謂猶太人之王者,欲我何以處之。

② 글언즉 너희 일으는 바 유ᄃᆡ인의 왕은 나다려 엇지 써 쳐치코져 하나냐

③ 글언즉 너희 일으는 바 유ᄃᆡ인의 왕은 나다려 엇지 써 할냐

④ 빌나도ㅣ ᄃᆡ답ᄒᆞ고 다시 말ᄒᆞ여 ᄀᆞᆯᄋᆞᄃᆡ 그러면 닐ᄋᆞᆫ 바 유대인의 왕이란 쟈롤 날ᄃᆞ려 엇지 ᄒᆞ라 ᄒᆞᄂᆞ뇨

⑤ 피랍다ㅣ 또 ᄃᆡ답ᄒᆞ여 ᄀᆞᆯᄋᆞᄃᆡ 그러면 유태 사ᄅᆞᆷ의 왕이라 ᄒᆞᆫ 이ᄂᆞᆫ 내가 엇더케 ᄒᆞ랴 ᄒᆞ니

⑥ 빌나도ㅣ 또 ᄃᆡ답ᄒᆞ야 ᄀᆞᆯᄋᆞᄃᆡ 그러면 너희가 유대인의 왕이라 ᄒᆞᄂᆞᆫ 이ᄂᆞᆫ 내가 엇더케 ᄒᆞ랴 ᄒᆞ니

⑦ 빌나도ㅣ 또 ᄃᆡ답ᄒᆞ야 ᄀᆞᆯᄋᆞᄃᆡ 그러면 너희가 유대 인의 왕이라ᄒᆞᄂᆞᆫ이는 내가 어더케 ᄒᆞ랴 ᄒᆞ니

(빌나도ㅣ 또 ᄃᆡ답ᄒᆞ야 ᄀᆞᆯᄋᆞᄃᆡ 그러면 너희가 유대 인의 왕이라 ᄒᆞ는 이는 내가 엇더케 ᄒᆞ랴 ᄒᆞ니)

⑧ 빌나도가 또 ᄃᆡ답ᄒᆞ야 ᄀᆞᆯᄋᆞᄃᆡ 그러면 너희가 유대인의 왕이라 ᄒᆞ는 이는 내가 엇더케 ᄒᆞ랴 ᄒᆞ니

⑨ 빌나도가 또 答ᄒᆞ야 曰 然ᄒᆞ면 爾等이 유대人의 王이라 ᄒᆞᄂᆞᆫ 이ᄂᆞᆫ 我가 何如케 ᄒᆞ랴 ᄒᆞ니

⑩ 빌나도가 또 무러 ᄀᆞᆯᄋᆞᄃᆡ 그러면 유대人의 王이라 ᄒᆞᄂᆞᆫ 이ᄂᆞᆫ 엇더케 ᄒᆞ랴

⑪ 빌나도가 또 對答하야 갈아대 그러면 너희가 유대人의 王이라 하는 이는 내가 엇더케 하랴 하니

⑫ 빌라도가 또 대답하야 갈아대 그러면 너희가 유대인의 왕이라 하는 이는 내가 엇더케 하랴

⑬ 빌라도가 또 대답하여 가로되 그러면 너희가 유대인의 왕이라 하는 이는 내가 어떻게 하랴

⑭ そこでピラトはまた彼らに言った。「それでは、おまえたちがユダヤ人の王と呼んでいるあの人は、どうしたらよいか」。

마가福音 15:13

① 衆復呼曰,釘之十字架。

② 뭇사롬이 다시 불너 갈아되 십지틀에 못질하소셔 하니 빌나도 갈아되
③ 뭇사롬이 다시 불너 가로더 십지틀에 못질ᄒᆞ소셔 ᄒᆞ니 빌나도가 도더 엇지 ᄒᆞ미냐
④ 뭇사롬이 다시 웨여 ᄀᆞᆯᄋᆞ더 십ᄌᆞ가에 못 박을지어다
⑤ 뎌들이 다시 소릐를 질너 ᄀᆞᆯᄋᆞ더 그는 십ᄌᆞ가에 못박게 ᄒᆞ쇼셔
⑥ 뎌들이 다시 소릐롤 질너 ᄀᆞᆯᄋᆞ더 그는 십ᄌᆞ가에 못박게 ᄒᆞ쇼셔
⑦ 뎌들이 다시 소릐 질너 ᄀᆞᆯᄋᆞ더 그는 십ᄌᆞ가에 못박게ᄒᆞ쇼셔
(뎌희가 다시 소릐 질너 ᄀᆞᆯᄋᆞ더 뎌를 십ᄌᆞ가에 못박게 ᄒᆞ쇼셔)
⑧ 뎌희가 다시 소릐를질너 ᄀᆞᆯᄋᆞ더 뎌를 십ᄌᆞ가에 못박게 ᄒᆞ쇼셔
⑨ 彼等이 다시 聲呼ᄒᆞ야 曰 彼를 十字架에 釘ᄒᆞ게 ᄒᆞ쇼셔
⑩ 뎌희가 다시 소릐질너 ᄀᆞᆯᄋᆞ더 뎌를 十字架에 못박으쇼셔
⑪ 뎌희가 다시 소래질너 갈아대 뎌를 十字架에 못박게 하쇼셔
⑫ 뎌희가 다시 소래지르대 뎌를 십자가에 못박게 하쇼셔
⑬ 저희가 다시 소리지르되 저를 십자가에 못 박게 하소서
⑭ 彼らは、また叫んだ「十字架につけよ」と言った。

마가福音 15:14

① 彼拉多語之曰,何故,彼行何惡耶。衆愈呼曰,釘之十字架。
② 뎌 무삼 악을 힝하엿나냐 하되 뭇사람이 더욱 불너 갈아되 십지틀에 못질하소셔 하니
③ 뎌 무삼 악올 힝ᄒᆞ엿ᄂᆞ냐 ᄒᆞ되 뭇사롬이 더욱 불너 가로더 십지틀에 못질ᄒᆞ소셔 ᄒᆞ니

④ 빌나도ㅣ 말ᄒᆞ여 ᄀᆞᆯᄋᆞᄃᆡ 무슴 연고ㅣ뇨 뎌 사ᄅᆞᆷ이 무슴 악ᄒᆞᆫ 일을 ᄒᆞ엿ᄂᆞ냐 뭇사ᄅᆞᆷ이 더욱 웨여 ᄀᆞᆯᄋᆞᄃᆡ 십ᄌᆞ가에 못박을
지어다 ᄒᆞ니
⑤ 피랍다ㅣ ᄀᆞᆯᄋᆞᄃᆡ 엇짐이뇨 무슴 악ᄒᆞᆫ 일을 힝ᄒᆞ엿ᄂᆞ냐 여러히 더옥 소릐 질너 ᄀᆞᆯᄋᆞᄃᆡ 십ᄌᆞ가에 못박게 ᄒᆞ쇼셔 ᄒᆞ거ᄂᆞᆯ
⑥ 빌나도ㅣ ᄀᆞᆯᄋᆞᄃᆡ 엇짐이뇨 무슴 악ᄒᆞᆫ 일을 힝ᄒᆞ엿ᄂᆞ냐 더욱 소릐 질너 ᄀᆞᆯᄋᆞᄃᆡ 십ᄌᆞ가에 못 박게 ᄒᆞ쇼셔 ᄒᆞ거ᄂᆞᆯ
⑦ 빌나도ㅣ ᄀᆞᆯᄋᆞᄃᆡ 엇짐이뇨 무슴 악ᄒᆞᆫ 일을 힝ᄒᆞ엿ᄂᆞ냐 ᄒᆞ니 더욱 소릐 질너 ᄀᆞᆯᄋᆞᄃᆡ 십ᄌᆞ가에 못박게 ᄒᆞ쇼셔 ᄒᆞ거늘
⑧ 빌나도ㅣ ᄀᆞᆯᄋᆞᄃᆡ 엇짐이뇨 무슴 악ᄒᆞᆫ일을 힝ᄒᆞ엿ᄂᆞ냐 ᄒᆞ니 더욱 소릐질너 ᄀᆞᆯᄋᆞᄃᆡ 십ᄌᆞ가에 못박게 ᄒᆞ쇼셔 ᄒᆞ거ᄂᆞᆯ
⑨ 빌나도 曰 何如홈이뇨 何 惡事를 行ᄒᆞ엿ᄂᆞ냐 ᄒᆞ니 더욱 聲呼ᄒᆞ야 曰 十字架에 釘케 ᄒᆞ쇼셔 ᄒᆞ거ᄂᆞᆯ
⑩ 빌나도가 ᄀᆞᆯᄋᆞᄃᆡ 엇짐이뇨 무슴 惡ᄒᆞᆫ 일을 行ᄒᆞ엿ᄂᆞ냐 더희가 더욱 소릐질너 ᄀᆞᆯᄋᆞᄃᆡ 十字架에 못박으쇼셔
⑪ 빌나도ㅣ 갈아대 엇짐이뇨 무삼 惡한 일을 行하엿나냐 하니 더욱 소래질너 갈아대 十字架에 못박게 하쇼셔 하거늘
⑫ 빌나도가 갈아대 엇짐이뇨 무삼 악한 일을 하엿나냐 하니 더욱 소래지르대 십자가에 못박게 하쇼셔 하는지라
⑬ 빌라도가 가로되 어찜이뇨 무슨 악한 일을 하였느냐 하니 더욱 소리지르되 십자가에 못 박게 하소서 하는지라
⑭ ピラトは言った、「あの人は、いったい、どんな悪事をしたのか」。すると、彼らは一そう激しく叫んで、「十字架につけ
よ」と言った。

마가福音 15:15

① 彼拉多欲安民,釋巴拉巴於彼,旣鞭耶穌,卽付之釘十字架。
② 빌나도 뭇사람의 마암ᄃᆡ로 힝하고져 하여 이여 바랍바를 노와주고 예수를 붓쳐 칫직질하여 십지틀에 못질하라 하다라
③ 빌나도 뭇사ᄅᆞᆷ의 마암ᄃᆡ로 힝ᄒᆞ고져 ᄒᆞ여 이여 바랍바ᄅᆞᆯ 노와주고 예수ᄅᆞᆯ 칫직질ᄒᆞ고 붓쳐 십지틀에 못질ᄒᆞ라 ᄒᆞ더라
④ 빌나도ㅣ 빅셩들을 진졍코져 ᄒᆞ야 바라바ᄅᆞ라 ᄒᆞᆫ 편으로 노코 몬져 예수ᄅᆞᆯ 치로치고 내여 십ᄌᆞ가에 못박으라 ᄒᆞ니

⑤ 피랍다 여러 사름을 안돈케 ᄒᆞ고져 ᄒᆞ야 파랍파는 노아 주고 예수를 칫직질 ᄒᆞ야 십ᄌᆞ가에 못박히게 ᄒᆞ니라
⑥ 빌나도ㅣ 뭇사름을 안돈케 ᄒᆞ고져ᄒᆞ야 바랍바는 노아 주고 예수롤 칫직질ᄒᆞ고 내여 주어 십ᄌᆞ가에 못 박으라 ᄒᆞ니라
⑦ 빌나도ㅣ 뭇사름을 안돈케ᄒᆞ고져 ᄒᆞ야 바라바는 노하주고 예수를 칫직 질ᄒᆞ고 내여주어 십ᄌᆞ가에 못박으라 ᄒᆞ니라
(빌나도가 무리를 안돈케 ᄒᆞ고져ᄒᆞ야 바라바는 노하주고 예수를 치찍 질ᄒᆞ고 내여주어 십ᄌᆞ가에 못박으라 ᄒᆞ니라)
⑧ 빌나도가 무리를 안돈케 ᄒᆞ고져 ᄒᆞ야 바라바는 노하 주고 예수를 채찍질ᄒᆞ고 내여주어 십ᄌᆞ가에 못박으라 ᄒᆞ니라
⑨ 빌나도가 衆을 安頓케 ᄒᆞ고져 ᄒᆞ야 바라바는 釋ᄒᆞ여 주고 예수를 鞭打ᄒᆞ고 出畀ᄒᆞ야 十字架에 釘ᄒᆞ라 ᄒᆞ니라
⑩ 빌나도가 무리를 安頓코져 ᄒᆞ야 바리바는 노하 주고 예수를 치찍질 ᄒᆞ고 내여 주어 十字架에 못박으라 ᄒᆞ더라
⑪ 빌나도가 무리를 安頓케 하고져 하야 바라바는 노하주고 예수를 채찍질하고 내여주어 十字架에 못박으라 하니라
⑫ 빌나도가 무리의게 만족을 주고져 하야 바라바는 노하주고 예수는 채찍질하고 십자가에 못박히게 넘겨주니라
⑬ 빌라도가 무리에게 만족을 주고자 하여 바라바는 놓아 주고 예수는 채찍질하고 십자가에 못 박히게 넘겨 주니라
⑭ それで、ピラトは群衆を満足させようと思って、バラバをゆるしてやり、イエスをむち打ったのち、十字架につけるために引きわたした。

마가福音 15:16

① 士卒曳之入院內,卽公廨也。遂會全營,
② 군사 쓸고 원에 들어가니 곳 공당이라
③ 군사 쓸고 원에 들어가니 곳 공당이라 이여 오은 영올 모으고
④ 군ᄉᆞㅣ 쓰을고 원으로 드러가니 이곳은 공텽이라 드ᄃᆡ여 일영을 모호고
⑤ 군ᄉᆞ들이 예수를 쓰을고 아문 안흐로 드러가니 곳 공회라 이에 온 영문을 모호고

⑥ 군ᄉᆞ들이 예수ᄅᆞᆯ ᄭᅳ을고 마당 안에 드러가니 곳 공ᄉᆞ 마당이라 이에 온 영문을 모호고
⑦ 군ᄉᆞ들이 예수를 ᄭᅳ을고 마당안에 드러가니 곳 공ᄉᆞ마당이라 이에 온 영문을 모호고
(군ᄉᆞ들이 예수를 ᄭᅳ을고 마당안에 드러가니 곳 공ᄉᆞ마당이라 이에 온 영문을 모호고)
⑧ 군ᄉᆞ들이 예수를 ᄭᅳ을고 마당안에 드러가니 곳 공ᄉᆞ마당이라 이에 왼 영문을 모호고
⑨ 軍士들이 예수를 曳ᄒᆞ고 場内에 入去ᄒᆞ니 곳 公事場이라 이에 왼 營門을 集ᄒᆞ고
⑩ 軍士들이 예수를 ᄭᅳ을고 公庭안으로 드러가 온 營門을 모호고
⑪ 軍士들이 예수를 ᄭᅳ을고 마당 안에 드러가니 곳 公事 마당이라 이에 온 營門을 모호고
⑫ 군병들이 예수를 ᄭᅳ을고 브라이도리온이라는 뜰안으로 드러가셔 온 군대를 모호고
⑬ 군병들이 예수를 끌고 브라이도리온이라는 뜰 안으로 들어가서 온 군대를 모으고
⑭ 兵士たちはイエスを、邸宅、すなわち總督官邸の内に連れて行き、全部隊を呼び集めた。

마가福音 15:17

① 以紫袍衣耶穌,編棘冕冠之,
② 이여 오은 영을 모으고 불근 포로써 닙피고 가싀 면뉴관을 엿거 시우고
③ 불근 포로써 닙피고 가싀 면뉴관ᄋᆞᆯ 역거 스우고
④ 홍포로써 예수ᄅᆞᆯ 닙히고 가싀나무로 면류관을 ᄆᆞᆫᄃᆞ라 씌우고
⑤ 홍포를 닙히고 가싀 면류관를 역거 쓰우고
⑥ 홍포ᄅᆞᆯ 닙히고 가싀 면류관을 역거 씨우고
⑦ 홍 포를 닙히고 가싀 면류관을 역거 스우고

(홍 포를 닙히고 가싀면류관을 역거 씌우고)
⑧ 홍포를 닙히고 가싀면류관을 역거 씌우고
⑨ 紅袍를 被케ᄒᆞ고 棘冕을 編ᄒᆞ야 戴케ᄒᆞ고
⑩ 예수ᄭᅴ 紅袍를 닙히며 가시 冕旒冠을 역거 씌우고
⑪ 紅袍를 닙히고 가시 冕旒冠을 역거 씌우고
⑫ 예수의게 자색 옷을 닙히고 가시면류관을 역거 씌우고
⑬ 예수에게 자색 옷을 입히고 가시 면류관을 엮어 씌우고
⑭ そしてイエスに紫の衣を着せ、いばらの冠を編んでかぶらせ、

마가福音 15:18
① 問其安曰,猶太人之王平安。
② 이여 문안하여 갈아되 유ᄃᆡ인의 왕은 평안하소셔 하며
③ 이여 문ᄋᆞᆫᄒᆞ여 가로ᄃᆡ 유ᄃᆡ인의 왕은 편안ᄒᆞ소셔 ᄒᆞ며
④ 예수ᄭᅴ 문안ᄒᆞ야 ᄀᆞᆯᄋᆞᄃᆡ 유대인의 왕은 평안ᄒᆞ시니잇가 ᄒᆞ며
⑤ 인ᄉᆞ를 드려 ᄀᆞᆯᄋᆞᄃᆡ 유태 사ᄅᆞᆷ의 왕은 평안ᄒᆞ냐 ᄒᆞ며
⑥ 비로쇼 문안ᄒᆞ야 갈ᄋᆞᄃᆡ 유대인의 왕이여 평안ᄒᆞ니잇가 ᄒᆞ며
⑦ 비로소 문안ᄒᆞ야 ᄀᆞᆯᄋᆞᄃᆡ 유대 인의 왕이여 평안ᄒᆞ니 잇가ᄒᆞ며
(문안ᄒᆞ야 ᄀᆞᆯᄋᆞᄃᆡ 유대인의 왕이여 평안ᄒᆞ냐 ᄒᆞ고)
⑧ 문안ᄒᆞ야 ᄀᆞᆯᄋᆞᄃᆡ 유대인의 왕이여 평안ᄒᆞ냐 ᄒᆞ고

⑨ 問安ᄒᆞ야 曰 유대人의 王이여 平安ᄒᆞ냐 ᄒᆞ고
⑩ 問安ᄒᆞ야 ᄀᆞᆯᄋᆞ듸 유대人의 王이여 平安ᄒᆞ냐 ᄒᆞ고
⑪ 問安하야 갈아대 유대人의 王이어 平安하냐 하고
⑫ 례하야 갈아대 유대인의 왕이어 평안할지어다 하고
⑬ 예하여 가로되 유대인의 왕이여 평안할찌어다 하고
⑭「ユダヤ人の王、ばんざい」と言って敬礼をしはじめた。

마가福音 15:19
① 又以葦擊其首,唾於其身,屈膝拜之。
② 길딕로써 그 멀이를 치며 춤밧고 쏘 꿀어 절하여
③ 길딕로써 그 멀이롤 치며 춤밧고 쏘 꿀어 절ᄒᆞ여
④ 쏘ᄒᆞᆫ 갈딕로써 그 머리라라 치며 그 몸에 춤밧트며 무릅흘 꿀고 절ᄒᆞ며
⑤ 갈딕로 그 머리를 치고 춤도밧고 꿀어 졀ᄒᆞ고
⑥ 갈딕로 그 머리롤 치며 춤도밧흐며 꿀어 절ᄒᆞ고
⑦ 갈딕로 그 머리를 치며 츰도밧흐며 꿀어 절ᄒᆞ고
(갈딕로 그 머리를 치며 춤도밧흐며 꿀어 절ᄒᆞ고)
⑧ 갈대로 그 머리를 치며 춤도비앗흐며 꿀어절ᄒᆞ고
⑨ 葦로 其 首를 打ᄒᆞ며 唾ᄒᆞ며 跪拜ᄒᆞ고
⑩ 갈대로 그 머리를 치며 춤비앗흐며 꿀어 절ᄒᆞ고

⑪ 갈대로 그 머리를 치며 춤도배앗흐며 ᄭᅮᆯ어 절하고
⑫ 갈대로 그의 머리를 치며 춤을배앗흐며 ᄭᅮᆯ어 절하더라
⑬ 갈대로 그의 머리를 치며 침을뱉으며 ᄭᅮᇙ어 절하더라
⑭ また、葦(あし)の棒でその頭をたたき、つばきをかけ、ひざまずいて拝んだりした。

마가福音 15:20
① 戱畢,解紫袍衣以故衣,曳之出,釘於十字架。
② 희롱을 다하고 불근 포를 벳기고 녯 옷스로써 닙펴 ᄭᅳᆯ고 나가써 십지틀에 못질하려 하다니
③ 희롱ᄋᆞᆯ 다ᄒᆞ고 불근 포ᄅᆞᆯ 벳기고 자긔 옷스로써 닙펴 ᄭᅳᆯ고 나가써 십지틀에 못질ᄒᆞ려 ᄒᆞ더니
④ 희롱ᄒᆞ기ᄅᆞᆯ ᄆᆞᆺ치매 홍포ᄅᆞᆯ 벗기고 닙엇던 옷ᄉᆞᆯ 닙혀 ᄭᅳ으러 내여다가 십ᄌᆞ가에 못박을시
⑤ 희롱ᄒᆞ기를 다 ᄒᆞ매 홍포를 벗기고 그 젼 옷슬 닙히고 십ᄌᆞ가에 못박으랴고 ᄭᅳ으러 가니라
⑥ 희롱ᄒᆞ기ᄅᆞᆯ 다ᄒᆞ매 홍푸ᄅᆞᆯ 벗기고 닙엇던 옷ᄉᆞᆯ 닙히고 십ᄌᆞ가에 못 박으랴고 ᄭᅳ으러 가니라
⑦ 희롱ᄒᆞ기를 다ᄒᆞ매 홍 포를 벗기고 닙엇던 옷슬 닙히고 십ᄌᆞ가에 못박으려고 ᄭᅳ을어 가니라
(희롱ᄒᆞ기를 다ᄒᆞ매 홍 포를 벗기고 닙엇던 옷을 닙히고 십ᄌᆞ가에 못박으랴고 ᄭᅳ을어 가니라)
⑧ 희롱ᄒᆞ기를 다ᄒᆞ매 홍포를 벗기고 닙엇던 옷을 닙히고 십ᄌᆞ가에 못박으랴고 ᄭᅳ을어가니라
⑨ 戱弄ᄒᆞ기를 畢ᄒᆞ매 紅袍를 脫케ᄒᆞ고 被ᄒᆞ엿던 衣를 被케ᄒᆞ고 十字架에 釘ᄒᆞ랴고 曳往ᄒᆞ니라
⑩ 戱弄ᄒᆞ기를 다 ᄒᆞ매 紅袍를 벗기고 닙엇던 옷슬 닙히고 十字架에 못박으려고 ᄭᅳ을어 갈서
⑪ 戱弄하기를 다 하매 紅袍를 벗기고 닙엇던 옷을 닙히고 十字架에 못박으랴고 ᄭᅳ을어 가니라
⑫ 희롱을 다한후 자색옷을 벗기고 도로 그의 옷을 닙히고 십자가에 못박으랴고 ᄭᅳ을고 나가니라

⑬ 희롱을 다한 후 자색 옷을 벗기고 도로 그의 옷을 입히고 십자가에 못 박으려고 끌고 나가니라

⑭ こうして、いえすを嘲弄に(ちょうろう)したあげく、紫の衣をはぎとり、元の上着を着せた。それから、彼らはイエスを十字架につけるために引き出した。

마가福音 15:21

① 有古利奈人西門,卽亞力山大及魯孚之父,由田間來,過焉,衆强之負耶穌十字架。

② 쿠리늬인 시몬은 곳 아리산듸 과로부의 아밤이라 밧트로 말믹암아 오거날 강잉하여 그 십직틀을 지우고

③ 쿠리늬인 시몬은 곳 아리산듸과 로부의 아밤이라 밧트로 말무암아 오거날 강잉ᄒᆞ여 그 십직틀ᄋᆞᆯ 지우고

④ 구레네 사ᄅᆞᆷ 시몬이 잇시니 곳 아렉산드와루보란 사ᄅᆞᆷ의 어룬이니 싀골셔 오는 길에 지나가더니 여러 사ᄅᆞᆷ이 억지로 예수의 십ᄌᆞ가롤 질머지우고

⑤ 고리내 사ᄅᆞᆷ 셔문은 아력산대와 로부의 아밤이라 싀골노셔 오는 길에 지나가더니 억지로 십ᄌᆞ가를 지우고 갈 식

⑥ 구레네인 시몬 아력산대와 루포의 아비가 싀골노서 오ᄂᆞᆫ 길에 지나갈식 억지로 십ᄌᆞ가롤 지우고

⑦ 구레네 인 시몬은 알넥산더와 루포의 아비라 싀골노셔 오는 길에 지나갈식 억지로 십ᄌᆞ가를 지우고
(구레네 인 시몬은 알넥산더와 루포의 아비라 싀골노셔 오는 길에 지나갈식 억지로 십ᄌᆞ가를 지우고)

⑧ 구레네 시몬은 알넥산더와 루포의 아비라 싀골노서 오ᄂᆞᆫ 길에 지나갈식 억지로 십ᄌᆞ가를 지우고

⑨ 구레네 시몬은 알넥산더와 루포의 父라 鄕으로 來ᄒᆞᄂᆞᆫ 途에 過去ᄒᆞᆯ식 臆志로 十字架를 負케ᄒᆞ고

⑩ 구레네 시몬은 알넷산더와 루포의 아비라 싀골노셔 오ᄂᆞᆫ 길에 지나가거늘 臆志로 十字架를 지우고

⑪ 구레네 시몬은 알넥산더와 루포의 아비라 싀골노셔 오는 길에 그 곳으로 지나갈 새 抑志로 十字架를 지우고

⑫ 맛참 알넥산더와 루포의 아비인 구레네 사람 시몬이 싀골노셔 와셔 지나가는대 뎌희가 그를 억지로 갓치 가게 하야 예수의

십자가를 지우고

⑬ 마침 알렉산더와 루포의 아비인 구레네 사람 시몬이 시골로서 와서 지나가는데 저희가 그를 억지로 같이 가게 하여 예수의
십자가를 지우고

⑭ そこへ、アレキサンデルとルポスとの父シモンというクレネ人(びと)が、郊外からきて通りかかったので、人々はイエス
の十字架を無理に負わせた。

마가福音 15:22

① 攜耶穌至一所,名各各他,譯髑髏處。

② 예수를 다리고 한 곳에 닐으니 일홈은 골고타라 싀긴 즉 두골 잇ᄂᆞᆫ 곳이라

③ 예수ᄅᆞᆯ 다리고 ᄒᆞᆫ 곳에 닐으니 일홈은 골고타라 싀긴 즉 두골 잇ᄂᆞᆫ 곳이라

④ 예수ᄅᆞᆯ 다려ᄒᆞᆫ 곳에 니ᄅᆞ니 이곳은 골곳짜라 ᄒᆞᄂᆞᆫ ᄃᆡ니 번역ᄒᆞᆯ진대 ᄒᆡ골 곳이란 말이라

⑤ 뎌들이 예수를 ᄭᅳ을고 각각타ㅣ라 하ᄂᆞᆫ 곳에 니ᄅᆞ니 번역ᄒᆞ면 ᄒᆡ골 잇ᄂᆞᆫ 곳이라

⑥ 예수ᄅᆞᆯ ᄭᅳ을고 골고다ㅣ라 ᄒᆞᄂᆞᆫ 곳에 니ᄅᆞ니 번역ᄒᆞ면 ᄒᆡ골 곳이라

⑦ 예수를 ᄭᅳ을고 골고다ㅣ라ᄒᆞᄂᆞᆫ 곳에 니ᄅᆞ니 번역ᄒᆞ면 ᄒᆡ골 곳이라
(예수를 ᄭᅳ을고 골고다라 ᄒᆞ는 곳에 니르니 번역ᄒᆞ면 ᄒᆡ골 곳이라)

⑧ 예수를 ᄭᅳ을고 골고다라 ᄒᆞᄂᆞᆫ 곳에 니르니 번역ᄒᆞ면 ᄒᆡ골곳이라

⑨ 예수를 曳ᄒᆞ고 골고다라 ᄒᆞᄂᆞᆫ 處에 至ᄒᆞ니 譯ᄒᆞ면 骸骨處라

⑩ 예수를 ᄭᅳ을고 골고다 飜譯ᄒᆞ면 骸骨處라 ᄒᆞᄂᆞᆫ 곳에 니르러

⑪ 예수를 ᄭᅳ을고 골고다라 하는 곳에 니르니 飜譯하면 骸骨곳이라

⑫ 예수를 ᄭᅳ을고 골고다라하는 곳(번역하면 해골의 곳)에 니르러
⑬ 예수를 끌고 골고다라 하는 곳(번역하면 해골의 곳)에 이르러
⑭ そしてイエスをゴルゴタ、その意味は、されこうべ、という所に連れて行った。

마가福音 15:23

① 以沒藥和酒予之飮,耶穌弗受。
② 몰양으로 술에 화한 거슬 주워 마시라 하니 밧지 안타라
③ 몰약으로 술에 화ᄒᆞᆫ 거슬 주니 밧지 안터라
④ 몰약으로써 슐에 ᄐᆞ셔 먹으라고 주거ᄂᆞᆯ 예수ㅣ 밧지 아니ᄒᆞ시고
⑤ 슐에 몰약을 타셔 주거ᄂᆞᆯ 예수ㅣ 밧지 아니ᄒᆞ시니라
⑥ 포도쥬의 몰약을 타셔 주거ᄂᆞᆯ 예수ㅣ 밧지 아니 ᄒᆞ시니라
⑦ 포도쥬에 몰약을 ᄐᆞ셔 주거늘 예수ㅣ 밧지 아니ᄒᆞ시니라
⑧ 포도쥬에 몰약을 ᄐᆞ셔 주거늘 예수가 밧지 아니ᄒᆞ시니라
⑨ 葡萄酒에 沒藥을 和ᄒᆞ야 給ᄒᆞ거ᄂᆞᆯ 예수가 受치 아니ᄒᆞ시니라
⑩ 葡萄酒에 沒藥을 ᄐᆞ셔 예수ᄭᅴ 마시우려 ᄒᆞ나 밧지 아니ᄒᆞ시니
⑪ 葡萄酒에 沒藥을 타셔 주거늘 예수ㅣ 밧지아니하시니라
⑫ 몰약을 탄 포도쥬를 주엇스나 예수ᄭᅴ셔 밧지 아니하시니라
⑬ 몰약을 탄 포도주를 주었으나 예수께서 받지 아니하시니라
⑭ そしてイエスに、沒藥(もつやく)をまぜたぶどう酒をさし出したが、お受けにならなかった。

마가福音 15:24

① 釘十字架後,分其衣,乃爲之鬮焉,以觀孰得。

② 십지틀에 못질하고 그 옷슬 제비하여 써 뉘가 엇나 보눈딕

③ 십지틀에 못질ᄒᆞ고 그 옷슬 논으미 무어슬 어더물 제비ᄒᆞ니

④ 십ᄌᆞ가에 못준 후에 예수의 의복을 논홀시 졔비를 ᄆᆞᆫᄃᆞ라 누가 엇을고 쏩아보더라

⑤ 십ᄌᆞ가에 못박고 그 옷슬 논홀시 뉘가 엇을고 ᄒᆞ야 졔비를 쏩더라

⑥ 십ᄌᆞ가에 못 박고 그 옷술 논호고 뉘가 무어술 엇을가ᄒᆞ야 졔비를 쏩더라

⑦ 십ᄌᆞ가에 못박고 그 옷슬 논호고 뉘가 무어슬 엇을가 ᄒᆞ야 제비를 쏩더라

(십ᄌᆞ가에 못박고 그 옷을 논홀시 뉘가 무어슬 엇을가 ᄒᆞ야 졔비를 쏩더라)

⑧ 십ᄌᆞ가에 못박고 그 옷을 논홀시 뉘가 무어슬 엇을가 ᄒᆞ야 졔비를 쏩더라

⑨ 十字架에 釘ᄒᆞ고 其 衣를 分홀시 誰가 何를 得홀가 ᄒᆞ야 鬮를 拈ᄒᆞ더라

⑩ 十字架에 못박고 그 옷슬 논홀서 누가 무어슬 엇을가 ᄒᆞ야 제비 쏩더라

⑪ 十字架에 못박고 그 옷을 난홀 새 누가 무엇을 엇을가 하야 제비를 쏩더라

⑫ 십자가에 못박고 그 옷을 난홀새 누가 어나 것을 엇을가 하야 제비를 쏩더라

⑬ 십자가에 못 박고 그 옷을 나눌쌔 누가 어느 것을 얻을까 하여 제비를 뽑더라

⑭ それから、イエスを十字架につけた。そしてくじを引いて、だれが何を取るかを定めたうえ、イエスの着物をわけた。

마가福音 15:25

① 時已辰盡釘之十字架。

② 써 진시 말이라 십지틀에 못질하고
③ 써 진시 말이라 십지틀에 못질ᄒᆞ고
④ 때가 임의 진시가 지나매 십ᄌᆞ가에 못박고
⑤ 십ᄌᆞ가에 못슬 박엇시매 때가 진시라
⑥ 십ᄌᆞ가에 못 박엇시매 때가 진시 말 이라
⑦ 십ᄌᆞ가에 못박으니 때가 진시 말이라
⑧ 십ᄌᆞ가에 못박으니 때가 진시 말이라
⑨ 十字架에 釘하니 時가 辰時 末이라
⑩ 十字架에 못 박을 때는 午前 아홉 時라
⑪ 十字架에 못박으니 때가 午前 아홉 時라
⑫ 때가 뎨 삼시가 되어 십자가에 못박으니라
⑬ 때가 제 삼시가 되어 십자가에 못 박으니라
⑭ イエスを十字架につけたのは、朝の九時ごろであった。

마가福音 15:26
① 其罪標之上,書曰,猶太人之王。
② 죄목을 그 우에 써 갈아되 유대인의 왕이라 하고
③ 죄목올 그 우에 써 가로ᄃᆡ 유대인의 왕이라 ᄒᆞ고
④ 그 명패 우희 썻시되 유대인 왕이라 ᄒᆞ엿고

⑤ 그 우희 잇ᄂᆞᆫ 명패에 쓰기를 유태사ᄅᆞᆷ의 왕이라 ᄒᆞ엿고

⑥ 그 우헤 잇ᄂᆞᆫ 명패에 쓰기ᄅᆞᆯ 유대인의 왕이라 ᄒᆞ엿고

⑦ 그우에 인ᄂᆞᆫ 명패에 쓰기를 유대 인의 왕이라 ᄒᆞ엿고

(그 우에 잇는 명패에 쓰기를 유대 인의 왕이라 ᄒᆞ엿고)

⑧ 그 우에 잇ᄂᆞᆫ 명패에 쓰기를 유대인의 왕이라 ᄒᆞ엿고

⑨ 其 上에 有ᄒᆞᆫ 名牌에 書ᄒᆞ기를 유대人의 王이라 ᄒᆞ엿고

⑩ 名牌에ᄂᆞᆫ 유대人의 王이라 썻고

⑪ 그 우에 잇는 命牌에 쓰기를 유대人의 王이라 하엿고

⑫ 그 우에 잇는 죄패에 유대인의 왕이라 썻고

⑬ 그 위에 죄 패에 유대인의 왕이라 썼고

⑭ イエスの罪莊書きにはユ「ダ人の王」としるしてあった。

마가福音 15:27

① 偕之釘二盜於十字架。一在其左,一在其右,

② ᄯᅩ 함긔 두 강도를 십지틀에 못질하난ᄃᆡ

③ ᄯᅩ 함씌 두 상노ᄅᆞᆯ 십시틀에 못질ᄒᆞ난ᄃᆡ

④ ᄀᆞᆺ치 도적 둘흘 못박엇시니

⑤ ᄯᅩ 강도들을 예수와 ᄒᆞᆷᄭᅴ 십ᄌᆞ가에 못박을시

⑥ ᄯᅩ 강도ᄃᆞᆯ을 예수와 ᄒᆞᆷᄭᅴ 십ᄌᆞ가에 못박으니

⑦ ᄯᅩ 강도들을 예수와 ᄒᆞᆷᄭᅴ 십ᄌᆞ가에 못박으니
(ᄯᅩ 강도 둘을 예수와 ᄒᆞᆷᄭᅴ 십ᄌᆞ가에 못박으니)
⑧ ᄯᅩ 강도 둘을 예수와 ᄒᆞᆷᄭᅴ 십ᄌᆞ가에 못박으니
⑨ ᄯᅩ 强盜 二名을 예수와 ᄒᆞᆷᄭᅴ 十字架에 釘ᄒᆞ니
⑩ ᄯᅩ 强盜들을 예수와 同時에 十字架에 못박으니
⑪ ᄯᅩ 强盜 둘을 예수와 함ᄭᅴ 十字架에 못박으니
⑫ 강도 둘을 예수와 함ᄭᅴ 십자가에 못박으니
⑬ 강도 둘을 예수와 함께 십자가에 못박으니
⑭ また、イエスと共にふたりの强盜を、ひとりを右に、ひとりを左に、十字架につけた。

마가福音 15:28
① 聖書所云,人稱之爲罪犯中者,應矣。
② 한나은 자편에 하고 한나은 우편에 하니
③ ᄒᆞᆫ나은 자편에 ᄒᆞ고 ᄒᆞᆫ나은 우편에 ᄒᆞ니
④ ᄒᆞ나흔 그 우편에 잇고 ᄒᆞ나흔 그 좌편에 잇시니 셩셔에 닐ᄋᆞᆫ바 사ᄅᆞᆷ들이 범죄ᄒᆞᆫ 것ᄀᆞᆺ치 수롤치ᄃᆡ 그 가온대 잇ᄂᆞᆫ 이 ᄃᆡ답ᄒᆞ
리라 ᄒᆞᆷ이라
⑤ ᄒᆞ나ᄂᆞᆫ 우편에 잇고 ᄒᆞ나ᄂᆞᆫ 좌편에 잇더라
⑥ ᄒᆞ나흔 우편에 잇고 ᄒᆞ나흔 좌편에 잇더라 (이ᄂᆞᆫ 셩경을 일움이니 닐ᄋᆞ샤ᄃᆡ 죄인 즁이라 닐ᄏᆞ룻다 ᄒᆞ셧ᄂᆞ니라)
⑦ ᄒᆞ나흔 우편에 잇고 ᄒᆞ나흔 좌편에 잇더라 이는 성경을 일움이니 닐넛ᄉᆞᄃᆡ 죄인즁이라 닐ᄏᆞ럿다 ᄒᆞ셧ᄂᆞ니라

⑧ ᄒᆞ나흔 우편에 잇고 ᄒᆞ나흔 좌편에 잇더라
⑨ 一名은 右便에 在ᄒᆞ고 一名은 左便에 在ᄒᆞ더라
⑩ 하ᄂᆞᄂᆞᆫ 右偏에 잇고 ᄒᆞ나ᄂᆞᆫ 左偏에 잇더라
⑪ 하나는 右便에 잇고 하나는 左便에 있더라
⑫ 하나는 그의 우편에 하나는 좌편에 잇더라
⑬ 하나는 그의 우편에 하나는 좌편에 있더라
⑭〔こうして「彼は罪人(つみびと)たちのひとりに數えられた」と書いてある言葉が成就したのである。〕

마가福音 15:29

① 過者謗之,搖首曰,噫,爾毁殿三日復建之者,
② 지ᄂᆡᄂᆞᆫ 쟈 욕하여 멀이를 흔들어 가로ᄃᆡ 셩뎐을 헐어 사흘에 셰울 쟈ᄂᆞᆫ
③ 지ᄂᆡᄂᆞᆫ 쟈 욕ᄒᆞ여 멀이ᄅᆞᆯ 흔들어 가로ᄃᆡ 셩뎐ᄋᆞᆯ 헐어 사흘에 셰울 쟈ᄂᆞᆫ
④ 지나가ᄂᆞᆫ쟈ㅣ 비방ᄒᆞ며 머리ᄅᆞ라 흔드러 ᄀᆞᆯᄋᆞᄃᆡ 슬프다 네가 뎐을 헐고 사흘만에 다시 셰우ᄂᆞᆫ 쟈ㅣ니
⑤ 지나가ᄂᆞᆫ 이들도 쑤짓고 머리를 흔들며 ᄀᆞᆯᄋᆞᄃᆡ 셩뎐을 헐고 사흘 만에 짓겟다 ᄒᆞ던 이여
⑥ 지나가ᄂᆞᆫ 이들도 비방ᄒᆞ고 머리ᄅᆞᆯ 흔들며 ᄀᆞᆯᄋᆞᄃᆡ 희라 셩뎐을 헐고 사흘만에 짓ᄂᆞᆫ 이여
⑦ 지나가ᄂᆞᆫ이들도 비방ᄒᆞ고 머리를 흔들며 ᄀᆞᆯᄋᆞᄃᆡ 희라 셩뎐을 헐고 사흘만에 짓ᄂᆞᆫ이여
(지나가는 쟈들도 희롱ᄒᆞ고 머리를 흔들며 ᄀᆞᆯᄋᆞᄃᆡ 아하 셩뎐을 헐고 사흘만에 짓겟다 ᄒᆞ던 쟈여)
⑧ 지나가ᄂᆞᆫ 쟈들도 긔롱ᄒᆞ고 머리를 흔들며 ᄀᆞᆯᄋᆞᄃᆡ 아하 셩뎐은 헐고 사흘만에 짓겟다 ᄒᆞ던 쟈여
⑨ 過去ᄒᆞᄂᆞᆫ 者들도 譏弄ᄒᆞ고 首를 搖ᄒᆞ며 曰 噫라 聖殿을 毁ᄒᆞ고 三日만에 造ᄒᆞ겟다 ᄒᆞ던 者여

⑩ 지나가ᄂᆞᆫ 者들이 머리를 흔들며 戱弄ᄒᆞ야 ᄀᆞᆯᄋᆞᄃᆡ 아하 聖殿을 헐고 사흘만에 짓겟다 ᄒᆞ던 者여
⑪ 지나가는 者들도 譏弄하고 머리를 흔들며 갈아대 아하 聖殿을 헐고 사흘만에 짓겟다 하던 者여
⑫ 지나가는 쟈들은 자긔 머리를 흔들며 예수를 모욕하야 갈아대 아하 셩뎐을 헐고 사흘에 짓는 쟈여
⑬ 지나가는 자들은 자기 머리를 흔들며 예수를 모욕하여 가로되 아아 성전을 헐고 사흘에 짓는 자여
⑭ そこを通りかかった者たちは、頭を振りながら、イエスをののしって言った、「ああ、聖殿を打ちこわして三日のうちに建てる者よ、

마가福音 15:30
① 今宜自救而十字架下矣。
② 스사로 구완하여 십ᄌᆞ틀노 좃차 ᄂᆡ리라 하고
③ 이제 스사로 구완ᄒᆞ여 십ᄌᆞ틀노 좃차 ᄂᆡ리라 ᄒᆞ고
④ 지금 맛당이 제 몸을 구ᄒᆞ여 십ᄌᆞ가로 조차 ᄂᆞ려올 거시니라 ᄒᆞ고
⑤ 이졔 네가 너를 구원ᄒᆞ야 십ᄌᆞ가에셔 ᄂᆞ려 오라 ᄒᆞ고
⑥ 이제 네가 너롤 구ᄒᆞ야 십ᄌᆞ가에셔 ᄂᆞ려오라 ᄒᆞ고
⑦ 이제 네가 너를 구ᄒᆞ여 십ᄌᆞ가에셔 ᄂᆞ려오라 ᄒᆞ고
(네가 너를 구원ᄒᆞ야 십ᄌᆞ가에셔 ᄂᆞ려오라 ᄒᆞ고)
⑧ 네가 너를 구원ᄒᆞ야 십ᄌᆞ가에셔 ᄂᆞ려오라 ᄒᆞ고
⑨ 爾가 爾를 救援ᄒᆞ야 十字架에셔 下來ᄒᆞ라 ᄒᆞ고
⑩ 네가 너를 救援ᄒᆞ야 十字架에셔 ᄂᆞ려 오라 ᄒᆞ고

⑪ 네가 너를 救援하야 十字架에셔 나려 오라 하고
⑫ 네가 너를 구원하야 십자가에셔 나려 오라 하고
⑬ 네가 너를 구원하여 십자가에서 내려 오라 하고
⑭ 十字架からおりてきて自分を救え」。

마가福音 15:31

① 祭司諸長與士子,戲亦如之,相語曰,彼救他人,不能自救耶。
② 졔사장과 션비 ᄯᅩ한 이 갓치 긔롱하여 서로 가로ᄃᆡ 뎌달은 사ᄅᆞᆷ은 구완하고 능히 스사로 구완치 못한다
③ 졔사장과 션비 ᄯᅩᄒᆞᆫ 이 갓치 긔롱ᄒᆞ여 스로 가로ᄃᆡ 뎌달은 사ᄅᆞᆷ은 구완ᄒᆞ고 능히 스사로 구완치 못ᄒᆞᆫ다
④ 졔ᄉᆞ장들이 션비로 더브러 비웃기롤 ᄯᅩᄒᆞᆫ 이와 ᄀᆞᆺ치 ᄒᆞ야 서로 말ᄒᆞ여 ᄀᆞᆯᄋᆞᄃᆡ 뎌ㅣ 다ᄅᆞᆫ 사ᄅᆞᆷ은 구ᄒᆞ되 제 몸은 구치 못ᄒᆞᄂᆞᆫ
고나
⑤ 그와 ᄀᆞᆺ치 졔ᄉᆞ졔장과 서샤관들도 희롱ᄒᆞ머 서로 ᄀᆞᆯᄋᆞᄃᆡ 제기 디ᄅᆞᆫ 시ᄅᆞᆷ온 구원ᄒᆞ엿스되 제 몸온 구원치 못ᄒᆞᄂᆞᆫ도디
⑥ 그와 ᄀᆞᆺ치 졔ᄉᆞ졔쟝과 셔샤관들도 희롱ᄒᆞ며 서로 ᄀᆞᆯᄋᆞᄃᆡ 제가 다ᄅᆞᆫ 사ᄅᆞᆷ은 구ᄒᆞ엿시되 제 몸은 구치 못 ᄒᆞᄂᆞᆫ도다
⑦ 그와 ᄀᆞᆺ치 졔ᄉᆞ졔쟝과 셔긔관들도 희롱ᄒᆞ며 서로 ᄀᆞᆯᄋᆞᄃᆡ 제가 다ᄅᆞᆫ 사ᄅᆞᆷ은 구ᄒᆞ엿ᄉᆞ되 제 몸은 구치못ᄒᆞᄂᆞᆫ도다
(그와 ᄀᆞᆺ치 졔ᄉᆞ졔쟝과 셔긔관들도 희롱ᄒᆞ며 서로 ᄀᆞᆯᄋᆞᄃᆡ 뎌가 다른사ᄅᆞᆷ은 구원ᄒᆞ엿스되 제 몸은 구원치 못ᄒᆞ는도다)
⑧ 그와 ᄀᆞᆺ치 졔ᄉᆞ졔쟝과 셔긔관들도 희롱ᄒᆞ며 서로ᄀᆞᆯᄋᆞᄃᆡ 뎌가 다른사ᄅᆞᆷ은 구원ᄒᆞ엿스되 ᄌᆞ긔 몸은 구치 못ᄒᆞᄂᆞᆫ도다
⑨ 그와 ᄀᆞᆺ치 祭司諸長과 書記官들도 戲弄ᄒᆞ며 相言ᄒᆞᄃᆡ 彼가 他人은 救援ᄒᆞ엿스되 自己의 身은 救援치 못ᄒᆞᄂᆞᆫ도다
⑩ 祭司諸長과 書記官들도 그와 ᄀᆞᆺ치 戲弄ᄒᆞ며 서로 ᄀᆞᆯᄋᆞᄃᆡ 뎌가 다른 사ᄅᆞᆷ은 救援ᄒᆞ엿스되 自己 몸은 救援치 못ᄒᆞᄂᆞᆫ도다
⑪ 그와 갓치 祭司諸長과 書記官들도 戲弄하며 서로 말하대 뎌가 다른 사람은 救援하엿스되 自己 몸은 救援치 못하는 도다

⑫ 그와 갓치 대졔사쟝들도 셔긔관들과 함ᄭᅴ 희롱하며 서로 말하대 뎌가 남은 구원하엿스되 자긔는 구원할 수 업도다
⑬ 그와 같이 대제사장들도 서기관들과 함께 희롱하며 서로 말하되 저가 남은 구원하였으되 자기는 구원할 수 없도다
⑭ 祭司長たちも同じように、律法學者たちと一緒になって、かわるがわる嘲弄(ちょうろう)して言った、「他人を救ったが、
自分自身を救うことゲできない。

마가福音 15:32

① 以色列王基督今宜由十字架而下,致我見而信矣。同釘者亦詬之。
② 이살잇 왕 키리스토ᄂᆞᆫ 이제 십ᄌᆡ틀노 붓터 ᄂᆡ려 우리로 보고 밋게 하라 하고 갓치 못질한 쟈 ᄯᅩ한 욕하다라
③ 이살일 왕 키리쓰토ᄂᆞᆫ 이제 십ᄌᆡ틀노 ᄂᆡ려 우리로 보고 밋게 ᄒᆞ라 ᄒᆞ고 갓치 못질ᄒᆞᆫ 쟈 ᄯᅩ한 욕ᄒᆞ더라
④ 이스라엘의 왕 그리스도ᄂᆞᆫ 이제 맛당이 십ᄌᆞ가로 조차 ᄂᆞ려와 우리로 ᄒᆞ여곰 보고 밋게 ᄒᆞ라 ᄒᆞ고 ᄀᆞᆺ치 못박혀 잇ᄂᆞᆫ 쟈ㅣ
ᄯᅩᄒᆞᆫ 욕ᄒᆞ더니
⑤ 이스라엘의 님군 크리스도ᄂᆞᆫ 직금 십ᄌᆞ가에셔 ᄂᆞ려와 우리로 ᄒᆞ여곰 보고 밋게ᄒᆞ라 ᄒᆞ고 ᄒᆞᆷᄭᅴ 십ᄌᆞ가에 못 박힌 강도들도
예수ᄅᆞᆯ 욕ᄒᆞ더라
⑥ 이스라엘의 님군 그리스도ᄂᆞᆫ 직금 십ᄌᆞ가에셔 ᄂᆞ려와 우리로 ᄒᆞ여곰 보고 밋게ᄒᆞ라 ᄒᆞ고 ᄒᆞᆷᄭᅴ 십ᄌᆞ가에 못 박힌 강도들도
예수ᄅᆞᆯ 욕ᄒᆞ더라
⑦ 이스라엘의 님굼 그리스도는 지금 십ᄌᆞ가에셔 ᄂᆞ려와 우리로 ᄒᆞ여곰 보고 밋게ᄒᆞ라 ᄒᆞ고 ᄒᆞᆷᄭᅴ 십ᄌᆞ가에 못박힌 강도들도
예수를 욕ᄒᆞ더라
(이스라엘의 님군 그리스도는 지금 십ᄌᆞ가에셔 ᄂᆞ려와 우리로 ᄒᆞ여곰 보고 밋게 ᄒᆞ라 ᄒᆞ고 ᄒᆞᆷᄭᅴ 십ᄌᆞ가에 못박힌 강도들도
예수를 욕ᄒᆞ더라)

⑧ 이스라엘의 님군 그리스도는 지금 십ᄌᆞ가에셔 ᄂᆞ려와 우리로 ᄒᆞ여곰 보고 밋게 ᄒᆞ라 ᄒᆞ고 ᄒᆞᆷᄭᅴ 십ᄌᆞ가에 못박힌 강도들도
예수를 욕ᄒᆞ더라
⑨ 이스라엘의 人君 그리스도ᄂᆞᆫ 只今 十字架에셔 下來ᄒᆞ야 我等으로 ᄒᆞ여곰 見ᄒᆞ고 信케 ᄒᆞ라 ᄒᆞ고 ᄒᆞᆷᄭᅴ 十字架에 被釘ᄒᆞᆫ 强盜
들도 예수를 辱ᄒᆞ더라
⑩ 이스라엘의 王 그리스도ᄂᆞᆫ 只今 十字架에셔 ᄂᆞ려와 우리로 보고 밋게 ᄒᆞ라 ᄒᆞ고 ᄒᆞᆷᄭᅴ 十字架에 못박힌 强盜들도 예수를 辱ᄒᆞ
더라
⑪ 이스라엘의 님군 그리스도는 只今 十字架에셔 나려와 우리로 하여곰 보고 밋게 하라 하고 함끠 十字架에 못 박힌 强盜들도
예수를 辱하더라
⑫ 이스라엘의 왕 그리스도가 지금 십자가에셔 나려와 우리로 보고 밋게 할지어다 하며 함끠 십자가에 못박힌 쟈들도 예수를
욕하더라
⑬ 이스라엘의 왕 그리스도가 지금 십자가에서 내려와 우리로 보고 믿게 할찌어다 하며 함께 십자가에 못 박힌 자들도 예수를
욕하더라
⑭ イスラエルの王キリスト、いま十字架からおりてみるがよい。それを見たら信じよう」。また、一緒に十字架につけられた
者たちも、イエスをののしった。

마가福音 15:33

① 自日中至未終徧地皆暗。
② 오시에 밋쳐 오ᄂᆞᆫ ᄯᅡᆼ이 다 어두워 미시에 닐으다니
③ 오시에 밋쳐 오은 ᄯᅡ이 다 어두워 미시에 닐으더니

④ 오시 즁으로브터 미시발에 니ᄅᆞ도록 ᄯᅢ히 어둡더니

⑤ 오시 즁으로브터 미시말ᄭᆞ지 온 ᄯᅡ히 어둡더니

⑥ 오시 즁으로 브터 미시 말 ᄭᆞ지 온 ᄯᅡ히 어둡더니

⑦ 오시즁으로브터 미시말ᄭᆞ지 온 ᄯᅡ히 어둡더니

(오시 즁으로브터 미시말ᄭᆞ지 온 ᄯᅡ히 어둡더니)

⑧ 오시 즁으로브터 미시 말ᄭᆞ지 왼ᄯᅡ히 어둡더니

⑨ 午時 中으로브터 未時 末ᄭᆞ지 全地가 冥ᄒᆞ더니

⑩ 午前 열두時브터 午後 세時ᄭᆞ지 온 ᄯᅡ이 어둡더니

⑪ 午正으로브터 午後 세時ᄭᅡ지 온 ᄯᅡ이 어둡더니

⑫ 뎨 륙시가 되매 온 ᄯᅡ에 어두움이 림하야 뎨 구시ᄭᅡ지 계쇽하더니

⑬ 제 육시가 되매 온 땅에 어두움이 임하여 제 구시까지 계속하더니

⑭ 晝の十二時になると、全地は暗くなって、三時に及んだ。

마가福音 15:34

① 當未終時,耶穌大聲呼曰,㕥唎㕥唎啦嗎嘞嘞呔呢,譯卽我之神歟,我之神歟,爾何遺我耶。

② 미시말을 당하여 예수 크게 소릐하여 갈아샤되 이뢰 이뢰 라마 사박다니라 하니 싀긴 즉 늬의 하나님 늬의 하나님 엇지

나를 ᄯᅥ나나니잇가 하미라

③ 미시말올 당ᄒᆞ여 예수 크게 소릐ᄒᆞ여 가로샤ᄃᆡ 이뢰 이뢰 라마 사박다니라 ᄒᆞ니 싀긴 즉 늬의 하나님 늬의 하나님 엇지

나롤 ᄯᅥ나ᄂᆞ니잇가 ᄒᆞ미라

④ 미말에ᄂᆞᆫ 예수ㅣ 크게 소ᄅᆡᄒᆞ여 ᄀᆞᆯᄋᆞ샤ᄃᆡ 엘노엘노이라마사박다나이라 ᄒᆞ니 번역ᄒᆞ면 곳 우리 하늘아바님이여 우리 하늘바님이여 너ㅣ 엇지 나ᄅᆞᆯ ᄇᆞ리ᄂᆞ니잇가 ᄒᆞᄂᆞᆫ 말이라

⑤ 미시말에 예수ㅣ 크게 소ᄅᆡ 질너 ᄀᆞᆯᄋᆞ샤ᄃᆡ 엘노이 엘노이 나마사빡다늬아 ᄒᆞ시니 번역ᄒᆞ면 곳 내의 텬쥬 내의 텬쥬ㅣ여 엇지 나를 ᄇᆞ리시ᄂᆞ니잇가 ᄒᆞᆷ이라

⑥ 미시 말 에ᄂᆞᆫ 예수ㅣ 크게 소ᄅᆡ 질너 ᄀᆞᆯᄋᆞ샤ᄃᆡ 엘늬 엘늬 나마 사빡대늬 ᄒᆞ시니 번역ᄒᆞ면 곳 나의 하ᄂᆞ님 나의 하ᄂᆞ님이여 엇지 나ᄅᆞᆯ ᄇᆞ리시ᄂᆞ니잇가 ᄒᆞᆷ이라

⑦ 미시말에는 예수ㅣ 크게 소리 질너 ᄀᆞᆯᄋᆞ샤ᄃᆡ 엘늬 엘늬 나마 사박대늬 ᄒᆞ시니 번역ᄒᆞ면 곳 나의 하ᄂᆞ님 나의 하ᄂᆞ님이여 엇지 나를 ᄇᆞ리시ᄂᆞ잇가 ᄒᆞᆷ이라

(미시 말에는 예수가 크게 소ᄅᆡ 질너 ᄀᆞᆯᄋᆞ샤ᄃᆡ 엘늬 엘늬 라마 사박다늬 ᄒᆞ시니 번역ᄒᆞ면 곳 나의 하ᄂᆞ님이여 나의 하ᄂᆞ님이여 엇지 나를 ᄇᆞ리시ᄂᆞ잇가 ᄒᆞᆷ이라)

⑧ 미시 말에는 예수가 크게소ᄅᆡ질너 ᄀᆞᆯᄋᆞ샤ᄃᆡ 엘늬 엘늬 라마 사박다늬 ᄒᆞ시니 번역ᄒᆞ면 곳 나의 하ᄂᆞ님이여 나의 하ᄂᆞ님이여 엇지 나를 ᄇᆞ리시ᄂᆞ잇가 ᄒᆞᆷ이라

⑨ 未時 末에ᄂᆞᆫ 예수가 大聲을 呼ᄒᆞ야 曰 엘늬 엘늬 라마 사박다늬라 ᄒᆞ시니 譯ᄒᆞ면 곳 我의 上帝여 我의 上帝여 엇지 我를 棄ᄒᆞ시ᄂᆞ잇가 ᄒᆞᆷ이라

⑩ 午後 세時에 니르러ᄂᆞᆫ 예수ㅣ 크게 소ᄅᆡ질너 ᄀᆞᆯᄋᆞ샤ᄃᆡ 엘늬엘늬 라마 사박사늬 ᄒᆞ시니 飜譯 ᄒᆞ면 곳 나의 하ᄂᆞ님이여 나의 하ᄂᆞ님이여 엇지 나를 ᄇᆞ리시ᄂᆞ잇가 ᄒᆞᆷ이라

⑪ 午後 세時에는 예수ㅣ 크게 소래질너 갈아샤대 엘늬엘늬 라마사박다늬라 하시니 飜譯하면 곳 나의 하나님이어 나의 하나님이어 엇지 나를 바리시나잇가 함이라

⑫ 뎨 구시에 예수ᄭᅴ셔 크게 소래 지르샤대 엘늬 엘늬 라마 사박다니 하시니 이를 번역하면 나의 하나님 나의 하나님 엇지하야

나를 바리셧나잇가 하는 뜻이라

⑬ 제 구시에 예수께서 크게 소리지르시되 엘리 엘리 라마 사박다니 하시니 이를 번역하면 나의 하나님, 나의 하나님, 어찌하여
나를 버리셨나이까 하는 뜻이라

⑭ そして三時に、イエスは大聲で、「エロイ、エロイ、ラマ、サバクタニ」と叫ばれた。それは「わが神、わが神、どうしてわ
たしをお見捨てになったのですか」という意味である。

마가福音 15:35

① 旁立者數人聞之曰,彼呼以利亞也。

② 겻티 셧던 쟈 혹 듯고 갈아되 뎌 이니아를 불운다 하니

③ 겻티 셧던 쟈 혹 듯고 가로딕 뎌 이니아롤 불운다 ᄒᆞ니

④ 겻히 섯던 엇던 사ᄅᆞᆷ이 듯고 ᄀᆞᆯᄋᆞ딕 뎌ㅣ 엘늬아롤 부ᄅᆞᆫ다 ᄒᆞ니

⑤ 겻희 셧던 쟈들은 듯고 ᄀᆞᆯᄋᆞ딕 이 사ᄅᆞᆷ이 이리아를 부ᄅᆞᆫ다 ᄒᆞ니

⑥ 겻헤 섯던 두어 사ᄅᆞᆷ이 듯고 ᄀᆞᆯᄋᆞ딕 엘니야롤 부ᄅᆞᆫ다ᄒᆞ니

⑦ 겻헤 섯던 두어 사ᄅᆞᆷ이 듯고 ᄀᆞᆯᄋᆞ딕 엘니야를 부른다 ᄒᆞ니
(겻헤 섯던 몃 사ᄅᆞᆷ이 듯고 ᄀᆞᆯᄋᆞ딕 엘니야를 부른다 ᄒᆞ니)

⑧ 겻헤섯던 몃 사ᄅᆞᆷ이 듯고 ᄀᆞᆯᄋᆞ딕 엘니야를 부른다 ᄒᆞ니

⑨ 傍立ᄒᆞ엿던 幾 人이 聞ᄒᆞ고 曰 엘니야를 呼ᄒᆞᆫ다 ᄒᆞ니

⑩ 겻헤 섯던 몃 사ᄅᆞᆷ이 듯고 ᄀᆞᆯᄋᆞ샤딕 엘니야를 부른다 ᄒᆞ니

⑪ 겻헤 섯던 몇 사람이 듯고 갈아대 엘니야를 부른다 하니

⑫ 겻헤 섯던 쟈 즁 엇던 이들이 듯고 갈아대 보라 엘니야를 부른다 하고
⑬ 곁에 섰던 자 중 어떤 이들이 듣고 가로되 보라 엘리야를 부른다 하고
⑭ すると、そばに立っていたある人々が、これを聞いて言った、「そら、エリヤを呼んでいる」。

마가福音 15:36

① 有一人疾趨,以醯漬海絨,束諸葦以飮之,曰,姑聽之,我儕試觀以利亞來取之下否。
② 한 사람이 달아가 초으로써 희융에 적셔 갈씩에 묵거주워 마시라 하고 갈아되 용납하라 이니 아와 와셔 취하여 늬리나 보쟈
하다라
③ 한 사ᄅᆞᆷ이 달아가 초으로써 희융에 적셔 갈씩에 묵거 주워 마시라 ᄒᆞ고 가로ᄃᆡ 두워두라 이니아 와셔 취ᄒᆞ여 늬리나 보쟈
ᄒᆞ더라
④ ᄒᆞᆫ 사ᄅᆞᆷ이 잇다가 급히 가셔 희융에다가 졋국을 뭇쳐 갈ᄃᆡ에 묵거다가 마시우며 ᄀᆞᆯᄋᆞᄃᆡ 아직 ᄀᆞ만이 두고 우리들이 시험ᄒᆞ
야 엘늬아가 와셔 ᄂᆞ려주나 보자 ᄒᆞ더니
⑤ ᄒᆞᆫ 사ᄅᆞᆷ이 쏄니 가셔 희융을 초에 적셔셔 갈ᄃᆡ에 쒜여 마시우랴 ᄒᆞ거ᄂᆞᆯ ᄀᆞᆯᄋᆞᄃᆡ 아직 ᄀᆞ만두어라 이리아가 와셔 뎌를 ᄂᆞ려오
게 ᄒᆞ나 보자 ᄒᆞ더라
⑥ ᄒᆞᆫ 사ᄅᆞᆷ이 쏄니 가셔 희융을 초에 적서셔 갈ᄃᆡ에 쒜여 마시우고 ᄀᆞᆯᄋᆞᄃᆡ 아즉 ᄀᆞ만 두어라 엘니야가 와셔 뎌ᄅᆞᆯ ᄂᆞ려 주나
보자 ᄒᆞ더니
⑦ ᄒᆞᆫ 사ᄅᆞᆷ이 쏄니 가셔 희융헤 초를 적셔셔 갈ᄃᆡ에 쒜여 마시우고 ᄀᆞᆯᄋᆞᄃᆡ 아직 ᄀᆞ만두어라 엘니야가 와셔 뎌를 ᄂᆞ려주나보자
ᄒᆞ더니
(ᄒᆞᆫ 사ᄅᆞᆷ이 쏄니가셔 희융을 초에 적서셔 갈ᄃᆡ에 쒜여 마시우고 ᄀᆞᆯᄋᆞᄃᆡ ᄀᆞ만두어라 엘니야가 와셔 뎌를 ᄂᆞ려주나보자 ᄒᆞ더니)

⑧ ᄒᆞᆫ 사ᄅᆞᆷ이 ᄲᆞᆯ니가셔 ᄒᆡ융을 초에 젹서셔 갈ᄃᆡ에 ᄭᅰ여 마시우고 ᄀᆞᆯᄋᆞᄃᆡ ᄀᆞ만두어라 엘니야가 와셔 뎌를 ᄂᆞ려 주나 보자 ᄒᆞ더니
⑨ 一 人이 疾往ᄒᆞ야 海絨을 醋에 漬ᄒᆞ야 葦에 貫ᄒᆞ야 飮케ᄒᆞ고 曰 仍置ᄒᆞ라 엘니야가 來ᄒᆞ야 彼를 下ᄒᆞ여 주나 見ᄒᆞ자 ᄒᆞ더니
⑩ ᄒᆞᆫ 사ᄅᆞᆷ이 ᄲᆞᆯ니 가셔 海絨에 醋를 젹서셔 갈대에 ᄭᅰ여 마시우여 ᄀᆞᆯᄋᆞᄃᆡㅣ ᄀᆞ만 두어라 엘니야가 와셔 뎌를 ᄂᆞ려주나 보자 ᄒᆞ더니
⑪ 한 사람이 ᄲᅡᆯ니 가셔 海絨에 초를 젹서셔 갈대에 ᄭᅰ여 마시우고 갈아대 가만두어라 엘니야가 와셔 뎌를 나려주나 보자 하더니
⑫ 한 사람이 달녀 가셔 해융에 싄 포도쥬를 먹음게 하야 갈대에 ᄭᅰ여 마시우고 갈아대 가만 두어라 엘니야가 와셔 뎌를 나려주나 보자 하더라
⑬ 한 사람이 달려가서 해융애 신 포도주를 머금게 하여 갈대에 꿰어 마시우고 가로되 가만 두라 엘리야가 와서 저를 내려주나 보자 하더라
⑭ ひとりの人が走って行き、海線に酢いぶどう酒を含ませて葦(あし)の棒につけ、イエスに飲ませようとして言った、「待て、エリヤが彼をおろしに來るかどうか、見ていよう」。

마가福音 15:37

① 耶穌大聲一呼,氣遂絶。
② 예수 큰 소ᄅᆡ로 불으고 긔운이 ᄭᅳᆫ어지니
③ 예수 큰 소ᄅᆡ로 불으고 긔운이 ᄭᅳᆫ어지니
④ 예수ㅣ 크게 소리ᄒᆞ야 ᄒᆞᆫ 번 부ᄅᆞ고 드ᄃᆡ여 긔졀ᄒᆞ시니
⑤ 예수ㅣ 다시 크게 소ᄅᆡ 지ᄅᆞ시고 령혼이 ᄯᅥ나가니
⑥ 예수ㅣ 다시 크게 소ᄅᆡ 지ᄅᆞ시고 긔졀ᄒᆞ시니

⑦ 예수ㅣ 다시 크게 소ᄅᆡ 지르시고 운명ᄒᆞ시니
(예수ㅣ 다시 크게 소ᄅᆡ 지ᄅᆞ시고 운명ᄒᆞ시니)
⑧ 예수가 다시 크게 소ᄅᆡ지ᄅᆞ시고 운명ᄒᆞ시니
⑨ 예수가 다시 크게 聲呼ᄒᆞ시고 殞命ᄒᆞ시니
⑩ 예수ㅣ 다시 크게 소ᄅᆡ 지르시고 殞命ᄒᆞ시니
⑪ 예수ㅣ 다시 크게 소래 지르시고 殞命하시니
⑫ 예예수씌셔 큰 소래를 지르시고 운명하시다
⑬ 예수께서 큰 소리를 지르시고 운명하시다
⑭ イエスは聲高く叫んで、ついに息をひきとられた。

마가福音 15:38

① 殿幔自上至下,裂爲二。
② 셩뎐 포장이 우으로 붓터 알에써지 씌여져 둘이 되거날 파총이 압페 셔서 그 이 갓치 긔운 ᄭᅳᆫ어지물 보고
③ 셩뎐 포장이 우으로 붓터 알에써지 씌여져 둘이 되거날 파총이 압페 셔서 그 이 갓치 긔운 ᄭᅳᆫ어지물 보고
④ 뎐에 첫던 쟝막이 우희셔브터 아래ᄭᆞ지 쓰어져 두 조각에 나는지라
⑤ 셩뎐 휘장이 우흐로브터 아래ᄭᆞ지 찌어져 둘이 되니
⑥ 셩뎐 휘장이 우흐로 브터 아래 ᄭᆞ지 찌어져 둘이 된지라
⑦ 셩뎐 휘장이 우흐로브터 아래ᄭᆞ지 씌여어 둘이 된지라
(셩뎐 휘장이 우흐로브터 아래ᄭᆞ지 찌여져 둘이 된지라)

⑧ 셩뎐 휘장이 우ᄒᆞ로브터 아래ᄭᆞ지 ᄶᅵ여져 둘이 된지라
⑨ 聖殿 幃帳이 上으로브터 下ᄭᆞ지 裂ᄒᆞ야 二가 된지라
⑩ 聖殿 揮帳이 우으로브터 아래ᄭᆞ지 ᄶᅵ여져 둘이 된지라
⑪ 聖殿 揮帳이 우르로브터 아래ᄭᅡ지 ᄶᅴ여져 둘이 된지라
⑫ 이에 셩소휘장이 우으로브터 아래ᄭᅡ지 ᄶᅴ여져 둘이 되니라
⑬ 이에 성소휘장이 위로부터 아래까지 찢어져 둘이 되니라
⑭ そのとき、神殿の幕が上から下まで眞二つに裂けた。

마가福音 15:39

① 百夫長立於前,見其以如是大聲而氣絶,則曰,斯人誠爲神子也。
② 갈아되 이 사람이 실노 하나님의 아달이라 하다라
③ 가로ᄃᆡ 이 사ᄅᆞᆷ이 실노 하나님의 아달이라 ᄒᆞ더라
④ ᄇᆡᆨ부쟝이 압희 섯다가 이 ᄀᆞᆺ치 큰 소ᄅᆡ에 긔졀홈을 보고 ᄀᆞᆯᄋᆞᄃᆡ 이 사ᄅᆞᆷ이 샹뎨의 아ᄃᆞᆯ이 ᄎᆞᆷ이로다 ᄒᆞ더라
⑤ 예수 압희 갓가히 셧던 ᄇᆡᆨ부쟝이 그러케 크게 부ᄅᆞ지지시다가 령혼이 ᄯᅥ나감을 보고 ᄀᆞᆯᄋᆞᄃᆡ 이 사ᄅᆞᆷ이 진실노 텬쥬의 아ᄃᆞᆯ
이로다 ᄒᆞ고
⑥ 예수 압헤 갓가히 섯던 ᄇᆡᆨ부쟝이 그러케 긔절ᄒᆞ심을 보고 ᄀᆞᆯᄋᆞᄃᆡ 이 사ᄅᆞᆷ이 진실노 하ᄂᆞ님의 아ᄃᆞᆯ이로다 ᄒᆞ더라
⑦ 예수 압헤 갓가이 섯던 ᄇᆡᆨ부쟝이 그러케 운명ᄒᆞ심을 보고 ᄀᆞᆯᄋᆞᄃᆡ 이 사ᄅᆞᆷ이 진실노 한ᄂᆞ님의 아ᄃᆞᆯ이로다 ᄒᆞ더라
(예수 압헤 갓가이 섯던 ᄇᆡᆨ부쟝이 그러케 운명ᄒᆞ심을 보고 ᄀᆞᆯᄋᆞᄃᆡ 이 사ᄅᆞᆷ이 진실노 하ᄂᆞ님의 아ᄃᆞᆯ이로다 ᄒᆞ더라)
⑧ 예수의 압헤 갓가히섯던 ᄇᆡᆨ부쟝이 그러케 운명ᄒᆞ심을 보고 ᄀᆞᆯᄋᆞᄃᆡ 이 사ᄅᆞᆷ은 진실노 하ᄂᆞ님의 아ᄃᆞᆯ이로다 ᄒᆞ더라

⑨ 예수의 前에 近立ᄒᆞ엿던 百夫長이 然ᄒᆞ게 殞命ᄒᆞ심을 見ᄒᆞ고 曰 此 人은 眞實노 上帝의 子로다 ᄒᆞ더라

⑩ 예수의 아베 갓가히 섯던 百夫長이 그러케 殞命ᄒᆞ심을 보고 ᄀᆞᆯᄋᆞᄃᆡ 이 사ᄅᆞᆷ은 眞實노 하ᄂᆞ님의 아ᄃᆞᆯ이로다 ᄒᆞ더라

⑪ 예수의 압헤 갓가히 섯던 百夫長이 그러케 殞命하심을 보고 갈아대 이 사람은 眞實노 하나님의 아달이로다 하더라

⑫ 예수를 향하야 섯던 백부쟝이 그러케 운명하심을 보고 갈아대 이 사람은 진실노 하나님의 아달이엇도다 하더라

⑬ 예수를 향하여 섰던 백부장이 그렇게 운명하심을 보고 가로되 이 사람은 진실로 하나님의 아들이었도다 하더라

⑭ イエスにむかって立っていた百卒長は、このようにして息をひきとられたのを見て言った、「まことにこの人は神の子であった」。

마가福音 15:40

① 有數婦遠觀,中有抹大拉之馬利亞及年少之雅各,與約西之母馬利亞,與撒羅米,

② ᄯᅩ 부인덜이 멀니셔 보ᄂᆞᆫᄃᆡ 그 즁에 막다레의 마리암과 쇼년 야곱과 요시의 어맘 마리암과 살노미가 이스니

③ ᄯᅩ 부인덜이 멀니셔 보ᄂᆞᆫᄃᆡ 그 즁에 막다닌의 마리안과 쇼년 아곱과 요시의 어만 마리안과 살노미가 이스니

④ 두어 부녀 멀니셔 구경ᄒᆞᆯ시 그즁에 막다레네 마리아와 밋 쇼년 야고보와 다만 요셔의 모 마리아와 다못 살노메란 지어미들이 잇시니

⑤ 녀인들도 거긔 와셔 ᄇᆞᄅᆞ볼시 그 즁에 말대랍의 마리아와 졂은 아각과 요셔의 어마니 마리아와 ᄯᅩ 살라미가 잇스니

⑥ 녀인들도 잇셔 멀니 ᄇᆞ라 보니 그 즁에 막달나의 마리아와 적은 야고보와 요셔의 어머니 마리아와 ᄯᅩ 살노메가 잇ᄉᆞ니

⑦ 녀인들도 멀니 잇서 ᄇᆞ라보니 그 즁에 막달나 마리아도 잇고 적은 야고보와 요세의 어머니 마리아도 잇고 ᄯᅩ 살노미가 잇스니 (녀인들도 멀니 잇서 ᄇᆞ라보니 그 즁에 막달나 마리아도 잇고 적은 야고보와 요세의 어머니 마리아도 잇고 ᄯᅩ 살노메가 잇스니)

⑧ 녀인들도 멀니잇서 ᄇᆞ라보니 그 즁에 막달나 마리아도 잇고 적은야고보와 요세의 어머니 마리아도 잇고 ᄯᅩ 살노메가 잇스니
⑨ 女人들도 遠立ᄒᆞ야 望見ᄒᆞ니 其 中에 막달나 마리아도 有ᄒᆞ고 小야고보와 요세의 母親 마리아도 有ᄒᆞ고 ᄯᅩ 살노메가 有ᄒᆞ니
⑩ ᄯᅢ에 멀니셔 ᄇᆞ라 보ᄂᆞᆫ 女人들이 잇스니 그 中에 막달나 마리아도 잇고 적은 야고보와 요세의 어머니 마리아도 잇고 ᄯᅩ
살노메가 잇스니
⑪ 女人들도 멀니 잇서 바라보니 그 中에 막달나 마리아도 잇고 적은 야고보와 요세의 어머니 마리아도 잇고 ᄯᅩ 살노메가 잇스니
⑫ 멀니셔 바라노는 녀자들도 잇는대 그 즁에 막달나 마리아와 ᄯᅩ 적은 야고보와 요세의 어머니 마리아와 ᄯᅩ 살노메가 잇섯스니
⑬ 멀리서 바라보는 여자들도 있는데 그 중에 막달라 마리아와 또 작은 야고보와 요세의 어머니 마리아와 또 살로메가 있었으니
⑭ また、遠くの方から見ている女たちもいた。その中には、マグダラのマリヤ、小ヤコブとヨセとの母マリヤ、またサロメ
がいた。

마가福音 15:41

① 卽耶穌在加利利之時,從而供事之者,又有多婦,卽與之同上耶路撒冷者。
② 곳 예수 가니늬에 이슬 ᄯᅥ여 좃차 엿투던 쟈요 ᄯᅩ 열어 부인이 이스니 곳 함긔 예루살입에 가던 쟈다라
③ 곳 예수 가니늬에 이슬 ᄯᅥ에 좃차 일올 엿투던 쟈요 ᄯᅩ 열어 부인이 이ᄉᆞ니 곳 함ᄭᅴ 예루살입에 가던 쟈더라
④ 곳 예수ㅣ 갈닐늬아에 계실 ᄯᅢ 뫼셔 셤기던 쟈ㅣ오 ᄯᅩᄒᆞᆫ 여러 지어미 잇시니 곳 예루살넴에 ᄀᆞᆺ치 올나왓던 쟈ㅣ러라
⑤ 예수 가리리에 계실 ᄯᅢ에 좃치며 셤기던 이요 다른 녀인들은 예수와 홈ᄭᅴ 야로살렁에 올나가던 일너라
⑥ 이는 예수ㅣ 갈닐니에 계실 ᄯᅢ에 좃치며 셤기던 이오 ᄯᅩ 다른 녀인도 만히 잇ᄉᆞ니 예수와 홈ᄭᅴ 예루살넴에 올나 왓던 쟈라
⑦ 이는 예수ㅣ 갈닐니에 계실 ᄯᅢ에 조ᄎᆞ며 셤기던이오 ᄯᅩ 다른 녀인도 만히 잇스니 예수와 홈ᄭᅴ 예루살넴에 올나온 쟈ㅣ라
(이는 예수가 갈닐니에 계실 ᄯᅢ에 좃차 셤기던 이오 ᄯᅩ 다른 녀인도 만히 잇스니 예수와 홈ᄭᅴ 예루살넴에 올나온 쟈라)

⑧ 이는 예수가 갈닐니에 계실 ᄯᅢ에 좃차 셤기던 쟈요 ᄯᅩ 다른 녀인도 만히잇ᄉᆞ니 예수와 ᄒᆞᆷᄭᅴ 예루살넴에 올나온 쟈라
⑨ 此人은 예수가 갈닐니에 在ᄒᆞ실 時에 從ᄒᆞ야 奉事ᄒᆞ던 者요 ᄯᅩ 他 女人도 多在ᄒᆞ니 예수와 ᄒᆞᆷᄭᅴ 예루살넴에 上來ᄒᆞᆫ 者라
⑩ 이ᄂᆞᆫ 예수ㅣ 갈닐니에 계실 ᄯᅢ에 좃차 셤기던 者요 이 外에 예수와 ᄒᆞᆷᄭᅴ 예루살넴으로 올나온 女人도 만히 잇더라
⑪ 이는 예수ᄭᅴ셔 갈닐니에 계실 ᄯᅢ에 좃차 셤기던 者요 ᄯᅩ 다른 女人도 만히 잇스니 예수와 함ᄭᅴ 예루살넴에 올나 온 者라
⑫ 이들은 예수ᄭᅴ셔 갈닐니에 계실 ᄯᅢ에 좃차 셤기던 쟈요 ᄯᅩ 이외에도 예수와 함ᄭᅴ 예루살넴에 올나온 녀자가 만히 잇셧더라
⑬ 이들은 예수께서 갈릴리에 계실 때에 좇아 섬기던 자요 또 이 외에도 예수와 함께 예루살렘에 올라온 여자가 많이 있었더라
⑭ 彼らはイエスがガリラヤにおられたとき、そのあとに従って仕えた女たちであった。なおそのほか、イエスと共にエルサレムに上ってきた多くの女たちもいた。

마가福音 15:42

① 因是日乃備節日,卽安息之前一日,故於暮時,
② 이날은 예비ᄒᆞᄂᆞᆫ 날이니 곳 사밧일 젼날이라
③ 이날은 졀긔 예비ᄒᆞᄂᆞᆫ 날이니 곳 사밧일 젼날이라
④ 이 날은 이에 예비ᄒᆞᄂᆞᆫ 졀일이러니 곳 사밧날 젼일인고로 져물 ᄯᅢ에
⑤ 이 날은 졀일을 예비ᄒᆞᄂᆞᆫ 날이오 사밧일 젼날이라
⑥ 이 날은 예비ᄒᆞᄂᆞᆫ 날 곳 안식일 젼 날이니 임의 져믈ᄯᅢ
⑦ 이 날은 예삐ᄒᆞᄂᆞᆫ 날 곳 안식일 젼날이니 임의 져믈 ᄯᅢ
(이 날은 예비ᄒᆞ는 날 곳 안식일 젼날이니 임의 져물 ᄯᅢ)
⑧ 이 날은 예비ᄒᆞᄂᆞᆫ 날 곳 안식일 젼날이니 임의져물 ᄯᅢ에

⑨ 이 날은 졀일을 예비ᄒᆞᄂᆞᆫ 날이오 사밧일 젼날이라
⑩ 이 날은 豫備ᄒᆞᄂᆞᆫ 날 곳 安息日 前날이라 져물 ᄯᅢ에
⑪ 이 날은 豫備하는 날 곳 安息日 前날이니 임의 져물 ᄯᅢ에 아
⑫ 이 날은 예비일 곳 안식일 젼날임으로 져무럿슬 ᄯᅢ에
⑬ 이 날은 예비일 곧 안식일 전날이므로 저물었을 때에
⑭ さて、すでに夕がたになったが、その日は準備の日、すなわち安息日の前日であったので、

마가福音 15:43
① 亞利馬太人尊貴議士,仰慕神國者約瑟來,毅然入見彼拉多,求耶穌屍。
② 고로 아리마딕인 요셥은 존귀한 직샹이요 ᄯᅩ 하나님의 나라을 사모ᄒᆞᄂᆞᆫ 쟈라 와셔 당당히 발나도으게 들어가 예수의 시신을
구ᄒᆞ니
③ 고로 아리마딕인 요셥은 존귀ᄒᆞᆫ 직샹이요 ᄯᅩ 하나님의 나라올 사모ᄒᆞᄂᆞᆫ 쟈라 와셔 당당히 발나도의게 들어가 예수의 시신올
구ᄒᆞ니
④ 아리마다야 사ᄅᆞᆷ의 존귀ᄒᆞᆫ 션비잇ᄂᆞᆫ지라 이ᄂᆞᆫ 샹뎨국을 앙모ᄒᆞᄂᆞᆫ쟈ㅣ니 일홈은 요셉이라 와셔의 연이 빌나도롤 드러가보고
예수의 시톄를 달나 ᄒᆞ니
⑤ 져믈 ᄯᅢ에 아리마태 사ᄅᆞᆷ이 요슬이 왓ᄉᆞ니 이 사ᄅᆞᆷ은 디위가 놉흔 의론ᄒᆞᄂᆞᆫ 관원이요 ᄯᅩ 텬쥬의 나라를 ᄉᆞ모ᄒᆞᄂᆞᆫ 쟈ㅣ라
쾌쾌히 피랍다의게 드러가 예수의 시톄를 달나ᄒᆞ니
⑥ 아리마대인 요셉이 왓시니 이 사ᄅᆞᆷ은 존귀ᄒᆞᆫ 의관이오 ᄯᅩ 하ᄂᆞ님의 나라홀 기ᄃᆞ리ᄂᆞᆫ 쟈ㅣ라 겁 업시 빌나도의게 드러가
예수의 시톄롤 달나ᄒᆞ니

⑦ 아리마대 인 요셉이 왓스니 이 사룸은 존귀한 의관이오 또 하느님의 나라흘 기드리는 쟈ㅣ라 겁 업시 빌나도의게 드러가 예수의 시톄를 달나ᄒᆞ니
(아리마대 인 요셉이 왓스니 이 사룸은 존귀ᄒᆞᆫ 의관이오 또 하느님의 나라흘 기드리는 쟈라 당돌히 빌나도의게 드러가 예수의 시톄를 달나ᄒᆞ니)
⑧ 아리마대 요셉이 왓스니 이 사룸은 존귀ᄒᆞᆫ 의관이오 또 하느님의나라흘 기드리는 쟈라 당돌히 빌나도의게 드러가 예수의 시톄를 달나ᄒᆞ니
⑨ 아리마대 요셉이 來ᄒᆞ엿스니 此 人은 尊貴ᄒᆞᆫ 議官이오 또 上帝國을 待ᄒᆞᄂᆞᆫ 者라 唐突히 빌나도의게 入ᄒᆞ야 예수의 屍體를 請求ᄒᆞ니
⑩ 아리마대 요셉이 오니 이 사룸은 尊貴ᄒᆞᆫ 議官이오 하나님 나라를 기드리ᄂᆞᆫ 者라 泰然히 빌나도의게 드러가 예수의 屍體를 求ᄒᆞ니
⑪ 리마대 요셉이 왓스니 이 사람은 尊貴한 議官이오 또 하나님의 나라를 기다리는 者라 唐突히 빌나도의게 드러가 예수의 屍體를 달나하니
⑫ 아리마대 사람 요셉이 와셔 당돌히 빌나도의게 드러가 예수의 시톄를 달나 하니 이사람은 존귀한 공회원이오 하나님의 나라를 기다리는 쟈라
⑬ 아리마대 사람 요셉이 와서 당돌히 빌라도에게 들어가 예수의 시체를 달라 하니 이 사람은 존귀한 공회원이요 하나님의 나라를 기다리는 자라
⑭ アリマタヤのヨセフが大胆にもピラトの所へ行き、イエスのからだの引取りかたを願った。彼は地位の高い議員であって、彼自身、神の國を持ち望んでいる人であった。

마가福音 15:44

① 彼拉多奇耶穌已死,遂召百夫長,問彼死久否,

② 빌나도 그 이무 죽으물 긔이히 네겨 그 파총을 불너 물은ᄃᆡ 죽은지 올ᄋᆡᆫ지라

③ 빌나도 그 이무 죽으물 긔이히 네겨 그 파총ᄋᆞᆯ 불너 물은ᄃᆡ 죽은지 올ᄋᆡᆫ지라

④ 빌나도ㅣ 예수ㅣ 임의 죽음을 이샹이 넉여 드듸여 ᄇᆡᆨ부쟝을 불너 예수ㅣ 죽은 제 오런가 무러보고

⑤ 피랍다ㅣ 예수씌셔 발셔 도라가심을 이샹히 넉여 ᄇᆡᆨ부쟝을 불너 도라가신 졔 얼마나 오래도엿는 지 뭇고

⑥ 빌나도ㅣ 긔이히 넉이며 예수ㅣ 발셔 죽은가ᄒᆞ야 ᄇᆡᆨ부쟝을 불너 죽은지 오래냐 뭇고

⑦ 빌나도ㅣ 긔이히 넉이며 예수ㅣ 발셔 죽은가ᄒᆞ야 ᄇᆡᆨ부쟝을 불너 죽은지 오래냐 뭇고
(빌나도가 긔이히 넉이며 예수가 발셔 죽은가ᄒᆞ야 ᄇᆡᆨ부쟝을 불너 죽은지 오래냐 뭇고)

⑧ 빌나도가 긔이히 넉이며 예수가 발셔 죽은가 ᄒᆞ야 ᄇᆡᆨ부쟝을 불너 죽은지 오래냐 뭇고

⑨ 빌도가 奇異히 넉이며 예수가 발셔 死ᄒᆞᆫ가 ᄒᆞ야 百夫長을 召ᄒᆞ야 死ᄒᆞᆫ지 久ᄒᆞ냐 問ᄒᆞ고

⑩ 빌나도가 예수의 ᄇᆞᆯ셔 죽엇슴을 異常히 넉여

⑪ 빌나도가 奇異히 넉이며 예수씌셔 발셔 죽은가 하야 百夫長을 불너 죽은지 오래냐 뭇고

⑫ 빌나도는 예수씌셔 발셔 죽엇슬가 하고 이상히 넉여 백부장을 불너 죽은지 오래냐 뭇고

⑬ 빌라도는 예수께서 벌써 죽었을까 하고 이상히 여겨

⑭ ピラトは、イエスがもはや死んでしまったのかと不審に思い、百卒長を呼んで、もう死んだのかと尋ねた。

마가福音 15:45

① 旣由百夫長知之,則以屍賜約瑟。

② 파총으로 말미암아 알고 시신으로써 요셥을 주니
③ 파총으로 말무암아 알고 시신으로써 요셥올 주니
④ 빅부장의 말을 듯고 안후에 시톄로써 요셉의게 내여주니
⑤ 아라본 후에 요슬의게 시톄를 내여 주거늘
⑥ 빅부쟝의게 아라본 후에 요셉의게 시톄룰 내여 주거눌
⑦ 빅부쟝의게 죽음을 알아본후에 요셉의게 내여주거늘
(빅부쟝의게 알아본후에 요셉의게 시톄를 내여주거늘)
⑧ 빅부쟝의게 알아본 후에 요셉의게 시톄를 내여주거늘
⑨ 百夫長의게 探知ᄒᆞᆫ 後에 요셉의게 屍體를 出畀ᄒᆞ거눌
⑩ 百夫長을 불너 죽은지 오랜 與否를 알아본 後에 요셉의게 내여 주거놀
⑪ 百夫長의게 알아본 後에 요셉의게 屍體를 내여주거늘
⑫ 백부쟝의게 알아본 후에 요셉의게 시톄를 내여 주는지라
⑬ 백부장을 불러 죽은지 오래냐 묻고 백부장에게 알아 본 후에 요셉에게 시체를 내어 주는지라
⑭ そして、百卒長から確かめた上、死体をヨセフに渡した。

마가福音 15:46

① 約瑟買枲布,取屍下,裹以枲布,葬之於磐間所鑿之墓,轉一石於墓門。
② 요셥이 가는 뵈를 사고 시신을 취ᄒᆞ여 ᄂᆡ리워 싸셔 반셕에 판 바 무덤에 장사ᄒᆞ고 돌을 묘문에 굴니다라
③ 요셥이 가는 뵈룰 사고 시신올 취ᄒᆞ여 ᄂᆡ리워 싸셔 반셕에 판 바 무덤에 장사ᄒᆞ고 돌올 묘문에 굴니더라

④ 요셉이 ᄇᆡᄅᆞᆯ 사다가 시톄ᄅᆞᆯ ᄂᆞ려 렴ᄒᆞ야 반셕 ᄉᆞ이에 ᄑᆞᆫ 무덤에 장ᄉᆞᄒᆞ고 돌 ᄒᆞ나흘 묘문에 구을녀다가 막아노핫시니

⑤ 요슬이 가는 뵈를 사고 시톄를 가져다가 거긔 싸셔 반셕 가온ᄃᆡ ᄑᆞᆫ 무덤에 뫼셔 두고 돌을 구을녀 그 문을 막으매

⑥ 요셉이 뵈ᄅᆞᆯ 사고 시톄ᄅᆞᆯ ᄂᆞ려다가 뵈로 싸셔 반셕 속에 ᄑᆞᆫ 무덤에 뫼셔두고 돌을 구을녀 무덤 문을 막으매

⑦ 요셉이 뵈를 사고 시톄를 ᄂᆞ려다가 뵈로 ᄉᆞ셔 반셕속에 ᄑᆞᆫ 무덤에 뫼셔 두고 돌을 구을녀 무덤 문을 막으매

(요셉이 뵈를 사고 시톄를 ᄂᆞ려다가 뵈로 싸셔 반셕 속에 판 무덤에 너허두고 돌을 굴녀 무덤문에 노흐매)

⑧ 요셉이 뵈를 사고 시톄를 ᄂᆞ려다가 뵈로 싸셔 반셕 속에 판 무덤에 너허두고 돌을 굴녀 무덤문에 노흐매

⑨ 요셉이 布를 買ᄒᆞ고 屍體를 下ᄒᆞ여다가 布로 裹ᄒᆞ야 磐石 裏에 鑿ᄒᆞᆫ 墓에 入置ᄒᆞ고 石을 轉ᄒᆞ야 墓門에 置ᄒᆞ매

⑩ 요셉이 뵈를 사고 屍體를 ᄂᆞ려다가 뵈로 싸며 석에 판 무덤에 너코 돌을 굴녀 무덤 門을 막으니

⑪ 요셉이 뵈를 사고 屍體를 나려다가 뵈로 싸셔 盤石 속에 판 무덤에 너허두고 돌을 굴녀 무덤 門에 노흐매

⑫ 요셉이 셰마포를 사고 예수를 나려다가 이것으로 싸셔 바회 속에 판 무덤에 너허두고 돌을 굴녀 무덤문에 노흐매

⑬ 요셉이 세마포를 사고 예수를 내려다가 이것으로 싸서 바위 속에 판 무덤에 넣어 두고 돌을 굴려 무덤 문에 놓으매

⑭ そこで、ヨセフは亞麻布を買い求め、イエスをとりおろして、その亞麻布に包み、岩を掘って造った墓に納め、墓の入口に石をころがしておいた。

마가福音 15:47

① 抹大拉之馬利亞,及約西之母馬利亞,皆見其所葬之處。

② 막다닌의 마리암과 요시의 어맘 마리암이 그 둔 바 곳을 보더라

③ 막다닌의 마리암과 요시의 어맘 마리암이 그 둔 바 곳ᄋᆞᆯ 보더라

④ 막다레네 마리아와 밋 요세의 모 마리아ㅣ 다 예수를 어ᄃᆡ 두는지 보니라

⑤ 또 말대랍에 마리아와 요셔의 어마니 마리아가 홈끠 시톄 둔 곳슬 보더라
⑥ 또 막달나 마리아와 요셔의 어머니 마리아가 시톄 둔 곳을 보더라
⑦ 또 막달나 마리아와 요세의 어머니 마리아가 시톄 둔 곳을 보더라
(또 막달나 마리아와 요세의 어머니 마리아가 시톄 둔 곳을 보더라)
⑧ 또 막달나 마리아와 요세의 어머니 마리아가 시톄 둔 곳을 보더라
⑨ 또 막달나 마리아와 요세의 母親 마리아가 屍體 置ᄒᆞᆫ 處를 見ᄒᆞ더라
⑩ 막달나 마리아와 요세의 어머니가 마리아가 屍體 둔 곳을 보더라
⑪ 또 막달나 마리아와 요세의 어미나 마리아가 屍體둔 곳을 보더라
⑫ 때에 막달나 마리아와 요세의 어머니 마리아가 예수 둔 곳을 보더라
⑬ 때에 막달라 마리아와 요세의 어머니 마리아가 예수 둔 곳을 보더라
⑭ マグだラのマリヤとヨセの母マリヤとは、イエスが納められた場所を見とどけた。

16장

마가福音 16:01

① 安息日既逝,抹大拉之馬利亞,與雅各之母馬利亞,及撒羅米,已買香料,欲來釁其屍。

② 사밧일이 지너니 막다린의 마리암과 야곱의 어맘 마리암과 살노미가 향뇨를 사가지고 와셔 그 시신에 발으고져 ᄒᆞ여

③ 사밧일이 지너니 막다닌의 마리암과 야곱의 어맘 마리암과 살노미가 향뇨롤 사가지고 와셔 그 시신에 발으고져 ᄒᆞ여

④ 사밧날이 지나매 막다레네 마리아와 다만 야고보의 모 마리아와 밋 살노메 향쇽을 사가지고 와셔 그 시톄에 발나 드리려 ᄒᆞ여

⑤ 사밧날이 지난지라 말대랍에 마리아와 아각의 어마니 마리아와 ᄯᅩ 살나미가 예수ᄭᅴ 바를 향료를 사가지고

⑥ 안식일이 지나매 막달나 마리아와 야고보의 어머니 마리아와 ᄯᅩ 살노메가 향쇽을 사 가지고 와셔 예수ᄭᅴ 발나 드리랴 ᄒᆞ야

⑦ 안식일이 지나매 막달나 마리아와 야고보의 어머니 마리아와 ᄯᅩ 살노미가 향 쇽을 사 가지고 와셔 예수ᄭᅴ 발나 드리려ᄒᆞ여 (안식일이 지나매 막달나 마리아와 야고보의 어머니 마리아와 ᄯᅩ 살노메가 향쇽을 사 가지고 와셔 예수ᄭᅴ 바르려 ᄒᆞ야)

⑧ 안식일이 지나매 막달나 마리아와 야고보의 어머니 마리아와 ᄯᅩ 살노메가 향쇽을 사가지고 와셔 예수ᄭᅴ 바르려 ᄒᆞ야

⑨ 安息日이 過ᄒᆞ매 막달나 마리아와 야고보의 母親 마리아와 ᄯᅩ 살노메가 香屬을 買持ᄒᆞ고 來ᄒᆞ야 예수ᄭᅴ 塗ᄒᆞ랴 ᄒᆞ야

⑩ 安息日이 지나매 막달나 마리아와 야고보의 어머니 마리아와 살노매가 香屬을 사가지고 가셔 예수ᄭᅴ 바르러 ᄒᆞ야

⑪ 安息日이 지나매 막달나 마리아와 야고보의 어머니 마리아와 ᄯᅩ 살노메다 香屬을 사가지고 와셔 예수ᄭᅴ 바르려 하야

⑫ 안식일이 지나매 막달나 마리아와 야고보의 어머니 마리아와 ᄯᅩ 살노메가 가셔 예수ᄭᅴ 바르기 위하야 향픔을 사다 두엇다가

⑬ 안식일이 지나매 막달라 마리아와 야고보의 어머니 마라아와 또 살로메가 가서 예수께 바르기 위하여 향품을 사다 두었다가

⑭ さて、安息日が終ったので、マグダラのマリヤとヤコブの母マリヤとサロメとが、行ってイエスに塗るために、香料を買い求めた。

마가福音 16:02

① 七日之首日,平旦,日出時,適墓,

② 사밧일 첫날 일즉이 히 뜰녁에 무덤에 가서

③ 사밧일 첫날 일즉이 히 뜰녁에 무덤에 가 서로 말ᄒᆞ되

④ 칠일 첫날에 붉아 히듯읈대 무덤에 갈제

⑤ 사밧날 잇튼날 ᄆᆡ우 일즉이 히돗을 ᄯᅢ에 그 무덤에 와셔

⑥ 칠일 첫날에 ᄆᆡ우 일즉이 히 돗을 ᄯᅢ에 그 무덤으로 오다가

⑦ 칠일 첫날에 ᄆᆡ우 일즉이 히 돗을 ᄯᅢ에 그 무덤에 가셔

(칠일 첫날에 ᄆᆡ우 일즉이 히 돗을 ᄯᅢ에 그 무덤에 가니라)

⑧ 칠일 첫날에 ᄆᆡ우일즉이 히돗을 ᄯᅢ에 그 무덤에 가니라

⑨ 七日 首日 最早 日出 時에 其 墓에 往ᄒᆞ니라

⑩ 七日 첫날 히돗을 ᄯᅢ에 ᄉᆡᆯ니 그 무덤으로 갈서

⑪ 七日 첫날 매우 일즉이 해 돗을 ᄯᅢ에 그 무덤에 가니라

⑫ 안식 후 첫날 매우 일즉이 해 돗은 ᄯᅢ에 그 무덤으로 가며

⑬ 안식 후 첫날 매우 일찌기 해돋은 때에 그 무덤으로 가며

⑭ そして週の初めの日に、朝早、日の出のころ墓に行った。

마가福音 16:03

① 相語曰,誰爲我移石離墓門乎,

② 서로 말ᄒᆞ되 뉘가 우리ᄅᆞᆯ 위ᄒᆞ여 돌을 굴녀 묘문에 ᄶᅥ낫나뇨 ᄒᆞ니
③ 누가 우리ᄅᆞᆯ 위ᄒᆞ여 돌ᄋᆞᆯ 굴녀 묘문에 ᄶᅥ낫나뇨 ᄒᆞ니
④ 서로 말ᄒᆞ여 ᄀᆞᆯᄋᆞᄃᆡ 누가 우리ᄅᆞᆯ 위ᄒᆞ야 묘문에셔 돌을 구을녀 주리오
⑤ 서로 말ᄒᆞ되 누가 우리를 위ᄒᆞ야 뎌 무덤 문에 돌을 구을녀낼고 ᄒᆞᆷ은
⑥ 서로 말ᄒᆞᄃᆡ 누가 우리ᄅᆞᆯ 위ᄒᆞ야 뎌 무덤 문에셔 돌을 구을녀 주리오 ᄒᆞ더니
⑦ 서로 말ᄒᆞᄃᆡ 누가 우리를 위ᄒᆞ야 뎌 무덤 문에셔 돌을 구을녀주리오 ᄒᆞ다가
(그 ᄯᅢ에 서로 말ᄒᆞᄃᆡ 누가 우리를 위ᄒᆞ야 뎌 무덤 문에셔 돌을 굴녀 주리오 ᄒᆞ다가)
⑧ 그 ᄯᅢ에 서로말ᄒᆞᄃᆡ 누가 우리를 위ᄒᆞ야 뎌 무덤문에셔 돌을 굴녀 주리오 ᄒᆞ다가
⑨ 其 時에 相言ᄒᆞᄃᆡ 誰가 我等을 爲ᄒᆞ야 彼 墓門에셔 石을 轉ᄒᆞ야 주리오 ᄒᆞ다가
⑩ 서로 말ᄒᆞᄃᆡ 누가 우리를 爲ᄒᆞ야 뎌 무덤 門에셔 돌을 굴너 주리오 ᄒᆞ니
⑪ 그 ᄯᅢ에 서로 말하대 누가 우리를 爲하야 뎌 무덤 門에셔 돌을 굴녀 주리오 하다가
⑫ 서로 말하대 누가 우리를 위하야 무덤문에셔 돌을 굴녀 주리오 하더니
⑬ 서로 말하되 누가 우리를 위하여 무덤 문에서 돌을 굴려 주리요 하더니
⑭ そして、彼らは「だれが、わたしたちのために、墓の入口から石をころがしてくれるのでしょうか」と話し合っていた。

마가福音 16:04

① 蓋其石甚巨也,望之,見石已移。
② 그 돌이 심히 크미라
③ 그 돌이 심히 크미라 발익 보니

④ 대뎌 그 돌이 대단이 큼이라 ᄒᆞ더니 ᄇᆞ라본즉 돌이 발셔 옴기노헛고

⑤ 그 돌이 ᄆᆡ우 큼일너니 ᄇᆞ라본즉 돌이 발셔 구을너 갓거ᄂᆞᆯ

⑥ ᄇᆞ라 본즉 돌을 발셔 구을녀 노앗고 그 돌은 심히 큰지라

⑦ ᄇᆞ라본즉 돌을 발셔 구을너 노핫ᄂᆞᆫ지라 그 돌은 심히 큼일너라
(ᄇᆞ라본즉 돌을 발셔 굴녀 노핫스니 그 돌이 심히 큰지라)

⑧ ᄇᆞ라본즉 돌을 발셔 굴녀노핫스니 그 돌이 심히큰지라

⑨ 望見ᄒᆞᆫ즉 石을 발셔 轉置ᄒᆞ엿스니 其 石이 甚大ᄒᆞᆫ지라

⑩ 그 돌이 甚히 큼이라 ᄇᆞ라본 즉 돌을 볼셔 굴너 노핫거ᄂᆞᆯ

⑪ 바라본 즉 돌을 발셔 굴녀노핫스니 그 돌이 甚히 큰 지라

⑫ 눈을 드러본 즉 돌이 발셔 굴녀졋스니 그 돌이 심히 크더라

⑬ 눈을 들어 본즉 돌이 벌써 굴려졌으니 그 돌이 심히 크더라

⑭ ところが、目をあげて見ると、石はすでにころがしてあった。この石は非常に大きかった。

마가福音 16:05

① 入墓,見一少者坐於右,衣白衣,婦駭異。

② 빌ᄋᆡ 보니 돌이 옴겻ᄂᆞᆫ지라 무딤에 들어가 한 쇼년이 올운편에 안졋ᄂᆞᆫᄃᆡ

③ 돌이 옴겻ᄂᆞᆫ지라 무덤에 들어가 한 쇼년이 올운 편에 ᄋᆞᆫ젓ᄂᆞᆫᄃᆡ

④ 무덤에 드러갈 쌔 ᄒᆞᆫ 졀믄이 우편에안자 긴 흰옷슬 닙은 거슬 보고 이상이 녁이니

⑤ 무덤에 드러가니 ᄒᆞᆫ 쇼년이 흰 옷슬 닙고 그 우편에 안졋ᄂᆞᆫ지라 녀인이 보고 놀내거ᄂᆞᆯ

⑥ 무덤에 드러가 ᄒᆞᆫ 쇼년이 흰 옷술 닙고 우편에 안진 거술 보고 놀나매
⑦ 무덤에 드러가 ᄒᆞᆫ 쇼년이 흰 옷슬 닙고 우편에 안즌 거슬 보고 놀나대
(무덤에 드러가 ᄒᆞᆫ 쇼년이 흰 옷슬 닙고 우편에 안즌 거슬 보고 놀나매)
⑧ 무덤에 드러가 ᄒᆞᆫ 쇼년이 흰옷을 닙고 우편에 안즌 거슬 보고 놀나매
⑨ 墓에 入ᄒᆞ야 一 少年이 白衣를 被ᄒᆞ고 右便에 坐ᄒᆞᆫ 거슬 見ᄒᆞ고 驚ᄒᆞ매
⑩ 무덤에 드러사겨 ᄒᆞᆫ 少年이 흰 옷슬 닙고 右偏의 안즌거슬 보고 놀나니
⑪ 무덤에 드러가 한 少年이 흰 옷을 닙고 右便에 안진 것을 보고 놀나매
⑫ 무덤에 드러가셔 흰 옷을 닙은 한 청년이 우편에 안즌 것을 보고 놀나매
⑬ 무덤에 들어가서 흰 옷을 입은 한 청년이 우편에 앉은 것을 보고 놀라매
⑭ 墓の中にはいると、右手に眞白な長い衣を着た若者がすわっているのを見て、非常に驚いた。

마가福音 16:06

① 少者語之曰,毋駭異,爾尋釘十字架之拿撒勒人耶穌也,彼已復生,不在此矣,可觀葬屍之處,
② 흰 옷슬 닙으믈 보고 황숑ᄒᆞ니 갈아샤되 황숑치 말나 너희 나살잇 예수 십지틀에 못질한 쟈를 찻는다 뎌 닐어 여긔 잇지 안으니 그 두엇던 곳을 보고
③ 흰 옷슬 닙으믈 보고 놀닋니 가로샤ᄃᆡ 놀닋지 말나 너희 나살잇 예수 십지틀에 못질한 쟈롤 찻는다 뎌 닐어 여긔 잇지 온으니 그 두엇던 곳올 보고
④ 그 졀믄 사ᄅᆞᆷ이 말ᄒᆞ여 ᄀᆞᆯᄋᆞᄃᆡ 이샹이 넉이지말나 너희들이 십ᄌᆞ가에 못박히셧던 나사렛 예수를 ᄎᆞᆺ는ᄃᆞ 뎌ㅣ 발셔 니러나셔 여긔 잇지 아니ᄒᆞ니 다만 시톄롤 뭇엇던 곳을 보라

⑤ 그 쇼년이 닐너 ᄀᆞᆯᄋᆞᄃᆡ 놀내지 말나 너희가 십ᄌᆞ가에 못박힌 나살ᄅᆞᆨ 사ᄅᆞᆷ 예수를 ᄎᆞᆺᄂᆞᆫ다마ᄂᆞᆫ 그가 다시 니러나셧고 여긔 계시지 안ᄒᆞ니 시톄 두엇던 곳슬 보라 ᄒᆞ고

⑥ 쇼년이 닐ᄋᆞᄃᆡ 놀나지 말나 너희가 십ᄌᆞ가에 못 박혓던 나사렛인 예수ᄅᆞᆯ ᄎᆞᆺᄂᆞᆫ고나 그가 다시 니러나셧고 여긔 계시지 아니ᄒᆞ니 시톄 두엇던 곳을 보라

⑦ 쇼년이 닐ᄋᆞᄃᆡ 놀나지말나 너희가 십ᄌᆞ가에 못박헷던 나사렛 인 예수를 ᄎᆞᆺᄂᆞ고나 그가 니러나셧고 여긔 계시지아니ᄒᆞ니 시톄 두엇던 곳을 보라

(쇼년이 닐ᄋᆞᄃᆡ 놀나지 말나 너희가 십ᄌᆞ가에 못박혓던 나사렛 예수를 찻는고나 그가 니러나셧고 여긔 계시지아니ᄒᆞ니 시톄 두엇던 곳을 보고)

⑧ 쇼년이 닐ᄋᆞᄃᆡ 놀나지 말나 너희가 십ᄌᆞ가에 못박혓던 나사렛 예수를 ᄎᆞᆺᄂᆞᆫ고나 그가 살아나셧고 여긔 계시지 아니ᄒᆞ니 시톄 두엇던 곳을 보고

⑨ 少年이 謂ᄒᆞᄃᆡ 驚치 말나 爾等이 十字架에 被釘ᄒᆞ엿던 나사렛 예수를 尋ᄒᆞᄂᆞᆫ고나 그가 甦ᄒᆞ엿고 此處에 在치 아니ᄒᆞ니 屍體 置ᄒᆞ엿 處를 見ᄒᆞ고

⑩ 少年이 닐ᄋᆞᄃᆡ 놀나지 말나 너희가 十字架에 못박히셧던 나사렛 예수를 차즈나 그가 復活ᄒᆞ샤 여긔 계시지 아니ᄒᆞ니 屍體 두엇던 곳을 보고

⑪ 少年이 닐아대 놀나지 말나 너희가 十字架에 못박혓던 나사렛 예수를 찻는고나 그가 살아나셧고 여긔 계시지 아니하니 屍體 두엇던 곳을 보고

⑫ 청년이 닐아대 놀나지 말나 너희가 십자가에 못박히신 나사렛 예수를 찻는고나 그가 살아나셧고 여긔 계시지 아니하니라 보라 그를 두엇던 곳이니라

⑬ 청년이 이르되 놀라지 말라 너희가 십자가에 못 박히신 나사렛 예수를 찾는구나 그가 살아나셨고 여기 계시지 아니하니라

보라 그를 두었던 곳이니라
⑭ するとこの若者は言った、「驚くことはない。あなたがたは十字架につけられたナザレ人(びと)イエスを押しているのであろうが、イエスはよみがえって、ここにはおられない。ごらんなさい、ここがお納めした場所である。

마가福音 16:07

① 但往告其門徒及彼得,語耶穌先爾往加利利,在彼可得見之,如其所語爾也。
② 다못 가 그 뎨자과 피들으게 뎌 너희 압셔 가니닉에 가스물 고ᄒᆞ라 거긔셔 보리니 뎌 너희게 닐은 바 갓타라 ᄒᆞ미
③ 다못 가 그 뎨자과 피들의게 뎌 너희 압셔 가니닉에 가ᄉᆞ물 고ᄒᆞ라 거긔셔 보리니 뎌 너희게 닐은 바 갓타라 ᄒᆞ미
④ 다만 가셔 그 뎨ᄌᆞ들과 밋 베드로게 말ᄒᆞ되 예수ㅣ 너희보다 몬져 갈닐늬아로 가셧시니 거긔셔 가히 그 말ᄒᆞ던대로 보리라
⑤ ᄀᆞᆯᄋᆞᄃᆡ 가셔 그의 뎨ᄌᆞ들과 피득의게 닐ᄋᆞ기를 예수ᄭᅴ셔 젼에 너희게 말솜ᄒᆞ시던 ᄃᆡ로 너희보다 몬져 가리리로 가시리니 너희가 거긔셔 뵈오리라 ᄒᆞ거눌
⑥ 가셔 그의 뎨ᄌᆞ들과 베드로의게 닐ᄋᆞ기롤 예수ᄭᅴ셔 너희보다 몬져 갈닐니로 가시리니 젼에 너희게 말숨ᄒᆞ신ᄃᆡ로 너희가 거긔셔 뵈오리라 ᄒᆞ거눌
⑦ 가셔 그의 뎨ᄌᆞ들과 베드로의게 닐ᄋᆞ기를 예수ᄭᅴ셔 너희보다 몬져 갈닐니로 가시리니 젼에 너희게 말숨ᄒᆞ신대로 너희가 거긔셔 뵈오리라 ᄒᆞ거늘
(가셔 그의 뎨ᄌᆞ들과 베드로의게 닐ᄋᆞ기를 예수ᄭᅴ셔 너희보다 몬져 갈닐니로 가시리니 젼에 너희게 말숨ᄒᆞ신대로 너희가 거긔셔 뵈오리라 ᄒᆞ라)
⑧ 가셔 그의 뎨ᄌᆞ들과 베드로의게 닐ᄋᆞ기를 예수ᄭᅴ셔 너희보다 몬져 갈닐니로 가시리니 젼에 너희게 말숨ᄒᆞ신 대로 너희가

거긔셔 뵈오리라 ᄒᆞ라

⑨ 往ᄒᆞ야 그의 弟子들과 베드로의게 謂ᄒᆞ기를 예수ᄭᅴ셔 爾等보다 몬져 갈닐니로 往ᄒᆞ시리니 前에 爾等의게 言ᄒᆞ신 ᄃᆡ로 爾等이 該處에셔 見ᄒᆞ리라 ᄒᆞ라

⑩ 가셔 그의 弟子들과 베드로의게 닐ᄋᆞ기를 예수ᄭᅴ 너희보다 몬져 갈닐니로 가셧스니 前에 너희의게 말솜ᄒᆞ신 대로 거긔셔 뵈오리라 ᄒᆞ라

⑪ 가셔 그의 弟子들과 베드로의게 닐아기를 예수ᄭᅴ셔 너희보다 몬져 갈닐니로 가시리니 前에 너희게 말삼하신대로 너희가 거긔셔 뵈오리라 하라

⑫ 가셔 그의 뎨자들과 베드로의게 닐아기를 예수ᄭᅴ셔 너희보다 몬져 갈닐니로 가시나니 젼에 너희게 말삼하신대로 너희가 거긔셔 뵈오리라 하라 하는지라

⑬ 가서 그의 제자들과 베드로에게 이르기를 예수께서 너희보다 먼저 갈릴리로 가시나니 전에 너희에게 말씀하신 대로 너희가 거기서 뵈오리라 하라 하는지라

⑭ 今から弟子(でし)たちとペテロとの所へ行って、こう伝えなさい。イエスはあなたがたより先にガリラヤへ行かれる。かねて、あなたがたに言われたとおり、そこでお會いできるであろう、と」。

마가福音 16:08

① 婦急出,自墓而奔,戰慄驚駭,亦不告人,以其懼故也。

② 부인이 무덤으로 나와 달아나는ᄃᆡ 떨며 혼나 사람으게 말치 못ᄒᆞ문 그 무셔워ᄒᆞ물 인ᄒᆞ미다라

③ 부인이 무덤으로 나와 달아나는ᄃᆡ 떨며 혼나 사람의게 말치 못ᄒᆞ문 그 무서워ᄒᆞ물 인ᄒᆞ미더리

④ 지어미 급히 나와 무덤으로셔브터 달음질ᄒᆞ야 놀나 떨고 ᄯᅩᄒᆞᆫ 사룸의게도 무셔워 닐ᄋᆞ지 못ᄒᆞ더라

⑤ 녀인들이 ᄯᅥᆯ며 놀내여 무덤에셔 나아와 아모 ᄃᆞ려 말ᄒᆞ마ᄃᆡ도 ᄒᆞ지 못ᄒᆞᆷ은 무셔워 ᄒᆞᆷ일너라
⑥ 녀인들이 나와 무덤에셔 ᄃᆞ라나고 ᄯᅥᆯ며 놀나여 아모ᄃᆞ려 말 ᄒᆞᆫ마ᄃᆡ도 ᄒᆞ지못 ᄒᆞᆷ은 무셔워 ᄒᆞᆷ일너라
⑦ 녀인들이 나와 무덤에셔 ᄃᆞ라남은 ᄯᅥᆯ며 놀남이오 ᄯᅩ 아모ᄃᆞ려 말ᄒᆞᆫ마ᄃᆡ도 ᄒᆞ지 못ᄒᆞᆷ은 무셔워ᄒᆞᆷ일너라
(녀인들이 나와셔 ᄯᅥᆯ며 놀나 무덤에셔 다라나고 ᄯᅩ 무셔워ᄒᆞ야 아모ᄃᆞ려 아모 말도 ᄒᆞ지 못ᄒᆞ더라)
⑧ 녀인들이 나와셔 ᄯᅥᆯ며 놀나 무덤에셔 다라나고 ᄯᅩ 무셔워ᄒᆞ야 아모ᄃᆞ려 아모말도 ᄒᆞ지 못ᄒᆞ더라
⑨ 女人들이 出ᄒᆞ야 戰慄ᄒᆞ며 驚ᄒᆞ야 墓에셔 奔ᄒᆞ고 ᄯᅩ 懼ᄒᆞ야 何人ᄃᆞ려 何言도 ᄒᆞ지 못ᄒᆞ더라
⑩ 女人들이 놀나 ᄯᅥᆯ며 무덤에셔 달너 나와 敢히 아모ᄃᆞ려도 말ᄒᆞ지 못ᄒᆞ더라
⑪ 女人들이 나와셔 ᄯᅥᆯ며 놀나 무덤에셔 다라나고 ᄯᅩ 무셔워하야 아모다려 아모 말도 하지 못하더라
⑫ 녀자들이 심히 놀나 ᄯᅥᆯ며 나와 무덤에셔 도망하고 무셔워하야 아모의게 아모 말도 하지 못하더라
⑬ 여자들이 심히 놀라 떨며 나와 무덤에서 도망하고 무서워하여 아무에게 아무 말도 하지 못하더라
⑭ 女たちはおののき恐れながら、墓から出て逃げ去った。そして、人には何も言わなかった。恐ろしかったからである。

마가福音 16:09
① 七日之首日,平旦,耶穌既復生,先現與抹大拉之馬利亞,昔曾逐七鬼離此婦焉。
② 사밧일 첫날 ᄉᆡ벽에 예수 다시 닐어 만져 막다린의 마리암으게 나타나니 곳 뎌로 말미암아 닐굽 귀신을 좃츤 쟈라
③ 사밧일 첫날 ᄉᆡ벽에 예수 다시 닐어 만져 막다닌의 마리암의게 나타나니 곳 뎌로 말무암아 닐굽 귀신ᄋᆞᆯ 좃츤 쟈라
④ 칠일 첫날 ᄇᆞᆰ을 ᄯᅢ에 예수ㅣ 임의 다시 살아나시매 몬져 막다레네 마리아의게 나타나 뵈시니 일즉이 지어미의게 닐곱 귀신
을 ᄯᅦ여 주신쟈ㅣ라
⑤ 사밧날 잇튼날 ᄉᆡ벽에 예수ᄭᅴ셔 다시 니러나샤 젼에 닐곱 귀신 ᄶᅩᆺ차내여 주신 녀인 말대랍의 마리아의게 몬져 뵈이시니

⑥ (예수ᄭᅴ셔 칠일 첫날에 ᄆᆡ우 일직이 다시 니러나신 후에 닐곱 샤귀 ᄶᅩᆺ차 내여 주신 막달나 마리아의게 몬져 뵈이시니)*
⑦ 예수ᄭᅴ셔 칠일 첫날에 ᄆᆡ우 일즉이 다시 니러나신후에 닐곱 샤귀 쏘차내여준신 막달나 마리아의게 몬져 보이시니
(예수ᄭᅴ셔 칠일 첫날에 ᄆᆡ우 일즉이 다시 니러나신후에 닐곱 샤귀 ᄶᅩᆺ차내여준신 막달나 마리아의게 몬져 보이시니)
⑧ 예수ᄭᅴ셔 칠일 첫날에 ᄆᆡ우일즉이 다시살아나신 후에 닐곱 샤귀 ᄶᅩᆺ차내여 주신 막달나 마리아의게 몬져보이시니
⑨ 예수ᄭᅴ셔 七日 首日 最早에 復活ᄒᆞ신 後에 七 邪鬼를 逐出ᄒᆞ여 주신 막달나 마리아의게 先現ᄒᆞ시니
⑩ 예수ㅣ 七日 첫날 ᄆᆡ우 일즉 이 復活ᄒᆞ신 後 닐곱 邪鬼 ᄶᅩᆺ차내여 주신 막달나 마리아의게 몬져 보이시니
⑪ 예수ᄭᅴ셔 七日첫날 매우 일즉이 다시 살아나신 後에 닐곱 邪鬼 ᄶᅩᆺ차 내여 주신 막달나 마리아의게 몬죠 보이시니
⑫ (예수ᄭᅴ셔 안식 후 첫날 일은 아참에 살아나신 후 젼에 닐곱 귀신을 ᄶᅩᆺ차 내여주신 막달나 마리아의게 몬져 보이시니
⑬ (예수께서 안식후 첫날 이른 아침에 살아나신 후 전에 일곱 귀신을 쫓아 내어 주신 막달라 마리아에게 먼저 보이시니**
⑭〔週の初めの日の朝早く、イエスはよみがえって、まずマグダラのマリヤに御自身をあらわされた。イエスは以前に、この
女から七つの悪靈を追い出されたことがある。

마가福音 16:10

① 婦往告素偕之者,時在哀哭。
② 뎌 가 볼ᄂᆡ 함긔 ᄒᆞ던 쟈으게 고ᄒᆞ고 졍히 슬피 우ᄂᆞᆫᄃᆡ
③ 뎌 가셔 볼ᄂᆡ 함ᄭᅴ ᄒᆞ던 쟈의게 고ᄒᆞ니 졍히 슬피 우ᄂᆞᆫᄃᆡ

---

* 영인본에 수록된 성경에 9절 부분에만 괄호 표시가 되어 있다.
** 영인본에 수록된 ⑫ ⑬의 9절~20절 부분이 하나의 괄호로 묶여 있다.

④ 지어미 가셔 젼에 뫼시고자 내던 사ᄅᆞᆷ들의게 젼ᄒᆞ니 이 ᄯᅢ 사ᄅᆞᆷ들이 슯히 우더니
⑤ 그 녀인이 나아가 예수와 ᄒᆞᆷᄭᅴᄒᆞ던 사ᄅᆞᆷ의게 고ᄒᆞᆯ 식 ᄆᆞᆺᄎᆞᆷ 뎌희가 슯허ᄒᆞ고 울더니
⑥ 그 녀인이 가셔 예수와 ᄒᆞᆷᄭᅴᄒᆞ던 사ᄅᆞᆷ의게 고ᄒᆞᆯ시 ᄆᆞᆺᄎᆞᆷ 뎌희가 슯허ᄒᆞ고 울더니
⑦ 그 녀인이 가셔 예수와 ᄒᆞᆷᄭᅴᄒᆞ던 사ᄅᆞᆷ의게 고ᄒᆞᆯ시 맛ᄎᆞᆷ 뎌희가 슬퍼ᄒᆞ고 울더니
(그 녀인이 가셔 예수와 ᄒᆞᆷᄭᅴᄒᆞ던 사ᄅᆞᆷ의게 고ᄒᆞᆯ시 맛ᄎᆞᆷ 뎌희가 슬퍼ᄒᆞ고 울더니)
⑧ 그 녀인이 가셔 예수와 ᄒᆞᆷᄭᅴᄒᆞ던 사ᄅᆞᆷ의게 고ᄒᆞᆯ시 맛ᄎᆞᆷ 뎌희가 슬퍼ᄒᆞ고울더니
⑨ 其 女人이 往ᄒᆞ야 예수와 偕ᄒᆞ던 人의게 告ᄒᆞᆯ시 맛ᄎᆞᆷ 彼等이 悲泣ᄒᆞ더니
⑩ 그 女人이 가셔 예수와 ᄒᆞᆷᄭᅴ ᄒᆞ던 사ᄅᆞᆷ들의게 告ᄒᆞ니 ᄆᆞᆺᄎᆞᆷ 뎌희가 슯허하야 우는 中이라
⑪ 그 女人이 가셔 예수와 함ᄭᅴ 하던 사람의게 告할 새 맛참 뎌희가 슯허하고 울더니
⑫ 마리아가 가셔 예수와 함ᄭᅴ 하던 사람들의 슯허하며 울고 잇는 중에 이 일을 고하매
⑬ 마리아가 가서 예수와 함께 하던 사람들의 슬퍼하며 울고 있는 중에
⑭ マリヤは、イエスと一緒にいた人々が泣き悲しんでいる所に行って、それを知らせた。

마가福音 16:11

① 衆旣聞耶穌生,爲婦所見不信。
② ᄆᆞᆺ사ᄅᆞᆷ이 그 살물 듯고 부인 보물 밋지 ᄋᆞᆫ이ᄒᆞ다라
③ ᄆᆞᆺ사ᄅᆞᆷ이 그 살물 듯고 부인 보물 밋지 ᄋᆞᆫ이ᄒᆞ더라
④ 여러히 예수가 다시 살아 그지 어미의게 뵈셧다 ᄒᆞᆷ을 듯고 밋지 아니ᄒᆞ더니
⑤ 예수ㅣ 다시 사라나셔셔 이 녀인의게 뵈셧다 ᄒᆞᆷ을 듯고 밋지 안터라

⑥ 예수ㅣ 살아 이 녀인의게 뵈셧다 ᄒᆞᆷ을 ᄃᆞᆺ고 밋지 안터라
⑦ 예수ㅣ 살아 이 녀인의게 보이셧다 ᄒᆞᆷ을 ᄃᆞᆺ고 밋지안터라
(예수ㅣ 사라 이 녀인의게 보이셧다 ᄒᆞᆷ을 ᄃᆞᆺ고 밋지안터라)
⑧ 예수가 살아셔 이 녀인의게 보이셧다 ᄒᆞᆷ을 ᄃᆞᆺ고 밋지 안터라
⑨ 예수가 甦ᄒᆞ야 此 女人의게 現ᄒᆞ셧다 ᄒᆞᆷ을 聞ᄒᆞ고 信치 안터라
⑩ 예수ㅣ 살아나샤 이 女人의게 보이셧다 ᄒᆞᆷ을 ᄃᆞᆺ고 밋지 안터라
⑪ 예수ㅣ 살아셔 이 女人의게 보이셧다 함을 ᄃᆞᆺ고 밋지 안터라
⑫ 그들은 예수의 살으셧다는 것과 마리아의게 보이셧다는 것을 ᄃᆞᆺ고도 밋지 아니하니라
⑬ 이 일을 고하매 그들은 예수의 살으셨다는 것과 마리아에게 보이셨다는 것을 듣고도 믿지 아니하니라
⑭ 彼らは、イエスが生きておられる事と、彼女に御自身をあらわされた事を聞いたが、信じなかった。

마가福音 16:12

① 厥後,其中之二人往村,行時,耶穌改容現於彼。
② 그 후에 뎨자 즁 두 사람이 촌에 갈 ᄯᅴ여 예수 ᄃᆞᆯ은 모양으로 나타나니 두 사람이 가 그 남ᄋᆡ 사ᄅᆞᆷᄋᆞ게 고ᄒᆞ되
③ 그 후에 뎨자 즁 두 사ᄅᆞᆷ이 촌에 갈 ᄯᅴ에 예수 ᄃᆞᆯ은 모양으로 나타나니 두 사ᄅᆞᆷ이 가 그 남ᄋᆡ 사ᄅᆞᆷ의게 고ᄒᆞ되
④ 그 후 그 사ᄅᆞᆷ들 즁에 두 사ᄅᆞᆷ이 싀골에 가ᄂᆞᆫ 길에 예수ㅣ 얼골을 곳치시고 뎌의게 뵈이시매
⑤ 그러케 ᄒᆞᆫ 후 뎨ᄌᆞ 즁 두 사ᄅᆞᆷ이 거러셔 싀골 ᄂᆞ려갈 ᄣᅢ에 예수ᄭᅴ셔 형용을 변ᄒᆞ야 뎌희게 뵈이시니
⑥ 그 후에 뎨ᄌᆞ즁 두 사ᄅᆞᆷ이 거러셔 촌으로 갈 ᄣᅢ에 예수ᄭᅴ셔 뎌희게 나타나 뵈이시니
⑦ 그후에 뎨ᄌᆞ즁 두 사ᄅᆞᆷ이 거러셔 촌으로 갈 ᄣᅢ에 예수ᄭᅴ셔 뎌희게 나타나 보이시니

(그후에 뎨즈즁에 두 사룸이 거러셔 촌으로 갈 때에 예수가 뎌희게 나타나 보이시니)

⑧ 그 후에 뎨즈 즁에 두 사룸이 거러셔 촌으로 갈 때에 예수가 뎌희게 나타나보이시니

⑨ 其 後에 弟子 中에 二 人이 步ᄒᆞ야 村으로 往홀 時에 예수가 彼等의게 顯現ᄒᆞ시니

⑩ 그 後에 弟子 두 사룸이 거러셔 村으로 갈 때에 예수ㅣ 뎌희의게 나타나 보이시니

⑪ 그 後에 弟子 中에 두 사람이 거러셔 村으로 갈 때에 예수ㅣ 뎌희게 나타나 보이시니

⑫ 그 후에 뎌희 즁 두사람이 거러셔 시골노 갈 때에 예수끠셔 다른 모양으로 뎌희게 나타나시니

⑬ 그 후에 저희 중 두 사람이 걸어서 시골로 갈 때에 예수께서 다른 모양으로 저희에게 나타나시니

⑭ この後、そのうちのふたりが、いなかの方へ歩いていると、イエスはちがった姿で御自身をあらわされた。

마가福音 16:13

① 二人往告其餘者,餘者亦不信之。

② 쏘한 밋지 안타라 후에 열한 뎨자 돗게 안젓는ᄃᆡ

③ 쏘한 밋지 온타라 후에 열ᄒᆞᆫ 뎨자 돗게 안젓는ᄃᆡ

④ 두 사룸이 가셔 그 남은 사룸의게 고ᄒᆞ니 남은 사룸들도 쏘ᄒᆞᆫ 밋지 아니ᄒᆞ더니

⑤ 그 사룸들이 가셔 그 남은 뎨즈들의게 고ᄒᆞ되 쏘ᄒᆞᆫ 밋지 안터라

⑥ 그 사룸들이 가셔 남은 뎨즈들의게 고ᄒᆞ되 쏘ᄒᆞᆫ 밋지 안터라

⑦ 그 사룸들이 가셔 남은 뎨즈들이게 고ᄒᆞ되 쏘ᄒᆞᆫ 밋지안터라

(그 사룸들이 가셔 남은 뎨즈들의게 고ᄒᆞ되 쏘ᄒᆞᆫ 밋지 안터라)

⑧ 그 사룸들이 가셔 남은 뎨즈들의게 고ᄒᆞ되 쏘ᄒᆞᆫ 밋지 안터라

⑨ 其 人들이 往ᄒᆞ야 ᄂᆞᆷ은 弟子들의게 告ᄒᆞ되 ᄯᅩᄒᆞᆫ 信치 안터라
⑩ 그 사ᄅᆞᆷ들이 가셔 ᄂᆞᆷ은 弟子들의게 告ᄒᆞ되 ᄯᅩ 밋지 안터라
⑪ 그 사람들이 가셔 남은 弟子들의게 告하되 ᄯᅩ한 밋지 안터라
⑫ 두 사람이 가셔 남은 뎨자들의게 고하엿스되 역시 밋지 아니하니라
⑬ 두 사람이 가서 남은 제자들에게 고하였으되 역시 믿지 아니하니라
⑭ このふたりも、ほかの人々の所に行って話したが、彼らはその話を信じなかった。

마가福音 16:14

① 後,十一門徒席坐之間,耶穌現於彼,而責其不信與心頑,因不信其復生後者之者也。
② 나타나 그 밋지 안음과 마암 완ᄑᆡᆨᄋᆞ물 ᄎᆡᆨ망ᄒᆞ문 그 다시 닌 후에 본 쟈ᄅᆞᆯ 밋지 안이물 인ᄒᆞ미라
③ 예수 나타나 그 밋지 ᄋᆞᆫ음과 마암 완ᄑᆡᆨᄒᆞ물 ᄎᆡᆨ망ᄒᆞ문 그 다시 닌 후에 본 쟈ᄅᆞᆯ 밋지 ᄋᆞᆫ이물 인ᄒᆞ미라
④ 그 ᄒᆞ 열 두 뎨ᄌᆞ들 안진자리에 예수ㅣ 뎌들의게 뵈이시며 그 밋지 아니ᄒᆞᆷ과 다못 ᄆᆞᄋᆞᆷ들이 완ᄒᆞᆷ을 ᄭᅮ지지시니 그 다시 살으신 후 뵈왓다 ᄒᆞᆷ을 밋지 아니ᄒᆞᆷ이러라
⑤ 그 후 열 ᄒᆞᆫ 뎨ᄌᆞ이 ᄒᆞᆷᄭᅴ 안자 음식 먹을 ᄣᅢ에 예수ᄭᅴ셔 ᄯᅩ 뎌희게 뵈이샤 그들의 밋지 안ᄒᆞᆷ과 ᄆᆞᄋᆞᆷ이 완ᄒᆞᆷ을 ᄭᅮ지스심은 그들이 예수 다시 니러나신 후에 보앗다 ᄒᆞᄂᆞᆫ 사ᄅᆞᆷ을 밋지 안ᄒᆞ 연고일너라
⑥ 그 후 열ᄒᆞᆫ 뎨ᄌᆞㅣ ᄒᆞᆷᄭᅴ 누어 음식 먹을 ᄣᅢ에 예수ᄭᅴ셔 ᄯᅩ 뎌희게 나타나 뵈샤 그들의 밋지 안ᄒᆞᆷ과 ᄆᆞᄋᆞᆷ이 완악ᄒᆞᆷ을 ᄭᅮ지지심은 그들이 예수 다시 니러나신 후에 보앗다 ᄒᆞᄂᆞᆫ 사ᄅᆞᆷ을 밋지 아님일너라
⑦ 그 후에 열ᄒᆞᆫ 뎨ᄌᆞㅣ ᄒᆞᆷᄭᅴ 누어 음식먹을 ᄣᅢ에 예수가 ᄯᅩ 뎌희게 나타나 뵈샤 그들의 밋지안ᄒᆞᆷ과 ᄆᆞᄋᆞᆷ이 완악ᄒᆞᆷ을 ᄭᅮ지ᄌᆞ심은 그들이 예수ㅣ 다시 살아나신 후에 보앗다ᄒᆞᄂᆞᆫ 사ᄅᆞᆷ을 밋지 아님일너라

(그 후에 열혼 뎨즈가 홈끠 음식먹을 째에 예수가 또 뎌희게 나타나 뵈샤 그들의 밋지 아니함과 ᄆᆞ옴이 완악홈을 ᄭᅮ지지심
은 뎌희가 예수 다시 니러나신 후에 보앗다하는 사룸을 밋지아님일너라)

⑧ 그 후에 열혼 뎨즈가 홈끠 음식 먹을 째에 예수가 또 뎌희게 나타나보이샤 그들의 밋지 아니함과 ᄆᆞ옴이 완악홈을 ᄭᅮ지지심
은 뎌희가 예수ㅣ 다시살아나신 후에 보앗다 ᄒᆞ는 사룸을 밋지 아님일너라

⑨ 其 後에 十一 弟子가 홈끠 飮食을 吃홀 時에 예수가 또 彼等의게 顯現ᄒᆞ샤 彼等의 信치 아니홈과 心이 頑惡홈을 責ᄒᆞ심은
彼等이 예수가 復活ᄒᆞ신 後에 見ᄒᆞ엿다 ᄒᆞ는 人을 信치 아님일너라

⑩ 그 後에 열 혼 弟子가 홈끠 飮食 먹을 째에 예수ㅣ 또 뎌희의게 나타나 보이시며 뎌희들의 밋음이 업슴과 ᄆᆞ옴이 頑惡홈을
ᄭᅮ지즈시니 뎌희가 當身의 復活 ᄒᆞ심을 본 사룸의 말을 밋지 아님이라

⑪ 그 後에 열한 弟子가 함끠 飮食먹을 째에 예수ㅣ 또 뎌희의게 나타나 보이샤 뎌희의 밋지 아님함과 마암이 頑惡함을 ᄭᅮ지지
심은 뎌희가 예수ㅣ 다시 살아나신 後에 보앗다 하는 사람을 밋지 아님일너라

⑫ 그 후에 열한 뎨자가 음식 먹을 째에 예수끠셔 뎌희게 나타나샤 뎌희의 밋음 업는 것과 마암이 완악한 것을 ᄭᅮ지즈시니
이는 자긔의 살아난 것을 본쟈들의 말을 밋지 아니함일너라

⑬ 그 후에 열 한 제자가 음식 먹을 때에 예수께서 저희에게 나타나사 저희의 믿음 없는 것과 마음이 완악한 것을 꾸짖으시니
이는 자기의 살아난 것을 본 자들의 말을 믿지 아니함일러라

⑭ その後、イエスは十一弟子(でし)が食卓についているところに現れ、彼らの不信仰と、こころのかたくななことをお責め
になった。彼らは、よみがえられたイエスを見た人々の言うことを、信じなかったからである。

마가福音 16:15

① 耶穌謂之曰,爾曹往普天下,傳福音於萬民,

② ᄯᅩ 갈아샤되 너희 오은 텬ᄒᆞ에 가 복음을 만인으게 젼ᄒᆞ라 밋고

③ ᄯᅩ 갈아샤ᄃᆡ 너희 널은 텬하에 가 복음올 오은 셰상에 뎐ᄒᆞ라 밋고

④ 예수ㅣ 닐너 ᄀᆞᆯᄋᆞ샤ᄃᆡ 너희들이 왼 텬하로 ᄃᆞ니며 복음을 만민의게 젼ᄒᆞ야

⑤ ᄯᅩ 말솜ᄒᆞ샤ᄃᆡ 너희ᄂᆞᆫ 온 텬하에 ᄃᆞ니며 모든 빅셩의게 복음을 젼ᄒᆞ라

⑥ ᄯᅩ 말솜ᄒᆞ샤ᄃᆡ 너희ᄂᆞᆫ 온 텬하에 ᄃᆞ니며 만민의게 복음을 젼파ᄒᆞ라

⑦ ᄯᅩ 말솜ᄒᆞ샤ᄃᆡ 너희ᄂᆞᆫ 온 텬하에 ᄃᆞ디며 만민의게 복음을 젼파하라

(ᄯᅩ 말솜ᄒᆞ샤ᄃᆡ 너희는 온 텬하에 ᄃᆞ니며 만민의게 복음을 젼파ᄒᆞ라)

⑧ ᄯᅩ 말솜ᄒᆞ샤ᄃᆡ 너희는 왼 텬하에 ᄃᆞ니며 만민의게 복음을 젼파ᄒᆞ라

⑨ ᄯᅩ 言ᄒᆞ샤ᄃᆡ 爾等은 왼 天下에 行ᄒᆞ며 萬民의게 福音을 傳播ᄒᆞ라

⑩ ᄀᆞᆯᄋᆞ샤ᄃᆡ 너희ᄂᆞᆫ 온 天下에 ᄃᆞ니며 萬民의게 福音을 傳播ᄒᆞ라

⑪ ᄯᅩ 말삼하샤대 너희는 온 天下에 단니며 萬民의게 福音을 傳播하라

⑫ ᄯᅩ 갈아사대 너희는 온 텬하에 단니며 만민의게 복음을 젼파하라

⑬ 또 가라사대 너희는 온 천하에 다니며 만민에게 복음을 전파하라

⑭ そして彼らに言われた、「全世界に出て行って、すべての造られたものに福音を宣(の)べ伝えよ。

마가福音 16:16

① 信而受洗禮者得救,不信者,定罪,

② 밥팀례를 밧ᄂᆞᆫ 쟈ᄂᆞᆫ 구완ᄒᆞ고 밋지 안ᄂᆞᆫ 쟈ᄂᆞᆫ 죄를 뎡ᄒᆞ리라

③ 밥팀례롤 밧ᄂᆞᆫ 쟈ᄂᆞᆫ 구완ᄒᆞ고 밋지 ᄋᆞᆫᄂᆞᆫ 쟈ᄂᆞᆫ 죄롤 뎡ᄒᆞ리라

④ 밋고 셰례ᄅᆞᆯ 밧은 쟈ᄂᆞᆫ 구ᄒᆞ여줌을 엇고 밋지 아니ᄒᆞᄂᆞᆫ 쟈ᄂᆞᆫ 죄ᄅᆞᆯ 뎡ᄒᆞᆯ거시며
⑤ 밋고 셰례를 밧ᄂᆞᆫ 이ᄂᆞᆫ 구원을 엇을 거시오 밋지 안ᄂᆞᆫ 이ᄂᆞᆫ 죄를 뎡ᄒᆞᆯ 거시니
⑥ 밋고 셰례ᄅᆞᆯ 밧ᄂᆞᆫ 사ᄅᆞᆷ은 구ᄒᆞᆷ을 엇을 거시오 밋지 안ᄂᆞᆫ 사ᄅᆞᆷ은 죄ᄅᆞᆯ 뎡ᄒᆞᆯ 거시니
⑦ 밋고 셰례를 밧ᄂᆞᆫ 사ᄅᆞᆷ은 구ᄒᆞᆷ을 엇을 거시오 밋지안ᄂᆞᆫ 사ᄅᆞᆷ은 죄를 뎡ᄒᆞᆯ 거시니
(밋고 셰례를 밧는 사ᄅᆞᆷ은 구원을 엇을 거시오 밋지 안는 사ᄅᆞᆷ은 죄를 뎡ᄒᆞᆯ 거시니)
⑧ 밋고 셰례를 밧ᄂᆞᆫ 사ᄅᆞᆷ은 구원을 엇을 거시오 밋지 안ᄂᆞᆫ 사ᄅᆞᆷ은 죄를 뎡ᄒᆞᆯ 거시니
⑨ 信ᄒᆞ고 洗禮를 受ᄒᆞᄂᆞᆫ 人은 救援을 得ᄒᆞᆯ 거시오 信치 안ᄂᆞᆫ 人은 罪를 定ᄒᆞᆯ 거시니
⑩ 밋고 洗禮를 밧ᄂᆞᆫ 사ᄅᆞᆷ은 救援을 엇고 밋지 안ᄂᆞᆫ 사ᄅᆞᆷ은 定罪ᄒᆞᆷ을 밧을지며
⑪ 밋고 洗禮를 밧는 사람은 救援을 엇을 것이오 밋지 안는 사람은 罪를 定할것이니
⑫ 밋고 셰례를 밧느 사람은 구원을 엇을 것이오 밋지 안는 사람은 뎡죄를 밧으리라
⑬ 믿고 세례를 받는 사람은 구원을 얻을 것이요 믿지 않는 사람은 정죄를 받으리라
⑭ 信じてバプテスマを受ける者は救われる。しかし、不信仰の者は罪に定められる。

마가福音 16:17

① 信者,將有其奇跡從之,卽託我名逐鬼,將言異邦言,
② 밋ᄂᆞᆫ 쟈ᄂᆞᆫ 모단 징죠가 좃추리니 곳 ᄂᆡ의 일홈으로써 귀신을 좃고 달은 말을 ᄒᆞ고
③ 밋ᄂᆞᆫ 쟈ᄂᆞᆫ 모단 징죠가 좃추리니 곳 ᄂᆡ의 일홈으로써 귀신ᄋᆞᆯ 좃고 방언ᄋᆞᆯ 말ᄒᆞ고
④ 밋ᄂᆞᆫ 쟈ᄂᆞᆫ 맛당이 긔이ᄒᆞᆫ ᄌᆞ최 잇서 조칠 거시니 곳 나의 일홈을 의탁ᄒᆞ야 귀시을 쫏치며 쟝ᄎᆞᆺ 이국말을 능히 말ᄒᆞ며
⑤ 밋ᄂᆞᆫ 이의게ᄂᆞᆫ 모든 이샹ᄒᆞᆫ 징죠가 ᄯᆞ라 내 일홈으로 뎌희가 귀신을 쫏치며 외방 말을 ᄒᆞ며

⑥ 밋ᄂᆞᆫ 이의게ᄂᆞᆫ 이샹ᄒᆞᆫ 징죠가 ᄯᆞᄅᆞ리니 내 일홈으로 뎌희가 샤귀ᄅᆞᆯ ᄶᅩᆺ치며 외방 말을 새로 말ᄒᆞ며

⑦ 밋ᄂᆞᆫ이의 게는 이샹ᄒᆞᆫ 징죠가 ᄯᆞ르리니 내 일홈으로 뎌희가 샤귀를 ᄶᅩᄎᆞ며 새 방언을 말ᄒᆞ며
(밋는 쟈의게는 이런 이젹이 잇서 ᄯᆞ르리니 내 일홈으로 뎌희가 샤귀를 ᄶᅩᆺ치며 새로이 방언을 말ᄒᆞ며)

⑧ 밋ᄂᆞᆫ 쟈의게는 이런 이젹이 잇서 ᄯᆞ르리니 내 일홈으로 뎌희가 샤귀를 ᄶᅩᆺ치며 새로이 방언을 말ᄒᆞ며

⑨ 信ᄒᆞᄂᆞᆫ 者의게ᄂᆞᆫ 如此ᄒᆞᆫ 異蹟이 有ᄒᆞ야 隨ᄒᆞ리니 我의 名으로 彼等이 邪鬼를 逐ᄒᆞ며 새로히 方言을 言ᄒᆞ며

⑩ 밋ᄂᆞᆫ 者의게ᄂᆞᆫ 이런 異蹟이 ᄯᆞ르리니 곳 내 일흠으로 邪鬼를 ᄶᅩᆺᄎᆞ며 方言을 말ᄒᆞ며

⑪ 밋는 자의게는 이런 異蹟이 잇서 ᄯᅡ르리니 내 일흠으로 뎌희가 邪鬼를 ᄶᅩᆺ치며 새로히 方言을 말하며

⑫ 밋는 쟈들의게는 이런 표젹이 ᄯᅡ르리니 곳 뎌희가 내 일홈으로 귀신을 ᄶᅩᆺ차내며 새 방언을 말하며

⑬ 믿는 자들에게는 이런 표적이 따르리니 곧 저희가 내 이름으로 귀신을 쫓아내며 새 방언을 말하며

⑭ 信じる者には、このようなしるしが伴う。すなわち、彼らはわたしの名で悪靈を追い出し、新しい言葉を語り、

미기福音 16:18

① 操蛇,或飮毒,亦無害,按手於病者,病畢愈。

② 비암을 잡우며 혹독ᄒᆞ물 마실지라도 ᄯᅩ한 ᄒᆡ가 업고 손을 병ᄒᆞᄂᆞᆫ 쟈으게 안찰한 즉 나으리라 ᄒᆞ다라

③ 비암ᄋᆞᆯ 잡우며 혹독ᄒᆞ물 마실지라도 ᄯᅩ한 ᄒᆡ가 업고 손ᄋᆞᆯ 병ᄒᆞᄂᆞᆫ 쟈의게 ᄋᆞᆫ찰한 즉 나으리라 ᄒᆞ더라

④ 비암을 죽이거나 독약을 마셔도 해가 업ᄉᆞᆯ 거시오 병인의게 손을 ᄃᆡ면 병이 반ᄃᆞ시 ᄂᆞ흐리라

⑤ 비암 잡으며 독ᄒᆞᆫ 거슬 마시되 샹홈이 업스며 병든 사ᄅᆞᆷ을 손으로 ᄆᆞᆫ지매 나흐리라

⑥ 비암을 주으며 독ᄒᆞᆫ 거ᄉᆞᆯ 마시되 결단코 샹홈이 업ᄉᆞ며 병든 사ᄅᆞᆷ을 손으로 언진즉 나흐리라

⑦ 비암을 집으며 독ᄒᆞᆫ 거슬 마시되 결단코 샹홈이 업ᄉᆞ며 병든 사ᄅᆞᆷ의게 손을 언즌즉 나흐리라 ᄒᆞ시더라

(비암을 집으며 독ᄒᆞᆫ 거슬 마시되 결단코 샹ᄒᆞᆷ이 업ᄉᆞ며 병든 사ᄅᆞᆷ의게 손을 언즌즉 나으리라 ᄒᆞ시더라)
⑧ 비암을 집으며 독ᄒᆞᆫ 거슬 마시되 결단코 샹ᄒᆞᆷ이 업스며 병든사ᄅᆞᆷ의게 손을 언즌즉 나으리라 ᄒᆞ시더라
⑨ 蛇를 執ᄒᆞ며 毒ᄒᆞᆫ 거슬 飮ᄒᆞ되 決斷코 傷ᄒᆞᆷ이 無ᄒᆞ며 病人의게 手를 按ᄒᆞᆫ즉 愈ᄒᆞ리라 ᄒᆞ시더라
⑩ 비암을 집으며 毒ᄒᆞᆫ 거슬 마시되 決斷코 傷ᄒᆞᆷ이 업스며 病人의게 按手ᄒᆞᆫ 즉 나으리라 ᄒᆞ시고
⑪ 배암을 집으며 毒한 것을 마시되 決斷코 傷함이 업스며 病든 사람의게 손을 언진 즉 나으리라 하시더라
⑫ 배암을 집으며 무삼 독을 마실지라도 해를 밧지 아니하며 병든 사람의게 손을 언즌즉 나으리라 하시더라
⑬ 뱀을 집으며 무슨 독을 마실찌라도 해를 받지 아니하며 병든 사람에게 손을 얹은즉 나으리라 하시더라
⑭ へびをつかむであろう。また、毒を飲んでも、決して害を受けない。病人に手をおけば、いやされる」。

마가福音 16:19

① 主與彼言竟,遂昇天,坐神之右。
② 쥬 뎌의로 더부러 말을 맛추고 하날에 졉ᄒᆞ물 닙어 올나가 ᄒᆞ나님의 우편에 안고
③ 쥬 뎌의로 더부라 말올 맛추고 하날에 졉ᄒᆞ물 닙어 올나가 하나님의 우편에 온고
④ 쥬ㅣ 뎌희로 더브러 말솜ᄒᆞ시기를 ᄆᆞᆺ치시고 드듸여 하ᄂᆞᆯ에 오ᄅᆞ샤 샹뎨 우편에 안지시니
⑤ 쥬 예수ᄶᅴ셔 말솜을 ᄆᆞᆺ치신 후에 뎐당에 오르샤 텬쥬 우편에 안자 계시니
⑥ 쥬 예수ᄶᅴ셔 말솜을 ᄆᆞᆺ치신 후에 텬당에 올니심을 엇으샤 하ᄂᆞ님 우편에 안자계시니
⑦ 쥬 예수ㅣ 말솜을 ᄆᆞᆺᄎᆞ신 후에 텬당에 올니심을 엇으샤 하ᄂᆞ님 우편에 안져계시니
(쥬 예수ㅣ 말솜을 ᄆᆞᆺ치신 후에 텬당에 올니심을 엇으샤 하ᄂᆞ님 우편에 안져계시니)
⑧ 쥬 예수가 말솜을 ᄆᆞᆺ치신 후에 하ᄂᆞᆯ에 올나가샤 하ᄂᆞ님 우편에 안져계시니

⑨ 主 예수가 言을 畢ᄒᆞ신 後에 天에 昇ᄒᆞ샤 上帝의 右便에 坐在ᄒᆞ시니
⑩ 말ᄉᆞᆷ을 ᄆᆞᆺ치신 後 하ᄂᆞᆯ에 올나가샤 하ᄂᆞ님 右偏에 안져 계시니
⑪ 主 예수ᄭᅴ셔 말삼을 맛치신 後에 하날에 올나가샤 하나님 右便에 안져 계시니
⑫ 쥬 예수ᄭᅴ셔 말삼을 맛초신 후에 하날노 올니우샤 하나님 우편에 안즈시니라
⑬ 주 예수께서 말씀을 마치신 후에 하늘로 올라가사 하나님 우편에 앉으시니라
⑭ 主イエスは彼らに語り終ってから、天にあげられ、神の右にすわられた。

마가福音 16:20

① 門徒出,徧處宣教,主乃相之,而以奇跡徵其道焉。亞孟。
② 뎨자ᄂᆞᆫ 나가 각 곳에 도를 젼ᄒᆞᄂᆞᆫᄃᆡ 쥬 도와 좃ᄂᆞᆫ 바 그 징죠로써 도를 간증ᄒᆞ다라
③ 뎨자ᄂᆞᆫ 나가 각 곳에 도롤 뎐ᄒᆞᄂᆞᆫᄃᆡ 쥬 함ᄭᅴ 힝ᄒᆞ여 좃ᄂᆞᆫ 바 그 징죠로써 도롤 간증ᄒᆞ더라 아멘
④ 뎨ᄌᆞ들이 ᄉᆞ방으로 나가 교롤 펴매 쥬ㅣ 이에 ᄀᆞᆺ치 도으샤 긔이ᄒᆞᆫ ᄌᆞ최로써 그 도롤 징험케 ᄒᆞ시다 아멘
⑤ 뎨ᄌᆞ들이 나아가 각 쳐에 젼도ᄒᆞᆯ ᄉᆡ 쥬ᄭᅴ셔 그들과 ᄒᆞᆷᄭᅴ 일을 ᄒᆞ시니 그 ᄯᆞ르ᄂᆞᆫ 징죠로 도를 증거ᄒᆞ더라 아멘
⑥ 뎨ᄌᆞ들이 나가 각쳐에 젼파ᄒᆞᆯᄉᆡ 쥬ᄭᅴ셔 그들과 ᄒᆞᆷᄭᅴ 일을ᄒᆞ시니 그 ᄯᆞᄅᆞᄂᆞᆫ 징죠로 도롤 증거ᄒᆞ시더라 아멘
⑦ 뎨ᄌᆞ들이 나가 각쳐에 젼파ᄒᆞᆯᄉᆡ 쥬가 그들과 ᄒᆞᆷᄭᅴ 일을 ᄒᆞ시니 그 ᄯᆞ르ᄂᆞᆫ 징죠로 도를 증거ᄒᆞ시더라 아멘
(뎨ᄌᆞ들이 나가 각쳐에 젼파ᄒᆞᆯᄉᆡ 쥬가 뎌희와 ᄒᆞᆷᄭᅴ 일을ᄒᆞ샤 그 ᄯᆞ르는 이적으로 도를 확실히 증거ᄒᆞ시더라 아멘)
⑧ 뎨ᄌᆞ들이 나가 각쳐에 젼파ᄒᆞᆯᄉᆡ 쥬가 뎌희와 ᄒᆞᆷᄭᅴ일을ᄒᆞ샤 그 ᄯᆞ르는 이적으로 도를 확실히 증거ᄒᆞ시더라 아멘
⑨ 弟子들이 出ᄒᆞ야 各處에 傳播ᄒᆞᆯᄉᆡ 主가 彼等과 同事ᄒᆞ샤 其 隨ᄒᆞᄂᆞᆫ 異蹟으로 道를 確實히 證據ᄒᆞ시더라 아멘
⑩ 弟子들이 나가 各處에 宣教ᄒᆞᆯ 서 主ㅣ 뎌희와 ᄒᆞᆷᄭᅴ ᄒᆞ시며 異蹟으로 도으샤 道를 確實히 證據ᄒᆞ시더라

⑪ 弟子들이 나가 各處에 傳播할 새 主ᄭᅴ셔 뎌희와 함ᄭᅴ 일을 하샤 그 ᄯᅡ르는 異蹟으로 道를 確實히 證據하시더라 아멘

⑫ 뎨자들이 나가 두루 전파할새 쥬ᄭᅴ셔 함ᄭᅴ 역사하샤 그 ᄯᅡ르는 표적으로 말삼을 확실히 증거하시니라

⑬ 제자들이 나가 두루 전파할쌔 주께서 함께 역사하사 그 따르는 표적으로 말씀을 확실히 증거하시니라

⑭ 弟子たちは出て行って、至る所で福音を宣べ伝えた。主も彼らと共に働き、御言葉(みことば)に伴うしるしをもって、その確かなことをお示しになった。

결어

1년의 강의가 마무리될 무렵 걸음의 속도를 늦추고 교정을 보니 사람들은 옷깃을 여미기 시작하고 나무들은 옷을 벗기 시작한다. 잎을 다 떨궈내고 앙상해진 나무에게서는 묘하게도 봄을 희망하는 강인한 생명력이 엿보인다. 사람도 여며진 몸보다 다 벗어낸 몸이 더 아름답지 않던가. 맨몸에는 주머니가 없기 때문일 것이다. 어색한 숨김과 가림이 없을 때, 본연의 모습일 때 새로운 가능성이 드러난다. 주요한 역대 한국어 번역 성경에서 '마가복음' 부분을 발췌하고 입력하여 장절 별로 대비해 제시한 이 책은 그런 희망과 가능성을 담고 있다. 텍스트 분석을 덧붙이지 않았다. 함께 출간하는『성경과 한국어』에서 이렇게 자료를 정리하며 연구한 결과를 보였기 때문이기도 하고, 독자가 직접 대비문을 보며 나보다 더 많은, 더 깊은 발상을 할 수 있으리라고 기대하는 마음이 크기 때문이기도 하다. 가감없는 원전의 대비를 통해 21세기의 한국어 번역 성경에서 다소 어색한 표현들의 대부분이 19세기의 번역 틀과 조사와 어미를 사용한, 전통을 유지하고자 한 보수적 태도의 산물임을 알게 될 것이다. 한국어 성경 번역의 초기에는 맞는 표현이었지만 지금은 틀린 표현들을 어떻게 해야 할 것인지는 매우 민감하고 중요한 문제이다. 일반 독자들, 믿음의 독자들, 번역자들, 언어 연구자들이 각각의 자리에서 더욱 농밀한 자세로 고민해 주기 바란다.

한국어 성경의 변천
-마가복음-

1판 1쇄 인쇄 2019년 1월 31일
1판 1쇄 발행 2019년 2월 10일

편저자 유경민
발행인 이호인
발행처 전주대학교 출판부
전북 전주시 완산구 천잠로 303
전화 063-220-2189
팩스 063-220-2067
등록번호 제43호

편집인쇄 씨앤씨월드

값 27,000원

ISBN 978-89-8448-181-7 93700